오정화 세법

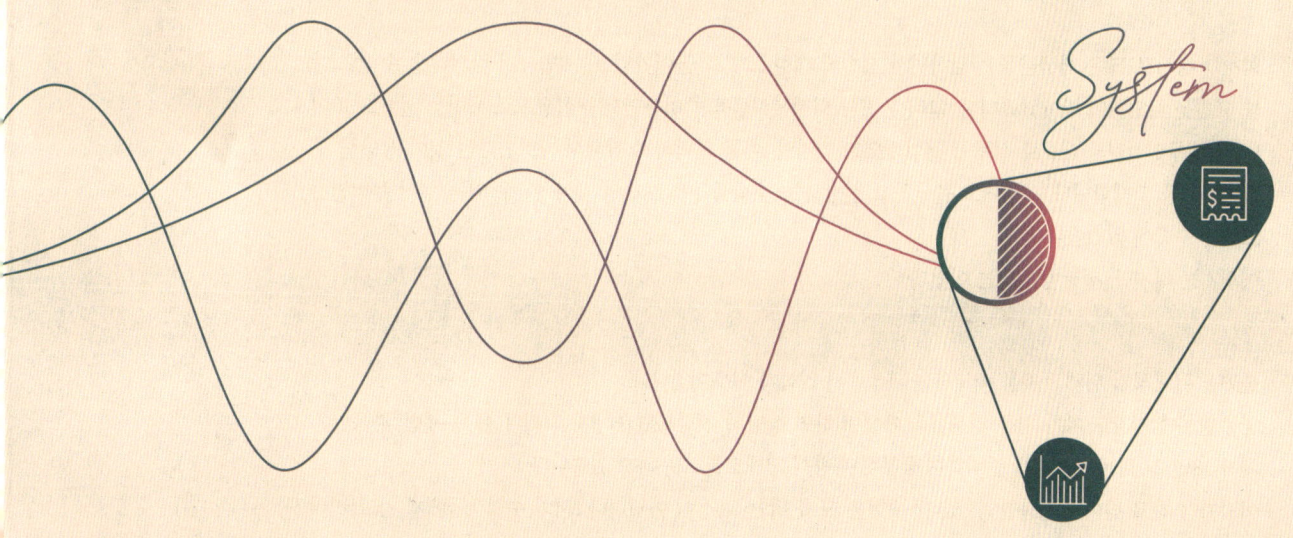

세법 2

저자의 글 | Preface

실무 경험과 수많은 수험생들의 고민을 반영하여 만든
'새로운 세법'

"링에 오를 때는 맞을 것을 각오하고 오르는 것이다."
헤비급 세계 챔피언 마이클 타이슨이 했던 말입니다.

공무원 세법을 준비하면서 쉬울 것이라고 생각하며 시작하시는 분은 없을 겁니다. 하물며 선택과목 시험 체제에서 세법은 어렵고 양이 많기로 악명 높은 과목이었으므로 시작하는 수험생은 누구나 '각오'를 다지고 시작합니다. 그럼에도 불구하고 회계학으로 상담을 청했던 수험생들은 저에게 한결같이 말합니다.
"세법을 공부하면서 절망감을 느낀다고!"

회계학 강사로 많은 학생들을 상담하면서 세법에 대한 고민을 들어왔었고, 세법까지 강의해줄 수 없느냐는 요청을 끊임없이 받아왔습니다. 그러나 저는 회계사시험을 준비하면서 수험생으로 세법을 접했고 10여 년 간 세무컨설팅의 대표로 실무를 경험해오고 있지만, 이를 완벽히 소화해서 가르친다는 것이 상당한 부담이었음을 고백합니다. 그럼에도 불구하고 절망하는 수험생들을 보면서 제가 할 수 있는 일이 무엇인지 고민할 수밖에 없었습니다.
'어렵기는 하지만, 절망할 정도는 아닌데…'

불편을 극복하기 위해 문제를 해결하는 과정에서 진화가 이루어집니다.
공무원 수험시장도 제가 처음 입문했을 때에 비하면 상당히 진화하였습니다. 그러나 유독 '세법' 과목만은 제가 18년 전 회계사 시험을 준비하며 공부했던 방식 그대로를 고수하고 있습니다.
어렵지만 참고 견디면 정복할 수 있다? 수험은 '도를 닦는 과정'이 아닙니다. 저의 수험생들에게 참고 견디라는 주문을 하려고 했다면 이 고단한 여정을 시작하지 않았을 것입니다. 세법을 포기하고 내려놓던 수많은 수험생들의 고민을 바탕으로 저는 '새로운 세법'을 만들었습니다.

학습시스템을 따라가기만 하면,
방대한 양의 세법도 정복 가능합니다

❶ 시스템에 가두겠습니다.

강의를 다 듣고 나서도 어떻게 공부해야 할지 몰라서 방황하는 수험생이 많습니다. 양이 많고 힘들어도 그 길만 따라가면 완벽하게 정복할 수 있다는 확신을 주는 수험서를 만들고 싶었습니다. 4달에 걸쳐 이론만 듣고 나면 세법처럼 많은 양을 소화해야 하는 수험생들에게는 절망만 남습니다. 공부를 해도 손에 쥔 모래처럼 자꾸만 빠져나갑니다.

학습한 내용이 머릿속에 기억되었는지 확인하는 과정이 빠지면 방대한 양을 학습한 후 아무것도 기억나지 않습니다. 저의 '시스템 세법'은 기본서를 통해 강의를 듣는 과정에서 두 단계의 문제풀이를 병행합니다. 또한 한눈에 정리된 요약서도 함께 보면서 중요하게 암기하고 갈 내용들을 한번 더 상기시키며 암기효과를 높입니다.

또한 강의를 듣는 과정에서 기본서가 제시한 '시스템' 대로 따라 했다면, 복습과정에서도 그 '시스템'을 그대로 반복하시면 됩니다. 강의를 듣고 당장 무엇을 해야 할지 방황하는 수험생과 기본서 안에 주어진 길라잡이를 따라 학습만 하면 되는 수험생의 여정은 확실히 다를 것입니다. 여러분을 가둔 시스템을 따라가기만 하면 양이 많아도 정복 가능한 세법이 될 것입니다.

저자의 글 | Preface

❷ 기출문제를 완벽 해체해서 이론과 연계시켰습니다.

'이론강의를 다 들었는데, 문제를 풀기가 두렵다'라는 얘기를 많이 들었습니다. 4달의 이론강의를 듣고 난 후에도 정작 기출문제에 손을 댈 수 없다는 수험생들이 많습니다. 기출문제를 쉽게 손댈 수 없었던 것은 한 문제 안에 여러 이론들을 묻는 경우가 많기 때문입니다. 또한 어떤 내용을 묻는지 연계시킬 수 없기 때문이기도 합니다.

공무원 세법은 말 문제 중심의 객관식 세법입니다. 하루빨리 문제풀이에 적응하고 많은 문제를 풀어봄으로써 촘촘하게 채워가야 합니다. 그래서 공무원에서 출제된 모든 기출문제를 이론에 맞게 해체하여 각 이론 옆 날개에 해당 내용을 모두 담았습니다. 이론을 배우면 바로 기출문제를 풀어보면서 시험에서 어떻게 출제되고 있는지 체감할 수 있도록 구성했습니다. 자주 출제된다는 강사의 말, 백 마디보다 스스로 풀면서 중요하다고 인지하는 학습이 훨씬 오래 남습니다.

문제풀이는 곧 자신감의 충전입니다. 자신감이 충전이 되어야 힘든 여정을 지치지 않고 완주할 수 있습니다.

❸ 중요도를 구분하였습니다.

세법은 학습 범위가 매우 방대합니다. 따라서 처음 학습하실 때 부담을 덜어주기 위해 중요도를 구분표시 하였습니다. 소단원별로 **A, B, C 세가지 주제로 구분**하였으니 회독을 늘리면서 양을 늘려가는 학습법으로 부담을 덜어가시기를 바랍니다.

> **A** 빈출주제
> **B** 빈출은 아니지만, 출제된 적이 있는 주제
> **C** 한 번도 출제되지 않은 미지의 영역

또한 각 주제 안에서도 '**별 3, 2, 1 및 별없음**'으로 구분됩니다.

> ★★★ 공시 2개년 이상 출제
> ★★ 공시 1번 출제
> ★ 타 시험 출제

❹ 법조문과 이론이 구분됩니다.

시험은 법조문을 중심으로 출제됩니다. 기본서를 학습하는 과정에서 많은 수험생들이 불편했던 점으로 법조문과 이를 설명하는 문장이 구분되지 않는다는 점을 꼽았습니다. 세법의 이론이 이해되고 나면 결국 시험장에서 묻는 법조문 중심으로 내용을 정리해야 합니다. 법조문과 이론을 구분함으로써 수험생들의 불편을 해소했습니다. 불편을 극복하는 과정에서 진화가 이루어진다고 믿습니다.

❺ '오쌤 talk'는 스스로 학습하는 과정의 길라잡이가 되어줄 것입니다.

수험생은 강의를 통해 학습하는 시간보다는 스스로 기본서를 학습하면서 익히는 시간이 많아야 하고, 반드시 그 과정을 거쳐야 마스터가 될 수 있습니다. 그러나 한 번 강의를 들었다고 모든 내용이 기억날 수는 없습니다. 법도 인간이 논리를 가지고 만든 것이라 각 조문에 대한 논리적인 설명이 절실한 부분이 있습니다. 스스로 복습하는 과정에서 마치 강의를 듣는 것 같은 효과를 주는 설명이 바로 '오쌤 talk'입니다. 오정화 회계학 기본서에서 여러분이 극찬했던 '오쌤 talk'을 세법 교재에서도 적용했습니다.

저는 취업의 빙하기에 고통스러워하는 젊은 청춘들에게 꿈을 세우고 열정을 태워서 '이루어가는 삶'을 살라고 주문합니다. 여러분에게 요구하는 주문에 상응하는 삶을 살고자 저 역시 무모하다 싶은 도전을 시작합니다. 하지 않아도 될 수백 가지의 이유를 단 한 가지 이유로 극복하며 언제나 최선을 다해 준비합니다. '나의 수험생들에게 도움이 되고 싶다!'

저는 오늘 하루도 여러분과 함께 뜨거운 삶을 채워갑니다.

2025년 7월
오 정 화

구성과 특징 | How to Use

확인문제 & 기출 OX

기출문제를 완벽 해체했습니다.

이론을 이해했다면 해당 이론이 어떻게 기출되었는지 문제로 적응해보아야 합니다. 각 이론마다 기출문제를 모두 해체하여 바로 풀어볼 수 있도록 구성했습니다. 개정사항을 완벽히 반영하여 해당 이론마다의 기출을 모두 연계시켰으므로 이론의 강약을 스스로 인지하고 문제풀이에 자신감을 가질 수 있습니다.

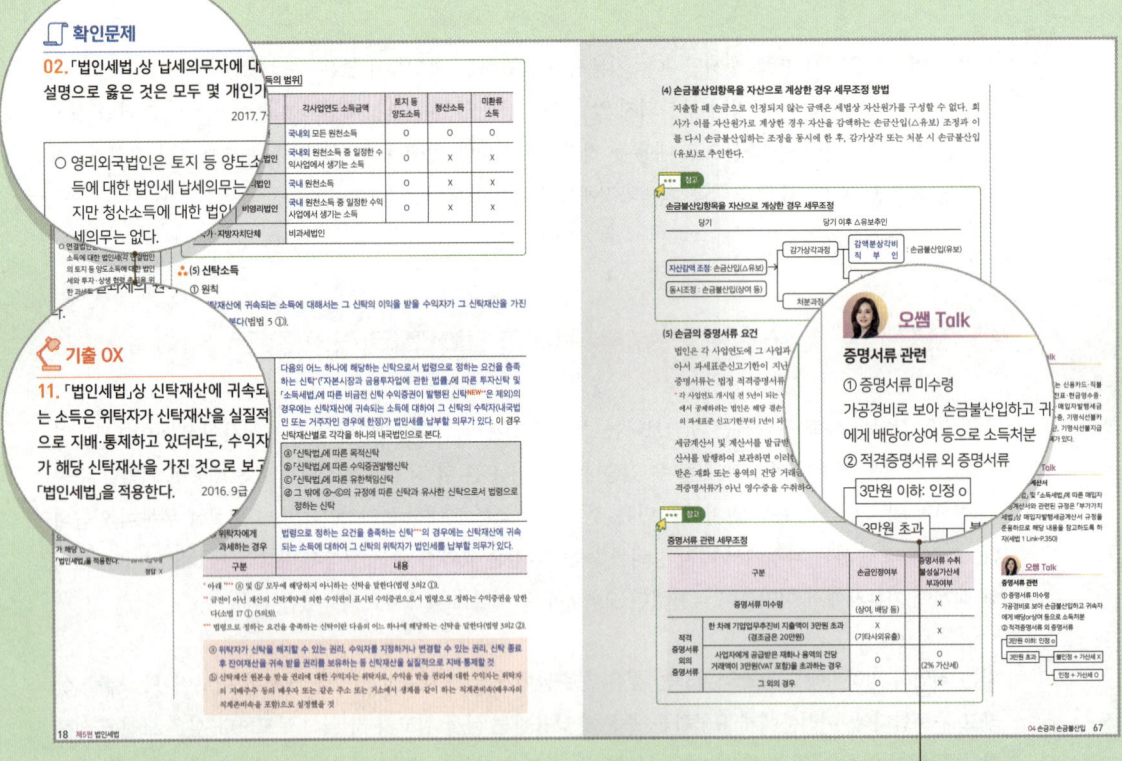

오쌤 TALK

강의했던 설명을 날개에 넣었습니다.

복습과정에서도 강의를 듣지 않아도 강의 듣는 효과를 주는 부분이 바로 '오쌤 talk'입니다. 어려운 법조문의 논리를 쉬운 언어로 강의처럼 설명해드립니다. 가려운 곳을 긁어주는 학습도우미 역할을 하며, 이해가 안되는 조문을 무조건 외우며 복습해야 하는 답답함을 덜어주는 길라잡이입니다.

법조문 구분

법조문은 조항이 달려 있습니다.

공무원 세법은 응용문장보다는 법조문 위주의 문장이, 계산형보다는 서술형 문장이 주로 출제됩니다. 그 어떤 시험보다도 법조문을 정확히 이해하고 암기해야 합니다. 그러므로 법조문에 대한 설명과 법조문은 명확히 구분되어야 합니다. 즉, 원문에서 어떻게 규정하고 있는지 정확히 확인할 수 있어야 오답지문도 찾아낼 수 있습니다.

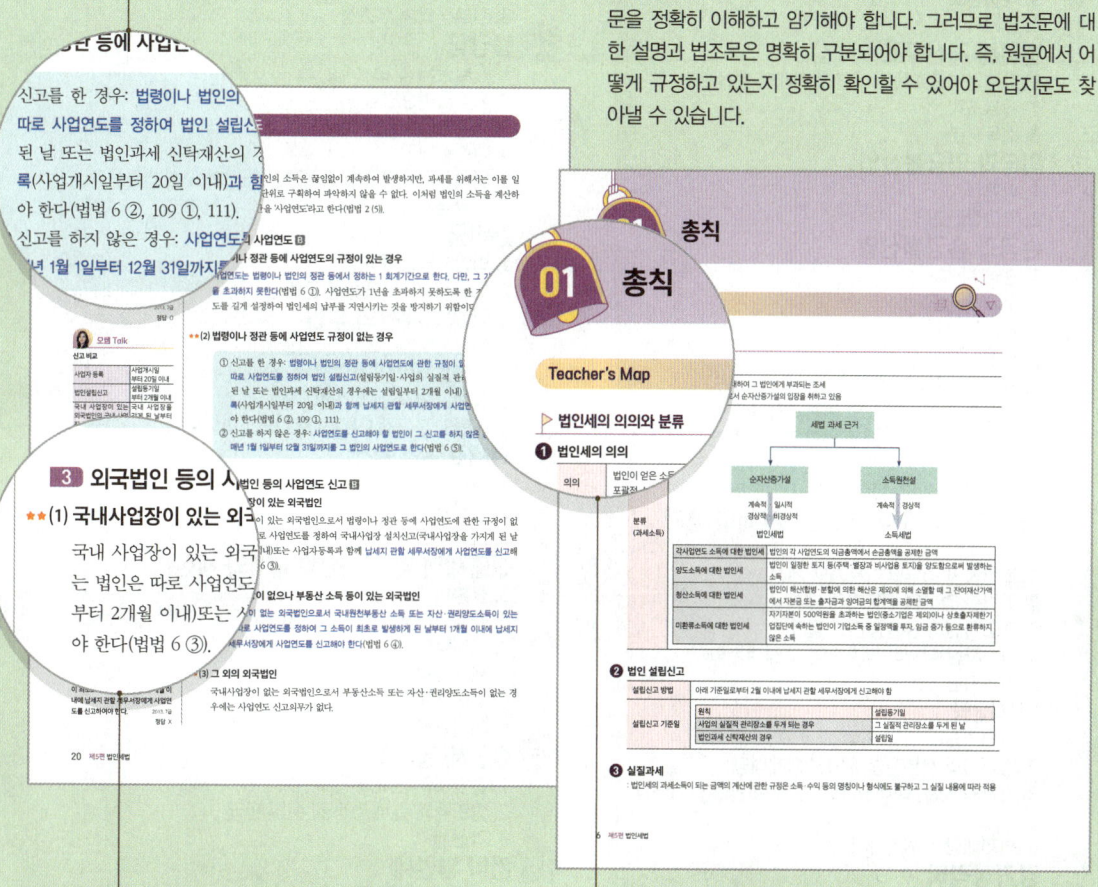

중요도 표시

무엇이 중요한 내용인지 한눈에 알아보도록 하였습니다.

소단원별로 중요도에 따라 A~C등급으로 구분하였습니다. 1회독 때는 A등급에 집중하시고 회독수를 늘려가면서 B, C등급까지 범위를 넓혀 학습하시면 됩니다.
또한 본문 내용별로 기출 빈도를 빠짐없이 분석하여 ✦✦ ~ ✦ 표시하였으므로 중요한 내용부터 효율적으로 학습하실 수 있습니다.

Teacher's Map

[2권] 압축 요약본입니다.

1권에서 다룬 모든 내용을, 각 단원별로 강의의 논리 그대로 구성하여 꼼꼼하게 요약·정리하였습니다. 방대한 세법의 내용을 외워갈 때 지도처럼 한 눈에 큰 틀과 세부사항을 다 볼 수 있다면 정리하는 부담이 훨씬 덜합니다. TM은 한 눈에 보고 한 번에 정리할 수 있도록 도와주는 길라잡이입니다.

차례 | Contents

제5편 법인세법

01 총칙
1. 법인세의 의의와 분류 … 14
2. 법인세의 납세의무자 … 15
3. 사업연도 … 20
4. 납세지 … 24

02 법인세 계산구조
1. 각사업연도소득에 대한 법인세의 계산구조 … 30
2. 세무조정 … 31
3. 소득처분 … 36

03 익금과 익금불산입
1. 익금 … 46
2. 익금불산입 … 52

04 손금과 손금불산입
1. 손금 … 66
2. 주요 손금항목 … 70
3. 손금불산입 … 80

05 손익의 귀속시기
1. 권리의무확정주의 … 92
2. 자산의 판매손익 등의 귀속사업연도 … 92
3. 용역제공 등에 의한 손익의 귀속사업연도 … 95
4. 이자소득 등 및 배당소득의 귀속사업연도 … 96
5. 임대료 등 기타 손익의 귀속사업연도 … 98

06 자산의 취득가액 및 자산·부채의 평가
1. 일반적인 경우의 취득가액 계산 … 102
2. 특별한 경우의 취득가액 계산 … 105
3. 재고자산과 유가증권의 평가 … 109
4. 외화자산·부채의 평가손익 및 상환손익 … 113
5. 가상자산 … 113

07 의제배당
1. 개요 … 116
2. 잉여금의 자본전입에 따른 의제배당 … 116
3. 감자·퇴사·탈퇴·해산, 합병·분할로 인한 의제배당 … 118
4. 의제배당의 귀속시기 … 120

08 감가상각비
1. 감가상각 개요 … 124
2. 감가상각시부인계산의 구조 및 특징 … 125
3. 회사 감가상각비의 계산 … 127
4. 상각범위액의 계산 … 128
5. 상각부인액의 사후관리 … 138
6. 감가상각의 의제 … 139
7. 기타 세부사항 … 140

09 지급이자 손금불산입
1. 지급이자 손금불산입의 구분과 계산순서 … 144
2. 1순위: 채권자가 불분명한 사채이자 … 144
3. 2순위: 비실명 채권·증권의 이자 … 145
4. 3순위: 건설자금에 충당한 차입금이자 … 145
5. 4순위: 업무무관자산 등에 대한 지급이자 … 148

10 기업업무추진비와 기부금
1. 기업업무추진비의 개념과 범위 … 152
2. 기업업무추진비의 계산 … 154
3. 기업업무추진비의 세무조정 … 157
4. 기부금의 개념과 범위 … 158
5. 기부금의 구분 … 159
6. 기부금의 한도액 … 161
7. 기부금의 평가와 손익시기 … 162
8. 기부금의 세무조정 … 163

11 충당금
1. 충당금의 개요 … 166
2. 퇴직급여충당금 … 167
3. 퇴직연금충당금 … 170
4. 대손충당금 … 172
5. 일시상각충당금(압축기장충당금)과 구상채권상각충당금 … 177

12 준비금
1. 법인세법상 준비금 … 182
2. 「조세특례제한법」상 준비금 … 186

13 부당행위계산의 부인
1. 부당행위계산의 부인 개괄 … 190
2. 유형1: 재화 및 용역의 수수 … 194
3. 유형2: 가지급금 인정이자 … 196
4. 유형3: 불공정자본거래로 인한 이익분여 … 198

14 과세표준의 계산
1. 과세표준의 계산 … 202
2. 이월결손금 … 202
3. 비과세소득 및 소득공제 … 207

15 산출세액 및 차감납부세액의 계산
1. 산출세액의 계산 … 212
2. 차감납부세액의 계산구조 … 215
3. 세액감면 … 215
4. 세액공제 … 216
5. 기납부세액 … 222
6. 최저한세 및 농어촌특별세 … 227

16 법인세 납세절차
1. 법인세의 신고와 납부 … 232
2. 법인세의 결정·경정·징수 및 환급 … 235
3. 가산세 … 237

17 기타 법인세
1. 비영리법인의 법인세 … 242
2. 청산소득에 대한 법인세 … 247
3. 외국법인의 법인세납세의무 … 250

18 합병 및 분할
1. 합병 … 260
2. 분할 … 267
3. 현물출자 시 과세이연 특례 … 273

19 연결납세제도
1. 연결납세제도 개괄 … 276
2. 연결납세방식의 적용과 변경 … 277
3. 연결소득금액의 계산 … 281
4. 연결과세표준의 계산 … 282
5. 연결산출세액의 계산 … 283
6. 신고 및 납부 … 284

제6편 소득세법

01 총칙
1. 소득세 개요 — 292
2. 납세의무자 — 296
3. 과세기간 — 301
4. 납세지 — 302

02 금융소득
1. 이자소득 — 308
2. 배당소득 — 313
3. 금융소득의 과세방법 — 319

03 사업소득
1. 사업소득의 범위 — 326
2. 사업소득금액의 계산 — 330

04 근로소득
1. 근로소득의 범위 — 352
2. 근로소득금액의 계산 — 362
3. 근로소득의 수입시기 — 363
4. 근로소득의 과세방법 — 365

05 연금소득 및 기타소득
1. 연금소득 — 370
2. 기타소득 — 377

06 소득금액계산의 특례
1. 부당행위계산의 부인 — 388
2. 결손금 및 이월결손금의 공제 — 389
3. 공동사업에 대한 소득금액계산 특례 — 393
4. 기타 소득금액계산의 특례 — 396

07 종합소득과세표준의 계산
1. 종합소득과세표준의 계산구조 — 400
2. 인적공제 — 400
3. 연금보험료공제 및 주택담보노후연금 이자비용공제 — 404
4. 특별소득공제 — 405
5. 「조세특례제한법」상 소득공제 — 406
6. 소득공제 기타 규정 — 408

08 차감납부세액의 계산
1. 종합소득 차감납부세액의 계산구조 — 412
2. 종합소득산출세액의 계산 — 412
3. 세액감면 및 세액공제 — 414
4. 기납부세액 — 429

09 퇴직소득세
1. 퇴직소득 개괄 — 438
2. 퇴직소득금액 및 퇴직소득세의 계산 — 439
3. 퇴직소득세 과세방법 — 442

10 양도소득세
1. 양도소득 개괄 — 446
2. 비과세 양도소득 — 452
3. 취득 및 양도시기 — 459
4. 양도소득세의 계산 — 460
5. 특수한 경우의 양도소득 산출세액의 계산 — 471
6. 미등기양도자산에 대한 불이익 — 475
7. 양도소득 차감납부세액의 계산 — 476
8. 국외자산에 대한 양도소득세 — 479
9. 거주자 출국 시 국내 주식 등에 대한 과세특례 — 481

11 소득세의 납세절차
1. 소득세의 신고와 납부 — 486
2. 결정 및 경정 — 490
3. 징수 및 환급 — 492
4. 가산세 — 493
5. 비거주자에 대한 과세방법 — 495

제7편 상속세 및 증여세법

01 상속세
1. 재산의 이전에 대한 과세체계 — 502
2. 상속세 총칙 — 503
3. 상속세액의 계산 — 506
4. 상속세 과세표준의 계산 — 512
5. 상속세 산출세액의 계산 — 520
6. 상속세 신고납부세액의 계산 — 520

02 증여세
1. 증여세 총칙 — 526
2. 증여세액의 계산 — 529
3. 증여세 과세표준의 계산 — 534
4. 증여세 산출세액의 계산 — 537
5. 증여세 신고납부세액의 계산 — 537
6. 특수한 경우의 증여재산가액의 계산 — 538
7. 증여추정 및 증여의제 — 543

03 상속세 및 증여세의 납세절차
1. 상속세의 납세절차 — 550
2. 증여세의 납세절차 — 550
3. 신고세액의 납부 — 551
4. 결정 및 경정 — 560

04 재산의 평가
1. 시가 평가의 원칙 — 564
2. 시가의 보충적 평가방법 — 565

제5편

법인세법

01	총칙	11	충당금
02	법인세 계산구조	12	준비금
03	익금과 익금불산입	13	부당행위계산의 부인
04	손금과 손금불산입	14	과세표준의 계산
05	손익의 귀속시기	15	산출세액 및 차감납부세액의 계산
06	자산의 취득가액 및 자산·부채의 평가	16	법인세 납세절차
07	의제배당	17	기타 법인세
08	감가상각비	18	합병 및 분할
09	지급이자 손금불산입	19	연결납세제도
10	기업업무추진비와 기부금		

CHAPTER 01

총칙

① 법인세의 의의와 분류
② 법인세의 납세의무자
③ 사업연도
④ 납세지

• 최신 8개년 출제 경향 분석

01 법인세의 의의와 분류

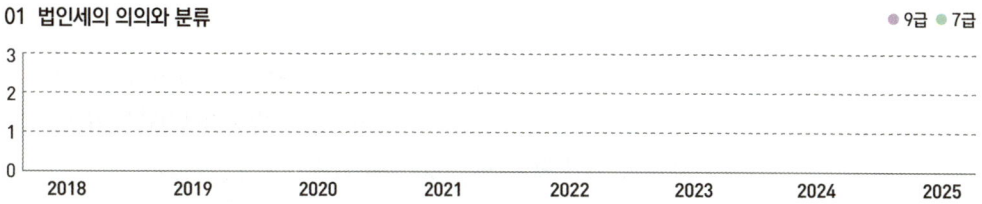

02 법인세의 납세의무자

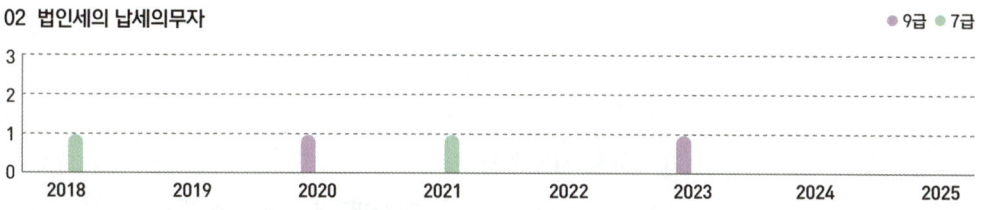

03 사업연도

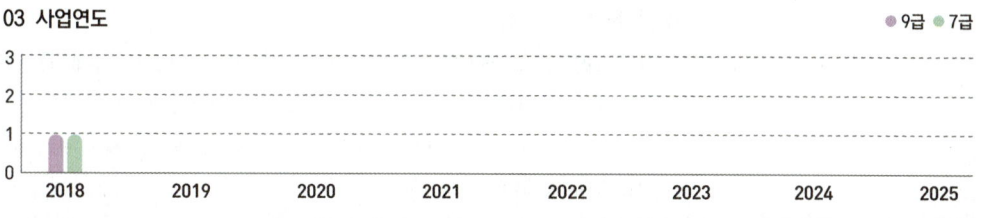

04 납세지

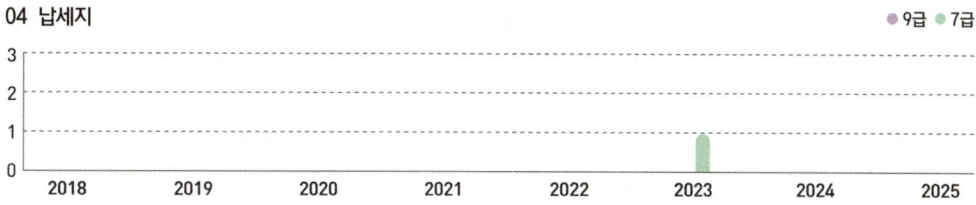

1 법인세의 의의와 분류

1 법인세의 의의

법인세는 법인이 얻은 소득에 대하여 그 법인에게 부과되는 조세이다. 우리나라는 개인소득세만을 '소득세'로, 법인소득세는 '법인세'라고 부른다. 「법인세법」은 법인세의 과세 요건과 절차를 규정함으로써 법인세를 공정하게 과세하고, 납세의무의 적절한 이행을 확보하며, 재정수입의 원활한 조달에 이바지함을 목적으로 한다.

2 법인세의 분류(과세소득)

「법인세법」은 포괄적 소득개념으로서 순자산증가설의 입장을 취하고 있다. 이러한 법인세의 과세 대상 소득은 다음과 같이 분류된다.

(1) 각 사업연도 소득

내국법인의 각 사업연도의 소득은 그 사업연도에 속하는 익금의 총액에서 그 사업연도에 속하는 손금의 총액을 뺀 금액으로 한다(법법 14 ①). 이는 기본적인 법인세의 과세소득이다.

(2) 토지 등 양도소득

법인이 일정한 토지 등(주택·별장과 비사업용 토지)을 양도함으로써 발생하는 소득을 말한다. 이는 법인의 부동산투기를 방지하기 위하여 과세하는 소득이다.

(3) 청산소득

① 청산소득의 의의

각 사업연도 소득에 대한 법인세는 매 사업연도 단위로 과세되는 법인세인 반면 청산소득에 대한 법인세는 법인이 해산(합병이나 분할에 의한 해산은 제외)한 때 발생하는 청산소득을 과세대상으로 하여 청산할 때 단 한 번 과세되는 법인세이다.

② 청산소득의 계산

청산소득은 그 법인의 해산에 의한 잔여재산의 가액에서 해산등기일 현재의 자본금 또는 출자금과 잉여금의 합계액을 공제한 금액으로 한다(법법 79 ①). 이때 청산소득에 적용하는 세율은 각 사업연도 소득에 대한 법인세의 세율과 동일하다.

③ 청산소득의 신고·납부

청산소득은 잔여재산가액확정일이 속하는 달의 말일부터 3개월 이내 신고·납부한다. 내국법인이 해산한 경우의 각 사업연도의 소득에 대한 법인세는 청산소득에 대한 신고·납부에 의해 비로소 최종적으로 정산된다.

(4) 미환류소득

법에 정한 요건을 충족한 법인의 기업소득을 투자, 임금 증가 등에 활용하도록 유도하기 위해 투자, 임금증가 등이 당기 소득의 일정액에 미달하는 경우 그 미달액을 미환류소득으로 보아 각 사업연도 소득에 대한 법인세에 추가하여 과세한다.

> ① 세율: 20%
> ② 신고·납부기한: 각 사업연도 소득에 대한 법인세 신고·납부기한과 동일하며, 각 사업연도소득에 대한 법인세와 함께 신고·납부한다.

오쌤 Talk

토지 등 양도소득에 대한 법인세

① 세율

구분	기본세율	미등기자산
주택 및 별장	20%	40%
비사업용토지	10%	40%
조합원입주권 및 분양권	20%	-

② 신고·납부기한: 각 사업연도 소득에 대한 법인세 신고·납부기한과 동일하며, 각사업연도 소득에 대한 법인세와 함께 신고·납부한다.

오쌤 Talk

청산소득

청산소득은 법인이 해산으로 인하여 청산할 때 발생하는 청산소득을 과세대상으로 하므로 단 1회 과세하는 법인세이다. 각 사업연도 소득으로 과세되지 않은 부분을 법인이 소멸하기 전에 과세한다는 것이다. 그러므로 세율도 각 사업연도소득에 대한 법인세와 동일하게 적용된다.

오쌤 Talk

청산소득 구성

청산소득은 주로 과세에서 누락된 부분이나 자산의 가치상승분(미실현이익) 등으로 구성된다.

오쌤 Talk

미환류소득에 대한 법인세 적용 대상 축소

2023 세법 개정으로 자기자본 500억 초과 법인이 적용대상에서 제외되어 상호출자제한기업집단에 속하는 내국법인만 적용 대상이 되었다.

3 법인 설립신고 C

내국법인은 그 설립등기일(사업의 실질적 관리장소를 두게 되는 경우에는 그 실질적 관리장소를 두게 된 날을 말하며, 법인과세 신탁재산의 경우에는 설립일을 말한다)부터 2개월 이내에 법인 설립신고서에 정관과 주주 등의 명세서와 사업자등록 서류 등(법인과세 신탁재산의 경우 수탁자의 명칭과 본점이나 주사무소 또는 실질적 관리장소의 소재지와 대표자의 성명을 기재)을 첨부하여 납세지 관할 세무서장에게 신고하여야 한다(법법 109 ①).

4 실질과세 C

자산이나 사업에서 생기는 수입의 전부 또는 일부가 법률상 귀속되는 법인과 사실상 귀속되는 법인이 서로 다른 경우에는 그 수입이 사실상 귀속되는 법인에 대하여 「법인세법」을 적용한다. 법인세의 과세소득이 되는 금액의 계산에 관한 규정은 소득·수익 등의 명칭이나 형식에도 불구하고 그 실질 내용에 따라 적용한다.

2 법인세의 납세의무자

1 납세의무자의 의의 B

다음의 법인은 「법인세법」에 따라 그 소득에 대한 법인세를 납부할 의무가 있다(법법 3 ①).

> ① 내국법인
> ② 국내원천소득이 있는 외국법인

법인세의 납세의무자는 법인이며, 이때 법인에는 「국세기본법」상 법인으로 보는 단체도 포함된다.

2 내국법인과 외국법인 B

★★ **(1) 구분**

① 내국법인

'내국법인'이란 본점·주사무소(또는 사업의 실질적 관리장소)가 국내에 있는 법인을 말한다(법법 2 (1)).

② 외국법인

'외국법인'이란 본점·주사무소가 외국에 있는 법인(사업의 실질적 관리장소가 국내에 있지 아니하는 경우만 해당)을 말한다(법법 2 (3)).

★★ **(2) 납세의무 범위**

내국법인은 국내원천소득뿐 아니라 국외원천소득에 대해서도 각 사업연도의 소득에 대한 법인세 납세의무를 지는 데 반하여(무제한 납세의무), 외국법인은 각 사업연도의 국내원천소득과 법에 따른 토지 등 양도소득에 대한 법인세 납세의무(제한 납세의무)를 진다(법법 4 ④ (1), (2)).

 오쌤 Talk

실질적인 관리장소

외국에 본점을 둔 법인일지라도 사업의 실질적인 관리장소가 국내에 있는 경우에는 내국법인으로 본다. 사업의 실질적인 관리장소는 국내에 두고, 본점·주사무소는 상대적으로 세율이 낮은 외국에 두는 경우 그 법인을 내국법인으로 보지 않게 되면 이를 통해 세부담의 회피가 가능하게 되므로 사업의 실질적인 관리장소를 고려하도록 규정을 만들었다.

기출 OX

01. 영리내국법인은 국외원천소득에 대하여 각 사업연도의 소득에 대한 법인세 납세의무를 지는 반면, 영리외국법인은 국외원천소득에 대하여 각 사업연도의 소득에 대한 법인세 납세의무를 지지 아니한다. 2007.9급

정답 O

3 영리법인과 비영리법인 B

★★ **(1) 구분**

① 영리법인

'영리법인'이란 영리를 목적으로 하는 법인을 말한다. 여기서 '영리'란 단순히 이윤추구를 목적으로 하는 사업을 하는 것에 그치지 않고, 그러한 사업에서 발생한 이윤을 구성원에게 분배하는 것을 가리킨다.

② 비영리법인

'비영리법인'이란 학술·종교·자선 기타 영리 아닌 사업을 목적으로 하는 법인을 말한다. 비영리법인도 수익사업으로서 영리사업을 경영할 수는 있으나, 그 이윤을 구성원에게 귀속시킬 수 없으며 고유목적사업에 사용해야 한다.

> **참고**
>
> **비영리내국법인의 범위**
>
> "비영리내국법인"이란 내국법인 중 다음의 어느 하나에 해당하는 법인을 말한다(법법 2 (2)).
>
> ① 「민법」제32조에 따라 설립된 법인
> ② 「사립학교법」이나 그 밖의 특별법에 따라 설립된 법인으로서 ①에 규정된 목적과 유사한 목적을 가진 법인
> ③ 「국세기본법」에 따른 법인으로 보는 단체

기출 OX

02. 「민법」제32조에 따라 설립된 법인으로서 국내에 주사무소를 둔 법인은 비영리내국법인에 해당한다. 2016.9급
정답 O

★★ **(2) 각 사업연도 소득에 대한 납세의무의 범위**

① 영리법인

영리법인은 해당 법인에 귀속되는 모든 소득에 대하여 각 사업연도의 소득에 대한 법인세를 납부할 의무가 있다.

② 비영리 법인

비영리내국법인의 각 사업연도의 소득은 제조업, 건설업, 도매 및 소매업 등의 수익사업으로서 법령으로 정 하는 것, 이자소득, 배당소득, 주식·신주인수권 또는 출자지분의 양도로 인한 수입 등 법에서 열거한 수익사업(Link - p.242)에서 생기는 소득으로 한정한다(법법 4 ③). 본래 비영리법인은 수익사업에서 얻은 이익을 고유목적사업을 위하여 사용하므로 이에 대한 법인세를 과세하지 않는 것이 바람직할 것이다. 그러나 이렇게 되면 동일한 영리사업에 대하여 영리법인과 비영리법인 사이의 과세형평이 침해되고, 비영리법인이 영리법인에 비해 경쟁에 있어 유리한 지위에 서게 될 수 있으므로 공정경쟁을 유도할 목적으로 영리법인과 마찬가지로 비영리법인에 대해서도 수익사업에서 발생하는 소득에 대해서는 법인세를 부과하는 것이다.

03. 비영리내국법인이 신주인수권의 양도로 생기는 수입에 대하여는 법인세를 부과한다. 2016.9급
정답 O

4 비과세법인과 과세법인 A

(1) 비과세법인

내국법인 중 국가와 지방자치단체(지방자치단체조합을 포함)는 그 소득에 대한 법인세를 납부할 의무가 없다(법법 3 ②).

(2) 과세법인

외국법인 중 외국의 정부·지방자치단체 및 영리를 목적으로 하지 아니하는 법인(법인으로 보는 단체를 포함)은 비영리외국법인으로서 우리나라에서의 법인세 납세의무가 있다. 그러므로 외국정부와 외국지방자치단체는 비영리외국법인으로 보고 각 사업연도의 국내원천소득은 수익사업에서 생기는 소득으로 한정하여 법인세가 과세된다(법법 2 (4), 4 ⑤).

5 기타의 법인세 납세의무 A

(1) 토지 등 양도소득에 대한 법인세

토지 등 양도소득에 대한 법인세는 내국법인과 외국법인, 영리법인과 비영리법인 등 모든 형태의 법인에 대해 과세한다(법법 4 ①, ④). 즉, 부동산 투기의 억제를 목적으로 과세하는 것이므로 법인의 종류에 따라 차등을 두지 않는다.

(2) 청산소득에 대한 법인세

청산소득에 대한 납세의무를 지는 것은 영리내국법인에 국한되며, 비영리내국법인과 외국법인은 납세의무를 지지 않는다(법법 4 ①, ④). 비영리법인의 경우에는 해산으로 인한 잔여재산을 구성원에게 분배할 수 없고 보통 이를 다른 외국법인이나 국가에 인도해야 하기 때문에, 그리고 외국법인의 경우에는 해산이 본점 소재지인 외국에서 행해지기 때문에 청산소득에 대한 법인세를 부과할 수 없는 것이다.

(3) 원천징수소득

내국법인 및 외국법인과 「소득세법」에 따른 거주자 및 비거주자 중 「법인세법」에 따라 법인세를 원천징수하는 자는 해당 법인세를 납부할 의무가 있다(법법 3 ④).

(4) 연결납세법인의 연대납세의무

연결법인은 둘 이상의 내국법인을 하나의 과세표준과 세액을 계산하는 단위로 하여 법에 따라 법인세를 신고·납부하는 방식을 적용받는 내국법인을 말한다(법법 2 (6), (7)). 연결법인은 각 연결사업연도의 소득에 대한 법인세(각 연결법인의 토지 등 양도소득에 대한 법인세와 조세특례제한법에 따른 투자·상생협력 촉진을 위한 과세특례를 적용하여 계산한 법인세를 포함)를 연대하여 납부할 의무가 있다(법법 3 ③).

기출 OX

04. 내국법인 중 국가와 지방자치단체(지방자치단체조합을 포함한다)는 그 소득에 대한 법인세를 납부할 의무가 없다. 2023. 9급 최신
정답 O

기출 OX

05. 「법인세법」에 따른 중소기업이 등기된 비사업용 토지를 양도한 경우에는 토지 등 양도소득에 대한 법인세를 납부할 의무가 없다. 2015. 9급
정답 X

06. 내국법인은 물론 외국법인도 토지 등 양도소득에 대한 법인세 납세의무를 진다. 2007. 9급
정답 O

07. 비영리내국법인은 청산소득에 대한 법인세를 납부할 의무가 없다. 2023. 9급 최신
정답 O

08. 영리외국법인은 청산소득에 대한 법인세를 납부할 의무가 있다. 2023. 9급 최신
정답 X

09. 국세기본법상 법인으로 보는 법인 아닌 단체는 수익사업에서 생긴 소득과 토지 등 양도소득에 대한 법인세를 납부할 의무가 있다. 2008. 7급
정답 O

확인문제

01. 법인세 과세대상소득에 해당하는 것은? 2005. 9급
① 국가 및 지방자치단체의 각 사업연도 소득 중 국내원천소득
② 영리내국법인의 각 사업연도소득 중 국외원천소득
③ 영리외국법인의 청산소득
④ 비영리내국법인의 청산소득

정답 ②

기출 OX

10. 외국법인과 「소득세법」에 따른 비거주자를 제외하고 내국법인 및 「소득세법」에 따른 거주자는 「법인세법」에 따라 원천징수하는 법인세를 납부할 의무가 있다. 2015. 9급
정답 X

확인문제

02. 「법인세법」상 납세의무자에 대한 설명으로 옳은 것은 모두 몇 개인가?
2017. 7급

○ 영리외국법인은 토지 등 양도소득에 대한 법인세 납세의무는 있지만 청산소득에 대한 법인세 납세의무는 없다.
○ 비영리외국법인은 국내원천소득 중 수익사업에서 생기는 소득에 대해 법인세 납세의무가 있다.
○ 비영리내국법인은 토지 등 양도소득에 대한 법인세 납세의무는 있지만 미환류소득(투자·상생협력촉진세제)에 대한 법인세 납세의무는 없다.
○ 연결법인은 각 연결사업연도의 소득에 대한 법인세(각 연결법인의 토지 등 양도소득에 대한 법인세와 투자·상생 협력 촉진을 위한 과세특례에 대한 법인세 포함)를 연대하여 납부할 의무가 있다.
○ 외국의 정부 및 지방자치단체는 비과세법인에 해당하므로 법인세 납세의무가 없다.

① 2개　② 3개　③ 4개　④ 5개

정답 ③

오쌤 Talk

신탁소득
신탁(신탁회사)을 그 신탁의 이익을 받는 수익자에게 흘러가는 소득의 도관으로 보아 실질적인 이익의 수익자에게 과세하려는 실질과세의 원칙에 근거한 규정이다.

기출 OX

11. 「법인세법」상 신탁재산에 귀속되는 소득은 위탁자가 신탁재산을 실질적으로 지배·통제하고 있더라도, 수익자가 해당 신탁재산을 가진 것으로 보고 「법인세법」을 적용한다. 2016. 9급 수정

정답 X

참고

[법인 종류별 과세소득의 범위]

구분		각사업연도 소득금액	토지 등 양도소득	청산소득	미환류소득
내국법인	영리법인	**국내외** 모든 원천소득	O	O	O
	비영리법인	**국내외** 원천소득 중 일정한 수익사업에서 생기는 소득	O	X	X
외국법인	영리법인	**국내** 원천소득	O	X	X
	비영리법인	**국내** 원천소득 중 일정한 수익사업에서 생기는 소득	O	X	X
국가·지방자치단체		비과세법인			

(5) 신탁소득

① 원칙

신탁재산에 귀속되는 소득에 대해서는 그 신탁의 이익을 받을 수익자가 그 신탁재산을 가진 것으로 본다(법법 5 ①).

② 예외

구분	내용
㉠ 수탁자에게 과세하는 경우	다음의 어느 하나에 해당하는 신탁으로서 법령으로 정하는 요건을 충족하는 신탁*(「자본시장과 금융투자업에 관한 법률」에 따른 투자신탁 및 「소득세법」에 따른 비금전 신탁 수익증권이 발행된 신탁**NEW**은 제외)의 경우에는 신탁재산에 귀속되는 소득에 대하여 그 신탁의 수탁자(내국법인 또는 거주자인 경우에 한정)가 법인세를 납부할 의무가 있다. 이 경우 신탁재산별로 각각을 하나의 내국법인으로 본다. ⓐ 「신탁법」에 따른 목적신탁 ⓑ 「신탁법」에 따른 수익증권발행신탁 ⓒ 「신탁법」에 따른 유한책임신탁 ⓓ 그 밖에 ⓐ~ⓒ의 규정에 따른 신탁과 유사한 신탁으로서 법령으로 정하는 신탁
㉡ 위탁자에게 과세하는 경우	법령으로 정하는 요건을 충족하는 신탁***의 경우에는 신탁재산에 귀속되는 소득에 대하여 그 신탁의 위탁자가 법인세를 납부할 의무가 있다.
구분	내용

* 아래 '***' ⓐ 및 ⓑ 모두에 해당하지 아니하는 신탁을 말한다(법령 3의2 ①).
** 금전이 아닌 재산의 신탁계약에 의한 수익권이 표시된 수익증권으로서 법령으로 정하는 수익증권을 말한다(소법 17 ① (5의3)).
*** 법령으로 정하는 요건을 충족하는 신탁이란 다음의 어느 하나에 해당하는 신탁을 말한다(법령 3의2 ②).

　ⓐ 위탁자가 신탁을 해지할 수 있는 권리, 수익자를 지정하거나 변경할 수 있는 권리, 신탁 종료 후 잔여재산을 귀속 받을 권리를 보유하는 등 신탁재산을 실질적으로 지배·통제할 것
　ⓑ 신탁재산 원본을 받을 권리에 대한 수익자는 위탁자로, 수익을 받을 권리에 대한 수익자는 위탁자의 지배주주 등의 배우자 또는 같은 주소 또는 거소에서 생계를 같이 하는 직계존비속(배우자의 직계존비속을 포함)으로 설정했을 것

③ 「자본시장과 금융투자업에 관한 법률」 특례
「자본시장과 금융투자업에 관한 법률」의 적용을 받는 법인의 신탁재산(보험회사의 특별계정은 제외)에 귀속되는 수입과 지출은 그 법인에 귀속되는 수입과 지출로 보지 않는다(법법 5 ④).

> **참고**
>
> **법인과세 신탁재산의 각 사업연도의 소득에 대한 법인세 과세특례**
>
> ① 신탁재산에 대한 법인세 과세방식의 적용
>
> ㉠ 수탁자의 납세의무: 법인과세 수탁자는 법인과세 신탁재산에 귀속되는 소득에 대하여 그 밖의 소득과 구분하여 법인세를 납부하여야 한다.
> ㉡ 수익자의 제2차 납세의무: 재산의 처분 등에 따라 법인과세 수탁자가 법인과세 신탁재산의 재산으로 그 법인과세 신탁재산에 부과되거나 그 법인과세 신탁재산이 납부할 법인세 및 강제징수비를 충당하여도 부족한 경우에는 그 신탁의 수익자(신탁이 종료되어 신탁재산이 귀속되는 자를 포함한다)는 분배받은 재산가액 및 이익을 한도로 그 부족한 금액에 대하여 제2차 납세의무를 진다(법법 75의11 ②).
> ㉢ 소득처분: 법인과세 신탁재산이 그 이익을 수익자에게 분배하는 경우 배당으로 본다(법법 75의11 ③).
>
> ② 공동수탁자가 있는 신탁재산
>
> ㉠ 대표수탁자의 납부의무: 하나의 법인과세 신탁재산에 둘 이상의 수탁자가 있는 경우 수탁자 중 신탁사무를 주로 처리하는 수탁자(대표수탁자)로 신고한 자가 법인과세 신탁재산에 귀속되는 소득에 대하여 법인세를 납부하여야 한다(법법 75의13 ①).
> ㉡ 연대납부의무: 대표수탁자 외의 수탁자는 법인과세 신탁재산에 관계되는 법인세에 대하여 연대하여 납부할 의무가 있다(법법 75의13 ②).
>
> ③ 적용 배제
> 신탁계약의 변경 등으로 법인과세 신탁재산에 해당하지 않게 되는 경우 그 사유가 발생한 날이 속하는 사업연도분부터 적용하지 않는다(법법 75의11 ④). 또한, 법인과세 신탁재산에 대해서는 성실신고확인서 제출의무 및 중간예납의무 규정을 적용하지 않는다(법법 75의17).
>
> ④ 법인과세 신탁재산 소득공제
>
> ㉠ 원칙: 신탁재산이 수익자에게 배당한 경우에 그 금액을 배당을 결의한 잉여금 처분의 대상이 되는 사업연도의 소득금액에서 공제한다. 배당수익자가 「조세특례제한법」의 특례를 적용 받는 동업기업이면 그 동업자들(그 동업자들의 전부 또는 일부가 상위 동업기업에 해당하는 경우에는 그 상위 동업기업에 출자한 동업자들)에 대하여 법에 따라 배분 받은 배당에 해당하는 소득세 또는 법인세가 전부 과세되는 경우에도 배당을 결의한 잉여금 처분의 대상이 되는 사업연도의 소득금액에서 공제한다(법법 75의14 ①, ②).
> ㉡ 예외: 배당을 받은 **법인과세 신탁재산의 수익자에 대하여** 법에 따라 **배당에 대한 소득세 또는 법인세가 비과세되는 경우에는 그 금액을 해당 배당을 결의한 잉여금 처분의 대상이 되는 사업연도의 소득금액에서 공제하지 않는다**(법법 75의14 ①).
> ㉢ 신청: 배당을 결의한 잉여금 처분의 대상이 되는 사업연도의 소득금액에서 공제를 받으려는 수탁자는 법으로 정하는 바에 따라 소득공제 신청을 해야 한다.

기출 OX

12. 「법인세법」상 「자본시장과 금융투자업에 관한 법률」의 적용을 받는 법인의 신탁재산(같은 법 제251조제1항에 따른 보험회사의 특별계정은 제외)에 귀속되는 수입과 지출은 그 법인에 귀속되는 수입과 지출로 보지 아니한다.

2020. 9급
정답 O

확인문제

03. 신탁계약에 적용되는 소득세와 법인세 납세의무에 대한 설명으로 옳지 않은 것은? (단, 신탁계약은 2021년 1월 1일 이후 체결된 것으로 가정한다)

2021. 7급 수정

① 법인과세 신탁재산이 수익자에게 배당한 경우(수익자에 대하여 배당에 대한 소득세 또는 법인세가 비과세되는 경우임)에는 그 금액을 해당 배당을 결의한 잉여금 처분의 대상이 되는 사업연도의 소득금액에서 공제한다.
② 위탁자가 신탁을 해지할 수 있는 권리를 보유하는 신탁의 경우에는 신탁재산에 귀속되는 소득에 대하여 그 신탁의 위탁자가 법인세를 납부할 의무가 있다.
③ 「신탁법」에 따른 수익증권발행신탁으로서 법령으로 정하는 요건을 충족하는 신탁(「자본시장과 금융투자업에 관한 법률」에 따른 투자신탁은 제외)의 경우에는 신탁재산에 귀속되는 소득에 대하여 그 신탁의 수탁자(내국법인 또는 거주자인 경우에 한정)가 법인세를 납부할 의무가 있다.
④ 신탁재산에 귀속되는 소득은 수익자에게 귀속되는 것으로 보고 수익자를 소득세 납세의무자로 한다. 다만 위탁자가 신탁재산을 실질적으로 통제하는 경우에는 신탁재산에 귀속되는 소득은 위탁자에게 귀속되는 것으로 보고 위탁자를 소득세 납세의무자로 한다.

정답 ①

3 사업연도

1 개념 C

계속기업인 법인의 소득은 끊임없이 계속하여 발생하지만, 과세를 위해서는 이를 일정한 기간을 단위로 구획하여 파악하지 않을 수 없다. 이처럼 법인의 소득을 계산하는 1 회계기간을 '사업연도'라고 한다(법법 2 (5)).

2 본래의 사업연도 B

★★(1) 법령이나 정관 등에 사업연도의 규정이 있는 경우

사업연도는 법령이나 법인의 정관 등에서 정하는 1 회계기간으로 한다. 다만, 그 기간은 1년을 초과하지 못한다(법법 6 ①). 사업연도가 1년을 초과하지 못하도록 한 것은 사업연도를 길게 설정하여 법인세의 납부를 지연시키는 것을 방지하기 위함이다.

★★(2) 법령이나 정관 등에 사업연도 규정이 없는 경우

① 신고를 한 경우: 법령이나 법인의 정관 등에 사업연도에 관한 규정이 없는 내국법인은 따로 사업연도를 정하여 법인 설립신고(설립등기일·사업의 실질적 관리장소를 두게 된 날 또는 법인과세 신탁재산의 경우에는 설립일부터 2개월 이내) 또는 사업자등록(사업개시일부터 20일 이내)과 함께 납세지 관할 세무서장에게 사업연도를 신고해야 한다(법법 6 ②, 109 ①, 111).

② 신고를 하지 않은 경우: 사업연도를 신고해야 할 법인이 그 신고를 하지 않은 경우에는 매년 1월 1일부터 12월 31일까지를 그 법인의 사업연도로 한다(법법 6 ⑤).

3 외국법인 등의 사업연도 신고 B

★★(1) 국내사업장이 있는 외국법인

국내 사업장이 있는 외국법인으로서 법령이나 정관 등에 사업연도에 관한 규정이 없는 법인은 따로 사업연도를 정하여 국내사업장 설치신고(국내사업장을 가지게 된 날부터 2개월 이내)또는 사업자등록과 함께 납세지 관할 세무서장에게 사업연도를 신고해야 한다(법법 6 ③).

★★(2) 국내사업장이 없으나 부동산 소득 등이 있는 외국법인

국내사업장이 없는 외국법인으로서 국내원천부동산 소득 또는 자산·권리양도소득이 있는 법인은 따로 사업연도를 정하여 그 소득이 최초로 발생하게 된 날부터 1개월 이내에 납세지 관할 세무서장에게 사업연도를 신고해야 한다(법법 6 ④).

★(3) 그 외의 외국법인

국내사업장이 없는 외국법인으로서 부동산소득 또는 자산·권리양도소득이 없는 경우에는 사업연도 신고의무가 없다.

오쌤 Talk

사업연도 vs 신고기한

'사업연도'는 법인의 소득을 계산하는 1회계기간을 의미하고, 이러한 소득을 신고하는 기간은 '신고기한'으로 각 사업연도 종료일이 속하는 달의 말일부터 3개월 이내에 신고해야 한다.

기출 OX

13. 사업연도는 법령이나 법인의 정관 등에서 정하는 1회계기간으로 한다. 다만, 그 기간은 1년을 초과하지 못한다. 　2013. 7급

정답 O

오쌤 Talk

신고 비교

사업자 등록	사업개시일부터 20일 이내
법인설립신고	설립등기일부터 2개월 이내
국내 사업장이 있는 외국법인의 국내 사업장 설치신고	국내 사업장을 갖게 된 날부터 2개월 이내
국내 사업장이 없는 외국법인의 부동산 소득 등의 발생신고	최초 발생일부터 1개월 이내

기출 OX

14. 법령이나 정관 등에 사업연도에 관한 규정이 없는 내국법인은 따로 사업연도를 정하여 법인 설립신고 또는 사업자등록과 함께 납세지 관할 세무서장에게 사업연도를 신고하여야 한다. 　2018. 7급

정답 O

15. 사업연도 신고를 하여야 할 법인이 그 신고를 하지 아니하는 경우에는 매년 1월 1일부터 12월 31일까지를 그 법인의 사업연도로 한다. 　2022. 9급

정답 O

기출 OX

16. 국내사업장이 없는 외국법인으로서 부동산 운영으로 인하여 발생한 소득 또는 국내 자산의 양도소득이 있는 법인은 따로 사업연도를 정하여 그 소득이 최초로 발생하게 된 날부터 3개월 이내에 납세지 관할 세무서장에게 사업연도를 신고하여야 한다. 　2013. 7급

정답 X

4 최초 사업연도 개시일 B

(1) 원칙

법인의 최초 사업연도의 개시일은 다음의 날로 한다(법령 4 ①).

구분	최초 사업연도의 개시일
① 내국법인의 경우	설립등기일
② 외국법인의 경우	국내사업장을 가지게 된 날 (국내사업장이 없는 경우에는 부동산소득 또는 양도소득이 최초로 발생한 날)

(2) 최초 사업연도 개시일 전 손익

최초 사업연도의 개시일 전에 생긴 손익을 사실상 그 법인에 귀속시킨 것이 있는 경우, 조세포탈의 우려가 없을 때에는 최초 사업연도의 기간이 1년을 초과하지 않는 범위 내에서 이를 해당 법인의 최초 사업연도의 손익에 산입할 수 있다. 이 경우 최초 사업연도의 개시일은 당해 법인에 귀속시킨 손익이 최초로 발생한 날로 한다(법령 4 ②).

(3) 법인으로 보는 단체의 최초 사업연도 개시일

구분	최초 사업연도 개시일
① 법령에 의하여 설립된 단체로 당해 법령에 설립일이 정해진 경우	설립일
② 설립에 관하여 주무관청의 허가 또는 인가를 요하는 단체와 법령에 의하여 주무관청에 등록한 단체	허가일·인가일 또는 등록일
③ 공익을 목적으로 출연된 기본 재산이 있는 재단으로서 등기되지 아니한 단체	그 기본재산의 출연을 받은 날
④ 「국세기본법」에 따라 납세지 관할 세무서장의 승인을 얻은 단체	그 승인일

5 사업연도의 변경 A

(1) 변경신고

사업연도를 변경하려는 법인은 그 법인의 직전 사업연도 종료일부터 3개월 이내에 납세지 관할 세무서장에게 신고해야 한다 (법법 7 ①).

(2) 변경신고가 없는 경우

① 원칙

법인이 사업연도 변경신고를 기한까지 하지 않은 경우에는 그 법인의 사업연도는 변경되지 않은 것으로 본다(법법 7 ②).

② 예외

법령에 따라 사업연도가 정하여지는 법인의 경우 관련 법령의 개정에 따라 사업연도가 변경된 경우에는 사업연도 변경신고를 하지 아니한 경우에도 그 법령의 개정내용과 같이 사업연도가 변경된 것으로 본다(법법 7 ②).

★★ (3) 사업연도가 변경된 경우의 사업연도

종전의 사업연도 개시일부터 변경된 사업연도 개시일 전날까지의 기간을 1사업연도로 한다. 다만, 그 기간이 1개월 미만인 경우에는 변경된 사업연도에 그 기간을 포함한다(법법 7 ③).

★★ (4) 기타사항

① 신설법인의 사업연도

신설법인의 경우에는 최초 사업연도가 경과하기 전에는 사업연도를 변경할 수 없는 것으로 한다(법기통 7-5 … 1).

② 사업연도변경신고서를 미리 제출한 경우의 효력

사업연도변경신고서를 직전 사업연도 종료일 이전에 제출한 경우에도 적법한 변경신고로 본다(법기통 7-5 … 2).

③ 사업연도변경신고서를 늦게 제출한 경우의 효력

사업연도변경신고서를 직전 사업연도 종료일로부터 3월을 경과하여 제출한 경우에는 변경신고한 당해 사업연도는 변경되지 아니한 것으로 본다(법기통 7-5 … 3). 즉, **변경신고서를 늦게 제출한 경우 변경신고한 해당 사업연도는 변경되지 아니하나 그 다음 사업연도부터는 사업연도가 변경**된다.

기출 OX

22. 사업연도의 변경 시 종전 사업연도의 개시일부터 변경된 사업연도의 개시일 전일까지의 기간에 대하여는 이를 1사업연도로 하되, 그 기간이 1월 미만인 경우에는 변경된 사업연도에 이를 포함한다.
2011. 9급
정답 O

23. 사업연도를 변경하고자 하는 법인이 신고기한이 경과한 후에 변경 신고를 한 경우에는 변경신고가 없는 것으로 본다.
2011. 9급
정답 X

예제 1 사업연도의 변경

2023년 ㈜한국의 사업연도는 1월 1일부터 12월 31일까지이다. ㈜한국은 해당 사업연도를 7월 1일부터 다음해 6월 30일까지로 변경하기 위해 다음과 같이 사업연도변경신고서를 제출하였다. 다음 각각의 경우에 따라 「법인세법」상 사업연도는 어떻게 구분되는가?

01 사업연도변경신고서를 2024년 3월 10일까지 제출한 경우

02 사업연도변경신고서를 2024년 4월 10일까지 제출한 경우

풀이

01 사업연도 변경신고서를 2024년 3월 10일까지 제출한 경우
: 직전 사업연도 종료일(2023년 12월 31일)로부터 3개월 이내(2024년 3월 31일)에 변경신고서를 제출한 경우에는 변경신고기한 내 신고된 경우로, 다음과 같이 적용된다.

변경 후 최초 사업연도	2024년 1월 1일 ~ 2024년 6월 30일
그 이후 사업연도	2024년 7월 1일 ~ 2025년 6월 30일

02 사업연도변경신고서를 2024년 4월 10일까지 제출한 경우
: 직전 사업연도 종료일(2023년 12월 31일)로부터 3개월 이내(2024년 3월 31일)에 변경신고서를 제출하지 않았으므로, 다음 사업연도 종료일(2024년 12월 31일)로부터 3개월 이내(2025년 3월 31일)에 변경신고서를 제출한 것으로 보고, 다음과 같이 적용된다.

변경 전 사업연도	2024년 1월 1일 ~ 2024년 12월 31일
변경 후 최초 사업연도	2025년 1월 1일 ~ 2025년 6월 30일
그 이후 사업연도	2025년 7월 1일 ~ 2026년 6월 30일

6 사업연도의 의제 B

사업연도의 의제란 법인에게 해산·합병·분할 등 특수한 사유가 발생하는 경우에는 본래의 사업연도에 불구하고 그 사유발생일을 기준으로 사업연도를 나누는 것으로 **다음의 경우 각각의 기간을 1 사업연도**로 본다.

★★ (1) 내국법인의 해산·청산

① 내국법인이 사업연도 중에 해산한 경우

내국법인이 사업연도 중에 해산(합병 또는 분할에 따른 해산과 조직변경은 제외)한 경우에는 다음의 기간을 각각 1사업연도로 본다(법법 8 ①).

> ㉠ 그 사업연도 개시일부터 해산등기일*까지의 기간
> ㉡ 해산등기일* 다음 날부터 그 사업연도 종료일까지의 기간

* 해산등기일: **파산으로 인하여 해산한 경우에는 파산등기일**, 법인으로 보는 단체는 해산일

② 청산 중인 내국법인의 사업연도

청산 중인 내국법인의 사업연도는 다음의 기간을 각각 1사업연도로 본다(법법 8 ④).

> ㉠ 잔여재산가액이 사업연도 중에 확정된 경우: 그 사업연도 개시일부터 잔여재산가액 확정일까지의 기간
> ㉡ 「상법」에 따라 사업을 계속하는 경우
>   ⓐ 그 사업연도 개시일부터 계속등기일(계속등기를 하지 않은 경우 사실상의 사업 계속일)
>   ⓑ 계속등기일 다음 날부터 그 사업연도 종료일까지의 기간

★★ (2) 합병 또는 분할에 따른 해산의 경우

내국법인이 사업연도 중에 합병 또는 분할에 따라 해산한 경우, **그 사업연도 개시일부터 합병등기일 또는 분할등기일까지의 기간을 그 해산한 법인의 1사업연도**로 본다(법법 8 ②).

★★ (3) 그 외 기타 사업연도 의제

① 법인의 조직을 변경한 경우

내국법인이 사업연도 중에 「상법」 및 기타 법령에 의하여 따른 조직변경을 한 경우에는 조직변경 전의 사업연도가 계속되는 것으로 본다 (법법 8 ③).

② 사업연도 중에 연결납세방식을 적용받는 경우

내국법인이 사업연도 중에 연결납세방식을 적용받는 경우에는 **그 사업연도 개시일부터 연결사업연도 개시일 전날까지의 기간을 1사업연도로 본다**(법법 8 ⑤).

③ 외국법인이 사업연도 중에 국내사업장을 가지지 않게 된 경우

국내사업장이 있는 외국법인이 사업연도 중에 그 국내사업장을 가지지 아니하게 된 경우에는 그 사업연도 개시일부터 그 사업장을 가지지 아니하게 된 날까지의 기간을 1사업연도로 본다. 다만, 국내에 다른 사업장을 계속하여 가지고 있는 경우에는 의제사업연도를 적용하지 않고 신고한 사업연도(무신고 시는 1.1. ~ 12.31.)를 적용한다(법법 8 ⑥).

 기출 OX

24. 내국법인이 사업연도 중에 파산으로 인하여 해산한 경우에는 그 사업연도 개시일부터 파산등기일까지의 기간과 파산등기일의 다음 날부터 그 사업연도 종료일까지의 기간을 각각 1사업연도로 본다. 2018. 7급
정답 O

 기출 OX

25. 청산 중에 있는 내국법인의 잔여재산의 가액이 사업연도 중에 확정된 경우에는 그 사업연도 개시일부터 잔여재산의 가액이 확정된 날까지의 기간을 1사업연도로 본다. 2018. 7급
정답 O

 오쌤 Talk

합병등기일과 분할등기일

합병등기일	합병 후 존속하는 법인: 변경등기일 합병으로 인하여 설립되는 법인: 설립등기일
분할등기일	분할 후 존속하는 법인: 변경등기일 분할로 인하여 설립되는 법인: 설립등기일

 오쌤 Talk

조직변경

'법인의 조직변경'이란 법인의 법률상의 조직을 변경하여 다른 종류의 회사로(예를 들어, 합명회사가 합자회사로, 유한회사가 주식회사로)바뀌는 것을 말하는데, 이와 같이 법률상의 조직이 변경된 경우라 하더라도 법인세 납세의무가 변경되는 것은 아니므로 사업연도를 구분하여 계산할 필요가 없다.

확인문제

04. 「법인세법」상 사업연도에 대한 설명으로 옳지 않은 것은? 2018. 9급

① 법령이나 정관 등에 사업연도에 관한 규정이 없는 내국법인은 따로 사업연도를 정하여 「법인세법」에 따른 법인설립신고 또는 사업자등록과 함께 납세지 관할 세무서장에게 사업연도를 신고하여야 한다.
② 내국법인이 사업연도 중에 합병에 따라 해산한 경우에는 그 사업연도 개시일부터 합병등기일 전날까지의 기간을 그 해산한 법인의 1사업연도로 본다.
③ 내국법인이 사업연도 중에 연결납세방식을 적용받는 경우에는 그 사업연도 개시일부터 연결사업연도 개시일의 전날까지의 기간을 1사업연도로 본다.
④ 국내사업장이 있는 외국법인이 사업연도 중에 그 국내사업장을 가지지 아니하게 된 경우(단, 국내에 다른 사업장을 계속하여 가지고 있는 경우는 제외)에는 그 사업연도 개시일부터 그 사업장을 가지지 아니하게 된 날까지의 기간을 그 법인의 1사업연도로 본다.

정답: ②

기출 OX

26. 국내에 본점 또는 주사무소가 있지 아니한 내국법인의 납세지는 사업을 실질적으로 관리하는 장소의 소재지로 한다. 2023. 7급 [최신]

정답 O

오쌤 Talk

건설업 등을 영위하는 외국법인

건설업 등을 영위하는 외국법인의 국내사업장이 영해에 소재하는 이유 등으로 국내사업장을 납세지로 하는 것이 곤란한 경우 국내의 등기부상 소재지를 납세지로 한다. 다만, 등기부상 소재지가 없으면 국내에서 그 사업에 관한 업무를 총괄하는 장소를 납세지로 한다.

기출 OX

27. 둘 이상의 국내사업장이 있는 외국법인의 납세지는 직전 사업연도의 사업수입금액이 가장 많은 국내사업장의 소재지로 한다. 2023. 7급 [최신]

정답 O

---

④ 국내사업장이 없는 외국법인이 국내원천소득이 발생하지 아니하게 되어 납세지 관할 세무서장에게 이를 신고한 경우

국내사업장이 없는 외국법인이 사업연도 중에 국내원천 부동산소득 또는 국내원천 부동산등양도소득이 발생하지 아니하게 되어 납세지 관할 세무서장에게 그 사실을 신고한 경우에는 그 사업연도 개시일부터 신고일까지의 기간을 1사업연도로 본다(법법 8 ⑦).

⑤ 설립무효 등의 판결을 받은 법인의 경우

법인이 사업연도 기간 중에 설립무효 또는 설립취소의 판결을 받은 경우에는 당해 사업연도 개시일로부터 확정판결일까지를 1사업연도로 본다(법기통 8-0…2).

④ 납세지

1 법인의 납세지 B

'납세지'란 납세의무자가 납세의무를 이행하고 과세권자가 부과징수를 행하는 기준이 되는 장소이다. 법인세는 규정에 따른 납세지를 관할하는 세무서장 또는 지방국세청장이 과세한다(법법 12).

★★ **(1) 내국법인의 납세지**

① 원칙

내국법인의 법인세 납세지는 그 법인의 등기부에 따른 본점이나 주사무소의 소재지로 한다(법법 9 ①).

② 예외

국내에 본점·주사무소가 있지 않는 경우에는 사업을 실질적으로 관리하는 장소의 소재지로 한다.

★★ **(2) 외국법인의 납세지**

① 원칙

외국법인의 법인세 납세지는 국내사업장의 소재지로 한다(법법 9 ②).

② 예외

> ㉠ 국내사업장이 없는 경우
> 국내사업장이 없는 외국법인으로서 부동산소득 또는 자산·권리양도 소득이 있는 외국법인의 경우에는 각각 그 자산의 소재지로 한다. 둘 이상의 자산이 있는 법인에 대하여는 국내원천소득이 발생하는 장소 중 당해 외국법인이 납세지로 신고하는 장소를 납세지로 한다. 이 경우 그 신고는 국내원천소득이 발생한 날부터 1월 이내에 납세지 관할 세무서장에게 해야 한다(법법 9 ②, 법령 7 ④).
> ㉡ 2 이상의 국내사업장이 있는 경우
> 둘 이상의 국내사업장이 있는 외국법인에 대하여는 주된 사업장*(최초로 납세지를 정하는 경우에만)의 소재지를 납세지로 한다(법법 9 ③).

* 주된 사업장: 직전 사업연도의 사업수입금액이 가장 많은 사업장의 소재지

★★ (3) 법인으로 보는 단체

① 원칙

법인으로 보는 단체의 경우에는 당해 단체의 사업장 소재지로 하되 주된 소득이 부동산임대소득인 단체의 경우에는 그 부동산의 소재지를 말한다.

② 예외

> ㉠ 사업장이 없는 단체의 경우
> 사업장이 없는 단체의 경우에는 당해 단체의 정관 등에 기재된 주사무소의 소재지를 말한다. 이때 정관 등에 주사무소에 관한 규정이 없는 단체의 경우에는 그 대표자 또는 관리인의 주소를 말한다(법령 7 ①).
> ㉡ 2 이상의 사업장 또는 부동산을 가지고 있는 단체의 경우
> 2 이상의 사업장 또는 부동산을 가지고 있는 단체의 경우에는 주된 사업장 또는 주된 부동산의 소재지를 말한다(법령 7 ①).

기출 OX
28. 법인으로 보는 단체의 납세지는 관할 지방국세청장이 지정하는 장소로 한다. 2014. 9급
정답 X

2 원천징수한 법인세의 납세지 B

원천징수한 법인세의 납세지는 법으로 정하는 해당 원천징수의무자의 소재지로 한다. 단, 원천징수의무자가 국내에 소재지를 가지지 않는 경우 법으로 정하는 장소로 한다(법법 9 ④). 이는 구체적으로 다음의 장소를 말한다(법령 7 ⑥).

★★ (1) 원천징수의무자가 개인인 경우

① 원천징수의무자가 거주자인 경우

원천징수하는 자가 거주자인 경우에는 그 거주자의 주된 사업장 소재지를 납세지로 한다. 다만, 주된 사업장 외의 사업장에서 원천징수를 하는 경우에는 그 사업장의 소재지, 사업장이 없는 경우에는 그 거주자의 주소지 또는 거소지로 한다(소법 7 ① (1)).

② 원천징수하는 자가 비거주자인 경우

원천징수하는 자가 비거주자인 경우에는 그 비거주자의 주된 국내사업장 소재지를 납세지로 한다. 다만, 주된 국내사업장 외의 국내사업장에서 원천징수를 하는 경우에는 그 국내사업장의 소재지, 국내사업장이 없는 경우에는 그 비거주자의 거류지(居留地) 또는 체류지로 한다(소법 7 ① (2)).

기출 OX
29. 법인세에 대한 원천징수의무자가 거주자인 경우 원천징수한 법인세의 납세지는 사업장의 유무에 상관없이 당해 거주자의 주소지 또는 거소지로 한다. 2014. 9급
정답 X

★ (2) 원천징수의무자가 법인인 경우

① 원칙

법인의 경우 해당 법인의 본점·주사무소를 납세지로 한다. 다만 국내에 본점이나 주사무소가 소재하지 않는 경우에는 사업의 실질적 관리장소(이하 '본점 등')의 소재지를 납세지로 한다(법령 7 ⑥ (2)). 이때 법인으로 보는 단체는 위  (3) 법인으로 보는 단체에 따른 소재지를 말하며 외국법인의 경우 해당 법인의 주된 국내사업장을 납세지로 한다.

② 예외

법인의 지점·영업소 또는 그 밖의 사업장이 독립채산제에 의해 독자적으로 회계사무를 처리하는 경우에는 그 사업장의 소재지(그 사업장의 소재지가 국외에 있는 경우는 제외)를 납세지로 한다. 다만, 법인이 지점·영업소 또는 그 밖의 사업장에서 지급하는 소득에 대한 원천징수세액을 본점 등에서 전자계산조직 등에 의해 일괄계산하는 경우로서 본점 등의 관할 세무서장에게 신고하거나 「부가가치세법」에 따라 사업자단위로 관할 세무서장에게 등록한 경우에는 해당 법인의 본점 등의 소재지로 한다(법령 7 ⑥ (2)).

3 합병 또는 분할로 인하여 소멸하는 법인의 납세지 C

법인이 사업연도 중에 합병 또는 분할로 인하여 소멸한 경우에 피합병법인 등의 각 사업연도의 소득에 대한 법인세 납세지는 합병법인·분할신설법인 또는 분할합병의 상대방법인의 납세지(분할의 경우에는 승계한 자산가액이 가장 많은 법인의 납세지)로 할 수 있다. 이 경우 합병등기일 또는 분할등기일부터 15일 이내에 변경 후 관할 세무서장에게 납세지의 변경을 신고하여야 한다(법령 9 ③).

이때, 피합병법인의 소득은 합병 또는 분할에 따른 양도소득을 포함한다.

4 법인과세 신탁재산의 납세지 C

법인과세 신탁재산의 법인세 납세지는 그 법인과세 수탁자의 납세지로 한다(법법 75의12 ④).

5 납세지의 지정 A

★★(1) 지정사유

<u>관할 지방국세청장(새로이 지정될 납세지가 그 관할을 달리하는 경우에는 국세청장)</u>은 납세지가 그 법인의 납세지로 적당하지 않다고 인정되는 경우로서 다음의 경우에는 <u>그 납세지를 지정할 수 있다.</u>

> ① 내국법인의 본점 등의 소재지가 등기된 주소와 동일하지 아니한 경우
> ② 내국법인의 본점 등의 소재지가 자산 또는 사업장과 분리되어 있어 조세포탈의 우려가 있다고 인정되는 경우
> ③ 둘 이상의 국내사업장을 가지고 있는 외국법인의 경우로서 주된 사업장의 소재지를 판정할 수 없는 경우
> ④ 국내사업장이 없는 외국법인으로서 부동산소득 또는 자산·권리 양도소득이 있는 외국법인이 둘 이상의 자산이 있는 경우로서 납세지 신고를 하지 아니한 경우

★★(2) 납세지의 지정통지

납세지를 지정했을 때에는 그 법인의 <u>당해 사업연도 종료일부터 45일 이내에 해당 법인에게 이를 알려야 하며, 기한 내에 알리지 않은 경우에는 종전의 납세지를 그 법인의 납세지로 한다</u>(법령 8 ③, ④).

오쌤 Talk

용어 이해
① 합병법인: 합병에 따라 설립되거나 합병 존속하는 법인
② 피합병법인: 합병에 따라 소멸하는 법인
③ 분할법인: 분할(분할합병을 포함)에 따라 분할되는 법인
④ 분할신설법인: 분할에 따라 설립되는 법인

기출 OX

30. 내국법인의 본점 등의 소재지가 등기된 주소와 동일하지 아니한 경우 관할 지방국세청장이나 국세청장은 그 법인의 납세지를 지정할 수 있다. 2014. 9급
정답 ○

기출 OX

31. 관할 지방국세청장이 납세지를 지정할 경우 그 법인의 당해 사업연도 종료일로부터 60일 내에 이를 당해 법인에게 통지해야 한다. 2006. 7급
정답 ✕

32. 국세청장은 내국법인의 본점의 소재지가 등기된 주소와 동일하지 아니한 경우 납세지를 지정하여야 하고, 동일하지 아니한 사실을 안 날부터 45일 이내에 지정통지를 하여야 한다. 2023. 7급 최신
정답 ✕

6 납세지의 변경 A

(1) 납세지 변경신고

법인은 납세지가 변경된 경우 **변경된 날부터 15일 이내에 변경 후의 납세지 관할 세무서장에게 이를 신고**해야 한다. 이때, **납세지가 변경된 법인이 「부가가치세법」의 규정에 따라 그 변경된 사실을 신고한 경우에는 납세지 변경신고를 한 것으로 본다**(법법 11 ①). 신고를 받은 세무서장은 그 신고받은 내용을 변경 전의 납세지 관할 세무서장에게 통보해야 한다(법령 9 ②).

(2) 변경신고를 하지 않은 경우

납세지 변경신고를 하지 않은 경우에는 종전의 납세지를 그 법인의 납세지로 한다(법법 11 ②), 다만, 법정기일이 경과한 후라 하더라도 소정의 신고를 한 경우에는 신고한 날로부터 변경된 등기부상의 본점 또는 주사무소의 소재지를 법인의 납세지로 한다.(법기통 11-9…1).

(3) 외국법인의 납세지 변경신고

외국법인도 납세지가 변경된 경우에는 당연히 납세지 변경신고를 하여야 하며, 외국법인이 납세지를 국내에 가지지 아니하게 된 경우에는 그 사실을 납세지 관할 세무서장에게 신고하여야 한다.

> **참고**
>
> **변경신고**
>
> | 구분 | 신고기한 | 신고기한 후 신고 시 |
> |---|---|---|
> | 사업연도 | 직전 사업연도 종료일 + 3개월 이내 | 다음 사업연도부터 적용 |
> | 납세지 | 변경된 날 + 15일 이내 | 변경신고일부터 적용 |

기출 OX

33. 납세지 변경신고는 변경신고 전과 변경신고 후의 관할 세무서장 모두에게 한다. 2002. 9급
정답 X

34. 법인은 납세지가 변경된 경우에는 그 변경된 날부터 15일 이내에 변경 후의 납세지 관할 세무서장에게 변경신고를 하여야 한다. 2023. 7급 (최신)
정답 O

35. 납세지가 변경된 법인이 「부가가치세법」의 규정에 의하여 그 변경된 사실을 신고한 경우에도 「법인세법」의 규정에 의한 변경신고를 하여야 한다. 2014. 9급
정답 X

CHAPTER 02

법인세 계산구조

1. 각사업연도소득에 대한 법인세의 계산구조
2. 세무조정
3. 소득처분

• 최신 8개년 출제 경향 분석

01 각사업연도소득에 대한 법인세의 계산구조

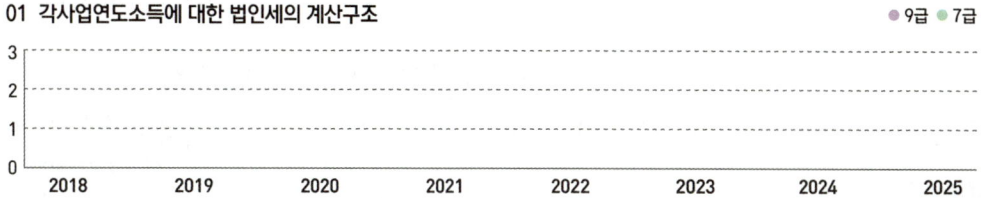

02 세무조정

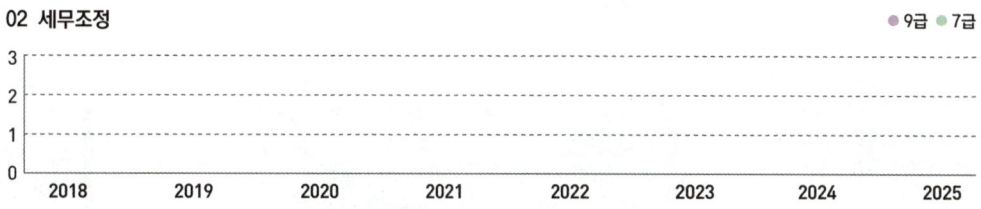

03 소득처분

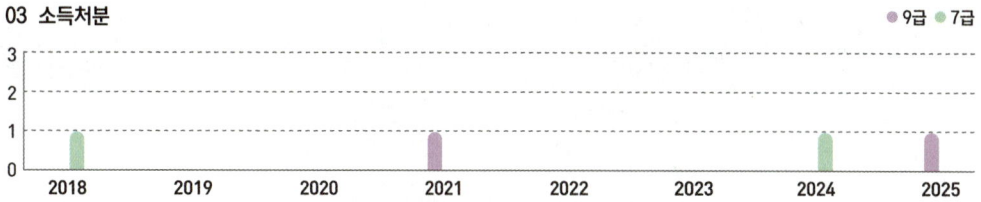

1 각사업연도소득에 대한 법인세의 계산구조

1 각사업연도 소득금액 C

법인의 각사업연도 소득금액은 익금총액에서 손금총액을 차감하여 산출한다.

2 각사업연도 소득금액에 대한 계산구조 C

기업에서는 기업회계에 의한 재무제표만을 작성한다. 세법상의 익금과 손금에 대한 자료를 별도로 정리하고 있지 않으므로 법인세를 신고하기 위하여 익금총액에서 손금 총액을 차감하여 각 사업연도 소득금액을 산출하는 것은 매우 번거롭다. 그러므로 기업이 이미 작성해 둔 결산서상의 당기순이익에서 세무조정을 통하여 각사업연도 소득을 산출한 후 순차적으로 과세표준과 산출세액, 총부담세액, 차가감납부할 세액을 산출한다.

오쌤 Talk

회계와 세법의 차이

익금과 수익, 손금과 비용은 유사한 의미를 가지고 있지만 일치하지는 않는다. 예를 들어, 기업에 발생한 수입을 귀속시키는 시기가 회계상은 발생주의를 기반으로 하지만, 세법의 경우 '권리의무확정주의'를 기반으로 하기 때문에 양자 간 차이가 발생할 수 있다. 또한 비용의 경우에도 회계상에서의 비용과 달리 세법상에서는 정책적인 목적으로 한도를 두고 있거나 비용 자체를 인정하지 않는 경우도 있기 때문이다.

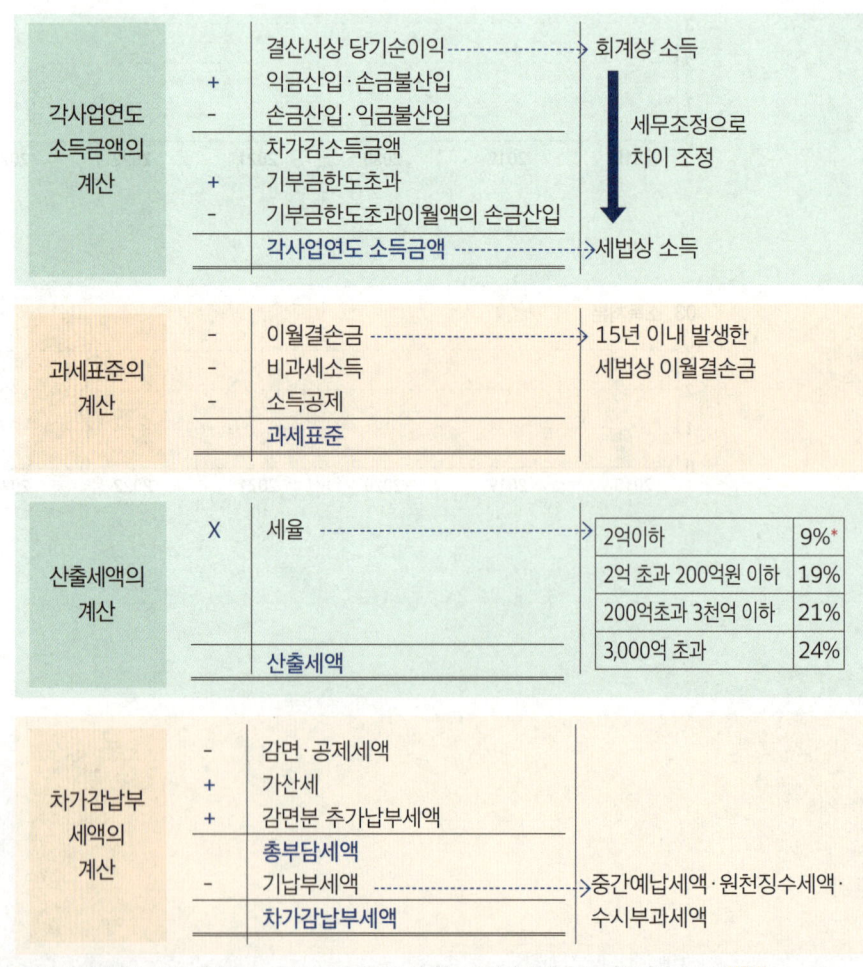

* 부동산임대업을 주된 사업으로 하는 등 법령으로 정하는 요건에 해당하는 내국법인은 19% NEW

② 세무조정

1 세무조정의 개념 C

각 사업연도의 소득은 그 사업연도에 속하는 익금의 총액에서 그 사업연도에 속하는 손금의 총액을 뺀 금액이다(법법 14 ①). 그러나 이는 개념상의 계산일뿐이며, 실제 계산에 있어서는 결산서상 당기순이익을 출발점으로 기업회계와 세법상의 차이를 조정하여 각 사업연도의 소득금액을 계산한다. 이러한 조정 과정을 '세무조정'이라 한다.

2 세무조정의 방법 C

(1) 방법

결산서의 내용	세무조정		법인세법의 내용
수익	(+)익금산입 (−)익금불산입	=	익금총액
−			−
비용	(+)손금산입 (−)손금불산입	=	손금총액
=			=
결산서상 당기순이익 (회계상 소득)	(+)익금산입·손금불산입 (−)손금산입·익금불산입	=	각 사업연도의 소득금액 (세법상 소득)

① **익금산입**: 결산서에 수익으로 계상되어 있지 않지만 「법인세법」에 따른 익금에 해당하는 금액은 소득금액에 가산한다.
② **익금불산입**: 결산서에 수익으로 계상되어 있으나 「법인세법」에 따른 익금에 해당하지 않는 금액은 소득금액에서 차감한다.
③ **손금산입**: 결산서에 비용으로 계상되어 있지 않지만 「법인세법」에 따른 손금으로 인정되는 금액은 소득금액에서 차감한다.
④ **손금불산입**: 결산서에 비용으로 계상되어 있으나 「법인세법」에 따른 손금으로 인정되지 않는 금액은 소득금액에 가산한다.

(2) 구분

① 가산조정
   익금산입과 손금불산입은 모두 소득금액에 가산하는 세무조정이라는 점에서 일치하며, 양자의 구별은 중요하지 않다. 즉, 이들은 소득금액에 가산된다고 하여 '가산조정'이라고 부르기도 한다.
② 차감조정
   마찬가지로 손금산입과 익금불산입은 모두 소득금액에 차감하는 세무조정이라는 점에서 일치하며, 양자의 구별은 중요하지 않다. 즉, 이들은 소득금액에 차감된다고 하여, '차감조정'이라고 부르기도 한다.
③ 소득금액조정
   이러한 세무조정사항은 「소득금액조정합계표」에 표시되며, 여기서 집계된 가산조정금액과 차감조정금액은 *법인세 과세표준 및 세액조정계산서*에 그대로 옮겨진다.

■ 법인세법 시행규칙 [별지 제3호서식] <개정 2024. 3. 22.> (앞쪽)

사 업 연 도	. . ~ . .	법인세 과세표준 및 세액조정계산서		법 인 명	
				사업자등록번호	

① 각 사 업 연 도 소 득 계 산	⑩ 결산서상 당기순손익	01	
	소득조정 금액	⑩ 익 금 산 입	02	
		⑩ 손 금 산 입	03	
	⑩ 차 가 감 소 득 금 액 (⑩+⑩-⑩)	04	
	⑩ 기 부 금 한 도 초 과 액	05	
	⑩ 기부금한도초과이월액 손금산입	54	
	⑩ 각 사업연도소득금액 (⑩+⑩-⑩)	06	

② 과 세 표 준 계 산	⑩ 각 사업연도소득금액 (⑩=⑩)		
	⑩ 이 월 결 손 금	07	
	⑩ 비 과 세 소 득	08	
	⑪ 소 득 공 제	09	
	⑫ 과 세 표 준 (⑩-⑩-⑩-⑪)	10	
	⑮ 선 박 표 준 이 익	55	

③ 산 출 세 액 계 산	⑬ 과 세 표 준(⑫+⑮)	56	
	⑭ 세 율	11	
	⑮ 산 출 세 액	12	
	⑯ 지 점 유 보 소 득 (「법인세법」 제96조)	13	
	⑰ 세 율	14	
	⑱ 산 출 세 액	15	
	⑲ 합 계(⑮+⑱)	16	

④ 납 부 할 세 액 계 산	⑳ 산 출 세 액(⑳ = ⑲)		
	㉑ 최저한세 적용대상 공제감면세액	17	
	㉒ 차 감 세 액	18	
	㉓ 최저한세 적용제외 공제감면세액	19	
	㉔ 가 산 세 액	20	
	㉕ 가 감 계(㉒-㉓+㉔)	21	
	기한내납부세액	㉖ 중 간 예 납 세 액	22	
		㉗ 수 시 부 과 세 액	23	
		㉘ 원 천 납 부 세 액	24	
		㉙ 간접투자회사등의 외국납부세액	25	
		㉚ 소 계 (㉖+㉗+㉘+㉙)	26	
	㉛ 신고납부전가산세액	27	
	㉜ 합 계(㉚+㉛)	28	

	㉝ 감면분추가납부세액	29	
	㉞ 차 감 납 부 할 세 액 (⑫-㉜+㉝)	30	

⑤ 토 지 등 양 도 소 득 에 대 한 법 인 세 계 산	양도 차익	㉟ 등 기 자 산	31	
		㊱ 미 등 기 자 산	32	
	㊲ 비 과 세 소 득	33	
	㊳ 과 세 표 준 (㉟+㊱-㊲)	34	
	㊴ 세 율	35	
	㊵ 산 출 세 액	36	
	㊶ 감 면 세 액	37	
	㊷ 차 감 세 액 (㊵-㊶)	38	
	㊸ 공 제 세 액	39	
	㊹ 동업기업 법인세 배분액 (가산세 제외)	58	
	㊺ 가 산 세 액 (동업기업 배분액 포함)	40	
	㊻ 가 감 계(㊷-㊸+㊹+㊺)	41	
	기 납 부 세 액	㊼ 수 시 부 과 세 액	42	
		㊽ ( ) 세 액	43	
		㊾ 계 (㊼+㊽)	44	
	㊿ 차감납부할세액(㊻-㊾)	45	

⑥ 미 환 류 소 득 법 인 세	⑯ 과세대상 미환류소득	59	
	⑰ 세 율	60	
	⑱ 산 출 세 액	61	
	⑲ 가 산 세 액	62	
	⑳ 이 자 상 당 액	63	
	㉑ 납부할세액(⑱+⑲+⑳)	64	

⑦ 세 액 계	⑲ 차감납부할 세액 계 (㉞+㊿+㉑)	46	
	⑳ 사실과 다른 회계처리 경정 세액 공제	57	
	㉑ 분납세액 계산 범위액 (⑮-㉓-㊸-⑲-⑳+㉛)	47	
	㉒ 분 납 할 세 액	48	
	⑮ 차 감 납 부 세 액 (⑲-⑳-㉒)	49	

210mm×297mm[백상지 80g/m² 또는 중질지 80g/m²]

■ 법인세법 시행규칙 [별지 제15호서식] <개정 2022. 3. 18.>

(앞쪽)

사 업 연 도	. . ~ . .	소득금액조정합계표	법 인 명	
			사업자등록번호	

익금산입 및 손금불산입					손금산입 및 익금불산입				
①과 목	②금 액	③소득처분		④과 목	⑤금 액	⑥소득처분			
		처분	코드				처분	코드	
합 계				합 계					

210㎜×297㎜[백상지 80g/㎡ 또는 중질지 80g/㎡]

3 결산조정과 신고조정 B

★(1) 결산조정사항

결산조정사항이란 회사가 결산서에 손비(손실과 비용)로 계상한 경우에만 세법에서도 손금을 인정하며, 회사가 결산서에 손비로 계상하지 않은 경우에는 세무조정으로 손금에 산입할 수 없는 항목을 결산조정사항이라 말한다. 이런 의미에서 결산조정이란 비록 '조정'이라는 용어를 사용하지만 실제로는 조정이 아닌 회사가 결산서에 반영하는 것 자체를 의미한다.

★(2) 세무조정

결산조정으로 손금을 인정하는 항목들은 객관적인 외부거래 없이 그 손금산입 여부가 법인 자신의 의사에 맡겨져 있는 사항들로 손금산입이 강제되지 않는 사항들이다. 예를 들어, 충당금, 감가상각비, 준비금 등 외부와의 거래와는 무관한 내부적인 계상항목들이다. 비용으로 계상된 결산조정사항은 세법상의 손금한도액과 비교하여 한도에 미달하는 경우에는 손금산입 세무조정을 하지 않지만, 한도를 초과하여 계상한 경우에는 손금불산입 세무조정을 한다.

★★(3) 결산조정사항의 범위

① 대손충당금 및 구상채권상각충당금의 손금산입 (구상채권상각충당금은 한국채택국제회계기준 적용 법인인 경우 임의신고조정 가능)
② 퇴직급여충당금의 손금산입(단, 퇴직연금충당금은 강제신고조정사항에 해당)
③ 일시상각충당금(또는 압축기장충당금)의 손금산입(단, 신고조정도 허용)[*1]
④ 「조세특례제한법」에 따른 연구·인력개발준비금 등의 손금산입(잉여금처분에 의한 신고조정도 허용)[*1]
⑤ 「법인세법」에 따른 준비금의 손금산입(고유목적사업준비금, 비상위험준비금 및 해약환급금준비금은 잉여금처분에 의한 신고조정도 허용)[*1]
⑥ 대손금의 손금산입(소멸시효 완성 등 일정한 대손금은 신고조정사항에 해당)
⑦ 유·무형자산에 대한 감가상각비의 손금산입(예외: 국제회계기준 도입법인의 신고조정특례, 업무용승용차의 5년, 정액법 강제신고조정 및 감면법인에 대한 감가상각의제)
⑧ 주식발행법인의 부도 등으로 인한 해당 주식의 감액손실[*2]
⑨ 시설개체·기술낙후로 인한 생산설비의 폐기손실 및 임차 사업장의 원상회복을 위한 시설물 철거로 인한 폐기손실[*2]
⑩ 천재지변 등으로 인하여 파손 또는 멸실된 유형자산의 감액손실[*2]
⑪ 소액미술품(거래단위별로 1천만원 이하인 것)의 취득가액에 대한 손금산입[*2]
⑫ 소액취득자산·단기사용자산·소액수선비에 대한 즉시상각[*2]
⑬ 파손·부패된 재고자산의 감액손실[*2]

[*1] ③, ④, ⑤의 경우는 원칙적으로는 결산조정사항이지만 기업회계에서는 이러한 비용처리를 인정하지 않기 때문에 예외적으로 신고조정도 허용하는 특례사항에 해당(Link - P.35 (4) ②)

[*2] ⑧~⑬의 항목은 해당 사유가 발생한 날이 속하는 사업연도에 결산상 손비로 계상한 경우에 한하여 손금으로 인정되는 결산조정사항

오쌤 Talk

결산조정의 효과

법인의 경영자는 회계상의 당기순이익은 크게 보고하고, 세법상의 과세소득은 작게 산출하여 세금을 줄이고 싶어 한다. 이러한 목적을 위해 신고조정만 가능하다면 결산상 비용을 누락하여 당기순이익은 과대계상하고, 신고조정을 통해 과세소득을 작게 인식할 수 있다.
이와 같이 인위적인 조작이나 세금의 회피를 가져올 수 있는 일부 비용들에 대해서는 신고조정이 아닌 결산조정만 가능하도록 규정함으로써 그러한 사안을 규제하고 있다.

기출 OX

01. 대손충당금의 손금산입은 결산조정사항이다. 2010. 9급
  정답 O

02. 일시상각충당금은 본래 결산조정사항이나, 신고조정도 허용된다. 2010. 9급
  정답 O

기출 OX

03. 파손·부패로 인한 재고자산의 평가차손의 손금산입은 결산조정사항이다. 2010. 9급
  정답 O

★★ (4) 신고조정사항

신고조정사항은 결산조정사항 이외의 항목을 말한다. 이러한 신고조정사항은 결산상 비용으로 계상하지 않더라도 세무조정을 통해 손금산입 또는 익금산입 등을 할 수 있는 사항을 말한다. 그러므로 신고조정사항의 경우에는 결산상 비용으로 처리하여도 되고, 세무조정을 통해 손금으로 산입하여도 된다.

① 강제신고조정사항

강제신고조정사항은 결산서에 과소계상된 경우 반드시 세무조정을 해야 하는 항목으로서 모든 익금 및 손금(결산조정사항과 임의신고조정사항 제외)이 여기에 해당한다. 따라서 신고조정사항에 해당하는 경우 익금 또는 손금산입이 강제되며, 법인이 임의로 반영하거나 반영하지 않을 수 없다.

② 임의신고조정사항

신고조정에 의한 손금산입여부를 회사가 선택할 수 있는 사항을 말한다. 주로 과세이연성격을 갖는 임의신고조정사항의 손비처리를 기업회계기준에서 인정하지 않고 있으므로 회계감사 대상법인의 경우에는 이를 결산서에 손비계상할 수 없게 된다. 이런 문제를 해소하기 위해 결산서에 계상하지 않더라도 신고조정으로 손금산입할 수 있는 것으로서 그 대상은 다음과 같다.

적용 대상법인	임의신고조정
일반 법인	㉠ 일시상각충당금(비상각자산은 압축기장충당금) ㉡ 「조세특례제한법」상 준비금
회계감사대상 비영리법인	㉢ 고유목적사업준비금
한국채택국제회계기준 적용법인	㉣ 비상위험준비금, 해약환급금준비금 ㉤ 구상채권상각충당금 ㉥ 감가상각자산 중 유형자산과 법에 정한 무형자산의 감가상각비 손금산입 특례

(5) 손익의 귀속시기와 경정청구

① 결산조정사항의 손익귀속시기

결산조정사항은 법인이 결산서에 반영한 때에 손금으로 인정된다(단, 자산의 평가차손은 감액사유가 발생한 사업연도에 결산서에 계상한 경우에 한하여 손금인정). 그러므로 법인의 선택에 따라 귀속시기를 조정할 수 있는데, 결산조정사항을 당기에 결산서에 계상하지 않은 경우에는 추후에 경정청구 등을 통해 손금으로 산입할 수 없다.

② 신고조정사항의 손익귀속시기

신고조정사항은 법인이 임의로 귀속시기를 조절할 수 없고 반드시 세법상에 규정된 사업연도에 귀속된다. 만약, 신고조정사항을 세법상 규정된 귀속시기에 손금산입하지 못한 경우에 경정청구를 통해 손금에 산입할 수 있다.

오쌤 Talk

임의신고조정사항

법인 자신이 손금산입여부를 선택할 수 있는 사항이므로 본래 결산조정사항이지만, 기업회계기준에서 이러한 비용을 인정하지 않기 때문에 결산서에 반영될 수 없는 항목들이다. 그러므로 정책적인 목적상 신고조정을 허용하고 있다. 만약 세부담 최소화 가정이 있는 경우, 신고조정으로 손금산입해야 한다.

📖 확인문제

01. 법인세법령상 결산서에 비용으로 계상하지 않고도 손금산입이 가능한 것은? (단, 세무조정에 따른 손금산입요건은 충족된 것으로 가정함) 2017. 7급

① 내국법인이 각 사업연도에 외상매출금, 대여금, 그 밖에 이에 준하는 채권의 대손에 충당하기 위하여 계상한 대손충당금
② 「주식회사의 외부감사에 관한 법률」에 따른 감사인의 회계감사를 받는 비영리내국법인의 고유목적사업준비금
③ 한국채택 국제회계기준을 적용하는 법인으로서 보험사업을 경영하는 내국법인의 책임준비금
④ 내국법인이 보유하는 고정자산이 천재지변으로 파손되어 그 자산의 장부가액을 사업연도 종료일 현재의 시가로 평가함으로써 발생하는 평가차손

정답: ②

오쌤 Talk

손금인정방법

구분	결산조정사항	신고조정사항
결산서	결산서 반영 시 인정	결산서 반영 시 인정
신고서	신고서에 반영 불가	신고서에 반영 가능
경정청구서	경정청구서에 반영 불가	경정청구서에 반영 가능

3 소득처분

1 개념 B

(1) 의미

'소득처분'이란 결산서상 당기순이익과 세법상 각 사업연도 소득금액의 차액, 즉 세무조정금액에 대하여 다음과 같이 그 귀속을 확정하는 절차를 말한다. 법인세 과세표준의 신고, 수정신고, 결정 또는 경정이 있는 때, 익금에 산입하거나 손금에 산입하지 아니한 금액을 그 귀속자 등에게 배당·상여·기타사외유출·사내유보 등 법으로 정하는 바에 따라 처분한다(법법 67).

[소득처분의 의미]

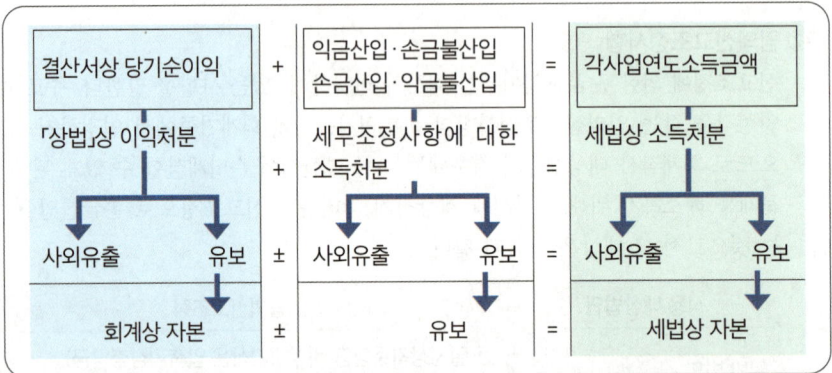

(2) 소득처분의 유형

소득처분의 유형은 다음과 같다.

> ① 사외유출: 세무조정금액이 법인 외부로 유출되었으면 '사외유출'로 처분한다. 이 금액이 누구에게 어떤 소득의 형태로 귀속되었는지를 확정한 후 그 귀속자의 소득세 과세자료로 활용한다.
> ② 유보: 세무조정금액이 법인 내부에 남아서 회계와 세법간에 자산·부채의 차이를 유발하면 '유보'로 처분하며, 이를 회계상 자본에 가감하여 세법상 자본을 계산하는 데 사용한다.
> ③ 기타: 유보도 아니고 사외유출이 아닌 것은 '기타'로 처분하여 사후관리 하지 않는다.

 참고

소득처분의 유형

구분	기업 외부의 자에게 귀속된 경우	기업 내부에 남아있는 경우	
		결산서상의 자본이 왜곡되어 있는 경우	결산서상의 자본이 왜곡되어 있지 않은 경우
익금산입·손금불산입	사외유출	유보	기타
손금산입·익금불산입	-	△유보	기타

(3) 소득처분 대상법인

영리법인 뿐만 아니라 법인세를 납부할 의무가 있는 비영리내국법인과 비영리외국법인에 대해서도 소득처분에 대한 규정을 적용한다(법령 106 ①).

2 사외유출 A

(1) 의미

'사외유출'이란 익금산입·손금불산입한 금액에 대한 소득처분으로 그 금액이 법인 외부로 유출된 것이 명백한 경우 유출된 소득의 귀속자에 대하여 관련되는 소득세를 징수하기 위하여 행한다. 그러므로 손금산입·익금불산입한 금액에 대해서는 사외유출처분이 있을 수 없다. '사외유출'로 소득처분 된 경우 그 귀속자에게 해당 법인의 이익이 분여된 것이므로 그 귀속자에게 소득세 또는 법인세의 납세의무가 발생한다.

(2) 귀속자가 분명한 경우

사외유출은 그 귀속자에 따라 다음과 같이 처분한다(법령 106 ① (1)).

귀속자	소득처분	귀속자에 대한 과세	해당 법인의 원천징수의무
① 주주 등[*1]	배당	「소득세법」에 따른 배당소득에 해당하므로 소득세 과세	O
② 임원 또는 직원	상여	「소득세법」에 따른 근로소득에 해당하므로 소득세 과세	O
③ 법인 또는 사업자[*2]·국가·지방자치단체	기타사외유출	이미 각 사업연도 소득 또는 사업소득에 포함되어 있으므로 추가적인 과세는 없음	X
④ 그 외의 자[*3]	기타소득	「소득세법」에 따른 기타소득에 해당하므로 소득세 과세	O

> **참고**
>
> **소득처분 중복 시**
>
> | 구분 | 소득처분 | 이유 |
> |---|---|---|
> | 출자임원·직원 | 상여 | 회사가 연말정산으로 귀속자의 납세절차가 종결 |
> | 법인주주 | 기타사외유출 | 법인에 대한 이중과세 방지 |
> | 위 외의 주주 | 배당 | 일반원칙에 따름 |

*1 출자임원 또는 출자직원 등은 제외한다.
*2 기타사외유출로 처분하는 것은 귀속자가 (법인이거나) 사업을 영위하는 개인인 경우로서, 그 분여된 이익이 내국법인(또는 외국법인의 국내사업장)의 각 사업연도소득이나 거주자(또는 비거주자의 국내사업장)의 사업소득을 구성하는 경우에 한정한다.
*3 익금에 산입한 금액 중 사외로 유출된 것이 분명하나 그 처분이 배당, 상여, 기타사외유출에 해당하지 않는 경우 기타소득으로 처분한다.

기출 OX

04. 익금에 산입한 금액에 대한 소득처분은 비영리외국법인에 대해서는 적용되지 않는다. 2021. 9급
정답 X

05. 사외유출이란 손금산입·익금불산입한 금액에 대한 소득처분으로 그 금액이 법인 외부로 유출된 것이 명백한 경우 유출된 소득의 귀속자에 대하여 관련되는 소득세를 징수하기 위하여 행한다. 2014. 7급
정답 X

06. 익금에 산입한 금액이 사외에 유출된 것이 분명한 경우로서 귀속자가 직원인 경우에는 그 귀속자에 대한 상여로 처분한다. 2025. 9급 최신
정답 O

07. 익금산입한 금액의 귀속자가 법인의 임원인 경우에는 그 귀속자에 대한 배당으로 처분한다. 2007. 9급
정답 X

기출 OX

08. 세무조정으로 증가된 소득의 귀속자가 국가·지방자치단체인 경우 기타사외유출로 소득처분하고 그 귀속자에 대하여 소득세를 과세하지 않는다. 2014. 7급
정답 O

09. 익금에 산입한 금액이 사외에 유출된 것이 분명한 경우에 귀속자가 사업을 영위하는 거주자이면 기타사외유출로 처분한다(다만, 그 분여된 이익이 거주자의 사업소득을 구성하는 경우에 한함). 2024. 7급 최신
정답 O

기출 OX

10. 귀속자가 법인이거나 사업을 영위하는 개인인 경우(다만, 각 사업연도소득이나 사업소득을 구성하는 경우)에는 그 귀속자에 대한 상여로 처분한다. 2007. 9급
정답 X

11. 익금산입한 금액의 귀속자가 법인의 출자임원인 경우에는 그 귀속자에 대한 배당으로 소득처분한다. 2012. 7급
정답 X

확인문제

02. 법인세법상 세무조정 시 소득처분이 잘못된 것은? 2006. 9급
① 주주인 임원-배당
② 직원-상여
③ 법인-기타사외유출
④ 개인사업자-기타사외유출

정답 ①

(3) 귀속자가 불분명한 경우

① 원칙
사외유출되었으나 그 귀속자를 확인할 수 없는 경우(ex. 채권자가 불분명한 사채이자) 해당 법인의 대표자(특수관계에 있는 자가 사실상 지배하고 있는 경우 그 자 또는 2인 이상인 경우에는 사실상의 대표자)에게 귀속된 것으로 보아 대표자에 대한 상여로 처분한다(법령 106 ① (1)).

② 예외
내국법인이 수정신고기한 내에 매출누락, 가공경비 등 부당하게 사외유출된 금액을 회수하고 세무조정으로 익금에 산입하여 신고하는 경우의 소득처분은 사내유보로 한다. 다만, 일정한 경우로서 경정이 있을 것을 미리 알고 사외유출된 금액을 익금산입하는 다음의 경우에는 그러하지 아니한다(법령 106 ④).

[경정이 있을 것을 미리 알고 사외유출된 금액을 익금산입하는 경우]
> ㉠ 세무조사 통지를 받거나 또는 착수된 것을 알게 된 경우
> ㉡ 세무공무원이 과세자료의 수집 또는 민원 등을 처리하기 위하여 현지 출장이나 확인업무에 착수한 경우
> ㉢ 납세지 관할 세무서장으로부터 과세자료 해명 통지를 받은 경우
> ㉣ 수사기관의 수사 또는 재판과정에서 사외유출사실이 확인된 경우
> ㉤ 그 밖에 위와 유사한 경우로서 경정이 있을 것을 미리 안 것으로 인정되는 경우

(4) 추계결정·경정하는 경우
'추계'란 장부·증빙 등이 불비되어 과세관청이 소득금액을 추정하여 계산하는 것을 말한다. 추계결정·경정하는 경우 다음과 같이 소득처분한다.

① 내국법인
추계(推計)에 의해 결정된 과세표준과 결산서상 법인세비용차감전순이익 차액은 대표자에 대한 상여로 처분한다. 다만, 천재지변이나 그 밖의 불가항력으로 장부나 그 밖의 증빙서류가 멸실되어 추계결정하는 경우에는 기타사외유출로 처분한다(법령 106 ②). 이 경우 법인이 결손신고를 했을 때에는 그 결손은 없는 것으로 본다(법령 106 ③).

② 외국법인
외국법인에 대한 과세표준을 추계결정·경정하는 경우에 결정된 과세표준과 당기순이익과의 차액도 기타사외유출로 처분한다(법기통 67-106…5).

(5) 무조건 기타사외유출로 처분해야 하는 경우

기타사외유출은 그 귀속자가 법인(국가·지방자치단체 포함) 또는 개인사업자인 경우에 해당하지만, 다음의 세무조정사항은 귀속자를 묻지 않고 반드시 기타사외유출로 처분해야 한다(법령 106 ① (3)). 이것은 정책목적상 익금산입·손금불산입하는 사항들로서 귀속자에 대한 납세의무를 지우지 않는 것들이다.

① 임대보증금 등의 간주익금
② 특례기부금·우리사주조합기부금·일반기부금 한도 초과액의 손금불산입액
③ 업무무관자산 등에 대한 지급이자의 손금불산입액
④ 기업업무추진비의 손금불산입액(적격증명서류 미수취 기업업무추진비 및 기업업무추진비 한도초과액의 손금불산입액은 여기에 포함되나, 증빙누락 기업업무추진비는 여기에 포함되지 않는다.)
⑤ 사외유출된 금액의 귀속이 불분명하거나 추계로 과세표준을 결정·경정할 때 대표자에 대한 상여로 처분을 한 경우 해당 법인이 그 처분금액에 대한 소득세 등을 대납하고 이를 손비로 계상하거나 그 대표자와의 특수관계가 소멸될 때까지 회수하지 않음에 따라 손금불산입한 금액
⑥ 채권자 불분명 사채이자 및 비실명 채권·증권의 이자의 손금불산입액 중 원천징수세액에 상당하는 금액
⑦ 불공정자본거래(이에 준하는 행위·계산)로 인한 부당행위계산의 부인규정에 따라 익금에 산입한 금액으로서 귀속자에게 「상속세 및 증여세법」에 따라 증여세가 과세되는 금액
⑧ 외국법인의 국내사업장의 각 사업연도의 소득에 대한 법인세의 과세표준을 신고하거나 결정 또는 경정할 때 익금에 산입한 금액이 그 외국법인 등에 귀속되는 소득
⑨ 「국제조세조정에 관한 법률」에 따른 정상가격·정상원가분담액등에 따른 과세조정으로 익금에 산입한 금액이 국외특수관계인으로부터 반환되지 않은 소득
⑩ 업무용승용차 임차료 중 감가상각비 상당액 한도초과액(800만원을 초과하는 금액)의 손금불산입액, 업무용승용차 처분손실 중 한도초과액(800만원을 초과하는 금액)의 손금불산입액

(6) 사외유출의 원천징수

① 배당, 상여, 기타소득으로 소득처분을 한 경우
사외유출 중 배당, 상여, 기타소득으로 소득처분을 한 경우에는 「소득세법」상 귀속자의 배당소득, 근로소득, 기타소득을 구성한다. 그러므로 해당 법인은 각 소득의 귀속자에 대한 원천징수를 하여야 한다.

② 기타사외유출로 소득처분을 한 경우
사외유출 중 기타사외유출의 귀속자가 법인이면 법인의 소득을 구성하고, 귀속자가 개인이면 귀속자의 사업소득을 구성하므로 원천징수 대상이 아니다.

 오쌤 Talk

기타사외유출로 처분하는 경우
① 법인의 각사업연도 소득금액 또는 개인의 사업소득을 구성하는 때
② 국가·지방자치단체에 귀속되는 때
③ (천재지변 등)추계결정·경정하는 때
④ 무조건 기타사외유출로 처분하는 경우에 해당될 때

 기출 OX

18. 특례기부금의 손금산입한도액을 초과하여 익금에 산입한 금액은 기타사외유출로 처분한다. 2025.9급 [최신]
정답 O

19. 사외유출된 금액의 귀속자가 불분명하여 대표자에게 귀속된 것으로 보아 대표자에 대한 상여로 처분한 경우 해당 법인이 그 처분에 따른 소득세를 대납하고 이를 손비로 계상함에 따라 익금에 산입한 금액은 기타사외유출로 처분한다. 2018. 7급
정답 O

20. 외국법인의 국내사업장의 각 사업연도의 소득에 대한 법인세의 과세표준을 신고하거나 결정 또는 경정함에 있어서 익금에 산입한 금액이 그 외국법인 등에 귀속되는 소득은 기타사외유출로 처분한다. 2024.7급 [최신]
정답 O

 오쌤 Talk

외국법인에 귀속되는 소득
외국법인의 국내사업장의 소득이 본점에 귀속된 경우 본점과 지점은 같은 법인이고 이미 지점에서 법인세를 부담하였으므로 이중과세가 발생하지 않도록 기타사외유출로 처분한다.

기출 OX

21. 채권자가 불분명한 사채이자에 대한 원천징수세액 상당액은 상여로 소득처분한다. 2012. 7급
정답 X

22. 채권자가 불분명한 사채의 이자에 대한 원천징수세액은 기타사외유출로 처분한다. 2021.9급
정답 O

23. 배당, 상여 및 기타사외유출로 소득처분하는 경우 당해 소득처분하는 법인에게는 원천징수의무가 있다. 2012. 7급
정답 X

3 유보(△유보) A

★★ (1) 의미

'유보(△유보)'란 익금산입·손금불산입(또는 손금산입·익금불산입)한 세무조정금액의 효과가 사외로 유출되지 않고 사내에 남아 있는 것으로 인정하는 처분이다. 즉 그 금액만큼 당기순이익에 비해 각 사업연도 소득이 증가(또는 감소)될 뿐 아니라, 결산서상 자본에 비해 세무회계상 자본이 증가(또는 감소)된 것으로 인정하는 처분인 것이다.

세무조정	결산서상 자산·부채·자본의 상태			소득처분
익금산입· 손금불산입	자산의 과소계상 부채의 과대계상	자본의 과소계상	자산↑ ⇨ 자본↑ 부채↓ ⇨ 자본↑	유보
손금산입· 익금불산입	자산의 과대계상 부채의 과소계상	자본의 과대계상	자산↓ ⇨ 자본↓ 부채↑ ⇨ 자본↓	△유보

★★ (2) 사후관리

회계상 자산·부채와 세무상 자산·부채의 차이는 당해 자산·부채가 미래에 손익으로 대체될 때 해소된다. 그러므로 **회계와 세무상의 자산·부채의 차이는 영구적인 차이가 아니라 일시적인 차이다.** 따라서 **재무상태표에 과대 또는 과소계상된 자산·부채의 가액이 손익계산서에 영향을 미치는 시점에서는 반대의 세무조정이 유발된다.** 이처럼 유보(또는 △유보)처분은 차기 이후의 반대의 세무조정에 동반되는 △유보(유보)처분에 의해 상쇄된다.

★★ (3) 자본금과 적립금조정명세서

유보(△유보)는 일시적인 차이이므로 소멸시점까지 사후관리를 해야 하는데, 이를 위해 *자본금과 적립금조정명세서(을)*를 작성한다. 또한 동 명세서상의 당기말 유보잔액을 기업회계(결산)상 자본금액에 합산하여 세법상의 자본금액(순자산)을 나타내는 조정계산서인 *자본금과 적립금 조정명세서(갑)*을 작성한다.

기출 OX

24. 유보처분은 기업회계와 세무회계 사이에 발생하는 일시적 차이와 관계되는 것이다. 2002. 7급

정답 O

오쌤 Talk

자본금과 적립금조정명세서

- 자본금과 적립금조정명세서(갑)는 세법상 자본을 계산하는 표이다.
- 자본금과 적립금조정명세서(을)는 소득처분이 유보(△유보)로 된 것을 추후 반대의 세무조정으로 추인할 때 사용 위하여 작성하는 사후관리 표이다.

기출 OX

25. 당기에 유보로 소득처분된 세무조정사항이 발생하게 되면 당기 이후 추인될 때까지 이를 자본금과 적립금조정명세서(을)에 사후관리하여야 한다. 2014. 7급

정답 O

4 기타 A

★ (1) 의미

'기타'는 익금산입·손금불산입(또는 손금산입·익금불산입)한 세무조정사항의 효과가 사내에 남아 있으나, 그럼에도 불구하고 결산서상의 자산·부채가 적정하다고 인정하는 처분이다.

✦ (2) 사후관리

사외유출이 일어나지 않았기 때문에 귀속자에 대한 납세의무도 유발되지 않고, 결산서상 자산·부채가 왜곡되지 않았기 때문에 차기 이후에 반대의 세무조정도 유발되지 않는다. 따라서 이 처분은 사실상 아무런 기능이 없는 예외적인 유형이다.

[소득처분정리]

세무조정	소득처분		처리
익금산입· 손금불산입	사외유출	배당, 상여, 기타소득	① 귀속자에게 소득세 과세 ② 법인이 원천징수
		기타사외유출	사후관리 불필요
	사내유보	유보	차후 손익으로 실현될 때 △유보로 조정
	기타		사후관리 불필요
손금산입· 익금불산입	사내유보	△유보	차후 손익으로 실현될 때 유보로 조정
	기타		사후관리 불필요

기출 OX

26. 모든 소득처분 사항은 당해 기업의 차기 이후 세무상 소득금액에 영향을 미치므로 사후관리를 해야 한다.
2002. 7급
정답 X

기출 OX

27. 손금산입·익금불산입으로 세무조정한 금액 중 △유보가 아닌 것은 기타로 소득처분하며 별도로 사후관리하지 아니한다.
2014. 7급
정답 O

[별지 제50호서식(을)] (앞 쪽)

사업연도	. . . . . .	자본금과 적립금조정명세서(을)	법인명	

※ 관리번호 □□-□□ 사업자등록번호 □□□-□□-□□□□

※ 표시란은 기입하지 마십시오.

세무조정유보소득 계산

①과목 또는 사항	②기초잔액	당 기 중 증 감		⑤기말잔액 (익기초현재)	비 고
		③감 소	④증 가		
합 계					

22226-84011일
99.4.1 개정승인

210mm×297mm
(신문용지 54g/㎡(재활용품))

■ 법인세법 시행규칙 [별지 제50호서식(갑)] <개정 2022. 3. 18.>

(앞쪽)

사업연도	. . . ~ . . .	자본금과 적립금조정명세서(갑)	법인명	
			사업자등록번호	

Ⅰ. 자본금과 적립금 계산서

①과목 또는 사항		코드	②기초잔액	당기 중 증감		⑤기말잔액	비고
				③감소	④증가		
자본금 및 잉여금 등의 계산	1. 자본금	01					
	2. 자본잉여금	02					
	3. 자본조정	15					
	4. 기타포괄손익누계액	18					
	5. 이익잉여금	14					
		17					
	6. 계	20					
7. 자본금과 적립금명세서(을)+(병) 계		21					
손익미계상 법인세 등	8. 법인세	22					
	9. 지방소득세	23					
	10. 계 (8+9)	30					
11. 차 가 감 계(6+7-10)		31					

Ⅱ. 이월결손금 계산서

1. 이월결손금 발생 및 증감내역

⑥사업연도	이월결손금			⑩소급공제	⑪차감계	감소내역				잔액		
	발생액					⑫기공제액	⑬당기공제액	⑭보전	⑮계	⑯기한내	⑰기한경과	⑱계
	⑦계	⑧일반결손금	⑨배분한도초과결손금(⑨=㉕)									
계												

2. 법인세 신고 사업연도의 결손금에 동업기업으로부터 배분한도를 초과하여 배분받은 결손금(배분한도 초과결손금)이 포함되어 있는 경우 사업연도별 이월결손금 구분내역

⑲법인세 신고 사업연도	⑳동업기업 과세연도 종료일	㉑손금산입한 배분한도 초과 결손금	㉒법인세 신고 사업연도 결손금	배분한도 초과결손금이 포함된 이월결손금 사업연도별 구분			㉖법인세 신고 사업연도 발생 이월결손금 해당액 (⑧일반결손금으로 계상) (㉑≥㉒의 경우는 "0", ㉑<㉒의 경우는 ㉒-㉑)
				㉓합계 (㉓=㉕+㉖)	배분한도 초과결손금 해당액		
					㉔이월결손금 발생 사업연도	㉕이월결손금 (㉕=⑨) ㉑과㉒ 중 작은 것에 상당하는 금액	

Ⅲ. 회계기준 변경에 따른 자본금과 적립금 기초잔액 수정

㉗과목 또는 사항	㉘코드	㉙전기말 잔액	기초잔액 수정		㉜수정후 기초잔액 (㉙+㉚-㉛)	㉝비고
			㉚증가	㉛감소		

210mm×297mm[일반용지 70g/㎡(재활용품)]

CHAPTER 03

익금과 익금불산입

1. 익금
2. 익금불산입

• 최신 8개년 출제 경향 분석

01, 02 익금과 익금불산입

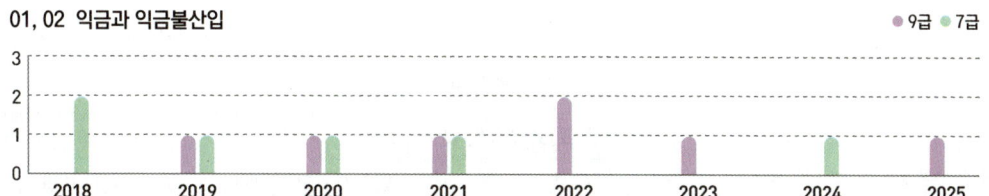

1 익금

(1) 의의

'익금'이란 해당 법인의 순자산을 증가시키는 거래로 인하여 발생하는 이익 또는 수입(이하 '수익')의 금액을 말한다(법법 15 ①). 다만, **다음 항목은 순자산을 증가시킨다고 하더라도 익금으로 보지 않는다.**

익금으로 보지 않는 것	취지
① 자본 또는 출자의 납입	납입자본은 과세대상이 되는 소득을 발생시키는 원본을 구성하는 것으로, 이를 익금으로 보아 과세하게 되면 자본잠식이 일어나게 되기 때문
② 「법인세법」상 익금불산입 항목으로 규정한 것	순자산을 증가시키더라도 정책적 목적 등에서 익금으로 보지 않는 것

(2) 익금의 범위

세법에서 정하는 수익은 법에서 달리 정하는 것을 제외하고는 다음의 것을 포함한다(법법 15, 법령 11, 조특법 138). 이는 익금항목의 예시에 불과하며, 여기에 열거되지 않은 것이라도 순자산을 증가시키는 것은 법에서 별도로 정한 익금불산입항목을 제외하고는 원칙적으로 익금에 해당한다(포괄주의 방식).

구분	내용
1 일반적인 익금	(1) 사업수입금액
	(2) 자산의 양도금액
	(3) 자기주식 양도금액
	(4) 자산의 임대료
	(5) 자산의 평가이익
	(6) 자산수증이익 및 채무면제이익
	(7) 손금에 산입한 금액 중 환입된 금액
	(8) 불공정 자본거래로 인하여 특수관계인으로부터 분여받은 이익
	(9) 정당한 사유 없이 회수하지 않은 가지급금 등
	(10) 보험회사 및 주택도시보증공사가 적립한 책임준비금의 감소액
2 간주익금	(1) 유가증권의 저가매입에 따른 이익
	(2) 간접납부 외국납부세액
	(3) 동업기업으로부터 배분받은 소득금액(또는 결손금액)
	(4) 의제배당
	(5) 임대보증금 등의 간주익금
3 그 밖의 수익으로 법인에 귀속되었거나 귀속될 금액	

기출 OX

01. 익금은 자본 또는 출자의 납입 및 「법인세법」에서 규정하는 것은 제외하고 해당 법인의 순자산을 증가시키는 거래로 인하여 발생하는 이익 또는 수입의 금액으로 한다. 2025. 9급 최신
정답 O

02. 익금은 자본 또는 출자의 납입을 제외하고 해당 법인의 순자산을 증가시키는 모든 거래로 인하여 발생하는 이익 또는 수입의 금액으로 한다. 2023. 9급 최신
정답 X

1 일반적인 익금항목 A

★ (1) 사업수입금액

'사업수입금액'이란 영업수익(매출액)을 말한다. 즉, 기업의 주된 영업활동에서 발생한 제품·상품·용역 등의 매출액(금융보험업의 경우에는 영업수익)에 해당한다.
사업수입금액은 다음과 같이 계산한다.

> 사업수입금액(매출액)* = 매출액 - 매출에누리 - 매출환입 - 매출할인**

* 매출에누리·매출환입·매출할인은 세법에서도 기업회계와 동일하게 매출액에서 차감하며, 내국법인이 생산·공급하는 재화 또는 용역을 해당 내국법인의 임원 또는 직원에게 시가보다 낮은 가액으로 판매 또는 제공하는 경우에는 그 판매 또는 제공가액과 시가와의 차액은 사업수입금액에 포함한다**NEW**.

** 매출할인금액은 '상대방과의 약정에 의한 지급기일(그 지급기일이 정해지지 않은 경우 지급한 날)'이 속하는 사업연도의 매출액에서 차감한다(법령 68 ⑤).

★ (2) 자산의 양도금액

① 재고자산 외의 자산의 양도금액

재고자산의 양도금액은 '(1) 사업수입금액'에 해당하므로, 자산의 양도금액은 주로 재고자산 외의 자산의 양도금액을 말하는 것이다. 재고자산 외의 자산의 양도금액은 익금에 해당한다. 자산의 양도금액이 익금에 해당하는 것과 대응하여 그 양도한 자산의 양도 당시의 장부가액은 손금으로 인정된다(법령 19 (2)).

② 세무조정

기업회계기준에서 재고자산 외의 자산을 양도한 경우에 그 양도가액에서 장부가액을 차감한 잔액을 처분손익으로 계상한다(순액법). 이에 반하여 「법인세법」은 자산의 양도가액과 양도 당시의 장부가액을 각각 익금 및 손금으로 인정하는 입장을 취하고 있다(총액법). 그러나 양자 사이에는 결과적으로 금액에 차이가 없기 때문에, 이에 대해서는 보통 세무조정을 하지 않는다.

★★ (3) 자기주식 양도금액

① 자기주식 처분

자기주식(합병법인이 합병에 따라 피합병법인이 보유하던 합병법인의 주식을 취득하게 된 경우를 포함)의 양도금액*은 익금에 해당하며, 그 장부가액은 손금에 해당한다(법령 11 (2의2)). 결과적으로 자기주식처분이익은 익금, 자기주식처분손실은 손금에 해당하는 것이다. 즉, 세무상으로는 손익거래로 취급한다.

* 주식매수선택권의 행사에 따라 주식을 양도하는 경우에는 주식매수선택권 행사 당시의 시가로 계산한 금액으로 한다.

② 자기주식 소각

자기발행주식을 내부적으로 소각한 것이므로 그만큼 자본이 감소하게 된다. 따라서 자기주식을 취득하여 소각함으로써 생긴 손익은 각 사업연도 소득계산상 익금 또는 손금에 산입하지 않는다(법기통 15-11 … 7).

★ (4) 자산의 임대료

자산을 임대하고 받는 임대료도 순자산을 증가시키므로 익금에 해당한다. 다만, 자산의 임대가 계속적·반복적이라면 그 임대료는 임대업을 영위하는 법인의 사업수입금액에 해당하므로 여기서 말하는 자산의 임대료는 일시적으로 자산을 임대하고 받는 임대료를 의미한다.

기출 OX

03. 자기주식(합병법인이 합병에 따라 피합병법인이 보유하던 합병법인의 주식을 취득하게 된 경우를 포함한다)의 양도금액은 익금에 포함한다.
2024.7급 최신
정답 O

 오쌤 Talk

자기주식 회계처리(기업회계)

① 자기주식 처분	자기주식처분이익은 자본항목으로, 자기주식처분손실은 부(-)의 자본항목으로 분류
② 자기주식 소각	유상감자로 보아 액면가액과 취득원가의 차액을 감자차손익으로 처리

★(5) 자산의 평가이익

자산의 평가이익은 미실현손익이므로 익금을 인정하지 않는다. 단, 「보험업법」이나 그 밖의 법률에 따른 유형자산 및 무형자산 등의 평가(장부가액을 증액한 경우에만 해당)로 인한 평가이익은 익금으로 인정된다(법법 42 ① (1)). 그러므로 회사가 기업회계기준에 따라 재평가모형을 적용하여 자산을 평가증한 경우에는 법률에 따른 평가증이 아니므로 세법에서는 이를 인정하지 않는다.

★(6) 자산수증이익과 채무면제이익(출자전환 시 채무면제이익 포함)

자산을 수증받거나 채무를 면제받음으로써 법인의 순자산이 증가하는 자산수증이익과 채무면제이익은 원칙적으로 익금에 해당한다. 이를 이월결손금 보전에 충당할 목적으로 수증·면제받은 경우라면 익금불산입한다. 단, 일시상각충당금(압축기장충당금)을 설정할 수 있는 국고보조금 등은 결손보전 시 익금불산입하는 자산수증익 범위에서 제외한다.

★★(7) 손금에 산입한 금액 중 환입된 금액

전기에 비용계상(또는 지출) 시 손금으로 인정된 금액이 환입(환급)되는 경우에 그 금액은 익금에 해당한다. 이에 반하여 계상(지출) 당시에 손금으로 인정받지 못한 금액이 환입(환급)되는 경우에 그 금액은 익금에 해당하지 않는다.

구분	환입액	사례
① 지출 당시 손금에 산입된 금액	익금에 해당	재산세 등
② 지출 당시 손금에 산입되지 않은 금액	익금에 해당하지 않음	법인세 등

★(8) 불공정 자본거래로 인하여 특수관계인으로부터 분여받은 이익

불공정자본거래로 인하여 특수관계인으로부터 분여받은 이익은 익금으로 본다(법령 11 (8)). 이에 관하여는  부당행위계산의 부인에서 구체적으로 설명한다.

★(9) 정당한 사유 없이 회수하지 않은 가지급금 등

① 익금으로 보는 경우

'가지급금'이란 실제 현금 지출은 있었지만 거래의 내용이 불분명한 경우 그 지출액을 일시적으로 표시한 것을 말한다. 그러한 가지급금 및 그 이자(가지급금 등)로서 다음 중 어느 하나에 해당하는 금액은 익금에 해당한다(법령 11 (9)).

> ㉠ 특수관계가 소멸되는 날까지 회수하지 않은 가지급금 등(㉡에 따라 익금에 산입한 이자는 제외)
> ㉡ 특수관계가 소멸되지 않은 경우로서 가지급금의 이자를 이자발생일이 속하는 사업연도 종료일부터 1년이 되는 날까지 회수하지 않은 경우 그 이자

② 익금으로 보지 않는 경우

채권·채무에 대한 쟁송으로 회수가 불가능한 경우 등 정당한 사유가 있는 경우는 익금으로 보지 않는다(법령 11 (9)). 이에 관하여는  부당행위계산의 부인 부분에서 구체적으로 설명한다.

오쌤 Talk
이월결손금의 범위

① 자산수증이익 및 채무면제이익 보전 가능 이월결손금	발생연도 제한 없음
② 과세표준 계산 시 공제하는 이월결손금	15년 이내 발생분에 한해서만 공제 적용 가능

오쌤 Talk
결손금의 범위

2010. 1. 1. 전에 개시한 사업연도에서 발생한 결손금에 대해서는 단서 규정에도 불구하고 종전 규정에 따라 국고보조금 등으로 결손보전에 충당할 수 있다.

기출 OX

04. 손금에 산입한 금액 중 환입된 금액은 법인세법상 익금불산입 항목으로 보지 않는다. 2005. 9급
정답 O

기출 OX

05. 특수관계인으로부터 분여받은 자본거래이익은 익금항목에 해당한다. 2007. 9급
정답 O

확인문제

01. ㈜甲은 제24기 사업연도(2024. 1. 1. ~ 12. 31.)중 특수관계자인 개인 乙로부터 다음과 같이 자산을 매입하고 매입가액을 취득가액으로 계상하였다. ㈜甲의 세무조정을 옳게 표시한 것은?
2009. 9급

○ 토지 1,000m²(시가 1억원)를 6,000만원에 매입하였다.
○ 상장법인인 ㈜ABC테크노의 주식 500주(시가 500만원)를 300만원에 매입하였다.

① 익금산입 - 토지 및 유가증권 4,200만원 (유보)
② 익금산입 - 토지 4,000만원 (유보)
③ 익금산입 - 유가증권 200만원 (유보)
④ 세무조정 없음

정답 ③

(10) 보험회사 및 주택도시보증공사가 적립한 책임준비금의 감소액

「보험업법」에 따른 보험회사 및 「주택도시기금법」에 따른 주택도시보증공사가 적립한 책임준비금의 감소액(할인율의 변동에 따른 책임준비금 평가액의 감소분은 제외)으로서 보험감독회계기준에 따라 수익으로 계상된 금액은 익금에 해당한다(법령 11 (10, 10의2)).

2 간주익금(특수한 익금항목) A

(1) 유가증권의 저가매입에 따른 이익

① 원칙

자산의 저가매입에 따른 이익은 일반적으로 매입시점에는 익금에 해당하지 않는다. 저가매입 당시에 과세하지 않는다 하더라도 궁극적으로 처분과정에서 그 차액이 과세소득에 포함되기 때문에 별도의 세무조정은 하지 않는다.

② 특례

단, 다음의 요건을 모두 갖춘 저가매입의 경우에는 시가와 매입가액의 차액을 익금에 산입(유보)하며, 익금에 산입한 금액을 취득원가에 산입한다(법법 15 ②(1), 법령 72 ③(1)).

구분	요건
㉠ 자산요건	유가증권(주식 및 채권)을 매입한 경우일 것
㉡ 거래상대방 요건	「법인세법」상 특수관계인인 개인으로부터 매입한 것
㉢ 매입가액 요건	시가보다 낮은 가액으로 매입한 경우일 것

(2) 간접납부 외국법인세액

내국법인이 외국자회사로부터 수입배당금액을 받는 경우에 그 외국자회사가 납부한 외국법인세액 중 해당 수입배당금액에 대응하는 금액 중 세액공제되는 금액은 익금으로 본다(법법 15 ②(2), 57 ④). 이는 외국자회사로부터 배당수입이 있는 경우 배당수입금액을 통해 부담한 외국법인세를 환산하여 이를 각 사업연도 소득금액에 포함시킨 후 해당 금액에 대해서는 외국납부세액공제를 적용받을 수 있게 하여 이중과세를 조정한다. 자세한 내용은 산출세액 및 차가감납부세액의 계산에서 설명하기로 한다.

(3) 동업기업으로부터 배분받은 소득금액(또는 결손금)

동업기업과세특례 규정을 적용받는 경우 동업기업에는 과세하지 않고 동업자에게 과세한다. 이 경우 동업기업의 동업자군별 배분대상 소득금액 또는 결손금은 각 과세연도 종료일에 해당 동업자군이 속하는 동업자들에게 동업자 간의 손익분배 비율에 따라 배분한다(조특법 100의18 ①). 이에 따라 법인이 배분받은 소득금액은 익금에 산입하고 배분받은 결손금은 손금에 산입한다(법법 15 ②(3), 19 ③).

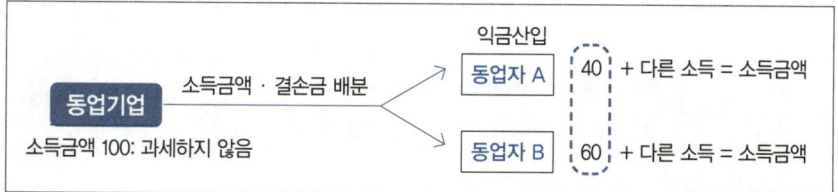

기출 OX

06. 특수관계인인 개인으로부터 유가증권을 시가보다 낮은 가액으로 매입하는 경우 시가와 그 매입가액의 차액에 상당하는 금액은 익금으로 본다.
2023. 9급 최신
정답 O

07. 법인이 특수관계인인 개인으로부터 유가증권을 시가보다 낮은 가액으로 매입하는 경우 시가와 그 매입가액의 차액에 상당하는 금액은 익금에 해당하지 않는다.
2024. 7급 최신
정답 X

08. 「법인세법」상 영리내국법인 ㈜F는 제7기 사업연도(2024. 1. 1. ~ 12. 31.)중 특수관계인인 개인 갑으로부터 상장법인 ㈜G주식 1,000주(시가 1,000만 원)를 500만 원에 매입하였다. 이 때 ㈜F는 갑에게 500만 원을 배당한 것으로 소득처분한다.
2016. 9급
정답 X

오쌤 Talk
자산의 저가매입

구분	저가 매입 시	처분 시
특수관계인 개인으로부터 유가증권 저가매입하는 경우	시가와 매입가액의 차액을 익금으로 봄 ∴ 취득가액 = 시가	처분 시 그 차액이 과세소득에 포함되지 않음
그 외의 저가매입의 경우	시가와 매입가액의 차액을 익금으로 보지 않음 ∴ 취득가액 = 매입가액	처분 시(또는 감가상각 시) 그 차액이 과세소득에 포함됨

기출 OX

09. 영리내국법인이 특수관계 없는 개인으로부터 유가증권을 시가보다 낮은 가액으로 양수했을 때, 그 시가와 실제 양수가액과의 차액은 익금이 아니다.
2014. 7급
정답 O

10. 외국자회사로부터 받는 수입배당금액이 포함되어 있는 경우 그 외국자회사의 소득에 대하여 부과된 외국법인세액 중 그 수입배당금액에 대응하는 것으로서 세액공제의 대상이 되는 금액은 익금으로 본다.
2022. 9급
정답 O

오쌤 Talk

주요 3법의 간주임대료 계산식의 비교

법인세법	추계결정	보증금적수 × 정기예금이자율 × $\frac{1}{365}$
	추계결정 외 요건충족	(보증금적수 - 건설비적수) × 정기예금이자율 × $\frac{1}{365}$ - 금융수익
	그 이외의 경우	계산하지 않음
소득세법	상가 추계	보증금적수 × 정기예금이자율 × $\frac{1}{365}$
	상가 추계 외	(보증금적수 - 건설비적수) × 정기예금이자율 × $\frac{1}{365}$ - 금융수익
	주택 추계	(보증금 - 3억원)의 적수 × 60% × 정기예금이자율 × $\frac{1}{365}$
	주택 추계 외	(보증금 - 3억원)의 적수 × 60% × 정기예금이자율 × $\frac{1}{365}$ - 금융수익
부가가치세법	일반적인 경우	보증금적수 × 정기예금이자율 × $\frac{1}{365}$

「소득세법」에서 주택의 간주임대료는 추계 여부와 관련없이 3주택 이상을 소유하고, 보증금합계액이 3억원을 초과하는 경우에만 계산한다.

기출 OX

11. 추계에 의하여 소득금액을 계산하는 경우에는 부동산임대업을 주업으로 하는 영리내국법인에 한하여 임대보증금 등에 대한 간주익금 규정이 적용된다. 2007. 9급

정답 X

★ **(4) 의제배당(배당금 또는 분배금의 의제)**

현행 세법은 형식상 배당이 아니더라도 사실상 회사의 이익이 주주에게 귀속되는 경우에는 배당으로 의제하여 주주에게 소득세 또는 법인세를 과세하고 있다. 이 경우 법인주주가 얻은 이익은 이를 「법인세법」에 따른 익금으로 보는데, 이에 대해서는 뒤에 **07 의제배당**에서 자세히 서술한다.

★★ **(5) 임대보증금 등의 간주익금**

임대료는 익금에 해당하지만, 임대보증금이나 전세금을 받는 경우 그 금액은 익금이 아닌 부채에 해당한다. 하지만 임대보증금을 운용할 경우 경제적 이익을 수취할 수 있고, 특히 임대보증금을 통해 다른 부동산을 취득하는 부동산투기가 조장되게 된다. 따라서 이러한 상황을 방지하기 위해 **임대보증금 수령에 따른 경제적 이익을 익금으로 간주하여 법인세를 과세하도록 하고 있다.** 간주임대료는 '부동산 또는 부동산에 관한 권리'를 대여하고 받은 보증금만을 대상으로 계산하기 때문에 기계 등 부동산이 아닌 것을 대여하고 수취하는 보증금에 대해서는 간주임대료를 계산하지 않는다.

① 추계결정의 경우

장부 기타 증빙의 미비로 추계결정하는 경우 모든 법인에 대하여 간주임대료를 계산한다.

$$\text{간주임대료} = \text{해당 사업연도의 임대보증금의 적수} \times \frac{1}{365^*} \times \text{정기예금이자율}$$

* 윤년인 경우에는 366으로 한다.

추계결정의 경우에는 **주택과 그 부수토지에 대한 보증금에 대해서도 간주임대료를 계산하고, 건설비적수와 금융수익은 차감하지 않는다.** 장부증빙에 의한 확인이 불가능하기 때문이다.

② 추계결정 외의 경우

다음의 적용 요건을 모두 충족한 법인에 한하여 간주임대료를 계산한다(조특법 138 ①, 조특령 132 ①).

[적용 요건]

구분	요건
㉠ 주업 요건	부동산임대업을 주업으로 하는 법인일 것
㉡ 법인 요건	영리내국법인일 것
㉢ 차입금 요건	차입금이 자기자본의 2배를 초과할 것(적수를 기준으로 판단)

$$\text{간주임대료} = \left[\text{해당 사업연도의 보증금 등의 적수} - \text{임대용 부동산의 건설비 상당액의 적수}\right] \times \frac{1}{365^*} \times \text{정기예금이자율} - \text{금융수익}$$

* 윤년인 경우에는 366으로 한다.

부동산임대업을 주업으로 하는 법인이란 사업연도 종료일 현재의 자산총액 중 임대사업에 사용된 자산가액이 50%이상인 법인을 말한다. 상기 요건을 모두 충족하는 법인의 경우에는 **주택임대사업의 지원목적으로 주택과 그 부수토지*를 임대하고 받은 보증금에 대해서는 간주임대료를 계산하지 않고**(조특령 132 ③), 건설비적수와 금융수익은 차감한다.

* 부수토지: MAX[ⓐ, ⓑ]
ⓐ 건물이 정착된 면적 X 5배(도시지역 밖의 토지는 10배)
ⓑ 주택의 연면적
　　(지하층의 면적, 지상층의 주차용으로 사용되는 면적 및 주택건설기준 등에 관한 규정에 의한 주민공동시설의 면적을 제외)

한편, 계산식의 각 항목에 대해서는 다음과 같은 내용에 주의하여야 한다.

구분	내용
㉠ 해당 사업연도 보증금적수	사업연도개시일부터 사업연도종료일까지의 매일의 전세금(또는 임대보증금)을 합산한 것이다. 수취일자와 관계없이 **각 사업연도** 중에 임대사업을 개시한 경우에는 **임대사업을 개시한 날**부터 적수를 계산한다(조특칙 59 ⑥). 임대사업 개시 전에 임대용역의 제공이 없는 상태에서 부동산이 완공되면 임대하기로 하고 받은 계약금·선수보증금 등에 대해서는 임대를 개시한 날 이후부터 간주익금을 계산한다(조기통 138-132…1 ②).
㉡ 임대용부동산 건설비적수 (조특칙 59 ②)	건설비상당액은 건축물의 취득가액(**자본적 지출액을 포함하고 재평가차액과 감가상각누계액을 제외**)을 말하며, 토지의 취득가액은 여기에 포함되지 않는다.
㉢ 정기예금이자율 (조특칙 59 ④)	금융회사 등의 정기예금이자율을 고려하여 기획재정부령으로 정하는 이자율(연간 $\frac{12}{1,000}$)을 말한다(법칙 6).
㉣ 금융수익	임대사업부분에서 **발생한 금융수익**으로 수입이자와 할인료·배당금·신주인수권처분이익 및 유가증권처분이익[유가증권의 매각이익에서 매각손실을 차감한 금액(조특칙 59 ⑤)]의 합계액을 말한다. 유가증권처분이익이 음수인 경우에는 이를 0으로 본다.

③ 그 외의 경우
　그 외의 경우에는 간주임대료를 계산하지 않는다.

3 그 밖의 수익으로서 법인에게 귀속되었거나 귀속될 금액 B

예시한 익금항목 외에도 법인의 순자산을 증가시키는 이자수익과 배당금수익, 공사부담금·국고보조금·보험차익(11) 에서 자세히 다룸), **손해배상으로 받는 보상금은 익금불산입항목이 아닌 한 모두 익금에 산입한다.**

 오쌤 Talk

추계결정 여부에 따른 간주임대료의 소득처분

구분	소득처분
추계결정	익금산입(상여) (∵ 장부 증빙 미비 등으로 인한 제재 성격이기에 대표자 상여 간주)
추계결정 외의 요건충족	익금산입(기타사외유출) (∵ 세법상의 계산에 불과하기에 기타사외유출로 소득처분)

 오쌤 Talk

손해배상금

손해배상청구권 또는 손실보상청구권에 의하여 받는 보상금 등(손해배상금)은 법인의 순자산을 증가시키는 거래로 인하여 발생하는 수익이므로 각 사업연도의 소득금액계산상 이를 익금에 산입한다(법칙 15-11…1). 법원의 판결에 의하여 지급하거나 지급받는 손해배상금 등은 법원의 판결이 확정된 날이 속하는 사업연도의 익금 또는 손금에 산입한다(법칙 40-71…20).

 기출 OX

12. 자사의 명예훼손으로 인한 타사로부터 지급받은 손해배상금은「법인세법」상 익금에 산입된다. 2007. 서울시 9급

정답 O

② 익금불산입

법인의 순자산을 증가시키는 거래라 하더라도 목적상 과세가 적절하지 않다고 인정되는 경우 익금으로 인정하지 않는데, 이러한 항목을 '익금불산입항목'이라고 한다(법법 17, 18, 18의2).

익금불산입취지		익금불산입항목
1 자본거래에 대한 익금불산입		(1) 주식발행액면초과액
		(2) 감자차익
		(3) 합병차익·분할차익
		(4) 주식의 포괄적 교환차익·이전차익
		(5) 자산수증이익(국고보조금 등은 제외)과 채무면제이익 중 이월결손금 보전에 충당한 금액
		(6) 「상법」에 따라 자본준비금을 감액하여 받는 배당 (다만, 자본금 전입 시 의제배당에 해당하는 자본준비금의 배당 등의 경우는 제외)
2 미실현소득에 대한 과세방지		미실현소득에 대한 과세방지
3 이중과세방지를 위한 익금불산입		(1) 각 사업연도의 소득으로 이미 과세된 소득(이월익금)
		(2) 지출 시 손금으로 인정받지 못한 조세의 환급액, 국세·지방세의 과오납금의 환급금
		(3) 내국법인 수입배당금액의 익금불산입(30%, 80%, 100%)
		(4) 외국자회사 수입배당금액의 익금불산입(95%)
4 기타	보상 성격	(1) 국세·지방세 과오납금의 환급금에 대한 이자
	부채 성격	(2) 연결자법인·연결모법인으로부터 지급받았거나 지급받을 연결법인별 법인세 상당액
		(3) 부가가치세 매출세액

1 자본거래로 인정되어 익금불산입하는 항목 A

★★(1) 주식발행액면초과액

① 일반적인 경우

'주식발행액면초과액'이란 액면금액 이상으로 주식을 발행한 경우 그 액면금액을 초과한 금액(무액면주식의 경우에는 발행가액 중 자본금으로 계상한 금액을 초과하는 금액)을 말한다(법법 17 ① (1)). **주식발행액면초과액은 자본의 납입이기 때문에 익금항목이 아니며, 동일한 이유에서 주식할인발행차금 또한 손금항목으로 인정되지 않는다.**

주식발행초과금 = 발행가액 − 액면가액(또는 자본금으로 계상한 금액)

📋 **확인문제**

02. 법인세법상 익금으로 보지 않는 항목으로 묶인 것은? 2007. 9급

㉠ 자산 임대료(자산의 일시적 임대수익)
㉡ 「보험업법」에 의한 유형·무형자산 평가차익
㉢ 토지의 양도금액
㉣ 주식의 포괄적 교환차익
㉤ 감자차익
㉥ 부가가치세 매출세액
㉦ 이월익금
㉧ 자기주식 양도금액

① ㉠, ㉡, ㉢, ㉣ ② ㉡, ㉢, ㉣, ㉤
③ ㉣, ㉤, ㉥, ㉦ ④ ㉤, ㉥, ㉦, ㉧

정답 ③

📋 **확인문제**

03. 다음 익금불산입 항목 중 동일 소득에 대한 중복과세 방지와 관련된 익금불산입 항목은 모두 몇 개인가? 2005. 7급

㉠ 법인세환급금
㉡ 국세과오납금의 환급가산금
㉢ 합병차익
㉣ 지주회사가 자회사로부터 받은 수입배당금 중 일정액
㉤ 이월익금
㉥ 내국법인이 다른 내국법인으로부터 받은 수입배당금 중 일정액

① 2개 ② 3개
③ 4개 ④ 5개

정답 ③

② 채무의 출자전환의 경우

채무를 출자로 전환하는 경우 **주식의 발행가액이 시가(시가가 액면가액에 미달하는 경우에는 액면가액)를 초과하는 금액을 채무면제이익으로 보며**, 시가가 액면가액을 초과하는 금액을 주식발행액면초과액으로 본다.

한편, 채무면제이익은 이월결손금 보전에 충당하여 익금불산입이 가능한데, **보전에 충당하고도 남은 잔액이 있는 경우 다음과 같이 처리하게 된다.**

㉠ 원칙	추가적인 세무조정이 불가능하다.
㉡ 특례(일정한 요건*을 충족한 법인에 의한 채무의 출자전환)	잔액을 해당 사업연도에 익금불산입할 수 있으며, 익금불산입된 금액은 **이후 사업연도에 발생한 결손금 보전에 충당****하고, 충당하기 전에 사업을 폐지하거나 해산하게 되는 경우에 충당하지 않은 **금액 전액을 익금에 산입한다**(법법 17 ②, 법령 15 ②).

* 일정한 요건을 충족한 법인

ⓐ 「채무자 회생 및 파산에 관한 법률」에 따라 채무를 출자로 전환하는 내용이 포함된 회생계획인가의 결정을 받은 법인
ⓑ 「기업구조조정 촉진법」에 따라 채무를 출자로 전환하는 내용이 포함된 기업개선계획의 이행을 위한 약정을 체결한 부실징후기업
ⓒ 해당 법인에 대하여 채권을 보유하고 있는 금융기관과 채무를 출자로 전환하는 내용이 포함된 경영정상화계획의 이행을 위한 협약을 체결한 법인
ⓓ 「기업 활력 제고를 위한 특별법」에 따른 사업재편계획승인을 받은 법인

** 결손금 보전에 충당
익금불산입을 결손금이 발생한 사업연도에 익금산입한다.

> **참고**
>
>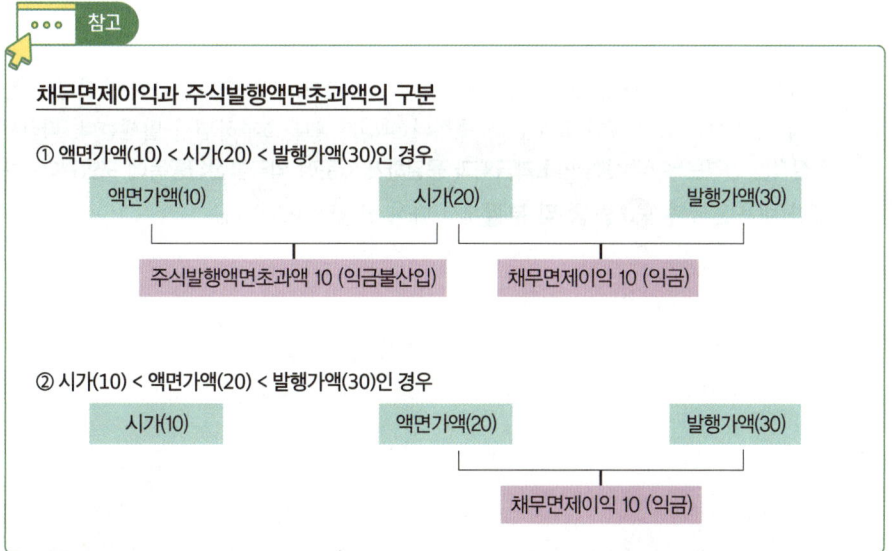

오쌤 Talk

채무면제이익과 주식발행초과액의 구분

채무면제이익은 다음과 같은 계산식으로도 간편하게 이해할 수 있다.
채무면제이익 = MIN [①, ②]
① 발행가액 - 시가
② 발행가액 - 액면가액

오쌤 Talk

채무면제이익이 발생한 경우의 세무조정

기업이 수익으로 계상하였는지 확인하고, 채무면제이익을 수익으로 계상하지 않고 주식발행초과금으로 계상하였다면 익금산입(기타)으로 세무조정한다.
이월결손금 보전에 충당할 수 있는 금액은 익금불산입(기타)으로 세무조정한다. 이 때, 보전 가능한 이월결손금의 발생연도에는 제한이 없다.
요건을 충족하는 법인의 경우에는 세부담최소화를 위하여 추가적으로 보전 후 남은 잔액을 익금불산입(기타)으로 세무조정을 할 수 있다.

기출 OX

13. 채무의 면제로 인한 부채의 감소액 중 대통령령이 정하는 이월결손금을 보전하는 데에 충당한 금액은 익금에 산입하지 않는다. 2022. 9급
정답 O

14. 채무의 출자전환으로 액면금액 이상의 주식 등을 발행하는 경우에는 그 주식 등의 시가를 초과하여 발행된 금액은 내국법인의 각 사업연도 소득금액을 계산할 때 익금에 산입하지 아니한다. 2021. 9급
정답 X

15. 채무의 출자전환으로 액면금액 5,000원인 주식을 시가 10,000원으로 발행하는 경우 그 주식의 액면금액을 초과하여 발행된 금액은 익금에 산입하지 아니한다. 2018. 7급
정답 O

기출 OX

16. 임대보증금의 간주익금은 「법인세법」상 익금으로 보지만, 감자차익은 법인세법상 익금에 산입하지 않는다.
2003. 9급
정답 O

17. 자본감소의 경우로서 그 감소액이 주식의 소각, 주금의 반환에 든 금액과 결손의 보전에 충당한 금액을 초과한 경우의 그 초과금액은 익금에 산입하지 않는다.
2022. 9급
정답 O

18. 자본감소의 경우로서 그 감소액이 주식의 소각, 주금의 반환에 든 금액과 결손의 보전에 충당한 금액을 초과한 경우의 그 초과 금액은 각 사업연도의 소득금액을 계산할 때 익금에 산입한다.
2025. 9급 최신
정답 X

(2) 감자차익

감자차익은 자본감소의 경우로서 그 감소액이 주식의 소각·주금(株金)의 반환에 든 금액과 결손의 보전(塡補)에 충당한 금액을 초과한 경우의 그 초과금액을 말한다(법법 17 ① (4)). 성격상 자본의 납입에 해당하기 때문에 익금항목이 아니며, 동일한 이유에서 감자차손 또한 손금항목으로 인정되지 않는다.

(3) 합병차익과 분할차익

① 합병차익

합병차익이란 「상법」에 따른 합병의 경우로서 소멸된 회사로부터 승계한 재산의 가액이 그 회사로부터 승계한 채무액, 그 회사의 주주에게 지급한 금액과 합병 후 존속하는 회사의 자본금증가액 또는 합병에 따라 설립된 회사의 자본금을 **초과한 경우의 그 초과금액**(「법인세법」에서 익금으로 규정한 금액은 제외)을 말한다(법법 17 ① (5)).

> 합병차익 = 승계한 순자산가액 - 합병대가*

* 합병대가 = 합병교부금 + 합병교부주식가액(액면가액)

② 분할차익

분할차익이란 분할 또는 분할합병으로 설립된 회사 또는 존속하는 회사에 출자된 재산의 가액이 출자한 회사로부터 승계한 채무액, 출자한 회사의 주주에게 지급한 금액과 설립된 회사의 자본금 또는 존속하는 회사의 자본금증가액을 초과한 경우의 그 초과금액(「법인세법」에서 익금으로 규정한 금액은 제외)을 말한다(법법 17 ① (6)).

> 분할차익 = 승계한 순자산가액 - 분할대가*

* 분할대가 = 분할교부금 + 분할교부주식가액(액면가액)

이러한 합병차익과 분할차익은 합병과 분할을 하면서 얻은 순자산가액이 합병과 분할에 대한 대가로 지급한 교부금과 주식의 액면가액을 초과하면서 발생한다. **따라서 실질적인 성격은 주식발행액면초과금액과 동일하기 때문에 익금불산입항목에 포함된다.** 자세한 내용은 추후 ⑱ 합병 및 분할에서 다시 설명하기로 한다.

★★ (4) 주식의 포괄적 교환차익·이전차익

① 주식의 포괄적 교환차익

주식의 포괄적 교환차익은 2개 회사가 실질적으로 1개 회사로 통합된다는 점에서 실질은 합병과 유사하다. 이미 설립된 완전모회사가 다른 회사의 주주로부터 발행주식총수를 이전받고 그 대가로 완전모회사의 주식을 배정하는 것을 말한다(다른 회사는 완전자회사가 된다).

② 주식의 포괄적 이전차익

주식의 포괄적 이전차익은 새로이 설립되는 완전모회사가 다른 회사의 주주로부터 발행주식총수를 이전받고 그 대가로 완전모회사의 주식을 배정하는 것을 말한다(다른 회사는 완전자회사가 된다).

③ 세무조정

이러한 **주식의 포괄적 교환차익과 이전차익은** 자본금 증가의 한도액이 완전모회사의 증가한 자본금(주식의 포괄적 이전의 경우에는 설립된 완전모회사의 자본금)을 초과하는 경우의 그 초과액을 주식의 포괄적 교환차익(또는 포괄적 이전차익)이라고 하며, **이는 주식발행초과금과 같은 성격으로 익금불산입한다.**

★★ (5) 자산수증이익(국고보조금 등은 제외)과 채무면제이익 중 이월결손금 보전에 충당한 금액

무상으로 받은 자산의 가액(국고보조금 등은 제외)과 채무의 면제 또는 소멸로 인한 부채의 감소액 중 법으로 정하는 이월결손금을 보전하는 데에 충당한 금액은 익금으로 보지 않는다(법법 18 ⑥).

① 충당 대상 이월결손금의 범위(법령 16 ①)

> ㉠ 결손금 발생연도의 제한이 없는 세법상의 결손금(적격합병 및 적격분할 시 승계받은 결손금은 제외)으로 결손금 발생 후 각 사업연도의 과세표준계산 시 공제되지 않고 당기로 이월된 결손금
> ㉡ 신고된 각 사업연도의 과세표준에 포함되지 않았으나 다음에 해당하는 세법상 이월결손금
>   ⓐ 「채무자 회생 및 파산에 관한 법률」에 따른 회생계획인가의 결정을 받은 법인의 결손금으로서 법원이 확인한 것
>   ⓑ 「기업구조조정 촉진법」에 따른 기업개선계획의 이행을 위한 약정이 체결된 법인으로서 금융채권자협의회가 의결한 결손금

② 이월결손금의 보전에 충당하는 방법

자산수증이익 및 채무면제이익과 직접 상계하여 충당하는 것도 가능하고, 기업회계기준에 따라 수익으로 계상한 후 자본금과 적립금조정명세서(갑)에 동 금액을 이월결손금의 보전에 충당한다는 뜻을 표시하고 **세무조정으로 익금불산입하는 것도 인정된다**(법기통 18-16…2). 즉, 충당에 특별한 절차를 요하지 않는다.

③ 익금불산입의 효과

자산수증이익 및 채무면제이익으로 **충당된 이월결손금은 소멸한다.** 따라서 그 이후 사업연도의 과세표준에서 다시 공제하는 것은 불가능하다.

기출 OX

19. 주식의 포괄적 교환차익과 주식의 포괄적 이전차익은 내국법인의 각 사업연도 소득금액을 계산할 때 익금에 산입하지 아니한다. 2021. 9급
정답 O

기출 OX

20. 무상으로 받은 자산의 가액과 채무의 면제 또는 소멸로 인한 부채의 감소액 중 법령이 정하는 이월결손금의 보전에 충당한 금액은 익금에 산입하지 아니한다. 2012. 9급
정답 O

21. 자산수증이익과 채무면제이익은 원칙적으로 익금에 해당하나 발생연도의 제한이 없는 세법상의 결손금(적격합병 및 적격분할 시 승계받은 결손금 제외)으로서 결손금 발생 후의 각 사업연도 과세표준 계산 시 공제되지 않고 당기로 이월된 결손금의 보전에 충당한 경우에는 익금으로 보지 않는다. 2017. 7급
정답 O

확인문제

04. 법인세법상 내국법인의 각 사업연도의 소득금액계산에 있어서 익금불산입 항목에 해당되지 않는 것은? 2009. 9급

① 주식의 포괄적 이전차익
② 자기주식소각이익
③ 무상으로 받은 자산의 가액 중 법령이 정하는 이월결손금의 보전에 충당된 금액
④ 채무의 출자전환으로 주식을 발행하는 경우 당해 주식의 시가를 초과하여 발행된 금액

정답 ④

기출 OX

22. 대통령령으로 정하는 이월결손금을 보전하는 데에 충당한 무상으로 받은 자산의 가액(「법인세법」 제36조에 따른 국고보조금 등이 아님)을 손익계산서상 수익 계상한 경우, 법인세법상 세무조정이 필요하지 아니하다. 2020. 9급
정답 X

(6) 자본준비금을 감액하여 받는 배당

① 원칙
「상법」에 따라 자본준비금을 감액하여 받는 배당금액(내국법인이 보유한 주식의 장부가액을 한도로 함)은 자본의 환급에 해당하기 때문에 익금불산입한다(법법 18 (8)).

② 예외
다음의 어느 하나에 해당하는 자본준비금을 감액하여 받는 배당금액은 의제배당으로 과세되는 배당으로서 이익처분에 의한 배당과 같은 성격이기 때문에 익금산입하며 자세한 내용은 **07 의제배당**에서 다시 설명하도록 한다.

> ㉠ 의제배당 재원으로 보는 자본준비금
> ㉡ 「법인세법」상 적격합병에 따른 합병차익 중 피합병법인의 「자산재평가법」에 따른 재평가적립금(1% 세율이 적용된 토지의 재평가차액에 상당하는 금액은 제외)에 상당하는 금액(법령으로 정하는 금액*1을 한도로 한다)
> ㉢ 「법인세법」상 적격분할에 따른 분할차익 중 분할법인의 「자산재평가법」에 따른 재평가적립금(1% 세율이 적용된 토지의 재평가차액에 상당하는 금액은 제외)에 상당하는 금액(법령으로 정하는 금액*2을 한도로 한다)

> **참고**
>
> **합병차익 중 재평가적립금 상당액의 감액배당 한도 등(법령 17)**
>
> *1 법령으로 정하는 금액= A-(B-C)
>
> A: 합병차익
> B: 피합병법인의 자본금과 의제배당대상 자본잉여금 외의 자본잉여금[「자산재평가법」에 따른 재평가적립금(1% 세율이 적용된 토지의 재평가차액에 상당하는 금액은 제외)은 제외한다]을 합산한 금액
> C: 합병법인의 자본금 증가액
>
> *2 법령으로 정하는 금액= A-(B-C)
>
> A: 분할차익
> B: 분할법인의 자본금 감소액과 의제배당대상 자본잉여금 외의 자본잉여금[「자산재평가법」에 따른 재평가적립금(1% 세율이 적용된 토지의 재평가차액에 상당하는 금액은 제외)은 제외한다] 감소액을 합산한 금액.
> C: 분할신설법인의 자본금

2 미실현소득에 대한 과세방지 목적으로 익금불산입하는 항목 B

★★(1) 원칙
자산의 평가손익은 미실현손익이므로 익금 또는 손금으로 인정하지 않는다.

★(2) 예외
「보험업법」이나 그 밖의 법률에 따른 유형자산 및 무형자산 등의 평가(장부가액을 증액한 경우만 해당)로 인한 평가이익은 익금으로 인정한다. 이 경우 자산의 취득가액은 평가 후의 금액으로 조정된다. 이는 **06**에서 자세히 설명하도록 한다.

확인문제

05. 제조업을 영위하는 ㈜한국이 유가증권(A주식)과 관련된 거래를 다음과 같이 적절하게 회계처리한 경우 2023년 및 2024년에 유보(또는 △유보)로 소득처분 할 금액(순액)은? (단, ㈜한국의 사업연도는 1월 1일부터 12월 31일까지이다) 2013. 7급

○ 2023년 중 특수관계인인 개인으로부터 시가 1,000,000원인 유가증권(A주식)을 900,000원에 매입하여 장부에 매입가액으로 계상하였다.
○ 2023년 말 유가증권(A주식)의 시가는 1,200,000원이며, 300,000원의 평가이익을 장부에 계상하였다.
○ 2024년 중 2023년에 취득한 유가증권(A주식)을 1,300,000원에 매각하면서 처분이익 100,000원을 장부에 계상하였다.

	2023년	2024년
①	유보 200,000원	△유보 200,000원
②	△유보 200,000원	유보 200,000원
③	유보 300,000원	△유보 300,000원
④	△유보 300,000원	유보 300,000원

정답 ②

3 이중과세방지 목적으로 익금불산입하는 항목 A

(1) 각 사업연도의 소득으로 이미 과세된 소득(이월익금)

각 사업연도의 소득으로 이미 과세된 소득(법에 따라 비과세되거나 면제되는 소득을 포함)은 익금으로 보지 않는다(법법 18 (2)). 동일한 소득에 대해 이중으로 과세하지 않기 위함이다. 따라서 전기에 비과세 또는 면제된 소득 또한 전기의 각 사업연도 소득에서 고려된 것이므로 당기에 수익으로 계상하는 경우 익금불산입한다.

(2) 내국법인 수입배당금액의 익금불산입 (30%, 80%, 100%)

① 익금불산입 계산

법인주주(또는 개인주주)가 법인으로부터 받은 배당소득에 대하여 다시 법인세를 과세하는 것은 이중과세를 야기한다. 일정 소득에 대해 법인세를 과세했음에도 불구하고, 또다시 법인주주가 수취하는 배당에 대해 법인세를 과세하는 것이기 때문이다. 이러한 이중과세문제를 해결하기 위해 수입배당금의 일정액을 익금불산입하고 기타로 소득처분한다는 취지이다.

$$익금불산입액 = \left(ⓘ 수입배당금 - ⓛ 지급이자 \times \frac{ⓒ 세법상 주식가액적수}{ⓔ 기말 재무상태표상 자산총액적수} \right) \times ⓜ 익금불산입율$$

이러한 익금불산입액은 배당금을 지급하는 법인별로 계산하는 것이며, 익금불산입액이 0보다 작은 경우에는 없는 것으로 본다(법법 18의 2 ①, 법령 17의 2). 이때 소득처분은 익금불산입(기타)으로 한다.

내국법인의 수입배당금액의 익금불산입액의 계산식에 대한 설명은 다음과 같다.

구분	설명
ⓘ 수입배당금	일반적인 수입배당금은 물론 의제배당액도 포함한다.
ⓛ 지급이자 (이자비용)	이자비용을 뜻하는데, 익금불산입액 계산식에서 다음 사항은 제외한다. ⓐ 지급이자 손금불산입 규정에 따라 손금불산입된 지급이자 (09) ⓑ 현재가치할인차금상각비, 연지급수입이자 (06)
ⓒ 세법상 주식가액 적수	해당 피출자법인의 주식 등의 장부가액은 세법상 장부가액을 말하며, 아래의 ② '익금불산입 규정을 적용하지 않는 수입배당금'이 발생하는 주식 등의 장부가액은 제외한다(법기통 18의2-17의2⋯ ①). 여기서 국가 및 지방자치단체로부터 현물출자 받은 주식 등은 제외한다.
ⓔ 기말 재무상태표 상 자산총액 적수	내국법인의 사업연도 종료일 현재 재무상태표상 자산총액의 적수를 말한다.
ⓜ 익금불산입률	피출자법인에 대한 출자비율 / 익금불산입률 20% 미만 / 30% 20% 이상 50% 미만 / 80% 50% 이상 / 100%

기출 OX

23. 각 사업연도의 소득으로 이미 과세된 소득(「법인세법」과 다른 법률에 따라 비과세되거나 면제되는 소득을 포함한다)은 익금에 산입하지 아니한다.
2024. 7급 (확인)
정답 O

24. 각 사업연도의 소득으로 이미 과세된 소득(「법인세법」과 다른 법률에 따라 비과세되거나 면제되는 소득은 제외)은 내국법인의 각 사업연도의 소득금액을 계산할 때 익금에 산입하지 아니한다.
2020. 7급
정답 X

오쌤 Talk

손금불산입 지급이자
채권자불분명사채이자, 비실명채권이자, 건설자금이자, 업무무관자산이자

확인문제

06. 「법인세법」상 영리내국법인 ㈜대한이 제24기 (2024. 1. 1. ~ 12. 31.) 사업연도에 수령한 수입배당금(「법인세법」에 따라 익금불산입이 배제되는 수입배당금은 아님) 중 익금불산입액은? (단, ㈜대한은 지주회사가 아니고, 제24기 사업연도에 지출한 차입금의 이자는 없으며, 보유 중인 주식은 모두 배당기준일 현재 1년 이상 보유한 것이다.)
2021. 7급 수정

배당지급법인	지분비율	수입배당금액	비고
㈜A	45%	3,000,000원	비상장내국법인
㈜B	15%	5,000,000원	상장내국법인
㈜C	99%	4,000,000원	비상장내국법인

① 6,400,000원
② 7,900,000원
③ 8,500,000원
④ 10,400,000원

정답 ②

오쌤 Talk

피출자법인에 대한 출자비율

내국법인의 피출자법인에 대한 출자비율은 피출자법인의 배당기준일 현재 3개월 이상 계속해서 보유하고 있는 주식 등을 기준으로 계산한다. 이 경우 보유 주식 등의 수를 계산할 때 같은 종목의 주식 등의 일부를 양도한 경우 먼저 취득한 주식 등을 먼저 양도한 것으로 본다(법령 17의2 ①).

오쌤 Talk

수입배당금 이중과세조정에 대한 법인세와 소득세의 접근방식 간 비교

구분	수입배당금 이중과세조정
법인세법	수입배당금의 익금불산입 규정
소득세법	배당소득 Gross-up (Link-P.317)과 배당세액공제 규정 (Link-P.322)

② 익금불산입 규정을 적용하지 않는 수입배당금

다음에 해당하는 수입배당금은 익금불산입규정을 적용하지 않는다(법법 18의2 ②, ③, 51의2, 조특법 63의2, 100의15, 121의8, 121의9).

㉠ 배당기준일 전 3개월 이내에 취득한 주식 등을 보유함으로써 발생하는 수입배당금액(이 경우 같은 종목의 주식 등의 일부를 양도한 경우에는 먼저 취득한 주식 등을 먼저 양도한 것으로 본다)

㉡ 지급한 배당에 대하여 소득공제를 적용받거나 법인세를 비과세·면제·감면받는 다음 중 어느 하나에 해당하는 법인으로부터 받은 수입배당금액
  ⓐ 「법인세법」과 「조세특례제한법」에 따른 지급배당에 대한 소득공제를 적용받는 유동화전문회사·투자회사·투자목적회사 등의 명목회사
  ⓑ 공장 및 본사를 수도권 밖으로 이전에 대한 세액감면을 적용받는 법인
  ⓒ 제주첨단과학기술단지, 제주투자진흥지구(또는 제주자유무역지역) 입주기업에 대한 세액감면을 적용받는 법인
  ⓓ 동업기업과세특례를 적용받는 법인

㉢ 지급한 배당에 대하여 소득공제를 적용받는 법인과세 신탁재산으로부터 받은 수입배당금

㉣ 「자산재평가법」을 위반하여 「자산재평가법」에 따른 재평가적립금(1% 세율이 적용된 토지의 재평가차액에 상당하는 금액은 제외)을 감액하여 지급받은 수입배당금액

㉤ 다음의 어느 하나에 해당하는 자본준비금을 감액하여 지급받은 수입배당금액
  ⓐ 「법인세법」상 적격합병에 따른 합병차익 중 피합병법인의 「자산재평가법」에 따른 재평가적립금(1% 세율이 적용된 토지의 재평가차액에 상당하는 금액은 제외)에 상당하는 금액(법령으로 정하는 금액을 한도로 한다)
  ⓑ 「법인세법」상 적격분할에 따른 분할차익 중 분할법인의 「자산재평가법」에 따른 재평가적립금(1% 세율이 적용된 토지의 재평가차액에 상당하는 금액은 제외)에 상당하는 금액(법령으로 정하는 금액을 한도로 한다)

㉥ 자본의 감소로 주주 등인 내국법인이 취득한 재산가액이 당초 주식 등의 취득가액을 초과하는 금액 등 피출자법인의 소득에 법인세가 과세되지 아니한 수입배당금액으로서 다음의 수입배당금액
  ⓐ 자본의 감소로 인하여 주주 등인 내국법인이 취득하는 금전과 그 밖의 재산가액의 합계액이 해당 주식 또는 출자지분을 취득하기 위하여 사용한 금액을 초과하는 금액
  ⓑ 법인이 자기주식 또는 자기출자지분을 보유한 상태에서 「상법」에 따른 자본준비금으로서 법령으로 정하는 것 또는 「자산재평가법」에 따른 재평가적립금(1% 세율이 적용된 토지의 재평가차액에 상당하는 금액은 제외)을 자본전입함에 따라 그 법인 외의 주주 등인 내국법인의 지분 비율이 증가한 경우 증가한 지분 비율에 상당하는 주식 등의 가액

③ 익금불산입 규정 배제

법에 따라 **고유목적사업준비금을 손금에 산입하는 비영리내국법인이 받은 수입배당금은 익금불산입하지 않는다**(법법 18의2 ①). 수취한 수입배당금의 100%를 고유목적사업준비금으로 설정할 수 있는 비영리내국법인은 이중과세문제를 회피할 수 있기 때문이다. 따라서 따로 익금불산입 규정을 두어 이중특혜를 받도록 하는 행위를 방지하기 위해 익금불산입 규정의 적용을 배제한다. 이는 ⑫ **준비금**에서 자세히 설명하기로 한다.

25. 「법인세법」에 따라 고유목적사업준비금을 손금에 산입하는 비영리내국법인이 출자총액 전액을 출자한 다른 내국법인으로부터 받은 수입배당금에 대해서는 전액을 익금불산입할 수 있다.

2012. 7급 수정

정답 X

> **참고**

지주회사 수입배당금액 익금불산입 특례 경과 규정 연장 NEW

일반회사보다 높은 익금불산입률을 적용받던 지주회사에 대한 특례를 폐지하여 일반 내국법인과 동일한 익금불산입률을 적용하도록 하는 내용으로 「법인세법」을 2023년에 개정·시행하면서, 내국법인이 2023년 12월 31일까지 받는 수입배당금액에 대해서는 종전의 특례 규정에 따른 익금불산입률을 적용할 수 있도록 유예기간을 두었는데, 해당 유예기간을 2026년 12월 31일까지 연장함 → 내국법인이 2026년 12월 31일까지 받는 수입배당금액에 대해서는 현재 규정과 종전의 지주회사 특례 규정에 따른 익금불산입률을 선택하여 적용할 수 있음

[지주회사 특례 규정에 따른 익금불산입 대상금액]

자회사에 대한 출자비율		익금불산입 대상금액
자회사가 주권상장법인인 경우	자회사가 비상장법인인 경우	
20% 이상 30% 미만	40%(20%*) 이상 50% 미만	수입배당금액 × 80%
30% 이상 40% 미만	50% 이상 80% 미만	수입배당금액 × 90%
40% 이상	80% 이상	수입배당금액 × 100%

* 자회사가 비상장법인인 벤처기업인 경우 20%

(3) 외국자회사 수입배당금액의 익금불산입

① 의미

외국자회사가 외국에서 납부한 법인세액의 이중과세 문제를 보다 합리적으로 조정하기 위해 내국법인(「법인세법」상 외국납부세액공제 규정에 따른 간접투자회사 등은 제외)이 해당 법인이 출자한 외국자회사로부터 받은 수입배당금액의 95%에 해당하는 금액은 각 사업연도의 소득금액을 계산할 때 익금에 산입하지 아니한다(법법 18의4 ①).

오쌤 Talk

이중과세 조정 규정의 중복 적용 배제

신설된 외국자회사 수입배당금액의 익금불산입 규정이 적용되지 않는 경우에는 기존과 동일하게 외국납부세액공제를 적용한다(Link - P.216). 즉, 외국자회사 수입배당금액 익금불산입 규정이 적용되는 경우 외국납부세액공제 규정은 중복으로 적용할 수 없다.

② 적용 대상

내국법인이 직접 외국법인의 의결권 있는 발행주식총수 또는 출자총액의 10%(「조세특례제한법」에 따른 해외자원개발사업을 하는 외국법인의 경우에는 5%) 이상을 그 외국법인의 배당기준일 현재 6개월 이상 계속하여 보유하고 있는 법인에 대해 적용한다. 이 경우 내국법인이 적격합병, 적격분할, 적격물적분할, 적격현물출자에 따라 다른 내국법인이 보유하고 있던 외국자회사의 주식 등을 승계받은 때에는 그 승계 전 다른 내국법인이 외국자회사의 주식 등을 취득한 때부터 해당 주식 등을 보유한 것으로 본다(법령 18 ①).

③ 익금불산입 대상 수입배당금액

내국법인(「법인세법」상 외국납부세액공제 규정에 따른 간접투자회사 등은 제외)이 해당 법인이 출자한 외국자회사로부터 받은 수입배당금액(이익의 배당금·잉여금의 분배금 및 「법인세법」에 따라 배당금 또는 분배금으로 보는 금액)에 대하여 익금불산입 규정을 적용한다(법법 18의4 ①).

④ 적용 제외 대상

다음의 수입배당금에 대하여는 익금불산입 규정을 적용하지 않는다. 따라서 각 사업연도의 소득금액을 계산할 때 익금에 산입한다(법법 18의4 ③, ④).

> ㉠ 「국제조세조정에 관한 법률」에 따라 특정외국법인의 유보소득에 대하여 내국법인이 배당받은 것으로 보는 금액 및 해당 유보소득이 실제 배당된 경우의 수입배당금액
> ㉡ 「국제조세조정에 관한 법률」에 따른 특정외국법인의 유보소득 배당간주 규정의 요건을 모두 충족하는 특정외국법인으로부터 받은 수입배당금액[*1]
> ㉢ 혼성금융상품(자본 및 부채의 성격을 동시에 가지고 있는 금융상품으로서 법령으로 정하는 금융상품[*2])의 거래에 따라 내국법인이 지급받는 수입배당금액
> ㉣ 위 ㉡ 및 ㉢과 유사한 것으로서 법령으로 정하는 수입배당금액

[*1] 특정외국법인 중 실제부담세액이 실제발생소득의 15퍼센트 이하인 특정외국법인의 해당 사업연도에 대한 다음의 금액을 말한다. 다만, 「해외자원개발 사업법」에 따른 해외자원개발사업자가 해외자원개발을 위해 「조세특례제한법」에 따라 외국법인에 출자하거나 외국자회사에 투자를 하는 경우에는 그 외국법인 또는 외국자회사의 해당 사업연도에 대한 다음의 금액은 제외한다 NEW(법령 18 ②).

> ⓐ 이익잉여금 처분액 중 이익의 배당금(해당 사업연도 중에 있었던 이익잉여금 처분에 의한 중간배당을 포함) 또는 잉여금의 분배금
> ⓑ 「법인세법」에 따라 배당금 또는 분배금으로 보는 금액

*2 다음의 요건을 모두 갖춘 금융상품을 말한다(법령 18 ③).

> ⓐ 우리나라의 경우: 우리나라의 세법에 따라 해당 금융상품을 자본으로 보아 내국법인이 해당 금융상품의 거래에 따라 거래상대방인 외국자회사로부터 지급받는 이자 및 할인료를 배당소득으로 취급할 것
> ⓑ 외국자회사가 소재한 국가의 경우: 그 국가의 세법에 따라 해당 금융상품을 부채로 보아 외국자회사가 해당 금융상품의 거래에 따라 거래상대방인 내국법인에 지급하는 이자 및 할인료를 이자비용으로 취급할 것

⑤ **특례: 자본준비금을 감액하여 받는 배당**
내국법인이 해당 법인이 출자한 외국법인(외국자회사는 제외)으로부터 자본준비금을 감액하여 받는 배당으로서 익금에 산입하지 아니하는 배당(Link - p.56)에 준하는 성격의 수입배당금액을 받는 경우 그 금액의 100분의 95에 해당하는 금액은 각 사업연도의 소득금액을 계산할 때 익금에 산입하지 아니한다(법법 18의4 ②).

⑥ **신청 절차**
외국자회사 수입배당금액의 익금불산입 규정을 적용받으려는 내국법인은 법인세 과세표준 신고를 할 때 외국자회사 수입배당금액 명세서를 첨부하여 납세지 관할 세무서장에게 제출하여야 한다(법법 18의4 ⑤, 법령 18 ④).

오쌤 Talk

자본준비금을 감액하여 받는 배당
자본준비금을 감액하여 받는 배당에 대해 적용하는 특례규정은 외국자회사 요건을 충족하지 않은 경우에도 적용한다.

4 그 밖의 익금불산입 항목 A

(1) 지출 시 손금으로 인정받지 못한 조세의 환급액

지출 시 손금으로 인정받은 조세는 환급 시 익금으로 인정되나, 지출 시 손금으로 인정받지 못한 조세는 환급 시 익금으로 인정되지 않는다. 따라서 **손금에 산입되지 않은 법인세 또는 법인지방소득세를 환급받았거나 환급받을 금액을 다른 세액에 충당한 경우 익금에 산입하지 않는다**(법법 18 (3)). 이는 ① 익금 **1** 일반적인 익금항목의 (7) 손금에 산입한 금액 중 환입된 금액에서 자세히 서술하고 국세·지방세를 과오납부하여 환급받는 경우 그 환급금에 대한 이자는 국가가 초과하여 수취한 금액에 대한 보상의 성격을 가지기 때문에 어떤 세목이든지 익금으로 인정하지 않는다. 이는 **4** (1) **국세·지방세 과오납금의 환급금에 대한 이자**에서 설명한다.

(2) 국세·지방세 과오납금의 환급금에 대한 이자

국세 및 지방세를 과오납부하여 환급받는 경우 그 환급금에 대한 이자는 국가가 초과하여 수취한 금액에 대한 보상의 성격을 가지기 때문에 어떤 세목이든지 익금으로 인정하지 않는다(법법 18 (4)). 즉, 초과하여 수취한 금액이기 때문에 이 금액에 대한 이자만큼은 납세자에게 유리하게 해석하는 것으로 이해할 수 있다.

(3) 연결자법인·연결모법인으로부터 지급받았거나 지급받을 연결법인별 법인세 상당액

연결자법인은 각 연결사업연도의 종료일이 속하는 달의 말일부터 4개월 이내에 연결법인별 법인세 상당액을 연결모법인에 지급해야 하며, 해당 금액이 음수인 경우에는 연결모법인은 음의 부호를 뗀 금액을 같은 기한 내에 연결자법인에 지급하여야 한다(법법 76의19 ②, ③). 이 때 연결모법인 또는 연결자법인이 받은 법인세 상당액은 익금불산입항목에 해당한다(법법 18 (7)). 이러한 법인세는 수취하더라도 예수금 성격이기 때문이다.

(4) 부가가치세 매출세액

사업자가 재화나 용역을 공급할 때 공급받는 자로부터 거래징수한 **부가가치세 매출세액은 익금에 해당하지 않는다**(법법 18 (5)). 거래징수한 매출세액은 추후 세무당국에 납부해야 할 금액을 미리 받은 예수금에 불과하기 때문에 부가가치세는 원칙적으로 수익 또는 비용으로 계상되지 않는다. 그러나 만일 회사가 부가가치세 매출세액을 수익으로 계상했다면 익금불산입하고, 부가가치세 매입세액을 비용으로 계상했다면 원칙적으로 손금불산입해야 한다.

> **참고**
>
> **부가가치세를 고려한 법인의 회계처리**
>
> | | | | | | | |
> |---|---|---|---|---|---|---|
> | 매입시점 | (차) | 원재료
부가가치세선급금 | ₩300
₩30 | (대) | 매입채무 | ₩330 |
> | 매출시점 | (차) | 매출
채권 | ₩550 | (대) | 매출
부가가치세예수금 | ₩500
₩50 |
> | 납세시점 | (차) | 부가가치세예수금 | ₩50 | (대) | 부가가치세선급금
현금 | ₩30
₩20 |

기출 OX

26. 손금에 산입하지 아니한 법인세 또는 법인지방소득세를 환급받았거나 환급받을 금액을 다른 세액에 충당한 금액은 내국법인의 각 사업연도의 소득금액을 계산할 때 익금에 산입하지 아니한다. 2020. 7급
정답 O

27. 손금에 산입하지 아니한 법인세를 환급받은 금액은 익금에 산입한다. 2022. 9급
정답 X

기출 OX

28. 지방세의 과오납금의 환급금에 대한 이자는 각 사업연도의 소득금액을 계산할 때 익금에 산입하지 아니한다. 2025. 9급 최신
정답 O

29. 국세의 과오납금의 환급금에 대한 이자는 법인세법상 익금에 산입된다. 2007. 9급
정답 X

30. 지방세의 과오납금의 환급금에 대한 이자는 내국법인의 각 사업연도의 소득금액을 계산할 때 익금에 산입하지 아니한다. 2020. 7급
정답 O

오쌤 Talk

조세의 환급금과 조세 과오납금의 가산금의 비교

구분	지출 시점	환급 시점
조세 환급금	손금산입 (ex. 재산세)	익금산입
	손금불산입 (ex. 법인세)	익금불산입
조세 과오 납금 환급 가산금	해당사항 없음	무조건 익금불산입

기출 OX

31. 부가가치세의 매출세액은 내국법인의 각 사업연도의 소득금액을 계산할 때 익금에 산입하지 아니한다. 2021. 9급
정답 O

MEMO

CHAPTER 04

손금과 손금불산입

1. 손금
2. 주요 손금항목
3. 손금불산입

• 최신 8개년 출제 경향 분석

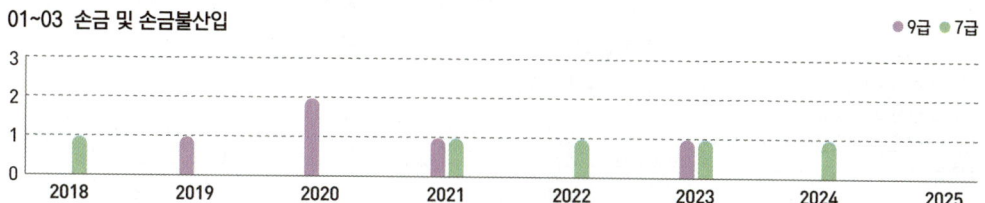

01~03 손금 및 손금불산입

1 손금

★★ (1) 의의

'손금'이란 해당 법인의 순자산을 감소시키는 거래로 인하여 발생하는 손비(손실·비용)의 금액을 말한다(법법 19 ①). 다만, 다음 항목은 순자산을 감소시킨다고 하더라도 손금으로 보지 않는다.

구분	취지
① 자본 또는 출자의 환급	자본 또는 출자의 환급은 손익거래가 아닌 자본거래이기 때문에 손금으로 보지 않는다.
②「법인세법」상 손금불산입항목으로 규정한 것	순자산을 감소시키더라도 정책적 목적 등 법에서 정한 항목은 손금으로 보지 않는다.
③ 잉여금의 처분	잉여금은 익금에서 이미 손금을 차감하여 계산된 금액이다. 이런 잉여금(소득)의 처분은 잉여금을 계산하는 과정에서 차감하는 손금이 될 수 없다.

★★ (2) 손비의 일반원칙

이러한 손금은 「법인세법」 및 다른 법률에서 달리 정하고 있는 것은 제외하고, 그 법인의 사업과 관련하여 발생하거나 지출된 손실·비용으로서 ① 일반적으로 인정되는 통상적인 것이거나 ② 수익과 직접 관련된 것으로 한다(법법 19 ②).

(3) 비용배분 원칙

법인에게 귀속되는 모든 비용은 일반적으로 공정·타당하다고 인정되는 기업회계기준에 준거하여 판매비와 관리비, 제조원가, 자산의 취득가액(자산의 매입부대비용을 포함) 등으로 명확히 구분하여 경리해야 한다(법기통 4-0…3). 손금으로 인정되는 항목이라도 모두 지출하는 사업연도의 손금으로 인정되는 것은 아니며, 지출성격에 따라 손금 인정 시기에는 차이가 있다. 그 예시를 정리하면 아래의 표와 같다.

구분	예시
① 손금 인정	판매비와 관리비, 제조원가 중 매출원가 구성분
② 자산으로 계상 후, 감가상각/처분 시 손금 인정	제조원가 중 재고자산 구성분
	자산원가 구성분(건물 건설에 투입된 직원의 인건비), 토지 등

기출 OX

01. 손금은 자본 또는 출자의 환급, 잉여금의 처분 및 법인세법에서 규정하는 것을 제외하고 당해 법인의 순자산을 감소시키는 거래로 인하여 발생하는 손비의 금액으로 한다. 2011. 9급
정답 O

02. 법인이 사업과 관련하여 지출한 비용이 「법인세법」상 손금으로 인정되기 위해서는, 「법인세법」과 다른 법률에서 달리 정하고 있지 않는 한, 그 지출이 사업과 관련된 것만으로는 부족하고 그 외에 비용지출이 일반적으로 인정되는 통상적인 것이거나 수익과 직접 관련된 것이어야 한다. 2015. 7급
정답 O

(4) 손금불산입항목을 자산으로 계상한 경우 세무조정 방법

지출할 때 손금으로 인정되지 않는 금액은 세법상 자산원가를 구성할 수 없다. 회사가 이를 자산원가로 계상한 경우 자산을 감액하는 손금산입(△유보) 조정과 이를 다시 손금불산입하는 조정을 동시에 한 후, 감가상각 또는 처분 시 손금불산입(유보)로 추인한다.

> **참고**
>
> **손금불산입항목을 자산으로 계상한 경우 세무조정**
>
>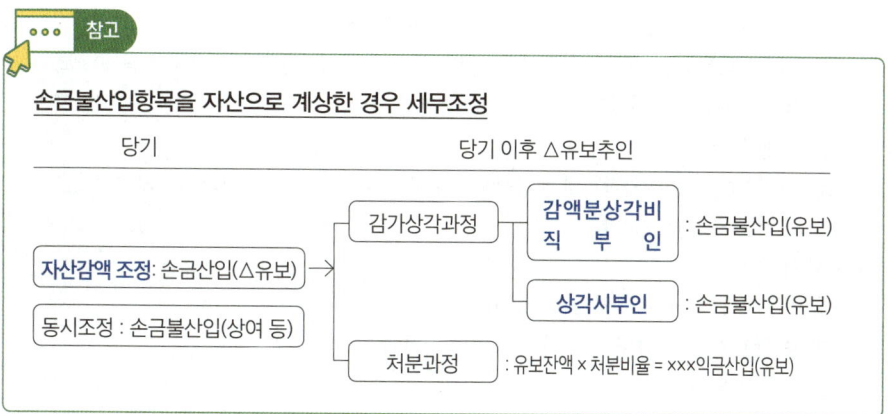

(5) 손금의 증명서류 요건

법인은 각 사업연도에 그 사업과 관련된 모든 거래에 관한 증명서류를 작성하거나 받아서 과세표준신고기한이 지난 날부터 5년간* 보관해야 한다(법법 116 ①). 이러한 증명서류는 법정 적격증명서류와 그 외의 증명서류로 구분된다.

* 각 사업연도 개시일 전 5년이 되는 날 이전에 개시한 사업연도에서 발생한 결손금을 각 사업연도의 소득에서 공제하려는 법인은 해당 결손금이 발생한 사업연도의 증명서류를 공제되는 소득의 귀속사업연도의 과세표준 신고기한부터 1년이 되는 날까지 보관해야 한다.

세금계산서 및 계산서를 발급받지 못한 경우 매입자발행세금계산서 및 매입자발행계산서를 발행하여 보관하면 이러한 수취·보관의무를 이행한 것으로 본다. 또한, 공급받은 재화 또는 용역의 건당 거래금액(부가가치세 포함)이 3만원 이하인 경우에는 적격증명서류가 아닌 영수증을 수취하여도 무방하다(법법 116 ②, ③, 법령 158 ②, ③).

> **참고**
>
> **증명서류 관련 세무조정**
>
> | 구분 | | 손금인정여부 | 증명서류 수취 불성실가산세 부과여부 |
> |---|---|---|---|
> | 증명서류 미수령 | | X (상여, 배당 등) | X |
> | 적격 증명서류 외의 증명서류 | 한 차례 기업업무추진비 지출액이 3만원 초과 (경조금은 20만원) | X (기타사외유출) | X |
> | | 사업자에게 공급받은 재화나 용역의 건당 거래액이 3만원(VAT 포함)을 초과하는 경우 | O | O (2% 가산세) |
> | | 그 외의 경우 | O | X |

오쌤 Talk

법정적격증명서류

법정적격증명서류에는 신용카드·직불카드, 신용카드매출전표·현금영수증·세금계산서·계산서·매입자발행세금계산서·원천징수영수증, 기명식선불카드, 직불전자지급수단, 기명식선불지급수단, 기명식전자화폐가 있다.

오쌤 Talk

매입자발행계산서

「법인세법」 및 「소득세법」에 따른 매입자발행계산서와 관련된 규정은 「부가가치세법」상 매입자발행세금계산서 규정을 준용하므로 해당 내용을 참고하도록 하자(세법 1 Link-P.352)

오쌤 Talk

증명서류 관련

① 증명서류 미수령
가공경비로 보아 손금불산입하고 귀속자에게 배당or상여 등으로 소득처분
② 적격증명서류 외 증명서류

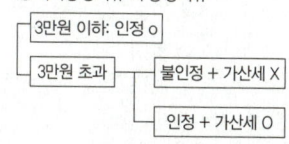

오쌤 Talk

주요 3법에서의 판매장려금 처리방법

구분	지급한 판매장려금	수령한 판매장려금
법인세법	손금으로 인정	익금에 산입
소득세법	손금으로 인정	총 수입금액에 산입
부가가치세법	현금지급: 과세표준에서 공제 금지 현물지급: 간주공급으로 과세표준 포함	과세표준에 산입금지

오쌤 Talk

조합·협회에 지급한 일반회비

조합 또는 협회가 법령·정관이 정하는 바에 따른 정상적인 회비징수방식에 의하여 경상경비 충당 등을 목적으로 조합원 또는 회원에게 부과하는 회비를 말한다(법칙 10 ②).

★★ (6) 손금의 범위

세법에서 정하는 손금의 범위는 다음과 같다(법령 19). 이는 손금항목의 예시에 불과하며 여기에 열거되지 않은 것이라도 업무와 관련하여 초래된 모든 순자산감소액은 원칙적으로 손금에 해당한다. 이는 익금의 범위가 포괄주의를 채택한 것과 마찬가지로 대응된다.

① 판매한 상품 또는 제품에 대한 원료의 매입가액(기업회계기준에 따른 매입에누리금액 및 매입할인금액은 제외)과 그 부대비용
② 판매한 상품 또는 제품의 보관료, 포장비, 운반비, 판매장려금 및 판매수당 등 판매와 관련된 부대비용(판매장려금 및 판매수당의 경우 사전약정 없이 지급하는 경우를 포함)
③ 제세공과금
④ 회수할 수 없는 부가가치세 매출세액 미수금(「부가가치세법」에 따라 대손세액공제를 받지 않은 것만 해당한다)
⑤ 인건비
⑥ 업무와 관련있는 해외시찰·훈련비
⑦ 양도한 자산의 양도 당시의 장부가액
⑧ 자산의 임차료
⑨ 자산의 평가차손
⑩ 영업자가 조직한 단체로서 법인이거나 주무관청에 등록된 조합 또는 협회에 지급한 일반회비
⑪ 장식·환경미화 등의 목적으로 사무실·복도 등 여러 사람이 볼 수 있는 공간에 항상 전시하는 미술품의 취득가액을 그 취득한 날이 속하는 사업연도의 손비로 계상한 경우에는 그 취득가액(취득가액이 거래단위별로 1,000만원 이하인 것에 한정)
⑫ 보건복지가족부장관이 정하는 무료진료권 또는 새마을진료권에 따라 행한 무료진료의 가액
⑬ 우리사주조합에 출연하는 자사주의 장부가액 또는 금품 [부동산 등 금품을 출연하는 경우 해당 출연자산의 가액은 시가에 의하며, 이 경우 그 시가와 장부가액의 차액은 해당 사업연도의 소득금액을 계산할 때 익금에 산입한다.
⑭ 「식품 등 기부 활성화에 관한 법률」에 따른 식품 및 생활용품(이하 '식품 등')의 제조업·도매업 또는 소매업을 영위하는 내국법인이 해당 사업에서 발생한 잉여식품 등을 같은 법에 따른 제공자 또는 제공자가 지정하는 자에게 무상으로 기증하는 경우 기증한 잉여식품 등의 장부가액
⑮ 광고선전 목적으로 기증한 물품의 구입비용[특정인에게 기증한 물품(개당 3만원 이하의 물품은 제외)의 경우에는 연간 5만원 이내의 금액으로 한정]
⑯ 유형자산의 수선비
⑰ 유형자산 및 무형자산의 감가상각비
⑱ 차입금이자
⑲ 특수관계인으로부터 자산 양수를 하면서 기업회계기준에 따라 장부에 계상한 자산 가액이 시가에 미달하는 경우 실제 취득가액(실제 취득가액이 시가를 초과하는 경우에는 시가)과 장부에 계상한 가액과의 차액에 대한 감가상각비 상당액(Link - p.140)
⑳ 광업의 탐광비(탐광을 위한 개발비 포함)

㉑ 동업기업 결손금 배분규정에 따라 배분받는 결손금
㉒ 다음 중 어느 하나에 운영비 또는 수당
　㉠ 「초·중등교육법」에 설치된 근로청소년을 위한 특별학급 또는 산업체부설중·고등학교의 운영비
　㉡ 「산업교육진흥 및 산학연협력 촉진에 관한 법률」의 규정에 따라 교육기관이 해당 법인과의 계약에 따라 채용을 조건으로 설치·운영하는 직업교육훈련과정·학과 등의 운영비
　㉢ 「직업훈련 촉진법」의 규정에 따른 현장실습에 참여하는 학생들에게 지급하는 수당
　㉣ 「고등교육법」의 규정에 따른 현장실습수업에 참여하는 학생들에게 지급하는 수당
㉓ 임직원이 다음 중 어느 하나에 해당하는 주식매수선택권 등을 부여하거나 지급한 법인에게 그 행사 또는 지급비용으로서 보전하는 금액
　㉠ 「금융지주회사법」에 따른 금융지주회사로부터 부여받거나 지급받은 주식매수선택권 등(주식매수선택권은 법에 따라 주권상장법인이 해당 법인의 임직원 외 관계법인의 임직원에게 부여한 경우에 한정)
　㉡ 해외모법인으로부터 부여받거나 지급받은 주식매수선택권 등
㉔ 「상법」, 「벤처기업육성에 관한 특별조치법」, 「소재·부품·장비산업 경쟁력강화를 위한 특별조치법」에 따른 주식매수선택권(「상법」 제542조의3에 따른 주식매수선택권은 해당 법인의 임직원에게 부여하는 것으로 한정ᴺᴱᵂ), 「근로복지기본법」에 따른 우리사주매수선택권이나 금전을 부여받거나 지급받은 자에 대한 다음의 금액(단, 해당 법인의 발행주식총수의 10% 범위에서 부여하거나 지급한 경우로 한정)
　㉠ 주식매수선택권 또는 우리사주매수선택권을 부여받은 경우로서 약정된 주식매수시기에 약정된 주식의 매수가액과 시가의 차액을 금전 또는 해당 법인의 주식으로 지급하는 경우의 해당 금액
　㉡ 주식매수선택권 또는 우리사주매수선택권을 부여받은 경우로서 약정된 주식매수시기에 주식매수선택권 또는 우리사주매수선택권 행사에 따라 주식을 시가보다 낮게 발행하는 경우 그 주식의 실제 매수가액과 시가의 차액
　㉢ 주식기준보상으로 금전을 지급하는 경우 해당 금액
㉕ 「중소기업 인력지원 특별법」에 따라 중소기업 및 중견기업이 핵심인력성과보상기금('내일채움공제')에 부담하는 기여금
㉖ 임원 또는 직원(지배주주 등인 자는 제외)의 사망 이후 유족에게 학자금 등으로 일시적으로 지급하는 금액. 구체적으로 임원 또는 직원의 사망 전에 정관이나 주주총회·사원총회 또는 이사회의 결의에 의하여 결정되어 임원 또는 직원에게 공통적으로 적용되는 지급기준에 따라 지급되는 것으로 한다.
㉗ 다음 기금에 출연하는 금품
　㉠ 「근로복지기본법」에 따른 사내근로복지기금 및 공동근로복지기금
　㉡ 내국법인의 협력중소기업이 설립한 사내근로복지기금 및 공동근로복지기금
㉘ 보험회사 및 「주택도시기금법」에 따른 주택도시보증공사가 적립한 책임준비금의 증가액(할인율의 변동에 따른 책임준비금 평가액의 증가분은 제외)으로서 보험감독회계기준에 따라 비용으로 계상된 금액
㉙ 그 밖의 손비

② 주요 손금항목

1 판매한 상품·제품에 대한 원료의 매입가액과 부대비용 A

원료의 매입가액은 아래와 같이 구한다(법령 19 (1), 22 ②).

> 원료의 매입가액 = 매입액 - 매입에누리 - 매입환출 - 매입할인 - 의제매입세액*

* 의제매입세액: 「부가가치세법」과 「조세특례제한법」에 따라 공제받은 매입세액

판매한 상품 또는 제품의 보관료, 포장비, 운반비, 판매장려금 및 판매수당 등 판매와 관련된 부대비용은 손금항목이다. **이 때 판매장려금과 판매수당은 사전약정 여부와 상관없이 지급할 때 전액 손금으로 인정한다.**

2 세금과 공과금 A

법인이 납부하였거나 납부할 조세는 순자산의 감소액이므로 그것이 업무와 관련된 것인 한 원칙적으로 손금으로 인정된다(법령 19 ⑩). 다만, 다음의 경우 손금불산입한다.

★★ **(1) 손금불산입되는 세금**

① 법인세 및 법인지방소득세·농어촌특별세

법인세(외국자회사 수입배당금 익금불산입 규정의 적용 대상이 되는 수입배당금액에 대하여 외국에 납부한 세액과 외국납부세액공제를 적용하는 경우의 외국법인세액을 포함) 및 법인지방소득세는 법인의 과세소득(이익잉여금)의 일부를 국가 및 지방자치단체에 이익처분하는 성격의 조세이므로 손금불산입한다. **본세인 법인세에 종속되어 있는 농어촌특별세 또한 본세의 성격과 동일하게 손금불산입한다.**

② 연결법인세비용

연결자법인(연결모법인)이 연결모법인(연결자법인)에 지급하는 법인세비용도 손금불산입 항목에 해당한다.

③ 판매하지 아니한 제품에 대한 반출필의 개별소비세, 주세 또는 교통·에너지·환경세의 미납액

납부하였거나 납부할 개별소비세, 주세 또는 교통·에너지·환경세는 해당 물품을 판매할 때 구매자로부터 회수하게 되는 일종의 **대납금 성격을 가진 소비세로서 '선급금'으로 계상되기 때문에 손금으로 인정되지 않는다.** 다만, 제품가격에 그 세액상당액을 가산한 경우에는 예외로 한다. (법법 21 (2)).

④ 세법에 따른 의무불이행으로 인한 세액(가산세 포함)

국세에 관한 징수불이행·납부불이행과 그 밖의 의무불이행으로 납부하였거나 납부할 세액은 제재 성격으로 손금으로 인정하지 않는다(법법 21 (1), 법령 21).

기출 OX

03. 판매한 제품에 대한 원료의 매입가액(기업회계기준에 따른 매입에누리금액 및 매입할인금액을 제외한다)과 그 부대비용은 손비의 범위에 포함된다.
2023. 9급 최신
정답 O

04. 법령에서 달리 정하지 않는 한, 제품판매와 관련한 판매장려금 및 판매수당 등 판매와 관련된 부대비용이 손금으로 인정되기 위해서는 사전 약정하에 비용지출이 이루어져야 한다.
2015. 7급
정답 X

⑤ 부가가치세 매입세액

재화 또는 용역을 공급받거나 재화를 수입할 때 부담한 부가가치세 매입세액은 **원칙적으로 손금으로 인정되지 않는다**(법법 21 (1)). '**부가가치세선급금(자산계정)**'으로 계상되기 때문이다. 다만, 부가가치세 매입세액 중 매입세액을 공제할 수 없는 것은 성격에 따라 다음과 같이 처리한다(법령 22 ① (3), 법칙 11).

구분	내용	
손금불산입 (법인에게 귀책 사유가 있음)	ⓐ 등록 전 매입세액 ⓑ 사업과 관련없는 매입세액 ⓒ 세금계산서 미수령·부실기재분 매입세액, 매입처별세금계산서합계표 미제출·부실기재분 매입세액	
손금산입 (법인에게 귀책 사유가 없음)	ⓓ 토지조성 관련 매입세액 ⓔ **비영업용승용자동차의 구입, 임차, 유지관련 매입세액** ⓕ 영수증 교부거래분 매입세액 ⓖ 면세 관련 매입세액	㉮ 자본적 지출: 취득원가 가산 후 감가상각, 처분과정을 거쳐 손금 인정 ㉯ **수익적 지출: 지출한 사업연도의 손금 인정**
	ⓗ **기업업무추진비 관련 매입세액**	기업업무추진비로 보아 한도액의 범위에서 손금 인정
	ⓘ 간주임대료 관련 매입세액	임차인 또는 임대인 중 부담한 자의 손금으로 인정

★★ **(2) 손금산입되는 세금**

손금불산입되는 세금을 제외한 세금은 국세와 지방세를 불문하고 손금에 산입한다.

구분	종류
지출하는 사업연도에 손금으로 인정되는 것	인지세, 재산세, 종합부동산세, 자동차세, 주민세 등
원가에 가산한 후 추후 손금으로 인정되는 것	취득세(농어촌특별세와 지방교육세 포함)·등록면허세 등

단, 손금에 산입할 수 있는 종류의 조세라고 하더라도, **비용의 배분과 업무무관자산과 관련된 세금**이라는 두 가지 사항에 유의하여야 한다.

① 비용의 배분

손금으로 인정되는 세금이라도 비용배분의 원칙에 따라 판매비와관리비, 제조원가, 자산의 원가로 적절하게 배부하여야 한다. 예를 들어 재산세는 당기에 즉시 손금으로 처리할 수 있으나, 건물의 취득세는 건물의 취득원가에 가산한 후 감가상각과정 및 처분과정을 통하여 당기 이후의 손금으로 배분한다.

② 업무무관자산과 관련된 세금

손금에 산입되는 세금이라도 업무무관자산에 대한 것이면 손금불산입하는 것이 원칙이다. **단, 취득세의 경우에는 업무무관자산에 대한 것이라도 취득부대비용으로 자산원가를 구성하여 손금으로 인정되는 특례가 있다.** 이는 업무무관자산을 구입하더라도 취득 자체는 인정하기 때문에 취득 시 부담하는 취득세는 자산원가를 구성하기 위해 인정하는 것이다.

오쌤 Talk

자본적 지출과 수익적 지출

① 자본적 지출: 내용연수를 연장시키거나 해당 자산의 가치를 현실적으로 증가시키기 위해 지출한 수선비
② 수익적 지출: 자산의 원상회복 또는 능률유지를 위해 지출한 비용(Link - P.129)

기출 OX

05. 비영업용 소형승용차의 유지에 관한 부가가치세 매입세액(자본적 지출은 제외)은 지불한 사업연도의 손금에 산입한다. 2010. 9급
정답 O

06. 부동산의 임차보증금에 대한 부가가치세 매입세액을 임차법인이 납부하고 손익계산서상 비용 계상하였다면 「법인세법」상 세무조정을 해야 한다. 2020. 9급
정답 X

확인문제

01. 「부가가치세법」상 매입세액공제 불공제 사유 중 법인세법상 손금에 산입할 수 없는 것은? 2007. 9급
① 면세사업 관련 매입세액
② 세금계산서를 미수취한 경우
③ 기업업무추진비 관련 매입세액
④ 비영업용 승용차 관련 매입세액(개별소비세 과세대상 자동차)

정답 ②

오쌤 Talk

부가가치세 매입세액의 세무조정

1. 공제액: VAT선급금
   → 비용 계상 시 손금불산입(유보)
2. 불공제액
   ┌ 정책목적상 : 손금(당기 손금 or 미래 손금)
   └ 의무불이행: 손금불산입(기타사외유출 ∵ 징벌효과)

기출 OX

07. 전기에 과오납부한 업무에 직접 사용하는 부동산에 대한 종합부동산세와 이에 따른 환급가산금을 당기에 환급받아 수익계상한 경우 모두 익금불산입으로 세무조정하여야 한다. 2017. 7급
정답 X

(2) 공과금

공과금은 조세 외의 강제적 부담금을 말한다. 이러한 공과금(ex. 폐기물처리부담금, 교통유발부담금)은 원칙적으로 손금으로 인정된다(법령 19 ⑩). 다만, 강제성이 없거나 위반에 대한 제재목적의 공과금은 손금불산입한다(법법 21 (4), (5)). 자세한 내용은 ③ 손금불산입 2 세법에서 정한 세금과 공과금 (3) 세법에서 정한 공과금에서 후술한다.

예제 1 **세금과 공과금의 세무조정**

㈜한국은 다음과 같은 세금과 공과금을 손익계산서에 비용으로 계상하였다. 다음의 자료를 이용하여 세무조정을 하시오.

> ① 토지 취득세 ₩12,000,000
> ② 종합부동산세 ₩5,000,000
> ③ 비업무용자산에 대한 취득세 ₩7,000,000
> ④ 주민세 ₩100,000
> ⑤ 세금계산서 부실기재로 인한 부가가치세 매입세액 불공제액 ₩2,000,000
> ⑥ 손익계산서상 법인세비용 계상액 ₩3,000,000

풀이

① <손금불산입> 토지 취득세 ₩12,000,000 (유보)
② 지출하는 사업연도에 손금으로 인정되므로 세무조정은 없다.
③ <손금불산입> 비업무용자산 ₩7,000,000 (유보)
④ 지출하는 사업연도에 손금으로 인정되므로 세무조정은 없다.
⑤ <손금불산입> 세금계산서 부실기재분 매입세액 ₩2,000,000 (기타사외유출)
⑥ <손금불산입> 법인세 ₩3,000,000 (기타사외유출)

3 인건비 A

인건비란 근로제공의 대가로 지급되는 각종 비용으로서, 급여·임금·제수당·상여금·퇴직급여 및 복리후생비 등을 모두 포함한다. 이러한 인건비의 지출은 법인의 순자산을 감소시키는 거래이다. 따라서 이익처분에 의해 지급되는 상여를 제외한 인건비는 손금으로 인정되는 것이 원칙이다(법령 19 ③).

(1) 일반급여

① 원칙

급여·임금·급료·보수·수당 등 일반급여는 원칙적으로 모두 손금으로 인정되며, 임원 또는 직원의 출산 또는 양육 지원을 위해 해당 임원 또는 직원에게 공통적으로 적용되는 지급기준에 따라 지급하는 금액도 손금으로 인정된다(법령 19 ③의2).

② 예외

다음의 경우에는 적합한 보수가 아닌 것으로 보고 손금불산입한다(법령 43 ①, ③, ④).

> ㉠ 합명회사·합자회사의 노무출자사원에 지급하는 보수
> ㉡ 법인이 지배주주 등*(특수관계인 포함)인 임원 또는 직원에게 정당한 사유없이 동일 직위에 있는 지배주주 등* 외의 임원 또는 직원에게 지급하는 금액을 초과하여 보수를 지급하는 경우 그 초과금액
> ㉢ 비상근임원에게 지급하는 보수 중 부당행위계산부인에 해당하는 보수

* 지배주주 등: 법인의 발행주식총수(또는 출자총액)의 1% 이상의 주식(또는 출자지분)을 소유한 주주 등으로서 그와 특수관계인의 소유 주식(또는 출자지분)의 합계가 해당 법인의 주주 등 중 가장 많은 경우의 해당 주주 등을 말한다(법령 43 ⑦).

(2) 상여금

① 원칙

직원에게 지급하는 상여금은 일반적으로 한도 상관없이 전액 손금으로 인정된다. 따라서 법인이 임원이 아닌 직원에게 지급한 상여금 중 주주총회의 결의에 의해 결정된 급여지급기준에 따른 금액을 초과하여 지급한 경우 그 초과금액은 이를 손금에 산입한다.

② 예외

> ㉠ 임원에게 지급하는 상여금: 임원에게 지급하는 상여금은 손금에 산입하는 것을 원칙으로 하나, 상여금 중 정관·주주총회·사원총회 또는 이사회의 결의에 따라 결정된 급여지급기준에 의한 금액을 초과하여 지급하는 금액은 손금에 산입하지 않는다(법령 43 ②).
> ㉡ 이익처분에 의해 지급하는 상여금: '이익처분에 의해 지급하는 상여금'이란 법인의 이익잉여금을 주주총회에서 처분하여 임직원에게 지급하는 상여금을 말한다. 일반적인 상여금과 달리 이익처분에 의해 지급하는 상여금은 임직원을 구분하지 않고 손금에 산입하지 않는다. 합명회사 또는 합자회사의 노무출자사원에게 지급하는 보수는 이익처분에 의한 상여로 보아 이를 손금에 산입하지 않는다(법령 43 ①).

오쌤 Talk

해외현지법인에 파견된 임원 또는 직원의 인건비

손금으로 인정되는 인건비에는 내국법인이 발행주식총수 또는 출자지분의 100분의 100을 직접 또는 간접 출자한 해외현지법인에 파견된 임원 또는 직원의 인건비로서 「소득세법」에 따라 근로소득세가 원천징수된 인건비(해당 내국법인이 지급한 인건비가 해당 내국법인 및 해외출자법인이 지급한 인건비 합계의 100분의 50 미만인 경우로 한정한다)를 포함한다.

📖 **확인문제** 최신

02. 법인세법령상 내국법인의 각 사업연도 소득금액을 계산할 때 상여금 등의 손금불산입에 대한 설명으로 옳지 않은 것은? 2024. 7급

① 법인이 직원에게 지급하는 상여금 중 이사회의 결의에 의하여 결정된 급여지급기준에 의하여 지급하는 금액을 초과하여 지급한 경우 그 초과금액은 이를 손금에 산입하지 아니한다.
② 법인이 그 임원에게 이익처분에 의하여 지급하는 상여금은 이를 손금에 산입하지 아니한다. 이 경우 합명회사 또는 합자회사의 노무출자사원에게 지급하는 보수는 이익처분에 의한 상여로 본다.
③ 상근이 아닌 법인의 임원에게 지급하는 보수는 부당행위계산의 부인에 해당하는 경우를 제외하고 이를 손금에 산입한다.
④ 법인이 지배주주등(특수관계에 있는 자를 포함한다)인 임원 또는 직원에게 정당한 사유없이 동일 직위에 있는 지배주주등 외의 임원 또는 직원에게 지급하는 금액을 초과하여 보수를 지급한 경우 그 초과금액은 이를 손금에 산입하지 아니한다.

정답 ①

오쌤 Talk

임원

임원이란 다음의 직무 또는 그에 준하는 직무에 종사하는 자를 말하며, 임원 외의 자는 직원으로 본다.
① 법인의 회장·사장·부사장·이사장·대표이사·전무이사·상무이사 등 이사회구성원
② 청산인, 감사
③ 합명회사·합자회사 및 유한회사의 업무집행사원 또는 이사, 유한책임회사의 업무집행자

오쌤 Talk

법에 정한 사유

정관 등에 따라 임원에게 중간정산 지급하는 때 현실적인 퇴직으로 보는 법에 정한 사유는 다음과 같다.
① 1년 이상 무주택세대주인 임원의 주택
② 3개월 이상의 질병 치료·요양
③ 천재지변, 재해를 입은 경우

확인문제

03. 비상장법인인 ㈜한국은 2024년 사업연도 중에 퇴직한 상무이사 홍길동에 대한 인건비로 다음의 금액을 지출하였다. 이 경우 한도초과로 손금불산입 되는 총 금액은? 2008. 9급

(1) 일반급여 : 50,000,000원(퇴직 전 1년간의 총급여액으로, 손금불산입 되는 금액은 없음)
(2) 상여금 : 30,000,000(지급규정이 없음)
(3) 퇴직급여 : 50,000,000(지급규정이 없음)
(4) 근속연수 : 4년 6월 20일

① 30,000,000원 ② 52,500,000원
③ 57,500,000원 ④ 80,000,000원

정답 ③

기출 OX

08. 법인의 해산에 의하여 퇴직하는 임원 또는 사용인에게 지급하는 해산수당은 최종사업연도의 손금으로 한다.
2012. 9급
정답 O

오쌤 Talk

비현실적 퇴직으로 퇴직급여를 지급한 경우 세법상 처리

회사	(차) 퇴직급여 ₩3,000,000	(대) 현금 ₩3,000,000
세법	(차) 업무무관 가지급금 ₩3,000,000	(대) 현금 ₩3,000,000
세무조정	<손금불산입> 업무무관가지급금 ₩3,000,000 (유보)	

※ 업무무관가지급금에 대한 「법인세법」상의 제재 규정
① 업무무관자산 지급이자 손금불산입 (09)
② 대손금 설정 대상 채권 제외 및 대손금 인정 불가 (11)
③ 부당행위계산부인으로 인한 인정이자 계산 (13)

(3) 퇴직급여

① 원칙

임원 또는 직원이 현실적으로 퇴직하는 경우에 지급하는 퇴직급여에 대해서만 손금에 산입한다(법령 44 ①). 여기서 '현실적인 퇴직'이란 근무관계가 종료되는 것으로, 구체적인 내용은 다음과 같다(법령 44 ②, 법기통 26-44…1).

현실적인 퇴직에 해당하는 경우	현실적인 퇴직으로 보지 않는 경우
㉠ 직원이 임원으로 취임한 경우 ㉡ 상근임원이 비상근임원으로 된 경우 ㉢ 임원 또는 직원이 그 법인의 조직변경·합병·분할 또는 사업양도에 따라 퇴직한 때 ㉣ 「근로자퇴직급여 보장법」의 규정에 따라 퇴직금을 중간정산*1 하여 지급한 경우 ㉤ 정관에서 위임된 퇴직급여지급규정에 따라 법에 정한 사유로 임원에게 퇴직급여를 중간정산*1 하여 지급한 때	㉥ 임원이 연임된 경우 ㉦ 법인의 대주주 변동으로 인하여 계산의 편의, 기타 사유로 전 직원에게 퇴직급여를 지급한 경우 ㉧ 외국법인의 국내지점 종업원이 본점(본국)으로 전출하는 경우 ㉨ 정부투자기관 등이 민영화됨에 따라 전 종업원의 사표를 일단 수리한 후 다시 채용한 경우 ㉩ 「근로자퇴직급여 보장법」에 따라 퇴직급여를 중간정산하기로 하였으나 이를 실제로 지급하지 않은 경우

*1 종전에 퇴직급여를 중간정산하여 지급한 적이 있는 경우에는 직전 중간정산 대상기간이 종료한 다음 날부터 기산하여 퇴직급여를 중간정산한 것을 말한다.

한편, 현실적으로 퇴직하지 않은 임원 또는 직원에게 지급한 퇴직급여는 현실적으로 퇴직할 때까지 이를 업무와 관련이 없는 가지급금으로 보며(11) 충당금에서 설명), 현실적인 퇴직이 있을 때 비로소 손금에 산입된다(법칙 22 ②).

② 예외

일반적인 상여금과 마찬가지로 임원의 경우 다음의 한도를 초과하는 금액은 현실적으로 퇴직하는 경우라 하더라도 손금에 산입하지 않는다.

구분	임원퇴직급여 한도액
㉠ 정관에 퇴직급여(퇴직위로금 등 포함)로 지급할 금액이 정해진 경우(정관에 임원퇴직급여 계산기준이 기재된 경우 포함)	정관에 정해진 금액(위임된 퇴직급여규정이 따로 있을 때에는 이에 규정된 금액)
㉡ 그 외의 경우	퇴직 전 1년간 총급여액*1 × 10% × 근속연수*2

*1 총급여액: 「소득세법」에 따라 ㉠ 근로의 제공으로 인하여 받는 봉급·급료·보수·임금·상여·수당 기타 이와 유사한 급여 및 ㉡ 이익처분에 따라 받은 상여금에 해당하는 금액으로 하되, 「소득세법」상 비과세 근로소득, 손금불산입되는 인건비, 인정상여(「법인세법」에 의해 상여로 소득처분된 금액), 퇴직으로 인하여 받는 소득으로서 퇴직소득에 속하지 않는 소득, 직무발명보상금, 임원 또는 종업원 등에 대한 할인금액 NEW 은 제외

*2 근속연수: 역년(曆年)에 따라 계산하되, 1년 미만의 기간은 월수로 계산하고 1개월 미만의 기간은 이를 산입하지 않는다(법칙 22 ⑤).

③ 해산수당

법인의 해산에 의하여 퇴직하는 임원 또는 직원에게 지급하는 해산수당 또는 퇴직위로금 등은 최종사업연도의 손금으로 한다(법령 43 ⑤).

★★ (4) 복리후생비

법인이 그 임원 또는 직원을 위하여 지출한 복리후생비 중 다음 중 어느 하나에 해당하는 비용은 손금에 산입하되, 그 외의 비용은 손금에 산입하지 않는다. 이 경우 직원에는 법에 따른 **파견근로자를 포함한다**(법령 19 (3의2), 45 ①).

> ① 법에 따른 국민건강보험료·노인장기요양보험료·고용보험료·국민연금료의 사용자 부담분
> ② **직장체육비와 직장문화비**, 직장회식비, 우리사주조합의 운영비, 영유아보육법에 따라 설치된 직장어린이집의 운영비
> ③ 그 밖에 임원 또는 직원에게 사회통념상 타당하다고 인정되는 범위에서 지급하는 경조사비 등 위와 유사한 비용

(5) 여비와 교육훈련비 및 해외시찰·훈련비

① 원칙

법인이 임직원을 위해 지출하는 여비와 교육훈련비는 손금항목이다. 또한 업무수행상 통상 필요하다고 인정되는 부분에 해당하는 해외시찰비와 훈련비는 손금으로 한다.

② 예외

법인이 임직원이 아닌 지배주주 등(특수관계 있는 자 포함)에게 지급한 여비 또는 교육훈련비는 당해 사업연도의 소득금액 계산에 있어 이를 손금에 산입하지 않는다.

(6) 임원 또는 종업원 등에 대한 할인금액 NEW

「소득세법」에 따라 사업자나 법인이 생산·공급하는 재화 또는 용역을 그 사업자나 법인(「독점규제 및 공정거래에 관한 법률」에 따른 계열회사를 포함한다)의 사업장에 종사하는 임원 등에게 법령으로 정하는 바에 따라 시가보다 낮은 가격으로 제공하거나 구입할 수 있도록 지원함으로써 해당 임원 또는 직원이 얻는 이익에 상당하는 금액은 손금으로 한다(법령 19 (3의3)).

기출 OX

09. 임원에게 지급하는 직장체육비 및 직장문화비는 「법인세법」상 손금불산입 항목에 해당한다. 2006. 9급

정답 X

오쌤 Talk

인건비의 손금인정 여부

인건비의 구분		직원	임원
(1) 일반급여		O	O
(2) 상여금	① 일반적인 상여금	O	급여지급기준에 따른 금액의 한도 내에서 손금인정
	② 이익처분에 의해 지급되는 상여금	X	X
(3) 퇴직급여		O	일정한 한도 내에서 손금인정
(4) 복리후생비		열거된 것 및 그와 유사한 것에 한정하여 손금인정	

> **예제 2** 인건비 문제
>
> ㈜한국에서 일하고 있는 직원들과 당기 손익계산서상 계상한 급여의 내역은 다음과 같다. 인건비에 대한 세무조정을 행하시오.
>
> | 직급 | 급여 | 상여금 |
> |---|---|---|
> | 대표이사 | ₩90,000,000 | ₩20,000,000 |
> | 영업부장 | ₩40,000,000 | ₩10,000,000 |
> | 신입사원 A | ₩50,000,000 | ₩30,000,000 |
> | 상무이사 | ₩70,000,000 | ₩12,000,000 |
>
> ① 급여지급기준에 의하면 임직원의 상여금은 급여의 20%를 지급하도록 규정되었다.
> ② 신입사원 A는 ㈜한국의 지배주주의 특수관계인으로, 동일 직위의 직원보다 정당한 사유없이 보수 ₩5,000,000을 초과로 지급받았다.
>
> **풀이**
>
> 〈손금불산입〉 대표이사 상여금 초과지급액 ₩2,000,000 (상여)
> 〈손금불산입〉 신입사원 A 보수 초과지급액 ₩5,000,000 (상여)
> ① 임원의 급여 20%를 초과하여 지급하는 금액은 손금불산입한다.
> 대표이사: 상여금 ₩20,000,000 > ₩18,000,0000(급여의 20%)이므로 ₩2,000,000 손금불산입 세무조정이 필요하다.
> 상무이사: 상여금 ₩12,000,000 < ₩14,000,000(급여의 20%)이므로 세무조정이 불필요하다.
> ② 신입사원 초과지급액 손금불산입

4 자산의 양도와 임차료 C

(1) 양도한 자산의 양도 당시의 장부가액

03 익금과 익금불산입 ① 익금 **1**의 (2) ① 재고자산 외의 자산의 양도금액에서 설명한 바와 같이 「법인세법」은 총액법을 적용하므로 자산의 양도 시, 해당 자산의 양도 당시의 장부가액을 손금에 산입한다.

(2) 자산의 임차료

법인이 자산을 임차하고 지급하는 임차료는 손금에 산입한다. 또한 임차법인이 부담한 임차보증금에 대한 간주임대료에 대한 부가가치세도 손금에 산입한다. 이때, 간주임대료에 대한 부가가치세를 임대 법인이 부담하는 경우에는 임대법인의 손금으로 산입한다.

5 자산의 평가손실 A

임의평가손실은 인정하지 않는다는 기본원칙에도 불구하고 다음 중 어느 하나에 해당하는 자산은 그 장부가액을 해당 감액사유가 발생한 사업연도(아래 ②에 해당하는 경우에는 파손되거나 멸실이 확정된 사업연도를 포함)에 다음의 평가액으로 감액하고, 그 감액한 금액을 해당 사업연도의 손비로 계상할 수 있다(법법 42 ③, 법령 78 ③). 즉 감액사유가 발생한 날이 속하는 사업연도에 결산조정으로 평가손실을 계상하면 손금으로 인정하는 결산조정사항이다.

> ① 재고자산: 파손·부패 등의 사유로 정상가격으로 판매할 수 없는 경우 사업연도 종료일 현재의 처분 가능한 시가로 평가한 가액.
> ② 유형자산: 천재지변, 화재, 법령에 따른 수용 등, 채굴예정량의 채진으로 인한 폐광(토지를 포함한 광업용 유형자산이 그 고유의 목적에 사용될 수 없는 경우를 포함한다) 등의 사유로 파손 또는 멸실된 경우 사업연도 종료일 현재의 시가로 평가한 가액.
> ③ 유가증권: 다음의 경우 유가증권의 장부가액을 사업연도 종료일 현재의 시가(발행법인별 보유 주식총액을 시가로 평가한 가액이 1,000원 이하인 경우에는 1,000원)로 평가한 가액.
>   ㉠ 주식을 발행한 법인이 파산한 경우
>   ㉡ 부도가 발생한 경우 또는 회생계획인가의 결정을 받았거나 부실징후기업이 된 경우 다음의 주식
>   ⓐ 상장법인이 발행한 주식
>   ⓑ 중소기업창업투자회사 또는 신기술사업금융업자가 보유하는 주식 등 각각 창업자 또는 신기술사업자가 발행한 것
>   ⓒ 특수관계인*이 아닌 비상장법인이 발행한 주식 등

*비상장법인과 특수관계인에 해당하는 유무를 판단할 때 주식 등의 발행법인의 발행주식총수(또는 출자총액)의 5% 이하를 소유하고 그 취득가액이 10억원 이하인 주주 등에 해당하는 법인은 소액주주 등으로 보아 특수관계인에 해당하는 지를 판단한다(법령 78 ④).

6 영업자조직 조합·협회에 대한 회비 B

영업자가 조직한 단체로서 법인이거나 주무관청에 등록된 조합 또는 협회에 지급한 일반회비는 손금에 산입한다(법령 19 ⑪). 여기서 회비란 조합 또는 협회가 법령 또는 정관이 정하는 바에 따른 정상적인 회비징수방식에 의하여 경상경비 충당 등을 목적으로 조합원 또는 회원에게 부과하는 회비를 말한다(법칙 10 ②).

구분	처리
① 영업자가 조직한 단체로서 법인이거나 주무관청에 등록한 조합 또는 협회에 지급한 회비(법정단체)	손금산입
② 위 이외에 임의로 조직된 조합 또는 협회에 지급한 회비(임의단체)	손금불산입

기출 OX

10. 재고자산으로서 파손·부패 등의 사유로 정상가격으로 판매할 수 없는 것은 대통령령으로 정하는 방법에 따라 그 장부가액을 감액할 수 있다. 2023. 9급 최신
정답 O

11. 유형자산으로서 화재로 파손되거나 멸실된 것은 대통령령으로 정하는 방법에 따라 그 장부가액을 감액할 수 있다. 2023. 9급 최신
정답 O

기출 OX

12. 부도가 발생한 주권상장법인이 발행한 주식, 「기업구조조정 촉진법」에 따른 부실징후기업이 된 주권상장법인이 발행한 주식은 감액하여 손금으로 산입할 수 있다. 2020. 9급
정답 O

기출 OX

13. 영업자가 조직한 단체로서 법인이거나 주무관청에 등록된 조합 또는 협회에 지급한 일반회비를 손익계산서상 비용 계상하였다면 「법인세법」상 세무조정을 해야 한다. 2020. 9급
정답 X

오쌤 Talk

미술품과 관련된 법인세 규정

구분	내용
① 미술품 구입비 손금 특례	취득가액이 거래단위별로 1,000만원 이하인 것에 한정하여, 장식 또는 환경미화의 목적으로 사무실 복도 등 여러 사람이 볼 수 있는 공간에 항상 전시하는 경우 손금으로 계상하면 그대로 인정한다.
② 문화기업 업무추진비 중 미술품 구입비	취득가액이 거래단위별로 100만원 이하인 것에 한정하여, 미술품을 구입하여 거래처에 접대한 경우 문화기업 업무추진비로 간주하여, 추가적으로 기업업무추진비 한도를 계산한다. 단, 100만원을 초과하는 경우 일반기업업무추진비로 간주하여, 추가적으로 기업업무추진비 한도를 계산하지 않는다.

기출 OX
14. 장식·환경미화 등의 목적으로 사무실·복도 등 여러 사람이 볼 수 있는 공간에 상시 비치하는 미술품의 취득가액을 그 취득한 날이 속하는 사업연도의 손금으로 계상한 경우에는 그 취득가액(취득가액이 거래단위별로 1천만원 이상인 것에 한한다)을 손금으로 한다.
2011. 9급
정답 X

기출 OX
15. 장식의 목적으로 사무실 등 여러 사람이 볼 수 있는 공간에 항상 전시하는 미술품의 취득가액을 그 취득한 날이 속하는 사업연도의 손비로 계상한 경우, 그 취득가액이 거래단위별로 2천만원이라면 전액 손비의 범위에 포함된다.
2023. 9급 최신
정답 X

16. 우리사주조합에 출연하는 자사주의 장부가액은 「법인세법」상 손금에 해당한다.
2017. 9급 수정
정답 O

7 기타 손금항목 A

★★(1) 임직원 손해배상금 지출액

법인이 임원·직원의 행위 등으로 인하여 타인에게 손해를 끼침으로써 손해배상금을 지출한 경우에는 **업무와 관련된 것이고, 임원·직원의 고의·중과실로 인한 것이 아니면** 그 손해배상금을 손금에 산입한다(법기통 19-19…14). 단, 교통사고벌과금은 업무관련성이 인정되더라도 전액 손금불산입한다. ③ **손금불산입** 3 **징벌적 목적의 손해배상금**에서 자세히 후술한다.

★★(2) 미술품 취득비용

장식·환경미화 등의 목적으로 사무실·복도 등 여러 사람이 볼 수 있는 공간에 항상 전시하는 미술품의 취득가액(거래단위별 1,000만원 이하 한정)을 그 취득한 날이 속하는 사업연도의 손비로 계상한 경우에는 그 취득가액을 손금에 산입한다(결산조정사항)(법령 19 ⑰).

★★(3) 기부금 성격의 전액 손금인정 특례

다음 항목은 기부금 성격이나 한도 계산을 별도로 하지 않고 잉여식품 등 활용과 우리사주조합을 지원하기 위하여 **전액 손금에 산입**한다.

> ① 보건복지가족부장관이 정하는 무료진료권 또는 새마을진료권에 따라 행한 무료진료의 가액
> ② 우리사주제도를 실시하는 법인이 **우리사주조합에 출연하는 자사주의 장부가액 또는 금품**
> ③ 법에 따른 식품 및 생활용품의 제조업·도매업 또는 소매업을 영위하는 내국법인이 해당 사업에서 발생한 잉여 식품 등을 제공자 또는 제공자가 지정하는 자에게 무상으로 기증하는 경우 그 기증한 잉여식품 등의 장부가액

★(4) 벌금·과료·과태료 및 강제징수비

벌금, 과료, 과태료(과료와 과태금 포함), 가산금 및 강제징수비는 손금에 산입하지 않는다(법법 21 (3)). 다만, **사계약상의 의무불이행으로 인하여 과하는 지체상금 등은 손금에 산입**한다(법기통 21-0…2(1)). 이는 ③ **손금불산입** 2 세법에서 정한 세금과 공과금에서 설명한다.

★(5) 광고선전비

광고선전 목적으로 기증한 물품의 구입비용은 전액 손금으로 인정한다. 다만, 특정인에 기증한 물품(개당 3만원 이하의 물품은 제외)의 경우에는 연간 5만원 이내의 금액에 한정하여 손금에 산입하며, 5만원을 초과하는 경우에는 전액을 특정거래처에 대한 기업업무추진비로 보아 한도 내에서 손금산입한다.

(6) 보험회사가 적립한 책임준비금의 증가액

「보험업법」에 따른 보험회사 및 「주택도시기금법」에 따른 주택도시보증공사가 적립한 책임준비금의 증가액(할인율의 변동에 따른 책임준비금 평가액의 증가분은 제외)으로서 보험감독회계기준에 따라 비용으로 계상된 금액은 손금에 해당한다(법령 19 (23, 23의2)).

(7) 유형자산의 수선비, 유무형자산의 감가상각비, 차입금이자, 대손금

유형자산의 수선비, 유무형자산의 감가상각비, 차입금이자, 대손금(회수할 수 없는 부가가치세 매출세액미수금 포함)은 08 09 11 에서 자세히 후술한다.

(8) 그 밖의 손비로서 그 법인에게 귀속되었거나 귀속될 금액

③ 손금불산입

법인의 순자산을 감소시키는 거래라 하더라도 적절하지 않다고 인정되는 다음의 항목은 손금에 산입하지 않는데 이를 '손금불산입항목'이라고 한다(법법 20 ~ 28).

손금불산입항목	설명
1 자본거래 및 이익처분	(1) 결산을 확정할 때 잉여금의 처분을 손비로 계상한 금액 (2) 주식할인발행차금
2 세법에서 정한 세금과 공과금	(1) 세법에서 정한 세금 (2) 벌금·과료·과태료, 가산금 및 강제징수비 (3) 세법에서 정한 공과금 (4) 각 세법에 규정된 의무불이행으로 납부하였거나 납부할 세액 (가산세 포함)
3 징벌적 목적의 손해배상금	징벌적 목적의 손해배상금의 손해액 초과 지급액
4 미실현손실	자산의 평가손실 중 임의평가손실
5 각종 한도초과액	감가상각비, 기업업무추진비, 기부금, 충당금, 준비금, 비지정기부금 등
6 과다경비	(1) 세법에서 정한 인건비 (2) 임직원이 아닌 지배주주(특수관계인 포함)에게 지급한 여비와 교육훈련비 (3) 공동경비 기준초과액
7 업무무관비용	(1) 업무무관자산 취득·관리비용 (2) 기타 법인의 업무와 무관하다고 인정되는 지출금액
8 업무용승용차 특례	업무용승용차 관련 비용의 손금불산입 등 특례
9 지급이자 손금불산입	세법에서 정한 일정한 지급이자

1 자본거래 및 이익처분 A

★★(1) 결산을 확정할 때 잉여금의 처분을 손비로 계상한 금액

잉여금은 익금에서 손금을 차감하여 계산된 금액이다. 이미 잉여금을 계산할 때 손금이 차감되었기에 이러한 잉여금을 처분하여 배당금이나 상여금을 지급할 때, 손금으로 다시 산입할 수 없다. 따라서 이를 손금으로 회사가 계상한 경우에는 손금불산입한다.

★★(2) 주식할인발행차금

'주식할인발행차금'이란 주식을 액면가액에 미달하게 발행한 경우 그 미달하는 금액과 신주발행비의 합계액을 말한다. 주식액면발행초과액이 익금불산입항목이었던 것과 마찬가지로, 주식할인발행차금은 자본거래에서 발생하므로 손금에 산입하지 않는다.

기출 OX

17. 결산을 확정할 때 잉여금의 처분을 손비로 계상한 금액은 내국법인의 각 사업연도의 소득금액을 계산할 때 손금에 산입하지 아니한다. 2023. 9급 최신
정답 O

확인문제 최신

04. 법인세법령상 내국법인의 각 사업연도 소득금액을 계산할 때 손금에 산입하지 않는 것은? 2023. 7급
① 「상법」 제417조에 따라 주식을 액면미달의 가액으로 신주를 발행하는 경우 그 미달하는 금액과 신주발행비의 합계액
② 회수할 수 없는 부가가치세 매출세액 미수금(「부가가치세법」 제45조에 따라 대손세액공제를 받지 아니한 것에 한정한다)
③ 영업자가 조직한 단체로서 법인이거나 주무관청에 등록된 조합 또는 협회에 지급한 일반회비
④ 우리사주조합에 출연하는 자사주의 장부가액 또는 금품

정답 ①

2 세법에서 정한 세금과 공과금 B

★(1) 세법에서 정한 세금

구분	손금불산입
① 이익처분적 성격	법인세, 법인 지방소득세, 법인세에 대한 농어촌특별세
② 간접세	㉠ 부가가치세 매입세액(일정한 것은 제외) ㉡ 반출하였으나 판매하지 아니한 제품에 대한 개별소비세 또는 주세의 미납액(단, 제품가격에 그 세액에 상당하는 금액을 가산한 경우는 예외)

★★(2) 벌금·과료·과태료, 가산금 및 강제징수비

벌금, 과료, 과태료(과태금 포함), 가산금 및 강제징수비는 손금에 산입하지 않는다(법법 21 (3)). 벌금 등을 손금으로 인정하지 않는 이유는 징벌의 효과를 감소시키지 않기 위한 데 있다. 가산금 및 강제징수비는 세금 체납에 대한 제재성격이 있으므로 그 제재효과를 감소시키지 않기 위해 손금불산입한다. 게다가 만일 이것을 손금으로 인정하면 그에 대한 법인세 상당액만큼을 국가가 대신 부담해 준 결과가 되기 때문에 손금으로 인정하지 않는다. 이러한 벌금 등은 부과징수권자가 국가 또는 지방자치단체이고 법령에 근거하여 부과한 것에 한하여 손금불산입하며 범위는 다음과 같다(법기통 21-0…2, 3).

① 벌금 등으로 보는 항목(손금불산입)	② 벌금 등으로 보지 않는 항목(손금항목)

㉠ 법인의 임원 또는 직원이 「관세법」을 위반하고 지급한 벌과금
㉡ 교통사고벌과금(업무관련성 여부와 상관없이 손금불산입)
㉢ 산업재해보상보험료의 가산금
㉣ 금융기관의 최저예금지불준비금부족에 대하여 「한국은행법」에 따라 금융기관이 한국은행에 납부하는 과태료
㉤ 「국민건강보험법」에 따라 징수하는 연체료
㉥ 외국의 법률에 의하여 국외에서 납부한 벌금
	㉠ 사계약상의 의무불이행으로 인하여 과하는 지체상금(정부와 납품계약으로 인한 지체상금을 포함하며, 구상권행사가 가능한 지체상금은 제외)
	㉡ 보세구역에 장치되어 있는 수출용 원자재가 「관세법」상의 장치기간 경과로 국고귀속이 확정된 자산의 가액
	㉢ 연체이자 등
	  ⓐ 전기요금의 납부지연으로 인한 연체가산금
	  ⓑ 산업재해보상보험료의 연체금
	  ⓒ 국유지사용료의 연체료
	  ⓓ 철도화차사용료의 미납액에 대한 연체이자

★(3) 세법에서 정한 공과금

공과금은 손금에 산입하는 것이 원칙이지만 다음 ①과 같이 강제성이 없거나 다음 ②와 같이 위반을 이유로 부과되는 공과금은 손금불산입한다(법법 21 (4), (5)).

> ① 법령에 따라 의무적으로 납부하는 것이 아닌 공과금(ex. 임의출연금)
> ② 법령에 따른 의무의 불이행 또는 금지·제한 등의 위반을 이유로 NEW 부과되는 공과금(ex. 폐수배출부담금, 장애인고용부담금)

★★(4) 각 세법에 규정된 의무불이행으로 납부하였거나 납부할 세액

의무불이행으로 인한 제재효과를 유지하기 위해 각 세법에 규정된 의무불이행으로 인하여 납부하였거나 납부할 세액(가산세 포함)은 손금에 산입하지 않는다(법법 21(1)).

 기출 OX

18. 전기요금의 납부지연으로 인한 연체가산금을 납부하고 손익계산서상 비용 계상한 경우 법인세법상 세무조정이 필요하지 아니하다. 2020. 9급
정답 O

 오쌤 Talk

벌금 등으로 보는 항목과 벌금 등으로 보지 않는 항목의 구별

벌금 등으로 보는 항목은 '벌과금' 또는 '가산금', '과태료' 등의 키워드로 구별된다. 하지만 벌금 등으로 보지 않는 항목은 '연체' 또는 '지체'의 단어로 구별된다. 다만 이 때 주의할 점은,
① 「국민건강보험법」에 따라 징수하는 연체금은 벌금으로 보아 손금불산입한다.
② 연체가산금은 벌금으로 보지 않는 손금항목이다.

📋 확인문제

05. 다음은 법인세법령상 내국법인 ㈜B의 제24기(2024.1.1. ~ 2024.12. 31.) 손익계산서에 손비로 계상한 항목이다. 해당 항목 중 제24기 각 사업연도의 소득금액을 계산할 때 손금불산입할 합계액은? 2022. 7급

> ○ 법인 소유 차량에 대해 부과된 과태료: 1,500,000원
> ○ 본사 건물에 대한 재산세: 5,500,000원(재산세에 대한 납부지연가산세 1,000,000원이 포함된 금액임)
> ○ 판매하지 아니한 제품에 대한 반출필의 주세의 미납액(제품가격에 해당 세액이 가산되지 않음): 5,500,000원
> ○ 「국민건강보험법」에 따라 사용자로서 부담한 보험료: 2,500,000원

① 6,500,000원 ② 8,000,000원
③ 9,500,000원 ④ 10,500,000원

정답 ②

3 징벌적 목적의 손해배상금 B

법인이 업무와 관련하여 지급하는 손해배상금은 손금에 산입하는 것을 원칙으로 하지만, 법인이 지급한 손해배상금 중 실제 발생한 손해를 초과하여 지급하는 금액으로서 다음의 '손금불산입 대상 손해배상금'에 해당하는 금액은 징벌적 성격이 있으므로 손금 산입하지 않는다(법법 21의2, 법령 23).

구분	손금불산입 대상 손해배상금
① 실제 발생한 손해액을 아는 경우	㉠ 「법인세법 시행령」상 '손금불산입 대상 손해배상금에 관한 법률'로 열거된 규정에 따라 지급한 손해배상액 중 실제 발생한 손해액을 초과하는 금액 ㉡ 외국의 법령에 따라 지급한 손해배상액 중 실제 발생한 손해액을 초과하여 손해배상금을 지급하는 경우 실제 발생한 손해액을 초과하는 금액
② 실제 발생한 손해액을 모르는 경우	다음 계산식에 따른 금액을 손금불산입한다. 손금불산입 대상 손해배상금 = ㉠ × $\dfrac{㉡ - 1}{㉡}$ ㉠: 법률에 따라 지급한 손해배상금 ㉡: 법률상 손해액 대비 손해배상액의 배수 상한

4 미실현손실 B

원칙적으로 자산의 평가손실은 미실현손실로 ② **주요 손금항목** 5 **자산의 평가손실** 에서 예외적으로 손금산입하는 항목을 제외하고는 손금에 산입하지 않는 것을 원칙으로 한다.

5 각종 한도초과액 B

감가상각비, 기업업무추진비, 기부금, 충당금, 준비금 한도초과액, 비지정기부금(08~12에서 자세히 설명) 등은 법에 정한 한도 내에서만 손금에 산입하고 한도를 초과하는 금액은 손금에 산입하지 않는다. 다만, 비지정기부금은 전액 손금불산입한다.

6 과다경비 B

★ **(1) 세법에서 정한 인건비**

② **주요 손금항목** 3 **인건비**에서 과다하게 지급한 상여금·퇴직급여 등 또는 부당하게 지급한 인건비 등은 손금불산입한다.

★ **(2) 임직원이 아닌 지배주주(특수관계인 포함)에게 지급한 여비와 교육훈련비**

② **주요 손금항목** 3 의 (5)에서 설명했듯이 여비 및 교육훈련비는 손금에 산입하는 것을 원칙으로 한다. 다만 임원·직원이 아닌 지배주주(그 특수관계인을 포함)에게 지급한 여비·교육훈련비는 손금에 산입하지 않는다(법법 26 (3), 법령 46).

오쌤 Talk

임직원이 아닌 지배주주에게 지급한 여비와 교육 훈련비

임직원인 경우 실제로 업무관련성이 인정되기 때문에, 적절하게 지급한 만큼의 여비와 교육훈련비는 손금항목이다. 다만, 타당한 정도를 초과하여 지급하거나, 실제로 근무하지 않은 지배주주에게 지급하는 여비와 교육훈련비는 실질적으로 수당을 지급하는 것으로 보아 손금불산입(상여, 배당) 등의 소득처분을 행하는 것이다.

(3) 공동경비 기준초과액

법인이 그 법인 외의 자와 동일한 조직, 자산NEW, 사업 등을 공동으로 운영하거나 경영함에 따라 발생되거나 지출된 손비 중 다음의 기준에 따른 분담금액을 초과하는 금액은 손금에 산입하지 않는다(법령 48, 법칙 25).

구분		안분기준
① 출자공동사업비용		출자비율(출자총액 중 해당 법인이 출자한 금액을 나눈 비율)
② 비출자공동사업자가 특수관계인인 경우	㉠ 원칙	전기 또는 당기 매출액 비율*과 총자산가액 비율 중 법인이 선택한 비율*

	㉡ 예외	다음의 경비는 다음의 비율을 선택할 수 있음
		ⓐ 참석인원수에 비례하여 지출되는 공동행사비 등
		  : 참석인원수 비율
		ⓑ 구매금액에 비례하여 지출되는 공동구매비 등
		  : 구매 비율
		ⓒ 광고선전비
		  : 국내매출비율(국내광고) 또는 수출금액비율(국외광고)
		ⓓ 유형자산(토지 및 건축물은 제외)의 공동사용료
		  : 고정비는 해당 유형자산의 소유지분, 고정비 외의 비용은 해당 유형자산의 사용비율NEW
		ⓔ 무형자산 공동사용료
		  : 해당 사업연도 개시일의 기업회계기준에 따른 자본의 총합계액 비율
		ⓕ 공동연구개발비
		  : 기업회계기준에 따른 매출액 중 공동연구개발과 관련된 사업(한국표준산업분류에 따른 세분류상 사업을 말한다)에서 발생한 매출액 비율NEW

③ 비출자공동사업자가 특수관계인이 아닌 경우		약정한 분담비율로 하되, 그 비율이 없는 경우에는 위 ②의 비율

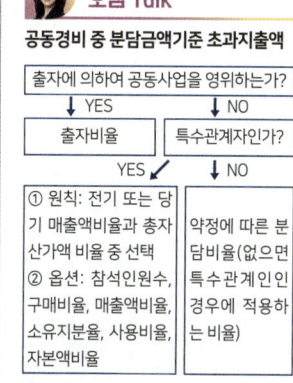

오쌤 Talk

공동경비 중 분담금액기준 초과지출액

출자에 의하여 공동사업을 영위하는가?
→ YES: 출자비율
→ NO: 특수관계자인가?
  → YES:
    ① 원칙: 전기 또는 당기 매출액비율과 총자산가액 비율 중 선택
    ② 옵션: 참석인원수, 구매비율, 매출액비율, 소유지분율, 사용비율, 자본액비율
  → NO: 약정에 따른 분담비율(없으면 특수 관계인인 경우에 적용하는 비율)

* ㉠ 선택하지 않은 경우에는 직전 사업연도의 매출액 비율을 선택한 것으로 간주하며 선택한 사업연도부터 연속하여 5개 사업연도 동안 적용해야 한다.
  ㉡ 비출자공동사업자 전부 또는 일부가 직전 사업연도 매출액이 없는 경우에는 해당 사업연도의 매출액 총액 또는 총자산가액 총액 중 해당 법인이 선택해야 하며, 선택하지 않으면 해당 사업연도의 매출액 총액을 선택한 것으로 본다NEW.

7 업무무관비용 B

★(1) 업무무관자산 취득·관리비용

① 업무무관자산의 범위

'업무무관자산'이란 해당 법인의 업무와 직접 관련이 없다고 인정되는 다음의 자산을 말한다(법법 27 ①, 법령 49).

구분	업무무관자산의 범위
㉠ 업무무관부동산	ⓐ 법인의 업무에 직접 사용하지 않는 부동산(다만, 유예기간*이 경과하기 전까지의 기간 중에 있는 부동산은 제외) ⓑ 유예기간 중에 해당 법인의 업무에 직접 사용하지 않고 양도하는 부동산(부동산매매업을 주업으로 영위하는 법인의 경우는 제외)
㉡ 업무무관동산	ⓐ 서화 및 골동품(장식·환경미화 등의 목적으로 사무실·복도 등 여러 사람이 볼 수 있는 공간에 상시 비치되는 것은 제외) ⓑ 업무에 직접 사용하지 않는 자동차·선박 및 항공기 ⓒ 기타 위 ⓐ·ⓑ와 유사한 자산으로서 해당 법인의 업무에 직접 사용하지 않는 자산

* '유예기간'이란 다음에 해당하는 기간을 말한다(법칙 26 ①).

> ㉮ 건축물 또는 시설물 신축용 토지는 취득일로부터 5년
> ㉯ 부동산매매업을 주업으로 하는 법인이 취득한 매매용 부동산은 취득일로부터 5년
> ㉰ 위 외의 부동산은 취득일로부터 2년

② 업무무관자산의 취득·관리 비용

업무무관자산을 취득 및 관리함으로써 생기는 비용, 유지비, 수선비 및 이에 관련되는 비용은 손금에 산입하지 않는다(법법 27 ①, 법령 49 ③).

> ㉠ 취득단계: 업무무관자산을 취득함으로써 생기는 비용이라도 그 자산의 취득가액을 구성하는 취득세 등은 취득부대비용으로 자산원가를 구성해야 하므로 손금으로 인정된다. 손금 인정되지 않는 금액은 자산원가를 구성할 수 없기 때문이다.
> ㉡ 보유단계: 업무무관자산에 대한 감가상각비, 유지비, 수선비 및 재산세 등은 손금불산입한다.
> ㉢ 처분단계: 양도가액을 익금, 그 자산의 장부가액을 손금에 산입한다.

참고

업무무관자산의 취득, 보유, 처분단계에서의 세법상 처리

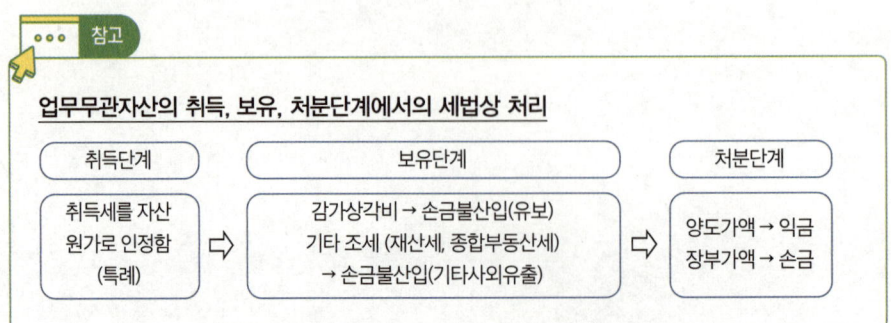

★★ (2) 기타 법인의 업무와 무관하다고 인정되는 지출금액

법인의 업무와 직접 관련이 없다고 인정되는 지출금액으로서 다음의 것은 **손금에 산입하지 아니한다**(법령 50).

> ① 해당 법인이 직접 사용하지 않고 다른 사람(주주 등이 아닌 임원과 소액주주 등*인 임원 및 직원은 제외)이 주로 사용하고 있는 장소·건축물·물건 등의 유지비·관리비·사용료와 이와 관련되는 지출금
> ② 해당 법인의 주주 등(소액주주 등*은 제외) 또는 출연자인 임원 또는 그 친족이 사용하고 있는 사택의 유지비·관리비·사용료와 이와 관련되는 지출금
> ③ 업무무관자산을 취득하기 위하여 지출한 자금의 차입과 관련되는 비용
> ④ 해당 법인이 공여한 「형법」 등에 따른 뇌물에 해당하는 금전 및 금전 외의 자산과 경제적 이익의 합계액
> ⑤ 「노동조합 및 노동관계조정법」을 위반하여 지급한 노동조합의 전임자(노동조합의 업무에만 종사하는 근로자) 급여

* 소액주주 등: **발행주식총수(또는 출자총액)의 1%에 미달**하는 주식(또는 출자지분)을 소유한 주주 등(해당 법인의 국가·지방자치단체가 아닌 지배주주 등의 특수관계인인 자는 제외)을 말한다.

기출 OX

19. 지분율 1%인 출자임원이 사용하는 사택의 유지관리비용은 「법인세법」상 손금에 해당하지 않는다.

2017. 9급 수정

정답 O

오쌤 Talk

노동조합 전임자에게 지급하는 급여

「노동조합 및 노동관계조정법」에서는 노동조합의 업무에만 종사하는 자(전임자)는 그 전임기간 동안 사용자로부터 어떠한 급여도 지급받아서는 안 된다고 규정하고 있는데, 이 규정에도 불구하고 법인이 노동조합 전임자에게 지급한 급여가 있다면 이는 위법비용이므로 업무무관비용으로 손금불산입(기타소득)한다.

8 업무용승용차 특례 B

★ (1) 업무용승용차 관련 비용의 손금불산입 등 특례

법인은 고가의 승용차를 취득·임차하여 개인적인 용도로 사용함에도 불구하고 감가상각비·임차비용은 물론 운행을 위한 유지비용을 모두 손금처리하여 법인세를 부당하게 감소시키는 등 업무용승용차를 이용한 조세회피를 할 수 있다. 이런 조세회피를 방지하고 과세형평성을 제고하기 위해 업무용승용차 특례 규정이 있다.

> **참고**
>
> **업무용승용차의 범위**
>
> '업무용승용차'란 개별소비세 과세대상이 되는 승용자동차로서 다음 중 어느 하나에 해당하는 승용차(즉, 영업용승용차)를 제외한 것을 말한다(법법 27의2 ①, 법령 50의2 ①).
>
> ① 운수업, 자동차판매업, 자동차임대업, 운전학원업, 무인경비업 등에 해당하는 업종 또는 시설대여업에서 사업상 수익을 얻기 위하여 직접 사용하는 승용자동차
> ② 장례식장 및 장의관련 서비스업을 영위하는 법인이 소유하거나 임차한 운구용 승용자동차(법칙 27의2 ①)
> ③ 연구개발을 목적으로 사용하는 승용자동차로서 국토교통부장관의 임시운행허가를 받은 자율주행자동차

★★ (2) 업무용승용차의 감가상각 의무화 규정

① **감가상각방법**

2016. 1. 1. 이후 개시하는 사업연도에 취득하는 업무용승용차에 대한 감가상각비의 경우 **정액법(내용연수 5년)**을 적용하여 계산한 **감가상각비를 손금에 산입하여야 한다.** 이는 일반적인 감가상각비와 다르게 신고조정사항이기 때문에 강제로 상각해야 한다.

② **업무외사용금액 손금불산입**

내국법인이 업무용승용차를 취득하거나 임차함에 따라 해당 사업연도에 발생하는 감가상각비, 임차료, 유류비 등 업무용승용차 관련비용 중 업무사용금액에 해당하지 않는 금액은 해당 사업연도의 소득금액을 계산할 때 손금에 산입하지 않는다(법법 27의2 ②).

이처럼 손금불산입한 업무외사용금액은 귀속자 등에 따라 배당, 상여(귀속자가 불분명한 경우에는 대표자상여) 등으로 소득처분한다(법령 106 ①).

③ **업무용승용차 관련비용**

'업무용승용차 관련비용'이란 업무용승용차에 대한 감가상각비, 임차료, 유류비, 보험료, 수선비, 자동차세, 통행료 및 금융리스부채에 대한 이자비용 등 업무용승용차의 취득·유지를 위하여 지출한 비용을 말한다(법령 50의2 ②).

오쌤 Talk

업무용승용차 관련비용의 손금불산입 등의 계산 양식 3단계

① 1단계: 감가상각비 신고조정

| (기업) 손익계산서 계상액 |
| (세법) 5년 정액법 월할계산 감가상각비 한도 |

② 2단계: 업무미사용금액의 계산
업무사용비율을 계산해야 한다[운행기록 등을 미작성·미비치 시 1,500만원(단, 부동산임대업을 주업으로 하는 법인 등은 500만원 한도)].

③ 3단계: 업무용승용차 감가상각비한도초과액 계산 (한도: 800만원, 부동산임대업을 주업으로 하는 법인 등은 400만원)

기출 OX

20. 업무용승용차는 정액법을 상각방법으로 하고 내용연수를 5년으로 하여 계산한 금액을 감가상각비로 하여 손금에 산입하여야 한다.   2021. 7급
정답 O

기출 OX

21. 내국법인이 업무용승용차를 취득하거나 임차함에 따라 해당 사업연도에 발생하는 감가상각비, 임차료, 유류비 등 업무용승용차 관련비용 중 업무사용금액에 해당하지 않는 금액은 해당 사업연도의 소득금액을 계산할 때 손금에 산입하지 않는다.   2021. 7급
정답 O

★★ (3) 업무사용금액의 구분

① 사업연도 전체 기간동안 업무전용 자동차보험에 가입한 경우

'업무사용금액'이란 다음 산식에 따른 금액을 말한다(법령 50의2 ④).

> 업무사용금액 = 업무용승용차 관련비용 × 업무사용비율

'업무사용비율'이란 다음 산식에 따른 비율을 말한다.

㉠ 운행기록 등을 작성·비치한 경우 = $\dfrac{\text{업무용사용거리}}{\text{총주행거리}}$

㉡ 운행기록 등을 작성·비치하지 않은 경우 =
 ⓐ 해당 사업연도의 업무용승용차 관련비용이 1,500만원* 이하인 경우: 100%
 ⓑ 해당 사업연도의 업무용승용차 관련비용이 1,500만원*을 초과하는 경우:

$$\dfrac{1{,}500\text{만원}^*}{\text{업무용승용차 관련비용}}$$

* 단, 부동산임대업을 주업으로 하는 내국법인 등은 500만원을 한도로 함

> **참고**
>
> **부동산임대업을 주업으로 하는 법인 등**
>
> 부동산임대업을 주업으로 하는 법인 등 법에서 정한 내국법인 다음의 요건을 모두 갖춘 내국법인을 말한다 (법령 42 ②, ③, ④)
>
> ① 해당 사업연도 종료일 현재 내국법인의 지배주주 등이 보유한 주식 등의 합계가 해당 내국법인의 발행주식총수 또는 출자총액의 50%를 초과할 것
> ② 해당 사업연도에 부동산 임대업을 주된 사업으로 하거나 다음 금액 합계가 기업회계기준에 따라 계산한 매출액(㉠부터 ㉢까지에서 정하는 금액이 포함되지 않은 경우에는 이를 포함하여 계산)의 50% (2022.1.1. 이후 개시하는 사업연도분부터)의 이상일 것
> ㉠ 부동산 또는 부동산상의 권리의 대여로 인하여 발생하는 수입금액(간주임대료 포함)
> ㉡ 「소득세법」상 이자소득
> ㉢ 「소득세법」상 배당소득
> ③ 해당 사업연도의 상시근로자 수가 5명 미만일 것

② 업무전용 자동차 보험에 가입하지 않은 경우

사업연도 전체 기간 동안 업무전용 자동차보험에 가입하지 않은 경우 업무사용금액은 영(0)원인 것으로 보아 업무용승용차 관련비용은 전액 손금불산입한다.

③ 법인의 업무용승용차에 부착하는 자동차등록번호판을 부착하지 않은 경우

법인의 업무용승용차에 부착하는 자동차등록번호판을 부착하지 않은 경우에는 업무사용금액을 영(0)원으로 보아 전액 손금불산입한다.

06. 다음은 제조업을 영위하는 내국법인 ㈜A의 24기 사업연도(2024. 1. 1. ~ 2024. 12. 31.)의 업무용승용차 관련 내용이다. ㈜A가 24기 사업연도의 법인세를 2025년 3월 8일에 신고하는 경우 업무용승용차 관련비용 중 손금불산입금액은? 2018. 7급

> ○ 2023년 12월 10일 대표이사 업무용승용차(배기량 3천시시, 5인승)를 100,000,000원에 구입함
> ○ 해당 업무용승용차 관련비용으로 손금산입하거나 지출한 항목은 아래와 같음
> - 업무전용자동차보험료: 1,000,000원
> - 유류비: 20,000,000원
> - 자동차세: 1,500,000원
> - 감가상각비: 20,000,000원
> ○ 차량운행기록부 내역 중 업무사용비율은 90%로 확인됨
> ○ 그 외 업무용승용차는 없고, 해당 업무용승용차는 취득 이후 업무전용자동차보험에 가입되어 있으며 위 비용 이외에 업무용승용차 관련비용은 없음

① 4,250,000원
② 10,000,000원
③ 14,250,000원
④ 28,250,000원

정답 ③

★★ (4) 업무용승용차 감가상각비 한도초과액과 그 한도초과액의 이월

① 감가상각비 한도

위 (2)의 ② 업무외사용금액의 손금불산입의 규정을 적용할 때 **업무사용금액 중 다음에 해당하는 비용이 해당 사업연도에 각각 800만원(단, 부동산임대업을 주업으로 하는 법인 등은 400만원)을 초과하는 경우** 아래 ②의 계산방법에 따라 계산된 한도초과액은 해당 **사업연도의 손금에 산입하지 아니하고 이월방법에 따라 이월한 후 손금에 산입**한다.

> ㉠ 업무용승용차별 감가상각비
> ㉡ 업무용승용차별 임차료 중 감가상각비 상당액

> **기출 OX**
> 22. 부동산임대업을 주된 사업으로 하는 등 법령으로 정하는 요건에 해당하지 않는 내국법인이 업무사용금액 중 업무용승용차별 감가상각비가 해당 사업연도에 800만원을 초과하는 경우 그 초과하는 금액은 해당 사업연도의 손금에 산입하지 않고 이월하여 손금에 산입한다.
> 2021. 7급
> 정답 ○

② 감가상각비 한도초과액의 계산

각 업무용승용차별로 한도초과액은 다음과 같이 계산하며, 감가상각비 한도초과액은 손금불산입(유보)하고 임차료 중 감가상각비 상당액 한도초과액은 손금불산입(기타사외유출)한다.

> 업무용승용차별 감가상각비 한도초과액* = 업무용승용차별 감가상각비 또는 임차료 중 감가상각비 상당액* × 업무사용비율 − 800만원(400만원)

* '임차료 중 감가상각비 상당액'이란 다음에 해당하는 금액을 말한다.

> ㉠ 시설대여업자(리스)로부터 임차: 임차료에서 임차료에 포함된 보험료, 자동차세, 수선유지비를 차감한 금액
> ㉡ 자동차대여사업자(렌트)로부터 임차: 임차료의 70%에 해당하는 금액

③ 이월방법

감가상각비 한도초과액은 다음 각 방법에 따라 산정한 금액을 한도로 이월하여 손금에 산입한다.

> ㉠ 감가상각비 이월액: 해당 사업연도의 다음 사업연도부터 업무용승용차의 업무사용금액 중 감가상각비가 800만원*에 미달하는 경우 그 미달하는 금액을 한도로 하여 손금산입(△유보)하여 추인한다.
> ㉡ 임차료 중 감가상각비 상당액 이월액: 해당 사업연도의 다음 사업연도부터 업무용승용차의 업무사용금액 중 감가상각비 상당액이 800만원*에 미달하는 경우 그 미달하는 금액을 한도로 손금산입(기타)한다.

* 부동산임대업을 주업으로 하는 법인 등은 400만원

★★ (5) 업무용승용차 처분손실의 이월

① 처분손실 한도초과액

업무용승용차를 처분하여 발생하는 손실 중 다음의 한도초과액은 해당 사업연도에 손금에 산입하지 않고 기타사외유출로 소득처분한다(법법 27의2 ④).

$$\begin{matrix} \text{처분손실} \\ \text{한도초과액} \end{matrix} = \begin{matrix} \text{업무용승용차} \\ \text{처분손실} \end{matrix} - 800만원(400만원) = \begin{matrix} (+)\text{한도초과액} \\ \text{손금불산입(기타사외유출)} \end{matrix}$$

② 처분손실 한도초과액 이월손금산입

처분손실 한도초과액은 해당 사업연도의 다음 사업연도부터 800만원*을 균등하게 손금산입(기타)하되, 남은 금액이 800만원* 미만인 사업연도에는 남은 금액을 모두 손금산입(기타)한다(법령 50의2 ⑬). 이를 정리하면 다음과 같다.

손금산입액 = MIN[㉠, ㉡]
㉠ 전기 이전 처분손실 한도초과액 중 잔액
㉡ 800만원*

* 부동산 임대업을 주업으로 하는 법인 등은 400만원

(6) 명세서 제출의무

① 명세서 제출

업무용승용차 관련비용 또는 처분손실을 손금에 산입한 법인은 법인세과세표준 신고와 함께 업무용승용차 관련비용 명세서를 첨부하여 납세지 관할 세무서장에게 제출해야 한다(법령 50의2 ⑭).

② 가산세

명세서를 제출하지 않거나 사실과 다르게 제출한 경우 업무용 승용차 관련비용 명세서 제출 불성실 가산세 (Link - p.238)를 부과한다(법법 74의2 ①).

(7) 해산하는 경우 손금산입

내국법인이 해산(합병·분할 또는 분할합병에 따른 해산을 포함)한 경우에는 업무용승용차별 임차료 중 감가상각비 상당액 이월액 및 업무용승용차 처분손실로서 800만원(400만원) 초과이월액 중 남은 금액을 해산등기일(합병·분할 또는 분할합병에 따른 해산의 경우에는 합병등기일 또는 분할등기일)이 속하는 사업연도에 모두 손금에 산입한다.

9 지급이자 손금불산입 B

지급이자(이자비용)는 일반적으로 손금으로 인정되지만, 세법에서 정한 일정한 지급이자는 손금불산입한다. 이는 09 **지급이자 손금불산입** 자세히 설명하도록 한다.

기출 OX

23. 부동산임대업을 주된 사업으로 하는 등 법령으로 정하는 요건에 해당하지 않는 내국법인이 업무용승용차를 처분하여 발생하는 손실로서 업무용승용차 별로 800만원을 초과하는 금액은 해당 사업연도에 손금에 산입하지 않고 유보로 소득처분한다. 2021. 7급

정답 X

CHAPTER 05

손익의 귀속시기

1. 권리의무확정주의
2. 자산의 판매손익 등의 귀속사업연도
3. 용역제공 등에 의한 손익의 귀속사업연도
4. 이자소득 등 및 배당소득의 귀속사업연도
5. 임대료 등 기타 손익의 귀속사업연도

• 최신 8개년 출제 경향 분석

01 권리의무확정주의

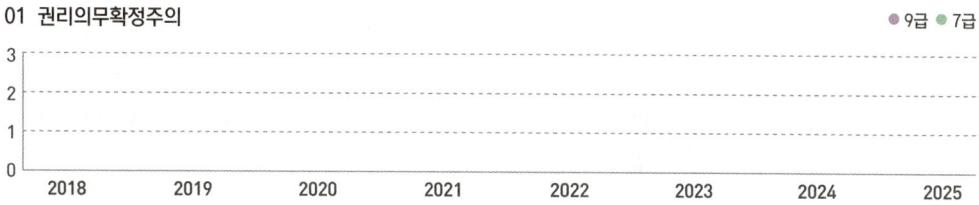

02 자산의 판매손익 등의 귀속사업연도

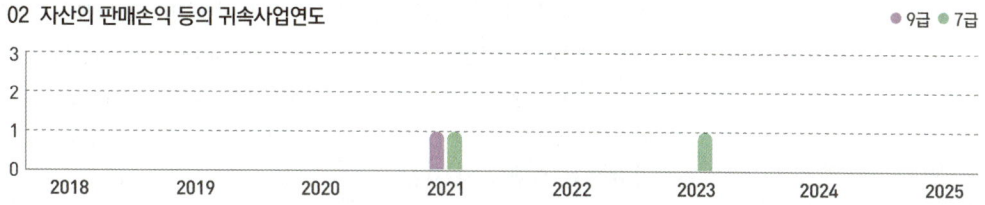

03 용역제공 등에 의한 손익의 귀속사업연도

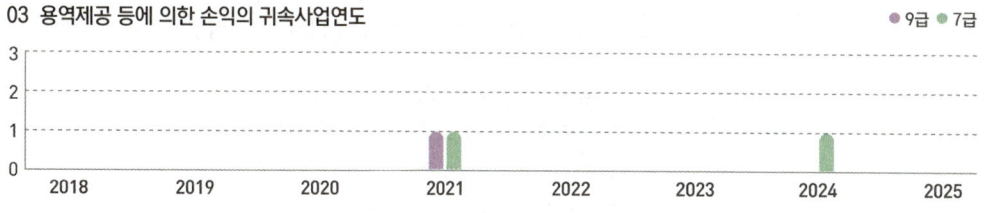

04 이자소득 등 및 배당소득의 귀속사업연도

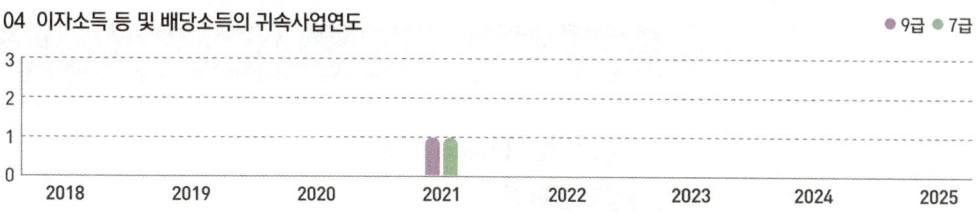

05 임대료 등 기타 손익의 귀속사업연도

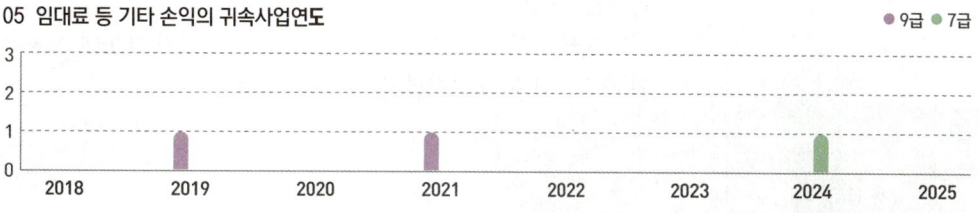

1 권리의무확정주의

1 손익인식의 일반원칙 C

기업회계에서는 발생주의를 채택하는데, 이와 달리 세법에서는 임의적인 손익의 귀속을 방지하기 위하여 내국법인의 각 사업연도의 익금과 손금의 귀속사업연도는 그 익금과 손금이 확정된 날이 속하는 사업연도로 한다(법법 40 ①). 이를 권리의무확정주의, 즉 각 사업연도의 익금은 그 권리가 확정된 시점에 귀속되고 손금은 그 의무가 확정된 시점에 귀속된다는 것이다.

2 세법과 기업회계 중 우선관계 C

내국법인의 각 사업연도의 소득금액을 계산할 때 그 법인이 익금과 손금의 귀속사업연도와 자산·부채의 취득 및 평가에 관하여 공정·타당하다고 인정되는 기업회계기준을 적용하거나 관행을 계속 적용하여 온 경우에는 「법인세법」 및 「조세특례제한법」에서 달리 규정하고 있는 경우를 제외하고는 그 기업회계기준 또는 관행에 따른다(법법 43). 즉, 세법을 우선적으로 적용하고 세법에 달리 규정이 없는 경우에만 기업회계기준 또는 관행을 따른다.

3 권리의무확정주의에 관한 세법의 규정체계 C

「법인세법 시행령」에 따라 권리의무확정주의하에 구체적인 손익의 귀속시기는 거래형태별로 다음 네 가지로 구분 규정되어 있다(법령 68, 69, 70, 71).

> ① 자산의 판매손익 등의 귀속사업연도
> ② 용역 제공 등에 의한 손익의 귀속사업연도
> ③ 이자소득 등의 귀속사업연도
> ④ 임대료 등 기타 손익의 귀속사업연도

2 자산의 판매손익 등의 귀속사업연도

1 일반적인 판매의 귀속시기 A

(1) 통상적인 판매
① 재고자산
재고자산(부동산 제외)의 판매로 인한 익금 및 손금은 그 재고자산을 인도한 날이 속하는 사업연도에 귀속한다(법령 68 ①). 단, 부동산매매업을 하는 법인에게 있어 재고자산은 부동산인데, 부동산은 인도할 수 없기 때문에 부동산의 양도는 아래 ②의 재고자산 외의 자산의 귀속시기에 따른다.

② 재고자산 외의 자산

투자자산, 유형자산 등 재고자산 외의 자산의 양도로 인한 익금 및 손금은 대금을 청산한 날, 소유권 이전등기·등록일, 인도일, 사용수익일 중 가장 빠른 날이 속하는 사업연도에 귀속한다(법령 68 ① (3)).

③ 인도일의 범위

'인도한 날'이란 다음 경우별 규정된 날을 말한다(법칙 33, 법기통 40-68…2).

> ㉠ 납품계약·수탁가공계약에 의하여 물품을 납품하거나 가공하는 경우: 해당 물품을 계약상 인도해야 할 장소에 보관한 날 (다만, 계약에 따라 검사를 거쳐 인수 및 인도가 확정되는 물품의 경우 당해 검사가 완료된 날)
> ㉡ 물품을 수출하는 경우: 수출물품을 계약상 인도해야 할 장소에 보관한 날(계약상 별단의 명시가 없는 한 선적을 완료한 날)
> ㉢ 상품권을 발행하는 경우: 그 상품권과 교환으로 제품 등을 인도한 날(상품권 판매하는 날이 아님에 유의)

(2) 시용판매 및 위탁판매

> ① 재고자산의 시용판매
> 상품 등의 재고자산의 시용판매의 경우 상대방이 그 상품 등에 대한 구입 의사를 표시한 날(다만, 일정기간 내에 반송하거나 거절의 의사를 표시하지 아니하면 특약 등에 의하여 그 판매가 확정되는 경우에는 그 기간의 만료일로 함)을 익금 및 손금의 귀속사업연도로 한다(법령 68 ① (2)).
> ② 자산의 위탁매매
> 자산의 위탁매매의 경우 수탁자가 그 위탁자산을 매매한 날을 익금 및 손금의 귀속사업연도로 한다. 위탁자가 수탁자에게 자산을 인도한 날이 아님에 주의한다(법령 68 ① (4)).

(3) 매출할인

법인이 매출할인을 하는 경우 그 매출할인금액은 상대방과의 약정에 따른 지급기일(그 지급기일이 정해져 있지 않은 경우에는 지급한 날)이 속하는 사업연도의 매출액에서 차감한다(법령 68 ⑤).

(4) 유가증권의 매매

증권시장에서 증권시장업무 규정에 따라 보통거래방식으로 한 유가증권의 매매는 매매계약을 체결한 날을 귀속사업연도로 한다(법령 68 ① (5)). 유가증권을 인도한 날이 아님에 주의한다.

기출 OX

01. 상품 등 외의 자산의 양도로 인한 익금의 귀속사업연도는 그 대금을 청산한 날이 속하는 사업연도로 하되, 대금을 청산하기 전에 소유권 등의 이전등기(등록을 포함)를 하거나 당해 자산을 인도하거나 상대방이 당해 자산을 사용수익하는 경우에는 그 이전등기일(등록일을 포함),인도일 또는 사용수익일 중 빠른 날이 속하는 사업연도로 한다. 2021. 9급
정답 O

02. 부동산 양도로 인한 손익의 귀속시기는 대금청산일, 소유권이전 등기(등록)일, 인도일 또는 사용수익일 중 빠른 날로 한다. 2023. 7급 최신
정답 O

03. 부동산판매의 경우에는 대금청산 및 등기가 완료된 날을 법인세법상 손익의 귀속시기로 본다. 2004. 7급
정답 X

04. 수탁가공계약에 따라 검사를 거쳐 인수 및 인도가 확정되는 물품의 경우에는 당해 물품을 계약상 인도하여야 할 장소에 보관한 날을 익금과 손금의 귀속사업연도로 한다. 2013. 7급
정답 X

05. 물품을 수출하는 경우에는 수출물품을 계약상 인도하여야 할 장소에 보관한 날에 익금으로 확정된다. 2012. 7급
정답 O

06. 상품 등의 시용판매의 경우 상대방이 그 상품 등에 대한 구입 의사를 표시한 날(구입의 의사표시 기간에 대한 특약은 없음)을 익금 및 손금의 귀속사업연도로 한다. 2014. 7급
정답 O

07. 자산의 위탁매매의 경우 위탁자가 그 위탁자산을 인도한 날이 속하는 사업연도로 한다. 2013. 9급
정답 X

08. 법인이 매출할인을 하는 경우 그 매출할인금액은 상대방과의 약정에 의한 지급기일이 속하는 사업연도의 매출액에서 차감하고, 그 지급기일이 정하여 있지 아니한 경우에는 매출한 날이 속하는 사업연도의 매출액에서 차감한다. 2017. 9급·2023. 7급 최신
정답 X

09. 「자본시장과 금융투자에 관한 법」에 따른 증권시장에서 같은 법에 따른 증권시장 업무규정에 따라 보통거래방식으로 한 유가증권의 매매의 경우에는 인도일로 한다. 2012. 7급
정답 X

2 할부조건부 판매의 귀속시기 A

★ (1) 단기할부조건부 판매의 경우 손익귀속시기

단기할부판매의 경우 기업회계와 동일하게 예외 없이 **인도한 날에 손익을 인식하며(인도기준)** 채권은 명목가액으로 평가한다.

★ (2) 장기할부조건부 판매의 판단기준

'장기할부조건'이란 자산의 판매 또는 양도(국외거래에 있어서는 소유권이전 조건부 약정에 의한 자산의 임대를 포함)로서 판매금액이나 수입금액을 월부·연부 기타의 지불방법에 따라 수입하는 것 중 다음의 요건을 모두 갖춘 것을 말한다(법령 68 ④).

> ① 판매금액·수입금액을 2회 이상으로 분할하여 수입하는 것
> ② 다음의 날부터 최종의 할부금의 지급기일까지의 기간이 1년 이상인 것
>   ㉠ 상품 등 재고자산(부동산 제외)판매의 경우: 인도일의 다음 날
>   ㉡ 그 외 자산 양도의 경우: 소유권이전 등기·등록일, 인도일, 사용수익일 중 **빠른 날의 다음 날**

★★ (3) 장기할부조건부 판매의 경우 손익귀속시기

① 원칙: **인도기준**
  인도한 날(재고자산 외의 자산은 소유권 이전등기·등록일, 인도일, 사용수익일 중 빠른 날)에 인식하는 것을 원칙으로 한다.

② 예외
  ㉠ 비중소기업: **결산을 확정할 때 해당 사업연도에 회수하였거나 회수할 금액과 이에 대응하는 비용을 각각 수익과 비용으로 계상한 경우**에는, 위 ① 원칙에도 불구하고 그 장기할부조건에 따라 **각 사업연도에 회수하였거나 회수할 금액과 이에 대응하는 비용을 각각 해당 사업연도의 익금과 손금에 산입한다**(법령68 ②). 따라서 회수기일도래기준에 따라 결산서에 계상하면 인정하며, 결산서에 계상하지 않으면 신고조정할 수 없다.
  ㉡ 중소기업(결산조정, 신고조정 모두 가능): **중소기업인 법인의 경우에도 장기할부조건에 따라 각 사업연도에 회수하였거나 회수할 금액과 이에 대응하는 비용을 각각 해당 사업연도의 익금과 손금에 산입할 수 있다**(법령68 ② 단서). 다만, 중소기업의 경우 결산서에 수익과 비용을 계상한 경우뿐만 아니라 인도기준으로 계상한 경우에도 회수기일도래기준으로 신고조정할 수 있다.

★★ (4) 장·단기할부조건부 판매와 채권의 평가

구분		채권 평가 방법
① 단기할부판매		명목가액으로 평가한다.
② 장기할부판매	㉠ 원칙	명목가액으로 평가한다.
	㉡ 예외	기업회계기준에 따라 현재가치로 평가하여 채권의 명목가액과 현재가치의 차액을 현재가치할인차금으로 계상한 경우 이를 그대로 인정하며, 회수기간 동안 기업회계기준이 정하는 바에 따라 환입하였거나 환입할 금액을 각 사업연도의 익금에 산입한다(법령 68 ⑥).

오쌤 Talk

중소기업의 범위

다음의 요건을 모두 갖춘 기업을 말한다. 다만, 자산총액이 5천억원 이상인 경우에는 중소기업으로 보지 않는다.
① 매출액이 업종별로 「중소기업기본법 시행령」에 따른 중소기업기준 이내일 것
② 「독점규제 및 공정거래에 관한 법률」에 따른 공시대상기업집단에 속하는 회사 또는 공시대상기업집단의 국내 계열회사로 편입·통지된 것으로 보는 회사에 해당하지 아니하며, 실질적인 독립성이 「중소기업기본법 시행령」에 적합할 것.
③ 부동산임대업 NEW 또는 소비성 서비스업을 주된 사업으로 영위하지 아니할 것
④ 「법인세법 시행령」상 부동산임대업을 주된 사업으로 하는 등 법령으로 정하는 요건에 해당하는 내국법인이 아닐 것 (Link-P.87)

기출 OX

10. 중소기업인 ㈜A가 장기할부조건으로 자산을 판매한 경우 그 장기할부조건에 따라 각 사업연도에 회수하였거나 회수할 금액을 해당 사업연도의 익금에 산입할 수 있다. 2021. 7급
정답 O

기출 OX

11. 장기할부조건 등에 의하여 자산을 판매하거나 양도함으로써 발생한 채권에 대하여 기업회계기준이 정하는 바에 따라 현재가치로 평가하여 현재가치할인차금을 계상한 경우 해당 현재가치할인차금 상당액은 해당 채권의 회수기간 동안 기업회계기준이 정하는 바에 따라 환입하였거나 환입할 금액을 각 사업연도의 익금에 산입한다. 2021. 7급·2023. 7급 최신
정답 O

> **참고**
>
> **회수기일도래기준의 적용방법(법령 68 ③)**
> ① 회수약정일이 도래한 금액을 익금으로 보며, 도래 전 회수한 금액은 선수금으로 본다.
> ② 폐업일 이후 회수기일이 도래하는 경우 폐업일이 속하는 사업연도의 익금으로 본다.
> ③ 인도일 이전에 회수하였거나 회수할 금액은 인도일에 회수한 것으로 본다. 따라서 인도일이 도래하기 전까지는 익금으로 인정하지 않는다.
> ④ 법인이 장기할부기간 중에 폐업한 경우에는 그 폐업일 현재 익금에 산입하지 아니한 금액과 이에 대응하는 비용을 폐업일이 속하는 사업연도의 익금과 손금에 각각 산입한다.

③ 용역제공 등에 의한 손익의 귀속사업연도

1 손익귀속시기 A

(1) 원칙(진행기준)

건설·제조 기타 용역(도급공사 및 예약매출을 포함하며 이하 '건설 등')의 제공으로 인한 익금과 손금은 그 목적물의 건설 등의 착수일이 속하는 사업연도부터 그 목적물의 인도일(용역제공의 경우에는 그 제공을 완료한 날)이 속하는 사업연도까지 그 목적물의 건설 등을 완료한 정도(작업진행률)를 기준으로 하여 계산한 수익과 비용을 각각 해당 사업연도의 익금과 손금에 산입하는 것을 원칙으로 한다(법령 69 ①).

(2) 특례1: 계약기간이 1년 미만인 단기건설의 경우(인도기준 선택 가능)

계약기간이 1년 미만인 단기건설 등으로서 다음 중 어느 하나에 해당하는 경우, 그 목적물의 인도일이 속하는 사업연도의 익금과 손금에 산입할 수 있다(법령 69 ①).

> ① 중소기업
> ② 기업회계기준에 따라 그 목적물의 인도일이 속하는 사업연도의 수익과 비용으로 계상

(3) 특례2: 계약기간이 1년 이상인 장기건설의 경우(인도기준 선택 가능)

기업회계기준에 따라 그 목적물의 인도일이 속하는 사업연도의 수익과 비용으로 계상한 경우에는 인도일이 속하는 사업연도의 익금과 손금에 산입할 수 있다(법령 69 ①).

(4) 인도기준 적용을 강제하는 경우

작업진행률을 계산할 수 없다고 인정되는 경우*에는 위의 특례 규정과 무관하게 그 목적물의 인도일(용역제공의 경우 그 제공을 완료한 날)이 속하는 사업연도의 익금과 손금에 각각 산입한다(법령 69 ②).

* 법인이 비치·기장한 장부가 없거나 장부의 내용이 불충분하여 해당 사업연도 종료일까지 실제로 소요된 총공사비 누적액을 확인할 수 없는 경우를 말한다.

기출 OX

12. 법인이 장기할부기간 중에 폐업한 경우에는 그 폐업일 현재 익금에 산입하지 아니한 금액과 이에 대응하는 비용을 폐업일이 속하는 사업연도의 익금과 손금에 각각 산입한다. 2013. 7급
정답 O

기출 OX

13. 건설·제조 기타 용역의 제공으로 인한 익금과 손금은 그 목적물의 인도일이 속하는 사업연도의 익금과 손금에 산입하는 것을 원칙으로 한다. 2014. 7급
정답 X

기출 OX

14. 계약기간이 1년 미만인 단기건설 도급공사의 경우에 법인이 당해 사업연도의 결산을 확정함에 있어서 작업진행률을 기준으로 손익을 계산한 경우 세법상 이를 인정하지 않는다. 2017. 7급
정답 X

15. 중소기업인 ㈜C가 수행하는 계약기간이 1년 미만인 건설 등의 제공으로 인한 익금은 그 목적물의 인도일이 속하는 사업연도의 익금에 산입할 수 있다. 2021. 7급
정답 O

16. 중소기업인 법인이 수행하는 계약기간이 1년 미만인 건설등의 제공으로 인한 익금과 손금은 그 목적물의 인도일이 속하는 사업연도의 익금과 손금에 산입할 수 없다. 2024. 7급 최신
정답 X

17. 건설·제조 기타 용역(도급공사 및 예약매출을 포함한다)의 제공에 대하여 기업회계기준에 따라 그 목적물의 인도일이 속하는 사업연도의 수익과 비용으로 계상한 경우 그 목적물의 인도일이 속하는 사업연도의 익금과 손금에 산입할 수 있다. 2023. 7급 최신
정답 O

오쌤 Talk

「법인세법」상 중소기업인 경우 손익 귀속시기에 대한 신고조정이 가능한 경우
① 장기할부판매에서 회수기일도래기준으로의 신고조정 Link→P.95
② 단기건설용역 등에서 인도기준(완성기준)으로의 신고조정
따라서, 위의 두 가지 규정이 아닌 이자소득과 배당소득 규정, 임대료 규정 등은 중소기업 여부에 따라 세무조정이 달라지지 않음에 주의한다.

확인문제

01. 법인세법상 영리내국법인 ㈜A는 제24기 사업연도(2024년 1월 1일 ~ 12월 31일) 7월 1일에 다음과 같은 조건으로 제품을 할부판매하였다. ㈜A가 할부판매 거래에 대해 선택지와 같이 각각 회계처리했다고 가정할 경우 세무조정이 필요한 것은? (단, ㈜A는 중소기업에 해당하지 아니하며, 회계처리의 기업회계기준 위배여부와 대응하는 매출원가는 고려하지 아니한다) 2016. 9급

(1) 총 할부매출채권 : 40백만원
(2) 대금회수조건 : 매월 25일에 2백만원씩 20개월간 회수
(3) 제24기 중 현금회수액 : 14백만원(2025년 1월분 선수금액이 포함되어 있음)
(4) 총 할부매출채권의 기업회계기준에 의한 현재가치 : 36백만원

① (차) 장기매출채권 40백만원 (대) 매출 40백만원
② (차) 장기매출채권 40백만원 (대) 매출 36백만원
　　　　　　　　　　　　　　　　현재가치할인차금 4백만원
③ (차) 현금 14백만원 (대) 매출 14백만원
④ (차) 현금 14백만원 (대) 매출 12백만원
　　　　　　　　　　　　선수금 2백만원

정답 ③

2 진행기준에 의한 익금 및 손금의 계산 방법 B

★★(1) 작업진행률의 계산

작업진행률은 아래 산식과 같이 원가기준법으로 측정하는 것이 원칙이지만, 기업회계를 수용하여 투입량기준 또는 산출량 기준에 의한 진행률을 객관적으로 산정할 수 있는 건설의 경우에는 그 비율로 할 수 있다(법칙 34 ① (1)).

$$작업진행률 = \frac{해당\ 사업연도\ 말까지\ 발생한\ 총공사비\ 누적액}{총공사예정비^*}$$

* 총공사예정비: 기업회계기준을 적용하여 계약 당시 추정한 공사원가에 해당 사업연도 말까지의 변동상황을 반영하여 합리적으로 추정한 공사원가를 말한다(법칙 34 ②).

★★(2) 익금과 손금의 계산

① 익금 = 계약금액 × 작업진행률 - 직전 사업연도 말까지 익금에 산입한 금액
② 손금 = 해당 사업연도에 발생된 총비용

4 이자소득 등 및 배당소득의 귀속사업연도

1 이자소득 등의 손익귀속시기 A

★(1) 원칙

구분	수입이자	지급이자
① 일반법인	「소득세법」상 이자소득의 수입시기에 해당하는 날	「소득세법」상 이자소득의 수입시기에 해당하는 날
② 금융 및 보험업 법인	실제로 수입된 날(선수입이자 등은 제외)	

> **참고**
>
> **금융 및 보험업을 영위하는 법인이 수입하는 보험료 등의 귀속사업연도**
> 금융 및 보험업을 영위하는 법인이 수입하는 보험료 등의 귀속사업연도는 아래와 같다.
> ㉠ 원칙: 금융 및 보험업 영위 법인이 수입하는 보험료·부금·보증료 또는 수수료(이하 '보험료 등')의 귀속 사업연도는 그 보험료 등이 실제로 수입된 날이 속하는 사업연도로 하되 선수입보험료 등은 제외한다(법령 70 ③).
> ㉡ 예외: 결산을 확정함에 있어서 이미 경과한 기간에 대응하는 보험료상당액 등을 해당 사업연도의 수익으로 계상한 경우에는 그 계상한 사업연도의 익금으로 하고, 「자본시장과 금융투자업에 관한 법률」에 따른 투자매매업자 또는 투자중개업자가 정형화된 거래방식으로 증권을 매매하는 경우 그 수수료의 귀속사업연도는 매매계약이 체결된 날이 속하는 사업연도로 한다(법령 70 ③).
> ㉢ 위 원칙과 예외 규정에도 불구하고 다음의 항목은 보험감독회계기준에 따라 수익 또는 손비로 계상한 사업연도의 익금 또는 손금으로 한다(법령 70 ⑥).
> ⓐ 보험회사가 보험계약과 관련하여 수입하거나 지급하는 이자·할인액 및 보험료 등으로서 「보험업법」에 따른 책임준비금의 산출에 반영되는 항목
> ⓑ 「주택도시기금법」에 따른 주택도시보증공사가 신용보증계약과 관련하여 수입하거나 지급하는 이자·할인액 및 보험료 등으로서 책임준비금의 산출에 반영되는 항목

(2) 예외

① 수입이자

결산을 확정할 때 이미 경과한 기간에 대응하는 이자 및 할인액(원천징수되는 이자 및 할인액은 제외)을 해당 사업연도의 수익으로 계상한 경우에는 그 계상한 사업연도의 익금으로 한다(법령 70 ① (1)).

② 지급이자

결산을 확정할 때 이미 경과한 기간에 대응하는 이자 및 할인액(차입일부터 이자지급일이 1년을 초과하는 특수관계인과의 거래에 따른 이자 및 할인액은 제외)을 해당 사업연도의 손비로 계상한 경우 원천징수 여부와 상관없이 그 계상한 사업연도의 손금으로 한다.

2 배당소득의 손익귀속시기 A

법인이 수입하는 배당금은 「소득세법 시행령」상 배당소득의 수입시기가 속하는 사업연도로 한다(법령 70 ②). 다만, 금융회사 등이 금융채무 등 불이행자의 신용회복 지원과 채권의 공동추심을 위하여 공동으로 출자하여 설립한 「자산유동화에 관한 법률」에 따른 유동화전문회사로부터 수입하는 배당금은 실제로 지급받은 날이 속하는 사업연도의 익금에 산입한다(법령 70 ②).

> **참고**
>
> **「소득세법」상 이자 · 배당소득의 수입시기**
>
> 「소득세법」상 이자소득의 수입시기와 「소득세법」상 배당소득의 수입시기는 「소득세법」 02 **금융소득**에서 자세히 설명하기로 한다. 그 대표적인 예로는 다음과 같다.
>
> ① 「소득세법」상 이자소득의 수입시기
>
> > ㉠ 각종 예금의 이자: 실제로 지급받는 날
> > ㉡ 비영업대금의 이익: 약정에 의한 이자지급일. 다만, 약정이 없거나 약정에 의한 이자지급일 전에 이자를 지급받는 경우에는 그 이자지급일
>
> ② 「소득세법」상 배당소득의 수입시기
>
> > ㉠ 잉여금처분에 의한 배당소득: 잉여금처분결의일
> > ㉡ 무기명주식의 배당소득: 배당을 지급받은 날

기출 OX

18. 법인세가 원천징수되지 않는 이자수익으로 결산 확정시에 기간경과분을 수익으로 계상한 경우에는 익금으로 인정한다. *2012. 7급*
정답 O

19. 제조업을 경영하는 ㈜D가 결산을 확정할 때 이미 경과한 기간에 대응하는 이자(법인세법에 따라 원천징수되는 이자 포함)를 해당 사업연도의 수익으로 계상한 경우 그 계상한 사업연도의 익금으로 한다. *2021. 7급*
정답 X

20. 법인이 결산을 확정함에 있어서 이미 경과한 기간에 대응하는 이자를 당해 사업연도의 손금으로 계상하였다 하더라도 실제로 지급한 날이 속하는 사업연도의 손금에 산입된다. *2007. 9급*
정답 X

오쌤 Talk
기간경과분의 원천징수 여부

「소득세법」상 이자를 지급하는 자는 이자를 후일에 지급할 때 원천징수금액을 제외하고 지급하는데, 원천징수대상 미수이자 계상분을 상대방의 수익으로 인정하게 되면 상대방에게 미수이자를 수익으로 계상하였는지 여부를 따져야 하는 번거로움이 발생한다. 때문에 미수이자를 계상한 경우 원천징수가 되지 않은 이자수익(ex. 국외이자)에 한정하여 수익으로 인정한다. 반면, 미지급이자는 이자를 지급하는 자가 계상하는 금액이기 때문에 그러한 번거로움이 발생하지 않는다. 따라서 이자를 지급할 때 이자 총액에 대해 원천징수하면 되기 때문에 미지급이자는 원천징수 여부와 관계없이 계상한 금액 전체를 손금으로 인정한다.

기출 OX

21. 법인이 수입하는 배당금은 「소득세법 시행령」에 따른 수입시기에 해당하는 날이 속하는 사업연도의 익금에 산입하되, 「법인세법 시행령」상 금융회사 등이 금융채무등불이행자의 신용회복 지원과 채권의 공동추심을 위하여 공동으로 출자하여 설립한 「자산유동화에 관한 법률」에 따른 유동화전문회사로부터 수입하는 배당금은 실제로 지급받은 날이 속하는 사업연도의 익금에 산입한다. *2021. 9급*
정답 O

22. 잉여금 처분에 따른 배당소득의 귀속사업연도는 잉여금을 처분한 법인의 결산확정일이 속하는 사업연도로 한다. *2015. 9급*
정답 X

3 투자회사의 기간경과분 이자소득 및 배당소득의 손익귀속시기 B

투자회사 등이 결산을 확정할 때 증권 등의 투자와 관련된 수익 중 이미 경과한 기간에 대응하는 이자 및 할인액과 배당소득을 해당 사업연도의 수익으로 계상한 경우에는 그 계상한 사업연도의 익금으로 한다(법령 70 ④).

5 임대료 등 기타 손익의 귀속사업연도

1 임대료손익의 손익귀속시기 A

임대료손익의 손익귀속시기는 임대료지급기간에 따라 1년 이하인 단기임대료와 1년을 초과하는 장기임대료로 구분한다.

★★ (1) 단기임대료

① 원칙

자산의 임대로 인한 익금과 손금의 귀속사업연도는 다음의 날이 속하는 사업연도로 한다(법령 71 ①).

> ㉠ 지급일이 정해진 경우: 그 지급일
> ㉡ 지급일이 정해지지 않은 경우: 그 지급을 받은 날

② 예외(발생주의 선택)

결산을 확정함에 있어서 이미 경과한 기간에 대응하는 임대료 상당액과 이에 대응하는 비용을 해당 사업연도의 수익과 손비로 계상한 경우 이를 해당 사업연도의 익금과 손금으로 본다(법령 71 ①).

★★ (2) 장기임대료(발생주의 강제)

장기임대료(임대료 지급기간이 1년을 초과하는 경우)의 경우 이미 경과한 기간에 대응하는 임대료 상당액과 비용은 이를 각각 당해 사업연도의 익금과 손금으로 한다(법령 71 ①).

> **참고**
>
> 할부조건부 판매, 용역의 제공, 임대료수익 귀속시기 규정의 비교
>
> | 구분 | 특례 규정이 적용되는 기간 | '장기'의 기준 | 중소기업 특례 규정 유무 |
> | --- | --- | --- | --- |
> | 할부조건부 판매 | 장기 | 1년 이상 | O |
> | 용역의 제공 | 단기 및 장기 | 1년 이상 | O |
> | 임대료 수익 | 단기 | 1년 '초과' | X |

기출 OX

23. 투자회사 등이 결산을 확정할 때 증권 등의 투자와 관련된 수익 중 이미 경과한 기간에 대응하는 이자 및 할인액과 배당소득을 해당 사업연도의 수익으로 계상한 경우에는 그 계상한 사업연도의 익금으로 한다. 2015. 9급
정답 O

오쌤 Talk

임대료지급기간과 임대계약체결기간의 구별

임대료지급기간은 임대계약체결기간과는 명확히 다르다. 임대계약체결기간은 '해당 건물을 얼마나 오래 임대할 지 계약하는 것'과 관련되는 것이라면 임대료지급기간은 '임대료를 얼마나 자주 지급받는 것'과 관련된다. 2년간 임대계약을 체결하고 1년마다 임대료를 지급받기로 한 경우 그 1년을 임대료지급 기간으로 보므로 해당 임대료는 단기임대료에 해당한다.

기출 OX

24. 법인이 2년 간 임대계약을 체결하고 1년마다 임대료를 지급받기로 하였으나 사업연도 종료일 현재 이미 경과한 기간에 대응하는 임대료 상당액(지급약정일이 도래하지 않아 미수령)과 이에 대응하는 비용을 결산서에 계상하지 아니하였을 경우 세무조정을 통해 해당 사업연도의 익금과 손금으로 각각 산입하여야 한다. 2017. 9급
정답 X

기출 OX

25. 자산의 임대로 인한 임대료 지급기간이 1년을 초과하는 경우 이미 경과한 기간에 대응하는 임대료 상당액과 비용은 이를 각각 당해 사업연도의 익금과 손금으로 한다. 2024. 7급 최신
정답 O

26. 임대료 지급기간이 1년을 초과하는 경우 이미 경과한 기간에 대응하는 임대료 상당액과 비용은 실제 지급일이 속하는 사업연도의 익금과 손금으로 한다. 2021. 9급
정답 X

2 기타 손익의 손익귀속시기 A

★★ (1) 금전등록기를 사용하는 경우

「부가가치세법」에 따라 영수증을 교부할 수 있는 법인이 금전등록기를 설치·사용하는 경우 그 수입하는 물품대금과 용역대가의 귀속사업연도는 그 금액이 실제로 수입된 사업연도로 할 수 있다(법령 71 ②). 이는 실무상 편의를 고려한 현금주의를 선택적용 하는 임의규정이다.

★★ (2) 사채할인발행차금

법인이 사채를 발행하는 경우에 상환할 사채금액의 합계액에서 사채발행가액(사채발행수수료와 사채발행비를 차감한 후의 가액) 합계액을 공제한 금액을 사채할인발행차금이라고 하며, 이는 기업회계기준에 의한 사채할인발행차금의 상각방법(유효이자율법)에 따라 반드시 손금에 산입한다(법령 71 ③). 따라서 사채할인발행차금이 과소 또는 과대상각된 경우 유효이자율법에 따라 그 차액을 세무조정 해야 하는 강제신고조정 사항이다.

★★ (3) 매출채권 또는 받을어음의 배서양도

기업회계기준에 의한 손익인식방법에 따라 관련 손익의 귀속연도를 정한다(법령 71 ④).

(4) 차액만 정산하는 파생상품의 거래손익

계약의 목적물을 인도하지 않고 목적물의 가액변동에 따른 차액을 금전으로 정산하는 파생상품의 거래로 인한 손익은 그 거래에서 정하는 대금결제일이 속하는 사업연도의 익금과 손금으로 한다(법령 71 ⑥).

★★ (5) 개발비로 계상하였으나 개발을 취소한 경우

개발비로 계상하였으나 해당 제품의 판매 또는 사용이 가능한 시점이 도래하기 전에 개발을 취소한 경우에는 다음의 요건을 모두 충족하는 날이 속하는 사업연도의 손금에 산입한다.

① 해당 개발로부터 상업적인 생산 또는 사용을 위한 해당 재료·장치·제품·공정·시스템 또는 용역을 개선한 결과를 식별할 수 없을 것
② 해당 개발비를 전액 손비로 계상하였을 것

(6) 리스의 경우

리스이용자가 리스로 인하여 수입하거나 지급하는 리스료의 익금과 손금의 귀속사업연도는 기업회계기준에 따른다.

기출 OX

27. 「부가가치세법」 제36조 제4항을 적용받는 업종을 영위하며 영수증을 교부할 수 있는 법인이 금전등록기를 설치·사용하는 경우 그 수입하는 물품대금과 용역대가의 귀속사업연도는 그 금액이 실제로 수입된 사업연도로 할 수 있다. 2017. 9급
정답 O

기출 OX

28. 법인이 사채를 발행한 경우로서 법령에 따라 계산된 사채할인발행차금을 기업회계기준에 의한 상각방법에 따라 이를 손금에 산입한 경우 법인세법상 세무조정을 필요로 하지 않는다. 2019. 9급
정답 O

29. 법인이 사채를 발행하는 경우에 사채할인발행차금은 기업회계기준에 의한 사채할인발행차금의 상각방법에 따라 이를 손금에 산입할 수 없다. 2024. 7급 최신
정답 X

30. 법인이 사채를 할인발행한 경우에 발생한 사채할인발행차금은 당해 사채를 발행한 날이 속하는 사업연도의 손금에 산입한다. 2008. 9급
정답 X

31. 받을어음을 배서양도하는 경우에는 기업회계기준에 의한 손익인식 방법에 따라 관련 손익의 귀속사업연도를 정한다. 2024. 9급 최신
정답 O

기출 OX

32. 개발비로 계상하였으나 해당 제품의 판매 또는 사용이 가능한 시점이 도래하기 전에 개발을 취소하고 해당 개발비를 전액 손금으로 계상하였다면 그 날이 속하는 사업연도의 손금에 산입한다. 2015. 9급
정답 X

CHAPTER 06

자산의 취득가액 및 자산·부채의 평가

1. 일반적인 경우의 취득가액 계산
2. 특별한 경우의 취득가액 계산
3. 재고자산과 유가증권의 평가
4. 외화자산·부채의 평가손익 및 상환손익
5. 가상자산

최신 8개년 출제 경향 분석

01 일반적인 경우의 취득가액 계산

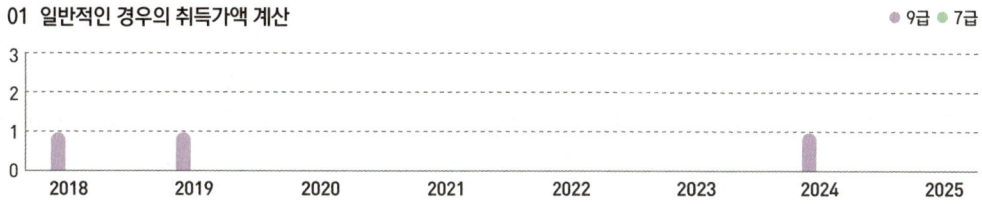

02 특별한 경우의 취득가액 계산

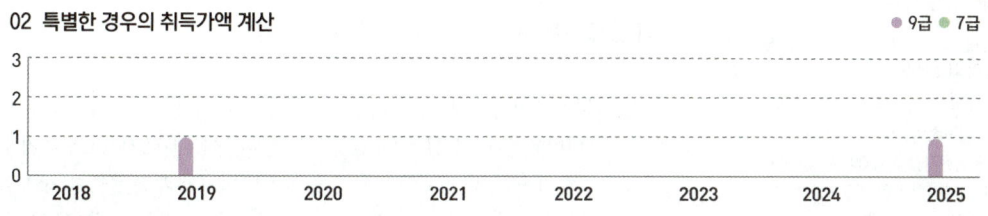

03 재고자산과 유가증권의 평가

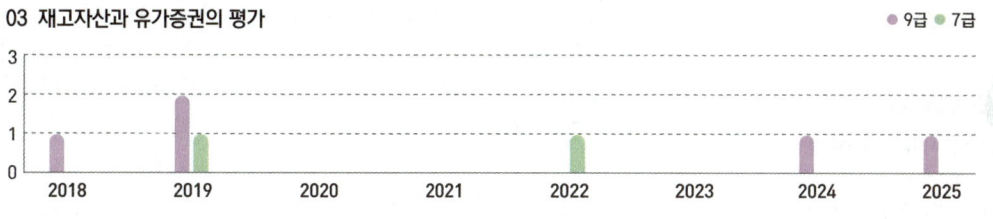

04 외화자산·부채의 평가손익 및 상환손익

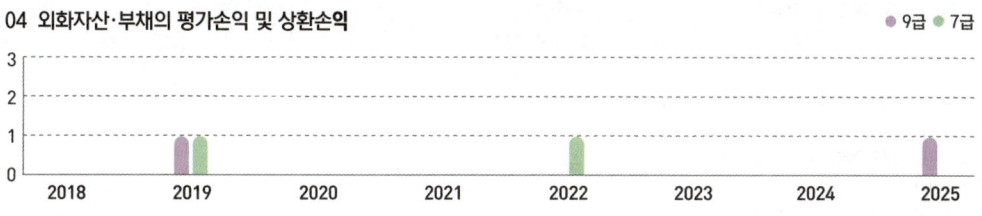

05 가상자산

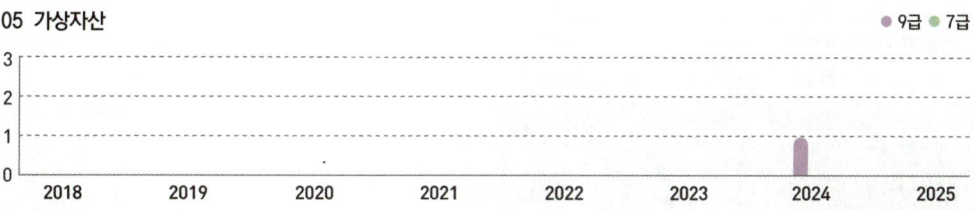

1 일반적인 경우의 취득가액 계산

1 개요 C

상각자산의 취득가액이 결정되면 감가상각자산의 경우 그 취득가액은 감가상각을 통해 기간에 걸쳐 손금으로 배분된 후, 잔액(장부가액)은 해당 자산의 처분 시점에 손금으로 인정된다. 비상각자산의 경우는 처분 시점에 취득가액이 손금으로 인정된다. 따라서 취득가액을 임의적으로 계상하게 되면 과세소득의 조작이 이뤄질 수 있기 때문에 「법인세법」에서는 자산의 취득가액 및 평가와 관련된 규정을 둔다.

2 매입 및 자가제조 C

매입 및 자가제조와 관련된 자산은 기업회계기준과 유사하게 취득가액을 인식한다.

(1) 타인으로부터 매입한 자산의 취득가액

① 원칙: 매입가액에 취득세(농어촌특별세와 지방교육세 포함), 등록면허세, 그 밖의 부대비용을 더한 금액을 원칙으로 한다. 이 때 토지와 그 토지에 정착된 건물 및 그 밖의 구축물 등을 함께 취득하여 토지가액과 건물가액 구분이 불분명한 경우 부당행위 계산의 부인여부 판단 시 적용하는 시가에 비례하여 안분계산한다(법령 72 ②).
② 단기금융자산 등: 단기매매항목으로 분류된 금융자산 및 파생상품의 취득가액은 매입가액으로 하고 부대비용은 발생 당시의 손금에 산입한다(법령 72 ①).
③ 외국자회사를 인수하여 취득한 주식 등: 내국법인이 외국자회사를 인수하여 취득한 주식 등으로서 그 주식 등의 취득에 따라 내국법인이 외국자회사로부터 받은 수입배당금액이 다음의 요건을 모두 갖춘 경우에는 주식 등의 매입가액에서 해당 수입배당금액을 뺀 금액을 취득가액으로 한다(법령 72 ② (1의2)).
  ㉠ 내국법인이 외국자회사의 의결권 있는 발행주식총수 또는 출자총액의 10%(「조세특례제한법」에 따른 해외자원개발사업을 하는 외국법인의 경우에는 5%) 이상을 최초로 보유하게 된 날의 직전일 기준 이익잉여금을 재원으로 한 수입배당금액일 것
  ㉡ 외국자회사 수입배당금액 익금불산입 규정이 적용되어 익금에 산입되지 않았을 것(Link-P.60)

(2) 자가제조·생산 또는 건설

자기가 제조·생산 또는 건설하거나 그 밖에 이에 준하는 방법으로 취득한 자산은 제작원가에 부대비용을 더한 금액을 자산의 취득가액으로 한다.

 오쌤 Talk

기업회계기준에 따른 단기금융자산 부대비용의 회계처리

세법에서 말하는 단기금융자산은 기업회계에서 '당기손익인식금융자산'과 같다. 당기손익금융자산을 100에 취득하면서, 부대비용 10이 발생한 경우 회계처리는 다음과 같다.
(차) 당기손익인식   (대) 현금 110
　　금융자산 100
　　부대비용 10

 오쌤 Talk

배당금 수령 시 지분법 회계처리

투자회사가 20%의 지분을 취득하고 있는 피투자회사가 800의 배당을 선언하고 배당한 경우 투자회사의 회계처리는 다음과 같다
<배당선언 시>
(차) 미수배당금 160 (대) 관계기업투자
　　　　　　　　　　　　주식 160
<배당 시>
(차) 현금 160   (대) 미수배당금 160

배당금의 수령은 피투자회사의 이익잉여금을 감소시킨다. 즉, 피투자회사의 자본이 줄어들기 때문에 피투자회사 자본의 지배력을 나타내는 투자회사의 관계기업투자주식의 장부금액은 줄어든다. 다만, 이를 현금을 수령하고 관계기업투자주식의 장부금액이 감소하므로, 결국은 투자원금을 회수한 경우라고 할 수 있겠다.

3 현물출자 B

현물출자한 법인과 현물출자를 받은 법인 모두 **현물출자 거래로 인해 새로 취득한 자산은 그 시가로 취득가액을 인식**한다. 단, 출자법인이 현물출자로 피출자법인을 새로 설립하면서 그 대가로 주식만 취득하는 경우, 피출자법인이 새로 설립되었기에 출자법인이 취득한 주식의 시가는 아직 시장에서 확정되지 않은 상황이다. 따라서 예외적으로 현물출자한 순자산의 시가로 평가한다.

4 채무의 출자전환 C

① 원칙: 시가

채무의 출자전환으로 채권자가 취득한 주식은 취득 당시의 시가를 취득가액으로 한다.

② 예외: 장부가액

채무면제이익의 이연이 가능한 요건충족*법인의 채무의 출자전환의 경우 기존 채권의 장부가액을 취득가액으로 한다.

* 03 **익금과 익금불산입** P.53 일정한 요건을 충족한 법인에서 나열한 요건을 말함

③ 대손불능채권

보증채무대위변제로 인한 구상채권과 특수관계인에 대한 업무무관가지급금(이하 '대손불능채권')을 출자전환한 경우에는 원칙대로 시가로 한다. 대손불능채권은 제재 성격으로 인해 대손이 발생하더라도 세법상 손금으로 인정하지 않고, 처분손실 또한 손금으로 인정하지 않는다. 이러한 제재성격을 유지하기 위해 시가로 주식을 계상하며 차액을 손금불산입한다.

5 합병 및 분할 C

요건을 갖추어 그 적격성을 인정받은 적격합병 및 적격인적분할의 경우 새로 기업을 만드는 것이 아니라, 실질적으로 기존의 기업 형태가 유지되는 것으로 본다. 따라서 기존 자산의 장부금액으로 취득가액을 인식한다. 그 외의 경우에는 새로 자산을 취득하는 것으로 보아 시가로 인식한다. 합병 및 분할에 대한 세부내용은 ⑱에서 자세하게 학습한다.

① 합병 및 분할로 합병법인, 분할신설법인 등이 취득하는 자산

구분	자산의 취득가액
㉠ 적격합병·적격인적분할	피합병법인 또는 분할법인의 자산의 장부가액
㉡ 비적격합병, 비적격 인적분할, 물적분할	해당 자산의 시가

기출 OX

01. 시가 5천만원인 주식을 발행하여 시가 4천만원의 건물을 현물출자 받은 경우 세법상 건물의 취득가액은 5천만원이다. 2008. 9급

정답 X

오쌤 Talk

일반적인 경우에서의 채무의 출자전환에서 처분손실의 세법상 후속처리

300의 채권을 주식(시가 200, 액면가 100)으로 출자전환한 경우 세법상 채권자의 회계처리는 다음과 같다.

(차) 주식 200　　(대) 채권 300
　　처분손실 100

이 경우 계상되는 처분손실은 채권포기액으로 보는데 다음의 경우에 따라 후속처리한다.
① 업무와 관련한 채권포기액: 거래처에 대한 기업업무추진비
② 업무와 관련없이 포기한 채권포기액: 거래처에 대한 기부금
③ 특수관계인에 대해 조세부담 부당감소 목적: 부당행위계산의 부인으로 손금불산입
④ 특수관계인이 아니면서 정당한 사유가 있는 경우: 정상적인 처분손실(손금)으로 인정됨

② 합병 및 분할로 취득하는 주식

구분	주식의 취득가액
㉠ 물적분할	물적분할한 순자산의 시가
㉡ 합병 및 인적분할	종전의 주식 장부가액 + 합병·분할로 인한 의제배당금액 + 불공정자본거래로 분여받은 이익 - 합병·분할교부금

물적분할은 현물출자와, 인적분할은 합병과 실질적인 구조가 유사하다. 현물출자는 원칙적으로 새로 취득한 자산의 시가로 취득가액을 인식하므로, 물적분할한 순자산의 시가로 인식한다. 이에 반해 합병으로 인식하는 경우, 기존 주식의 장부가에서 합병 및 분할로 인해 의제배당으로 처리되는 금액이 있는 경우(07) 그 금액을 더하고, 부당행위계산의 부인에 해당하는 경우(13) 불공정자본거래로 인해 분여받은 이익을 더하며, 합병 및 분할로 인해 따로 현금을 받은 금액이 있는 경우(18) 해당 금액은 제외한다.

6 자산 취득 시 매입한 채권 A

유형자산의 취득과 함께 매입한 국공채는 그 명목가액으로 평가한다. 단, 국공채를 현재가치로 평가하고 기업회계기준에 따라 그 국·공채의 매입가액과 현재가치의 차액을 해당 유형자산의 취득가액으로 계상하면 이를 인정한다(법령 72 ③ (3)). 이는 유형자산의 취득인 경우에만 인정될 뿐 재고자산의 취득인 경우에는 인정되지 않으므로 재고자산의 취득가액은 명목가액으로 평가하여야 한다.

7 공익법인 등이 기부받은 자산 C

「상속세 및 증여세법」상 과세가액불산입대상인 공익법인이 특수관계인 외의 자로부터 기부받은 일반기부금에 해당하는 자산은 기부한 자의 기부 당시 장부가액[사업소득과 관련이 없는 자산(개인인 경우만 해당)의 경우 취득 당시의 「소득세법」에 따른 취득가액]으로 평가한다. 단, 증여세 과세가액에 산입하지 않은 출연재산이 그 후에 과세요인이 발생하여 과세가액에 산입하지 않은 출연재산에 대하여 증여세의 전액이 부과되는 경우에는 기부 당시의 시가로 평가한다(법령 72 ② (5의3)).

8 온실가스배출권 등 C

「온실가스 배출권의 할당 및 거래에 관한 법률」에 따라 정부로부터 무상으로 할당받은 배출권 및 「대기관리권역의 대기환경개선에 관한 특별법」에 따라 정부로부터 무상으로 할당받은 배출허용총량의 취득가액은 영(0)원으로 한다.

9 위 ~ 8 외의 자산의 경우 C

해당 자산의 취득 당시의 시가를 취득가액으로 한다. 예를 들어, 유형자산의 교환과 같은 경우 기업회계기준에 따르면 상업적 실질 유무에 따라 회계처리 방식이 달라지지만, 세법상으로는 상업적 실질 유무를 따질 필요 없이 해당 자산의 취득 당시 시가를 취득가액으로 한다.

📖 **기출 OX**

02. 유형자산의 취득과 함께 국·공채를 매입하는 경우 기업회계기준에 따라 그 국·공채의 매입가액과 현재가치의 차액을 해당 유형자산의 취득가액으로 계상한 금액은 유형자산의 취득가액에 포함한다. 2019. 9급
정답 O

03. 유형자산의 취득과 함께 공채를 매입하는 경우 기업회계기준에 따라 그 공채의 매입가액과 현재가치의 차액을 해당 유형자산의 취득가액으로 계상하더라도 그 차액은 취득가액에 포함하지 아니한다. 2024. 9급 최신
정답 X

오쌤 Talk
기업회계기준에 따른 자산취득 시 불가피하게 매입한 채권의 회계처리
자동차를 88에 취득하면서, 불가피하게 국공채(현재가치 10)를 12에 구입한 경우 회계처리는 다음과 같다.
(차) 자동차 90 (대) 현금 100
금융자산 10

② 특별한 경우의 취득가액 계산

1 무상취득·저가매입·고가매입 A

(1) 무상취득
무상으로 취득한 자산은 그 시가를 자산수증익으로 익금에 산입한다.

★ (2) 저가매입
일반적으로 저가매입을 그대로 인정하는 것을 원칙으로 한다. 하지만 03 ① 2 (1) 다른 특례의 경우(특수관계가 있는 개인으로부터 유가증권을 시가보다 저가에 매입한 경우)에만 시가와 매입가액의 차액을 가산하여 시가를 취득가액으로 계상한다.

★★ (3) 고가매입
자산의 종류와 상관없이 고가로 매입하는 경우 특수관계인 여부를 따져서 다음과 같이 처리한다(법령 72 ④ (3)).

① **특수관계인**으로부터 고가매입한 경우
해당 고가매입 취득가액이 **시가와 거래가액의 차액이 3억원 이상이거나 시가의 5% 이상인 경우**(상장주식 제외) 부당행위계산의 부인 규정을 적용하여 자산의 시가만 취득가액으로 계상한다. 이 경우 **시가초과액은 익금산입하며 귀속자에 따라 상여, 배당 등으로 소득처분된다.** 부당행위계산의 부인에 해당하는 규정은 13 에서 자세히 설명한다.

② **특수관계인이 아닌** 자로부터 고가매입한 경우

> ㉠ 정상가액을 초과하여 취득한 경우: **정상가액(시가에 시가의 30%를 더하거나 뺀 범위의 가액)만큼을 취득가액으로 계상하고, 정상가액을 초과하는 금액은 의제기부금으로 본다**(법령35). 의제기부금이란, 해당 귀속자에게 법인이 기부했다고 의제하는 것을 말한다. 귀속자가 적법한 기부금 대상자라면 손금으로 인정되지만, 적법하지 않은 기부금 대상자라면 비지정기부금으로 손금불산입(기타사외유출)한다. 의제기부금에 해당하는 규정은 10 에서 자세히 설명한다.
> ㉡ 정상가액으로 취득한 경우: 자산을 정당한 사유 없이 특수관계인이 아닌 자로부터 정상가액으로 매입하고 당해 금액을 취득가액으로 계상한 경우 세법상 취득가액으로 인정된다.

🔍 **기출 OX**

04. 특수관계인 외의 자로부터 정당한 사유 없이 유형자산을 취득하면서 정상가액보다 높은 가격으로 매입하고 실제 지급한 매입가액을 장부상 취득원가로 계상한 경우, 그 실제 매입가액을 세무상 취득가액으로 인정한다. 2017. 7급
정답 X

05. 시가가 1억원인 토지를 정당한 사유 없이 특수관계가 없는 자로부터 1억 3천만원에 매입하고 당해 금액을 취득가액으로 계상한 경우 세법상 취득가액으로 인정된다. 2008. 9급
정답 O

2 채권 및 채무에 대한 현재가치평가 B

(1) 장기할부조건의 매입거래

① 원칙

기업회계기준에서는 장기할부조건의 매입거래, 장기금전대차거래 또는 이와 유사한 거래에서 발생한 채권·채무를 현재가치로 평가한다. 비상장 중소기업의 경우에만 명목가액으로 평가할 수 있도록 허용하고 있다. 세법에서는 원칙적으로 위와 같은 거래에서 발생한 채권·채무를 명목가액으로 평가한다.

② 예외

법인이 기업회계기준에 따라 현재가치를 평가한 경우는 그 평가를 인정한다(법령 19의2 ⑤). 따라서 자산을 법령에 따른 장기할부조건 등으로 취득하는 경우 발생한 채무를 기업회계기준이 정하는 바에 따라 현재가치로 평가하여 현재가치할인차금으로 계상한 경우의 당해 현재가치할인차금은 취득가액에 포함하지 않는다.

③ 현재가치할인차금의 상각

장기할부조건으로 자산을 취득하는 경우 현재가치할인차금을 계상하는 것은 선택사항이다. 하지만, 현재가치할인차금을 계상하기로 선택한다면 기업회계기준에 따른 상각방법(유효이자율법)에 따라서 현재가치할인차금을 상각해야 한다(법령 72 ④). 그 상각액은 각 사업연도의 손금으로 인정되나 그 상각액에 대해서는 원천징수하지 않으며 지급명세서를 제출할 의무가 없다.

(2) 장기금전대차거래

기업회계기준에서는 대금지급 기간이 일반적인 신용기간보다 긴 경우(이하 '장기금전대차거래'), 장기금전대차거래에서 발생한 채권·채무로서 그 명목가치와 현재가치의 차이가 중요한 것은 현재가치로 평가하지만 세법에서는 **명목가액만이 인정된다.**

(3) 채권·채무의 재조정

기업회계에서 금융부채와 금융자산의 조건변경에 해당하는 내용이다. 이 경우에도 기업회계에서는 현재가치할인차금을 계상하는 것을 원칙으로 한다. 하지만 세법에서는 명목가액으로 계상하는 것을 원칙으로 하되, **채권의 재조정에서만 현재가치평가를 인정한다.**

기출 OX

06. 자산을 「법인세법 시행령」 제68조 제4항에 따른 장기할부조건 등으로 취득하는 경우 발생한 채무를 기업회계기준이 정하는 바에 따라 현재가치로 평가하여 현재가치할인차금으로 계상한 경우의 당해 현재가치할인차금은 자산의 취득가액에 포함하지 아니한다.
2025. 9급 최신
정답 O

오쌤 Talk

현재가치할인차금 상각액

현재가치할인차금 상각액은 회계상 지급이자(이자비용)에 해당하나, 다음의 금액을 계산할 때에는 지급이자로 보지 않는다.
㉠ 이중과세조정을 위한 수입배당금의 익금불산입액 계산상 지급이자
㉡ 지급이자손금불산입액 계산대상 지급이자

> **참고**
>
> **채권 및 채무의 재조정에서 채권의 재조정만 현재가치평가를 인정하는 이유**
>
> ┌─────┐   ┌─────┐
> │채권자│ ⟷   │채무자│
> └─────┘   └─────┘
>
> 채권 및 채무의 조건변경으로 기존의 채권 장부가액이 150이고, 현재가치로 평가한 금액이 100이라고 할 경우, 기업회계상 회계처리는 다음과 같다. (채권자는 채권의 대손으로 보고 평가함)
>
> 　　　채권자　　　　　　　　　　　　　채무자
> (차) 대손상각비 50 | (대) 대손충당금 50　　(차) 현재가치할인차금 50 | (대) 채무면제이익 50
> 　　손금인정　　　　　　　　　　　　　　　　　　　　　　　　　　　　　인정×(∴익금불산입(△유보))
>
> 채권의 재조정에 대해서만 현재가치평가를 인정하는 이유는 조건변경이 조금 더 용이하게 이뤄지도록 하기 위함이다. 채무자가 현재가치할인차금을 계상하는 경우, 채무면제이익(익금)이 생기는데, 이는 세부담을 가중시키기 때문에 현재가치할인차금을 인정하지 않음으로써 세부담을 적게 한다. 반대로 채권자가 채권의 장부가액과 현재가치의 차액을 대손금으로 계상하는 경우 세부담이 감소하기 때문에 현재가치평가를 인정한다.

3 자산의 취득과 관련된 이자비용 B

★(1) 건설자금이자

기업회계에서는 차입원가 자본화에 따라 특정차입금이자와 일반차입금이자를 모두 취득원가에 산입해야 하고, 재고자산도 차입원가 자본화가 가능하다. 하지만, 세법에서는 건설자금이자를 재고자산의 취득가액에 포함하는 것을 인정하지 않는다. 사업용 유형자산과 무형자산에 대한 건설자금이자만 취득가액에 포함되며, 이때 특정차입금이자는 취득원가에 산입해야 한다(자본화 강제). 반면에 **일반차입금이자는 취득원가에 산입하는 것과 이자비용으로 손금산입하는 것 중 선택 가능하다**(자본화 선택).

★(2) 연지급수입이자

연지급수입이자는 원재료 등의 수입으로 인해 부담하는 이자를 뜻한다. 기업회계에서는 이자비용으로 보아 손비로 처리하지만, **세법에서는 취득부대비용으로 보아 원재료 등의 취득가액에 산입하는 것을 원칙으로 한다. 하지만, 회사가 기업회계기준에 따라 해당 연지급수입이자를 지급이자로 계상하면 이를 인정한다.**

> **참고**
>
> **손금산입 또는 자산원가 산입 중 선택 가능한 이자**
>
> 손금산입 또는 자산원가산입 중 선택이 가능한 이자비용은 다음과 같다.
>
> ① 현재가치할인차금 상각액
> ② 연지급수입이자
>
> **상기 두 가지 항목은 ㉠ 수입배당금의 익금불산입액의 계산식** (Link - P.57)**과 ㉡ 업무무관자산에 대한 지급이자 손금불산입액의 계산식** (Link - P.148 (2))**에서 지급이자로 보지 않는다.** 지급이자로 보게 되면 기업의 선택에 따라 세부담이 달라지기 때문이다.

4 자산의 취득과 관련된 특정 사유가 발생한 경우의 취득가액 C

법인이 보유하는 자산에 대하여 다음의 어느 하나에 해당하는 사유가 발생한 경우의 취득가액은 다음과 같다(법령 72 ⑤).

① 「상법」에 따라 자본준비금을 감액하여 받는 배당을 받은 경우에는 그 금액을 차감(내국법인이 보유한 주식의 장부가액을 한도로 한다)한 금액
② 「보험업법」 등에 따른 평가 및 파손·부패 등의 사유로 인한 평가가 있는 경우에는 그 평가액
③ 「법인세법」에 따른 적격합병 중 동일한 내국법인이 발행주식총수 또는 출자총액을 소유하고 있는 서로 다른 법인 간에 합병하는 경우로서 합병법인으로부터 합병대가로 취득하는 주식 등이 없는 경우에는 해당 피합병법인 주식 등의 취득가액(주식 등이 아닌 합병대가가 있는 경우에는 그 합병대가의 금액을 차감한 금액으로 한다)을 가산한 금액
④ 「법인세법」에 의한 자본적 지출이 있는 경우에는 그 금액을 가산한 금액
⑤ 합병 또는 분할합병*으로 특수관계인으로부터 분여받은 이익이 있는 경우에는 그 이익을 가산한 금액

* 합병 또는 인적분할에 따라 취득한 주식 등의 경우는 제외한다

3 재고자산과 유가증권의 평가

1 재고자산의 범위 B

'재고자산'이란 제품 및 상품, 재공품, 원재료, 저장품 등을 말한다. 이 때 제품 및 상품에는 부동산매매업자의 부동산은 포함하고 유가증권은 제외한다(법령 73). 유가증권은 후술할 유가증권의 평가방법을 적용하기 때문이다. 법인의 재고자산 평가는 자산과목별로 구분하여 종류별·영업장별로 각각 다른 방법으로 평가할 수 있다(법령 74 ②). 따라서 종류가 같다고 하더라도 영업의 종목이나 영업장에 따라 다른 방법으로 평가할 수 있다.

기출 OX

07. 법인의 재고자산평가는 자산과목별로 구분하여 종류별·영업장별로 각각 다른 방법으로 평가할 수 있다.
2015. 9급
정답 O

2 재고자산의 평가방법 B

(1) 원칙

기업회계기준에서는 저가법을 강제하고 있으나, 세법에서는 원가법과 저가법 중 법인이 납세지 관할 세무서장에게 신고한 방법에 의한다(법령 74 ①, ③). 따라서, 저가법으로 신고하지 않는 이상 순실현가능가치가 낮아졌다고 하더라도 원가로 평가한다.

구분	개념
① 원가법	개별법·선입선출법·후입선출법·총평균법·이동평균법 및 매출가격환원법*(기업회계에서는 '소매재고법'이라 부른다) 중 한 가지 방법에 따라 산출함
② 저가법	원가법으로 평가한 가액(취득가액)과 기업회계기준에 따라 시가로 평가한 가액(순실현가능가액, 원재료는 현행대체원가) 중 낮은 가액을 평가액으로 하는 방법

* 매출가격환원법에 의하여 재고자산을 평가함에 있어서 해당 사업연도 종료일 현재를 기준으로 하여 판매예정차익이 발생되는 경우에는 판매될 예정가액에서 동 차익을 공제하여 취득가액을 계산하는 것이나 판매예정차손이 발생되는 경우에는 판매예정가액을 취득가액으로 본다(법기통 42-74…3).

오쌤 Talk

「법인세법」상 전기말 유보가 당기에 자동 추인되는 경우
① 재고자산의 평가손익
② 대손충당금 한도초과액 Link - P.172
③ 전기에 부도가 발생한 어음, 수표, 중소기업의 외상매출금이지만 6개월이 지나지 않아 손금불산입한 금액 Link - P.173

★★(2) 파손 및 부패의 경우 평가방법 적용의 특례

파손 및 부패 등의 사유로 재고자산을 정상가격으로 판매할 수 없는 것이 있는 경우 원가법으로 신고한 경우에도 해당 재고자산을 사업연도종료일 현재 처분가능한 시가로 평가한 가액으로 그 장부가액을 감액할 수 있다(법법 42 ③ (1), 법령 78 ③ (1)). 이는 감액사유가 발생한 사업연도에 손비로 계상된 경우에 한하여 인정되는 결산조정사항이다. 파손·부패 등 외관상 명백한 경우에 한하므로 재고자산 평가방법을 원가법으로 신고한 법인이 그 외의 사유로 재고자산 평가손실을 계상한 경우 「법인세법」상 이를 손금으로 인정하지 않으므로 손금불산입하는 세무조정을 해야 한다.

기출 OX

08. 재고자산 평가방법을 원가법으로 신고한 법인이 재고자산의 시가하락(파손·부패 등의 사유로 인한 것이 아님)으로 재고자산평가손실을 계상한 경우 법인세법상 세무조정을 필요로 하지 않는다.
2019. 9급
정답 X

(3) 재고자산에 대한 세무조정

결산상 재고자산 가액이 세무상 평가액보다 작은 경우 그 차액을 익금산입(유보)하고, 큰 경우에는 그 차액을 손금산입(△유보)한다(기말 재고자산 세무조정).

3 유가증권의 범위 C

'유가증권'이란 주식 등과 채권 등에 속하는 것을 말한다.

4 유가증권의 평가방법 A

★★(1) 원칙

기업회계기준에서 상각후원가금융자산의 경우 원가법, 당기손익인식금융자산의 경우 시가법 등 종류에 따라 유가증권의 평가방법을 달리하지만, 세법에서는 **다음의 방법 중 법인이 납세지 관할 세무서장에게 신고한 방법에 의한다**(법령 75 ①).

구분	평가방법
① 주식	총평균법·이동평균법 중 선택
② 채권	개별법·총평균법·이동평균법 중 선택

★★(2) 특수한 법인

일반법인이 아닌 다음의 특수한 법인(투자회사, 보험회사)의 경우에는 시가법을 적용하도록 하거나(투자회사), 시가법을 선택할 수 있도록 허용(보험회사)하고 있다. 영위하고 있는 사업을 고려하여 시가로 계상하거나 선택할 수 있도록 하는 것이 과세목적에 부합하다고 판단하기 때문이다. 한편, 보험회사의 특별계정에 속하는 자산은 신고한 방법을 이후 사업연도에도 계속하여 적용해야 한다(법령 75 ③, ④).

구분	평가방법
① 투자회사 등(환매금지형집합투자기구는 제외)이 보유한 집합투자재산	시가법(강제적용)
② 보험회사의 특별계정에 속하는 자산	다음 중 한 가지 방법에 따라 산출함(선택) ㉠ 주식: 총평균법·이동평균법·시가법 ㉡ 채권: 개별법·총평균법·이동평균법·시가법

★★(3) 유가증권 평가방법 적용의 특례

다음의 경우에는 **유가증권의 장부가액을 사업연도 종료일 현재의 시가**(발행법인별 보유주식총액을 시가로 평가한 가액이 1,000원 이하인 경우에는 1,000원)로 평가한 가액으로 감액할 수 있다(법법 42 ③ (3), 법령 78 ③, (3), (4)). 이는 감액사유가 발생한 사업연도에 손비로 계상한 경우에만 인정하는 결산조정사항이다.

> ① 주식을 발행한 법인이 파산한 경우
> ② 부도가 발생한 경우 또는 회생계획인가의 결정을 받았거나 부실징후기업이 된 경우 다음의 주식
>   ㉠ 상장법인이 발행한 주식
>   ㉡ 중소기업창업투자회사 또는 신기술사업금융업자가 보유하는 주식 등 각각 창업자 또는 신기술사업자가 발행한 것
>   ㉢ 특수관계인[*]이 아닌 비상장법인이 발행한 주식 등

[*] 특수관계 유무를 판단할 때 주식발행법인의 발행주식총수 또는 출자총액의 5% 이하를 소유하고 그 취득가액이 10억원 이하인 주주에 해당하는 법인은 소액주주로 보아 특수관계인에 해당하는지를 판단

기출 OX

09. 법인이 보유한 주식의 평가는 개별법, 총평균법, 이동평균법 중 법인이 납세지 관할 세무서장에게 신고한 방법에 의한다. 2015. 9급
정답 X

10. 「자본시장과 금융투자업에 관한 법률」에 의한 투자회사가 아닌 법인이 보유한 주식의 평가는 총평균법 또는 이동평균법에 의한다. 2007. 9급
정답 O

기출 OX

11. 「자본시장과 금융투자업에 관한 법률」에 따른 투자회사 등(같은 법에 따른 환매금지형집합투자기구는 제외)이 보유하는 「법인세법」상 집합투자재산은 시가법에 따라 평가한다. 2022. 7급
정답 O

오쌤 Talk

환매금지형집합투자기구의 평가방법

「자본시장과 금융투자업에 관한 법률」에 따른 환매금지형집합투자기구가 보유한 시장성 없는 자산은 원칙적인 유가증권 평가방법 또는 시가법 중 해당 환매금지형집합투자기구가 과세표준 신고와 함께 납세지 관할 세무서장에게 신고한 방법에 따라 평가하되, 그 방법을 이후 사업연도에 계속 적용하여야 한다.

기출 OX

12. 보유하던 주식의 발행법인이 파산한 경우, 해당 감액사유가 발생한 사업연도에 주식의 장부가액을 사업연도 종료일 현재 시가(시가로 평가한 가액이 1천원 이하인 경우에는 1천원으로 한다)로 평가한 가액으로 감액할 수 있으며, 이 경우 그 감액한 금액을 해당 사업연도의 손비로 계상하여야 한다. 2022. 7급
정답 O

5 재고자산과 유가증권 평가방법의 신고와 변경 A

(1) 평가방법의 신고

① 신고기한

재고자산 또는 유가증권의 평가방법을 신고할 때에는 다음의 기한 내에 평가방법신고서를 납세지 관할 세무서장에게 제출해야 한다. 이 경우 저가법을 신고하는 경우에는 시가와 비교되는 원가법을 함께 신고해야 한다(법령 74 ③, 75 ②).

구분	신고기한
㉠ 최초 신고 및 신설법인	설립일이 속하는 사업연도의 법인세과세표준 신고기한
㉡ 최초 신고 및 새로 수익사업을 개시한 비영리내국법인	수익사업개시일이 속하는 사업연도의 법인세과세표준 신고기한

② 신고기한 경과 후 신고한 경우 평가방법

신고일이 속하는 사업연도까지는 무신고로 보아 「법인세법 시행령」에 따른 평가방법(무신고 시 평가방법)을 적용하고, 그 후 사업연도부터 법인이 신고한 평가방법을 적용한다. 다만, 법인이 재고자산의 평가방법을 신고하지 않아 무신고 시 평가방법을 적용받는 경우에 그 평가방법을 변경하려면 변경할 평가방법을 적용하려는 사업연도의 종료일 전 3개월이 되는 날까지 변경신고를 해야 한다(법령 74 ⑤, ⑥).

(2) 평가방법의 변경 신고

재고자산 또는 유가증권의 평가방법을 신고한 법인이 그 평가방법을 변경하고자 하는 경우, 변경할 평가방법을 적용하고자 하는 사업연도의 종료일 이전 3월이 되는 날까지 변경신고서를 관할 세무서장에게 제출하여야 한다(법령 74 ③).

(3) 무신고·임의변경 시의 평가방법

구분	무신고 시 평가방법	임의변경 시 평가액
재고자산(부동산 제외)	선입선출법	MAX { 무신고 시의 평가방법에 따른 가액, 당초 적법 신고방법에 따른 가액 }
유가증권(주식 및 채권)	총평균법	
매매목적용 부동산	개별법	

'임의변경'이란 법인이 신고한 평가방법 외의 방법으로 평가한 경우 또는 평가방법의 변경신고기한 내에 변경신고를 하지 않고 그 방법을 변경한 경우를 말한다. 단, 적법하게 신고하고 해당 방법에 의해 평가하였으나 착오에 의해 계산상 오류가 발생한 경우, 임의변경으로 보지 않고 착오를 정정하는 세무조정을 이행한다.

기출 OX

13. 재고자산의 평가방법을 신고한 법인으로서 그 평가방법을 변경하고자 하는 법인은 변경할 평가방법을 적용하고자 하는 사업연도의 종료일 이전 2월이 되는 날까지 재고자산 등 평가방법변경신고서를 납세지 관할세무서장에게 제출하여야 한다. 2025. 9급 최신
정답 X

14. 내국법인이 재고자산의 평가방법을 신고하지 아니하여 「법인세법 시행령」에 따른 평가방법을 적용받는 경우에 그 평가방법을 변경하려면 변경할 평가방법을 적용하려는 사업연도의 종료일 전 3개월이 되는 날까지 변경신고를 하여야 한다. 2019. 7급
정답 O

15. 법인이 과세표준의 신고기한내에 유가증권의 평가방법을 신고하지 아니한 경우 선입선출법에 의하여 유가증권을 평가한다. 2025. 9급 최신
정답 X

16. 매매를 목적으로 소유하는 재고자산인 부동산의 평가방법을 법령에 따른 기한 내에 신고하지 아니한 경우, 납세지 관할 세무서장은 그 재고자산을 개별법에 의하여 평가한다. 2018. 9급
정답 O

확인문제 최신

01. 내국법인 ㈜우주의 제24기 (2024.1.1.~12.31.)말 현재 재고자산 관련 자료이다. 재고자산에 대한 제24기의 세무조정은? 2024. 9급

○ 재고자산 평가자료

구분	제품	반제품
회사평가액	1,500,000원	600,000원
선입선출법	1,800,000원	600,000원
후입선출법	1,200,000원	400,000원
총평균법	1,500,000원	500,000원
신고한 평가방법	총평균법	총평균법

○ 제품은 제23기까지 후입선출법으로 신고하고 평가하였으나, 2024.10.4. 총평균법으로 변경신고하고 평가하였다.
○ 반제품은 제23기와 제24기 모두 총평균법으로 신고하고 평가하였으나, 계산상의 착오로 600,000원으로 평가한 것으로 과세당국이 수용하였다.

① 익금산입 100,000원(유보)
② 익금산입 200,000원(유보)
③ 익금산입 300,000원(유보)
④ 익금산입 400,000원(유보)

정답 ②

확인문제

02. 「법인세법」은 일정한 자산에 대하여 법인이 기한 내에 평가방법을 신고하지 않는 경우 관할 세무서장이 「법인세법」에 따른 방법으로 평가하도록 규정하고 있다. 이 경우 재고자산(매매목적 부동산 제외)과 유가증권에 대한 「법인세법」상 평가방법으로 옳은 것은?

2010. 9급

	재고자산	유가증권
①	후입선출법	총평균법
②	선입선출법	총평균법
③	총평균법	이동평균법
④	이동평균법	개별법

정답 ②

오쌤 Talk

한국채택국제회계기준 적용법인에 대한 재고자산평가차익 익금불산입 특례의 취지

당기에 신설된 ㈜한국은 재고자산 3개를 각각 10, 50, 100원에 샀고 2개를 판매하였다고 한다. 이 경우 후입선출법과 선입선출법에서의 재고자산 계상액은 다음과 같다.

후입선출법	선입선출법
10	100

(차) 재고자산 90 | (대) 매출원가 90
익금 90이 발생하게 된다.

한국채택국제회계기준에서는 후입선출법을 인정하지 않는다. 인플레이션이 발생하는 상황에서 후입선출법을 사용하게 되면 재고자산이 다른 방법을 사용할 때보다 낮게 계상되며, 다른 방법으로 강제로 바꾸게 되면 재고자산의 가액이 증가하면서 익금을 계상해야 한다. 이러한 세부담의 급증을 해소하기 위하여 익금불산입 특례를 둔다. 한편, 세법에서는 원가법으로 재고자산을 계상할 때 후입선출법도 인정된다는 점에 주의한다.

기출 OX

17. 내국법인이 보유하는 「보험업법」 또는 그 밖의 법률에 따른 유형자산 및 무형자산 등의 장부가액을 증액 또는 감액 평가한 경우에는 그 평가일이 속하는 사업연도 및 그 후의 사업연도의 소득금액을 계산할 때 그 장부가액은 평가한 후의 금액으로 한다.

2019. 9급

정답 X

18. 「보험업법」이나 그 밖의 법률에 따른 유형자산의 평가손실은 평가일이 속하는 사업연도의 소득금액을 계산할 때 손금에 산입한다.

2024. 9급 최신

정답 X

---

6 재고자산 평가 관련 기타 세부사항 B

(1) 한국채택국제회계기준 적용 내국법인에 대한 재고자산평가차익 익금불산입 특례

① **한국채택국제회계기준을 최초로 적용하는 사업연도의 익금불산입**

내국법인이 한국채택국제회계기준을 최초로 적용하는 사업연도에 재고자산 평가방법을 후입선출법에서 다른 재고자산 평가방법으로 납세지 관할 세무서장에게 변경신고한 경우에는 다음 금액을 익금불산입 할 수 있다(법법 42의2 ①).

> 익금불산입 할 수 있는 재고자산평가차익 = ㉠ - ㉡
> ㉠ 한국채택국제회계기준 최초로 적용하는 사업연도의 기초 재고자산 평가액
> ㉡ 한국채택국제회계기준을 최초로 적용하기 직전 사업연도의 기말 재고자산 평가액

② **이후 사업연도의 익금산입**

그 이후 익금불산입한 재고자산평가차익은 한국채택국제회계기준을 최초로 적용하는 사업연도의 다음 사업연도 개시일부터 5년(60개월)간 균등하게 나누어 익금에 산입한다(법법 42의2 ①).

$$익금산입액 = 재고자산평가차익 \times \frac{해당\ 사업연도\ 월수}{60개월}$$

월수는 태양력에 따라 계산하되 1개월 미만의 일수는 1개월로 하고, 사업연도 개시일이 속한 월을 계산에 포함한 경우에는 사업연도 개시일부터 5년이 되는 날이 속한 월은 계산에서 제외한다(법령 78의2 ③). 또한 60개월이 되기 전에 해산(적격합병 및 적격분할로 인한 해산은 제외)하는 경우에는 남은 금액을 해산등기일이 속하는 사업연도에 익금산입한다(법법 42의2 ②).

★★(2) 자산·부채의 평가기준

내국법인이 보유하는 자산과 부채의 장부가액을 증액 또는 감액(감가상각은 제외)한 경우에는 그 평가일이 속하는 사업연도와 그 후의 각 사업연도의 소득금액을 계산할 때 그 자산과 부채의 장부가액은 평가 전의 가액으로 한다. 다만, 다음 어느 하나에 해당하는 경우에는 **그 평가일이 속하는 사업연도 및 그 후의 사업연도의 소득금액을 계산할 때 그 장부가액은 평가한 후의 금액으로 한다.**

> ① 「보험업법」이나 그 밖의 법률에 따른 유형자산 및 무형자산 등의 평가(장부가액을 증액한 경우만 해당)
> ② 재고자산, 유가증권, 화폐성 외화자산 등 일정한 자산과 부채의 평가

❹ 외화자산·부채의 평가손익 및 상환손익

1 기말 외화자산·부채의 평가손익 A

일반적으로 외화자산 및 외화부채 평가는 법인이 선택할 수 있으나, 「법인세법」상 「은행법」에 의한 인가를 받아 설립한 금융기관의 경우 업종 특성상 화폐성 외화자산·부채의 평가가 타당하므로 마감환율 평가방법을 강제하고 있다. 이를 정리하면 다음과 같다.

구분		내용
특정 금융 회사 및 은행	① 화폐성 외화자산·부채	사업연도 종료일 현재의 매매기준율 또는 재정된 기준율로 평가(강제평가)
	② 통화선도·통화스왑·환변동보험[*1]	다음 둘 중 납세지 관할 세무서장에게 신고한 방법으로 평가한다. ㉠ 평가하지 않는 방법: 외화자산·부채의 '취득일 또는 발생일(통화선도·통화스왑·환변동보험의 경우에는 계약체결일) 현재의' 매매기준율 또는 재정된 매매기준율로 평가하는 방법 ㉡ 평가하는 방법: 외화자산·부채를 사업연도 종료일 현재의 매매기준율 또는 재정된 매매기준율로 평가하는 방법 다만, 최초로 ㉡의 방법을 신고하여 적용하기 이전 사업연도의 경우에는 ㉠의 방법을 적용한다. 따라서 평가방법을 신고하지 않은 경우에는 외화평가손익을 인식할 수 없다.
일반법인[*2]	③ 화폐성 외화자산·부채(보험회사의 책임준비금은 제외)	
	④ 환위험 회피용 통화선도·통화스왑·환변동보험	

[*1] 신고한 평가방법은 그 후 사업연도에도 계속하여 적용해야 한다.
[*2] 신고한 평가방법은 그 후 사업연도에도 계속하여 적용하되, 신고한 평가방법을 적용한 사업연도를 포함하여 5개 사업연도가 지난 후에는 다른 방법으로 신고를 하여 변경된 평가방법을 적용할 수 있다.

2 외화자산·부채의 상환손익 C

내국법인이 상환받거나 상환하는 외화채권·채무의 원화금액과 원화기장액의 차익 또는 차손은 실현된 손익이므로 당해 사업연도의 익금 또는 손금에 이를 산입한다(법령 76 ⑤).

❺ 가상자산

'가상자산'이란 경제적 가치를 지닌 것으로서 전자적으로 거래 또는 이전될 수 있는 전자적 증표(그에 관한 일체의 권리를 포함)를 말하며 가상자산은 선입선출법에 따라 평가해야 한다(법령 77). 다음 어느 하나에 해당하는 것은 가상자산에서 제외한다.

> ① 화폐·재화·용역 등으로 교환될 수 없는 전자적 증표 또는 그 증표에 관한 정보로서 발행인이 사용처와 그 용도를 제한한 것
> ② 법에 따른 게임물의 이용을 통하여 획득한 유·무형의 결과물
> ③ 「전자금융거래법」에 따른 선불전자지급수단 및 같은 법에 따른 전자화폐
> ④ 「주식·사채 등의 전자등록에 관한 법률」에 따른 전자등록주식 등
> ⑤ 「전자어음의 발행 및 유통에 관한 법률」에 따른 전자어음
> ⑥ 「상법」에 따른 전자선하증권 ⑦ 거래의 형태·특성을 고려해 법으로 정하는 것

기출 OX

19. 「법인세법 시행령」 제61조제2항 제1호부터 제7호까지의 금융회사 등이 보유하는 화폐성외화자산은 취득일이나 사업연도 종료일 현재의 매매기준율 중 회사가 선택한 환율을 적용하여 평가한다. 2025. 9급 최신
정답 X

20. 「법인세법」상 「은행법」에 의한 인가를 받아 설립한 금융기관이 보유하는 통화선도와 통화스왑의 평가손실을 인정하지 않는다. 2008. 7급
정답 X

21. 금융회사 등 외의 법인이 보유하는 기업회계기준에 따른 화폐성 외화자산과 부채(보험회사의 책임준비금은 제외)를 사업연도 종료일 현재의 매매기준율로 평가하는 방법으로 관할 세무서장에게 신고한 경우에는 이 방법을 적용할 수 있다. 2019. 7급 수정
정답 O

확인문제

03. 법인세법령상 취득일 또는 발생일(통화선도의 경우에는 계약체결일)의 외국환거래규정에 따른 매매기준율 또는 재정된 매매기준율로 평가하는 방법을 선택하여 적용할 수 없는 것은? (단, 화폐성외화자산·부채 및 통화선도는 법인세법령의 정의를 충족한다) 2022. 7급

① 제조업을 영위하는 내국법인 (주)A가 화폐성외화자산·부채의 환위험을 회피하기 위하여 보유하는 통화선도
② 제조업을 영위하는 내국법인 (주)B가 보유하는 화폐성외화자산
③ 「은행법」에 의한 인가를 받아 설립된 내국법인 C은행이 보유하는 통화선도
④ 「은행법」에 의한 인가를 받아 설립된 내국법인 D은행이 보유하는 화폐성 외화부채

정답 ④

기출 OX

22. 「특정 금융거래정보의 보고 및 이용 등에 관한 법률」 제2조제3호에 따른 가상자산은 개별법에 따라 평가해야 한다. 2024. 9급 최신
정답 X

CHAPTER 07

의제배당

1. 개요
2. 잉여금의 자본전입에 따른 의제배당
3. 감자·퇴사·탈퇴·해산, 합병·분할로 인한 의제배당
4. 의제배당의 귀속시기

• 최신 8개년 출제 경향 분석

01 개요

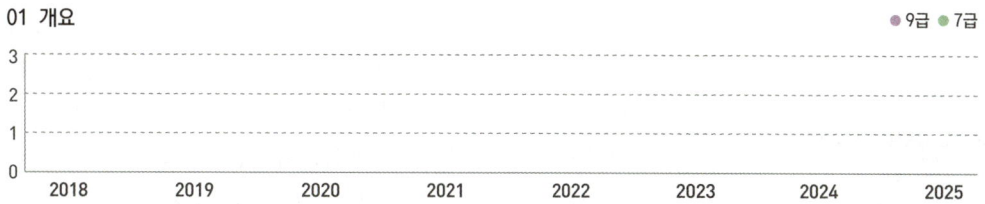

02 잉여금의 자본전입에 따른 의제배당

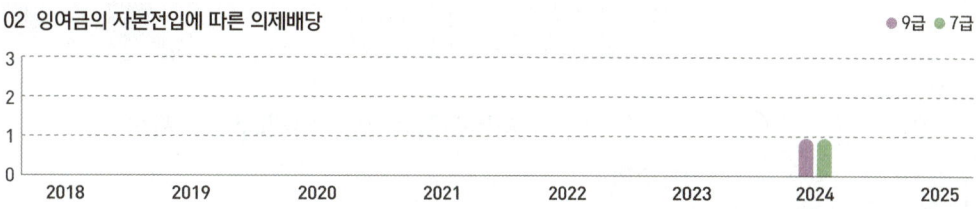

03 감자·퇴사·탈퇴·해산, 합병·분할로 인한 의제배당

04 의제배당의 귀속시기

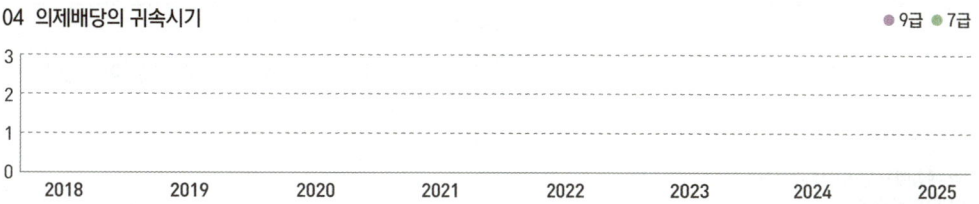

1 개요

'의제배당'이란 형식상 배당이 아니더라도 사실상 회사의 이익이 주주 등에게 귀속되는 경우에 배당으로 간주하는 제도를 말한다. 의제배당의 유형에는 잉여금의 자본전입으로 인한 의제배당과 자본금 감자·퇴사·탈퇴·해산, 합병·분할로 인한 의제배당이 있으며, 이러한 의제배당은 수령하는 자(법인이라면 법인세, 개인이라면 소득세)에게 과세문제가 생기는 것이지, 지급하는 자의 입장에서 고려하는 사항이 아니다. 또한 의제배당의 경우, 03 에서 배웠던 배당금수익에 해당하기 때문에, 세무조정을 할 때 수입배당금의 익금불산입 특례 규정 적용 요건이 충족될 경우, 수입배당금의 익금불산입 세무조정을 이행해야 한다.

오쌤 Talk
합병으로 인한 의제배당 과세대상

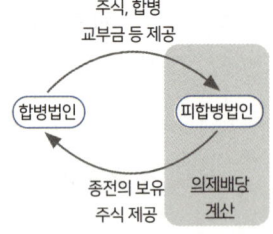

합병법인의 경우에는 주식이나 합병교부금을 제공하여 기존 주주가 보유하고 있던 주식을 인수하면서 지배력을 갖게 된다. 반면에, 피합병법인의 기존 주주는 보유하고 있던 주식을 넘겨주며 여러 재산들을 받게 되는데, 실질적으로는 그 성격이 배당과 유사하다. 따라서 의제배당을 계산해야 하는 경우는 피합병법인 측이다. 합병법인이 의제배당을 계산하는 것으로 오해하지 않도록 한다.

기출 OX

01. ㈜B의 이익준비금의 일부를 자본에 전입함으로써 ㈜B의 주주인 ㈜A가 취득하는 주식등의 가액은 ㈜A의 각 사업연도의 소득금액을 계산할 때 ㈜B로부터 이익을 배당받았거나 잉여금을 분배받은 금액으로 본다. 2024. 7급 최신
정답 O

오쌤 Talk
기업회계와 세법에서 잉여금의 자본전입에 대한 배당 인정 여부

자본전입되는 잉여금 성격	기업회계	세법
이익잉여금	X	O
과세되는 자본잉여금 (예: 자기주식처분이익)	X	O
과세되지 않는 자본잉여금 (예: 주식발행초과금)	X	X

2 잉여금의 자본전입에 따른 의제배당

1 잉여금의 자본전입에 따른 의제배당과 계산 B

(1) 의의

기업회계에 따르면 잉여금의 자본전입(무상증자) 또는 주식배당은 자본거래이며, 따라서 이를 주주의 수익으로 처리하지 않는다. 이에 반하여 세법은 무상증자와 주식배당은 형식만 달리한 배당으로 보아 과세대상 익금으로 간주한다. 이 때, **익금항목인 잉여금의 자본전입으로 수령하는 무상주는 의제배당으로 간주하지만, 익금불산입 항목인 자본잉여금의 자본전입으로 수령하는 무상주는 의제배당으로 보지 않는 것을 원칙으로 한다**(법법 16 ①).

★★(2) 잉여금 종류별 의제배당 과세 여부

세법에서 익금으로 보는 잉여금과 익금으로 보지 않는 잉여금은 다음과 같다.

자본전입 잉여금			의제배당 여부
자본잉여금	주식발행초과금	일반적인 주식발행초과금	×
		채무면제익 의제액	O
		상환주식의 주식발행초과금 중 이익잉여금으로 상환된 금액	O
	주식의 포괄적 교환차익		×
	주식의 포괄적 이전차익		×
	감자차익	일반적인 감자차익	×
		자기주식소각이익 — 원칙	×
		자기주식소각이익 — 예외 (2년 내 전입 등)	O
	재평가적립금	3% 세율 적용분(건물 등)	×
		1% 세율 적용분(토지)	O
	기타자본잉여금(자기주식처분이익 등)		O
이익잉여금	법정적립금, 임의적립금. 미처분이익잉여금 등		O

세법에서는 익금으로 인정되는 자본잉여금은 과세되는 항목이기 때문에 과세되는 자본잉여금에 대해서는 의제배당 여부가 인정되고, 익금으로 인정되지 않는 주식발행초과금 등은 과세되지 않는 자본잉여금에 해당하기 때문에 의제배당 여부가 인정되지 않는다. 재평가적립금은 2000년 이전에 존재하던 「자산재평가법」에 의해 의무적으로 적립해야 했던 적립금이다. 1%가 적용되는 토지에 대한 재평가적립금의 경우에는 적립금의 설정률이 비교적 낮은 대신 익금으로 과세된다.

★ (3) 의제배당액의 계산

다음의 금액을 의제배당액으로 한다.

① 무상주

> 의제배당액 = 의제배당에 해당하는 주식수 × 액면가액*

* 투자회사 등이 취득한 주식의 경우에는 영(0)으로 하며, 무액면주식의 가액은 다음과 같이 평가한다.

$$\text{무액면주식의 가액} = \text{의제배당일의} \frac{\text{자본금전입액}}{\text{신규발행주식수}}$$

② 주식배당

> 의제배당액 = 의제배당에 해당하는 주식수 × 발행금액*

* 투자회사 등이 받는 주식배당은 영(0)으로 한다.

2 특례 A

★★ (1) 자기주식소각이익을 자본에 전입한 경우

자기주식소각이익은 세법상 과세가 되지 않는 자본잉여금으로서 익금에 산입하는 항목이 아니다. 하지만, 자기주식을 소각한다는 명목으로 과도한 배당을 주주에게 지급하여 과세문제를 회피하는 것을 막기 위해 자기주식소각이익이 다음 중 하나에 해당하는 경우에는 의제배당으로 보아 과세한다.

> ① 소각일로부터 2년 이내의 자본전입인 경우
> ② 소각 당시 시가가 취득가액을 초과한 경우

★★ (2) 자기주식을 보유한 상태에서 자본전입으로 다른 주주의 지분비율이 증가하는 경우

법인이 자기주식 또는 자기출자지분을 보유한 상태에서 자본전입을 함에 따라 그 법인 외의 법인주주의 지분 비율이 증가한 경우 증가한 지분 비율에 상당하는 주식 등의 가액은 법인주주의 익금에 산입한다(법법 16 ① (3)). 무상증자하는 법인이 자기가 보유한 자기주식에 배당되는 무상주를 받지 않으면 다른 주주의 지분비율이 증가하게 되어 다른 주주가 보유한 주식의 가치가 증가하는 결과를 낳아 그 다른 주주가 실질적인 이득을 본다. 따라서 그 증가한 지분비율에 해당하는 주식가액을 의제배당으로 보는 것이다. 그러므로 익금불산입 항목인 자본잉여금을 자본에 전입한 경우라고 하더라도 증가한 지분비율에 해당하는 주식가액만큼은 의제배당으로 본다.

 오쌤 Talk

소각 당시 시가가 취득가액을 초과하는 경우

소각 당시 시가가 취득가액을 초과하는 경우 기간과 무관하게 의제배당으로 보는 이유는 소각 당시 해당 주식을 처분했더라면 자기주식처분이익이 발생했을 것이기 때문이다. 세법에서는 이 처분이익을 주주에게 이익배당한 것으로 보아 과세한다. (∵ 시가가 취득가액을 초과한 경우에, 소각이 아닌 처분이었다면 자기주식처분이익이 발생하므로 자기주식처분이익과 동일하게 취급하여 과세한다.)

 오쌤 Talk

자기주식소각이익의 자본전입

소각 당시 자기주식	2년 이내 자본전입	2년 이후 자본전입
자기주식 시가 > 취득가액	의제배당	의제배당
자기주식 시가 ≤ 취득가액	의제배당	의제배당이 아님

📖 확인문제

01. 2024년 3월 10일 A법인이 잉여금을 자본전입함에 따라 이 회사의 주주인 B법인은 무상주를 교부받았다. 자본전입의 재원이 다음과 같을 때, 교부받은 무상주의 가액이 B법인의 익금에 해당하지 않는 것은? (단, 잉여금의 자본전입에 따른 B법인의 지분비율 변동은 없음)

2011. 7급 수정

> ㄱ. 2023년 9월 1일 자기주식을 처분하여 발생한 이익
> ㄴ. 2022년 3월 15일 발생한 「상법」에 따른 이익준비금
> ㄷ. 법에 따른 건물 재평가적립금
> ㄹ. 2022년 5월 1일 발생한 자기주식 소각이익(소각 당시 시가가 취득가액을 초과하지 아니함)

① ㄱ　② ㄴ　③ ㄷ　④ ㄹ

정답 ③

🔍 기출 OX

02. 법인이 자기주식 또는 자기출자지분을 보유한 상태에서 자본전입을 함에 따라 그 법인 외의 법인주주의 지분 비율이 증가한 경우 증가한 지분 비율에 상당하는 주식 등의 가액은 법인주주의 익금에 산입하지 아니한다. 2013. 9급

정답 X

(3) 상환주식의 주식발행액면초과액 중 이익잉여금으로 상환한 금액을 자본에 전입한 경우

「상법」제345조 제1항에 따른 주식의 상환에 관한 종류주식의 주식발행액면초과액 중 이익잉여금으로 상환된 금액을 자본이나 출자에 전입함으로써 주주 등인 내국법인이 취득하는 주식 등의 가액은 의제배당으로 보아 과세한다(법령 12 ① (5)).

③ 감자·퇴사·탈퇴·해산, 합병·분할로 인한 의제배당

1 감자·퇴사·탈퇴·해산, 합병·분할로 인한 의제배당의 계산 A

(1) 의미

주식의 소각, 자본의 감소, 사원의 퇴사·탈퇴 또는 출자의 감소 등으로 인하여 **주주 등인 내국법인이 취득하는 금전과 그 밖의 재산가액의 합계액이 해당 주식 또는 출자지분을 취득하기 위하여 사용한 금액을 초과하는 금액은 이익을 배당받았거나 잉여금을 분배받은 금액으로 보아 과세한다**(법법 16 ①). 주식의 취득가액을 초과하여 주주가 받은 대가만큼 처분이익이 발생하며 이 처분이익이 사실상 배당금수익과 그 실질이 같으므로 다음의 금액을 의제배당으로 본다.

① 주식의 소각 또는 자본의 감소로 인하여 주주 등인 내국법인이 취득하는 금전과 그 밖의 재산가액의 합계액이 해당 주식 등을 취득하기 위하여 사용한 금액을 초과하는 금액
② 해산한 법인의 주주 등(법인으로 보는 단체의 구성원을 포함)인 내국법인이 법인의 해산으로 인한 잔여재산의 분배로서 취득하는 금전과 그 밖의 재산의 가액이 그 주식 등을 취득하기 위하여 사용한 금액을 초과하는 금액
③ 피합병법인의 주주 등인 내국법인이 취득하는 합병대가[*1]가 그 피합병법인의 주식 등을 취득하기 위하여 사용한 금액을 초과하는 금액
④ 분할법인 또는 소멸한 분할합병의 상대방 법인의 주주인 내국법인이 취득하는 분할대가[*2]가 그 분할법인 또는 소멸한 분할합병의 상대방 법인의 주식(분할법인이 존속하는 경우에는 소각 등에 의하여 감소된 주식만 해당)을 취득하기 위하여 사용한 금액을 초과하는 금액

[*1] 합병대가: 합병법인으로부터 합병으로 인하여 취득하는 합병법인(합병등기일 현재 합병법인의 발행주식총수 또는 출자총액을 소유하고 있는 내국법인 포함)의 주식등의 가액과 금전 또는 그 밖의 재산가액의 합계액
[*2] 분할대가: 분할신설법인 또는 분할합병의 상대방 법인으로부터 분할로 인하여 취득하는 분할신설법인 또는 분할합병의 상대방 법인(분할등기일 현재 분할합병의 상대방 법인의 발행주식총수 또는 출자총액을 소유하고 있는 내국법인 포함)의 주식의 가액과 금전 또는 그 밖의 재산가액의 합계액

$$\text{의제배당금액} = \begin{pmatrix} \text{감자·퇴사·탈퇴·해산, 합병·분할로} \\ \text{인하여 주주 등이 받는 대가} \end{pmatrix} - \begin{pmatrix} \text{해당 주식 등의} \\ \text{취득가액} \end{pmatrix}$$

오쌤 Talk

「상법」제345조 제1항
회사는 정관으로 정하는 바에 따라 회사의 이익으로써 소각할 수 있는 종류주식을 발행할 수 있다. 이 경우 회사는 정관에 상환가액, 상환기간, 상환의 방법과 상환할 주식의 수를 정하여야 한다.

기출 OX

03. 주식의 소각으로 인하여 주주인 내국법인이 취득하는 금전과 그 밖의 재산가액의 합계액이 해당 주식을 취득하기 위하여 사용한금액을 초과하는 금액은 다른 법인의 주주인 내국법인의 각 사업연도의 소득금액을 계산할 때 그 다른 법인으로부터 이익을 배당받았거나 잉여금을 분배받은 금액으로 본다.
2025. 9급 최신
정답 O

04. 분할법인 또는 소멸한 분할합병의 상대방 법인의 주주인 내국법인이 취득하는 분할대가가 그 분할법인 또는 소멸한 분할합병의 상대방 법인의 주식(분할법인이 존속하는 경우에는 소각 등에 의하여 감소된 주식만 해당)을 취득하기 위하여 사용한 금액을 초과하는 금액은 의제배당에 해당한다.
2014. 9급 수정
정답 O

확인문제 최신

02. 법인세법령상 A법인의 주주인 B법인의 각 사업연도의 소득금액을 계산할 때 A법인으로부터 이익을 배당받았거나 잉여금을 분배받은 금액으로 보지 않는 것은? (단, A, B는 영리내국법인이며, 각 답항은 상호 독립적이다)
2024. 9급

① A법인의 주식의 소각, 자본의 감소로 인하여 B법인이 취득하는 금전과 그 밖의 재산가액의 합계액이 해당 주식을 취득하기 위하여 사용한 금액을 초과하는 금액
② A법인이 자기주식을 보유한 상태에서 A법인이 감자차익을 자본에 전입함에 따라 B법인의 지분비율이 증가한 경우 증가한 지분비율에 상당하는 주식의 가액
③ A법인의 해산으로 인한 잔여재산의 분배로서 B법인이 취득하는 금전과 그 밖의 재산의 가액이 그 주식을 취득하기 위하여 사용한 금액을 초과하는 금액
④ A법인이 「법인세법」제17조 제1항 제2호에 따른 주식의 포괄적교환차익을 자본에 전입함으로써 B법인이 취득하는 주식의 가액

정답 ④

★★ (2) 계산식 구성항목

① **감자·해산 등으로 인해 주주 등이 받는 대가 중 금전 외의 재산가액**
주주가 받는 재산가액은 시가(부당행위계산부인으로 보는 자본거래로 인하여 특수관계인으로부터 분여받은 이익이 있는 경우 그 금액을 차감한 금액)로 평가한다.

② **해당 주식 등의 취득가액**
해당 주식 등의 취득가액은 다음과 같이 계산한다.

> 해당 주식의 취득가액(세법상 취득가액) = 회계상 취득가액 ± 주식 관련 유보금액*

* 잉여금의 자본전입으로 인한 무상주를 의제배당으로 익금산입(유보)한 금액이 있다면 이는 세법상의 주식 취득가액에 가산한다. 이때 의제배당으로 과세되지 않는 무상주액은 취득가액에 포함하지 않으며, 주식수만 증가시켜 총평균법에 따라 1주당 단가만 조정한다.

2 특례 B

(1) 적격합병 및 적격분할로 인해 교부받은 주식

해당 특례는 1 (2)의 ① 감자·해산 등으로 인해 주주 등이 받는 대가 중 금전 외의 재산가액의 예외 규정이다. 합병 또는 분할이 과세이연요건을 충족하여 적격합병 또는 적격분할인 경우, 합병 또는 분할로 인해 주주 등이 교부받는 대가는 다음과 같이 계산한다.

합병대가·분할대가	주식의 평가방법
① 주식으로만 받는 경우	종전의 장부가액
② 합병교부금*을 일부 받는 경우	MIN[시가, 종전의 장부가액]

* 합병교부금: 합병으로 인해 받는 현금 등의 대가

주식으로만 받는 경우 종전의 장부가액으로 평가하는 이유는 합병대가(또는 분할대가)와 취득가액의 차이를 최소화하여 최대한 과세를 이연시켜 주기 위함이다.

★★ (2) 감자로 인해 교부받은 주식 중 단기소각주식이 존재하는 경우

해당 특례는 1 (2)의 ② 해당 주식 등의 취득가액의 예외 규정이다. 일반적으로 감자로 인한 의제배당액을 계산할 때 주식의 취득가액은 1 (2)의 ② 해당 주식 등의 취득가액 산식에 따라 구하는 것이 원칙이다. 다만, **주식 등의 감자 전 2년 이내에 취득한 무상주 중 수령 시 의제배당으로 과세되지 않은 무상주(이하 '단기소각주식')가 있는 경우에는 그 주식을 먼저 소각한 것으로 보며 이 경우 단기소각주식의 당초 취득가액은 '0'으로 한다**(법령 14 ③).

확인문제

03. A법인은 제24기 사업연도(2024년 1월 1일~12월 31일) 중 3년 전에 취득하고 양도일까지 계속 보유하던 B법인의 보통주 지분 25% 중 5%를 B법인에게 1억원에 양도하였다. A법인이 해당 5% 보통주 지분을 취득하기 위하여 사용한 금액은 5천만원이다. 해당 5% 보통주 지분의 양도가 A법인의 제24기 각 사업연도의 소득금액에 미친 영향은? (단, A, B법인 모두 주권상장법인이 아닌 영리내국법인으로 해당 법령에 따른 지주회사가 아니며, 「법인세법」과 「조세특례제한법」에 따른 비과세·면제·감면 및 소득공제와 차입금은 고려하지 아니한다) 2019. 7급 수정

① 5천만원 증가
② 3천5백만원 증가
③ 1천만원 증가
④ 5백만원 증가

정답 ③

오쌤 Talk

단기소각특례 적용취지

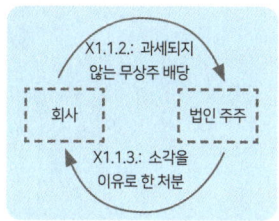

단기소각주식특례가 규정되지 않을 경우, 단기간(2년) 이내에 소각을 이유로 회사에서 법인주주가 보유하고 있는 무상주를 받아 소각함으로써 법인주주에게 대가를 제공하게되면, 법인주주는 대가를 받으면서도 과세를 회피할 수 있기 때문에 특례를 적용한다.

확인문제

04. 법인세법상 의제배당의 귀속시기가 옳지 않은 것은? 2003. 9급

① 주식의 소각으로 인한 경우-주주총회에서 주식소각을 결의한 날
② 법인이 분할한 경우-분할등기일
③ 합병으로 인한 경우-합병등기일
④ 법인이 보유한 자기주식을 그 법인이 배정받지 아니함에 따라 다른 주주가 배정받은 경우-당해 주식을 배정받은 날

정답 ④

4 의제배당의 귀속시기 B

이익을 배당받았거나 잉여금을 분배받은 날은 다음의 날로 한다(법령13).

① 잉여금의 자본전입으로 인한 의제배당: 그 권리가 확정되는 잉여금의 자본전입을 결의한 날(이사회의 결의에 의하는 경우에는 「상법」에 따라 정한 날)
② 감자·퇴사·탈퇴으로 인한 의제배당: 주식의 소각·자본감소결의일*, 퇴사·탈퇴일
③ 법인의 해산으로 인한 의제배당: 잔여재산의 가액이 확정된 날
   (해산등기일이 아님에 주의)
④ 법인의 합병으로 인한 의제배당: 합병등기일
⑤ 법인의 분할로 인한 의제배당: 분할등기일

* 이사회의 결의에 의하는 경우에는 「상법」에 따라 정한 날. 다만, 자본감소결의일의 주주와 「상법」에 따른 기준일의 주주가 다른 경우에는 「상법」에 따른 기준일로 한다.

MEMO

CHAPTER 08

감가상각비

1. 감가상각 개요
2. 감가상각시부인계산의 구조 및 특징
3. 회사 감가상각비의 계산
4. 상각범위액의 계산
5. 상각부인액의 사후관리
6. 감가상각의 의제
7. 기타 세부사항

• 최신 8개년 출제 경향 분석

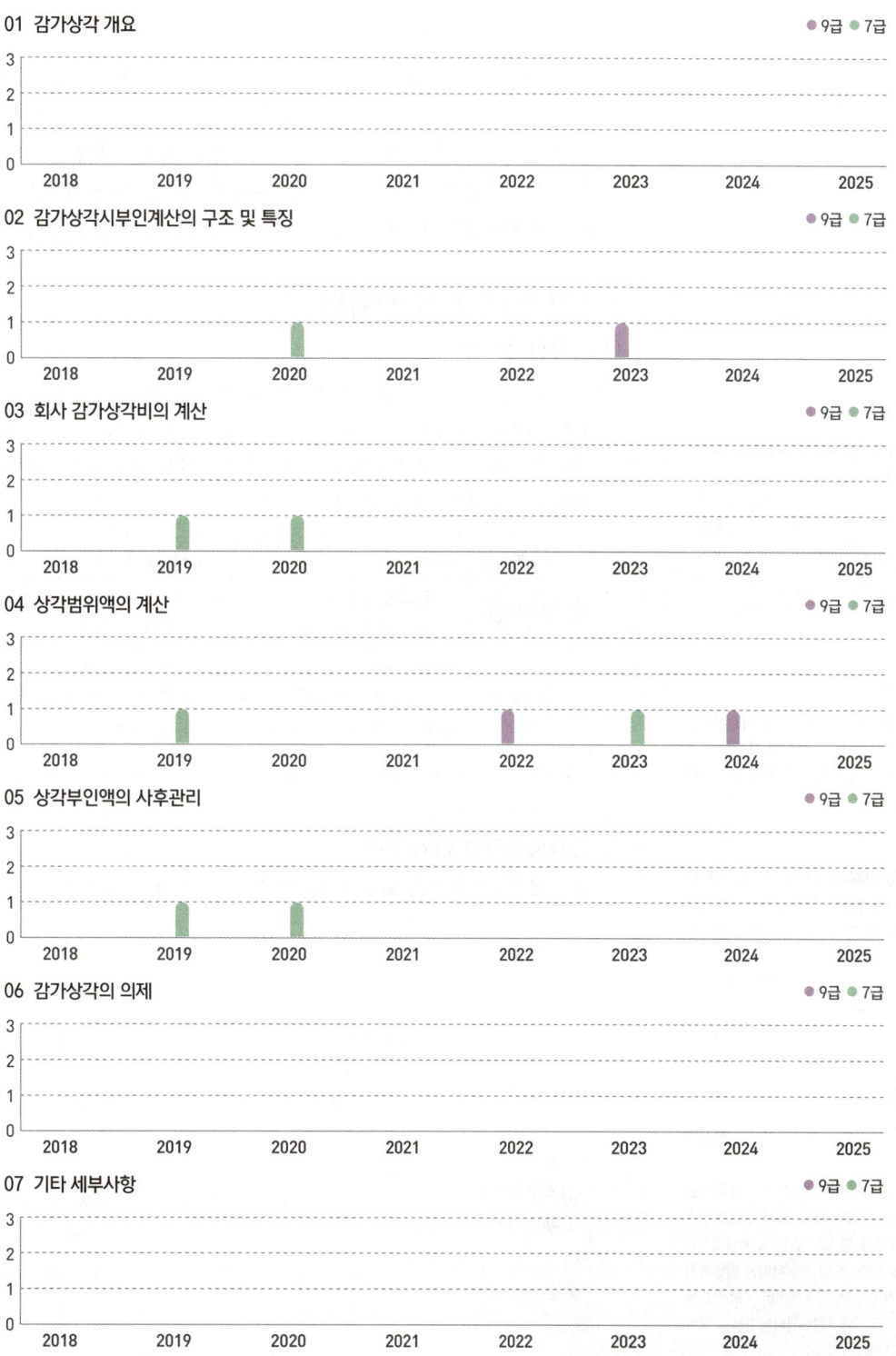

1 감가상각 개요

1 개요 C

'감가상각'이란 유·무형자산의 취득원가(잔존가액이 있다면 잔존가액을 차감한 잔액)를 그 자산의 경제적 효익이 지속되는 기간(내용연수) 동안 배분하는 과정을 말한다. 이때 법인은 내용연수와 잔존가치의 추정을 통해 감가상각비를 임의적으로 손비로 계상할 수 있다. 이를 악용하여 세부담을 줄이는 것을 방지하기 위해 세법에서는 인정이 가능한 최고한도액을 정하고 그 범위 내에서 계상한 감가상각비에 한해서만 손금으로 인정한다. 즉, 한도 내에서 계상할 때 인정되는 결산조정사항이다. 단, 일부 특례 규정에서는 신고조정(감가상각의제 등)을 허용하거나 강제한다.

2 감가상각자산의 범위 B

(1) 감가상각자산

재고자산은 감가상각자산이 아니며 유형자산 및 무형자산에 대해서만 감가상각을 행한다(법령 24 ①). 따라서 부동산매매업자가 보유하는 부동산 등은 건물이지만 유형자산이 아닌 재고자산이므로 감가상각을 행할 수는 없다. 세법에서 정의되는 유·무형자산의 범위는 다음과 같다.

구분	구체적인 범위
① 유형자산	건물(부속설비 포함) 및 구축물, 차량 및 운반구, 공구, 기구 및 비품, 선박 및 항공기, 기계 및 장치, 동물 및 식물, 기타 그 밖에 유사한 유형자산
② 무형자산	영업권(영업권 중 합병 또는 분할로 인하여 합병법인 등이 계상한 영업권은 제외), 특허권, 광업권, 개발비*, 사용수익기부자산, 주파수이용권, 공항시설관리권 및 항만시설관리권 등 기타 일반 무형자산

* 개발비와 달리 연구비는 자산으로 계상할 수 없으며, 확정된 사업연도의 손금으로 본다.

★★ (2) 감가상각자산 범위 상세

주요 감가상각자산의 세부사항은 다음과 같다(법령 24 ③, ④, ⑤).

① 사용수익기부자산	국가, 지방자치단체, 특례기부금, 일반기부금 대상 단체에 금전 외의 자산을 일정기간 사용·수익하는 조건으로 기부한 경우 그 자산의 장부가액을 말하는데, 사용수익기부자산은 무형자산으로서 감가상각을 한다.
② 개발비	'개발비'란 상업적인 생산 또는 사용 전에 재료·장치·제품·공정·시스템 또는 용역을 창출하거나 현저히 개선하기 위한 계획 또는 설계를 위하여 연구결과 또는 관련지식을 적용하는 데 발생하는 비용으로서 기업회계기준에 따른 개발비 요건을 충족한 것을 말한다.
③ 장기할부조건 매입자산	법인이 해당 자산의 가액 전액을 자산으로 계상하고, 사업에 사용하는 경우에는 대금청산 또는 소유권 이전 여부에 관계없이 이를 감가상각자산에 포함한다.
④ 리스자산	기업회계기준에 따른 금융리스자산은 리스이용자의 감가상각자산이지만, 금융리스 외의 리스자산은 리스회사의 감가상각자산으로 한다.

 오쌤 Talk

세법에서 재고자산과 유형자산·무형자산의 처리

구분	재고자산	유형자산·무형자산
감가상각비	인정하지 않음	인정
건설자금이자	인정하지 않음	인정

기출 OX

01. 금전 외의 무형자산을 지방자치단체에 기부한 후 그 자산을 사용하는 경우 당해 자산의 장부가액은 감가상각 대상이다. 2011. 9급
정답 O

02. 장기할부조건으로 매입한 유형자산의 경우 법인이 해당 유형자산의 가액 전액을 자산으로 계상하고 사업에 사용하는 경우에는 그 대금의 청산 또는 소유권의 이전 여부에 관계없이 이를 감가상각자산에 포함한다. 2011. 9급
정답 O

 오쌤 Talk

기업회계기준과 세법에서 리스자산의 처리

기업회계기준의 경우 리스이용자는 2018년 IFRS의 개정으로 전부 금융리스로 처리하도록 되어 있으나, 세법에서는 아직 IFRS의 해당 개정사항을 반영하지 않아, 이전 리스 규정에 따라 리스자산을 구분하고 그에 대한 처리방법을 규정하고 있다.

★★ (3) 감가상각자산에 포함되지 않는 것

다음의 자산은 감가상각자산에 포함하지 않는다(법령 24 ③, 법칙 12 ③, ④).

① 미사용자산	취득 후 사업에 사용하지 않고 보관 중인 것은 감가상각자산에 포함하지 않는다. 단, 유휴설비는 제외한다.
② 건설중인자산	건설중인자산은 감가상각대상이 아니다. 단, 건설중인자산의 일부가 완성되어 해당 부분이 사업에 사용되는 경우 그 부분은 감가상각자산으로 본다.
③ 합병법인 등이 계상한 영업권	합병 또는 분할로 인하여 합병법인 등이 계상한 영업권은 감가상각자산으로 보지 않는다.

기출 OX

03. 취득 후 사용하지 않고 보관중인 기계 및 장치도 감가상각자산에 해당한다. 2007. 9급
정답 X

04. 유휴설비는 감가상각자산에 포함하지 아니한다. 2011. 9급
정답 X

2 감가상각시부인계산의 구조 및 특징

1 감가상각시부인계산 B

★★ (1) 의의

유형자산 및 무형자산에 대한 감가상각비를 손비로 계상한 경우에는 법으로 정하는 바에 따라 계산한 금액(이하 '상각범위액')의 범위에서 그 계상한 감가상각비를 해당 사업연도의 소득금액을 계산할 때 손금에 산입하고, 그 계상한 금액 중 상각범위액을 초과하는 금액은 손금에 산입하지 아니한다(법법 23 ①). 이때, 법인이 상각범위액을 초과해 손금에 산입하지 않는 금액을 '상각부인액'이라 하고, 손비로 계상한 감가상각비가 상각범위액에 미달하는 금액을 '시인부족액'이라 한다(법령 32 ①).

① 상각부인액	회사상각비 > 상각범위액 당기에 상각범위액을 초과하는 감가상각비는 손금불산입(유보)로 세무조정하고 당기 이후 시인부족액이 발생 시 그 범위에서 손금산입(△유보)하여 추인한다.
② 시인부족액	회사상각비 < 상각범위액 이전 상각부인액이 없는 이상 추가적인 세무조정은 없으며 그 후 사업연도의 상각부인액에는 충당하지 못한다.

오쌤 Talk

시부인계산
'시부인계산'이란 회사가 손익계산서에 계상한 감가상각비와 세법상 상각범위액을 비교하여 회사가 계상한 감가상각비를 시인 또는 부인하는 것을 결정하는 절차를 말한다.

기출 OX

05. 시인부족액은 그 후 사업연도의 상각부인액에 이를 충당하지 못한다. 2023. 9급 최신
정답 O

06. 법인이 손비로 계상한 감가상각비가 2,000만원이고 상각범위액이 2,400만원인 경우, 그 차액에 해당하는 400만원은 그 후 사업연도의 상각부인액에 충당한다. 2020. 7급
정답 X

(2) 세무조정

상각부인액이 발생하면 무조건 손금불산입(유보)하고 시인부족액이 발생하면 다음과 같이 세무조정한다.

> ① 전기 이월된 상각부인액이 있는 경우
> : MIN[당기의 시인부족액, 전기이월 상각부인액 잔액]을 손금산입(△유보)한다.
> ② 전기 이월된 상각부인액이 없는 경우
> : 세무조정하지 않는다.*

* 신고조정으로 손금산입하는 예외는 있다.

오쌤 Talk

세법의 감가상각비
세법에서는 감가상각비를 상각범위액보다 과소계상함으로써 내용연수보다 길게 상각하는 것은 인정하지만, 과대계상함으로써 내용연수보다 짧게 상각하는 것은 인정하지 않는다.

(3) 시부인계산의 특징

① 시부인계산 단위

시부인계산은 법인이 각 사업연도에 감가상각비를 손비로 계상하거나 손금에 산입한 경우에는 개별 자산별로 한다(법령 33).

② 감가상각비의 손비 계상방법

법인이 감가상각비를 손비로 계상하거나 손금에 산입하는 경우에는 해당 감가상각자산의 장부가액을 직접 감액하는 직접상각법 또는 장부가액을 감액하지 않고 감가상각누계액으로 계상하는 간접상각법 중 선택해야 한다(법령 25 ①).

2 감가상각제도의 특징 A

(1) 임의상각제도

법인이 **상각범위액을 초과해 손금에 산입하지 않는 금액(상각부인액)**은 그 후의 사업연도에 해당 법인이 손비로 계상한 감가상각비가 상각범위액에 미달하는 경우에 그 미달하는 금액(시인부족액)을 한도로 손금으로 산입한다. 이 경우 **법인이 감가상각비를 손비로 계상하지 않은 경우에도 상각범위액을 한도로 그 상각부인액을 손금에 산입한다**(법령 32 ①). 따라서 상각범위액 안에서는 감가상각비의 손금산입 여부와 그 금액을 법인이 자유롭게 결정할 수 있으며, 감가상각비의 계상시기도 자유롭게 선택할 수 있게 된다.

(2) 결산조정과 신고조정

감가상각비는 결산 시 손금으로 계상한 경우에 한해 손비로 보는 것이므로 다음의 경우를 제외하고는 결산 시 손금에 계상하지 않은 금액은 이를 세무조정에 의하여 손금산입하거나 경정청구할 수 없다(법칙 23-0…1). 다음의 경우는 신고조정에 의한 감가상각비 손금산입을 강제 또는 허용하고 있다.

> ① 강제신고조정
> ㉠ 2016.1.1. 이후 개시하는 사업연도에 취득한 업무용승용차의 감가상각비
> ㉡ 특수관계인으로부터 자산을 양수하면서 기업회계기준에 따라 장부에 계상한 장부가액이 시가에 미달하는 경우 감가상각비 손금산입 특례
> ㉢ 세액감면을 받는 경우의 감가상각의제
> ② 임의신고조정
> 한국채택국제회계기준을 적용하는 법인의 유형자산과 내용연수가 비한정인 무형자산의 감가상각비

기출 OX

07. 당해 사업연도에 감가상각비를 손금으로 계상하지 아니한 경우에는 전년도 상각부인액이 있어도 이를 손금으로 추인할 수 없다. 2007. 7급
정답 X

08. 상각부인액은 그 후의 사업연도에 해당 법인이 손비로 계상한 감가상각비가 상각범위액에 미달하는 경우에 그 미달하는 금액을 한도로 손금에 산입하며, 이 경우 법인이 감가상각비를 손비로 계상하지 않은 경우에도 상각범위액을 한도로 그 상각부인액을 손금에 산입한다. 2023. 9급 최신
정답 O

09. 법인세법상 유형·무형자산의 감가상각비를 손금으로 계상할 것인가의 여부는 법인의 선택에 달려있다. 2005. 9급
정답 O

확인문제

01. 다음 자료에 따라 세무조정을 한 결과, 감가상각비 부인누계액 중 손금산입하고, 다음 사업연도로 이월하는 금액은 얼마인가? 2014. 9급 수정

○ 전기말까지 감가상각비 부인누계액 1,000,000원
○ 당기 중 감가상각비 범위액 1,500,000원
○ 당기 중 회사계상 감가상각비 1,200,000원

① 손금산입 ₩ 300,000
　이월금액 ₩ 700,000
② 손금산입 ₩ 700,000
　이월금액 ₩ 300,000
③ 손금산입 ₩ 500,000
　이월금액 ₩ 200,000
④ 손금산입 ₩ 200,000
　이월금액 ₩ 500,000

정답 ①

3 회사 감가상각비의 계산

1 회사 감가상각비 계산식 C

회사계상 감가상각비는 다음과 같이 계산한다.

| 회사계상 감가상각비 | = | 손익계산서 또는 제조원가명세서 상 감가상각비 | + | 전기오류 수정손실 | + | 즉시상각 의제액 | + | 자산으로 계상된 감가상각비 |

2 회사계상 감가상각비 요소 B

★ (1) 전기오류수정손실

전기에 과소계상한 감가상각비를 당기에 전기오류수정손실로 계상한 경우, 세법에서는 이를 감가상각비의 수정으로 보지 않고 당기에 추가적으로 감가상각비를 계상한 것으로 보아 계산한다. 따라서 손금산입한 후, 해당 금액을 회사의 감가상각비 계상액에 포함하여 시부인계산한다.

★★ (2) 즉시상각의제

① 원칙

'즉시상각의제'란 회사가 자산의 취득가액을 구성하는 항목(ex. 취득세, 자본적 지출액)을 비용으로 처리한 경우, 해당 금액을 즉시 전액 감가상각한 것으로 의제하는 것을 의미한다. 이렇게 의제한 즉시상각의제액은 해당 사업연도의 소득금액을 계산할 때 감가상각비로 계상한 것으로 보아 시부인대상에 포함한다(법법 23 ④). 동시에 상각범위액 계산을 할 때, 즉시상각의제액은 취득가액을 구성하는 항목이기 때문에 감가상각 기초가액에 합산되어 상각범위액을 증가시키게 된다.

② 예외

다음의 항목은 감가상각자산을 사업에 사용한 날이 속하는 사업연도의 손비로 계상한 경우에 시부인계산 없이 그 즉시상각의제액을 손금으로 전액 인정한다(법령 31 ③, ④, ⑥, ⑦).

구 분	내 용
㉠ 소액자산의 취득가액	취득가액이 거래단위별로 100만원 이하인 감가상각자산 단, 다음의 자산은 시부인계산을 해야 한다. ⓐ 그 고유업무의 성질상 대량으로 보유하는 자산 ⓑ 그 사업의 개시 또는 확장을 위하여 취득한 자산
㉡ 어구 등 특정자산 취득가액	ⓐ 어업에 사용되는 어구(어선용구 포함) ⓑ 영화필름, 공구, 가구, 전기기구, 가스기기, 가정용 기구·비품, 시계, 시험기기, 측정기기 및 간판 ⓒ 대여사업용 비디오테이프 및 음악용 콤팩트디스크로서 개별자산의 취득가액이 30만원 미만인 것 ⓓ 전화기(휴대용 전화기 포함) 및 개인용 컴퓨터(주변기기 포함)

오쌤 Talk

기업회계와 세법에서의 감가상각비 전기오류수정실의 회계처리

회사	(차) 이월이익 잉여금 10	(대) 감가상각 누계액 10
세법	(차) 감가 상각비 10	(대) 감가상각 누계액 10
세무 조정	<손금산입> 이월이익잉여금 10 (기타)	

기출 OX

10. 감가상각자산에 대한 자본적 지출금액을 손금으로 계상한 경우에는 이를 즉시상각의제로 보아 시부인계산한다.
2007. 7급
정답 ○

11. 내국법인이 감가상각자산을 취득하기 위하여 지출한 금액을 손비로 계상한 경우에는 해당 사업연도의 소득금액을 계산할 때 감가상각비로 계상한 것으로 보아 상각범위액을 계산한다.
2020. 7급
정답 ○

ⓒ 소액수선비	개별 자산별로 수선비*1로 지출한 금액이 다음 둘 중 큰 금액 미만인 경우 ⓐ 600만원 ⓑ 직전 사업연도 종료일 현재 재무상태표상 자산가액*2의 5%	
ⓓ 주기적인 수선비	3년 미만의 기간마다 주기적인 수선을 위하여 지출하는 경우	
ⓔ 생산설비의 폐기손실	다음 어느 하나에 해당하는 경우에는 해당 자산의 장부가액에서 1천원을 공제한 금액을 폐기일이 속하는 사업연도의 손금에 산입할 수 있다(결산조정 사항). ⓐ 시설의 개체·기술의 낙후로 인하여 생산설비의 일부를 폐기한 경우 ⓑ 사업의 폐지 또는 사업장의 이전으로 임대차계약에 따라 임차한 사업장의 원상회복을 위하여 시설물을 철거하는 경우	

*1 수선비: 그 자산에 대한 자본적 지출액과 수익적 지출액의 연간 합계액
*2 자산가액 = 취득가액 – 감가상각누계액

③ **손상차손 즉시상각의제**

감가상각자산이 진부화, 물리적 손상 등에 따라 시장가치가 급격히 하락하여 법인이 기업회계기준에 따라 손상차손을 계상한 경우(천재지변 등에 의한 경우는 제외)에는 해당 금액을 감가상각비로서 손비로 계상한 것으로 보아 시부인계산한다(법령 31 ⑧).

(3) 자산으로 계상된 감가상각비

자산으로 배분된 감가상각비(ex. 연구개발과 관련된 유형자산의 감가상각비 중 개발활동에 관련된 자산은 개발비로 분류)는 회사가 계상한 감가상각비에 포함하여 시부인계산을 행한다.

④ 상각범위액의 계산

1 취득가액 Ⓐ

★(1) 구입단계

감가상각자산의 취득가액은 **06** 에서 설명한 자산의 취득가액 규정을 적용한다.

구분		감가상각자산의 취득가액
① 일반적인 경우	㉠ 타인으로부터 매입	매입가액 + 부대비용 (취득세·등록면허세 포함)
	㉡ 자기가 제조·생산·건설, 그 외에 이에 준하는 방법으로 취득	제작원가 + 부대비용
② 특수한 경우	㉠ 특수관계자로부터 고가매입	시가
	㉡ 특수관계자 외의 자로부터 고가매입	정상가액
	㉢ 장기할부조건하에 매입	명목가액*

* 현재가치할인차금을 계상한 경우에는 현재가치할인차금을 차감한 금액

기출 OX

12. 내국법인이 각 사업연도에 지출한 수선비로서 개별 자산별로 600만원 미만인 자본적 지출에 해당하는 금액을 해당 사업연도의 손비로 계상한 경우에는 상각계산의 기초가액을 계산할 때 해당 수선비를 자본적 지출액에 포함하여 상각범위액을 계산한다. 2019. 7급
정답 X

13. 법인이 개별자산별로 수선비로 지출한 금액이 600만원 미만인 경우로서 그 수선비를 해당 사업연도의 손비로 계상한 경우에는 자본적 지출에 포함하지 않는다. 2022. 9급
정답 O

14. 시설의 개체 또는 기술의 낙후로 인하여 생산설비의 일부를 폐기한 경우에는 해당 자산의 장부가액에서 1천원을 공제한 금액을 폐기일이 속하는 사업연도의 손금에 산입할 수 있다. 2022. 9급
정답 O

15. 감가상각자산이 진부화, 물리적 손상 등에 따라 시장가치가 급격히 하락하여 법인이 기업회계기준에 따라 손상차손을 계상한 경우(천재지변·화재 등의 사유로 손상된 경우 등에 해당하는 경우는 제외)에는 해당 손상차손이 「법인세법」에 따른 상각범위액을 초과하더라도 이를 전액 손금에 산입한다. 2022. 7급
정답 X

오쌤 Talk

법인세법과 소득세법에서의 생산설비 폐기손실의 처리

	법인세법	소득세법
폐기 단계	당해 자산의 장부가액에서 1,000원을 공제한 금액을 폐기일이 속하는 사업연도의 손금에 산입할 수 있다.	폐기단계에서 계상한 생산설비 폐기손실 계정은 필요경비로 인정하지 않는다.
처분 단계	1,000원(비망가액)을 손금에 산입한다.	처분단계에서 계상한 생산설비 처분손실 계정은 필요경비로 인정한다.

필요경비란 「법인세법」의 손금과 같은 개념으로 비용으로 인정되는 금액을 말한다. 「소득세법」에서의 생산설비 폐기손실은 후술할 「소득세법」 **03** 사업소득에서 자세히 설명한다. Link→P.338

★ **(2) 보유단계**

① 자본적 지출을 한 경우: 그 자본적 지출액(사업용 유형자산 및 무형자산에 대한 건설자금 이자 포함)을 취득가액에 가산한다.
② 자산을 평가증한 경우: 법에 의한 평가이익은 취득가액에 포함하나, 임의평가 이익은 취득가액에 포함하지 않는다.

(3) 자본적 지출과 수익적 지출

① 의의

'자본적 지출'이란 감가상각자산의 내용연수를 연장시키거나 그 자산의 가치를 현실적으로 증가시키는 수선비를 말하며, '수익적 지출'이란 감가상각자산의 원상회복이나 능력유지 등을 위하여 지출한 수선비를 말한다(법령 31 ②).

자본적 지출과 수익적 지출의 예시는 다음과 같다(법령 31 ②, 법칙 17).

자본적 지출의 사례	수익적 지출의 사례
㉠ 본래의 용도를 변경하기 위한 개조 ㉡ 엘리베이터 또는 냉난방장치의 설치 ㉢ 빌딩 등에 있어서 피난시설 등의 설치 ㉣ 재해 등으로 인하여 멸실 또는 훼손되어 본래의 용도에 이용할 가치가 없는 건축물·기계·설비 등의 복구 ㉤ 설치하는 기계장치로 인한 지반침하와 진동을 방지하기 위한 기초공사 ㉥ 이 외 개량·확장·증설 등 위와 유사한 성질의 것	㉠ 건물 또는 벽의 도장 ㉡ 파손된 유리나 기와의 대체 ㉢ 기계의 소모된 부속품 또는 벨트의 대체 ㉣ 자동차의 타이어의 대체 ㉤ 재해를 입은 자산에 대한 외장의 복구·도장 및 유리의 삽입 ㉥ 기타 조업 가능한 상태의 유지 등 위와 유사한 것

② 세무조정

㉠ 자본적 지출액: 취득원가에 가산하여야 하며, 이를 비용처리한 경우에는 즉시상각의제규정을 적용한다.
㉡ 수익적 지출액: 지출한 연도의 비용으로 처리하여야 하며, 이를 자산의 취득원가에 포함한 경우에는 손금산입하여야 한다.

2 내용연수 B

(1) 개요

세법에서 내용연수는 상각범위액계산 시 적용하는 상각률을 결정하는 역할을 한다. 기업회계에서는 내용연수를 합리적으로 추정하여 적용할 수 있으나, 세법에서는 임의적인 과세소득의 조작을 방지하기 위하여 내용연수의 추정을 인정하지 않고 다음과 같이 자산별·업종별·구조별로 별도로 정하고 있다.

🔍 **기출 OX**

16. 자본적 지출이란 법인이 소유하는 감가상각자산의 내용연수를 연장시키거나 해당 자산의 가치를 현실적으로 증가시키기 위하여 지출한 수선비를 말한다. 2022. 9급
정답 O

17. 건물의 양도가액에서 공제할 취득가액에 포함되는 자본적 지출은 법인이 소유하는 유형자산의 원상을 회복하거나 능률유지를 위하여 지출한 비용이다. 2011. 9급
정답 X

18. 지반침하를 방지하기 위하여 기계장치에 직접적으로 연결된 기초공사를 수행함에 따른 비용은 자산가액에 포함되어 감가상각대상이 되지만, 재해를 입은 자산에 대한 외장의 복구비용은 자산가액에 포함되지 않는다. 2010. 7급
정답 O

19. 재해를 입은 자산에 대한 외장의 복구 도장 및 유리의 삽입에 대한 지출은 자본적 지출에 포함한다. 2022. 9급
정답 X

오쌤 Talk

내용연수 범위

기준내용연수가 4년이라면 내용연수 범위는 다음과 같다.

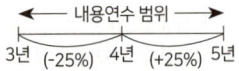

기준내용연수가 5년이라면 내용연수 범위는 다음과 같다.

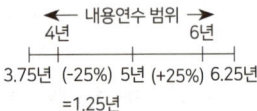

내용연수는 연단위로 신고해야 하고 소수점 발생 시 내용연수 범위에서 가까운 연수를 적용해야 한다. 따라서, 3.75년이 아닌 4년, 6.25년이 아닌 6년으로 신고한다.

(2) 자산별 내용연수

① 시험연구용자산과 일반 무형자산(특허권 등)

시험연구용자산과 일반 무형자산(특허권 등)의 경우 내용연수를 선택할 수 없으며 자산종류별로 세법에 정한 내용연수를 적용해야 한다(법령 28 ① (1)).

② 건축물 등과 업종별 자산

건축물 등과 업종별 자산의 경우 기준내용연수에 그 기준내용연수의 25%를 가감한 내용연수범위 안에서 법인이 선택하여 관할 세무서장에게 신고한 내용연수를 적용하며, 신고기한 내에 신고하지 않은 경우 기준내용연수를 적용한다 (법령 28 ① (2)).

> ㉠ 건축물 등과 업종별 자산의 내용연수 신고
> 내용연수의 신고는 영업개시일이 속하는 사업연도의 법인세 과세표준 신고기한 (각 사업연도 종료일이 속하는 달의 말일부터 3개월 이내)까지 하여야 한다(법령 28 ③ (1)). 이러한 내용연수의 신고는 연단위로 해야 한다(법령 28 ⑤).
>
> ㉡ 건축물 등과 업종별 자산의 내용연수 특례
> 신고한 내용연수(무신고 시 기준내용연수)는 그 후 사업연도에 있어서도 계속해서 적용해야 한다(법령 28 ④). 다만, 다음의 경우에는 새로이 내용연수를 선택하여 신고해야 한다(법령 28 ③ (1)).
> ⓐ 자산별·업종별 구분에 의한 기준내용연수가 다른 감가상각자산을 새로 취득한 경우
> ⓑ 새로운 업종의 사업을 개시한 경우

③ 개발비, 사용수익기부자산가액, 주파수이용권 등

개발비는 20년의 범위에서 신고가 가능하다. 사용수익기부자산가액은 사용수익기간에 관한 특약이 있으면 그 사용수익기간(특약이 없으면 신고내용연수)에 따라 균등하게 안분한 금액을 월할상각하고 주파수이용권 등은 주무관청에서 고시하거나 주무관청에 등록한 기간 내에서 사용기간에 따라 균등액을 상각(월할상각)한다.

> **참고**

자산별 내용연수 정리

구분	내용	비고
① 시험연구용자산	자산의 종류별로 내용연수 규정	내용연수의 선택이 불가능
② 일반 무형자산(특허권 등)		
③ 건축물 등	자산의 종류별, 건축물 구조별로 내용연수 규정	내용연수범위* 내에서 사용연수 선택 가능 * 내용연수범위: 기준내용연수 ± 기준내용연수 × 25%
④ 업종별 자산	업종별로 내용연수 규정	
⑤ 개발비	20년 이내에서 선택	무신고 시 5년
⑥ 감가상각 대상 무형자산과 유사한 무형자산 NEW	연 단위로 신고한 내용연수(기업회계기준에 따른 내용연수)에 따라 매 사업연도별 경과월수에 비례하여 상각	
⑦ 사용수익기부자산가액	사용수익기간(특약이 없는 경우 내용연수) 동안 균등상각	
⑧ 주파수이용권·공항시설관리권·항만시설관리권	사용수익기간에 따라 균등상각	

기출 OX

20. 내국법인은 「법인세법 시행령」에 해당하는 감가상각자산에 대하여 한국채택국제회계기준을 최초로 적용하는 사업연도에 결산내용연수를 연장한 경우에는 기준내용연수에 기준내용연수의 100분의 25를 가감하는 범위에서 사업장별로 납세지 관할 지방국세청장의 승인을 받아 적용하던 내용연수를 연장할 수 있다. 2019. 7급

정답 O

★★(3) 내용연수의 특례 및 변경

건축물 등과 업종별 자산이라도 일정 사유에 해당하는 경우에는 기준내용연수에 기준내용연수의 50%(결산내용연수 변경 사유에 해당하면 25%)를 가감하는 범위에서 사업장별로 납세지 관할 지방 국세청장의 승인을 받아 내용연수범위와 달리 내용연수를 적용하거나, 적용하던 내용연수를 변경할 수 있다(법령 29 ①).

① 특례적용 및 변경 사유

구분	사유
㉠ 일반 변경 사유	ⓐ 사업장의 특성으로 자산의 부식·마모 및 훼손의 정도가 현저한 경우 ⓑ 영업개시 후 3년이 경과한 법인으로서 해당 사업연도의 생산설비(건축물 제외)의 가동률이 직전 3개 사업연도의 평균가동률보다 현저히 증가한 경우 ⓒ 새로운 생산기술 및 신제품의 개발·보급 등으로 기존 생산설비의 가속상각이 필요한 경우 ⓓ 경제적 여건의 변동으로 조업을 중단하거나 생산설비의 가동률이 감소한 경우
㉡ 결산내용연수 및 기준내용연수의 변경 사유	ⓐ 한국채택국제회계기준을 최초로 적용하는 사업연도에 결산내용연수를 변경한 경우(결산내용연수가 연장된 경우 내용연수를 연장하고 결산내용연수가 단축된 경우 내용연수를 단축하는 경우에만 해당하되, 내용연수를 단축하는 경우에는 결산내용연수보다 짧은 내용연수로 변경할 수 없음) ⓑ 기준내용연수가 변경된 경우(단, 내용연수를 단축하는 경우로서 결산내용연수가 변경된 기준내용연수의 25%를 가감한 범위 내에 포함되는 경우에는 결산내용연수보다 짧은 내용연수로 변경할 수 없음)

② 적용절차

법인이 특례내용연수의 승인 또는 변경승인을 얻고자 할 때에는 다음의 날까지 *내용연수승인(변경승인)신청서*를 납세지 관할 세무서장을 거쳐 관할 지방국세청장에게 제출(국세정보통신망에 의한 제출을 포함)해야 한다. 이 경우 내용연수의 승인·변경승인의 신청은 연단위로 해야 한다(법령 29 ②).

㉠ 신설법인과 새로 수익사업을 개시한 비영리내국법인의 경우: 영업을 개시한 날부터 3월
㉡ 위 ㉠ 외의 법인이 자산별·업종별 구분에 따라 기준내용연수가 다른 감가상각자산을 새로 취득하거나 새로운 업종의 사업을 개시한 경우: 그 취득한 날 또는 개시한 날부터 3월
㉢ 그 변경할 내용연수를 적용하고자 하는 최초 사업연도의 종료일까지

③ 3년 내 재변경 제한

내용연수를 변경(재변경 포함)한 법인이 해당 자산의 내용연수를 다시 변경하고자 하는 경우 변경한 내용연수를 최초로 적용한 사업연도종료일부터 3년이 경과해야 한다(법령 29 ⑤). 그 취지는 과세소득조작목적으로 활용하는 것을 방지하기 위함이다.

★★ (4) 수정내용연수

① 수정사유

자산을 취득하는 법인에게 적용되는 기준내용연수의 50% 이상이 경과된 중고자산을 다른 법인 또는 개인사업자로부터 취득(합병·분할에 의하여 자산을 승계한 경우 포함)한 경우에는 그 자산의 기준내용연수의 50%에 상당하는 연수와 기준내용연수의 범위에서 선택하여 납세지 관할 세무서장에게 신고한 수정내용연수를 내용연수로 할 수 있다. 이 경우 수정내용연수를 계산할 때 1년 미만은 없는 것으로 한다(법령 29의2 ①).

> 수정내용연수 범위: 기준내용연수 ~ 기준내용연수 × 50%

② 수정내용연수 신청

수정내용연수는 내국법인이 다음의 기한 내에 내용연수변경신고서를 제출한 경우에 한하여 적용한다(법령 29의2 ⑤).

> ㉠ 중고자산을 취득한 경우: 그 취득일이 속하는 사업연도의 법인세 과세표준 신고기한
> ㉡ 합병·분할로 승계한 자산의 경우: 합병·분할등기일이 속하는 사업연도의 법인세 과세표준 신고기한

3 잔존가액 B

★★ (1) 원칙

기업회계에서는 감가상각자산의 잔존가액을 합리적으로 추정하여 적용할 수 있으나, 세법에서는 임의적인 추정을 인정하지 않고 잔존가액을 '영(0)'으로 규정하고 있다(법령 26 ⑥).

(2) 정률법 적용 시 특례

정률법에 의해 상각범위액을 계산하는 경우에는 취득가액의 5%를 잔존가액으로 하되 그 금액은 감가상각자산에 대한 미상각잔액이 최초로 취득가액의 5% 이하가 되는 사업연도의 상각범위액에 가산한다(법령 26 ⑥). 따라서 상각이 완료되면 정률법을 적용하는 경우에도 잔존가액이 0이 된다.

(3) 감가상각이 종료되는 자산의 비망기록관리

법인은 감가상각이 종료되는 감가상각자산에 대하여는 취득가액의 5%와 1,000원 중 적은 금액을 해당 감가상각자산의 장부가액으로 하고 그 금액에 대하여는 이를 손금에 산입하지 않는다. 이러한 비망계정은 해당 감가상각자산의 처분 시 손금에 산입한다(법령 26 ⑦).

 기출 OX

21. 내국법인이 기준내용연수(해당 내국법인에게 적용되는 기준내용연수를 말한다)의 100분의 50 이상이 경과된 자산을 다른 법인으로부터 취득한 경우에는 그 자산의 기준내용연수의 100분의 50에 상당하는 연수와 기준내용연수의 범위에서 선택하여 납세지 관할 세무서장에게 신고한 연수를 내용연수로 할 수 있다. 2019. 7급

정답 O

기출 OX

22. 정액법에 의해 상각범위액을 계산함에 있어서 감가상각자산의 잔존가액은 "0"으로 한다. 2007. 9급

정답 O

4 자산별 감가상각방법 B

★★(1) 자산별 감가상각방법

기업회계에서는 합리적인 방법이면 정액법·정률법·생산량비례법 외에도 연수합계법 등의 방법을 적용할 수 있다. 그러나 세법에서는 자산별로 법에 정한 상각방법 중 선택하여 납세지 관할 세무서장에게 신고한 방법을 적용한다(법령 26 ①).

구분		선택가능한 상각방법	무신고의 경우
① 유형자산	㉠ 건축물	정액법	정액법
	㉡ 광업용 유형자산	생산량비례법, 정률법 또는 정액법	생산량비례법
	㉢ 폐기물 매립시설	생산량비례법 또는 정액법	생산량비례법
	㉣ 그 외 유형자산	정률법 또는 정액법	정률법
② 무형자산	㉠ 광업권(해저광물자원 채취권 포함)	생산량비례법 또는 정액법	생산량비례법
	㉡ 개발비	20년의 범위에서 정액법[1]	정액법[2]
	㉢ 사용수익 기부자산가액	자산의 사용수익기간(기간에 관한 특약이 없는 경우 신고 내용연수)에 따라 균등안분한 금액(기간 중에 기부자산이 멸실, 계약이 해지된 경우 그 잔액)을 상각	
	㉣ 주파수이용권 공항·항만시설관리권	주무관청에서 고시하거나 주무관청에 등록한 기간 내에서 사용기간에 따라 균등액을 상각	
	㉤ 감각상각 대상 무형자산과 유사한 무형자산 NEW	연 단위로 신고한 내용연수(기업회계기간에 따른 내용연수)에 따라 매 사업연도별 경과월수에 비례하여 상각하는 방법	5년 동안 매년 균등액을 상각하는 방법
	㉥ 위 외 무형자산	정액법	정액법

[1] 관련 제품의 판매 또는 사용이 가능한 시점부터 20년의 범위에서 연단위로 신고한 내용연수에 따라 매 사업연도별 경과월수에 비례하여 상각

[2] 관련 제품의 판매 또는 사용이 가능한 시점부터 5년 동안 매년 균등액을 상각

(2) 감가상각방법 신고

법인이 선택한 상각방법을 신고하려는 때에는 감가상각방법신고서를 다음의 날이 속하는 사업연도의 법인세 과세표준의 신고기한까지 납세지 관할 세무서장에게 제출(국세정보통신망에 의한 제출 포함)해야 한다(법령 26 ③).

> ① 신설법인과 새로 수익사업을 개시한 비영리법인: 그 영업을 개시한 날
> ② 위 ① 외의 법인이 위 (1) 표의 각 구분에 따른 고정자산을 새로 취득한 경우: 그 취득한 날

기출 OX

23. 건축물과 무형자산은 정률법 또는 정액법에 의하여 상각범위액을 계산한다.
2023. 9급 최신
정답 X

(3) 신고한 상각방법의 계속적용

법인이 신고한 상각방법(상각방법을 신고하지 않은 경우에는 무신고 시 상각방법)은 그 후의 사업연도에도 계속하여 그 상각방법을 적용해야 한다(법령 26 ⑤).

5 감가상각방법별 상각범위액의 계산 B

각 상각방법별 상각범위액의 계산식은 다음과 같다(법령 26 ②).

★ (1) 정액법

감가상각자산의 취득가액에 자산의 내용연수에 따른 상각률을 곱하여 계산한 각 사업연도의 상각범위액이 매년 균등하게 되는 상각방법

$$\text{정액법의 상각범위액} = (\text{기초 취득가} + \text{자본적 지출의 취득원가 계상액} + \text{즉시상각 의제액(누계액)}) \times \text{상각률}^*$$

* 상각률 = $\frac{1}{n}$ (단, n은 내용연수)

★★ (2) 정률법

감가상각자산의 취득가액에서 이미 감가상각비로 손금에 산입한 금액을 공제한 잔액(이하 '미상각잔액')에 해당 자산의 내용연수에 따른 상각률을 곱하여 계산한 각 사업연도의 상각범위액이 매년 체감되는 상각방법

$$\text{정률법의 상각범위액} = [\underbrace{(\text{기초 취득가} - \text{기초 감가상각누계액} \pm \text{유보})}_{\text{기초 세법상 장부가액}} + \text{자본적 지출의 취득원가 계상액} + \text{즉시상각 의제액(당기분)}] \times \text{상각률}^*$$

* 상각률 = $1 - \sqrt[n]{\frac{S}{C}}$ (C: 취득가액, S: 잔존가액, n: 내용연수)

(3) 생산량비례법

해당하는 금액에 당해 사업연도의 기간 중 그 광구에서 채굴한 양을 곱하여 계산한 금액을 각 사업연도의 상각범위액으로 하는 상각방법

$$\text{생산량비례법의 상각범위액} = (\text{기초 취득가} + \text{자본적 지출의 취득원가 계상액} + \text{즉시상각 의제액(누계)}) \times \text{상각률}^*$$

* 상각률 = $\frac{\text{당기 중 그 광구에서의 채굴량 또는 매립량}}{\text{그 자산이 속하는 광구의 총 채굴예정량 또는 매립예정량}}$

📖 확인문제 최신

02. 다음은 제조업을 영위하는 영리내국법인 ㈜A의 제24기(2024.1.1.~2024.12.31.) 감가상각과 관련된 자료이다. 제24기 감가상각비 세무조정과 소득처분으로 옳은 것은? (단, 전기 이전의 모든 세무조정은 적정하였다)

2023. 7급

○ 기계장치 취득가액
  : 30,000,000원
○ 기계장치 취득일
  : 2022년 1월 1일
○ 감가상각방법
  : 정률법(상각률: 0.5)
○ 감가상각비 장부상 계상금액
  - 2022년: 16,500,000원
  - 2023년: 7,000,000원
  - 2024년: 3,500,000원

① 익금산입·손금불산입 625,000원 (유보)
② 손금산입·익금불산입 250,000원 (△유보)
③ 손금산입·익금불산입 625,000원 (△유보)
④ 손금산입·익금불산입 750,000원 (△유보)

정답 ②

확인문제

03. 다음 자료에 의하여 ㈜서울의 제2기(2024년 7월 1일부터 12월 31일까지)의 기계장치에 대한 감가상각범위액을 계산하면 얼마인가? (단, ㈜서울의 사업연도는 6개월임) 2015. 9급

- 취득가액 : 50,000,000원
- 취득일자 : 2024년 10월 1일
- 신고내용연수 : 5년
- 감가상각방법 : 정액법

① 2,500,000원
② 3,000,000원
③ 4,500,000원
④ 5,000,000원

정답 ①

확인문제 최신

04. 법인세법령상 내국법인 ㈜A의 제24기(2024.1.1.~12.31.) 기계장치의 감가상각에 대한 세무조정은? 2024. 9급

- 취득가액: 100,000,000원
- 취득일: 2023.1.5.
- 정률법에 의한 상각률(가정): 0.2
- 장부상 감가상각비 계상액
  : 제23기 30,000,000원,
  　제24기 20,000,000원

① 손금산입 4,000,000원(△유보)
② 손금불산입 4,000,000원(유보)
③ 손금산입 6,000,000원(△유보)
④ 손금불산입 6,000,000원(유보)

정답 ②

(4) 특수한 경우 상각범위액 계산

① 정상적인 사업연도가 1년 미만인 경우

정관 등에 정하는 정상적인 사업연도가 1년 미만이면 다음 계산식에 따라 환산한 내용연수와 그에 따른 상각률을 적용하여 상각범위액을 계산한다(법령 28 ②).

$$환산내용연수 = 본래의 내용연수 (또는 신고내용연수·기준내용연수) \times \frac{12}{사업연도의\ 개월수^*}$$

* 월수는 초일을 산입하여 역에 따라 계산하되, 1개월 미만의 일수는 1개월로 한다.

② 일시적으로 사업연도가 1년 미만이 된 경우

정관에 정하는 정상적인 사업연도는 1년이지만, 사업연도의 변경 및 사업연도의 의제 규정에 따라 사업연도가 일시적으로 1년 미만이 된 경우에는 다음과 같이 상각범위액을 계산한다(법령 26 ⑧).

$$상각범위액 = 정상적인\ 상각범위액 \times \frac{해당\ 사업연도의\ 개월수^*}{12}$$

* 월수는 초일을 산입하여 역에 따라 계산하되, 1개월 미만의 일수는 1개월로 한다.

③ 기중에 신규로 자산을 취득한 경우

사업연도 중에 취득하여 사업에 사용한 감가상각자산에 대한 상각범위액은 사업에 사용한 날부터 당해 사업연도 종료일까지의 월수에 따라 계산한다(법령 26 ⑨).

$$일반적인\ 상각범위액 \times \frac{사업에\ 사용한\ 날부터\ 해당\ 사업연도\ 종료일까지의\ 개월수^*}{해당\ 사업연도의\ 개월\ 수}$$

* 월수는 초일을 산입하여 역에 따라 계산하되, 1개월 미만의 일수는 1개월로 한다.

④ 기중에 자본적 지출이 있는 경우

감가상각이 진행 중인 고정자산으로서 사업연도 중에 자본적 지출이 발생한 경우 해당 자산에 대한 감가상각범위액은 자산의 취득가액 및 미상각 잔액에 자본적 지출액을 포함하여 재평가한 자산의 가액을 기초로 해당 사업연도개시일로 소급하여 계산한다. 즉, 자본적 지출액에 대하여 지출일을 기준으로 월할상각하지 아니하고 기초에 지출한 것으로 가정하여 감가상각자산의 취득가액 및 미상각 잔액에 합산하여 해당 사업연도의 전기간에 대한 상각범위액을 계산한다(법인 46012-3342).

⑤ 기중에 자산을 양도한 경우

사업연도 중에 양도한 자산에 대해서는 시부인계산을 하지 않으므로 상각부인액 계산도 하지 아니한다.

⑥ 감가상각방법을 변경한 경우

상각방법을 변경하는 경우 어느 방법으로 변경하든 모두 변경 당시의 '세법상 장부가액'을 기준으로 상각범위액을 계산한다.

6 감가상각방법의 변경 B

★★ (1) 감가상각방법의 변경 사유

다음에 해당하는 경우 납세지 관할 세무서장의 승인을 얻어 적용하던 **감가상각방법을 변경할 수 있다**(법령 27 ①).

> ① 상각방법이 서로 다른 법인이 합병(분할합병 포함)한 경우
> ② 상각방법이 서로 다른 사업자의 사업을 인수 또는 승계한 경우
> ③ 「외국인투자촉진법」에 따라 외국투자자가 내국법인의 주식 등을 20% 이상 인수 또는 보유하게 된 경우
> ④ 해외시장의 경기변동 또는 경제적 여건의 변동으로 인하여 종전의 상각방법을 변경할 필요가 있는 경우
> ⑤ 기획재정부령이 정하는 회계정책의 변경에 따라 결산상각방법이 변경된 경우(변경한 결산상각방법과 같은 방법으로 변경하는 경우만 해당)

기출 OX

24. 감가상각방법이 서로 다른 법인이 합병한 경우에는 감가상각방법을 변경할 수 있다. 2007. 9급
정답 O

★ (2) 감가상각방법의 변경절차

① 신청

감가상각방법의 변경승인을 얻고자 하는 법인은 그 변경할 상각방법을 적용하고자 하는 최초 사업연도의 종료일까지 감가상각방법변경신청서를 납세지 관할 세무서장에게 제출(국세정보통신망에 의한 제출을 포함)해야 한다(법령 27 ②).

② 결정

신청서를 접수한 납세지 관할세무서장은 신청서의 접수일이 속하는 사업연도 종료일부터 1개월 이내에 그 승인 여부를 결정하여 통지해야 한다(법령 27 ③). 이때 법인이 변경승인을 얻지 아니하고 상각방법을 변경한 경우 상각범위액은 변경하기 전의 상각방법에 의하여 계산한다(법령 27 ⑤)..

오쌤 Talk

내용연수의 변경과 감가상각방법 변경의 비교

	내용연수의 변경 특례	감가상각방법의 변경
승인 권자	관할 지방국세청장	관할 세무서장
신청 기한	변경할 내용연수를 적용하고자 하는 최초 사업연도의 종료일	변경할 방법을 적용하고자 하는 최초 사업연도의 종료일
승인 여부	필요	필요
재변경 제한	3년 이내 재변경 불가	해당 규정 없음

> **참고**
>
> **재고자산의 평가방법과 감가상각방법의 차이**
>
> | 구분 | 재고자산 평가방법 | 감가상각방법 |
> |---|---|---|
> | ① 신고기한 | 납세지 관할 세무서장에게 법인세 과세표준 신고기한까지 신고 | |
> | ② 신고기한이 지난 후 신고 | 무신고 시 간주되는 평가방법·상각방법을 적용 | |
> | ③ 변경 사유 | 별도의 제한 없음 | 변경 사유를 충족해야 함 |
> | ④ 변경 사유·신청기한 | 변경할 방법을 적용하고자 하는 사업연도 종료일 이전 3개월까지 | 변경할 방법을 적용하고자 하는 사업연도 종료일까지 |
> | ⑤ 승인 | 불필요 | 관할 세무서장의 승인을 요함 |

5 상각부인액의 사후관리

감가상각시부인계산 결과 발생한 상각부인액(유보)은 추후 다음의 경우 발생 시 반대의 세무조정을 거쳐 추인(소멸)된다.

> 1. 시인부족액이 발생하는 경우
> 2. 법률에 의하여 감가상각자산을 평가증하는 경우
> 3. 감가상각자산을 양도한 경우

1 시인부족액이 발생하는 경우 B

시인부족액이 발생하는 경우 세무조정하지 않는 것을 원칙으로 하지만, 전기이월 상각부인액이 있는 경우, 당기 발생 시인부족액의 범위에서 그 상각부인액을 손금산입(△유보)하여 추인한다.

2 법률에 의하여 감가상각자산을 평가증하는 경우 B

(1) 감가상각과 평가증의 적용순서

법인이 감가상각자산에 대하여 감가상각과 법률에 의한 평가증을 병행한 경우 먼저 감가상각을 한 후 평가증을 한 것으로 보아 상각범위액을 계산한다(법령 32 ④). 따라서 평가 전의 자산가액을 기초로 상각범위액을 계산하여 시부인계산을 행한 후, 아래 (2) 세무조정을 행한다.

(2) 평가증한 자산의 세무조정

① 상각부인액이 있는 경우

상각부인액이 있는 자산을 평가증하게 되면 장부상 평가이익은 세법상 평가이익보다 상각부인액만큼 과대계상된다. 따라서 해당 감가상각자산의 상각부인액은 평가증의 한도까지 익금에 산입된 것으로 보아 손금에 산입(△유보)하여 추인하며, 평가증의 한도를 초과하는 금액은 그 후의 사업연도에 이월할 상각부인액으로 한다(법령 32 ③).

② 시인부족액이 있는 경우

시인부족액이 발생한 경우에는 발생한 연도에 세무조정하지 않으므로 회계와 세법간 장부가액의 차이가 발생되지 않는다(사후관리 불필요). 따라서 별도의 세무조정을 하지 않는다.

3 감가상각자산을 양도한 경우 B

(1) 감가상각자산의 전부 양도

감가상각자산을 양도한 경우 해당 자산의 상각부인액은 양도일이 속하는 사업연도의 손금에 산입한다(법령 32 ⑤). 상각부인액이 있는 자산을 양도한 경우에는 장부상 처분이익이 세법상 처분이익보다 상각부인액만큼 과대계상되기 때문이다.

확인문제

05. 甲법인의 제3기 사업연도의 다음 자료에 의하여 감가상각비 시부인 계산을 한 후의 감가상각비에 대한 유보잔액은? (단, △는 시인부족액이며 국제회계적용법인은 아닌 것으로 가정)

2010. 7급

(단위: 만원)

구분	건물	비품	기계장치	특허권
전기상각시부인액	△30	△40	60	20
회사상각액	120	70	-	90
상각범위액	140	50	30	80
당기상각시부인액	△20	20	△30	10

① 500,000원 ② 600,000원
③ 800,000원 ④ 1,100,000원

정답 ③

기출 OX

25. 법인이 감가상각자산에 대하여 감가상각과 평가증을 병행한 경우에는 먼저 감가상각을 한 후 평가증을 한 것으로 보아 상각범위액을 계산한다

2020. 7급

정답 O

26. 감가상각자산을 양도한 경우 당해 자산의 상각부인액은 양도일이 속하는 사업연도의 손금에 이를 산입한다.

2023. 9급 회신

정답 O

(2) 감가상각자산의 일부 양도

감가상각자산 전부를 양도하는 것이 아니라 일부만을 양도하는 경우, 해당 양도자산에 대한 감가상각누계액 및 상각부인액 또는 시인부족액은 해당 감가상각자산 전체의 감가상각누계액 및 상각부인액 또는 시인부족액에 양도부분의 가액이 당해 감가상각자산의 전체 가액에서 차지하는 비율을 곱하여 계산한 금액으로 한다. 이 경우 그 가액은 취득 당시의 장부가액에 의한다(법령 32 ⑥). 따라서 상각부인액이 있는 자산을 일부 양도한 경우 다음과 같이 계산한 상각부인액을 양도일이 속하는 사업연도의 손금에 산입한다.

$$\text{일부 양도한 자산의 상각부인액} = \text{해당 감가상각자산 전체의 상각부인액} \times \frac{\text{양도부분의 취득가액}}{\text{해당 감가상각자산 전체의 취득가액}}$$

6 감가상각의 의제

1 감가상각의제 적용 B

★★ **(1) 법인세를 면제 또는 감면받는 경우**

각 사업연도의 소득에 대하여 「법인세법」과 다른 법률에 따라 **법인세를 면제받거나 감면받은 경우에는 감면기간 동안 개별 자산에 대한 감가상각비가 상각범위액이 되도록 감가상각비를 손금에 산입해야 한다(강제신고조정)**. 단, 한국채택국제회계기준을 적용하는 법인은 한국채택국제회계기준 도입 법인의 신고조정 특례규정에 따라 개별 자산에 대한 감가상각비를 추가로 손금에 산입할 수 있다(법령 30 ①). 이를 '감가상각의제'라고 한다.

① 적용 요건

각 사업연도의 소득에 대하여 실제로 법인세를 면제받았거나 감면받았어야 한다. 따라서 결손 또는 감면 요건의 미비로 법인세를 면제 또는 감면받지 않은 경우 감가상각의제규정을 적용하지 않는다(법기통 23-30 … 1 ③).

② 적용 대상법인 및 제외법인 예시

「법인세법」 기본통칙에 따르면 감가상각의제 적용대상은 특정사업에서 생긴 소득에 대하여 법인세(토지 등 양도소득에 대한 법인세 제외)를 면제 또는 감면(소득공제 포함)받은 법인이다. 따라서 사업관련 세액감면이 아닌 것은 감가상각의제 적용대상이 아니다. 감가상각의제규정 적용대상 여부의 예시는 다음과 같다.

감가상각의제규정 적용 대상	감가상각의제규정 적용 제외
㉠ 농업회사법인에 대한 법인세 면제 등	기술이전 및 대여소득에 대한 세액감면
㉡ 창업중소기업 등에 대한 세액감면	
㉢ 중소기업에 대한 특별세액감면	
㉣ 수도권 밖으로 공장을 이전하는 기업에 대한 세액감면	

> **확인문제**
>
> **06.** 내국법인 ㈜C는 제9기에 건물의 일부(취득 당시의 장부가액 3,000,000원)를 양도하였는데, 양도 직전 건물 전체에 관한 자료는 다음과 같다. 제9기에 양도한 건물에 대한 세무조정으로 옳은 것은? 2016. 9급
>
> ○ 건물 전체의 취득 당시의 장부가액: 15,000,000원
> ○ 건물 전체의 감가상각누계액: 7,000,000원
> ○ 건물 전체의 상각부인액: 2,500,000원
>
> ① 익금산입 500,000원(유보)
> ② 손금산입 500,000원(△유보)
> ③ 익금산입 2,500,000원(유보)
> ④ 손금산입 2,500,000원(△유보)
>
> 정답 ②

오쌤 Talk

감가상각의제 제도의 취지

감가상각비는 세법에서 결산조정에 해당하는 사항이기 때문에, 감가상각비의 손금계상시기는 임의로 조정이 가능하다. 이를 이용하여 법인세가 감면되는 사업연도에 감가상각비를 계상하지 않고 그 후의 사업연도에 감가상각비를 계상함으로써 법인세 부담을 감소시킬 수 있다. 감가상각의 의제는 바로 이러한 조세회피행위를 방지하기 위한 데 그 취지가 있다.

> **기출 OX**
>
> **27.** 당기에 법인세 감면을 받아 감가상각의 의제가 적용되는 법인이 감가상각비를 손금으로 계상하지 아니한 경우에는 차기에 정률법에 의한 상각범위액 계산에는 영향을 미치지 않는다.
>
> 2007. 9급
>
> 정답 X

(2) 추계결정·경정의 경우

추계결정 또는 경정을 하는 경우에도 감가상각자산에 대한 감가상각비를 손금에 산입한 것으로 본다(법령 30 ②).

2 감가상각의제액의 계산 C

> 감가상각의제액 = 상각범위액 - (회사 상각비 + 전기이월 상각부인액의 추인액)

* 전기로부터 이월된 상각부인액의 당기 손금산입액도 당기에 손금으로 계상된 금액으로 본다.

7 기타 세부사항

1 한국채택국제회계기준 도입 법인에 대한 감가상각비 신고조정 특례 C

(1) 신고조정 특례

한국채택국제회계기준을 적용하는 내국법인이 보유한 감가상각자산 중 유형자산과 법에 정한 아래의 무형자산의 감가상각비는 개별 자산별로 법에 정한 금액(아래 (2))을 추가로 손금에 산입할 수 있다.

> ① 감가상각비를 손비로 계상할 때 적용하는 결산내용연수를 확정할 수 없는 것으로 요건을 갖춘 무형자산
> ② 한국채택국제회계기준을 최초로 적용하는 사업연도 전에 취득한 영업권

(2) 신고조정 방법

① **2013. 12. 31. 이전에 취득한 감가상각자산**

종전감가상각비*가 상각범위액의 범위에서 손금인정된 금액보다 큰 경우 그 차액을 신고조정으로 손금산입할 수 있다(법법 23 ②).

* 종전감가상각비: 한국채택국제회계기준을 적용하지 않고 종전의 방식에 따라 감가상각비를 손비로 계상한 경우 손금에 산입할 감가상각비 상당액

② **2014. 1. 1. 이후 취득**

개별자산의 기준감가상각비*가 상각범위액의 범위에서 손금인정된 금액보다 큰 경우 그 차액을 신고조정으로 손금산입할 수 있다(법법 23 ②, 법칙 13의2).
* 기준감가상각비: 해당 사업연도의 결산상각방법과 기준내용연수를 적용하여 계산한 금액

2 특수관계인으로부터 자산 양수 시 감가상각비 손금산입 특례 C

특수관계인으로부터 자산 양수를 하면서 기업회계기준에 따라 장부에 계상한 감가상각자산의 가액이 시가에 미달하는 경우 감가상각비규정을 준용하여 계산한 감가상각비 상당액을 손금에 산입한다(법령 19 (5의2)). 즉, 감가상각의제와 마찬가지로, 세법의 감가상각비에 대한 결산조정 원칙에도 불구하고, 강제상각을 적용한다 (Link - p.68).

오쌤 Talk

신고조정 특례의 취지

매년 감가상각방법 및 내용연수의 적정성을 재검토하는 한국채택국제회계기준을 도입함에 따라 한국채택국제회계기준 도입 전에 비해 감가상각비가 감소될 수 있다. 이로 인한 세부담 증가를 완화하기 위해 신고조정에 의한 손금산입을 허용한다(임의신고조정)

MEMO

CHAPTER 09

지급이자 손금불산입

① 지급이자 손금불산입의 구분과 계산순서
② 1순위: 채권자가 불분명한 사채이자
③ 2순위: 비실명 채권·증권의 이자
④ 3순위: 건설자금에 충당한 차입금이자
⑤ 4순위: 업무무관자산 등에 대한 지급이자

• **최신 8개년 출제 경향 분석**

01 지급이자 손금불산입의 구분과 계산순서

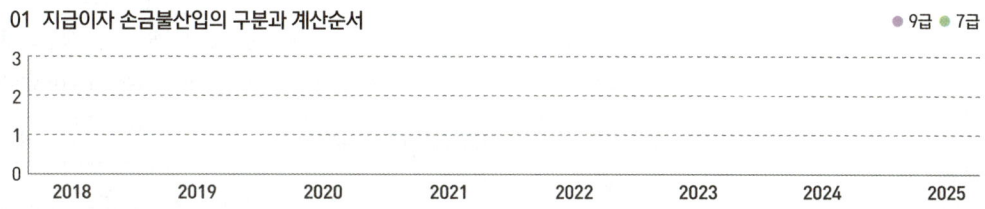

02 1순위: 채권자가 불분명한 사채이자

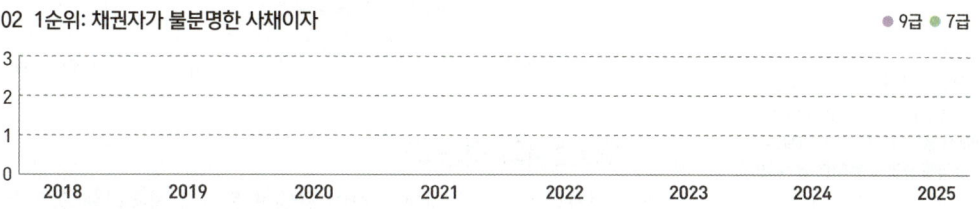

03 2순위: 비실명 채권·증권의 이자

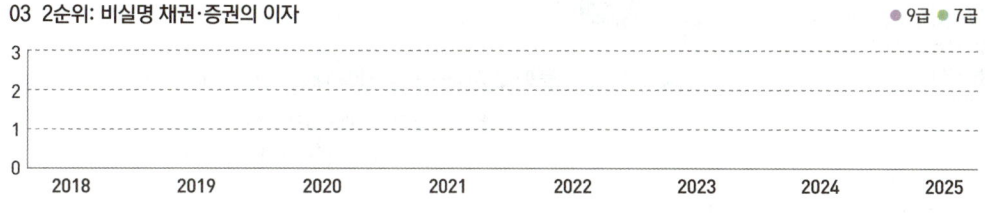

04 3순위: 건설자금에 충당한 차입금이자

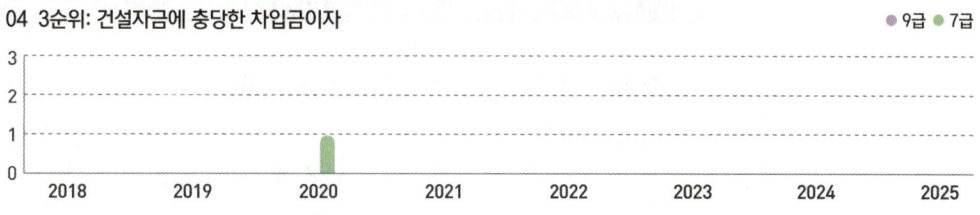

05 4순위: 업무무관자산 등에 대한 지급이자

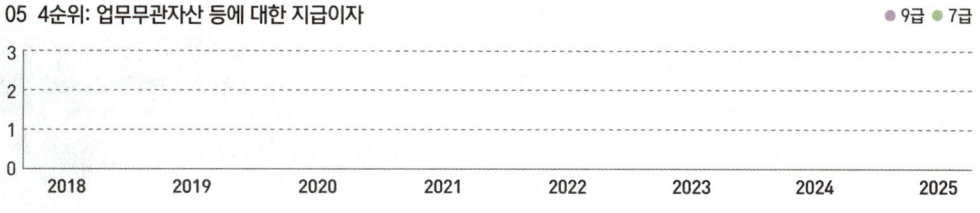

1 지급이자 손금불산입의 구분과 계산순서

1 지급이자 손금불산입 항목에 대한 구분 A

세법에서 지급이자라 함은 기업회계의 이자비용과 동일하다. 이는 순자산을 감소시키는 금액이므로 손금에 산입하는 것을 원칙으로 하지만, **다음의 차입금의 이자는 내국법인의 각 사업연도의 소득금액을 계산할 때 손금에 산입하지 아니한다**(법법 28).

	손금불산입 대상 지급이자	소득처분
1순위	채권자 불분명 사채이자	대표자에 대한 상여 (단, 원천징수세액은 기타사외유출)
2순위	비실명(지급받은 자가 불분명한) 채권·증권의 이자	
3순위	건설자금에 충당한 차입금이자	유보
4순위	업무무관자산 등에 대한 지급이자	기타사외유출

확인문제

01. 법인세법상 법인에게 귀속되는 지급이자의 손금불산입이 다음에 열거한 항목들에서 동시에 발생하는 경우, 지급이자 손금불산입의 순서로 옳은 것은? 2010. 9급

ㄱ. 건설자금에 충당한 차입금의 이자
ㄴ. 채권자가 불분명한 사채이자
ㄷ. 업무무관자산에 대한 지급이자
ㄹ. 국외지배주주에게 지급하는 배당간주이자

① ㄱ → ㄴ → ㄷ → ㄹ
② ㄴ → ㄱ → ㄷ → ㄹ
③ ㄷ → ㄴ → ㄱ → ㄹ
④ ㄹ → ㄴ → ㄱ → ㄷ

정답 ④

2 계산순서의 적용 A

지급이자의 손금불산입에 관하여 규정이 동시에 적용되는 경우 ① 채권자가 불분명한 사채이자, ② 지급받은 자가 불분명한 채권·증권의 이자, ③ 건설자금에 충당한 차입금이자, ④ 업무무관자산 등에 대한 지급이자의 순서대로 적용하는 것을 원칙으로 한다.

 참고

국외지배주주 등에게 지급하는 이자에 대한 과세조정

「국제조세조정에 관한 법률」에서 내국법인이나 외국법인의 국내사업장을 실질적으로 지배하는 자를 **국외지배주주**라고 한다. 이들에게 **지급하는 지급이자의 손금불산입 적용 순서는 「법인세법」보다 우선하여 적용**한다(국조법 26 ②, ③).

2 1순위: 채권자가 불분명한 사채이자

1 채권자가 불분명한 사채이자의 의의 C

다음 중 어느 하나에 해당하는 차입금의 이자를 말한다. 단, 거래일 현재 주민등록표에 의하여 그 거주사실 등이 확인된 채권자가 차입금을 변제받은 후 소재불명이 된 경우의 차입금에 대한 이자는 채권자 불분명 사채이자로 보지 않는다(법령 51 ①). 채권자 불분명 사채이자에는 알선수수료 또는 사례금 등 명목 여하에 불구하고 사채를 차입하고 지급하는 금품을 포함한다.

① 채권자의 주소 및 성명을 확인할 수 없는 차입금
② 채권자의 능력 및 자산상태로 보아 금전을 대여한 것으로 인정할 수 없는 차입금
③ 채권자와의 금전거래 사실 및 거래내용이 불분명한 차입금

2 세무조정 및 소득처분 B

채권자가 불분명한 사채의 이자는 **손금에 산입하지 않는다**(법법 28 ① (1)). **그 손금불산입액은 대표자에 대한 상여로 소득처분하지만 이에 따른 원천징수세액 상당액은 기타사외유출로 소득처분한다**(법기통 67-106 … 3 ①, ②). 채권자 불분명 사채의 경우 해당 지급이자는 사외유출에 해당하지만 그 귀속자가 불분명하기 때문에 대표자에 대한 상여로 소득처분하는 것이다. 하지만 원천징수세액의 경우에는 그 귀속자가 국가 또는 지방자치단체라는 것이 명확하기 때문에 기타사외유출로 소득처분한다.

③ 2순위: 비실명 채권·증권의 이자

1 비실명 채권·증권의 이자의 의의 C

'비실명 채권·증권의 이자'란 채권 또는 증권의 이자·할인액 또는 차익 중 그 지급받은 자가 불분명한 것으로서 채권 또는 증권의 이자·할인액 또는 차익을 금융기관을 통하지 않고 해당 채권 또는 증권의 발행법인이 직접 지급하는 경우 그 지급사실이 객관적으로 인정되지 아니하는 이자·할인액 또는 차익을 말한다(법령 51 ②).

2 세무조정 및 소득처분 B

비실명 채권·증권의 이자는 손금으로 인정하지 않는다(법법 28 ① (2)). 해당 손금불산입액은 채권자 불분명 사채이자와 동일하게 소득처분한다.

④ 3순위: 건설자금에 충당한 차입금이자

1 건설자금에 충당한 차입금이자의 의의 A

명목 여하에 불구하고 **사업용 유형자산 및 무형자산의 매입·제작 또는 건설**(이하 '건설 등')**에 소요되는 차입금**(자산의 건설 등에 소요된지의 여부가 분명하지 아니한 차입금은 제외한 특정차입금)에 대한 **지급이자 또는 이와 유사한 성질의 지출금**(이하 '지급이자 등')을 말한다(법령 52 ①).

2 기업회계와의 차이점 B

기업회계에서는 적격자산에 대한 특정차입금 이자와 일반차입금 이자를 의무적으로 자본화한다. 회계에서는 재고자산도 적격자산에 포함되어 이에 대한 차입원가 자본화가 가능하였지만, 세법에서는 다음과 같이 하여 기업회계와 그 차이를 두고 있다.

구분	기업회계	세법
① 자본화 대상 자산	적격자산	사업용 유·무형자산 (재고자산 및 투자부동산은 제외)
② 특정차입금이자	취득원가 산입(자본화 강제)	취득원가 산입(자본화)
③ 일반차입금이자		다음 중 선택 가능 ㉠ 취득원가 산입(자본화) ㉡ 당기 지급이자로 계상(손금산입)

기출 OX

01. 甲법인의 이자비용계정에는 채권자의 주소와 성명을 확인할 수 없는 차입금에 대한 이자 8,000,000원(이중 2,200,000원을 원천징수하여 납부함)이 포함되어 있다. 이 경우 소득처분 및 세무조정은 <손금불산입> 채권자불분명사채이자 8,000,000원(2,200,000원은 상여, 5,800,000원은 기타사외유출)로 한다. 2002. 7급

정답 X

오쌤 Talk

비실명 채권·증권의 이자의 손금불산입 취지

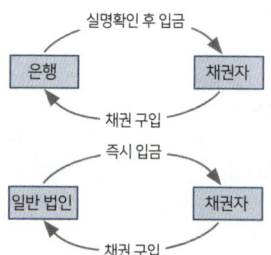

은행의 경우에는 실명확인대상 금융기관으로 채권자의 실명을 확인하고 지급하기에 지급하는 과정이 투명하고, 과세당국 입장에서도 관리가 용이하다. 하지만, 일반 법인도 회사채를 발행하는 경우 채권자에게 이자를 지급하는데, 비실명으로 진행하게 되면 그 과정이 불투명하다. 따라서 이를 악용할 경우, 과세를 회피할 수 있게 된다. 이를 예방하기 위해 비실명 채권·증권의 이자를 법인의 지급이자로 인정하지 않음으로써, 법인이 실명을 확인하도록 유도하고자 손금불산입한다.

오쌤 Talk

건설자금이자 대상

「법인세법」은 사업용 유형자산 및 무형자산만 건설자금이자 대상으로 한다. '사업용'이 아닌 '투자부동산'이나 유·무형자산이 아닌 재고자산은 건설자금이자 대상에 해당하지 않으므로 법인이 해당 지급이자를 자산으로 계상하는 경우 손금산입(△유보)하고 추후에 해당 자산의 처분 또는 감가상각 시 익금산입(유보)으로 추인한다.

기출 OX

02. 재고자산 등의 매입을 위하여 조달한 차입금에 대한 이자비용은 취득가액에 포함되지 않는다. 2008. 9급

정답 O

3 특정차입금에 대한 건설자금이자 A

(1) 처리방법

세법상 특정차입금 건설자금이자는 건설 등이 준공된 날까지 이를 자본적 지출로 하여 그 원본(취득원가)에 가산한다(법령 52 ②). 특정차입금 중 건설 등이 준공된 후에 남은 차입금에 대한 이자는 각 사업연도의 손금으로 한다(법령 52 ⑤).

(2) 특정차입금에 대한 건설자금이자의 계산식

> 특정차입금에 대한 건설자금이자 = ① 준공기간 중의 이자 - ② 운영자금 전용분 이자 - ③ 일시예금분 수입이자

① 준공기간 중의 이자

준공기간 중의 이자는 금융기관으로부터 차입하는 때 지급하는 지급보증료(법기통 28-52…1 (1))와 차입금의 연체이자를 포함한다. 연체로 인하여 생긴 이자를 원본에 가산한 경우 그 가산한 금액은 이를 해당 사업연도의 자본적 지출로 하고, 그 원본에 가산한 금액에 대한 지급이자는 이를 손금으로 한다(법령 52 ④).

> **참고**
>
> **준공기간**
>
> '준공기간'이란 건설 등의 개시일(개시일 이후 차입한 경우에는 차입일)부터 해당 건설 등의 목적물이 준공된 날까지의 기간을 말한다. 여기서 '준공된 날'은 다음의 날로 한다(법령 52 ⑥).
>
> | 구분 | 준공된 날 |
> |---|---|
> | ㉠ 토지매입 | 대금청산일과 사용개시일* 중 빠른 날 |
> | ㉡ 건축물 | 취득일과 사용개시일 중 빠른 날 |
> | ㉢ 위 외의 자산 | 사용개시일 |
>
> * 토지의 사용개시일: 공장 등의 건설에 착공한 날 또는 해당 사업용 토지로 업무에 직접 사용한 날을 말한다(법기통 28-52…(5)).

② 운영자금 전용분 이자

차입한 건설자금의 일부를 운영자금에 전용한 경우 그 부분에 대한 지급이자는 이를 운영자금 전용분 이자로 보아 손금으로 한다(법령 52 ③).

③ 일시예금분 수입이자

특정차입금의 일시예금에서 생기는 수입이자는 일시예금분 수입이자로 원본에 가산하는 자본적 지출금액에서 차감한다(법령 52 ②).

기출 OX

03. 특정차입금의 연체로 인하여 생긴 이자를 원본에 가산한 경우 그 가산한 금액과 그 원본에 가산한 금액에 대한 지급이자는 해당 사업연도의 자본적 지출로 한다. 2017. 9급
정답 X

기출 OX

04. 특정차입금의 연체로 인하여 생긴 이자를 원본에 가산한 경우 그 가산한 금액은 이를 해당 사업연도의 자본적 지출로 하고, 그 원본에 가산한 금액에 대한 지급이자는 이를 손금으로 한다. 2020. 7급
정답 O

기출 OX

05. 특정차입금의 일부를 운영자금에 전용한 경우에는 그 부분에 상당하는 지급이자는 이를 손금으로 한다. 2020. 7급
정답 O

기출 OX

06. 특정차입금에 대한 지급이자는 건설 등이 준공된 날까지 이를 자본적 지출로 하여 그 원본에 가산하되, 특정차입금의 일시예금에서 생기는 수입이자는 원본에 가산하는 자본적 지출금액에서 차감한다. 2020. 7급
정답 O

4 일반차입금에 대한 건설자금이자 B

★★(1) 일반차입금에 대한 건설자금이자의 처리방법

「법인세법」에서 건설자금에 충당한 차입금의 이자에서 특정차입금에 대한 지급이자를 뺀 금액(일반차입금)은 내국법인의 각 사업연도의 소득금액을 계산할 때 손금에 산입하지 않을 수 있다(법법 28 ②). 즉, 일반차입금이자는 법인의 선택에 따라 손금에 산입하거나 취득원가에 산입할 수 있는 것이다.

(2) 일반차입금에 대한 건설자금이자의 계산식

해당 사업연도의 개별 사업용 유형자산 및 무형자산의 취득원가에 산입할 수 있는 일반차입금이자는 다음과 같이 계산한다(법령 52 ⑦).

일반차입금이자 = MIN [①, ②]
① 건설기간 중에 실제로 발생한 일반차입금의 지급이자
② 한도*: (건설비 연평균지출액 − 특정차입금 연평균 지출액) × 일반차입금의 연평균 이자율

* 한도(간편법) = $\dfrac{\text{건설비 적수} - \text{특정차입금 적수}}{\text{일반차입금 적수}}$ × 일반차입금이자

5 특수한 경우의 세무조정 A

★★(1) 특정차입금에 대한 건설자금이자를 지급이자로 계상한 경우

특정차입금에 대한 건설자금이자를 지급이자로 계상한 경우 아래와 같이 처리한다.

구 분		세무조정	
		당 기	차기 이후
① 비상각자산		손금불산입(유보)	처분 시 손금산입 (△유보)
② 상각자산	ⓐ 당기 말까지 건설이 완료되지 않은 경우	손금불산입(유보)	상각·처분 시 손금산입 (△유보)
	ⓑ 당기 말까지 건설이 완료된 경우	감가상각비로 보아 시부인계산(즉시상각의제)	—

상각자산으로서 이미 건설이 완료된 '건물' 계정의 경우, 건물의 취득가액에 가산할 금액을 비용처리하였으므로 즉시상각의제를 적용하지만, 아직 건설이 완료되지 않은 '건설중인자산' 계정의 경우, 건설중인자산 계정에 손금불산입(유보)으로 가산한다. 이후 건설완료 시 과소계상액은 상각부인액으로 보아 해당 자산에서 시인부족액 발생 시, 처분 시 또는 법률에 의한 평가증 시 손금산입(△유보)한다.

★★(2) 건설자금이자를 취득원가로 과대계상한 경우

회사가 건설자금이자를 취득원가로 과대계상한 경우 자산에 대한 과대계상액을 손금산입(△유보)한 후, 해당 자산의 처분 혹은 감가상각 시 익금산입(유보)으로 추인한다.

기출 OX

07. 건설자금에 충당한 차입금의 이자에서 특정차입금에 대한 지급이자를 뺀 금액으로서 대통령령으로 정하는 금액은 내국법인의 각 사업연도의 소득금액을 계산할 때 손금에 산입해야 한다.
2020. 7급
정답 X

08. 당기 말 현재에 건설 중인 유형·무형자산의 건설자금에 충당한 차입금의 지급이자를 법인이 기간의 비용으로 계상함에 따라 손금불산입한 경우, 해당 지급이자 손금불산입액은 「자본금과 적립금 조정명세서(을)」표에 반영될 수 있다.
2007. 9급
정답 O

09. 투자부동산에 대한 건설자금이자를 취득원가로 계상한 경우 그 계상액을 손금산입(△유보)하고 그 투자부동산의 처분 혹은 감가상각 시 익금산입(유보)으로 추인한다.
2017. 9급
정답 O

5 4순위: 업무무관자산 등에 대한 지급이자

1 의의 B

법인이 ① 업무무관자산을 취득·보유하고 있거나 ② 특수관계인에게 업무와 관련없는 가지급금 등(가지급금 및 그 이자)을 지급하고 있는 경우 그에 해당하는 지급이자를 뜻한다(법법 28 ① (4)). 업무무관자산 등에 대한 지급이자는 차입금의 투기 용도 또는 비생산적 활용을 규제하기 위하여 이를 손금에 산입하지 않는다. 따라서 해당 지급이자는 손금불산입하고 기타사외유출로 처분한다.

2 손금불산입액의 계산식 B

$$손금불산입액 = 지급이자 \times \frac{(업무무관자산가액적수 + 업무무관가지급금적수)^*}{차입금적수}$$

* 업무무관자산가액적수와 가지급금적수를 합한 금액은 차입금적수를 한도로 함

★(1) 차입금 적수

'차입금'이란 명목 여하에 불구하고 타인으로부터 자금을 차입함으로 인한 부채를 말한다. 차입금 적수는 매일의 차입금 잔액에 그 경과일수를 곱하여 계산한 금액이다. 이때 차입금 적수에는 선순위에서 손금불산입된 이자에 대응되는 차입금은 제외한다.

$$차입금적수 = 총차입금적수 - \frac{채권자 불분명}{사채적수} - \frac{비실명 채권·}{증권적수} - \frac{건설자금이자 계산}{대상 차입금적수}$$

★(2) 지급이자

'지급이자'란 차입금에 대한 반대급부로서 지급하는 이자와 할인료를 의미한다. 이때, 지급이자에는 선순위에서 손금불산입된 이자는 제외한다.

$$지급이자 = 총지급이자 - \frac{채권자 불분명}{사채이자} - \frac{비실명 채권·}{증권이자} - 건설자금이자$$

한편 여기서 '지급이자'의 구체적인 범위는 다음과 같다(법령 53, 72 ⑤).

① 지급이자에 포함되는 것	② 지급이자에 포함되지 않는 것
㉠ 금융어음의 할인료 ㉡ 금융리스료 중 이자상당액 ㉢ 사채할인발행차금 상각액 ㉣ 미지급이자계상액 ㉤ 사채이자	㉠ 상업어음의 할인료(매각거래인 경우에 한함) ㉡ 운용리스료 ㉢ 현재가치할인차금상각액, 연지급수입이자 ㉣ 선급이자 ㉤ 기업구매자금대출이자 ㉥ 선순위에서 손금불산입된 이자

오쌤 Talk

금융어음할인료와 상업어음할인료의 개념

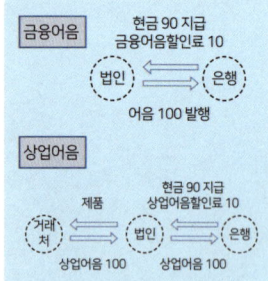

금융어음은 금융기관과 거래하는 차입금 성격이 강하고, 상업어음은 일반 거래처와 거래하는 매출채권 성격이 강하다. 따라서 금융어음할인료는 지급이자로 보지만, 상업어음할인료는 기업회계기준과 마찬가지로 차입거래(어음을 금융기관에 할인하더라도 여전히 위험과 보상을 보유하는 경우)에만 지급이자로 본다.

오쌤 Talk

기업구매자금대출이자의 의미와 세법상 관련 처리 방식

1997년 IMF 사태 시, 대기업들이 줄줄이 부도가 나는 연속부도가 발생하였다. 특정 상품을 구입한 법인이 판매법인에 대금을 결제하지 못하면 부도가 발생하고, 또 해당 상품을 판매한 법인은 구입한 법인으로부터 결제받지 못하면 자금이 부족해져 부도가 나는 방식이었다. 이러한 연속부도를 막기 위해 기업구매자금을 대출하는 상품이 생겨났고, 해당 차입금에서 발생하는 이자가 기업구매자금대출이자다. 해당 기업구매자금대출이자에 대한 세법상 처리방식은 다음과 같다.

구분	세법상 처리방식
수입배당금의 익금불산입 계산식	지급이자에 포함하여 계산한다.
업무무관자산 등에 대한 지급이자	지급이자에 포함하지 않고 계산한다.

★★ (3) 업무무관자산

'업무무관자산'이란 해당 법인의 업무와 직접 관련이 없다고 인정되는 자산 및 지출금액으로 **04 손금과 손금불산입** ③ **7 업무무관비용**에서 배운 바 있다.

'업무무관자산가액'은 업무무관부동산과 업무무관동산의 취득가액을 말하며, **특수관계인으로부터 시가를 초과하여 고가매입한 경우에는 제재 성격으로 고가매입으로 인한 부당행위계산의 부인규정에 의한 시가초과액을 포함한 가액으로 한다.**

★★ (4) 업무무관가지급금

① 구분

'업무무관가지급금'이란 명칭 여하에 불구하고 당해 법인의 업무와 관련이 없는 자금의 대여액(금융회사 등의 경우 주된 수익사업으로 볼 수 없는 자금의 대여액을 포함)을 말한다(법령 53 ①).

다만, 다음의 금액은 업무무관가지급금으로 보지 않는다(법칙 44).

> ① 미지급소득(지급한 것으로 의제되는 배당금과 상여금)에 대한 소득세를 법인이 대납한 금액*
> ② 국외에 자본을 투자한 내국법인이 해당 국외투자법인에 종사하거나 종사할 자의 여비·급료·기타 비용을 대신하여 부담한 금액
> ③ 법인이 우리사주조합 또는 그 조합원에게 해당 우리사주조합이 설립된 회사의 주식취득에 소요되는 자금을 대여한 금액(상환할 때까지의 기간에 상당하는 금액에 한정)
> ④ 「국민연금법」에 따라 근로자가 지급받은 것으로 보는 퇴직금전환금(해당 근로자가 퇴직할 때까지의 기간에 상당하는 금액에 한정)
> ⑤ 익금산입액의 귀속자가 불분명하거나 추계로 과세표준을 결정·경정할 때에 대표자상여로 처분한 금액에 대한 소득세를 법인이 대납한 금액(특수관계가 소멸될 때까지의 기간에 상당하는 금액에 한정)**
> ⑥ 직원에 대한 월정급여액의 범위에서의 일시적인 급료의 가불금
> ⑦ 직원에 대한 경조사비 또는 학자금(자녀의 학자금 포함)의 대여액
> ⑧ 중소기업에 근무하는 직원(지배주주 등인 직원은 제외)에 대한 주택구입 또는 전세자금의 대여액
> ⑨ 한국자산관리공사가 출자총액의 전액을 출자하여 설립한 법인에 대여한 금액

*법인이 이익 또는 잉여금의 처분에 의한 배당소득(또는 상여)을 그 처분을 결정한 날로부터 3월이 되는 날까지 지급하지 않은 때에 그 3월이 되는 날에 배당소득(또는 상여)을 지급한 것으로 보아 원천징수해야 한다(소법 135 ①, ③)[Link-P.431]. 이 경우 원천징수세액은 법인이 대납할 수밖에 없으므로 법인이 대납하고 가지급금으로 계상하면 불이익을 주지 않는 취지에서 업무무관가지급금으로 보지 않는다.

**소득이 사외로 유출되었으나 귀속자가 불분명한 경우 관리책임을 묻기 위해 대표자상여로 처분하는데 소득이 대표자에게 실지귀속 된 것은 아니므로 법인이 소득세를 대납하는 실무상의 관행을 인정하고 불이익을 주지 않겠다는 취지에서 업무무관가지급금으로 보지 않는다.

② 상계

가지급금 적수를 계산함에 있어서 동일인에 대한 가지급금과 가수금이 함께 있는 경우에는 이를 상계한 금액으로 한다(법령 53 ③). 다만, 동일인에 대한 가지급금과 가수금의 발생 시에 각각 상환기간 및 이자율 등에 관한 약정이 있어 상계할 수 없는 경우에는 상계하지 않는다(법칙 28 ②).

기출 OX

10. 특수관계인으로부터 시가를 초과하는 가액으로 업무무관자산을 매입한 경우 부당행위계산의 부인규정에 의한 시가초과액을 포함한 가액으로 업무무관자산을 평가하여 지급이자를 계산한다. 2017. 9급

정답 O

오쌤 Talk

대손충당금과 지급이자 손금불산입에서 동일인에 대한 채권 및 채무의 상계 처리

구분	대손충당금	업무무관자산 등에 대한 지급이자
원칙	상계하지 않는다.	상계한다.
별도의 약정이 있는 경우	상계한다.	상계하지 않는다.

대손충당금(⑪)과 업무무관자산 등에 대한 지급이자에서 동일인에 대한 채권 및 채무의 상계 처리 원칙은 납세자에게 유리하게 규정된 것이라고 이해하면 쉽다. 업무무관자산 등에 대한 지급이자에서는 가지급금 적수가 클수록 손금불산입되는 지급이자 금액이 크기 때문에 가수금이 있다면 상계하는 것이 유리하다. 반면에, 대손충당금은 추후에 서술하겠으나 채권 금액이 클수록 대손충당금 한도액이 커진다. 따라서 상계하지 않는 것이 유리하다.

CHAPTER 10
기업업무추진비와 기부금

1. 기업업무추진비의 개념과 범위
2. 기업업무추진비의 계산
3. 기업업무추진비의 세무조정
4. 기부금의 개념과 범위
5. 기부금의 구분
6. 기부금의 한도액
7. 기부금의 평가와 손익시기
8. 기부금의 세무조정

• 최신 8개년 출제 경향 분석

01 기업업무추진비의 개념과 범위

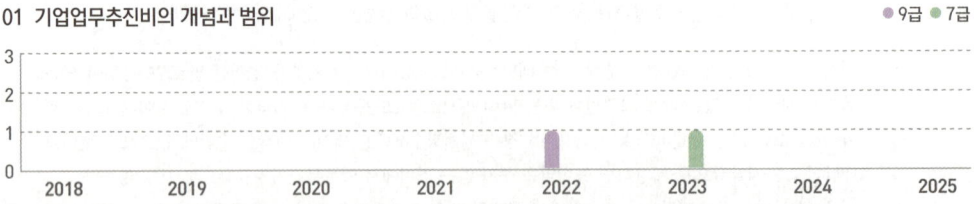

02 기업업무추진비의 계산

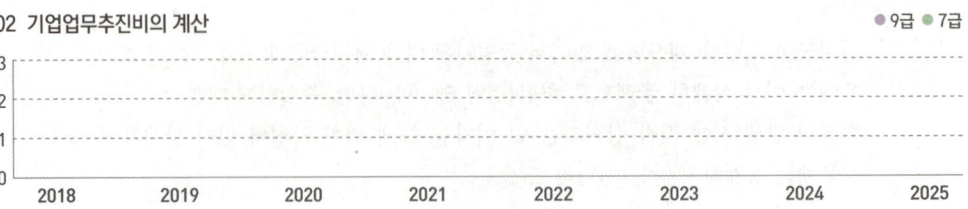

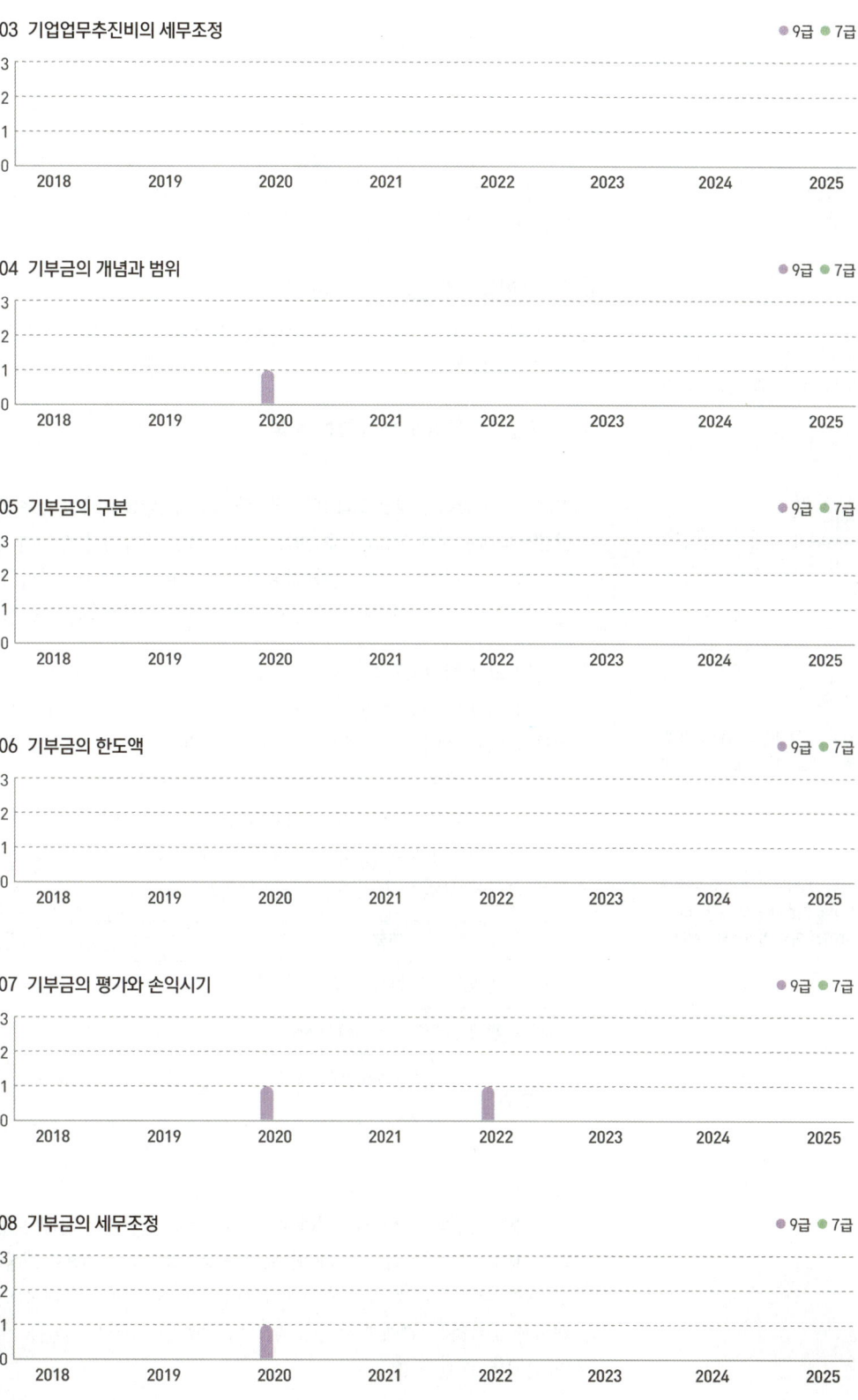

03 기업업무추진비의 세무조정

04 기부금의 개념과 범위

05 기부금의 구분

06 기부금의 한도액

07 기부금의 평가와 손익시기

08 기부금의 세무조정

❶ 기업업무추진비의 개념과 범위

1 기업업무추진비의 개념 B

'기업업무추진비'란 접대, 교제, 사례 또는 그 밖에 어떠한 명목이든 상관없이 이와 유사한 목적으로 지출한 비용으로서 내국법인이 직접 또는 간접적으로 업무와 관련이 있는 자와 업무를 원활하게 진행하기 위하여 지출한 금액을 말한다(법법 25 ①). 기업업무추진비는 업무와 관련된 비용이지만, 과도한 지출을 막기 위해 한도를 두어 한도 내에서만 손금으로 인정한다.

2 기업업무추진비의 범위 B

기업업무추진비에 해당하는지의 여부는 거래명칭·계정과목 등과 관계없이 **실질적 내용에 따라 판정**한다.

★★ (1) 기업업무추진비에 해당하는 항목

① 복리시설비

법인이 그 직원이 조직한 조합 또는 단체에 복리시설비를 지출한 경우 해당 조합이나 단체가 법인인 때에는 이를 기업업무추진비로 보며, 해당 조합이나 단체가 법인이 아닌 때에는 그 법인의 경리의 일부로 본다(법령 40 ②). 여기서 '법인의 경리의 일부'로 본다는 것은 법인의 회계처리에 따라 자산 또는 비용으로 회계처리한다는 뜻이다.

② 약정에 의한 채권포기액

약정에 의하여 채권의 전부 또는 일부를 포기하는 경우 이를 대손금으로 보지 않고 기부금 또는 기업업무추진비로 본다. 다만, 특수관계자 외의 자와의 거래에서 발생한 채권으로서 채무자의 부도발생 등으로 회수가 불확실한 어음·수표상의 채권 등을 조기에 회수하기 위하여 당해 채권의 일부를 불가피하게 포기한 경우 동 채권의 일부를 포기하거나 면제한 행위에 객관적으로 정당한 사유가 있는 때에는 동 채권포기액을 손금에 산입한다(법기통 19의2-19의2…5).

구분		처리방법
㉠ 특수관계인 + 조세부담 부당감소 목적		부당행위계산의 부인으로 보아 손금불산입
㉡ 특수관계인 외의 자 + 정당한 사유		전액 손금 인정
㉢ 그 외	업무와 관련된 지출	기업업무추진비로 보아 한도 계산
	업무와 무관한 지출	기부금으로 보아 한도 계산

③ 회의비

정상적인 업무를 수행하기 위하여 지출하는 회의비로서 사내 또는 통상회의가 개최되는 장소에서 제공하는 다과 및 음식물 등의 가액 중 사회통념상 인정될 수 있는 범위 내의 금액은 이를 각 사업연도의 소득금액 계산상 손금에 산입한다. 이때 통상회의비를 초과하는 금액과 유흥을 위하여 지출하는 금액은 이를 기업업무추진비로 본다(법기통 25-0…4).

오쌤 Talk

기업업무추진비, 기부금, 광고선전비의 비교

구분	기업업무추진비	광고선전비	기부금
업무관련성	O	O	X
손금인정여부	한도 내 손금인정	전액 손금 인정	한도 내 손금 인정
특정인에 대한 항목	O	X	O

기출 OX

01. 법인이 그 직원이 조직한 조합(법인)에 복리시설비를 지출한 것은 이를 기업업무추진비로 보지 아니한다. 2009.9급
정답 X

02. 법인이 그 직원이 조직한 단체에 복리시설비를 지출한 경우 해당 단체가 법인인 때에는 이를 기업업무추진비로 본다. 2022.9급
정답 O

④ 기업업무추진비 관련 부가가치세
  ㉠ 기업업무추진비 관련 부가가치세 매입세액은 「부가가치세법」상 불공제되지만, 「법인세법」에서는 기업업무추진비 관련 매입세액도 기업업무추진비로 본다.
  ㉡ 거래처에 대한 현물접대의 경우, 「부가가치세법」상 사업상 증여로 보아 부가가치세 매출세액을 부담하는데, 이 매출세액은 「법인세법」에서는 기업업무추진비로 간주한다.

★★ **(2) 기업업무추진비에 해당하지 않는 항목**
① 주주·출자자·임원·직원이 부담해야 할 성질의 기업업무추진비
  주주 또는 출자자나 임원 또는 직원이 부담해야 할 성질의 기업업무추진비를 법인이 지출한 것은 기업업무추진비로 보지 않는다(법령 40 ①).

② 광고선전 목적으로 기증한 물품의 구입비용
  광고선전 목적으로 기증한 물품의 구입비용[특정인에게 기증한 물품(개당 3만원 이하의 물품은 제외)의 경우에는 연간 5만원 이내의 금액으로 한정]은 광고선전비로 전액 손금인정한다(법령 19 ⑱).

③ 판매장려금·판매수당 등 판매부대비용
  판매한 상품·제품의 판매장려금 및 판매수당 등 판매와 관련된 부대비용은 사전약정과 관계없이 손금으로 인정한다(법령 19 (1의2)).

3 기업업무추진비의 손금귀속시기

기업업무추진비는 지급할 의무가 확정된(접대행위가 일어난) 사업연도에 행한다. 따라서 접대행위가 일어났으나 아직 미지급된 금액도 그 사업연도의 기업업무추진비로 인정하여 세무조정한다. 반면 법인이 기업업무추진비를 지출한 사업연도의 손비로 처리하지 않고 이연처리한 경우에도 이를 지출한 사업연도의 기업업무추진비로서 시부인 계산하고 그 후 사업연도에 있어서는 이를 기업업무추진비로 보지 않는다(법기통 25-0…1).

4 현물기업업무추진비의 평가

법인이 기업업무추진비를 금전 외의 자산으로 제공한 경우 해당 자산의 가액은 제공한 때의 시가와 장부가액 중 큰 금액으로 산정한다(법령 42 ⑥).

> 현물기업업무추진비 평가액 = MAX[시가, 장부가액]

기출 OX

03. 주주가 부담하여야 할 성질의 기업업무추진비를 법인이 지출한 것은 이를 기업업무추진비로 보지 아니한다.
2022. 9급
정답 O

04. 임원이 부담하여야 할 성질의 기업업무추진비를 법인이 지출한 것은 이를 기업업무추진비로 보지 아니한다.
2009. 9급
정답 O

오쌤 Talk
광고선전목적 기증 물품 구입비용 예시
① ㈜한국이 불특정 다수에게 제품 홍보를 위하여 개당 ₩40,000의 물품을 10개 구매 시: 해당 구매비용은 광고선전목적으로 불특정 다수를 위한 것이기 때문에 전액 손금으로 인정한다.
② ㈜한국이 거래처 ㈜민국을 위하여 제품 A ₩25,000, 제품 B ₩8,000을 구매한 경우: 제품 B는 3만원 이하로 전액 손금으로 인정되고, 제품 A도 3만원 이내의 금액이기에 전액 손금으로 인정한다.
③ ㈜한국이 거래처 ㈜민국을 위하여 제품 A를 ₩51,000에 구매한 경우: 제품 A는 5만원을 초과하였기에 전액 기업업무추진비로 보아 한도를 계산한다.

오쌤 Talk
현물기업업무추진비와 관련하여 유의사항
① 기업이 현물접대한 금액을 매출로 처리하는 경우, 현물접대금액은 기업회계기준상 매출액으로 보지 않는다. 따라서 기업업무추진비한도액을 계산할 때, 산식의 '매출액'에서 현물접대한 금액을 차감하여야 한다.
② 현물기업업무추진비와 관련하여 기업이 기업회계기준에 따라 처리하였다면 (장부가액이 회계상 금액이고, 부가가치세예수금을 누락하지 않은 경우), 세무조정은 없다. 기타 계정(처분손실, 세금과공과 등)은 어차피 손익계정이기 때문에, 기업업무추진비로 계정을 변경하는 과정에서 나오는 세무조정은 없기 때문이다.

② 기업업무추진비의 계산

1 기업업무추진비 해당액의 계산 B

법인이 지출한 기업업무추진비 중 다음의 지출은 기업업무추진비에 포함하지 않으며 현물기업업무추진비의 평가 및 손금귀속시기에 오류가 있을 경우 세무조정을 행한다.

> ① 증빙서류 미수취 또는 업무와 관련없는 기업업무추진비: 손금불산입 후, 귀속자에 따라 상여, 배당 등
> ② 적격증빙서류 미수취: 손금불산입(기타사외유출)

★★(1) 증빙서류 미수취 (서류를 받지 않음)

지출한 기업업무추진비에 대한 증명서류가 없는 경우 귀속이 불분명하므로 금액과 무관하게 손금불산입하고 대표자에 대한 상여로 처분한다.

★★(2) 적격증빙서류 미수취 (서류를 받았으나 적격증빙서류가 아님)

한 차례에 접대에 지출한 기업업무추진비 중 3만원(경조금은 20만원)을 초과하는 기업업무추진비로서 다음 중 어느 하나에 해당하지 않는 것은 기타사외유출로 손금불산입한다 (법법 25 ②, 법령 41 ①, ③, ④, ⑧).

> ① 신용카드(신용카드와 유사한 것으로서 직불카드·외국에서 발행된 신용카드·기명식선불카드·직불전자지급수단·기명식선불전자지급수단·기명식전자화폐 포함) 또는 현금영수증을 사용하여 지출한 기업업무추진비
> ② 세금계산서·계산서를 발급받아 지출한 기업업무추진비
> ③ 「법인세법」에 따른 매입자발행계산서·「부가가치세법」에 따른 매입자발행세금계산서·원천징수영수증*을 발행하여 지출한 기업업무추진비

* 사업자등록을 하지 않은 개인사업자로부터 용역을 제공받고 발급하는 원천징수영수증을 말한다(법령 41 ④).

적격증빙서류로 인정되는 신용카드 등은 법인의 명의로 발급받은 신용카드 등에 한한다. 따라서 임직원 명의로 발급받은 신용카드 등과 다른 가맹점 명의로 작성된 신용카드 등 사용액은 적격증빙서류 사용액으로 보지 않아 전액을 손금불산입(기타사외유출)한다.

기출 OX

05. 내국법인이 경조금으로 지출한 것으로 1회에 20만원을 초과하지 아니하는 금액은 기업업무추진비로 본다.
2009. 9급 수정
정답 O

기출 OX

06. 증빙누락분과 건당 3만원 초과 적격증빙 미수취분 기업업무추진비는 모두 대표자상여로 소득처분한다.
2006. 서울시
정답 X

★★ (3) 적격증빙서류 구비대상에서 제외되는 항목

다음 중 어느 하나에 해당하는 기업업무추진비는 그 성격상 적격증빙서류를 구비할 수 없으므로 이러한 손금불산입 규정을 적용하지 않는다(법령 41 ②, 법칙 20 ②, 25 ②). 따라서 **기업업무추진비에 포함하여 한도 내에서 계산하고 손금산입한다.**

> ① 기업업무추진비가 지출(지출사실이 객관적으로 명백한 경우)된 국외지역의 장소(그 장소가 소재한 인근 지역 안의 유사한 장소를 포함)에서 **현금 외에 다른 지출수단이 없어 적격증명서류를 구비하기 어려운 경우의 해당 국외지역에서의 지출**
> ② 농·어민(법인은 제외)으로부터 직접 재화를 공급받는 경우의 지출로서 그 대가를 금융회사 등을 통하여 지급한 지출(해당 법인은 과세표준신고를 할 때 과세표준신고서에 송금사실을 적은 송금명세서를 첨부하여 제출한 경우에 한정)
> ③ 법인이 직접 생산한 제품 등으로 제공한 현물기업업무추진비
> ④ 거래처와 약정에 의한 매출채권의 포기액

2 기업업무추진비 한도액의 계산 C

(1) 기업업무추진비 한도액 계산방법

기업업무추진비 한도액은 다음과 같이 계산한다(법법 25 ④, 조특법 136 ③).

> **기업업무추진비 한도액** = 일반기업업무추진비 한도액 + 문화기업업무추진비 한도액
> **일반기업업무추진비 한도액**[*1] = ① + ②
>
> ① 기본 한도: 1,200만원[*2] × $\frac{해당\ 사업연도\ 개월\ 수^{*3}}{12}$
>
> ② 수입금액 한도: (일반 수입금액 × 적용률) + (특정 수입금액 × 적용률 × 10%)
>
> **문화기업업무추진비 한도액** = MIN[③, ④]
> ③ 문화기업업무추진비(2025.12.31.까지 적용)
> ④ 일반기업업무추진비 한도액 × 20%

*1 단, 부동산임대업을 주업으로 하는 법인 등 **손금과 손금불산입** Link - P.87)은 (① + ②) × 50%
*2 중소기업의 경우 3,600만원
*3 1개월 미만의 일수는 1개월로 한다.

 기출 OX

07. 기업업무추진비를 지출(그 지출사실은 객관적으로 명백함)한 국외에서 현금 외 다른 지출수단이 없어 적격증빙을 갖추지 못한 경우에는 해당 국외지출을 기업업무추진비로 보지 아니한다.
2017. 9급
정답 X

오쌤 Talk

기업업무추진비 계산순서

기업업무추진비 한도계산 대상
1단계: 기업업무추진비 해당액의 계산 (①)
2단계: 기업업무추진비 한도액의 계산 (②)
3단계: 기업업무추진비 한도초과액의 계산 = ① - ②에 해당하는 금액을 손금불산입(기타사외유출)
※ 부동산임대업을 주업으로 하는 법인의 경우에는 기업업무추진비 한도초과액만 달라질 뿐, ①과 ②에 해당하는 금액은 달라지지 않는다.

확인문제 최신

01. 법인세법령상 기업업무추진비에 대한 설명으로 옳은 것만을 모두 고르면?
2023. 7급

> ㄱ. 수입금액별 기업업무추진비 한도 계산 시 특수관계인과의 거래에서 발생한 수입금액에 대해서는 그 수입금액에 법 소정 비율을 적용하여 산출한 금액의 100분의 20에 상당하는 금액을 한도로 한다.
> ㄴ. 법인이 그 직원이 조직한 조합 또는 단체에 복리시설비를 지출한 경우 해당 조합이나 단체가 법인인 때에는 이를 기업업무추진비로 보며, 해당 조합이나 단체가 법인이 아닌 때에는 그 법인의 경리의 일부로 본다.
> ㄷ. 법인이 기업업무추진비를 금전 외의 자산으로 제공한 경우 해당 자산의 가액은 제공한 때의 장부가액과 시가 중 큰 금액으로 산정한다.
> ㄹ. 경조금에 해당하는 기업업무추진비 중 20만원을 초과하는 기업업무추진비로서 증명서류를 수취하지 않은 것은 전액 손금불산입하고 기타사외유출로 처분한다.

① ㄱ, ㄴ ② ㄱ, ㄹ ③ ㄴ, ㄷ ④ ㄷ, ㄹ

정답 ③

(2) 수입금액

① **수입금액의 범위**

수입금액은 **기업회계기준에 따라 계산한 매출액**(사업연도 중에 중단된 사업부문의 매출액을 포함)을 말한다(법법 25 ④ (2), 법령 42 ①). 이는 총매출액에서 매출에누리, 매출환입 및 매출할인을 차감한 금액이다. 파생결합증권 및 파생상품 거래의 경우에는 해당 거래의 손익을 통산한 순이익(0보다 작은 경우 0으로 함)을 수입금액으로 한다.

> ㉠ 수입금액에 포함하는 것: 영업부수수익(부산물매각대 등), 중단사업부문의 매출액
> ㉡ 수입금액에 포함하지 않는 것: 기업회계기준상이 아닌 세법상 수익으로 보는 항목(간주임대료, 부당행위계산의 부인에 의해 익금산입된 금액 등)

② **일반수입금액과 특정수입금액**

여기서 '일반수입금액'이란 특수관계인 외의 자와의 거래에서 발생하는 수입금액을 뜻하며, '특정수입금액'이란 특수관계인과의 거래에서 발생하는 수입금액을 말한다.

(3) 적용률

① **일반수입금에 대한 적용률**

일반수입금에 대한 적용률은 아래와 같이 계산한다.

수입금액	수입금액 적용률
㉠ 100억원 이하	0.3%
㉡ 100억원 초과 500억원 이하	3천만원 + 100억원 초과금액의 0.2%
㉢ 500억원 초과	1억 1천만원 + 500억원 초과금액의 0.03%

② **특정수입금에 대한 적용률**

특정수입금액은 위 적용률의 10%를 적용하는데, 일반수입금액과 특정수입금액이 함께 있는 경우에는 일반수입금액부터 높은 적용률을 적용받는 구간을 구성하는 것으로 보아 특정수입금액에 대하여는 낮은 적용률을 적용한다.

(4) 문화기업업무추진비

'문화기업업무추진비'란 국내 문화 관련 지출로서 다음 중 어느 하나의 용도로 지출한 비용을 말한다(조특령 130 ⑤).

> ① 문화예술의 공연이나 전시회 또는 박물관의 입장권 구입
> ② 체육활동의 관람을 위한 입장권의 구입
> ③ 비디오물, 음반 및 음악영상물, 간행물 구입
> ④ 문화관광축제의 관람 또는 체험을 위한 입장권·이용권의 구입
> ⑤ 관광공연장 입장권의 구입
> ⑥ 지정문화재 및 등록문화재의 관람을 위한 입장권의 구입
> ⑦ 기획재정부령으로 정하는 박람회의 입장권 구입
> ⑧ 문화예술 관련 강연의 입장권의 구입 및 초빙강사에 대한 강연료 등
> ⑨ 자체시설 또는 외부임대시설을 활용해 해당 내국인이 직접 개최하는 공연 등 문화예술행사비
> ⑩ 문화체육관광부의 후원을 받아 진행하는 문화예술, 체육행사에 지출하는 경비
> ⑪ 미술품의 구입(취득가액이 거래단위별로 100만원 이하인 것으로 한정한다)

③ 기업업무추진비의 세무조정

■1 기업업무추진비 한도초과액의 손금불산입 C

기업업무추진비 한도초과액은 손금불산입(기타사외유출)으로 처리하고 한도미달액은 따로 세무조정을 하지 않는다.

■2 자산으로 계상한 기업업무추진비가 있는 경우 C

기업업무추진비 중 자산성이 있는 금액을 건설중인자산 등의 자산으로 계상한 경우, 해당 금액은 기업업무추진비에 포함하여 한도초과 여부를 검토한다. 자산으로 계상한 기업업무추진비를 포함하여 기업업무추진비 한도시부인계산을 한 결과 한도초과액이 발생한 경우, 한도초과액을 손금불산입하되, 다음의 순서로 구성된 것으로 본다(법기통 25-0…2).

> ㉠ 비용계상액(재고자산 구성분 포함) ⇒ ㉡ 건설중인자산 ⇒ ㉢ 유형자산·무형자산

① 한도초과액 중 비용계상액

이미 손금불산입하였으므로 추가 세무조정이 불필요하다.

② 한도초과액 중 자산계상액

한도초과로 손금불산입된 금액은 세법상 자산의 원가를 구성할 수 없으므로 자산을 감액하는 세무조정[손금산입(△유보)]을 추가로 행한다.

저가양도와 고가매입의 세무조정

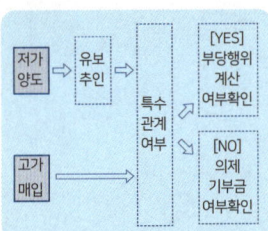

부당행위계산에 해당하는지 여부는 중요성 판단기준에 따라, 의제기부금에 해당하는지 여부는 정상가액 범위 내에 초과 또는 미달하는지에 따라 판단한다. 또한 고가매입에 해당하는 자산을 감액할 때, 해당 자산이 감가상각자산인 경우에는, 감액분 상각비 시부인과 상각시부인에 해당하는 세무조정이 필요하다.

08. 법인이 특수관계인 외의 자에게 정당한 사유 없이 자산을 시가보다 낮은 가액으로 양도하거나 시가보다 높은 가액으로 매입함으로써 그 차액 중 실질적으로 증여한 것으로 인정되는 금액은 기부금으로 본다. 2020. 9급
정답 X

의제기부금 예시

① 특수관계 없는 자에게 토지(시가 ₩50,000,000)를 ₩90,000,000에 매입한 경우의 의제기부금 = ₩90,000,000 - ₩50,000,000 × (1 + 30%) = ₩25,000,000
② 특수관계 없는 자에게 토지(시가 ₩50,000,000)를 ₩20,000,000에 양도한 경우의 의제기부금 = ₩50,000,000 × (1 - 30%) - ₩20,000,000 = ₩15,000,000

④ 기부금의 개념과 범위

1 기부금의 개념 B

★★(1) 의의

기부금이란 법인이 사업과 직접적인 관계없이 무상으로 지출하는 금액(**특수관계인 외의 자에게 정당한 사유 없이 자산을 정상가액보다 낮은 가액으로 양도하거나 정상가액보다 높은 가액으로 매입하는 거래를 통하여 실질적으로 증여한 것으로 인정되는 금액**을 포함)을 말한다(법법 24 ①). 따라서, 특수관계인에게 업무와 무관하게 증여한 경우에는 부당행위계산의 부인에 해당한다. 하지만, 그 특수관계인이 세법에 열거된 기부금대상 단체 등인 경우에는 기부금으로 본다(법기통 24-39…4).

★★(2) 의제기부금

특수관계인 외의 자에게 업무와 무관하게 지출하는 재산적 증여의 가액으로, **정당한 사유 없이 자산을 ① 정상가액보다 낮은 가액으로 양도하거나 ② 정상가액보다 높은 가액으로 매입양수함으로써, 그 차액 중 실질적으로 증여한 것으로 인정되는 금액은 기부금으로 본다.** 이 경우 '정상가액'은 시가에 시가의 30%를 더하거나 뺀 범위의 가액으로 한다(법령 35).

> **정상가액** = 시가 ± (시가 × 30%)

2 기부금의 범위 B

기부금은 특례기부금, 우리사주조합기부금, 일반기부금, 그리고 그 외의 기부금(비지정기부금)으로 나뉜다. 기부금은 업무와 무관한 지출이므로 손금에 산입하지 않는 것이 원칙이나, 공익성이 있는 특정 단체 기부금은 그 기부대상에 따라 다음과 같이 일부 손금으로 인정한다.

구분	세무조정
① 특례기부금	일정 한도 내에서 손금산입하고 한도초과액은 손금불산입(기타사외유출)
② 우리사주조합기부금	
③ 일반기부금	
④ 그 외의 기부금(비지정기부금)	손금불산입(상여·배당·기타사외유출)

5 기부금의 구분

1 특례기부금 B

특례기부금의 예시는 다음과 같다(법법24 ② (1)).

> ① 국가·지방자치단체에 무상으로 기증하는 금품의 가액(「기부금품의 모집 및 사용에 관한 법률」의 적용을 받는 기부금품은 같은 법에 따라 접수하는 것만 해당)
> ② 국방헌금과 국군장병 위문금품의 가액
> ③ **천재지변으로 생기는** 이재민을 위한 **구호금품의 가액**(천재지변에는 특별재난지역으로 선포된 경우 그 선포의 사유가 된 재난을 포함)
> ④ **특정 기관**[*1]에 시설비·교육비·장학금·**연구비**로 지출하는 기부금(병원 제외)
> ⑤ 특정 병원[*2]에 시설비·교육비 또는 연구비로 지출하는 기부금
> ⑥ 사회복지사업, 그 밖의 사회복지활동의 지원에 필요한 재원을 모집·배분하는 것을 주된 목적으로 하는 비영리법인(전문모금기관의 지정요건을 갖춘 법인만 해당)으로서 기획재정부장관이 지정·고시하는 법인에 지출하는 기부금
> ⑦ 특례기부금 지정기간까지 공공기관(공기업 제외) 또는 법률에 따라 직접 설립된 기관으로서 법에 정한 요건을 갖춘 기관에 지출하는 기부금

[*1] 특정 기관: 「**사립학교법」에 따른 사립학교**, 비영리교육재단(국립·공립·사립학교의 시설비, 교육비, 장학금 또는 연구비 지급을 목적으로 설립된 비영리재단법인으로 한정), 「국민 평생 직업능력 개발법」에 따른 기능대학, 「평생교육법」에 따른 전공대학의 명칭을 사용할 수 있는 평생교육시설 및 원격대학 형태의 평생교육시설, 「경제자유구역 및 제주국제자유도시의 외국교육기관 설립·운영에 관한 특별법」에 따라 설립된 비영리법인이 운영하는 국제학교, **산학협력단**, 한국과학기술원·광주과학기술원·대구경북과학기술원·울산과학기술원·한국에너지공과대학교, 국립대학법인 서울대학교·국립대학법인 인천대학교 및 한국개발연구원에 설치된 국제대학원·한국학중앙연구원에 설치된 대학원·법에 따라 설립된 대학원, 법에 따른 한국학교, 「한국장학재단 설립 등에 관한 법률」에 따른 한국장학재단

[*2] 특정병원: 국립대학병원, 국립대학치과병원, 서울대학교병원, 서울대학교치과병원, 사립학교가 운영하는 병원, 국립암센터, 지방의료원, 국립중앙의료원, 대한적십자사가 운영하는 병원, 한국보훈복지의료공단이 운영하는 병원, 한국원자력의학원, 국민건강보험공단이 운영하는 병원, 「산업재해보상보험법」에 따른 의료기관, 특례기부금 대상 병원이 설립하는 의료기술협력단 NEW

2 우리사주조합기부금 C

법인이 해당 법인의 「근로복지기본법」에 따른 우리사주조합에 출연하는 자사주의 장부가액 또는 금품은 전액 손금으로 인정된다(법령 19 ⑯). 여기서 말하는 우리사주조합기부금은 협력업체 등 다른 법인의 우리사주조합에 대한 기부금을 말한다.

3 일반기부금 B

일반기부금(법령 39 ①)의 예시로는 다음과 같다.

① 다음의 비영리법인(단체 및 비영리외국법인을 포함)에 대한 고유목적사업비 지출 기부금
  ㉠ 「사회복지사업법」에 의한 사회복지법인, 「영유아보육법」에 따른 어린이집
  ㉡ 「유아교육법」에 따른 유치원, 「초·중등교육법」 및 「고등교육법」에 의한 학교, 「근로자직업능력 개발법」에 의한 기능대학, 「평생교육법」에 따른 전공대학 형태의 평생교육시설 및 같은 법에 따른 원격대학 형태의 평생교육시설
  ㉢ 「의료법」에 의한 의료법인 및 의료기술협력단(특례기부금 대상 병원이 설립하는 의료기술협력단은 제외) NEW
  ㉣ 종교의 보급, 그 외 교화를 목적으로 「민법」에 따라 문화체육관광부장관 또는 지방자치단체의 장의 허가를 받아 설립한 비영리법인(그 소속 단체 포함)
  ㉤ 「민법」에 따라 주무관청의 허가를 받아 설립된 비영리법인, 비영리외국법인, 법에 따라 설립된 사회적협동조합, 공공기관 또는 법률에 따라 직접 설립된 기관 중 법에 정한 요건을 모두 충족한 것으로 국세청장(주사무소 및 본점소재지 관할 세무서장 포함) 추천을 받아 기획재정부장관이 지정하여 고시한 법인
  ㉥ 개정 시행령 시행 전에 종전 규정에 따라 인·허가 받은 학술연구단체·장학단체·기술진흥단체 및 문화·예술단체(전문예술법인·전무예술단체 포함) 또는 환경보호운동단체에 지출하는 기부금
  ㉦ 국민건강보험공단, 박물관, 미술관 등 종전 규정에 따라 지정한 공익법인

② 다음의 용도로 지출하는 기부금
  ㉠ 「유아교육법」에 따른 유치원의 장, 「초·중등교육법」 및 「고등교육법」에 의한 학교의 장, 「근로자직업능력 개발법」에 의한 기능대학의 장, 「평생교육법」에 따른 전공대학 형태의 평생교육시설 및 같은 법에 따른 원격대학 형태의 평생교육시설의 장이 추천하는 개인에게 교육비·연구비 또는 장학금으로 지출하는 기부금
  ㉡ 「상속세 및 증여세법 시행령」의 요건을 갖춘 공익신탁으로 신탁하는 기부금
  ㉢ 사회복지·문화·예술·교육·종교·자선·학술 등 공익목적으로 지출하는 기부금으로서 기획재정부장관이 지정하여 고시하는 기부금 (ex. 국민체육진흥기금, 근로복지진흥기금, 발명진흥기금, 과학기술진흥기금 등)

③ 다음의 기관에 기부하는 금품의 가액
  ㉠ 사회복지시설 또는 기관 중 무료·실비로 이용할 수 있는 것으로서 법정 시설 또는 기관 (ex. 아동복지시설, 노인복지시설, 장애인복지시설, 다문화가족지원센터, 한부모가족복지시설, 건강가정지원센터, 청소년복지시설 등)
  ㉡ 법에 정한 요건을 갖춘 국제기구로 기획재정부장관이 지정하여 고시하는 국제기구 (ex. 유엔난민기구, 세계식량계획 등)

4 비지정기부금 B

비지정기부금이란 손금에 산입되는 기부금으로 인정하지 않는 항목으로 위 외의 기부금에 해당한다. 예를 들어, **새마을금고 기부금**, 정치자금, 또는 향우회, 종친회, 동창회, 신용협동조합 등에 지출하는 기부금이다.

📖 **확인문제**

02. 「법인세법」상 일반기부금에 해당하는 것만을 고른 것은? 2013. 9급

ㄱ. 사립학교에 시설비로 지출하는 기부금
ㄴ. 「고등교육법」에 의한 학교의 고유목적사업비로 지출하는 기부금
ㄷ. 「산업교육진흥 및 산학연협력촉진에 관한 법률」에 따른 산학협력단에 연구비로 지출하는 기부금
ㄹ. 천재지변으로 생기는 이재민을 위한 구호금품의 가액

① ㄱ, ㄴ, ㄷ ② ㄱ, ㄴ
③ ㄴ ④ ㄹ

정답 ③

✏️ **기출 OX**

09. 법인이 새마을금고(특수관계인이 아님)에 정당한 사유 없이 자산을 정상가액보다 낮은 가액으로 양도한 경우 그 차액이 실질적으로 증여한 것으로 인정되는 금액은 비지정기부금으로 의제하여 손금산입하지 않는다. 2017. 9급

정답 O

6 기부금의 한도액

1 기부금의 손금산입 한도액 B

내국법인이 각 사업연도에 지출한 기부금 및 이월된 기부금은 기부금의 구분에 따라 산출한 손금산입 한도액 내에서 해당 사업연도의 소득금액을 계산할 때 손금에 산입하고, 손금산입 한도액을 초과하는 금액은 손금에 산입하지 않는다(법법 24 ②).

구분	손금산입 한도액
① 특례기부금	기준금액 × 50%
② 우리사주조합기부금	(기준금액 - 특례기부금 인정액) × 30%
③ 일반기부금	(기준금액 - 특례기부금 - 우리사주조합기부금 인정액) × 10%(20%)

2 기부금의 손금산입 한도액 계산식의 구성요소 C

위 **1 기부금의 손금산입 한도액** 산식의 기준금액은 다음 산식으로 구한다.

> 기준금액 = 기준소득금액 - 이월결손금

(1) 기준소득금액

'기준소득금액'이란 특례기부금·우리사주조합기부금 및 일반기부금을 손금에 산입하기 전의 해당 사업연도의 소득금액(합병·인적분할로 발생하는 양도손익은 제외)을 말한다(법법 24 ②). 이를 산식으로 표현하면 다음과 같다.

> 기준소득금액 = 차가감소득금액* + (특례기부금 + 우리사주조합 기부금 + 일반기부금)

* ㉠ '차가감소득금액'이란 '기부금한도초과액의 손금불산입'과 '기부금한도초과이월액의 손금산입'을 제외한 모든 세무조정이 완료된 후의 소득금액을 말한다. 이와 같이 차가감소득금액을 계산하여야만 기부금한도액을 계산할 수 있으므로 기부금한도초과액 계산과 관련된 세무조정은 가장 마지막 단계에서 이루어진다.
㉡ 기부금한도 계산상 차가감소득금액은 합병 시 피합병법인의 양도손익, 분할 시 분할법인 등의 양도손익을 제외한 금액으로 한다.

(2) 이월결손금

'이월결손금'이란 각 사업연도 개시일 전 15년 (20.1.1. 전에 개시하는 사업연도 발생 결손금은 10년) 이내에 개시한 사업연도에서 발생한 세무상 결손금으로서 그 후의 각 사업연도의 과세표준을 계산할 때 공제되지 않은 금액을 말한다(법법 24 ② (나)). 한도액 계산 시 차감하는 이월결손금은 다음과 같다.

> ① 중소기업: MIN[이월결손금, 기준소득금액 × 100%]
> ② 일반기업: MIN[이월결손금, 기준소득금액 × 80%]

오쌤 Talk

기부금을 차가감소득금액에 가산하는 취지

차가감소득금액에는 해당 사업연도에 지출한 기부금이 이미 전액 반영되어 있으므로 기부금 한도액을 계산하기 위해 반영된 기부금을 더함으로써 기부금효과를 제거하는 것이다.

기출 OX

10. 기업업무추진비는 발생주의에 따라 기부금은 현금주의에 따라 귀속시기를 결정한다. 2006. 서울시
정답 O

11. 법인이 기부금을 미지급금으로 계상한 경우 실제로 이를 지출할 때까지는 당해 사업연도의 소득금액계산에 있어서 이를 기부금으로 보지 아니한다. 2022. 9급
정답 O

12. 법인이 일반기부금을 미지급금으로 계상한 경우에는 이를 계상한 사업연도의 기부금으로 하고, 그 후의 사업연도에 있어서 이를 기부금으로 보지 아니한다. 2020. 9급 수정
정답 X

13. 특수관계인이 아닌 자에게 기부한 손금산입한도액의 적용을 받는 금전 외의 자산으로 제공한 경우 해당 자산의 가액은 이를 기부한 때의 시가로 한다. 2020. 9급
정답 X

14. 법인이 특수관계인에게 일반기부금을 금전 외의 자산으로 제공한 경우 해당 자산의 가액은 이를 제공한 때의 장부가액과 시가 중 큰 금액으로 한다. 2017. 9급
정답 O

15. 법인이 천재지변으로 생기는 이재민을 위한 구호금품을 금전 외의 자산으로 제공한 경우 해당 자산의 가액은 기부했을 때의 시가에 따라 산정한다. 2022. 9급
정답 X

오쌤 Talk

현물기부금의 평가
① 당기에 제품(시가 ₩200, 장부가액 ₩100)을 특례기부금 대상에 기부한 경우 현물기부금 = ₩100
② 당기에 제품(시가 ₩300, 장부가액 ₩200)을 특수관계인 외의 일반기부금 대상에 기부한 경우 현물기부금 = ₩200
③ 당기에 제품(시가 ₩100, 장부가액 ₩200)을 특수관계인인 일반기부금 대상에 기부한 경우 현물기부금 = MAX[₩100, ₩200] = ₩200

7 기부금의 평가와 손익시기

1 기부금의 손금귀속시기 A

★★ (1) 원칙

기업업무추진비는 기업회계기준상 발생주의에 대응되었다면, 기부금은 기업회계기준상 현금주의에 대응된다. 기부금은 그 지출한 날이 속하는 사업연도에 귀속한다(법령 36 ②, ③, 법칙 18)

> ① 기부금을 가지급금 등으로 이연계상한 경우에는 이를 그 지출한 사업연도의 기부금으로 하고, 그 후의 사업연도에 있어서는 이를 기부금으로 보지 않는다(법령 36 ②).
> ② **법인이 기부금을 미지급금으로 계상한 경우에는 실제로 이를 지출할 때까지 기부금으로 보지 않는다**(법령 36 ③).
> ③ 기부금의 지출을 위하여 어음을 발행(배서를 포함)한 경우에는 그 어음이 실제로 결제된 날에 지출한 것으로 본다.
> ④ 기부금의 지출을 위하여 수표*를 발행한 경우에는 해당 수표를 교부한 날에 지출한 것으로 본다(법칙 18).

* 선일자수표는 실제로 대금이 결제된 날에 기부한 것으로 본다.

★ (2) 예외

현금주의에 대한 예외로서 정부로부터 인·허가를 받기 이전의 설립 중인 공익법인 및 단체 등에 지출한 기부금의 경우에는 지출한 사업연도가 아닌 그 법인 및 단체가 정부로부터 인가 또는 허가를 받은 날이 속하는 사업연도의 기부금으로 본다.

2 현물기부금의 평가 A

법인이 기부금을 금전 외의 자산으로 제공한 경우 해당 자산의 가액은 다음의 구분에 따라 산정한다(법령 36 ①).

구분		현물기부금의 평가액
① 특례기부금		기부한 때의 장부가액
② 일반기부금	특수관계인이 아닌 자에게 기부한 경우	
	특수관계인에게 기부한 경우	기부한 때의 MAX[시가, 장부가액]
③ 비지정기부금		

 참고

현물기업업무추진비와 현물기부금의 비교

현물기업업무추진비	현물기부금
MAX[시가, 장부가액]	특례기부금, 특수관계 없는 자에 대한 일반기부금: 장부가액
	특수관계자에 대한 일반기부금, 비지정기부금: MAX[시가, 장부가액]

8 기부금의 세무조정

1 기부금에 대한 세무조정 구조 B

기부금에 해당하는 금액과 한도액을 기준으로 아래와 같이 세무조정한다.

> ① 기부금 해당액 > 기부금 한도액
>   한도를 초과하였으므로 손금불산입(기타사외유출)로 세무조정한다.
> ② 기부금 해당액 < 기부금 한도액
>   한도액에 미달하므로, '이월된 기부금 한도초과액'이 있는 경우에는 MIN[이월된 기부금 한도초과액, 한도미달액]을 손금산입(기타)로 세무조정하되, 없는 경우에는 세무조정을 하지 않는다.

2 기부금 한도초과액의 이월손금산입 A

특례기부금 및 일반기부금의 한도초과액은 해당 사업연도의 다음 사업연도 개시일부터 10년 이내에 끝나는 각 사업연도로 이월하여, 그 이월된 사업연도의 소득금액을 계산할 때 특례기부금 및 일반기부금 각각의 손금산입한도액의 범위에서 손금에 산입한다(법법 24 ⑤). 이처럼 이월 손금산입하는 경우에는 한도초과로 이월된 금액을 해당 사업연도에 지출한 기부금보다 먼저 손금산입한다. 이 경우 이월된 금액은 먼저 발생한 이월금액부터 손금에 산입한다(법법 24 ⑥).

구분	이월손금산입기간
특례기부금	10년
우리사주조합기부금	이월손금산입 규정 없음
일반기부금	10년

> **참고**
>
> **합병·분할 시 기부금 한도초과액 손금산입 한도**
> ① 합병법인 또는 분할합병의 상대방 법인의 기부금 한도초과액
>   합병법인, 분할합병의 상대방법인의 합병·분할등기일 현재 기부금 한도초과액에 대한 손금산입 한도는 합병·분할 전 해당 법인의 사업에서 발생한 소득을 기준으로 산출한 한도 내에서 손금산입한다.
> ② 피합병법인 또는 분할법인으로부터 승계받은 기부금 한도초과액
>   피합병법인, 분할법인으로부터 승계되는 기부금 한도초과액에 대한 손금산입 한도는 승계받은 사업에서 발생한 소득을 기준으로 산출한 한도 내에서 이월 잔여기간 동안 손금산입한다.

3 비지정기부금 C

비지정기부금은 한도계산을 하지 않고 전액 손금불산입한다. 소득처분은 기부를 받은 자(귀속자)에 따라 상여, 배당, 기타사외유출로 소득처분한다.

> ① 출자자(출자임원 제외): 배당
> ② 임직원: 상여
> ③ 이외의 경우: 기타사외유출

기출 OX

16. 손금에 산입하지 아니한 특례기부금의 손금산입한도액 초과금액은 해당 사업연도의 다음 사업연도 개시일부터 10년 이내에 끝나는 각 사업연도로 이월하여 그 이월된 사업연도의 소득금액을 계산할 때 특례기부금의 손금산입한도액의 범위에서 손금에 산입한다.
2020. 9급 수정
정답 O

17. 기부금 한도초과이월액의 손금산입기간은 3년이다. 2006. 서울시
정답 X

오쌤 Talk

「법인세법」상 이월결손금 관련 규정
① 자산수증이익 또는 채무면제이익 중 이월결손금에 충당한 금액은 익금으로 보지 않는다. 이 때, 충당할 수 있는 이월결손금은 발생연도 제한 없이 충당이 가능하다. Link-P.55
② 기부금 한도액을 구하기 위해 이월결손금을 공제하는데, 이 때 공제되는 이월결손금은 발생으로부터 15년 지난 이월결손금에 한해 공제한다.
③ 과세표준 계산 시 이월결손금 공제
  ⑭ Link-P.204
  ㉠ 중소기업: 이월결손금 100%를 각 사업연도 소득금액에서 공제할 수 있다.
  ㉡ 비중소기업(일반기업): 이월결손금은 각 사업연도 소득금액의 80%의 한도 내에서 공제할 수 있다.

CHAPTER 11

충당금

1. 충당금의 개요
2. 퇴직급여충당금
3. 퇴직연금충당금
4. 대손충당금
5. 일시상각충당금(압축기장충당금)과 구상채권상각충당금

최신 8개년 출제 경향 분석

01 충당금의 개요

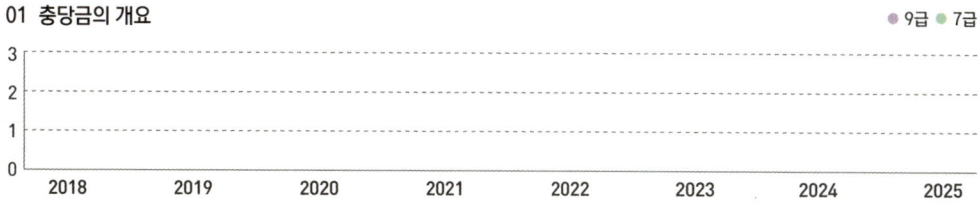

02 퇴직급여충당금

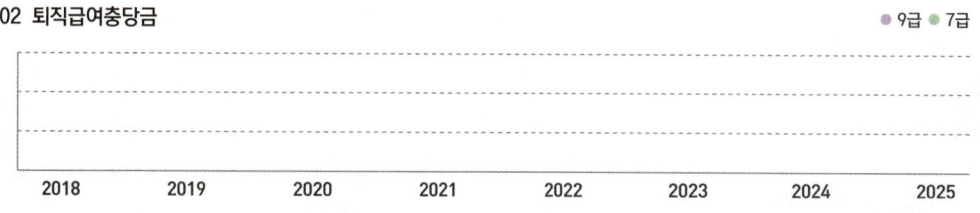

03 퇴직연금충당금

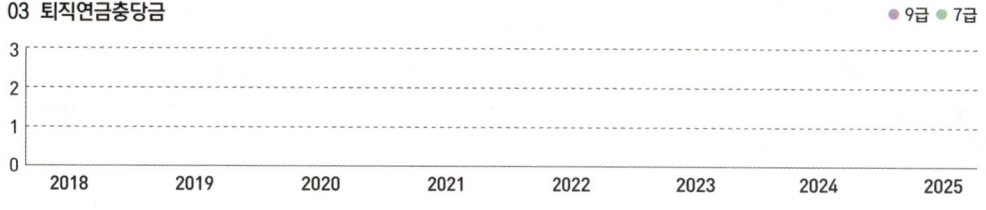

04 대손충당금

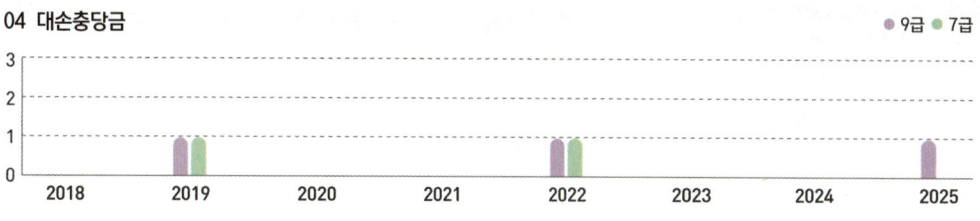

05 일시상각충당금(압축기장충당금)과 구상채권상각충당금

1 충당금의 개요

1 개요 C

기업회계에서는 '충당부채'와 '충당금'이라는 개념이 있고, 필요에 따라 제품보증충당부채, 공사손실충당부채, 복구충당부채 및 여러 가지 손실충당금 등을 설정한다. 하지만 「법인세법」에서는 권리의무확정주의에 따라 손익을 인식하기 때문에 원칙적으로 아직 실현(확정)되지 않은 충당부채와 충당금을 인정하지 않는다. 단, 「법인세법」상 열거된 충당금에 한하여 인정하고 있다.

2 「법인세법」상 열거된 충당금 B

「법인세법」도 익금과 손금을 대응시키고 기업회계와 차이를 최소화하기 위하여 몇 가지 규정된 충당금에 대해서만 손금산입을 인정하고 있다.

구분	「법인세법」상 규정
① 퇴직급여충당금	손금산입 한도액까지 퇴직급여충당금을 인정한다(결산조정사항).
② 퇴직연금충당금	손금산입 한도액까지 퇴직연금충당금을 계상해야 한다(강제신고조정사항).
③ 대손충당금	손금산입 한도액까지 대손충당금을 인정한다(결산조정사항).
④ 일시상각충당금 (압축기장충당금)	요건을 충족하는 경우에 일시상각충당금을 별도로 계상할 수 있다(임의신고조정 가능).
⑤ 구상채권상각충당금	신용보증사업을 영위하는 특정 법인에 한하여 구상채권상각충당금을 별도로 계상할 수 있다(임의신고조정 가능).

충당금 설정은 회사의 임의적인 선택에 달려 있으므로 결산서에 비용으로 계상한 경우에 한하여 세법에서도 손금으로 인정한다. 즉, 원칙적으로 결산조정사항이다. 다만, 예외적으로 퇴직연금충당금은 강제신고조정사항이며, 일시상각충당금(압축기장충당금)과 구상채권상각충당금(한국채택국제회계기준적용법인 중 대한주택보증주식회사에 한한다)은 임의신고조정이 가능하다. 위의 5가지 충당금을 제외하고 기업회계에서 의무로 계상하게 규정된 충당금(판매보증충당금, 공사손실충당금 등)은 세법에서 인정하지 않는다.

오쌤 Talk

퇴직급여충당금과 퇴직연금충당금의 비교

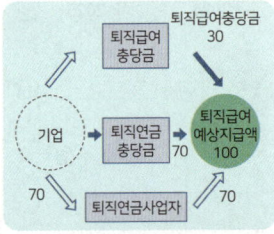

직원 1명에 대한 퇴직급여 예상지급액이 100이다. 기업은 이에 대비하여 퇴직연금사업자에게 70을 납부하였다. 이 금액에 대해 70의 퇴직연금충당금을 설정하였다면, 차액인 30에 대해서는 기업이 직접 현금으로 지급해야 할 것으로 예상하여 30의 퇴직급여충당금을 설정하게 된다.

① 각 충당금의 설정 시 세법상 회계처리
(차) 퇴직급여 30 (대) 퇴직급여충당금 30
(차) 퇴직연금운용자산 70 (대) 현금 70
   퇴직급여 70   퇴직연금충당금 70

② 퇴직급여 지급 시 세법상 회계처리
(차) 퇴직급여충당금 30 (대) 현금 30
(차) 퇴직연금충당금 70 (대) 퇴직연금운용자산 70

2 퇴직급여충당금

1 개요 C

(1) 퇴직급여충당금과 퇴직연금충당금의 정의

퇴직급여충당금은 회사가 장래에 지급할 퇴직급여를 근로를 제공한 사업연도의 비용으로 배분하기 위해 회사 내부적으로 설정하는 충당금 계정이다. 퇴직연금충당금은 회사 외부의 퇴직연금사업자와 퇴직연금계약을 체결하여 분담금을 부담하고 이에 대해 설정하는 충당금 계정이다. 세법에서는 퇴직급여를 회사가 임직원에게 안정적으로 지급할 수 있도록 퇴직급여충당금과 퇴직연금충당금을 인정한다.

(2) 퇴직급여충당금과 퇴직연금충당금의 계산순서

퇴직급여충당금의 한도는 퇴직급여추계액의 일정률까지만 인정하고, 나머지는 퇴직연금충당금의 한도를 계산할 때 인정하고 있다. 따라서 퇴직급여충당금을 항상 퇴직연금충당금보다 먼저 계산하도록 규정하고 있다.

2 퇴직급여충당금의 설정 C

(1) 개요

퇴직급여충당금의 설정은 결산조정사항이다. 내국법인이 각 사업연도의 결산을 확정할 때 임원이나 직원의 퇴직급여에 충당하기 위하여 퇴직급여충당금을 손비로 계상한 경우 한도액의 범위에서 그 계상한 퇴직급여충당금을 해당 사업연도의 소득금액을 계산할 때 손금에 산입한다(법법 33 ①).

(2) 퇴직급여충당금의 손금산입 한도액 계산식

> 손금산입 한도액 = MIN [① 총급여액 기준, ② 추계액 기준]
> ① 총급여액 기준 = 임직원의 해당 사업연도의 총급여액[*1] × 5%
> ② 추계액 기준[*2] = 퇴직급여추계액 × 0%[*3] − 세법상 퇴직급여충당금 이월잔액 + 퇴직금전환금 기말잔액

[*1] 사업연도가 1년 미만인 경우에도 해당 사업연도 총급여액으로 계산한다.
[*2] 추계액 기준이 음수라면 0으로 본다. 즉, 한도 내에서 손금에 산입한 퇴직급여충당금의 누적액에서 퇴직급여충당금을 손금에 산입한 사업연도의 다음 사업연도 중 임원 또는 직원에게 지급한 퇴직금을 뺀 금액이 퇴직급여 추계액에 사업연도별 비율을 곱한 금액을 초과하는 경우 그 초과한 금액은 익금으로 환입하지 않는다.
[*3] 퇴직급여추계액에 곱하는 비율은 개시한 사업연도에 따라 30%~0%이나 현재 사실상 폐지되었으므로 0%로 한다.

오쌤 Talk

퇴직급여충당금 계산순서

충당금 세무조정의 기본은 ① 설정의 적정성과 ② 상계의 적정성이 이루어졌는지 확인하는 것이다.

① 설정이 적정한가? (한도 내 손금인정)

기업	(차) 퇴직급여 100	(대) 퇴직급여충당금 100
세법	(차) 퇴직급여(한도액) 80	(대) 퇴직급여충당금 80

세무조정 퇴직급여충당금
한도 초과 20 손금불산입(유보)

② 상계가 적정한가?

기업	(차) 퇴직급여충당금 100	(대) 현금 100
세법	(차) 퇴직급여충당금 80 퇴직급여 20	(대) 현금 100

세무조정 전기퇴직급여충당금
손금산입(△유보)

오쌤 Talk

퇴직급여충당금 한도액 계산의 간편법

①의 경우: 임직원의 해당 사업연도의 총급여액 ≥ 0이기 때문에 무조건 0 이상의 값을 갖는다.
②의 경우: {(퇴직급여추계액 × 0% = 0) − 세법상 퇴직급여충당금 이월잔액} ≤ 0이기 때문에, 퇴직금전환금 기말잔액이 없다면 무조건 0 이하의 값을 갖는다.
한편, 한도가 0 이하인 경우에는 음수로 보지 않고 0으로 본다. 따라서, 퇴직급여충당금 자료가 제시되면서 퇴직금전환금 기말잔액이 제시되지 않거나 없다고 제시된 경우에는 별도로 한도액을 계산할 필요 없이 한도액은 0이라고 계산할 수 있다.

(3) 총급여액 기준

① 총급여액

퇴직급여의 지급대상이 되는 임원 또는 직원에게 해당 사업연도에 지급한 금액을 말한다(법령 60 ①). 해당 총급여액은 잔존한 임직원에 대한 퇴직급여충당금을 계산하기 위한 것이므로, **이미 기중에 퇴사한 자에 대한 급여는 총급여에 포함하지 않는다**. 그 밖의 유의할 사항은 다음과 같다.

> ㉠ 1년 미만 근속자에 대한 급여: 원칙적으로 포함하지 않으나, 회사의 퇴직급여규정에 1년 미만 근속자에게도 퇴직급여를 지급한다는 규정이 있으면 포함한다.
> ㉡ 확정기여형 퇴직연금 설정자에 대한 급여: 확정기여형 퇴직연금은 기업이 연금을 납부한 이후 추가적인 의무가 없는 연금형태이다. 따라서 확정기여형 퇴직연금 설정자에 대한 급여는 총급여액에 포함하지 않는다.

② 총급여액 범위

근로의 제공으로 인하여 봉급·상여·수당과 이와 유사한 성질의 급여 총액과 이익처분에 의한 상여금을 말하되, 다음의 항목은 제외된다(법령 60 ①). 아래의 항목은 **04** 에서 임원퇴직급여한도 계산식에서의 '총급여액'의 범위(P.74 별첨)와 정확하게 일치한다.

> ㉠ 「소득세법」상 비과세 근로소득
> ㉡ 손금불산입되는 인건비
> ㉢ 인정상여
> ㉣ 퇴직으로 인하여 받는 소득으로서 퇴직소득에 속하지 않는 소득
> ㉤ 직무발명보상금
> ㉥ 임원 또는 종업원 등에 대한 할인금액 **NEW**

(4) 추계액 기준

① 퇴직급여추계액

퇴직급여추계액은 다음과 같다(법령 60 ②, 법칙 31 ②).

> 퇴직급여추계액 = MAX[㉠, ㉡]
> ㉠ 일시퇴직기준 퇴직급여추계액
> ㉡ 보험수리적기준 퇴직급여추계액

㉠ 일시퇴직기준 퇴직급여추계액: 당기말 현재 재직하고 있는 임직원이 모두 퇴직할 경우 지급할 퇴직급여의 총액으로 정관 기타 퇴직급여지급규정에 따라 계산하되, 규정이 없는 경우에 한해 「근로자퇴직급여 보장법」에 따라 계산한다.
㉡ 보험수리적기준 퇴직급여추계액: 「근로자퇴직급여 보장법」에 따라 매 사업연도 말일 현재 급여에 소요되는 비용예상액의 현재가치와 부담금 수입예상액의 현재가치를 추정하여 산정된 금액으로 아래의 금액을 모두 더한 추계액을 말한다.

오쌤 Talk

보험수리적기준 퇴직급여 추계액의 계산

보험수리적기준 퇴직급여추계액은 ① + ②로 계산된다.
① 퇴직연금 가입자의 보험수리적기준 추계액
② 퇴직연금 미가입자의 일시퇴직기준 추계액 + 퇴직연금 가입자의 미가입기간 추계액

> ⓐ 확정급여형 퇴직연금에 가입한 자에 대한 법에 따른 보험수리적 기준 추계액
> ⓑ 확정급여형 퇴직연금에 가입하지 않은 자(확정기여형 퇴직연금과 개인퇴직연금 설정자 제외)에 대한 일시퇴직기준 추계액
> ⓒ 확정급여형 퇴직연금에 가입하였으나 그 재직기간 중 미가입기간이 있는 자의 그 미가입기간에 대한 일시퇴직기준 추계액

② 세법상 퇴직급여충당금 이월잔액

'세법상 퇴직급여충당금 이월잔액'이란 전기말까지 세법상 손금으로 인정된 퇴직급여충당금의 당기말 현재 잔액을 말하는 것으로 다음에 따라 계산한다.

> 세법상 퇴직급여 충당금 이월잔액 = 기초잔액 - 당기 중 세법상 퇴직급여충당금 감소액

③ 퇴직금전환금 기말잔액

'퇴직금전환금'이란 1999년 4월 1일 이전에 존재하던 법규에 의해 설정하던 금액이다. 이전부터 설정하던 금액이 기말에 여전히 기업 내에 남아있을 수 있는데, 이러한 잔액이 있는 경우 추계액 기준 한도 계산 시 가산한다.

(5) 퇴직급여충당금 세무조정

설정된 퇴직급여충당금 중 한도액을 초과하는 금액은 손금불산입(유보)한다.

> ① 퇴직급여충당금 설정액 > 한도액 (한도초과액): 손금불산입(유보)
> ② 퇴직급여충당금 설정액 < 한도액 (한도미달액): 세무조정 없음

3 퇴직금 지급 C

(1) 퇴직급여의 지급

퇴직급여충당금을 손금에 산입한 내국법인이 임원이나 직원에게 퇴직금을 지급하는 경우에는 그 퇴직급여충당금에서 먼저 지급한 것으로 본다(법법 33 ②). 퇴직급여충당금 설정액 중 손금불산입된 한도초과액이 있는 법인은 이후 지급하는 퇴직급여를 손금산입한 퇴직급여충당금과 상계하고도 남은 금액이 있다면 이전에 손금불산입된 금액을 손금으로 추인한다.

(2) 비현실적 퇴직으로 퇴직급여를 지급하는 경우

현실적으로 퇴직하지 않은 임직원에게 지급한 퇴직급여는 현실적으로 퇴직할 때까지 업무무관가지급금으로 본다(법칙 22 ②). 따라서 해당 금액은 업무무관자산에 포함되며, 제재 성격으로 지급이자 손금불산입(09), 대손금 설정 채권 배제(11), 부당행위계산의 부인으로 인정이자(13) 등을 계산해야 한다.

오쌤 Talk

비현실적 퇴직으로 퇴직급여 ₩1,000,000을 지급하는 경우

	(차)		(대)	
기업	퇴직급여	₩1,000,000	현금	₩1,000,000
세법	업무무관 가지급금	₩1,000,000	현금	₩1,000,000
세무조정	<손금불산입> 업무무관가지급금 ₩1,000,000(유보)			

(3) 임원퇴직금 한도초과액

임원에게 지급하는 퇴직급여가 한도를 초과하는 경우 그 금액은 세법상 퇴직급여충당금의 감소로 보지 않고 해당 임원에게 지급한 상여로 본다는 것을 **04 ② 주요손금항목 3** 의 (3)퇴직급여에서 배운 바 있다. 따라서 지급하는 퇴직금 중 한도액(Link-p.74) 초과분은 퇴직급여충당금 손금산입(△유보)하고 동시에 손금불산입(상여)로 소득처분한다.

③ 퇴직연금충당금

1 퇴직연금제도의 개요 C

내국법인이 임원 또는 직원의 퇴직을 퇴직급여의 지급사유로 하고 임원 또는 직원을 수급자로 하는 연금으로서 법으로 정하는 것을 퇴직연금이라 하는데 퇴직연금의 부담금으로 지출하는 금액은 해당 사업연도의 소득금액계산에 있어서 이를 손금에 산입한다(법령 44의2 ②).

(1) 확정기여형 퇴직연금제도

확정기여형 퇴직연금제도는 회사의 부담금이 이미 확정되어 있기 때문에 회사가 해당 부담금을 납입한 이후 추가적인 의무를 부담하지 않으며 납입 이후 근로자가 받는 연금급여는 적립금의 운용결과에 따라 달라지게 되는 형태의 연금제도이다. 이때 법인이 지출하는 확정기여형 퇴직연금의 부담금은 전액 손금에 산입한다. 다만, 임원에 대한 부담금은 법인이 퇴직 시까지 부담한 부담금의 합계액을 임원퇴직급여로 보아 한도초과 여부를 계산하며, 손금산입 한도초과액이 있는 경우 퇴직일이 속하는 사업연도의 부담금 중 한도초과액 상당액을 손금에 산입하지 아니하고, 한도초과액이 퇴직일이 속하는 사업연도의 부담금을 초과하는 경우 그 초과금액은 퇴직일이 속하는 사업연도의 익금에 산입한다(법령 44의2 ③).

(2) 확정급여형 퇴직연금제도

'확정급여형 퇴직연금제'란, 근로자가 받을 급여의 수준이 사전에 결정되어 있는 퇴직연금제도를 말한다. 근로자가 받는 연금급여가 이미 확정되어 있기 때문에 회사는 부담금을 납입하더라도 적립금의 운용결과에 따라 추가적인 의무를 부담할 수 있다.

2 퇴직연금충당금의 설정 C

(1) 개요

확정급여형 퇴직연금에 가입한 법인은 퇴직연금충당금을 설정한다.

(2) 퇴직연금충당금의 손금산입 한도 계산식

한도액 = MIN[① 추계액 기준, ② 불입액 기준]
① 퇴직급여추계액 기준 = 추계액 대비 퇴직급여충당금 부족설정액 − 세법상 퇴직연금충당금 이월잔액
② 불입액 기준 = 퇴직연금운용자산 잔액 − 세법상 퇴직연금충당금 이월잔액

(3) 추계액 대비 퇴직급여충당금 부족설정액(기말 퇴직급여추계액)

기말 퇴직급여추계액은 퇴직급여추계액 총액에서 세법에서 사내적립으로 이미 손금이 인정된 퇴직급여충당금 기말잔액을 차감한 금액이다.

(4) 세법상 퇴직연금충당금 이월잔액

세법상 퇴직연금충당금 이월잔액은 퇴직연금충당금을 계산하기 전까지 잔존하고 있는 퇴직연금충당금 잔액을 뜻한다. 이는 다음과 같이 계산한다.

> 세법상 퇴직연금충당금 기초잔액 - 당기 중 퇴직연금충당금 감소액

(5) 퇴직연금운용자산 잔액

퇴직연금운용자산은 기업회계의 사외적립자산에 대응되는 개념이다. 퇴직연금운용자산의 당기말 잔액은 다음과 같이 계산한다.

> 기초 퇴직연금운용자산 - 기중 퇴직연금운용자산 감소액 + 기중 퇴직연금운용자산 납입액

(6) 확정급여형 퇴직연금에서 발생하는 수익

확정급여형 퇴직연금에서 발생하는 수익은 그 확정일이 속하는 사업연도의 익금으로 산입한다.

(7) 세무조정

퇴직연금충당금의 설정은 강제신고조정사항이다. 따라서 다음과 같은 세무조정을 행한다.

> ① 회사계상액 > 한도액 (한도초과액): 손금불산입(유보)
> ② 회사계상액 < 한도액 (한도미달액): 손금산입(△유보) (강제신고조정사항)

3 퇴직금 지급 C

확정급여형 퇴직연금에 가입한 법인에서 현실적 퇴직으로 퇴직급여를 지급하는 경우 다음과 같은 순서로 상계한다.

> ① 퇴직연금충당금 → ② 퇴직급여충당금(총액관리) → ③ 퇴직급여

퇴직연금사업자가 퇴직한 임직원에게 퇴직연금을 지급한 부분은 퇴직연금충당금과 상계한다. 퇴직연금을 초과하여 지급된 부분은 퇴직급여충당금과 상계하며 부족한 경우 퇴직급여(비용)로 처리한다.

4 대손충당금

1 기업회계와 세법의 차이 B

(1) 대손금과 대손충당금의 의의

'대손금'이란 회수할 수 없는 채권금액을 말하고, '대손충당금'이란 회사가 기말에 보유하는 채권의 회수불능에 대비하여 대손예상액을 비용으로 설정한 평가성충당금을 말한다. 세법에서 대손충당금은 과대계상할 경우 세부담을 회피할 수 있기 때문에 내국법인이 각 사업연도의 결산을 확정할 때 외상매출금, 대여금 및 그 밖에 이에 준하는 채권의 대손에 충당하기 위하여 대손충당금을 손비로 계상한 경우에는 법으로 정하는 금액의 범위에서 그 계상한 대손충당금을 해당 사업연도의 소득금액을 계산할 때 손금에 산입한다(법법 34 ①).

★ (2) 기업회계와 세법의 회계처리

구분	기업회계	법인세법
① 대손금	회수불가능한 채권은 대손으로 처리	「법인세법」에서 규정된 요건을 충족한 채권에 한해서만 대손으로 처리
② 대손충당금	⊙ 합리적이고 객관적인 기준에 따라 대손추산액을 산출하고 대손충당금으로 설정함 ⓒ 보충법에 의한 회계처리: 기말 대손추산액에서 계상된 대손충당금을 제외한 잔액만큼을 보충하여 설정한다.	⊙ 세법상 한도액의 범위에서만 대손충당금을 설정(결산조정사항) ⓒ 총액법에 의한 회계처리: 기초 대손충당금에서 대손금을 차감한 금액을 익금산입(환입)하고, 기말 기준 대손추산액을 다시 손금산입하여 설정한다.

보충법과 총액법은 방법의 차이일 뿐 결과에 차이는 없다. 법인이 당해 사업연도의 대손충당금 손금산입 범위액에서 익금에 산입하여야 할 대손충당금을 차감한 잔액만을 대손충당금으로 계상한 경우 차감한 금액은 이를 각각 익금 또는 손금에 산입한 것으로 본다(법칙 32 ①). 즉, 기업이 보충법에 의해 회계처리하였다고 하더라도, 세법에서는 이를 총액법에 의해 회계처리한 것으로 보아 세무조정하도록 한다는 것이다.

★ (3) 세무조정

회사가 당기에 설정한 대손충당금이 한도액을 초과하는 경우에는 그 금액을 손금불산입(유보)한다. 대손충당금을 손금에 산입한 내국법인은 **대손금이 발생한 경우 그 대손금을 대손충당금과 먼저 상계하여야 하고, 대손금과 상계하고 남은 대손충당금의 금액은 다음 사업연도의 소득금액을 계산할 때 익금에 산입한다**(법법 34 ③).

① 대손충당금 설정액 > 한도액 (한도초과액): 손금불산입(유보)
② 대손충당금 설정액 < 한도액 (한도미달액): 세무조정 없음

오쌤 Talk

대손충당금의 총액법 채택으로 인한 세무조정의 영향

세법에서는 대손충당금을 계산하는 방법으로 총액법을 채택하고 있다. 여기서 총액법이라고 함은 단순하게 기존의 사항을 전부 제거하고, 새롭게 당기 말 한도를 계산하는 것을 말한다. 이러한 총액법의 채택으로 대손충당금을 계산할 때는 다음의 사항에 유의한다.

① 전기 대손충당금 한도초과액의 자동추인: 전기까지 계상된 대손충당금 한도초과액은 당기에 전부 기존의 사항이 제거되기 때문에 손금으로 자동추인되는 구조를 갖는다.
② 대손충당금 한도와 기말잔액의 비교: 퇴직급여충당금 또는 퇴직연금충당금과 달리 대손충당금 한도액은 당기 설정액과 비교하지 않는다. 회사가 계상한 기말잔액이 당기까지 인정된 대손충당금의 '총액'이기 때문에, 대손충당금의 한도까지만 인정하려면 기말잔액과 비교하는 것이 타당하다.

기출 OX

01. 대손충당금을 손금으로 계상한 내국법인은 대손금이 발생한 경우 그 대손금을 대손충당금과 먼저 상계하여야 하고, 대손금과 상계하고 남은 대손충당금의 금액은 다음 사업연도의 소득금액을 계산할 때 손금에 산입한다.

2016. 7급
정답 X

오쌤 Talk

대손충당금 관련 세무조정의 기본구조

① 전기 대손충당금 한도초과액(유보)
  : 무조건 당기에 익금불산입 (△유보)
② 당기 대손충당금 한도초과액
  : 손금불산입(유보)

> 대손충당금 한도초과액
> = 대손충당금 기말잔액* - 한도액

* 기업회계기준에 따른 채권의 재조정에 따라 채권의 장부가액과 현재가치의 차액을 대손금으로 계상한 경우 그 대손금과 관련하여 계상된 대손충당금은 제외한다(법령 61 ④).

2 대손금 A

내국법인이 보유하고 있는 채권 중 채무자의 파산 등 법으로 정하는 사유로 회수할 수 없는 채권의 금액은 법으로 정하는 사업연도의 소득금액 계산 시 손금에 산입한다.

(1) 신고조정사항

다음에 해당하는 채권의 금액은 해당 사유가 발생한 날이 속하는 사업연도의 손금으로 한다. 따라서 이러한 대손금은 대손으로 회계처리하였는지 여부에 관계없이 반드시 대상채권전액을 해당 사업연도의 손금에 산입해야 하는 신고조정사항에 해당한다.

구분	구체적인 대손사유
① 소멸시효가 완성된 채권	㉠ 「상법」에 따른 소멸시효가 완성된 외상매출금 및 미수금 ㉡ 「어음법」에 따른 소멸시효가 완성된 어음 ㉢ 「수표법」에 따른 소멸시효가 완성된 수표 ㉣ 「민법」에 따른 소멸시효가 완성된 대여금 및 선급금
② 그 밖의 채권	㉤ 「채무자 회생 및 파산에 관한 법률」에 따른 회생계획인가의 결정 또는 법원의 면책결정에 따라 회수불능으로 확정된 채권 ㉥ 「서민의 금융생활 지원에 관한 법률」에 따른 채무조정을 받아 신용회복지원 협약에 따라 면책으로 확정된 채권 ㉦ 「민사집행법」에 따라 채무자의 재산에 대한 경매가 취소된 압류채권

(2) 결산조정사항

다음 중 어느 하나에 해당하는 채권의 금액은 해당 사유가 발생하여 손비로 계상한 날이 속하는 사업연도의 손금으로 한다. 따라서 이러한 대손금은 법인이 대손처리하지 않은 경우 신고조정으로 손금산입할 수 없는 결산조정사항에 해당한다.

구분	구체적인 대손사유
① 일정기간 지난 채권	㉠ 부도발생일부터 6개월 이상 지난 수표 또는 어음상의 채권 및 외상매출금*1(중소기업의 외상매출금으로서 부도발생일 이전의 것에 한정) 단, 해당 법인이 채무자의 재산에 대하여 저당권을 설정하고 있는 경우는 제외 ㉡ 회수기일이 6개월 이상 지난 채권 중 채권가액이 30만원 이하(채무자별 채권가액의 합계액 기준)인 채권 ㉢ 중소기업의 외상매출금 및 미수금으로서 회수기일이 2년 이상 지난 것. 다만, 특수관계인과의 거래로 인하여 발생한 것은 제외
② 그 밖의 채권	㉣ 채무자의 파산, 강제집행, 형의 집행, 사업의 폐지, 사망, 실종, 행방불명으로 인하여 회수할 수 없는 채권 ㉤ 재판상 화해 등*2 확정판결과 같은 효력을 가지는 것으로 회수불능으로 확정된 채권 ㉥ 금융회사 등의 채권으로서 금융감독원장이 대손을 인정한 채권 ㉦ 물품의 수출 또는 외국에서 용역제공으로 발생한 채권으로 법에 정하는 사유로 무역에 관한 법령에 따라 회수불능으로 확인된 채권 ㉧ 중소기업창업투자회사의 창업자에 대한 채권으로서 법에 정한 기준에 해당한다고 인정한 채권

*1 대손금으로 손비에 계상할 수 있는 금액은 사업연도 종료일 현재 회수되지 않은 해당 채권의 금액에서 1,000원(비망가액)을 뺀 금액으로 한다.
*2 재판상 화해 등: 「민사소송법」에 따른 화해, 화해권고결정, 강제조정결정 및 「민사조정법」에 따른 조정을 말한다(법칙 10의4).

기출 OX

02. 「채무자 회생 및 파산에 관한 법률」에 따른 회생계획인가의 결정 또는 법원의 면책결정에 따라 회수불능으로 확정된 채권은 해당 사유가 발생한 날이 속하는 사업연도의 소득금액을 계산할 때 손금에 산입하지 아니한다.
2025.9급
정답 X

확인문제

01. 「법인세법」상 해당 사유가 발생하여 손금으로 계상한 날이 속하는 사업연도의 손금으로 인정되는 채권은 모두 몇 개인가?
2011. 7급

㉠ 상법에 따른 소멸시효가 완성된 외상매출금
㉡ 채무자회생 및 파산에 관한 법률에 따른 회생계획인가의 결정에 따라 회수불능으로 확정된 채권
㉢ 민사집행법에 따라 채무자의 재산에 대한 경매가 취소된 압류채권
㉣ 회수기일이 6월 이상 지난 채권으로서 채무자별로 30만원 이하의 채권

① 1개 ② 2개
③ 3개 ④ 4개

정답 ①

확인문제

02. 「법인세법령」상 내국법인의 대손금에 대한 설명으로 옳지 않은 것은?
2022. 9급

① 민법에 따른 소멸시효가 완성된 대여금은 해당 사유가 발생한 날이 속하는 사업연도의 손금으로 한다.
② 부도발생일부터 6개월 이상 지난 어음상의 채권(해당 법인이 채무자의 재산에 대하여 저당권을 설정하고 있는 경우는 제외한다)은 해당 사유가 발생한 날이 속하는 사업연도의 손금으로 한다.
③ 채무자의 파산으로 회수할 수 없는 채권은 해당 사유가 발생하여 손비로 계상한 날이 속하는 사업연도의 손금으로 한다.
④ 회수기일이 6개월 이상 지난 채권 중 채권가액이 30만원 이하(채무자별 채권가액의 합계액을 기준으로 한다)인 채권은 해당 사유가 발생하여 손비로 계상한 날이 속하는 사업연도의 손금으로 한다.

정답 ②

기출 OX

03. 「수표법」에 따른 소멸시효가 완성된 수표는 해당 사유가 발생한 날이 속하는 사업연도의 소득금액을 계산할 때 손금에 산입한다. 2025.9급 최신
정답 O

04. 법인이 다른 법인과 합병하거나 분할하는 경우로서 채무자의 파산으로 회수할 수 없는 채권에 해당하는 대손금을 합병등기일 또는 분할등기일이 속하는 사업연도까지 손비로 계상하지 아니한 경우 그 대손금은 해당 법인의 합병등기일 또는 분할등기일이 속하는 사업연도의 손비로 보지 아니한다. 2019.7급
정답 X

05. 채무보증(법령으로 정하는 일정한 채무보증은 제외)으로 인하여 발생한 구상채권에 대하여는 주채무자에 대해 구상권을 행사한 결과 무재산 등으로 회수할 수 없는 경우에 대손처리할 수 있다. 2011.9급
정답 X

확인문제

03. 법인세법령상 내국법인의 대손금의 손금불산입에 대한 설명으로 옳은 것은? 2022.7급

① 「민사소송법」에 따른 화해에 따라 회수불능으로 확정된 채권은 해당 사유가 발생하여 손비로 계상한 날이 속하는 사업연도의 소득금액을 계산할 때 손금에 산입한다.
② 「채무자 회생 및 파산에 관한 법률」에 따른 회생계획인가의 결정에 따라 회수불능으로 확정된 채권은 해당 사유가 발생한 날이 속하는 사업연도와 관계없이 해당 채권을 실제 손비로 계상한 날이 속하는 사업연도의 소득금액을 계산할 때 손금에 산입한다.
③ 채무보증(법인세법 시행령 제19조의2제6항에 정하는 채무보증은 제외)으로 인하여 발생한 구상채권은 해당 구상채권을 회수할 수 없는 사실이 확정된 날이 속하는 사업연도의 소득금액을 계산할 때 손금에 산입한다.
④ 「법인세법」에 따라 손금에 산입한 대손금을 그 다음 사업연도에 회수한 경우 그 회수금액은 해당 대손금을 손금에 산입한 사업연도에 익금 산입한다.

정답 ①

★★ (3) 결산조정사항의 예외

법인이 다른 법인과 합병하거나 분할하는 경우로서 결산조정사항에 해당하는 대손금을 합병등기일 또는 분할등기일이 속하는 사업연도까지 손비로 계상하지 않은 경우 그 대손금은 해당 법인의 합병등기일 또는 분할등기일이 속하는 사업연도의 손비로 한다(법령 19의2 ④).

★★ (4) 대손금의 손금산입 대상채권

① 원칙

대손처리할 수 있는 채권의 범위에 대해서는 별다른 제한이 없다. 회수할 수 없는 부가가치세 매출세액 미수금(「부가가치세법」에 따른 대손세액공제를 받은 것은 제외)도 포함된다(법령 19 ⑧).

② 예외: 대손금 손금산입 대상 배제 채권

다음의 채권은 대손사유가 충족되더라도 손금에 산입할 수 없다(법법 19의2 ②, 34 ②, 법령 19 ⑧). 아래 ㉠·㉡은 처분손실도 인정되지 않는다.

> ㉠ 채무보증(법령에서 허용하는 채무보증*은 등 일정한 채무보증은 제외)으로 인하여 발생한 구상채권
> ㉡ 대여시점 기준 특수관계인에게 지급한 업무무관가지급금
> ㉢ 「부가가치세법」에 따른 대손세액공제를 받은 부가가치세 매출세액

*법령에서 허용하는 채무보증은 다음과 같다.

> ⓐ 「독점규제 및 공정거래에 관한 법률」에 따른 채무보증
> ⓑ 관련법에 따른 금융회사 또는 신용보증사업을 영위하는 법인이 행한 채무보증
> ⓒ 위탁기업이 수탁기업협의회의 구성원인 수탁기업에 대하여 행한 채무보증
> ⓓ 건설업 및 전기 통신업을 영위하는 내국법인이 건설사업과 직접 관련하여 특수관계인에 해당하지 아니하는 자에 대한 채무보증
> ⓔ 「해외자원개발 사업법」에 따른 해외자원개발사업자가 해외자원개발사업과 직접 관련하여 해외에서 설립된 법인에 대하여 행한 채무보증
> ⓕ 「해외건설 촉진법」에 따른 해외건설사업자가 해외자원개발을 위한 해외건설업과 직접 관련하여 해외에서 설립된 법인에 대해 행한 채무보증

참고

제외 사유

위 (4) ② 예외 채권들이 대손금의 손금산입 대상채권에서 제외되는 이유는 다음과 같다.
① 채무보증 구상채권: 건실한 재무구조를 유도하기 위해 제외
② 대여 시점기준의 특수관계인 업무무관가지급금: 제재성격으로 제외
③ 대손세액공제를 받은 부가가치세 매출세액: 대손세액공제라는 부가가치세의 혜택과 이중으로 받을 수 없게 하기 위하여 제외

★★ (5) 대손금 회수액의 처리

손금산입한 대손금 중 회수한 금액은 그 회수한 날이 속하는 사업연도의 소득금액을 계산할 때 익금에 산입한다(법법 19의2 ③). 그러나 손금불산입한 대손금을 회수한 경우에는 익금에 산입할 수 없다.

(6) 세부사항: 채권가액의 재조정에 따른 대손금의 손금산입

내국법인이 기업회계기준에 따른 채권의 재조정에 따라 채권의 장부가액과 현재가치의 차액을 대손금으로 계상한 경우에는 이를 손금에 산입하며, 손금에 산입한 금액은 기업회계기준의 환입방법에 따라 익금에 산입한다(법령 19의2 ⑤).

3 대손충당금의 손금산입한도액 B

대손충당금의 손금산입 한도액은 다음과 같다(법법 34 ①, 법령 61 ②). 이러한 한도액을 초과하여 설정한 대손충당금은 손금불산입하며, 한도미달액은 세무조정하지 않는다.

(1) 대손충당금의 손금산입 한도 계산식

> 손금산입 한도액 = 당기말 설정대상채권의 장부가액 합계 × 설정률

(2) 설정대상채권의 범위

대손충당금을 설정할 수 있는 채권의 범위는 다음과 같다(법령 61 ①, 법법 34 ③).

구분	상세내용	설정제외대상채권
① 외상매출금	상품·제품의 판매가액의 미수액과 가공료·용역 등의 제공에 의한 사업수입금액의 미수액	⊙ 할인어음 ⓒ 배서어음
② 대여금	금전소비대차계약 등에 의해 타인에게 대여한 금액	⊙ 채무보증으로 인해 발생한 구상채권 ⓒ 대여 시점의 특수관계인에 대한 업무무관가지급금
③ 그 밖의 채권	받을어음 등 어음상 채권, 미수금(진행률에 따른 공사미수금 등) 기업회계기준에 의한 대손충당금 설정대상 채권	⊙ 매각거래성격의 할인어음 및 배서양도어음 ⓒ 부당행위계산규정을 적용받는 거래에 있어 시가초과액에 상당하는 채권

(3) 설정대상채권의 장부가액

설정대상채권의 장부가액은 세무상의 금액으로 한다. 따라서 다음과 같이 계산한다.

> 설정대상채권의 장부가액 = 기말 재무상태표상 채권가액 − 설정제외대상 채권가액 ± 채권 유보

기출 OX

06. 내국법인이 기업회계기준에 따른 채권의 재조정에 따라 채권의 장부가액과 현재가치의 차액을 대손금으로 계상한 경우에는 이를 손금에 산입하며, 손금에 산입한 금액은 기업회계기준의 환입방법에 따라 익금에 산입한다. 2025. 9급 최신

정답 O

오쌤 Talk

'부당행위계산부인 대상인 시가초과액에 상당하는 채권'의 의미

토지 시가는 100으로 거래처의 입장에서는 고가매입으로 인해 부당행위계산부인 적용된다고 가정한다면, 여기서 '나'가 보유하는 채권 200 중 시가초과액에 상당하는 채권은 100이다.

기출 OX

07. 금전소비대차 계약에 의하여 타인에게 대여한 금액에 대해서는 대손충당금을 설정할 수 없다. 2008. 서울시

정답 X

확인문제

04. 제조업을 영위하는 영리내국법인인 ㈜한국의 제17기 사업연도(1월 1일 ~ 12월 31일) 자료이다. 대손충당금에 대한 세무조정의 결과가 제17기 각 사업연도의 소득금액에 미친 영향은? 2019. 9급

○ 매출채권과 관련된 대손충당금 계정은 다음과 같다.

대손충당금 (단위: 원)			
당기상계	10,000,000	전기이월	12,000,000
차기이월	15,000,000	당기설정	13,000,000
계	25,000,000	계	25,000,000

- 전기이월 중에는 전기에 한도초과로 부인된 금액 3,000,000원이 포함되어 있다.
- 당기상계는 대손요건을 충족한 매출채권과 상계된 것이며, 그 외 대손처리된 매출채권은 없다.

○ 대손충당금 설정대상이 되는 법인세법상 매출채권 잔액은 다음과 같다.
- 제16기 말 현재 매출채권: 250,000,000원
- 제17기 말 현재 매출채권: 300,000,000원

① 2,000,000원 감소
② 1,000,000원 감소
③ 0원(변동 없음)
④ 1,000,000원 증가

정답 ③

확인문제

05. 다음 자료에 의하여 영리내국법인 ㈜B의 제5기(2024년 1월 1일 ~ 12월 31일) 대손충당금 손금산입 한도초과액을 계산하면? 2016. 9급

○ 제5기 회계장부상 대손충당금 당기상계액: 20,000,000원(전액 법인세법상 대손금의 손금산입 요건을 충족함)
○ 제5기 회계장부상 대손충당금 당기설정액: 30,000,000원
○ 제5기 회계장부상 대손충당금 기말잔액: 50,000,000원
○ 제4기말 법인세법상 대손충당금 설정대상 채권 잔액: 10억 원
○ 제5기말 법인세법상 대손충당금 설정대상 채권 잔액: 12억 원

① 6,000,000원
② 24,000,000원
③ 26,000,000원
④ 28,000,000원

정답 ③

기출 OX

08. 내국법인이 동일인에 대하여 매출채권과 매입채무를 가지고 있는 경우에는 당해 매입채무를 상계하지 아니하고 대손충당금으로 계상할 수 있다. (단, 당사자 간의 약정에 의하여 상계하기로 한 경우는 제외함) 2016. 7급

정답 ○

기출 OX

09. 「법인세법」에 따라 대손충당금을 손금에 산입한 내국법인이 합병하는 경우 그 법인의 합병등기일 현재의 해당 대손충당금 중 합병법인이 승계(해당 대손충당금에 대응하는 채권이 함께 승계되는 경우만 해당한다)받은 금액은 그 합병법인이 합병등기일에 가지고 있는 대손충당금으로 본다. 2019. 7급

정답 ○

★★ (4) 설정률

설정대상채권의 장부가액에 곱하는 설정률은 다음과 같이 계산한다(법령 61 ②, ③).

구분		설정률
① 일반법인		MAX[1%, 대손실적률[*1]]
② 금융회사 등	㉠ 신용보증기금 등	MAX[1%, 대손실적률[*1]]
	㉡ 은행 등	MAX[1%, 대손실적률[*1], 대손충당금 적립기준 금액[*2]]

[*1] 대손실적률 = $\dfrac{\text{해당 사업연도의 대손금(요건을 충족한 것에 한정)}}{\text{직전 사업연도 종료일 현재의 채권잔액}}$

[*2] 금융위원회 또는 행정안전부가 협의하여 정하는 금액

4 기타 사항 A

★★ (1) 동일인에 대한 채권·채무의 상계 여부

법인이 동일인에 대하여 매출채권과 매입채무를 가지고 있는 경우 당해 매입채무를 상계하지 않고 대손충당금을 계상할 수 있다. 다만, 당사자 간의 약정에 의해 상계하기로 한 경우에는 그러지 않는다(법칙 32 ②).

★★ (2) 합병·분할의 경우 대손충당금의 승계

대손충당금을 손금에 산입한 내국법인이 합병하거나 분할하는 경우 그 법인의 합병등기일 또는 분할등기일 현재의 해당 대손충당금 중 합병법인 등이 승계(해당 대손충당금에 대응하는 채권이 함께 승계되는 경우만 해당)받은 금액은 그 합병법인 등이 합병등기일 또는 분할등기일에 가지고 있는 대손충당금으로 본다(법법 34 ④).

5 일시상각충당금(압축기장충당금)과 구상채권상각충당금

1 일시상각충당금의 개요 B

'일시상각충당금'이란 익금에 해당하는 일정 금액에 대하여 과세시점을 이연하여 법인세 부담을 완화시키기 위해 당기에 일시에 상각할 목적으로 설정하는 충당금을 말한다. '**일시상각충당금**'은 감가상각자산을 대상으로 한다면, '**압축기장충당금**'은 감가상각 외의 자산(비상각자산)을 대상으로 설정하는 충당금을 말한다(법령 64 ③ (1), (2)). 「법인세법」상 다음의 대상에 한하여 일시상각충당금(압축기장충당금)을 설정할 수 있다.

> ① 공사부담금, 국고보조금, 보험차익
> ② 물적분할·현물출자·교환으로 인한 자산양도차익

2 일시상각충당금(압축기장충당금)의 손금산입 B

★★ (1) 손금산입의 방법

충당금은 회사의 임의적 선택사항이므로 원칙적으로 결산조정항목이지만, 기업회계기준에서는 일시상각충당금(압축기장충당금)의 비용계상을 인정하지 않는다. 따라서 **일시상각충당금(압축기장충당금)은 신고조정에 의한 손금산입이 허용된다.**

★★ (2) 국고보조금

① 개요

내국법인이 법률에 따라 보조금 등을 지급받아 그 지급받은 날이 속하는 사업연도의 종료일까지 사업용 자산을 취득하거나 개량하는 데에 사용한 경우 또는 사업용 자산을 취득하거나 개량하고 이에 대한 국고보조금 등을 사후에 지급받은 경우에는 해당 사업용 자산의 가액 중 그 사업용 자산의 취득 또는 개량에 사용된 국고보조금 등 상당액을 법으로 정하는 바에 따라 그 사업연도의 소득금액을 계산할 때 손금에 산입할 수 있다(법법 36 ①, 법령 64 ①, ②).

구분	내용
⊙ 대상	법 규정에 의하여 국가 및 지방자치단체로부터 보조금을 수령한 법인
ⓒ 손금산입시기	해당 보조금을 지급받은 사업연도
ⓒ 손금산입요건	지급받은 사업연도의 다음 사업연도 개시일로부터 1년 이내에 사용할 것

② 기한 내 미사용 시

허가 또는 인가의 지연 등 법으로 정하는 사유로 국고보조금 등을 기한 내에 사용하지 못한 경우 해당 사유가 끝나는 날이 속하는 사업연도의 종료일을 그 기한으로 본다(법법 36 ②).

오쌤 Talk

충당금 설정 허용 취지

① 공사부담금, 국고보조금, 보험차익의 경우 일정 자산을 취득하거나, 사업을 위한 목적에 사용하기 위한 금액인데, 이에 대해 과세를 하게 되면, 자산 취득이 어려워지거나 사업에 제약이 발생할 수 있다. 또한 ② 물적분할·현물출자·교환으로 인한 자산양도차익의 경우 과세를 하게 되면 분할이나 교환이 용이하게 이뤄지기 어렵다. 따라서 세법에서는 이러한 문제를 해소하기 위해 익금에 산입한 금액 중 일정한 조건을 만족하는 금액을 법인의 선택에 따라 일시에 상각하여 손금에 산입할 수 있도록 허용함으로써 법인의 세부담을 덜어주는 특례를 두고 있는데 이때 설정하는 충당금이 일시상각충당금(압축기장충당금)이다.

10. 일시상각충당금 또는 압축기장충당금은 신고조정에 의한 손금산입이 허용된다.   2016. 7급

정답 O

③ 폐업 또는 해산, 합병·분할 시

국고보조금 등 상당액을 손금에 산입한 내국법인이 손금에 산입한 금액을 기한 내에 사업용 자산의 취득 또는 개량에 사용하지 않거나 사용하기 전에 폐업 또는 해산하는 경우 그 사용하지 않은 금액은 해당 사유가 발생한 날이 속하는 사업연도의 소득금액을 계산할 때 익금에 산입한다. 다만, **합병하거나 분할하는 경우로서 합병법인 등이 그 금액을 승계한 경우**는 제외하며, 이 경우 그 금액은 **합병법인이 손금에 산입한 것으로 본다**(법법 36 ③).

(3) 공사부담금

특정 업종을 영위하는 내국법인이 그 사업에 필요한 시설을 하기 위하여 해당 시설의 수요자 또는 편익을 받는 자로부터 그 시설을 구성하는 토지 등 유형자산 및 무형자산을 제공받은 경우 또는 금전을 제공받아 그 제공받은 날이 속하는 사업연도의 종료일까지 사업용 자산의 취득에 사용하거나 사업용 자산을 취득하고 이에 대한 공사부담금을 사후에 제공받은 경우에는, 다음의 금액을 그 사업연도의 소득금액을 계산할 때 손금에 산입할 수 있다(법법 37 ①, 법령 65 ①, ②).

구분	내용
① 대상	전기·가스·집단에너지공급사업, 초고속정보통신기반구축사업 및 수도사업을 영위하는 법인
② 손금산입시기	해당 부담금을 지급받은 사업연도
③ 손금산입요건	지급받은 사업연도의 다음 사업연도 개시일로부터 1년 이내에 사용할 것

(4) 보험차익

법인이 유형자산의 멸실이나 손괴로 인하여 보험금을 지급받아 그 지급받은 날이 속하는 사업연도의 종료일까지 멸실한 보험대상자산과 같은 종류의 자산을 대체 취득하거나 손괴된 보험대상자산을 개량(그 취득한 자산의 개량을 포함)하는 경우에는, 해당 자산의 가액 중 그 자산의 취득 또는 개량에 사용된 보험차익 상당액을 그 사업연도의 소득금액을 계산할 때 손금에 산입할 수 있다(법법 38 ①, ②).

구분	내용
① 대상	보험차익이 발생하는 법인
② 손금산입시기	해당 보험차익을 지급받은 사업연도
③ 손금산입요건	지급받은 사업연도의 다음 사업연도 개시일로부터 2년 이내에 사용할 것

(5) 익금산입

일시상각충당금은 감가상각 또는 처분과정을 거치면서 익금에 산입한다. 손금산입요건에 해당하는 기간 내에 해당 자산을 취득하지 않으면 당해 사유가 발생하는 날이 속하는 사업연도의 익금에 산입한다. 공사부담금 등으로 자산을 취득하기 전 법인이 폐업, 해산한 때 익금산입한다.

> **기출 OX**
>
> 11. 국고보조금 등 상당액을 손금에 산입한 내국법인이 손금에 산입한 금액을 기한 내에 사업용 자산의 취득에 사용하기 전에 합병하고, 손금에 산입한 금액을 합병법인에게 승계하는 경우 그 금액은 합병법인이 손금에 산입한 것으로 본다. 2016. 7급
>
> 정답 O

3 구상채권상각충당금 C

(1) 구상채권상각충당금의 의의

'구상채권'이란 법률에 따라 신용보증사업을 하는 내국법인 중 법으로 정하는 법인(이하 '보증기금 등')이 채권자를 대신하여 채무관계자에게 법령 또는 계약에 따라 반환을 청구할 수 있는 채권을 뜻한다. 보증기금 등이 각 사업연도의 결산을 확정할 때 구상채권상각충당금을 손비로 계상한 경우 법으로 정하는 바에 따라 계산한 금액의 범위에서 그 계상한 구상채권상각충당금을 해당 사업연도의 소득금액을 계산할 때 손금에 산입한다(법법 35 ①).

(2) 구상채권상각충당금의 손금산입방법

결산조정을 원칙으로 하되, 한국채택국제회계기준을 적용하는 대한주택보증주식회사는 구상채권상각충당금을 이익처분에 의한 신고조정으로 손금산입을 허용하고 있다.

(3) 세부사항: 구상채권상각충당금의 상계와 환입

구상채권상각충당금을 손금에 산입한 내국법인은 신용보증사업으로 인하여 발생한 구상채권 중 대손금이 발생한 경우 그 대손금을 구상채권상각충당금과 먼저 상계하고, 상계하고 남은 구상채권상각충당금의 금액은 다음 사업연도의 소득금액을 계산할 때 익금에 산입한다(법법 35 ③).

CHAPTER 12

준비금

1. 법인세법상 준비금
2. 「조세특례제한법」상 준비금

최신 8개년 출제 경향 분석

01 법인세법상 준비금

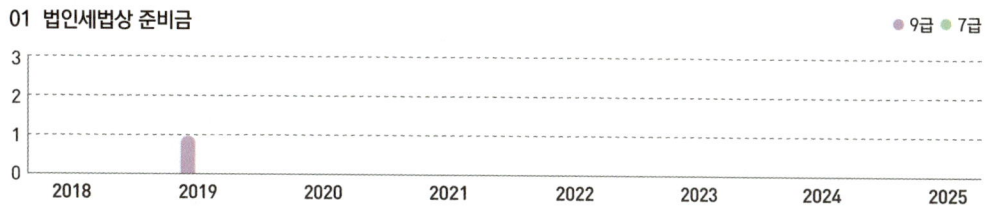

02 「조세특례제한법」상 준비금

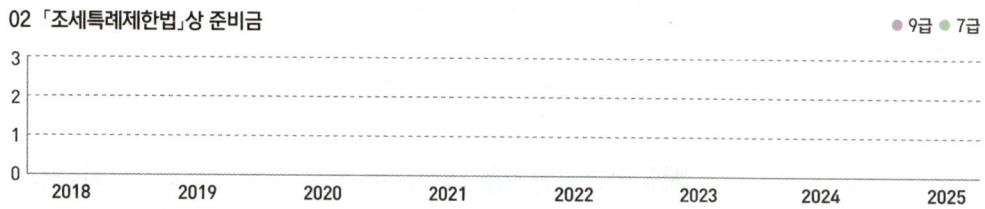

❶ 법인세법상 준비금

1 준비금의 의의 B

'준비금'은 사업을 영위하는 법인이 그 사업의 목적을 달성하기 위하여 적립하는 금액을 말한다. 충당금과 마찬가지로 준비금은 적립하는 동안에는 미실현부채에 해당한다. 따라서 권리의무확정주의를 따르는 세법에서는 준비금을 손금으로 인정하지 않는 것을 원칙으로 한다. 단, 법인의 영위사업에 따라 정책적 목적을 위하여 다음의 열거된 준비금은 한도 내에서 손금으로 인정하는 예외를 둔다.

구분		인정되는 준비금
①「법인세법」	㉠ 비영리법인	고유목적사업준비금
	㉡ 보험업 영위법인	책임준비금, 비상위험준비금, 해약환급금준비금
②「조세특례제한법」	신용회복목적회사	손실보전준비금

2 비영리법인을 대상으로 하는 고유목적사업준비금 A

★(1) 고유목적사업준비금의 의의

'고유목적사업준비금'이란 비영리법인이 고유목적사업이나 일반기부금에 지출하기 위해 계상한 준비금을 뜻한다. 법인이 고유목적사업준비금을 손비로 계상한 경우에는 일정한 금액 범위에서 그 계상한 고유목적사업준비금을 해당 사업연도의 소득금액을 계산할 때 손금에 산입한다(법법 29 ①).

★★(2) 중복적용 배제

해당 비영리내국법인의 수익사업에서 발생한 소득에 대하여 「법인세법」 또는 「조세특례제한법」에 따른 비과세·면제, 준비금의 손금산입, 소득공제 또는 세액감면*을 적용받는 경우는 제외한다. 다만, 고유목적사업준비금만을 적용받는 것으로 수정신고한 경우는 제외한다(법법 29 ⑧, 법령 56 ⑧).

* 세액공제는 열거되어 있는 감면 등에 해당하지 않음을 주의한다.

★★(3) 손금산입 방법

설정여부를 비영리법인이 선택할 수 있기 때문에 원칙적으로 결산조정사항이다. 다만, 「주식회사의 외부감사에 관한 법률」에 따른 감사인의 회계감사를 받는 비영리내국법인은 기업회계기준에 따라 고유목적사업준비금을 손익계산서에 비용으로 계상할 수 없기 때문에 예외적으로 잉여금처분에 의한 신고조정을 허용한다. 따라서, 감사인의 회계감사를 받는 비영리내국법인이 「법인세법」에 따른 고유목적사업준비금을 세무조정계산서에 계상한 경우로서 그 금액에 상당하는 금액이 해당 사업연도의 이익처분에 있어서 그 준비금의 적립금으로 적립되어 있는 경우 그 금액은 손비로 계상한 것으로 본다(법법 29 ②).

기출 OX

01. 비영리내국법인의 수익사업에서 발생한 소득에 대하여 법에 따른 세액공제를 적용받는 경우에는 고유목적사업준비금의 손금산입 규정의 적용을 배제한다. 다만, 고유목적사업준비금만을 적용받는 것으로 수정신고한 경우를 제외한다. 2009. 7급
정답 X

기출 OX

02. 「주식회사의 외부감사에 관한 법률」에 따른 감사인의 회계감사를 받는 비영리내국법인이 법인세법에 따른 고유목적사업준비금을 세무조정계산서에 계상한 경우로서 그 금액에 상당하는 금액이 해당 사업연도의 이익처분에 있어서 그 준비금의 적립금으로 적립되어 있는 경우 그 금액은 손금으로 계상한 것으로 본다. 2015. 7급
정답 O

★★ (4) 손금산입 한도액

다음 산식의 한도액의 범위에서 고유목적사업준비금을 해당 사업연도의 소득금액을 계산할 때 손금에 산입한다(법법 29 ①, 법령 56 ②).

고유목적사업준비금 손금산입 한도액

$$= \underset{①}{\text{이자·배당 소득금액}} + \left(\underset{②}{\text{수익사업 소득금액}} - \text{이자·배당 소득금액} - \underset{③}{\text{이월 결손금}} - \text{특례기부금 손금산입액} \right) \times 50\%(\text{또는 특례비율}^*)$$

* 특례비율: 「공익법인의 설립 및 운영에 관한 법률」에 따라 설립된 법인으로서 고유목적사업 등에 대한 지출액 중 장학금으로 지출하는 비율이 50% 이상인 법인은 80%(2025.12.31. 이전에 끝나는 사업연도까지 지출 중 장학금으로 지출하는 비율이 80% 이상인 법인은 100%)를 적용한다. 또한 「사립학교법」에 따른 학교법인, 산학협력단, 정부로부터 허가 또는 인가를 받은 문화예술단체 및 체육단체 등 법령에서 열거하는 법인은 100% 특례비율을 적용(2025. 12. 31. 이전에 끝나는 사업연도까지 한정)한다.

① 수익사업소득금액: 해당 사업연도의 수익사업에서 발생한 소득금액으로서, 고유목적사업준비금 및 특례기부금을 손금산입하기 전의 소득금액에서 경정으로 증가된 소득금액 중 해당 법인의 특수관계인에게 상여 및 기타소득으로 처분된 금액은 제외한 금액.

② 이자·배당 소득금액: **비영업대금의 이익**과 상속·증여세가 부과되는 주식 등으로부터 발생한 배당소득을 제외한 모든 이자 및 배당 소득금액.

③ 이월결손금: **각 사업연도의 개시일 전 15년**[1] **이내에 개시한 사업연도에서 발생한 결손금**으로서 그 발생 이후의 각 사업연도 과세표준에서 아직 공제되지 않은 금액[2]

[1] 2020.1.1.이전에 개시하는 사업연도에 발생한 결손금은 10년간 이월공제
[2] 각 사업연도 소득의 80% 공제한도를 적용받는 이월결손금의 경우, 공제한도 적용으로 인해 공제받지 못하고 이월된 결손금을 차감한 금액

★ (5) 상계, 승계, 환입

① 고유목적사업준비금 상계

고유목적사업준비금을 손금에 산입한 비영리내국법인이 고유목적사업이나 일반기부금에 지출한 금액이 있는 경우에는 그 금액을 먼저 계상한 사업연도의 고유목적사업준비금부터 차례로 상계해야 한다. 이 경우 고유목적사업이나 일반기부금에 지출한 금액이 직전 사업연도 종료일 현재의 고유목적사업준비금의 잔액을 초과한 경우 초과하는 금액은 그 사업연도에 계상할 고유목적사업준비금에서 지출한 것으로 본다(법법 29 ③).

② 고유목적사업준비금 승계

고유목적사업준비금을 손금에 산입한 비영리내국법인이 사업에 관한 모든 권리와 의무를 다른 비영리내국법인에게 포괄적으로 양도하고 해산하는 경우에는 해산등기일 현재의 고유목적사업준비금 잔액은 그 다른 비영리법인에게 승계할 수 있다(법법 29 ④).

확인문제

01. 갑을복지재단(사업연도: 1월 1일 ~ 12월 31일)은 2024년에 설립된 비영리내국법인으로서 2024년에 국내에서 예금이자 1억원을 받고 14%의 원천징수세액을 제외한 8천6백만원을 수령하였다. 또한 2024년에 수익사업에 해당하는 건물의 임대소득 1억원이 있다. 갑을복지재단이 예금이자를 과세표준 신고에 포함한다는 가정하에 법인세를 최소화하고자 한다면 신고해야 할 2024년 각 사업연도의 소득금액은? (단, 갑을복지재단은 고유목적사업준비금의 손금산입요건을 충족하고, 고유목적사업 등에 대한 지출액 중 100분의 50 이상의 금액을 장학금으로 지출하는 법인이 아니며, 기부금과 지방소득세 및 조세특례제한법의 특례는 고려하지 않는다) 2019. 9급

① 0원
② 5천만원
③ 1억원
④ 1억8천만원

정답 ②

③ 고유목적사업준비금 환입

손금에 산입한 고유목적사업준비금의 잔액(⑩의 경우에는 고유목적사업 등이 아닌 용도에 사용한 금액)이 있는 비영리법인이 다음에 해당하게 된 경우 그 잔액은 해당 사유가 발생하는 날이 속하는 사업연도의 익금에 산입한다(법법 29 ⑤).

> ㉠ 미사용: 손비로 계상한 사업연도의 종료일 이후 5년이 되는 날까지 고유목적사업 등에 사용하지 않은 경우(5년 내에 사용하지 않은 잔액으로 한정)*
> ㉡ 해산: 위 ②에 따라 고유목적사업준비금을 승계한 경우는 제외
> ㉢ 폐지: 고유목적사업을 전부 폐지한 경우
> ㉣ 승인취소: 법인으로 보는 단체가 승인이 취소되거나 거주자로 변경되는 경우
> ㉤ 고유목적사업준비금을 고유목적사업 등이 아닌 용도에 사용한 경우

* 이 경우 당해 고유목적사업준비금의 잔액을 손금에 산입한 사업연도에 그 잔액을 손금에 산입함에 따라 발생한 법인세액의 차액에 1일(손금에 산입한 사업연도의 다음 사업연도의 개시일부터 익금에 산입한 사업연도의 종료일까지의 기간에 대하여) 0.022%를 곱하여 계산한 금액을 해당 사업연도의 법인세에 더하여 납부하여야 한다.

3 보험업 영위법인 대상 준비금 C

(1) 손금산입방법

보험사업을 하는 내국법인이 각 사업연도의 결산을 확정할 때 법률에 따른 책임준비금, 비상위험준비금, 해약환급금준비금을 손비로 계상한 경우에는 법에 따라 계산한 금액의 범위에서 그 계상한 금액을 해당 사업연도의 소득금액을 계산할 때 손금에 산입한다(법법 30 ①, 31 ①, 32 ①). 이 경우 비상위험준비금 및 해약환급금준비금은 이익처분에 의한 신고조정을 할 수 있다. 한국채택국제회계기준을 적용하는 법인이 비상위험준비금 및 해약환급금준비금을 *세무조정계산서*에 계상하고 그 상당액을 해당 사업연도의 이익처분을 할 때 비상위험준비금 및 해약환급금준비금으로 적립한 경우 법으로 정하는 바에 따라 계산한 금액의 범위에서 그 금액을 결산을 확정할 때 손비로 계상한 것으로 본다(법법 31 ②, 32 ①).

오쌤 Talk
준비금별 세무조정 방법

구분	방법
책임준비금	결산조정
비상위험준비금 해약환급금준비금	신고조정 허용 (일반기업회계 인정)
고유목적사업준비금	신고조정 허용 (회계기준 인정X)

(2) 책임준비금

① 의의

'책임준비금'은 보험사업을 하는 내국법인(「보험업법」에 따른 보험회사는 제외)이 보험가입자에게 보험금을 지급하는 것에 대비하여 「수산업협동조합법」 등 보험사업 관련 법률에 따라 미리 적립해두는 준비금을 의미한다.

② **손금산입 한도액**

책임준비금의 손금산입 한도액은 다음과 같이 계산하며, 손금에 산입하려는 내국법인은 법인세 과세표준 신고와 함께 책임준비금명세서를 납세지 관할세무서장에게 제출하여야 한다.(법령 57).

> 책임준비금 손금산입 한도액 = ㉠ + ㉡ + ㉢
> ㉠ 사업연도종료일 현재 보험약관에 의해 모든 보험계약이 해약된 경우 계약자 등에게 지급해야 할 환급액(해약공제액 포함)
> ㉡ 사업연도종료일 현재 보험사고가 발생했으나 아직 지급해야할 보험금이 확정되지 않아 그 손해액을 고려해 추정한 보험금 상당액(손해사정 등에 소요될 것으로 예상되는 금액 포함)
> ㉢ 보험계약자에게 배당하기 위해 법에 정한 손금산입기준에 따라 적립한 배당준비금

③ **책임준비금 환입**

㉠ 위 ② 산식에서 ㉠과 ㉡의 금액은 손금에 산입한 사업연도의 다음 사업연도에 익금산입(환입)한다.

㉡ 위 ② 산식에서 ㉢의 금액은 보험계약자에게 배당한 때에 먼저 계상한 것부터 그 배당금과 순차로 상계하되, 손금에 산입한 사업연도 종료일 이후 3년이 되는 날까지 상계하고 남은 잔액이 있는 경우 그 3년이 되는 날이 속하는 사업연도에 익금에 산입한다. 이때 1일마다 22/100,000에 해당하는 이자상당액을 해당 사업연도 법인세액에 더하여 납부해야 한다. 단, 다음의 사유가 3년이 되기 전에 발생하는 경우에는 해당 사유가 발생한 날이 속하는 사업연도의 익금에 산입한다.

> ⓐ 해산(단, 합병에 따라 해산한 경우로서 보험사업을 영위하는 합병법인이 그 잔액을 승계한 경우를 제외)
> ⓑ 보험사업의 허가취소

(3) 비상위험준비금

'비상위험준비금'이란 보험사업을 하는 내국법인이 책임준비금에 부수적으로 더 적립하는 준비금을 말한다. 거액의 보험금이 지급될 것으로 예상되는 경우 책임준비금만으로 지급에 충분히 대비하지 못할 수 있는데, 이러한 경우에 대비하여 적립하는 준비금을 비상위험준비금이라고 한다.

비상위험준비금은 보험종목별 적립기준금액의 범위에서 손금에 산입하며*, 손금에 산입하려는 내국법인은 법인세 과세표준 신고와 함께 비상위험준비금명세서를 납세지 관할 세무서장에게 제출해야 한다.(법령 58, 법칙 30).

> 비상위험준비금 손금 산입 한도액 = 보험종목별 적립기준금액
> = 해당 사업연도의 보험종목별 적립대상보험료의 합계액 × 보험종목별 적립기준율

* 손금에 산입하는 비상위험준비금의 누적액은 해당 사업연도의 보험종목별 적립대상보험료의 합계액의 50%(자동차보험의 경우에는 40%, 보증보험의 경우에는 150%)을 한도로 한다.

오쌤 Talk

「법인세법」상 이익처분에 의한 신고조정이 가능한 5가지 경우

① 구상채권상각충당금: 대한주택보증주식회사의 경우
② 비상위험준비금: 한국채택국제회계기준 적용 법인이「보험업법」그 밖의 법률에 따른 경우
③ 해약환급금준비금:「보험업법」에 따른 보험회사의 경우
④ 고유목적사업준비금:「주식회사 등의 외부감사에 관한 법률」에 따른 감사인의 회계감사를 받는 비영리내국법인의 경우
⑤「조세특례제한법」상 손실보전준비금: 별도 요건 없음

한편, '이익처분에 의한 신고조정'이라는 말은 해당 충당금 또는 준비금을 '세무조정계산서'라는 양식에 계상하고, 해당 금액을 이익처분을 할 때 충당금 또는 준비금으로 적립한 경우 손비에 계상한 것으로 보아 인정한다는 뜻이다.

오쌤 Talk

준비금별 손금산입 방법

구분	원칙	예외
책임준비금	결산조정	-
비상위험준비금		요건을 충족할 경우 이익처분에 의한 신고조정이 가능
해약환급금준비금		
고유목적사업준비금		
손실보전준비금		

(4) 해약환급금준비금

'해약환급금준비금'이란 보험계약이 해약되는 경우「보험업법」에 따른 보험회사가 보험계약자에게 반환해야 하는 금액에 대비하여 금융위원회가 정하여 고시하는 방법에 따라 계산한 금액으로 적립하는 준비금을 말한다. 보험회사가 해당 사업연도의 이익처분을 할 때 해약환급금준비금을 적립하고, 그 적립한 금액의 범위에서 세무조정계산서에 계상을 한 경우에는 그 계상한 금액을 결산을 확정할 때 손비로 계상한 것으로 보아 해당 사업연도의 소득금액을 계산할 때 손금에 산입한다(법법 32 ①).

해약환급금준비금의 손금산입 한도액은 해약환급금준비금에 관하여 금융위원회가 정하여 고시하는 다음의 방법으로 계산하며, 손금에 산입하려는 보험회사는 법인세 과세표준 신고를 할 때 해약환급금준비금 명세서를 납세지 관할 세무서장에게 제출해야 한다(법법 32 ②, 법령 59).

> 해약환급금준비금 손금산입 한도액 = ① - ②
> ① 해약환급금 + 미경과보험료
> ② 책임준비금 + 특별계정부채의 합계액

② 「조세특례제한법」상 준비금 C

(1) 설정가능 준비금

신용회복목적회사는 2026년까지 손실보전준비금을 설정할 수 있다(조특법 104의12).

(2) 손금산입 방법

결산조정을 원칙으로 하되 이익처분에 의한 신고조정도 허용한다.

MEMO

CHAPTER 13

부당행위계산의 부인

1. 부당행위계산의 부인 개괄
2. 유형1: 재화 및 용역의 수수
3. 유형2: 가지급금 인정이자
4. 유형3: 불공정자본거래로 인한 이익분여

최신 8개년 출제 경향 분석

01 부당행위계산의 부인 개괄

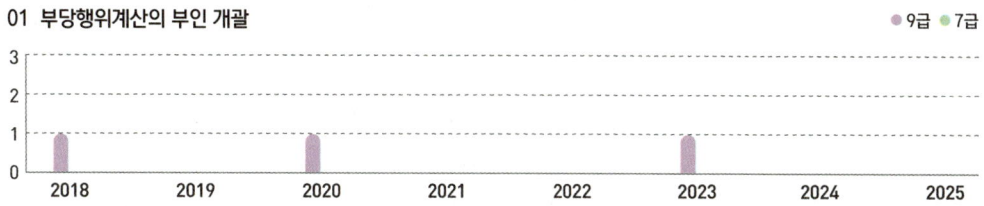

02 유형1: 재화 및 용역의 수수

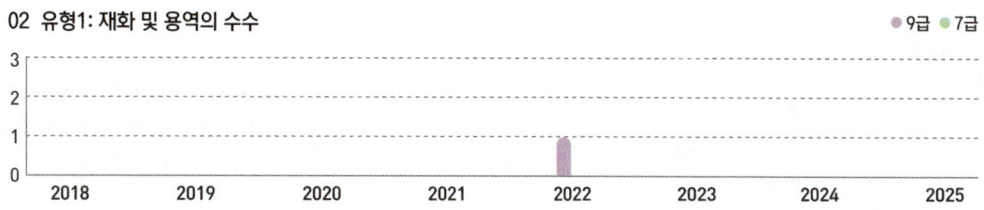

03 유형2: 가지급금 인정이자

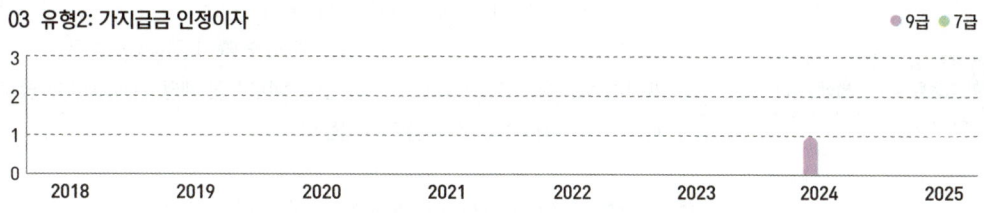

04 유형3: 불공정자본거래로 인한 이익분여

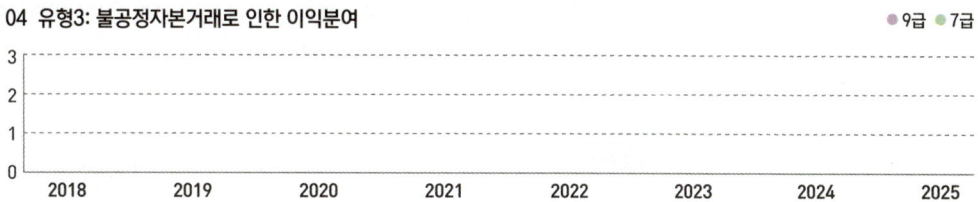

1 부당행위계산의 부인 개괄

1 부당행위계산의 부인의 의의 B

★(1) 부당행위계산의 부인의 의의

'부당행위계산의 부인'이라 함은, 내국법인의 행위 또는 소득금액의 계산이 특수관계 인과의 거래로 인하여 법인의 소득에 대한 조세의 부담을 부당하게 감소시킨 것으로 인정되는 경우, 납세지 관할 세무서장(또는 관할 지방국세청장)이 그 법인의 행위 또는 소득금액의 계산(이하 '부당행위계산')과 관계없이 그 법인의 각 사업연도의 소득 금액을 계산하는 것을 말한다(법법 52 ①). 이는 과세를 회피하기 위한 법인의 부당 행위계산을 부인함으로써 조세의 형평성을 실현하고자 하기 위함이다.

> **참고**
>
> **부당행위계산 부인의 실질과세**
>
> 부당행위계산의 부인 규정은 법인과 특수관계 있는 자와의 진실한 실제 거래행위가 있고, 경제적 합리성을 무시하였다고 인정되어 비정상적이고 조세법적인 측면에서 부당한 것이라고 여겨질 때 소득이 있었던 것으로 의제하여 과세하는 것으로 실질과세의 원칙에 근거를 두고 있다는 것이다(대법원판례 87누925, 1988. 2. 9.).

기출 OX
01. 「법인세법」상 부당행위계산 부인을 적용할 때 허위의 거래이든 실제의 거래이든 관계없이 부당성의 요건을 충족하면 부당행위계산 부인의 대상이 된다. 2010. 7급
정답 X

★★(2) 부당행위계산의 부인의 법률적 효과

이는 과세 측면에서 세금을 부과할 때만 부당행위계산으로 보아 부인하는 것이다. 즉, 세법상으로만 해당 거래에 대해 계산을 다시 하는 것일 뿐이므로 세법상 부당행위 계산에 해당한다고 하더라도 당사자 간에 이루어진 해당 거래에 대한 법적 효과는 그대로 유 지되며, 조세포탈범으로 처벌되지 않는다.

기출 OX
02. 「법인세법」상 부당행위계산의 부 인 규정이 적용될 경우 사법상 거래는 그대로 유지되지만, 조세포탈범으로 처 벌된다. 2006. 9급
정답 X

★★(3) 부당행위계산의 부인에 해당하는 경우 세무조정

부당행위계산에 해당하는 경우에는 시가와의 차액 등을 익금에 산입하여 당해 법인의 각 사 업연도의 소득금액을 계산한다(법령 89 ⑤). 이 경우 그 부인금액은 그 특수관계인에게 이익을 분여한 것으로 보고, 귀속자의 구분에 따라 배당·상여·기타사외유출 또는 기타소 득으로 처분되며, 그 귀속자는 이에 따라 소득세 등의 납세의무를 지게 된다.

> **참고**
>
> **부당행위계산의 부인에 해당하는 경우의 세무조정 예시**
>
> ㈜한국은 특수관계에 있는 ㈜민국에 토지를 ₩100,000,000에 양도하였다. 해당 토지의 시가는 ₩150,000,000 로 ㈜민국과의 거래는 부당행위계산에 해당한다고 가정할 때 ㈜한국이 행해야 할 세무조정은 다음과 같다.
> <익금산입> 부당행위계산의 부인 ₩50,000,000 (기타사외유출)
> (∵ 시가와 거래가액의 차액인 ₩50,000,000을 다른 법인에게 귀속시켰으므로 기타사외유출로 소득처분한다.)

2 부당행위계산의 부인의 적용요건 A

★★ (1) 부당행위계산의 부인의 적용요건

부당행위계산의 부인 규정 적용을 위해선 아래의 세 가지 요건이 요구된다. 이는 당사자의 의사와 관계없이 요건에 해당하면 부당행위계산의 부인 규정을 적용한다.

> ① 판정의 기준시점 요건: 그 행위 당시를 기준으로
> ② 특수관계인 요건: 특수관계에 있는 자와의 거래이고
> ③ 부당행위 요건: 그로 인하여 조세부담이 부당하게 감소되었다고 인정되어야 한다.

★★ (2) 판정의 기준시점

① 원칙

부당행위계산의 부인은 조세부담을 부당하게 감소시키는 그 행위 당시를 기준으로 하여 당해 법인과 특수관계인 간의 거래(특수관계인 외의 자를 통하여 이루어진 거래 포함)에 대하여 이를 적용한다(법령 88 ②).

② 예외

불공정합병에 있어서 특수관계인인 법인의 판정은 합병등기일이 속하는 사업연도의 직전 사업연도 개시일(개시일이 서로 다른 법인이 합병한 경우에는 먼저 개시한 날)부터 합병등기일까지의 기간에 의한다(법령 88 ① (8), ②).

(3) 특수관계인

특수관계인은 법인과 다음 법령에 따라 열거된 사람만을 「법인세법」상 특수관계인으로 본다(열거규정). 이 경우 특수관계인에 해당하는지에 대한 여부의 판정은 쌍방관계를 기준으로 한다. 즉, 본인(법인)도 그 특수관계인의 특수관계인으로 본다.

> ① 임원의 임면권의 행사, 사업방침의 결정 등 해당 법인의 경영에 대해 사실상 영향력을 행사하고 있다고 인정되는 자(이사로 보는 자 포함)와 그 친족
> ② 주주 또는 출자자로서 소액주주*를 제외한 주주 등과 그 친족
> ③ 법인의 임원·직원 또는 비소액주주의 직원(비소액주주가 영리법인인 경우에는 그 임원을, 비영리법인인 경우에는 그 이사 및 설립자)이나 법인 또는 비소액주주의 금전이나 그 밖의 자산에 의해 생계를 유지하는 자 및 이들과 생계를 함께하는 친족
> ④ 해당 법인이 직접 또는 그와 ①~③까지의 관계에 있는 자를 통하여 어느 법인의 경영에 대하여 지배적인 영향력을 행사하고 있는 경우 그 법인
> ⑤ 해당 법인이 직접 또는 그와 ①~④까지의 관계에 있는 자를 통하여 어느 법인의 경영에 대하여 지배적인 영향력을 행사하고 있는 경우 그 법인
> ⑥ 해당 법인에 30% 이상을 출자하고 있는 법인에 30% 이상을 출자하고 있는 법인이나 개인
> ⑦ 해당 법인이 「독점규제 및 공정거래에 관한 법률」에 의한 기업집단에 속하는 법인인 경우 그 기업집단에 소속된 다른 계열회사 및 그 계열회사의 임원

* 소액주주 등: 발행주식총수(또는 출자총액)의 1%에 미달하는 주식을 소유한 주주(또는 출자자)를 말하고, 지배주주와 특수관계에 있는 자는 소액주주로 보지 않는다(법령 50 ②).

기출 OX

03. 행위 당시에는 특수관계가 성립하였으나 그 이후 사업연도종료일 현재 특수관계가 소멸된 경우 부당행위계산부인 대상에는 해당되지 않는다.
2009. 9급
정답 X

기출 OX

04. 특수관계인인 법인 간 합병에 있어서 불공정한 비율로 합병하여 합병에 따른 양도손익을 감소시킨 거래에 대해 부당행위계산으로 부인함에 있어서 특수관계인인 법인의 판정은 합병등기일이 속하는 사업연도의 전전 사업연도 개시일부터 합병등기일 전날까지의 기간에 의한다.
2018. 9급
정답 X

기출 OX

05. 부당행위계산의 부인에서 특수관계의 존재 여부는 해당 법인과 법령이 정하는 일정한 관계에 있는 자를 말하며, 이 경우 해당 법인도 그 특수관계인의 특수관계인으로 본다.
2015. 9급
정답 O

기출 OX

06. 부당행위계산 부인규정에 의하여 행위 또는 소득금액의 계산을 부인하려는 법인(부인대상법인)에 100분의 30 이상을 출자하고 있는 법인에 100분의 30 이상을 출자하고 있는 법인도 그 부인대상법인의 특수관계인에 해당한다.
2018. 9급
정답 O

★★ (4) 조세부담을 부당하게 감소시키는 거래의 예시

'조세부담을 부당하게 감소시키는 거래'란 다음 어느 하나의 경우를 말한다(법령 88 ①). 이는 예시규정에 해당한다. 조세부담을 감소시켜야 하므로, 부당행위계산의 부인은 정당한 거래보다 거래에 참여하는 본인(법인)의 손해로 거래처가 이익을 취해야 한다.

구분	부당행위계산의 유형
고가매입·저가양도	① 자산을 시가보다 높은 가액으로 매입 또는 현물출자받았거나 그 자산을 과대상각한 경우 ② 자산을 무상 또는 시가보다 낮은 가액으로 양도 또는 현물출자한 경우 (다만, 주식매수선택권 등의 행사 또는 지급에 따라 주식을 양도하는 경우는 제외)
고리차용·저리대여	③ 금전 그 밖의 자산 또는 용역을 무상 또는 시가보다 낮은 이율·요율이나 임대료로 대부하거나 제공한 경우. 다만, 다음의 경우는 제외 ㉠ 주식매수선택권 등의 행사 또는 지급에 따라 금전을 제공하는 경우 ㉡ 비출자임원(소액주주 임원 포함)과 직원에게 사택(임차사택 포함)을 제공하는 경우 ㉢ 연결납세방식을 적용받는 연결법인 간에 연결법인세액의 변동이 없는 등 일정한 요건을 갖추어 용역을 제공하는 경우 ④ 금전 그 밖의 자산 또는 용역을 시가보다 높은 이율·요율이나 임차료로 차용하거나 제공받은 경우 (단, 연결납세방식을 적용받는 연결법인 간에 연결법인세액의 변동이 없는 등 기획재정부령으로 정하는 요건을 갖추어 용역을 제공받은 경우는 제외)
자본거래 (소액주주 등은 제외)	⑤ 불공정자본거래로 인하여 주주 등 법인이 특수관계인인 다른 주주 등에게 이익을 분여한 경우 ⑥ 위 외의 경우로서 증자·감자, 합병(분할합병 포함)·분할, 전환사채 등에 따른 주식의 전환·인수·교환 등 자본거래를 통해 법인의 이익을 분여하였다고 인정되는 경우(주식매수선택권의 행사에 따라 주식을 발행하는 경우는 제외)
기타	⑦ 특수관계인인 법인 간 합병(분할합병 포함)·분할을 할 때 불공정한 비율로 합병·분할하여 합병·분할에 따른 양도손익을 감소시킨 경우 (다만, 주권상장법인이 다른 법인과 법에 따른 합병가액·분할가액의 산정기준에 따라 합병·분할합병·분할하는 경우는 제외) ⑧ 출연금을 대신 부담한 경우 ⑨ 무수익자산(법인의 수익 창출과 관련이 없는 자산)을 매입하였거나 현물출자받은 경우 또는 그 자산에 대한 비용을 부담한 경우 ⑩ 불량자산을 차환하거나 불량채권을 양수한 경우 ⑪ 파생상품*에 근거한 권리를 행사하지 않거나 그 행사기간을 조정하는 등의 방법으로 이익을 분여하는 경우 ⑫ 그 밖에 위에 준하는 행위 또는 계산 및 그 외에 법인의 이익을 분여하였다고 인정되는 경우

* 파생상품: 기업회계기준에 따른 선도거래, **선물**, 스왑, 옵션, 그 밖에 이와 유사한 거래 또는 계약을 말한다(법칙 42의4).

위의 ①~④, 또는 ⑫(①~④에 준하는 행위 또는 계산에 한함)는 시가와 **거래가액의 차액이 시가의 5%에 상당하는 금액 이상이거나 3억원 이상인 경우**에만 부당행위계산의 부인규정을 적용한다. 단, **주권상장법인이 발행한 주식을 거래한 경우 중요성 기준을 적용하지 않는다**(법령 88 ③, ④).

3 부당행위계산 해당 여부의 판단기준으로서 시가 A

부당행위계산의 부인 규정을 적용할 때에는 건전한 사회 통념 및 상거래 관행과 특수관계인이 아닌 자 간의 정상적인 거래에서 적용되거나 적용될 것으로 판단되는 가격(이하 '시가')을 기준으로 한다(법법 52 ②).

★★ **(1) 시가가 분명한 경우**

① 원칙

시가를 계산함에 있어 해당 거래와 유사한 상황에서 해당 법인이 특수관계인 외의 불특정다수인과 계속적으로 거래한 가격 또는 특수관계인이 아닌 제3자 간에 일반적으로 거래된 가격이 있는 경우에는 그 가격에 따른다(법령 89 ①).

② 상장주식

주권상장법인이 발행한 주식을 다음 하나에 해당하는 방법으로 거래한 경우 해당 **주식의 시가는 그 거래일의 거래소 최종시세가액**(거래소 휴장 중에 거래한 경우에는 그 거래일의 직전 최종시세가액)으로 하며, 법으로 정하는 바에 따라 사실상 경영권의 이전이 수반되는 경우*에는 그 가액의 20%를 가산한다(법령 89 ①).

> ⊙ 증권시장 외에서 거래하는 방법
> ⓒ 대량매매 등 법으로 정하는 방법

* 법령으로 정하는 중소기업, 중견기업 및 평가기준일이 속하는 사업연도 전 3년 이내의 사업연도부터 계속하여 「법인세법」에 따른 결손금이 있는 법인의 주식 등으로서 할증평가를 배제하는 주식인 경우는 제외

★★ **(2) 시가가 불분명한 경우**

① 주식·출자지분 및 가상자산

시가를 계산함에 있어 그 시가가 불분명한 경우의 주식·출자지분 및 가상자산은 「상속세 및 증여세법」에 따른 보충적 평가방법을 준용한 평가액*을 그 시가로 한다.

* 비상장주식을 평가 시 해당 비상장주식을 발행한 법인이 보유한 주식(주권상장법인이 발행한 주식으로 한정)의 평가금액은 평가기준일의 거래소 최종시세가액으로 함(법령 89 ② (2))

② 그 외 자산

부당행위계산의 부인 규정을 적용할 때 시가가 불분명한 경우 다음의 순서로 적용하여 계산한 금액에 따른다(법령 89 ②).

> <1순위> 감정평가업자의 감정가액(감정가액이 둘 이상일 경우 그 평균액). 단, 주식 등 및 가상자산은 제외
> <2순위> 「상속세 및 증여세법」에 따른 보충적 평가방법을 준용한 평가액*

★★ **(3) 금전의 대여 또는 차용인 경우**

금전의 대여 또는 차용에서 고리차용·저리대여에 해당하는지 여부를 판단할 때 적용하는 이자율은 위 규정에도 불구하고 **가중평균차입이자율을 시가로 한다**. 다만, 법인이 가중평균차입이자율을 선택하기 어렵거나 당좌대출이자율을 과세표준신고를 할 때 법인이 선택한 경우에는 당좌대출이자율(선택하지 않은 경우 가중평균차입이자율)을 시가로 한다(법령 89 ③).

🔖 기출 OX

12. 부당행위계산 부인에서 시가란 특수관계인이 아닌 자 간의 정상적인 거래에서 적용되거나 적용될 것으로 판단되는 가격 등을 말한다. 2004. 7급
정답 O

🔖 기출 OX

13. 시가를 산정할 때 해당 거래와 유사한 상황에서 해당 법인이 특수관계인 외의 불특정다수인과 계속적으로 거래한 가격 또는 특수관계인이 아닌 제3자 간에 일반적으로 거래된 가격에 따른다. 2016. 7급
정답 O

🔖 기출 OX

14. 주권상장법인이 발행한 주식을 한국거래소에서 거래한 경우 해당 주식의 시가는 그 거래일의 전후 3개월간 최종시세가액의 평균으로 한다. 2016. 7급
정답 X

🔖 기출 OX

15. 부당행위계산의 부인을 적용할 때 시가가 불분명한 경우에는 「부동산 가격 공시 및 감정평가에 관한 법률」에 의한 감정평가업자가 감정한 가액과 「상속세 및 증여세법」에 따른 보충적 평가방법을 준용하여 평가한 가액 중 큰 금액을 시가로 한다. 2015. 9급
정답 X

★ **(4) 시가적용의 특례**

자산(금전은 제외) 또는 용역을 제공하거나 제공받는 경우로서 위 시가의 계산방법을 적용할 수 없는 경우에는 다음 금액을 시가로 한다(법령 89 ④).

구분	시가의 범위
① 유형 또는 무형의 자산을 제공하거나 제공받는 경우	$\left(\text{당해 자산 시가} \times 50\% - \text{전세금 또는 보증금}\right) \times \text{정기예금 이자율} \times \dfrac{\text{임대일수}}{365(366)}$
② 건설 기타 용역을 제공하거나 제공받는 경우	용역제공에 소요된 원가 × (1 + 유사거래[*1]의 수익률[*2])

[*1] 유사거래: 특수관계인 외의 자에게 제공한 유사한 용역제공거래 또는 특수관계인이 아닌 제3자 간의 일반적인 용역제공거래

[*2] 수익률 = 기업회계기준에 따라 계산한 $\dfrac{\text{매출액} - \text{원가}}{\text{원가}}$ (원가이익률)

② 유형1: 재화 및 용역의 수수

1 자산의 고가매입 또는 저가양도 A

★★ **(1) 고가매입 또는 저가양도의 적용**

다음의 경우에는 이를 부당행위계산으로 보아 부인한다(법령 88 ①).

① 자산을 시가보다 높은 가액으로 매입 또는 현물출자받았거나 자산을 과대상각한 경우
② 자산을 무상 또는 시가보다 낮은 가액으로 양도 또는 현물출자한 경우

단, 다음의 중요성 요건을 만족하는 경우에만 부당행위계산부인을 적용한다.

[중요성 요건]

시가와 거래가액의 차액 ≥ MIN[시가 × 5%, 3억원]

상장법인이 발행한 주식을 거래한 경우에는 중요성 기준을 별도로 적용하지 않는다(법령 88 ④).

★★ **(2) 부당행위계산에 해당하는 경우 세무조정**

① 고가매입

㉠ 부당행위계산부인을 한 후 **부당금액 익금산입(배당, 상여 등)**
㉡ **자산의 시가초과액을 손금산입(△유보)**
㉢ 감가상각자산이라면 시가초과액에 대한 감가상각비 손금불산입(유보)

📋 **확인문제**

02. 다음의 경우에 「법인세법」상 부당행위계산부인 금액을 구하면? 2004. 7급

㉠ 특수관계 있는 자에게 건물을 20억원에 구입(시가 8억원)
㉡ 특수관계 있는 자에게 토지를 10억원에 구입(시가 15억원)
㉢ 특수관계 있는 자에게 기계를 3억원에 판매(시가 1억원)
㉣ 특수관계 있는 자에게 비품을 5억원에 판매(시가 8억원)
㉤ 특수관계 없는 자에게 토지를 2억원에 구입(시가 1억원)
㉥ 특수관계 없는 자에게 건물을 3억원에 판매(시가 5억원)

① 12억원 ② 15억원
③ 18억원 ④ 20억원

정답 ②

✏️ **기출 OX**

16. ㈜서울의 대주주이자 대표이사인 김서울씨는 보유하던 토지(시가 2억원, 취득가액 5천만원)를 ㈜서울에 2억 5천만원을 받고 매각하였다. ㈜서울이 장부상 당해 토지를 2억 5천만원으로 계상한 경우 ㈜서울의 입장에서는 5천만원을 익금산입(상여)하고, 5천만원을 손금산입(△유보)로 세무조정 및 소득처분을 이행하여야 한다. 2007. 9급

정답 O

② 저가양도

㉠ 해당 자산은 양도에 해당하기 때문에 기존에 계상되어 있던 유보를 추인
㉡ 시가에 미달하여 지급받은 금액은 부당행위계산부인에 따라 익금산입 후 귀속자에 따라 소득처분

예제 1 부당행위계산에 해당하는 경우 세무조정

㈜한국은 특수관계자인 ㈜민국으로부터 2024년 1월 1일 건물을 10억원에 매입하였다. ㈜한국이 다음과 같이 회계처리한 경우 2024년 세무조정(소득처분 포함)을 하시오. (단, ㈜A의 사업연도는 1월 1일 ~ 12월 31일임) ▶ 2011. 7급 수정

○ 건물의 시가는 불분명하고, 상속세 및 증여세법상 평가액은 8억원이며, 부동산가격공시 및 감정평가에 관한 법률에 의한 감정평가법인의 감정 가액은 7억원임.
  (차) 건물 10억   (대) 현금 및 현금성자산 10억
○ 2024년 말 이 건물에 대해 감가상각비 1억원(정액법, 신고내용연수 10년)을 계상함.
  (차) 감가상각비 1억   (대) 감가상각누계액 1억

풀이

① 고가매입	② 시가초과액	③ 초과상각액
(익금산입)	(손금산입)	(손금불산입)
3억원, 기타사외유출	3억원, △유보	3천만원, 유보

① 부당행위계산부인을 한 후 부당금액 익금산입: 3억원 익금산입(기타사외유출, 귀속자가 법인이므로 기타사외유출로 소득처분한다.)
② 자산의 시가초과액을 손금산입(△유보)
  건물 시가초과액 3억원 손금산입(△유보)
③ 시가초과액에 대한 감가상각비 손금불산입(유보)
  감가상각비 초과상각액 3천만원 손금불산입(유보)

2 사택임대 B

임직원에 대한 사택제공과 관련된 세법의 규정은 다음과 같다(법령 50 (2), 법령 88 ① (6)).

사택의 사용자	사택유지비의 처리	부당행위계산의 부인 여부
① 출자임원*1 및 그 친족	손금불산입 (업무무관비용)	적정 임대료에 미달하게 임대한 경우 부당행위계산부인 규정을 적용*2하여 차액을 익금산입
② 직원·비출자임원·소액주주	손금	해당 사항 없음

*1 출자임원: 1% 이상의 지분을 보유하는 임원
*2 출자임원 및 그 친족에 대한 사택임대의 경우에도 (1) 고가매입 또는 저가양도의 적용에서 배운 중요성 요건을 만족하는 경우에만 부당행위계산부인을 적용한다.

📖 **확인문제**

03. 영리내국법인 ㈜C는 제10기 (2024년 1월 1일 ~ 12월 31일) 중 출자직원으로부터 토지(시가 150백만 원)를 구입하면서 현금 지급액 200백만원을 장부에 계상하였다. 매입한 토지와 관련하여 ㈜C가 수행해야 할 제10기 세무조정으로 옳은 것은?
2017. 9급

	익금산입	손금산입
①	부당행위계산의 부인 50백만원(배당)	-
②	부당행위계산의 부인 50백만원(배당)	토지 50백만원 (△유보)
③	부당행위계산의 부인 50백만원(상여)	토지 50백만원 (△유보)
④	부당행위계산의 부인 50백만원(기타소득)	토지 50백만원 (△유보)

정답 ③

📖 **확인문제**

04. 다음은 제조업을 영위하는 영리내국법인 ㈜한국의 세무조정 관련자료이다. 「법인세법령」상 각 사업연도의 소득금액을 계산하면? (단, 주어진 자료에서 제시되지 않은 사항은 고려하지 않는다)
2022. 9급

• 포괄손익계산서상 당기순이익은 1억 원이다.
• 보유 중인 토지에 대한 평가이익(법률의 규정에 따른 평가이익은 아님) 1천만 원을 수익으로 계상하였다.
• 소액주주인 임원이 사용하고 있는 사택의 유지비 1천만 원을 비용으로 계상하였다.
• 포괄손익계산서상 복리후생비에는 우리사주조합의 운영비가 5백만 원 계상되어 있다.
• 상근이 아닌 임원에게 지급한 보수 1백만 원을 비용으로 계상하였다(부당행위계산의 부인에는 해당하지 않음).

① 9천만 원 ② 9천1백만 원
③ 1억 원   ④ 1억 1백만 원

정답 ①

③ 유형2: 가지급금 인정이자

1 개요 B

특수관계인에게 금전을 무상 또는 시가보다 낮은 이율로 대부한 경우 또는 특수관계인으로부터 높은 이율·요율이나 임차료로 차용하거나 제공받은 경우에는 부당행위계산부인을 적용한다(법령88 ① (6), (7)). 따라서 이 경우 세법에서 정하는 적정이자율로 계산한 인정이자와 회사가 계상한 이자와의 차이에 해당하는 금액을 익금에 산입한다. 해당 익금은 부당행위계산의 부인에 해당하기 때문에 귀속자에 따라 상여, 배당 등으로 소득처분한다. 다음의 중요성 요건을 만족하는 경우에만 부당행위계산부인 규정을 적용한다.

[중요성 요건]

> 시가와 거래가액의 차액 ≥ MIN[시가 × 5%, 3억원]

2 인정이자 계산 대상이 되는 가지급금의 범위 C

가지급금 인정이자의 계산 대상이 되는 업무무관가지급금의 범위는 ⑨ 지급이자 손금불산입의 ⑤ ② (4) 업무무관가지급금의 범위와 같다(법령 53 ①).

3 인정이자의 계산식 B

> 가지급금 인정이자 = (1) 가지급금 적수 × (2) 이자율 × $\frac{1}{365(366)}$

(1) 가지급금 적수

가지급금의 매일의 잔액을 합산한 금액을 말한다.

★★(2) 이자율

이자율은 크게 가중평균차입이자율과 당좌대출이자율이 있다.

① 원칙: 가중평균차입이자율

'가중평균차입이자율'은 대여시점 현재 각각의 차입금 잔액에 차입 당시의 각각의 이자율을 곱한 금액의 합계액 을 해당 차입금 잔액의 총액으로 나눈 이자율을 말한다(법칙 43 ①). 부당행위계산부인 대상이 되는 저리대여 또는 고리차용의 경우 다음의 가중평균차입이자율을 시가로 한다(법령 89 ③).

> 가중평균차입이자율 = $\frac{(자금대여시점\ 각\ 차입금\ 잔액^* × 차입\ 당시\ 각\ 이자율)의\ 합계액}{자금대여시점의\ 차입금\ 잔액의\ 총액}$

*차입금 잔액은 자금대여시점별로 계산하되, 차입금 잔액계산 시 다음의 차입금은 제외한다.

> ① 특수관계인으로부터의 차입금
> ② 채권자불분명사채, 비실명채권 등의 발행으로 조달된 차입금

따라서 차입금 전액을 특수관계인으로부터 차입하거나 차입금 전액이 채권자불분명사채 또는 비실명채권 등의 발행으로 조달된 경우에는 가중평균차입이자율의 적용이 불가능하므로 해당 사업연도에 한정하여 당좌대출이자율을 적용하여 인정이자를 계산한다.

오쌤 Talk

업무무관가지급금 제외 대상
① 「소득세법」상 지급한 것으로 보는 배당소득과 상여금에 대한 소득세 대납액
② 국외에 자본을 투자한 내국법인이 해당 국외투자법인 종사자에게 지급하는 여비·급료·기타비용
③ 우리사주조합 또는 그 조합원에게 대여한 당해 법인의 주식 취득자금
④ 근로자가 지급받은 것으로 보는 퇴직금 전환금
⑤ 귀속불분명으로 대표자상여 처분한 금액에 대한 소득세 대납액
⑥ 직원에 대한 월정액급여 범위 내 가불금, 경조사비 또는 학자금(자녀 포함) 대여액
⑦ 중소기업 근로자에게 대여한 주택구입비·전세자금
⑧ 한국자산관리공사가 출자총액 전액을 출자하여 설립한 법인에 대여한 금액

기출 OX

17. 법인이 우리사주조합 또는 그 조합원에게 당해 법인의 주식취득에 소요되는 자금을 대여한 금액에 대해서는 부당행위계산부인 대상으로 보아 인정이자를 계산한다. 2004. 7급 수정
정답 X

② 예외: 당좌대출이자율

'당좌대출이자율'은 국세청장이 정하는 이자율을 말한다(법칙 43 ②). 가중평균차입이자율을 적용하지 못하는 경우 등 다음의 경우에는 당좌대출이자율을 시가로 적용한다(법령 89 ③).

㉠ 가중평균차입이자율의 적용이 불가능한 경우: 다음 중 어느 하나에 해당하는 사유가 있을 때 해당 대여금(또는 차입금)에 한정하여 당좌대출이자율을 시가로 한다.

> ⓐ 특수관계인이 아닌 자로부터 차입한 금액이 없는 경우
> ⓑ 차입금 전액이 채권자가 불분명한 사채 또는 매입자가 불분명한 채권·증권의 발행으로 조달된 경우
> ⓒ 대여한 법인의 가중평균차입이자율 또는 대여금리가 해당 대여시점 현재 자금을 차입한 법인의 가중평균차입이자율보다 높아 가중평균차입이자율이 없는 것으로 보는 경우

㉡ 5년을 초과하는 대여금이 있는 경우: 대여한 날(계약을 갱신한 경우에는 그 갱신일)부터 해당 사업연도 종료일(해당 사업연도에 상환하는 경우 상환일)까지의 기간이 5년을 초과하는 대여금이 있는 경우 해당 대여금(또는 차입금)에 한정하여 당좌대출이자율을 시가로 한다.

㉢ 해당 법인이 과세표준신고를 할 때 당좌대출이자율을 시가로 선택하는 경우: 과세표준신고를 할 때 당좌대출이자율을 시가로 하여 선택한 사업연도와 이후 2개 사업연도는 당좌대출이자율을 시가로 한다.

4 법인이 미수이자를 계상한 경우 세무조정 C

법인이 미수이자를 계상하면 약정의 유무에 따라 익금에 산입할 금액에 차이가 발생한다. 이는 다음과 같이 정리할 수 있다.

구분		세법상 처리방법
① 이자 약정이 있는 경우	㉠ 미수이자 계상액*	세법상 손익귀속시기가 미도래한 이자로서 원천징수대상 미수이자인 경우 인정할 수 없기에 익금불산입으로 세무조정
	㉡ 인정이자	인정이자와 미수이자와의 차액을 익금에 산입하고 귀속자에 따라 소득처분(중요성 요건 적용)
② 이자 약정이 없는 경우	㉠ 미수이자 계상액	약정 없는 미수이자는 가공자산으로 보아 미수이자 계상액을 익금불산입으로 세무조정
	㉡ 인정이자	인정이자 총액을 익금에 산입하고 귀속자에 따라 소득처분

*약정이 있는 경우 미수이자계상액은 발생일이 속하는 사업연도 종료일부터 1년이 되는 날까지 회수하지 않은 경우 그 1년이 되는 날에 익금산입하고 귀속자에 따라 상여 등으로 처분한다. 다만, 회수하지 않은 정당한 이유가 있거나 회수할 것이 객관적으로 입증되는 경우 그러하지 않는다.

기출 OX

18. 금전의 대여기간이 5년을 초과하는 대여금이 있는 경우 해당 대여금에 한정하여 가중평균차입이자율을 시가로 한다. 2016. 7급

정답 X

확인문제 최신

05. 법인세법령상 부당행위계산의 유형에 해당하는 금전의 대여 또는 차용의 경우 시가의 범위 등에 대한 설명으로 옳지 않은 것은? 2024. 9급

① 가중평균차입이자율의 적용이 불가능한 경우로서 차입금 전액이 채권자가 불분명한 사채로 조달된 경우에는 해당 차입금에 한정하여 당좌대출이자율을 시가로 한다.
② 가중평균차입이자율의 적용이 불가능한 경우로서 특수관계인으로부터 차입한 차입금만 있는 경우에는 해당 차입금에 한정하여 당좌대출이자율을 시가로 한다.
③ 대여한 날부터 해당 사업연도 종료일까지의 기간이 3년인 대여금이 있는 경우에는 해당 대여금에 한정하여 당좌대출이자율을 시가로 한다.
④ 내국법인이 「법인세법」 제60조(과세표준 등의 신고)에 따른 신고와 함께 당좌대출이자율을 시가로 선택하는 경우에는 당좌대출이자율을 시가로 하여 선택한 사업연도와 이후 2개 사업연도는 당좌대출이자율을 시가로 한다.

정답 ③

오쌤 Talk

정당한 사유없이 회수하지 않은 가지급금

가지급금 등으로서 법령상 요건에 해당하는 금액은 익금에 해당한다. 다만, 채권·채무에 대한 쟁송으로 회수가 불가능한 경우 등 정당한 사유가 있는 경우는 익금으로 보지 않는다(Link - P.48).

④ 유형3: 불공정자본거래로 인한 이익분여

1 불공정자본거래의 의의와 세법상 처리방법 C

기존의 지분비율이 아닌 불공정한 비율로 자본거래(합병·증자·현물출자·감자)를 하는 행위를 불공정한 자본거래라고 한다. 이로 인해 어떤 주주는 손실을 입고 어떤 주주는 이익을 얻게 되는데, 이 때 손실을 입은 주주로부터 이익을 얻은 주주에게로 그 이익이 무상으로 이전된 것으로 본다. 따라서 세법에서는 불공정자본거래로 인한 이익분여를 다음과 같이 처리한다(법령 11 (9), 법령 106 ① (3)).

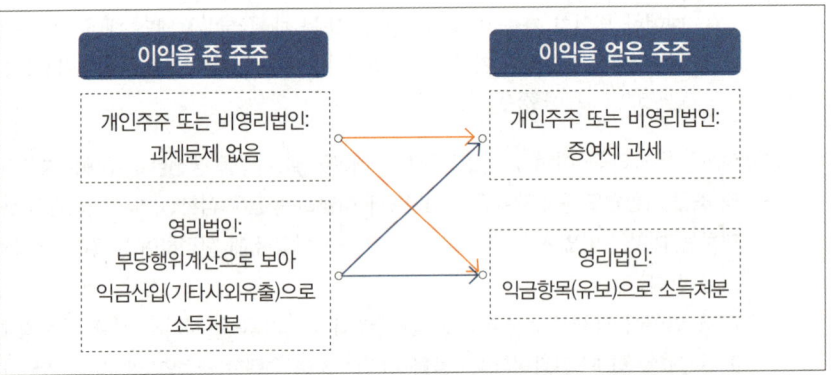

이익을 준 영리법인 입장에서는 본인의 손해로 타인이 이익을 보았고, 이로 인해 조세부담을 부당하게 감소시킨 것으로 의제하기 때문에 익금산입(기타사외유출)으로 소득처분하는 것이고, 이익을 얻은 영리법인 입장에서는 증여세 납세의무가 없으므로 분여받은 이익을 익금산입(유보)으로 소득처분하는 것이다.

2 불공정자본거래 해당 여부의 판단기준 C

앞서 본 고가매입·저가양도 거래와 고리차용·저리대여 거래 등에서 **사용했던 중요성 요건과는 다르게 불공정자본거래에서는 다음의 중요성 요건(현저한 이익 요건)을 사용한다.**

[중요성 요건]

시가와 거래가액의 차액 ≥ MIN[시가 × 30%, 3억원]

3 불공정합병으로 인한 이익분여 C

'불공정합병'이란, 특수관계인인 법인 간의 합병(분할합병 포함)에 있어서 주식 등을 시가보다 높거나 낮게 평가하여 불공정한 비율로 합병한 경우를 말한다(법령 88 ① (8) (가)). 이 경우, 이익을 얻게 된 법인의 주주가 그 상대방법인(손실법인)의 주주로부터 다음의 금액에 상당하는 이익을 얻은 것으로 한다.

불공정합병이익 = 1주당 평가차액 × 과대평가된 법인 대주주의 합병 후 주식수

오쌤 Talk

불공정합병 특수관계인
법인 간의 불공정합병에 있어 특수관계인에 해당하는지 여부는 합병등기일이 속하는 사업연도의 직전 사업연도 개시일부터 합병등기일까지의 기간을 기준으로 판정한다.

4 불공정증자로 인한 이익분여 C

'불공정증자'란, 법인의 자본(출자액 포함)을 증가시키는 거래에 있어서 주주 등인 법인이 신주(전환사채, 신주인수권부사채 또는 교환사채 등을 포함)를 배정·인수받을 수 있는 권리의 전부 또는 일부를 포기(법에 따른 모집방법으로 배정되는 경우는 제외)하거나 신주를 시가보다 높은 가액으로 인수함으로써 특수관계인인 다른 주주 등에게 이익을 분여하는 것을 말한다.(법령 88 ① (8) (나)).

5 불공정감자로 인한 이익분여 C

'불공정감자'란, 법인의 감자에 있어서 주주 등의 소유주식 등의 비율에 의하지 않고 **일부 주주 등의 주식만을 무상 또는 저가로 소각하는 경우를 말한다**(법령 88 ① (8) (다)). 이 경우, 주식을 소각당한 주주가 특수관계인인 다른 주주에게 일정한 이익을 분여한 것으로 본다(상증법 39 ① (2), 상증령 29 ① (1), 법령 89 ⑥).

CHAPTER 14

과세표준의 계산

1. 과세표준의 계산
2. 이월결손금
3. 비과세소득 및 소득공제

• 최신 8개년 출제 경향 분석

01 과세표준의 계산

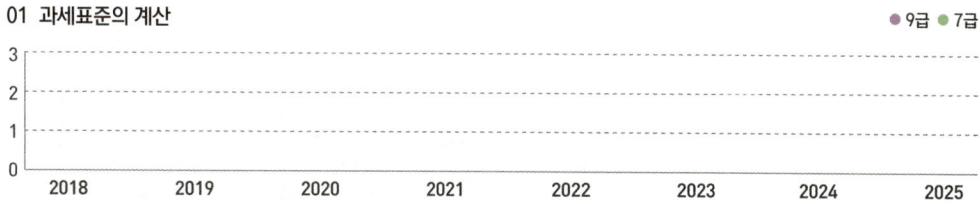

02 이월결손금

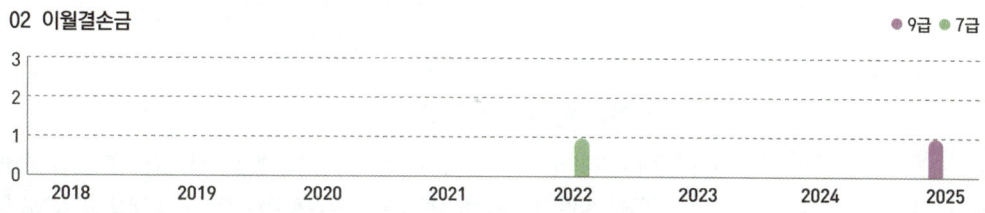

03 비과세소득 및 소득공제

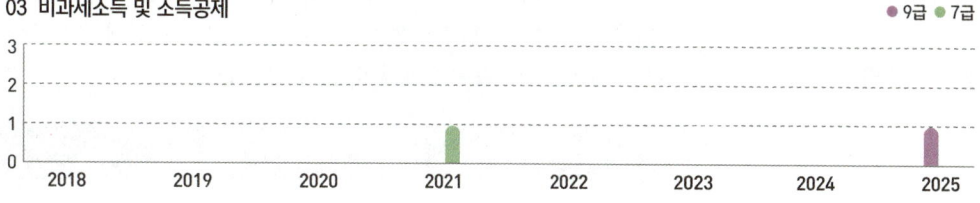

1 과세표준의 계산

1 과세표준 계산구조 C

```
         결 산 서 상  당 기 순 이 익
  ( + )  익 금 산 입  및  손 금 불 산 입
  ( − )  손 금 산 입  및  익 금 불 산 입
         차 가 감 소 득 금 액
  ( + )  기 부 금  한 도 초 과 액
  ( − )  기 부 금  한 도 초 과  이 월 액
         각 사 업 연 도 소 득 금 액
  ( − )  이   월   결   손   금
  ( − )  비   과   세   소   득
  ( − )  소   득   공   제
         과     세     표     준
```

2 과세표준 계산식 B

내국법인의 각 사업연도의 소득에 대한 **법인세의 과세표준은 각 사업연도의 소득의 범위 안에서 이월결손금, 비과세소득, 소득공제액을 차례로 공제한 금액으로 한다**(법법 13 ①).

> 과세표준 = 각 사업연도 소득금액 − 이월결손금 − 비과세소득 − 소득공제

이때, 이월결손금 중 각 사업연도의 소득금액을 초과하는 금액은 해당 사업연도의 다음 사업연도 이후로 이월하여 공제할 수 있으나, 공제되지 못한 비과세소득 및 소득공제액은 이월하여 공제할 수 없다(법법 13 ②).

2 이월결손금

1 결손금과 이월결손금 B

★★ (1) 결손금의 의의
'**결손금**'이란 각 사업연도의 손금총액이 익금총액을 초과하는 경우 그 초과하는 금액(각 사업연도 소득금액이 음수인 경우 그 금액)을 말한다(법법 14 ②).

★★ (2) 결손금의 처리방법
「법인세법」에서는 각 사업연도에 결손금이 발생하면 이를 이전 또는 이후 사업연도의 과세표준에서 공제하도록 규정하고 있는데, 이전 사업연도의 과세표준에서 공제하는 것을 결손금의 소급공제, 이후 사업연도의 과세표준에서 공제하는 것을 결손금의 이월공제라고 한다. 이때, **예외적으로 법령에 의하여 소급공제를 허용하는 경우를 제외하고는, 이후 사업연도의 소득에서 이월공제한다.** 여기서 결손금이 차기로 이월된 경우 해당 금액을 '이월결손금'이라고 한다.

> ① 결손금의 소급공제: 중소기업에 한하여 소급공제가 가능하다.
> ② 결손금의 이월공제: 결손금 발생으로부터 **15년간**[*] 이월하여 공제함을 원칙으로 한다.

[*] 2020.1.1. 전에 개시하는 사업연도에 발생한 결손금은 10년

기출 OX

01. 법인세의 과세표준은 각사업연도 소득의 범위 안에서 이월결손금, 비과세소득, 소득공제액 순으로 공제하여 계산한다. 2002. 9급
정답 O

02. 한 사업연도에서 발생한 결손금을 다른 사업연도의 소득에서 공제하는 방법과 관련하여, 예외적으로 법령에 의하여 소급공제를 허용하는 경우를 제외하고는, 그 후 사업연도의 소득에서 이월공제한다. 2015. 7급
정답 O

03. 세무상 결손금이 발생한 법인은 결손금의 소급공제와 이월공제 중 한 가지 방법을 제한 없이 선택할 수 있다. 2002. 9급
정답 X

2 결손금의 이월공제 B

(1) 이월공제 요건

과세표준을 계산할 때 각 사업연도 소득금액에서 공제되는 이월결손금(합병·분할에 따라 승계한 결손금 포함)은 아래의 미소멸요건과 기간요건을 모두 충족한 금액을 말한다.

① 미소멸 요건

공제대상 이월결손금은 각 사업연도의 개시일 전 발생한 각 사업연도의 결손금으로서 그 후의 각 사업연도의 과세표준을 계산할 때 공제되지 않은 금액으로 한다(법법 14 ③). 따라서 이중혜택을 방지하기 위하여 각 사업연도의 과세표준을 계산할 때 공제된 것으로 보는 다음의 항목은 공제가 가능한 이월결손금으로 볼 수 없다(법령 10 ③).

> ⊙ 결손금소급공제제도에 따라 이미 소급공제받은 결손금
> ⓒ 당기 전 과세표준 계산 시 이월결손금으로 이미 공제된 금액
> ⓒ 자산수증이익 및 채무면제이익으로 충당된 이월결손금
> ⓔ 익금불산입한 출자전환 채무면제이익으로 그 후 이월하여 충당된 이월결손금

② 기간요건

각 사업연도의 개시일 전 15년(2020.1.1. 전에 개시하는 사업연도에서 발생한 결손금은 10년) **이내에 개시한 사업연도에서 발생한 결손금에 한정하여 공제된다**(법법 13 ① (1)). 해당 결손금은 「법인세법」에 따라 신고, 결정, 경정되거나 「국세기본법」에 따라 수정신고한 과세표준에 포함된 결손금이어야 한다. 두 사업연도 이상에서 발생되어 이월된 결손금이 있는 경우 먼저 발생한 사업연도의 결손금부터 차례대로 공제한다(법령 10 ②).

(2) 공제한도

① 일반기업의 공제한도

일반기업의 이월결손금 공제한도는 다음과 같다(법법 13).

$$\text{일반기업의 이월결손금 공제액} = \text{MIN}\left[\text{공제대상 이월결손금},\ \text{각 사업연도 소득금액} \times 80\%\right]$$

② 중소기업 등의 공제한도

중소기업과 법에 정한 법인*은 각 사업연도 소득금액의 100%를 공제한다(법령 10 ①).

$$\text{중소기업 등의 이월결손금 공제액} = \text{MIN}\left[\text{공제대상 이월결손금},\ \text{각 사업연도 소득금액} \times 100\%\right]$$

* 법에 정한 법인은 아래 참고 비교표의 '중소기업이 아니더라도 결손금을 각 사업연도 소득금액의 100%까지 공제 가능한 법인'을 말한다.

확인문제

01. 법인세법상 내국법인의 각 사업연도의 소득과 과세표준의 계산에 관한 설명 중 옳지 않은 것은? 2009.9급

① 각 사업연도의 소득은 그 사업연도에 속하는 익금의 총액에서 그 사업연도에 속하는 손금의 총액을 공제한 금액으로 한다.
② 각 사업연도의 결손금은 그 사업연도에 속하는 손금의 총액이 그 사업연도에 속하는 익금의 총액을 초과하는 경우에 그 초과하는 금액으로 한다.
③ 각 사업연도의 개시일 전 7년 이내에 발생한 이월결손금에 한해서 각 사업연도의 소득에서 공제할 수 있다.
④ 각 사업연도의 소득에 대한 과세표준은 총 익금에서 총 손금을 공제하여 산출한 소득에서 이월결손금, 비과세소득, 소득공제액을 순차로 공제한 금액으로 한다.

정답 ③

기출 OX

04. 과세표준 계산 시 각 사업연도의 소득에서 공제하는 이월결손금은 각 사업연도의 개시일 전 7년 이내에 개시한 사업연도에서 발생한 결손금이어야 한다. 2025.9급 최신

정답 X

05. 내국법인의 이월결손금은 각 사업연도의 개시일 전 발생한 각 사업연도의 결손금으로서 그 후의 각 사업연도의 과세표준을 계산할 때 공제되지 아니한 금액으로 한다. 2023.9급 최신

정답 O

06. 이월결손금으로 공제될 수 있는 결손금은 법인세 과세표준신고에 포함되었거나 과세행정청의 법인세 결정·경정에 포함된 결손금이어야 하며, 그 외 납세자가 국세기본법에 따라 수정신고 하면서 과세표준에 포함된 경우에는 그 대상이 될 수 없다. 2015.7급

정답 X

07. 각 사업연도에 발생한 이월결손금은 합산되어 발생연도에 관계없이 차기 이후 사업연도소득에서 공제한다. 2005.9급

정답 X

(3) 추계결정 및 경정의 경우 이월결손금공제 배제

법인의 장부기장을 장려하기 위하여 법인세 과세표준을 추계결정·경정하는 경우에는 이월결손금 공제규정을 적용하지 않는다. 다만 천재지변 등으로 장부나 그 밖의 증빙서류가 멸실되어 추계하는 경우에는 이월결손금공제를 적용할 수 있다(법법 68).

> **참고**
>
> **채무면제이익 잔액의 이월이 가능한 법인과 중소기업이 아니더라도 결손금을 각 사업연도 소득금액의 100%까지 공제가 가능한 법인의 비교**
>
> | | 채무면제이익 잔액의 이월이 가능한 법인 | 중소기업이 아니더라도 결손금을 각 사업연도 소득금액의 100%까지 공제 가능한 법인 |
> |---|---|---|
> | 해당 법인 | ①「채무자 회생 및 파산에 관한 법률」에 따라 채무를 출자로 전환하는 내용이 포함된 회생계획인가의 결정을 받은 법인
②「기업구조조정 촉진법」에 따라 채무를 출자로 전환하는 내용이 포함된 기업개선계획의 이행을 위한 약정을 체결한 부실징후기업
③ 해당 법인에 대하여 채권을 보유하고 있는 금융기관과 채무를 출자로 전환하는 내용이 포함된 경영정상화계획의 이행을 위한 협약을 체결한 법인
④「기업 활력 제고를 위한 특별법(제10조)」에 따른 사업재편계획승인을 받은 법인 | ①「채무자 회생 및 파산에 관한 법률」에 따라 법원이 인가결정한 회생계획을 이행 중인 법인
②「기업구조조정 촉진법」에 따라 기업개선계획의 이행을 위한 약정을 체결하고 기업개선계획을 이행 중인 법인
③ 해당 법인의 채권을 보유하고 있는 금융회사 등과 경영정상화계획의 이행을 위한 협약을 체결하고 경영정상화계획을 이행 중인 법인
④「기업 활력 제고를 위한 특별법(제10조)」에 따른 사업재편계획 승인을 받은 법인
⑤ 지급배당에 소득공제를 적용받는 유동화전문회사·투자회사·투자목적회사 등의 명목회사
⑥ 채권, 부동산 또는 그 밖의 재산권을 기초로「자본시장과 금융투자업에 관한 법률」에 따른 증권을 발행하거나 자금을 차입하는 법인 즉, 유동화거래를 할 목적으로 설립된 법인으로서 일정한 요건을 갖춘 법인
⑦「조세특례제한법」에 따라 법인의 수익사업에서 발생한 소득을 고유목적사업준비금으로 손금에 산입할 수 있는 비영리내국법인 |
>
> 채무면제이익 잔액의 이월이 가능한 법인은 곧 결손금을 각 사업연도 소득금액의 100%까지 공제가 가능한 법인이라고 할 수 있다.

기출 OX

08. 장부를 기장하지 아니하여 법인세 과세표준을 추계결정하는 경우에는 이월결손금을 공제할 수 없다. 2005. 9급
정답 O

09. 법인세 과세표준을 추계결정하는 경우에도 이월결손금을 공제할 수 있는 경우가 있다. 2015. 7급
정답 O

10.「채무자 회생 및 파산에 관한 법률」제245조에 따라 법원이 인가결정한 회생계획을 이행 중인 법인의 이월결손금 공제는 각 사업연도 소득의 100분의 80을 한도로 한다. 2025. 9급 최신
정답 X

3 결손금의 소급공제 B

★(1) 소급공제 요건

직전 사업연도의 소득에 대하여 과세된 법인세액이 있는 중소기업에 한하여 결손금 소급공제를 적용할 수 있는데, 결손금의 소급공제를 적용받기 위해서는 다음의 요건을 모두 충족해야 한다(법법 72 ①, ②, ④).

> ① 중소기업 요건
>   : 결손금이 발생한 중소기업이어야 하고, 직전 사업연도 소득에 대하여 과세된 법인세가 존재해야 한다.
> ② 신청요건
>   : 법인세 과세표준 신고기한 내에 납세지 관할 세무서장에게 소급공제 신청을 해야 한다.
> ③ 법인세 신고요건
>   : 과세표준 신고기한 내 결손금이 발생한 사업연도와 그 직전 사업연도의 소득에 대한 법인세 과세표준 및 세액을 각각 신고한 경우에만 적용한다.

★★(2) 환급세액의 계산

결손금 소급공제에 따른 환급세액은 다음 산식에 의하여 계산한다(법법 72 ①, 법령 100 ①).

환급세액 = MIN[①, ②]

① 환급대상액 = 직전 사업연도 법인세 산출세액*1 − (직전 사업연도 과세표준 − 소급공제 결손금액*2) × 직전 사업연도 법인세율

② 한도액 = 직전 사업연도 법인세 산출세액*1 − 직전 사업연도 공제·감면세액

*1 직전 사업연도 법인세 산출세액: 토지 등 양도소득에 대한 법인세를 제외한 일반 각 사업연도에 대한 법인세 산출세액만을 말한다.
*2 소급공제 결손금액: 해당 사업연도 발생 결손금으로 소급공제를 받고자 하는 금액이다. 해당 금액은 직전 사업연도의 과세표준을 한도로 차감한다. 소급공제받은 결손금은 과세표준을 계산할 때 이미 공제받은 금액으로 보기 때문에 해당 사업연도 이후 이월결손금으로 다시 공제할 수 없다(법법 72 ①).

(3) 신청절차

법인세액을 환급받으려는 내국법인은 법인세 과세표준 신고기한까지 소급공제법인세액환급신청서를 납세지 관할 세무서장에게 제출해야 한다. 이러한 신청을 받은 납세지 관할 세무서장은 지체없이 환급세액을 결정하여「국세기본법」에 따라 환급해야 한다(법법 72 ②, ③).

📄 **확인문제**

02. 다음은 법인세법령상 중소기업에 해당하는 내국법인 ㈜A의 제23기 (2023.1.1.~2023.12.31.)와 제24기 (2024.1.1.~2024.12.31.) 자료이다. ㈜A가 제23기 법인세액의 환급을 신청하는 경우 제24기 법인세법령상 결손금 중 최대로 받을 수 있는 소급공제 결손금액은? (단, 결손금 소급공제에 따른 환급요건을 충족하며, 조세특례는 고려하지 않는다) 2022. 7급

(1) 제24기 법인세법 상 결손금 600,000,000원
(2) 제23기 법인세법 상 과세표준 500,000,000원
(3) 제23기 공제·감면된 법인세액 40,000,000원
(4) 제23기 가산세액 5,000,000원
(5) 제23기와 제24기에 적용되는 법인세율: 과세표준 2억 원 이하 10%, 2억 원 초과 200억 원 이하분 20%로 가정한다.

① 100,000,000원
② 200,000,000원
③ 250,000,000원
④ 300,000,000원

정답 ②

> **기출 OX**
>
> 11. 납세지 관할 세무서장은 중소기업에 해당하지 아니하는 내국법인이 결손금 소급공제에 따른 법인세를 환급받은 경우에는 환급세액에 대통령령으로 정하는 바에 따라 계산한 이자상당액을 더한 금액을 해당 결손금이 발생한 사업연도의 법인세로서 징수한다.
>
> 2025. 9급 최신
>
> 정답 O

★★ (4) 환급세액의 추징

① 추징사유

납세지 관할 세무서장은 다음의 추징사유가 발생한 경우에는 환급취소세액에 이자상당액을 더한 금액을 해당 결손금이 발생한 사업연도의 법인세로서 징수한다(법법 72 ⑤, 법령 110 ③, ④).

[추징사유]

㉠ 결손금소급공제 규정에 따라 법인세를 환급한 후 결손금이 발생한 사업연도에 대한 법인세 과세표준과 세액을 경정함으로써 결손금이 감소된 경우[*1]
㉡ 결손금이 발생한 사업연도의 직전 사업연도에 대한 법인세 과세표준과 세액을 경정함으로써 환급세액이 감소된 경우[*2]
㉢ **중소기업에 해당하지 않는 내국법인이 법인세를 환급받은 경우**

[*1] 결손금이 발생한 사업연도에 대한 경정으로 당초의 결손금이 감소된 경우 추징하나, 경정으로 결손금이 증가하더라도 그 증가액은 당초에 소급공제 받겠다고 신청한 금액이 아니므로 추가환급하지 않는다(집행기준 72-110-4).

[*2] 당초 환급세액을 재결정함에 있어 소급공제결손금액이 과세표준금액을 초과하는 경우 그 초과 결손금액은 소급공제결손금액으로 보지 않는다(법령 110 ⑤). 따라서 그 초과 결손금은 이월하여 공제할 수 있다.

② 환급취소세액과 이자상당액

납세지 관할 세무서장은 위 ①의 추징사유가 발생하면 아래와 같이 계산한 환급취소세액과 이자상당액을 징수해야 한다.

㉠ 환급취소세액 계산식:

$$\text{환급취소세액} = \text{당초 환급세액} \times \frac{\text{감소된 결손금} - \text{소급공제 받지 않은 결손금}^*}{\text{소급공제 결손금액}}$$

[*] '소급공제 받지 않은 결손금'을 계산할 때 당초의 결손금 중 그 일부 금액만을 소급공제받은 경우 소급공제받지 않은 결손금이 먼저 감소된 것으로 본다.

㉡ 이자상당액의 계산식

$$\text{이자상당액} = \text{환급취소세액} \times \text{기간}^{*1} \times \frac{22}{100,000}(\text{일일 이자율}^{*2})$$

[*1] 기간: 당초 환급세액의 통지일의 다음 날부터 환급취소에 의하여 징수하는 법인세액의 고지일까지의 기간의 일수

[*2] 이자율: 납세자가 법인세액을 과다하게 환급받은 데에 대한 정당한 사유가 있을 경우 국세환급가산금 기본이자율을 적용한다.

③ 비과세소득 및 소득공제

1 비과세소득 B

★★ (1) 비과세소득의 종류

'비과세소득'이란 순자산이 증가했으나 정책적인 목적으로 과세에서 제외되는 소득을 말한다. 비과세소득의 종류는 다음과 같다.

구분	대상
「법인세법」	공익신탁*의 신탁재산에서 생기는 소득(법법 51)
「조세특례제한법」	「조세특례제한법」에서 규정하고 있는 비과세소득

* 공익신탁: 학술·종교·제사·자선 기타 공익을 목적으로 하는 신탁

★★ (2) 비과세소득의 특징

① 익금불산입은 각 사업연도 소득금액에 포함되지 않지만, 비과세소득은 일단 각 사업연도 소득금액에 포함한 후 과세표준을 계산하는 과정에서 차감한다.

② 이월결손금이 차감된 각 사업연도 소득금액보다 비과세소득이 크다고 하더라도 차기로 이월할 수 없다.

2 소득공제 A

★★ (1) 배당소득공제

'소득공제'는 과세표준을 계산하는 과정에서 조세 정책상 일부 소득을 공제해 줌으로써 세부담을 경감시켜주는 데에 그 목적이 있다. 「법인세법」상 소득공제에 해당하는 항목으로는 배당소득공제가 있는데 그 목적은 법인 소득의 이중과세문제를 완화하기 위함이다.

① 대상 법인 및 적용 요건

내국 법인이 소득공제를 받기 위해서는 아래 요건을 모두 충족해야 한다(법법 51의2 ①, ③ 법령 86의3 ⑨).

> ㉠ 법인 요건: 유동화전문회사, 투자회사·투자목적회사·투자유한회사·투자합자회사, 투자유한책임회사, 기업구조조정투자회사, 기업구조조정 부동산투자회사, 위탁관리 부동산투자회사, 선박투자회사, 임대사업을 위한 특수목적법인, 문화산업전문회사, 해외자원개발투자회사가 배당소득공제 대상이다.
> ㉡ 배당비율 요건: 해당 법인의 배당가능이익 중 90% 이상을 배당해야 한다.
> ㉢ 신청 요건: 과세표준신고와 함께 소득공제신청서에 해당 배당소득에 대한 실질귀속자*별 명세를 첨부하여 납세지 관할 세무서장에게 제출해야 한다.

* 해당 소득과 관련하여 법적 또는 경제적 위험을 부담하고 그 소득을 처분할 수 있는 권리를 가지는 등 그 소득에 대한 소유권을 실질적으로 보유하고 있는 자를 말한다.

기출 OX

12. 내국법인의 각 사업연도의 소득 중 공익신탁의 신탁재산에서 생기는 소득에 대하여는 각 사업연도의 소득에 대한 법인세를 과세하지 아니한다.
2007. 7급
정답 O

13. 공익신탁의 신탁재산에서 생기는 소득에 대하여는 각 사업연도 소득에 대한 법인세를 과세한다. 2021. 7급
정답 X

14. 해당 사업연도의 과세표준을 계산할 때 공제되지 아니한 비과세 소득은 해당 사업연도의 다음 사업연도 이후로 이월하여 공제할 수 있다. 2025. 9급 최신
정답 X

오쌤 Talk

배당소득공제의 이해

유동화전문회사나 투자회사 등은 주주로부터 자금을 조달받아 운용하여 이익을 창출하고, 해당 이익을 주주에게 배당한 후, 법인은 사라지게 된다. 즉, 이러한 회사는 서류상의 회사일 뿐 정상적인 회사의 개념이라고 보기는 어렵다. 그 실질이 주주의 이익을 창출하는 하나의 도구에 가깝기 때문에, 이러한 경우 해당 회사에 법인세를 과세하지 않겠다는 취지에서 배당소득공제가 비롯되었다.

기출 OX

15. 유동화전문회사 또는 기업구조조정투자회사 등이 배당가능이익의 90% 이상을 배당하는 경우 그 금액을 해당 사업연도의 소득금액에서 공제하며, 이는 법인소득의 이중과세문제를 완화하기 위함이다. 2012. 7급
정답 O

16. 유동화전문회사 등에 대한 소득공제를 받으려는 법인은 소득공제신청서를 배당일로부터 2주 이내에 본점 소재지 관할 세무서장에게 제출해야 한다. 2021. 7급
정답 X

② 소득공제금액의 계산
배당을 결의한 잉여금 처분의 대상이 되는 사업연도의 소득금액에서 배당액 전액을 공제한다(법법 51의 2 ①).

③ 이월공제배당금액 NEW

$$\text{이월공제배당금액} = \text{배당금액} - (\text{각 사업연도 소득금액} - \text{이월결손금 공제액}) - \text{해당 사업연도에 이월된 이월공제배당금}$$

㉠ 배당금액이 해당 사업연도의 소득금액에서 이월결손금을 뺀 금액을 최초로 초과하는 경우에는 그 초과하는 금액을 해당 사업연도의 다음 사업연도 개시일부터 5년 이내에 끝나는 각 사업연도로 이월하여 그 이월된 사업연도의 소득금액에서 공제할 수 있다*.

㉡ 최초로 이월된 사업연도 이후 사업연도의 배당금액이 해당 사업연도의 소득금액에서 이월결손금과 해당 사업연도로 이월된 금액을 순서대로 뺀 금액(해당 금액이 0보다 작은 경우에는 0으로 한다)을 초과하는 경우에는 그 초과하는 금액을 해당 사업연도의 다음 사업연도 개시일부터 5년 이내에 끝나는 각 사업연도로 이월하여 그 이월된 사업연도의 소득금액에서 공제할 수 있다*.

* 이월공제배당금액을 해당 사업연도에 공제하는 경우 다음 방법에 따른다 NEW (법법 51의2 ⑥)

ⓐ 이월공제배당금액을 해당 사업연도의 배당금액보다 먼저 공제할 것
ⓑ 이월공제배당금액이 둘 이상인 경우에는 먼저 발생한 이월공제배당금액부터 공제할 것

또한 내국법인이 이월된 사업연도에 배당가능이익의 90% 이상의 배당하지 아니하는 경우에는 그 이월된 금액을 공제하지 아니한다(법법 51의2 ④, ⑤).

★★(2) 소득공제의 배제

다음 어느 하나에 해당하는 경우 위의 소득공제를 적용하지 않는다(법법 51의2 ②, 법령 86의 2 ⑩).

① 소득세 또는 법인세 비과세: 배당을 받은 주주 등에 대하여 법에 따라 그 배당에 대한 소득세 또는 법인세가 비과세되는 경우 배당소득공제를 적용하지 않는다. 단, 배당을 받은 주주 등이 특례를 적용 받는 동업기업인 경우 그 동업자들(그 동업자들의 전부 또는 일부가 상위 동업기업에 해당하는 경우에는 그 상위 동업기업에 출자한 동업자들)에 대하여 배분받은 배당에 해당하는 소득에 대한 소득세 또는 법인세가 전부 과세되는 경우는 제외한다.
② 요건 충족 법인: 배당을 지급하는 내국법인이 **다음의 요건을 모두 갖춘 법인일 경우 배당소득공제를 적용하지 않는다.**
㉠ 사모방식으로 설립되었을 것
㉡ 개인 2인 이하 또는 개인 1인 및 그 친족(이하 '개인 등')이 발행주식총수 또는 출자총액의 **95% 이상의 주식 등을 소유할 것** (단, 개인 등에게 배당 및 잔여재산의 분배에 관한 청구권이 없는 경우는 제외)

기출 OX
17. 「기업구조조정투자회사법」에 따른 기업구조조정투자회사가 법령으로 정하는 배당가능이익의 100분의 90 이상을 배당한 경우 그 금액은 해당 배당을 결의한 잉여금 처분의 대상이 되는 사업연도의 소득금액에서 공제한다.
2021. 7급
정답 O

오쌤 Talk
수입배당금 익금불산입규정 적용 배제
「법인세법」과 「조세특례제한법」에 따른 지급배당에 대한 소득공제를 적용받는 경우에는 「법인세법」상 수입배당금 익금불산입 규정을 적용하지 아니한다(link-p.58).

기출 OX
18. 배당을 지급하는 내국법인이 사모 방식으로 설립되었고, 개인 2인이 발행주식총수의 100분의 95의 주식을 소유한 법인(개인에게 배당 및 잔여재산의 분배에 관한 청구권이 없는 경우는 제외)인 경우에는 유동화전문회사 등에 대한 소득공제 규정을 적용할 수 있다.
2021. 7급
정답 X

MEMO

CHAPTER 15

산출세액 및 차감납부세액의 계산

1. 산출세액의 계산
2. 차감납부세액의 계산구조
3. 세액감면
4. 세액공제
5. 기납부세액
6. 최저한세 및 농어촌특별세

• 최신 8개년 출제 경향 분석

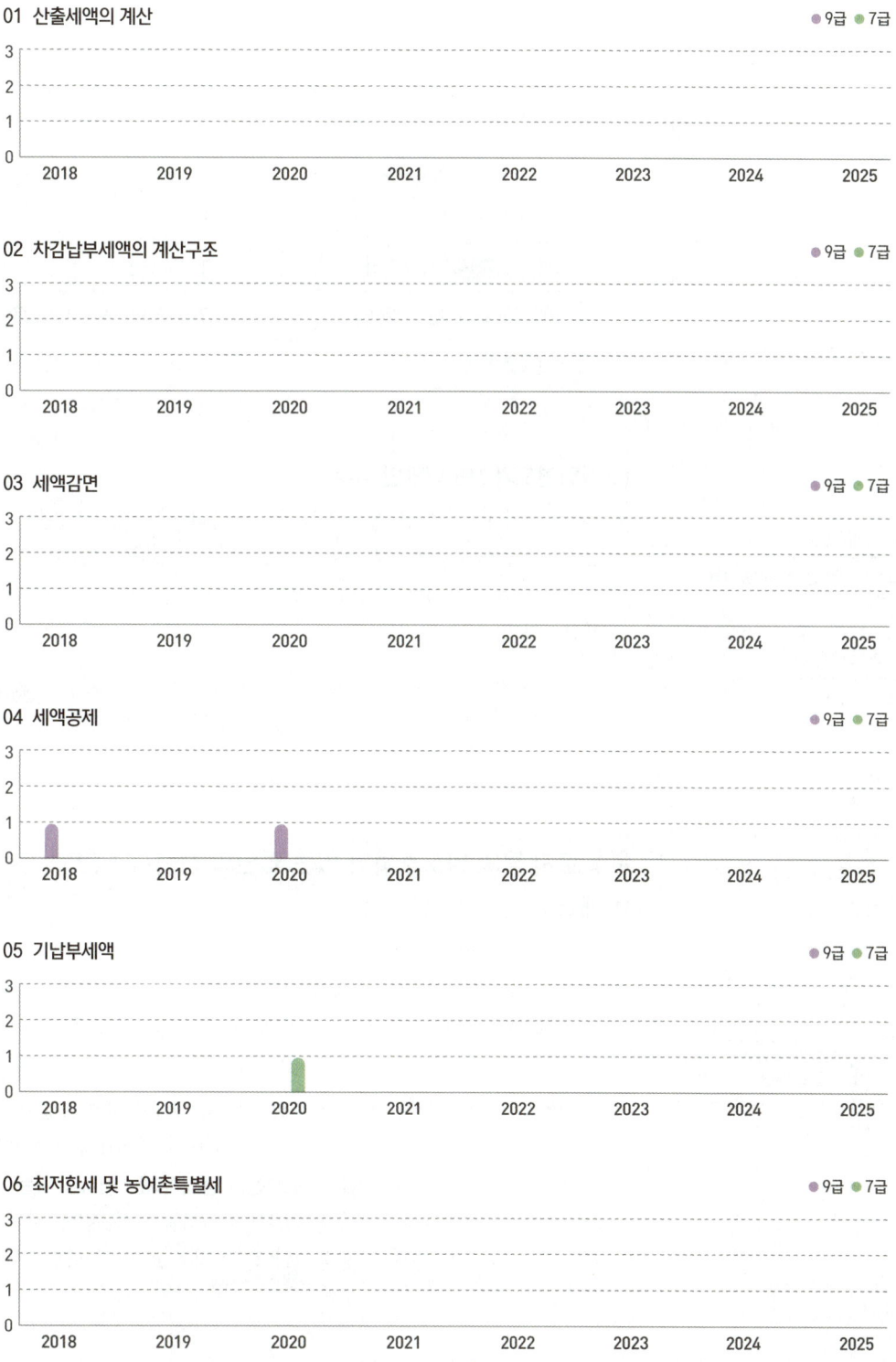

1 산출세액의 계산

1 일반 법인의 산출세액 C

(1) 사업연도가 1년인 경우

내국법인의 각 사업연도 소득금액에 대한 법인세의 산출세액은 다음의 세율을 적용하여 계산한 금액으로 한다(법법 55 ①). 단, 토지 등 양도소득에 대한 법인세와 미환류소득에 대한 법인세가 있는 경우, 그 금액을 합한 금액까지를 산출세액이라고 한다.

과세표준	세율
① 2억원 이하	9%*
② 2억원 초과 200억원 이하	1천800만원 + 2억원 초과금액 × 19%
③ 200억원 초과 3천억원 이하	37억 8천만원 + 200억원 초과금액 × 21%
④ 3천억원 초과	625억 8천만원 + 3천억원 초과금액 × 24%

* 부동산임대업을 주된 사업으로 하는 등 법령으로 정하는 요건에 해당하는 내국법인은 19% NEW

(2) 사업연도가 1년 미만인 경우

사업연도가 1년 미만인 경우에 특례가 없다면, 사업연도가 1년인 경우보다 일반적으로 과세표준이 적어져 세부담을 회피할 수 있을 것이다. 따라서 사업연도와 무관하게 세금의 효과를 유지하기 위해 사업연도가 1년 미만인 경우, 다음과 같이 산출세액을 계산한다(법법 55 ②, 법칙 45).

$$\text{법인세 산출세액} = \left(\text{과세표준} \times \frac{12}{\text{사업연도의 월수}^*} \times \text{세율}\right) \times \frac{\text{사업연도의 월수}}{12}$$

* 이때, 월수는 태양력에 따라 계산하되, 1개월 미만의 일수는 1개월로 한다(법령 92).

2 토지 등의 양도소득이 있는 법인의 산출세액 B

★(1) 개요

법인세 산출세액은 다음의 금액으로 계산한다(법법 55의2 ①).

$$\text{법인세 산출세액} = \text{각 사업연도 소득에 대한 법인세} + \text{토지 등 양도소득에 대한 법인세}$$

각 사업연도 소득에 대한 법인세를 구할 때는 양도차익이 이미 포함되어 있는 상태이다. 하지만 여기에 한 번 더 토지 등 양도소득에 대한 법인세를 가산하는 이유는 영업과 무관하게 **법인이 부동산투기를 통해 재산을 증식하려는 행위를 하는 것을 방지하기 위한 제재성격의 과세제도**이다. 따라서 법인이 비사업용 토지, 별장, 주택, 주택을 취득하기 위한 권리(입주권, 분양권) 등을 보유하는 경우 토지 등 양도소득에 대한 법인세를 계산한다.

오쌤 Talk

사업연도 1년 미만인 경우 산출세액의 계산의 이해

사업연도 1년 미만인 경우 산출세액의 계산은 다음과 같이 계산된다.

$$\text{법인세 산출세액} = \left(\text{과세표준} \times \frac{12}{\text{사업연도의 월수}} \times \text{세율}\right) \times \frac{\text{사업연도의 월수}}{12}$$

언뜻 보기에 $\frac{12}{\text{사업연도의 월수}} \times \frac{\text{사업연도의 월수}}{12} = 1$로 사업연도가 1년인 경우와 산식이 같은 것으로 오해할 수 있다. 하지만, 이는 다음과 같은 이유로 상쇄되는 구조가 아니다.

① (과세표준 × $\frac{12}{\text{사업연도의 월수}}$ × 세율): 1년을 기준으로 환산된 과세표준에 세율을 곱한 값으로, 세율은 누진세율이기 때문에 환산된 과세표준의 크기에 따라 가변적이다.

② $\frac{\text{사업연도의 월수}}{12}$: 1년 미만의 사업연도로 되돌려야 하므로 곱하는 것이다.

★★ (2) 토지 등 양도소득에 대한 법인세의 계산

토지 등 양도소득에 대한 법인세의 계산구조는 토지 등 양도소득에 적용 세율을 곱한 금액으로 한다.

① 토지 등 양도소득

토지 등 양도소득을 구할 때는 양도 당시의 장부가액을 차감하되(법법 55의2 ⑥), 국내사업장이 없거나 부동산소득이 없는 외국법인의 경우 취득가액과 양도비용을 차감한다(법법 95의2).

> 토지 등 양도소득 = 토지 등의 양도금액 - 양도 당시의 장부가액

② 적용 세율

내국법인이 다음 어느 하나에 해당하는 토지 등을 양도한 경우에는 다음의 세율을 적용하여 계산한 토지 등 양도소득에 대한 법인세를 과세표준에 각 세율을 적용하여 계산한 법인세액에 추가하여 납부하여야 한다. 이때, 하나의 자산이 다음 중 둘 이상에 해당할 때에는 그 중 가장 높은 세액을 적용한다(법법 55의2 ①).

> ㉠ 국내에 소재하는 주택 및 별장: 20% (미등기자산은 40%)
> ㉡ 비사업용 토지: 10% (미등기자산은 40%)
> ㉢ 주택을 취득할 수 있는 권리로서 조합원입주권 및 분양권: 20%

③ 양도차손 통산

각 사업연도에 둘 이상의 과세대상 토지 등을 양도하는 경우 양도한 각 자산별로 계산한 양도소득을 합산한다. 이 경우 양도한 자산 중 양도 당시의 장부가액이 양도금액을 초과하여 양도차손이 발생하는 자산이 있는 경우에는 그 양도차손을 다음 자산의 양도소득에서 순차로 차감하여 양도소득을 계산한다(법령 92의2 ⑨). 이때 순차로 차감하고도 남은 양도차손은 이월공제하지 않는다.

> ㉠ 양도차손이 발생한 자산과 같은 세율을 적용받는 자산의 양도소득
> ㉡ 양도차손이 발생한 자산과 다른 세율을 적용받는 자산의 양도소득

★ (3) 과세대상

내국법인의 여부 및 영리법인의 여부를 불문하고 주택 및 별장(농어촌 주택 제외), 비사업용 토지 등 다음의 과세대상 자산을 양도함으로써 발생하는 소득에 대하여 토지 등 양도소득에 대한 법인세를 과세한다. 단, 2009.3.16.부터 2012.12.31.까지 취득한 자산을 양도하여 발생하는 소득에 대해서는 토지 등 양도소득에 대한 법인세를 과세하지 아니한다(법법 55의2 ④, 법령 92의2, 법령 95의2).

> ① 주택 및 별장: 법에서 정하는 농어촌 주택(부속토지 포함)을 제외하고 비과세 항목에 해당하지 않는 것은 모두 과세
> ② 비사업용토지: 법에 정한 비사업용토지의 양도소득에 대하여 과세
> ③ 주택을 취득하기 위한 권리(입주권, 분양권)

확인문제

01. 중소기업이 아닌 ㈜한국은 등기된 비사업용 토지(장부가액 5억원)를 10억원(취득시기: 2020년 3월 2일, 양도시기: 2024년 3월 3일)에 양도하였다. ㈜한국의 법인세 산출세액은? (단, ㈜한국의 사업연도는 2024년 1월 1일부터 2024년 12월 31일까지이며, 다른 소득은 없다고 가정한다) 2014. 9급 수정

① 50,000,000원
② 80,000,000원
③ 100,000,000원
④ 125,000,000원

정답 ④

 오쌤 Talk

토지 등 양도소득에 대한 법인세와 소득세의 관점

	법인세	소득세
과세되는 세목 종류	각 사업연도 소득금액에 대한 법인세 + 토지 등 양도소득에 대한 법인세(제재 성격으로 인한 이중과세)	양도소득세
과세대상 자산	국내소재 주택 및 별장과 비사업용 토지 중 비과세항목을 제외한 항목	열거주의에 따라 과세하기 때문에, 특정자산에 한정됨
양도비용의 처리	차감 불가	차감 가능
세율	등기된 비사업용토지10%, 등기된 주택 및 부수토지20%(등기자산), 40%(미등기자산) 등	자산별로 차등 적용

오쌤 Talk

미등기토지 등

토지 등을 취득한 법인이 그 취득에 관한 등기를 하지 않고 양도하는 토지를 말한다. 다음은 미등기토지로 보지 않는다(법법 55의2 ⑤, 법령 92의2 ⑤).
① 장기할부조건으로 취득한 토지 중 계약조건에 의하여 취득등기가 불가한 토지
② 법률의 규정 또는 처분에 의해 양도 당시 취득등기가 불가능한 토지
③ 법인이 직접 경작하던 농지로 일정 경우에 해당하는 농지의 교환 또는 분합으로 인해 발생하는 소득에 대하여 과세 제외가 적용되는 농지

오쌤 Talk

「소득세법」상 양도소득세 비과세 규정
① 양도로 보지 않는 경우: Link-P.447
② 비과세 양도소득: Link-P.452

(4) 비과세 대상

다음에 해당하는 자산의 양도에 대해서는 토지 등 양도소득에 대한 법인세를 과세하지 않는다. 다만 미등기 토지 등에 대해서는 그러하지 아니하다.

① 주주 등이나 출연자가 아닌 임원 및 직원에게 제공하는 사택 및 그 밖에 무상으로 제공하는 법인 소유의 주택으로서 사택제공기간 또는 무상제공기간이 10년 이상인 주택
② 저당권의 실행으로 인하여 취득하거나 채권변제를 대신하여 취득한 주택으로서 취득일로부터 3년이 경과하지 아니한 주택
③ 「법인세법 시행령」 제92조의 2에서 정하는 일정조건의 임대주택
④ 그 밖에 부득이한 사유로 보유하고 있는 주택으로서 법으로 정하는 주택
⑤ 파산선고에 의한 토지 등의 처분으로 인하여 발생하는 소득
⑥ 법인이 직접 경작하던 농지로서 일정한 경우에 해당하는 농지의 교환 또는 분할·통합으로 인하여 발생하는 소득
⑦ 그 밖의 법률에 따른 환지처분 등 일정한 사유로 발생하는 소득
⑧ 「소득세법」 시행령에 따라 양도로 보지 않는 교환으로 발생한 소득
⑨ 적격으로 분할·합병·물적분할·현물출자 등으로 인하여 발생하는 소득
⑩ 한국토지주택공사가 「한국토지주택공사법」에 따른 개발사업으로 조성한 토지 중 주택건설용지로 양도함으로써 발생하는 소득
⑪ 주택을 신축하여 판매(민간건설임대주택 또는 공공건설임대주택을 분양하거나 다른 임대사업자에게 매각하는 경우를 포함)하는 법인이 그 주택 및 주택에 부수되는 토지로서 그 면적이 다음 면적 중 넓은 면적 이내의 토지를 양도함으로써 발생하는 소득
  ㉠ 주택의 연면적(지하층의 면적, 지상층의 주차용으로 사용되는 면적 및 주민공동시설의 면적을 제외)
  ㉡ 건물이 정착된 면적에 5배(도시지역 밖 토지의 경우 10배)를 곱하여 산정한 면적
⑫ 「민간임대주택에 관한 특별법」에 따른 임대사업자로서 장기일반민간임대주택 등을 기업형 임대사업자에게 토지를 양도하여 발생하는 소득
⑬ 공공주택사업자와 공공매입임대주택을 건설하여 양도하기로 약정을 체결한 자에게 2027.12.31.^NEW까지 주택 건설을 위한 토지를 양도하여 발생하는 소득
⑭ 그 밖에 공공목적을 위한 양도 등 법에서 정하는 사유로 인하여 발생하는 소득

(5) 귀속시기

① 원칙
토지 등의 양도로 인한 소득의 귀속사업연도는 대금청산일·소유권이전등기일·인도일·사용수익일 중 빠른 날로 한다. 장기할부조건에 의한 토지 등의 양도의 경우에도 같다(법령 92의2 ⑥).

② 예외
예약매출에 의해 토지를 양도하는 경우 그 계약일에 토지 등이 양도된 것으로 본다(법령 92의2 ⑦).

② 차감납부세액의 계산구조

1 차감납부세액의 계산구조 C

```
      산  출  세  액
(-)  세  액  감  면
(-)  세  액  공  제
(+)  가     산     세
(+)  감면분추가납부세액
      총  부  담  세  액
(-)  기  납  부  세  액
      차  감  납  부  세  액
```

2 세액감면·공제의 적용 순위 C

먼저 산출세액에서 세액감면과 세액공제를 차감하는데 이 때 세액감면과 세액공제에 관한 규정이 동시에 적용되는 경우 그 적용순위는 「법인세법」 및 다른 법률에 별도의 규정이 있는 경우 외에는 다음의 순서에 따른다(법법 59 ①).

① 세액감면 → ② 이월공제가 인정되지 않는 세액공제 → ③ 이월공제가 인정되는 세액공제 → ④ 사실과 다른 회계처리로 인한 경정에 따른 세액공제

③ 세액감면

1 개요 C

'세액감면'은 정책적 목적 등으로 특정한 소득에 대해 사후적으로 세금을 완전히 면제해 주거나 또는 일정한 비율만큼 경감해 주는 것을 말한다. 현행 「법인세법」상 규정하고 있는 세액감면은 없다. 다만, 「조세특례제한법」에서 다양한 세액감면을 규정하고 있는데, 감면세액은 별도의 규정이 있는 경우를 제외하고는 다음과 같이 계산한다(법법 59 ②, 법령 96 ①).

$$\text{감면세액} = \text{법인세 산출세액}^* \times \frac{\text{감면소득금액} - \text{이월결손금·비과세소득·소득공제}^{**}}{\text{과세표준}} \times \text{감면율}$$

* 법인세 산출세액: 토지 등 양도소득에 대한 법인세와 미환류소득에 대한 법인세를 제외한 금액
** 이월결손금·비과세소득·소득공제: 감면사업에서 발생한 부분만 산입한다. 감면사업에서 발생한 것인지 불분명한 경우, 다음과 같이 소득금액에 비례하여 안분한 금액을 산입한다.

$$(\text{이월결손금·비과세소득·소득공제}) \times \frac{\text{감면대상 소득금액}}{\text{각 사업연도 소득금액}}$$

2 세액감면의 성격 C

「조세특례제한법」상 세액감면은 신청을 요건으로 하므로 당기에 감면받지 못한 금액을 차기로 이월하여 감면받을 수는 없다.

오쌤 Talk

주요 세액감면

「조세특례제한법」에서 규정하는 세액감면의 종류로는 크게 감면기간의 제한이 있는 세액감면과 감면기간의 제한이 없는 세액감면이 있다.

① 감면기간의 제한이 있는 주요 세액감면

　㉠ 법인의 공장 및 본사를 수도권 밖으로 이전하는 경우 법인세 감면
　㉡ 외국인 투자에 대한 세액감면
　㉢ 제주첨단과학기술단지 입주기업에 대한 세액감면
　㉣ 제주투자진흥지구·제주자유무역지역 입주기업에 대한 세액감면 등

② 감면기간의 제한이 없는 주요 세액감면

　㉠ 중소기업에 대한 특별세액감면
　㉡ 기술이전에 대한 세액감면
　㉢ 기술대여에 대한 세액감면 등

4 세액공제

1 개요 B

'세액공제'란 일정한 요건을 만족하는 법인에 대하여 정책적 목적 등으로 산출세액에서 일정금액을 공제하는 제도를 말한다. 현재 「법인세법」상 세액공제는 아래와 같고, 「조세특례제한법」상으로는 보다 다양한 세액공제를 규정하고 있다.

구분		세액공제	이월공제 가능여부
① 「법인세법」 상 세액공제	㉠	외국납부세액공제	10년간 이월공제 가능
	㉡	재해손실세액공제	불가
	㉢	사실과 다른 회계처리로 인한 경정에 따른 세액공제	공제 후 남아 있는 과다 납부한 세액은 이후 사업연도로 이월공제 가능(기한 제한 없음)
② 「조세특례제한법」상 세액공제[*1] (일정한 것 제외)			10년간[*2] 이월공제 가능(최저한세 적용대상)

[*1] 대표적인 예로는, 연구 및 인력개발비 세액공제, 각종 투자세액공제가 있다.
[*2] 21.1.1.전에 종전 규정에 따른 5년, 7년이 지나 이월공제받지 못한 세액에 대해서는 종전 규정을 따름

> **기출 OX**
> 01. 「법인세법」에서 규정하고 있는 세액공제로는, 외국납부세액공제, 재해손실세액공제, 분식회계에 대한 세액공제(사실과 다른 회계처리로 인한 세액공제)가 있다. 2005. 7급 수정
> 정답 O

2 외국납부세액공제 B

(1) 개요

내국법인의 국내원천소득뿐만이 아니라, 국외원천소득도 과세대상이 되는데, 국외원천소득의 경우 해당 국가에서도 법인세를 납부한다. 따라서 별도의 조치가 없다면 국외원천소득에 대하여 해당 원천지국의 법인세와 대한민국의 법인세를 동시에 부담하게 되는 '이중과세문제'가 발생하게 된다. 이를 조정하기 위하여 내국법인의 각 사업연도의 소득에 대한 과세표준에 국외원천소득이 포함되어 있는 경우로서 그 국외원천소득에 대하여 외국법인세액을 납부하였거나 납부할 것이 있는 경우에는 공제한도금액 내에서 외국법인세액을 해당 사업연도의 산출세액에서 공제할 수 있도록 하고 있다(법법 57 ①). 다만, 외국자회사 수입배당금액의 익금불산입 규정(Link - P.60)의 대상이 되는 수입배당금액에 대해서는 외국납부세액공제 규정을 적용하지 아니한다(법법 57 ⑦).

(2) 외국납부법인세액의 범위

세액공제의 대상이 되는 외국납부법인세액(가산세 제외)은 다음의 3가지 항목을 포함한다.

> **외국납부법인세액** = ① 직접외국납부세액 + ② 의제외국납부세액 + ③ 간접외국납부세액

① **직접외국납부세액**
: 외국정부(지방자치단체를 포함)에 납부하였거나 납부할 세액으로서 내국법인의 각 사업연도의 과세표준에 포함된 국외원천소득에 대하여 직접적으로 납부하였거나 납부할 것으로 확정된 세액을 말한다(법령 94 ①, 법기통 57-94…2).

② 의제외국납부세액

: 조세조약의 상대국에서 발생한 국외원천소득에 대하여 법인세를 감면받은 세액 상당액으로서, 실제로 납부하지는 않았지만 조세조약으로 정하는 범위에서 납부한 외국법인세액으로 보아 세액공제되는 외국법인세액을 말한다(법법 57 ③).

③ 간접외국납부세액

: 내국법인의 각 사업연도의 소득금액에 외국자회사로부터 받는 수입배당금액이 포함되어 있는 경우에 외국자회사가 납부한 법인세액 중 일정액을 내국법인이 납부한 것으로 간주한다(법법 57 ④, 법령 94 ⑧ (1)).

$$\text{간접외국납부세액} = \text{외국자회사의 해당 사업연도의 법인세액} \times \frac{\text{수입배당금액}}{\text{외국자회사의 해당 사업연도의 소득금액} - \text{외국자회사의 해당 사업연도의 법인세액}}$$

* 외국자회사: 내국법인이 직접 의결권 있는 발행주식총수 또는 출자총액의 10%(「조세특례제한법」에 따른 해외자원개발사업을 하는 외국법인의 경우에는 5%) 이상을 해당 외국자회사의 배당기준일 현재 6개월 이상 계속하여 보유(내국법인이 적격합병, 적격분할, 적격물적분할, 적격현물출자에 따라 다른 내국법인이 보유하고 있던 외국자회사의 주식 등을 승계받은 때에는 그 승계 전 다른 내국법인이 외국자회사의 주식 등을 취득한 때부터 해당 주식 등을 보유한 것으로 본다)하고 있는 법인을 말한다(법법 57 ⑤, 법령 94 ⑨). 이러한 외국자회사로부터 받은 수입배당금액만 간접외국납부세액 계산대상이 된다.

간접외국납부세액을 세액공제 받고자 하는 경우에는 그 간접외국납부세액을 익금으로 간주하여 각 사업연도 소득금액에 합산한다(법법 15 ② (2)). 그 이후 외국납부세액공제를 통해 세액공제를 받는 것으로 처리한다.

(3) 외국납부세액공제의 계산

내국법인의 각 사업연도의 소득에 대한 과세표준에 국외원천소득이 포함되어 있는 경우로서 그 국외원천소득에 대하여 법령으로 정하는 외국납부법인세액을 납부하였거나 납부할 것이 있는 경우에는 공제한도금액 내에서 외국납부법인세액을 해당 사업연도의 산출세액에서 공제할 수 있다(법법 57 ①). 외국납부세액공제액은 다음 산식에 따라 계산한다(법법 57 ① (1), 법령 94 ②,⑮).

$$\text{외국납부세액공제액} = \text{MIN}[\text{외국납부법인세액, 공제한도}]$$
$$\text{공제한도} = \text{① 법인세 산출세액} \times \frac{\text{② 국외원천소득}}{\text{해당 사업연도의 과세표준}}$$

① 법인세 산출세액

: 토지 등 양도소득에 대한 법인세액과 미환류소득에 대한 법인세액을 제외한 금액을 말한다.

② 국외원천소득

: 국외발생소득으로 내국법인의 과세표준 계산 규정을 준용하여 산출한 금액으로, 다음의 산식으로 나타낼 수 있으며, 이월결손금·비과세소득·소득공제에 대해서는 국내 발생분과 국외 발생분의 구분이 불분명하면 안분계산한다.

$$\text{국외원천소득} = \text{국외에서 발생한 각 사업연도 소득금액} - \text{이월결손금·비과세소득·소득공제}$$

오쌤 Talk

의제외국납부세액의 취지

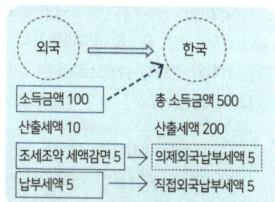

① 의제외국납부세액이 없는 경우 한국에서의 납부세액 = 200 - 5 = 195

② 의제외국납부세액이 있는 경우 한국에서의 납부세액 = 200 - (5 + 5) = 190

의제외국납부세액을 인정하지 않는 경우 외국에서 조세조약 세액감면에 의하여 더 적게 납부한 만큼 한국에서 외국납부세액공제로 인정되는 금액도 적어져 오히려 한국에서 세부담이 커지는 문제가 발생한다. 따라서, 조세조약의 효과를 국내에서도 유지시키기 위하여 의제외국납부세액 규정이 존재한다.

확인문제

02. ㈜대한은 「법인세법」에 따른 외국자회사(A국 소재)로부터 4천만 원의 배당금을 받았는데 당해 외국자회사의 해당 사업연도의 소득금액과 법인세액은 각각 1억 원과 2천만 원이다. ㈜대한의 외국납부세액공제되는 외국법인세액은? (단, 외국자회사는 외국납부세액공제 대상이 되는 요건을 충족하며, 「법인세법」상 외국자회사 수입배당금 익금불산입 규정 및 제시된 자료 이외는 고려하지 않는다.) 2020.9급

① 8백만 원 ② 1천만 원
③ 1천2백만 원 ④ 2천만 원

정답 ②

오쌤 Talk

간접외국납부세액의 계산 과정

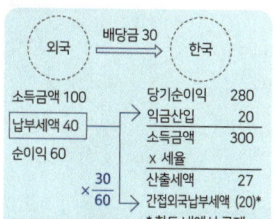

한국이 외국자회사로부터 수취한 배당금 30은 이미 외국에서 법인세가 과세된 상황이다. 따라서 간접외국납부세액공제 규정을 두어 이중과세문제를 회피하고자 하는 것이며, 「소득세법」상 Gross-up규정과 유사하다(link-p.317).

> [!NOTE] 확인문제
>
> **03.** 법인세법령상 제조업을 영위하는 내국법인이 자신의 국외사업장에서 발생한 소득(국외원천소득)에 대해 부담한 외국법인세액에 대한 국제적 이중과세조정을 위한 조치와 관련한 설명으로 옳은 것만을 모두 고른 것은? 2018. 9급 수정
>
> ㄱ. 내국법인은 외국법인세액을 납부하였거나 납부할 것이 있는 경우 공제한도금액 내에서 외국법인세액을 해당 사업연도의 산출세액에서 공제할 수 있다.
> ㄴ. 외국납부세액공제방식의 적용 시 공제한도를 계산함에 있어서 국외사업장이 2 이상의 국가에 있는 경우에는 국가별로 구분하지 않고 일괄하여 이를 계산한다.
> ㄷ. 외국납부세액이 공제한도를 초과하는 경우 그 초과하는 금액은 해당 사업연도의 다음 사업연도 개시일부터 10년 이내에 끝나는 각 사업연도에 이월하여 그 이월된 사업연도의 공제한도 범위에서 공제받을 수 있다.
> ㄹ. 국외원천소득이 있는 내국법인이 조세조약의 상대국에서 해당 국외원천소득에 대하여 법인세를 감면받은 세액 상당액은 그 조세조약으로 정하는 범위에서 외국납부세액 공제방식에 따른 세액공제의 대상이 되는 외국법인세액으로 본다.
>
> ① ㄱ, ㄴ, ㄷ ② ㄱ, ㄴ, ㄹ
> ③ ㄱ, ㄷ, ㄹ ④ ㄱ, ㄴ, ㄷ, ㄹ
>
> 정답 ③

★★ (4) 외국납부세액공제의 특징

① 국가별 한도방식

국외사업장이 2 이상의 국가에 있는 경우에는 국가별로 구분하여 외국납부세액공제한도액을 계산한다. 국가별로 한도액을 구분하는 국별한도방식을 적용할 때 어느 국가의 소득금액이 결손인 경우 기준 국외원천소득금액 계산은 각 국별 소득금액에 그 결손금액을 총소득금액에 대한 국가별 소득금액비율로 안분계산하여 차감한 금액으로 한다(법기통 57-94…1).

② 이월공제

외국법인세액이 해당 사업연도의 공제한도를 초과하는 경우 그 초과하는 금액은 해당 사업연도의 다음 사업연도 개시일부터 10년 이내에 끝나는 각 사업연도로 이월하여, 그 이월된 사업연도의 공제한도 내에서 공제받을 수 있다(법법 57 ②). 당해 사업연도 중에 발생한 외국납부세액공제액과 기초 이전에 발생한 이월된 미공제액이 있는 경우 미공제액 먼저 공제하는 것으로 한다. 외국법인세액을 이월공제기간 내에 공제받지 못한 경우 그 공제받지 못한 외국법인세액은 이월공제기간의 종료일 다음 날이 속하는 사업연도의 소득금액을 계산할 때 손금에 산입할 수 있다(법법 57 ②).

다만, 공제한도금액을 초과하는 외국법인세액 중 국외원천소득대응비용과 관련된 외국법인세액에 대해서는 이월공제 규정을 적용하지 않으며, 해당 외국법인세액은 세액공제를 적용받지 못한 사업연도의 다음 사업연도 소득금액을 계산할 때 손금에 산입할 수 있다(법령 94 ⑮).

③ 추계 시 외국납부세액공제의 배제

법인세의 과세표준과 세액을 추계결정·경정하는 경우에는 외국납부세액공제를 적용하지 않는다. 다만, 천재지변 등으로 장부나 그 밖에 증명서류가 멸실되어 추계하는 경우에는 그렇지 않다(법법 68).

(5) 세액공제의 시기 및 서류제출

① 원칙

외국납부세액공제를 받으려는 법인은 과세표준신고와 함께 *외국납부세액공제세액계산서*를 납세지 관할 세무서장에게 제출해야 한다(법령 94 ③).

② 예외

㉠ 내국법인은 외국정부의 국외원천소득에 대한 법인세의 결정 및 통지의 지연, 과세기간의 상이 등의 사유로 *외국납부세액공제세액계산서를 제출할 수 없는 경우 외국정부의 국외원천소득에 대한 법인세결정통지를 받은 날부터 3개월 이내에 외국납부세액공제세액계산서*에 증빙서류를 첨부하여 제출할 수 있다(법령 94 ④).

㉡ 외국정부가 국외원천소득에 대하여 결정한 법인세액을 경정함으로써 외국납부세액에 변동이 생긴 경우에 관하여 위 ㉠을 준용한다. 이 경우 환급세액이 발생하면 「국세기본법」의 규정에 따라 충당하거나 환급할 수 있다(법령 94 ⑤).

3 재해손실세액공제 B

★★(1) 개요

법인이 각 사업연도 중 천재지변, 그 밖의 재해로 인하여 자산총액의 20% 이상을 상실하여 납세가 곤란하다고 인정되는 경우에는 일정한 금액을 산출세액에서 공제한다(법법 58 ①). 이를 '재해손실세액공제'라고 한다.

(2) 재해손실세액공제의 계산

재해손실세액공제액은 다음과 같이 계산한다(법법 58 ①, 법령 95 ③, ④, 법칙 49 ①).

> 재해손실세액공제액 = MIN[①, ②]
> ① 공제세액 = 공제대상 법인세액 × 재해상실비율
> ② 한도액 = 상실된 자산가액

(3) 공제대상 법인세액의 계산

위 (2)의 산식에서 공제대상 법인세액은 다음과 같이 계산한다.

공제대상 법인세	계산
① 재해발생일 현재 부과되지 않은 법인세와 부과된 법인세로서 미납된 법인세	미부과 및 미납된 법인세액(가산세[*1] 포함)
② 재해발생일이 속하는 사업연도의 소득에 대한 법인세	법인세 산출세액 + 가산세[*1] − 다른 법률에 의한 감면·공제세액[*2]

[*1] 가산세: 장부의 기록·보관 불성실가산세, 무신고가산세, 과소신고가산세 및 납부지연가산세를 말한다(법령 95 ③).

[*2] 타 법률에 의한 감면·공제세액: 「법인세법」 외의 다른 법률에 의한 감면·공제세액을 말한다. 따라서 「법인세법」에서 규정된 감면·공제세액은 제외된다.

(4) 재해상실비율의 계산

재해상실비율은 다음과 같이 계산한다(법법 58 ①).

$$재해상실비율 = \frac{② \text{상실된 자산총액}}{① \text{상실 전의 자산총액}}$$

① 자산총액

'자산총액'이란 사업용자산 및 타인 소유의 자산을 말한다. 이때, 타인 소유의 자산은 재해상실로 인하여 변상할 책임이 법인에게 있는 경우의 자산 합계액을 말한다(법령 95 ①). 이러한 자산가액은 재해발생일 현재 그 법인의 장부가액에 따라 계산하되, 장부가 소실 또는 분실되어 장부가액을 알 수 없는 경우에는 납세지 관할 세무서장이 조사하여 확인한 재해발생일 현재의 가액(시가)에 따라 계산한다(법령 95 ②).

② 상실된 자산총액

상실된 자산총액에 토지는 제외되는데 토지는 상실되는 종류의 자산이 아니기 때문이다. 또한 재해자산이 보험에 가입되어 있어 보험금을 수령하더라도 상실된 자산총액을 계산할 때 그 보험금은 차감하지 않는다(법칙 49 ②).

기출 OX

02. 천재·지변 기타 재해로 인하여 대통령령이 정하는 자산총액의 100분의 30 미만이 상실된 경우에만 재해손실에 대한 세액공제를 받을 수 있다.

2007. 7급

정답 X

(5) 재해손실세액공제의 신청방법

재해손실세액공제를 받으려는 법인은 다음의 기한까지 *재해손실세액공제신청서*를 납세지 관할 세무서장에게 제출해야 한다(법법 58 ②, 법령 95 ⑤).

> ① 재해발생일 현재 미납된 법인세와 납부해야 할 법인세: 재해발생일부터 3개월
> ② 재해발생일 현재 과세표준신고기한이 지나지 않은 법인세: 그 신고기한*

* 다만, 재해발생일부터 신고기한까지의 기간이 3개월 미만인 경우에는 재해발생일부터 3개월

(6) 세액공제 시 징수유예

납세지 관할 세무서장은 법인이 재해손실세액공제를 받을 법인세에 대하여 해당 세액공제가 확인될 때까지 「국세징수법」에 따라 그 법인세의 지정납부기한·독촉장에서 정하는 기한을 연장하거나 납부고지를 유예할 수 있다(법령 95 ⑥).

4 사실과 다른 회계처리로 인한 경정에 따른 세액공제 C

(1) 개요

경정청구로 인한 환급세액이 발생한 경우, 「국세기본법」에 따라 환급금의 결정을 한 날부터 30일 이내에 환급하는 것을 원칙으로 한다. 「법인세법」에서는 법인이 외부에는 이익을 사실보다 과대공시하는 분식회계를 저지르고, 이에 대한 경고·주의 등의 조치를 받은 경우 이를 제재할 목적으로 해당 법인에 대해서는 과다납부세액을 즉시 환급하지 않고 세액공제를 통해 돌려주는데 이를 '사실과 다른 회계처리로 인한 경정에 따른 세액공제'라고 한다.

(2) 세액공제 대상법인

내국법인이 다음의 요건을 모두 충족하는 사실과 다른 회계처리를 하여 과세표준 및 세액을 과다하게 계상함으로써 「국세기본법」에 따라 경정청구하여 감액경정을 받은 경우, 그 경정일이 속하는 사업연도부터 각 사업연도의 법인세액에서 과다납부한 세액을 공제한다(법법 58의3 ①).

> ① 「자본시장과 금융투자업에 관한 법률」에 따른 사업보고서 및 「주식회사의 외부감사에 관한 법률」에 따른 감사보고서를 제출할 때 수익 또는 자산을 과대계상하거나 손비 또는 부채를 과소계상할 것
> ② 내국법인, 감사인 또는 그에 소속된 공인회계사가 경고·주의 등의 조치를 받을 것

(3) 환급의 제한

각 사업연도별로 공제하는 금액은 과다납부한 세액의 20%를 한도로 하고, 공제 후 남아 있는 과다납부 세액은 이후 사업연도에 이월하여 공제한다(법법 58의3 ①).

오쌤 Talk

사실과 다른 회계처리로 인한 경정에 따른 세액공제의 이해

	적정한 회계처리	사실과 다른 회계처리
+ 수익	200	500
− 비용	100	50
= 이익 (소득금액)	100	450

법인은 사실과 다른 회계처리로 소득금액을 350 만큼 과대계상하였고, 그에 따라 350 만큼에 해당하는 법인세를 과다납부하였다. 따라서 350에 해당하는 과다납부세액을 35라고 가정할 경우, 매년 20%인 7을 한도로 사실과 다른 회계처리로 인한 경정에 따른 세액공제를 적용하는 것이다.

(4) 기타 규정

① 수정신고 납부세액이 있는 경우

내국법인이 해당 사실과 다른 회계처리와 관련하여 그 경정일이 속하는 사업연도 이전의 사업연도에 「국세기본법」에 따른 수정신고를 하여 납부할 세액이 있는 경우에는 그 납부할 세액에서 사실과 다른 회계처리로 인한 과다납부한 세액을 그 과다납부한 세액의 20%를 한도로 먼저 공제해야 한다(법법 58의 3 ②).

② 다른 경정청구 사유가 있는 경우

동일한 사업연도에 사실과 다른 회계처리로 인한 과다납부세액에 대한 경정청구의 사유 외에 다른 경정청구의 사유가 있는 경우에는 다음의 금액을 그 공제세액으로 한다(법령 95의 3 ②).

$$공제세액 = 과다납부한 세액 \times \frac{사실과 다른 회계처리로 인한 과다계상한 과세표준}{과다계상한 과세표준의 합계액}$$

③ 해산하는 경우

과다납부한 세액을 공제받은 내국법인으로서 과다납부한 세액이 남아 있는 내국법인이 해산하는 경우에는 다음에 따른다(법법 58의 3 ③).

㉠ 합병 또는 분할에 따른 해산: 합병법인 또는 분할신설법인(분할합병의 상대방 법인 포함)이 남아 있는 과다납부한 세액을 승계하여 세액공제를 적용한다.
㉡ 위 외의 방법에 따른 해산: 납세지 관할 세무서장 또는 관할 지방국세청장은 남아 있는 과다납부한 세액에서 청산소득에 대한 법인세 납부세액을 빼고 남은 금액을 즉시 환급하여야 한다.

④ 세액공제의 순서

해당 사업연도의 사실과 다른 회계처리로 인한 경정에 따른 세액공제액과 이월된 미공제액이 함께 있을 때에는 이월된 미공제액을 먼저 공제한다(법법 59 ① (4)).

5 기납부세액

1 개요 C

법인세는 원칙적으로 법인세 신고기한(각 사업연도의 종료일이 속하는 달의 말일로부터 3개월 이내)까지 신고와 납부를 이행한다. 단, 세수의 조기확보 등의 목적으로 사업연도가 아직 진행하고 있는 동안에도 법인세를 미리 납부·징수하도록 규정하고 있는데, 이를 '기납부세액'이라고 하며, 원천징수세액·중간예납세액·수시부과세액 등이 이에 해당한다. 차감납부세액을 계산할 때 사업연도 중 이미 납부징수한 원천징수세액·중간예납세액·수시부과세액을 기납부세액으로 차감하여 정산한다.

2 원천징수세액 B

(1) 의의

'원천징수'란 원천징수대상 소득금액을 지급하는 자(원천징수의무자)가 소득을 지급받는 자에게 그 금액을 지급하는 경우에 그 소득과 관련된 세금을 징수하여, 그 징수일이 속하는 달의 다음 달 10일까지 이를 납세지 관할세무서 등에 납부하는 제도이다(법법 73 ①). 이때 원천징수대상 소득금액을 지급받는 자가 개인이면 「소득세법」 원천징수 규정을 적용하고, 지급받는 자가 법인이면 「법인세법」 원천징수 규정을 적용한다.

★★(2) 원천징수대상소득과 원천징수세율

내국법인에게 다음의 원천징수대상 소득을 지급할 때는 다음의 원천징수세율을 적용하여 계산한 금액에 상당하는 법인세(1,000원 이상인 경우만 해당)를 원천징수한다. 이 경우 아래 ②의 투자신탁이익을 지급하는 원천징수의무자가 해당 투자신탁이익에 대하여 외국법인세액을 납부한 경우에는 원천징수세액에서 그 외국법인세액을 뺀 금액(그 금액이 0보다 작은 경우에는 0으로 본다)을 원천징수한다(법법 73 ①). 이때 다음의 소득금액이 투자신탁재산에 귀속되는 시점에는 해당 소득금액이 어느 누구에게도 지급되지 않은 것으로 보아 원천징수하지 않는다(법법 73 ③).

원천징수대상소득*		원천징수세율
① 이자소득금액	㉠ 일반	14%
	㉡ 비영업대금의 이익	25%(단, 「온라인투자연계금융업 및 이용자 보호에 관한 법률」에 따라 금융위원회에 등록한 온라인투자연계금융업자를 통하여 지급받는 이자소득은 14%)
② 집합투자기구로부터의 이익 중 투자신탁의 이익		14%

* 외국법인이 발행한 채권 또는 증권에서 발생한 원천징수대상소득을 내국법인에 지급하는 경우에는 국내에서 그 지급을 대리하거나 그 지급권한을 위임받거나 위탁받은 자가 그 소득에 대한 법인세를 원천징수하여야 한다(법법 73 ⑥).

오쌤 Talk

원천징수의 이해

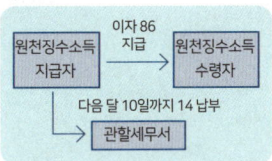

기출 OX

03. 법인에게 이자소득, 배당소득, 기타소득을 지급하는 경우에는 원천징수하여야 한다. 2005. 7급
정답 X

★★ (3) 원천징수대상에서 제외되는 소득

이자소득금액이나 투자신탁의 이익이라도 다음의 소득에 대해서는 법인세를 원천징수하지 않는다(법법 73 ②, 법령 111 ②).

> ① 법인세가 부과되지 않거나 면제되는 소득
> ② 「은행법」에 의한 은행·보험회사 등 법령이 정하는 금융회사의 수입금액
> ③ 신고한 과세표준에 이미 산입된 미지급소득

(4) 원천징수세액의 납부

① 원칙

원천징수한 세금의 납부시기는 그 원천징수일이 속하는 달의 다음 달 10일까지 납세지 관할 세무서장에게 납부해야 한다(법법 73 ①).

② 예외

직전 연도의 상시 고용인원이 20명 이하인 원천징수의무자(금융, 보험업을 영위하는 법인 제외)로서 다음 어느 하나에 해당하는 경우, 그 징수일이 속하는 반기의 마지막 달의 다음 달 10일까지 납부할 수 있다(법법 73 ⑦, 법령 115 ②).

> ㉠ 원천징수 관할 세무서장의 승인을 얻은 경우
> ㉡ 국세청장이 정하는 바에 따라 지정을 받은 경우

(5) 기타규정

① 소액부징수

원천징수세액 1,000원 미만인 경우 해당 법인세를 징수하지 않는다(법법 97 ⑤).

② 미납된 원천징수세액의 징수

납세지 관할 세무서장은 원천징수의무자가 그 징수해야 할 세액을 징수하지 않았거나 징수한 세액을 기한까지 납부하지 않으면, 지체 없이 원천징수의무자로부터 그 원천징수하여 납부해야 할 세액상당액에 원천징수납부 불성실가산세를 더한 금액을 법인세로서 징수해야 한다(법법 71 ③).

기출 OX

04. 법인세가 비과세되거나 면제되는 소득은 원천징수대상소득에 포함되지 않는다. 2005. 7급

정답 O

3 중간예납세액 B

(1) 의의
'중간예납'이란 사업연도가 6개월을 초과하는 내국법인이 해당 사업연도의 개시일부터 6개월이 되는 날까지를 중간예납기간으로 하여 이 기간에 대한 법인세액을 사업연도 기중에 납부하는 것을 말한다.

(2) 중간예납의무자

① 원칙

사업연도가 6개월을 초과하는 내국법인(합병이나 분할에 의하지 아니하고 새로 설립된 법인의 최초 사업연도는 제외)은 중간예납세액을 납부할 의무가 있다.

② 예외

다음 중 어느 하나에 해당하는 법인은 사업연도가 **6개월을 초과하더라도 중간예납세액을 납부할 의무가 없다**(법법 63 ①, 63의2 ⑤, 법기통 63-0…2).

> ㉠ 「고등교육법」에 따른 사립학교를 경영하는 학교법인, 국립대학법인 서울대학교, 국립대학법인 인천대학교 및 산학협력단, 「초·중등교육법」에 따른 사립학교를 경영하는 학교법인
> ㉡ 합병이나 분할에 의하지 아니하고 새로 설립된 법인(단, 최초 사업연도에만 중간예납을 납부할 의무가 없다)
> ㉢ 중간예납기간 중 휴업 등의 사유로 사업수입금액이 없는 법인
> ㉣ 청산법인과 국내사업장이 없는 외국법인
> ㉤ 직전 사업연도의 중소기업으로서 직전 사업연도의 산출세액을 기준으로 하는 방법에 따라 계산한 중간예납세액이 50만원 미만인 내국법인

(3) 중간예납세액의 계산방법

① 원칙: 선택하여 계산

중간예납을 해야 할 의무를 지는 법인은 다음의 두 가지 방법 중 한 가지 방법을 선택하여 계산된 중간예납세액을 납부할 의무를 진다.

다만, 직전 사업연도 종료일 현재 「독점규제 및 공정거래에 관한 법률」에 따른 공시대상기업집단에 속하는 내국법인(매출액이 업종별로 「중소기업기본법 시행령」에 따른 중소기업기준 이내인 법인은 제외한다)은 ㉡의 방법에 따라 중간예납세액을 계산한다NEW(법법 63의2 ①, 법법 63 ④).

기출 OX

05. 사업연도의 기간이 6개월을 초과하는 「고등교육법」에 따른 사립학교를 경영하는 학교법인은 각 사업연도(합병이나 분할에 의하지 아니하고 새로 설립된 법인의 최초 사업연도는 제외) 중 중간예납세액을 납부할 의무가 있다.
2020. 7급
정답 X

06. 직전 사업연도의 중소기업으로서 '직전 사업연도의 산출세액을 기준으로 하는 방법'에 따라 계산한 중간예납세액이 50만원 미만인 내국법인은 중간예납세액을 납부할 의무가 없다.
2024. 7급 최신
정답 O

㉠ 직전 사업연도의 산출세액을 기준으로 하는 방법

$$중간예납세액 = \left[\begin{array}{c}직전\ 사업연도의\ 법인세\\로서\ 확정된\ 산출세액^*\end{array} - \begin{array}{c}직전\ 사업연도의\ 감면세액\cdot\\원천징수세액\cdot수시부과세액\end{array}\right] \times \frac{6}{직전\ 사업연도\ 개월\ 수^{**}}$$

* 직전 사업연도 법인세 산출세액에는 가산세를 포함하며, 토지 등 양도소득에 대한 법인세와 미환류소득에 대한 법인세는 제외한다(법법 63의2 ① (1)).
** 개월 수는 태양력에 따라 계산하되, 1개월 미만의 일수는 1개월로 한다.

㉡ 해당 사업연도의 중간예납기간의 법인세액을 기준으로 하는 방법

$$중간예납세액 = \left[\begin{array}{c}중간예납기간\\동안의\\과세표준\end{array} \times \frac{12}{6} \times 법인세율\right] \times \frac{6}{12} - \begin{array}{c}중간예납기간\ 감면\cdot공제세액\ 및\\원천징수세액\cdot수시부과세액\end{array}$$

② 예외

다음의 경우 두 가지 방법 중 한 가지를 선택할 수 없고 법에서 정한 방법으로 계산한 중간예납세액을 납부해야 한다.

구분	중간예납세액의 계산방법
㉠ 중간예납의 납부기한까지 중간예납세액을 납부하지 않은 경우(아래 ㉡~㉤에 해당하는 경우 및 공시대상기업 집단에 속하는 내국법인*인 경우ᴺᴱᵂ 제외)	직전 사업연도의 산출세액을 기준으로 하는 방법만 적용
㉡ 직전 사업연도의 법인세로서 확정된 산출세액(가산세는 제외)이 없는 경우(소득공제를 적용받는 유동화전문회사 등은 제외)	해당 사업연도의 중간예납기간의 법인세액을 기준으로 하는 방법만 적용
㉢ 해당 중간예납기간 만료일까지 직전 사업연도의 법인세액이 확정되지 않은 경우	
㉣ 분할신설법인(또는 분할합병의 상대방법인)의 분할 후 최초의 사업연도인 경우	
㉤ 합병법인 또는 피합병법인이 합병 당시 공시대상기업 집단에 속하는 내국법인*에 해당하는 경우로서 해당 합병법인의 합병 후 최초의 사업연도인 경우ᴺᴱᵂ	

* 매출액이 업종별로 「중소기업기본법 시행령」에 따른 중소기업기준 이내인 법인은 제외

(4) 중간예납세액의 납부 및 징수

① 중간예납세액의 납부

내국법인은 중간예납기간이 지난 날부터 2개월 이내에 중간예납세액을 납세지 관할 세무서, 한국은행 (그 대리점 포함) 또는 체신관서에 납부해야 한다(법법 63 ③). 이 때 내국법인이 납부할 중간예납세액이 1천만원을 초과하는 경우에는 분납규정을 준용하여 분납할 수 있다(법법 63 ④).

② 중간예납세액의 징수

납세지 관할 세무서장은 내국법인이 납부해야 할 중간예납세액의 전부 또는 일부를 납부하지 않으면, 그 미납된 중간예납세액을 「국세징수법」에 따라 징수해야 한다. 다만, 중간예납세액을 납부하지 않은 법인이 위 (3)의 ② 예외 중 ㉡~㉣에 해당하는 경우에는 중간예납세액을 결정하여 「국세징수법」에 따라 징수해야 한다(법법 71 ②). 미납한 중간예납세액에 대해서는 납부지연가산세를 징수한다(국기법 47의4 ①).

4 수시부과세액 C

(1) 의의

'수시부과'란 납세지 관할 세무서장(또는 관할 지방국세청장)이 법인의 사업연도 중에 다음에 해당하는 수시부과사유로 인하여 수시로 그 법인에 대한 법인세를 부과할 수 있는 제도를 말한다.

> ① 신고를 하지 않고 본점 등을 이전한 경우
> ② 사업부진 기타 사유로 인하여 휴업 또는 폐업 상태에 있는 경우
> ③ 법인이 주한국제연합군 또는 외국기관으로부터 사업수입금액을 외국환은행을 통하여 외환증서 또는 원화로 영수하는 경우
> ④ 그 밖에 조세를 포탈할 우려가 있다고 인정되는 상당한 이유가 있는 경우

(2) 수시부과세액의 계산방법

① 원칙

사업연도 개시일부터 수시부과사유가 발생한 날까지를 '수시부과기간'으로 하여 다음과 같이 그 과세표준과 수시부과세액을 결정하며 가산세는 적용하지 않는다. 이 때, 직전 사업연도에 대한 과세표준 신고기한 이전에 수시부과사유가 발생한 경우에는 직전 사업연도 개시일부터 수시부과사유가 발생한 날까지를 수시부과기간으로 한다.

$$\text{수시부과세액} = \left(\text{수시부과기간 동안의 과세표준} \times \frac{12}{\text{수시부과기간의 월수}} \times \text{세율} \right) \times \frac{\text{수시부과기간의 월수}}{12}$$

② 예외

법인이 주한국제연합군 또는 외국기관으로부터 사업수입금액을 외국환은행을 통하여 외환증서 또는 원화로 영수하는 경우에는 다음의 산식에 따라 계산한다(법령 108 ④).

$$\text{수시부과세액} = \text{사업수입금액} \times (1 - \text{기준경비율}) \times \text{세율}$$

6 최저한세 및 농어촌특별세

1 개요 C

「법인세법」상 차감납부세액을 구하는 과정에서 「법인세법」 이외에도 「조세특례제한법」에 따라서 손금산입 및 익금불산입, 비과세, 소득공제, 세액감면 등을 적용한다. 하지만 요건을 충족하는 법인에 「법인세법」이 아닌 법에 의한 이러한 세금 혜택을 모두 인정할 경우, 과도한 혜택이 부여된다는 문제점이 있다. 따라서 공평과세를 실현하기 위해서 최저한세와 농어촌특별세를 두고 있다.

2 최저한세 C

(1) 의의

'요건을 충족하는 법인'은 「조세특례제한법」상의 세액감면 등을 적용받음으로 인하여 그렇지 않은 법인에 비해 세부담이 줄어들어 자칫 공평과세가 실현되지 못할 수 있는 문제점이 발생한다. 따라서 이러한 문제를 해결하기 위해 감면받는 법인에게 '최저한세'가 적용되는데 여기서 '최저한세'란 감면을 받더라도 납부해야 할 최소한의 세금을 뜻한다.

(2) 최저한세의 적용

최저한세 적용대상 조세감면 등을 적용받은 후의 세액(이하 '감면후세액')이 최저한세에 미달하는 경우 그 미달하는 부분에 대해서는 감면 등을 하지 않는다. 최저한세를 적용할 경우 차감세액은 다음과 같이 계산한다(조특법 132 ①).

> **차감세액** = MAX[①, ②]
> ① 감면후세액 = 법인세 과세표준[*1] - 최저한세 대상 세액감면 및 세액공제
> ② 최저한세 = 최저한세 적용대상 조세감면을 받기 전의 과세표준 × 최저한세율[*2]

[*1] 법인세 과세표준에는 토지 등 양도소득에 대한 법인세와 미환류소득에 대한 법인세는 제외한다.
[*2] 최저한세율은 다음과 같다.

구분		최저한세율
① 중소기업		7%
② 일반기업	㉠ (조세감면 전 과세표준) 100억원 이하분	10%
	㉡ 100억원 초과 1,000억원 이하분	12%
	㉢ 1,000억원 초과분	17%

(3) 최저한세 적용대상 조세특례

「조세특례제한법」상의 손금산입·익금불산입, 비과세, 소득공제, 세액감면, 세액공제는 최저한세가 적용되는 조세특례이다. 따라서 「법인세법」에 의한 특례는 최저한세가 적용되지 않는다.

(4) 최저한세 적용으로 인한 조세감면의 배제순서

감면후세액이 최저한세액에 미달하는 경우에는 감면후세액이 최저한세액 이상이 되도록 최저한세 적용대상 조세감면 중 일부를 다음과 같이 배제해야 한다(조특령 126 ④).

> ① 납세의무자가 법인세를 신고하는 경우: 납세의무자가 임의로 선택
> ② 법인세를 경정하는 경우: 다음 순서에 따라 조세감면 항목을 순차로 배제
> [1] 준비금·특별감가상각비 → [2] 손금산입 및 익금불산입 → [3] 세액공제 → [4] 세액감면 → [5] 소득공제 및 비과세

3 농어촌특별세 C

'농어촌특별세'는 농어업의 경쟁력을 강화하기 위해 과세하는 목적세로 「조세특례제한법」상의 감면혜택을 받는 법인은 다음과 같이 농어촌특별세를 계산하여 본세인 법인세의 신고납부기한 내에 신고납부해야 하며(농특법 5 ① (1)), 이는 손금으로 인정하지 않는다.

> 농어촌특별세 = 「조세특례제한법」에 의한 법인세 감면세액 × 20%

MEMO

CHAPTER 16

법인세 납세절차

1. 법인세의 신고와 납부
2. 법인세의 결정·경정·징수 및 환급
3. 가산세

• 최신 8개년 출제 경향 분석

01 법인세의 신고와 납부

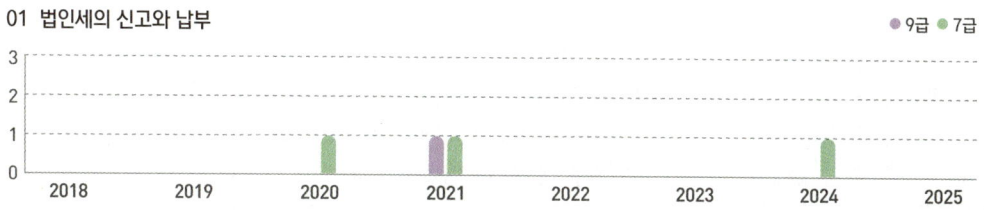

02 법인세의 결정·경정·징수 및 환급

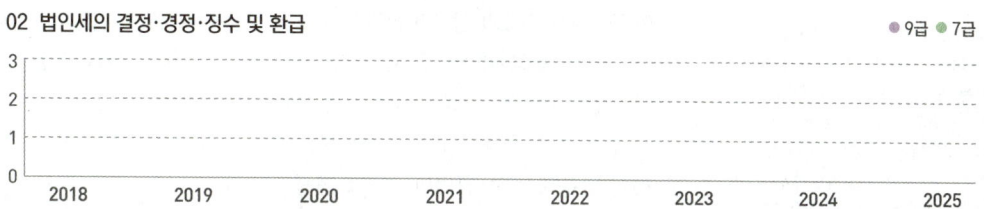

03 가산세

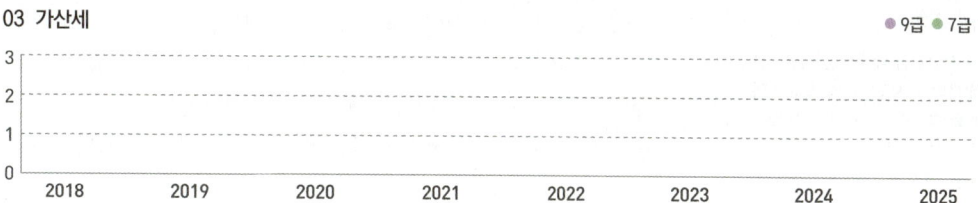

1 법인세의 신고와 납부

1 법인세 과세표준의 신고 A

★★ (1) 신고기한

법인세 납세의무가 있는 법인은 각 사업연도 종료일이 속하는 달의 말일부터 3개월 이내에 당해 사업연도의 소득에 대한 법인세의 과세표준과 세액을 납세지 관할 세무서장에게 신고해야 한다(법법 60 ①). 각 사업연도의 소득금액이 없거나 결손금이 있는 법인의 경우에도 적용한다(법법 60 ③).

★★ (2) 신고기한 연장

「주식회사 등의 외부감사에 관한 법률」에 따라 감사인의 감사를 받아야 하는 내국법인이 해당 사업연도의 감사가 종결되지 않아 결산이 확정되지 않았다는 사유로 신고기한 종료 3일 전까지 신고기한의 연장을 신청한 경우에는 그 신고기한을 1개월의 범위에서 연장할 수 있다(법법 60 ⑦, 법령 97 ⑫). 이에 따라 신고기한이 연장된 경우 연장일수에 금융회사 등의 이자율을 고려하여 법에서 정하는 이자율을 적용하여 계산한 금액을 가산하여 납부해야 한다(법법 60 ⑧, 법령 97 ⑬).

★★ (3) 제출서류

① 필수 첨부서류

과세표준 신고 시, 법인세 과세표준 및 세액신고서에 다음의 필수첨부서류를 제출해야 하며 미첨부 시, 무신고로 보아 무신고 가산세를 적용한다. 단, 법령으로 정하는 사업소득과 채권매매차익에 해당하는 수익사업을 하지 아니하는 비영리내국법인은 필수첨부서류를 첨부하지 않아도 무신고로 보지 않는다(법법 60 ②, ④, ⑤).

> ㉠ 기업회계기준을 준용하여 작성한 개별 내국법인의 재무상태표, 포괄손익계산서, 이익잉여금처분계산서(또는 결손금처리계산서)
> ㉡ 세무조정계산서*
> ㉢ 합병 또는 분할로 해산하는 경우 합병등기일 또는 분할등기일 현재의 피합병법인·분할법인 또는 소멸한 분할합병의 상대방법인의 재무상태표와 합병법인 등이 그 합병 또는 분할에 따라 승계한 자산 및 부채의 명세서

* 법으로 정하는 외부세무조정 대상법인의 경우 참고(Link-P.233)에서 설명한다.

② 기타 서류

과세표준신고 시, 세무조정계산서 부속서류 및 성실신고확인서와 기업회계기준에 따라 작성한 현금흐름표(외부감사의 대상이 되는 법인에 한함)는 제출하지 않을 수 있다.

오쌤 Talk

법인세의 신고와 납부기한 요약 (사업연도는 1.1. ~ 12.31. 가정 시)

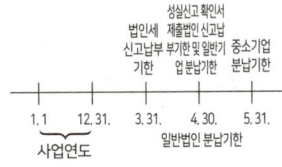

기출 OX

01. 「주식회사 등의 외부감사에 관한 법률」에 따라 감사인에 의한 감사를 받아야 하는 내국법인이 해당 사업연도의 감사가 종결되지 아니하여 결산이 확정되지 아니하였다는 사유로 대통령령으로 정하는 바에 따라 신고기한의 연장을 신청한 경우에는 그 신고기한을 2개월의 범위에서 연장할 수 있다. 2020. 7급

정답 X

확인문제

01. 「법인세법」상 내국법인(비영리법인은 제외)의 각 사업연도의 소득에 대한 과세표준과 세액의 신고에 대한 설명으로 옳지 않은 것은? 2021. 9급
① 과세표준과 세액의 신고를 할 때에는 그 신고서에 기업회계기준을 준용하여 작성한 개별 내국법인의 재무상태표를 첨부하여야 한다.
② 내국법인이 합병으로 해산하는 경우에 과세표준과 세액의 신고를 할 때에는 그 신고서에 합병등기일 현재의 피합병법인의 재무상태표와 합병법인이 그 합병에 따라 승계한 자산 및 부채의 명세서를 첨부하여야 한다.
③ 과세표준과 세액의 신고를 할 때에는 그 신고서에 세무조정계산서를 첨부하여야 한다.
④ 「주식회사 등의 외부감사에 관한 법률」에 따라 감사인에 의한 감사를 받은 내국법인의 성실신고확인서는 과세표준과 세액을 신고할 때 반드시 제출해야 하는 서류에 해당한다.

정답 ④

> **참고**
>
> **외부세무조정 대상법인의 세무조정**
>
> ① 외부세무조정 대상법인의 세무조정계산서 작성: 기업회계와 세무회계의 정확한 조정 또는 성실한 납세를 위하여 필요하다고 인정하여 법으로 정하는 외부세무조정 대상법인의 경우 세무조정계산서는 다음 어느 하나에 해당하는 자로서 법으로 정하는 조정반에 소속된 자가 작성하여야 한다(법법 60 ⑨).
>
> > ⑤ 「세무사법」에 따른 세무사등록부에 등록한 세무사
> > ⑥ 「세무사법」에 따른 세무사등록부 또는 공인회계사 세무대리업무등록부에 등록한 공인회계사
> > ⑦ 「세무사법」에 따른 세무사등록부 또는 변호사 세무대리업무등록부에 등록한 변호사
>
> ② 조정반: 위 ①의 '법으로 정하는 조정반'이란, 대표자를 선임하여 지방국세청장의 지정을 받은 다음에 해당하는 자를 말한다. 이 경우 세무사 등은 하나의 조정반에만 소속되어야 한다(법령 97의3 ①).
>
> > ⑤ 2명 이상의 세무사 등
> > ⑥ 세무법인
> > ⑦ 회계법인
> > ⑧ 「변호사법」에 따라 설립된 법무법인, 법무법인(유한) 또는 법무조합

2 성실신고확인서 제출 B

★★ (1) 제출대상자

다음 어느 하나에 해당하는 내국법인은 성실한 납세를 위하여 「법인세법」에 따라 법인세의 과세표준과 세액을 신고할 때 법에 정한 첨부 서류에 더하여 비치·기록된 장부와 증명서류에 의하여 계산한 과세표준금액의 적정성을 세무사 등 성실신고확인서 작성자가 작성한 *성실신고확인서*를 납세지 관할 세무서장에게 제출하여야 한다. 단, 「주식회사 등의 외부감사에 관한 법률」에 따라 감사인에 의한 감사를 받은 내국법인은 이를 제출하지 않을 수 있다(법법 60의2 ①).

> ① 부동산임대업을 주된 사업으로 하는 등 법으로 정하는 요건에 해당하는 내국법인(단, 유동화 전문회사 등에 해당하는 내국법인 및 프로젝트금융투자회사는 제외)
> ② 「소득세법」에 따른 성실신고확인대상사업자가 사업용자산을 현물출자하는 등 법으로 정하는 방법에 따라 내국법인으로 전환한 경우 그 내국법인(사업연도 종료일 현재 법인으로 전환한 후 3년 이내의 내국법인으로 한정)
> ③ 위 ②에 따라 전환한 내국법인이 그 전환에 따라 경영하던 사업을 위 ②에서 정하는 방법으로 인수한 다른 내국법인(전환일부터 3년 이내인 경우로서 그 다른 내국법인의 사업연도 종료일 현재 인수한 사업을 계속 경영하고 있는 경우로 한정한다)

(2) 성실신고확인서 작성자

'세무사 등 성실신고확인서 작성자'란 세무사, 세무법인 또는 회계법인을 말한다(법령 97의4 ①).

기출 OX

02. 「주식회사 등의 외부감사에 관한 법률」 제4조에 따라 감사인에 의한 감사를 받은 내국법인은 법인세의 과세표준과 세액을 신고할 때 첨부서류에 더하여 성실신고확인서를 납세지 관할 세무서장에게 제출하여야 한다.

2024. 7급 최신

정답 X

(3) 법인세 과세표준 신고기한

성실신고확인대상 사업자가 성실신고확인서를 제출하는 경우 법인세의 과세표준과 세액을 각 사업연도 종료일이 속하는 달의 말일부터 4개월 이내에 납세지 관할 세무서장에게 신고해야 한다(법법 60 ①).

(4) 기타

① 보정요구

납세지 관할 세무서장은 제출된 성실신고확인서에 미비한 사항 또는 오류가 있을 때에는 보정할 것을 요구할 수 있다(법법 60의2 ③).

② 세액공제

성실신고 확인비용에 대한 세액공제는 아래와 같이 적용한다(조특법 126의6 ①).

> 세액공제액: MIN[㉠, ㉡]
> ㉠ 성실신고확인에 직접 사용한 비용 × 60%
> ㉡ 한도: 150만원

③ 사후관리

성실신고확인대상자가 해당 과세연도의 과세표준을 과소신고한 경우로서 그 과소신고한 과세표준이 경정된 사업소득금액의 10% 이상인 경우 위 ②의 공제받은 금액에 해당하는 전액을 추징하고, 경정일이 속하는 과세연도의 다음 과세연도부터 3개 과세연도 동안 성실신고 확인비용에 대한 세액공제를 적용하지 않는다(조특법 126의6 ②, ③).

3 법인세의 납부 B

(1) 법인세의 납부기한

법인세는 법인세 과세표준 신고기한 내에 납부해야 한다(법법 64 ①).

(2) 분납

납부할 세액이 1천만원을 초과하는 경우 다음의 금액을 납부기한이 지난 날부터 1개월(중소기업은 2개월) 이내 분납할 수 있으며,(법법 64 ②, 법령 101 ②) 이는 세무서장의 승인을 요건으로 하지 않는다. 이때, 가산세와 감면분 추가납부세액은 분납대상세액이 아니다(법기통 64-0…3).

구분	분납가능금액
① 납부세액이 1천만원 초과 2천만원 이하	1천만원을 초과하는 금액
② 납부세액이 2천만원 초과	그 세액의 50% 이하의 금액

(3) 물납

법인세의 물납제도는 2016년부터 폐지되었다.

기출 OX

03. 법인세의 납세의무가 있는 내국법인이 성실신고확인서를 제출하는 경우에는 각 사업연도의 종료일이 속하는 달의 말일부터 3개월 이내에 법인세의 과세표준과 세액을 신고하여야 한다. 2024. 7급 [최신]
정답 X

04. 성실신고확인서를 제출하는 법인의 경우 과세표준과 세액의 신고기한은 각 사업연도의 종료일이 속하는 달의 말일부터 3개월이다. 2020. 7급
정답 X

기출 OX

05. 중소기업에 해당하는 내국법인의 납부할 세액이 2천만원인 경우에는 1천만원을 초과하는 금액을 납부기한이 지난 날부터 2개월 이내에 분납할 수 있다. 2020. 7급
정답 O

06. 중소기업의 납부할 세액이 1천만원인 경우 납부할 세액의 100분의 50 이하인 금액을 납부기한이 지난 날부터 2개월 이내에 분납할 수 있다. 2024. 7급 [최신]
정답 X

확인문제

02. 중소기업인 ㈜A의 제10기(2024. 1. 1. ~ 12. 31.)사업연도의 법인세 납부세액이 22,000,000원인 경우, 법인세법령상 ㈜A의 최대 분납가능금액과 분납기한에 대한 설명으로 옳은 것은? (단, ㈜A는 성실신고확인서를 제출한 경우에 해당하지 않으며, 「국세기본법」에 따른 기한의 특례는 고려하지 않는다) 2021. 7급
① 최대 10,000,000원을 2025년 4월 30일까지 분납할 수 있다.
② 최대 10,000,000원을 2025년 5월 31일까지 분납할 수 있다.
③ 최대 11,000,000원을 2025년 4월 30일까지 분납할 수 있다.
④ 최대 11,000,000원을 2025년 5월 31일까지 분납할 수 있다.

정답 ④

② 법인세의 결정·경정·징수 및 환급

1 결정 및 경정 B

★★(1) 결정

납세지 관할 세무서장 또는 관할 지방국세청장은 내국법인이 법인세 과세표준신고를 하지 않은 경우 그 법인의 각 사업연도 소득에 대한 법인세의 과세표준과 세액을 결정한다(법법 66 ①). 이런 결정은 법인세 과세표준신고기한부터 1년 내에 완료하여야 하나, 국세청장이 조사기간을 따로 정하거나 부득이한 사유로 인해 국세청장의 승인을 받은 경우는 그러하지 아니하다(법령 103 ③).

(2) 경정

납세지 관할 세무서장 또는 관할 지방국세청장은 법인세 과세표준신고를 한 법인이 다음에 해당하는 경우 그 법인의 각 사업연도 소득에 대한 법인세의 과세표준과 세액을 경정한다(법법 66 ②).

> ① 신고내용에 오류 또는 누락이 있는 경우
> ② 지급명세서, 매출·매입처별 계산서합계표의 전부 또는 일부를 제출하지 않은 경우
> ③ 시설규모나 영업현황으로 보아 신고 내용이 불성실하다고 판단되는 아래의 경우
>   ㉠ 신용카드가맹점 가입 요건에 해당하는 법인이 정당한 사유 없이 신용카드가맹점(법인만 해당)으로 가입하지 않은 경우
>   ㉡ 신용카드가맹점이 정당한 사유 없이 신용카드에 의한 거래를 거부하거나 신용카드매출전표를 사실과 다르게 발급한 경우
>   ㉢ 현금영수증가맹점으로 가입해야 하는 법인 및 현금영수증가맹점 가입 대상자로 지정받은 법인이 정당한 사유 없이 가입하지 않은 경우
>   ㉣ 현금영수증가맹점이 정당한 사유 없이 현금영수증 발급을 거부하거나 사실과 다르게 발급한 경우

(3) 재경정

납세지 관할 세무서장 또는 관할 지방국세청장은 법인세 과세표준과 세액을 결정 또는 경정한 후 그 결정 또는 경정에 오류나 누락이 있는 것을 발견한 경우에는 즉시 이를 다시 경정한다(법법 66 ④).

확인문제

03. 법인세에 대한 설명 중 옳은 것은?
2005. 7급

① 납부세액이 1,000만원을 초과하는 경우 1월(중소기업은 2월) 이내에 분납이 가능하다.
② 납부세액이 2천만원 초과 시 예외적으로 물납이 가능하다.
③ 납세의무 있는 내국법인은 각 사업연도의 종료일부터 4월 이내에 당해 사업연도의 소득에 대한 법인세의 과세표준과 세액을 납세지 관할 세무서장에게 신고하여야 한다.
④ 납세지 관할 세무서장 또는 관할 지방국세청장은 내국법인이 신고를 하지 아니한 때에는 당해 법인의 각 사업연도의 소득에 대한 법인세의 과세표준과 세액을 수정신고하도록 권고하여야 한다.

정답 ①

(4) 결정 및 경정방법

① 원칙: 실지조사

납세지 관할 세무서장 또는 관할 지방국세청장은 법인세의 과세표준과 세액을 결정 또는 경정하는 경우에는 장부나 그 밖의 증명서류를 근거로 하여야 한다(법법 66 ③).

② 예외: 추계조사

다음의 사유로 실지조사를 할 수 없는 경우에는 추계할 수 있다(법법 66 ③, 법령 104 ①).

> ㉠ 소득금액을 계산할 때 필요한 장부 또는 증명서류가 없거나 중요한 부분이 미비 또는 허위인 경우
> ㉡ 기장의 내용이 시설규모, 종업원수, 원자재·상품·제품 또는 각종 요금의 시가 등에 비추어 허위임이 명백한 경우
> ㉢ 기장의 내용이 원자재사용량·전력사용량 기타 조업상황에 비추어 허위임이 명백한 경우

(5) 추계결정·경정 시 불이익

① 이월결손금공제, 외국자회사 수입배당금액의 익금불산입 및 외국납부세액공제에 관한 규정을 적용하지 않는다. 다만, 천재지변 등으로 장부나 그 밖의 증명서류가 멸실되어 추계하는 경우는 그러지 않는다(법법 68, 법령 107).

② 추계로 인해 결정된 과세표준과 결산서상 법인세비용차감전순이익과의 차이에 대한 소득처분은 대표자에 대한 상여로 한다. 다만, 천재지변 등으로 장부나 그 밖의 증명서류가 멸실되어 추계하는 경우는 기타사외유출로 처분한다(법령 106 ②).

2 징수와 환급 C

(1) 징수

납세지 관할 세무서장은 내국법인이 각 사업연도의 소득에 대한 법인세로서 납부해야 할 세액(중간예납의 경우 중간예납세액)의 전부 또는 일부를 납부하지 않으면 그 미납된 법인세액을 「국세징수법」에 따라 징수해야 한다(법법 71 ①, ②).

(2) 환급

납세지 관할 세무서장은 중간예납·수시부과 또는 원천징수한 법인세액이 각 사업연도의 소득에 대한 법인세액(가산세 포함)을 초과하는 경우 그 초과금액은 「국세기본법」에 따라 환급하거나 다른 국세 및 강제징수비에 충당해야 한다(법법 71 ④).

3 가산세

1 장부의 기록·보관 불성실 가산세 C

내국법인(비영리내국법인과 법인세가 비과세되거나 전액 면제되는 소득만 있는 법인은 제외)이 장부의 비치·기장 의무를 이행하지 않은 경우에는 산출세액의 20%에 해당하는 금액 또는 수입금액의 0.07% 중 큰 금액을 가산세로 하여 해당 사업연도의 법인세액에 더하여 납부하여야 한다. 무기장가산세는 산출세액이 없는 경우에도 적용한다(법법 75의3).

2 이 외의 가산세[*1] C

구분	가산세액
① 성실신고확인서 제출 불성실 가산세	MAX [법인세 산출세액 × 5%, 수입금액 × 0.02%]
② 주주 등 명세서 제출 불성실 가산세	미제출, 누락제출, 불분명분 주식 등의 액면금액 × 0.5%
③ 주식 등 변동상황 명세서 미제출 가산세	미제출 등 주식의 액면가액 × 1%
④ 기부금영수증 (전자기부영수증 포함) 발급·작성·보관 불성실 가산세	㉠ 사실과 다른 금액으로 발급 시: 사실과 다르게 발급한 차액 × 5% ㉡ 사실과 다른 인적사항으로 발급 시: 영수증에 적힌 금액 × 5% ㉢ 보관 불성실: 해당 금액 × 0.2%
⑤ 증명서류 수취 불성실 가산세	미수취, 불분명금액으로 손금에 산입한 것이 인정되는 금액 × 2%
⑥ 신용카드 및 현금영수증 발급 불성실 가산세	㉠ 신용카드 거부 또는 신용카드 매출전표 불성실 가산세: 건별 거부금액 또는 다르게 발급한 금액 × 5% (건별로 계산한 금액이 5천원 미만이면 5천원으로 한다) ㉡ 현금영수증가맹점 가입 불성실 가산세: 가입하지 아니한 사업연도의 수입금액 × 1% ㉢ 현금영수증 발급 거부 또는 불성실 가산세(현금영수증의 발급대상 금액이 건당 5천원 이상인 경우만 해당하며, 아래 ㉣에 해당하는 경우 제외): 건별 발급 거부 금액 또는 다르게 발급한 금액× 5% (건별로 계산한 금액이 5천원 미만이면 5천원으로 한다) ㉣ 현금영수증 미발급 가산세: 미발급 금액 × 20% (착오·누락으로 인하여 거래대금을 받은 날부터 10일 이내에 관할 세무서에 자진 신고하거나 현금영수증을 자진 발급한 경우에는 10%)

[*1] 아래 표의 가산세는 산출세액이 없는 경우에도 적용한다.

⑦ 지급명세서 등 제출 불성실 가산세	㉠ 간이지급명세서 미제출, 불분명지급액 × 0.25%*2 (제출기한이 지난 후 1개월 이내 제출 시 0.125%) ㉡ 일용근로소득에 대한 지급명세서 미제출, 불분명지급금액 × 0.25% (제출기한이 지난 후 1개월 이내 제출 시 0.125%) ㉢ 이외 지급명세서 미제출, 불분명지급금액 × 1% (제출기한이 지난 후 3개월 이내 제출 시 0.5%)
⑧ 계산서 등 제출 불성실 가산세	㉠ 계산서 미발급, 가공발급, 타인명의 발급: 공급가액 × 2% ㉡ 계산서 지연발급·부실기재, 전자계산서 발급불이행: 공급가액 × 1% ㉢ 매출·매입처별 계산서합계표 미제출·부실기재: 공급가액 × 0.5% ㉣ 전자계산서 지연전송: 공급가액 × 0.3% ㉤ 전자계산서 미전송: 공급가액 × 0.5%
⑨ 특정외국법인의 유보소득 계산 명세서 제출 불성실 가산세	미제출·불분명금액 × 0.5%
⑩ 업무용승용차 관련비용 명세서 제출 불성실 가산세	㉠ 미제출: 손금에 산입한 금액 × 1% ㉡ 사실과 다르게 제출: 사실과 다르게 적은 금액 × 1%

*2 「소득세법」에 따른 원천징수대상 사업소득(보험모집인 등으로서 간편장부대상자가 받는 사업소득은 제외) 또는 인적용역 관련 기타소득에 대한 지급명세서 등의 제출의무가 있는 자에 대하여 지급명세서 제출 불성실 가산세가 부과되는 부분에 대해서는 간이지급명세서 제출 불성실 가산세를 부과하지 아니한다.

MEMO

CHAPTER 17

기타 법인세

1. 비영리법인의 법인세
2. 청산소득에 대한 법인세
3. 외국법인의 법인세납세의무

최신 8개년 출제 경향 분석

01 비영리법인의 법인세

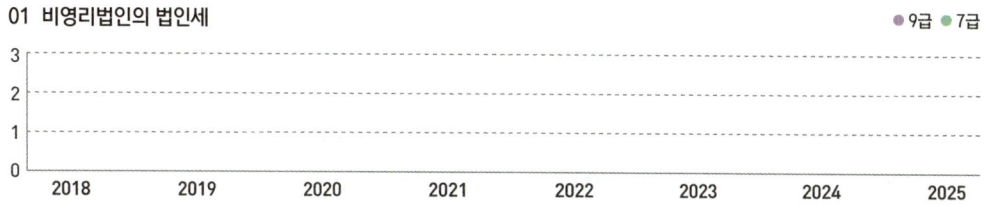

02 청산소득에 대한 법인세

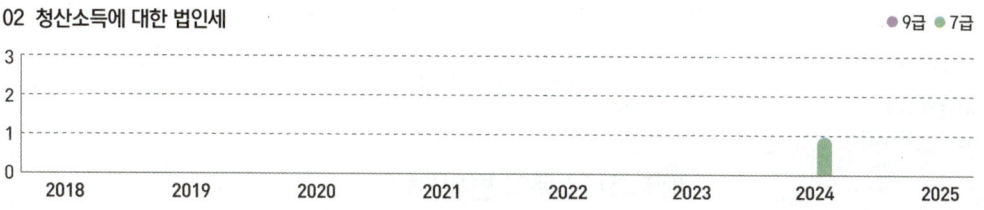

03 외국법인의 법인세납세의무

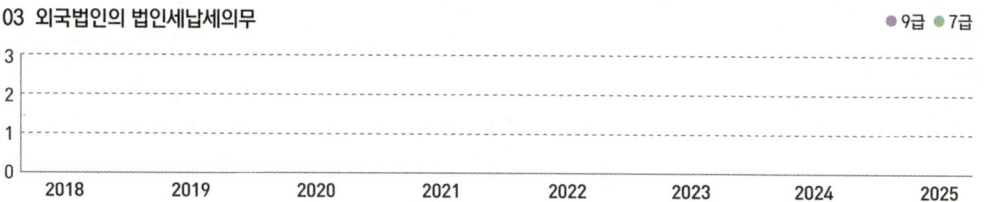

1 비영리법인의 법인세

1 비영리법인의 범위 C

'비영리법인'이란 학술·종교·자선·기예·사교 등 영리가 아닌 사업을 목적으로 설립된 법인으로서 구성원에게 이익을 분배할 목적으로 사업을 영위하지 않는 법인이다. 비영리법인은 다음 중 어느 하나에 해당하는 법인을 말한다(법법 2 (2), (4)).

① 「민법」 제32조에 따라 설립된 법인 (영리 아닌 사업을 목적으로 하는 사단 또는 재단으로 주무관청의 허가를 얻어 설립등기를 함으로써 성립된 법인)
② 「사립학교법」이나 그 밖의 특별법에 따라 설립된 법인으로서 「민법」 제32조에 규정된 목적과 유사한 목적을 가진 법인 (다만, 조합법인 등이 아닌 법인으로서 그 주주·사원 또는 출자자에게 이익을 배당할 수 있는 법인은 제외)
③ 「국세기본법」에 따른 법인으로 보는 단체
④ 외국법인 중 외국의 정부·지방자치단체 및 영리를 목적으로 하지 않는 법인 (법인으로 보는 법인 아닌 단체를 포함)

2 과세소득의 범위 B

비영리법인의 경우 수익사업에서 생기는 소득만 각 사업연도소득에 대한 법인세 납세의무가 있다. 여기서 수익사업에서 생기는 소득은 다음의 사업소득 또는 그 외 수입에서 생기는 소득을 말한다(법법 4 ③, 법령 2,3 ①,③, 소법 16 ①, 17 ①, 94 ①).

① 사업소득: 제조업, 건설업, 도매 및 소매업 등 한국표준산업분류에 따른 사업으로서 법에 규정된 것으로 다음의 사업들은 제외한 것을 말한다.
  ㉠ 축산업(축산 관련 서비스업을 포함한다) 외의 농업
  ㉡ 연구 개발업(대가를 받고 연구 및 개발용역을 제공하는 사업은 제외)
  ㉢ 선급검사 용역을 공급하는 사업
  ㉣ 「유아교육법」에 따른 유치원, 「초·중등교육법」 및 「고등교육법」에 따른 학교 등 교육서비스업
  ㉤ 보건업 및 사회복지 서비스업 중 법에서 정하는 사회복지시설에서 제공하는 사회복지사업
  ㉥ 「혈액관리법」에 따라 보건복지부장관으로부터 혈액원 개설 허가를 받은 자가 행하는 혈액사업
② 「소득세법」상 이자소득
③ 「소득세법」상 배당소득
④ 주식·신주인수권 또는 출자지분의 양도로 인한 수입
⑤ 유형자산 및 무형자산의 처분으로 인한 수입 (다만, 고유목적사업에 직접 사용하는 자산의 처분으로 인한 법령으로 정하는 수입[*1]은 제외한다.)
⑥ 「소득세법」상 양도소득세 과세대상자산인 부동산에 관한 권리와 기타자산의 양도로 인한 수입

오쌤 Talk

법인의 납세의무 종합

	각 사업연도 소득에 대한 법인세	토지 등 양도소득에 대한 법인세	청산소득에 대한 법인세
영리내국법인	국내외 원천소득	납세의무 있음	납세의무 있음
영리외국법인	국내 원천소득	납세의무 있음	납세의무 없음
비영리내국법인	국내외 수익사업소득	납세의무 있음	납세의무 없음
비영리외국법인	국내 수익사업소득	납세의무 있음	납세의무 없음

 **기출 OX**

01. 비영리내국법인의 경우에는 국내뿐만 아니라 국외의 수익사업소득에 대해서도 각 사업연도의 소득으로 법인세가 과세된다. *2015. 7급*
정답 O

기출 OX

02. 주식·신주인수권 또는 출자지분의 양도로 인하여 생기는 수입은 비영리내국법인의 수익사업에 해당한다. *2009. 7급*
정답 O

03. 비영리내국법인의 고유목적사업에 직접 사용되는 유형·무형자산으로서 대통령령이 정하는 요건을 갖춘 경우 해당 자산의 처분으로 생기는 수입은 각 사업연도의 소득에 포함되어 과세되지 않는다. *2015. 7급*
정답 O

⑦ 채권매매익: 이자소득이 발생하는 채권 등(그 이자소득에 대하여 법인세가 비과세 되는 것은 제외)을 매도함에 따른 채권 등의 매매익(채권 등의 매각익에서 채권 등의 매각손을 차감한 금액)을 말한다. 다만, 예금보험제도 운영사업 또는 부실자산 등의 인수·정리와 관련된 사업에 귀속되는 채권매매익은 제외한다.

*1 법령 또는 정관에 규정된 고유목적사업(수익사업은 제외한다)에 직접 사용한 유형자산 및 무형자산의 처분으로 인하여 생기는 다음의 구분에 따른 수입을 말하며, ㉠과 ㉡에 모두 해당하는 경우에는 해당 수입 중 큰 수입을 말한다. 이 경우 해당 자산의 유지·관리 등을 위한 관람료·입장료수입 등 부수수익이 있는 경우에도 이를 고유목적사업에 직접 사용한 자산으로 본다.NEW

㉠ 유형자산 및 무형자산의 처분일(「지방자치분권 및 지역균형발전에 관한 특별법」에 따라 이전하는 공공기관의 경우에는 공공기관 이전일) 현재 3년 이상 계속하여 고유목적사업에 직접 사용한 경우: 해당 자산의 처분으로 인하여 생기는 수입. 이 경우 비영리내국법인이 수익사업에 속하는 자산을 고유목적사업에 전입한 후 처분하는 경우에는 전입 당시의 시가로 평가한 가액을 그 자산의 취득가액으로 한다.
㉡ 유형자산 및 무형자산을 10년 이상 고유목적사업에 직접 사용한 경우(처분일 현재 고유목적사업에 직접 사용하고 있지 않는 경우를 포함): 다음 계산식에 따라 계산한 수입. 이 경우 비영리내국법인이 해당 자산을 최초로 고유목적사업에 전입한 당시의 시가로 평가한 가액을 그 자산의 취득가액으로 한다.

$$\text{해당 자산 처분으로 인하여 생기는 수입} \times \frac{\text{해당 자산을 고유목적사업에 직접 사용한 일수}}{\text{해당 자산을 보유한 일수}}$$

3 과세방법 C

(1) 원칙

비영리법인의 수익사업소득에 대한 과세표준과 세액의 계산방법, 신고 및 납부절차는 영리법인의 규정을 준용한다.

(2) 이자소득 분리과세 특례

이자소득(비영업대금의 이익은 제외하고 투자신탁의 이익은 포함)으로서 원천징수된 이자소득에 대하여는 과세표준신고를 하지 않고 분리과세를 선택할 수 있다(법법 62 ①). 이때 원천징수된 이자소득은 이자소득을 지급받을 때 원천징수로 과세가 종결되어, 각 사업연도 소득금액이나 과세표준에 포함하지 않는다(법령 99).

4 자산양도소득에 대한 과세특례 C

(1) 과세방법

비영리내국법인이 토지 등 일정한 자산을 양도한 경우에는 그 양도소득에 대하여 다음 둘 중 한 방법을 선택하여 신고할 수 있다. 다만, 제조업 등 사업소득에 해당하는 수익사업을 하는 비영리내국법인을 제외한다(법법 62의2 ①, ②).

> ① 각 사업연도 소득에 대한 법인세를 정상적으로 신고·납부하는 방법 (일반 원칙)
> ② 「소득세법」상 양도소득세의 규정을 준용하여 계산한 금액을 법인세로 신고·납부하는 방법 (특례)

(2) 대상 자산의 범위

비영리내국법인의 자산양도소득에 대한 과세특례 규정의 적용 대상 자산은 다음과 같다(법법 62의2 ①, 법령 99의2 ①).

> ① 토지 또는 건물
> ② 양도소득세 과세대상이 되는 부동산에 관한 권리, 법에 정한 주식, 기타자산

(3) 납세절차

① 신고·납부·결정·경정 및 징수

자산양도소득에 대한 법인세의 과세표준 신고·납부·결정·경정 및 징수에 관하여는 자산 양도일이 속하는 각 사업연도의 소득에 대한 법인세의 과세표준의 신고·납부·결정·경정 및 징수에 관한 규정을 준용하되, 그 밖의 법인세액에 합산하여 신고·납부·결정·경정 및 징수한다(법법 62의2 ⑥).

② 양도소득과세표준 예정신고

자산양도소득에 대한 법인세는 「소득세법」 규정을 준용하여 자산을 양도한 날이 속하는 달의 말일부터 2개월이 되는 날까지 양도소득 과세표준 예정신고 및 자진납부를 하여야 한다(법법 62의 2 ⑦). 비영리내국법인이 양도소득 과세표준 예정신고를 한 경우에는 위 ①에 따른 과세표준에 대한 신고를 한 것으로 본다.
단, 다음의 경우는 예외로 한다(법법 62의2 ⑧, 소법 110 ④, 법령 99의2 ⑤).

> ㉠ 해당 연도에 누진세율이 적용되는 자산에 대한 예정신고를 2회 이상 하는 경우 등에는 과세표준에 대한 신고를 반드시 하여야 한다.
> ㉡ 비영리내국법인의 선택에 따라 법인세 과세표준의 신고를 할 수 있으며, 이 경우 양도소득 과세표준 예정신고납부세액은 납부할 세액에서 공제한다.

5 구분경리 B

(1) 구분경리의 의의

'구분경리'란 구분해야 할 사업 또는 재산별로 자산·부채 및 손익을 법인의 장부상 각각 독립된 계정과목에 따라 구분하여 회계처리하는 것을 말한다(법령 156 ①). 비영리법인은 수익사업에서 생긴 소득에 대해 각 사업연도 소득에 대한 법인세 납세의무를 지기 때문에 **자산·부채 및 손익을 해당 수익사업에 속하는 것과 수익사업이 아닌 그 밖의 사업에 속하는 것을 각각 다른 회계로 구분하여 기록해야 한다**(법법 113 ①).

(2) 구분경리의 방법

① 공통자산과 공통부채의 구분경리 방법

비영리법인이 구분경리하는 경우 수익사업과 기타 사업에 공통되는 자산과 부채는 이를 수익사업에 속하는 것으로 한다(법칙 76 ①).

② 공통익금과 공통손금의 구분경리 방법

비영리법인이 구분경리하는 경우 수익사업과 기타 사업에 공통되는 익금과 손금은 아래와 같이 구분하여 계산한다. 이 때 공통익금은 과세표준이 되는 것에 한하며, 공통손금은 익금에 대응하는 것에 한한다(법칙 76 ⑥, ⑦).

> ⊙ 수익사업과 기타의 사업의 공통익금은 수익사업과 기타의 사업의 수입금액 또는 매출액에 비례하여 안분계산
> ⓒ 수익사업과 기타의 사업의 업종이 동일한 경우의 공통손금은 수익사업과 기타의 사업의 수입금액 또는 매출액에 비례하여 안분계산
> ⓒ 수익사업과 기타의 사업의 업종이 다른 경우의 공통손금은 수익사업과 기타의 사업의 개별 손금액에 비례하여 안분계산

③ 비영리법인의 자본금 계산

비영리법인이 구분경리를 하는 경우에는 수익사업의 자산의 합계액에서 부채(충당금을 포함한다)의 합계액을 공제한 금액을 수익사업의 자본금으로 한다(법칙 76 ②).

기출 OX

04. 비영리법인이 수익사업을 영위하는 경우에는 자산·부채 및 손익을 당해 수익사업에 속하는 것과 수익사업이 아닌 기타의 사업에 속하는 것을 각각 별개의 회계로 구분하여 경리하여야 한다. 2009. 7급

정답 O

6 기타 규정 B

★★ (1) 고유목적사업준비금의 설정

비영리법인은 각 사업연도에 그 법인의 고유목적사업이나 일반기부금에 지출하기 위하여 고유목적사업준비금을 설정할 수 있다(법법 29 ①).

★ (2) 첨부서류 미제출 시 무신고 가산세 완화

법령으로 정하는 사업소득과 채권매매차익에 해당하는 수익사업을 영위하지 않는 비영리법인은 재무상태표·손익계산서·이익잉여금처분계산서(또는 결손금처리계산서) 및 세무조정계산서를 첨부하지 않은 경우에도 무신고로 보지 않는다(법법 60 ⑤).

★★ (3) 장부의 기록 보관 불성실 가산세 배제

수익사업을 영위하지 않는 비영리법인은 기장의무를 지지 않는다(법법 112). 법령으로 정하는 사업소득과 채권매매차익에 해당하는 수익사업을 영위하는 비영리법인*은 복식부기의 방식으로 장부를 기장하고 이를 비치할 의무는 있지만, 이를 이행하지 않았을 경우에 장부의 기록·보관 불성실 가산세의 부과 대상은 아니다.

* 비영리외국법인의 경우 해당 수익사업 중 국내원천소득이 발생하는 경우만 해당

기출 OX

05. 모든 비영리내국법인은 복식부기의 방식으로 장부를 기장하고 이를 비치할 의무는 있지만, 이를 이행하지 않았을 경우에 무기장가산세의 부과 대상은 아니다. 2015. 7급

정답 X

❷ 청산소득에 대한 법인세

1 의의 B

'청산소득'이란 법인이 해산(합병이나 분할에 의한 해산은 제외)한 경우에 그 법인의 해산에 따른 잔여재산가액이 해산등기일 현재의 자기자본총액을 초과하는 경우 그 초과하는 금액을 말한다(법법 79 ①). 법인이 청산절차를 거쳐 소멸하는 과정에서 청산소득이 발생하고, 이러한 청산소득은 기존 사업연도에 대한 과세 시 탈루된 부분이나 보유자산의 가치상승분이 실현된 것을 포함하여 각 사업연도의 소득에 대한 법인세를 최종적으로 정산하는 성격이다.

2 납세의무자 B

비영리내국법인과 외국법인은 청산소득에 대한 납세의무가 없다. 따라서 해산으로 소멸하는 영리내국법인만이 청산소득에 대한 법인세의 납세의무를 부담한다. 단, 다음의 경우에는 영리내국법인이라고 하더라도 **청산소득에 대한 법인세의 납세의무를 부담하지 않는다**(법법 78, 법령 120의 26).

> ① 「상법」에 따라 조직변경하는 경우
> ② 특별법에 따라 설립된 법인이 해당 특별법의 개정이나 폐지로 인하여 「상법」에 따른 회사로 조직변경하는 경우
> ③ 「변호사법」에 따라 법무법인이 법무법인(유한)으로 조직변경하는 경우
> ④ 「관세사법」에 따라 관세사법인이 관세법인으로 조직변경하는 경우
> ⑤ 「변리사법」에 따라 특허법인이 특허법인(유한)으로 조직변경하는 경우
> ⑥ 「협동조합 기본법」에 따라 법인 등이 협동조합으로 조직변경하는 경우
> ⑦ 「지방공기업법」에 따라 지방공사가 지방공단으로 조직변경하거나 지방공단이 지방공사로 조직변경하는 경우

3 청산소득에 대한 법인세의 계산 B

(1) 청산소득에 대한 법인세

청산소득에 대한 법인세는 아래와 같이 계산한다.

> 청산소득에 대한 법인세 = 과세표준(청산소득금액) × 세율

★★ (2) 과세표준(청산소득금액)

① 청산소득 금액

내국법인의 청산소득에 대한 법인세의 과세표준은 청산소득금액으로 하는데, 그 청산소득 금액은 다음과 같이 계산한다(법법 77, 79 ①, ②).

구분	청산소득금액
㉠ 일반적인 경우	잔여재산가액 - 자기자본총액
㉡ 계속사업의 경우	잔여재산분배액 - 자기자본총액

기출 OX

06. 비영리내국법인은 청산소득에 대하여 법인세의 납세의무를 진다. 2016. 7급
정답 X

07. 비영리내국법인은 어떠한 경우라도 청산소득에 대한 법인세의 납세의무를 지지 않는다. 2013. 7급
정답 O

08. 「상법」의 규정에 의하여 내국법인이 조직변경하는 경우에는 청산소득에 대한 법인세를 과세한다. 2007. 9급
정답 X

09. 특별법에 따라 설립한 법인이 그 특별법의 개정으로 인하여 「상법」에 따른 회사로 조직변경하는 경우에는 청산소득에 대한 법인세를 과세하지 아니한다. 2013. 7급
정답 O

기출 OX

10. 법인이 해산등기일 현재의 자산을 청산기간 중에 처분한 금액은 청산소득에 포함하지만, 청산 기간 중에 해산 전의 사업을 계속하여 영위하는 경우 당해 사업에서 발생한 사업수입이나 임대수입, 공사채 및 예금의 이자수입 등은 포함하지 않는다.
2016. 7급
정답 O

 오쌤 Talk

주식과 관련하여 '2년'의 제재 규정 종합

「법인세법」에서는 주식과 관련하여 법인이 과세를 회피하기 위해 거래하는 판단 기준을 '2년'으로 보고, 2년 이내에 해당 거래가 있을 때 다음의 제재 규정을 적용하고 있다.
① [의제배당] 자기주식소각이익 중 소각일로부터 2년 이내의 자본전입은 소각 당시 시가와 취득가액의 대소를 비교하지 않고 의제배당으로 간주하여 과세한다. Link - P.117
② [의제배당] 감자로 인한 의제배당 중 2년 이내 취득한 무상주 중 의제배당으로 과세되지 않은 단기소각주식을 감자한 경우 단기소각주식(취득가액: 0)을 먼저 소각한 것으로 보아 의제배당으로 과세한다. Link - P.118
③ [청산소득에 대한 법인세] 해산등기일 전 2년 이내에 자본금에 전입한 잉여금이 있는 경우 해당 금액을 자본금에 전입하지 않은 것으로 보고 계산함

기출 OX

11. 청산소득 금액을 계산할 때 해산등기일 전 3년 이내에 자본금 또는 출자금에 전입한 잉여금이 있는 경우에는 해당 금액을 자본금 또는 출자금에 전입하지 아니한 것으로 보고 계산한다.
2016. 7급
정답 X

② 청산기간 중의 소득
㉠ 내국법인의 해산에 의한 청산소득금액을 계산함에 있어 그 청산기간에 생기는 각 사업연도의 소득금액이 있는 경우에는 그 법인의 해당 각 사업연도의 소득금액에 산입한다(법법 79 ⑥).
㉡ 법인이 **해산등기일 현재의 자산**을 **청산기간 중에 처분한 금액**(환가를 위한 재고자산의 처분액을 포함)은 이를 **청산소득에 포함**한다(법칙 61).
㉢ **청산기간 중에 해산 전의 사업을 계속 영위하는 경우** 당해 사업에서 발생한 사업수입이나 임대수입, 공·사채 및 예금의 이자수입 등은 청산소득에 포함하지 않는다(법칙 61).

★ (3) 잔여재산가액 및 잔여재산분배액

① 잔여재산가액

자산총액에서 부채총액을 공제한 금액을 말한다(법령 121 ①, ②). 이때 자산총액에서 추심할 채권이나 환가처분할 자산이 있는 경우 다음에 의하여 평가한다(법령 121 ②).

구분	평가방법
㉠ 추심할 채권과 환가처분할 자산	추심 또는 환가처분한 날 현재의 금액
㉡ 추심 또는 환가처분 전에 분배한 경우	그 분배한 날 현재의 시가에 의한 평가액

② 잔여재산분배액
'잔여재산분배액'이란 해산으로 인하여 청산 중인 내국법인이 그 해산에 의한 잔여재산의 일부를 주주에게 분배한 후, 「상법」 규정에 의하여 사업을 계속하는 경우 그 해산등기일부터 계속등기일까지의 사이에 분배한 잔여재산의 분배액의 총합계액을 말한다(법법 79 ②).

★★ (4) 자기자본총액

자기자본총액은 해산등기일 현재 계산한 다음의 금액을 말한다(법법 79).

> **자기자본총액 = ① 납입자본금(출자금) + ② 잉여금 - ③ 이월결손금 + ④ 법인세환급액**

① 납입자본금(출자금)
청산소득금액을 계산할 때 해산등기일 전 2년 이내에 자본금 또는 출자금에 전입한 잉여금이 있는 경우 해당 금액을 자본금 또는 출자금에 전입하지 아니한 것으로 보고 계산한다.

② 잉여금
잉여금은 세법상의 잉여금으로 보기 때문에 유보금액을 반영한다.

③ 이월결손금
청산소득 계산 시 상계하는 이월결손금은 발생연도에 제한 없이 적용하는데, 이 때 자기자본총액에서 상계되었거나 상계된 것은 제외한다. 다만, 상계하는 이월결손금의 금액은 자기자본의 총액 중 잉여금의 금액을 초과하지 못하며, 초과하는 이월결손금이 있는 경우에는 그 이월결손금은 없는 것으로 본다(법법 79 ④).

④ 법인세환급액

내국법인의 해산에 의한 청산소득의 금액을 계산할 때 그 청산기간에 「국세기본법」에 따라 환급되는 법인세액이 있는 경우 이에 상당하는 금액은 그 법인의 해산등기일 현재의 자기자본의 총액에 가산한다(법법 79 ③).

(5) 세율

청산소득에 대한 법인세는 각 사업연도 소득에 대한 법인세율과 동일하게 적용한다(법법 83).

4 신고와 납부 B

★★ (1) 확정신고납부

청산소득에 대한 법인세의 납세의무가 있는 내국법인은 다음의 신고·납부기한 내에 청산소득에 대한 법인세의 과세표준과 세액을 납세지 관할 세무서장에게 신고해야 한다. 이 때 청산소득이 없는 때에도 청산소득에 대한 법인세 과세표준과 세액의 신고는 해야 한다(법법 84 ①, ③, 86 ①, ③).

구분	확정신고납부기한
① 해산에 의한 경우	잔여재산가액 확정일이 속하는 달의 말일부터 3개월 이내
② 잔여재산 분배 후 사업을 계속하는 경우	계속등기일이 속하는 달의 말일부터 3개월 이내

(2) 중간신고납부

내국법인(유동화전문회사 등 소득공제를 받는 법인 제외)이 다음 어느 하나에 해당하면 각 구분에 따라 정한 날이 속하는 달의 말일부터 1개월 이내에 청산소득에 대한 법인세를 납세지 관할 세무서장에게 신고해야 한다(법법 85 ①). 다만, 「국유재산법」에 규정한 청산절차에 따라 청산하는 법인의 경우에는 중간신고 규정을 적용하지 않는다.

구분	정한 날
① 해산에 따른 잔여재산가액이 확정되기 전에 그 일부를 주주 등에게 분배한 경우	그 분배한 날
② 해산등기일부터 1년이 되는 날까지 잔여재산가액이 확정되지 않은 경우	그 1년이 되는 날

★★ (3) 원천징수의무의 승계

법인이 해산한 경우에 원천징수하여야 할 법인세를 징수하지 아니하였거나 징수한 법인세를 납부하지 아니하고 잔여재산을 분배한 때에는 청산인과 잔여재산의 분배를 받은 자가 각각 그 분배한 재산의 가액과 분배받은 재산의 가액을 한도로 그 법인세를 연대하여 납부할 책임을 진다. 법인이 합병 또는 분할로 인하여 소멸한 경우에는 합병법인 등은 피합병법인 등이 원천징수하여야 할 법인세를 징수하지 아니하였거나 징수한 법인세를 납부하지 아니한 것에 대하여 납부할 책임을 진다(법령 116 ①, ②).

🔍 **기출 OX**

12. 내국법인의 해산에 의한 청산소득의 금액을 계산할 때 그 청산기간에 「국세기본법」에 따라 환급되는 법인세액이 있는 경우 이에 상당하는 금액은 그 법인의 해산등기일 현재의 자기자본의 총액에는 포함되지 아니한다. 2013. 7급

정답 X

🔍 **기출 OX**

13. 청산소득에 대한 법인세 납세의무가 있는 내국법인은 잔여재산가액확정일부터 3개월 이내에 청산소득에 대한 법인세의 과세표준과 세액을 납세지 관할 세무서장에게 신고하여야 한다. 2016. 7급

정답 X

🔍 **기출 OX**

14. 내국법인이 해산한 경우에 「법인세법」 제73조 및 제73조의2에 따라 원천징수하여야 할 법인세를 징수하지 아니하였거나 징수한 법인세를 납부하지 아니하고 잔여재산을 분배한 때에는 청산인과 잔여재산의 분배를 받은 자가 각각 그 분배한 재산의 가액과 분배받은 재산의 가액을 한도로 그 법인세를 연대하여 납부할 책임을 진다. 2024. 7급 최신

정답 O

5 결정·경정 및 가산세 B

(1) 결정·경정 및 징수

① 결정·경정

납세지 관할 세무서장 또는 관할 지방국세청장은 각 사업연도 소득에 대한 법인세 규정을 준용하여 청산소득에 대한 법인세를 결정·경정·재경정한다(법법 87).

② 징수

납세지 관할 세무서장은 내국법인이 납부하여야 할 청산소득에 대한 법인세의 전부 또는 일부를 납부하지 아니하면 그 미납된 법인세를 「국세징수법」에 따라 징수하여야 한다. 또한 납부하였거나 징수한 법인세액이 납세지 관할 세무서장 또는 관할 지방국세청장이 결정하거나 경정한 법인세액보다 적으면 그 부족한 금액에 상당하는 법인세를 징수하여야 한다(법법 89).

★★(2) 납부지연가산세 배제

청산소득에 대한 법인세를 징수할 때에는 납부지연가산세 중 1일 0.022%씩 부과되는 가산세(납부고지서에 따른 납부기한의 다음 날부터 부과되는 분에 한정) 및 납부기한까지 완납하지 않는 경우 부과되는 3% 가산세 규정을 적용하지 않는다(법법 90, 국기법 47의 2 ④).

> **기출 OX**
> 15. 청산소득에 대한 법인세를 납부기한까지 완납하지 아니하였을 때에는 그 납부기한이 지난 날부터 체납된 법인세의 100분의 3에 상당하는 납부지연가산세를 징수한다. 2016. 7급
> 정답 X

3 외국법인의 법인세납세의무

1 외국법인 및 납세의무의 범위 B

(1) 정의

'외국법인'이란 외국에 본점 또는 주사무소를 둔 단체(사업의 실질적 관리장소가 국내에 있지 않은 경우만 해당)로서 다음 중 어느 하나에 해당하는 단체를 말한다(법법 2 (3), 법령 2 ②). 이때, 국세청장은 아래 외국법인의 유형별 목록을 고시할 수 있으며, 이러한 외국법인 기준의 적용은 조세조약 적용대상의 판정에 영향을 미치지 않는다(법령 2 ③, ④).

> ① 설립된 국가의 법에 따라 법인격이 부여된 단체
> ② 구성원이 유한책임사원으로만 구성된 단체
> ③ 그 밖에 해당 외국단체와 동종 또는 유사한 국내의 단체가 상법 등 국내의 법률에 따른 법인인 경우의 그 외국단체

★★(2) 납세의무의 범위

법인 \ 법인세	각 사업연도 소득	국내 소재 토지 등 양도소득	청산소득
① 영리외국법인	국내원천소득	O	X
② 비영리외국법인	국내원천의 수익사업 소득에 한함		

> **기출 OX**
> 16. 비영리외국법인은 각 사업연도의 국내원천소득(수익사업에서 생기는 소득으로 한정한다)에 대한 법인세를 납부할 의무가 있다. 2023. 9급 최신
> 정답 O

2 국내원천소득의 범위 C

(1) 국내원천 이자소득

다음의 어느 하나에 해당하는 소득으로서 「소득세법」에 따른 이자소득(국외에서 받는 예금의 이자는 제외)과 그 밖의 대금의 이자 및 신탁의 이익 중 이자의 지급지가 국내이면 국내원천소득을 구성한다. 다만, 거주자 또는 내국법인의 국외사업장을 위하여 그 국외사업장이 직접 차용한 차입금의 이자는 제외한다(법법 93 (1)).

① 국가, 지방자치단체, 거주자, 내국법인 또는 외국법인의 국내사업장이나 「소득세법」에 따른 비거주자의 국내사업장으로부터 지급받는 소득
② 외국법인 또는 비거주자로부터 지급받는 소득으로서 그 소득을 지급하는 외국법인 또는 비거주자의 국내사업장과 실질적으로 관련하여 그 국내사업장의 소득금액을 계산할 때 필요경비 또는 손금에 산입되는 것

(2) 국내원천 배당소득

'국내원천 배당소득'이란이란 내국법인 또는 법인으로 보는 단체나 그 밖에 국내에 소재하는 자로부터 지급받는 배당소득 및 「국제조세조정에 관한 법률」에 따라 배당으로 처분된 금액을 말한다. 국내원천소득이 되는 배당소득이어야 하기 때문에 다른 외국법인으로부터 받는 배당은 국내원천소득으로 보지 않는다.

(3) 국내원천 부동산소득

'국내원천 부동산소득'이란 국내에 소재하는 부동산 또는 부동산상의 권리 및 국내에서 취득한 광업권, 조광권, 흙, 모래, 돌의 채취에 관한 권리 또는 지하수의 개발 및 이용권의 양도, 임대 또는 그 밖의 운영으로 인하여 발생하는 소득을 말한다.

(4) 국내원천 선박 등 임대소득

'국내원천 선박 등 임대소득'이란 거주자, 내국법인, 외국법인, 비거주자의 국내사업장에 선박, 항공기, 등록된 자동차나 건설기계, 또는 산업상, 상업상, 과학상의 기계, 설비, 장치, 그 밖에 일정한 용구를 임대함으로써 발생하는 소득을 말한다. 다만 해당 소득을 조세조약에서 사용료소득으로 구분하는 경우 그 사용대가는 사용료소득으로 본다.

(5) 국내원천 사업소득

'국내원천 사업소득'이란 외국법인이 국내에서 경영하는 사업에서 발생하는 소득으로서 일정한 것과 국외에서 발생하는 법소정 소득으로서 국내사업장에 귀속되는 것을 말한다. 단, 일부 행위에서 발생하는 사업소득은 제외한다.

오쌤 Talk

국내원천 사업소득에서 제외되는 일부 행위

다음의 행위는 국내원천 사업소득으로 보지 않는다.
① 외국법인이 국내에서 영위하는 사업을 위해 국외에서 광고, 선전, 정보의 수집과 제공, 시장조사, 그 밖에 그 사업수행상 예비적 또는 보조적인 성격을 가진 행위를 하는 경우
② 국외에서 영위하는 사업을 위해 국내에서 이들 행위를 하는 경우

(6) 국내원천 인적용역소득

'국내원천 인적용역소득'이란 국내에서 인적용역을 제공함으로써 발생하는 소득으로서 다음의 용역을 말한다(법령 132 ⑥). 이 경우 그 인적용역을 제공받는 자가 인적용역의 제공과 관련하여 항공료, 숙박비, 음식비를 부담한 경우에는 그 비용을 제외한다.

> ① 영화·연극의 배우·음악가 기타 공중연예인이 제공하는 용역
> ② 직업운동가가 제공하는 용역
> ③ 변호사·공인회계사·건축사·측량사·변리사 기타 자유직업자가 제공하는 용역 등

(7) 국내원천 부동산 등 양도소득

'국내원천 부동산 등 양도소득'이란 토지·건물, 부동산에 관한 권리, 사업에 사용하는 토지·건물·부동산에 관한 권리와 함께 양도하는 영업권, 시설물이용권, 비상장 부동산주식 등의 양도로 인하여 발생하는 소득을 말한다.

(8) 국내원천 사용료소득

'국내원천 사용료소득'이란 저작권·특허권·상표권 등 일정한 자산, 정보 또는 권리를 국내에서 사용하거나 그 대가를 국내에서 지급하는 경우 그 대가 및 그 자산, 정보 또는 권리의 양도로 인하여 발생하는 소득을 말한다.

(9) 국내원천 유가증권 양도소득

'국내원천 유가증권 양도소득'이란 다음의 출자지분 (상장된 부동산주식 포함) 등의 양도소득으로 인하여 발생하는 소득을 말한다.

> ① 내국법인이 발행한 주식 등 기타의 유가증권
> ② 외국법인이 발행한 주식 등(증권시장에 상장된 것에 한정)
> ③ 외국법인의 국내사업장이 발행한 그 밖의 유가증권

(10) 국내원천 기타소득

'국내원천 기타소득'이란 위 (1) ~ (9)까지의 규정에 따른 소득 외의 소득으로서 다음 어느 하나에 해당하는 소득을 말한다.

> ① 국내에 있는 부동산 및 그 밖의 자산이나 국내에서 경영하는 사업과 관련하여 받은 보험금·보상금 또는 손해배상금
> ② 국내에서 지급하는 위약금이나 배상금으로서 법으로 정하는 소득
> ③ 국내에 있는 자산을 증여받아 생기는 소득
> ④ 국내에서 지급하는 상금·현상금·포상금, 그 밖에 이에 준하는 소득
> ⑤ 국내에서 발견된 매장물로 인한 소득
> ⑥ 국내법에 따른 면허·허가, 그 밖에 이와 유사한 처분에 의하여 설정된 권리와 부동산 외의 국내자산을 양도함으로써 생기는 소득

기출 OX

17. 외국법인이 국내에 있는 자산을 증여받아 생기는 소득은 국내원천소득에 해당하지 않는다.   2012. 9급

정답 X

⑦ 국내에서 발행된 복권·경품권, 그 밖의 추첨권에 의하여 받는 당첨금품과 승마투표권·승자투표권·소싸움경기투표권·체육진흥투표권의 구매자가 받는 환급금
⑧ 기타소득으로 처분된 금액
⑨ 국외특수관계인이 보유하고 있는 내국법인의 주식 등이 법으로 정하는 자본거래로 인하여 그 가치가 증가함으로써 발생하는 소득
⑩ 사용지 기준 조세조약 상대국의 법인이 소유한 특허권 등으로서 국내에서 등록되지 아니하고 국외에서 등록된 특허권 등을 침해하여 발생하는 손해에 대하여 국내에서 지급하는 손해배상금·보상금·화해금·일실이익 또는 그 밖에 이와 유사한 소득. 이 경우 해당 특허권 등에 포함된 제조방법·기술·정보 등이 국내에서의 제조·생산과 관련되는 등 국내에서 사실상 실시되거나 사용되는 것과 관련되어 지급하는 소득으로 한정한다.
⑪ 위 ①~⑩까지의 소득 외에 국내에서 하는 사업이나 국내에서 제공하는 인적용역 또는 국내에 있는 자산과 관련하여 제공받은 경제적 이익으로 생긴 소득(국가 또는 특별법에 따라 설립된 금융회사 등이 발행한 외화표시채권을 상환함으로써 받은 금액이 그 외화표시채권의 발행가액을 초과하는 경우에는 그 차액을 포함하지 아니한다) 또는 이와 유사한 소득으로서 법으로 정하는 소득

3 외국법인에 대한 과세방법 B

★(1) 종합과세

'종합과세'란 과세대상이 되는 소득을 법인세 계산구조에 종합하여 과세하는 방식을 말한다. 다음의 법인들의 경우 종합과세 대상에 해당한다.

① 국내사업장을 가진 외국법인*
② 국내원천 부동산소득이 있는 외국법인

* 국내사업장과 실질적으로 관련되지 아니하거나 그 국내사업장에 귀속되지 아니하는 소득금액에 대하여는 분리과세한다.

(2) 분리과세

'분리과세'란 소득을 지급하는 자가 그 소득을 지급할 경우 원천징수하면 별도로 신고나 납부를 이행할 필요 없이 납세의무가 종결되는 방식을 말한다. 위 (1) 종합과세로 규정된 법인을 제외한 외국법인은 분리과세한다. 단, 국내원천 부동산 등 양도소득은 예납적 원천징수 후 별도로 신고·납부해야 한다.

4 국내사업장의 범위 B

'국내사업장'이란 외국법인이 국내에서 사업의 전부 또는 일부를 수행하는 고정된 장소를 말하는데, 그 구체적인 범위는 다음과 같다(법법 94 ①~④, 법령 133 ①).

구분	범위
① 국내사업장에 해당되는 장소	㉠ 지점·사무소 또는 영업소, 상점 그 밖의 고정된 판매장소, 작업장·공장 또는 창고 ㉡ 6개월을 초과하여 존속하는 건축장소, 건설·조립·설치공사의 현장 또는 이와 관련되는 감독활동을 수행하는 장소 ㉢ 고용인을 통하여 용역을 제공하는 경우로서 다음 중 어느 하나에 해당되는 장소 　ⓐ 용역의 제공이 계속되는 12개월 중 총 6개월을 초과하는 기간 동안 용역이 수행되는 장소 　ⓑ 용역의 제공이 계속되는 12개월 중 총 6개월을 초과하지 아니하는 경우로서 유사한 종류의 용역이 2년 이상 계속적 반복적으로 수행되는 장소 ㉣ 광산·채석장 또는 해저천연자원이나 그 외 천연자원의 탐사 및 채취장소
② 국내사업장을 둔 것으로 보는 경우	외국법인이 고정된 장소를 가지고 있지 아니한 경우에도 다음의 종속대리인을 두고 사업을 영위하는 경우에는 그 자의 사업장 소재지(사업장이 없는 경우에는 주소지, 주소지가 없는 경우에는 거소지)에 국내사업장을 둔 것으로 본다. ㉠ 국내에서 그 외국법인을 위하여 다음 중 어느 하나의 계약(이하 '외국법인 명의계약 등')을 체결할 권한을 가지고 그 권한을 반복적으로 행사하는 자 　ⓐ 외국법인의 명의의 계약 　ⓑ 외국법인이 소유하는 자산의 소유권 이전 또는 소유권이나 사용권을 갖는 자산의 사용권 허락을 위한 계약 　ⓒ 외국법인의 용역제공을 위한 계약 ㉡ 국내에서 그 외국법인을 위하여 외국법인 명의 계약 등을 체결할 권한을 가지고 있지 아니하더라도 계약을 체결하는 과정에서 중요한 역할(외국법인이 계약의 중요사항을 변경하지 아니하고 계약을 체결하는 경우로 한정)를 반복적으로 수행하는 자 ㉢ 외국법인의 자산을 상시 보관하고 관례적으로 이를 배달 또는 인도하는 자 ㉣ 중개인 일반위탁매매인 기타 독립적 지위의 대리인으로서 주로 특정 외국법인만을 위하여 계약체결 등 사업에 관한 중요한 부분의 행위를 하는 자(이들이 자기사업의 정상적인 과정에서 활동하는 경우를 포함) ㉤ 보험사업(재보험사업을 제외)을 경영하는 외국법인을 위하여 보험료를 징수하거나 국내소재 피보험물에 대한 보험을 인수하는 자
③ 국내사업장에 해당되지 않는 장소	다음의 장소가 외국법인의 사업 수행상 예비적 또는 보조적인 성격을 가진 활동을 하기 위하여 사용되는 경우에는 국내사업장에 포함되지 아니한다. ㉠ 자산의 단순한 구입만을 위하여 사용하는 일정한 장소 ㉡ 판매를 목적으로 하지 아니하는 자산의 저장이나 보관을 위하여 사용하는 일정한 장소 ㉢ 광고, 선전, 정보의 수집 및 제공, 시장조사, 그 밖에 이와 유사한 활동만을 하기 위하여 사용하는 일정한 장소 ㉣ 자기의 자산을 타인으로 하여금 가공하게 할 목적으로만 사용하는 장소

> **확인문제**
>
> 01. 외국법인의 국내사업장이 아닌 것은?　　2004. 9급
> ① 지점, 사무소 또는 영업소
> ② 상점, 기타 유동적인 판매장소
> ③ 작업장, 공장 또는 창고
> ④ 6개월을 초과하여 존속하는 건축장소
>
> 정답 ②

5 계산방법 C

(1) 종합과세하는 경우의 계산방법

종합과세하는 경우 외국법인의 각 사업연도 소득에 대한 법인세 산출세액은 다음과 같이 계산된다(법법 91 ①, 95).

```
        국내원천소득금액의 총합계액
   (-)  이  월  결  손  금
   (-)  비  과  세  소  득
   (-)  선박·항공기의 외국항행소득
        과    세    표    준
   (×)  세               율
        산    출    세    액
```

① 이월결손금
: 국내에서 15년* 이내 발생한 결손금에 한하며 각 사업연도 소득의 80% 범위에서 공제한다.

* 2020.1.1. 전에 개시하는 사업연도에 발생한 결손금은 종전 규정에 따라 10년

② 산출세액
: 토지 등의 양도소득에 대한 법인세가 있는 경우 해당 법인세를 포함한다.

(2) 분리과세하는 경우의 계산방법

외국법인에 대하여 「법인세법」에 따른 국내원천소득으로서 국내사업장과 실질적으로 관련되지 아니하거나 그 국내사업장에 귀속되지 아니하는 소득의 금액(국내사업장이 없는 외국법인에 지급하는 금액을 포함)을 지급하는 자(국내원천 부동산 등 양도소득의 금액을 지급하는 거주자 및 비거주자는 제외)는 그 지급을 할 때에 다음의 구분에 따른 금액을 해당 법인의 각 사업연도의 소득에 대한 법인세로서 원천징수하여 그 원천징수한 날이 속하는 달의 다음 달 10일까지 납세지 관할 세무서 등에 납부하여야 한다(법법 98 ①).

구분	원천징수세액
① 국내원천 이자소득	㉠ 국가·지방자치단체 및 내국법인이 발행하는 채권에서 발생하는 이자소득: 지급금액 × 14% ㉡ 위 ㉠ 외 국내원천 이자소득: 지급금액 × 20%
② 국내원천 배당소득	지급금액 × 20%
③ 국내원천 선박 등 임대소득, 국내원천 사업소득	지급금액 × 2%
④ 국내원천 인적용역소득	지급금액 × 20% 단, 국외에서 제공하는 인적용역 중 법으로 정하는 인적용역을 제공함으로써 발생하는 소득이 조세조약에 따라 국내에서 발생하는 것으로 보는 소득에 대해서는 지급금액 × 3%
⑤ 국내원천 부동산 등 양도소득	MIN [지급금액 × 10%, 양도차익 × 20%]
⑥ 국내원천 사용료소득	지급금액 × 20%
⑦ 국내원천 유가증권양도소득	MIN [지급금액 × 10%, 양도차익 × 20%]
⑧ 국내원천 기타소득	㉠ 국외에서 등록된 특허권 등을 침해하여 국내에서 지급하는 손해배상금 등: 지급금액 × 15% ㉡ 위 ㉠ 외의 국내원천 기타소득: 지급금액 × 20%

(3) 신고기한의 연장

① 신고기한 연장 신청

각 사업연도의 소득에 대한 법인세의 과세표준을 신고하여야 할 외국법인으로서 본점 등의 결산이 확정되지 아니하거나 기타 부득이한 사유로 그 신고기한까지 신고서를 제출할 수 없는 외국법인은 해당 사업연도 종료일부터 60일 이내에 사유서를 갖추어 납세지 관할 세무서장의 승인을 받아 그 신고기한을 연장할 수 있다(법령 136 ①).

② 승인 여부 결정

납세지 관할 세무서장은 위 신고기한의 연장 신청을 받은 때에는 그 날부터 7일 이내에 그 승인여부를 결정하여야 한다(법령 136 ②).

③ 이자상당액 납부

연장승인을 받은 외국법인은 신고세액을 납부할 때 기한연장일수에 대한 이자를 가산하여 납부해야 한다.

MEMO

CHAPTER 18

합병 및 분할

1. 합병
2. 분할
3. 현물출자 시 과세이연 특례

• 최신 8개년 출제 경향 분석

01 합병
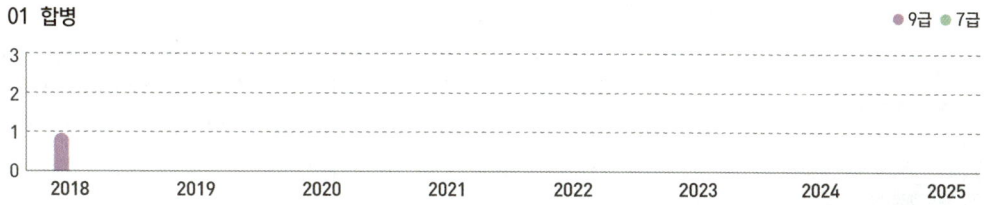

02 분할
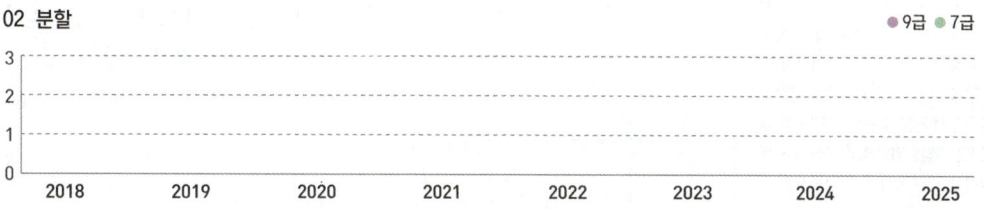

03 현물출자 시 과세이연 특례
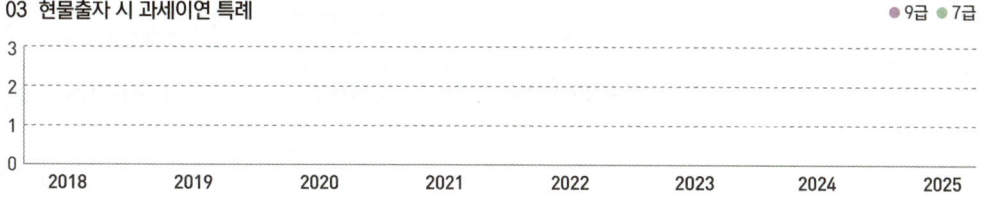

1 합병

1 합병 과세체계의 개괄 C

(1) 합병의 의의

'합병'은 두 개 이상의 회사가 「상법」의 절차에 따라 청산절차를 거치지 않고 합쳐지면서 최소한 한 개 이상 회사의 법인격을 소멸시키되, 합병 이후에 존속하는 회사 또는 합병으로 인해 신설되는 회사가 소멸하는 회사의 권리의무를 포괄적으로 승계하고 그의 사원을 수용하는 회사법상의 법률사실을 말한다(집행기준 44-0-1).

(2) 합병의 과세체계

법인 간의 합병이 이뤄지는 경우에는, '회사 자체의 매각'이 이뤄지기 때문에, 합병의 양 당사자에게 여러 과세문제가 발생한다. 하지만, 합병으로 인하여 합병 당사자의 세부담이 커지게 되면 그로 인하여 합병이 성사되지 않을 수 있다. 따라서 「법인세법」에서는 '적격' 합병 요건을 갖춘 합병의 경우에는 해당 과세를 이연시킴으로써 기업의 세부담을 완화시켜주고 있다.

2 적격합병의 요건 B

'적격합병'이란 다음 요건을 모두 갖춘 합병을 말한다(법법 44 ②, 법령 80의 2 ②~④).

구분	과세이연요건
① 사업목적성	합병등기일 현재 1년 이상 사업을 계속하던 내국법인[*1] 간의 합병일 것
② 지분의 연속성	다음의 요건을 모두 갖춘 합병일 것 ㉠ 피합병법인의 주주가 받은 합병대가[*2]의 총합계액 중 합병법인의 주식가액이 80% 이상이거나 합병법인의 모회사(합병등기일 현재 합병법인의 발행주식 총수 또는 출자총액을 소유하고 있는 내국법인)의 주식가액이 80% 이상 ㉡ 피합병법인의 주주에게 주식을 배정할 때 특정 지배주주에게 '피합병법인의 주주가 지급받은 합병교부주식가액의 총합계액 × 각 해당 주주의 피합병법인에 대한 지분비율[*3]' 이상의 주식을 각각 배정 ㉢ 피합병법인의 지배주주가 합병등기일이 속하는 사업연도의 종료일까지 그 주식을 보유[*4]
③ 사업의 계속성	합병법인이 합병등기일이 속하는 사업연도의 종료일까지 피합병법인으로부터 승계받은 사업을 계속하여 소득이 발생할 것[*5]
④ 고용의 승계 및 유지	합병등기일 1개월 전 당시 피합병법인에 종사하는 「근로기준법」에 따라 근로계약을 체결한 내국인 근로자 중 합병법인이 승계한 근로자의 비율이 80% 이상이고, 합병등기일이 속하는 사업연도의 종료일까지 그 비율을 유지

[*1] 다른 법인과 합병하는 것을 유일한 목적으로 하는 법에 정한 기업인수목적회사의 경우에는 본문의 요건을 갖춘 것으로 본다.

오쌤 Talk

합병에 대한 과세체계의 이해

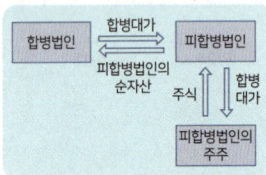

합병을 하면서 피합병법인(기업)은 피합병법인의 순자산을 넘겨주는 대신 합병대가를 수취한다. 또한 피합병법인의 주주는 피합병법인의 주식(지분)을 넘겨주는 대신 합병대가를 수취하게 된다. 이때 합병법인은 피합병법인의 순자산과 지분을 매입하는 과정에서 '합병매수차손익'이 발생한다. 거래의 상대방인 피합병법인은 피합병법인의 순자산을 매각하는 과정에서 '양도손익'이 발생하며, 피합병법인의 주주는 주식(지분)을 매각하는 과정에서 '의제배당'과 관련된 과세문제가 발생하게 된다.

📖 확인문제

01. 「법인세법」상 합병법인이 피합병법인으로부터 이월결손금을 승계 받아 공제할 수 있는 요건으로 옳지 않은 것은? 　　　　　　　　2009. 9급

① 합병법인이 피합병법인의 자산을 시가에 의하여 승계할 것
② 승계받은 피합병법인의 사업에서 소득금액이 발생할 것
③ 합병등기일 현재 1년 이상 계속하여 사업을 영위하던 내국법인간의 합병일 것
④ 피합병법인의 주주 등이 합병법인으로부터 합병대가를 받은 경우에는 그 합병대가의 총합계액 중 주식 등의 가액이 100분의 80 이상일 것

정답 ①

*² 합병대가를 계산할 때, 합병법인이 합병등기일 전 2년 이내에 취득한 피합병법인의 주식(이하 '합병포합주식')이 있는 경우에는 다음 금액을 금전으로 교부한 것으로 본다(법령 80의 2 ③).

합병법인이 피합병법인의	금전으로 교부한 것으로 보는 금액
㉠ 지배주주인 경우	합병포합주식에 대하여 교부한 합병교부주식의 가액
㉡ 지배주주가 아닌 경우	합병포합주식이 피합병법인의 발행주식총수 또는 출자총액의 20%를 초과하는 경우 그 초과하는 합병포합주식에 대하여 교부한 합병교부주식의 가액

*³ 피합병법인의 자기주식 또는 자기출자지분에 대해 합병교부주식등을 배정하지 않는 경우에는 피합병법인의 자기주식 또는 자기출자지분을 제외하고 산정한 지분비율을 말한다.ᴺᴱᵂ
*⁴ 특정지배주주가 합병으로 교부받은 전체 주식의 1/2 미만을 처분한 경우에도 보유 요건을 충족한 것으로 봄
*⁵ 승계한 자산가액의 1/2 이상을 처분하거나 사업에 사용하지 않으면 사업의 계속성 요건을 충족하지 않은 것으로 봄

3 비적격합병에 대한 과세 B

비적격합병은 위 2 의 적격합병 요건을 만족하지 못한 합병으로서, 이 경우 '**회사 자체**'의 매매 과정에서 생긴 손익에 대하여 따로 과세를 이연하는 것 없이 즉시 과세한다. 따라서 기존의 회사를 매각한 피합병법인에 대해서는 양도손익을 과세하고, 새로운 회사를 매입한 합병법인에 대해서는 합병매수차손익을 과세한다.

★(1) 피합병법인에 대한 과세문제

피합병법인이 합병으로 인하여 해산하는 경우, 피합병법인의 자산을 합병법인에 양도한 것으로 본다. 따라서 **양도손익은 피합병법인이 합병등기일이 속하는 사업연도의 소득금액을 계산할 때 익금 또는 손금에 산입한다**(법법 44 ①, 법령 80 ① (2), ②). 이때, 피합병법인의 양도손익은 다음과 같이 계산한다.

$$\text{양도손익} = \text{① 피합병법인이 합병법인으로부터 받은 양도가액} - \text{② 피합병법인의 순자산장부가액}$$

① 양도가액

양도가액은 다음과 같이 계산한다.

$$\text{양도가액} = \text{합병대가} + \text{합병법인이 대납하는 피합병법인의 법인세 등}$$

합병대가는 합병으로 인하여 교부하는 주식과 교부금(현금) 및 그 밖의 자산가액을 뜻하며, 피합병법인의 법인세는 법인세를 비롯하여 법인세에 포함되는 국세나 법인지방소득세까지 포함한다.

 오쌤 Talk

특정 지배주주

'특정 지배주주'라 함은 피합병법인의 지배주주 중 다음을 제외한 주주를 말한다.

① 친족 중 4촌인 혈족
② 합병등기일 현재 피합병법인에 대한 지분비율이 1% 미만이면서 시가로 평가한 그 지분가액이 10억원 미만인 자
③ 피합병법인인 기업인수목적회사의 지배주주 등인 자
④ 기업인수목적회사와 합병하는 피합병법인의 지배주주 등인 자

 오쌤 Talk

비적격합병과 적격합병의 과세

결과적으로 비적격합병과 적격합병의 과세에는 아무런 차이가 없다. 즉, 과세되는 금액이 과세되지 않는 것이 아니라 적격합병의 경우에는 미래 시점까지 과세를 이연시킬 수 있게 된다. 따라서 이는 금액의 차이를 야기시키는 것이 아니라 단순히 과세시점만 다른 것일 뿐이다.

오쌤 Talk

비적격합병의 계산구조

<예시>

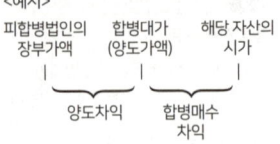

위 예시의 경우
① 피합병법인은 양도차익에 대해 과세된다.
② 합병법인은 합병매수차익에 대해 과세된다.

기출 OX

01. 합병법인이 「법인세법」에 따라 양도손익이 없는 것으로 한 합병(적격합병)이 아닌 합병으로 피합병법인의 자산을 승계한 경우에는 그 자산을 피합병법인으로부터 합병등기일 현재의 시가로 양도받은 것으로 본다. 2018. 9급
정답 O

오쌤 Talk

5년에 걸쳐 추인하도록 규정된 「법인세법」상 규정

① 한국채택국제회계기준을 적용하게 되는 법인이 후입선출법에서 다른 재고자산 평가방법으로 변경하는 경우: "다음 사업연도 개시일부터" 60개월에 걸쳐 익금산입함 Link-P.112
② 비적격합병과 비적격분할의 경우, 합병(분할)법인의 합병(분할)매수차손익의 추인

기출 OX

02. 합병법인은 피합병법인의 자산을 시가로 양도받은 것으로 보는 경우에 피합병법인에 지급한 양도가액이 피합병법인의 합병등기일 현재의 자산총액에서 부채총액을 뺀 금액보다 적은 경우에는 그 차액을 합병등기일부터 3년간 균등하게 나누어 손금에 산입한다. 2018. 9급
정답 X

② 순자산장부가액

'순자산장부가액'이란 합병등기일 현재의 자산의 장부가액 총액에서 부채의 장부가액 총액을 뺀 가액을 말한다(법법 44 ①). 이때, 피합병법인의 순자산장부가액을 계산할 때 「국세기본법」에 따라 환급되는 법인세액이 있는 경우에는 이에 상당하는 금액을 피합병법인의 합병등기일 현재의 순자산장부가액에 더한다(법령 80 ②). 별도로 환급법인세액을 가산하는 이유는 합병으로 인한 해산 직전에는 자산 장부가액에 포함되지 않았으나, 합병으로 인하여 별도의 자산이 생기기 때문에, 가산하여 순자산장부 가액을 구해야 하는 것이다. 순자산장부가액은 다음과 같이 계산한다.

> 순자산장부가액 = (자산 장부가액 - 부채 장부가액) + 환급법인세액

★★ (2) 합병법인에 대한 과세문제

① 합병매수차손익의 계산

합병법인이 합병으로 피합병법인의 자산을 승계한 경우에는 그 자산을 피합병법인으로부터 합병등기일 현재의 시가로 양도받은 것으로 본다(법법 44의 2 ①). 비적격합병의 경우, 피합병법인의 세무조정사항 및 이월결손금은 모두 합병법인에게 승계되지 않는다(법령 85 (2)). 다만, 퇴직급여충당금과 대손충당금을 합병법인이 승계한 경우에는 적격요건과 상관없이 세무조정사항을 승계한다. 합병법인은 피합병법인의 자산을 합병대가로 매수하는 것으로 보아 아래의 합병매수차손익을 계산하여 과세한다.

> 합병매수차손익 = 피합병법인 순자산 시가 - 피합병법인에게 지급한 합병대가(양도가액)

따라서 합병매수차손익이 양수가 나오는 경우에는 합병매수차익으로 보며, 합병매수차손익이 음수가 나오는 경우에는 합병매수차손으로 본다. 합병매수차손은 발생원인이 시가보다 양도가액을 더 지불하였기 때문인데, 해당 사유가 영업권으로서 타당한 사유가 있다고 인정되는 경우에만 손금으로 인정받을 수 있다.

② 합병매수차손익의 처리방법

합병매수차손익은 합병등기일이 속하는 사업연도부터 아래의 산식과 같이 합병등기일로부터 5년이 되는 날이 속하는 사업연도까지 안분하여, 합병매수차익은 익금에, 합병매수차손은 손금에 산입한다(법령 80의3 ①, ③).

$$익(손)금\ 산입액 = 합병매수차익(손) \times \frac{해당\ 사업연도의\ 월수}{60개월^*}$$

* 1개월 미만의 일수는 1개월로 하되, 합병등기일이 속한 월을 1개월로 계산한 경우 합병등기일로부터 5년이 되는 날이 속한 월은 계산에서 제외된다.

4 적격합병에 대한 과세 B

적격합병은 과세이연요건을 만족한 합병으로서, 비적격합병과 다르게 자산을 양도 또는 매입하면서 손익이 발생하더라도 해당 과세를 이연할 수 있다.

★★ (1) 피합병법인에 대한 과세문제

비적격합병과 마찬가지로 피합병법인의 양도손익을 동일하게 과세한다. 적격합병의 경우에는 과세이연을 인정하고 있기 때문에, 아래와 같이 **피합병법인의 순자산장부가액을 합병법인이 그대로 승계하는 것으로 보아 양도손익이 없는 것으로 할 수 있다**(법법 44 ③).

$$양도손익 = 피합병법인의 순자산장부가액 - 피합병법인의 순자산장부가액 = 0$$

다음의 부득이한 사유가 있는 경우 적격합병의 요건 중 사업목적성을 제외한 요건이 만족되지 않더라도 양도손익이 없는 것으로 특례를 적용할 수 있다(법법 44 ②, ③). 즉 비적격합병이라고 하더라도 다음의 사유에서는 적격합병으로 보아 양도손익이 없는 것으로 할 수 있다(법법 44 ③).

> ① 내국법인이 발행주식총수 또는 출자총액을 소유하고 있는 다른 법인을 합병하거나 그 다른 법인에 합병되는 경우
> ② 동일한 내국법인이 발행주식총수 또는 출자총액을 소유하고 있는 서로 다른 법인 간에 합병하는 경우

(2) 합병법인에 대한 과세문제

적격합병을 한 경우, 양도받은 자산 및 부채의 가액을 합병등기일 현재의 시가로 계상하되, 피합병법인의 자산을 장부가액으로 양도받은 것으로 한다(법법 44의3 ①). 이때, 시가와 장부가액의 차액은 비적격합병과 마찬가지로, 합병매수차손익으로 볼 수 있으나 적격합병인 경우 과세를 이연할 수 있기 때문에 자산조정계정으로 계상한다.

① 이월결손금과 세무조정사항의 승계

적격합병을 한 합병법인은 피합병법인의 합병등기일 현재 이월결손금과 세무조정사항을 승계하고, 합병 전에 피합병법인에 적용되는 세액공제 및 세액감면의 혜택을 받을 수 있다. 단, 이는 합병법인이 그 세액공제나 세액감면 등에 필요한 요건을 모두 갖춘 경우에만 적용된다(법법 44의 3 ②, 법령 80의 4 ②).

② 합병매수차손익의 과세이연

적격합병인 경우에는 과세이연요건을 만족하기 때문에, 아래에 해당하는 금액을 자산조정계정으로 계상하여야 한다(법령 80의 4 ①).

> 자산조정계정 = 피합병법인의 순자산 시가 - 피합병법인의 회계상 장부가액

기출 OX

03. 법인세법 요건을 모두 갖춘 합병 시 피합병법인이 합병법인으로부터 받은 양도가액을 피합병법인의 합병등기일 현재의 순자산 장부가액(자산의 장부가액 총액에서 부채의 장부가액 총액을 뺀 가액)으로 보아 피합병법인에 양도손익이 없는 것으로 할 수 있다.

2018. 9급

정답 O

 오쌤 Talk

자산조정계정을 계산할 때, 회계상 장부가액을 사용하여 계산하는 이유

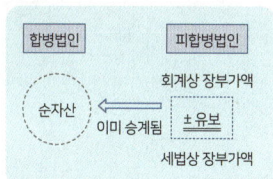

피합병법인의 회계상 장부가액을 사용하는 이유는 적격합병요건을 만족하였기 때문이다. 적격합병의 경우에는 세무조정사항을 그대로 승계한다. 따라서 회계상 장부가액을 사용하여도 그대로 세법상 장부가액이 순자산으로 넘어오게 되는 셈이다. 추후에 이연되었던 금액을 과세할 때 기존에 계상한 유보를 추인한다.

③ 자산조정계정의 세무조정

자산조정계정을 계상하면서 다음에 따라 세무조정한다(법령 80의 4 ①).

시점	구분	세무조정 내용
발생 시점	㉠ 차감자산 조정계정	순자산의 시가가 장부가액보다 큰 경우로 시가와 장부가액의 차이를 익금산입(기타)하고, 차감자산조정계정을 이용하여 손금산입(△유보)으로 과세를 이연한다.
	㉡ 가산자산 조정계정	순자산의 시가가 장부가액보다 작은 경우로 시가와 장부가액의 차이를 손금산입(기타)하고, 가산자산조정계정을 이용하여 익금산입(유보)으로 과세를 이연한다.
사후 시점	㉠ 감가상각자산에 설정된 자산조정계정	<감가상각> ⓐ 차감자산조정계정: 자산조정계정에 대한 감가상각비를 해당 자산의 감가상각비와 상계한다. 자산조정계정에 대한 감가상각비 = 감가상각비 × $\dfrac{\text{자산조정계정}}{\text{취득가액}}$ ⓑ 가산자산조정계정: 자산조정계정에 대한 감가상각비를 해당 자산의 감가상각비에 가산한다. <처분> 남은 잔액을 처분하는 사업연도에 전액 추인한다.
	㉡ 비상각자산에 설정된 자산조정계정	<처분> 남은 잔액을 처분하는 사업연도에 전액 추인한다.

(3) 과세이연의 중단

① 과세이연 중단 사유

합병등기일이 속하는 사업연도의 다음 사업연도 개시일로부터 2년(㉢의 경우는 3년) 이내에 다음의 적격요건 이탈사유가 발생한 경우, 자산조정계정의 총합계액 잔액을 익금으로 추인한다(법법 44의3 ③, 법령 80의4 ②, ③, ⑤). 다만 총합계액 잔액이 0보다 작은 경우라고 하더라도 손금으로 추인하지 않고, 없는 것으로 본다.

> ㉠ 사업의 계속성요건 이탈: 합병법인이 피합병법인으로부터 승계받은 사업을 폐지
> ㉡ 지분의 연속성요건 이탈: 피합병법인의 지배주주가 합병법인으로부터 받은 주식을 처분
> ㉢ 고용의 승계 및 유지요건 이탈: 각 사업연도 종료일 현재 합병법인에 종사하는 「근로기준법」에 따라 근로계약을 체결한 내국인 근로자 수가 합병등기일 1개월 전 당시 피합병법인과 합병법인에 각각 종사하는 전체 근로자 수의 80% 미만으로 하락하는 경우

② 과세이연 중단 효력
  ㉠ 승계한 이월결손금: 적격요건 이탈사유가 발생하기 전 피합병법인으로부터 승계한 이월결손금 중 공제한 금액이 있는 경우에는 해당 금액 또한 이탈사유가 발생한 때에 전액 익금산입한다.
  ㉡ 승계한 세액감면·세액공제: 피합병법인으로부터 승계하여 공제한 감면세액공제액을 해당 사유가 발생한 사업연도의 법인세에 더하여 납부하고, 해당 사업연도부터 감면 또는 세액공제를 적용하지 않는다.
  ㉢ 승계한 기부금한도초과액: 피합병법인으로부터 승계받은 사업에서 발생한 소득금액을 기준으로 법에 따른 기부금 각각의 손금산입한도액의 범위에서 손금에 산입한 금액을 익금산입한다.
  ㉣ 합병매수차손익: 자산조정계정을 추인한 이후에는 비적격합병으로 취급하여 합병 시 과세하지 않은 합병매수차손익을 과세하기 위하여 합병매수차손익을 계산하여 세무조정한다(법법 44의3 ④, 법령 80의4 ③).

(4) 합병으로 인한 의제배당에 대한 과세

합병 시 피합병법인의 주주는 다음의 의제배당액에 대한 법인세(개인주주는 소득세)의 납세의무를 진다(법법 16 ① (5), (6), 법령 14 ① (1)).

> **의제배당액** = ① 합병대가 - ② 구주식의 취득가액

① 합병대가

> **합병대가** = 합병교부주식가액* + 합병교부금 + 그 밖의 재산가액

* 합병교부주식가액의 평가 방법은 아래와 같다.

구분	합병교부주식가액의 평가 방법(Link - P.119)
㉠ 비적격합병	시가(불공정합병에 해당하여 특수관계인으로부터 받은 이익이 있을 경우 해당 금액을 차감한 금액)
㉡ 적격합병	ⓐ 원칙: 종전의 장부가액 ⓑ 합병대가 중 일부를 금전이나 그 밖의 재산으로 받은 경우: MIN[시가, 종전의 장부가액]

② 구주식의 취득가액

'구주식의 취득가액'이란 세법상 취득가액을 말한다.

5 합병 시 이월결손금의 공제제한 C

(1) 합병법인의 이월결손금

합병법인은 피합병법인으로부터 승계받은 사업에서 발생한 소득금액과 그 밖의 사업에 속하는 것을 구분하여 기록해야 하는데, 이를 구분경리라 한다(법법 113 ③). 합병법인의 합병등기일 현재 이월결손금 중 적격합병규정에 따라 합병법인이 승계한 결손금을 제외한 금액은 합병법인의 각 사업연도의 과세표준을 계산할 때 피합병법인으로부터 승계받은 사업에서 발생한 소득금액의 범위에서는 공제하지 않는다(법법 45 ①).

(2) 피합병법인의 이월결손금

피합병법인의 이월결손금은 합병법인에게 승계되지 않는다. 적격합병의 경우에는 이월결손금을 승계하고, 해당 결손금은 피합병법인으로부터 승계받은 사업에서 발생하는 소득금액의 범위에서 합병법인의 각 사업연도의 과세표준을 계산할 때 공제한다(법법 45 ②).

(3) 공제한도

일반 원칙과 마찬가지로 중소기업 등의 법인은 다음 구분에 따른 소득금액의 100%를 한도로, 그 외의 법인은 다음 구분에 따른 금액의 80%를 한도로 공제하는 것을 원칙으로 한다(법법 45 ⑤).

> ① 합병법인의 합병등기일 현재 결손금의 경우: 합병법인의 소득금액에서 피합병법인으로부터 승계받은 사업에서 발생한 소득금액을 차감한 금액
> ② 합병법인이 승계한 피합병법인의 결손금의 경우: 피합병법인으로부터 승계받은 사업에서 발생한 소득금액

6 적격합병 시 과세문제 정리 C

(1) 적격합병의 경우 자산의 처분손실에 대한 처리

적격합병의 당사 법인들이 합병 전에 보유하던 자산의 처분손실(합병등기일 현재 해당 자산의 시가가 장부가액보다 낮은 경우로서 그 차액을 한도로 하며, 합병등기일 이후 5년 이내에 끝나는 사업연도에 발생한 것만 해당)을 각각 합병 전 해당 법인의 사업에서 발생한 소득금액의 범위에서 해당 사업연도의 소득금액을 계산할 때 손금에 산입한다. 이 경우 손금에 산입하지 않은 처분손실은 자산 처분 시 각각 합병 전 해당 법인의 사업에서 발생한 결손금으로 본다(법법 45 ③).

(2) 합병법인의 기부금한도초과이월액의 손금산입 방법

합병법인의 합병등기일 현재 특례기부금 및 일반기부금의 기부금한도초과이월액 중 적격합병 규정에 따라 합병법인이 승계한 기부금한도초과이월액을 제외한 금액은 합병법인의 각 사업연도의 소득금액을 계산할 때 합병 전 합병법인의 사업에서 발생한 소득금액을 기준으로 기부금 각각의 손금산입한도액의 범위에서 손금에 산입한다(법법 45 ⑥).

(3) 피합병법인으로부터 승계한 기부금한도초과이월액의 손금산입 방법

피합병법인의 합병등기일 현재 기부금한도초과이월액으로서 적격합병규정에 따라 합병법인이 승계한 금액은 합병법인의 각 사업연도의 소득금액을 계산할 때 피합병법인으로부터 승계받은 사업에서 발생한 소득금액을 기준으로 기부금 각각의 손금산입한도액의 범위에서 손금에 산입한다(법법 45 ⑦).

2 분할

1 분할과세체계의 개괄 C

(1) 분할의 의의

'분할'은 회사가 회사의 재산이나 사원 등 일부를 분리하여 다른 회사에 출자하거나 새로 회사를 설립함으로써 수 개의 법인격으로 만드는 「상법」상의 절차를 말한다(집행기준 46-0-1). 회사는 분할에 의하여 1개 또는 몇 개의 회사를 설립하거나 분할합병할 수 있다.

(2) 분할의 종류

분할은 분할 또는 분할합병으로 인하여 설립되는 법인의 주식을 누가 취득하는가에 따라서 물적분할과 인적분할로 구분한다.

> ① 물적분할: 분할대가로 수령하는 분할신설법인 등의 주식을 분할법인이 전부 교부받는 형태의 분할
> ② 인적분할: 분할대가로 수령하는 분할신설법인 등의 주식을 분할법인의 주주가 교부받는 형태의 분할

2 물적분할 C

(1) 과세체계

물적분할의 실질은 기존의 분할법인이 분할신설법인에 사업부의 자산을 현물출자한 것과 같다. 따라서, 물적분할의 양 당사자는 다음과 같은 과세문제가 발생한다.

> ① 분할법인: 분할신설법인으로부터 분할대가를 수령하고 분할법인이 기존에 보유하고 있던 자산을 양도한 것과 같다. 따라서, 자산의 양도차익을 각 사업연도 소득금액에 포함하여 과세하는 것을 원칙으로 하되, 적격분할 여부에 따라 과세이연을 선택할 수 있다.
> ② 분할신설법인: 분할대가(대가로 발행한 주식의 액면가액)를 지급하고 분할법인으로부터 자산을 매입한 것과 같다. 이 때, 취득한 자산은 시가로 평가하며, 취득한 자산의 시가와 대가로 발행한 주식의 액면가액과의 차이는 주식발행초과금에 해당한다.

 오쌤 Talk

분할의 개괄

<단순분할>
```
    A 법인 … 분할법인
   ┌──┴──┐
  B 사업  C 법인
   ↓
  B 법인
  분할신설법인
```

<흡수분할합병>
```
    A 법인 … 분할법인
   ┌──┴──┐
  B 사업  C 사업
   +
  D 법인
   ↓
  D 법인
  분할합병의 상대방 법인
```

<신설분할합병>
```
    A 법인 … 분할법인
   ┌──┴──┐
  B 사업  C 사업
   +
  D 법인  … 소멸한 합병의 상
   ↓         대방법인
  E 법인
  분할신설법인
```

(2) 적격분할의 요건

분할도 합병과 마찬가지로 적격분할과 비적격분할로 나뉜다. 다음의 적격요건을 모두 만족하는 분할의 경우*1에는 합병과 마찬가지로 과세를 이연할 수 있다(법법 46 ②, 법령 82의 2).

구분	과세이연요건
① 사업 목적성	분할등기일 현재 5년 이상 사업을 계속하던 내국법인이 다음 요건을 모두 갖추어 분할할 것*2 ㉠ 분리하여 사업이 가능한 독립된 사업부문을 분할할 것 ㉡ 분할하는 사업부문의 자산 및 부채가 포괄적으로 승계될 것. 다만, 공동으로 사용하는 자산 등 대통령령으로 정하는 것은 제외한다. ㉢ 분할법인 등만의 출자에 의해 분할할 것
② 지분의 연속성	다음 요건을 모두 갖출 것 ㉠ 분할법인 등의 주주가 분할신설법인 등으로부터 받은 분할대가의 전액이 주식일 것. 다만, 분할합병의 경우에는 분할대가의 80% 이상이 분할신설법인 등의 주식이거나 분할합병의 상대방 법인의 발행주식총수(출자총액)를 소유하고 있는 내국법인의 주식일 것. ㉡ 분할법인 등의 주주에게 분할NEW 또는 분할합병으로 인하여 받은 주식을 배정할 때 특정지배주주 등에게 법령으로 정하는 금액 이상의 주식을 각각 배정할 것 ㉢ 분할법인 등의 특정지배주주가 분할등기일이 속하는 사업연도의 종료일까지 그 주식을 보유할 것*3 (특정지배주주가 합병으로 교부받은 전체 주식의 1/2 미만을 처분한 경우에도 보유요건을 충족한 것으로 봄)
③ 사업의 계속성	분할신설법인 등이 분할등기일이 속하는 사업연도의 종료일까지 분할법인 등으로부터 승계받은 사업을 계속할 것*4
④ 고용의 승계 및 유지	분할등기일 1개월 전 당시 분할하는 사업부문에 종사하는 근로자(「근로기준법」에 따라 근로계약을 체결한 내국인 근로자) 중 분할신설법인 등이 승계한 근로자의 비율이 80% 이상이고, 분할등기일이 속하는 사업연도의 종료일까지 그 비율을 유지할 것

*1 부동산임대업을 주업으로 하는 사업부문 또는 분할법인으로부터 승계한 사업용 자산가액(법령으로 정하는 사업용 자산의 가액은 제외) 중 토지 및 부동산에 관한 권리가 100분의 80 이상인 사업부문을 분할하는 경우에는 적격분할로 보지 아니함
*2 분할합병의 경우에는 소멸한 분할합병의 상대방 법인 및 분할합병의 상대방 법인이 분할등기일 현재 1년 이상 사업을 계속하는 내국법인일 것
*3 특정지배주주가 합병으로 교부받은 전체 주식의 1/2 미만을 처분한 경우에도 보유요건을 충족한 것으로 봄
*4 승계한 자산가액의 1/2 이상을 처분하거나 사업에 사용하지 않으면 사업의 계속성 요건을 충족하지 않은 것으로 봄

오쌤 Talk

물적분할 시의 과세체계

㈜한국 A사업부를 ㈜A로 분할하면서 ㈜A로부터 ㈜한국은 ₩200에 해당하는 주식을 수령하였다. 한편, ㈜A로 물적분할된 순자산의 시가는 ₩250이라고 가정한다. 이 때 순자산의 장부가액이 ₩180인 경우, 비적격물적분할과 적격물적분할 시의 세법상 ㈜한국이 압축기장충당금을 설정하는 경우 회계처리는 다음과 같다.

<경우 1>
비적격물적분할 시 ㈜한국의 회계처리
(차) 주식 250　(대) 순자산 장부가액 180
　　　　　　　　　처분이익 70

<경우 2>
적격물적분할 시 ㈜한국이 압축기장충당금을 설정하는 경우 회계처리
(차) 주식 250　(대) 순자산 장부가액 180
　　　　　　　　　압축기장충당금 70

(3) 비적격분할에 대한 과세

비적격분할의 경우 과세의 이연 없는 현물출자와 그 성격이 유사하므로 다음과 같이 세무처리한다.

구분	내용
① 분할법인	자산의 양도차익에 대해 과세하되, 분할대가로 취득한 주식은 물적분할한 순자산의 시가로 평가하는 것을 원칙으로 함
② 분할신설법인	분할로 취득한 자산은 취득 당시 시가로 평가한다. 현물출자와 유사하기 때문에 취득한 자산의 시가와 분할대가로 지급한 주식의 액면가액 간의 차이는 주식발행초과금으로 보므로 분할매수차손익은 없음
③ 분할법인의 주주	주주가 분할대가를 받는 것이 아니므로 의제배당액이 발생하지 않음

(4) 적격분할에 대한 과세

구분	내용

① 분할법인	㉠ 분할하는 사업연도: 분할대가로 취득한 주식을 물적분할한 순자산의 시가로 평가하여 양도차익을 계산하여 과세하거나 양도차익에 대한 과세를 이연하기 위하여 압축기장충당금 등을 설정하여 손금에 산입할 수 있음
	㉡ 주식 또는 자산을 처분하는 사업연도: 압축기장충당금을 설정하여 분할 사업연도에 과세를 이연한 이후, 주식과 자산을 처분할 경우 설정된 압축기장충당금 등에 해당 자산의 처분비율을 곱한 금액만큼을 익금에 산입
	㉢ 과세이연 중단하는 사업연도: 분할등기일이 속하는 사업연도의 다음 사업연도 개시일로부터 2년 이내(ⓒ의 경우 3년 이내) 다음 중 하나의 사유가 발생하는 경우, 손금산입된 압축기장충당금 잔액을 익금에 산입
	  ⓐ 분할신설법인이 분할법인으로부터 승계받은 사업을 폐지하는 경우
	  ⓑ 분할법인이 분할신설법인의 발행주식총수 또는 출자총액의 50% 미만으로 주식 등을 보유하게 되는 경우
	  ⓒ 각 사업연도 종료일 현재 분할신설법인에 종사하는 「근로기준법」에 따라 근로계약을 체결한 내국인 근로자 수가 분할등기일 1개월 전 당시 분할하는 사업부문에 종사하는 근로자 수의 80% 미만으로 하락하는 경우

② 분할신설법인	비적격분할과 마찬가지로 분할로 취득한 자산은 취득 당시 시가로 평가

오쌤 Talk
인적분할에 대한 과세체계의 이해

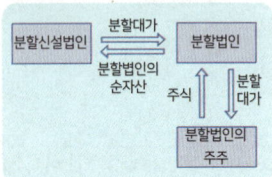

인적분할은 합병에 대한 과세체계와 정확하게 동일하기 때문에, 분할당사법인에 대한 과세 또한 유사한 구조에 놓인다. 따라서 비적격인적분할은 비적격합병과 과세체계가 유사하고, 적격인적분할은 적격합병과 과세체계가 유사하다. 다만 차이점은 합병과 분할에 있어서 적격성요건(과세이연요건)이 다르기 때문에 해당 내용에 유의하도록 한다.

3 인적분할 C

(1) 과세체계

인적분할의 실질은 분할신설법인이 분할하는 사업부의 자산 및 부채를 인수하는 대가로 분할법인의 주주에게 주식 등을 지급하는 것이다. 분할법인에게는 다음의 과세문제가 발생하는데, 이는 합병의 구조와 거의 유사하다.

> ① 분할법인: 분할신설법인으로부터 대가를 수령하면서 보유하고 있던 사업부의 자산을 매각하는 과정에서 양도손익이 발생한다. 따라서 분할법인에 대해서는 양도손익을 과세한다.
> ② 분할신설법인: 분할법인에게 사업부의 자산을 매입하는 조건으로 분할대가를 지급하는 과정에서 분할매수차손익이 발생한다. 따라서 분할신설법인에 대해서는 분할매수차손익을 과세한다.
> ③ 분할법인의 주주: 분할법인을 통해 분할대가를 수령하면서 주식을 매각하는 과정에서 의제배당과 관련된 과세문제가 발생한다.

(2) 비적격분할에 대한 과세

인적분할 중 비적격분할은 비적격합병과 처리방식이 유사한데, 이는 다음과 같다.

① 분할법인 등에 대한 과세

분할법인이 존속하는 경우(존속분할)에는 다음과 같이 양도손익을 계산한다.

> **양도손익** = 분할신설법인 등으로부터 받은 양도가액 - 분할사업부분의 순장부가액

② 분할신설법인 등에 대한 과세

다음과 같이 분할매수차손익을 계산하여 과세하며, 합병매수차손익과 마찬가지로 분할등기일이 속하는 사업연도부터 분할등기일로부터 5년이 되는 날이 속하는 사업연도까지 분할매수차손익을 익금 또는 손금에 산입한다.

> **분할매수차손익** = 순자산시가 - 분할법인에 지급한 분할대가

(3) 적격분할에 대한 과세

적격분할은 적격합병과 유사하게 과세를 이연할 수 있다. 이를 정리하면 다음과 같다(법법 46 ②, 법령 82의2 ①, 법법 46의5 ①).

① 분할법인

다음과 같이 양도손익을 계산하여 과세한다.

> ㉠ 원칙: (양도가액 - 순자산 장부가액)으로 양도차익을 계산하여 과세
> ㉡ 특례: 분할법인이 분할신설법인으로부터 받은 양도가액을 분할법인의 순자산 장부가액으로 보아 양도손익이 없는 것으로 할 수 있다.

② 분할신설법인

분할법인의 자산을 분할신설법인은 장부가액으로 양도받은 것으로 본다. 이때, 장부가액과 시가와의 차액을 자산조정계정을 사용하여 과세를 이연시킬 수 있고, 이에 대한 사후관리 또한 적격합병의 규정을 그대로 준용한다. 이월결손금 승계규정도 준용하되, 분할 후 분할법인이 존속하는 경우 분할법인의 결손금은 승계하지 않는다.

(4) 분할로 인한 의제배당에 대한 과세

합병으로 인한 의제배당에 대한 과세와 마찬가지로 다음과 같이 해당 규정을 준용한다.

의제배당액 = ① 분할대가 - ② 구주식의 취득가액

① 분할대가

분할대가 = 분할교부주식가액 + 분할교부금 + 그 밖의 재산가액

구분	분할교부주식가액의 평가방법
㉠ 비적격분할	시가
㉡ 적격분할	ⓐ 원칙: 종전의 장부가액 ⓑ 분할대가 중 일부를 금전이나 그 밖의 재산으로 받은 경우: MIN[시가, 종전의 장부가액]

② 구주식의 취득가액

'구주식의 취득가액'이란 세법상 취득가액을 의미한다.

(5) 이월결손금의 공제제한

분할합병의 상대방법인의 분할등기일 현재 이월결손금 중 적격분할 규정에 따라 분할신설법인 등이 승계한 결손금을 제외한 금액은 분할합병의 상대방법인의 각 사업연도의 과세표준을 계산할 때 '분할법인으로부터 승계받은 사업에서 발생한 소득금액'의 범위에서는 공제하지 않는다(법법 46의4 ①).

(6) 분할법인 등의 이월결손금

분할법인 등의 이월결손금은 원칙적으로 분할신설법인 등에 승계되지 않는다. 다만, 적격분할로 자산을 장부가액으로 승계하는 경우에는 분할법인 등의 이월결손금을 승계하되, 해당 결손금은 분할법인 등으로부터 승계받은 사업에서 발생한 소득금액의 범위에서 분할신설법인 등의 각 사업연도의 과세표준을 계산할 때 공제한다(법법 46의 4 ②).

(7) 공제한도

분할합병의 상대방법인의 분할등기일 현재 결손금과 분할신설법인 등이 승계한 분할법인 등의 결손금에 대한 공제는 다음의 구분에 따른 소득금액의 80%(중소기업 등은 100%)를 한도로 한다(법법 46의4 ⑤).

> ① 분할합병의 상대방법인의 분할등기일 현재 결손금의 경우: 분할합병의 상대방법인의 소득금액에서 분할법인으로부터 승계받은 사업에서 발생한 소득금액을 차감한 금액
> ② 분할신설법인 등이 승계한 분할법인 등의 결손금의 경우: 분할법인 등으로부터 승계받은 사업에서 발생한 소득금액

(8) 적격분할합병의 경우 자산의 처분손실에 대한 처리

적격분할의 당사 법인들이 분할합병 전에 보유하던 자산의 처분손실(분할등기일 현재 해당 자산의 시가가 장부가액보다 낮은 경우로서 그 차액을 한도로 하며, 분할등기일 이후 5년 이내에 끝나는 사업연도에 발생한 것에 한함)을 각각 분할합병 전 해당 법인의 사업에서 발생한 소득금액의 범위에서 해당 사업연도의 소득금액을 계산할 때 손금에 산입한다. 이 경우 손금에 산입하지 않은 처분손실은 자산 처분 시 각각 분할합병 전 해당 법인의 사업에서 발생한 결손금으로 본다(법법 46의 4 ③).

(9) 분할합병의 상대방법인의 기부금한도초과이월액의 손금산입 방법

분할합병의 상대방법인의 분할등기일 현재 특례기부금 및 일반기부금 한도초과이월액 중 적격분할 규정에 따라 분할신설법인 등이 승계한 기부금한도초과이월액을 제외한 금액은 분할신설법인 등의 각 사업연도의 소득금액을 계산할 때 분할합병 전 분할합병의 상대방법인의 사업에서 발생한 소득금액을 기준으로 기부금 각각의 손금산입한도액의 범위에서 손금에 산입한다(법법46의4 ⑥).

(10) 분할법인으로부터 승계한 기부금한도초과이월액의 손금산입방법

분할법인 등의 분할등기일 현재 기부금한도초과이월액으로서 적격분할 규정에 따라 분할신설법인 등이 승계한 금액은 분할신설법인 등의 각 사업연도의 소득금액을 계산할 때 분할법인 등으로부터 승계받은 사업에서 발생한 소득금액을 기준으로 기부금 각각의 손금산입한도액의 범위에서 손금에 산입한다(법법46의4 ⑦).

③ 현물출자 시 과세이연 특례

1 적격현물출자의 요건 C

법인이 다른 법인에게 현물을 출자하고 주식을 수령하는 경우 발생하는 양도차익에 대해 법인세를 과세하되, 적격현물출자의 요건을 만족하는 경우 주식을 처분하는 시점까지 양도차익에 대한 과세를 이연한다. 이때, 부득이한 사유가 있는 경우에는 지분의 연속성 요건 또는 사업의 계속성 요건을 만족하지 못하더라도 과세이연이 가능하다(법법 47의 2 ①).

구분	과세이연요건 (적격현물출자의 요건)
① 사업목적성	출자법인이 현물출자일 현재 5년 이상 사업을 계속한 법인일 것
② 지분의 연속성	출자법인이 현물출자일 다음 날 현재 피출자법인의 발행주식총수 또는 출자총액의 80% 이상의 주식 등을 보유하고, 현물출자일이 속하는 사업연도의 종료일까지 그 주식을 보유할 것(보유요건 충족여부 판정 시 1/2 미만을 처분한 경우에도 보유요건을 충족한 것으로 봄)
③ 사업의 계속성	피출자법인이 그 현물출자일이 속하는 사업연도의 종료일까지 출자법인이 현물출자한 자산으로 영위하던 사업을 계속할 것
④ 출자 독립성	다른 내국인 또는 외국인과 공동으로 출자하는 경우 공동으로 출자한 자가 출자법인의 특수관계인이 아닐 것

2 적격현물출자 시 각 당사자의 세무처리방법 C

구분	내용
① 출자법인	㉠ 현물출자하는 사업연도: 현물출자로 인하여 발생한 자산의 양도차익에 대해 과세하거나 압축기장충당금 등을 설정하여 손금에 산입함으로써 과세를 이연할 수 있음 ㉡ 주식 또는 자산을 처분하는 사업연도: 압축기장충당금을 설정하여 분할 사업연도에 과세를 이연한 이후, 주식과 자산을 처분할 경우 설정된 압축기장충당금 등에 해당 자산의 처분비율을 곱한 금액만큼을 익금에 산입 ㉢ 과세이연 중단하는 사업연도: 분할등기일이 속하는 사업연도의 다음 사업연도 개시일부터 2년 이내 다음 중 하나의 사유가 발생하는 경우, 손금산입된 압축기장충당금 잔액을 익금에 산입 　ⓐ 피출자법인이 출자법인이 현물출자한 자산으로 영위한 사업을 폐지하는 경우 　ⓑ 출자법인이 피출자법인의 발행주식총수 또는 출자총액의 50% 미만으로 주식을 보유하게 된 경우
② 피출자법인	현물출자로 취득한 자산은 취득 당시 시가로 평가

CHAPTER 19

연결납세제도

1. 연결납세제도 개괄
2. 연결납세방식의 적용과 변경
3. 연결소득금액의 계산
4. 연결과세표준의 계산
5. 연결산출세액의 계산
6. 신고 및 납부

최신 8개년 출제 경향 분석

01 연결납세제도 개괄 ●9급 ●7급

02 연결납세방식의 적용과 변경 ●9급 ●7급

03 연결소득금액의 계산 ●9급 ●7급

04 연결과세표준의 계산 ●9급 ●7급

05 연결산출세액의 계산 ●9급 ●7급

06 신고 및 납부 ●9급 ●7급

1 연결납세제도 개괄

1 연결납세제도의 의의 C

모회사(지배회사)와 자회사(종속회사)가 법적으로 독립적이나, 경제적으로 결합되어 있는 경우에 법적 실질에 따르는 것이 아니라 경제적 실질에 따라 두 회사를 하나의 과세 단위로 보아 소득을 통산하여 법인세를 과세하는 제도를 연결납세제도라고 한다.

2 관련 용어의 정의 B

연결납세제도와 관련된 용어의 정의는 다음과 같다(법법 2 (6) ~ (11), 76의8 ⑤).

구분	정의
① 연결납세방식	둘 이상의 내국법인을 하나의 과세표준과 세액을 계산하는 단위로 하여 법인세를 신고·납부하는 방식을 말한다.
② 연결법인	연결납세방식을 적용하는 내국법인을 말한다.
③ 연결집단	연결법인 전체를 말한다.
④ 연결지배	내국법인이 다른 내국법인의 발행주식총수 또는 출자총액의 100분의 90 이상을 보유하고 있는 경우를 말하며, 그 보유비율은 다음과 같이 계산한다. ⊙ 의결권 없는 주식 또는 출자지분을 포함할 것 ⓒ 「상법」또는 「자본시장과 금융투자업에 관한 법률」에 따라 보유하는 자기주식은 제외할 것 ⓒ 「근로복지기본법」에 따른 우리사주조합을 통하여 근로자가 취득한 주식, 우리사주조합이 보유한 주식, 주식매수선택권의 행사에 따라 발행되거나 양도된 주식(주식매수선택권을 행사한 자가 제3자에게 양도한 주식을 포함)으로서 발행주식총수의 100분의 5 이내의 주식은 해당 법인이 보유한 것으로 볼 것 ⓔ 다른 내국법인을 통하여 또 다른 내국법인의 주식 또는 출자지분을 간접적으로 보유하는 경우 법령으로 정하는 바에 따라 합산할 것
⑤ 연결모법인	연결집단 중 다른 연결법인을 연결지배하는 연결법인을 말한다.
⑥ 연결자법인	연결모법인의 연결지배를 받는 연결법인을 말한다.
⑦ 연결사업연도	연결집단의 소득을 계산하는 1회계기간을 말한다.

오쌤 Talk

개별납세제도와 연결납세제도의 비교

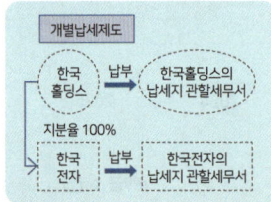

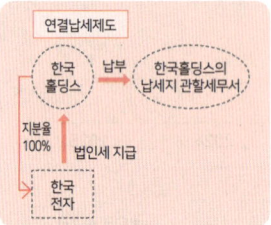

개별납세제도는 각 법인을 관할하는 세무서에 개별적으로 납부하지만, 연결납부제도를 적용할 경우 자법인(종속법인)은 모법인(지배법인)에 법인세를 지급하고 모법인이 법인세를 취합하여 모법인 납세지 관할 세무서에 납부

기출 OX

01. 연결납세방식이란 둘 이상의 내·외국법인을 하나의 과세표준과 세액을 계산하는 단위로 하여 법인세를 신고·납부하는 방식을 말한다. 2010. 7급
정답 X

02. 연결모법인이란 연결집단 중 다른 연결법인을 연결지배하는 연결법인을 말한다. 2010. 7급 수정
정답 O

03. 연결지배란 내국법인이 다른 내국법인의 발행주식총수 또는 출자총액의 100분의 90 이상을 보유하고 있는 경우를 말한다. 2015. 7급 수정
정답 O

2 연결납세방식의 적용과 변경

1 연결납세방식의 적용 B

★★(1) 적용대상

① 적용대상 및 적용 절차

다른 내국법인을 연결지배하는 내국법인(연결가능 모법인)과 그 다른 내국법인(연결가능자법인)은 각각 과세표준과 세액을 따로 계산하여 별개로 납세의무를 지는 개별납세제도를 적용하는 것이 원칙이지만, 연결가능 모법인의 납세지 관할 지방국세청장의 승인을 받은 경우 연결납세방식을 적용할 수 있다. 이때, 연결가능 자법인이 둘 이상일 때에는 해당 법인 모두가 연결납세방식을 적용하여야 한다(법법 76의 8 ①).

② 적용대상 배제

다음 중 어느 하나에 해당하는 법인은 연결납세방식을 적용받을 수 없다.

연결가능 모법인이 될 수 없는 법인	연결가능 자법인이 될 수 없는 법인
㉠ 해산으로 청산 중인 법인 ㉡ 소득공제를 적용받을 수 있는 유동화전문회사 등과 프로젝트금융투자회사의 명목회사 ㉢ 동업기업과세특례를 적용하는 동업기업 ㉣ 해운기업에 대한 법인세 과세표준계산특례를 적용하는 법인 ㉤ 비영리내국법인 ㉥ 다른 내국법인(비영리내국법인은 제외)으로부터 연결지배를 받는 법인	㉠ 해산으로 청산 중인 법인 ㉡ 소득공제를 적용받을 수 있는 유동화전문회사 등과 프로젝트금융투자회사의 명목회사 ㉢ 동업기업과세특례를 적용하는 동업기업 ㉣ 해운기업에 대한 법인세 과세표준계산특례를 적용하는 법인

(2) 사업연도

① 원칙

연결납세방식을 적용받는 각 연결법인의 사업연도는 연결사업연도와 일치하여야 한다. 이 경우 연결사업연도의 기간은 1년을 초과하지 못하며, 연결사업연도의 변경에 관하여는 일반적인 내국법인의 사업연도 변경규정을 준용한다(법법 76의 8 ②).

② 예외

본래의 사업연도가 법령 등에 규정되어 연결사업연도와 일치시킬 수 없는 연결가능 자법인으로서 다음 요건을 모두 갖춘 내국법인인 경우 연결사업연도를 해당 내국법인의 사업연도로 보아 연결납세방식을 적용할 수 있다(법법 76의8 ③, 법령 120의12 ③).

㉠ 사업연도가 법령 등에 규정되어 있어 임의로 변경하는 것이 불가능할 것
㉡ 법령 등에 따라 연결사업연도말에 분기별 또는 반기별 재무제표를 작성하여 「주식회사 등의 외부감사에 관한 법률」에 따른 감사인의 감사의견을 받을 것

> **기출 OX**
>
> 04. 내국법인이 다른 내국법인의 발행주식총수의 50%를 보유한 경우에는 연결납세방식을 적용할 수 있다. 2011. 9급
> 정답 X
>
> 05. 내국법인과 연결가능 자법인에 연결납세방식을 적용하는 경우 연결가능 자법인이 2 이상인 때에는 해당 법인 모두에 연결납세방식을 적용하여야 하는 것은 아니다. 2009. 9급 수정
> 정답 X

> **기출 OX**
>
> 06. 다른 내국법인을 연결지배하는 내국법인이 비영리내국법인인 경우에도 연결납세제도가 적용된다. 2015. 7급 수정
> 정답 X

오쌤 Talk
내국법인의 사업연도 변경
일반적인 내국법인의 사업연도 변경 규정은 P.21의 내용을 참고하도록 하자.

> **기출 OX**
>
> 07. 연결법인의 납세지는 본래의 납세지에 불구하고 연결모법인의 납세지로 한다. 2011. 9급
>
> 정답 O

★★ (3) 납세지
연결법인의 납세지는 연결모법인의 납세지로 한다(법법 76의8 ④).

(4) 신청 및 승인
① 원칙

연결납세방식을 적용받으려는 내국법인과 해당 내국법인의 연결가능 자법인(연결대상법인)은 최초의 연결사업연도 개시일부터 10일 이내에 연결납세방식 적용 신청서를 해당 내국법인의 납세지 관할 세무서장을 경유하여 관할 지방국세청장에게 제출하여야 한다(법령 120의13 ①). 연결납세방식 적용 신청서를 제출하는 연결대상법인 등은 연결사업연도를 함께 신고하여야 한다. 이 경우 연결사업연도와 사업연도가 다른 연결대상법인 등은 사업연도의 변경을 신고한 것으로 본다(법령 120의13 ②).

② 승인

연결납세방식의 적용 신청을 받은 관할 지방국세청장은 최초의 연결사업연도 개시일부터 2개월이 되는 날까지 승인 여부를 서면으로 통지하여야 하며, 그 날까지 통지하지 아니한 경우에는 승인한 것으로 본다(법령 120의 13 ③).

2 연결납세방식의 취소 C

(1) 승인취소사유
연결모법인의 납세지 관할 지방국세청장은 다음의 사유 중 어느 하나에 해당하는 경우에는 연결납세방식의 적용 승인을 취소할 수 있다(법법 76의 9 ①).

> ① 연결법인의 사업연도가 연결사업연도와 일치하지 않는 경우
> ② 연결모법인이 연결지배하지 아니하는 내국법인에 대하여 연결납세방식을 적용하는 경우
> ③ 연결모법인의 연결가능 자법인에 대하여 연결납세방식을 적용하지 아니하는 경우
> ④ 추계조사결정사유로 장부나 그 밖의 증명서류에 의하여 연결법인의 소득금액을 계산할 수 없는 경우
> ⑤ 연결법인에 수시부과사유가 있는 경우
> ⑥ 연결모법인이 다른 내국법인(비영리내국법인 제외)의 연결지배를 받는 경우

(2) 승인취소 시의 처리방법
① 결손금

각 연결사업연도의 개시일 전 15년 이내에 개시한 연결사업연도의 결손금 중 각 연결법인에 귀속하는 금액으로서 각 연결사업연도의 과세표준을 계산할 때 공제되지 아니한 금액은 해당 연결법인의 결손금으로 본다(법법 76의9 ④, 법령 120의14 ②).

② 중간예납세액

연결중간예납세액 중 연결법인별 중간예납세액은 연결법인의 해당 사업연도 중간예납세액으로 본다(법법 76의9 ⑤).

(3) 승인취소 시의 세무조정

연결납세방식을 적용받은 각 연결법인은 연결납세방식을 적용받은 연결사업연도와 그 다음 연결사업연도의 개시일부터 4년 이내에 끝나는 연결사업연도 중에 연결납세방식의 적용 승인이 취소된 경우 다음의 구분에 따라 소득금액이나 결손금을 연결납세방식의 적용 승인이 취소된 사업연도의 익금 또는 손금에 각각 산입해야 한다. 단, 법에서 정하는 부득이한 사유가 있는 경우 그러하지 않는다(법법 76의9 ②).

① 연결사업연도 동안 다른 연결법인의 결손금과 합한 해당 법인의 소득금액
: 익금에 산입
② 연결사업연도 동안 다른 연결법인의 소득금액과 합한 해당 법인의 결손금
: 손금에 산입

(4) 연결납세방식 재적용 제한

승인이 취소된 연결법인은 취소된 날이 속하는 사업연도와 그 다음 사업연도의 개시일부터 4년 이내에 끝나는 사업연도까지는 연결납세방식의 적용 당시와 동일한 법인을 연결모법인으로 하여 연결납세방식을 적용받을 수 없다(법법 76의9 ③).

(5) 승인취소 시의 사업연도

승인이 취소된 경우 취소된 날이 속하는 연결사업연도의 개시일로부터 그 연결사업연도의 종료일까지의 기간과 취소된 날이 속하는 연결사업연도의 종료일의 다음 날부터 본래 사업연도 개시일 전날까지의 기간을 각각 1사업연도로 본다(법법 76의9 ⑥).

3 연결납세방식의 포기 B

★★ (1) 포기절차

연결납세방식의 적용을 포기하려는 연결법인은 연결납세방식을 적용하지 않으려는 사업연도 개시일 전 3개월이 되는 날까지 연결모법인의 납세지 관할 지방국세청장에게 신고하여야 한다. 단, 연결납세방식을 최초로 적용받은 연결사업연도와 그 다음 연결사업연도의 개시일부터 4년 이내에 끝나는 연결사업연도까지는 연결납세방식의 적용을 포기할 수 없다(법법 76의10 ①).

(2) 준용 규정

연결납세방식의 적용을 포기하는 경우, 연결납세방식의 적용 승인이 취소된 경우의 결손금 규정 및 연결납세방식 재적용 제한 규정을 준용한다(법법 76의10 ②). 또한 포기하는 경우에는 연결모법인의 납세지 관할 지방국세청장에게 신고한 날이 속하는 연결사업연도의 종료일 다음 날부터 본래 사업연도 개시일 전날까지의 기간을 1사업연도로 본다(법법 76의10 ③).

기출 OX

08. 연결법인은 연결납세방식의 적용을 포기할 수 있지만, 연결납세방식을 최초로 적용받은 연결사업연도와 그 다음 연결사업연도의 개시일부터 4년 이내에 끝나는 연결사업연도까지는 연결납세방식의 적용을 포기할 수 없다.
2015. 7급
정답 O

09. 연결법인이 원하는 경우에는 언제든지 연결납세방식의 적용을 포기할 수 있다.
2011. 9급
정답 X

4 연결자법인의 추가 C

(1) 연결자법인의 추가
연결모법인이 새로 다른 내국법인을 연결지배하게 된 경우에는 연결지배가 성립하는 날이 속하는 연결사업연도의 다음 연결사업연도부터 해당 내국법인은 연결납세방식을 적용하여야 하며, 설립등기일부터 연결모법인이 연결지배하는 내국법인은 설립등기일이 속하는 사업연도부터 연결납세방식을 적용하여야 한다(법법 76의11 ①, ②).

(2) 변경신고 절차
연결자법인이 변경된 경우에는 변경일 이후 중간예납기간 종료일과 사업연도 종료일 중 먼저 도래한 날부터 1개월 이내에 납세지 관할 지방국세청장에게 신고하여야 한다(법법 76의11 ③).

5 연결자법인의 배제 B

★★ (1) 연결자법인의 배제
연결모법인의 연결지배를 받지 아니하게 되거나 해산한 연결자법인은 해당 사유가 발생한 날이 속하는 연결사업연도의 개시일부터 연결납세방식을 적용하지 않는다. 다만, **연결자법인이 다른 연결법인에 흡수합병되어 해산하는 경우에는 해산등기일이 속하는 연결사업연도에 연결납세방식을 적용할 수 있다**(법법 76의12 ①).

(2) 변경신고
연결자법인의 배제사유가 발생하여 연결자법인이 변경된 경우 그 변경사유가 발생한 날부터 1개월 이내에 연결법인 변경신고서를 납세지 관할세무서장을 경유하여 관할 지방국세청장에게 제출하여야 한다(법법 76의12 ④, 법령 120의16 ①).

(3) 준용 규정
연결자법인이 배제되어 연결납세방식을 적용하지 않는 경우의 연결납세제도의 재적용의 제한, 결손금, 중간예납세액 및 사업연도는 2 (2), (4), (5) 규정을 준용한다(법법 76의12 ③).

(4) 연결자법인 배제 시의 세무조정
연결납세방식을 적용받은 연결사업연도와 그 다음 연결사업연도의 개시일부터 4년 이내에 끝나는 연결사업연도 중에 연결납세방식을 적용하지 않는 경우 다음의 구분에 따라 소득금액 또는 결손금을 해당 사유가 발생한 날이 속하는 사업연도의 익금 또는 손금에 각각 산입해야 한다. 단, 연결자법인이 파산함에 따라 해산하는 경우 등 부득이한 사유가 있는 경우에는 산입하지 않는다(법법 76의12 ②).

> ① 연결사업연도 동안 다른 연결법인의 결손금과 합한 연결배제법인의 소득금액
>   : 연결배제법인의 익금에 산입
> ② 연결사업연도 동안 다른 연결법인의 소득금액과 합한 연결배제법인의 결손금
>   : 연결배제법인의 손금에 산입
> ③ 연결사업연도 동안 연결배제법인의 결손금과 합한 해당 법인의 소득금액
>   : 해당 법인의 익금에 산입
> ④ 연결사업연도 동안 연결배제법인의 소득금액과 합한 해당 법인의 결손금
>   : 해당 법인의 손금에 산입

기출 OX

10. 연결자법인이 다른 연결법인에 흡수합병되어 해산하는 경우에는 해산등기일이 속하는 연결사업연도에 연결납세방식을 적용할 수 없다. 2015. 7급

정답 X

③ 연결소득금액의 계산

1 계산순서 C

각 연결사업연도의 소득은 각 연결법인별로 다음의 순서에 따라 계산한 소득 또는 결손금을 합한 금액으로 한다(법법 76의14 ①).

① 연결법인별 각 사업연도 소득의 계산
② 연결조정항목의 제거
③ 연결법인 간 거래손익의 조정
④ 연결조정항목의 배분

2 연결법인별 각 사업연도 소득금액의 계산 C

개별납세방식에 따라 각 연결법인의 각 사업연도의 소득 또는 결손금을 계산한다.

3 연결조정항목의 제거 C

연결납세방식은 여러 연결법인을 하나의 법인으로 보고 세무조정하는 방식이므로 각 연결법인별로 행한 다음의 연결조정항목을 제거한다(법법 76의14 ① (2)).

연결조정항목	제거
① 각 연결법인의 수입배당금 익금불산입액	익금산입 (기타)
② 각 연결법인이 지급한 기업업무추진비 손금불산입액	손금산입 (기타)
③ 각 연결법인이 지출한 기부금 손금불산입액	손금산입 (기타)

4 연결법인 간 거래손익의 조정 C

연결납세방식은 여러 연결법인들을 하나의 법인으로 보므로 연결법인 사이에 이루어진 거래로 인한 손익을 제거해야 한다. 「법인세법」에서는 다음의 연결법인 간 거래손익만 조정하도록 하고 있다(법법 76의 14 ① (3)).

연결법인 간 거래손익	세무조정
① 다른 연결법인으로부터 받은 수입배당금	익금불산입(기타)
② 다른 연결법인에게 지급한 기업업무추진비	손금불산입(기타)
③ 다른 연결법인에 대한 채권에 대하여 설정한 대손충당금	손금불산입(기타)
④ 양도손익이연자산*을 다른 연결법인에게 양도함에 따라 발생하는 소득과 손실	소득: 익금불산입 (△유보) 손실: 손금불산입 (유보)

* 여기서, '양도손익이연자산'이란 연결법인 간에 유형자산, 무형자산, 채권 등 법에 규정된 자산을 양도한 거래가 있는 경우 해당 자산을 의미하며 해당 양도에 따라 발생한 손익은 내부거래 손익이므로 양도법인은 양도한 사업연도에 손금불산입(유보) 또는 익금불산입(△유보)으로 세무조정하고, 그 후 양수법인이 해당 자산을 양도(다른 연결법인에 양도하는 경우는 제외)하거나 감가상각하는 시점에 양도법인이 익금산입(유보) 또는 손금산입(△유보)으로 추인하여야 한다.

5 연결조정항목의 배분 [C]

연결집단을 하나의 내국법인으로 보아 법에 정한 산식을 통해 조정된 익금불산입액과 조정된 손금불산입액을 각 연결법인의 출자비율(또는 지출비율)대로 안분하여 연결법인으로 배분한다(법령 120의9 ①). 단, 각 연결법인의 지출 중 적격증빙 등의 미비로 손금불산입된 금액 또는 기부금 중 비지정기부금으로 손금불산입된 금액이 있다면 동 금액은 안분하지 않고 해당 연결법인에만 배분한다.

④ 연결과세표준의 계산

1 과세구조 [C]

```
        연  결  소  득  금  액
 ( - )   이  월  결  손  금
 ( - )   각 연결법인의 비과세소득의 합계액
 ( - )   각 연결법인의 소득공제액의 합계액
        연  결  과  세  표  준
```

2 이월결손금 [C]

(1) 이월공제

'이월결손금'은 각 연결사업연도의 개시일 전 15년 이내에 개시한 연결사업연도의 결손금(연결법인의 연결납세방식의 적용 전에 발생한 결손금을 포함)으로서 그 후의 각 연결사업연도(사업연도를 포함)의 과세표준을 계산할 때 공제되지 아니한 금액이다. 이러한 이월결손금은 연결과세표준을 계산할 때 먼저 발생한 사업연도의 결손금부터 공제한다.

(2) 이월결손금 공제한도

이월결손금은 일반 법인과 마찬가지로 일반적인 연결법인은 연결소득 개별귀속액의 80%를, 중소기업 등에 해당하는 연결법인은 100%를 한도로 공제할 수 있다(법법 76의13 ①, 법령 120의17).

3 결손금 [C]

(1) 연결사업연도의 결손금

'연결사업연도의 결손금'이란 다음의 금액으로 신고하거나 결정·경정되거나, 「국세기본법」에 따라 수정신고한 과세표준에 포함된 결손금을 말한다(법법 76의13 ②).

① 각 연결사업연도의 소득이 0보다 적은 경우 해당 금액
② 해당 연결사업연도의 소득금액을 계산할 때 손금에 산입하지 아니하는 처분손실

(2) 결손금의 공제한도

결손금을 공제하는 경우에 다음의 금액을 한도로 공제한다(법법 76의 13 ③).

공제되는 결손금	한도
① 연결법인의 연결납세방식의 적용 전에 발생한 결손금	각 연결사업연도의 소득 중 해당 연결법인에 귀속되는 소득금액(연결소득 개별귀속액)
② 연결모법인이 적격합병에 따라 피합병법인의 자산을 양도받는 경우 합병등기일 현재 피합병법인(합병등기일 현재 연결법인이 아닌 법인만 해당)의 결손금	연결모법인의 연결소득 개별귀속액 중 피합병법인으로부터 승계받은 사업에서 발생한 소득
③ 연결모법인이 적격분할합병에 따라 소멸한 분할법인의 자산을 양도받는 경우 분할등기일 현재 소멸한 분할법인의 결손금 중 연결모법인이 승계받은 사업에 귀속하는 금액	연결모법인의 연결소득 개별귀속액 중 소멸한 분할법인으로부터 승계받은 사업에서 발생한 소득

⑤ 연결산출세액의 계산

1 차감납부세액 계산구조 C

```
       연  결  산  출  세  액
  (-) 각 연결법인의 감면·공제세액의 합계액
  (+) 각 연결법인별 가산세의 합계액
       연  결  총  부  담  세  액
  (-) 연  결  중  간  예  납  세  액
  (-) 각 연결법인의 원천징수세액 합계액
       차  감  납  부  세  액
```

2 연결산출세액 C

(1) 연결산출세액의 계산

연결산출세액은 다음의 산식에 따라 계산한다(법령 76의15 ①, ②).

연결산출세액 = 연결과세표준 × 세율 + 토지 등 양도소득에 대한 법인세 + 미환류소득에 대한 법인세

(2) 연결법인별 산출세액의 계산

위에서 계산한 연결산출세액을 다음과 같이 연결법인별로 배분한다. 이 경우 연결법인에 토지 등 양도소득에 대한 법인세액 및 미환류소득에 대한 법인세액ᴺᴱᵂ이 있는 경우에는 이를 가산한다(법법 76의15 ④, 법령 120의22 ②).

> 연결법인별 산출세액 = ① 과세표준 개별귀속액 × ② 연결세율

① 과세표준 개별귀속액: 해당 연결법인의 연결소득 개별귀속액에서 해당 연결법인의 연결소득 개별귀속액에서 공제된 결손금과 해당 연결법인의 비과세소득 및 소득공제액을 뺀 금액이다.
② 연결세율: 연결사업연도의 소득에 대한 과세표준에 대한 연결산출세액(토지 등 양도소득에 대한 법인세액 및 미환류소득에 대한 법인세액은ᴺᴱᵂ 제외)의 비율을 말한다.

6 신고 및 납부

1 연결과세표준의 신고 B

(1) 신고

연결모법인은 각 연결사업연도의 종료일이 속하는 달의 말일부터 4개월 이내에 해당 연결사업연도의 소득에 대한 법인세의 과세표준과 세액을 납세지 관할 세무서장에게 신고하여야 한다(법법 76의17 ①).

(2) 첨부서류

연결사업연도의 소득에 대한 과세표준과 세액을 신고할 때는 그 신고서에 다음의 서류를 첨부하여야 하며, 아래 ①과 ② 서류를 첨부하지 아니할 경우「법인세법」에 따른 신고로 보지 아니한다(법법 76의17 ②,③, 법령 120의24 ④).

> ① 연결소득금액 조정명세서
> ② 각 연결법인의 재무상태표, 포괄손익계산서, 이익잉여금처분계산서
> ③ 연결법인 간 출자 현황 및 연결법인 간 거래명세서

(3) 신고 연장

「주식회사 등의 외부감사에 관한 법률」에 따라 감사인에 의한 감사를 받아야 하는 연결모법인 또는 연결자법인이 해당 사업연도의 감사가 종결되지 아니하여 결산이 확정되지 아니하였다는 사유로 신고기한 종료일 3일 전까지 신고기한의 연장을 신청한 경우에는 그 신고기한을 1개월의 범위에서 연장할 수 있다(법법 76의17 ①, 법령 120의 24 ②).

기출 OX

11. 연결모법인은 각 연결사업연도의 종료일이 속하는 달의 말일부터 3개월 이내에 해당 연결사업연도의 소득에 대한 법인세의 과세표준과 세액을 납세지 관할 세무서장에게 신고하여야 한다.
2009. 9급
정답 X

2 연결중간예납 C

(1) 중간예납세액의 계산

연결사업연도가 6개월을 초과하는 연결모법인은 각 연결사업연도 개시일부터 6개월이 되는 날까지를 중간예납기간으로 하여 다음 중 어느 하나에 해당하는 방법을 선택하여 계산한 금액을 중간예납기간이 지난 날부터 2개월 이내에 납세지 관할 세무서등에 납부해야 한다.

다만, 연결모법인 또는 연결자법인이 직전 연결사업연도 종료일 현재 「독점규제 및 공정거래에 관한 법률」에 따른 공시대상기업집단에 속하는 내국법인(매출액이 업종별로 「중소기업기본법 시행령」에 따른 중소기업기준 이내인 법인은 제외한다)에 해당하는 경우에는 ②의 방법에 따라 계산한 연결중간예납세액을 납세지 관할 세무서등에 납부하여야 한다 NEW(법법 76의 18 ①).

① 직전 연결사업연도의 산출세액을 기준으로 하는 방법

$$\text{연결중간예납세액} = \left(\begin{array}{c}\text{직전} \\ \text{연결사업연도에} \\ \text{확정된} \\ \text{연결산출세액}\end{array} - \begin{array}{c}\text{직전 연결사업연도의} \\ \text{감면세액 및} \\ \text{각 연결법인이 납부한} \\ \text{원천징수세액 합계액}\end{array}\right) \times \frac{6}{\text{직전 연결사업연도 월수}}$$

② 해당 중간예납기간의 법인세액을 기준으로 하는 방법(해당 중간예납기간을 1사업연도로 봄)

$$\text{연결중간예납세액} = \left(\begin{array}{c}\text{중간예납기간의} \\ \text{과세표준}\end{array} \times \frac{12}{6} \times \text{세율} \times \frac{6}{12}\right) - \begin{array}{c}\text{중간예납기간에 해당하는} \\ \text{감면세액 및} \\ \text{각 연결법인이 납부한} \\ \text{원천징수세액 합계액}\end{array}$$

③ 강제규정

선택 규정에도 불구하고, 직전 연결사업연도의 확정된 연결산출세액이 없거나 해당 중간예납기간의 만료일까지 직전 연결사업연도의 연결산출세액이 확정되지 않은 경우에는 ②의 방법에 따라 중간예납세액을 계산해야 한다(법법 76의 18 ②).

(2) 특별한 경우의 중간예납세액의 계산

① 연결납세방식을 처음으로 적용받는 경우

연결납세방식을 처음으로 적용받는 경우에는 각 연결법인의 중간예납세액의 **합계액**을 연결중간예납세액으로 한다(법법 76의 18 ③).

② 연결법인이 추가된 경우

연결법인이 추가된 경우에는 연결중간예납세액과 추가된 연결법인의 중간예납세액 **합계액**을 연결중간예납세액으로 한다(법법 76의 18 ③).

③ 중간예납기간이 지나기 전 연결가능 자법인에 해당하지 않게 되거나 해산하는 경우

연결법인이 중간예납기간이 지나기 전 연결가능 자법인에 해당하지 않게 되거나 해산(연결자법인이 다른 연결법인에 흡수합병되어 해산함에 따라 연결납세방식을 적용하는 경우는 제외)하는 경우 연결모법인은 해당 연결법인의 중간예납세액 귀속분을 빼고 납부할 수 있다(법법 76의 18 ④).

3 연결법인세액의 납부 및 정산 C

(1) 연결모법인의 납부 의무

연결모법인은 연결산출세액에서 다음의 법인세액(가산세 제외)을 공제한 금액을 각 연결사업연도의 소득에 대한 법인세로 연결과세표준 신고기한까지 납세지 관할세무서 등에 납부해야 한다(법법 76의19 ①). 이 경우 분납은 일반적인 내국법인에 대한 규정을 준용한다(법법 76의19 ③).

> ① 해당 연결사업연도의 감면세액·세액공제액
> ② 해당 연결사업연도의 연결중간예납세액
> ③ 해당 연결사업연도의 각 연결법인의 원천징수된 세액의 합계액

(2) 연결자법인·연결모법인의 지급 의무

연결자법인은 연결과세표준 신고기한까지 연결법인별 산출세액에서 다음의 금액을 뺀 금액에 「법인세법」에 따른 가산세를 가산하여 연결모법인에 지급하여야 하며, 계산한 금액이 음의 수인 경우 연결모법인은 음의 부호를 뗀 금액을 연결과세표준 신고기한까지 연결자법인에 지급하여야 한다(법법 76의 19 ②, ③).

> ① 해당 연결사업연도의 해당 법인의 감면세액
> ② 해당 연결사업연도의 연결법인별 중간예납세액
> ③ 해당 연결사업연도의 해당 법인의 원천징수된 세액

(3) 연결법인의 연대납부 의무

연결법인은 각 연결사업연도의 소득에 대한 법인세(토지 등 양도소득에 대한 법인세와 미환류소득에 대한 법인세 포함)를 연대하여 납부할 의무가 있다(법법 3 ③).

오쌤 Talk

분납 규정

납부할 세액이 1천만원을 초과하는 경우 다음의 금액을 납부기한이 지난 날부터 1개월(중소기업은 2개월) 이내 분납 가능
(link-p. 234)

구분	분납가능금액
① 납부세액이 1천만원 초과 2천만원 이하	1천만원을 초과하는 금액
② 납부세액이 2천만원 초과	그 세액의 50% 이하의 금액

(4) 연결법인세액의 정산

연결산출세액이 없는 경우로서 다음의 어느 하나에 해당하는 경우에는 결손금 이전에 따른 손익을 정산한 금액(이하 "정산금")을 연결법인별로 배분하여야 한다(법법 76의19 ⑤).

정산 사유	정산 방법
① 연결자법인의 해당 연결사업연도 소득금액에 다른 연결법인의 결손금이 합하여진 경우	해당 연결자법인이 법령으로 정하는 바에 따라 계산한 정산금을 연결과세표준 신고기한까지 연결모법인에 지급
② 연결자법인의 연결소득 개별귀속액에서 다른 연결법인의 결손금이 이월공제된 경우	
③ 연결자법인의 해당 연결사업연도 결손금이 다른 연결법인의 소득금액에 합하여진 경우	연결모법인이 법령으로 정하는 바에 따라 계산한 정산금을 연결과세표준 신고기한까지 해당 연결자법인에 지급
④ 연결자법인의 결손금이 다른 연결법인의 연결소득 개별귀속액에서 이월공제된 경우	

제 6 편

소득세법

01 총칙	07 종합소득과세표준의 계산
02 금융소득	08 차감납부세액의 계산
03 사업소득	09 퇴직소득세
04 근로소득	10 양도소득세
05 연금소득 및 기타소득	11 소득세의 납세절차
06 소득금액계산의 특례	

CHAPTER 01

총칙

1. 소득세 개요
2. 납세의무자
3. 과세기간
4. 납세지

• 최신 8개년 출제 경향 분석

01 소득세 개요

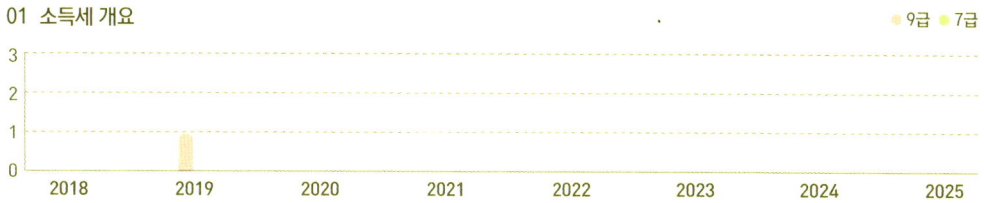

02 납세의무자

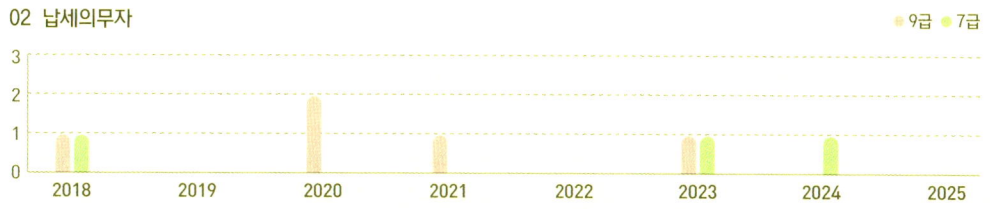

03 과세기간

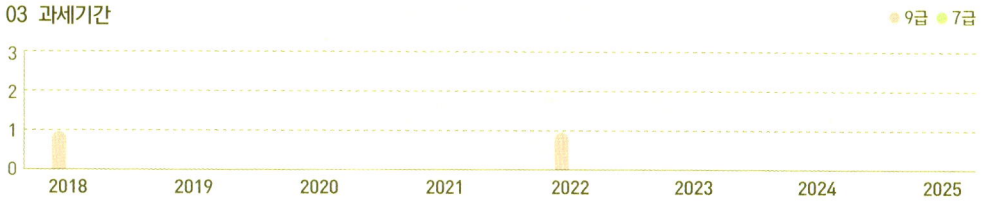

04 납세지

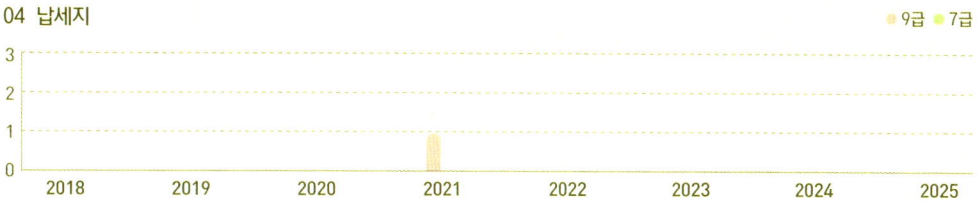

1 소득세 개요

1 소득세의 목적 C

「소득세법」은 개인의 소득에 대하여 소득의 성격과 납세자의 부담능력 등에 따라 적정하게 과세함으로써 조세부담의 형평을 도모하고 재정수입의 원활한 조달에 이바지함을 목적으로 한다(소법 1).

2 소득세의 정의 B

「소득세법」에서 사용하는 용어의 뜻은 다음과 같다(소법 1의2).

구분	정의
① 거주자	국내에 주소를 두거나 183일 이상의 거소를 둔 개인
② 비거주자	거주자가 아닌 개인
③ 내국법인	본점, 주사무소 또는 사업의 실질적 관리장소가 국내에 있는 법인
④ 외국법인	본점 또는 주사무소가 외국에 있는 단체(사업의 실질적 관리장소가 국내에 있지 아니하는 경우만 해당)로서 다음 어느 하나에 해당하는 단체 ㉠ 설립된 국가의 법에 따라 법인격이 부여된 단체 ㉡ 구성원이 유한책임사원으로만 구성된 단체 ㉢ 그 밖에 해당 외국단체와 동종 또는 유사한 국내의 단체가 「상법」 등 국내의 법률에 따른 법인인 경우의 그 외국단체
⑤ 사업자	사업소득이 있는 거주자

3 소득세의 특징 B

★★ (1) 소득세 과세대상 소득

소득세는 다음과 같이 구분된 개인소득을 과세대상으로 하며, 크게 종합소득, 퇴직소득, 양도소득으로 분류하여 각각 다른 계산구조를 둔다.

구분	상세
① 종합소득	㉠ 이자소득 ㉡ 배당소득 ㉢ 사업소득 ㉣ 근로소득 ㉤ 연금소득 ㉥ 기타소득
② 퇴직소득	퇴직으로 인한 소득
③ 양도소득	열거된 자산의 양도소득

★★ (2) 열거주의 과세와 소득원천설

「소득세법」은 소득원천설과 순자산증가설 중에 소득원천설을, 열거주의와 포괄주의 과세 중에 열거주의 과세를 원칙으로 적용한다. 이는 「법인세법」이 순자산증가설과 포괄주의 과세를 원칙으로 적용하는 것과 반대된다. 하지만 「소득세법」 중 예외적으로 몇몇 소득에 대해서는 순자산증가설과 포괄주의 과세방식을 적용한다.

📝 **확인문제**

01. 「소득세법」에서 사용하는 용어의 뜻으로 옳지 않은 것은? 2016. 9급
① 거주자란 국내에 주소를 두거나 183일 이상의 거소를 둔 개인을 말한다.
② 비거주자란 거주자가 아닌 개인을 말한다.
③ 내국법인이란 국내에 본점이나 주사무소 또는 사업의 실질적 관리장소를 둔 법인을 말한다.
④ 외국법인이란 외국에 본점이나 주사무소를 둔 단체(국내에 사업의 실질적 관리장소가 소재하는 경우 포함)로서 구성원이 유한책임사원으로만 구성된 단체를 말한다.

정답 ④

🔖 **기출 OX**

01. 연금소득과 기타소득은 「소득세법」제4조 소득의 구분에서 종합소득을 구성한다. 2013. 9급
정답 O

🔖 **기출 OX**

02. 소득세는 원칙적으로 순자산증가설을 기초로 과세소득의 범위를 규정하고 있다. 2008. 9급
정답 X

① 소득원천설과 순자산증가설

구분	내용	대상 소득
㉠ 원칙: 소득원천설	사업 등의 원천에서 계속적·경상적으로 발생하는 소득만을 과세함	순자산증가설 적용 소득을 제외한 과세대상 소득
㉡ 예외: 순자산증가설	계속적·경상적이 아닌 일시적인 소득이어도 과세대상 소득으로 보아 과세함	기타소득·퇴직소득·양도소득

② 열거주의 과세와 유형별 포괄주의 과세

구분	내용	대상 소득
㉠ 원칙: 열거주의	「소득세법」상 법령에 구체적으로 열거된 소득에 대해서만 과세함	유형별 포괄주의 적용소득을 제외한 과세대상 소득
㉡ 예외: 유형별 포괄주의	별도로 열거되지 않은 경우에도 그와 유사한 소득에 대해서는 과세함	이자소득·배당소득·사업소득

★★ (3) 과세방법

① 원칙

「소득세법」은 소득 종류와 관계없이 모든 소득을 기간 단위로 합산하여 하나의 계산 구조를 통해 과세하는 종합과세를 원칙으로 한다.

② 예외

㉠ 분리과세: 특정한 목적 등의 이유로 소득의 지급자가 소득을 지급할 때 원천징수를 함으로 인하여 과세가 종결되는 것을 '분리과세'라고 한다. 이 때 분리과세된 소득에 대해서는 종합소득세 계산구조에 포함되지 않기 때문에 확정신고의무가 존재하지 않는다.

㉡ 분류과세: 퇴직소득과 양도소득을 종합소득에 합산하지 않고 달리 분류하여 별도의 계산구조를 통해 계산하는 것을 '분류과세'라고 한다. 퇴직소득과 양도소득은 장기간에 걸쳐 발생한 소득이 일시에 실현되는 소득이므로 종합소득과 합산하여 과세한다면 그 실현시점에 지나치게 높은 세율이 적용되는 현상이 발생한다.

(4) 기타 특징

① 개인단위 과세

일반적으로 개인이 얻은 소득에 대하여 그 개인에게 과세하되, 예외적으로 공동사업 합산과세가 적용되는 경우 세대단위 등으로 합산과세한다.

 오쌤 Talk

분리과세 대상소득

거주자의 종합소득을 구성하는 나머지 6가지 소득에는 모두 분리과세 대상소득이 존재한다. 다만, 근로소득의 경우에는 일용근로자의 근로소득이 분리과세 대상이 되며 상용근로자의 근로소득은 분리과세 규정이 없다.

기출 OX

03. 퇴직소득은 장기간에 걸쳐 발생한 소득이 일시에 실현되기 때문에 종합소득과 합산하여 과세한다면 그 실현시점에 지나치게 높은 세율이 적용되는 현상이 발생한다. 2019. 9급

정답 O

 오쌤 Talk

분류과세와 결집효과

퇴직소득은 재직기간 동안 적립한 퇴직금을 일시에 수령하고, 양도소득은 보유기간 동안 자산의 가격이 변화하는데 이를 양도할 때 비로소 실현되어 시세변화를 포함한 양도금을 일시에 수령한다. 이처럼 퇴직소득과 양도소득은 한 번에 크게 과세되는 '결집효과'가 있기 때문에 이를 막기 위해서 분류과세제도를 규정하고 있다.

오쌤 Talk

8단계 초과누진세율(기본세율)

과세표준	세율
1,400만원 이하	6%
1,400만원 초과 5,000만원 이하	84만원 + 1,400만원 초과분 15%
5,000만원 초과 8,800만원 이하	624만원 + 5,000만원 초과분 24%
8,800만원 초과 1억 5,000만원 이하	1,536만원 + 8,800만원 초과분 35%
1억 5,000만원 초과 3억원 이하	3,706만원 + 1억 5,000만원 초과분 38%
3억원 초과 5억원 이하	9,406만원 + 3억원 초과분 40%
5억원 초과 10억원 이하	1억 7,406만원 + 5억원 초과분 42%
10억원 초과	3억 8,406만원 + 10억원 초과분 45%

② 부담능력에 따른 과세

「소득세법」은 납세자의 부담능력에 따라 적정하게 과세하기 위해 아래와 같은 제도를 두고 있다.

> ㉠ 누진세율의 적용: 과세표준별로 6%부터 45%까지 8단계 초과누진세율(기본세율)을 적용하기 때문에 소득이 많아 과세표준이 증가할수록 더 높은 세율을 적용받는다. 하지만, 예외적으로 양도소득은 자산의 종류나 보유기간 등에 따라 별도의 세율을 적용한다.
> ㉡ 인적공제제도의 채택: 생계비 부담을 고려하여 종합소득 과세표준 계산 시 부양가족 수를 기준으로 소득공제하는 인적공제제도를 채택하고 있다.
> ㉢ 차별과세: 소득의 크기가 같더라도 종류에 따라 담세력이 다를 수 있으므로 소득 종류에 따라 차별과세하고 있다.

③ 신고납부제도의 채택

종합소득·퇴직소득·양도소득이 있는 거주자는 1월 1일부터 12월 31일까지의 소득을 그 다음 해의 5월 1일부터 5월 31일까지 신고해야 하고, 개인이 과세표준을 신고함으로써 납세의무가 확정된다.

④ 원천징수제도의 광범위한 채택

'원천징수제도'란, 소득을 지급하는 자(원천징수의무자)가 소득을 받는 자(원천징수대상자)에게 그 소득을 지급하는 시점에 그 소득과 관련된 세금을 원천적으로 징수하고 그 세금만큼 차감하여 잔액만을 지급하고, 다음 달 10일까지 관할세무서에 납부하는 제도를 말한다.

구분	내용	과세방법
㉠ 완납적 원천징수	원천징수로 인하여 조세채권·채무관계 등 과세가 종결	분리과세
㉡ 예납적 원천징수	원천징수에도 불구하고 조세채권·채무관계 등의 과세가 종결되지 않기 때문에 원천징수하기 전의 소득을 신고하고 원천징수세액은 기납부세액으로 공제	종합과세

4 소득세의 계산구조 C

(1) 법인세 계산구조와 종합소득세 계산구조의 비교

법인세 계산구조	종합소득세 계산구조
익　　　　금 (-) 손　　　　금 　각사업연도소득금액 (-) 이 월 결 손 금 (-) 비 과 세 소 득 (-) 소 득 공 제 　과 세 표 준 (×) 세　　　　율 　산 출 세 액 (-) 감 면·공 제 세 액 　결 정 세 액 (+) 가　　　산　　　세 (-) 기 납 부 세 액 　차 감 납 부 세 액	총 수 입 금 액 (-) 필 요 경 비 　종 합 소 득 금 액 (-) 종 합 소 득 공 제 　과 세 표 준 (×) 기 본 세 율 　산 출 세 액 (-) 감 면·공 제 세 액 　결 정 세 액 (+) 가　　　산　　　세 (-) 기 납 부 세 액 　차 감 납 부 세 액

① 소득과 소득금액

소득은 필요경비를 차감하기 전의 금액이며, 소득금액은 필요경비를 차감한 후의 금액을 말한다.

② 총수입금액과 필요경비의 적용

구분		이자소득·배당소득	사업소득·기타소득	근로소득·연금소득
㉠	총수입금액	총수입금액	총수입금액	총급여액·총연금액
㉡	필요경비	인정하지 않음	인정함	필요경비 대신, 법정 산식에 따라 근로소득공제 및 연금소득공제 적용

 오쌤 Talk

필요경비와 부당행위계산의 부인

종합소득 중 필요경비가 인정되는 소득은 사업소득과 기타소득이다. 종합소득 중 부당행위계산의 부인이 되는 소득도 사업소득과 기타소득, 양도소득 그리고 배당소득 중 출자공동사업자 배당에 해당된다. 즉, 필요경비가 인정되는 소득에 부당행위계산의 부인 규정을 적용하는 것이다.

③ 결손금의 적용

결손금이 발생하는 경우 해당 과세기간의 다른 소득금액에서 공제하고, 그 후 남은 미공제된 결손금은 15년간* 이월하여 종합소득금액에서 공제한다. 자세한 내용은 06 에서 다루기로 한다.

* 2020. 1. 1. 이후 개시한 과세기간에 발생한 결손금부터 적용하고, 2020. 1. 1. 전에 발생한 결손금은 개정 전 규정에 따라 10년을 적용한다.

(2) 퇴직소득세 계산구조

퇴직소득세 계산구조
환　산　급　여
(−) 환 산 급 여 공 제
퇴직소득 과세표준
(×) 세　　　　율
퇴직소득 산출세액
(−) 외 국 납 부 세 액 공 제
퇴직소득 결정세액
(−) 기　납　부　세　액
차　감　납　부　세　액

(3) 양도소득세 계산구조

양도소득세 계산구조
양　도　가　액
(−) 필　요　경　비
양　도　차　익
(−) 장 기 보 유 특 별 공 제
양도소득 과세표준
(×) 양 도 소 득 세 율
양도소득 산출세액
(−) 감 면 · 공 제 세 액
양도소득 결정세액
(+) 가　산　세
(−) 기　납　부　세　액
차　감　납　부　세　액

2 납세의무자

1 거주자와 비거주자 A

★★ (1) 거주자와 비거주자의 구분 및 납세의무 범위

'납세의무자'란 국세를 납부할 의무가 있는 자를 뜻하는데, 「소득세법」에서는 납세의무자에는 개인(자연인)과 법인 아닌 단체 중 법인으로 보는 단체 외의 법인 아닌 단체로 나뉜다. 개인의 경우, 다음과 같이 **거주자와 비거주자에 따라 구분하여 각자의 소득에 대한 소득세를 납부할 의무를 진다**(소법 1의2, 2 ①, 3).

구분	의의	납세의무 범위
① 거주자*	국내에 주소나 183일 이상 거소를 둔 개인	국내원천소득·국외원천소득을 포함한 모든 소득에 대해 무제한적으로 납세의무를 진다.
② 비거주자	거주자가 아닌 개인	국내원천소득에 대해서만 제한적으로 납세의무를 진다.

* 거주자는 국적이나 영주권과 무관하게 결정되기 때문에, 거주자의 의의에 부합하면 외국인의 경우에도 거주자가 될 수 있다. 단, 5년 이하 단기외국인 거주자에 대한 특례로 해당 과세기간 종료일 10년 전부터 국내에 주소나 거소를 둔 기간의 합계가 5년 이하인 외국인 거주자에 대해서는 과세대상 소득 중 국외에서 발생한 소득의 경우 국내에서 지급되거나 국내로 송금된 소득에 대해서만 과세한다.

따라서, 비거주자가 거주자 또는 내국법인의 국외사업장 등에서 근무함으로써 발생한 소득은 납세의무가 없다(소기통 3-0…4).

★★ (2) 거주기간의 계산

거주기간에 따라 거주자와 비거주자를 구분하는데, 거주기간은 다음과 같이 계산한다.

① 국내에 거소를 둔 기간은 **입국하는 날의 다음 날부터 출국하는 날까지**로 한다(소령 4 ①).
② 국내에 거소를 두고 있던 개인이 출국 후 다시 입국한 경우에 생계를 같이하는 가족의 거주지나 자산 소재지 등에 비추어 그 출국목적이 관광, 질병의 치료 등 다음의 법령으로 정하는 사유에 해당하여 NEW 명백하게 일시적인 것으로 인정되는 때에는 그 출국한 기간도 국내에 거소를 둔 기간으로 본다(소령 4 ②, 소칙 2 ①).
  ㉠ 단기 관광
  ㉡ 질병의 치료
  ㉢ 친족 경조사 참석
  ㉣ 출장, 연수 등 사업의 경영 또는 업무와 관련된 사유
  ㉤ 그 밖에 ㉠부터 ㉣의 사유에 준하는 사유
③ 다음의 하나에 해당하는 경우 국내에 183일 이상 거소를 둔 것으로 본다(소령 4 ③).
  ㉠ 국내에 거소를 둔 기간이 1과세기간 동안 183일 이상인 경우
  ㉡ 국내에 거소를 둔 기간이 2과세기간에 걸쳐 183일 이상인 경우(2026.1.1.부터 시행) NEW → 직전 과세기간까지 고려하여 183일을 판정하도록 함

오쌤 Talk

주소 및 거소

구분	주소	거소
정의	생활근거가 되는 곳	주소지 외의 장소 중 상당기간에 걸쳐 거주하는 장소로서 주소와 같이 밀접한 일반적 생활관계가 형성되지 아니한 장소 (소령 2 ②)
거주자의 판정	주소를 가질 경우 일수를 따지지 않고 거주자로 의제	거소를 가질 경우 183일 이상인 경우에 한해 거주자로 의제

기출 OX

04. 국내에 주소가 없더라도 183일 이상의 거소를 둔 개인은 거주자에 해당한다. 2018. 9급
정답 O

05. 거주자는 국내원천소득·국외원천소득을 포함한 모든 소득에 대한 무제한적 납세의무를 진다. 2018. 9급
정답 O

06. 국내원천소득이 있는 비거주자는 소득세를 납부할 의무를 진다. 2013. 9급
정답 O

07. 대한민국 국적을 가진 자는 모두 우리나라에서 소득세를 납부할 의무가 있다. 2008. 9급
정답 X

④ 재외동포가 입국한 경우 생계를 같이 하는 가족의 거주지나 자산 소재지 등에 비추어 그 입국목적이 단기 관광, 질병의 치료, 병역의무의 이행, 그 밖에 친족 경조사 등 사업의 경영 또는 업무와 무관한 사유에 해당하여 그 입국한 기간이 명백하게 일시적인 것으로 인정되는 때에는 해당 기간은 국내에 거소를 둔 기간으로 보지 않는다(소령 4 ④, 소칙 2 ①).

(3) 주소의 판정

국내에 주소를 두는지에 대한 여부는 국내에서 생계를 같이 하는 가족 및 국내에 소재하는 자산의 유무 등 생활관계의 객관적 사실에 따라 다음과 같이 판정한다.

① 국내에 주소를 가진 것으로 보는 경우(거주자로 보는 경우)

㉠ 계속하여 183일 이상 국내에 거주할 것을 통상 필요로 하는 직업을 가진 때(소령 2 ③)
㉡ 국내에 생계를 같이하는 가족이 있고, 그 직업 및 자산상태에 비추어 계속하여 183일 이상 국내에 거주할 것으로 인정되는 때(소령 2 ③)
㉢ 거주자나 내국법인의 국외사업장 또는 해외현지법인(내국법인이 발행주식총수 또는 출자지분의 100%를 직접 또는 간접 출자한 경우에 한정) 등에 파견된 임원 또는 직원이나 국외에서 근무하는 공무원(소령 3)

② 국내에 주소가 없는 것으로 보는 경우(비거주자로 보는 경우)

㉠ 국외에 거주 또는 근무하는 자가 외국국적을 가졌거나 외국법령에 의하여 그 외국의 영주권을 얻은 자로서 국내에 생계를 같이하는 가족이 없고 그 직업 및 자산상태에 비추어 다시 입국하여 주로 국내에 거주하리라고 인정되지 아니하는 때(소령 2 ④)
㉡ 주한외교관과 그 외교관의 세대에 속하는 가족(단, 대한민국 국민은 예외)
㉢ 한미행정협정에 규정한 합중국 군대의 구성원·군무원 및 그들의 가족(단, 합중국의 소득세를 회피할 목적으로 국내에 주소가 있다고 신고한 경우에는 예외)[소통 1-0…3]

③ 외국항행선박 및 항공기 승무원

그 승무원과 생계를 같이하는 가족이 거주하는 장소 또는 그 승무원이 근무기간 외의 기간 중 통상 체재하는 장소가 '국내'에 있는 때에는 당해 승무원의 주소는 국내에 있는 것으로 보고, 그 장소가 '국외'에 있는 때에는 당해 승무원의 주소가 국외에 있는 것으로 본다.

④ 해외현지법인등의 임직원 등에 대한 거주자 판정

㉠ 거주자나 내국법인의 국외사업장 또는 해외현지법인(내국법인이 발행주식총수 또는 출자지분의 100%를 직접 또는 간접 출자한 경우에 한정) 등에 파견된 임원 또는 직원이나 국외에서 근무하는 공무원은 거주자로 본다(소령 3).
㉡ 위의 규정에 준하여 국내에 생활의 근거가 있는 자가 국외에서 거주자 또는 내국법인의 임원 또는 직원이 되는 경우에는 국내에서 파견된 것으로 본다.

확인문제 최신

02. 소득세법령상 거주자와 비거주자에 관한 설명으로 옳지 않은 것은?
2023. 9급

① 거주자나 내국법인의 국외사업장 또는 해외현지법인(내국법인이 발행주식총수 또는 출자지분의 100분의 100을 직접 또는 간접 출자한 경우에 한정한다) 등에 파견된 임원 또는 직원이나 국외에서 근무하는 공무원은 거주자로 본다.
② 비거주자는 국내에 거소를 둔 기간이 183일이 되는 날에 거주자가 된다.
③ 국내에 거소를 둔 기간은 입국하는 날부터 출국하는 날까지로 한다.
④ 국내에 거소를 두고 있던 개인이 출국 후 다시 입국한 경우에 생계를 같이하는 가족의 거주지나 자산소재지 등에 비추어 그 출국 목적이 관광, 질병의 치료 등으로서 명백하게 일시적인 것으로 인정되는 때에는 그 출국한 기간도 국내에 거소를 둔 기간으로 본다.

정답 ③

> **확인문제** 최신
>
> **03.** 소득세법령상 납세의무에 대한 설명으로 옳지 않은 것은? 2023. 7급
>
> ① 해당 과세기간 종료일 10년 전부터 국내에 주소나 거소를 둔 기간의 합계가 5년 이하인 외국인 거주자에게는 과세대상 소득 중 국외원천소득의 경우 국내에서 지급되거나 국내로 송금된 소득만 과세한다.
> ② 국외에서 근무하는 공무원 또는 내국법인의 국외사업장에 파견된 임원은 거주자로 본다.
> ③ 국내에 거소를 둔 기간이 1과세기간 동안 183일 이상인 경우에는 국내에 183일 이상 거소를 둔 것으로 본다.
> ④ 거주자가 비거주자로 되는 시기는 거주자가 주소 또는 거소의 국외 이전을 위하여 출국하는 날이다.
>
> 정답 ④
>
> **기출 OX**
>
> **08.** 외국법인의 국내지점 또는 국내영업소는 원천징수한 소득세를 납부할 의무를 진다. 2021. 9급
>
> 정답 O

★★(4) 거주자 또는 비거주자가 되는 시기(소령 2의2)

① 비거주자가 거주자로 되는 시기	② 거주자가 비거주자로 되는 시기
㉠ 국내에 주소를 둔 날 ㉡ 국내에 주소를 가지거나 국내에 주소가 있는 것으로 보는 사유가 발생한 날 ㉢ 국내에 거소를 둔 기간이 183일이 되는 날	㉠ 거주자가 주소 또는 거소의 국외 이전을 위하여 출국하는 날의 다음 날 ㉡ 국내에 주소가 없거나 국외에 주소가 있는 것으로 보는 사유가 발생한 날의 다음 날

2 소득세 원천징수의무자 B

다음의 어느 하나에 해당하는 자는 「소득세법」에 따라 원천징수한 소득세를 납부할 의무를 진다(소법 2 ②).

> ① 거주자
> ② 비거주자
> ③ 내국법인
> ④ 외국법인의 국내지점 또는 국내영업소(출장소, 그 밖에 이에 준하는 것을 포함)
> ⑤ 그 밖에 이 법에서 정하는 원천징수의무자

3 법인 아닌 단체 C

(1) 원칙

「국세기본법」 규정에 따른 법인 아닌 단체 중 법인으로 보는 단체 외의 법인 아닌 단체는 국내에 주사무소 또는 사업의 실질적 관리장소를 둔 경우에는 1거주자로, 그 밖의 경우에는 1비거주자로 본다(소법 2 ③).

(2) 예외

이익이 분배되는 경우 다음에 따라 「소득세법」 또는 「법인세법」상의 납세의무를 진다(소법 2 ③, ④).

구분		납세의무
① 구성원의 이익 분배가 전부 확인되는 경우	㉠ 이익 분배비율이 정해져 있고 그 비율이 확인되는 경우	해당 단체의 각 구성원별로 「소득세법」 또는 「법인세법」에 따라 소득에 대한 소득세 또는 법인세 납세의무 부담
	㉡ 이익 분배비율이 정해져 있지 않으나, 사실상 구성원별 이익분배가 확인되는 경우	
② 구성원의 이익 분배가 일부만 확인되는 경우	㉠ 확인되는 부분	해당 구성원별로 소득세 또는 법인세에 대한 납세의무 부담
	㉡ 확인되지 아니하는 부분	해당 단체를 1거주자 또는 1비거주자로 보아 소득세에 대한 납세의무 부담*

* 법인격 없는 단체에게 소득세를 과세하는 때에는 그 단체의 대표자나 관리인인 개인의 소득금액과는 합산하여서는 안되며 별도로 과세해야 한다.

(3) 법인이 아닌 단체에 해당하는 국외투자기구인 경우

법인으로 보는 단체 외의 법인 아닌 단체에 해당하는 국외투자기구[1]를 국내원천소득의 실질귀속자로 보는 경우 그 국외투자기구는 1비거주자로서 소득세를 납부할 의무를 진다(소법 2 ⑤).

4 특수한 경우 A

★★ (1) 공동사업

공동사업에서 발생한 소득에 대해서는 다음과 같이 납세의무를 진다(소법 2의2 ①, 소법 43 ②).

① 원칙

공동사업에 관한 소득금액을 계산하는 경우에는 손익분배비율(약정된 손익분배비율이 없는 경우 지분비율)에 따라 분배되었거나 분배될 소득금액에 따라 해당 공동사업자별로 납세의무를 진다(소법 2의2 ①).

② 예외: 공동사업 합산과세

합산과세되는 소득금액에 대해서는 주된 공동사업자의 특수관계인은 손익분배비율에 해당하는 그의 소득금액을 한도로 주된 공동사업자와 연대하여 납세의무를 진다(소법 2의2 ①, 43 ③).

★★ (2) 상속

피상속인의 소득금액과 상속인의 소득금액을 구분하여 각각의 소득세를 계산하되, 피상속인의 소득금액에 대해서 과세하는 경우에는 그 상속인이 납세의무를 진다(소법 2의2 ②). 이처럼 구분하여 소득세를 각각 계산하는 이유는 합산할 경우 누진세율이 적용으로 인해 세부담이 커지기 때문이다.

★★ (3) 증여를 통한 우회양도

증여를 통한 우회양도 규정에 의하여 증여자가 자산을 직접 양도한 것으로 보는 경우 그 양도소득에 대해서는 증여자와 증여받은 자가 연대하여 납세의무를 진다(소법 2의2 ③).

오쌤 Talk

공동사업 합산과세

거주자 1인과 그의 특수관계인이 공동사업자에 포함되어 있는 경우로서 분배비율을 거짓으로 정하는 등의 조세회피 사유가 있는 경우 공동사업소득은 손익분배비율이 큰 공동사업자(주된 공동사업자)의 소득금액으로 보는데 이는 Link-P.394에서 자세히 설명한다.

기출 OX

09. 특수관계자 아닌 자와 공동사업을 경영하는 경우 그 사업에서 발생한 소득금액은 공동사업을 경영하는 각 거주자 간에 약정된 손익분배율의 존재 여부와 관계없이 지분비율에 의하여 분배되었거나 분배될 소득금액에 따라 각 공동사업자별로 분배한다. 2018. 9급
정답 X

10. 주된 공동사업자에게 합산과세되는 경우 그 합산과세되는 소득금액에 대해서는 주된 공동사업자의 특수관계인은 손익분배 비율에 해당하는 그의 소득금액을 한도로 주된 공동사업자와 연대하여 납세의무를 진다. 2021. 9급
정답 O

기출 OX

11. 피상속인의 소득금액에 대해서 과세하는 경우에는 그 상속인이 납세의무를 진다. 2021. 9급
정답 O

---

[1] 국외투자기구: 투자권유를 하여 모은 금전 등을 가지고 재산적 가치가 있는 투자대상자산을 취득, 처분하거나 그 밖의 방법으로 운용하고 그 결과를 투자자에게 배분하여 귀속시키는 투자행위를 하는 기구로서 국외에서 설립된 기구

기출 OX

12. 「소득세법」 제127조에 따라 원천징수되는 소득으로서 같은 법 제14조 제3항 또는 다른 법률에 따라 같은 법 제14조제2항에 따른 종합소득과세표준에 합산되지 아니하는 소득이 있는 자는 그 원천징수되는 소득세에 대해서 납세의무를 진다. 2020. 9급
정답 O

기출 OX

13. 공동으로 소유한 자산에 대한 양도소득금액을 계산하는 경우에는 해당 자산을 공동으로 소유하는 거주자가 연대하여 납세의무를 진다. 2024. 7급 최신
정답 X

기출 OX

14. 신탁재산에 귀속되는 소득은 그 신탁의 수익자(위탁자가 신탁재산을 실질적으로 통제하는 경우에는 신탁의 위탁자)에게 귀속되는 것으로 본다.
2013. 9급 수정
정답 O

15. 신탁재산에 귀속되는 소득이 그 신탁의 수익자에게 귀속되는 경우에는 신탁의 위탁자는 그 신탁재산에 귀속되는 소득에 대한 납세의무를 지지 않는다. 2017. 9급
정답 O

16. 신탁업을 경영하는 자는 각 과세기간의 소득금액을 계산할 때 신탁재산에 귀속되는 소득과 그 밖의 소득을 구분하여 경리하여야 한다. 2012. 7급
정답 O

★★ (4) 분리과세 소득

① 원천징수 분리과세
원천징수되는 소득으로서 종합소득과세표준에 합산되지 아니하는 소득(분리과세되는 소득)이 있는 자는 그 원천징수되는 소득세에 대해서 납세의무를 진다(소법 2의2 ④).

② 그 외 분리과세
원천징수되지 않는 소득으로서 종합소득과세표준을 계산할 때 합산하지 않고 분리과세하는 소득으로는 위약금·배상금(계약의 위약·해약으로 인하여 계약금이 위약금·배상금으로 대체되는 경우에 한함)이 있다.

★★ (5) 공동소유자산의 양도

공동으로 소유한 자산에 대한 양도소득금액을 계산하는 경우에는 해당 자산을 공동으로 소유하는 각 거주자가 납세의무를 진다(소법 2의2 ⑤).

★★ (6) 신탁재산

① 소득의 귀속

> ㉠ 원칙: 수익자
> 신탁재산에 귀속되는 소득은 그 신탁의 이익을 받을 수익자(수익자가 사망하는 경우에는 그 상속인)에게 귀속되는 것으로 본다(소법 2의3 ①).
>
> ㉡ 예외: 위탁자
> 위탁자가 신탁재산을 실질적으로 통제하는 등 다음의 어느 하나에 해당하는 신탁의 경우에는 그 신탁재산에 귀속되는 소득은 위탁자에게 귀속되는 것으로 본다(소법 2의3 ②, 소령 4의2 ④)).
> ⓐ 위탁자가 신탁을 해지할 수 있는 권리, 수익자를 지정하거나 변경할 수 있는 권리, 신탁 종료 후 잔여재산을 귀속 받을 권리를 보유하는 등 신탁재산을 실질적으로 지배·통제할 것
> ⓑ 신탁재산 원본을 받을 권리에 대한 수익자는 위탁자로, 수익을 받을 권리에 대한 수익자는 그 배우자 또는 같은 주소 또는 거소에서 생계를 같이 하는 직계존비속(배우자의 직계존비속을 포함한다)으로 설정했을 것

② 구분경리
신탁업을 경영하는 자는 각 과세기간의 소득금액을 계산할 때 신탁재산에 귀속되는 소득과 그 밖의 소득을 구분하여 경리해야 한다. 수익자의 특정 여부 또는 존재 여부는 신탁재산과 관련되는 수입 및 지출이 있는 때의 상황에 따른다(소령 4의2 ①, ②).

③ 과세기간

1 원칙 A

소득세의 과세기간은 원칙적으로 1월 1일부터 12월 31일까지 (소법 5 ①) 일괄적으로 적용하기 때문에 법인세와 다르게 임의로 납세의무자가 과세기간을 결정할 수 없다.

2 예외 A

★★ (1) 거주자가 사망한 경우

자연인으로 생존했던 기간에 대해서만 과세하기 때문에, 1월 1일부터 사망한 날까지를 과세기간으로 본다(소법 5 ②).

★★ (2) 거주자가 출국하여 비거주자가 되는 경우

거주자와 비거주자의 납세의무가 다르기 때문에, 거주자로서 1월 1일부터 출국한 날까지를 과세기간으로 본다(소법 5 ③).

오쌤 Talk

법인세(사업연도는 1.1 ~ 12.31. 로 가정)와 소득세 신고기한의 비교

법인세 신고기한은 각 사업연도 종료일부터 3개월 이내 신고·납부해야 하기 때문에 ①을 법인세 신고·납부기한으로 본다. 이에 반해 소득세 신고기한은 5월 1일부터 5월 31일까지로 보기 때문에 ②를 소득세 신고·납부기한으로 본다. 다만, 성실신고확인대상 사업자가 성실신고확인서를 제출하는 경우 법인세와 소득세 모두 해당 기간에서 1개월씩 연장하여 기한을 규정하고 있다.

기출 OX

17. 소득세의 과세기간은 1월 1일부터 12월 31일까지로 한다. 2012.9급
정답 O

18. 소득세의 과세기간은 신규사업개시자의 경우 사업개시일부터 12월 31일까지로 하며, 폐업자의 경우 1월 1일부터 폐업일까지로 한다. 2022.9급
정답 X

19. 거주자가 사망한 경우의 소득세 과세기간은 1월 1일부터 사망한 날까지로 한다. 2018.9급
정답 O

20. 거주자가 출국으로 인하여 비거주자가 되는 경우 1월 1일부터 출국일까지의 소득에 대해 과세한다. 2006.9급
정답 O

4 납세지

1 납세지 일반 B

(1) 일반적인 납세지

납세지는 소득세를 관할하는 관할세무서를 결정하는 기준이 되는 장소를 말한다(소법 6). 일반적인 경우 납세지는 거주자와 비거주자에 따라 다음과 같이 구분한다.

① 거주자

거주자의 소득세 납세지는 그 주소지로 한다. 다만, 주소지가 없는 경우에는 그 거소지로 한다(소법 6 ①, 소령 5 ①).

> ㉠ 주소지가 2 이상인 때
> 주소지가 2 이상인 때에는 「주민등록법」에 의하여 등록된 곳을 납세지로 한다(소령 5 ① (1)).
> ㉡ 거소지가 2 이상인 때
> 거소지가 2 이상인 때에는 생활관계가 보다 밀접한 곳을 납세지로 한다(소령 5 ① (1)). 거주자가 취학·질병의 요양, 근무상 또는 사업상의 형편 등의 사유로 일시퇴거한 경우에는 본래의 주소지 또는 거소지를 납세지로 본다(소칙 3).

② 비거주자

비거주자의 소득세 납세지는 국내사업장의 소재지로 한다(소법 6 ②).

> ㉠ 국내사업장이 둘 이상 있는 경우
> 국내사업장이 둘 이상 있는 경우에는 주된 국내사업장의 소재지로 한다(소법 6 ②). 이때, 그 주된 사업장을 판단하기가 곤란한 때에는 해당 비거주자가 납세지로 신고한 장소를 납세지로 한다(소령 5 ① (2)).
> ㉡ 국내사업장이 없는 경우
> 국내사업장이 없는 경우에는 국내원천소득(부동산소득 또는 부동산 등 양도소득)이 발생하는 장소로 한다(소법 6 ②). 이때 국내의 2 이상의 장소에서 국내원천소득이 발생하는 경우에는 그 국내원천소득이 발생하는 장소 중에서 해당 비거주자가 납세지로 신고한 장소를 납세지로 한다(소령 5 ① (3)).

기출 OX

21. 거주자에 대한 소득세의 납세지는 원칙적으로 소득이 발생한 장소를 관할하는 세무서이다. 2008. 9급
    정답 X

22. 비거주자의 국내사업장이 둘 이상 있는 경우 소득세의 납세지는 각각의 사업장 소재지로 한다. 2013. 9급
    정답 X

(2) 원천징수하는 소득세의 납세지

원천징수하는 소득세의 납세지는 다음에 따른다(소법 7 ①).

① 원천징수하는 자가 거주자인 경우
원천징수하는 자가 거주자인 경우에는 그 거주자의 주된 사업장 소재지를 납세지로 한다. 다만, 주된 사업장 외의 사업장에서 원천징수를 하는 경우에는 그 사업장의 소재지, 사업장이 없는 경우에는 그 거주자의 주소지 또는 거소지로 한다.

② 원천징수하는 자가 비거주자인 경우
원천징수하는 자가 비거주자인 경우에는 그 비거주자의 주된 국내사업장 소재지를 납세지로 한다. 다만, 주된 국내사업장 외의 국내사업장에서 원천징수를 하는 경우에는 그 국내사업장의 소재지, 국내사업장이 없는 경우에는 그 비거주자의 거류지 또는 체류지로 한다.

③ 원천징수하는 자가 법인인 경우
원천징수하는 자가 법인인 경우에는 그 법인의 본점 또는 주사무소의 소재지를 납세지로 한다. 그러나 그 법인의 지점, 영업소, 그 밖의 사업장이 독립채산제에 따라 독자적으로 회계사무를 처리하는 법인의 경우에는 그 사업장의 소재지(그 사업장의 소재지가 국외에 있는 경우는 제외)를 납세지로 한다. 단, 「부가가치세법」에 따라 사업자단위로 등록한 경우 또는 법인이 지점 등에서 지급하는 소득에 대한 원천징수세액의 납세지를 본점 또는 주사무소의 소재지로 신고한 경우에는 그 법인의 본점 또는 주사무소의 소재지를 소득세 원천징수세액의 납세지로 할 수 있다.

(3) 특별한 경우의 납세지

① 납세조합이 징수하는 소득세의 경우
납세조합이 징수하는 소득세의 납세지는 그 납세조합의 소재지로 한다(소법 7 ②).

② 상속의 경우
거주자 또는 비거주자가 사망하여 그 상속인이 피상속인에 대한 소득세의 납세의무자가 된 경우 그 소득세의 납세지는 그 피상속인·상속인 또는 납세관리인의 주소지나 거소지 중 상속인 또는 납세관리인이 그 관할 세무서장에게 납세지로서 신고하는 장소로 한다(소법 8 ①). 단, 신고하지 않은 경우 피상속인의 최종 주소지 또는 거소지를 납세지로 한다.

③ 비거주자가 납세관리인을 둔 경우
비거주자가 납세관리인을 둔 경우 그 비거주자의 소득세 납세지는 그 국내사업장의 소재지 또는 그 납세관리인의 주소지나 거소지 중 납세관리인이 그 관할 세무서장에게 납세지로서 신고하는 장소로 한다(소법 8 ②). 단, 신고하지 않은 경우 일반적인 납세지 규정에 따른다.

기출 OX

23. 비거주자가 원천징수하는 소득세의 납세지는 국내사업장과 관계없이 그 비거주자의 거류지 또는 체류지로 한다. 2021. 9급
정답 X

24. 원천징수하는 자가 법인인 경우 원천징수하는 소득세의 납세지는 그 법인의 본점 또는 주사무소의 소재지로 한다(그 법인의 지점 등이 독립채산제에 따라 독자적으로 회계사무를 처리하는 경우 제외). 2013. 9급
정답 O

확인문제

04. 소득세법상 원천징수하는 소득세의 납세지에 관한 설명으로 옳지 않은 것은? 2007. 9급

① 원천징수하는 자가 거주자로서 사업장이 없는 경우에는 그 거주자의 주소 또는 거소지를 납세지로 한다.
② 원천징수하는 자가 비거주자로서 주된 국내사업장에서 원천징수를 하는 경우에는 그 비거주자의 주된 국내사업장의 소재지를 납세지로 한다.
③ 소득세를 원천징수하는 자가 법인인 경우에는 그 법인의 대표자의 주소지 또는 거소지를 납세지로 한다.
④ 납세조합이 그 조합원의 원천징수대상이 아닌 근로소득에 대한 소득세를 매월 징수하는 경우 그 납세조합의 소재지를 납세지로 한다.

정답 ③

④ 국내에 주소가 없는 공무원 등의 경우

국외에서 근무하는 공무원·거주자 또는 **내국법인의 국외사업장 등에 파견된 임직원은 국내에 주소가 없더라도 거주자**로 보는데, 이 경우 납세지는 그 가족의 생활근거지 또는 소속기관의 소재지로 한다(소법 8 ⑤, 소령 5 ⑥).

⑤ 거주자로 보는 법인격 없는 단체의 경우

거주자로 보는 법인격 없는 단체에 대한 소득세 납세지는 해당 단체의 대표자 또는 관리인의 주소지로 한다. 다만, 「소득세법」 규정에 따라 해당 단체의 업무를 주관하는 장소 등을 납세지로 지정받은 경우에는 그 지정받은 장소를 납세지로 한다(소기통 6-0…1).

2 납세지의 지정 및 변경 C

(1) 지정사유

다음의 경우가 발생한 경우 납세지의 지정권자인 국세청장 또는 관할 지방국세청장은 납세지를 따로 지정할 수 있다(소법 9 ①).

> ① 사업소득이 있는 거주자가 사업장 소재지를 납세지로 신청한 경우
> ② 거주자 또는 비거주자로서 위 **1** 규정에 따른 납세지가 납세의무자의 소득 상황으로 보아 부적당하거나 납세의무를 이행하기에 불편하다고 인정되는 경우

(2) 지정 및 통지절차

① 신청에 따른 납세지 지정 및 통지

㉠ 신청

납세지 지정신청을 하려는 자는 해당 과세기간의 10월 1일부터 12월 31일까지 납세지지정신청서를 사업장 관할 세무서장에게 제출(국세정보통신망에 의한 제출 포함)해야 한다(소령 6 ①).

㉡ 통지

납세지 지정신청이 있는 경우 관할 지방국세청장(새로 지정할 납세지와 종전의 납세지의 관할 지방국세청장이 다를 때에는 국세청장)은 사업장의 이동이 빈번하거나 납세지 지정이 적당하지 않다고 국세청장이 인정하는 경우를 제외하고는 사업장을 납세지로 지정하여 다음 연도 2월 말일까지 그 지정 여부를 서면으로 통지해야 한다(소령 6 ②). 만약 기한 내에 통지를 하지 아니한 때에는 지정신청한 납세지를 납세지로 한다(소령 6 ④).

② 지정권자의 직권에 따른 납세지 지정 및 통지

국세청장 또는 지방국세청장이 납세지를 직권으로 지정한 경우에는 해당 과세기간의 과세표준확정신고 또는 납부기간 개시일 전에 이를 서면으로 통지해야 한다. 다만, 중간예납 또는 수시부과의 사유가 있는 때에는 그 납기개시 15일 전에 통지하여야 한다(소령 6 ③).

③ 납세지 지정이 인정되지 아니한 경우

납세지를 지정하거나 신청이 있는 경우로서 사업장 소재지를 납세지로 지정하는 것이 세무관리상 부적절하다고 인정되어 그 신청대로 납세지 지정을 하지 아니한 경우에는 국세청장 또는 관할 지방국세청장은 그 뜻을 납세의무자 또는 그 상속인, 납세관리인이나 납세조합에 서면으로 각각 통지하여야 한다(부법 9 ②).

(3) 지정 취소 및 효력

① 납세지의 지정 취소

납세지의 지정 사유가 소멸한 경우 국세청장 또는 관할 지방국세청장은 납세지의 지정을 취소해야 한다(소법 9 ③).

② 지정 취소의 효력

납세지의 지정이 취소된 경우에도 그 취소 전에 한 소득세에 관한 신고·신청·청구·납부, 그 밖의 행위의 효력에는 영향을 미치지 아니한다(소법 9 ④).

(4) 변경신고

① 변경신고의 기한

거주자나 비거주자는 납세지가 변경된 경우 납세지변경신고서를 그 변경 후의 납세지 관할 세무서장에게 납세지가 변경된 날부터 15일 이내에 이를 신고해야 한다(소법 10, 소령 7 ①).

② 변경신고의 간주

납세자의 주소지가 변경됨에 따라 「부가가치세법」 규정에 의하여 사업자등록 정정을 한 경우에는 납세지의 변경신고를 한 것으로(소령 7 ②) 보아 별도로 변경신고를 할 필요가 없다.

3 과세관할

소득세는 납세지를 관할하는 세무서장 또는 지방국세청장이 과세한다(소법 11).

오쌤 Talk

법인세법과 소득세법상 납세지 규정

	법인세법	소득세법
지정권자	관할 지방국세청장 또는 국세청장	
지정통지 기한	사업연도 종료일부터 45일 이내	지정신청 시 다음 연도 2월 말일까지
변경신고 기한	변경된 날로부터 15일 이내	

CHAPTER 02

금융소득

1. 이자소득
2. 배당소득
3. 금융소득의 과세방법

• 최신 8개년 출제 경향 분석

01 이자소득

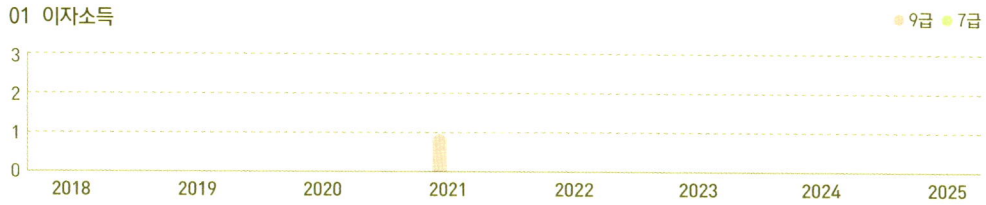

02 배당소득

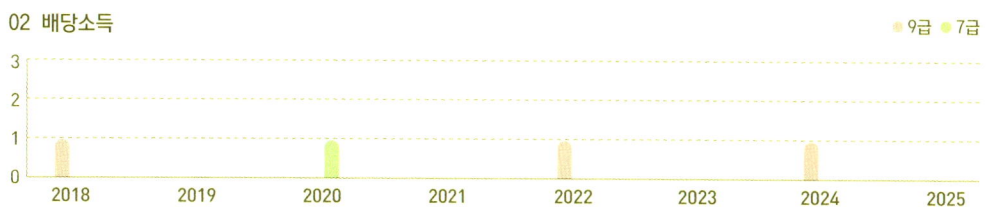

03 금융소득의 과세방법

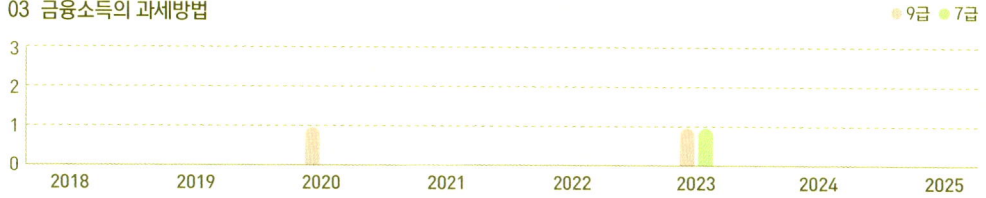

1 이자소득

1 이자소득의 범위 B

이자소득은 해당 과세기간 중 발생한 소득 중 자금을 빌려주고 그로 인해 받는 대가를 말하며, 포괄주의 과세방식을 채택하기 때문에 세법상 열거된 항목이 아니더라도 열거된 항목과 유사할 경우 과세대상 소득에 포함한다.

★(1) 채권·증권의 이자와 할인액

① 원칙

채권·증권의 이자와 할인액[*1]은 발행주체(국가, 지방자치단체, 내국법인, 외국법인 등)와 무관하게 이자소득으로 과세하며, 채권 보유기간의 이자상당액도 이자소득에 과세대상 소득으로 본다. **국가가 발행한 채권이 원금과 이자가 분리되는 경우에는 원금에 해당하는 채권 및 이자에 해당하는 채권의 할인액은 이자소득으로 본다**(소령 22의2 ①).

② 예외

㉠ 국채 등[*2]을 공개시장에서 통합발행하는 경우 해당 채권의 할인액: 과세되는 소득으로 보지 않는다(소령 22의2 ②).
㉡ 물가연동국고채의 원금증가분: 국가가 발행하는 채권으로서 그 원금이 물가에 연동되는 채권(물가연동국고채)의 경우 그 채권의 원금증가분은 채권의 이자 및 할인액에 보지 않으나, 2015.1.1. 이후 발행되는 채권으로부터 지급받는 분부터는 이자소득으로 과세한다(소령 22의2 ③).

(2) 예금의 이자

① 예금의 이자: 국내 및 국외 예금(적금·부금·예탁금 및 우편대체를 포함)의 이자는 모두 이자소득으로 과세된다(소법 16 ① (3)).
② 상호신용계 또는 신용부금의 이익: 「상호저축은행법」에 따른 상호신용계 또는 신용부금으로 인한 이익도 이자소득으로 과세한다(소법 16 ① (4)).

(3) 채권 또는 증권의 환매조건부 매매차익

① 채권 또는 증권의 매매차익: 소득세의 과세대상이 아니다.
② 환매조건부 매매차익[*3]: 금융기관이 환매기간에 따른 사전약정이율을 적용하여 환매수·환매도하는 조건으로 매매하는 채권 또는 증권의 매매차익은 명목상 매매차익이지만 실질적으로 사전약정된 이자를 지급하는 것에 불과하기에 이자소득으로 과세한다(소법 16 ① (8), 소령 24).

오쌤 Talk

채권 등의 매매차익

과세여부	규정
① 과세하는 경우	㉠ 이자소득으로 과세: 환매조건부 매매차익 ㉡ 배당소득으로 과세: 집합투자기구로부터 받는 이익
② 과세하지 않는 경우	위 외의 경우에는 과세하지 않음

오쌤 Talk

환매조건부 매매차익의 이해

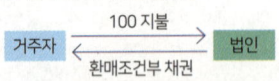

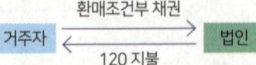

위의 거래에서 환매조건부 매매는 명목적으로는 채권 거래이지만, 실질적으로는 거주자가 법인에게 100을 대여하고, 법인이 이후에 120으로 상환하는 거래와 같다. 따라서 이자소득에 해당하는 20의 환매조건부 매매차익은 이자소득 과세대상이 된다.

[*1] 할인액: 채권의 매각가액과 액면가액과의 차액을 말한다(소령 22의2 ②).
[*2] 국채 등: 국채, 산업금융채권·정책금융채권, 예금보험기금채권·예금보험기금상환기금채권, 한국은행통화안정증권을 포함한다(소령 22의2 ②).
[*3] 채권 또는 증권의 환매조건부 매매차익: 금융회사 등이 환매기간에 따른 사전약정이율을 적용하여 환매수(다시 사는 것) 또는 환매도(다시 파는 것)하는 조건으로 매매하는 채권·증권의 매매차익을 말한다(소령 24, 소칙 12).

③ 환매조건부 채권 등 매매거래에 따른 보상액^{NEW} : 거주자가 환매기간에 따른 사전약정이율을 적용하여 환매수하는 조건으로 채권 등을 매도하고 환매수하는 날까지 해당 채권등의 매수인으로부터 지급받는 해당 채권 등에서 발생하는 이자에 상당하는 금액은 이자소득에 포함된다(소령26 ⑥).

★ (4) 일정한 저축성 보험의 보험차익

① 이자소득으로 보는 보험차익

저축성 보험의 보험차익이란 보험계약에 따라 만기 또는 보험의 계약기간 중에 받는 보험금·공제금 또는 계약기간 중도에 해당 보험계약이 해지됨에 따라 받는 환급금(이하 '보험금')에서 납입보험료 또는 납입공제료(이하 '보험료')를 뺀 금액을 말하며 이를 이자소득으로 본다(소법 16 ① (9), 소령 25 ①).

$$보험차익 = \frac{만기에\ 받는\ 보험금\cdot공제금}{또는\ 중도해지로\ 인한\ 환급금} - 납입보험료\ 또는\ 납입공제료$$

오쌤 Talk

이자소득으로 보는 보험차익과 사업소득으로 보는 보험차익의 계산

① 이자소득으로 보는 보험차익 = 만기에 받는 보험금·공제금 또는 중도해지로 인한 환급금 - 납입보험료 또는 납입공제료

② 사업소득으로 보는 보험차익 = 보험금 - 소실된 자산의 장부가액

② 과세하지 않는 항목

㉠ 특정 요건을 만족하는 저축성 보험: 다음 중 어느 하나에 해당하는 보험계약의 보험차익은 이자소득 과세대상에서 제외한다(소법 16 ① (9), 소령 25 ③, ④)

구분	내용
ⓐ 일시납 저축성 보험	계약자 1명당 납입할 보험료 합계액(아래 'ⓑ'와 'ⓒ'은 제외)이 1억원 이하이며 계약기간*이 10년 이상인 저축성 보험
ⓑ 월적립식 저축성 보험	계약기간이 10년 이상이고 다음의 요건을 모두 갖춘 월적립식 저축성 보험 ㉮ 최초 납입일부터 납입기간이 5년 이상인 월적립식 계약일 것 ㉯ 최초 납입일부터 매월 납입하는 기본보험료가 균등하고, 기본보험료의 선납기간이 6개월 이내일 것 ㉰ 계약자 1명당 매월 납입하는 보험료가 150만원 이하일 것
ⓒ 종신형 연금보험	55세 이후부터 사망 시까지 보험금·수익 등을 연금형태로 받는 법에 정한 종신형 연금보험

* 계약기간: 최초 납입일부터 만기일 또는 중도해지일까지의 기간을 말한다.

㉡ 보장성 보험의 보험차익: 피보험자의 사망·질병·부상 그 밖의 신체상의 상해로 인하여 받거나 자산의 멸실 또는 손괴로 인하여 받는 것은 과세하지 않되(소령 25 ①), 사업용자산의 손실로 인한 보장성 보험의 보험차익은 사업소득의 총수입금액에 산입하여 과세한다. 왜냐하면 사업용자산과 관련되어 납부한 보장성 보험의 보험료는 사업소득의 필요경비에 산입되기 때문이다.

구분	과세여부	
ⓐ 피보험자의 사망·질병·부상 기타 신체상의 상해로 인하여 지급받는 보험차익	과세하지 않음	
ⓑ 자산의 멸실 또는 손괴로 인해 지급받는 보험차익	사업용자산인 경우: 사업소득에 산입함	
	그 외의 경우: 과세하지 않음	

기출 OX

01. 근로자가 퇴직하거나 탈퇴하여 그 규약에 따라 직장공제회로부터 받는 반환금에서 납입공제료를 뺀 직장공제회 초과반환금은 이자소득으로 과세된다.
2014. 7급
정답 O

확인문제

01. 「소득세법」상 이자소득에 해당하지 않는 것은?   2014. 9급
① 내국법인이 발행한 채권 또는 증권의 이자와 할인액
② 대금업을 영위하는 자가 영리를 목적으로 금전을 대여하고 받은 이자
③ 국가나 지방자치단체가 발행한 채권 또는 증권의 이자와 할인액
④ 비영업대금의 이익

정답 ②

 오쌤 Talk

비영업대금의 이익에 해당하는 경우
① 상업어음 할인료
② 대여금의 상환지연으로 수령하는 이자
③ 외상매출금을 대여금으로 소비전환하고 수령하는 이자 (비교: 외상매출금을 소비전환하지 않고 그 기일을 연장하여 수령하는 이자는 사업소득)

기출 OX

02. 거주자가 일정기간 후에 같은 종류로서 같은 양의 채권을 반환받는 조건으로 채권을 대여하고 해당 채권의 차입자로부터 지급받는 해당 채권에서 발생하는 이자에 상당하는 금액은 이자소득에 포함된다.
2014. 7급
정답 O

★★ (5) 직장공제회 초과반환금

① 의의

직장공제회는 동일 직장이나 직종에 종사하는 근로자들의 생활안정, 복리증진 또는 상호부조 등을 목적으로 구성된 단체로, 이러한 단체로부터 수령하는 초과반환금을 '직장공제회 초과반환금'이라고 한다. 근로자가 퇴직하거나 탈퇴하여 그 규약에 따라 직장공제회로부터 받는 반환금에서 납입공제료를 뺀 **초과반환금***(납입금 초과이익)과 반환금을 분할하여 지급하는 경우 그 지급하는 기간 동안 추가로 발생하는 초과 반환금(반환금 추가이익)은 이자소득으로 분리과세한다(소령 26 ①, ②).

* 직장공제회 초과반환금은 1999년 1월 1일 이후 최초로 직장공제회에 가입하고 퇴직·탈퇴로 인하여 받는 반환금부터 적용한다.

② 계산

$$\text{초과반환금} = \text{퇴직·탈퇴로 인하여 직장공제회로부터 받는 반환금} - \text{납입공제료} + \text{반환금 추가이익}^*$$

* 반환금 추가이익이란 초과반환금을 분할하여 지급하는 기간 동안 추가로 발생하는 이익을 말한다.

★★ (6) 비영업대금의 이익

비영업대금의 이익은 금전의 대여를 사업목적으로 하지 아니하는 자가 일시적·우발적으로 금전을 대여하고 그 대가로 수령하는 이자 또는 수수료(기한 경과 등의 사유로 지급받는 추가금액을 포함)를 뜻하며 이는 **이자소득으로 과세한다**(소법 16 ① ⑬, 소령 26 ③). 단, 대금업을 영위하여 사업적으로 금전을 대여하는 자가 금전 대여의 대가로 수령하는 이자나 수수료는 사업소득에 포함하여 과세한다.

★★ (7) 특정 요건을 갖춘 소기업·소상공인 공제부금에서 발생하는 소득

거주자가 「중소기업협동조합법」에 따른 소기업·소상공인 공제에 가입하여 납부하는 공제부금에서 발생하는 소득은 사유에 따라 다음과 같이 과세한다(조특법 86의3 ③).

구분	소득구분	과세방법
① 법정 사유*가 발생하여 지급받는 경우	㉠ 2015. 12. 31. 이전 가입자	이자소득 = 공제금 - 납입액
	㉡ 2016. 1. 1. 이후 가입자	퇴직소득 = 공제금 - 실제 소득공제받은 금액을 초과하여 납입한 금액의 누계액
② 법정 사유 발생 전 해지된 경우		기타소득 = 환급금 - 실제 소득공제받은 금액을 초과하여 납입한 금액의 누계액

* 법정 사유로는 공제 가입자의 사망, 소기업·소상공인 폐업 또는 해산, 천재지변 등이 있다.

★★ (8) 위와 유사한 소득으로서 포괄주의에 해당하는 이자상당액(유사이자)

위 (1)~(8)에 열거된 이자소득과 유사한 소득으로서 금전 사용에 따른 대가로서의 성격이 있는 것은 법에 열거되어 있지 않더라도 이자소득으로 과세한다(소법 16 ① ⑫). 따라서 거주자가 일정기간 후에 같은 종류로서 같은 양의 채권을 반환받는 조건으로 채권을 대여하고 해당 채권의 차입자로부터 지급받는 해당 채권(채권대차거래)에서 발생하는 이자에 상당하는 금액은 이자소득으로 과세한다(소령 26 ④).

★★ **(9) 파생금융상품의 이자**

위에 열거된 (1)~(9)의 이자소득 중 하나에 해당하는 소득을 발생시키는 거래 또는 행위와 파생상품이 법에 정하는 바에 따라 결합된 경우 해당 파생상품의 거래 또는 행위로부터의 이익으로 법정 요건을 갖춘 것은 이자소득으로 과세한다(소법 16 ⑬).

2 이자소득으로 보지 않는 소득 B

★ **(1) 사업관련 발생분**

다음은 이자소득이 아닌 사업소득과 관련된 금액으로 본다(소기통 16-0…1).

① 매입에누리와 매입할인
② 물품을 판매하고 대금의 결제방법에 따라 추가로 지급받는 금액
③ 외상매출금이나 미수금의 지급기일을 연장하여 주고 추가로 지급받는 금액(단, 외상매출금이나 미수금이 소비대차로 전환된 경우에는 이자소득으로 본다.)
④ 장기할부조건으로 판매함으로써 현금거래 또는 통상적인 대금의 결제방법에 의한 거래의 경우보다 추가로 지급받는 금액(단, 당초 계약내용에 의하여 매입가액이 확정된 후 그 대금의 지급지연으로 실질적인 소비대차로 전환되어 발생되는 이자는 이자소득으로 본다.)

★ **(2) 손해배상금과 법정이자**

손해배상금과 법정이자는 다음과 같이 적용한다(소법 21 ① (10), 소기통 16-0…2).

① 계약의 위약 또는 해약을 원인으로 인해 지급받는 손해배상금과 법정이자: 기타소득
② 그 외의 손해배상금과 법정이자: 과세하지 않음

3 이자소득금액의 계산 C

(1) 이자소득금액 계산방법

종합소득금액에 합산되는 이자소득금액은 다음과 같이 이자소득 총수입금액으로 계산하며, 필요경비를 인정하지 않는다.

> 이자소득금액 = 이자소득 총수입금액 = 이자소득 - 비과세소득 - 분리과세소득

(2) 특례: 비영업대금의 이익의 총수입금액 계산방법

비영업대금의 이익의 총수입금액을 계산할 때 해당 과세기간에 발생한 비영업대금의 이익에 대하여 과세표준확정신고 전에 해당 비영업대금이 채무자의 파산, 강제집행, 형의 집행, 사업의 폐지, 사망, 실종 또는 행방불명으로 회수할 수 없는 채권에 해당하여 채무자 또는 제3자로부터 원금 및 이자의 전부 또는 일부를 회수할 수 없는 경우에는 원금부터 회수한 것으로 보아 회수한 금액에서 원금을 차감한 금액을 총수입금액으로 본다. 이때 회수한 금액이 원금에 미달하는 때에는 총수입금액은 없는 것으로 한다(소령 51 ⑦).

기출 OX

03. 이자소득을 발생시키는 거래 또는 행위와 이를 기초로 한 파생상품이 결합된 경우 해당 파생상품의 거래 또는 행위로부터의 이익은 이자소득으로 과세된다. 2014. 7급

정답 O

오쌤 Talk

수입시기

「소득세법」상 수입시기는 「소득세법」 및 「조세특례제한법」에 별도 규정이 있는 경우를 제외하고는 일반적으로 공정·타당하다고 인정되는 기업회계기준 또는 관행에 따르도록 규정하고 있다. 이자소득과 배당소득의 경우 「소득세법」에 수입시기에 대한 별도 규정이 있으므로 이에 따라 수입시기가 결정된다.

확인문제

02. 소득세법령상 이자소득의 수입시기에 대한 설명으로 옳지 않은 것은?

2021. 9급

① 채권 등으로서 무기명인 것의 이자는 그 지급을 받은 날로 한다.
② 비영업대금의 이익으로서 약정에 의한 이자지급일 전에 이자를 지급 받는 경우에는 그 이자지급일로 한다.
③ 이자소득이 발생하는 상속재산이 상속되는 경우에는 실제 지급일로 한다.
④ 저축성보험의 보험차익(기일전에 해지하는 경우 제외)은 보험금 또는 환급금의 지급일로 한다.

정답 ③

4 이자소득의 수입시기 B

'수입시기'란 각 총수입금액이나 필요경비가 발생한 시기를 말한다. 각 이자소득 총수입금액의 수입시기는 다음에 따른다(소령 45, 조특법 86의3 ②).

구분		수입시기
① 채권 등의 이자와 할인액	㉠ 무기명	그 지급을 받은 날
	㉡ 기명	약정에 의한 지급일
② 예금의 이자	㉠ 보통예금·정기예금·적금 또는 부금의 이자	ⓐ 원칙: 실제로 이자를 지급받는 날 ⓑ 원본에 전입하는 뜻의 특약이 있는 이자: 원본전입일 ⓒ 해약으로 인하여 지급되는 이자: 그 해약일 ⓓ 계약기간을 연장하는 경우: 그 연장하는 날 ⓔ 정기예금연결정기적금의 경우 정기예금의 이자: 정기예금 또는 정기적금이 해약되거나 정기적금의 저축기간이 만료되는 날
	㉡ 통지예금의 이자	인출일
③ 채권 또는 증권의 환매조건부 매매차익		㉠ 원칙: 약정에 의한 당해 채권 또는 증권의 환매수일 또는 환매도일 ㉡ 기일 전에 환매수 또는 환매도하는 경우: 그 환매수일 또는 환매도일
④ 저축성 보험의 보험차익		㉠ 원칙: 보험금 또는 환급금의 지급일 ㉡ 기일 전에 해지하는 경우: 그 해지일
⑤ 직장공제회의 초과반환금		㉠ 원칙: 약정에 따른 납입금 초과이익 및 반환금 추가 이익의 지급일 ㉡ 반환금을 분할하여 지급하는 경우 원본에 전입하는 뜻의 특약이 있는 납입금 초과이익: 특약에 따라 원본에 전입된 날
⑥ 비영업대금의 이익		㉠ 원칙: 약정에 의한 이자지급일 ㉡ 이자지급일의 약정이 없는 경우, 약정에 의한 이자지급일 전에 이자를 지급받는 경우, 회수할 수 없는 채권에 해당하여 총수입금액계산에서 제외하였던 이자를 지급받는 경우: 그 이자지급일
⑦ 채권 등의 보유기간 이자와 할인액 상당액		해당 채권 등의 매도일 또는 이자 등의 지급일
⑧ 이자소득이 발생하는 상속재산이 상속되거나 증여되는 경우		상속개시일 또는 증여일
⑨ 특정 요건을 갖춘 소기업·소상공인 공제부금에서 발생한 소득		실제로 지급받은 날
⑩ 유사이자 ⑪ 파생금융상품 이자		㉠ 원칙: 약정에 따른 상환일 ㉡ 기일 전에 상환 시: 그 상환일

② 배당소득

1 배당소득의 범위 B

★ **(1) 개괄**

배당소득은 법인 등의 단체 등에 투자한 주주 등이 그 법인 등의 단체로부터 수령하는 이익분배액으로, 해당 과세기간에 발생한 다음의 소득으로 한다(소법 17 ①). 이자소득과 마찬가지로 포괄주의 과세방식을 채택하기 때문에 세법상 열거된 항목이 아니더라도 열거된 항목과 유사할 경우 과세대상 소득에 포함한다.

구분	배당소득
① 일반적인 배당*	㉠ 내국법인 또는 외국법인으로부터 받는 이익이나 잉여금의 배당 또는 분배금 ㉡ 법인으로 보는 단체로부터 받는 배당 또는 분배금 ㉢ 동업기업과세특례에 따라 배분받은 소득 ㉣ 법인과세 신탁재산으로부터 받는 배당금·분배금
② 인정배당	「법인세법」에 따라 배당으로 소득처분된 금액
③ 의제배당	세법에서 배당으로 간주하는 의제배당
④ 집합투자기구로부터의 이익	국내 또는 국외에서 받는 집합투자기구로부터의 이익
⑤ 파생결합증권으로부터의 이익	국내 또는 국외에서 받는 법령으로 정하는 파생결합증권으로부터의 이익
⑥ 파생결합사채로부터의 이익	국내 또는 국외에서 받는 법령으로 정하는 파생결합사채로부터의 이익
⑦ 조각투자상품으로부터의 이익 NEW	㉠ 금전이 아닌 재산의 신탁계약에 의한 수익증권이 표시된 수익증권으로서 법령으로 정하는 수익증권으로부터의 이익 ㉡ 「자본시장과 금융투자업에 관한 법률」상 투자계약증권으로서 법정 투자계약증권으로부터의 이익
⑧ 간주배당	「국제조세조정에 관한 법률」에 따라 배당받은 것으로 간주된 금액
⑨ 환매조건부 증권의 매매거래에 따른 보상 NEW	거주자가 환매기간에 따른 사전약정이자율을 적용하여 환매수하는 조건으로 증권(채권 등은 제외)을 매도하고 환매수하는 날까지 해당 증권의 매수인으로부터 지급받는 증권에서 발생하는 배당에 상당하는 금액
⑩ 출자공동사업자의 배당	공동사업에서 발생한 소득금액 중 경영에 참여하지 않고 출자만 하는 출자공동사업자의 손익분배비율에 해당하는 금액
⑪ 유사배당	위 ①~⑦ 소득과 유사한 소득으로서 수익분배의 성격이 있는 것
⑫ 파생금융상품 배당	위 ①~⑧ 중 어느 하나에 해당하는 소득을 발생시키는 "거래 또는 행위"와 "파생상품"이 결합된 경우 해당 파생상품의 거래 또는 는 행위로부터의 이익으로서 법에 정한 요건을 갖춘 것

* 「상법」에 따라 자본준비금을 감액하여 받은 배당은 배당소득에 포함하지 않는다. 다만, 다음의 자본준비금을 감액하여 받은 배당은 배당소득에 포함한다.
  ㉠ 의제배당으로 과세되는 자본준비금
  ㉡ 3% 재평가세율이 적용되는 재평가적립금에 상당하는 금액 NEW
  ㉢ 적격합병차익 또는 적격분할차익 중 3% 재평가세율이 적용된 재평가적립금에 상당하는 금액 NEW

오쌤 Talk

조각투자상품

조각투자상품이란 부동산·미술품·저작권 등의 권리를 투자계약증권 또는 신탁수익증권 형태로 분할발행하여 다수 투자자가 투자·거래할 수 있는 신종 투자상품을 말한다.

> **참고**
>
> **경영참가사업자의 소득과 출자공동사업자의 소득 간 비교**
> ① 경영참가사업자의 소득: 출자공동사업자가 아닌 경영참가사업자의 소득은 이자소득이 아닌 사업소득으로 과세한다.
> ② 출자공동사업자의 소득: 출자공동사업자가 공동사업으로부터 분배받는 소득은 배당소득으로 과세한다. 다만, 성명 등을 사용하거나 채무 등에 대하여 무한책임을 부담하기로 약정된 경우 출자공동사업자로 보지 않고 경영참가사업자로 보기 때문에 이 때에는 사업소득으로 과세한다.

★★ (2) 의제배당

① 의제배당의 유형

의제배당의 유형과 계산은 「법인세법」 에서 이미 다룬 바 있다. 「소득세법」에서는 「법인세법」과 차이나는 부분만 정리한다.

> **참고**
>
> **의제배당**
> ㉠ 주식의 소각이나 자본 감소의 경우
> ㉡ 법인(법인으로 보는 단체 포함)이 해산하는 경우
> ㉢ 법인이 합병하는 경우
> ㉣ 법인이 분할 또는 분할합병 하는 경우
> ㉤ 잉여금의 자본전입의 경우
>   ⓐ 자기주식소각익의 2년 내 자본전입
>   ⓑ 기타 자본잉여금
>   ⓒ 1% 적용 토지의 재평가적립금의 자본전입
>   ⓓ 이익잉여금의 자본전입으로 주주 등이 취득하는 주식(또는 출자의 가액)
>   ⓔ 피투자회사가 자기주식을 보유한 상태에서 자본전입을 함에 따라 추가로 무상주를 배정받는 경우

② 「소득세법」의 의제배당

「소득세법」의 의제배당은 아래의 차이점을 제외하고는 「법인세법」의 의제배당과 그 내용이 같다(소령 27 ③, ⑦).

> ㉠ 단기소각주식 특례의 예외
>   「소득세법」에서는 주식발행초과금의 자본전입으로 인한 무상주는 단기소각주식을 계산할 때 '수령 시 의제배당으로 과세하지 않는 무상주'의 범위에 포함하지 않는다.
> ㉡ 주식의 취득가액이 불분명한 경우   「소득세법」에서는 다음의 요건을 모두 충족하는 경우 주식의 취득가액을 액면가액(무액면주식의 경우에는 해당 주식의 취득일 당시 해당 주식을 발행한 법인의 자본금을 발행주식총수로 나누어 계산한 금액을 말한다)으로 본다. 단, 주주가 다른 가액을 입증하는 경우에는 그러하지 아니한다.
>   ⓐ 감자·퇴사·탈퇴·해산·합병·분할에 대한 의제배당에 해당할 것
>   ⓑ 주주가 소액주주일 것
>   ⓒ 해당 주식의 취득가액이 불분명할 것

기출 OX

04. 주식의 소각이나 자본의 감소로 인하여 주주가 취득하는 금전 기타재산의 가액이 주주가 당해 주식을 취득하기 위하여 소요된 금액을 초과하는 금액은 배당소득에 해당된다. 2008. 7급
정답 O

확인문제

03. 소득세법상 의제배당이 아닌 것은? 2006. 7급
① 법인의 해산으로 받은 대가가 주식의 취득가액을 초과하는 경우
② 감가상각자산에 대한 재평가적립금을 자본전입하는 경우
③ 이익잉여금을 자본전입하는 경우
④ 피투자회사가 자기주식을 보유한 상태에서 주식발행초과금을 자본전입함에 따라 추가로 무상주를 배정받는 경우

정답 ②

확인문제

04. 소득세법상 의제배당에 해당하지 않는 것은? 2001. 7급
① 법인의 잉여금의 자본전입으로 인해 출자자가 받는 주식 등의 가액
② 주식의 소각으로 인해 주주가 법인으로부터 받는 금액이 그 출자에 소요된 금액을 초과하는 금액
③ 합병 시 소멸법인의 출자자가 존속법인으로부터 받는 주식의 가액과 금전 기타 재산가액의 합계액이 피합병법인의 출자에 소요된 금액을 초과하는 금액
④ 과세관청이 과세표준과 세액을 결정 또는 경정함에 있어 익금가산한 금액이 출자자에게 귀속되었다고 인정되는 경우 그 출자자에 대하여 배당으로 처리된 금액

정답 ④

★★ (3) 집합투자기구로부터의 이익

① 집합투자기구의 의의

다수의 투자자로부터 모집한 자금을 투자하여 그 운용결과를 투자자에게 배분하여 귀속시키는 집합투자를 수행하는 신탁이나 회사를 '집합투자기구'라고 하며, 「소득세법 시행령」에서 정한 요건을 갖춘 「자본시장과 금융투자업에 관한 법률」에 따른 집합투자기구가 이에 해당한다(소령 26의2).

② 집합투자기구로부터의 이익

집합투자기구의 투자대상(주식, 채권 등)을 불문하고, 그로부터 이익을 수령할 경우 배당소득으로 과세한다.

다만, 다음의 항목은 집합투자기구로부터의 이익에 포함되지 아니한다(소령 26의2, 조특법 91의2).

- ㉠ 증권시장에 상장된 증권(채권, 외국법령에 따라 설립된 외국 집합투자기구의 주식 또는 수익증권, 국외주가지수 상장집합투자기구의 주식 또는 수익증권^{NEW}을 제외한다.)
- ㉡ 벤처기업의 주식 또는 출자지분
- ㉢ 위 '㉠'의 증권을 대상으로 하는 장내파생상품

따라서 비상장주식이나 채권의 매매차손익 또는 평가차손익은 집합투자기구로부터의 이익에 포함되며, 집합투자기구의 이익을 계산할 때에는 법규정에 의한 각종 보수·수수료 등은 차감한다.

③ 집합투자기구 외의 신탁으로 인한 이익

집합투자기구 외의 신탁으로 인한 이익은 다음에 따른다(소법 4 ②, 12, 소령 51 ③ (4의2))

구분	과세여부
㉠ 학술·종교·자선 등 공익신탁의 이익	비과세
㉡ 확정급여형 퇴직연금의 보험차익과 신탁계약의 이익 또는 분배금	사업소득 총수입금액에 해당 (관련된 퇴직연금부담금 등을 사업소득 필요경비에 산입)
㉢ 위 외의 신탁의 이익	「신탁법」에 따라 수탁자에게 이전되거나 그 밖에 처분된 재산권에서 발생하는 소득의 내용별로 구분

(4) 파생결합증권으로부터의 이익

국내외에서 받는 다음의 파생결합증권으로부터의 이익은 배당소득으로 과세한다.

① 「자본시장과 금융투자업에 관한 법률」에 따른 파생결합증권으로부터 발생한 이익 [주가연계증권(ELS), 주가 외 기타자산 연계증권(DLS) 등]
② 파생결합증권 중 상장지수증권(ETN)을 계좌 간 이체, 계좌의 명의변경, 상장지수증권의 실물양도의 방법으로 거래하여 발생한 이익 (다만, 증권시장에서 거래되는 주식의 가격만을 기반으로 하는 지수의 변화를 그대로 추적하는 것을 목적으로 하는 상장지수증권을 계좌 간 이체, 계좌의 명의변경, 상장지수증권의 실물양도의 방법으로 거래하여 발생한 이익은 제외한다)

기출 OX

05. 집합투자기구로부터 생긴 이익은 배당소득으로 본다. 2008. 7급
정답 O

오쌤 Talk

집합투자기구로부터 받는 이익(간접투자) 및 직접투자의 이해

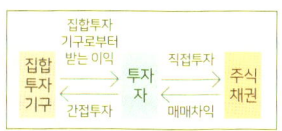

① 공통점: 주식의 배당과 채권의 이자, 비상장주식의 평가손익에 대해서는 과세하고, 상장주식(파생상품) 및 벤처주식의 평가손익에 대해서는 과세하지 않는다.
② 차이점: 집합투자기구로부터 받는 이익은 채권의 매매차손익에 대해서 과세하지만, 직접투자로부터 받는 매매차익은 채권의 매매차손익에 대해서 과세하지 않음에 주의한다.

(5) 파생결합사채로부터의 이익

국내 또는 국외에서 받는 법령으로 정하는 파생결합사채로부터의 이익*은 배당소득으로 과세한다.

* 법령으로 정하는 파생결합사채로부터의 이익: 「상법」에 따른 사채로부터 발생한 이익으로서, 유가증권이나 통화 또는 그 밖에 법령으로 정하는 자산이나 지표 등의 변동과 연계하여 미리 정하여진 방법에 따라 상환 또는 지급금액이 결정되는 사채로부터 발생한 이익

★★ (6) 「국제조세조정에 관한 법률」에 따른 유보소득 간주배당

법인의 실제부담세액이 실제발생소득의 15% 이하인 국가 또는 지역에 본점 또는 주사무소를 둔 외국법인에 대하여 내국인(해당외국법인의 각 사업연도 말 현재 발행주식의 총수 또는 출자총액의 10% 이상을 직접 또는 간접으로 보유한 자)이 출자한 경우에는 그 외국법인 중 내국인과 특수관계가 있는 법인(이하 '특정외국법인')의 각 사업연도 말 현재 **배당 가능한 유보소득 중 내국인에게 귀속될 금액은 내국인이 배당받은 것으로 보아 과세한다**(소법 17 ① (7), 국조법 27).

(7) 환매조건부 증권 매매거래에 따른 보상액 NEW

거주자가 환매기간에 따른 사전약정이율을 적용하여 환매수하는 조건으로 증권(채권 등은 제외함)을 매도하고 환매수하는 날까지 해당 증권의 매수인으로부터 지급받는 해당 증권에서 발생하는 배당에 상당하는 금액은 배당소득에 포함된다(소령 26조의 3 ⑦). (Link-P. 309)

★★ (8) 출자공동사업자의 배당

공동사업에서 발생한 소득금액 중 출자공동사업자가 수령하는 손익분배비율에 상당하는 금액은 배당소득으로 과세한다(소법 17 ① (8)). 이 때 출자공동사업자는 다음 중 어느 하나에 해당하지 아니한 자로서 **공동사업의 경영에 참여하지 아니하고 출자만 하는 자**를 말한다(소령 100 ①).

> ① 공동사업에 성명 또는 상호를 사용하게 한 자
> ② 공동사업에서 발생한 채무에 대하여 무한책임을 부담하기로 약정한 자

★★ (9) 위와 유사한 소득으로서 포괄주의에 해당하는 배당상당액(유사배당)

위에 열거된 배당소득과 유사한 소득으로서 법인 등의 단체로부터 수령하는 이익분배액의 성격이 있는 것은 법에 열거되어 있지 않더라도 배당소득으로 과세한다. 거주자가 일정기간 후에 같은 종류로서 같은 양의 주식을 반환받는 조건으로 주식을 대여하고 해당 주식의 차입자로부터 지급받는 해당 주식(주식대차거래)에서 발생하는 배당에 상당하는 금액이 이에 해당한다(소령 26의3 ④).

(10) 파생금융상품 배당

위에 열거된 배당소득 중 하나에 해당하는 소득을 발생시키는 거래 또는 행위와 파생상품이 일정하게 결합된 경우 해당 파생상품의 거래 또는 행위로부터의 이익으로 법정 요건을 갖춘 것은 배당소득으로 과세한다(소법 17 ① (10)).

기출 OX

06. 「국제조세조정에 관한 법률」상 특정 외국법인의 배당가능한 유보소득 중 거주자에게 귀속될 금액은 배당소득으로 본다. 2008. 7급
정답 O

기출 OX

07. 공동사업에서 발생하는 소득금액 중 공동사업에 성명 또는 상호를 사용하게 한 자에 대한 손익분배비율에 상당하는 금액은 배당소득으로 보고 종합과세한다. 2008. 7급
정답 X

08. 공동사업에서 발생한 채무에 대하여 무한책임을 부담하기로 약정한 자는 출자공동사업자가 될 수 없다. 2023. 7급 최신
정답 O

 오쌤 Talk

유사배당과 유가증권의 대여로 인한 소득

① 배당소득: 거주자가 일정기간 후에 같은 종류로서 같은 양의 주식을 반환받는 조건으로 주식을 대여하고 해당 주식의 차입자로부터 지급받는 주식에서 발생하는 배당에 상당하는 금액
② 기타소득: 유가증권의 일시적 대여로 인한 소득

기출 OX

09. 거주자가 일정기간 후에 같은 종류로서 같은 양의 주식을 반환받는 조건으로 주식을 대여하고 해당 주식의 차입자로부터 지급받는 해당 주식에서 발생하는 배당에 상당하는 금액은 배당소득에 포함된다. 2023. 7급·2024. 9급 최신
정답 O

2 배당소득금액의 계산 B

★★ (1) 배당소득금액의 계산방법

종합소득금액에 합산되는 배당소득금액은 다음과 같이 배당소득 총수입금액에 Gross - up 금액(귀속법인세액)을 가산한 금액으로 계산하며, 이자소득금액과 마찬가지로 필요경비를 인정하지 않는다.

> 배당소득금액 = 배당소득 총수입금액 + Gross - up 금액(귀속법인세액)
> = 배당소득 - 비과세소득 - 분리과세소득 + Gross - up 금액
> (귀속법인세액)

★★ (2) Gross - up(귀속법인세) 제도

① 의의

주주 등이 받는 배당소득이 이미 법인단계에서 법인세가 과세된 소득이라면 배당받을 때, 해당 배당소득에 대해 소득세를 과세하게 되면 이중과세문제가 생긴다. Gross - up 제도는 이를 방지하기 위한 제도이다. 「소득세법」에서는 '법인세가 과세되기 전 소득'을 기준으로 배당을 계산(배당소득 총수입금액 + 귀속법인세액)하고 해당 귀속법인세를 배당세액공제로 제거하는 계산구조를 둔다.

② 계산

종합과세하는 금융소득 중 종합과세기준금액을 초과하는 배당소득에 대해서 해당 과세기간의 총수입금액에 그 배당소득의 10%에 해당하는 금액을 더한 금액으로 한다(소법 17 ③). Gross - up 금액(귀속법인세액)은 다음과 같이 계산한다.

> Gross - up 금액 = $\dfrac{\text{배당소득에 대한 법인단계에서의 법인세차감전 순이익}}{} \times \text{법인세율}$
>
> = $\left(\text{배당소득} \times \dfrac{1}{1 - \text{법인세율}^*}\right) \times \text{법인세율}^* = \text{배당소득} \times \dfrac{9\%}{1 - 9\%}$
>
> ≒ 배당소득 × 10%

* 과세표준 2억원 이하에 적용되는 9%의 법인세율을 기초로 한다.

★ (3) Gross-up 대상에 포함되는 배당소득의 범위

다음 요건을 모두 충족하는 경우에만 Gross-up 제도를 적용한다.

① [요건 1] 법인단계에서 법인세가 과세된 소득을 재원으로 지급받은 배당일 것
② [요건 2] 내국법인으로부터 받은 배당일 것
③ [요건 3] 종합과세대상 배당소득이면서 기본세율 적용분일 것

기출 OX

10. 배당소득금액은 해당 과세기간의 총수입금액에서 필요경비를 공제한 금액으로 한다. 2024. 9급 최신
정답 X

11. 이자소득금액 또는 배당소득금액을 계산할 때 필요경비에 산입할 금액은 해당 과세기간의 총수입금액에 대응하는 비용으로서 일반적으로 용인되는 통상적인 것의 합계액으로 한다. 2010. 9급
정답 X

기출 OX

12. 배당소득에 대한 이중과세를 조정하기 위하여 소득세법에서는 배당세액공제 제도를 두고 있다. 2005. 9급
정답 O

확인문제

05. 소득세법상 Gross-up대상이 되는 배당소득은? 1999. 9급

① 외국법인으로부터 받은 이익이나 잉여금의 배당소득
② 「자산재평가법」에 의한 재평가적립금 중 토지의 재평가차액의 자본전입으로 인한 의제배당
③ 집합투자기구로부터의 이익
④ 주권상장법인의 대주주로서 받는 현금배당

정답 ④

오쌤 Talk
의제배당 일부 항목에 대한 「법인세법」과 「소득세법」상 규정

구분	법인세법	소득세법
자기주식소각익	익금 X	의제배당특례규정 Gross-up 배제
자본잉여금으로서 익금불산입 항목	익금 X	
1% 재평가세율 적용 재평가차액	익금 O	일반적인 의제배당

오쌤 Talk
1% 세율이 적용된 토지의 재평가 차액

1%의 재평가세율이 적용되는 토지의 재평가차액은 법인단계에서 법인세가 과세되는 익금항목임에도 불구하고 법인의 선택에 따라 다시 손금산입할 수 있으므로 Gross-up 대상에서 제외한다.

★★(4) Gross-up 대상에서 배제되는 배당소득

① [요건 1]에 위배되는 경우

㉠ 집합투자기구로부터의 이익
㉡ 다음의 의제배당
  ⓐ 법인의 소득에 법인세가 과세되지 아니한 배당으로서 '자본의 감소'로 인하여 주주가 취득하는 재산가액이 당초 주식의 취득가액을 초과하는 금액 NEW
  ⓑ 자기주식소각이익의 자본전입으로 인한 의제배당
  ⓒ 법인이 자기주식을 보유한 상태에서 의제배당으로 보지 않는 자본잉여금의 자본전입 시 자본전입법인 외의 주주의 지분비율이 증가함에 따른 의제배당
  ⓓ **1%의 재평가세율이 적용된 토지의 재평가차액을 자본에 전입함으로 인한 의제배당**
㉢ 다음의 감액배당 NEW
  ⓐ 「자산재평가법」을 위반하여 3% 재평가세율이 적용된 재평가적립금을 감액하여 받은 배당
  ⓑ 적격합병차익 및 적격분할차익 중 3% 재평가세율이 적용되는 재평가적립금을 감액하여 받은 배당
㉣ 다음의 법인으로부터 받는 일정한 배당
  ⓐ 소득공제를 받는 「법인세법」상 명목회사 및 「조세특례제한법」상 프로젝트금융투자회사
  ⓑ 동업기업과세특례 적용법인
  ⓒ 최저한세 적용배제대상인 다음의 세액감면 받는 법인
    ㉮ 수도권 밖으로 본사를 이전하는 법인에 대한 세액감면
    ㉯ 외국인투자 및 증자에 대한 법인세감면
    ㉰ 제주첨단과학기술단지 입주기업에 대한 법인세감면
    ㉱ 제주투자진흥지구 또는 제주자유무역지역입주기업에 대한 법인세감면
㉤ 출자공동사업자의 배당
㉥ 법인과세 신탁재산으로부터 받는 배당금·분배금
㉦ 파생결합증권·파생결합사채로부터의 이익, 유사배당, 파생금융상품 배당, 비금전신탁 수익증권으로부터의 이익·투자계약으로부터의 이익 NEW

② [요건 2]에 위배되는 경우

㉠ 외국법인으로부터 받는 배당

③ [요건 3]에 위배되는 경우

㉠ 분리과세가 적용되는 배당소득
㉡ 종합과세되는 배당소득 중 종합과세기준금액(2,000만원)을 초과하지 않는 배당소득*

* 이 경우 2,000만원을 초과하지 않는 배당소득 판단 시 금융소득은 '이자소득 -> Gross - up이 적용되지 않는 배당소득 -> Gross - up이 적용되는 배당소득'의 순서로 구성된 것으로 본다.

3 배당소득의 수입시기 A

각 배당소득 총수입금액의 수입시기는 다음에 따른다(소령 46, 국조법 31).

구분		수입시기
① 일반 배당	㉠ 잉여금처분에 의한 배당	잉여금처분결의일
	㉡ 무기명주식의 이익이나 배당	그 지급을 받은 날
② 인정배당		해당 사업연도의 결산확정일
③ 의제 배당	㉠ 잉여금의 자본전입	자본전입을 결정한 날
	㉡ 주식의 소각·자본감소, 퇴사·탈퇴로 인한 의제배당	소각·감자 결의일, 퇴사일·탈퇴일
	㉢ 해산	잔여재산가액확정일
	㉣ 합병·분할	합병등기일·분할등기일
④ 집합투자기구로부터의 이익		㉠ 원칙: 이익을 지급받은 날
⑤ 파생결합증권·파생결합사채로부터의 이익		㉡ 원본에 전입하는 뜻의 특약이 있는 분배금: 원본에 전입된 날
⑥ 간주배당(「국제조세조정에 관한 법률」상 특정 외국법인의 유보소득의 배당간주)		특정 외국법인의 해당 사업연도 종료일의 다음 날부터 60일이 되는 날
⑦ 출자공동사업자가 받는 손익분배비율 상당액		과세기간 종료일
⑧ 유사배당		그 지급을 받은 날
⑨ 파생금융상품 배당		
⑩ 조각투자상품으로부터의 이익 NEW		그 이익을 지급받은 날

3 금융소득의 과세방법

1 금융소득의 원천징수 B

★★ (1) 원천징수 규정

국내에서 거주자나 비거주자에게 이자소득 또는 배당소득을 지급할 경우 지급하는 자(원천징수의무자)는 지급받는 자에 대한 소득세를 원천징수해야 할 의무를 부담한다. 또한 외국법인이 발행한 채권·증권에서 발생한 금융소득을 거주자에게 지급하는 경우에는 국내에서 그 지급을 대리하거나 그 지급 권한을 위임 또는 위탁받은 자가 원천징수해야 할 의무를 부담한다.

★★ (2) 원천징수 제외대상

국외에서 받는 이자소득 또는 배당소득은 원천징수대상에 해당하지 않는다.

(3) 원천징수세액의 처리

분리과세를 적용하는 금융소득은 종합소득금액을 계산하기 위한 이자소득금액 또는 배당소득금액에 포함되지 않는다. 따라서 분리과세하는 금융소득은 원천징수로 인하여 과세가 종결된다. 하지만 그 외의 금융소득은 종합소득금액을 계산할 때 포함하여 세액을 계산하고, 해당 금융소득에 대해 원천징수된 세액은 기납부세액으로 공제한다.

오쌤 Talk

이자 및 배당의 수입시기 비교

	이자소득의 수입시기	배당소득의 수입시기
기명 채권·주식	약정에 의한 지급일	잉여금처분결의일
무기명 채권·주식	지급을 받은 날	지급을 받은 날
유사 이자·배당 파생금융상품 이자·배당	약정에 따른 상환일과 기일 전에 상환하는 때에는 그 상환일	

확인문제

06. 「소득세법」상 배당소득의 수입시기에 대한 설명으로 옳지 않은 것은?
2014. 9급

① 집합투자기구로부터의 이익 – 이익을 지급받기로 약정된 날
② 법인이 해산으로 인하여 소멸한 경우 의제배당 – 잔여재산의 가액이 확정된 날
③ 출자공동사업자의 배당 – 과세기간 종료일
④ 「법인세법」에 의하여 처분된 배당 – 당해 법인의 당해 사업연도의 결산 확정일

정답 ①

기출 OX

13. 잉여금 처분에 따른 배당소득의 수입시기는 당해 법인의 잉여금 처분결의일이다 2022. 9급·2023. 7급 최신

정답 O

14. 「법인세법」에 따라 처분된 배당소득의 수입시기는 당해 법인의 당해 과세기간 종료일이다. 2023. 7급 최신

정답 X

15. 출자공동사업자의 배당소득 수입시기는 그 지급을 받은 날로 한다. 2020. 7급

정답 X

16. 국내에서 지급하는 이자소득과 배당소득 모두 소득세법상 원천징수대상 소득에 해당한다. 2016. 9급 수정

정답 O

17. 국내에서 거주자에게 배당소득을 지급하는 자는 소득세 원천징수의무를 지지만, 비거주자에게 배당소득을 지급하는 자는 원천징수의무를 지지 않는다. 2022. 7급

정답 X

★★ (4) 원천징수세율의 적용

각 소득별로 원천징수 시 적용되는 원천징수세율은 다음과 같다*(소법 129).

구분		세율
이자소득	일반적인 경우의 이자소득	14%
	비영업대금의 이익	25%
	「온라인투자연계금융업 및 이용자 보호에 관한 법률」에 따라 금융위원회에 등록한 온라인투자연계금융업자를 통하여 지급받는 P2P 투자 이자소득	14%
	비실명 이자소득	45%
	금융실명제에 위배된 비실명 이자소득	90%
	직장공제회 초과반환금	기본세율
	개인종합자산관리계좌(ISA) 과세분	9%
배당소득	일반적인 경우의 배당소득	14%
	법인으로 보지 아니하는 법인 아닌 단체 중 수익을 구성원에게 분배하지 아니하는 단체가 단체명을 표시하여 금융거래	14%
	출자공동사업자 배당	25%
	비실명 배당소득	45%
	금융실명제에 위배된 비실명 배당소득	90%

* 원천징수세액을 계산할 때 이자·배당 소득에 대해서 외국소득세액·외국법인세액을 납부한 경우에는 원천징수세액에서 그 외국납부세액을 뺀 금액을 원천징수세액으로 한다. 이를 적용할 때 외국소득세액 또는 외국법인세액이 원천징수세액을 초과하는 경우에는 그 초과하는 금액은 없는 것으로 한다.

2 금융소득의 종합과세 A

★★ (1) 금융소득 과세구조

금융소득의 과세구조는 다음과 같이 비과세대상, 무조건 분리과세대상, 무조건 종합과세대상, 조건부 종합과세대상의 4가지로 나누고 각각 다른 과세방법을 적용한다. 분리과세를 적용할 경우 위의 (4)와 같이 각 소득별 원천징수세율을 적용받지만, 종합과세를 적용할 경우에는 누진세율이 적용된다.

구분	과세방법
① 비과세 대상	특정 경영상의 목적으로 소득세를 과세하지 아니함
② 무조건 분리과세 대상	정책상 목적 등으로 무조건 원천징수를 통해 과세를 종결함
③ 무조건 종합과세 대상	종합소득금액에 합산하여 과세함
④ 조건부 종합과세 대상	㉠ 합산액이 2,000만원 이하인 경우: 분리과세 ㉡ 합산액이 2,000만원 초과인 경우: 종합과세*

* 비과세 및 무조건 분리과세 되는 금융소득을 제외한 이자·배당소득의 합계액이 2천만원을 초과하는 경우 초과분만 종합과세되는 것이 아니라, 그 합계금액 전체에 대하여 종합과세한다.

기출 OX

18. 법인으로 보지 아니하는 법인 아닌 단체 중 수익을 구성원에게 분배하지 아니하는 단체가 단체명을 표시하여 금융거래를 함으로써 금융회사로부터 받는 이자와 배당소득은 100분의 14의 세율로 원천징수하고 분리과세한다.
2010. 9급
정답 O

19. 출자공동사업자의 배당소득에 대해서는 100분의 25의 원천징수세율을 적용한다. 2020. 7급
정답 O

 오쌤 Talk
개인종합자산관리계좌(ISA)
개인종합자산관리계좌(ISA)란 연 2000만원 납입한도 안에서 예금·펀드·주식 등 같은 다양한 금융상품에 투자할 수 있는 계좌를 말하는데 해당 계좌에서 발생하는 이자·배당소득 중 연200만원(400만원)까지는 비과세이며, 200만원(또는 400만원)을 초과하는 금액에 대해서는 9%의 낮은 원천징수세율을 적용한다.

기출 OX

20. 무조건 종합과세대상 금융소득과 조건부 종합과세대상 금융소득의 합계액이 2,000만원을 초과할 경우에는 무조건 종합과세대상 금융소득과 조건부 종합과세대상 금융소득 전액을 종합과세한다. 2001. 7급
정답 O

(2) 금융소득의 과세구조에 따른 항목

구분	항목
① 비과세 대상	㉠ 학술, 종교 등 공익을 목적으로 하는 공익신탁의 이익 ㉡ 개인종합자산관리계좌에서 받는 200만원(400만원)까지의 이자·배당소득(ISA)
② 무조건 분리과세 대상	㉠ 다음의 장기채권의 이자·할인액으로서 분리과세를 신청한 경우 (신청하지 않을 경우 조건부 과세하며 2018.1.1. 이후 발행된 10년 이상 장기채권의 이자·할인액은 신청 여부와 무관하게 조건부 과세) ⓐ 2012.12.31.까지 발행된 10년 이상의 장기채권의 이자·할인액 ⓑ 2013.1.1. ~ 2017.12.31. 발행된 10년 이상의 장기채권을 3년 이상 계속하여 보유한 거주자가 그 장기채권을 매입한 날부터 3년이 지난 후에 발생하는 이자·할인액 ㉡ 비실명 금융소득(이자·배당소득) ㉢ 직장공제회 초과반환금 ㉣ 「민사집행법」에 의한 경매입찰 법원 보증금 및 경락대금에서 발생하는 이자소득 ㉤ 법인으로 보는 단체 외의 단체 중 수익을 구성원에게 배분하지 않는 단체로서 단체명을 표기하여 금융거래를 하는 단체가 금융회사 등으로부터 받는 이자·배당소득 ㉥ 개인종합자산관리계좌(ISA)에서 받는 금융소득으로서 200만원(400만원*1)을 초과하는 이자·배당소득
③ 무조건 종합과세 대상	㉠ 국내에서 원천징수되지 않은 국내외 금융소득 ㉡ 출자공동사업자의 배당*2
④ 조건부 종합과세 대상	위 ①~③에 해당하지 않는 소득

*1 400만원까지 비과세 적용받는 가입대상자

① 전기 총급여액이 5천만원 이하인 근로자
② 전기 종합소득금액이 3,500만원 이하인 자
③ 농어민

*2 출자공동사업자 배당은 무조건 종합과세하되, 조건부 종합과세 기준금액(2,000만원) 계산 시 제외하며, 산출세액 계산 시에도 금융소득 외의 다른 종합소득금액으로 보아 별도의 계산구조를 적용한다. 이는 08 에서 자세히 다루기로 한다.

★★ (3) 금융소득의 구성순서

금융소득은 '이자소득 → Gross - up이 적용되지 않는 배당소득 → Gross - up이 적용되는 배당소득'의 순서로 구성된 것으로 본다. 구성순서에 따라 Gross - up이 적용되는 금액이 달라지기 때문에 정해진 순서에 따라 구성된 것으로 보고 계산한다. 여기서 Gross - up이 적용되지 않는 배당소득이란 ② *2 (4) ①의 ㉠ ~ ㉢, ②의 ㉠에서 설명한 배당소득을 말한다.

기출 OX

21. 직장공제회 초과반환금은 분리과세하는 것이 원칙이나 기준금액을 초과하는 경우에는 종합과세한다. 2010. 9급
정답 X

22. 법인으로 보는 단체 외의 단체 중 수익을 구성원에게 배분하지 아니하는 단체로서 단체명을 표기하여 금융거래를 하는 단체가 「금융실명거래 및 비밀보장에 관한 법률」에 따른 금융회사 등으로부터 받는 배당소득은 종합소득과세 표준을 계산할 때 합산하지 아니한다. 2023. 7급 최신
정답 O

23. 공동사업에서 발생하는 소득금액 중 출자공동사업자에 대한 손익분배비율에 상당하는 금액은 100분의 25의 세율로 원천징수하고 분리과세한다. 2010. 9급
정답 X

오쌤 Talk

국외금융소득에 대한 과세

구분	과세방법	원천징수 세액의 처리
국내에서 원천징수된 경우	조건부 종합과세	기납부세액으로 공제
외국에서 원천징수된 경우	무조건 종합과세	외국납부세액 공제로 공제

확인문제 최신

07. 소득세법령상 이자소득과 배당소득의 과세방법에 대한 설명으로 옳지 않은 것은? 2023. 9급

① 대통령령으로 정하는 실지명의가 확인되지 아니하는 배당소득은 분리과세배당소득이며, 원천징수세율은 30%를 적용한다.
② 법인으로 보는 단체 외의 단체 중 수익을 구성원에게 배분하지 아니하는 단체로서 단체명을 표기하여 금융거래를 하는 단체가 금융회사 등으로부터 받는 배당소득은 분리과세배당소득이며, 원천징수세율은 14%를 적용한다.
③ 직장공제회 초과반환금은 분리과세이자소득이며, 원천징수세율은 기본세율을 적용한다.
④ 「민사집행법」 제113조 및 같은 법 제142조에 따라 법원에 납부한 보증금 및 경락대금에서 발생하는 이자소득은 분리과세 이자소득이며, 원천징수세율은 14%를 적용한다.

정답 ①

(4) 금융소득 종합과세 시 세율의 적용

금융소득을 종합과세할 경우 다음의 산식에 따라 세율을 적용하여 계산한다. 이 때, 종합과세임에도 불구하고 2,000만원까지는 일반적인 금융소득의 원천징수세율인 14%를 적용한다.

> 산출세액 = 2,000만원 × 14% + (종합소득 과세표준 - 2,000만원) × 기본세율

(5) 금융소득 관련 세액공제

① 외국납부세액공제

거주자의 종합소득금액에 국외원천소득이 합산되어 있는 경우로서 그 국외원천소득에 대하여 외국에서 외국소득세액을 납부하였거나 납부할 것이 있을 때에는 공제한도금액 내에서 외국소득세액을 해당 과세기간의 종합소득 산출세액 또는 퇴직소득 산출세액에서 공제할 수 있다(소법 57 ①).

> 외국납부세액공제 = MIN[㉠, ㉡]
> ㉠ 외국납부세액
> ㉡ 한도: 산출세액 × $\dfrac{\text{국외원천소득금액}}{\text{종합소득금액}}$

② 배당세액공제

거주자의 종합소득금액에 Gross - up 대상 배당소득금액이 합산되어 있는 경우에 그 가산한 Gross - up 금액을 종합소득 산출세액에서 공제한다(소법 56 ①).

> 배당세액공제액 = MIN[㉠, ㉡]
> ㉠ Gross - up 금액
> ㉡ 한도: 일반 산출세액 - 비교 산출세액*

* 비교 산출세액은 금융소득을 분리과세할 경우 가정하여 계산된 세액을 뜻한다. 이에 대해서는 **08**에서 상세히 설명하기로 한다.

CHAPTER 03

사업소득

1. 사업소득의 범위
2. 사업소득금액의 계산

• 최신 8개년 출제 경향 분석

01 사업소득의 범위　●9급 ●7급

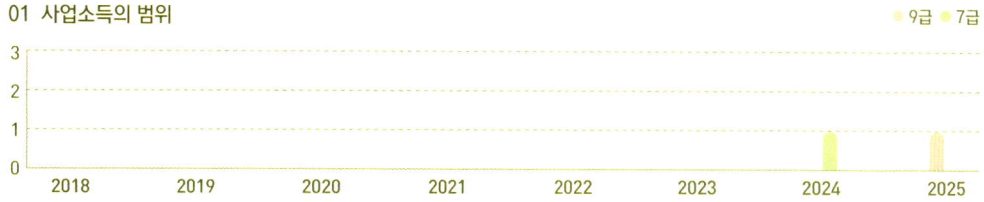

02 사업소득금액의 계산　●9급 ●7급

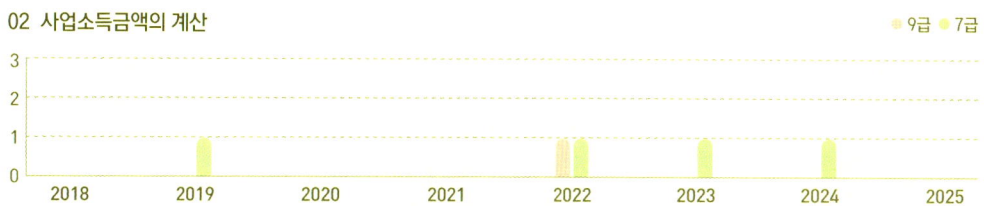

1 사업소득의 범위

1 사업소득의 범위에 포함되는 항목 B

사업소득은 개인 사업자가 이익을 얻을 목적으로 독립적인 지위에서 계속적·반복적으로 영위하는 사업으로부터 일정한 과세기간 동안 얻는 소득을 의미한다. 사업소득은 「소득세법」에 규정된 사업에서 발생한 다음의 소득을 과세대상으로 한다(소법 19 ①). 이 밖에도 유형별 포괄주의가 적용되기 때문에 아래의 사업소득과 유사한 소득은 사업소득으로 보아 과세대상에 포함한다.

① 농업(작물재배업 중 곡물 및 기타 식량작물재배업 제외)·임업·어업·광업에서 발생하는 소득
② 제조업, 도소매업에서 발생하는 소득
③ 전기, 가스, 증기 및 공기조절공급업에서 발생하는 소득
④ 수도, 하수 및 폐기물처리, 원료재생업에서 발생하는 소득
⑤ 건설업, 부동산업에서 발생하는 소득으로 「공익사업을 위한 토지 등의 취득 및 보상에 관한 법률」에 따른 공익사업과 관련하여 지역권·지상권을 설정하거나 대여함으로써 발생하는 소득을 제외한 소득
⑥ 운수 및 창고업에서 발생하는 소득
⑦ 숙박 및 음식점업에서 발생하는 소득
⑧ 출판, 영상, 방송통신 및 정보통신업에서 발생하는 소득
⑨ 금융 및 보험업에서 발생하는 소득
⑩ 전문, 과학 및 기술서비스업(법령으로 정하는 연구개발업은 제외 단, 계약 등에 따라 그 대가를 받고 연구 또는 개발용역을 제공하는 것은 과세)에서 발생하는 소득
⑪ 사업시설관리, 사업 지원 및 임대 서비스업에서 발생하는 소득
⑫ 교육서비스업(법으로 정하는 교육기관은 제외), 예술, 스포츠 및 여가 관련 서비스업에서 발생하는 소득
⑬ 보건업 및 사회복지서비스업(법으로 정하는 사회복지사업은 제외)에서 발생하는 소득
⑭ 협회 및 단체(법으로 정하는 협회 및 단체는 제외), 수리 및 기타 개인서비스업에서 발생하는 소득
⑮ 가구 내 고용활동에서 발생하는 소득
⑯ 복식부기의무자가 차량 및 운반구 등 사업용 유형고정자산을 양도함으로써 발생하는 소득(양도소득에 해당하는 토지 및 건물의 양도소득은 제외)
⑰ 위 ①~⑯과 유사한 소득으로서 영리를 목적으로 자기의 계산과 책임하에 계속적·반복적으로 행하는 활동을 통하여 얻는 소득

2 특수한 사업소득 B

(1) 연예인 등의 전속계약금

연예인 및 직업운동선수 등이 사업활동과 관련하여 받는 전속계약금은 사업소득으로 본다(소령 37 ①). 이 때 수입시기는 인적용역의 수입시기 규정에 따른다(소령 48 (8)).

오쌤 Talk

지역권 및 지상권의 대여

	일반적인 지역권·지상권의 설정·대여소득	법에 따른 공익사업 관련 지역권·지상권의 설정·대여소득
과세방법	부동산임대업 사업소득으로 과세	기타소득으로 과세
수입시기	약정일로 하되, 약정이 없는 경우 지급일	기타소득 수입시기 원칙

기출 OX

01. 금융업자가 대출과 관련하여 받는 이자는 사업소득에 해당하지 않는다.
2007. 7급
정답 X

⭐⭐ (2) 부동산임대업

다음 중 어느 하나에 해당하는 사업은 부동산임대업으로 보고 사업소득을 과세한다 (소법 45 ②). 부동산임대업은 사업소득에 해당하지만, 그 외의 다른 일반사업소득과 다른 과세구조를 적용하기에 구분된다.

① 부동산 또는 부동산상의 권리를 대여하는 사업

부동산(ex. 토지) 또는 부동산상의 권리(ex. 전세권)를 계속적·반복적으로 대여하는 사업을 영위하는 경우 부동산임대업에 해당하는 것으로 보아 사업소득으로 과세한다. 따라서 일시적으로 대여하는 사업은 사업소득에 해당하지 않고 기타소득으로 과세한다. 한편, 지역권과 지상권의 경우 다음에 따라 사업소득 또는 기타소득으로 과세한다.

구분	소득의 분류
⊙ 일반적인 지역권·지상권의 대여	사업소득
ⓒ 「공익사업을 위한 토지 등의 취득 및 보상에 관한 법률」에 따른 공익사업과 관련한 지역권·지상권의 설정·대여소득	기타소득

> **기출 OX**
> 02. 부동산상의 권리대여는 사업소득으로 간주되나, 이에는 공익사업과 관련된 지역권은 포함되지 않는다.
> 2007. 7급
> 정답 O

② 공장재단 또는 광업재단을 대여하는 사업

'공장재단 또는 광업재단'은 법에 의하여 재단의 설정등기를 한 재산의 집단을 말하는데, 이러한 공장재단 또는 광업재단을 대여하는 소득은 부동산임대업에 해당하는 것으로 보아 사업소득으로 과세한다. 단, 시설(ex. 기계, 기구)을 공장재단과 분리하여 별도로 임대한 경우에는 시설의 임대로 인한 소득은 부동산임대업에 해당하는 소득이 아니라 일반 임대업 사업소득으로 본다(소기통 45-0…31).

> **기출 OX**
> 03. 공장재단의 대여로 인하여 발생하는 소득은 사업소득이다. 2007. 7급
> 정답 O

③ 광업권자·조광권자 또는 덕대가 채굴에 관한 권리를 대여하는 사업

광업권자·조광권자 또는 덕대(이하 '광업권자 등')가 채굴을 할 수 있는 시설과 함께 광산을 대여함으로 인하여 발생하는 소득은 부동산임대업 소득으로 본다. 다만, 광업권자 등이 자본적 지출이나 수익적 지출의 일부 또는 전부를 제공하는 것을 조건으로 광업권·조광권 또는 채굴에 관한 권리를 대여하고 덕대 또는 분덕대로부터 받는 분철료는 일반 사업소득으로 본다(소령 101 ②).

> **기출 OX**
> 04. 광업권자 등이 자본적 지출이나 수익적 지출의 일부 또는 전부를 제공하는 조건으로 광업권에 대한 권리를 대여하고 덕대 또는 분덕대로부터 받는 분철료는 기타소득에 포함된다. 2007. 7급
> 정답 X

(3) 통신판매중개를 하는 자를 통하여 물품·장소를 대여하고 사용료를 받는 사업

통신판매중개를 하는 자를 통하여 물품·장소를 대여하고 사용료를 받는 사업은 다음의 구분에 따라 사업소득 또는 기타소득으로 과세한다.

구분	소득의 분류
① 통신판매중개를 하는 자를 통하여 물품·장소를 대여하고 사용료를 받는 사업을 계속적·반복적으로 영위하는 경우	사업소득
② 통신판매중개를 하는 자를 통하여 물품·장소를 대여하고 연간 수입금액이 500만원 이하의 사용료로서 받은 금품을 기타소득으로 원천징수하거나 과세표준확정신고를 한 경우	기타소득

3 과세되지 않는 항목 B

다음의 항목은 과세되는 사업 중에서 과세가 제외되는 항목으로, 해당 항목에서 소득이 발생하더라도 소득세를 과세하지 않는다.

구분	과세 제외 사업소득
① 농업	작물재배업 중 곡물 및 기타 식량 작물재배업
② 전문, 과학 및 기술서비스업	연구개발업 (단, 계약 등에 따라 그 대가를 받고 연구 또는 개발용역을 제공하는 사업은 과세)
③ 교육서비스업	「유아교육법」에 따른 유치원, 「초·중등교육법」 및 「고등교육법」에 따른 학교, 직업능력개발훈련시설, 노인학교
④ 보건 및 사회복지사업	사회복지사업 및 장기요양사업
⑤ 협회 및 단체	한국표준산업분류의 중분류에 따른 협회 및 단체(단, 해당 협회 및 단체가 특정사업을 경영하는 경우에는 그 사업의 내용에 따라 분류)

4 비과세 사업소득 A

다음의 소득에 대해서는 소득세를 과세하지 않는다(소법 12 (2)). 이러한 비과세 사업소득은 사업소득 자체를 과세하지 않기 때문에 소득에 대한 신고의무도 부담하지 않는다는 면에서 별도로 신고를 통해 과세에서 제외된다는 증명을 해야 하는 위의 과세 제외 사업소득과 구별된다.

★★ (1) 작물생산목적의 논·밭 임대소득

논·밭을 작물생산에 이용하게 함으로써 발생하는 소득에 대해서는 소득세를 과세하지 않는다.

★★ (2) 농어가부업소득

농·어민이 경영하는 축산·고공품 제조·**민박**·음식물판매·특산물(전통식품, 수산전통식품 및 수산특산물)제조·전통차제조 및 그 밖에 이와 유사한 활동에서 발생한 소득 중 **다음의 소득에 대해서는 소득세를 과세하지 않는다**(소령 9, 소칙 6).

> ① 농가부업규모의 축산에서 발생하는 소득
> ② 위 ①외의 소득으로서 소득금액의 합계액이 연 3,000만원 이하인 경우

★★ (3) 일정금액 이하의 전통주 제조 소득

대통령령이 정하는 전통주를 수도권 밖의 읍·면 지역에서 제조함으로써 발생하는 소득으로서 소득금액의 합계액이 연 1,200만원 이하의 것에 대해서는 소득세를 과세하지 아니한다(소령 9의2). 다만 1,200만원을 초과하면 초과분만 과세하는 것이 아니라 전액을 과세한다.

📖 **확인문제**

01. 「소득세법」상 사업소득으로 과세되는 소득유형으로 옳지 않은 것은?
　　　　　　　　　　　　　2015. 9급

① 가구 내 고용활동에서 발생하는 소득
② 연예인이 사업 활동과 관련하여 받는 전속계약금
③ 부동산에 대한 지역권을 공익사업과 관련해 대여함으로써 발생하는 소득
④ 계약에 따라 그 대가를 받고 연구 또는 개발용역을 제공하는 연구개발업에서 발생하는 소득

정답 ③

📝 **기출 OX**

05. 전답을 작물생산에 이용하게 함으로써 발생하는 소득에 대하여는 소득세를 과세하지 않는다.　　2007. 9급
정답 ○

📖 **확인문제** 최신

02. 소득세법령상 거주자의 비과세소득에 해당하는 것만을 모두 고르면? (단, 연근해어업, 민박 및 전통주는 소득세법령에 정한 요건을 충족하고, 각 항목은 상호 독립적이다) 2025. 9급

ㄱ. 연근해어업에서 발생한 소득금액 연 4천만 원
ㄴ. 조림기간 3년인 임지의 임목의 벌채 또는 양도로 발생한 소득금액 연 800만 원
ㄷ. 농민이 부업으로 경영하는 민박에서 발생한 소득금액 연 3천만 원
ㄹ. 밭을 주차장으로 이용하게 함으로써 발생한 소득금액 연 1천 200만 원
ㅁ. 수도권 지역에서 전통주를 제조함으로써 발생한 소득금액 연 1천300만 원

① ㄱ, ㄷ
② ㄴ, ㄷ
③ ㄱ, ㄹ, ㅁ
④ ㄴ, ㄹ, ㅁ

정답 ①

★★ (4) 특정 임목의 벌채·양도소득

조림기간 5년 이상인 임지의 임목의 벌채·양도로 발생하는 소득으로서 연 600만원 이하의 소득금액에 대해서는 소득세를 과세하지 않는다. 한편, 임목과 임지를 함께 양도하는 경우 임지의 양도로 인한 소득은 양도소득에 해당한다(소령 51 ⑧).

★★ (5) 일정금액 이하의 어로어업 또는 양식어업 소득

한국표준산업분류에 따른 연근해어업과 내수면어업 또는 양식어업에서 발생하는 소득으로서 해당 과세기간의 소득금액의 합계액이 5천만원 이하의 것에 대해서는 비과세한다(소령 9의5).

(6) 일정금액 이하의 작물재배업 소득

곡물 및 기타 식량을 제외한 작물재배업에서 발생하는 소득으로서 해당 과세기간의 수입금액의 합계액이 10억원 이하인 것에 대해서는 비과세한다(소령 9의4).

★★ (7) 1개 주택 소유자의 주택 임대소득

① 원칙
1개의 주택(주택부수토지 포함)을 소유하는 자의 주택임대소득은 비과세한다.

② 예외
고가주택(과세기간 종료일 또는 해당 주택의 양도일 현재 기준시가가 12억원을 초과하는 주택)과 국외에 소재하는 주택의 임대소득은 주택 수와 관계없이 과세한다.

③ 주택 수의 계산방법

구분	주택 수의 계산방법
㉠ 다가구주택	1개의 주택으로 보되, 구분 등기된 경우에는 각각을 1개의 주택으로 계산
㉡ 공동소유주택	지분이 가장 큰 사람의 소유로 계산하되, 지분이 가장 큰 사람이 2명 이상인 경우에는 그들이 합의하여 그들 중 1명을 해당 주택의 임대수입의 귀속자로 정함. 다만, 다음 어느 하나에 해당하는 사람은 본문에 따라 공동소유의 주택을 소유하는 것으로 계산되지 않는 경우라도 그의 소유로 계산 ⓐ 공동소유주택을 임대해 얻은 수입금액이 연간 6백만원 이상인 사람 ⓑ 공동소유주택의 기준시가가 12억원을 초과하는 경우로서 그 주택의 지분을 30% 초과 보유하는 사람
㉢ 임차·전세받은주택	임차 또는 전세받은 주택을 전대하거나 전전세하는 경우, 해당 주택을 임차인 또는 전세받은 자의 주택으로 계산
㉣ 부부소유주택	본인과 배우자가 각각 소유하는 경우, 주택 수는 합산하여 계산
㉤ 겸용주택 임대	겸용주택을 임대하는 경우, 「부가가치세법」상 면세 규정을 적용하여 계산

 오쌤 Talk

일정 금액 이하의 경우 비과세를 적용하는 사업소득

사업소득 구분	비과세
농가부업규모의 축산 외의 농어가부업소득	연 3,000만원 이하
수도권 밖의 전통주 제조소득	연 1,200만원 이하
산림소득	조림기간 5년 이상인 임지의 임목의 벌채나 양도 시 연 600만원 이하
작물재배업	곡물 및 기타식량작물 재배업 외의 경우 연 10억원 이하 (단, 곡물 및 기타식량작물 재배업은 일정 금액을 따지지 않고 비과세를 적용)

확인문제 [최신]

03. 소득세법령상 거주자의 비과세 주택임대소득과 관련하여 주택 수의 계산 및 주택임대소득의 산정 등에 대한 설명으로 옳은 것은? 2024. 7급

① 다가구주택은 구분 등기된 경우에는 각각을 1개의 주택으로 계산하지 않는다.
② 공동소유하는 주택의 기준시가가 12억원을 초과하는 경우로서 그 주택의 지분을 100분의 30 초과 보유하는 사람은 법령에 따라 공동소유의 주택을 소유하는 것으로 계산되지 않는 경우라도 그의 소유로 계산한다.
③ "기준시가가 12억원을 초과하는 주택"은 해당 주택의 취득일을 기준으로 판단한다.
④ 임차 또는 전세 받은 주택을 전대하거나 전전세하는 경우에는 당해 임차 또는 전세 받은 주택을 임차인 또는 전세 받은 자의 주택으로 계산하지 않는다.

정답 ②

 오쌤 Talk

종합소득세와 양도소득세 구조하의 '고가주택'의 정의

종합소득세 고가주택	과세기간 종료일 또는 양도일 현재 '기준시가'가 12억원을 초과하는 주택
양도소득세 고가주택	양도일 현재 '실지거래가액'이 12억원 초과하는 주택

오쌤 Talk

해당 소득이 2,000만원을 기준으로 종합소득과 분리소득이 결정되는 경우

조건부 종합과세 금융소득	2,000만원 이하인 경우에는 '분리과세'
주거용 건물 임대업에서 발생한 소득	2,000만원 이하인 경우 종합과세와 분리과세 중 '선택 가능'

5 분리과세를 선택할 수 있는 사업소득 C

해당 과세기간에 주거용 건물 임대업에서 발생한 수입금액의 합계액(공동사업자인 경우 공동사업장에서 발생한 주택임대수입금액의 합계액을 손익분배비율에 의하여 공동사업자에게 분배한 금액을 합산한 금액)이 2천만원 이하인 자의 주택임대소득은 분리과세와 종합과세 중 과세방법을 선택할 수 있다. 이 경우에도 종합소득과세표준 확정신고 및 「소득세법」에 따른 사업자등록은 해야 한다.

② 사업소득금액의 계산

1 사업소득금액 B

★(1) 사업소득금액의 계산

사업소득금액은 다음과 같이 해당 과세기간의 총수입금액에서 이에 사용된 필요경비를 공제한 금액으로 한다(소법 19 ②). 필요경비가 총수입금액을 초과하는 경우에는 결손금으로 당해 과세기간에 다른 소득금액에서 공제하고, 이월결손금은 15년간 이월하여 종합소득금액에서 공제한다.

> 사업소득금액 = 사업소득 총수입금액 - 필요경비
> = 사업소득 - 비과세소득 - 필요경비

(2) 법인세의 과세표준과 소득세의 과세표준의 계산구조

법인세의 각사업연도소득금액과 소득세의 사업소득금액은 계산하는 방식이 다음과 같이 유사한데 총수입금액 및 필요경비의 범위, 이월결손금((06)에서 후술) 비과세소득의 적용방식에서 차이가 존재한다. 「소득세법」에서 비과세소득은 총수입금액을 계산할 때 총소득에서 비과세소득을 차감한 총수입금액으로 하는 것이 원칙이다.

법 인 세 법	소 득 세 법
당 기 순 이 익	당 기 순 이 익
(+) 익금산입·손금불산입	(+) 총수입금액산입·필요경비불산입
(-) 손금산입·익금불산입	(-) 필요경비산입·총수입금액불산입
차 가 감 소 득 금 액	차 가 감 소 득 금 액
(+) 기 부 금 한 도 초 과 액	(+) 기 부 금 한 도 초 과 액
(-) 기부금한도초과이월액	(-) 기부금한도초과이월액
각사업연도소득금액	사 업 소 득 금 액
(-) 이 월 결 손 금	-
(-) 비 과 세 소 득	-
(-) 소 득 공 제	(-) 소 득 공 제
과 세 표 준	과 세 표 준

2 일반사업소득의 총수입금액

(1) 총수입금액에 산입되는 항목

총수입금액은 해당 사업과 관련하여 과세기간에 수입하였거나 수입할 금액의 합계액을 말한다. 다음의 항목은 일반사업소득을 계산할 때 총수입금액으로 산입되는 항목이다(소령 51 ③).

① 매출액(매출환입, 매출에누리, 매출할인을 뺀 금액. 단, 거래수량 또는 거래금액에 따라 상대편에게 지급하는 장려금과 그 밖에 이와 유사한 성질의 금액과 대손금은 총수입금액에서 빼지 아니한다)
② 사업자나 법인이 생산·공급하는 재화 또는 용역(자사제품 등)을 임원 등에게 시가보다 낮은 가격으로 판매 또는 제공하는 방식에 따른 판매 또는 제공가액과 시가와의 차액 NEW
③ 거래상대방으로부터 받는 장려금 기타 이와 유사한 성질의 금액
④ 관세환급금 등 필요경비로 지출된 세액이 환입되었거나 환입될 경우에 그 금액
⑤ 사업과 관련된 자산수증이익 및 채무면제이익 (단, 이월결손금 보전에 충당된 금액은 제외)
⑥ 다음 어느 하나에 해당되는 이익, 분배금 또는 보험차익 (그 소득의 성격에도 불구하고 총수입금액에 산입)

> ㉠ 확정급여형퇴직연금제도의 보험차익과 신탁계약의 이익 또는 분배금
> ㉡ 사업과 관련하여 해당 사업용 자산의 손실로 취득하는 보험차익

⑦ 부동산을 임대하거나 지역권·지상권을 설정 또는 대여하고 받은 선세금(先貰金)을 계약기간의 월수로 나눈 금액의 각 과세기간의 합계액
⑧ 가사용으로 소비된 임목 또는 재고자산 (이때, 시가를 총수입금액으로 하며, 원가를 필요경비에 산입)
⑨ 화폐성 외화자산 및 부채의 상환에서 발생하는 상환차익
⑩ 복식부기의무자가 사업용 유형자산을 양도함으로써 발생하는 소득 (양도소득세 과세대상인 토지 및 건물의 양도는 제외)
⑪ 기타 사업과 관련된 수입금액으로 당해 사업자에게 귀속되었거나 귀속될 금액

(2) 총수입금액에 산입되지 않는 항목

다음의 항목은 일반사업소득을 계산할 때 총수입금액에 산입되지 않는 항목이다.

① 소득세 또는 개인지방소득세를 환급받았거나 환급받을 금액 중 다른 세액에 충당한 금액
② 자산수증이익(복식부기의무자가 국고보조금 등 국가, 지방자치단체 또는 공공기관으로부터 무상으로 지급받은 법령으로 정하는 금액은 제외) 및 채무면제이익 중 이월결손금의 보전에 충당된 금액
③ 이전 과세기간으로부터 이월된 소득금액
④ 농업, 임업, 어업, 광업 또는 제조업을 경영하는 거주자가 자기가 채굴, 포획, 양식, 수확 또는 채취한 농산물, 포획물, 축산물, 임산물, 수산물, 광산물, 토사석이나 자기가 생산한 제품을 자기가 생산하는 다른 제품의 원재료 또는 제조용 연료로 사용한 경우 그 사용된 부분에 상당하는 금액

기출 OX

06. 2024년 9월 중 재고자산(매입가격 1,200,000원, 시가 1,800,000원)을 가사용으로 소비한 경우 시가 1,800,000원을 총수입금액에 산입하고 매입가격 1,200,000원을 필요경비에 산입한다. 2022. 7급
정답 O

07. 복식부기의무자가 사업용 유형자산(양도소득세 과세대상이 아님)을 양도하는 경우 그 양도가액을 양도일이 속하는 과세기간의 사업소득금액을 계산할 때에 총수입금액에 산입한다. 2017. 7급 수정
정답 O

확인문제

04. 「소득세법」상 사업소득의 총수입금액에 포함되지 않는 것은? 2009. 9급
① 사업과 관련하여 당해 사업용 자산의 손실로 인하여 취득하는 보험차익
② 관세환급금 등 필요경비로 지출된 세액이 환입되었거나 환입될 경우에 그 금액
③ 이월결손금의 보전에 충당된 자산수증이익
④ 거래상대방으로부터 받는 장려금

정답 ③

기출 OX

08. 건설업을 경영하는 거주자가 자기가 생산한 물품을 자기가 도급받은 건설공사의 자재로 사용한 경우 그 사용된 부분에 상당하는 금액은 해당 과세기간의 소득금액을 계산할 때 총수입금액에 산입한다. 2017. 7급

정답 X

⑤ 건설업을 경영하는 거주자가 자기가 생산한 물품을 자기가 도급받은 건설공사의 자재로 사용한 경우 그 사용된 부분에 상당하는 금액
⑥ 전기·가스·증기 및 수도사업을 경영하는 거주자가 자기가 생산한 전력·가스·증기 또는 수돗물을 자기가 경영하는 다른 사업의 동력·연료 또는 용수로 사용한 경우 그 사용한 부분에 상당하는 금액
⑦ 부가가치세 매출세액
⑧ 개별소비세 및 주세의 납세의무자인 거주자가 자기의 총수입금액으로 수입하였거나 수입할 금액에 따라 납부하였거나 납부할 개별소비세 및 주세 (단, 원재료, 연료, 그 밖의 물품을 매입·수입 또는 사용함에 따라 부담하는 세액은 제외)
⑨ 국세환급가산금, 지방세환급가산금, 그 밖의 과오납금의 환급금에 대한 이자
⑩ 자산의 임의적 평가차익
⑪ 「조세특례제한법」에 따라 석유판매업자가 환급받은 세액

(3) 총수입금액 계산 시 차감하는 항목

다음의 항목은 총수입금액을 계산할 때 차감한다(소령 51 ③ (1의3, 1의4)).

① 외상매출금을 결제하는 경우의 매출할인금액은 거래상대방과의 약정에 의한 지급기일(지급기일이 정하여져 있지 아니한 경우에는 지급한 날)이 속하는 과세기간의 총수입금액 계산에 있어서 이를 차감한다.
② 독립된 자격으로 보험가입자의 모집 및 이에 부수되는 용역을 제공하고 그 실적에 따라 모집수당 등을 받는 자가 보험가입자의 모집 및 이에 부수되는 용역을 제공하고 받은 모집수당 등을 반환하는 경우 그 반환 금액은 반환일이 속하는 과세기간의 총수입금액을 계산할 때 차감한다.

(4) 금전 외의 것을 수입하는 경우 총수입금액의 계산

금전 외의 것을 수입하는 경우 그 거래 당시의 가액에 의해 계산하며, 구체적인 것은 다음에 따른다(소법 24 ②, 소령 51 ⑤, ⑥, 소칙 22의2).

구분	총수입금액
① 제조업자·생산업자 또는 판매업자로부터 그 제조·생산 또는 판매하는 물품을 인도받은 때	그 제조업자·생산업자 또는 판매업자의 판매가액
② 제조업자·생산업자 또는 판매업자가 아닌 자로부터 물품을 인도받은 때	시가
③ 법인으로부터 이익배당으로 받은 주식	그 액면가액
④ 주식의 발행법인으로부터 신주인수권을 받은 때(주주로서 받은 경우 제외)	신주인수권에 의하여 납입한 날의 신주가액에서 당해 신주의 발행가액을 공제한 금액(단, 신주가액이 그 납입한 날의 다음 날 이후 1월 내에 하락한 때에는 그 최저가액을 신주가액으로 함)
⑤ 위 외의 경우	「법인세법」상 부당행위계산의 부인 여부 판정 시 기준이 되는 시가

3 부동산임대업의 사업소득금액 B

06 에서 후술할 내용으로, 부동산임대업도 사업소득에 포함되지만, 부동산임대업 이외의 일반 사업소득과는 다르게 결손금 등을 공제하기 때문에 일반사업소득과 구분하여 계산할 필요성이 있다. 부동산임대업의 경우 사업소득금액은 다음과 같이 계산된다.

$$\text{부동산임대업의 사업소득금액} = \text{부동산임대업의 총수입금액} - \text{부동산임대업의 필요경비}$$
$$= (\text{임대료} + \text{간주임대료} + \text{관리비수입} + \text{보험차익}) - \text{필요경비}$$

★★ (1) 임대료

부동산을 임대하거나 지역권·지상권을 설정·대여하고 수령하는 임대료는 총수입금액에 산입한다. 이 때, 일정기간에 대한 임대료를 먼저 받는 경우(이하 '선세금') 총수입금액에 산입되는 금액은 다음과 같이 기간에 따라 안분하여 계산한 금액으로 한다(소령 51 ③). 이때 월수의 계산은 초월산입·말월불산입에 따른다(소칙 21).

$$\text{총수입금액에 산입되는 선세금} = \text{선세금} \times \frac{\text{해당 과세기간 중 임대기간 월수}}{\text{총 임대계약기간 월수}}$$

★★ (2) 간주임대료

월임대료를 받는 사업자와의 과세형평을 맞추기 위해 보증금·전세금 등을 받는 사업자에게도 해당 보증금·전세금 등에 정기예금이자율을 적용한 만큼을 임대료로 간주하여 사업소득으로 과세하는데 이때 총수입금액에 산입할 간주임대료가 0보다 적은 때에는 이를 없는 것으로 본다(소령 53 ③).

① 주택 외 부동산 간주임대료 계산식
  ㉠ 추계하지 않는 경우

$$\text{간주임대료} = (\text{보증금 적수} - \text{건설비 적수}^{*1}) \times \text{정기예금 이자율} \times \frac{1}{365(윤년은\ 366)} - \text{금융수익}^{*2}$$

*1 건설비 적수: 취득가액에 자본적 지출을 가산한 금액으로 계산하되, 토지는 제외한다.
*2 금융수익: 해당 과세기간의 해당 임대사업부분에서 발생한 수입이자와 할인료 및 배당금의 합계액으로 임대사업부분에서 발생한 수입이자·할인료 및 배당금은 비치·기장한 장부나 증빙서류에 의하여 당해 임대보증금 등으로 취득한 것이 확인되는 금융자산으로부터 발생한 것에 한한다(소령 53 ⑥).

  ㉡ 추계하는 경우의 간주임대료 계산식

$$\text{간주임대료} = \text{보증금 적수} \times \text{정기예금이자율} \times \frac{1}{365(윤년은\ 366)}$$

오쌤 Talk

부동산임대업의 수입시기

| ① 지급일이 약정된 경우 | 약정된 지급일 |
| ② 약정된 지급일이 없는 경우 | 실제로 지급을 받은 날 |

기출 OX

09. 사업소득금액(부동산임대업) 계산에 있어서 필요경비 공제가 인정된다. 2007. 9급
정답 O

오쌤 Talk

법인세법과 소득세법 간주임대료 계산 비교

구분	법인세법	소득세법
계산 대상	추계할 때는 모든 법인이 계산하지만, 일반적인 경우 '부동산임대업을 주업으로 하며, '차입금이 자기자본의 2배를 초과하는' 영리내국법인	부동산 및 그러한 권리를 대여하고 보증금을 수령한 자
주택의 포함 여부	추계할 때만 주택과 그 부속토지를 포함	추계 시에도 주택포함X, 3주택 & 보증금이 3억원 초과하는 경우에는 포함(추계 시에도)
주택의 간주임대료 계산식 (추계 시)	보증금 적수 × 이자율 × 1/365(윤년 366)	(보증금-3억원) 적수 × 60% × 이자율 × 1/365(윤년 366)
금융수익의 범위	신주인수권처분익·유가증권처분익도 포함됨	신주인수권처분익·유가증권처분익은 제외

이때 이자수익과 배당수익은 「소득세법」상 과세대상이므로 금융수익에 포함되지만, 신주인수권처분익이나 유가증권처분이익은 「소득세법」상 과세대상이 아니므로 「법인세법」과 달리 포함되지 않는다.

기출 OX

10. 부동산을 대여하고 임대료 외에 보증금을 받는 경우에는 임대료만 총수입금액에 산입한다. 2007. 9급
정답 X

11. 법인은 추계에 의한 간주임대료 계산에서 건설비상당액을 보증금 등에서 공제하지 않으나, 개인은 추계에 의한 간주임대료 계산에서 건설비상당액을 보증금 등에서 공제한다. 2023. 7급 최신
정답 X

오쌤 Talk

소형주택

주거의 용도로만 쓰이는 면적이 1호(또는 1세대)당 40m² 이하인 주택으로서 해당 과세 기간의 기준시가가 2억원 이하인 주택(소형주택에 대한 전세보증금 과세 배제는 2026년까지 한시 적용)

② 주택 및 주택부수토지의 간주임대료 계산식

소형주택 외 주택을 대여하고 보증금 등을 받은 경우로서 다음의 하나에 해당하는 경우에만 아래의 산식에 따라 주택 및 주택부수토지의 간주임대료를 계산한다.

> ㉠ 3주택 이상을 소유하고 해당 주택의 보증금등의 합계액이 3억원을 초과하는 경우
> ㉡ 2주택(해당 과세기간의 기준시가가 12억원 이하인 주택은 주택 수에 포함하지 아니한다)을 소유하고 해당 주택의 보증금등의 합계액이 3억원 이상의 금액으로서 대통령령으로 정하는 금액을 초과하는 경우 **NEW** (2026.1.1.부터 시행)

ⓐ 추계하지 않는 경우

$$\text{간주임대료} = (\text{보증금} - 3\text{억원}^*)\text{의 적수} \times 60\% \times \frac{\text{정기예금이자율}}{365(\text{윤년은 } 366)} - \text{금융수익}$$

* 3억원 적수 공제의 적용: 보증금을 받은 주택이 2주택 이상인 경우에는 보증금의 적수가 가장 큰 주택의 보증금부터 순차로 뺀다.

ⓑ 추계하는 경우

$$\text{간주임대료} = (\text{보증금} - 3\text{억원})\text{의 적수} \times 60\% \times \frac{\text{정기예금이자율}}{365(\text{윤년은 } 366)}$$

③ 겸용주택의 경우

주택과 상가가 한 건물 안에 있는 겸용주택의 경우, 주택과 주택부수토지의 구분 방법은 「부가가치세법」상 겸용주택의 구분 방법과 동일하다(소령 53 ⑧).

★ **(3) 관리비 수입**

① 원칙

임대료 외에 건물의 유지나 관리를 위하여 그 명목으로 지급받는 금액은 총수입금액에 산입하고, 유지나 관리로 인해 지출된 금액은 필요경비에 산입하는 것을 원칙으로 한다.

② 관리비 수입에 포함하지 않는 항목

전기료·수도료 등의 공공요금을 임차인을 대신하여 납부하기 위하여 관리비로 징수하는 경우, 이는 총수입금액에 산입하지 않는다. 다만, 공공요금의 명목으로 지급받은 금액이 공공요금의 납부액을 초과할 때 그 초과하는 금액은 부동산임대소득의 총수입금액에 산입한다(소기통 24-51…1).

(4) 보험차익

사업과 관련하여 해당 사업용자산의 손실로 인하여 취득하는 보험차익은 총수입금액에 산입한다. 사업자가 유형자산의 멸실 또는 파손으로 인하여 보험금을 지급받아 그 멸실한 유형자산을 대체하여 같은 종류의 자산을 취득하거나 대체 취득한 자산 또는 그 파손된 유형자산을 개량한 경우에는 해당 자산의 가액 중 그 자산의 취득 또는 개량에 사용된 보험차익 상당액을 보험금을 받은 날이 속하는 과세기간의 소득금액을 계산할 때 필요경비에 산입할 수 있다(소법 31 ①).

오쌤 Talk

사업소득의 보험차익의 이해

사업소득상 보험차익은 보험금에서 손실된 자산의 장부가액을 빼서 구한다. 이는 보험금을 총수입금액에 산입하고 손실된 자산의 장부가액을 필요경비에 산입하는 것이 아니라, 보험차익의 순금액 자체를 총수입금액에 산입한다.

(5) 보증금·전세금 등에 대한 이자소득

사업자가 부동산 또는 부동산상의 권리 등을 대여하고 보증금 또는 전세금을 받아 은행에 예입하거나 채권을 취득하여 받는 이자 등은 부동산임대업에 따른 사업소득의 총수입금액에 산입하지 아니하고 이자소득으로 본다(소기통 25-53…1).

4 일반사업소득의 필요경비 B

★★ (1) 필요경비에 산입되는 항목

필요경비는 총수입금액에 대응하는 비용으로 일반적으로 용인되는 통상적인 것의 합계액으로 한다. 예외적으로 해당 과세기간 전의 총수입금액에 대응하는 필요경비로 해당 과세기간에 그 지출이 확정된 것은 이전에 필요경비로 계상하지 않은 항목에 한해 인정된다. 다음은 필요경비에 산입되는 항목이다(소령 55 ①).

① 판매한 상품 또는 제품에 대한 원료의 매입가격(매입에누리 및 매입할인금액을 제외한다)과 그 부대비[1]
② 판매한 상품 또는 제품의 보관료, 포장비, 운반비, 판매장려금 및 판매수당 등 판매와 관련한 부대비용(판매장려금 및 판매수당의 경우 사전약정 없이 지급하는 경우를 포함)
③ 부동산의 양도 당시의 장부가액(건물건설업과 부동산 개발 및 공급업의 경우만 해당)[2]
④ 임업의 경비(종묘 및 비료의 매입비, 식림비, 관리비, 벌채비, 설비비, 개량비, 임목의 매도경비)
⑤ 양잠업의 경비(매입비, 사양비, 관리비, 설비비, 개량비, 매도경비)
⑥ 가축 및 가금비(종란비, 출산비, 사양비, 설비비, 개량비, 매도경비)
⑦ 종업원의 급여
⑧ 종업원의 출산 또는 양육 지원을 위해 해당 종업원에게 공통적으로 적용되는 지급기준에 따라 지급하는 금액
⑨ 임원 또는 종업원에 대한 할인 지원으로 해당 임원 등이 얻는 이익에 상당하는 금액 NEW(Link-P.354)
⑩ 사업용 자산에 대한 비용[사업용 자산(그 사업에 속하는 일부 유휴시설을 포함한다)의 현상유지를 위한 수선비, 관리비와 유지비, 사업용 자산에 대한 임차료, 사업용 자산의 손해보험료]
⑪ 복식부기의무자가 사업용 유형자산의 양도가액을 총수입금액에 산입한 경우 해당 사업용 유형자산의 양도 당시 장부가액(감가상각비 중 업무사용금액에 해당하지 않는 금액이 있는 경우에는 그 금액을 차감한 금액)
⑫ 사업과 관련이 있는 제세공과금(외국납부세액공제를 적용하지 않는 경우의 외국소득세액을 포함)

[1] 이 경우 사업용 외의 목적으로 매입한 것을 사업용으로 사용한 것에 대하여는 당해 사업자가 당초 매입한 때의 매입가액과 그 부대비용으로 한다.
[2] 이 경우 사업용 외의 목적으로 취득한 부동산을 사업용으로 사용한 것에 대해서는 해당 사업자가 당초에 취득한 때의 취득가액을 그 장부가액으로 한다.

기출 OX

12. 「국민건강보험법」에 의한 직장가입자로서 부담하는 사용자 본인 甲의 보험료 3,000,000원과 甲의 사업장에서 근무하는 아들 乙에 대한 「국민건강보험법」·「고용보험법」에 의하여 사용자로서 부담하는 보험료 2,500,000원이 지출된 경우 아들 乙에 대한 보험료 2,500,000원만을 필요경비에 산입한다.
2022. 7급
정답 X

 오쌤 Talk

사업자 본인에 대한 보험료

사업자는 근로소득자가 아닌 이상 특별소득공제 중 보험료공제를 받을 수 없기 때문에 해당 보험료에 대해서는 소득공제를 받을 수 없다. 이를 고려하여 해당 보험료를 필요경비에 산입하는 것을 허용하고 있다. 이에 반해 국민연금보험료는 사업소득자라도 연금보험료공제는 받을 수 있기에 해당 보험료에 대해서는 필요경비 산입을 허용하지 않는다.

⑬ 다음 어느 하나에 해당하는 기금에 출연하는 금품
   ⊙ 해당 사업자가 설립한 사내근로복지기금
   ⓒ 해당 사업자와 다른 사업자 간에 공동으로 설립한 공동근로복지기금
   ⓒ 해당 사업자의 협력중소기업이 설립한 사내근로복지기금
   ⓔ 해당 사업자의 협력중소기업 간에 공동으로 설립한 공동근로복지기금
⑭ 공제계약사업주가 건설근로자퇴직공제회에 납부한 공제부금
⑮ 「근로자퇴직급여 보장법」에 따라 사용자가 부담하는 부담금
⑯ 「중소기업 인력지원 특별법」에 따른 중소기업이 부담하는 기여금
⑰ 「국민건강보험법」, 「고용보험법」, 「노인장기요양보험법」에 따라 사용자로서 부담하는 보험료·부담금
⑱ 「국민건강보험법」 및 「노인장기요양보험법」에 의한 직장가입자로서 부담하는 사용자 본인의 보험료
⑲ 「국민건강보험법」 및 「노인장기요양보험법」에 따른 지역가입자로서 부담하는 보험료
⑳ 「고용보험법」에 따라 보험에 가입되거나 가입된 것으로 보는 근로자, 예술인 또는 노무제공자나 자영업자가 피보험자로서 부담하는 보험료
㉑ 「산업재해보상보험법」에 따른 노무제공자 또는 중·소기업 사업주가 피보험자로서 부담하는 보험료
㉒ 단체순수보장성보험 및 단체환급부보장성보험의 보험료
㉓ 총수입금액을 얻기 위하여 직접 사용된 부채에 대한 지급이자
㉔ 사업용 유형자산 및 무형자산의 감가상각비
㉕ 자산의 평가차손
㉖ 대손금 (부가가치세 매출세액의 미수금으로서 회수할 수 없는 것 중 「부가가치세법」에 따른 대손세액공제를 받지 아니한 것을 포함)
㉗ 거래수량 또는 거래금액에 따라 상대편에게 지급하는 장려금 기타 이와 유사한 성질의 금액
㉘ 매입한 상품·제품·부동산 및 산림 중 재해로 인하여 멸실된 것의 원가를 그 재해가 발생한 과세기간의 소득금액을 계산할 때 필요경비에 산입한 경우의 그 원가
㉙ 종업원을 위하여 직장체육비·직장문화비·가족계획사업지원비·직원회식비 등으로 지출한 금액
㉚ 보건복지부장관이 정하는 무료진료권에 의하여 행한 무료진료의 가액
㉛ 업무와 관련이 있는 해외시찰·훈련비
㉜ 「초·중등교육법」에 의하여 설치된 근로청소년을 위한 특별학급 또는 산업체부설 중·고등학교의 운영비
㉝ 「영유아보육법」에 의하여 설치된 직장어린이집의 운영비
㉞ 광물의 탐광을 위한 지질조사·시추 또는 갱도의 굴진을 위하여 지출한 비용과 그 개발비

㉟ 광고·선전을 목적으로 견본품·달력·수첩·컵·부채 기타 이와 유사한 물품을 불특정다수인에게 기증하기 위하여 지출한 비용[특정인에게 기증한 물품(개당 3만원 이하의 물품은 제외)의 경우에는 연간 5만원 이내의 금액으로 한정]
㊱ 영업자가 조직한 단체로서 법인이거나 주무관청에 등록된 조합 또는 협회에 지급하는 회비
㊲ 종업원의 사망 이후 유족에게 학자금 등 일시적으로 지급하는 금액으로서 기획재정부령으로 정하는 요건을 충족하는 것
㊳ 기타 위와 유사한 성질의 것으로서 당해 총수입금액에 대응하는 경비
㊴ 「식품 등 기부 활성화에 관한 법률」에 따른 식품 등(식품 및 생활용품)의 제조업·도매업 또는 소매업을 경영하는 거주자가 해당 사업에서 발생한 잉여 식품등을 법에 정한 사업자 또는 그 사업자가 지정하는 자에게 무상으로 기증하는 경우 그 기증한 식품 등의 장부가액

(2) 필요경비에 산입되지 않는 항목

다음의 항목은 일반사업소득을 계산할 때 필요경비에 산입되지 않는 항목이다.

① 소득세와 개인지방소득세
② 벌금, 과료(통고처분에 따른 벌금 또는 과료에 해당하는 금액 포함)와 과태료 및 사업자가 공여한 형법상의 뇌물 또는 외국공무원에 대한 뇌물, 위반에 대한 제재로서 부과되는 공과금
③ 「국세징수법」이나 그 밖에 조세에 관한 법률에 따른 가산금과 강제징수비
④ 조세에 관한 법률에 따른 징수의무의 불이행으로 인하여 납부하였거나 납부할 세액(가산세액을 포함)
⑤ 가사의 경비와 이에 관련되는 경비, 개인기업체의 사업주에 대한 급료
⑥ 감가상각비 한도초과 부인액, 기업업무추진비·기부금 한도초과액, 비지정기부금, 충당금 한도초과액
⑦ 법령으로 정한 자산을 제외한 자산의 평가차손
⑧ 반출하였으나 판매하지 않은 제품에 대한 개별소비세, 주세의 미납액(단, 제품가액에 그 세액 상당액을 더한 경우는 제외)
⑨ 부가가치세의 매입세액(단, 부가가치세가 면제되거나 필요경비로 인정되는 매입세액과 간이과세자가 납부한 부가가치세액은 제외)
⑩ 차입금 중 건설자금에 충당한 금액의 이자, 채권자가 불분명한 차입금의 이자, 초과인출금에 대한 지급이자, 업무무관자산에 대한 지급이자
⑪ 법령에 따라 의무적으로 납부하는 것이 아닌 공과금이나 법령에 따른 의무의 불이행 또는 금지·제한 등의 위반을 이유로 부과되는 공과금
⑫ 선급비용
⑬ 업무와 관련하여 고의 또는 중대한 과실로 타인의 권리를 침해한 경우에 지급되는 손해배상금
⑭ 각 과세기간에 지출한 경비 중 직접 그 업무와 관련이 없다고 인정되는 금액

기출 OX

13. 「국세징수법」에 따른 가산금과 강제징수비는 「소득세법」상 거주자가 해당 과세기간에 지급한 금액 중 사업소득금액을 계산할 때 필요경비에 산입한다. 2016. 9급

정답 X

기출 OX

14. 채권자가 불분명한 차입금의 이자는 소득세법상 거주자가 지급한 금액 중 사업소득금액(부동산임대업)의 계산에 있어서 필요경비에 산입할 수 없다. 2005. 9급

정답 O

15. 법령에 따른 의무의 불이행에 대한 제재로서 부과되는 공과금은 「소득세법」상 거주자가 과세기간에 지급하였거나 지급할 금액 중 사업소득금액을 계산할 때 필요경비에 산입할 수 있다. 2013. 9급

정답 X

16. 업무와 관련하여 중대한 과실로 타인의 권리를 침해한 경우에 지급되는 손해배상금은 「소득세법」상 거주자가 과세기간에 지급하였거나 지급할 금액 중 사업소득금액을 계산할 때 필요경비에 산입하지 않는다. 2013. 9급

정답 O

5 각 사업연도소득금액 계산방법과 사업소득금액 계산방법의 차이 A

「법인세법」과 「소득세법」에서의 총수입금액과 필요경비의 범위가 각각 상이한데, 구체적으로는 아래의 항목들과 같다.

★★ (1) 인건비

구분		법인세법	소득세법
사업자 본인의 인건비 및 퇴직연금충당금		손금산입	필요경비불산입*
사업자 가족의 인건비	사업에 직접 종사	손금산입	필요경비산입
	그 외의 경우	손금불산입	필요경비불산입
그 외 종업원의 인건비		손금산입	필요경비산입

* 직장가입자 또는 지역가입자로서 부담하는 사용자 본인의 국민건강보험료와 노인장기요양보험료는 필요경비에 산입한다(소령 55 (11의2), (11의3)).

★★ (2) 수입이자 및 수입배당금

구분	법인세법	소득세법
수입이자	익금산입	이자소득으로 과세하므로, 총수입금액불산입
수입배당금	익금산입	배당소득으로 과세하므로, 총수입금액불산입
수입배당금 익금불산입 규정	내국법인 및 외국자회사 수입배당금 익금불산입 규정 존재(Link-P.57, 60)	해당사항 없음

★★ (3) 유형자산 등의 처분손익

구분		법인세법	소득세법
유형자산 또는 유가증권 등의 처분손익		양도가액을 익금으로, 장부가액을 손금으로 본다.	처분손익은 일시적이기에 총수입금액과 필요경비에 산입하지 않되, 복식부기의무자가 사업용 유형자산을 양도하여 발생하는 소득은 사업소득*으로 본다. 다만, 양도소득세 과세대상인 경우 양도소득으로 과세한다.
사업연도 중 양도한 자산		감가상각시부인 계산은 별도로 하지 않으며 기존의 상각부인액을 손금에 산입한다.	감가상각시부인 계산을 행하며, 기존의 상각부인액은 별도의 세무조정 없이 장부에서 소멸시킨다.
시설개체 및 기술낙후에 의한 생산설비	폐기	결산서에 계상하면 1,000원을 제외한 금액을 손금인정한다.	폐기손실을 필요경비 불산입한다.
	처분	1,000원을 손금산입한다.	(장부금액 - 처분가액)을 필요경비에 산입할 수 있다.

* 복식부기의무자가 사업용 유형자산의 양도가액을 총수입금액에 산입한 경우 해당 사업용 유형자산의 양도 당시 장부가액(업무용 승용차 감가상각비 중 업무사용금액에 해당하지 않는 금액이 있는 경우 그 금액을 차감한 금액)을 필요경비에 산입한다(소령 55 ① (7의2)).

기출 OX

17. 「법인세법」에서 대표자에 대한 인건비는 손금에 산입하는 데 비하여, 소득세법에서는 사업자에 대한 급여를 사업소득의 필요경비에 산입하지 아니한다. 2005. 9급
정답 O

기출 OX

18. 법인은 수입이자를 각 사업연도 소득금액 계산에서 익금에 산입하나, 개인(제조업 영위)은 사업소득금액 계산에서 이자수익을 총수입금액에 산입하지 않는다. 2023. 7급 최신
정답 O

오쌤 Talk

사업용유형자산 처분이익

구분	간편장부 대상자	복식부기 의무자
토지, 건물	양도소득	양도소득
토지, 건물 외 사업용 유형자산	과세하지 않음	사업소득

기출 OX

19. 법인은 유가증권처분손익을 각 사업연도 소득금액 계산에서 익금 또는 손금에 산입하나, 개인(제조업 영위)은 사업소득금액 계산에서 유가증권처분손익을 총수입금액 또는 필요경비에 산입하지 않는다. 2005. 9급·2023. 7급 최신
정답 O

20. 개인사업자가 기계장치를 폐기하는 경우에는 그 폐기손실을 필요경비로 산입할 수 있다. 2010. 7급
정답 X

★★ (4) 지급이자

① 원칙
총수입금액을 얻기 위하여 사용된 지급이자는 필요경비에 산입한다.

② 예외
특정 지급이자는 필요경비로 인정되지 않기 때문에 필요경비불산입한다.

㉠ 부인대상 지급이자 및 순서

부인 순서	법인세법	소득세법
1순위	채권자 불분명 사채이자	채권자 불분명 사채이자
2순위	비실명 채권·증권의 이자	건설자금이자
3순위	건설자금이자	초과인출금에 대한 지급이자
4순위	업무무관자산 등에 대한 지급이자	업무무관자산 등에 대한 지급이자

㉡ 건설자금이자

구분	법인세법	소득세법
ⓐ 특정차입금의 자본화	자본화 강제	자본화 강제
ⓑ 일반차입금의 자본화	자본화 선택가능	자본화 불가

㉢ 초과인출금에 대한 지급이자

초과인출금[*1]은 사업용 자산의 합계액이 부채(충당금 및 준비금을 제외)의 합계액에 미달하는 경우 그 미달하는 금액을 말하는데, 그 때 이에 상당하는 부채의 지급이자로 다음과 같이 계산한 금액은 필요경비에 불산입하도록 한다(소칙 27 ①).

$$\text{초과인출금에 대한 지급이자} = \text{지급이자} \times \frac{\text{해당 과세기간 중 초과인출금의 적수}^*}{\text{해당 과세기간 중 차입금의 적수}^*}$$

* 초과인출금적수가 차입금적수를 초과하는 경우 그 초과하는 부분은 없는 것으로 보며, 적수의 계산은 매월말 현재의 초과인출금 또는 차입금의 잔액에 경과일수를 곱하여 계산한다.

㉣ 업무무관자산에 대한 지급이자

업무무관자산의 취득과 관련하여 지급이자는 필요경비에 산입하지 않는다. 다만, 업무와 관련없는 자산을 취득하기 위하여 사용되었는지의 여부가 불분명한 경우에는 필요경비불산입되는 이자를 다음과 같이 계산한다(소칙 41 ①).

$$\text{업무무관자산에 대한 지급이자} = \text{지급이자} \times \frac{\text{업무무관자산 적수}^{**}}{\text{차입금 적수}^{**}}$$

** 업무무관자산적수가 차입금적수를 초과하는 경우에는 그 초과하는 부분은 없는 것으로 본다.

---

*1 초과인출금: 당해 과세기간 중 부채의 합계액이 사업용 자산의 합계액을 초과하는 금액

확인문제

05. 소득세법령상 거주자가 해당 과세기간에 지급하였거나 지급할 금액 중 사업소득금액을 계산할 때 필요경비에 산입하지 않는 것만을 모두 고르면? (단, 다음 항목은 거주자에게 모두 해당된다) 2019. 7급

ㄱ. 통고처분에 따른 벌금 또는 과료에 해당하는 금액
ㄴ. 사업용자산의 합계액이 부채의 합계액에 미달하는 경우에 그 미달하는 금액에 상당하는 부채의 지급이자로서 법령에 따라 계산한 금액
ㄷ. 선급비용
ㄹ. 「부가가치세법」에 따른 간이과세자가 납부한 부가가치세액

① ㄷ, ㄹ   ② ㄱ, ㄴ, ㄷ
③ ㄱ, ㄴ, ㄹ   ④ ㄱ, ㄴ, ㄷ, ㄹ

정답 ②

(5) 업무용승용차 규정

복식부기의무자가 해당 과세기간에 업무에 사용한 승용자동차(이하 '업무용승용차')를 취득하거나 임차하여 해당 과세기간에 필요경비로 계상하거나 지출한 업무용승용차 관련 비용 중 업무용 사용금액에 해당하는 금액은 필요경비에 산입한다(소법 33의2 ①). 이때 업무용승용차 관련 비용 등을 필요경비에 산입한 복식부기의무자는 관련 비용 등에 관한 명세서를 납세지 관할 세무서장에게 제출해야 한다(소법 33의3 ④).

① 업무용승용차의 범위

'업무용승용차'란 개별소비세 과세대상 승용자동차로 영업용 승용차(「부가가치세법」상 매입세액 공제대상인 업종의 영업용 승용차)를 제외한 자동차를 말한다.

② 업무용승용차 관련 비용

업무용승용차 관련 비용이란 업무용승용차에 대한 감가상각비, 임차료, 유류비, 보험료, 수선비, 자동차세, 통행료 및 금융리스부채에 대한 이자비용 등 업무용승용차의 취득·유지를 위하여 지출한 비용을 말한다(소령 78의3 ②).

③ 업무용 사용금액

업무용 사용금액이란 업무사용비율금액으로서 다음의 구분에 따라 계산한 금액을 말한다(소령 78의3 ④).

> ㉠ 해당 과세기간의 전체 기간(임차한 승용차의 경우 해당 과세기간 중에 임차한 기간) 동안 업무전용자동차보험에 가입한 경우
> : 업무사용비율금액 = 업무용승용차 관련비용 × 업무사용비율
> ㉡ 업무전용자동차보험에 가입하지 않은 경우
> : 사업자별(공동사업장의 경우는 1사업자로 본다) 업무용승용차 수에 따른 다음의 금액
> ⓐ 1대: 업무사용비율금액
> ⓑ 1대 초과분: 업무사용비율금액의 0%*(전액 필요경비 불산입)

* 다음의 어느 하나에 해당하는 사업자를 제외한 사업자의 2024년 1월 1일부터 2025년 12월 31일까지 발생한 업무용승용차 관련비용에 대해서는 업무사용비율금액의 50%로 한다.

> ㉮ 성실신고확인대상사업자(직전 과세기간의 성실신고확인대상사업자를 말함)
> ㉯ 의료업, 수의업, 약사업 및 「부가가치세법 시행령」에 따른 간이과세배제대상 전문직 서비스업을 영위하는 사업자

④ 업무사용비율
  ㉠ 운행기록 등을 작성·비치한 경우
    사업자가 업무용승용차별로 운행기록 등을 작성·비치한 경우 운행기록 등에 따라 확인되는 총 주행거리 중 업무용 사용거리가 차지하는 비율을 업무사용비율로 하여 업무용 사용금액을 계산한다. 이때, 납세지 관할 세무서장이 운행기록 등을 요구할 경우 이를 즉시 제출해야 한다(소령 78의3 ④, ⑥).
  ㉡ 운행기록 등을 작성·비치하지 않은 경우
    사업자가 업무용승용차별로 운행기록 등을 작성·비치하지 않은 경우 업무용승용차의 업무사용비율은 다음의 구분에 따른 비율로 한다(소령 78의3 ⑦).

구분	업무사용비율
ⓐ 해당 과세기간의 업무용승용차 관련비용이 1,500만원(월할계산) 이하인 경우	100%
ⓑ 해당 과세기간의 업무용승용차 관련비용이 1,500만원을 초과하는 경우	1,500만원을 업무용승용차 관련비용으로 나눈 비율

⑤ 업무용승용차 감가상각비
  복식부기의무자가 업무용승용차에 대하여 감가상각비를 계산할 때 정액법을 상각방법으로 하고, 내용연수를 5년으로 하여 다음과 같이 계산한 금액을 감가상각비로 하여 필요경비에 산입해야 한다(소령 78의3 ③). 업무용 사용 감가상각비가 해당 과세기간에 각각 800만원(월할계산)을 초과하는 경우 그 초과하는 금액은 해당 과세기간의 필요경비에 산입하지 아니하고 이월하여 필요경비에 산입한다(소법 33의2 ②).

> 업무용 사용 감가상각비 = MIN[㉠, ㉡]
>   ㉠ 업무용승용차별 감가상각비 × 업무사용비율
>   ㉡ 한도: 800만원

⑥ 업무용승용차 처분손실
  복식부기의무자가 업무용승용차를 처분하여 발생하는 손실로서 업무용승용차별로 800만원을 초과하는 금액은 이월하여 필요경비에 산입한다(소법 33의2 ③). 복식부기의무자가 사업을 폐업하는 경우에는 이월된 금액 중 남은 금액을 폐업일이 속하는 과세기간에 모두 필요경비에 산입한다(소칙 42 ⑦).

 오쌤 Talk

업무용승용차 특례규정

구분	법인세법	소득세법
특례 적용 대상	모든 법인	복식부기의무자
부동산임대업을 주업으로 하는 법인 등에 대한 특례규정	손금인정 한도를 다르게 적용하는 규정이 있음	해당 규정 없음
소득처분	업무사용금액으로 인정되지 않는 금액은 귀속자에 따라 상여나 배당으로 소득처분	별도 소득처분 없음
업무전용자동차보험 가입 의무	가입의무가 규정되어, 가입하지 않은 경우 전액 손금불산입	모든 복식부기의무자가 가입 대상

 오쌤 Talk

사업소득 중 간편장부대상자와 복식부기의무자에 대한 차별적 과세규정

구분	간편장부 대상자	복식부기의무자
처분손익 세무조정	처분손익을 총수입금액이나 필요경비로 인정하지 않음	사업용 유형고정자산의 처분손익은 총수입금액이나 필요경비로 인정함
업무용승용차	관련 규정 적용하지 않음	업무용승용차 규정 적용

(6) 기부금

구분	법인세법	소득세법
지출대상	해당 법인	사업자 및 사업자의 기본공제대상자[1]
세법상 처리방법	한도 내 손금인정	① 사업소득만 있는 경우: 필요경비 산입 ② 사업소득 외의 소득도 있는 경우: 필요경비 산입과 세액공제 중 선택가능
기부금의 구분	-	「소득세법」에서만 기부금으로 인정되는 항목 ① 특별재난지역의 복구를 위하여 자원봉사한 경우 그 용역의 가액: 특례기부금 ② 정치자금기부금[2]·고향사랑기부금[2] ③ 사회환원기부신탁에 신탁한 금액: 일반기부금 ④ 노동조합비, 공무원직장협의회회비 교원단체회비: 일반기부금
기부금의 한도[3]	① 특례기부금: 50% ② 우리사주조합기부금: 30% ③ 일반기부금: 10%(사회적기업은 20%) ④ 비지정기부금: 전액 손금불산입	① 특례기부금: 100% ② 우리사주조합 기부금: 30% ③ 일반기부금: 30% (종교단체 10%) ④ 정치자금기부금·고향사랑기부금: 100% ⑤ 비지정기부금: 전액 필요경비 불산입
기부금 이월공제	① 정치자금기부금·고향사랑기부금: 이월공제 안됨 ② 특례기부금, 일반기부금: 해당 과세기간의 다음 과세기간 개시일부터 10년 이내에 끝나는 각 과세기간에 이월하여 필요경비에 산입 ③ 우리사주조합 기부금: 이월공제 안됨	
현물기부금 평가	장부가액(단, 공익성을 고려하여 정하는 기부금 중 특수관계인과 관련된 경우 MAX[장부가액, 시가])	MAX[장부가액, 시가]

「소득세법」상 기부금의 처리 방법

*1 기본공제대상자는 **07**에서 다룰 내용으로, 사업자의 배우자 및 부양가족을 뜻한다. 기부금의 경우 기본공제대상 여부를 따질 때 나이는 고려하지 않는다. 단, 정치자금기부금·우리사주조합기부금은 사업자 본인이 지급한 것만 적용대상이다.

*2 「소득세법」상 정치자금기부금 및 고향사랑 기부금은 다음과 같이 처리한다.

구분		정치자금기부금	고향사랑 기부금
10만원 이하분		기부금 × $\frac{100}{110}$을 종합소득산출세액에서 공제	
10만원 초과분 (고향사랑 기부금은 10만원 초과 2천만 원NEW 이하)	사업자인 거주자	기준금액의 100% 범위에서 필요경비산입	
	사업자가 아닌 거주자	10만원 초과분에 대하여 해당 금액의 15%(3,000만원 초과하는 경우 그 초과분에 대해서는 25%)를 종합소득산출세액에서 공제	10만원 초과 2천만원NEW 이하분에 대하여 해당 금액의 15%를 종합소득산출세액에서 공제

*3 따라서 기부금의 필요경비 한도액은 다음과 같이 계산하며, 이때 이월결손금은 '15년 이내 발생분'에 한하여 적용한다.

구분	한도액
① 기준금액	차가감소득금액 + 필요경비에 산입한 기부금 - 이월결손금
② 정치자금기부금 고향사랑기부금	기준금액 × 100%
③ 특례기부금	기준금액 × 100%
④ 우리사주조합기부금	(기준금액 - ②·③ 인정액) × 30%
⑤ 일반기부금	㉠ 종교단체 기부금이 있는 경우: (기준금액 - ②·③ 인정액 - ④ 인정액) × 10% + MIN ⓐ (기준금액 - ②·③ 인정액 - ④ 인정액) × 20% 　　　　ⓑ 종교단체 외에 지급한 공익성을 고려하여 정하는 기부금 ㉡ 종교단체 기부금이 없는 경우: (기준금액 - ②·③ 인정액 - ④ 인정액) × 30%

(7) 자산의 평가차익 및 외화자산·부채의 평가

구분	법인세법	소득세법
① 자산의 평가차익	「보험업법」 등 일정한 법률에 따른 평가증을 인정하는 특례 규정이 존재	규정이 없기 때문에 자산의 평가차익은 총수입금액 불산입
② 기말 외화자산·부채의 평가	규정에 따라 적용	규정이 없음*

* 단, 사업과 관련된 외화자산·부채의 상환손익은 실현된 손익이므로 법인세·소득세 모두 인정한다.

★★ (8) 재고자산의 가사소비 등

「법인세법」에는 별도 규정이 없으나, 「소득세법」에서는 거주자가 재고자산 또는 임목을 가사용으로 소비하거나 종업원 또는 타인에게 지급한 경우, 이를 소비하거나 지급하였을 때의 가액에 해당하는 금액은 그 소비하거나 지급한 날이 속하는 과세기간의 사업소득금액 또는 기타소득금액을 계산할 때 총수입금액에 산입한다(소법 25 ②).

확인문제

06. 아래 자료를 보고 소득세법상 사업소득금액을 구하면? 2006년 9급

(1) 당기순이익 ₩ 50,000
(2) 수익 - ① 부동산처분이익: ₩900
　　　　　② 정기예금이자: ₩1,600
(3) 비용 - ① 대표자 급여: ₩10,000
　　　　　② 기부금한도초과액: ₩4,000

① ₩47,500　② ₩60,000
③ ₩61,500　④ ₩65,000

정답 ③

 오쌤 Talk

재고자산의 가사소비 또는 타인제공 시 「부가가치세법」, 「소득세법」, 「법인세법」의 과세방식

① 부가 가치세법	간주공급을 규정하여 해당 재고자산의 시가로 과세
② 소득 세법	시가를 총수입금액에 산입하고, 원가를 필요경비에 산입하여 과세
③ 법인 세법	부당행위계산의 부인에 해당하는 경우에만 과세

(9) 대손충당금

사업자는 외상매출금, 미수금, 그 밖에 이에 준하는 채권에 대한 대손충당금을 필요경비로 계상한 경우에는 대통령령으로 정하는 범위에서 이를 해당 과세기간의 소득금액을 계산할 때 필요경비에 산입한다(소법 28 ①).

필요경비에 산입하는 대손충당금은 해당 과세기간 종료일 현재의 외상매출금·미수금, 그 밖에 사업과 관련된 채권의 합계액(이하 '채권잔액')의 100분의 1에 상당하는 금액과 채권잔액에 대손실적률을 곱하여 계산한 금액 중 큰 금액으로 한다(소령 28 ③, 56 ①, ③).

대손충당금 = 채권잔액 × MAX[1%, 대손실적률]

$$\text{대손실적률} = \frac{\text{당해 과세기간의 대손금}}{\text{직전 과세기간 종료일 현재의 채권잔액}}$$

필요경비에 산입한 대손충당금의 잔액은 다음 과세기간의 소득금액을 계산할 때 총수입금액에 산입한다(소법 28 ②). 필요경비에 산입한 대손금 또는 대손충당금과 상계한 대손금 중 회수된 금액은 그 회수한 날이 속하는 과세기간의 총수입금액에 산입한다(소령 56 ⑤).

참고

충당금 및 준비금 비교

구분	법인세법	소득세법
퇴직급여충당금	① 설정대상: 대표자를 포함한 종업원 ② 추계액의 계산: 일시퇴직기준 퇴직급여추계액과 보험수리적기준 퇴직급여추계액 중 큰 값	① 설정대상: 대표자를 제외한 종업원(사업에 종사하는 가족 포함) ② 추계액의 계산: 일시퇴직기준 퇴직급여추계액
대손충당금	설정대상 채권: 설정제외 대상 채권을 제외한 모든 채권	설정대상 채권: 대여금, 유형자산 처분과 관련된 미수금은 충당금 설정이 불가능*
일시상각충당금	① 설정대상: 국고보조금과 보험차익 뿐만 아니라, 공사부담금, 물적분할·현물출자·교환 등으로 인한 자산양도차익 ② 손금산입방법: 신고조정도 허용	① 설정대상: 국고보조금과 보험차익 ② 손금산입방법: 결산조정만 인정
「조세특례제한법」상 준비금	손금산입방법: 이익처분에 의한 신고조정도 허용	손금산입방법: 결산조정만 인정

* 단, 금융업자의 경우 대여금, 복식부기의무자의 유형자산처분 미수금에 대해 대손충당금 설정이 가능하다.

기출 OX

21. 제조업을 영위하는 복식부기의무자인 거주자로서 기말 현재 외상매출금 100,000,000원과 금전소비대차 거래로 인한 대여금 30,000,000원이 있는 경우 세부담 최소화를 위해서 그 합계액 130,000,000원에 대해 100분의 1과 대손실적률 100분의 2를 곱하여 계산한 금액 중 큰 금액인 2,600,000원을 대손충당금으로 필요경비에 산입한다.
2022. 7급
정답 X

확인문제

07. 「소득세법」상 대손충당금에 대한 설명으로 옳지 않은 것은? 2015. 7급
① 필요경비에 산입하는 대손충당금은 해당 과세기간 종료일 현재의 외상매출금·미수금, 그 밖에 사업과 관련된 채권의 합계액(채권잔액)의 100분의 1에 상당하는 금액과 채권잔액에 대손실적률을 곱하여 계산한 금액 중 적은 금액으로 한다.
② 대손충당금과 상계한 대손금 중 회수된 금액은 그 회수한 날이 속하는 과세기간의 총수입금액에 산입한다.
③ 대손실적률은 당해 과세기간의 대손금을 직전 과세기간 종료일 현재의 채권잔액으로 나누어 계산한다.
④ 「소득세법」에 따라 필요경비에 산입한 대손충당금의 잔액은 다음 과세기간의 소득금액을 계산할 때 총수입금액에 산입한다.

정답 ①

기출 OX

22. 일시상각충당금의 손금산입 또는 필요경비 산입과 관련해서 법인세법과 소득세법에서는 신고조정을 허용한다.
2005. 9급
정답 X

★★ (10) 기업업무추진비

사업장별로 감면을 달리 적용받아 사업장별 거래내용이 구분될 수 있도록 장부에 기록한 경우에는 다음과 같이 기업업무추진비 한도액을 계산한다(소령 85). 이때 중소기업은 주업종을 기준으로 판단하고, 2개 이상의 사업장 중 당기 신규로 사업을 개시하거나 중도에 폐업하는 사업장이 있는 경우에는 당기 중 영업월수가 가장 긴 사업장의 월수를 기준으로 계산한다. 단, 추계조사를 받는 사업장은 수입금액이 없는 것으로 보아 해당 사업장의 월수는 고려하지 않는다.

> 각 사업장별 기업업무추진비 한도액 = ① + ②
> ① 일반기업업무추진비 한도액 = ㉠ + ㉡
>   ㉠ 1,200만원(중소기업은 3,600만원) × $\frac{월수}{12}$ × $\frac{각 사업장의 당기 수입금액}{각 사업장의 당기 수입금액 합산액}$
>   ㉡ 각 사업장의 당기 수입금액 × 적용률
> ② 문화기업업무추진비 한도액 = MIN[문화기업업무추진비, ① × 20%]
>   (2025.12.31.까지 적용)

(11) 이월결손금 공제

「법인세법」에서는 중소기업 등의 경우 각사업연도 소득금액의 100%, 비중소기업의 경우 각사업연도 소득금액의 80%를 공제하였으나, 「소득세법」에서는 별도의 한도 규정을 두고 있지 않다.

★★ (12) 기타사항

구분	법인세법	소득세법
① 소득처분	㉠ 자산·부채의 차이: ±유보 ㉡ 회사 외부의 유출: 배당, 상여, 기타사외유출, 기타소득	별도 규정이 없어 소득처분을 하지 않는다. 다만, 실무상 회사 내부에 남아있는 경우 유보로 처리한다.
② 가사관련경비	별도의 규정 없음	필요경비불산입
③ 자산수증이익 및 채무면제이익	사업관련여부와 무관하게 익금산입, 결손금 보전 충당분은 익금불산입	사업관련분만 총수입금액에 산입하고, 무관한 것은 증여세로 과세
④ 대표이사 가지급금 인정이자	인정이자의 계산 및 지급이자의 손금불산입 등의 제재 규정이 존재함	별도의 제재 규정이 없음(출자금의 인출로 보기 때문)
⑤ 판매장려금	별도의 규정 없으나, 순자산이 증가하므로 익금에 산입	총수입금액 산입

 오쌤 Talk

그 밖에「법인세법」과의 차이

구분	법인세법	소득세법
임직원 명의 신용카드사용액	적격증명으로 보지 않아 전액 손금불산입	적격증명으로 인정
부동산임대업 주업으로 하는 법인 등에 대한 특례	일반기업무추진비 한도액의 50%를 한도로 적용하는 특례 있음	해당 사항 없음

 오쌤 Talk

「법인세법」과「소득세법」상 기업업무추진비의 한도계산 단위

「법인세법」은 법인별로 한도를 계산하는 데 비해, 「소득세법」에서는 사업장별로 한도를 계산한다. 따라서 여러 사업장을 보유하는 하나의 법인이 있다고 할 때 「법인세법」은 법인을 기준으로 한도를, 「소득세법」은 여러 사업장 각각에 대해 한도를 계산한다.

기출 OX

23. 법인세법에서는 유보(△유보), 배당, 상여, 기타사외유출 등의 소득처분이 있으나 소득세법은 소득처분이 없다. 　　2004. 7급
　　　　　　　정답 O

24. 법인은 자산수증이익을 각 사업연도 소득금액 계산에서 익금에 산입하나, 개인은 사업소득금액 계산에서 사업과 관련이 있는 자산수증익만 총수입금액에 산입한다. 　2023. 7급 최신
　　　　　　　정답 O

 오쌤 Talk

「소득세법」에서 대표자의 대여금이나 인출금과 관련된 사항

① 업무무관자산으로 보지 않기 때문에 지급이자 필요경비불산입대상에 해당하지 않음
② 별도로 인정이자를 계산하지 않음
③ 대손충당금을 계산할 때는 대손충당금 설정 대상 채권에서는 제외됨. 특수관계인에 지급한 업무무관가지급금은 아니지만 대여금은 금융채권에 해당하기 때문임
④ 단, 대표자의 인출금 사용으로 인해 초과인출금 발생 시 초과인출금 이자는 지급이자 불산입 적용

6 기업회계의 존중 C

거주자가 각 과세기간의 소득금액을 계산할 때 총수입금액 및 필요경비의 귀속연도와 자산·부채의 취득 및 평가에 대하여 일반적으로 공정·타당하다고 인정되는 기업회계의 기준을 적용하거나 관행을 계속 적용하여 온 경우에는 「소득세법」 및 「조세특례제한법」에서 달리 규정하고 있는 경우 외에는 그 기업회계의 기준 또는 관행에 따른다(소법 39 ⑤).

7 사업용계좌의 개설 C

(1) 사업용계좌의 사용의무

복식부기의무자가 사업과 관련하여 재화 또는 용역을 공급받거나 공급하는 거래의 경우로서 다음 어느 하나에 해당하는 때에는 사업용계좌를 사용해야 한다(소법 160의5 ①).

> ① 거래의 대금을 금융회사 등을 통하여 결제하거나 결제받는 경우
> ② 인건비 및 임차료를 지급하거나 지급받는 경우. 단, 인건비의 경우 상대방의 사정으로 사업용계좌를 사용하기 어려운 것으로서 법에 정한 거래는 제외한다.

(2) 사업용계좌의 신고

복식부기의무자는 복식부기의무자에 해당하는 과세기간의 개시일(사업 개시와 동시에 복식부기의무자에 해당되는 경우에는 다음 과세기간 개시일)부터 6개월 이내에 사업용계좌를 해당 사업자의 사업장(또는 납세지) 관할 세무서장에게 신고해야 한다(소법 160의5 ③).

(3) 사업용계좌를 변경 및 추가

복식부기의무자는 사업용계좌를 변경하거나 추가하는 경우 과세표준 확정신고기한까지 이를 신고해야 한다(소법 160의5 ④).

오쌤 Talk

복식부기의무자 vs 간편장부대상자

구분	복식부기 의무자	간편장부 대상자
토지, 건물 외 사업용 유형자산 양도소득 (Link-P.338)	사업소득 O	과세대상 X
업무용승용차 관련 비용 등의 필요경비 불산입 특례 (Link-P.340)	대상 O	대상 X
보험모집인 등에 대한 사업소득세액 연말정산 (Link-P.349)	대상 X	대상 O
기장세액공제 (Link-P.420)	대상 X	대상 O
사업용계좌 불성실 가산세 (Link-P.494)	대상 O	대상 X

8 총수입금액 및 필요경비의 귀속연도 A

총수입금액과 필요경비의 귀속연도는 권리의무확정주의에 따라 그 총수입금액과 필요경비가 확정된 날이 속하는 다음의 과세기간으로 한다(소법 39 ①, 소령 48, 소칙 20).

구분	수입시기
① 재고자산(단, 건물건설업과 부동산을 제외)의 판매	그 재고자산을 인도한 날
② 재고자산의 시용판매	상대방이 구입의 의사를 표시한 날[*1]
③ 재고자산의 위탁판매	수탁자가 그 위탁품을 판매한 날
④ 장기할부조건에 의한 재고자산의 판매	⊙ 원칙: 그 재고자산을 인도한 날(명목가액) ⓒ 특례: 현재가치평가와 회수기일도래기준도 인정(결산조정사항)[*2]

⑤ 건설·제조 기타 용역(도급공사 및 예약매출을 포함함)의 제공	⊙ 단기건설 등의 경우
	  ⓐ 원칙: 용역의 제공을 완료한 날(목적물을 인도하는 경우에는 목적물을 인도한 날)
	  ⓑ 예외: 진행기준 인정
	ⓒ 장기건설 등의 경우: 진행기준 적용

⑥ 무인판매기에 의한 판매	해당 사업자가 무인판매기에서 현금을 인출하는 때
⑦ 인적용역의 제공	용역대가를 지급받기로 한 날 또는 용역제공완료일 중 빠른 날
⑧ 연예인 등의 전속계약금	⊙ 원칙: 용역대가를 지급받기로 한 날 또는 용역제공완료일 중 빠른 날 ⓒ 예외: 계약기간 1년 초과 일신전속계약 대가를 일시에 받는 경우 계약기간에 따라 균분한 금액을 과세기간 종료일에 수입한 것으로 본다.[*3]
⑨ 어음의 할인	그 어음의 만기일 (다만, 만기 전 어음 양도 시에는 그 양도일)
⑩ 금융보험업에서 발생하는 이자·할인액	실제로 수입된 날
⑪ 자산을 임대하거나 지역권·지상권을 설정하여 발생하는 소득	⊙ 계약 또는 관습에 의하여 지급일이 정하여진 것: 그 정하여진 날 ⓒ 계약 또는 관습에 의하여 지급일이 정하여지지 아니한 것: 그 지급을 받은 날
⑫ 위에 해당하지 아니하는 자산의 매매	대금을 청산한 날·소유권이전등기일(등록일)·사용수익일 중 빠른 날

[*1] 일정기간 내에 반송하거나 거절의 의사를 표시하지 아니하는 한 특약 또는 관습에 의하여 그 판매가 확정되는 경우: 그 기간의 만료일
[*2] 「소득세법」에서는 중소기업이라 하더라도 회수기일도래기준으로 계상하지 않을 경우 회수기일도래기준으로 신고조정이 불가능하다.
[*3] 개시일이 속하는 달이 1개월 미만이면 1개월로 하고, 종료일이 속하는 달이 1개월 미만이면 이를 산입하지 않는다(초월산입, 말월불산입).

> **기출 OX**
>
> 25. 사업소득으로 과세되는 상품의 위탁판매로 인한 소득의 경우에는 수탁자가 그 위탁품을 판매하는 날을 수입시기로 한다.   2015. 9급
> 정답 O
>
> 26. 금융보험업에서 발생하는 이자 및 할인액의 수입시기는 실제로 수입된 날로 한다.   2022. 9급
> 정답 O
>
> 27. 부동산임대업소득에 대한 총수입금액의 수입할 시기는 계약 또는 관습에 의하여 지급기일이 정하여진 경우에는 그 정하여진 날이다.   2007. 7급
> 정답 O

9 사업소득의 과세방법 B

★ (1) 원칙

사업소득금액은 종합소득금액에 가산하여 기본세율로 종합과세되며, 법에 규정된 특정한 경우를 제외하고는 원천징수를 하지 않는다.

★★ (2) 원천징수 특례

국내에서 거주자 또는 비거주자에게 다음의 원천징수대상 사업소득을 지급하는 자는 사업소득에 대한 수입금액을 지급할 때 원천징수하여 징수일이 속하는 달의 다음달 10일까지 원천징수세액을 납부해야 한다.

① 원천징수의무자의 범위

「법인세법」의 경우 사업자 여부를 구분하지 않고 소득을 지급하는 모든 자가 원천징수의무자인 반면, 사업소득에 대한 원천징수의무자는 다음과 같다.

> ⊙ 사업소득이 있는 개인사업자
> ⓒ 법인, 국가·지방자치단체·지방자치단체조합, 법인으로 보는 단체

② 원천징수대상 사업소득의 범위

> ⊙ 부가가치세가 면세되는 의료보건용역*(세법1 link-p.337)
> ⓒ 부가가치세가 면세되는 일정한 인적용역*(세법1 link-p.340)

* 다만, 다음의 어느 하나에 해당하는 소득은 제외한다(소령 184 ①).

> ⓐ 「부가가치세법 시행령」에 따른 조제용역의 공급으로 발생하는 사업소득 중 법령으로 정하는 바에 따라 계산한 의약품가격이 차지하는 비율에 상당하는 소득
> ⓑ 「부가가치세법 시행령」에 따른 접대부·댄서 또는 이와 유사한 용역의 공급으로 발생하는 소득

③ 원천징수세액의 계산

$$\text{사업소득 원천징수세액} = \text{수입금액} \times 3\%$$

* 단, 외국인 직업운동가가 스포츠 클럽 운영업 중 프로 스포츠 구단과의 계약(계약기간과 관계없이 NEW)에 따라 용역을 제공하고 받는 소득에 대해서는 20%로 한다.

기출 OX

28. 외국인 직업운동가가 한국표준산업분류에 따른 스포츠 클럽운영업 중 프로스포츠구단과의 계약에 따라 용역을 제공하고 받는 소득에 대한 원천징수세율은 100분의 20으로 한다.
2024. 7급 수정 최신
정답 O

29. 외국인 직업운동가가 한국표준산업분류에 따른 스포츠클럽운영업 중 프로스포츠구단과의 계약(계약기간이 3년 이하인 경우로 한정함)에 따라 용역을 제공하고 받는 소득에 대한 원천징수세율은 100분의 10으로 한다.
2022. 7급
정답 X

(3) 연말정산 특례

① **연말정산대상자**

사업소득 중 '간편장부대상자에 해당하는 보험모집인, 방문판매원·후원방문판매원, 음료품배달판매원'의 사업소득(수당)을 지급하는 원천징수의무자는 해당 사업소득에 대한 소득세를 연말정산해야 한다. 다만, 방문판매원·후원방문판매원, 음료품배달판매원이 받는 사업소득은 원천징수의무자가 사업장 관할 세무서장에게 연말정산 신청을 하는 경우만 해당한다(소법 144의 2 ①, 소령 137).

② **연말정산의 시기**

해당 과세기간의 다음 연도 2월분의 사업소득을 지급할 때 또는 해당 사업자와의 거래계약을 해지하는 달의 사업소득을 지급할 때 연말정산을 한다. 다만, 2월분의 사업소득을 2월 말일까지 지급하지 않거나, 2월분의 사업소득이 없는 경우에는 2월 말일을 연말정산의 시기로 한다(소법 144의 2 ①).

 참고

간편장부대상자

① 간편장부대상자의 범위

간편장부대상자란 다음에 해당하는 사업자를 말한다(소령 208 ⑤). 다만, 아래 ②에 해당하는 사업자는 제외한다.
㉠ 해당 과세기간에 신규로 사업을 개시한 사업자
㉡ 직전 과세기간의 수입금액(결정 또는 경정으로 증가된 수입금액을 포함하며, 사업용 유형자산을 양도함으로써 발생한 수입금액은 제외한다)의 합계액이 다음 금액에 미달하는 사업자

ⓐ 농업·임업 및 어업, 광업, 도매 및 소매업(상품중개업 제외), 법에 따른 부동산매매업, 그 밖에 아래 ⓑ 및 ⓒ에 해당되지 아니하는 사업: 3억원
ⓑ 제조업, 숙박 및 음식점업, 전기·가스·증기 및 공기조절 공급업, 수도·하수·폐기물처리·원료재생업, 건설업(비주거용 건물 건설업은 제외), 부동산 개발 및 공급업(주거용 건물 개발 및 공급업에 한정), 운수업 및 창고업, 정보통신업, 금융 및 보험업, 상품중개업: 1억5천만원
ⓒ 일정한 부동산임대업, 부동산업, 전문·과학 및 기술서비스업, 교육서비스업, 보건업 및 사회복지서비스업, 예술·스포츠 및 여가 관련 서비스업, 수리 및 기타 개인서비스업, 가구 내 고용활동 등: 7천500만원

② 간편장부대상자가 될 수 없는 사업자
㉠ 사업장현황신고불성실가산세 대상자인 의료업 사업자, 수의업 사업자, 약사
㉡ 변호사업, 심판변론인업, 변리사업, 법무사업, 공인회계사업, 세무사업 등 법에 열거된 전문자격사업, 그 밖에 이와 유사한 사업서비스업으로서 법에 정하는 사업자

CHAPTER 04

근로소득

① 근로소득의 범위
② 근로소득금액의 계산
③ 근로소득의 수입시기
④ 근로소득의 과세방법

최신 8개년 출제 경향 분석

01 근로소득의 범위

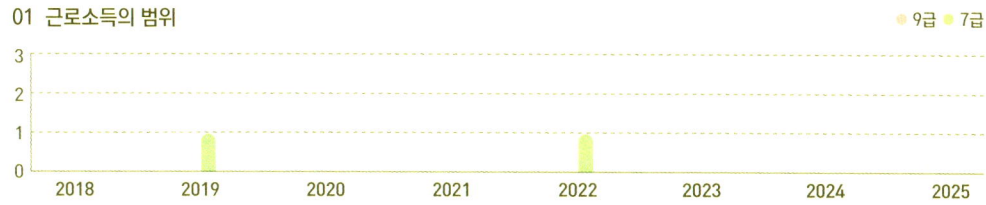

02 근로소득금액의 계산

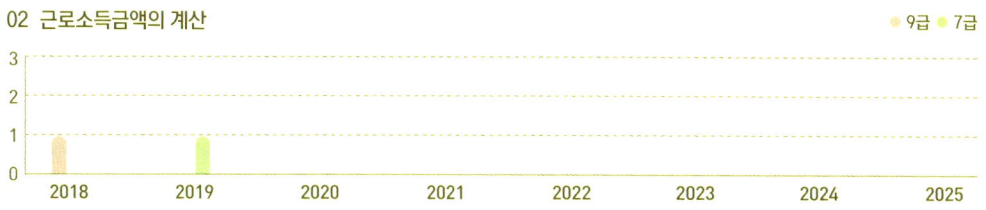

03 근로소득의 수입시기

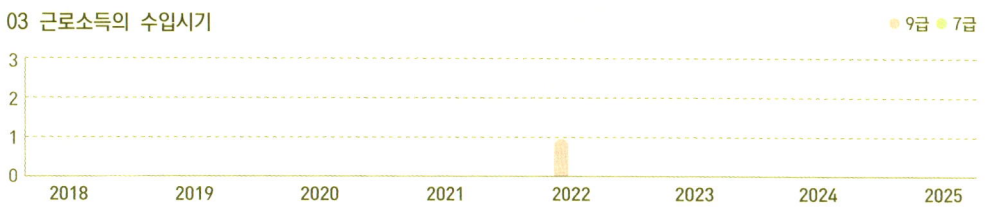

04 근로소득의 과세방법

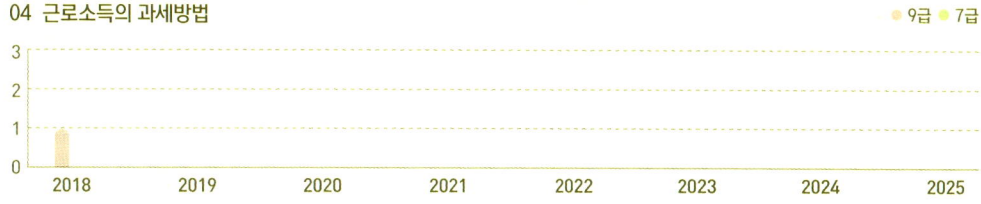

1 근로소득의 범위

1 근로소득의 의의 A

근로소득은 근로자가 고용계약으로 타인에게 고용되어 근로를 제공하고 대가로 받는 모든 금품 등을 말하는 것이다. 근로소득은 해당 과세기간에 발생한 다음의 소득으로 한다(소법 20 ①).

① 근로를 제공함으로써 받는 봉급·급료·보수·세비·임금·상여·수당과 이와 유사한 성질의 급여
② 법인의 주주총회·사원총회 또는 이에 준하는 의결기관의 결의에 따라 상여로 받는 소득
③ 인정상여(「법인세법」에 따라 상여로 처분된 금액)
④ 퇴직함으로써 받는 소득으로서 퇴직소득에 속하지 아니하는 소득
⑤ 「발명진흥법」에 따라 직무발명으로 받는 다음의 보상금(이하 '직무발명보상금')으로 재직 중에 수령하는 금액
　㉠ 「발명진흥법」에 따른 종업원 등이 사용자 등으로부터 받는 보상금
　㉡ 대학의 교직원 또는 대학과 고용관계에 있는 학생이 소속 대학에 설치된 「산업교육진흥 및 산학연협력촉진에 관한 법률」에 따른 산학협력단으로부터 받는 보상금
⑥ 사업자나 법인이 생산·공급하는 재화·용역을 그 사업자나 법인(계열회사 포함)의 사업장에 종사하는 임원·종업원에게 시가보다 낮은 가격으로 제공하거나 구입할 수 있도록 지원함으로써 해당 임원·종업원이 얻는 이익 NEW

2 근로소득으로 보는 항목 A

급여·수당·상여·봉급 등 외에도 근로에 대한 대가로 받은 것이라면 그 명칭 또는 그 지급방법(현금 또는 현물)과 관계없이 근로소득으로 본다. 따라서 다음의 항목은 근로소득으로 본다(소령 38 ①).

★★ (1) 기밀비 등

기밀비·판공비·교제비 기타 이와 유사한 명목으로 받는 것으로서 업무를 위하여 사용한 것이 분명하지 아니한 급여는 근로소득으로 본다.

(2) 각종 수당 및 혜택

다음의 항목은 근로소득으로 본다.

① 근로수당·가족수당·전시수당·물가수당·출납수당·직무수당 등의 급여, 보험회사·투자매매업자 또는 투자중개업자 등의 종업원이 받는 집금수당과 보험가입자의 모집, 증권매매의 권유 또는 저축을 권장하여 받는 대가, 그 밖의 이와 유사한 성질의 급여
② 급식수당·주택수당·피복수당 기타 이와 유사한 성질의 급여
③ 기술수당·보건수당 및 연구수당, 그 밖에 이와 유사한 성질의 급여
④ 시간외근무수당·통근수당·개근수당·특별공로금·벽지수당·해외근무수당 기타 이와 유사한 성질의 급여

오쌤 Talk
근로소득으로 보는 강사료와 원고료

구분	내용
강사료	근로소득: 근로계약에 따른 고용관계로 받는 경우로 동일한 학교 등에서 3개월 이상 계속해서 강사료를 지급받는 경우 그 강사료 사업소득: 학원 등에서 계속적·반복적으로 강의하면서 일정비율로 강사료를 지급받는 경우에 그 강사료 기타소득: 위 외의 강사료
원고료	근로소득: 신규채용시험·사내교육을 위한 출제·감독·채점·강의교재 등을 작성하고 근로자가 지급받는 수당·강사료·원고료 명목의 금액 사업소득: 작가 등이 받는 인세 기타소득: 위 외의 일시적인 원고료

기출 OX

01. 「법인세법」에 의하여 상여로 처분된 금액은 근로소득으로 분류한다. 2005. 9급
　　　　정답 O

02. 종업원이 퇴직함으로써 받는 소득 중 퇴직소득에 속하지 아니하는 소득은 근로소득에 해당한다. 2012. 9급
　　　　정답 O

03. 대학에 재직하고 있는 교직원이 지급받는 직무발명보상금은 기타소득에 해당한다. 2023. 7급 최신
　　　　정답 X

기출 OX

04. 기밀비(판공비를 포함한다)·교제비 기타 이와 유사한 명목으로 받는 것으로서 업무를 위하여 사용된 것이 분명하지 아니한 급여는 근로소득에 해당한다. 2023. 9급 최신
　　　　정답 O

05. 판공비 명목으로 받는 것으로서 업무를 위하여 사용된 것이 분명하지 아니한 급여는 근로소득으로 과세한다. 2015. 9급
　　　　정답 O

⑤ 여비의 명목으로 받는 연액 또는 월액의 급여, 휴가비 기타 이와 유사한 성질의 급여

★★ (3) 공로금·위로금 등

종업원이 받는 공로금·위로금·개업축하금·학자금·장학금(종업원의 수학 중인 자녀가 사용자로부터 받는 학자금·장학금을 포함) 기타 이와 유사한 성질의 급여는 근로소득으로 본다.

★★ (4) 주택자금·임차자금의 대여이익

종업원이 주택과 그 부수토지의 구입·임차에 소요되는 자금을 저리 또는 무상으로 대여받음으로써 얻는 이익은 근로소득으로 본다.

★★ (5) 주식매수선택권 행사이익

법인의 임원 또는 종업원이 해당 법인 또는 그 법인과 특수관계에 있는 법인으로부터 부여받은 주식매수선택권을 해당 법인 등에서 근무하는 기간 중 행사함으로써 얻은 이익(주식매수선택권 행사 당시의 시가와 실제 매수가액과의 차액을 말하며, 주식에는 신주인수권을 포함)을 말한다.

구분	소득 구분
① 해당 법인 등에서 근무하는 기간 중 행사함으로써 얻은 이익	근로소득
② 퇴직 전에 부여받은 주식매수선택권을 퇴직 후에 행사하거나 고용관계 없이 주식매수선택권을 부여받아 이를 행사함으로써 얻은 이익	기타소득

(6) 법에 따라 공무원에게 지급되는 직급보조비 등

① 직급보조비

「공무원 수당 등에 관한 규정」 등 여러 법률에 의하여 지급되는 직급보조비는 근로소득으로 본다.

② 상금과 부상

공무원이 국가 또는 지방자치단체로부터 공무 수행과 관련하여 받는 상금과 부상은 근로소득으로 본다.

기출 OX

06. 종업원이 받는 공로금·위로금·개업축하금·학자금 기타 이와 유사한 성질의 급여는 소득세법상 기타소득의 범위에 포함된다. 2009. 7급
정답 X

기출 OX

07. 종업원(중소기업에 근무하지 않음)이 주택의 구입에 소요되는 자금을 저리로 대여받음으로써 얻는 이익은 근로소득에 해당한다. 2010. 9급
정답 : O

기출 OX

08. 법인의 임원 또는 종업원이 해당 법인으로부터 부여받은 주식매수선택권을 해당 법인에서 근무하는 기간 중 행사함으로써 얻은 이익(주식매수선택권 행사 당시의 시가와 실제 매수가액과의 차액을 말하며, 주식에는 신주인수권을 포함한다)은 근로소득에 해당한다. 2023. 9급 최신
정답 O

09. 퇴직 전에 부여받은 주식매수선택권을 퇴직 후에 행사하거나 고용관계 없이 주식매수선택권을 부여받아 이를 행사함으로써 얻는 이익은 근로소득에 포함된다. 2013. 7급
정답 X

(7) 임원 또는 종업원 등에 대한 할인금액 NEW

① 근로소득으로 보는 할인액

사업자나 법인이 생산·공급하는 재화·용역을 그 사업자나 법인(계열회사 포함)의 사업장에 종사하는 임원·종업원에게 시가보다 낮은 가격으로 제공하거나 구입할 수 있도록 지원함으로써 해당 임원·종업원이 얻는 이익은 근로소득으로 과세한다(소법 20).

② 할인금액 지원 방식

임원·종업원에게 시가보다 낮은 가격으로 제공하거나 구입할 수 있도록 지원하는 방식은 다음 중 어느 하나에 해당하는 방식으로 한다(소령 38 ③).

> ㉠ 사업자나 법인이 생산·공급하는 재화·용역(자사제품)을 임원·종업원에게 시가보다 낮은 가격으로 판매·제공하는 방식
> ㉡ 사업자나 법인이 임원·종업원에게 자사제품 등을 구입하거나 제공받는데 사용하도록 지원금을 지급하는 방식
> ㉢ 사업자나 법인이 임원·종업원에게 사업자나 법인의 계열회사가 생산·공급하는 재화·용역을 구입하거나 제공받는데 사용하도록 지원금을 지급하는 방식
> ㉣ 사업자나 법인의 계열회사가 사업자나 법인의 임원·종업원에게 계열회사제품 등을 시가보다 낮은 가격으로 판매·제공하고, 사업자나 법인이 그 계열회사에 시가와 판매·제공가액과의 차액을 지급하는 방식

③ 시가

시가는 「법인세법」상 시가 산정기준에 따른 시가로 한다(소령 38 ④).

다만, 다음 중 하나에 해당하는 경우에는 임원·종업원이 해당 재화·용역을 구입하거나 제공받을 때 지급한 가격을 시가로 한다.

> ㉠ 재화의 파손 또는 변질로 인해 임원·종업원이 아닌 자에게 판매할 수 없는 경우
> ㉡ 탑승권 및 숙박권 등 사용시기가 제한되는 재화·용역의 사용기한이 임박하여 임원·종업원이 아닌 자에게 판매·제공하는 것이 현저히 곤란한 경우

(8) 기타

① 「법인세법」에 따라 손금불산입되는 임원퇴직급여한도초과액

정관에 정해진 퇴직급여(퇴직위로금 등을 포함)를 초과하여 손금불산입되는 퇴직급여는 상여로 처분하므로 인정상여로서 근로소득으로 본다.

② 보험료 등 대납액

종업원이 계약자이거나 종업원 또는 그 배우자 및 그 밖의 가족을 수익자로 하는 보험·신탁 또는 공제와 관련하여 사용자(회사)가 부담하는 보험료·신탁부금 또는 공제부금을 보험금 지급사유가 발생하여 종업원이 지급받는 때에는 근로소득으로 본다.

> **참고**
>
> 근로·용역의 형태별 소득구분
>
> | 구분 | 소득 구분 | 원천징수 구분 |
> |---|---|---|
> | 고용관계 또는 유사한 계약에 따라 근로를 제공하고 받는 대가 | 근로소득 | 간이세액표에 따라 원천징수 |
> | 고용관계 없이 독립적인 자격으로 계속적으로 용역을 제공하고 지급받는 대가 | 사업소득 | 수입금액 × 3% 원천징수 |
> | 일시적으로 용역을 제공하고 지급받는 대가 | 기타소득 | (수입금액 - 필요경비) × 20% 원천징수 |
> | 현실적인 퇴직을 원인으로 지급받는 소득 | 퇴직소득 | 퇴직 시 원천징수 |

3 근로소득으로 보지 않는 항목 B

다음의 항목은 근로소득으로 보지 않는 항목에 해당한다.

★(1) 사회통념상 타당한 경조금

사회통념상 타당하다고 인정되는 범위의 경조금은 이를 지급받은 자의 근로소득으로 보지 아니한다(소칙 10 ①).

(2) 퇴직급여로 지급되기 위하여 법에 정한 방법으로 적립되는 급여

근로자가 적립금액 등을 선택할 수 없는 것으로서 퇴직급여로 지급되기 위하여 다음의 적립 방법에 따라 적립되는 급여는 근로소득에 포함하지 않는다(소령 38 ②).

① 퇴직급여제도의 가입 대상이 되는 근로자(임원 포함) 전원이 적립할 것
② 사업장에 적립방식이 최초로 설정되는 날* 또는 적립방식이 변경되는 날에 향후 적립하지 아니할 것을 선택할 수 있는 것
③ 적립할 때 근로자가 적립 금액을 임의로 변경할 수 없는 적립 방식을 설정하고 그에 따라 적립할 것
④ 적립 방식이 퇴직연금규약, 확정기여형퇴직연금규약 또는 과학 기술인공제회와 사용자가 체결하는 계약에 명시되어 있을 것
⑤ 사용자가 퇴직연금계좌에 적립할 것

*해당 사업장에 최초로 근무하게 된 날에 적립방식이 이미 설정되어 있는 경우에는 최초로 퇴직급여제도의 가입 대상이 되는 날

(3) 사내근로복지기금으로부터 수령하는 학자금 등

「사내근로복지기금법」에 의하여 설립된 사내근로복지기금이 기금의 용도사업을 규정한 정관을 고용노동부장관으로부터 인가받아 시행하는 경우 근로자가 동 기금에서 받은 금액(학자금, 장학금 등)은 근로소득에 포함하지 않는다(소득46011-3280, 95.8.18.).

4 비과세 근로소득 B

(1) 병역의무 이행 관련 급여

① 병역의무 수행을 위해 징집·소집 또는 지원에 의하여 복무 중인 병장 급 이하의 현역병(본인이 지원하지 아니하고 임용된 하사 포함), 의무경찰 그 밖에 이에 준하는 자가 받는 급여
② 법률에 따라 동원된 사람이 그 동원직장에서 받는 급여
③ 작전임무를 수행하기 위하여 외국에 주둔 중인 군인·군무원이 받는 급여
④ 종군한 군인·군무원이 전사(전상으로 인한 사망을 포함)한 경우 그 전사한 날이 속하는 과세기간의 급여

(2) 위자성질의 급여

근로의 제공으로 인한 부상·질병·장애·사망 등과 관련하여 근로자·선원 및 그 유족이 지급받는 배상·보상 또는 위자의 성질이 있는 급여는 비과세한다. 따라서 요양비, 실업급여, 육아휴직급여(「사립학교법」에 따라 임명된 사무직원이 학교의 정관 또는 규칙에 따라 지급받는 육아휴직수당으로서 월 150만원 이하의 것을 포함) 등의 급여 또한 소득세를 과세하지 않는다.

(3) 근로자 본인에 대한 일정한 학자금

오쌤 Talk
요건을 충족하는 학교·직업능력개발훈련시설의 학자금
요건을 충족하는 학교·직업능력개발훈련시설의 학자금은 비과세 근로소득에 해당한다. 하지만, 이러한 학자금은 이미 비과세 혜택을 적용받았기 때문에 교육비세액공제 대상 교육비에서 차감하여 이중혜택을 받지 못하도록 하고 있다.

근로자 본인에 대한 학자금으로서 학교(외국에 있는 이와 유사한 교육기관을 포함)와 직업능력개발훈련시설의 입학금·수업료, 그 밖의 공납금으로서 다음 요건을 갖춘 학자금(해당 과세기간에 납입할 금액을 한도로 함)은 비과세한다(소령 11). 따라서 근로자 본인에 대한 학자금이 아닌 것은 과세한다.

① 종사하는 사업체의 '업무와 관련' 있는 교육·훈련을 위하여 지급받을 것
② 종사하는 사업체의 규칙 등에 의하여 정해진 '지급기준'에 따라 받을 것
③ 교육·훈련기간이 6개월 이상인 경우 교육·훈련 후 해당 교육기간을 초과하여 근무하지 않은 때에는 지급받은 금액을 반납할 것을 조건으로 받을 것

기출 OX
10. 기초생활수급자인 휴학생이 대학으로부터 받는 근로장학금은 「소득세법」상 비과세소득에 해당된다.
2013. 7급
정답 X

★★ (4) 대학생의 근로장학금

「교육기본법」에 따라 받는 장학금 중 대학생(대학, 산업대학, 교육대학, 전문대학에 재학하는 대학생에 한함)이 근로의 대가로 지급받는 장학금은 소득세를 과세하지 않는다. 따라서 휴학생이 대학으로부터 받는 근로장학금은 비과세소득에 해당하지 않는다.

(5) 법에 따라 사용자가 부담하는 보험료

오쌤 Talk
국민건강보험료 등 법에 따른 부담금 중 사용인 부담분도 사용자가 대납한 경우

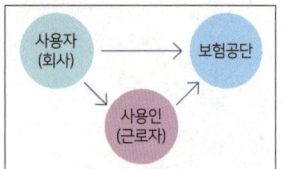

이 경우 사용자가 보험공단에 납부하더라도 사용자가 사용인에게 근로소득을 지급하고, 사용인이 보험공단에 보험료를 납부한 것으로 본다. 따라서 총급여액에 해당 보험료를 포함하며, 이 보험료는 후에 보험료공제 등으로 소득공제된다.

「국민건강보험법」, 「고용보험법」, 또는 「노인장기요양보험법」에 따라 국가·지방자치단체 또는 사용자가 부담하는 국민건강보험료, 고용보험료, 노인장기요양보험료는 비과세한다.

★(6) 실비변상적 성질의 급여

다음의 급여는 실비변상적 성질이 있는 것으로 보아 소득세를 비과세한다(소령 12).

① 금액에 제한(월 20만원)이 있는 실비변상적 성질의 급여

㉠ 자가운전보조금(차량유지비): 종업원이 소유하거나 본인 명의로 임차한 차량을 종업원이 직접 운전하여 사용자의 업무수행에 이용하고 시내출장 등에 소요된 실제여비를 받는 대신에 그 소요경비를 해당 사업체의 규칙 등으로 정하여진 지급기준에 따라 받는 금액

㉡ 승선수당: 선원(연 240만원 이내의 초과근로수당에 대한 비과세 규정을 적용받는 자 제외)으로서 기획재정부령이 정하는 자가 수령하는 승선수당

㉢ 다음에 해당하는 자가 받는 연구보조비 또는 연구활동비
ⓐ 「유아교육법」, 「초·중등교육법」, 「고등교육법」에 따른 학교 및 이에 준하는 학교(특별법에 따른 교육기관을 포함)의 교원
ⓑ 특정연구기관, 정부출연연구기관, 지방자치단체출연연구원에서 연구활동에 직접 종사하는 자(대학교원에 준하는 자격을 가진 자에 한함) 및 기획재정부령이 정하는 직접적으로 연구활동을 지원하는 자
ⓒ 중소기업·벤처기업의 기업부설연구소와 연구개발전담부서(중소기업 또는 벤처기업에 설치하는 것으로 한정)에서 연구활동에 직접 종사하는 자

㉣ 취재수당: 방송·뉴스통신·신문을 경영하는 언론기업 및 방송채널사용사업에 종사하는 기자가 취재활동과 관련하여 받는 취재수당(이를 급여에 포함하여 받는 경우에는 월 20만원에 상당하는 금액은 취재수당으로 보고 비과세함)

㉤ 벽지수당: 근로자가 벽지에 근무함으로 인하여 받는 수당

㉥ 이전지원금: 수도권 외의 지역으로 이전하는 공공기관 소속 공무원이나 직원에게 한시적으로 지급하는 이전지원금

오쌤 Talk

자가운전보조금에 대한 적용 여부

구분	비과세 여부
배우자를 비롯한 타인 명의의 차량	적용 불가능
배우자 외의 자와의 공동명의 차량	
배우자와의 공동명의 차량	적용 가능

② 금액에 제한이 없는 실비변상적 성질의 급여

㉠ 일직료·숙직료 또는 여비로서 실비변상정도의 금액

㉡ 작업복·피복·제복·제모·제화: 병원·시험실·금융회사 등·공장·광산에서 근무하는 사람 또는 특수한 작업이나 역무에 종사하는 사람이 받는 작업복이나 그 직장에서만 착용하는 피복 등 (단, 직장에서 착용하는 피복이 아닌 일반 피복을 지급하는 경우에는 과세)

㉢ 천재지변 기타 재해로 인하여 받는 급여

㉣ 경찰·소방공무원, 광산근로자의 입갱수당 등 일정 위험수당

㉤ 종교활동수당: 종교관련종사자가 소속 종교단체의 규약 또는 소속 종교단체의 의결기구의 의결·승인 등을 통하여 결정된 지급 기준에 따라 종교 활동을 위하여 통상적으로 사용할 목적으로 지급받은 금액 및 물품

㉥ 「선원법」에 의하여 받는 식료

㉦ 국가 또는 지방자치단체가 지급하는 보육교사 근무환경개선비, 유아교사 인건비, 전공의 수련보조수당

오쌤 Talk

사택제공이익이 비과세되는 자
① 주주 또는 출자자가 아닌 임원
② 소액주주인 임원
③ 임원이 아닌 종업원(비영리법인 또는 개인의 종업원을 포함)
④ 국가 또는 지방자치단체로부터 근로소득을 지급받는 사람

기출 OX

11. 주주인 임원이 법령으로 정하는 사택을 제공받음으로서 얻는 이익이지만 근로소득으로 과세하지 않는 경우도 있다. 2015. 9급
정답 : ○

기출 OX

12. 임직원의 고의(중과실 포함) 외의 업무상 행위로 인한 손해의 배상청구를 보험금의 지급사유로 하고 임직원을 피보험자로 하는 보험의 보험료를 사용자가 부담하는 경우 「소득세법」상 과세되는 근로소득에 포함된다. 2013. 7급
정답 X

13. 계약기간 만료전 또는 만기에 종업원에게 귀속되는 단체환급부보장성보험의 환급금은 「소득세법」상 과세되는 근로소득에 포함된다. 2013. 7급
정답 : ○

(7) 복리후생적 성질의 급여

다음 급여는 복리후생적 성질이 있는 것으로 보아 소득세를 비과세한다(소령 17의4).

① 출자임원을 제외한 임직원의 사택제공이익

사택을 무상 또는 저가로 제공받음으로써 얻는 이익은 출자임원(소액주주* 제외)만 근로소득으로 보며, 그 밖의 경우에는 근로소득으로 보지 않는다(소령 38 ① (6)).

* 소액주주: 해당 법인의 발행주식총수 또는 출자총액의 1%에 미달하는 주식 등을 소유하는 주주 등(해당 법인의 국가, 지방자치단체가 아닌 지배주주 등의 특수관계인자 제외)를 말한다.

② 법에 정한 보험료의 사용자 대납액

위 (7) ②에도 불구하고 다음의 보험에 대한 보험료를 사용자(회사)가 대납한 금액은 비과세한다.

㉠ 임직원 책임배상보험: 임직원의 고의·중과실 외의 업무상 행위로 인한 손해배상청구를 보험금의 지급사유로 하고 임직원을 피보험자로 하는 보험의 보험료
㉡ 단체순수보장성보험과 단체환급부보장성보험의 보험료 중 연 70만원 이하의 금액: 해당 보험에 대한 보험료 대납액이 70만원을 초과하는 경우 그 초과분에 대해서는 근로소득으로 보아 과세한다. 또한 계약기간 만료 전 또는 만기에 종업원에게 귀속되는 단체환급부보장성보험의 환급금은 근로소득으로 보아 과세한다.

> **참고**
>
> **단체순수보장성보험과 단체환급부보장성보험**
> ⓐ 단체순수보장성보험: 종업원의 사망·상해 또는 질병 등을 보험금의 지급사유로 하고 종업원을 피보험자와 수익자로 하는 보험으로서 만기에 납입보험료를 환급하지 않는다.
> ⓑ 단체환급부보장성보험: 만기에 납입보험료를 초과하지 않는 범위에서 환급하는 보험

③ 주택자금·임차자금의 저리·무상대여

위 ② (4)에도 불구하고 중소기업 종업원이 주택(주택에 부수된 토지 포함)의 구입·임차 소요되는 자금을 저리 또는 무상으로 대여받음으로써 얻은 이익은 비과세한다. 다만, 해당 종업원이 중소기업과 다음의 구분에 따른 관계에 있는 경우 그 종업원이 얻는 이익은 제외한다(소령 17의4 (2)).

> ㉠ 중소기업이 개인사업자인 경우: 「국세기본법 시행령」에 따른 친족관계
> ㉡ 중소기업이 법인사업자인 경우: 「법인세법 시행령」에 따른 지배주주 등(해당 지배주주 등과 「국세기본법 시행령」에 따른 친족관계 또는 경영지배관계에 있는 자를 포함한다)인 관계

④ 직장어린이집 운영비용 부담액

「영유아보육법」에 따라 직장어린이집을 설치·운영하거나 위탁보육을 하는 사업주가 그 어린이집의 운영과 보육에 필요한 비용의 전부 또는 일부를 부담함으로써 해당 사업장의 종업원이 얻는 이익은 비과세한다(소령 17의4 (2의2)).

⑤ 공무원이 받는 상금과 부상

위  (6) ②에도 불구하고 국가 또는 지방자치단체로부터 공무 수행과 관련하여 받는 상금과 부상 중 연 240만원 이내의 금액은 비과세한다.

(8) 「발명진흥법」에 따른 직무발명보상금

다음의 직무발명보상금으로서 연 700만원 이하의 금액은 비과세한다(소령 17의3).

① 「발명진흥법」에 따라 종업원 등이 사용자 등으로부터 받는 보상금. 다만, 보상금을 지급한 사용자 등과 다음의 구분에 따른 특수관계에 있는 자가 받는 보상금은 제외한다.
  ㉠ 사용자 등이 개인인 경우: 「국세기본법 시행령」에 따른 친족관계
  ㉡ 사용자 등이 법인인 경우: 「법인세법 시행령」에 따른 지배주주 등(해당 지배주주 등과 「국세기본법 시행령」에 따른 친족관계 또는 경영지배관계에 있는 자를 포함한다)인 관계
② 대학의 교직원 또는 대학과 고용관계가 있는 학생이 소속 대학에 설치된 산학협력단으로부터 받는 보상금

(9) 일정한 국외 근로수당

국외 또는 북한지역에서 근로를 제공하고 받는 다음의 급여는 비과세한다(소령 16). 당해 월의 국외근로수당에는 국외근로로 인한 상여 등을 포함한다.

구분	비과세금액
① 국외 또는 북한지역(이하 '국외 등')에서 원양어업 선박 또는 국외 등을 항행하는 선박 또는 국외 등의 건설현장 등에서 근로(설계 및 감리 업무를 포함)를 제공하고 받는 보수	월 500만원
② 공무원(재외공관 행정직원 등을 포함), 대한무역투자진흥공사, 한국관광공사, 한국국제협력단 및 한국국제보건의료재단의 종사자가 국외 등에서 근무하고 받는 수당 중 해당 근로자가 국내에서 근무할 경우에 지급받을 금액상당액을 초과하여 받는 금액 중 실비변상적 성격의 급여	기획재정부장관과 협의하여 고시하는 금액
③ 위 ①, ② 외의 국외 등 근로수당	월 100만원

★★(10) 일정한 식사 및 식대

근로자가 사내급식 또는 이와 유사한 방법으로 제공받는 식사 기타 음식물은 전액 비과세한다. 그러나 근로자가 받는 식사대는 월 20만원 한도로 근로소득에서 비과세하며, 월 20만원을 초과하는 금액은 과세한다(소령 17의 2). 또한 식사와 식사대를 동시에 제공받는 경우에는 식사는 전액 비과세하되, 식사대는 금액과 상관없이 전액 과세한다.

> **기출 OX**
> 14. 근로자가 사내급식의 방법으로 제공받는 식사는 월 10만원 한도로 근로소득에서 비과세한다. 2015. 9급
> 정답 X

★★ (11) 생산직근로자 등이 받는 시간외근무수당

① **비과세 규정**

생산직 및 관련직에 종사하는 법에 정한 근로자로 월정액급여 210만원 이하이면서 직전 과세기간의 총급여액이 3천만원 이하인 근로자(일용근로자 포함)가 받는 시간외근무수당(연장근로·야간근로 또는 휴일근로를 하여 통상 임금에 더하여 받는 급여)은 다음 금액을 한도로 비과세한다(소령 17).

> ㉠ 공장 또는 광산근로자 및 일용근로자: 전액
> ㉡ 어업을 영위하는 자에게 고용되어 근로를 제공하는 자: 연 240만원 한도
> ㉢ 위 외의 생산직근로자: 연 240만원 한도

② **월정액급여의 계산**

월정액급여는 다음과 같이 계산한다(소령 17 ①).

> 월정액급여 = 매월 직급별로 받는 급여의 총액 − 상여 등 부정기적 급여(월 기준) − [실비변상적 성질의 급여 / 복리후생적 성질의 급여 / 법에 따른 사용자부담금] − 시간외 근무수당(또는 생산수당)

★★ (12) 일정한 출산·보육비

근로자 또는 그 배우자의 출산이나 자녀의 보육과 관련하여 사용자로부터 지급받는 다음의 급여는 비과세한다(소법 12 (3), 소령 17의2).

구분	비과세대상	비과세한도
① 출산수당 NEW	근로자(사용자와 특수관계 있는 자[*1] 제외) 또는 배우자의 출산과 관련하여 자녀의 출생일 이후 2년 이내에 사용자로부터 최대 두차례에 걸쳐 지급받는 급여[*2]	해당 급여 전액
② 자녀보육수당	근로자 또는 배우자의 해당 과세기간 개시일을 기준으로 6세 이하 자녀[*3]의 보육과 관련하여 사용자로부터 지급받는 급여	월 20만원

[*1] 사용자와 특수관계 있는 자는 다음을 말한다.

> ㉠ 사용자가 개인인 경우: 친족관계
> ㉡ 사용자가 법인인 경우: 지배주주 등인 관계

[*2] 사용자로부터 해당 급여를 지급받는 횟수에 관계없이 자녀의 출생일 이후 2년 이내에 첫번째와 두번째 지급받는 급여를 말한다. 이 경우 근로자가 지급받는 급여의 횟수는 사용자별로 계산한다(소령 17의2 ②).

[*3] 6세 이하의 자녀

> ㉠ 6세가 되는 날과 그 이전의 기간을 말함 NEW
> ㉡ 자녀수와 무관하게 20만원 비과세하고, 맞벌이부부도 소득자별로 각각 월 20만원 비과세 적용

📘 **확인문제**

01. 다음은 소득세법령상 거주자인 생산직 근로자 甲의 2025년 3월 분 근로소득 자료이다. 甲의 비과세 근로소득의 합계액은? 2022. 7급 수정

항목	금액	비고
월정액급여	2,500,000원	
식사대	200,000원	해당 사업체는 식사 및 기타 음식물을 제공하지 않음
출산수당	300,000원	배우자의 출산으로 해당 사업체에서 최초로 지급받은 금액임
자가운전보조금	300,000원	甲 소유의 차량을 직접 운전하여 사용자의 업무수행에 이용하고 시내출장 등에 소요된 실제 여비를 받는 대신에 그 소요경비를 해당 사업체의 규칙 등으로 정하여진 지급기준에 따라 받는 금액임
연장근로수당	200,000원	「근로기준법」에 따른 연장근로수당으로 통상임금에 더해 받은 급여임
합계	3,500,000원	

① 400,000원
② 500,000원
③ 600,000원
④ 700,000원

정답 ④

(13) 요건을 만족하는 임원 또는 종업원 등에 대한 할인금액 NEW

① 요건

임원·종업원에 대한 할인금액(근로소득) 중 다음의 요건을 모두 충족하는 경우 일정 금액을 비과세한다(소법 12 (3)).

㉠ 임원·종업원 본인이 소비하는 것을 목적으로 제공받거나 지원을 받아 구입한 재화·용역으로서 일정 기간*(2년·1년)동안 재판매가 허용되지 않을 것
㉡ 해당 재화·용역의 제공과 관련하여 모든 임원·종업원에게 공통적으로 적용되는 기준이 있을 것

* 일정 기간이란 다음의 구분에 따른 기간을 말한다(소령 17의 5 ②).

구분	기간
ⓐ 「소비자기본법 시행령」상 품목별 내용연수가 5년을 초과하는 재화	2년
ⓑ 「개별소비세법」상 개별소비세 과세물품인 보석·귀금속제품(고급 시계·융단·가방·모피·가구)에 해당하는 재화	2년
ⓒ 위 ⓐ, ⓑ에 해당하지 않는 재화	1년

② 비과세 한도(소령 17의 5 ①)

비과세 한도= Max[㉠, ㉡]
㉠ 임원·종업원이 해당 과세기간 동안 시가보다 낮은 가격으로 제공받거나 지원받아 구입한 재화·용역의 시가를 합한 금액 × 20%
㉡ 연간 240만원

(14) 기타 법률에 따라 받는 급여

① 외국정부(외국의 지방자치단체와 연방국가인 외국의 지방정부를 포함) 또는 국제기관(국제연합과 그 소속기구의 기관을 말한다)에 근무하는 자 중 대한민국국민이 아닌 자가 그 직무수행의 대가로서 받는 급여. 다만, 그 외국정부가 그 나라에서 근무하는 우리나라 공무원의 급여에 대하여 소득세를 과세하지 아니하는 경우에만 해당한다.
② 「국가유공자등 예우 및 지원에 관한 법률」 등에 따라 받는 보훈급여금 및 학습보조비
③ 「전직대통령 예우에 관한 법률」에 따라 받는 연금
④ 「국군포로의 송환 및 대우 등에 관한 법률」에 따른 국군포로가 받는 보수 및 퇴직일시금
⑤ 사망으로 「국민연금법」에 따라 받는 반환일시금 및 사망일시금

② 근로소득금액의 계산

1 근로소득금액 계산구조 B

근로소득금액은 다음과 같이 계산한다.

> 근로소득금액 = ② 총급여액 - ③ 근로소득공제
> = (근로소득 - 비과세소득) - 근로소득공제

상용근로자의 근로소득금액은 종합소득금액에 합산하지만, 일용근로자의 근로소득금액은 다음과 같은 구조로 구하고 원천징수를 적용하여 과세를 종결한다.

> 원천징수세액 = (일용근로소득 - 근로소득공제) × 6% - 근로소득세액공제

2 총급여액의 계산 C

'총급여액'이란, 당해 근로와 관련하여 직장으로부터 받은 급여·상여금·수당 등을 합한 금액에서 비과세되는 급여를 차감하여 계산한다.

3 근로소득공제액의 계산 B

사업소득 등의 경우 사업과 관련하여 지출된 필요경비를 총수입금액에서 차감하여 사업소득금액을 구하는 반면, 근로소득의 경우에는 근로소득과 관련되어 실제 지출된 필요경비와 상관없이 일정한 금액을 총급여액에서 공제하여 근로소득금액을 구한다. 이를 '근로소득공제'라고 하며 과세기간(또는 근로기간)이 1년 미만인 경우에도 근로소득공제는 월할계산하지 않는다.

★★ (1) 상용근로자의 근로소득공제

상용근로자의 경우 근로소득공제액은 다음의 산식에 따라 계산하되, 최대 근로소득공제액은 2천만원을 한도로 한다. 또한, **해당 과세기간의 총급여액이 근로소득공제액보다 적은 경우, 근로소득공제액은 그 총급여액으로 한다**(소법 47 ①, ③).

총급여액	근로소득공제액
① 500만원 이하	총급여액 × 70%
② 500만원 초과 1,500만원 이하	350만원 + 500만원 초과액의 40%
③ 1,500만원 초과 4,500만원 이하	750만원 + 1,500만원 초과액의 15%
④ 4,500만원 초과 1억원 이하	1,200만원 + 4,500만원 초과액의 5%
⑤ 1억원 초과	1,475만원 + 1억원 초과액의 2%

기출 OX

15. 근로소득이 있는 거주자에 대해서는 총급여액에서 근로소득공제를 적용하여 근로소득금액을 계산한다.
2022. 9급
정답 : O

(2) 일용근로자의 근로소득공제

일용근로자는 상용근로자와 다르게 근로소득공제액을 적용하며, 이에 따른 금액을 종합과세하지 않고, 분리과세로 납세의무를 종결한다.

① 일용근로자의 의의

'일용근로자'란 근로를 제공한 날 또는 시간에 따라 근로대가를 계산하여 받는 사람으로서 근로계약에 따라 동일한 고용주에게 3개월 이상(건설공사 종사자는 1년, 하역작업 종사자는 근로기간 불문) 계속하여 고용되어 있지 아니한 사람을 말한다.

② 일용근로자의 근로소득공제액

일용근로자에 대한 근로소득공제는 1일 15만원으로 한다(소법 47 ②).

③ 일용근로자의 근로소득세액공제액

일용근로자의 근로소득에 대해서 원천징수를 하는 경우에는 해당 근로소득에 대한 산출세액의 100분의 55에 해당하는 금액을 그 산출세액에서 공제한다(소법 59 ③).

(3) 다중 근로소득자 특례

2인 이상으로부터 근로소득을 받는 사람(일용근로자는 제외)에 대하여는 그 근로소득의 합계액을 총급여액으로 하여 그를 기반으로 계산한 근로소득공제액을 총급여액에서 공제한다(소법 47 ⑤).

3 근로소득의 수입시기 A

근로소득의 수입시기는 다음에 따른다(소령 49).

구분	수입시기
① 급여	근로를 제공한 날
② 인정상여	해당 사업연도 중의 근로를 제공하는 날*
③ 잉여금 처분에 의한 상여	당해 법인의 잉여금처분결의일
④ 근로소득으로 보는 임원퇴직소득 한도초과액	지급받거나 지급받기로 한 날
⑤ 주식매수선택권 행사차익	주식매수선택권을 행사한 날
⑥ 도급 기타 이와 유사한 계약에 의한 급여	당해 과세기간의 과세표준확정신고기간 개시일 전에 당해 급여가 확정되지 아니한 때에는 그 확정된 날(단, 그 확정된 날 전에 실제로 받은 금액은 그 받은 날)

* 월평균금액을 계산한 것이 2년도에 걸친 때에는 각각 해당 사업연도 중 근로를 제공한 날로 한다.

기출 OX

16. 법령으로 정하는 일용근로자의 근로소득은 원천징수는 하지만 종합소득과세표준을 계산할 때 합산하지는 않는다. 2015. 9급
정답 O

17. 대통령령으로 정하는 일용근로자의 근로소득의 금액은 종합소득과세표준을 계산할 때 합산하지 아니한다. 2010. 9급
정답 O

기출 OX

18. 일용근로자에게는 1일 15만원의 근로소득공제를 적용한다. (다만, 총급여액이 공제액에 미달하는 경우에는 그 총급여액을 공제액으로 한다) 2022. 9급
정답 O

기출 OX

19. 일용근로자의 근로소득에 대해서 원천징수를 하는 경우에는 근로소득세액공제를 적용하지 아니한다. 2022. 9급
정답 X

기출 OX

20. 「법인세법」에 따라 발생한 인정상여가 임원 등에 대한 근로소득으로 과세되는 경우에는 해당 법인의 결산확정일을 그 수입시기로 한다. 2015. 9급
정답 X

21. 임원의 퇴직소득금액 중 한도초과금액의 수입시기는 지급받거나 지급받기로 한 날로 한다. 2022. 9급
정답 O

예제 1 비과세 근로소득의 합계

내국법인(법령으로 정하는 중소기업에 해당하지 않음)의 영업사원으로 근무하고 있는 거주자 甲의 2024년도 자료이다. 소득세법령에 따른 2024년도 총급여액은? 2019. 7급 수정

> ○ 근로의 제공으로 받은 봉급: 36,000,000원(비과세소득이 포함되지 아니함)
> ○ 「법인세법」에 따라 상여로 처분된 금액: 5,000,000원
>   (근로를 제공한 날이 속하는 사업연도는 2023년이며, 결산확정일은 2024년 3월 15일임)
> ○ 식사대: 2,400,000원(월 200,000원 × 12개월로 식사대 외 사내급식을 별도로 제공받음)
> ○ 자기차량운전보조금: 3,600,000원(월 300,000원 × 12개월로 甲의 소유차량을 직접 운전하여 법인의 업무수행에 이용하고 소요된 실제여비를 지급받는 대신에 법인의 규칙 등에 의하여 정하여진 지급기준에 따라 받은 금액임)
> ○ 甲의 자녀(5세) 보육과 관련하여 받은 수당: 3,600,000원(월 300,000원 × 12개월)
> ○ 시간외근무수당: 2,000,000원
> ○ 주택구입자금을 무상으로 대여받음으로써 얻은 이익: 1,000,000원

① 42,600,000원 ② 43,800,000원 ③ 45,000,000원 ④ 50,000,000원

풀이

1. 봉급: ₩36,000,000
2. 인정상여: ₩0 (인정상여의 수입시기는 근로제공일이므로 2023년 근로소득에 해당)
3. 식사대: ₩2,400,000 (사내급식을 별도로 제공받고 있으므로 전액 과세)
4. 자가운전보조금: ₩1,200,000 (비과세금액인 ₩2,400,000을 초과하는 ₩1,200,000만 과세)
5. 자녀보육수당: ₩1,200,000 (비과세금액인 ₩2,400,000을 초과하는 ₩1,200,000만 과세)
6. 시간외근무수당: ₩2,000,000
7. 주택구입자금 무상대여액: ₩1,000,000 (업무무관 가지급금에 해당)

∴ 총급여액: ₩43,800,000

4 근로소득의 과세방법

1 상용근로자의 근로소득 과세방법 C

(1) 근로소득에 대한 원천징수

① 매월분 지급 시 원천징수

근로소득은 원천징수대상 소득으로, 근로소득을 지급하는 자(원천징수의무자)가 매월분의 근로소득을 지급할 때에 근로소득 간이세액표에 따라 소득세를 원천징수하며, 원천징수의무자는 원천징수한 소득세를 그 징수일이 속하는 달의 다음 달 10일까지 원천징수 관할 세무서, 한국은행 또는 체신관서에 납부해야 한다(소법 128 ①, 134 ①).

② 근로소득 미지급 시 원천징수

근로소득을 지급해야 할 원천징수의무자가 1월부터 11월까지의 근로소득을 해당 과세기간의 12월 31일까지 지급하지 아니한 경우 그 근로소득을 12월 31일에 지급한 것으로 보고, 12월분의 근로소득을 다음 연도 2월 말일까지 지급하지 아니한 경우 그 근로소득을 다음 연도 2월 말일에 지급한 것으로 보아 소득세를 원천징수한다(소법 135 ①, ②).

③ 원천징수 제외대상 근로소득

다음 중 어느 하나에 해당하는 소득은 원천징수대상에서 제외되기 때문에 종합과세한다(소법 127 ① (4)). 이러한 국외근로소득이 있는 근로자는 납세조합을 조직할 수 있고, 이 때 납세조합은 원천징수와 같은 방법으로 계산한 세액에서 세액의 3%^{NEW}에 해당하는 납세조합공제(한도 100만원)를 적용한 금액을 매월 징수하여 그 징수일이 속하는 달의 다음 달 10일까지 납부해야 한다(소법 150 ①, ②, 151).

㉠ 외국기관 또는 우리나라에 주둔하는 국제연합군(미군은 제외)으로부터 받는 근로소득
㉡ 국외에 있는 비거주자 또는 외국법인(국내지점 또는 국내영업소 제외)으로부터 받는 근로소득. 단, 다음 어느 하나에 해당하는 소득은 원천징수 대상이다.
ⓐ 비거주자의 국내사업장과 외국법인의 국내사업장의 국내원천소득금액을 계산할 때 필요경비 또는 손금으로 계상되는 소득
ⓑ 「소득세법」에 따라 소득세가 원천징수되는 파견근로자의 소득

④ 원천징수영수증의 발급

근로소득을 지급하는 원천징수의무자는 해당 과세기간의 다음 연도 2월 말일까지 근로소득의 금액과 그 밖에 필요한 사항을 적은 원천징수영수증을 근로소득자에게 발급하여야 한다. 다만, 과세기간 중도에 퇴직한 사람에게는 퇴직한 날이 속하는 달의 근로소득의 지급일이 속하는 달의 다음 달 말일까지 발급하고, 일용근로자에 대하여는 근로소득의 지급일이 속하는 달의 다음 달 말일까지 발급하여야 한다. 또한 2인 이상으로부터 근로소득을 받는 사람(일용근로자는 제외)이 연말정산을 적용받기 위하여 원천징수영수증의 발급을 종된 근무지의 원천징수의무자에게 요청한 경우 그 종된 근무지의 원천징수의무자는 지체 없이 발급하여야 한다(소법 143 ①, ②).

 오쌤 Talk

지급시기의 의제(Link - P.431)

구분	지급시기의제 시점
잉여금처분에 따른 배당	잉여금처분결의일부터 3개월이 되는 날
잉여금처분에 따른 상여	
배당·상여·기타소득으로 소득처분된 소득을 법인이 신고하는 경우	법인의 과세표준 및 세액의 신고일 또는 수정신고일
배당·상여·기타소득으로 소득처분된 소득을 세무서장이 경정하는 경우	소득금액변동통지서를 받은 날
이자소득	총수입금액의 수입시기 등
동업기업으로부터 배분받은 이자·배당·기타소득	동업기업의 과세기간 종료 후 3개월이 되는 날까지 지급X : 과세기간 종료 후 3개월이 되는 날
출자공동사업자의 배당소득	과세기간 종료 후 3개월이 되는 날까지 지급X : 과세기간 종료 후 3개월이 되는 날
의제배당 및 그 밖의 배당소득	총수입금액의 수입시기
연말정산대상 사업·근로·퇴직소득	㉠ 1월부터 11월분을 12월 31일까지 지급X : 12월 31일 ㉡ 12월분을 다음 연도 2월 말일까지 지급X : 다음 연도 2월 말일

 오쌤 Talk

2인 이상으로부터 근로소득을 받는 사람의 근무지 신고

2인 이상의 사용자로부터 근로소득을 받는 사람은 해당 과세기간 종료일까지 주된 근무지와 종된 근무지를 정하여 근무지(변동)신고서를 주된 근무지의 원천징수의무자에게 제출하여야 한다(소령 196의2).

(2) 근로소득에 대한 연말정산

① 연말정산의 의의
'연말정산'이란, 소득의 지급자가 해당 과세기간 중 소득을 지급할 때마다 일단 원천징수한 후 연말정산 시기에 해당 과세기간의 1년간 소득지급액의 합계에 대하여 소득세를 정산하는 제도를 말한다.

② 연말정산 시기(소법 134 ②)

> ⊙ 원칙: 근로소득의 지급자는 해당 과세기간의 다음 연도 2월분의 근로소득을 지급할 때 연말정산을 해야 한다.
> ⓒ 2월분 근로소득 지급불가인 경우: 해당 근로소득을 2월 말일까지 지급하지 않거나 2월분의 근로소득이 없는 경우 2월 말일에 연말정산을 해야 한다.
> ⓒ 퇴직하는 경우: 퇴직하는 달의 근로소득을 지급할 때 연말정산을 해야 한다.

③ 징수 및 환급
연말정산 시에는 근로소득 외에 다른 종합소득이 없다고 가정하여 결정세액을 구하고, 그를 기납부한 원천징수세액과 비교하여 정산한다. 따라서 연말정산으로 추가적으로 다음과 같이 계산된 세액을 납부하거나 환급받는다.

> 추가납부(환급)세액 = 근로소득에 대한 결정세액 - 원천징수세액

④ 확정신고여부

구분	확정신고여부
⊙ 근로소득 외에 다른 종합소득이 없는 경우	연말정산으로써 납세의무가 종결되어 확정신고를 하지 않을 수 있다.
ⓒ 근로소득 외에 다른 종합소득이 있는 경우	근로소득과 다른 종합소득을 합산하여 확정신고를 해야 한다.

2 일용근로자의 근로소득 과세방법 B

(1) 근로소득에 대한 원천징수
일용근로자는 다음과 같이 계산한 금액을 원천징수세액으로 한다.

> 원천징수세액 = {(일급여액 - 근로소득공제) × 세율} - 근로소득세액공제
> = {(일급여액 - ₩150,000/일) × 6%} - {산출세액 × 55%(한도 없음)}

★★(2) 분리과세의 적용
일용근로자의 근로소득은 종합소득과세표준을 계산할 때 합산하지 않고 분리과세한다. 따라서 일용근로소득의 지급자가 일용근로자에게 급여액을 지급할 때 **6%의 원천징수세율을 적용**하여 해당 세액을 다음 달 10일까지 납부함으로써 납세의무가 종결된다.

📖 **확인문제**

02. 「소득세법」상 일용근로자인 거주자 갑의 일당이 190,000원인 경우에 원천징수의무자 A가 징수해야 하는 갑의 근로소득 원천징수세액으로 옳은 것은? 2018. 9급

① 1,080원
② 1,320원
③ 2,160원
④ 2,400원

정답 ①

CHAPTER 05

연금소득 및 기타소득

1. 연금소득
2. 기타소득

● **최신 8개년 출제 경향 분석**

01 연금소득

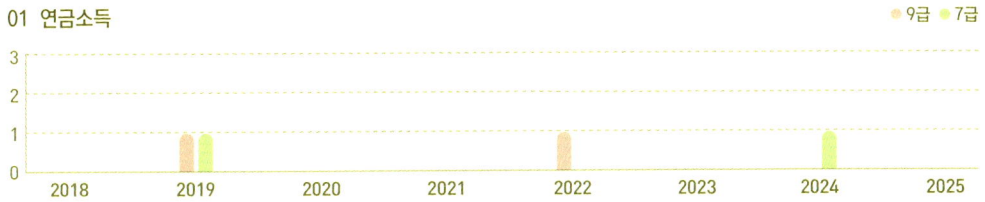

02 기타소득

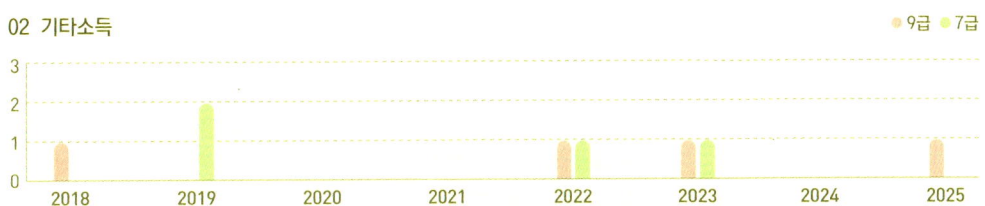

1 연금소득

1 연금소득 개괄 B

(1) 의의

연금소득이란 연금수익자 또는 계약자 등이 사전에 일정기간 납입한 기여금을 토대로 퇴직·노령·장애·사망 등의 사유가 발생하였을 때 일정기간 또는 종신에 걸쳐서 매월 또는 매년도 등의 단위로 지급받는 수입을 말한다.

(2) 연금소득의 과세방식

연금소득을 과세하는 방식에는 다음의 2가지 과세방식이 존재한다. 이 중 우리나라는 연금보험 납입을 장려하기 위하여 수령연도 과세방식에 따라 연금소득을 과세하고 있다.

> ① 납입연도 과세방식
> : 연금을 납입하는 연도에는 연금납입액에 대하여 별도의 소득공제 또는 세액공제를 적용하지 않고, 수령하는 연도에는 과세하지 않는 방식
> ② 수령연도 과세방식
> : 연금을 납입하는 연도에는 연금납입액을 소득공제 또는 세액공제로 차감하여 소득세를 과세하지 않고, 수령하는 연도에 과세하는 방식

★(3) 연금소득의 과세체계

연금소득은 공적연금소득과 사적연금소득으로 나뉘는데, 수령연도 과세방식에 따라 다음과 같이 과세하는 체계를 가지고 있다. 이 때, **연금형태로 인출하는 것은 '연금수령'** 이라고 하며, **연금형태가 아닌 그 외의 방식으로 인출하는 것은 '연금외수령'** 이라고 한다.

구분		납입연도 공제	수령연도의 소득구분	
			연금수령 시	연금외수령 시
① 공적연금		전액 연금보험료 공제 적용	연금소득	퇴직소득
② 사적연금	㉠ 이연퇴직소득	-	연금소득	퇴직소득
	㉡ 납입액 중 세액공제를 받은 금액	연금계좌세액공제 적용	연금소득	기타소득
	㉢ 운용수익	-	연금소득	기타소득

2 연금소득의 범위 B

연금소득은 크게 공적연금소득과 사적연금소득으로 나뉘고, 해당 과세기간에 발생한 다음의 소득을 연금소득으로 과세한다(소법 20의3 ①).

(1) 공적연금소득

① 의의

「국민연금법」, 「공무원연금법」, 「군인연금법」, 「사립학교교직원연금법」, 「별정우체국법」 또는 「국민연금과 직역연금의 연계에 관한 법률」 등의 공적연금 관련법(이하 '공적연금 관련법')에 따라 받는 연금소득

② 과세되는 공적연금소득의 범위

공적연금소득은 2002년 1월 1일 이후에 납입된 연금 기여금 및 사용자 부담금(국가 또는 지방자치단체의 부담금을 포함)을 기초로 하거나 2002년 1월 1일 이후 근로의 제공을 기초로 하여 받는 연금소득으로 한다(소법 20의3). 다만, 2002년 1월 1일 이후 납입한 금액 중 종합소득 신고 시 소득공제를 받지 못한 금액은 과세하지 않는다.

(2) 사적연금소득

① 의의

'사적연금소득'이란 연금저축계좌 또는 퇴직연금계좌에서 연금형태로 수령하는 연금을 말한다.

② 과세되는 사적연금소득의 범위

연금계좌에서 연금형태로 인출하는 다음의 금액은 그 소득의 성격에도 불구하고 연금소득으로 과세한다(소법 20의3 ① (2)).

  ㉠ 이연퇴직소득: 퇴직 시 다음의 이유로 원천징수되지 않은 퇴직소득을 말한다(소법 146 ②).
    ⓐ 퇴직일 현재 연금계좌에 있거나 연금계좌로 지급되는 경우
    ⓑ 퇴직하여 퇴직소득을 지급받은 날부터 60일 이내에 연금계좌에 입금되는 경우
  ㉡ 납입 시 연금계좌세액공제를 받은 연금계좌납입액
  ㉢ 운용수익: 연금계좌의 운용실적에 따라 증가된 금액
  ㉣ 그 밖에 연금계좌에 이체 또는 입금되어 해당 금액에 대한 소득세가 이연된 소득으로서 대통령령으로 정하는 소득

이 밖에도 위의 소득과 유사하고 연금 형태로 받는 것으로 대통령령으로 정하는 소득도 사적연금소득으로 보지만, 현행법상 법으로 정한 소득은 없다.

기출 OX

01. 「국민연금법」에 의하여 지급받는 각종 연금은 기타소득으로 분류한다.
2007. 9급
정답 X

02. 공적연금소득은 2002년 1월 1일 이후에 납입된 연금 기여금 및 사용자 부담금(국가 또는 지방자치단체의 부담금을 포함한다)을 기초로 하거나 2002년 1월 1일 이후 근로의 제공을 기초로 하여 받는 연금소득으로 한다.
2024. 7급
정답 O

오쌤 Talk

예외적으로 '연금수령'으로 인정하는 경우

① 의료목적으로 인출한 경우: 의료비 지급일부터 6개월 이내에 연금 계좌 취급자에게 증빙서류 제출
② 부득이한 사유로 인출한 경우: 사유가 확인된 날부터 6개월 이내에 연금계좌 취급자에게 증빙서류 제출
  ㉠ 천재지변
  ㉡ 가입자의 사망 또는 「해외이주법」에 따른 해외이주
  ㉢ 가입자·부양가족(기본공제대상, 소득 제한 없음)이 질병 등으로 3개월 이상 요양이 필요 시
  ㉣ 재난으로 15일 이상의 입원치료가 필요 시
  ㉤ 가입자의 파산 등의 경우
  ㉥ 연금계좌 취급자의 영업정지 등의 경우

③ **연금수령과 연금외수령**

연금수령은 연금형태로 인출하는 것으로, 다음 요건을 모두 갖추어 인출하거나 의료목적, 천재지변이나 그 밖의 부득이한 사유 등 법에 정한 요건을 갖추어 인출하는 것을 말한다(소령 40의2 ③). 이때, 아래 ㉢ 연금수령한도를 초과하여 인출하는 금액은 연금외수령하는 것으로 간주한다.

㉠ 가입자가 55세 이후 연금계좌취급자에게 연금수령 개시를 신청한 후 인출할 것
㉡ 연금계좌의 가입일부터 5년(최소 납입기간)이 경과된 후에 인출할 것. 다만, 이연퇴직소득이 연금계좌에 있는 경우에는 5년 요건을 적용하지 않는다.
㉢ 과세기간 개시일(연금수령 개시를 신청한 날이 속하는 과세기간에는 연금수령 개시신청일) 현재를 기준으로 계산한 다음의 연금수령한도 이내에서 인출할 것. 이 경우 의료목적, 천재지변이나 그 밖에 부득이한 사유 등 법에 정하는 요건을 갖추어 인출한 금액은 인출한 금액에 포함하지 아니한다.

$$연금수령\ 한도 = \frac{연금계좌의\ 평가액}{(11 - 연금수령연차)} \times 120\%$$

> **참고**
>
> **연금계좌의 범위**
>
> '연금계좌'란 다음 중 어느 하나에 해당하는 계좌를 말한다(소령 40의2 ①).
>
> ① 연금저축계좌: 신탁업자와 체결하는 신탁계약, 투자중개업자와 체결하는 집합투자증권 중개계약 또는 보험계약을 취급하는 기관과 체결하는 보험계약에 따라 연금저축이라는 명칭으로 설정하는 계좌
> ② 퇴직연금계좌: 퇴직연금을 지급받기 위하여 설정하는 다음 중 어느 하나의 퇴직연금계좌
>   ㉠ 「근로자퇴직급여 보장법」에 따른 확정기여형퇴직연금제도에 따라 설정하는 계좌 및 개인형퇴직연금제도에 따라 설정하는 계좌
>   ㉡ 「근로자퇴직급여 보장법」에 따른 중소기업퇴직연금기금제도에 따라 설정하는 계좌
>   ㉢ 「과학기술인공제회법」에 따른 퇴직연금급여를 지급받기 위하여 설정하는 계좌

오쌤 Talk

사적연금소득의 계산 FLOW

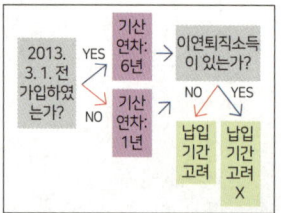

기출 OX

03. 「산업재해보상보험법」에 따라 받는 각종 연금에 대해서는 소득세를 과세하지 아니한다. 2024. 7급 [최신]

정답 O

★★ (3) 비과세 연금소득

다음 중 어느 하나에 해당하는 연금소득에 대해서는 비과세를 적용한다(소법 12 (4)).

① 공적연금 관련법에 따라 받는 유족연금, 장애연금, 장해연금, 상이연금, 연계노령유족연금, 연계퇴직유족연금 등
② 「산업재해보상보험법」에 따라 받는 각종 연금
③ 「국군포로의 송환 및 대우 등에 관한 법률」에 따른 국군포로가 받는 연금

3 연금소득의 수입시기 B

연금소득의 수입시기는 다음에 따른 날로 한다(소령 50 ⑤).

구분	수입시기
① 공적연금소득	「공적연금 관련법」에 따라 공적연금을 지급받기로 한 날
② 사적연금소득	연금수령한 날
③ 그 밖의 소득	해당 연금을 지급받은 날

기출 OX

04. 공적연금소득의 수입시기는 해당 연금을 지급받은 날로 한다. 2022. 9급
정답 X

05. 공적연금소득의 수입시기는 연금을 수령한 날이다. 2024. 7급 최신
정답 X

4 연금소득금액의 계산 B

(1) 연금소득금액 계산구조

연금소득금액은 다음과 같이 계산한다.

> 연금소득금액 = 총연금액 - 연금소득공제
> = (총연금소득 - 비과세소득 - 분리과세소득) - 연금소득공제

★★ (2) 공적연금소득의 총연금액 계산

공적연금소득의 총연금액은 다음과 같이 계산되며, 공적연금소득을 지급하는 자가 연금소득의 일부나 전부를 지연하여 지급하면서 이자를 함께 지급하는 경우 해당 이자는 공적연금소득에 포함된다. 또한 다음의 산식에서 과세제외기여금이 해당 과세기간의 과세기준금액을 초과하는 경우 그 초과하는 금액은 그 다음 과세기간부터 과세기준금액에서 뺀다(소령 40 ③).

> 공적연금소득 = 과세기준금액 - 과세제외기여금 등

기출 OX

06. 공적연금소득을 지급하는 자가 연금소득의 일부 또는 전부를 지연하여 지급하면서 지연지급에 따른 이자를 함께 지급하는 경우 해당 이자는 공적연금소득으로 본다. 2019. 7급
정답 O

① 과세기준금액

과세기준금액은 과세기준일(2002년 1월 1일)을 기준으로 지급자별로 다음의 산식에 따라 계산한 금액을 말한다(소령 40 ①).

구분	과세기준금액	
㉠ 국민연금과 연계노령연금	과세기간 연금수령액	× (과세기준일 이후 납입기간의 환산소득 누계액) / (총 납입기간의 환산소득 누계액)
㉡ 그 밖의 공적연금소득	과세기간 연금수령액	× (과세기준일 이후 기여금 납입월수) / (총 기여금 납입월수)

② 과세제외기여금 등

과세제외기여금 등은 과세기준일 이후에 연금보험료공제를 받지 않고 납입한 기여금 또는 개인부담금(소득공제확인서에 따라 확인되는 금액만 해당)을 말한다(소령 40 ③).

(3) 사적연금소득의 총연금액 계산

사적연금소득의 총연금액은 다음과 같은 순서에 따라 인출된 것으로 보고 계산하며 연금수령 한도 이내의 금액을 총연금액으로 한다(소령 40의3 ①). 인출된 금액이 연금수령 한도를 초과하는 경우에는 연금수령분이 먼저 인출되고 그 다음으로 연금외수령분이 인출되는 것으로 본다(소령 40의3 ③). 즉, 한도 내 금액은 연금소득으로 보아 과세하고, 그 외의 금액은 연금외수령으로 보아 퇴직소득 또는 기타소득으로 한다.

① 과세제외금액 → ② 이연퇴직소득 → ③ 그 밖에 연금계좌에 있는 금액

① **과세제외금액**: 연금계좌세액공제(2013년 이전분은 연금보험료공제)를 받지 못한 금액을 말한다. 이미 납입연도에 과세되었기 때문에 과세제외금액에 해당하는 부분은 수령할 때 과세하지 않는다. 이는 다음 순서에 따라 인출된 것으로 본다(소령 40의3 ②).

> ⊙ 인출된 날이 속하는 과세기간에 해당 연금계좌에 납입한 연금보험료
> ⓒ 인출된 날이 속하는 과세기간에 해당 연금계좌에 납입한 개인종합자산관리계좌(ISA)의 연금계좌 전환금액
> ⓒ 해당 연금계좌만 있다고 가정할 때 해당 연금계좌에 납입한 연금보험료로서 연금계좌세액공제의 한도액을 초과하는 금액이 있는 경우 그 초과하는 금액
> ⓔ 위 외에 해당 연금계좌에 납입한 연금보험료 중 연금계좌세액공제를 받지 아니한 금액

② **이연퇴직소득**: 퇴직 시 원천징수되지 않은 퇴직소득을 말한다.

③ **그 밖에 연금계좌에 있는 금액**: 납입 시 연금계좌세액공제를 받은 연금계좌납입액과 연금계좌의 운용실적에 따라 증가된 금액을 말한다.

④ **연금계좌에 있는 금액이 원금에 미달하는 경우**: 연금계좌의 운용에 따라 연금계좌에 있는 금액이 원금에 미달하는 경우 연금계좌에 있는 금액은 원금이 인출순서와 반대의 순서로 차감된 후의 금액으로 본다(소령 40의3 ⑤).

(4) 연금소득공제

근로소득금액의 계산구조와 마찬가지로 연금소득금액을 구할 때도 실제 지출된 필요경비와 상관없이 일정한 금액을 총연금액에서 공제하여 연금소득금액을 구한다. 이를 '연금소득공제'라 하는데, 연금소득이 있는 거주자에 대해서는 해당 과세기간에 받은 총연금액(분리과세연금소득은 제외)에서 다음 표에 규정된 금액을 공제한다. 다만, 공제액이 900만원을 초과하는 경우에는 900만원을 공제한다(소법 47의2 ①).

총연금액	공제액
① 350만원 이하	총연금액
② 350만원 초과 700만원 이하	350만원 + 350만원 초과액의 40%
③ 700만원 초과 1,400만원 이하	490만원 + 700만원 초과액의 20%
④ 1,400만원 초과	630만원 + 1,400만원 초과액의 10% (한도: 900만원)

기출 OX

07. 연금계좌에서 인출된 금액이 연금수령한도를 초과하는 경우에는 연금외수령분이 먼저 인출되고 그 다음으로 연금수령분이 인출되는 것으로 본다.
2019. 7급
정답 X

기출 OX

08. 연금소득이 있는 거주자의 해당 과세기간에 받은 총연금액(분리과세연금소득은 제외한다)에서 공제하는 연금소득공제액이 900만원을 초과하는 경우에는 900만원을 공제한다.
2024. 7급 최신
정답 O

확인문제

01. 소득세법령상 거주자의 연금소득에 대한 설명으로 옳지 않은 것은?
2019. 9급

① 공적연금 관련법에 따라 받는 각종 연금도 연금소득에 해당한다.
② 연금소득금액은 해당 과세기간의 총연금액에서 법령에 따른 연금소득공제를 적용한 금액으로 한다.
③ 연금소득공제액이 9백만원을 초과하는 경우에는 9백만원을 공제한다.
④ 공적연금소득만 있는 자는 다른 종합소득이 없는 경우라 하더라도 과세표준확정신고를 하여야 한다.

정답 ④

5 연금소득의 과세방법 B

★ (1) 원칙: 종합과세

연금소득은 원칙적으로 종합과세하기 때문에 확정신고를 통해 정산하는 것이 원칙이나, 공적연금소득만 있는 경우 연말정산으로 과세가 종결되므로 확정신고를 하지 않아도 된다.

★★ (2) 예외: 분리과세

사적연금소득 중 다음에 해당하는 연금소득은 종합소득과세표준을 계산할 때 합산하지 않고 분리과세한다(소법 14 ③ (9)). 선택적으로 분리과세에 해당하는 경우에는 분리과세와 종합과세 중 하나를 선택할 수 있으며 종합과세 선택할 시 확정신고를 해야 한다.

① 무조건 분리과세	㉠ 이연퇴직소득을 연금수령하는 연금소득 ㉡ 납입 시 연금계좌세액공제를 받은 연금계좌납입액 및 운용수익을 의료목적, 천재지변 등 법에서 정하는 요건*을 갖추어 인출하는 연금소득
② 선택적 분리과세	위 외의 사적연금소득의 합계액이 연 1,500만원 이하인 경우 그 연금소득

* 법에서 정하는 요건:
ⓐ 다음 어느 하나에 해당하는 사유가 발생하여 연금계좌에서 인출하려는 사람이 해당 사유가 확인된 날부터 6개월 이내에 그 사유를 확인할 수 있는 서류를 갖추어 연금계좌취급자에게 제출하는 경우

> ㉮ 천재지변
> ㉯ 연금계좌 가입자의 사망 또는 해외이주
> ㉰ 연금계좌 가입자 또는 그 기본공제대상자(소득의 제한은 받지 아니한다)가 질병·부상에 따라 3개월 이상의 요양이 필요한 경우
> ㉱ 연금계좌 가입자가 재난으로 15일 이상의 입원 치료가 필요한 피해를 입은 경우
> ㉲ 연금계좌 가입자가 파산의 선고 또는 개인회생절차개시의 결정을 받은 경우
> ㉳ 연금계좌취급자의 영업정지, 영업 인·허가의 취소, 해산결의 또는 파산선고

ⓑ p.372 ③의 ㉠과 ㉡ 요건을 충족한 연금계좌 가입자가 의료비세액공제 대상 의료비(본인을 위한 의료비에 한정)를 연금계좌에서 인출하기 위하여 해당 의료비를 지급한 날부터 6개월 이내에 법으로 정하는 증명서류를 연금계좌취급자에게 제출하는 경우

(3) 연금소득에 대한 세액 계산의 특례

사적연금소득 중 분리과세연금소득 외의 연금소득이 있는 거주자의 종합소득 결정세액은 다음의 세액 중 하나를 선택하여 적용한다(소법 64의4).

㉠ 종합소득 결정세액
㉡ 다음의 세액을 더한 금액

> ⓐ 사적연금소득 중 분리과세연금소득 외의 연금소득에 15%를 곱하여 산출한 금액
> ⓑ 위 ⓐ 외의 종합소득 결정세액

기출 OX

09. 총연금액이 연 600만원인 납세자의 사적연금소득은 원천징수에 의하여 소득세 납세의무가 종결되기 때문에 종합과세 대상이 될 수 없다. 2010. 7급

정답 X

★★ (4) 원천징수

국내에서 다음 중 어느 하나에 해당하는 연금소득을 지급하는 자는 소득세를 원천징수하고, 그 소득세를 그 징수일이 속하는 달의 다음 달 10일까지 원천징수 관할 세무서, 한국은행 또는 체신관서에 납부해야 한다(소법 128 ①).

① 공적연금소득

매월 **공적연금소득을 지급할 때에는 연금소득 간이세액표에 따라** 기본세율을 적용하여 **원천징수한다**(소법 129 ①, 143의2). 또한 해당 과세기간의 다음 연도 1월분 연금소득을 지급할 때(해당 과세기간 중에 사망한 경우에는 사망일이 속하는 달의 다음다음 달 말일까지)에 연말정산한다(소법 143의4).

② 사적연금소득

㉠ 연금계좌 납입액이나 운용실적에 따라 증가된 금액을 연금수령한 연금소득

연금계좌 납입액이나 운용실적에 따라 증가된 금액을 연금수령한 연금소득에 대해서는 다음 구분에 따른 원천징수세율을 적용하여 계산한 소득세를 원천징수하고, 공적연금소득과 달리 사적연금소득은 별도로 연말정산을 행하지 않는다. 이때 아래 ⓐ와 ⓑ의 요건을 동시에 충족하는 때에는 낮은 세율을 적용한다(소법 129 ①, 143의2).

구분		원천징수세율
ⓐ 연금수령일 현재 연금소득자의 나이	㉮ 55세 이상 70세 미만	5%
	㉯ 70세 이상 80세 미만	4%
	㉰ 80세 이상	3%
ⓑ 사망할 때까지 연금수령하는 종신계약에 따라 받는 연금소득		4%

㉡ 이연퇴직소득을 현금수령한 연금소득

연금 실제 수령연차	원천징수세율
ⓐ 10년 이하인 경우	연금외수령 원천징수세율* × 70%
ⓑ 10년 초과하는 경우	연금외수령 원천징수세율* × 60%

* 연금외수령 원천징수세율: 연금소득을 연금외수령하였다고 가정할 때의 원천징수세율을 말한다.

기출 OX

10. 원천징수의무자가 공적연금소득을 지급할 때에는 연금소득간이세액표에 따라 소득세를 원천징수한다.

2022. 7급

정답 ○

② 기타소득

1 기타소득 개괄 C

기타소득은 이자소득·배당소득·사업소득·근로소득·연금소득·퇴직소득 및 양도소득 외의 소득으로서 법에 열거하는 소득을 말한다(소법 21 ①). 따라서 기타소득이면서 다른 소득에도 해당되는 경우 다른 소득으로 먼저 구분하는 것을 원칙으로 한다.

2 기타소득의 범위 A

기타소득은 열거주의에 따라 과세하기 때문에 다음에 열거된 소득에 한하여 과세대상 소득으로 본다.

(1) 과세되는 기타소득

다음의 소득은 세법상 열거된 기타소득으로서 과세대상 소득에 해당한다(소법 21).

① 상금 및 복권 당첨금 등

㉠ 상금, 현상금, 포상금, 보로금 또는 이에 준하는 금품
㉡ 복권, 경품권, 그 밖의 추첨권에 당첨되어 받는 금품
㉢ 「사행행위 등 규제 및 처벌특례법」에서 규정하는 행위(적법 또는 불법 여부는 고려하지 아니한다)에 참가하여 얻은 재산상의 이익
㉣ 「한국마사회법」에 따른 승마투표권, 「경륜·경정법」에 따른 승자투표권, 「전통소싸움경기에 관한 법률」에 따른 소싸움경기투표권 및 「국민체육진흥법」에 따른 체육진흥투표권의 구매자가 받는 환급금(발생 원인이 되는 행위의 적법 또는 불법 여부는 고려하지 아니함)

② 양도 또는 대여로 얻은 소득

㉠ 저작자 또는 실연자·음반제작자·방송사업자 외의 자가 저작권 또는 저작인접권의 양도 또는 사용의 대가로 받는 금품
㉡ 영화필름, 라디오·텔레비전 방송용 테이프 또는 필름, 그 밖에 이와 유사한 자산이나 권리의 양도·대여 또는 사용의 대가로 받는 금품
㉢ 광업권·어업권·양식업권·산업재산권·산업정보, 산업상 비밀, 상표권·영업권(점포임차권 포함), 토사석(土砂石)의 채취허가에 따른 권리, 지하수의 개발·이용권, 그 밖에 이와 유사한 자산이나 권리를 양도하거나 대여하고 그 대가로 받는 금품
㉣ 물품(유가증권을 포함) 또는 장소를 일시적으로 대여하고 사용료로서 받는 금품
㉤ 「전자상거래 등에서의 소비자보호에 관한 법률」에 따라 통신판매중개를 하는 자를 통하여 물품 또는 장소를 대여하고 연간 수입금액이 500만원 이하의 사용료로서 받은 금품 중 기타소득으로 원천징수하거나 과세표준확정신고를 한 경우(500만원 초과 시 사업소득으로 과세)

기출 OX

11. 「사행행위 등 규제 및 처벌특례법」에서 규정하는 행위(적법 또는 불법 여부는 고려하지 아니한다)에 참가하여 얻은 재산상의 이익은 기타소득에 해당한다. 2023.9급·2023.7급 [최신]
정답 O

오쌤 Talk

저작권 또는 저작인접권의 양도 또는 사용으로 인한 소득의 소득구분

저작자	사업성이 있는 경우	사업소득으로 과세
	사업성이 없는 경우	기타소득으로 과세
저작자 외의 자		기타소득으로 과세

기출 OX

12. 저작자 외의 자가 저작권 사용의 대가로 받는 금품은 기타소득으로 과세한다. 2015.9급
정답 O

13. 사업소득이 발생하는 점포의 임차인으로서의 지위를 양도함으로써 얻는 경제적 이익인 점포임차권을 양도하고 받은 대가는 양도소득으로 분류된다. 2010.7급
정답 X

14. 유가증권을 일시적으로 대여하고 사용료로서 받는 금품은 기타소득에 포함된다. 2018.9급
정답 O

오쌤 Talk

지역권과 관련된 소득세 과세방식

구분		과세방식
지역권을 대여하고 받는 대가	공익사업 관련분	기타소득으로 과세
	공익사업 미관련분	사업소득으로 과세

지역권은 양도할 수 없는 자산이므로 양도소득 과세대상이 아니다.

 **기출 OX**

15. 「공익사업을 위한 토지 등의 취득 및 보상에 관한 법률」에 따른 공익사업과 관련하여 지역권·지상권(지하 또는 공중에 설정된 권리를 포함한다)을 설정하거나 대여함으로써 발생하는 소득은 사업소득에 해당한다. 2023. 9급 [최신]
정답 X

16. 지상권을 설정함으로써 발생하는 소득(「공익사업을 위한 토지 등의 취득 및 보상에 관한 법률」에 따른 공익사업과 관련하여 지상권을 설정하는 경우는 제외)은 기타소득에 포함된다. 2018. 9급
정답 X

17. 유실물의 습득 또는 매장물의 발견으로 인하여 보상금을 받거나 새로 소유권을 취득하는 경우 그 보상금 또는 자산은 기타소득에 해당한다. 2023. 7급 [최신]
정답 O

18. 소유자가 없는 물건의 점유로 소유권을 취득하는 자산은 기타소득에 해당한다. 2023. 7급 [최신]
정답 O

오쌤 Talk

배상금 등

계약의 위약·해약으로 인하여 받는 위약금, 배상금 등은 기타소득으로 과세한다. 따라서, 그 외 손해배상금(신체적·정신적 피해배상금, 명예훼손배상금, 교통사고 배상금)이나 위자료 등은 과세대상 소득으로 보지 않는다.

19. 비거주자의 대통령령으로 정하는 특수관계인이 그 특수관계로 인하여 그 비거주자로부터 받는 경제적 이익으로서 급여·배당 또는 증여로 보지 아니하는 금품은 기타소득에 포함된다. 2018. 9급
정답 O

20. 일시적 문예창작소득은 사업소득으로 분류한다. 2005. 9급
정답 X

ⓗ 「공익사업을 위한 토지 등의 취득 및 보상에 관한 법률」에 따른 공익사업과 관련하여 지역권·지상권(지하 또는 공중에 설정된 권리를 포함)을 설정하거나 대여함으로써 발생하는 소득

③ 보상금 등 우발적인 소득

㉠ 계약의 위약·해약으로 인하여 받는 위약금, 배상금, 부당이득 반환 시 지급받는 이자
㉡ 유실물의 습득 또는 매장물의 발견으로 인하여 보상금을 받거나 새로 소유권을 취득하는 경우 그 보상금 또는 자산
㉢ 소유자가 없는 물건의 점유로 소유권을 취득하는 자산
㉣ 거주자·비거주자 또는 법인의 특수관계인이 그 특수관계로 인하여 그 거주자·비거주자 또는 법인으로부터 받는 경제적 이익으로서 급여·배당 또는 증여로 보지 아니하는 금품
㉤ 슬롯머신(비디오게임을 포함) 및 투전기, 그 밖에 이와 유사한 기구(이하 '슬롯머신 등')를 이용하는 행위에 참가하여 받는 당첨금품·배당금품 또는 이에 준하는 금품(이하 '당첨금품 등')

④ 인적 용역 소득

㉠ 문예·학술·미술·음악 또는 사진에 속하는 창작품(「신문 등의 진흥에 관한 법률」에 따른 신문 및 「잡지 등 정기간행물의 진흥에 관한 법률」에 따른 정기간행물에 게재하는 삽화 및 만화와 우리나라의 창작품 또는 고전을 외국어로 번역하거나 국역하는 것을 포함)에 대한 원작자로서 받는 원고료, 저작권사용료인 인세(印稅) 또는 미술·음악 또는 사진에 속하는 창작품에 대하여 받는 대가 등 일시적 문예창작소득에 대하여 받는 대가
㉡ 재산권에 관한 알선 수수료
㉢ 인적용역을 일시적으로 제공하고 받는 다음의 대가

ⓐ 고용관계 없이 다수인에게 강연을 하고 강연료 등 대가를 받는 용역
ⓑ 라디오·텔레비전방송 등을 통하여 해설·계몽 또는 연기의 심사 등을 하고 보수 또는 이와 유사한 성질의 대가를 받는 용역
ⓒ 변호사, 공인회계사, 세무사, 건축사, 측량사, 변리사, 그 밖에 전문적 지식 또는 특별한 기능을 가진 자가 그 지식 또는 기능을 활용하여 보수 또는 그 밖의 대가를 받고 제공하는 용역
ⓓ 그 밖에 고용관계 없이 수당 또는 이와 유사한 성질의 대가를 받고 제공하는 용역

⑤ 종교인소득

종교관련 종사자가 종교의식을 집행하는 등 종교 관련 종사자로서의 활동과 관련하여 종교단체로부터 받은 소득은 기타소득으로 과세한다(소법 21 ①). 단, 종교인소득에 대하여 근로소득으로 원천징수하거나 과세표준확정신고한 경우에는 근로소득으로 본다.

⑥ 서화·골동품

영리를 목적으로 자기의 계산과 책임 하에 계속적·반복적으로 행하는 활동을 통하여 얻는 소득임에도 불구하고 개당·점당 또는 조당 양도가액이 6천만원 이상인 서화·골동품의 양도로 발생하는 소득은 사업소득이 아닌 기타소득으로 과세한다(소법 21 ②, 소령 41 ⑭). 다만, 양도일 현재 생존한 국내원작자의 작품은 과세하지 않으며 다음의 경우는 그 금액과 무관하게 사업소득으로 과세한다(소령 41 ⑭).

  ㉠ 서화·골동품의 거래를 위하여 사업장 등 물적시설(인터넷 등 정보통신망을 이용하여 서화·골동품을 거래할 수 있도록 설정된 가상의 사업장을 포함)을 갖춘 경우
  ㉡ 서화·골동품을 거래하기 위한 목적으로 사업자등록을 한 경우

⑦ 기타

  ㉠ 사례금
  ㉡ 소기업·소상공인 공제부금의 해지일시금
  ㉢ 「법인세법」에 따라 기타소득으로 소득처분된 금액
  ㉣ 세액공제를 받은 연금계좌 납입액 및 연금계좌의 운용실적에 따라 증가된 금액을 연금외수령한 소득
  ㉤ 퇴직 전에 부여받은 주식매수선택권을 퇴직 후에 행사하거나 고용관계 없이 주식매수선택권을 부여받아 이를 행사함으로써 얻는 이익
  ㉥ 종업원 등 또는 대학의 교직원이 퇴직한 후에 지급받는 직무발명보상금
  ㉦ 뇌물, 알선수재 및 배임수재에 의하여 받는 금품[단, 몰수 또는 추징된 경우 소득세를 과세하지 않는다(소기통 21-0…6)].
  ㉧ 「노동조합 및 노동관계 조정법」을 위반하여 노동조합 전임자(노동조합의 업무에만 종사하는 근로자)가 지급받는 급여

*1 조: 2개 이상이 함께 사용되는 물품으로서 통상 짝을 이루어 거래되는 것

★★ (2) 비과세되는 기타소득

기타소득 중 다음 어느 하나에 해당하는 소득은 비과세한다(소법 12 (5), 소령 18,19).

> ① 「국가유공자 등 예우 및 지원에 관한 법률」 또는 「보훈보상대상자 지원에 관한 법률」에 따라 받는 보훈급여금·학습보조비 및 「북한이탈주민의 보호 및 정착지원에 관한 법률」에 따라 받는 정착금·보로금과 그 밖의 금품
> ② 「국가보안법」에 따라 받는 상금과 보로금
> ③ 「상훈법」에 따른 훈장과 관련하여 받는 부상이나 그 밖에 국가·지방자치단체로부터 받는 상금과 부상 등 대통령령이 정하는 상금과 부상
> ④ 종업원 등 또는 대학의 교직원이 퇴직한 후에 지급받거나 대학과 고용관계가 있는 학생이 소속 대학에 설치된 산학협력단으로부터 받는 직무발명보상금으로서 연 700만원 이하의 금액. 다만, 직무발명보상금을 지급한 사용자 등 또는 산학협력단과 다음의 구분에 따른 특수관계에 있는 자가 받는 직무발명보상금은 제외한다.
>   ㉠ 사용자 등이 개인인 경우
>   : 「국세기본법 시행령」에 따른 친족관계
>   ㉡ 사용자 등이 법인인 경우 또는 산학협력단인 경우
>   : 「법인세법 시행령」에 따른 지배주주 등(해당 지배주주 등과 「국세기본법 시행령」에 따른 친족관계 또는 경영지배관계에 있는 자를 포함한다)인 관계
> ⑤ 「국군포로의 송환 및 대우 등에 관한 법률」에 따라 국군포로가 받는 위로지원금과 그 밖의 금품
> ⑥ 「문화재보호법」에 따라 국가지정문화재로 지정된 서화·골동품의 양도로 발생하는 소득
> ⑦ 서화·골동품을 박물관 또는 미술관에 양도함으로써 발생하는 소득
> ⑧ 종교인소득 중 다음의 어느 하나에 해당하는 소득
>   ㉠ 종교관련종사자가 소속된 종교단체의 종교관련종사자로서의 활동과 관련있는 교육·훈련을 위하여 받는 학교 또는 시설의 입학금·수업료·수강료, 그 밖의 공납금 등의 학자금
>   ㉡ 종교관련종사자가 식사나 그 밖의 음식물을 제공받지 않는 경우 받는 월 20만원 이하의 식사대
>   ㉢ 종교관련종사자가 받는 대통령령으로 정하는 실비변상적 성질의 지급액
>   ㉣ 종교관련종사자 또는 그 배우자의 출산이나 6세 이하(해당 과세기간 개시일을 기준으로 판단) 자녀의 보육과 관련하여 종교단체로부터 받는 금액으로서 월 20만원 이내의 금액
>   ㉤ 종교관련종사자가 사택을 제공받아 얻는 이익
> ⑨ 법령·조례에 따른 위원회 등의 보수를 받지 아니하는 위원(학술원 및 예술원의 회원을 포함한다) 등이 받는 수당

기출 OX

26. 서화·골동품을 박물관 또는 미술관에 양도함으로써 발생하는 소득과 경찰청장이 정하는 바에 따라 범죄 신고자가 받는 보상금 모두 「소득세법」상 비과세소득에 해당된다. 2013. 7급
정답 O

오쌤 Talk

실비변상적 성질의 지급액
① 일직료·숙직료 및 그 밖에 이와 유사한 성격의 급여
② 여비로서 실비변상 정도의 금액(종교관련종사자가 본인 소유의 차량을 직접 운전하여 소속 종교단체의 종교관련종사자로서의 활동에 이용하고 소요된 실제 여비 대신에 해당 종교단체의 규칙 등에 정하여진 지급기준에 따라 받는 금액 중 월 20만원 이내의 금액을 포함)
③ 종교관련종사자가 소속 종교단체의 규약 또는 소속 종교단체의 의결기구의 의결·승인 등을 통하여 결정된 지급기준에 따라 종교 활동을 위하여 통상적으로 사용할 목적으로 지급받은 금액 및 물품
④ 종교관련종사자가 천재·지변이나 그 밖의 재해로 인하여 받는 지급액

3 기타소득의 수입시기 B

기타소득의 수입시기는 다음에 따른 날로 한다(소령 50 ①).

구분	수입시기
① 원칙	그 지급을 받은 날
② 「법인세법」에 의하여 소득처분된 기타소득	그 법인의 해당 사업연도 결산확정일
③ 광업권·어업권 등을 양도하고 그 대가로 받는 금품	대금청산일·인도일·사용수익일 중 빠른 날 (다만, 대금을 청산하기 전에 자산을 인도 또는 사용·수익하였으나 대금이 확정되지 않는 경우에는 그 대금지급일)
④ 광업권·어업권 등을 대여하고 그 대가로 받는 금품	그 지급을 받은 날
⑤ 계약금이 위약금·배상금으로 대체되는 경우의 기타소득	계약의 위약 또는 해약이 확정된 날
⑥ 연금계좌에서 연금외수령한 기타소득	연금외수령한 날

> **기출 OX**
>
> 27. 기타소득으로 과세되는 미술·음악 또는 사진에 속하는 창작품에 대한 대가로 원작자가 받는 소득의 경우에는 그 지급을 받는 날을 수입시기로 한다.
> 2015. 9급
>
> 정답 O

4 기타소득금액의 계산 A

★(1) 기타소득금액 계산구조

종합소득금액에 합산되는 기타소득금액은 다음과 같이 계산한다(소법 21 ③).

> 기타소득금액 = 기타소득 총수입금액 − 필요경비
> = (기타소득 − 비과세소득 − 분리과세소득) − 필요경비

★★(2) 기타소득금액의 필요경비

기타소득금액에서 필요경비는 사업소득과 마찬가지로 해당 과세기간의 총수입금액에 대응하는 비용으로서 일반적으로 용인되는 통상적인 것의 합계액을 필요경비에 산입하며 해당 과세기간 전의 총수입금액에 대응하는 비용으로서 그 과세기간에 확정된 것에 대하여는 그 과세기간 전에 필요경비로 계상하지 아니한 것만 그 과세기간의 필요경비로 본다(소법 37 ②, ③). 다만 다음의 경우는 일정 금액을 필요경비로 공제한다.

① 기타소득의 필요경비계산 규정(소령 87)

다음은 최소한 총수입금액의 일정비율을 필요경비로 공제하는 경우로서, 별도로 필요경비를 입증하지 못하더라도 공제할 수 있다. 따라서 세부담 최소화를 위해서는 MAX[필요경비 계산제도에 따른 필요경비, 실제 소요 필요경비]를 필요경비로 적용한다.

구분	최소경비율
㉠「공익법인의 설립·운영에 관한 법률」의 적용을 받는 공익법인이 주무관청의 승인을 받아 시상하는 상금 및 부상 ㉡ 다수가 순위 경쟁하는 대회에서 입상자가 받는 상금 및 부상 ㉢ 계약의 위약 또는 해약으로 인하여 받는 위약금과 배상금 중 주택입주지체상금	80%
㉣ 공익사업 관련 지역권·지상권을 설정 또는 대여하고 받는 금품 ㉤ 다음의 인적용역을 일시적으로 제공하고 지급받는 대가 　ⓐ 고용관계 없이 다수인에게 강연을 하고 강연료 등의 대가를 받는 용역 　ⓑ 라디오·텔레비전방송 등을 통하여 해설·계몽 또는 연기의 심사 등을 하고 보수 또는 이와 유사한 성질의 대가를 받는 용역 　ⓒ 변호사·공인회계사·세무사·건축사·측량사·변리사, 그 외 전문적 지식 또는 특별한 기능을 가진 자가 그 지식 또는 기능을 활용하여 보수 또는 대가를 받고 제공하는 용역 　ⓓ 위 외의 용역으로서 고용관계 없이 수당 또는 이와 유사한 성질의 대가를 받고 제공하는 용역 ㉥ 일시적인 문예창작소득 (Link-p.378 ④의 ㉠) ㉦ 광업권·어업권·산업재산권·산업정보·산업상비밀·상표권·영업권·점포임차권·토사석의 채취허가에 따른 권리·지하수의 개발이용권, 그 밖에 이와 유사한 자산이나 권리를 양도하거나 대여하고 그 대가로 받는 금품 ㉧「전자상거래 등에서의 소비자보호에 관한 법률」에 따라 통신판매중개를 하는 자를 통하여 물품·장소를 대여하고 연간 수입금액이 500만원 이하의 사용료로서 받은 금품	60%
㉨ 서화·골동품의 양도소득 　ⓐ 받은 금액이 1억원 이하인 경우	90%
ⓑ 보유기간 10년 이상인 경우	90%
ⓒ 받은 금액이 1억원 초과 + 보유기간 10년 미만인 경우	9천만원 + 초과액 × 80%
㉩ 종교인소득 　ⓐ 2천만원 이하	80%
ⓑ 2천만원 초과 4천만원 이하	1600만원 + 초과액 × 50%
ⓒ 4천만원 초과 6천만원 이하	2600만원 + 초과액 × 30%
ⓓ 6천만원 초과	3200만원 + 초과액 × 20%

📙 **확인문제**

02. 소득세법령상 거주자의 기타소득 중 최소 80% 이상의 필요경비를 인정받을 수 있는 것만을 모두 고르면?
2022. 7급

ㄱ.「소득세법」에 따른 위약금과 배상금 중 주택입주 지체상금
ㄴ. 산업재산권을 양도하거나 대여하고 그 대가로 받는 금품
ㄷ.「공익법인의 설립·운영에 관한 법률」의 적용을 받는 공익법인이 주무관청의 승인을 받아 시상하는 상금
ㄹ.「법인세법」에 따라 기타소득으로 처분된 소득

① ㄱ, ㄷ　② ㄱ, ㄹ
③ ㄴ, ㄷ　④ ㄴ, ㄹ

정답 ①

📙 **확인문제**

03. 소득세법령상 거주자 갑의 2024년 귀속 소득 자료에 의해 종합과세되는 기타소득금액을 계산하면? (단, 필요경비의 공제요건은 충족하며, 주어진 자료 이외의 다른 사항은 고려하지 않는다)
2022.9급 수정

• 산업재산권의 양도로 인해 수령한 대가 300만원(실제 소요된 필요경비는 150만원)
• 문예 창작품에 대한 원작자로서 받는 원고료 300만원(실제 소요된 필요경비는 100만원임)
• 고용관계 없이 다수인에게 일시적으로 강연을 하고 받은 강연료 400만원(실제 소요된 필요경비는 100만원임)
• ㈜한국의 종업원으로서 퇴직한 후에 수령한 직무발명보상금 400만원(실제 소요된 필요경비는 없으며, 직무발명보상금을 지급한 사용자와 지배주주관계 등에 있지 아니함)

① 360만원　② 400만원
③ 600만원　④ 800만원

정답 ②

② 기타

기타소득금액을 계산할 때 필요경비에 산입할 금액은 다음에 따른다(소법 37 ①).

㉠ 승마투표권·승자투표권·소싸움경기투표권·체육진흥투표권의 구매자가 받는 환급금의 필요경비: 그 구매자가 구입한 적중된 투표권의 단위투표금액
㉡ 슬롯머신 등의 당첨금품 등의 필요경비: 그 당첨금품 등의 당첨 당시에 슬롯머신 등에 투입한 금액

5 기타소득의 과세최저한 B

★ (1) 원칙: 건별로 5만원 이하 비과세

필요경비가 적용된 기타소득금액이 건별로 5만원 이하인 경우 소득세를 과세하지 않는다(소법 84). 단, 연금계좌에서 연금외수령하는 기타소득금액은 과세최저한을 적용하지 않고 금액에 관계없이 과세한다.

(2) 예외

① 승마투표권·승자투표권·소싸움경기투표권·체육진흥투표권 환급금

승마투표권·승자투표권·소싸움경기투표권·체육진흥투표권의 구매자가 받는 환급금으로서 투표권의 권면에 표시된 금액의 합계액이 10만원 이하이고 다음 중 어느 하나에 해당하는 경우 소득세를 과세하지 않는다.

㉠ 적중한 개별투표당 환급금이 10만원 이하인 경우
㉡ 단위투표금액당 환급금이 단위투표금액의 100배 이하이면서 적중한 개별 환급금이 200만원 이하인 경우

② 복권 당첨금 또는 슬롯머신 등 당첨금품

복권 당첨금(복권 당첨금을 복권 및 복권 기금법령에 따라 분할하여 지급받는 경우에는 분할하여 지급받는 금액의 합계액) 또는 슬롯머신 및 투전기 등에 대한 당첨금품이 건별로 200만원 이하인 경우 소득세를 과세하지 않는다.

기출 OX

28. 「한국마사회법」에 따른 승마투표권의 구매자가 받는 환급금에 대해서는 그 구매자가 구입한 적중된 투표권의 단위투표금액을 필요경비로 한다.
2010. 9급
정답 O

확인문제 최신

04. 소득세법령상 거주자의 기타소득금액을 계산할 때 필요경비에 대한 설명으로 옳은 것은? 2025. 9급

① 골동품의 양도로 발생하는 소득으로서 거주자가 받은 금액이 1억 원 이하인 경우에는 받은 금액의 100분의 80과 실제 소요된 필요경비 중 큰 금액을 필요경비로 한다.
② 문예창작품에 대한 원작자로서 받는 원고료에 대해서는 실제 소요된 필요경비가 거주자가 받은 금액의 100분의 60에 상당하는 금액을 초과하면 그 초과하는 금액은 필요경비에 산입하지 아니한다.
③ 계약의 위약 또는 해약으로 인하여 받는 소득으로서 위약금과 배상금 중 주택입주 지체상금에 대해서는 실제 소요된 필요경비가 거주자가 받은 금액의 100분의 80에 상당하는 금액을 초과하면 그 초과하는 금액은 필요경비에 산입하지 아니한다.
④ 슬롯머신등을 이용하는 행위에 참가하여 받는 당첨금품등에 대하여는 그 당첨금품등의 당첨 당시에 슬롯머신등에 투입한 금액을 필요경비로 한다.

정답 ④

오쌤 Talk

「소득세법」상 선택적으로 분리과세하는 경우

① 주거용 건물 임대업 사업소득: 연 수입금액이 2,000만원 이하인 경우 선택적 분리과세 가능 Link-P.330
② 사적연금소득: 연 수입금액이 1,500만원 이하인 경우 선택적 분리과세 가능 Link-P.375
③ 조건부 종합과세 기타소득: 연 기타소득금액이 300만원 이하인 경우 선택적 분리과세 가능

📖 **확인문제**

05. 「소득세법」상 종합소득금액에 합산되는 기타소득금액은 얼마인가?
2014. 9급

○ 복권 당첨금 : 8,000,000원
○ 분실물 습득 보상금 : 4,000,000원
○ 교통사고 손해보상금 : 2,500,000원
○ 위약금 중 주택입주지체상금 : 2,000,000원(필요경비 1,500,000원)

① 1,200,000원   ② 1,300,000원
③ 4,400,000원   ④ 4,500,000원

정답 ③

06. 다음 자료를 바탕으로 거주자 홍길동씨의 2024년 종합소득금액에 합산되는 기타소득금액을 계산하면?
2008. 7급

어업권을 대여하고 받는 대가	10,000,000원(필요경비 확인불가)
「복권 및 복권기금법」상 복권의 당첨금	20,000,000원
일간지에 기고하고 받은 원고료	2,000,000원
슬롯머신에 의한 당첨금품	1,000,000원(필요경비 800,000원)
유실물 습득으로 인한 보상금	2,000,000원(필요경비 없음)

① 3,800,000원
② 6,800,000원
③ 15,000,000원
④ 35,000,000원

정답 ②

---

6 기타소득의 과세방법 A

기타소득은 종합과세를 원칙으로 하지만, 예외적으로 조건부 종합과세, 무조건 분리과세, 무조건 종합과세되는 기타소득이 있다.

★(1) 조건부 종합과세(선택적 분리과세)

기타소득은 지급하는 자가 기타소득금액의 20% 세율로 소득세를 원천징수하고 종합소득에 합산하여 과세하는 것을 원칙으로 한다. 다만, 기타소득금액(무조건 분리과세, 무조건 종합과세 및 비과세 제외)의 연간 합계액이 300만원 이하이면 분리과세와 종합과세 중 거주자가 선택할 수 있다.

구분	원천징수세율
① 계약금이 위약금·배상금으로 대체되는 경우의 그 위약금·배상금*	원천징수 대상 아님
② 소기업·소상공인 공제부금 해지 일시금	15%
③ 위 외의 기타소득	20%

* 계약금이 위약금·배상금으로 대체되는 경우의 그 위약금·배상금은 분리과세를 선택하더라도 확정신고를 해야 하며, 원천징수가 되지 아니한 상태에서 다른 소득을 합산하지 아니하는 해당 기타소득에 대한 결정세액은 그 기타소득금액에 20% 세율을 적용하여 계산한 금액으로 한다(소법 64의3 ①).

★★(2) 무조건 분리과세

다음의 기타소득은 무조건 분리과세 대상으로 원천징수 납세의무가 종결된다.

구분	원천징수세율
① 연금계좌에서 연금외수령한 기타소득	15%
② 서화·골동품 양도소득	20%
③ 복권당첨금 ④ 승마투표권 등의 환급금 ⑤ 슬롯머신 등 당첨금품 등 ⑥ 위와 유사한 소득으로서 기획재정부령이 정하는 소득	20% (3억원 초과분은 30%)

★(3) 무조건 종합과세

뇌물·알선수재·배임수재에 의하여 받는 금품에 해당하는 기타소득은 원천징수 대상에서 제외되며 무조건 종합과세한다(소법 127 ① (6)).

7 원천징수 B

(1) 일반적인 경우

원천징수가 제외되는 대상 외의 기타소득을 지급하는 자는 그 소득을 지급할 때에 다음의 금액을 원천징수하여 그 징수일이 속하는 달의 다음 달 10일까지 납부해야 한다(소법 127 ① (6), 128 ①).

> 기타소득에 대한 원천징수세액 = 기타소득금액 × 원천징수세율

(2) 원천징수 제외 대상

다음의 소득에 대하여는 원천징수하지 않는다(소법 127 ① (6)).

① 뇌물·알선수재·배임수재에 의하여 받는 금품
② 계약의 위약 또는 해약으로 인하여 받는 소득 중 계약금이 위약금·배상금으로 대체되는 경우의 위약금·배상금

(3) 원천징수세율

구분	원천징수세율
① 원칙	20%
② 특정봉사료의 수입	5%
③ 연금계좌에서 연금외수령한 기타소득 ④ 소기업·소상공인 공제부금 해지 일시금	15%
⑤ 3억원을 초과하는 복권당첨금, 승마투표권 등의 환급금, 슬롯머신 등	30%
⑥ 종교인소득	간이세액표 기준

확인문제

07. 「소득세법령」상 국내에서 거주자에게 지급하는 기타소득으로서 원천징수의 대상이 아닌 것은? (단, 기타소득의 비과세, 과세최저한, 원천징수의 면제·배제 등 특례는 고려하지 아니한다.) 2019. 7급

① 복권에 당첨되어 받는 금품
② 「소득세법」에 따른 위약금(계약금이 대체된 것임)
③ 「법인세법」에 따라 기타소득으로 처분된 소득
④ 슬롯머신을 이용하는 행위에 참가하여 받는 당첨금품

정답 ②

CHAPTER 06
소득금액계산의 특례

① 부당행위계산의 부인
② 결손금 및 이월결손금의 공제
③ 공동사업에 대한 소득금액계산 특례
④ 기타 소득금액계산의 특례

• 최신 8개년 출제 경향 분석

01 부당행위계산의 부인
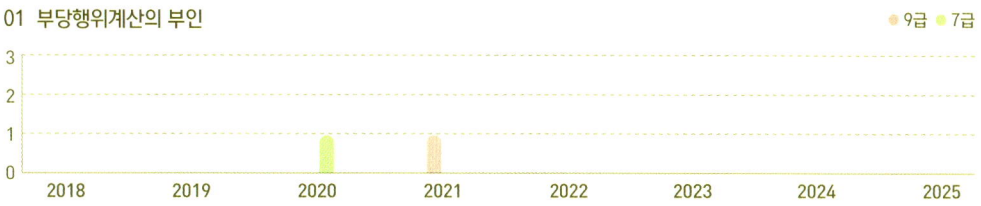

02 결손금 및 이월결손금의 공제
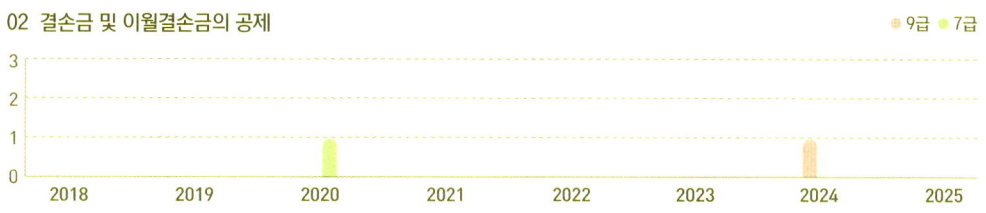

03 공동사업에 대한 소득금액계산 특례
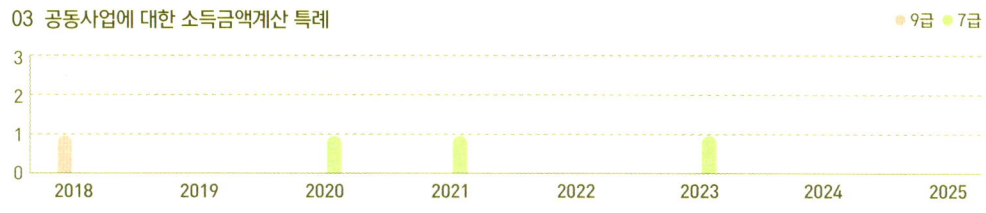

04 기타 소득금액계산의 특례
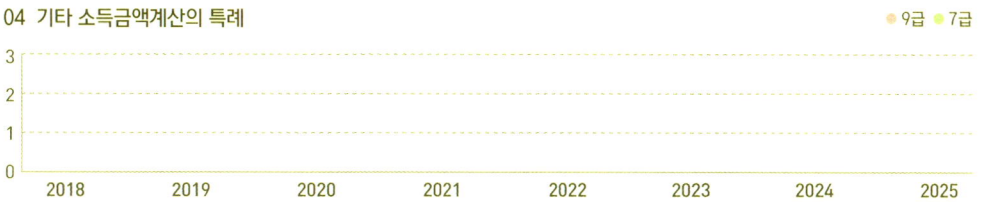

1 부당행위계산의 부인

1 의의 C

'부당행위계산의 부인'이란, 「소득세법」상 부당행위계산의 부인 대상이 되는 소득이 있는 거주자가 해당 소득과 관련하여 특수관계인과의 거래로 인하여 부당하게 감소시킨 것으로 인정되는 경우 거주자의 행위나 계산과 관계없이 납세지 관할 세무서장 또는 지방국세청장이 과세기간의 소득금액을 계산하는 것을 말한다.

2 「소득세법」상 부당행위계산의 부인 적용요건 A

(1) 대상소득

납세지 관할 세무서장 또는 지방국세청장은 배당소득(출자공동사업자가 손익분배비율에 따라 받는 배당소득만 해당), 사업소득 또는 기타소득이 있는 거주자의 행위 또는 계산이 그 거주자와 특수관계인과의 거래로 인하여 그 소득에 대한 조세 부담을 부당하게 감소시킨 것으로 인정되는 경우에는 그 거주자의 행위 또는 계산과 관계없이 해당 과세기간의 소득금액을 계산할 수 있다(소법 41 ①). 따라서 출자공동사업자의 배당소득, 사업소득, 기타소득, 양도소득에 대해서만 부당행위계산의 부인 규정을 적용하며 이자소득, 일반 배당소득, 연금소득 등에 대해서는 적용하지 않는다.

(2) 특수관계인

부당행위계산의 부인규정 적용 대상이 되는 특수관계인이란 「국세기본법 시행령」(세법1부 「국세기본법」 P.27) 따른 친족관계, 경제적 연관관계, 경영지배관계(본인이 개인인 경우로 한정)에 있는 자를 말한다(소령 98 ①).

(3) 조세부담을 부당하게 감소시킨 것으로 인정되는 경우

조세부담을 부당하게 감소시킨 것으로 인정되는 경우는 다음 중 어느 하나에 해당하는 경우로 한다. 다만, 아래 ①~③ 및 ⑤(①~③에 준하는 행위에 한한다)는 시가와 거래가액의 차액이 3억원 이상이거나 시가의 5% 이상인 경우에만 해당한다(소령 98 ②). 이때 적용하는 시가는 「법인세법」의 규정을 준용한다(소령 98 ③, ④).

> ① 특수관계인으로부터 시가보다 높은 가격으로 자산을 매입하거나 특수관계인에게 시가보다 낮은 가격으로 자산을 양도한 경우
> ② 특수관계인에게 금전이나 그 밖의 자산 또는 용역을 무상 또는 낮은 이율 등으로 대부하거나 제공한 경우*
> ③ 특수관계인으로부터 금전이나 그 밖의 자산 또는 용역을 높은 이율 등으로 차용하거나 제공받는 경우
> ④ 특수관계인으로부터 무수익자산을 매입하고 그 자산에 대한 비용을 부담하는 경우
> ⑤ 그 밖에 특수관계인과의 거래에 따라 해당 과세기간의 총수입금액 또는 필요경비를 계산할 때 조세의 부담을 부당하게 감소시킨 것으로 인정되는 경우

* 직계존비속에게 주택을 무상으로 사용하게 하고 직계존비속이 그 주택에 실제 거주하는 경우에는 부당행위계산 부인을 적용하지 않되, 그 주택에 관련된 경비는 가사관련 경비로 보아 필요경비 불산입한다.

오쌤 Talk

조세회피의사

부당행위계산부인 규정을 적용할 때 조세회피의사는 불필요하다는 것이 통설이고 판례다.

기출 OX

01. 납세지 관할세무서장은 사업소득이 있는 거주자의 행위 또는 계산이 그 거주자와 특수관계인과의 거래로 인하여 그 소득에 대한 조세 부담을 부당하게 감소시킨 것으로 인정되는 경우 그 거주자의 행위 또는 계산과 관계없이 해당 과세기간의 소득금액을 계산할 수 있다. 2017. 9급
정답 O

02. 출자공동사업자의 배당소득은 부당행위계산부인의 규정이 적용되는 소득이다. 2020. 7급
정답 O

확인문제

01. 소득세법 상 부당행위계산부인규정의 적용대상 소득으로 옳은 것만을 모두 고르면? 2021. 9급

> ㄱ. 양도소득   ㄴ. 기타소득
> ㄷ. 사업소득
> ㄹ. 공동사업에서 발생한 소득금액 중 출자공동사업자의 손익분배비율에 해당하는 금액

① ㄱ, ㄹ   ② ㄱ, ㄴ, ㄷ
③ ㄴ, ㄷ, ㄹ   ④ ㄱ, ㄴ, ㄷ, ㄹ

정답 ④

오쌤 Talk

부당행위계산의 부인 대상소득의 판단

부당행위계산의 부인 대상이 되는 소득은 사업소득, 기타소득, 양도소득처럼 소득금액 계산 시 입증된 필요경비를 인정하는 소득이다. 출자공동사업자의 배당소득 또한 다른 배당소득과 다르게 '필요경비가 인정되는' 공동사업에서 비롯되는 것이기 때문에 부당행위계산의 부인 대상소득으로 본다.

3 부당행위계산의 부인 적용효과 B

(1) 거래의 사법상 효과

부당행위계산의 부인은 거래의 사법적 효과를 부인하는 것은 아니기 때문에 당사자 간에 약정한 법률행위의 효과를 부인하거나 기존 법률행위의 변경·소멸을 가져오게 할 수 없다.

(2) 거래의 세법상 효과

「소득세법」상 부당행위계산의 부인을 적용할 경우, 납세지 관할 세무서장 또는 지방국세청장은 정상적 거래를 기준으로 소득금액을 계산하기 때문에, 부당행위계산 부인금액을 별도로 과세하는 효과가 있다. 이때 「법인세법」과는 달리 「소득세법」에서는 소득처분에 대한 규정이 별도로 없으므로 귀속자에 대한 소득처분을 하지 않으며 거주자를 「조세범 처벌법」상 조세포탈범으로 보지 않는다.

[법인세법과 소득세법상 부당행위계산부인의 적용요건]

법인세법	소득세법
① 특수관계인과의 거래여야 한다. ② 그 거래로 인하여 조세부담이 부당하게 감소된 것으로 인정되어야 한다.	
③ 별도 제한 없음	③ 출자공동사업자의 배당소득·사업소득, 기타소득, 양도소득이 있는 자에게만 적용한다.

② 결손금 및 이월결손금의 공제

1 결손금과 이월결손금의 의의 B

(1) 결손금

사업소득금액을 계산할 때, 총수입금액보다 필요경비가 더 큰 경우 총수입금액에서 해당 필요경비를 뺀 금액을 결손금이라고 한다. 즉, 결손금은 필요경비를 인정하는 소득에서만 발생하기 때문에 사업소득, 기타소득, 양도소득에서만 이론적으로 결손금이 존재할 수 있다. 하지만 기타소득에서는 결손금이 발생하는 경우가 거의 없기 때문에 「소득세법」에서는 사업소득과 양도소득의 결손금 관련 규정을 두고 있다.

(2) 이월결손금

결손금이 당해 과세기간에 처리되지 않고 차후 과세기간으로 이월된 경우 해당 결손금을 이월결손금이라고 한다.

2 결손금과 이월결손금의 공제 A

「법인세법」과 달리, 「소득세법」에서는 해당 사업소득에서 발생한 결손금을 다른 소득금액 등에서 우선적으로 공제하고, 그 후 남은 잔액을 차후 과세기간으로 이월하여 이월결손금으로 한다.

확인문제

02. 소득세법상 특수관계자인 갑과 을 간의 거래내용이다. 갑의 소득금액계산에 있어 부당행위계산의 부인대상으로 옳지 않은 것은? 2011.9급

① 갑은 을에게 시가 5억원의 토지를 6억원에 양도하였다.
② 갑은 을로부터 무수익자산을 5억원에 매입하여 그 유지비용을 매년 3억원씩 부담하고 있다.
③ 갑은 을로부터 정상적 요율이 4억원인 용역을 제공받고 5억원을 지불하였다.
④ 갑은 을로부터 시가 6억원의 토지를 9억원에 매입하였다.

정답 ①

확인문제

03. 소득세법상 부당행위계산 부인에 관한 설명으로 옳은 것은? 2010.7급

① 특수관계자에게 시가가 50억원인 자산을 48억원에 양도하는 경우 부당행위계산 부인의 요건을 충족한다.
② 거주자인 갑이 거주자인 그의 아들 을에게 시가 10억원인 제품을 7억원에 판매한 경우 과세관청은 을에 대하여 매입가액을 10억원으로 하여 세법을 적용한다.
③ 거주자인 병이 거주자인 그의 동생 정에게 주택을 무상으로 사용하게 하고 정이 당해 주택에 실제 거주하는 경우에는 조세의 부담을 부당하게 감소시킨 것으로 인정되는 때에 해당되지 않는다.
④ 부당행위계산 부인규정은 당사자 간에 약정한 법률행위의 효과를 부인하거나 기존 법률행위의 변경·소멸을 가져오게 할 수 없다.

정답 ④

오쌤 Talk

부동산임대업 범위

다음 중 어느 하나에 해당하는 사업을 부동산임대업이라 한다(소법 45 ②).
① 부동산 또는 부동산상의 권리를 대여하는 사업
② 공장재단 또는 광업재단을 대여하는 사업
③ 채굴에 관한 권리를 대여하는 사업으로서 대통령령으로 정하는 사업

기출 OX

03. 주거용 건물 임대업에서 발생한 결손금은 해당 과세기간의 종합소득 과세표준을 계산할 때 공제하지 아니한다. 2024. 9급 [최신]
정답 X

기출 OX

04. 해당 과세기간의 사업소득금액을 계산할 때 발생한 결손금은 그 과세기간의 종합소득 과세표준을 계산할 때 이자소득금액·배당소득금액·근로소득금액·연금소득금액·기타소득금액에서 순서대로 공제한다. 2024. 9급 [최신]
정답 X

05. 「국세기본법」 제26조의2에 따른 국세부과의 제척기간이 지난 후에 그 제척기간 이전 과세기간의 이월결손금이 확인된 경우 그 이월결손금은 공제하지 아니한다. 2024. 9급 [최신]
정답 O

06. 부동산임대업(주거용 건물 임대업 포함)에서 발생한 이월결손금은 해당 과세기간의 부동산임대업의 소득금액에서만 공제한다. 2020. 7급
정답 X

07. 부동산임대소득(주거용 건물 임대업 제외)에서 발생한 이월결손금은 당해 이월결손금이 발생한 연도의 종료일부터 15년 이내에 종료하는 과세기간의 소득금액을 계산함에 있어서 먼저 발생한 연도의 이월결손금부터 순차로 부동산임대소득금액에서 공제한다. 2008. 9급
정답 O

08. 주거용 건물 임대업에서 발생하는 이월결손금은 해당 과세기간의 사업소득금액을 계산할 때 먼저 공제하고, 남은 금액은 근로소득금액, 기타소득금액, 연금소득금액, 배당소득금액, 이자소득금액에서 순서대로 공제한다. 2017. 7급
정답 X

(1) 결손금의 공제방법

결손금의 공제방법은 해당 결손금이 부동산임대업 (주거용 임대업 제외)에서 발생했는지, 그 외의 일반사업에서 발생했는지에 따라 다음과 같이 처리한다.

① 부동산임대업에서 발생한 결손금

부동산임대업에서 발생한 결손금은 다른 종합소득에서 공제하지 아니한다(소법 45 ②). 다만, 주거용건물 임대업에서 발생한 결손금은 부동산임대업 외의 일반사업과 마찬가지로 다른 종합소득에서 공제할 수 있다.

② 일반사업에서 발생한 결손금

사업소득(부동산임대업 제외) 및 주거용 건물 임대업에서 발생한 결손금은 그 과세기간의 종합소득과세표준을 계산할 때 사업성이 있는 부동산임대업 사업소득에서 공제한 후 다른 종합소득에서 공제하는데 그 순서는 다음과 같다.

> 부동산임대업 소득금액 → 근로소득금액 → 연금소득금액 → 기타소득금액 → 이자소득금액 → 배당소득금액

(2) 이월결손금의 공제방법

이월결손금도 결손금의 공제와 마찬가지로 해당 결손금이 부동산임대업에서 발생했는지, 그 외의 일반사업에서 발생했는지에 따라 다음과 같이 처리한다. 다만, 「국세기본법」에 따른 국세부과의 제척기간이 지난 후에 그 제척기간 이전 과세기간의 이월결손금이 확인되는 경우 그 이월결손금은 공제하지 않는다(소법 45 ③).

① 부동산임대업에서 발생한 이월결손금

부동산임대업(주거용건물 임대업 제외)에서 발생한 이월결손금은 해당 이월결손금이 발생한 과세기간의 종료일부터 15년 이내에 끝나는 과세기간의 소득금액을 계산할 때 먼저 발생한 과세기간의 이월결손금부터 순서대로 부동산임대업의 소득금액에서 공제한다. 즉, 부동산임대업에서 발생한 이월결손금은 부동산임대업의 소득금액에서만 공제한다(소법 45 ③ (2)).

② 일반사업에서 발생한 이월결손금

사업소득(부동산임대업 제외) 및 주거용 건물 임대업에서 발생하는 이월결손금은 15년간 이월하여 해당 과세기간의 사업소득금액을 계산할 때 먼저 공제하고, 남은 금액은 근로소득금액, 연금소득금액, 기타소득금액, 이자소득금액, 배당소득금액에서 순서대로 공제하되, 중소기업의 경우에는 직전 과세기간에서 소급공제할 수 있다(소법 45 ③ (1), 소법 85의2).

> 사업소득금액 → 근로소득금액 → 연금소득금액 → 기타소득금액 → 이자소득금액 → 배당소득금액

③ 공제순서

결손금 및 이월결손금을 공제할 때 해당 과세기간에 결손금이 발생하고 이월결손금이 있는 경우에는 그 과세기간의 결손금을 먼저 소득금액에서 공제한다(소법 45 ⑥). 또한 먼저 발생한 과세기간의 이월결손금부터 순서대로 공제하되, 자산수증이익·채무면제이익으로 충당된 이월결손금은 공제할 수 없다(소법 45 ③, 소령 101 ②).

④ 추계결정 시 공제 배제

해당 과세기간의 소득금액에 대하여 추계신고를 하거나 추계조사결정하는 경우에는 이월결손금 공제규정을 적용하지 아니한다. 다만, 천재지변이나 그 밖의 불가항력으로 장부나 그 밖의 증명서류가 멸실되어 추계신고를 하거나 추계조사결정을 하는 경우에는 그러하지 아니한다(소법 45 ④).

★★ (3) 금융소득에 대한 사업소득 결손금 및 이월결손금의 공제 특례

① 원천징수세율이 적용되는 금융소득의 경우

결손금 및 이월결손금을 공제할 때 종합과세되는 배당소득 또는 이자소득이 있으면 그 배당소득 또는 이자소득 중 원천징수세율을 적용받는 부분은 결손금 또는 이월결손금의 공제대상에서 제외한다(소법 45 ⑤). 즉, 결손금 및 이월결손금을 공제할 수 없다.

② 기본세율이 적용되는 금융소득의 경우

결손금 및 이월결손금을 공제할 때 종합과세되는 배당소득 또는 이자소득이 있으면 그 배당소득 또는 이자소득 중 기본세율을 적용받는 부분에 대해서는 사업자가 그 소득금액의 범위에서 공제 여부 및 공제금액을 결정할 수 있다(소법 45 ⑤). 즉, 납세자가 소득금액 범위 안에서 결손금 및 이월결손금의 공제여부와 그 금액을 선택할 수 있다.

3 결손금 소급공제 B

★★ (1) 결손금 소급공제 방법

① 원칙

중소기업을 경영하는 거주자가 그 중소기업의 사업소득금액을 계산할 때 해당 과세기간의 이월결손금이 발생한 경우에는 직전 과세기간의 그 중소기업의 사업소득에 부과된 종합소득 결정세액을 한도로 하여 결손금 소급공제세액을 환급신청할 수 있다. 이 경우 소급공제한 이월결손금에 대해서 이월결손금 공제를 적용할 때에는 그 이월결손금을 공제받은 금액으로 본다(소법 85의2 ①). 다만, 소급공제는 신고기한까지 결손금이 발생한 과세기간과 그 직전 과세기간의 소득에 대한 소득세의 과세표준 및 세액을 각각 신고한 경우에만 적용한다(소법 85의2 ④).

② 예외

부동산임대업에서 발생한 이월결손금은 소급공제할 수 없다(소법 85의2 ①).

기출 OX

09. 결손금 및 이월결손금을 공제할 때 해당 과세기간에 결손금이 발생하고 이월결손금이 있는 경우에는 이월결손금을 먼저 소득금액에서 공제한다. 2020. 7급·2024. 9급 최신
정답 X

10. 결손금 및 이월결손금의 공제에 있어서 당해 연도에 결손금이 발생하고 이월결손금이 있는 경우에는 먼저 발생한 연도의 이월결손금부터 소득금액에서 공제하고 다음으로 당해 연도의 결손금을 소득금액에서 공제한다. 2009. 7급
정답 X

기출 OX

11. 사업소득(부동산임대업 영위)이 있는 거주자에 대하여 당해 연도의 소득금액을 추계결정하는 경우(천재·지변 기타 불가항력으로 장부 기타 증빙서류가 멸실되어 추계결정하는 경우는 제외)에는 이월결손금의 공제 규정을 적용하지 않는다. 2007. 9급
정답 O

12. 결손금 및 이월결손금을 공제할 때 종합과세되는 배당소득 또는 이자소득이 있으면 그 배당소득 또는 이자소득 중 기본세율을 적용받는 부분에 대해서는 사업자가 그 소득금액의 범위에서 공제 여부 및 공제금액을 결정할 수 있다. 2020. 7급
정답 O

기출 OX

13. 사업소득(부동산임대업 제외)에서 발생한 결손금이 결손금 소급공제의 대상이 된다. 2009. 9급
정답 O

14. 결손금 소급공제에 의하여 환급을 받았다 하더라도 동일한 결손금을 이월하여 공제할 수 있다. 2009. 9급
정답 X

(2) 결손금 소급공제 절차

결손금 소급공제세액을 환급받으려는 자는 과세표준확정신고기한까지 납세지 관할 세무서장에게 환급을 신청해야 하며, 이 경우 납세지 관할 세무서장은 지체 없이 환급세액을 결정하여 환급해야 한다(소법 85의2 ②, ③).

(3) 결손금의 처리순서

사업소득의 결손금을 해당 과세기간의 다른 종합소득에서 먼저 공제하고 남은 결손금은 중소기업에 한해 직전 과세기간에서 소급공제할 수 있다.

★★ (4) 결손금 소급공제에 따른 환급세액의 추징

소득세를 환급받은 자가 다음 중 어느 하나에 해당하는 경우, 납세지 관할 세무서장은 그 환급세액을 추징하여야 하며, 이 때 환급취소세액에 이자상당액(결손금소급공제세액 환급세액의 통지일 다음 날부터 징수하는 소득세액의 고지일까지의 기간에 0.022%를 곱하여 계산한 합계액)을 가산하여 징수한다. **환급취소세액과 그에 대한 이자상당액은 그 이월결손금이 발생한 과세기간의 소득세로서 징수한다**(소법 85의2 ⑤, 소령 149의2 ④).

> ① 결손금이 발생한 과세기간에 대한 소득세의 과세표준과 세액을 경정함으로써 이월결손금이 감소된 경우
> ② 결손금이 발생한 과세기간의 직전 과세기간에 대한 종합소득과세표준과 세액을 경정함으로써 환급세액이 감소된 경우
> ③ 중소기업 요건을 갖추지 아니하고 결손금 소급공제 규정에 따라 환급을 받은 경우

오쌤 Talk

결손금 소급공제

구분	법인세법	소득세법
적용대상	중소기업	
제한업종	없음	부동산임대
공제가능 결손금	제한 없음	사업소득 결손금
적용 기간	직전 과세기간	
소급공제 한도	직전 과세기간 과세된 법인세 결정세액	직전 과세기간 사업 소득 부과 소득세액

📝 확인문제

04. 「소득세법」상 결손금소급공제에 의한 환급에 관한 설명으로 옳지 않은 것은?
2011. 7급

① 환급규정은 해당 거주자가 과세표준확정신고기한까지 결손금이 발생한 과세기간과 그 직전 과세기간의 소득에 대한 소득세의 과세표준 및 세액을 각각 신고한 경우에만 적용한다.
② 납세지 관할 세무서장은 소득세를 환급한 후 결손금이 발생한 과세기간에 대한 소득세의 과세표준과 세액을 경정함으로써 이월결손금이 감소된 경우에는 환급세액 중 그 감소된 이월결손금에 상당하는 세액을 법령으로 정하는 바에 따라 그 이월결손금이 발생한 과세기간의 소득세로서 징수한다.
③ 중소기업을 경영하는 거주자가 그 중소기업의 사업소득금액을 계산할 때 해당 과세기간의 이월결손금(부동산 임대업에서 발생한 이월결손금 포함)이 발생한 경우에는 이를 소급공제하여 직전 과세기간의 그 중소기업의 사업소득에 대한 종합소득세액을 환급신청할 수 있다.
④ 소급공제한 이월결손금에 대해서 이월결손금의 이월공제 규정을 적용할 때에는 그 이월결손금을 공제받은 금액으로 본다.

정답 ③

> **참고**
>
> **결손금 소급공제 환급세액과 환급취소세액의 계산**
>
> 결손금 소급공제 환급세액은 다음의 산식으로 계산한다(소령 149의2 ①).
>
>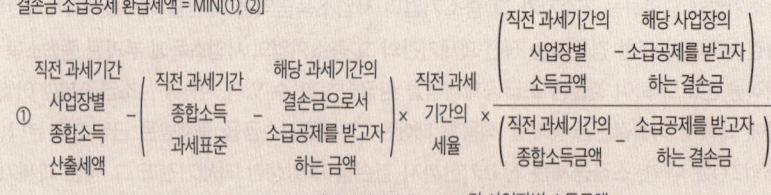
>
> 결손금 소급공제 환급취소세액은 다음의 산식으로 계산한다(소령 149의2 ④).
>
> 환급취소세액 = 당초 환급세액 × (감소된 결손금 − 소급공제 받지 않은 결손금) / 소급공제한 결손금

③ 공동사업에 대한 소득금액계산 특례

1 공동사업장의 소득금액 계산 A

★★ (1) 소득금액의 계산

사업소득이 발생하는 사업을 공동으로 경영하고 그 손익을 분배하는 공동사업(경영에 참여하지 아니하고 출자만 하는 출자공동사업자가 있는 공동사업을 포함)의 경우에는 해당 사업을 경영하는 공동사업장을 1거주자로 보아 공동사업장별로 그 소득금액을 계산한다(소법 43 ①).

★★ (2) 납세의무자

공동사업에 관한 소득금액을 계산하는 경우에는 해당 공동사업자별로 납세의무를 진다(소법 2의 2 ①). 이때 소득금액을 계산할 때만 공동사업장을 1거주자로 보아 계산하고, 이 금액은 각 공동사업자의 손익분배비율대로 배분하고 그 금액을 공동사업자의 사업소득으로 보아 과세한다. 따라서 납세의무는 각 공동사업자가 부담하는 것이지, 공동사업장이 부담하는 것이 아니다.

★★ (3) 공동사업 소득금액의 분배

① 원칙

개인단위 과세원칙에 따라 공동사업에서 발생한 소득금액은 해당 공동사업을 경영하는 각 사업자 간에 약정된 손익분배비율(약정된 손익분배비율이 없는 경우에는 지분비율)에 의하여 분배되었거나 분배될 소득금액에 의하여 각 공동사업자별로 분배한다(소법 43 ②).

② 예외

거주자 1인과 그의 특수관계인이 공동사업자에 포함되어 있는 경우로서 손익분배비율을 거짓으로 정하는 등 법에 정하는 사유가 있는 경우에는 그 특수관계인의 소득금액은 그 손익분배비율이 큰 공동사업자(손익분배비율이 같은 경우에는 법으로 정하는 자로 한다. 이하 '주된 공동사업자')의 소득금액으로 본다(소법 43 ②).

③ 결손금 및 이월결손금의 분배

공동사업장에서 결손금이 발생한 경우 결손금 및 이월결손금의 분배는 다음에 따라 계산한다(소기통 45 - 0…1).

구분	내용
㉠ 결손금	각 공동사업자별로 분배된 금액 범위에서 결손금 공제방법에 의하여 각 공동사업자의 다른 사업장의 동일 소득 또는 다른 종합소득과 통산한다.
㉡ 이월결손금	이월결손금을 공제하지 아니한 해당 과세기간의 소득금액을 공동사업자별로 분배한 후, 각 공동사업자의 차후 소득금액에서 이월결손금으로 공제한다. 즉, 이월결손금은 공동사업장 단위로 공제하지 않는다.

기출 OX

15. 사업소득이 발생하는 사업을 공동으로 경영하고 그 손익을 분배하는 공동사업의 경우에는 공동사업장을 1거주자로 보아 공동사업장별로 그 소득금액을 계산한다. 2021. 7급
정답 O

16. 출자공동사업자가 있는 공동사업의 경우에는 공동사업장을 1거주자로 보아 공동사업장별로 그 소득금액을 계산한다. 2020. 7급
정답 O

17. 사업소득이 발생하는 사업을 공동으로 경영하고 그 손익을 분배하는 공동사업의 경우에는 해당 사업을 공동으로 경영하는 자 각각을 1거주자로 보아 거주자별로 소득금액을 계산한다. 2017. 9급
정답 X

기출 OX

18. 공동사업에 관한 소득금액을 계산할 때에는 당해 공동사업장별로 납세의무를 지는 것이 원칙이다. 2008. 9급
정답 X

기출 OX

19. 공동사업에서 발생한 소득금액은 해당 공동사업을 경영하는 각 거주자 간에 약정된 손익분배비율이 있더라도 지분비율에 의하여 분배되었거나 분배될 소득금액에 따라 각 공동사업자별로 분배한다. 2021. 7급
정답 X

오쌤 Talk

공동사업 합산과세 특례 시 연대납세의무의 예시

공동사업자로서 A(손익분배비율: 60%), B(30%), C(10%)가 공동사업을 영위하며 해당 공동사업장을 1거주자로 보아 계산된 소득금액이 ₩10,000이라고 하자. 이 때 공동사업 합산과세가 적용되고, 이에 따라 주된 공동사업자인 A가 총 납부할 세액은 ₩2,000이라고 가정한다면 C가 연대납세의무를 부담하는 것은 ₩10,000(소득금액) × 10%(C의 손익분배비율) = ₩1,000에 해당한다.

기출 OX

20. 주된 공동사업자에게 합산과세되는 경우 그 합산과세되는 소득금액에 대해서는 주된 공동사업자의 특수관계인은 공동사업소득금액 전액에 대하여 주된 공동사업자와 연대하여 납세의무를 진다. 2021. 7급
정답 X

21. 공동사업에 관한 소득금액이 「소득세법」에 따른 주된 공동사업자에게 합산과세되는 경우 그 합산과세되는 소득금액에 대해서는 주된 공동사업자의 특수관계인은 법률 규정에 따른 손익분배비율에 해당하는 그의 소득금액을 한도로 주된 공동사업자와 연대하여 납세의무를 진다. 2018. 9급·2023. 7급 최신
정답 O

★★ (4) 연대납세의무

① 원칙

「국세기본법」에서는 공동사업 또는 그 공동사업에 속하는 재산과 관계되는 국세 및 강제징수비는 공동사업자가 연대하여 납부할 의무를 진다(국기법 25 ①)고 규정하고 있으나 세법에 별도의 규정이 있는 경우는 해당 법에서 정하는 바에 따른다(국기법 3). 따라서 「부가가치세법」의 경우 공동사업자는 부가가치세에 대하여 연대납세의무가 있으나 「소득세법」의 경우 공동사업자별로 납세의무가 있다. 즉, 소득세에 대하여는 연대납세의무가 없다(소법 2의2 ①).

② 예외

특수관계인의 소득금액이 주된 공동사업자에게 합산과세되는 경우에는 그 합산과세되는 소득금액에 대해서는 주된 공동사업자의 특수관계인은 손익분배비율에 해당하는 그의 소득금액을 한도로 주된 공동사업자와 연대하여 납세의무를 진다(소법 2의2 ①).

2 공동사업 합산과세 B

★ (1) 공동사업 합산과세의 의의

거주자가 특수관계인과 함께 조세를 회피할 목적으로 공동사업을 영위하는 등 공동사업 합산과세 사유에 해당하는 경우 특수관계인의 소득금액을 주된 공동사업자의 소득으로 합산하여 과세한다. 이를 '공동사업 합산과세'라고 한다.

★★ (2) 공동사업 합산과세 적용요건

거주자가 ① 특수관계인과 함께 공동사업을 영위하면서 ② 조세를 회피할 목적 등 공동사업 합산과세 사유에 해당하는 경우 ③ 공동사업 합산과세 대상이 되는 소득에 한해 규정을 적용한다.

① 특수관계인의 범위

해당 과세기간종료일 현재 거주자 1인과  (2) 특수관계인에 따른 친족관계·경제적 연관관계·경영지배관계에 있는 자로서 생계를 같이하는 자를 말한다(소령 100 ②).

② 공동사업 합산과세 사유

다음의 사유에 해당하는 경우에 공동사업 합산과세를 적용한다(소령 100 ④).

> ㉠ 공동사업자가 확정신고 시 제출한 신고서와 첨부서류상에 기재한 사업의 종류, 소득금액의 내역, 지분비율, 약정된 손익분배비율 및 공동사업자 간의 관계 등이 사실과 현저하게 다른 경우
> ㉡ 공동사업자의 경영참가, 거래관계, 손익분배비율 및 자산·부채 등의 재무상태 등을 보아 조세를 회피하기 위해 공동으로 사업을 경영하는 것으로 확인되는 경우

③ 공동사업 합산과세 대상 소득

공동사업장에서 발생하는 사업소득에 한정하여 규정을 적용한다. 따라서 공동사업장에서 별도로 발생하는 금융소득 등 사업소득 이외의 소득은 합산과세를 적용하지 않는다.

★★ (3) 공동사업 합산과세 적용방법

특수관계인의 소득금액을 주된 공동사업자의 소득으로 합산과세한다. 여기서 주된 공동사업자는 다음의 순서로 적용한다(소법 43 ③, 소령 100 ⑤).

> 1순위 손익분배비율이 큰 공동사업자
> 2순위 손익분배비율이 같은 경우에는 공동사업소득 외의 종합소득금액이 많은 자
> 3순위 공동사업소득 외의 종합소득금액도 같은 경우에는 직전 과세기간의 종합소득금액이 가장 많은 자
> 4순위 직전 과세기간의 종합소득금액이 같은 경우에는 해당 사업에 대한 종합소득과세표준을 신고한 자(단, 공동사업자 모두가 해당 사업에 대한 종합소득과세표준을 신고하였거나 신고하지 아니한 경우에는 납세지 관할 세무서장이 정하는 자)

(4) 공동사업에 대한 소득공제 등 특례

위 합산과세를 적용받는 특수관계인이 지출·납입·투자·출자 등을 한 금액이 있으면 주된 공동사업자의 소득에 합산과세되는 소득금액의 한도에서 주된 공동사업자가 지출·납입·투자·출자 등을 한 금액으로 보아 소득 또는 세액공제를 받을 수 있다.

3 기타사항 A

★★ (1) 원천징수세액 및 가산세

① 원천징수세액

공동사업장에서 발생한 소득금액에 대하여 원천징수된 세액은 각 공동사업자의 손익분배비율에 따라 배분한다(소법 87 ①).

② 가산세

공동사업장에 관련되는 가산세는 각 공동사업자의 손익분배비율에 따라 배분한다(소법 87 ②). 단, 공동사업장으로부터 분배받은 소득금액에 대하여 장부의 기록·보관 불성실 가산세를 적용할 경우에는 거주자별로 가산세를 계산한다.

(2) 급료명목의 보수

공동사업자 중 1인에게 경영에 참가한 대가로 급료명목의 보수를 지급한 때에는 당해 공동사업자의 소득분배로 보고 그 공동사업자의 분배소득에 가산한다(소기통 43-0…1).

기출 OX

22. 거주자 1인과 그의 특수관계인이 공동사업자에 포함되어 있는 경우 그 특수관계인의 소득금액은 손익분배비율이 큰 공동사업자의 소득금액으로 본다. 2021. 7급

정답 X

오쌤 Talk

공동사업 합산과세 취지
공동사업의 소득을 동거가족에게 분산하게 되면 낮은 소득세율을 적용받을 수 있다. 따라서 소득세를 회피하려는 의도로 손익분배비율을 거짓으로 정하는 등의 행위를 한 경우에는 주된 공동사업자의 소득으로 합산하도록 하는 것이다.

기출 OX

23. 공동사업장에서 발생한 소득금액에 대하여 원천징수된 세액은 각 공동사업자의 손익분배비율에 따라 배분한다. 2011. 9급·2023. 7급 최신

정답 O

기출 OX

24. 공동사업장에 대해서는 당해 공동사업장을 1사업자로 보아 장부기장 및 사업자등록에 관한 규정을 적용한다. 2011. 9급
정답 O

25. 공동사업장의 소득금액을 계산하는 경우 기업업무추진비 한도액, 지정기부금 한도액 계산은 공동사업에 출자한 공동사업자별로 각각 계산한다. 2007. 9급
정답 X

26. 공동사업자가 과세표준 확정신고를 하는 때에는 과세표준 확정신고서와 함께 당해 공동사업장에서 발생한 소득과 그 외의 소득을 구분한 계산서를 제출하여야 한다. 2018. 9급
정답 O

★★ (3) 장부기장 및 사업자등록

공동사업장에 대해서는 그 공동사업장을 1사업자로 보아 장부기장 및 사업자등록에 관한 규정을 적용한다(소법 87 ②). 이는 거주자 단위로 계산하는 기업업무추진비 한도액 및 기부금 한도액 등도 각 공동사업장별로 계산해야 한다는 것을 뜻한다.

★★ (4) 과세표준확정신고

각 공동사업자는 분배된 소득금액을 종합소득금액에 합산하여 신고해야 한다. 또한 과세표준확정신고를 하는 경우, 과세표준확정신고서와 함께 당해 공동사업장에서 발생한 소득과 그 외의 소득을 구분하여 계산서를 제출해야 한다. 이 경우 대표공동사업자는 당해 공동사업장에서 발생한 소득금액과 가산세액 및 원천징수된 세액의 각 공동사업자별 분배명세서를 제출하여야 한다(소령 150 ⑥).

(5) 부당행위계산의 부인

공동사업장의 소득금액을 계산함에 있어 부당행위계산의 부인규정을 적용하는 경우에는 공동사업자를 거주자로 본다(소령 150 ⑦).

(6) 소득세액의 결정 또는 경정

공동사업에서 발생하는 소득금액의 결정 또는 경정은 대표 공동사업자의 주소지 관할 세무서장이 한다. 다만, 국세청장이 특히 중요하다고 인정하는 것에 대하여는 사업장 관할 세무서장 또는 주소지 관할 지방국세청장이 한다(소령 150 ②).

4 기타 소득금액계산의 특례

1 상속 시 소득금액의 구분계산 B

★★ (1) 원칙

피상속인의 소득금액에 대해서 과세하는 경우에는 그 상속인이 납세의무를 진다(소법 2의2 ②). 이때 피상속인의 소득금액에 대한 소득세로서 상속인에게 과세할 것과 상속인의 소득금액에 대한 소득세는 구분하여 계산해야 한다(소법 44 ①).

★★ (2) 예외

연금계좌의 가입자가 사망하였으나 그 배우자가 연금외수령 없이 해당 연금계좌를 상속으로 승계하는 경우에는 해당 연금계좌에 있는 피상속인의 소득금액은 상속인의 소득금액으로 보아 소득세를 계산한다(소법 44 ②). 이 때 해당 연금계좌의 소득금액을 승계하는 날에 그 연금계좌에 상속인이 가입한 것으로 본다. 다만, 연금수령요건 중 가입일부터 5년이 경과된 후에 인출했는지에 대한 여부를 판단할 경우 연금계좌의 가입일은 피상속인의 가입일로 한다(소령 100의 2 ①).

기출 OX

27. 피상속인의 소득금액에 대한 소득세를 상속인에게 과세할 것은 이를 상속인의 소득금액에 대한 소득세와 구분하여 계산하여야 한다. 2009. 7급
정답 O

기출 OX

28. 연금계좌의 가입자가 사망하였으나 그 배우자가 연금외수령 없이 해당 연금계좌를 상속으로 승계하는 경우 해당 연금계좌에 있는 피상속인의 소득금액은 상속인의 소득금액으로 보아 소득세를 계산한다. 2017. 9급
정답 O

2 채권 등에 대한 소득금액의 계산 특례 B

★★ (1) 채권 등에 대한 소득금액의 계산

① 원칙
거주자가 채권 또는 증권(상업어음과 소득세 면제채권은 제외, 이하 '채권 등')의 발행법인으로부터 해당 채권 등에서 발생하는 이자 또는 할인액(이하 '이자 등')을 지급받거나 해당 채권 등을 매도(환매조건부채권매매 제외)하는 경우에는 거주자에게 그 보유기간별로 귀속되는 이자 등 상당액을 해당 거주자의 이자소득으로 보아 소득금액을 계산 한다(소법 46 ①).

② 예외
해당 거주자가 해당 채권 등을 보유한 기간을 입증하지 못하는 경우에는 원천징수기간의 이자 등 상당액이 해당 거주자에게 귀속되는 것으로 보아 소득금액을 계산한다(소법 46 ②).

★★ (2) 보유기간의 이자상당액에 대한 원천징수 특례
거주자 또는 비거주자가 채권 등의 발행법인으로부터 이자 등을 지급받거나 해당 채권 등을 발행법인에게 매도하는 경우 해당 채권 등의 발행법인을 원천징수의무자로 하며, 이자 등의 지급일 또는 채권 등의 매도일을 원천징수 하는 때로 하여 다음의 규정에 따라 소득세를 원천징수한다(소법 133의2 ①, 법법 73의2).

매도자 → 매수자	원천징수의무
① 개인 → 개인	원천징수의무가 없다.
② 개인 → 법인	매수법인이 매도하는 개인의 이자상당액에 대해 원천징수의무를 부담한다.
③ 법인 → 개인	매도법인이 자신의 보유기간의 이자상당액에 대하여 원천징수의무를 부담한다.
④ 법인 → 법인	

3 중도해지로 인한 이자소득계산의 특례 B
종합소득과세표준 확정신고 후 예금 또는 신탁계약의 중도해지로 이미 지난 과세기간에 속하는 이자소득금액이 감액된 경우 그 이자소득금액의 계산에 있어서는 그 중도해지일이 속하는 과세기간의 종합소득금액에 포함된 이자소득금액에서 그 감액된 이자소득금액을 뺄 수 있다. 다만, 「국세기본법」의 규정에 따라 과세표준 및 세액의 경정을 청구한 경우에는 그러하지 아니하다(소법 46의2).

 오쌤 Talk

채권·증권에 대한 소득금액 계산의 취지
금융소득종합과세를 회피할 목적으로 만기일 직전에 채권·증권을 매도하는 행위 등을 막기 위해 채권·증권의 발행법인으로부터 발생하는 이자와 할인액 중 보유자가 보유한 기간에 상당하는 이자와 할인액은 해당 채권 등을 보유했던 거주자에게 귀속된다고 보는 것이다.

기출 OX

29. 내국법인이 발행한 채권에서 발생하는 이자와 할인액은 당해 채권의 상환기간 중에 보유한 거주자 또는 비거주자에게 그 보유기간별 이자상당액이 각각 귀속되는 것으로 보아 소득금액을 계산한다.   2007. 9급

정답 O

기출 OX

30. 거주자가 채권 등을 내국법인에게 매도(환매조건부채권매매거래 등 대통령령으로 정하는 경우는 제외)하는 경우에는 대통령령으로 정하는 기간계산방법에 따른 원천징수기간의 이자 등 상당액을 거주자의 이자소득으로 보고 채권 등을 매수하는 법인이 소득세를 원천징수한다.   2017. 7급

정답 O

CHAPTER 07

종합소득과세표준의 계산

1. 종합소득과세표준의 계산구조
2. 인적공제
3. 연금보험료공제 및 주택담보노후연금 이자비용공제
4. 특별소득공제
5. 「조세특례제한법」상 소득공제
6. 소득공제 기타 규정

● **최신 8개년 출제 경향 분석**

01 종합소득과세표준의 계산구조

02 인적공제

03 연금보험료공제 및 주택담보노후연금 이자비용공제

04 특별소득공제

05 「조세특례제한법」상 소득공제

06 소득공제 기타 규정

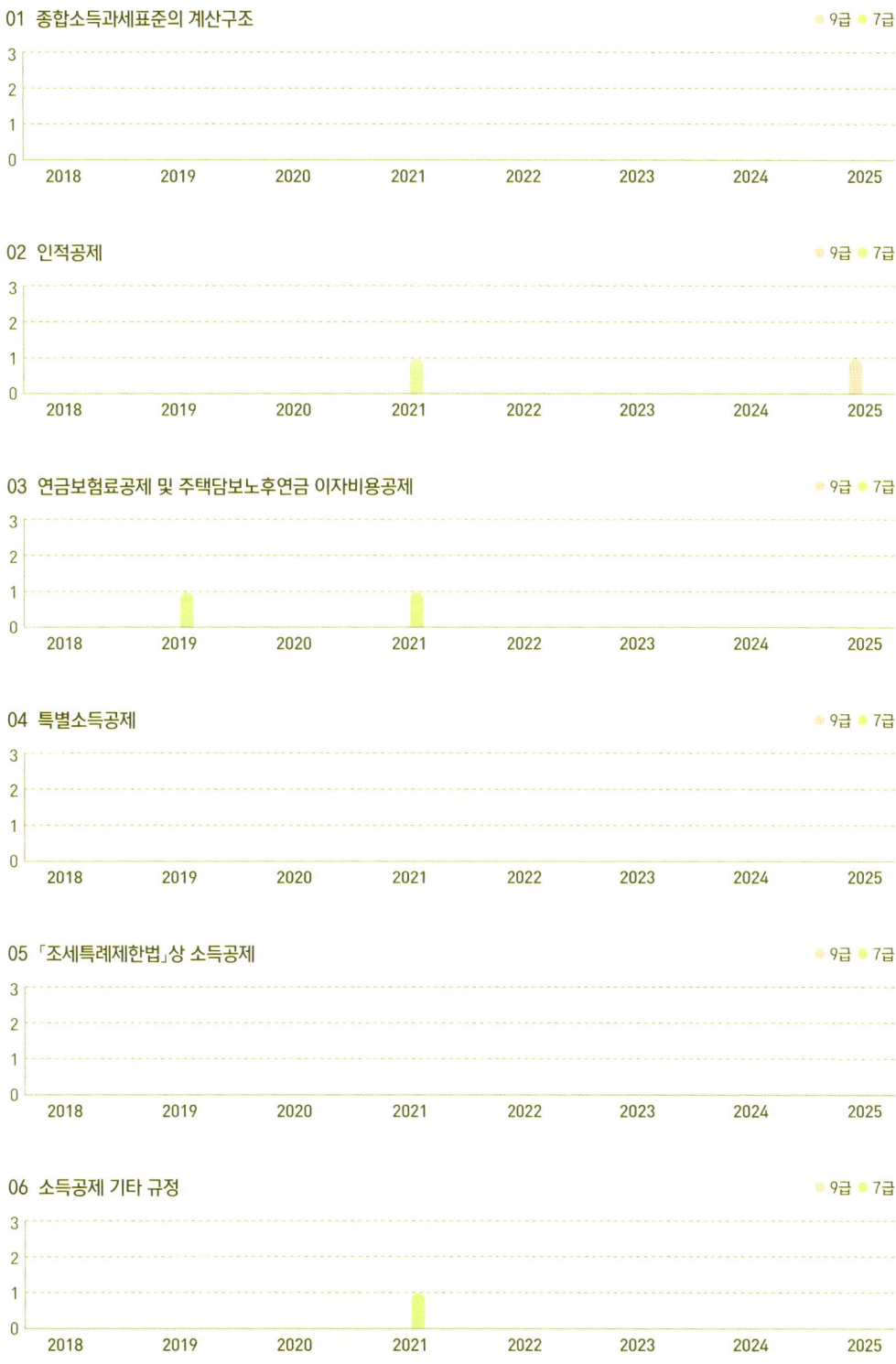

1 종합소득과세표준의 계산구조

1 종합소득과세표준의 계산 B

종합소득과세표준은 아래와 같이 계산한다.

```
        종 합 소 득 금 액
( - )  「소득세법」상 종합소득공제
( - )  「조세특례제한법」상 소득공제
        종 합 소 득 과 세 표 준
```

2 종합소득공제 B

종합소득공제는 「소득세법」상 종합소득공제와 「조세특례제한법」상 소득공제로 나뉜다. 이때, 종합소득금액을 한도로 종합소득공제를 적용하기 때문에 종합소득금액을 초과하는 종합소득공제는 없는 것으로 보며, 종합소득금액에서 공제하지 못한 금액을 퇴직소득금액·양도소득금액에서 공제할 수 없다.

구분		내용
①「소득세법」상 종합소득공제	인적공제	기본공제, 추가공제
	물적공제	연금보험료공제, 주택담보노후연금이자비용공제, 특별소득공제
②「조세특례제한법」상 소득공제	물적공제	신용카드 등 사용금액에 대한 소득공제 등

2 인적공제

납세의무자의 가족수에 따른 담세력의 차이를 고려하여 일정한 금액을 종합소득금액에서 공제하는데, 이를 '인적공제'라고 한다. 인적공제액은 기본공제액과 추가공제액을 더한 금액으로 한다.

1 기본공제 A

(1) 공제액의 계산

종합소득이 있는 거주자(자연인)의 종합소득금액에서 공제되는 기본공제액은 다음과 같이 계산한다(소법 50 ①, ②). 이때 비거주자의 경우에는 기본공제 및 추가공제 중 본인에 대한 공제만 적용할 수 있으며, 비거주자가 12월 31일 현재 거주자에 해당되면 거주자로 본다. 법인이 아닌 단체의 경우에는 자연인이 아니므로 기본공제를 적용할 수 없다.

> 기본공제 = 기본공제대상 가족 수 × 1명당 연 150만원

(2) 기본공제대상 가족의 판단

거주자 본인을 제외한 기본공제대상 가족은 다음에 따른 요건을 모두 충족하여야 기본공제를 적용할 수 있다(소법 50 ①).

① 나이요건

본인과 배우자 제외 기본공제대상 가족은 20세 이하*(위탁아동은 18세 미만) 또는 60세 이상이어야 한다. 단 장애인과 기초생활수급자의 경우 나이 요건은 고려하지 않는다.

* 20세가 되는 날과 그 이전기간을 말한다 NEW (이하 모두 적용)

② 소득금액 요건

기본공제 요건을 따질 때 '소득금액'은 비과세·과세제외 및 분리과세대상 소득을 제외한 종합소득금액·퇴직소득금액·양도소득금액의 연간 합계액으로 계산한다. 다만, 근로소득만 있는 경우 해당 과세기간의 총 급여액이 500만원(근로소득금액 150만원) 이하인 경우를 포함한다.

③ 생계요건

생계를 같이하는 부양가족은 주민등록표의 동거가족으로서 해당 거주자의 주소·거소에서 현실적으로 생계를 같이 하는 사람이어야 한다. 다만, 다음의 경우에는 동거가족이 아니더라도 생계를 같이 하는 부양가족으로 본다(소법 53 ①, ②, ③, 소령 114 ①).

㉠ 배우자와 직계비속·입양자
㉡ 동거가족이 취학·질병의 요양·근무상 또는 사업상의 형편 등으로 본래의 주 소·거소에서 일시 퇴거한 경우
㉢ 거주자의 부양가족 중 거주자(그 배우자를 포함함)의 직계존속이 주거 형편에 따라 별거하고 있는 경우

공제대상		나이 요건	소득금액 요건
ⓐ 본인		없음	없음
ⓑ 배우자		없음	연간소득금액*6이 100만원 이하인 사람 (단, 근로소득금액만 있는 경우 총급여액 500만원 이하)
생계를 같이하는 부양가족*1	ⓒ 직계존속*2	60세 이상	
	ⓓ 직계비속*3·입양자*4	20세 이하	
	ⓔ 형제자매	20세 이하 또는 60세 이상	
	ⓕ 기초생활수급자	없음	
	ⓖ 위탁아동	18세 미만*5	

*1 부양가족에는 배우자의 직계존속(남성인 거주자가 부양하는 장인·장모·처남·처제 등)도 요건을 만족할 경우 기본공제대상 가족으로 본다.
*2 직계존속이 재혼한 경우, 다음의 사람도 기본공제대상자에 포함된다.

㉮ 직계존속과 혼인(사실혼 제외) 중임이 증명되는 사람
㉯ 직계존속이 사망한 경우 사망일 전날을 기준 혼인(사실혼 제외) 중에 있었음이 증명되는 사람

*3 직계비속에는 거주자의 배우자가 재혼한 경우로서 당해 배우자가 종전의 배우자와 혼인(사실혼 제외) 중에 출산한 사람도 포함된다.
*4 해당 직계비속·입양자와 그 배우자가 모두 장애인이면 그 배우자 포함
*5 보호기간이 연장된 경우 20세 이하인 위탁아동도 포함한다.
*6 연간소득금액: 비과세 또는 과세제외 및 분리과세 대상 소득을 제외한 종합소득금액·퇴직소득금액·양도소득금액의 연간 합계액(총수입금액에서 필요경비를 차감한 금액)을 말한다.

 기출 OX

01. 소득세법은 20세 이상 60세 이하인 직계존비속에 대하여는 근로능력이 있는 것으로 보아 기본공제대상에서 제외하고 있다. 다만 기본공제대상자가 장애인인 경우에는 연령제한을 받지 아니한다. 2007. 9급
정답 X

02. 거주자의 직계존속은 나이와 소득에 관계없이 기본공제대상자가 된다. 2021. 7급
정답 X

03. 거주자의 부양가족 중 거주자(그 배우자 포함)의 직계존속이 주거의 형편에 따라 별거하고 있는 경우에도 이를 생계를 같이하는 자로 본다. 2007. 9급
정답 O

 오쌤 Talk

기본공제대상 나이요건

출생일부터 기산하지 않고 '출생일 다음 날'부터 기산을 하여 나이 요건을 계산하고 그를 기반으로 기본공제대상 여부를 따지게 된다. 예를 들어 2004. 1. 1.이 생일인 사람은 2024. 1. 1.에 20세가 되는 것으로 국세청 예규상 초일불산입에 따라 나이를 기산하고 있는 셈이다.

 오쌤 Talk

위탁아동에 대한 기본공제대상 여부

위탁아동이란 「아동복지법」에 따른 가정위탁을 받아 양육하는 아동으로서 해당 과세기간에 6개월 이상 직접 양육한 위탁아동을 말한다. 다만, 직전 과세기간에 소득공제를 받지 못한 경우에는 해당 위탁아동에 대한 직전 과세기간의 위탁기간을 포함하여 계산한다. 즉, 2023. 12. 1.에 위탁아동에 직접 양육하기 시작한 경우 2023년 기본공제대상자로는 볼 수 없고, 2024. 5. 31. 까지 위탁아동을 직접 양육한 경우에 한해 2024년 기본공제대상자에 포함할 수 있다.

오쌤 Talk

과세기간 중에 배우자와 이혼한 경우 또는 배우자가 사망한 경우 공제여부

구분	기본공제대상여부	한부모공제대상여부
이혼한 경우	①X	②O
사망한 경우	③O	④X

① 과세기간 종료일 현재 기준으로 배우자가 없으므로 적용할 수 없다.
② 위 ①과 같다(요건 충족 시 가능).
③ 사망일 전일 기준(요건 충족 시)이므로 적용할 수 있다.
④ 연중 사망한 배우자에 대한 기본공제를 적용한 경우 배우자가 있는 것으로 보아 한부모공제는 적용할 수 없다

기출 OX

04. 기본공제대상자가 아닌 자도 추가공제 대상자가 될 수 있다. 2011. 9급
정답 X

05. 기본공제대상자가 70세 이상인 경우 1명당 연 100만원을 추가로 공제한다. 2021. 7급
정답 O

06. 한부모공제와 부녀자공제가 중복되는 경우에는 한부모공제만 적용한다. 2007. 9급
정답 O

기출 OX

07. 종합소득공제 중 인적공제의 합계액이 종합소득금액을 초과하는 경우 그 초과하는 공제액은 없는 것으로 한다. 2015. 7급
정답 O

08. 해당 과세기간 중 장애가 치유되어 해당 과세기간에는 장애인이 아닌 경우 추가공제(장애인 공제)를 적용받을 수 없다. 2011. 9급
정답 X

09. 직계비속이 해당 과세기간 중 20세가 된 경우에는 기본공제대상이 될 수 없다. 2011. 9급
정답 X

2 추가공제 A

(1) 공제액의 계산

기본공제대상자가 다음의 추가공제사유에 해당하는 경우 거주자의 종합소득금액에서 추가공제액을 공제한다(소법 51 ①, ②). 이 때, 추가공제를 적용받기 위해서는 먼저 기본공제대상자에 해당해야 하므로 기본공제를 적용받지 못한 자는 추가공제도 적용받을 수 없다.

구분	추가공제사유	1명당 공제금액
① 경로우대자공제	기본공제대상자가 70세 이상인 경우	100만원
② 장애인공제	기본공제대상자가 장애인인 경우	200만원
③ 부녀자공제*	거주자(해당 과세기간에 종합소득과세표준을 계산할 때 합산하는 종합소득금액이 3,000만원 이하인 거주자로 한정한다) 본인이 다음 중 하나에 해당하는 경우 ㉠ 배우자가 있는 여성인 경우 ㉡ 배우자가 없는 여성으로서 기본공제대상 부양가족이 있는 세대주인 경우	50만원
④ 한부모공제	거주자가 배우자가 없는 사람으로서 기본공제대상자인 직계비속 또는 입양자가 있는 경우	100만원

* 여성의 배우자 유무 및 부양가족이 있는 세대주 여부는 해당 과세기간 종료일 현재의 주민등록표등본 또는 가족관계등록부에 따른다.

(2) 추가공제의 중복적용

추가공제는 원칙적으로 중복적용이 가능하다. 하지만, **부녀자공제와 한부모공제에 모두 해당되면 한부모공제를 적용한다.**

3 인적공제 기타사항 A

(1) 인적공제의 한도

기본공제와 추가공제를 합한 인적공제 합계액이 종합소득금액을 초과하는 경우 그 초과하는 공제액은 없는 것으로 본다(소법 51 ③, ④).

(2) 인적공제대상여부의 판정시기

「소득세법」에서는 해당 과세기간의 과세기간 종료일 현재의 상황에 따라 공제대상자에 해당하는지 여부를 판정하되, 다음의 예외를 두고 있다(소법 53 ④, ⑤).

① 과세기간 종료일 전에 사망 또는 치유: 과세기간 종료일 전에 사망한 사람 또는 장애가 치유된 사람에 대해서는 사망일 전날 또는 치유일 전날의 상황에 따른다.
② 공제대상자의 적용대상 나이가 정해진 경우: 과세기간 종료일을 기준으로 나이 요건을 만족하지 못하더라도 해당 과세기간 중에 해당 나이에 해당하는 날이 하루라도 있는 경우에는 공제대상자로 본다.

★★(3) 중복공제의 배제

① 신고서 기재가 명확한 경우
거주자의 공제대상가족이 동시에 다른 거주자의 공제대상가족에 해당되는 경우에는 해당 과세기간의 과세표준확정신고서, 근로소득자 소득·세액 공제신고서, 연금소득자 소득·세액 공제신고서 등 신고서에 기재된 바에 따라 그중 1인의 공제대상가족으로 한다(소령 106 ①).

② 신고서 기재가 명확하지 않은 경우
둘 이상의 거주자가 공제대상가족을 서로 자기의 공제대상가족으로 신고서에 적은 경우 또는 누구의 공제대상가족으로 할 것인가를 알 수 없는 경우 다음에 따른다(소령 106 ②).

㉠ 거주자의 공제대상 배우자가 다른 거주자의 공제대상 부양가족에 해당하는 때에는 공제대상 배우자로 한다.
㉡ 거주자의 공제대상 부양가족이 다른 거주자의 공제대상 부양가족에 해당하는 때에는 직전 과세기간에 부양가족으로 인적공제를 받은 거주자의 공제대상 부양가족으로 한다. 다만, 직전 과세기간에 부양가족으로 인적공제를 받은 사실이 없는 때에는 해당 과세기간의 종합소득금액이 가장 많은 거주자의 공제대상 부양가족으로 한다.
㉢ 추가공제대상자가 다른 거주자의 추가공제대상자에 해당하는 때에는 ㉠ 및 ㉡의 규정에 의하여 기본공제를 하는 거주자의 추가공제대상자로 한다.

③ 중도에 사망하거나 출국한 거주자의 경우
과세기간 중도에 사망하였거나 외국에서 영주하기 위하여 출국한 거주자의 공제대상가족으로서 상속인 등 다른 거주자의 공제대상가족에 해당하는 사람에 대해서는 피상속인 또는 출국한 거주자의 공제대상가족으로 한다(소령 106 ③).

예제 1 인적공제 종합문제

「소득세법」에 따라 다음 자료를 이용하여 2024년 종합소득공제액을 계산할 때 인적공제의 합계액은? [단, 공제대상임을 증명하는 서류는 정상적으로 제출하였고, 부양가족은 모두 당해 과세연도 종료일 현재(모친은 사망일 현재) 주거형편상 별거 중, 연령은 당해 과세연도 종료일 현재(모친은 사망일 현재)임] 2016. 7급

부양가족	연령	소득현황	비고
본인(남성)	51세	총급여액 5천만원	
배우자	48세	총급여액 1천만원	장애인
아들	18세		장애인
딸	13세		
모친	72세		당해연도 12월 1일 사망

① 900만원 ② 1,050만원 ③ 1,100만원 ④ 1,250만원

풀이

기본공제: 본인(남성) 150만원 + 아들 150만원 + 딸 150만원 + 모친 150만원 = 600만원
추가공제: 아들 200만원 + 모친 100만원(사망자는 사망전일 기준) = 300만원
* 배우자는 장애인이지만 총급여가 500만원을 초과하므로 제외

정답 ①

기출 OX

10. 둘 이상의 거주자가 공제대상 가족을 서로 자기의 공제대상 가족으로 하여 신고서에 적은 경우에는 먼저 신고한 거주자의 공제대상 가족으로 한다. 2017.7급

정답 X

확인문제

01. 다음은 거주자 甲(50세, 남성)의 2024년 12월 31일 현재 배우자와 생계를 같이하는 부양가족 관련 자료이다. 소득세법령상 甲의 2024년 귀속 종합소득과세표준을 계산할 때 종합소득금액에서 공제되는 인적공제의 합계액은? (단, 배우자가 인적공제를 받거나 배우자와 부양가족이 다른 거주자의 인적공제 대상에 해당되는 경우가 아니며, 인적공제의 합계액은 종합소득금액을 초과하지 않는다) 2025. 9급

구분	나이	비고
배우자	47세	근로소득만 있음(총급여액 500만 원)
부친	80세	2024년 9월 1일 사망함. 소득 없음
모친	68세	소득 없음
장모	68세	소득 없음
아들	23세	장애인임. 사업소득금액 300만 원 있음
딸	18세	소득 없음

① 900만 원 ② 1,000만 원
③ 1,100만 원 ④ 1,200만 원

정답 ②

확인문제

02. 甲과 생계를 같이 하고 있는 가족에 대한 다음 자료를 이용하여 甲(남성)의 2024년 귀속 종합소득공제 중 인적공제의 합계를 구하면? 2002. 7급 수정

가족	연령	수입금액
본인(甲)	50세	근로소득 총급여 50,000,000원
배우자	45세	
딸	18세	-
모친	70세	-

① 400만원 ② 450만원
③ 700만원 ④ 750만원

정답 ③

③ 연금보험료공제 및 주택담보노후연금 이자비용공제

1 연금보험료공제 B

(1) 연금보험료공제 개괄
「소득세법」상 연금소득은 수령연도 과세방식에 따라 납입하는 연도에는 소득공제로 차감하여 소득세를 과세하지 않는다. 공적연금소득은 연금보험료공제로서 소득공제를 적용하며, 사적연금소득은 연금계좌세액공제로서 세액공제를 적용한다.

★★ (2) 공제액
종합소득이 있는 거주자가 **공적연금 관련법에 따른 기여금 또는 개인부담금(연금보험료)을 납입한 경우에는 해당 과세기간의 종합소득금액에서 그 과세기간에 납입한 연금보험료를 전액 공제한다**(소법 51의3 ①).

(3) 공제한도
인적공제, 연금보험료공제, 주택담보노후연금 이자비용공제, 특별소득공제, 「조세특례제한법」에 따른 소득공제를 합한 금액이 종합소득금액을 초과하는 경우 그 초과하는 금액을 한도로 연금보험료공제를 받지 아니한 것으로 본다(소법 51의3 ③).

2 주택담보노후연금 이자비용공제 B

연금소득이 있는 거주자가 일정한 요건을 갖춘 주택담보노후연금을 수령하는 경우, 그 받은 연금에 대해서 해당 과세기간에 발생한 이자비용 상당액을 해당 과세기간 연금소득금액에서 공제(이하 '주택담보노후연금 이자비용공제')한다. **주택담보노후연금 이자비용공제는 해당 거주자가 신청한 경우에 적용하며 이 경우 공제할 이자 상당액이 200만원을 초과하는 경우에는 200만원을 공제하고, 연금소득금액을 초과하는 경우 그 초과금액은 없는 것으로 한다**(소법 51의4 ①, ②). 따라서 그 공제금액은 다음과 같이 계산한다.

> 주택담보노후연금 이자비용공제액: MIN[①, ②, ③]
> ① 지급받은 주택담보노후연금에 대해 해당 과세기간에 발생한 이자비용 상당액
> ② 200만원
> ③ 연금소득금액

 기출 OX

11. 종합소득이 있는 거주자가 공적연금 관련법에 따른 기여금 또는 개인부담금을 납입한 경우에는 해당 과세기간의 종합소득금액에서 그 과세기간에 납입한 연금보험료를 공제한다. 2019. 7급
정답 O

기출 OX

12. 주택담보노후연금에 대해서 발생한 이자비용 상당액은 연금소득금액을 초과하지 않는 범위에서 300만원을 연금소득금액에서 공제한다. 2021. 7급
정답 X

오쌤 Talk

주택담보노후연금
주택담보노후연금이란 다음의 연금을 말한다(소령 108의3 ①).
① 「한국주택금융공사법」에 따른 주택담보노후연금보증을 받아 지급받거나 같은 법에 따른 금융기관의 주택담보노후연금일 것
② 주택담보노후연금 가입 당시 담보권의 설정대상이 되는 주택(연금소득이 있는 거주자의 배우자 명의의 주택을 포함)의 기준시가가 12억원 이하일 것

4 특별소득공제

1 특별소득공제 개괄 B

특별소득공제는 근로소득이 있는 거주자(일용근로자 제외)에 한해 적용되는 것으로 다음과 같이 보험료공제와 주택자금공제로 나뉜다. 이러한 특별소득공제를 적용받기 위해서는 신청을 요건으로 한다.

> 특별소득공제 = 보험료공제 + 주택자금공제

2 보험료공제 B

근로소득이 있는 거주자(일용근로자 제외)가 해당 과세기간에 「국민건강보험법」, 「고용보험법」 또는 「노인장기요양보험법」에 따라 근로자가 부담하는 보험료를 지급한 경우 지급한 보험료 전액을 해당 과세기간의 근로소득금액에서 공제한다(소법 52 ①).

3 주택자금공제 C

근로소득이 있는 거주자로서 주택을 소유하지 아니하거나 1주택을 보유한 세대의 세대주 및 배우자 NEW(세대주가 공제를 받지 아니하는 경우에는 세대의 구성원 중 근로소득이 있는 자를 말하며, 외국인을 포함)가 일정한 주택을 취득하기 위하여 해당 과세기간에 주택자금으로 지급한 경우 다음의 금액을 해당 과세기간의 근로소득금액에서 공제한다.

> 주택자금공제액: MIN[①, ②]
> ① MIN[㉠, ㉡] + 장기주택저당 차입금 이자상환액
>   ㉠ (주택청약종합저축의 납입금액 + 국민주택임차자금의 원리금 상환금액) × 40%
>   ㉡ 한도액: 연 400만원
> ② 한도액: 연 800만원*

* 장기주택저당 차입금이 다음에 해당하는 경우 800만원 대신 다음 금액을 공제한도로 한다.

구분	한도

① 상환기간 15년 이상인 차입금의 이자를
  ㉠ 고정금리로 지급하고 비거치식 분할상환으로 상환하는 경우
  ㉡ 고정금리로 지급하거나 비거치식 분할상환으로 상환하는 경우
	2,000만원
	1,800만원

② 상환기간 10년 이상인 차입금의 이자를 고정금리로 지급하거나 비거치식 분할상환으로 상환하는 경우	600만원

(1) 주택청약종합저축의 납입금액

총급여액이 7천만원 이하인 무주택 세대주가 2025. 12. 31.까지 해당 과세기간에 주택청약종합저축에 납입한 금액을 말한다. 연 240만원을 납입한도로 한다(조특법 87 ②). 또한 이 금액에 대한 주택자금공제는 「조세특례제한법」상 소득공제로 「소득세법」상 특별소득공제 대상은 아니지만, 공무원 수험목적상 같이 정리하기로 한다.

 오쌤 Talk

특별소득공제

특별소득공제는 신청을 요건으로 하며 특별소득공제, 특별세액공제 중 항목별 세액공제, 월세세액공제를 신청하지 않은 근로소득이 있는 거주자는 표준세액공제를 산출세액에서 공제한다. Link-P.425

 오쌤 Talk

연금보험료 및 보험료 납입액에 대한 세법상 공제 및 감면혜택

구분	연금보험료 납입액	보험료 납입액
공적인 경우	연금보험료 공제 (소득공제)	보험료공제 (소득공제)
사적인 경우	연금계좌 세액공제 (세액공제)	보험료 세액공제 (세액공제)

 오쌤 Talk

주택자금공제 한도의 정리

구분	공제율	한도	
주택청약저축납입액	40%	400만원	800만원 (예외규정 있음)
주택 임차자금 차입금 원리금상환액			
장기주택저당차입금 이자상환액	100%	-	

(2) 국민주택임차자금의 원리금 상환금액

국민주택규모의 주택을 임차하기 위하여 금융기관 등으로부터 주택임차자금을 차입하고 그 원리금을 상환하는 경우 그 상환금액을 말한다.

(3) 장기주택저당 차입금의 이자상환액

무주택 세대주이거나 1주택을 보유한 세대주가 취득 당시 주택의 기준시가가 6억원 이하인 주택을 취득하기 위하여 그 주택에 저당권을 설정하고 차입한 장기주택저당 차입금의 이자상환액을 말한다.

5 「조세특례제한법」 상 소득공제

1 신용카드 등 사용금액에 대한 소득공제 C

(1) 의의 및 범위

근로소득이 있는 거주자(일용근로자는 제외)가 법인(외국법인의 국내사업장을 포함) 또는 개인사업자(비거주자의 국내사업장을 포함)로부터 2025년 12월 31일까지 재화나 용역을 제공받고 다음 어느 하나에 해당하는 금액(이하 '신용카드 등 사용금액')의 연간합계액(국외에서 사용한 금액은 제외)이 해당 과세연도의 총급여액의 25%(최저사용금액)를 초과하는 경우 신용카드 등 소득공제금액을 해당 과세연도의 근로소득금액에서 공제한다(조특법 126의2).

> ① 신용카드를 사용하여 그 대가로 지급하는 금액
> ② 현금영수증에 기재된 금액
> ③ 직불카드 또는 기명식선불카드, 직불전자지급수단, 기명식선불전자지급수단 또는 기명식전자화폐를 사용하여 그 대가로 지급하는 금액

(2) 공제대상

근로소득이 있는 거주자(일용근로자 제외) 본인이 사용한 신용카드뿐만 아니라 다음 어느 하나에 해당하는 자가 사용한 금액도 포함한다.

> ① 거주자의 배우자로서 연간소득금액이 100만원 이하인 자(총급여액이 500만원 이하인 근로소득만 있는 자 포함)
> ② 거주자와 생계를 같이하는 직계존비속(배우자의 직계존속과 입양자를 포함하되, 다른 거주자의 기본공제를 적용받은 사람을 제외)으로서 연간소득금액의 합계액이 100만원 이하인 자(나이제한은 없으며 총급여액이 500만원 이하인 근로소득만 있는 자 포함)

오쌤 Talk
근로소득자 총급여에 따른 한도 변동
① 신용카드 등 사용금액에 대한 소득공제
② 의료비세액공제(Link-P.421)

(3) 신용카드 등 사용금액 공제 배제

다음 중 어느 하나에 해당하는 경우에는 소득공제를 적용하지 않는다(조특법 126의 2 ③, 조특령 121의 2 ②, ④).

① 신용카드의 비정상적 사용행위에 기인한 거래금액: 가공 또는 위장가맹점 명의 등 비정상적인 사용액
② 세법상 다른 공제가 적용되는 거래금액: 사업소득 관련 비용 또는 법인의 비용, 정치자금세액공제를 적용받은 정치자금 기부금, 세액공제를 적용받은 월세액
③ 증빙과세 정착과는 무관한 항목: 각종 보험료, 공적 교육비, 자동차 구입비용, 세금 및 공과금, 상품권 등 구입비, 국외에서의 신용카드 사용액, 차입금 이자상환액 등 법에서 정하는 항목

(4) 공제액의 계산

신용카드 등 사용금액에 대한 소득공제액은 다음과 같이 계산한다(조특법 126의2 ①).

> 신용카드 등 사용금액에 대한 소득공제액 = MIN[①, ②]
> ① 공제액 = 최저사용금액[*1] 제외 후(㉮전통시장·㉯대중교통 초과사용액[*2] × 40% + ㉰문화활동[*3] 초과사용액[*2]·㉱직불카드 및 현금영수증 등[*4] 초과사용액[*2] × 30% + ㉲신용카드[*4] 초과사용액[*2] × 15%)
> ② 한도: ㉠ 기본한도 + ㉡ 추가한도
>   ㉠ 기본한도
>   ⓐ 총급여액 7,000만원 이하인 경우: 300만원
>   ⓑ 총급여액 7,000만원 초과인 경우: 250만원
>   ㉡ 추가한도
>   ⓐ 총급여액 7,000만원 이하인 경우
>   : MIN[㉮·㉯초과사용액 × 40% + ㉰초과사용액 × 30%, 300만원]
>   ⓑ 총급여액 7,000만원 초과인 경우
>   : MIN[㉮·㉯초과사용액 × 40%, 200만원]

[*1] 최저사용금액은 근로소득자 총급여액의 25%로, 이를 초과하여 사용한 금액에 대해서만 각각 사용분을 분류하여 소득공제를 적용할 수 있다.
[*2] 초과사용액은 총급여액의 25%에 달할 때까지 ㉮ → ㉯ → ㉰ → ㉱ → ㉲ 순으로 구성된다.
[*3] 문화활동 사용액은 간행물(유해간행물은 제외)을 구입하거나 신문을 구독하거나 공연을 관람하기 위하여 지급하는 금액, 박물관 및 미술관 입장료, 영화관람료, 법령으로 정하는 체육시설(수영장 및 체력단련장)을 이용하기 위하여 지급한 금액[NEW]을 말한다.
[*4] 전통시장사용분, 대중교통이용분, 도서·신문·공연·박물관 등 사용분 제외

2 기타 「조세특례제한법」상 소득공제 C

(1) 소기업·소상공인 공제부금에 대한 소득공제

소기업·소상공인공제에 가입하여 공제부금을 납부하는 경우 다음의 소득공제를 적용하여 사업소득금액(법인의 대표자로서 당기 총급여액이 7,000만원 이하인 거주자의 경우에는 근로소득금액)에서 공제한다. 다만, 사업소득금액에서 공제하는 금액은 사업소득금액에서 부동산임대업 소득금액을 차감한 금액을 한도로 한다.

> 소기업·소상공인 공제부금에 대한 소득공제 = MIN[①, ②] × $\dfrac{(\text{사업소득금액} - \text{부동산임대업 소득금액})}{\text{사업소득금액}}$
>
> ① 공제부금 납부액
> ② 한도: 사업소득금액 4,000만원 이하인 경우 500만원, 4,000만원 초과 1억원 이하인 경우 300만원, 1억원 초과인 경우 200만원

(2) 우리사주조합출자에 대한 소득공제

우리사주조합원이 우리사주를 취득하기 위해 우리사주조합에 출자하는 경우 다음의 소득공제를 적용하여 근로소득금액에서 공제한다(조특법 88의4).

> 우리사주조합출자에 대한 소득공제 = MIN[①, ②]
> ① 우리사주조합 출자액
> ② 한도: 연 400만원(벤처기업 등의 우리사주조합원의 경우에는 1,500만원)

6 소득공제 기타 규정

1 공동사업 합산과세 시 소득공제 특례 C

연금보험료공제, 「조세특례제한법」에 따른 소득공제, 연금계좌세액공제를 적용하는 경우 공동사업 합산과세규정에 따라 소득금액이 주된 공동사업자의 소득금액에 합산과세되는 특수관계인이 지출 등을 한 금액이 있으면 주된 공동사업자의 소득에 합산과세되는 소득금액의 한도에서 주된 공동사업자가 지출 등을 한 금액으로 보아 주된 공동사업자의 합산과세되는 종합소득금액 또는 종합소득산출세액을 계산할 때에 소득공제 또는 세액공제를 받을 수 있다(소법 54의2).

2 소득공제 등의 종합한도 C

거주자의 종합소득에 대한 소득세를 계산할 때 다음 중 어느 하나에 해당하는 공제금액의 합계액이 2,500만원을 초과하는 경우에는 그 초과하는 금액은 없는 것으로 한다(조특법 132의 2 ①).

① 특별소득공제 중 주택자금공제
② 벤처투자조합 출자 등에 대한 소득공제
③ 소기업·소상공인 공제부금에 대한 소득공제
④ 주택청약저축에 대한 소득공제
⑤ 우리사주조합 출자에 대한 소득공제
⑥ 집합투자증권저축에 대한 소득공제
⑦ 성실사업자의 월세액 소득공제
⑧ 신용카드 등 사용금액에 대한 소득공제

3 종합소득공제의 배제 B

구분	규정
① 분리과세소득만 있는 경우	분리과세이자소득·분리과세배당소득·분리과세연금소득과 분리과세기타소득만이 있는 자에 대하여는 종합소득공제를 적용하지 아니한다(소법 54 ①).
② 수시부과 결정의 경우	기본공제 중 거주자 본인에 대한 공제분만을 공제한다(소법 54 ③).
③ 신고서류 미제출의 경우	기본공제 중 거주자 본인에 대한 공제와 표준세액공제만을 공제한다. 다만, 과세표준확정신고 여부와 관계없이 그 서류를 나중에 제출하는 경우에는 그러하지 아니하다(소법 54 ②).

기출 OX

13. 분리과세 이자소득, 분리과세 배당소득, 분리과세 연금소득과 분리과세 기타소득만이 있는 자에 대해서는 종합소득공제를 적용하지 아니한다. 2021. 7급
정답 O

14. 수시부과 결정의 경우에는 기본공제 중 거주자 본인에 대한 분(分)만을 공제한다. 2015. 7급
정답 O

4 비거주자 소득공제 C

비거주자의 소득에 대한 소득세의 과세표준과 세액의 계산에 관하여는 이 법 중 거주자에 대한 소득세의 과세표준과 세액의 계산에 관한 규정을 준용한다. 다만, 인적공제 중 비거주자 본인 외의 자에 대한 공제와 특별소득공제, 자녀세액공제 및 특별세액공제는 하지 아니한다(소법 122).

CHAPTER 08

차감납부세액의 계산

1. 종합소득 차감납부세액의 계산구조
2. 종합소득산출세액의 계산
3. 세액감면 및 세액공제
4. 기납부세액

최신 8개년 출제 경향 분석

01 종합소득 차감납부세액의 계산구조

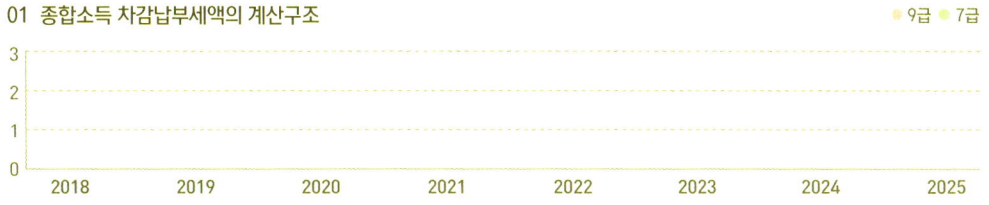

02 종합소득산출세액의 계산

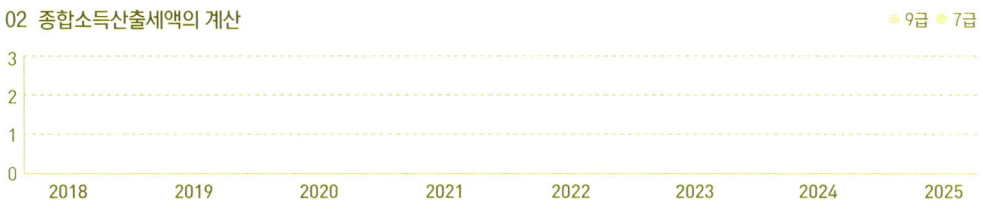

03 세액감면 및 세액공제

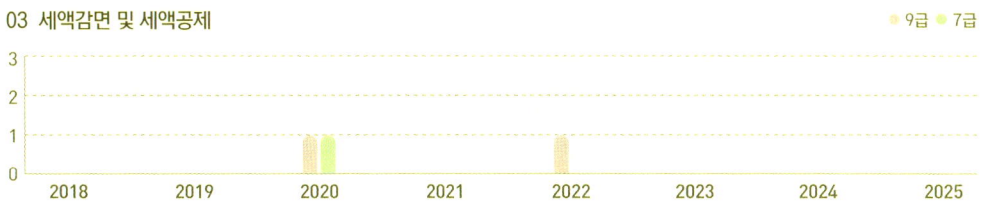

04 기납부세액

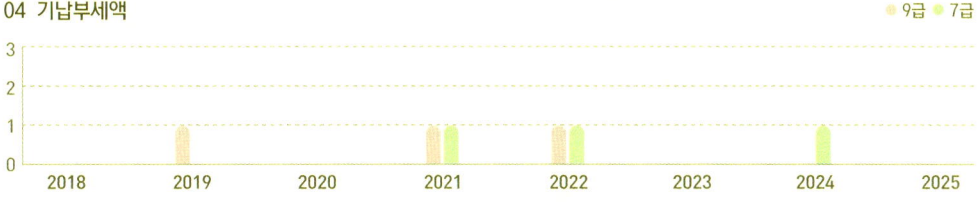

1 종합소득 차감납부세액의 계산구조 C

오쌤 Talk

「법인세법」과 「소득세법」의 안분방식의 비교

「법인세법」은 세액감면이나 세액공제를 계산할 때 주로 '과세표준'을 기준으로 안분하고, 소득세법은 주로 '소득금액'을 기준으로 안분한다. 이렇게 「소득세법」에서 과세표준을 쓰지 않는 이유는 「소득세법」상 과세표준을 구할 때 부양가족 수에 따라 소득공제액이 달라지는 인적공제 효과를 제거하기 위해서다.

```
         종 합 소 득 과 세 표 준
  ( × )  기     본     세     율
         종 합 소 득 산 출 세 액
  ( - )  세 액 감 면 · 세 액 공 제
         결     정     세     액
  ( + )  가        산        세
         총   결   정   세   액
  ( - )  기   납   부   세   액
         차 감 납 부 할 세 액
```

2 종합소득산출세액의 계산

1 산출세액의 계산 C

종합소득산출세액 = 종합소득과세표준 × 기본세율*

* 산출세액을 구하기 위해 적용되는 기본세율은 다음의 8단계 초과누진세율로 구성되어 있다.

과세표준	기본세율	과세표준	기본세율
① 1,400만원 이하	6%	⑤ 1억 5천만원 초과 3억원 이하	3,706만원 + 1억 5천만원의 초과액의 38%
② 1,400만원 초과 5,000만원 이하	84만원 + 1,400만원의 초과액의 15%	⑥ 3억원 초과 5억원 이하	9,406만원 + 3억원의 초과액의 40%
③ 5,000만원 초과 8,800만원 이하	624만원 + 5,000만원의 초과액의 24%	⑦ 5억원 초과 10억원 이하	1억 7,406만원 + 5억원의 초과액의 42%
④ 8,800만원 초과 1억 5,000만원 이하	1,536만원 + 8,800만원의 초과액의 35%	⑧ 10억원 초과	3억 8,406만원 + 10억원의 초과액의 45%

2 특례1: 종합소득 합산 금융소득이 있는 경우 세액계산 특례 C

종합소득 합산 금융소득이 있는 경우 다음에 따라 세액을 계산한다(소법 62).

금융소득	세액의 계산
① 2,000만원 초과	MAX[㉠, ㉡] ㉠ 2,000만원 × 14% + (과세표준 - 2,000만원) × 기본세율 ㉡ 금융소득* × 원천징수세율 + MAX[ⓐ, ⓑ] 　ⓐ (출자공동사업자배당 + 다른 종합소득금액 - 소득공제) × 기본세율 　ⓑ 출자공동사업자배당 × 14% + (다른 종합소득금액 - 소득공제) × 기본세율
② 2,000만원 이하	위의 ㉡ 계산 방식에 따라 세액을 계산한다.

* Gross-Up 금액 제외

3 특례2: 부동산매매업자의 세액계산 특례

비거주용 건물건설업과 부동산개발 및 공급업을 영위하는 부동산매매업자로서 종합소득금액에 비사업용토지 또는 조정대상지역 내 주택, 미등기양도자산 등 법에 정하는 부동산의 매매차익이 있는 경우, 다음과 같이 세액을 계산한다(소법 64 ①, 소령 122 ①).

산출세액 = MAX[①, ②]
① 종합소득과세표준 × 기본세율
② $\underbrace{\left(\substack{\text{대상 자산}\\\text{매매차익}} - \substack{\text{장기보유}^{*1}\\\text{특별공제}} - \substack{\text{양도소득}^{*2}\\\text{기본공제}}\right) \times \substack{\text{양도소득}\\\text{세율}}}_{ⓐ^{*3}} + \underbrace{\left(\text{과세표준} - \substack{\text{대상 자산}\\\text{매매차익}}\right) \times \substack{\text{기본}\\\text{세율}}}_{ⓑ^{*3}}$

*1 미등기양도자산과 조정대상지역 내 주택은 장기보유특별공제를 적용하지 않는다.
*2 미등기양도자산은 기본공제를 적용하지 않는다.
*3 ⓐ는 양도소득세 계산구조(⑩)를 적용한 산식이고, ⓑ는 종합소득세 계산구조를 적용한 산식이다.

> **오쌤 Talk**
> 「소득세법」상 2가지 산식에 따라 산출세액을 각각 구하는 경우
>
> | 구분 | 강제 적용 여부 |
> |---|---|
> | 금융소득 산출세액 계산특례 | 두 산식 중 '큰' 값을 '강제로' 적용하여야 한다. |
> | 부동산매매업자 산출세액 계산특례 | |
> | 주택임대소득 산출세액 계산특례 | 두 산식 중 '작은' 값을 '선택'하여 적용할 수 있다. |

4 특례3: 주택임대소득에 대한 세액계산 특례

주거용 건물 임대업에서 발생한 수입금액의 합계액이 2천만원 이하인 자의 주택임대소득은 분리과세되는데, 이 때 종합소득결정세액은 다음 중 하나를 선택하여 적용한다.

① 주택임대소득을 종합과세하는 경우의 종합소득 결정세액
② 주택임대소득을 분리과세하는 경우의 종합소득 결정세액 = ㉠ + ㉡

㉠ (총수입금액 - 필요경비의제액 - 공제액) × 14% - 감면세액
　　　　　　　　　　ⓐ*
㉡ '㉠' 외의 종합소득 결정세액

* ⓐ는 분리과세 주택임대소득에 대한 사업소득금액이다. 이때 필요경비의제액 및 공제액은 다음과 같으며, 공제액은 분리과세 주택임대소득을 제외한 당기 종합소득금액이 2천만원 이하인 경우에만 적용한다.

구분	미등록임대주택의 경우	등록임대주택의 경우
① 필요경비의제액	총수입금액 × 50%	총수입금액 × 60%
② 공제액	200만원	400만원

> **오쌤 Talk**
> 종합소득과세표준 확정신고
>
> 과세기간의 종합소득금액이 있는 거주자(종합소득과세표준이 없거나 결손금이 있는 거주자 포함)는 그 종합소득 과세표준을 과세기간 다음 연도 5월 1일부터 5월 31일까지 납세지 관할 세무서장에게 신고해야 한다(소법 70 ①). 이를 '종합소득 과세표준확정신고'라고 한다. 해당 과세기간에 분리과세되는 주택임대소득도 동일하게 신고해야 한다.

> **참고**
>
> **기타소득의 세액계산특례**
> 계약금이 위약금·배상금으로 대체된 소득의 경우: 신고납부 분리과세 선택
> 종합소득 과세표준을 계산할 때 위약금·배상금으로 대체된 계약금의 소득을 합산하지 않고 분리과세를 선택한 경우 그 결정세액은 해당 기타소득금액에 20%의 세율을 적용하여 계산한다. 이 경우 해당 결정세액은 종합소득결정세액에 가산하여 확정신고납부를 해야 한다.

확인문제

01. 소득세법령상 조세에 관한 법률을 적용할 때 소득세의 감면에 관한 규정과 세액공제에 관한 규정이 동시에 적용되는 경우 그 적용순위를 순서대로 바르게 나열한 것은? 2020. 9급

> ㉠ 이월공제가 인정되지 아니하는 세액공제
> ㉡ 해당 과세기간 중에 발생한 세액공제액
> ㉢ 이전 과세기간에서 이월된 미공제 세액공제액
> ㉣ 해당 과세기간의 소득에 대한 소득세의 감면
>
> ※ ㉡, ㉢은 이월공제가 인정되는 세액공제임

① ㉠ → ㉡ → ㉢ → ㉣
② ㉠ → ㉢ → ㉡ → ㉣
③ ㉣ → ㉠ → ㉡ → ㉢
④ ㉣ → ㉠ → ㉢ → ㉡

정답 ④

3 세액감면 및 세액공제

1 세액감면 및 세액공제의 적용순서 B

소득세의 감면에 관한 규정과 세액공제에 관한 규정이 동시에 적용되는 경우 그 적용 순위는 다음의 순서로 한다(소법 60 ①). 세액감면과 세액공제의 합계액이 납부할 세액을 초과하는 경우 초과하는 금액은 없는 것으로 보며 **이월공제가 인정되는 세액공제를 적용할 때, 이전 과세기간에서 이월된 미공제액을 먼저 공제한다.**

① 세액감면 → ② 이월공제가 인정되지 아니하는 세액공제 → ③ 이월공제가 인정되는 세액공제*

*당기에 발생한 세액공제와 이전 과세기간에서 이월된 미공제액이 함께 있을 경우 이월된 미공제액을 먼저 공제한다.

2 「소득세법」상 세액감면 C

(1) 감면세액의 계산

종합소득금액 중 아래 (2)에 해당하는 어느 하나의 소득이 있을 때에는 종합소득 산출세액에서 그 세액에 해당 근로소득금액 또는 사업소득금액이 종합소득금액에서 차지하는 비율을 곱하여 계산한 금액 상당액을 감면한다(소법 59의5 ①). 이러한 세액감면 산식은 다음과 같다.

$$감면세액 = 종합소득산출세액 \times \frac{감면대상소득금액}{종합소득금액} \times 감면율$$

(2) 「소득세법」상 세액감면의 종류

「소득세법」상 세액감면에는 다음의 2가지 항목이 해당된다(소법 59의5 ①).

> ① 정부 간의 협약에 따라 우리나라에 파견된 외국인이 그 양쪽 또는 한쪽 당사국의 정부로부터 받는 급여
> ② 거주자 중 대한민국의 국적을 가지지 아니한 자가 선박과 항공기의 외국항행사업으로부터 얻는 소득(다만, 그 거주자의 국적지국에서 대한민국국민이 운용하는 선박과 항공기에 대하여 동일한 면제를 하는 경우만 해당한다.)

3 「조세특례제한법」상 세액감면 C

「법인세법」에서 설명한 「조세특례제한법」상 세액감면(Link - P.215)은 개인사업자에게도 적용된다.

4 「소득세법」상 세액공제 A

「소득세법」상 세액공제는 다음과 같다.

세액공제	이월공제기간
(1) 자녀세액공제 (2) 연금계좌세액공제 (3) 근로소득세액공제 (4) 배당세액공제	이월공제 안됨
(5) 외국납부세액공제	10년간
(6) 재해손실세액공제 (7) 기장세액공제 (8) 전자계산서 발급전송 세액공제 (9) 특별세액공제	이월공제 안됨(기부금세액공제 제외)

(1) 자녀세액공제

① 기본공제

종합소득이 있는 거주자의 기본공제대상자에 해당하는 자녀(입양자 및 위탁아동을 포함) 및 손자녀로서 8세 이상의 사람에 대해서는 다음 금액을 종합소득산출세액에서 공제한다(소법 59의2 ①).

자녀수	세액공제액 NEW
㉠ 1명인 경우	연 25만원
㉡ 2명인 경우	연 55만원
㉢ 3명 이상인 경우	연 55만원 + (자녀수 - 2명) × 연 40만원

② 출산·입양공제

해당 과세기간에 출산하거나 입양 신고한 공제대상자녀가 있는 경우 다음 금액을 종합소득 산출세액에서 공제한다(소법 59의2 ③).

출산하거나 입양 신고한 공제대상자녀	세액공제액
㉠ 자녀가 첫째인 경우	연 30만원
㉡ 자녀가 둘째인 경우	연 50만원
㉢ 자녀가 셋째 이상인 경우	연 70만원

기출 OX

01. 2025년도 귀속분 종합소득이 있는 거주자의 기본공제대상자에 해당하는 자녀가 3명(장녀(8세)와 장남(5세)이며 차녀는 2025년 2월 12일 출생)인 경우 자녀세액공제로 95만원을 종합소득산출세액에서 공제한다. 2017. 9급 수정
정답 O

02. 종합소득이 있는 거주자의 공제대상자녀로서 8세 이상의 자녀가 3명(해당 과세기간에 입양 신고한 자는 없음)인 경우 95만원을 자녀세액공제로 종합소득 산출세액에서 공제한다.
2017. 7급 수정
정답 O

03. 종합소득이 있는 거주자가 해당 과세기간에 출산하거나 입양 신고한 공제대상자녀가 둘째인 경우에는 연 50만원을 종합소득산출세액에서 공제한다.
2020. 7급
정답 O

★★ (2) 연금계좌세액공제

종합소득이 있는 거주자가 연금계좌에 납입한 금액[*1]이 있는 경우 다음 금액을 종합소득산출세액에서 공제한다(소법 59의3 ①).

세액공제액
(MIN[ⓐ, ⓑ] + ⓒ) × 12%[*2] ⓐ MIN[연금저축계좌납입액, 연 600만원] + 퇴직연금계좌납입액 ⓑ 연 900만원 ⓒ MIN[ISA 만기 전환금액[*3] × 10%, 300만원]

[*1] 다음의 금액을 제외한 금액을 말한다.

> ㉠ 「소득세법」에 따라 소득세가 원천징수되지 아니한 퇴직소득 등 과세가 이연된 소득
> ㉡ 연금계좌에서 다른 연금계좌로 계약을 이전함으로써 납입되는 금액

[*2] 종합과세되는 종합소득금액이 4,500만원 이하(근로소득만 있는 경우에는 총급여액 5,500만원 이하)인 거주자는 15%

[*3] ISA 만기 전환금액이라 함은 개인종합자산관리계좌(ISA)의 계약기간이 만료되고 해당 계좌 잔액의 전부 또는 일부를 개인종합자산관리계좌의 계약기간이 만료된 날부터 60일 이내에 해당 계좌 잔액의 전부 또는 일부를 연금계좌로 납입한 경우 그 납입액을 말한다.

> **기출 OX**
>
> **04.** 해당 과세기간에 총급여액 5,000만원의 근로소득만 있는 거주자가 같은 과세기간에 연금저축계좌에 400만원을 납입한 경우, 연금저축 계좌 납입액의 100분의 12에 해당하는 48만원을 해당 과세기간의 종합소득 산출세액에서 공제한다. 2017. 7급
> 정답 X

참고

연금보험료 납입 요건

연금계좌의 가입자가 다음의 요건을 모두 갖춘 경우 연금계좌 납입액(연금보험료)으로 볼 수 있다(소령 40의2 ②).

㉠ 연금수령 개시를 신청한 날(연금수령 개시일을 사전에 약정한 경우에는 약정에 따른 개시일) 이후에는 연금보험료를 납입하지 않을 것

㉡ 다음의 금액을 합한 금액 이내(연금계좌가 2개 이상인 경우에는 그 합계액)의 금액을 납입할 것. 이 경우 해당 과세기간 이전의 연금보험료는 납입할 수 없으나, 보험계약의 경우에는 최종납입일이 속하는 달의 말일부터 3년 2개월이 경과하기 전에는 그 동안의 연금보험료를 납입할 수 있다.

> ⓐ 연간 1천800만원
> ⓑ ISA 만기 전환금액
> ⓒ 주택차액[*1] 중 연금계좌로 납입하는 금액
>   : 국내에 소유한 주택(연금주택)을 양도하고 이를 대체하여 다른 주택(축소주택)을 취득하거나 취득하지 않은 거주자로서 다음의 요건을 모두 충족하는 거주자가 주택차액 중 연금계좌로 납입하는 금액[*2]. 이 경우 거주자가 연금계좌로 납입하는 주택차액의 총 누적 금액은 1억원을 한도로 한다.
>
>> ㉮ 연금주택 양도일 현재 거주자 또는 그 배우자가 60세 이상일 것
>> ㉯ 연금주택 양도일 현재 거주자 및 그 배우자가 국내에 소유한 주택을 합산했을 때 연금주택 1주택만 소유하고 있을 것. 다만, 연금주택을 양도하기 전에 축소주택을 취득한 경우로서 축소주택을 취득한 날부터 6개월 이내에 연금주택을 양도한 경우에는 연금주택 양도일 현재 연금주택 1주택만 소유하고 있는 것으로 본다.
>> ㉰ 연금주택 양도일 현재 연금주택의 기준시가가 12억원 이하일 것
>> ㉱ 축소주택의 취득가액이 연금주택의 양도가액 미만일 것(축소주택을 취득한 경우에만 해당)
>> ㉲ 연금주택 양도일부터 6개월 이내에 주택차액을 연금주택 소유자의 연금계좌로 납입할 것

[*1] 주택차액이란 다음과 같이 계산한 금액을 말한다.

> 주택차액 = Max[연금주택 양도가액 - 축소주택 취득가액(취득하지 않은 경우 0), 0]

*2 거주자가 주택차액을 연금계좌에 납입한 후 다음의 어느 하나에 해당하게 된 경우에는 그 납입일부터 연금계좌에 납입한 금액 전액을 연금보험료로 보지 않는다.

㉮ 주택차액을 연금계좌에 납입할 당시 제2항제1호다목의 요건을 충족하지 못한 사실이 확인된 경우
㉯ 주택차액을 연금계좌에 납입한 날부터 5년 이내에 주택을 새로 취득한 경우로서 연금주택의 양도가액에서 새로 취득한 주택의 취득가액을 뺀 금액이 연금계좌에 납입한 금액보다 작은 경우

★★ (3) 근로소득세액공제

① 일용근로자

일용근로자의 근로소득에 대해서 원천징수를 하는 경우에는 해당 근로소득에 대한 산출세액의 55%에 해당하는 금액을 그 산출세액에서 공제한다(소법 59 ③).

② 상용근로자

근로소득이 있는 거주자에 대해서는 그 근로소득에 대한 종합소득산출세액에서 다음의 금액을 공제한다(소법 59 ①, ②).

근로소득에 대한 산출세액	세액공제액
㉠ 130만원 이하	근로소득에 대한 산출세액[*1] × 55%
㉡ 130만원 초과	MIN[ⓐ, ⓑ] ⓐ 71만 5천원 + (근로소득에 대한 산출세액 - 130만원) × 30% ⓑ 한도[*2]

*1 근로소득에 대한 산출세액 = 종합소득산출세액 × $\frac{\text{근로소득금액}}{\text{종합소득금액}}$ 으로 계산된다.

*2 한도는 다음을 적용한다.

총급여액	한도
ⓐ 3,300만원 이하	74만원
ⓑ 3,300만원 초과 7,000만원 이하	MAX[74만원 - {(총급여액 - 3,300만원) × $\frac{8}{1,000}$}, 66만원]
ⓒ 7,000만원 초과 1억 2천만원 이하	MAX[66만원 - {(총급여액 - 7,000만원) × $\frac{1}{2}$}, 50만원]
ⓓ 1억 2천만원 초과	MAX[50만원 - {(총급여액 - 1억 2천만원) × $\frac{1}{2}$}, 20만원]

기출 OX

05. 일용근로자의 근로소득에 대해서 원천징수를 하는 경우에는 해당 근로소득에 대한 산출세액의 100분의 55에 해당하는 금액을 그 산출세액에서 공제한다. 2020. 7급

정답 O

오쌤 Talk

상용근로자와 일용근로자에 대한 근로소득공제 및 근로소득세액공제의 비교

	상용근로자	일용근로자
근로소득공제	법에 따른 산식에 따라 차별적으로 계산함	1일 15만원
근로소득세액공제	130만원 이하분은 55%, 초과분은 30% 법정 한도가 있음	55% 한도 없음

기출 OX

06. 근로소득이 있는 거주자에 대해서는 그 근로소득에 대한 종합소득산출세액에서 근로소득세액공제하되 한도가 있다. 2022. 9급

정답 O

★ **(4) 배당세액공제**

거주자의 종합소득금액에 Gross-up 대상 배당소득금액이 합산되어 있는 경우에는 귀속법인세액(Gross-up) 만큼을 종합소득 산출세액에서 공제한다(소법 56 ①).

> 배당세액공제 = MIN[①, ②]
> ① Gross-up 금액
> ② 한도 = 일반산출세액 - 비교산출세액

★ **(5) 재해손실세액공제**

사업자가 해당 과세기간에 천재지변이나 그 밖의 재해로 자산총액의 20% 이상에 해당하는 자산을 상실하여 납세가 곤란하다고 인정되는 경우에는 다음의 사업소득에 대한 소득세액에 자산상실비율을 곱하여 계산한 금액을 상실된 자산의 가액을 한도로 그 세액에서 공제한다. 이 경우 자산의 가액에는 토지의 가액을 포함하지 않는다(소법 58 ①).

① **재해상실비율의 계산**

자산상실비율은 사업자의 소득별로 계산하는 것이기 때문에 사업장 단위가 아니라 전체 사업장을 기준으로 다음과 같이 계산하며(소기통 58-2 ①) 그 자산가액의 범위와 계산방법은 「법인세법」과 동일하다(소법 58 ①, ⑦, 소령 118).

$$\text{자산상실비율} = \frac{\text{상실된 사업용 자산가액}}{\text{상실전 사업용 자산가액}}$$

② **재해손실세액공제액의 계산**

다음과 같이 계산한다(소법 58 ①, ②, 소법 60 ③).

> 재해손실세액공제 = MIN[㉠, ㉡]
> ㉠ ⓐ + ⓑ
> ⓐ (재해발생일 현재 부과되지 아니한 소득세와 부과된 소득세로서 미납된 소득세) × 자산상실비율
> ⓑ 재해발생일이 속하는 연도의 소득에 대한 소득세액 × 자산상실비율
> = (산출세액 - 배당세액공제·기장세액공제·외국납부세액공제) × $\frac{\text{사업소득금액}}{\text{종합소득금액}}$ × 자산상실비율
> ㉡ 한도: 재해손실가액

★★ (6) 외국납부세액공제

① 의미

「소득세법」에서도 외국납부세액공제를 두고 있는데, 「법인세법」과 달리 「소득세법」에서는 간접외국납부세액과 관련된 규정이 없다. 거주자의 종합소득금액 또는 퇴직소득금액에 국외원천소득이 합산되어 있는 경우로서 그 국외원천소득에 대하여 외국에서 법으로 정하는 외국소득세액을 납부하였거나 납부할 것이 있을 때에는 다음 계산식에 따라 계산한 공제한도 내에서 외국소득세액을 해당 과세기간의 종합소득산출세액 또는 퇴직소득산출세액에서 공제할 수 있다(소법 57).

$$\text{외국납부세액공제한도} = \frac{\text{종합소득 산출세액}}{\text{(또는 퇴직소득 산출세액)}} \times \frac{\text{국외원천소득금액}}{\text{종합소득금액(또는 퇴직소득금액)}}$$

② 외국납부세액공제의 범위

㉠ 직접외국납부세액: 외국정부에 납부했거나 납부할 다음의 세액(가산세는 제외)을 말한다. 다만, 해당 세액이 조세조약에 따른 비과세·면제·제한세율에 관한 규정에 따라 계산한 세액을 초과하는 경우 그 초과하는 세액은 제외한다(소령 117 ①).

ⓐ 개인의 소득금액을 과세표준으로 하여 과세된 세액과 그 부가세액
ⓑ 이와 유사한 세목에 해당하는 것으로서 소득 외의 수입금액 기타 이에 준하는 것을 과세표준으로 하여 과세된 세액

㉡ 의제외국납부세액: 국외원천소득이 있는 거주자가 조세조약의 상대국에서 그 국외원천소득에 대하여 소득세를 감면받은 세액의 상당액은 그 조세조약에서 정하는 범위에서 세액공제의 대상이 되는 외국소득세액으로 본다(소법 57 ③).

③ 국가별 한도

공제한도금액을 계산함에 있어 국외사업장이 둘 이상의 국가에 위치한 경우 국가별로 구분하여 계산한다.

④ 이월공제의 적용

㉠ 외국정부에 납부하였거나 납부할 외국소득세액이 해당 과세기간의 공제한도금액을 초과하는 경우 그 초과하는 금액은 해당 과세기간의 다음 과세기간 개시일부터 10년 이내에 끝나는 과세기간으로 이월하여 그 이월된 과세기간의 공제한도금액 내에서 공제받을 수 있다(소법 57 ②).

㉡ 외국정부에 납부하였거나 납부할 외국소득세액을 이월공제기간 내에 공제받지 못한 경우 그 외국소득세액은 이월공제기간의 종료일 다음 날이 속하는 과세기간의 소득금액을 계산할 때 필요경비에 산입할 수 있다(소법 57 ②).

㉢ 공제한도금액을 초과하는 외국소득세액 중 직·간접비용과 관련된 외국소득세액에 대해서는 이월공제를 적용하지 않는다. 이 경우 해당 외국소득세액은 세액공제를 적용받지 못한 과세기간의 다음 과세기간 소득금액을 계산할 때 필요경비에 산입할 수 있다(소령 117 ⑩).

 오쌤 Talk

외국납부세액의 처리방법 비교

구분	법인세법	소득세법
① 적용대상 소득	제한X	제한X
② 간접외국 납부세액	적용O	적용X
③ 세액공제 한도	과세표준 기준 안분	소득금액 기준 안분
④ 세액공제 한도 초과액 이월	10년간 이월 공제 (미공제액: 다음 사업연도 손금)	10년간 이월 공제 (미공제액: 다음 과세기간 필요경비)

확인문제

02. 「소득세법」과 「법인세법」상에 공통으로 해당하는 세액공제로 옳은 것은?
2016. 7급

① 배당세액공제와 재해손실세액공제
② 기장세액공제와 외국납부세액공제
③ 근로소득세액공제와 재해손실세액공제
④ 재해손실세액공제와 외국납부세액공제

정답 ④

기출 OX

07. 외국납부세액공제액이 공제한도를 초과하는 경우 그 초과하는 금액은 해당 과세기간의 다음 과세기간 개시일부터 3년 이내에 끝나는 과세기간으로 이월하여 그 이월된 과세기간의 공제한도 범위에서 공제받을 수 있다.
2017. 9급

정답 X

(7) 기장세액공제

① 기장세액공제액의 계산

사업소득이 있는 거주자로서 **간편장부대상자가 과세표준확정신고를 할 때 복식부기에 따라 기장하여 소득금액을 계산하고** 기업회계기준을 준용하여 작성한 재무상태표·손익계산서와 그 부속서류, 합계잔액시산표 및 조정계산서를 제출하는 경우에는 해당 장부에 의하여 계산한 사업소득금액이 종합소득금액에서 차지하는 비율을 종합소득 산출세액에 곱하여 계산한 금액의 20%에 해당하는 금액을 종합소득 산출세액에서 공제한다. 다만, 공제세액이 100만원을 초과하는 경우에는 100만원을 공제한다(소법 56의2 ①, 소령 116의3 ①). 기장세액공제와 관련된 장부 및 증명서류를 해당 과세표준확정신고기간 종료일부터 5년간 보관하는 경우 기장세액공제를 적용받을 수 있다.

> 종합소득에 대한 기장세액공제액 = MIN[㉠, ㉡]
> ㉠ 종합소득 산출세액 × $\dfrac{\text{기장된 사업소득금액}}{\text{종합소득금액}}$ × 20%
> ㉡ 한도액: 연 100만원

② 기장세액공제의 배제

다음 어느 하나에 해당하는 경우 기장세액공제를 적용하지 않는다(소법 56의2 ②).

> ㉠ 비치·기록한 장부에 의하여 신고하여야 할 소득금액의 20% 이상을 누락하여 신고한 경우
> ㉡ 기장세액공제와 관련된 장부 및 증명서류를 해당 과세표준확정신고기간 종료일부터 5년간 보관하지 아니한 경우 (다만, 천재지변 등 대통령령으로 정하는 부득이한 사유에 해당하는 경우에는 그러하지 아니하다.)

(8) 전자계산서 발급 전송에 대한 세액공제

해당 과세기간에 신규로 사업을 개시한 사업자 또는 직전 과세기간의 사업장별 총수입금액이 3억원 미만인 사업자가 전자계산서를 2027년 12월 31일까지 **NEW** 발급(전자계산서 발급일의 다음 날까지 전자계산서 발급명세를 국세청장에게 전송하는 경우로 한정)하는 경우에는 전자계산서 발급 건수 당 200원을 곱하여 계산한 금액을 연간 100만원을 한도로 해당 과세기간의 사업소득에 대한 종합소득산출세액에서 공제할 수 있다(소법 56의3 ①, 소령 116의4). 이때 공제를 적용받으려는 사업자는 과세표준확정신고를 할 때 *전자계산서 발급 세액공제신고서*를 납세지 관할 세무서장에게 제출하여야 한다(소법 56의3 ②).

> 전자계산서 발급 전송에 대한 세액공제 = MIN[①, ②]
> ① 발급 건수 × 200원
> ② 한도: 연간 100만원

기출 OX

08. 간편장부대상자가 과세표준확정신고를 할 때 복식부기에 따라 기장하여 소득금액을 계산하고 「소득세법」에 따른 서류를 제출하는 경우에는 해당 장부에 의하여 계산한 사업소득금액이 종합소득금액에서 차지하는 비율을 종합소득 산출세액에 곱하여 계산한 금액의 100분의 20에 해당하는 금액(다만, 공제세액이 100만 원을 초과하는 경우에는 100만 원으로 한다)을 종합소득 산출세액에서 공제한다. 2020. 7급
정답 O

기출 OX

09. 기장세액공제와 관련된 장부 및 증명서류를 해당 납세의무성립일로부터 5년간 보관하는 경우 기장세액공제를 적용받을 수 있다. 2017. 9급
정답 X

★★ (9) 특별세액공제

특별세액공제에는 보험료, 의료비, 교육비, 기부금의 4가지 공제를 적용한다.

① 보험료세액공제

근로소득이 있는 거주자(일용근로자는 제외)가 해당 과세기간에 만기에 환급되는 금액이 납입보험료를 초과하지 아니하는 보험의 보험계약에 따라 지급하는 다음 각 호의 보험료를 지급한 경우 그 금액의 12%(아래 ㉠의 경우에는 15%)에 해당하는 금액을 해당 과세기간의 종합소득산출세액에서 공제한다. 다만, 보험료별로 그 합계액이 각각 연 100만원을 초과하는 경우 그 초과하는 금액은 각각 없는 것으로 한다(소법 59의4 ①). 이 때 보험료는 보험기간과 무관하게 '납입일'을 기준으로 공제대상 보험료를 계산한다.

공제대상	공제율	한도액
㉠ 장애인을 피보험자·수익자로 하는 장애인전용 보장성보험료	15%	각 100 만원
㉡ 기본공제대상자를 피보험자로 하는 일반 보장성보험료(위 ㉠제외)	12%	

> **참고**
>
> **보험료세액공제대상이 되는 보험료**
>
> 해당 보험료에 대해 세액공제여부를 판단할 때, 보험료에 대해 현금주의에 따라 '실제 납입한 연도'에 세액공제를 받을 수 있다. 따라서 납입하지 않은 금액에 대해서는 세액공제를 적용할 수 없다.

② 의료비세액공제

근로소득이 있는 거주자가 기본공제대상자(나이 및 소득의 제한을 받지 아니함)를 위하여 해당 과세기간에 법으로 정하는 의료비를 지급한 경우 의료비공제액의 15%(미숙아·선천성이상아 의료비는 20%, 난임수술비는 30%)에 해당하는 금액을 해당 과세기간의 종합소득산출세액에서 공제한다(소법 59의4 ②).

㉠ 의료비세액공제액의 계산

> 공제액 = (ⓐ + ⓑ) × 15% + ⓒ × 20% + ⓓ × 30%
> ⓐ MIN[ⓑ~ⓓ를 제외한 일반의료비 - 총급여액 × 3%, 700만원]
> ⓑ 본인·과세기간 개시일 현재 6세 이하(6세가 되는 날과 그 이전 기간을 말함)^{NEW} 인 사람·과세기간 종료일 현재 65세 이상인 자·장애인(장애아동 포함)·중증질환자·희귀난치성질환자·결핵환자를 위하여 지급한 의료비[*1]
> ⓒ 미숙아 및 선천성이상아를 위하여 지급한 의료비[*2]
> ⓓ 난임시술을 위하여 지출한 비용(난임시술과 관련하여 처방을 받은 의약품 구입 비용을 포함)[*3]

[*1] 단, ⓐ의 의료비가 총급여액의 3%에 미달하는 경우에는 그 미달하는 금액을 뺀다.
[*2] 단, ⓐ 및 ⓑ의 의료비 합계액이 총급여액의 3%에 미달하는 경우에는 그 미달하는 금액을 뺀다.
[*3] 단, ⓐ~ⓒ의 의료비 합계액이 총급여액의 3%에 미달하는 경우에는 그 미달하는 금액을 뺀다.

기출 OX

10. 근로소득이 있는 거주자(일용근로자 제외)가 해당 과세기간에 「국민건강보험법」 또는 「고용보험법」에 따라 근로자가 부담하는 보험료를 지급하는 경우에는 그 금액의 12%를 보험료세액공제로 해당 과세기간의 종합소득 산출세액에서 공제한다. 2017.9급 수정

정답 X

오쌤 Talk

보험료세액공제, 의료비세액공제, 교육비세액공제의 공제율 비교

구분		공제율
보험료 세액 공제	일반적인 기본공제 대상자에 대한 보장성보험료	12%
	장애인전용 보장성 보험료	
교육비 세액 공제	일반 교육비·직업능력개발훈련비·장애인특수교육비	15%
의료비 세액 공제	난임시술비를 제외한 의료비세액공제 대상 의료비	
	미숙아·선천성이상아를 위한 의료비	20%
	난임시술비	30%

ⓛ 의료비의 범위: '나이 및 소득의 제한을 받지 않는' 기본대상자를 위해 지출한 다음의 의료비를 적용 대상으로 하며, 보험회사, 법에 정한 공제사업자 및 공제회로부터 지급받은 실손의료보험금은 제외한다(소령 118의5 ①). 이 때 미용·성형수술을 위한 비용 및 건강증진을 위한 의약품 구입비용, 국외에서 지출한 의료비는 포함하지 아니한다(소령 118의 5 ②).

> ⓐ 진찰·진료·질병예방 위하여 「의료법」에 따른 의료기관에 지급하는 비용
> ⓑ 치료·요양을 위하여 「약사법」에 따른 의약품(한약 포함)을 구입하는 비용
> ⓒ 장애인보장구 및 의사·치과의사·한의사 등의 처방에 따라 의료기기를 직접 구입 또는 임차하기 위하여 지출한 비용
> ⓓ 시력보정용 안경 또는 콘택트렌즈 구입을 위해 지출한 비용으로 기본공제 대상자(연령 및 소득금액의 제한을 받지 아니함) 1명당 연 50만원 이내의 금액
> ⓔ 보청기를 구입하기 위하여 지출한 비용
> ⓕ 「노인장기요양보험법」에 따른 장기요양급여 비용으로서 실제 지출한 본인부담금
> ⓖ 「장애인활동 지원에 관한 법률」에 따른 활동지원급여에 대한 비용으로서 실제 지출한 본인부담금
> ⓗ 산후조리원에 산후조리 및 요양의 대가로 지급하는 비용으로 출산 1회당 200만원 이내 금액

③ 교육비세액공제

근로소득이 있는 거주자가 그 거주자와 기본공제대상자(나이의 제한을 받지 아니하되, 아래 [참고] ⓒ 중 ⓑ에 대한 것은 과세기간 종료일 현재 18세 미만인 사람만 해당)를 위하여 해당 과세기간에 법령으로 정하는 교육비를 지급한 경우 교육비세액공제액을 해당 과세기간의 종합소득 산출세액에서 다음과 같이 공제한다. 다만, **재학 중인 학교에서 받은 장학금 등 소득세 또는 증여세가 비과세되는 법령으로 정하는 교육비는 공제하지 아니한다**(소법 59의4 ③, 소령 118의6).

공제대상	공제율	한도액
ⓐ 일반교육비 세액공제	15%	대학생: 900만원 초등학교 취학 전 아동 및 초중고생: 300만원 그 외: 한도 없음
ⓑ 장애인특수교육비 세액공제		한도 없음

기출 OX

11. 재학 중인 학교로부터 해당 과세기간에 받은 장학금 등 소득세 또는 증여세가 비과세되는 교육비는 종합소득 산출세액에서 공제하지 아니한다.
2017. 7급
정답 O

확인문제

03. 거주자인 근로자 갑(일용근로자 아님)이 2024년 초 근로소득세액의 연말정산을 위한 소득세액공제를 신청할 때 적용할 소득공제 및 세액공제 중 갑의 총급여액에 의해 영향을 받을 수 있는 공제항목으로만 묶인 것은?
2011. 7급

① 교육비 공제, 추가공제 중 장애인 공제
② 교육비 공제, 신용카드 등 사용금액에 대한 소득공제
③ 의료비 공제, 자녀세액공제
④ 의료비 공제, 신용카드 등 사용금액에 대한 소득공제

정답 ④

참고

교육비세액공제 대상자 및 범위

㉠ 교육비세액공제 대상자

ⓐ 기본공제대상자인 배우자·직계비속·형제자매·입양자 및 위탁아동(이하 '직계비속 등')을 위하여 지급한 다음의 교육비[*1]를 합산한 금액

㉮ 「유아교육법」, 「초·중등교육법」, 「고등교육법」 및 특별법에 따른 학교에 지급하거나 「고등교육법」에 따른 대학수학능력시험 응시료 및 대학입학전형료
㉯ 「평생교육법」에 따라 고등학교졸업 이하의 학력이 인정되는 학교형태의 평생교육시설, 전공대학, 원격대학, 기타 법에 정한 학위취득과정
㉰ 국외교육기관에 지급한 교육비
㉱ 초등학교 취학 전 아동을 위한 어린이집, 학원 및 법에 정하는 체육시설에 지급한 교육비[*2]

[*1] 대학원에 지급하거나 직계비속 등이 ⓑ의 ㉱에 따른 학자금 대출을 받아 지급하는 교육비는 제외
[*2] 학원 및 체육시설에 지급하는 비용의 경우에는 법에 정하는 금액만 해당한다.

ⓑ 해당 거주자를 위하여 지급한 다음의 교육비를 합산한 금액

㉮ 위 ⓐ의 ㉮~㉰에 해당하는 교육비
㉯ 대학(전공대학, 원격대학 및 학위취득과정을 포함) 또는 대학원의 1학기 이상에 해당하는 교육과정과 시간제 과정에 지급하는 교육비
㉰ 직업능력개발훈련시설에서 실시하는 직업능력개발훈련을 위하여 지급한 수강료 (단, 법에 정하는 지원금 등을 받는 경우에는 이를 차감)
㉱ 법으로 정하는 학자금 대출의 원리금 상환에 지출한 교육비 (단, 대출금의 상환 연체로 인하여 추가로 지급하는 금액 등 법에 정하는 지급액은 제외)

ⓒ 기본공제대상자인 장애인(소득의 제한을 받지 아니한다)을 위하여 다음에 해당하는 자에게 지급하는 법에 정하는 특수교육비

㉮ 사회복지시설 및 비영리법인
㉯ 장애인의 기능향상과 행동발달을 위한 발달재활서비스를 제공하는 법에 정하는 기관
㉰ 위 ㉮와 유사한 것으로서 외국에 있는 시설 또는 법인

㉡ 교육비의 범위

ⓐ 수업료·입학금·보육비용·수강료 및 그 밖의 공납금
ⓑ 학교·유치원·어린이집·학원 및 체육시설(초등학교 취학 전 아동에 한함)에 지급한 급식비
ⓒ 「초·중등교육법」에 따른 학교(초등학교·공민학교, 중학교·고등공민학교, 고등학교·고등기술학교, 특수학교 등 각종 학교)에서 구입한 교과서대
ⓓ 교복구입비(중·고생에 한하며, 1명당 연 50만원 한도)
ⓔ 학교·유치원·어린이집·학원 및 체육시설(초등학교 취학 전 아동에 한함)에서 실시하는 방과후 학교·방과후 과정 등의 수업료 및 특별활동비(학교 등에서 구입하는 도서구입비와 학교 외에서 구입한 초·중·고등학교의 방과후 학교 수업용 도서의 구입비 포함)
ⓕ 「초·중등교육법」에 따른 학교에서 교육과정으로 실시하는 현장체험학습(수련활동, 수학여행 등)에 지출한 비용(학생 1명당 연 30만원 한도)

 오쌤 Talk

의료비세액공제와 교육비세액공제의 대상이 되는 항목 중 금액 제한이 있는 항목

구분	내용
의료비세액공제	시력보정용 안경 또는 콘텍트렌즈 구입에 지출한 비용으로서 1명당 50만원 이내의 금액
	산후조리원에 산후조리 및 요양의 대가로 지급하는 비용으로서 출산 1회당 200만원 이내의 금액
교육비세액공제	교복구입비로서 1명당 50만원 이내의 금액
	현장체험학습에 지출한 비용으로서 1명당 30만원 이내의 금액

> **기출 OX**
>
> 12. 근로소득이 있는 거주자에 한하여 특별세액공제를 적용하므로 근로소득이 없는 거주자로서 종합소득이 있는 사람은 특별세액공제를 적용받을 수 없다.
> 2020. 7급
> 정답 X

④ 기부금세액공제

거주자(사업소득만 있는 자는 제외하되, 연말정산대상사업자는 포함)와 기본공제대상자(나이의 제한을 받지 아니하며, 다른 거주자의 기본공제를 적용받는 사람은 제외)가 해당 과세기간에 지급한 기부금이 있는 경우 아래에 따라 기부금세액공제액을 계산하여 해당 과세기간의 합산과세되는 종합소득산출세액(필요경비에 산입한 기부금이 있는 경우 사업소득에 대한 산출세액은 제외)에서 공제한다(소법 59의4 ④).

㉠ 기부금의 범위

기부금의 범위는 **03 사업소득 ② 5** (6)에서 설명한 범위와 같다. 기부금세액공제 시 일반기부금 범위에 노동조합·교원단체·공무원직장협의회에 가입한 사람이 납부한 회비를 포함한다(조특법 76).

㉡ 공제대상 기부금의 계산

$$\text{공제대상 기부금} = \text{특례 기부금 등}^* + \text{MIN}\begin{bmatrix}\text{우리사주조합기부금}\\\text{한도액}\end{bmatrix} + \text{MIN}\begin{bmatrix}\text{일반기부금}\\\text{한도액}\end{bmatrix} - \text{사업소득금액 계산 시 필요경비에 산입한 기부금}$$

* 특례기부금·정치자금기부금·고향사랑기부금

㉢ 공제대상 기부금

구분	한도액
ⓐ 특례 기부금 등	없음
ⓑ 우리사주조합기부금	(기준금액*1 - 특례기부금 등 인정액) × 30%
ⓒ 일반기부금	(ⅰ) 종교단체 기부금이 있는 경우 (기준금액 - 특례기부금 등 인정액 - 우리사주조합기부금 인정액) × 10% + MIN[㉮, ㉯] 　㉮ (기준금액 - 특례기부금 등 인정액 - 우리사주조합기부금 인정액) × 20% 　㉯ 종교단체 외에 지급한 일반기부금 (ⅱ) 종교단체 기부금이 없는 경우 : (기준금액 - 특례기부금 등 인정액 - 우리사주조합기부금 인정액) × 30%

*1 기준금액 = 종합소득금액 + 사업소득 필요경비 산입 기부금 - 원천징수세율 적용분 금융소득금액

② 기부금세액공제액의 계산

위 ⓒ에서 구한 공제대상 기부금의 15%(해당 금액이 1천만원을 초과하는 경우 그 초과분에 대해서는 30%)에 해당하는 금액을 기부금 세액공제액으로서 해당 과세기간의 합산과세되는 종합소득산출세액에서 공제한다. 이 경우 특례기부금 등과 우리사주조합기부금·일반기부금이 함께 있으면 특례기부금 등을 먼저 공제하되, 2013년 12월 31일 이전에 지급한 기부금을 2014년 1월 1일 이후에 개시하는 과세기간에 이월하여 소득공제하는 경우에는 해당 과세기간에 지급한 기부금보다 먼저 공제한다.

> 세액공제액 = MIN[ⓐ, ⓑ]
> ⓐ 1,000만원까지의 공제대상 기부금 × 15% + 1,000만원 초과분 공제대상 기부금 × 30%
> ⓑ 한도 = 종합소득 산출세액 - 필요경비에 산입한 기부금이 있는 경우 사업소득 산출세액

★★ (10) 표준세액공제

표준세액공제액은 다음에 따라 계산한다(소법 59의4 ⑨).

구분	표준세액공제
① 근로소득이 있는 거주자로서 「소득세법」상 특별소득공제, 특별세액공제, 월세액공제를 신청하지 않은 사람	연 13만원
종합소득이 있는 거주자(근로소득이 있는 자는 제외)로서 「조세특례제한법」상 성실사업자에게 적용되는 의료비세액공제, 교육비세액공제, 월세세액공제를 신청하지 않은 다음의 사람 ② 성실사업자 ③ 위 외의 자	연 12만원 연 7만원

기출 OX

13. 근로소득이 없는 거주자로서 종합소득이 있는 사람(성실사업자는 제외)에 대해서는 연 7만원을 종합소득 산출세액에서 공제한다. 2017.7급

정답 O

5 「조세특례제한법」상 세액공제 C

(1) 정치자금세액공제

정당(후원회 및 선거관리위원회 포함)에 기부한 정치자금은 사업자의 경우 기준금액 범위에서 필요경비에 산입하고 비사업자의 경우 다음과 같이 세액공제를 적용한다.

$$\text{세액공제액} = \text{10만원까지의 정치자금 기부금} \times \frac{100}{110} + \text{10만원 초과분 정치자금 기부금} \times 15\%^*$$

* 3,000만원을 초과할 경우 해당 초과분에 대해서는 25%의 공제세율을 적용한다.

(2) 고향사랑기부금 세액공제

거주자가 「고향사랑 기부금에 관한 법률」에 따라 고향사랑 기부금을 지방자치단체에 기부한 경우 다음과 같이 계산한 금액을 이를 지출한 해당 과세연도의 종합소득산출세액에서 공제한다(조특법 58 ①).

$$\text{세액공제액} = \text{10만원까지의 고향사랑 기부금} \times \frac{100}{110}$$
$$+ \text{10만원 초과 2천만원}^{NEW} \text{ 이하분 고향사랑 기부금}^{*1} \times 15\%^{*2}$$

*1 사업자인 거주자의 경우에는 이월결손금을 뺀 후의 소득금액의 범위에서 필요경비에 산입한다.
*2 「재난 및 안전관리 기본법」에 따라 특별재난지역으로 선포된 지방자치단체에 특별재난지역 선포일부터 법령으로 정하는 기간 이내에 기부한 경우에는 30%^{NEW}

세액공제받는 금액은 해당 과세기간의 종합소득산출세액을 한도로 하며, 사업자인 거주자가 필요경비에 산입하는 경우 해당 과세기간의 소득금액에서 「소득세법」에 따른 이월결손금을 뺀 금액을 한도로 한다(조특법 58 ②).

오쌤 Talk

주택 관련 소득공제 및 세액공제

다음의 소득공제 및 세액공제는 모두 총급여액 7,000만원 이하(종합소득금액 6,000만원 이하)인 무주택세대주에 한하여 적용하는 것을 원칙으로 한다.
① 소득공제: 주택자금공제
② 세액공제: 월세세액공제

(3) 월세세액공제

과세기간 종료일 현재 무주택세대주(세대주가 월세세액공제, 주택자금공제를 받지 않는 경우에는 세대의 구성원)로서 총급여액 7천만원 이하인 근로자(종합소득금액 6천만원 초과자 제외)가 국민주택규모의 주택이거나 기준시가 4억원 이하인 주택을 임차하기 위하여 법에 정한 월세액을 지급하는 경우 다음과 같이 세액공제를 적용한다.

$$\text{월세세액공제} = \text{MIN[월세액, 750만원]} \times 17\%^*$$

* 단, 해당 과세기간의 총급여액이 5,500만원(종합소득금액 4,500만원)을 초과하는 사람의 경우 15%를 적용한다.

(4) 성실신고확인비용에 대한 세액공제

성실신고확인대상 사업자가 성실신고확인서를 제출하는 경우, 그 확인비용에 대하여 다음과 같이 세액공제를 적용한다.

$$\text{성실신고확인비용에 대한 세액공제} = \text{MIN[지출비용} \times 60\%, \text{120만원]}$$

(5) 전자신고 세액공제

납세자가 직접 전자신고방법으로 종합소득 과세표준확정신고를 하거나 양도소득 과세표준예정신고를 하는 경우 다음과 같이 세액공제를 적용한다.

① 납세자가 직접 전자신고 시

> 전자신고 세액공제 = 2만원

② 과세표준확정신고의무 면제자가 과세표준확정 신고 시

> 전자신고 세액공제 = MIN[1만원, 추가납부 또는 환급받은 세액]

(6) 혼인에 대한 세액공제 NEW

① 요건

거주자가 2026년 12월 31일 이전에 혼인신고를 한 경우에는 1회(혼인신고 후 그 혼인이 무효가 되어 수정신고 또는 기한 후 신고를 한 경우는 제외한다)에 한정하여 혼인신고를 한 날이 속하는 과세기간의 종합소득산출세액에서 50만원을 공제한다(조특법 92 ①).

② 가산세 면제 및 이자상당액 부과

세액공제를 받은 거주자가 혼인이 무효가 된 경우로서 혼인무효의 소에 대한 판결이 확정된 날이 속하는 달의 다음 달부터 3개월이 되는 날까지 「국세기본법」에 따른 수정신고 또는 기한 후 신고를 한 경우에는 법령으로 정하는 바에 따라 「국세기본법」상 무신고가산세, 과소신고·초과환급신고가산세, 납부지연가산세의 전부 또는 일부를 부과하지 아니하되, 법령으로 정하는 바에 따라 계산한 이자상당액을 소득세에 가산하여 부과한다(조특법 92 ②).

(7) 그 밖의 세액공제

이 외에 세액공제로는 현금영수증발급세액공제, 전자송달의 방법으로 납부고지서 송달을 신청한 경우의 세액공제 등이 있다.

6 세액감면액 및 세액공제액의 산출세액 초과 시의 적용방법 등 C

세액감면액 및 세액공제액이 산출세액을 초과하는 경우 다음에 따라 처리한다.

구 분	내 용
① 근로소득산출세액을 한도로 하는 것	보험료세액공제액, 의료비세액공제액, 교육비세액공제액 및 월세세액공제액의 합계액이 근로소득산출세액을 초과하는 경우 그 초과액은 없는 것으로 한다.
② 공제기준산출세액을 한도로 하는 것	자녀세액공제액, 연금계좌세액공제액, 특별세액공제액, 정치자금세액공제액, 우리사주조합기부금세액공제액의 합계액이 공제기준산출세액*을 초과하는 경우 그 초과하는 금액은 없는 것으로 한다.

* 공제기준산출세액 = 종합소득산출세액 − 종합소득산출세액 × $\dfrac{\text{원천징수세율을 적용받는 이자소득금액 및 배당소득금액의 합계액}}{\text{종합소득금액}}$

4 기납부세액

1 원천징수세액 A

(1) 원천징수의 종류

「소득세법」상 국내에서 거주자나 비거주자에게 원천징수대상소득을 지급하는 자는 그 거주자나 비거주자로부터 소득세를 원천징수하여야 한다. 「소득세법」상 원천징수의 종류에는 다음과 같이 2가지 종류가 있다.

① 완납적 원천징수(분리과세): 원천징수로 과세가 종결되는 방식
② 예납적 원천징수(종합과세): 원천징수가 이루어진 후 별도 확정신고 등 정산과정이 필요한 방식

(2) 원천징수대상소득 및 원천징수세율

원천징수대상	원천징수세율
① 이자소득	㉠ 일반적인 이자소득: 14% ㉡ 비영업대금의 이익: 25%(P2P 이자소득은 14%) ㉢ 비실명이자: 45%(금융실명제 위배 대상은 90%) ㉣ 직장공제회초과반환금: 기본세율(연분연승법 적용)
② 배당소득	㉠ 일반적인 배당소득: 14% ㉡ 출자공동사업자 배당: 25% ㉢ 비실명배당: 45%(금융실명제 위배 대상은 90%)
③ 사업소득	㉠ 원천징수대상 사업소득(부가가치세가 면세되는 의료보건용역·인적용역): 수입금액 × 3%[*1] ㉡ 위 외의 사업소득(부동산임대사업, 제조업 등): 원천징수대상 아님
④ 근로소득	㉠ 상용근로자: 기본세율(근로소득 간이세액표)[*2] ㉡ 일용근로자: 6%
⑤ 연금소득	㉠ 공적연금소득: 기본세율(연금소득 간이세액표)[*2] ㉡ 사적연금소득: 3% ~ 5% 적용
⑥ 기타소득	㉠ 소기업·소상공인 공제부금의 해지일시금: 15% ㉡ 연금계좌에서 연금외수령한 기타소득: 15% ㉢ 복권당첨금 등: 소득금액 3억원까지는 20%, 3억원 초과분은 30% ㉣ 위 외의 기타소득: 20%[*3]
⑦ 특정봉사료수입	수입금액 × 5%
⑧ 퇴직소득	기본세율(연분연승법 적용)
⑨ 양도소득	거주자의 양도소득은 원천징수대상 아님 (단, 요건을 충족한 비거주자의 양도소득은 원천징수대상)

[*1] 내국인 직업운동가는 3%의 원천징수세율을 적용하지만, 외국인 연예인 또는 직업운동가 등의 경우 20%의 원천징수세율을 적용한다.
[*2] 매월분의 근로소득과 공적연금소득에 대한 원천징수세율을 적용할 때에는 기본세율에도 불구하고 법령으로 정한 근로소득 간이세액표 및 연금소득 간이세액표를 적용한다.
[*3] 서화·골동품의 양도로 발생하는 소득에 대하여 원천징수의무자가 국내사업장이 없는 비거주자 또는 외국법인인 경우 서화·골동품의 양도로 발생하는 소득을 지급받는 자를 원천징수의무자로 본다.

기출 OX

14. 직장공제회 초과반환금에 대한 원천징수세율은 100분의 14이다. 2021. 7급
정답 X

기출 OX

15. 매월분의 공적연금소득에 대한 원천징수세율을 적용할 때에는 100분의 3을 적용한다. 2021. 9급
정답 X

16. 내국인 직업운동가가 직업상 독립된 사업으로 제공하는 인적 용역의 공급에서 발생하는 소득의 원천징수세율은 100분의 3이다. 2019. 9급
정답 O

17. 서화·골동품의 양도로 발생하는 소득에 대하여 양수자인 원천징수의무자가 국내사업장이 없는 비거주자 또는 외국법인인 경우로서 원천징수를 하기 곤란하여 원천징수를 하지 못하는 경우에는 서화·골동품의 양도로 발생하는 소득을 지급받는 자를 원천징수의무자로 본다. 2021. 9급
정답 O

(3) 원천징수세액의 납부

① 원칙

원천징수의무자는 원천징수한 소득세를 '그 징수일이 속하는 달의 다음 달 10일까지' 원천징수 관할세무서·한국은행 또는 체신관서에 납부하여야 한다(소법 128).

② 예외: 반기별 납부

다음의 원천징수의무자는 관할 세무서장으로부터 원천징수세액을 매 반기별로 납부할 수 있도록 승인을 받거나 국세청장이 정하는 바에 따라 지정을 받은 자로서 **원천징수한 소득세를 '그 징수일이 속하는 반기(半期)의 마지막 달의 다음 달 10일까지' 납부할 수 있다**(소법 128 ②, 소령 186 ①).

> ㉠ 직전 과세기간 상시고용인원수가 20명 이하인 원천징수의무자(금융 및 보험업을 영위하는 자는 제외)
> ㉡ 종교단체

③ 반기별 납부 배제대상

다음의 원천징수세액에 대하여는 위의 원천징수의무자라고 하더라도 **반기별 납부를 허용하지 않는다**(소법 128 ②).

> ㉠ 「법인세법」에 따라 배당·상여 및 기타소득으로 소득처분된 금액에 대한 원천징수세액
> ㉡ 「국제조세조정에 관한 법률」에 따라 처분된 배당소득에 대한 원천징수세액
> ㉢ 비과세 외국연예등법인의 용역제공과 관련된 원천징수절차 특례규정에 따른 원천징수세액

(4) 소액부징수 및 원천징수 면제

① 소액부징수

원천징수세액 또는 납세조합의 징수세액이 1,000원 미만인 경우에는 해당 소득세를 징수하지 아니한다(소법 86 (1)~(3)). 다만, 이자소득과 원천징수대상 사업소득 중 법령으로 정하는 사업소득*은 원천징수세액이 1,000원 미만이라도 징수한다.

* 저술가·작곡가나 그 밖의 자가 직업상 제공하는 인적용역으로서 법령으로 정하는 것을 계속적·반복적으로 공급하고 그 대가로 받은 소득을 말한다(소령 149의3).

② 원천징수의 면제

다음의 경우에는 원천징수를 하지 않는다(소법 154, 155).

> ㉠ 소득세가 과세되지 아니하거나 면제되는 소득을 지급할 때
> ㉡ 소득 발생 후 지급되지 아니함으로써 소득세가 원천징수되지 아니한 소득이 이미 종합소득에 합산되어 소득세가 과세된 경우에는 그 후 그 소득을 실제로 지급할 때

기출 OX

18. 직전 연도의 상시고용인원이 30명인 원천징수의무자는 그 징수일이 속하는 반기의 마지막 달의 다음 달 10일까지 원천징수세액을 납부할 수 있다. 2021. 7급
정답 X

19. 직전 연도의 상시고용인원이 20명 이하인 원천징수의무자는 「국제조세조정에 관한 법률」에 따라 처분된 배당소득에 대한 원천징수세액을 그 징수일이 속하는 반기의 마지막 달의 다음 달 10일까지 납부할 수 있다. 2022. 7급
정답 X

기출 OX

20. 원천징수의무자가 국내에서 지급하는 이자소득으로서 소득세가 과세되지 아니하는 소득을 지급할 때에는 소득세를 원천징수하지 아니한다. 2019. 9급
정답 O

21. 원천징수의무자는 소득세가 과세되지 아니하거나 면제되는 소득을 지급할 때에는 소득세를 원천징수하여야 한다. 2024. 7급
정답 X

22. 원천징수하여야 하는 소득으로서 발생 후 지급되지 아니함으로써 소득세가 원천징수되지 아니한 소득이 종합소득에 합산되어 종합소득에 대한 소득세가 과세된 경우 그 소득을 지급할 때에는 소득세를 원천징수하여야 한다. 2024. 7급
정답 X

(5) 특례 1: 지급시기의 의제

원천징수는 원천징수의무자가 소득을 지급할 때 이행해야 하지만, 소득을 지급하지 않아도 법에 정하는 시점에 소득을 지급한 것으로 의제하여 그 시점에 원천징수하여 다음 달 10일까지 납부하도록 하고 있는데, 이를 '지급시기의 의제'라고 한다.

구분	지급시기의제 시점
① 잉여금처분에 따른 배당	잉여금처분결의일부터 3개월이 되는 날
② 잉여금처분에 따른 상여	
③ 배당·상여·기타소득으로 소득처분된 소득을 법인이 신고하는 경우	법인의 과세표준 및 세액의 신고일 또는 수정신고일
④ 배당·상여·기타소득으로 소득처분된 소득을 세무서장이 경정하는 경우	소득금액변동통지서를 받은 날
⑤ 이자소득	㉠ 금융회사 등이 매출·중개하는 어음, 전자단기사채 등, 은행 및 상호저축은행이 매출하는 표지어음으로서 보관통장으로 거래되는 것의 이자와 할인액: 할인매출하는 날 ㉡ 외국법인 또는 비거주자가 비거주자에게 지급하는 소득으로서 지급하는 외국법인·국내사업장의 손금 또는 필요경비에 산입되는 것: 그 이자를 지급하는 외국법인·비거주자의 해당 사업연도 또는 과세기간의 소득에 대한 과세표준의 신고기한 종료일(신고기한을 연장한 경우에는 그 연장한 기한의 종료일) ㉢ 직장공제회 반환금을 분할하여 지급하는 경우 납입금초과이익: 원본에 전입하는 뜻의 특약에 따라 원본에 전입된 날 ㉣ 금융회사 등이 정기예금 이자를 실제로 지급하지 않고 납입할 부금에 대체하는 정기예금연결정기적금에 가입한 경우: 그 정기예금 또는 정기적금이 해약되거나 정기적금의 저축기간이 끝나는 때 ㉤ 위 외의 이자소득: 총수입금액의 수입시기
⑥ 동업기업으로부터 배분받은 이자·배당·기타소득	해당 동업기업의 과세기간 종료 후 3개월이 되는 날까지 지급하지 아니한 소득은 해당 동업기업의 과세기간 종료 후 3개월이 되는 날
⑦ 출자공동사업자의 배당소득	과세기간 종료후 3개월이 되는 날까지 지급하지 아니한 소득은 과세기간 종료 후 3개월이 되는 날
⑧ 의제배당 및 그 밖의 배당소득	총수입금액의 수입시기
⑨ 연말정산대상 사업·근로·퇴직소득	㉠ 1월부터 11월분을 12월 31일까지 지급하지 아니한 경우: 12월 31일 ㉡ 12월분을 다음 연도 2월 말일까지 지급하지 아니한 경우: 다음 연도 2월 말일

기출 OX

23. 법인세 과세표준을 결정 또는 경정할 때 익금에 산입한 금액을 배당으로 처분한 경우에는 법인세 과세표준 신고일 또는 수정신고일에 그 배당소득을 지급한 것으로 보아 소득세를 원천징수한다. 2019. 9급
정답 X

24. 법인세 과세표준을 결정 또는 경정하는 경우 「법인세법」에 따라 소득처분되는 배당에 대하여는 소득금액변동통지서를 받은 날에 그 배당소득을 지급한 것으로 보아 소득세를 원천징수한다. 2021. 7급
정답 O

오쌤 Talk

출자공동사업자

소득구분	출자공동사업자에게 배분된 금액: 배당소득
수입시기	과세기간 종료일
원천징수세율	25%
종합과세 여부	무조건 종합과세 단, 금융소득 2천만원 초과여부 판단 시 금융소득에 불포함
Gross-up 여부	Gross-up 하지 않음
종합과세 시 세율	기본세율

기출 OX

25. 출자공동사업자의 배당소득을 과세기간 종료일까지 지급하지 아니한 경우 해당 과세기간 종료일에 지급한 것으로 보아 소득세를 원천징수한다. 2023. 7급 최신
정답 X

26. 근로소득을 지급하여야 할 원천징수의무자가 1월부터 11월까지의 근로소득을 해당 과세기간의 12월 31일까지 지급하지 아니한 경우에는 그 근로소득을 12월 31일에 지급한 것으로 보아 소득세를 원천징수한다. 2019. 9급
정답 O

확인문제

04. 「소득세법」상 원천징수에 대한 설명으로 옳지 않은 것은? 2014. 7급

① 법인이 해산한 경우에 원천징수한 소득세를 납부하지 아니하고 잔여재산을 분배하였을 때에는 청산인은 그 분배액을 한도로 하여 분배를 받은 자와 연대하여 납세의무를 진다.
② 기획재정부장관이 고시하는 지역에 소재하는 비거주자(국내사업장 없음)가 얻는 내국법인 발행주식(양도일이 속하는 연도와 그 직전 5년간 지분율 30% 계속 소유)의 양도소득에 대한 원천징수의무자는 국세청장의 사전 승인이 없더라도 조세조약의 비과세 등에 관한 규정을 우선 적용하여 원천징수하여야 한다.
③ 비거주 연예인 등이 국내에서 제공한 용역과 관련하여 조세조약상 국내사업장이 없다는 이유로 과세되지 않는 '비과세 외국연예 등 법인'에 대가를 지급하는 자는 그 지급하는 금액의 100분의 20을 원천징수하여야 한다.
④ 법인이 합병한 경우에 합병 후 존속하는 법인은, 합병으로 소멸된 법인이 원천징수를 하여야 할 소득세를 납부하지 아니하면 그 소득세에 대한 납세의무를 진다.

정답 ②

기출 OX

27. 비거주 연예인등이 국내에서 제공한 용역과 관련하여 지급받는 보수 또는 대가에 대해서 조세조약에 따라 국내사업장이 없거나 국내사업장에 귀속되지 아니하는 등의 이유로 과세되지 아니하는 외국법인에 비거주 연예인등이 국내에서 제공한 용역과 관련하여 보수 또는 대가를 지급하는 자는 원천징수의무가 없다. 2024. 7급 최신

정답 X

★★ (6) 특례2: 특정지역 비거주자 원천징수 특례

법으로 정하는 비거주자에 따른 원천징수의무자는 기획재정부장관이 고시하는 국가 또는 지역에 소재하는 비거주자의 국내원천소득 중 이자소득·배당소득·유가증권 양도소득 등에 대하여 원천징수하는 경우에도 조세조약에 따른 비과세·면제 또는 제한세율에 관한 규정에도 불구하고 「소득세법」에 따른 비거주자에 대한 원천징수세율을 우선 적용하여 원천징수하여야 한다. 다만, 법으로 정하는 바에 따라 조세조약에 따른 비과세·면제 또는 제한세율에 관한 규정을 적용받을 수 있음을 국세청장이 사전 승인하는 경우에는 그러하지 않는다(소법 156의4).

★★ (7) 특례3: 비거주 연예인 등의 용역 제공과 관련된 원천징수 특례

비거주자인 연예인 또는 운동가 등이 국내에서 제공한 용역과 관련하여 지급받는 보수 또는 대가에 대해서 조세조약에 따라 국내사업장이 없거나 국내사업장에 귀속되지 아니하는 등의 이유로 과세되지 않은 '비과세 외국연예등법인'에 보수 또는 대가를 지급하는 자는 조세조약에도 불구하고 그 지급하는 금액의 20%를 원천징수하여 그 원천징수한 날이 속하는 달의 다음 달 10일까지 원천징수 관할 세무서, 한국은행 또는 체신관서에 납부해야 한다(소법 156의5 ①).

★★ (8) 원천징수의 승계

① **청산인 등의 납세의무 승계**
법인이 해산한 경우에 원천징수를 하여야 할 소득세를 징수하지 아니하였거나 징수한 소득세를 납부하지 아니하고 잔여재산을 분배하였을 때에는 청산인은 그 분배액을 한도로 하여 분배를 받은 자와 연대하여 납세의무를 진다(소법 157 ①).

② **합병법인의 납세의무 승계**
법인이 합병한 경우에 합병 후 존속하는 법인이나 합병으로 설립된 법인은 합병으로 소멸된 법인이 원천징수를 하여야 할 소득세를 납부하지 아니하면 그 소득세에 대한 납세의무를 진다(소법 157 ②).

2 중간예납세액 C

(1) 의의 및 중간예납의무자

「소득세법」상 중간예납이란 사업소득 등 일정소득이 있는 자가 1월 1일부터 6월 30일까지의 중간예납기간에 대한 소득세를 11월 30일까지 미리 납부하는 제도를 말한다(소법 65 ①). 중간예납세액은 확정신고 시 기납부세액으로 차감한다. 사업소득이 있는 거주자는 중간예납의무를 부담하되, 다음의 자는 중간예납의무를 부담하지 않는다(소령 123).

> ① 신규사업자
> ② 사업소득 중 사무지원서비스업에서 발생하는 소득만 있는 자
> ③ 사업소득 중 수시부과하는 소득만 있는 자
> ④ 분리과세 주택임대소득만 있는 자
> ⑤ 보험모집인·방문판매원·저술가·화가·배우·가수 등 특정한 소득만 있는 자

(2) 중간예납세액의 계산 및 절차

① 원칙: 중간예납세액의 고지

직전 과세기간의 납부실적을 기준으로 전년도 납부세액(중간예납기준액)의 1/2를 다음과 같이 계산하여 세무서장이 11월 1일부터 11월 15일까지 중간예납세액의 납부고지서를 발급하여 11월 30일까지 징수하는 것을 원칙으로 한다(소법 65 ①, ⑦). 단, 1,000원 미만의 단수는 버린다.

$$\text{중간예납세액} = \text{중간예납기준액}^* \times \frac{1}{2}$$

* 중간예납기준액: 직전 과세기간의 중간예납세액 + 확정신고 납부세액 + 정부결정에 의한 추가납부세액(가산세 포함) + 기한후신고납부세액 및 수정신고 추가납부세액(가산세 포함) - 환급세액

② 예외: 중간예납추계액 신고

㉠ 적용대상자

다음에 해당하는 경우에는 해당 중간예납기간의 실적을 기준으로 중간예납추계액을 중간예납세액으로 하여 11월 1일부터 11월 30일까지의 기간에 납세지 관할 세무서장에게 신고납부한다(소법 65 ③, ⑤).

ⓐ 신고납부선택이 가능한 경우: 해당 과세기간의 중간예납기간을 기준으로 계산한 소득세(중간예납추계액)가 중간예납기준액의 30%에 미달하는 경우 중간예납추계액을 중간예납세액으로 신고할 수 있다.

ⓑ 신고납부를 하여야 하는 경우: 중간예납기준액이 없는 거주자 중 복식부기의무자가 해당 중간예납기간 중 사업소득이 있는 경우 중간예납추계액을 중간예납세액으로 신고하여야 한다.

㉡ 중간예납추계액의 계산

$$\text{중간예납추계액} = (\text{중간예납기간의 종합소득금액} \times 2 - \text{이월결손금} - \text{종합소득공제}) \times \text{기본세율} \times \frac{1}{2} - \text{중간예납기간의 감면세액·공제세액} - \text{중간예납기간의 기납부세액}^*$$

* 이는 원천징수세액·수시부과세액·토지 등 매매차익예정신고산출세액을 말한다.

(3) 소액부징수 및 기타사항

중간예납세액이 50만원 미만인 때에는 그 세액을 징수하지 아니한다(소법 86 (4)).

(4) 기타사항

① **납세조합**: 납세조합이 중간예납기간 중 그 조합원의 소득에 대한 소득세를 매월 징수하여 납부한 경우에는 그 소득에 대한 중간예납을 하지 아니한다(소법 68).

② **분납**: 중간예납세액이 1,000만원 초과 시 확정신고세액의 분납규정을 준용하여 그 납부할 세액의 일부를 납부기한이 지난 후 2개월 이내에 분납할 수 있다(소법 77).

 오쌤 Talk

「법인세법」과 「소득세법」상 중간예납규정

구분	법인세법	소득세법
중간예납 의무자	법인	사업소득이 있는 자
계산 방법	직전연도 실적기준과 중간예납기간 실적기준 중 선택가능	직전연도 실적기준을 원칙으로 하되, 중간예납기간 실적기준을 선택 또는 강제하는 예외를 두고 있음
중간예납 기간	사업연도 개시일부터 6개월이 되는 날	1월 1일부터 6월 30일까지
납부기한	중간예납기간이 지난 날부터 2개월 이내	매년 11월 30일 이내
소액 부징수	전기 '중소기업'으로 직전연도 실적기준이 50만원 미만	50만원 미만인 경우

3 수시부과세액 B

(1) 의의

납세지 관할 세무서장 또는 지방국세청장은 거주자가 과세기간 중에 조세포탈의 우려가 있다고 인정되는 경우 수시로 그 거주자에 대한 소득세를 부과할 수 있다(소법 82 ①).

(2) 수시부과기간

① 원칙

거주자가 수시부과 사유에 해당하면 해당 과세기간의 사업 개시일부터 수시부과 사유발생 날까지를 수시부과기간으로 하여 소득세를 부과할 수 있다(소법 82 ②).

② 예외

수시부과 사유가 확정신고기한 이전에 발생한 경우로 납세자가 직전 과세기간에 대해 과세표준확정신고를 하지 않은 경우 직전 과세기간을 수시부과기간에 포함한다.

(3) 수시부과 사유

'조세를 포탈할 우려가 있다고 인정되는 경우'란 다음의 경우를 말한다.

> ① 사업부진이나 그 밖의 사유로 장기간 휴업 또는 폐업상태에 있을 때 소득세를 포탈할 우려가 있다고 인정되는 경우
> ② 주한국제연합군 또는 외국기관으로부터 수입금액을 외국환은행을 통해 외환증서 또는 원화로 영수하는 경우
> ③ 주소·거소 또는 사업장의 이동이 빈번하다고 인정되는 지역에 있는 경우
> ④ 그 밖에 소득세를 포탈할 우려가 있다고 인정되는 경우

(4) 수시부과세액의 계산

수시부과세액은 다음과 같이 계산한다(소령 148 ①, ③, ⑥, 소칙 69).

① 일반적인 경우

$$\text{종합소득 수시부과세액} = \left(\text{수시부과기간 동안의 종합소득금액} - \text{거주자 본인에 대한 기본공제} \right) \times \text{기본세율}$$

② 주한국제연합군 또는 외국기관으로부터 수입금액을 외국환은행을 통해 외환증서 또는 원화로 영수하는 경우

$$\text{수시부과세액} = \text{수시부과기간 동안의 총수입금액} \times (1 - \text{단순경비율}) \times \text{기본세율}$$

★★(5) 수시부과의 효과

수시부과된 소득은 확정신고 시에 종합소득에 포함하여 신고하여야 하며, **수시부과세액은 기납부세액으로 공제한다.** 그러나 **수시부과 후 추가로 발생한 소득이 없는 경우에는 과세표준 확정신고를 하지 않고 수시부과로만 과세를 종결할 수 있다**(소법 73 ⑤). 또한 수시부과를 하는 경우 무신고가산세와 과소신고가산세는 적용하지 아니한다(소법 82 ③).

기출 OX

28. 수시부과 후 추가발생소득이 없는 거주자는 그 종합소득과세표준을 다음 연도 5월 1일부터 5월 31일까지 확정신고하고 종합소득 산출세액을 자진납부하여야 한다. 2022. 9급

정답 X

4 토지 등 매매차익 예정신고 산출세액 B

(1) 「소득세법」상 예정신고

「소득세법」에서는 부동산매매업자의 토지 등 매매차익 예정신고와 양도소득세 과세대상 자산을 양도한 자의 양도소득 과세표준 예정신고를 두고 있다.

★★(2) 예정신고 대상

부동산매매업자는 토지 등의 매매차익(매매차익이 없거나 매매차손이 발생한 경우 포함)과 그 세액을 매매일이 속하는 달의 말일부터 2개월이 되는 날까지 납세지 관할 세무서, 한국은행 또는 체신관서에 납부해야 한다(소법 69 ①, ②, ④).

(3) 예정신고세액의 계산

토지 등 매매차익예정신고 산출세액은 양도소득세 계산구조를 준용하여 매매가액에서 필요경비를 공제한 금액에 양도소득세율을 곱하여 계산한 금액으로 한다. 단, 예정신고세액을 계산할 때에만 양도소득세 계산구조를 준용할 뿐, 확정신고 시에는 종합소득세 계산구조에 따른다.

(4) 매매차익의 결정방법 및 통지

납세지 관할 세무서장은 토지 등 매매차익예정신고 또는 토지 등 매매차익예정신고 납부를 한 자에 대해서는 그 신고 또는 신고납부를 한 날부터 1개월 내에, 매매차익 예정신고를 하지 아니한 자에 대하여는 즉시 그 매매차익과 세액을 결정하고 해당 부동산매매업자에게 서면으로 통지하여야 한다(소령 129 ③).

(5) 확정신고와의 관계

예정신고된 소득도 확정신고 시 종합소득에 포함하여 신고하되, 예정신고산출세액은 기납부세액으로 공제한다.

기출 OX

29. 부동산매매업자는 토지 등의 매매차익(매매차익이 없거나 매매차손이 발생한 경우 포함)과 그 세액을 매매일이 속하는 달의 말일부터 2개월이 되는 날까지 납세지 관할 세무서장에게 신고하여야 한다. 2017. 9급

정답 O

CHAPTER 09

퇴직소득세

1. 퇴직소득 개괄
2. 퇴직소득금액과 퇴직소득세의 계산
3. 퇴직소득세 과세방법

● 최신 8개년 출제 경향 분석

01 퇴직소득 개괄

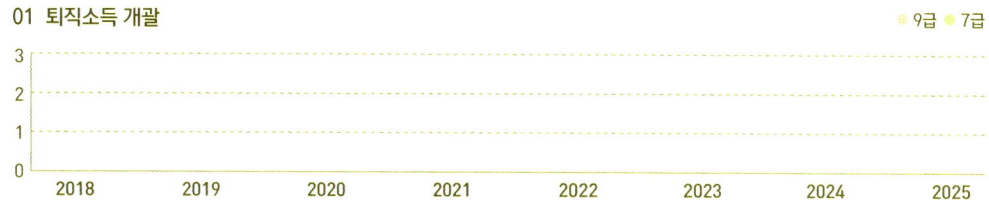

02 퇴직소득금액과 퇴직소득세의 계산

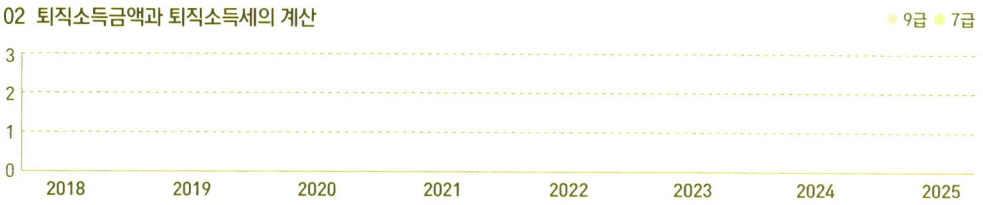

03 퇴직소득세 과세방법

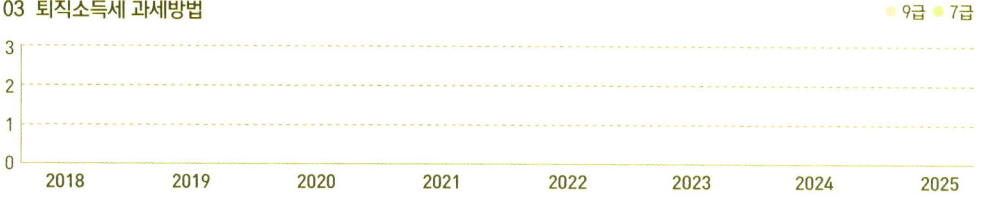

1 퇴직소득 개괄

1 퇴직소득의 의의 B

퇴직소득은 임원이나 사용인이 퇴직하면서 받는 소득과 공적연금 관련법에 따라 받는 일시금 등을 말하는 것으로, 오랜 시간 적립된 금액을 일시적으로 지급받는다는 특징이 있다. 이를 종합소득으로 과세할 경우 세부담이 높아지기 때문에 **퇴직소득은 종합소득에 속하나 종합소득 과세표준에 합산하지 않고 분류과세된다.**

기출 OX
01. 퇴직소득은 종합소득에 속하나 종합소득 과세표준에 합산하지 않고 분리과세된다. 2014. 7급
정답 X

2 퇴직판정의 특례 B

★ (1) 퇴직으로 보지 아니할 수 있는 경우

다음 중 어느 하나에 해당하는 사유가 발생하였으나 퇴직급여를 실제로 받지 않은 경우 퇴직으로 보지 아니할 수 있다(소령 43 ①).

> ① 종업원이 임원이 된 경우
> ② 합병·분할 등 조직변경, 사업양도 또는 직·간접으로 출자관계에 있는 법인으로의 전출 또는 동일한 고용주의 다른 사업장으로의 전출이 이루어진 경우
> ③ 법인의 상근임원이 비상근임원이 된 경우
> ④ 비정규직 근로자가 정규직 근로자로 전환된 경우

★ (2) 현실적인 퇴직으로 보는 경우: 퇴직소득 중간 지급

다음 중 어느 하나에 해당하는 사유로 퇴직급여를 미리 지급받은 경우에는 그 지급받은 날 퇴직한 것으로 본다(소령 43 ②).

> ① 「근로자퇴직급여 보장법 시행령」상 퇴직급여 중간정산 사유에 해당하는 경우
> ② 「근로자퇴직급여 보장법」에 따라 퇴직연금제도가 폐지되는 경우

3 퇴직소득의 범위 B

★★ (1) 퇴직소득

퇴직소득은 해당 과세기간에 발생한 다음의 소득으로 한다(소법 22 ①, 소령 42의2 ②).

> ① 공적연금 관련법에 따라 받는 일시금
> ② 사용자 부담금을 기초로 하여 현실적인 퇴직을 원인으로 지급받는 소득
> ③ 위와 유사한 소득으로서 다음의 소득
> ㉠ 공적연금 관련법에 따라 받는 일시금을 지급하는 자가 퇴직소득의 일부 또는 전부를 지연하여 지급하면서 지연지급에 대한 이자를 함께 지급하는 경우 해당 이자
> ㉡ 「과학기술인공제회법」에 따라 지급받는 과학기술발전장려금
> ㉢ 「건설근로자의 고용개선 등에 관한 법률」에 따라 지급받는 퇴직공제금
> ㉣ 종교 관련 종사자가 현실적인 퇴직을 원인으로 종교단체로부터 지급받는 소득

기출 OX
02. 「군인연금법」에 의해 2002년 1월 1일 이후 불입한 연금을 일시금으로 지급받으면 퇴직소득으로 과세한다. 2007. 7급
정답 O

(2) 비과세 퇴직소득

비과세 퇴직소득은 비과세 근로소득의 내용과 동일하다(소법 12 ③).

4 퇴직소득의 수입시기 B

퇴직소득의 수입시기는 퇴직한 날로 한다. 단, 「국민연금법」에 따른 일시금과 건설근로자가 지급받는 퇴직공제금의 경우에는 소득을 지급받는 날(분할하여 지급받는 경우에는 최초로 지급받는 날)로 한다(소령 50 ②).

> **기출 OX**
> 03. 퇴직소득에 대한 총수입금액의 수입시기는 원칙적으로 퇴직급여를 실제로 지급받는 날이다. 2008. 9급
> 정답 X

2 퇴직소득금액 및 퇴직소득세의 계산

1 퇴직소득세 계산구조 C

$$\begin{array}{l} \text{퇴직소득금액} \\ (-) \ \text{근속연수공제} \\ \hline \times\times\times \ \times \ \dfrac{1}{\text{근속연수}} \times 12 = \text{환산급여} \\ \qquad\qquad\qquad (-) \ \text{환산급여공제} \\ \qquad\qquad\qquad \text{퇴직소득 과세표준} \times \text{기본세율} \times \dfrac{1}{12} \times \text{근속연수} = \text{산출세액} \end{array}$$

2 퇴직소득금액과 한도 C

(1) 공적연금 일시금의 과세 범위

공적연금 관련법에 의한 퇴직소득은 2002년 1월 1일 이후에 납입된 연금 기여금 및 사용자 부담금을 기초로 하거나 2002년 1월 1일 이후 근로의 제공을 기초로 하여 받은 일시금으로 한다(소법 22 ②). 과세제외기여금 등이 있는 경우에는 과세기준금액에서 과세제외기여금 등을 뺀 금액을 일시금으로 한다(소령 42의2 ③).

① 「국민연금법」 또는 「국민연금과 직역연금의 연계에 관한 법률」에 따른 반환일시금(소령 42의2 ①)

> 퇴직소득 = MIN[㉠, ㉡] - 과세제외기여금 등
> ㉠ 과세기준일*(2002. 1. 1.) 이후 납입한 기여금·개인부담금의 누계액과 이에 대한 이자 및 가산이자
> ㉡ 실제 지급받은 일시금 - 과세기준일 이전에 납입한 기여금·개인부담금

* 공적연금 일시금을 반납하고 공적연금 관련법에 따라 재직기간, 복무기간 또는 가입기간을 합산한 경우에는 재임용일 또는 재가입일을 과세기준일로 본다.

> **오쌤 Talk**
> **퇴직공로금과 퇴직위로금**
> ① 퇴직공로금은 원칙적으로 퇴직소득으로 한다. 다만 회사의 규정이 없는 경우 사용인의 퇴직공로금은 여전히 퇴직소득으로 인정하지만, 임원에게 지급한 퇴직공로금은 「법인세법」 상 인정상여에 해당하기 때문에 퇴직소득으로 보지 않고 근로소득으로 본다.
> ② 퇴직위로금으로서 사회통념상 적합한 것은 비과세된다.

---

*1 과세제외기여금 등: 과세기준(2002.1.1) 이후에 연금보험료공제를 받지 않고 납입한 기여금 또는 개인부담금

② 그 외의 공적연금 일시금

$$퇴직소득 = 과세기간 일시금 수령액 \times \frac{과세기준일\ 이후\ 기여금\ 납입월수}{총기여금\ 납입월수} - 과세제외\ 기여금\ 등$$

(2) 임원의 퇴직소득 한도

임원의 퇴직급여 중 다음의 한도를 초과하는 금액은 근로소득으로 본다(소법 22 ③, ④).

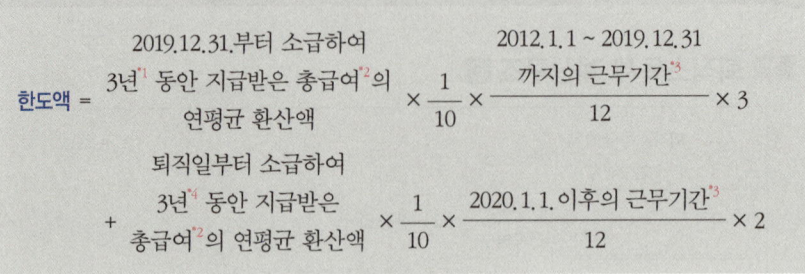

*1 2012.1.1.부터 2019.12.31.까지의 근무기간이 3년 미만인 경우 해당 근무기간으로 한다.
*2 총급여: 근로소득을 계산할 때의 '총급여'의 범위와 같다.
*3 근무기간은 개월 수로 계산하되, 1개월 미만의 기간은 1개월로 본다.
*4 2020.1.1.부터 퇴직일까지의 근무기간이 3년 미만인 경우 해당 근무기간으로 한다.

3 퇴직소득공제 B

퇴직소득이 있는 거주자는 누구든지 퇴직소득공제를 받을 수 있고 별도의 신청을 요하지 않는다.

★★ (1) 근속연수공제

근속연수공제는 다음과 같이 계산하며, 해당 과세기간의 퇴직소득 금액이 근속연수 공제액에 미달하는 경우에는 그 퇴직소득금액을 공제액으로 한다(소법 48 ②).

근속연수*	공제액
① 5년 이하	100만원 × 근속연수
② 5년 초과 10년 이하	500만원 + 200만원 × (근속연수 - 5년)
③ 10년 초과 20년 이하	1,500만원 + 250만원 × (근속연수 - 10년)
④ 20년 초과	4,000만원 + 300만원 × (근속연수 - 20년)

* 근속연수: 근속연수는 근로를 제공하기 시작한 날 또는 퇴직소득 중간지급일의 다음 날부터 퇴직한 날까지로 한다. 다만, 퇴직급여를 산정할 때 근로기간에 포함되지 아니한 기간은 근속연수에서 제외한다(소령 105 ①, ②). 이 때 근속연수 계산 시 1년 미만의 기간은 1년으로 본다.

 오쌤 Talk

근로소득으로 보는 임원의 퇴직소득

임원의 퇴직급여 중 한도를 초과하는 부분은 근로소득으로 보는데 이때, 2011. 12. 31.에 퇴직하였다고 가정할 때 지급받을 퇴직소득금액이 있는 경우에는 그 금액을 뺀 금액을 말한다.

근로소득 = 임원의 퇴직소득금액 - 2011. 12. 31.에 퇴직하였다고 가정할 때 지급받을 퇴직소득금액 - 한도액

 오쌤 Talk

규정의 취지

임원의 퇴직금 중 일정 한도를 초과하는 소득은 근로소득으로 과세되는바, 2020년 1월 1일 이후 적립분에 해당하는 임원의 퇴직소득에 대해서는 임원의 퇴직소득금액의 한도를 계산할 때 적용되는 지급배수를 급여의 연평균환산액을 기초로 산정한 기준금액의 3배에서 2배로 하향 조정하여 임원 퇴직소득 한도를 축소하였다. 이는 근로소득과 비교 시 보다 유리한 퇴직소득공제의 세제 혜택을 통해서 조세부담을 회피하는 것을 방지하기 위함이다.

 **기출 OX**

04. 퇴직소득과세표준을 계산하는 경우, 퇴직소득금액에서 근속연수에 따라 계산한 금액을 공제한다. 2014. 7급
정답 O

(2) 환산급여공제

환산급여에 따른 다음의 금액을 공제하여 퇴직소득 과세표준을 구한다(소법 48 ①).

환산급여	공제액
① 8백만원 이하	환산급여의 100%
② 8백만원 초과 7천만원 이하	8백만원 + 8백만원 초과분의 60%
③ 7천만원 초과 1억원 이하	4천520만원 + 7천만원 초과분의 55%
④ 1억원 초과 3억원 이하	6천170만원 + 1억원 초과분의 45%
⑤ 3억원 초과	1억5천170만원 + 3억원 초과분의 35%

4 퇴직소득 산출세액 B

퇴직소득 산출세액은 연분연승법을 적용하여 해당 과세기간의 퇴직소득 과세표준에 기본세율을 적용하여 계산한 금액을 12로 나눈 금액에 근속연수를 곱하여 계산한 금액으로 한다. 이는 다음과 같다.

① 퇴직소득금액 - 근속연수공제
② ① × $\dfrac{1}{\text{근속연수}}$ × 12 ← 연분
③ (② - 환산급여공제) × 기본세율(6%~45%)
④ 산출세액 = ③ × $\dfrac{1}{12}$ × 근속연수 ← 연승

> **기출 OX**
>
> 05. 거주자의 퇴직소득에 대한 소득세는 해당 과세기간의 퇴직소득 과세표준에 기본세율을 적용하여 계산한 금액을 12로 나눈 금액에 근속연수를 곱하여 계산한 금액으로 한다. 2014. 7급
> 정답 ○

5 퇴직소득 결정세액 B

(1) 퇴직소득 결정세액의 계산

퇴직소득세 계산구조상 세액공제는 외국납부세액공제가 유일하다. 따라서 다음과 같이 퇴직소득 산출세액에서 외국납부세액공제액을 공제한 값을 퇴직소득 결정세액으로 한다.

> 퇴직소득 결정세액 = 퇴직소득 산출세액 - 외국납부 세액공제

(2) 외국납부세액공제

퇴직소득 산출세액에서 외국납부세액을 공제하는 경우의 산식은 종합소득 산출세액에서 외국납부세액을 공제하는 경우의 산식과 유사하되, 한도초과액이 10년간 이월공제되지 않는다는 측면에서 차이점이 존재한다. 퇴직소득에서 외국납부세액공제는 다음과 같이 계산한다.

> 외국납부세액공제액 : MIN[㉠, ㉡]
> ㉠ 외국납부세액
> ㉡ 한도 = 퇴직소득 산출세액 × $\dfrac{\text{국외원천소득금액}}{\text{퇴직소득금액}}$

> **기출 OX**
>
> 06. 퇴직소득세 계산에서는 외국납부세액공제가 없다. 2008. 9급
> 정답 ✕

3 퇴직소득세 과세방법

1 원천징수 B

해당 과세기간의 퇴직소득금액이 있는 거주자는 그 퇴직소득 과세표준을 그 과세기간의 다음 연도 5월 1일부터 5월 31일까지 납세지 관할 세무서장에게 퇴직소득 과세표준 확정신고를 해야 한다(소법 71 ①). 다만, 원천징수된 퇴직소득만 있는 자는 확정신고를 하지 않을 수 있다.

(1) 원칙

원천징수의무자가 퇴직소득을 지급할 때에는 그 퇴직소득 과세표준에 적용하여 계산한 소득세를 징수하고 이를 그 징수일이 속하는 달의 다음 달 10일까지 납세지 관할 세무서장 등에게 납부해야 한다. 단, 다음의 퇴직소득은 원천징수의무가 적용되지 않으므로 확정신고를 해야 한다(소법 127 ① (4), (7), 146 ①).

> ① 외국기관 또는 우리나라에 주둔하는 국제연합군(미군 제외)으로부터 받는 퇴직급여
> ② 국외에 있는 비거주자 또는 외국법인(국내지점 또는 국내영업소는 제외)으로부터 받는 퇴직급여

★★ (2) 예외

① 이연퇴직소득이 있는 경우

다음의 이연퇴직소득이 있는 경우 **해당 퇴직소득에 대한 소득세를 연금외수령하기 전까지 원천징수하지 않는다.** 이때 소득세가 이미 원천징수된 경우의 해당 거주자는 원천징수세액에 대한 환급을 신청할 수 있다(소법 146 ②).

> ㉠ 퇴직일 현재 연금계좌에 있거나 연금계좌로 지급되는 경우
> ㉡ 퇴직하여 퇴직소득을 지급받은 날부터 60일 이내에 연금계좌에 입금되는 경우

② 이연퇴직소득세의 계산

위 ①에 따라 원천징수하지 않거나 환급하는 퇴직소득세는 다음에 따라 계산한 금액으로 한다.

$$이연퇴직소득세 = 퇴직소득 산출세액 \times \frac{이연퇴직소득에 해당하는 금액}{퇴직소득금액^*}$$

* 환급하는 경우의 퇴직소득금액은 이미 원천징수한 세액을 뺀 금액으로 한다.

기출 OX

07. 퇴직하여 지급받은 날부터 60일 이내에 연금계좌에 입금되는 경우에는 해당 퇴직소득에 대한 소득세를 연금외수령하기 전까지 원천징수하지 아니한다. 2014. 7급
정답 O

오쌤 Talk

이연퇴직소득
2012.12.31. 이전에 퇴직하여 받은 퇴직급여를 퇴직연금계좌에 이체(또는 입금)함으로써 실제로 지급받는 날까지 소득이 발생하지 않는 퇴직소득을 말한다.

③ 이연퇴직소득을 연금외수령하는 경우 원천징수

원천징수의무자는 다음 산식에 따라 계산한 이연퇴직소득세를 원천징수해야 한다(소령 202의2 ②).

$$\text{원천징수할 세액} = \text{연금외수령 당시 이연퇴직소득세} \times \frac{\text{연금외수령한 이연퇴직소득}}{\text{연금외수령 당시 이연퇴직소득}}$$

2 퇴직소득세의 정산 C

(1) 정산 대상

퇴직자가 퇴직소득을 지급받을 때 이미 지급받은 다음의 퇴직소득에 대한 원천징수영수증을 원천징수의무자에게 제출하는 경우 원천징수의무자는 퇴직자에게 이미 지급된 퇴직소득과 자기가 지급할 퇴직소득을 합계한 금액에 대하여 정산한 소득세를 원천징수해야 한다(소법 148 ①).

> ① 해당 과세기간에 지급받은 퇴직소득
> ② 근로제공을 위하여 사용자와 체결하는 계약으로서 사용자가 같은 하나의 계약*에서 이미 지급받은 퇴직소득

* 다음의 어느 하나에 해당하는 사유로 체결하는 계약을 포함한다.

> ㉠ 종업원이 임원이 된 경우
> ㉡ 합병·분할 등 조직변경, 사업양도, 직·간접으로 출자관계에 있는 법인으로의 전출 또는 동일한 사업자가 경영하는 다른 사업장으로의 전출이 이루어진 경우
> ㉢ 법인의 상근임원이 비상근임원이 된 경우
> ㉣ 비정규직 근로자가 정규직 근로자로 전환된 경우

(2) 정산 방법

$$\text{정산하는 퇴직소득세} = \text{이미 지급된 퇴직소득과 자기가 지급할 퇴직소득을 합계한 금액에 대한 퇴직소득세액} - \text{이미 지급된 퇴직소득에 대한 세액}$$

퇴직소득세를 정산하는 경우의 근속연수는 이미 지급된 퇴직소득에 대한 근속연수와 지급할 퇴직소득의 근속연수를 합산한 월수에서 중복되는 기간의 월수를 뺀 월수에 따라 계산한다(소령 203 ①,②).

CHAPTER 10

양도소득세

1. 양도소득 개괄
2. 비과세 양도소득
3. 취득 및 양도시기
4. 양도소득세의 계산
5. 특수한 경우의 양도소득 산출세액의 계산
6. 미등기양도자산에 대한 불이익
7. 양도소득 차감납부세액의 계산
8. 국외자산에 대한 양도소득세
9. 거주자 출국 시 국내 주식 등에 대한 과세특례

• 최신 8개년 출제 경향 분석

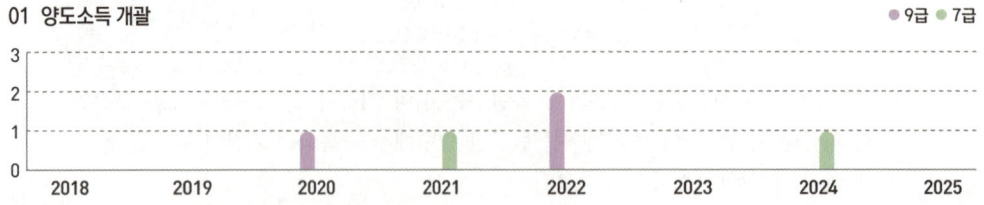

01 양도소득 개괄

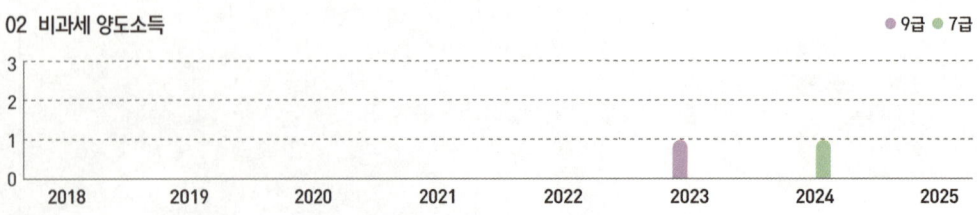

02 비과세 양도소득

03 취득 및 양도시기

04 양도소득세의 계산

05 특수한 경우의 양도소득 산출세액의 계산

06 미등기양도자산에 대한 불이익

07 양도소득 차감납부세액의 계산

08 국외자산에 대한 양도소득세

09 거주자 출국 시 국내 주식 등에 대한 과세특례

1 양도소득 개괄

1 양도소득과 과세방법 B

(1) 정의

'양도'란 자산에 대한 등기 또는 등록과 관계없이 매도, 교환, 법인에 대한 현물출자 등을 통하여 그 자산을 유상으로 사실상 이전하는 것을 말한다(소법 88 (1)). '양도소득'이란, 개인이 법에 열거된 자산을 사업성 없이 이전하면서 유상으로 발생한 개인의 소득을 말하며, 이에 대해 국가는 소득세를 과세한다. 양도소득은 열거주의 과세방식을 택하기 때문에 법에 규정하는 과세대상 자산의 양도로 발생하는 소득에 대해서만 과세한다.

(2) 양도소득에 대한 과세방법

자산의 양도는 다음과 같이 사업소득, 기타소득, 양도소득 등으로 과세될 수 있다.

구분	과세되는 소득의 종류
① 사업성이 있는 양도	사업소득
② 광업권 등 무체재산권 양도	기타소득
③ 저작자 등 외의 자의 저작권·영화필름 등 양도	
④ 양도소득세 과세대상자산의 양도	양도소득
⑤ 위 외의 자산의 양도	소득세를 과세하지 않음

2 양도의 범위 A

(1) 양도로 보는 경우

① 미등기·미등록 자산의 양도

등기 또는 등록과 관계없이 실질적인 내용이 양도에 해당하는 경우 양도로 보므로 미등기·미등록된 자산의 양도도 양도소득세 과세대상이다.

② 유상으로 이전된 자산의 양도

㉠ 매매·교환·현물출자 등

유상으로 대가를 받고 과세대상 자산을 이전하는 매매, 교환, 현물출자 등은 양도로 보아 양도소득으로 과세한다(소법 88 (1)). 따라서 무상으로 이전된 자산의 경우 수증자에게 증여세(영리법인의 경우 자산수증익으로 법인세)를 과세한다.

㉡ 부담부증여

법에서 정하는 부담부증여 시 수증자가 부담하는 채무액에 해당하는 부분은 양도로 본다(소법 88(1)). ⑤ 7에서 후술한다.

㉢ 대물변제

손해배상에 있어서 당사자 간의 합의에 의하거나 법원의 확정판결에 의하여 일정액의 위자료를 지급하기로 하고, 동 위자료의 지급에 갈음하여 당사자 일방이 소유하고 있던 부동산으로 대물변제한 때에는 그 자산을 양도한 것으로 본다(소기통 88-0…3).

㉣ 경매·수용

경매 절차에 의해 부동산에 대한 매각허가결정이 확정되고 그 대금이 완납된 경우라면 양도에 해당하며, 수용 자체도 대가수반이 이루어지는 양도에 해당한다.

기출 OX

01. 양도란 자산에 대한 등기 또는 등록과 관계없이 매도, 교환, 법인에 대한 현물출자 등을 통하여 그 자산을 유상으로 사실상 이전하는 것을 말한다. 2024. 7급 최신
정답 O

02. 양도란 자산에 대한 등기 또는 등록과 관계없이 매도·교환·법인에 대한 현물출자 등으로 인하여 그 자산이 유상 또는 무상으로 사실상 이전되는 것을 말한다. 2012. 7급
정답 X

기출 OX

03. 손해배상에 있어서 당사자 간의 합의에 의하거나 법원의 확정판결에 의하여 일정액의 위자료를 지급하기로 하고, 동 위자료의 지급에 갈음하여 당사자 일방이 소유하고 있던 부동산으로 대물변제한 때에는 그 자산을 양도한 것으로 본다. 2012. 7급
정답 O

04. 「소득세법」상 대물변제에 의한 소유권 이전, 경매에 의한 소유권 이전은 양도소득세의 과세대상이 되는 부동산 양도에 해당한다. 2013. 9급 수정
정답 O

(2) 양도로 보지 않는 경우

다음의 경우 유상으로 대가를 받고 과세대상 자산을 이전하였다고 하더라도 사실상 양도로 보지 않아 양도소득세를 과세하지 않는다.

① 양도담보: 채무변제 담보를 위하여 채무자가 자산을 양도하는 계약을 체결하고 이러한 뜻을 포함한 계약서의 사본을 과세표준확정신고서에 첨부하여 신고하는 경우(단, 해당 자산을 변제에 충당할 경우 실질적인 소유권 이전에 해당하므로 양도로 본다)
② 「도시개발법」이나 그 밖의 법률에 따른 환지처분[*1]으로 지목·지번이 변경되거나 보류지[*2](保留地)로 충당되는 경우
③ 토지 경계를 변경하기 위한 토지의 교환: 다음의 요건을 모두 만족하는 경우
  ⊙ 토지 이용상 불합리한 지상경계를 합리적으로 바꾸기 위하여 법률에 따라 토지를 분할하여 교환할 것
  ⓒ 분할된 토지 전체 면적이 분할 전 토지 전체 면적의 20%를 초과하지 않을 것
④ 위탁자와 수탁자 간 신임관계에 기하여 위탁자의 자산에 신탁이 설정되고 그 신탁재산의 소유권이 수탁자에게 이전된 경우로서 위탁자가 신탁 설정을 해지하거나 신탁의 수익자를 변경할 수 있는 등 신탁재산을 실질적으로 지배하고 소유하는 것으로 볼 수 있는 경우
⑤ 법원의 확정판결에 의한 신탁해지를 원인으로 하는 소유권이전등기를 하는 경우
⑥ 매매원인 무효의 소에 의해 그 매매사실이 원인무효로 판시되어 환원될 경우
⑦ 공유토지의 분할: 공동소유의 토지를 소유지분별로 단순히 분할만 하거나 공유자지분 변경 없이 2개 이상의 공유토지로 분할하였다가 그 공유토지를 소유지분별로 단순히 재분할하는 경우(다만, 공유 지분이 변경되는 경우에는 변경되는 부분은 양도로 봄)
⑧ 증여추정: 배우자 또는 직계존비속에게 재산을 양도한 경우로서 실제 양도거래라고 입증하지 못한 경우(양도가 아닌 증여로 추정)
⑨ 이혼으로 인하여 혼인 중에 형성된 부부공동재산을 「민법」에 따라 재산분할하는 경우
⑩ 경매 등을 통한 소유자산 재취득: 경매나 공매로 인해 소유자산을 자신이 재취득하는 경우

*1 환지처분: 법에 따른 도시개발사업, 농업생산기반 정비사업, 그 밖의 법률에 따라 사업시행자가 사업완료 후에 사업구역 내의 토지 소유자 또는 관계인에게 종전의 토지 또는 건축물 대신에 그 구역 내의 다른 토지 또는 사업시행자에게 처분할 권한이 있는 건축물의 일부와 그 건축물이 있는 토지의 공유지분으로 바꾸어주는 것(소령 152 ①)

*2 보류지: 위 *1에 따른 사업시행자가 해당 법률에 따라 일정한 토지를 환지로 정하지 않고 공공용지 또는 체비지(사업구역 내의 토지로 사업비용을 부담하게 하는 경우의 토지)로 사용하기 위하여 보류한 토지(소령 152 ②)

 오쌤 Talk

환지처분으로 지목, 지번이 변경되거나 보류지로 충당되는 경우

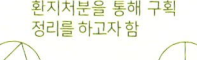

환지처분을 통해 구획 정리를 하고자 함

이러한 구획정리를 용이하게 하기 위하여, 양도로 보지 않음

📖 **확인문제**

01. 「소득세법」상 토지의 소유권이 다음의 사유로 이전되었을 경우 양도소득세 과세대상에 해당되는 것만을 모두 고른 것은?   2010. 9급

| ㄱ. 채무자의 변제에 충당 |
| ㄴ. 타인의 건물과 교환 |
| ㄷ. 보류지로 충당 |
| ㄹ. 공익사업 시행자의 수용 |
| ㅁ. 부동산업자의 상가 신축판매 |

① ㄱ, ㄴ, ㄷ   ② ㄱ, ㄴ, ㄹ
③ ㄴ, ㄷ, ㄹ   ④ ㄷ, ㄹ, ㅁ

정답 ②

⚖️ **기출 OX**

05. 「도시개발법」에 따른 환지처분으로 지목 또는 지번이 변경되거나 보류지로 충당되는 경우에는 양도로 보지 아니한다.   2024. 7급 [최신]

정답 O

06. 공유물의 소유지분별 분할(공유지분 변동 없음)이 있는 경우「소득세법」상 양도소득세의 과세대상이 되는 부동산 양도에 해당하지 않는다.   2013. 9급 수정

정답 O

 오쌤 Talk

이혼으로 인한 위자료 대물변제와 재산분할

① 위자료 대물변제: 이혼으로 인하여 위자료를 청구하는 경우로 위자료에 대한 변제 성격으로 토지 등의 양도소득세 과세대상자산을 이전하는 경우에는 실질적으로 양도하는 것으로 보아 양도소득세를 과세한다.
② 재산분할: 이혼으로 재산분할을 하는 경우에는 양도로 보지 않는 것으로 법에 규정되어 있기 때문에 양도소득세를 과세하지 않는다.

3 과세대상자산의 범위 A

다음의 과세대상자산을 양도할 때에만 양도소득세가 과세되는 것으로 한다.

(1) 토지 및 건물
'토지'란 법에 따라 지적공부(地籍公簿)에 등록하여야 할 지목에 해당하는 것을 말하며 '건물'에는 건물에 부속된 시설물과 구축물을 포함한다(소법 94 ① (1)).

(2) 부동산 관련 권리
① 부동산을 취득할 수 있는 권리
'부동산을 취득할 수 있는 권리'란 부동산 취득시기가 도래하기 전에 해당 부동산을 취득할 수 있는 권리를 말하는 것으로 그 예시는 다음과 같다(소기통 94-0…1).

> ㉠ 건물이 완성되는 때에 그 건물과 이에 부수되는 토지를 취득할 수 있는 권리(아파트당첨권 등)
> ㉡ 토지상환채권 및 주택상환사채
> ㉢ 부동산매매계약을 체결한 자가 계약금만 지급한 상태에서 양도하는 권리

② 지상권, 전세권과 등기된 부동산임차권
지상권, 전세권과 등기된 부동산임차권은 양도소득세 과세대상이다. 이때, 등기되지 않은 부동산임차권(점포임차권 제외)에 대해서는 과세하지 아니하며, 지역권은 양도할 수 있는 권리가 아니므로 과세대상으로 규정되지 않는다. 참고로, 지역권·지상권의 대여소득은 사업소득이나 공익사업 관련 지역권·지상권의 대여소득은 기타소득이다.

(3) 기타자산
① 사업용 자산과 함께 양도하는 영업권
사업에 사용하는 위 (1)과 (2)에 해당하는 토지·건물·부동산에 관한 권리와 함께 양도하는 영업권(영업권을 별도로 평가하지 아니하였으나 사회통념상 자산에 포함되어 함께 양도된 것으로 인정되는 영업권과 행정관청으로부터 인가·허가·면허 등을 받음으로써 얻는 경제적 이익을 포함)을 양도한 경우에는 양도소득세를 과세한다(소법 94 ① (4)).

② 특정 시설물 이용권
이용권·회원권, 그 밖에 그 명칭과 관계없이 시설물을 배타적으로 이용하거나 일반이용자보다 유리한 조건으로 이용할 수 있도록 약정한 단체의 구성원이 된 자에게 부여되는 시설물 이용권(법인의 주식 등을 소유하는 것만으로 시설물을 배타적으로 이용하거나 일반이용자보다 유리한 조건으로 시설물 이용권을 부여받게 되는 경우 그 주식 등을 포함)을 양도한 경우에는 양도소득세를 과세한다(소법 94 ①).

기출 OX

07. 이혼 시 재산분할에 따른 소유권 이전은 「소득세법」상 양도소득세의 과세대상이 되는 부동산 양도에 해당한다. 2005. 7급
정답 X

08. 토지 또는 건물의 양도로 발생하는 소득은 양도소득에 포함된다. 2022. 9급
정답 O

기출 OX

09. 지상권, 전세권과 등기된 부동산임차권을 양도하는 경우 양도소득세가 과세된다. 2011. 7급
정답 O

10. 전세권의 양도로 발생하는 소득은 양도소득세의 과세대상이다. 2012. 9급
정답 O

11. 등기되지 않은 부동산임차권의 양도로 발생하는 소득은 양도소득에 포함된다. 2022. 9급
정답 X

12. 지상권의 양도로 발생하는 소득은 양도소득에 포함되지 않는다. 2022. 9급
정답 X

기출 OX

13. 사업용 고정자산인 부동산과 함께 영업권을 양도하여 받는 영업권 양도이익은 기타소득으로 과세한다. 2015. 9급
정답 X

14. 사업용 고정자산(토지, 건물 및 부동산에 관한 권리)과 함께 양도하는 영업권은 양도소득세의 과세대상에 포함된다. 2012. 7급
정답 O

15. 영업권의 단독 양도로 발생하는 소득은 양도소득에 포함된다. 2022. 9급
정답 X

오쌤 Talk
영업권과 관련된 과세
① 양도소득으로 과세하는 경우: 사업용 고정자산과 함께 영업권을 양도
② 기타소득으로 과세하는 경우: 시설이나 집기비품 등과 함께 영업권을 양도하거나 영업권을 대여하여 그를 대가로 얻은 소득

③ 과점주주가 소유하는 부동산과다보유법인 주식(법정주식 A)

아래 요건을 모두 만족하는 법인의 주식을 양도할 경우 양도소득세를 과세한다(소법 94 ④, 소령 158 ① (1)).

㉠ 지분율 요건: 법인의 주주 1인 및 기타주주(과점주주)가 소유하는 주식 등의 합계액이 당해 법인 주식 등의 합계액의 50%를 초과하는 '과점주주'일 것

㉡ 양도비율 요건: 과점주주가 소급하여 3년 이내 과점주주 외의 자에게 당해 법인 주식 등의 50% 이상을 양도할 것

㉢ 부동산 등 보유비율 요건: 당해 법인의 자산총액 중 위 (1)과 (2)에 해당하는 자산의 가액과 직·간접적으로 보유하는 다른 법인의 주식가액에 그 다른 법인의 위 (1)과 (2) 자산 보유비율을 곱하여 산출한 가액의 합계액이 차지하는 비율이 50% 이상일 것

$$\text{부동산 등 보유비율} = \frac{\text{토지·건물·부동산 관련 권리 가액} + \text{당해 법인이 직간접적으로 보유하는 다른 법인의 주식가액} \times \text{다른 법인의 토지·건물·부동산 관련 보유비율}}{\text{해당 법인의 자산총액}}$$

④ 특정업종을 영위하는 부동산과다보유법인 주식(법정주식 B)

아래 요건을 모두 만족하는 법인의 주식을 양도할 경우 양도소득세를 과세한다(소령 158 ① (5), 소칙 76 ②).

㉠ 특정업종 요건: 골프장업·스키장업 등 체육시설업, 휴양시설관련업 및 부동산업·부동산개발업으로서 기획재정부령으로 정하는 사업을 영위하는 법인의 주식일 것

㉡ 부동산 등 보유비율 요건: 위 ③ ㉢의 부동산 등 보유비율이 80% 이상일 것

⑤ 특정주식이 일반적인 국내주식에도 해당되는 경우

특정주식(법정주식 A, 법정주식 B)이 일반적인 국내주식에도 해당되는 경우 특정주식으로 보아(소법 94 ②) 기타자산에 적용하는 세율인 양도소득 기본세율을 적용한다.

(4) 이축권

위 (1)에 해당하는 토지·건물과 함께 양도하는 이축권[*1]을 양도하는 경우에는 양도소득세를 과세한다. 다만, 해당 이축권 가액을 감정평가법인 등이 감정한 가액이 있는 경우 그 가액(감정한 가액이 둘 이상인 경우에는 그 감정한 가액의 평균액)을 구분하여 신고하는 경우는 제외한다(소법 94 ① (4), 소령 158의2).

오쌤 Talk

지역권의 양도가 과세대상 자산이 아닌 이유

지역권이라는 것은 양도가 가능한 개념이 아니다. 지역권이라 함은 타인의 토지를 자신의 이익을 위하여 이용하여 사용가치를 증대시키는 권리인데, 지역권을 대여할 수는 있으나, 지역권을 양도할 수는 없다. 따라서 지역권의 양도는 과세대상으로 보지 않는다.

---

*1 이축권: 「개발제한구역의 지정 및 관리에 관한 특별조치법」에 따른 이축을 할 수 있는 권리

(5) 주식 및 출자지분(현행법)

현행법상 주식 및 출자지분의 양도로 발생한 소득은 다음과 같이 과세한다.

① 국내주식 및 출자지분

다음의 **주식 또는 출자지분**(신주인수권 및 특정 증권예탁증권 포함)의 **양도로 발생 소득에 대해서 과세**한다(소법 94 ① (3)).

> ㉠ 주권상장법인이 발행한 주식으로 대주주가 양도하는 것
> ㉡ 주권상장법인이 발행한 주식으로 대주주가 아닌 자가 증권시장에서의 거래에 의하지 않고 양도하는 것(다만, 「상법」에 따른 주식의 포괄적 교환·이전 또는 주식의 포괄적 교환·이전에 대한 주식매수청구권 행사로 양도하는 주식 등은 제외)
> ㉢ **주권비상장법인**이 발행한 주식(대주주 여부를 불문)을 양도하는 것(다만, 주권비상장법인의 대주주가 아닌 자가 장외매매거래로 양도하는 중소·중견기업의 주식은 제외)

 참고

대주주의 범위

대주주는 주주 1인(상장법인의 경우 법인주주는 제외**NEW**) 및 특수관계인*이 주식 양도일이 속하는 사업연도의 직전사업연도 종료일 현재 소유주식을 기준으로 다음에 해당하는지 여부를 판단한다(소령 157 ④, ⑤).

구분	대주주(지분율요건과 시가총액요건 중 어느 하나의 기준에 해당하는 자)	
	지분율	시가총액
유가증권시장 상장법인	1% 이상인 주주	50억원
코스닥시장 상장법인	**2% 이상인 주주**	
코넥스시장 상장법인	4% 이상인 주주	
비상장법인		

* 주식 양도일이 속하는 사업연도의 직전사업연도 종료일(주식양도일이 속하는 사업연도에 새로 설립된 법인의 경우에는 해당 법인의 설립등기일) 현재 주주 1인과 특수관계인인 자

② 국외주식 등

다음에 해당하는 국외주식 등의 양도로 인한 소득은 과세한다.

> ㉠ 외국법인이 발행한 주식 등(증권시장에 상장된 주식 등은 제외)
> ㉡ 내국법인이 발행한 주식 등(국외 예탁기관이 발행한 증권예탁증권을 포함)으로서 해외 증권시장에 상장된 것

(6) 파생상품

파생결합증권과 다음 중 어느 하나에 해당하는 장내파생상품 또는 장외파생상품의 거래 또는 행위로 발생하는 소득(이자소득 또는 배당소득으로 과세하는 파생상품의 거래 또는 행위로부터의 이익은 제외)에 대해서 양도소득세를 과세한다(소법 94 ① (5), 소령 159의2 ①).

- ㉠ 장내파생상품으로서 증권시장 또는 이와 유사한 시장으로서 외국에 있는 시장을 대표하는 종목을 기준으로 산출된 지수를 기초자산으로 하는 상품
- ㉡ 장외파생상품으로서 법령으로 정한 요건을 모두 갖춘 파생상품(경제적 실질이 동일한 상품을 포함)
- ㉢ 당사자 일방의 의사표시에 따라 ㉠에 따른 지수의 수치의 변동과 연계하여 미리 정하여진 방법에 따라 주권의 매매나 금전을 수수하는 거래를 성립시킬 수 있는 권리를 표시하는 증권 또는 증서
- ㉣ 해외 파생상품시장에서 거래되는 파생상품
- ㉤ 장외파생상품으로서 경제적 실질이 ㉠에 따른 장내파생상품과 동일한 상품

(7) 신탁 수익권

① 양도소득세 과세 대상

신탁의 이익을 받을 권리(이하 '신탁 수익권')의 양도로 발생하는 소득에 대해서 양도소득세를 과세한다. 다만, 신탁 수익권의 양도를 통하여 신탁재산에 대한 지배·통제권이 사실상 이전되는 경우는 신탁재산 자체의 양도로 본다(소법 94 ① (6)).

② 양도소득세 과세 배제 대상

다음 중 어느 하나에 해당하는 수익권 또는 수익증권은 양도소득세 과세대상에서 제외한다(소령 159의3).

- ㉠ 「자본시장과 금융투자업에 관한 법률」에 따른 수익권 또는 수익증권
- ㉡ 「자본시장과 금융투자업에 관한 법률」에 따른 투자신탁의 수익권 또는 수익증권으로서 해당 수익권 또는 수익증권의 양도로 발생하는 소득이 배당소득으로 과세되는 수익권 또는 수익증권
- ㉢ 신탁의 이익을 받을 권리에 대한 양도로 발생하는 소득이 배당소득으로 과세되는 수익권 또는 수익증권
- ㉣ 위탁자의 채권자가 채권담보를 위하여 채권 원리금의 범위 내에서 선순위 수익자로서 참여하고 있는 경우 해당 수익권(단, 이 경우 신탁 수익자명부 변동상황명세서를 제출해야 한다.)

❷ 비과세 양도소득

다음의 소득에 대해서는 양도소득세를 과세하지 않는다(소법 89). 하지만 **미등기양도자산에 대해서는 비과세 양도소득 규정을 별도로 적용하지 않기** 때문에 다음 중 어느 하나에 해당하더라도 미등기 양도자산에 대해서는 소득세를 과세한다(소법 91).

> ① 파산선고에 의한 처분으로 발생하는 소득
> ② 농지의 교환 및 분합으로 발생하는 소득
> ③ 1세대 1주택(고가주택 제외)과 그 부수토지의 양도로 발생하는 소득
> ④ 요건을 충족한 조합원입주권 양도소득
> ⑤ 법정 조정금

1 파산선고에 의한 처분으로 발생하는 소득 B

「파산법」에 따른 **파산선고에 의하여 처분한 자산**에서 발생한 소득에 대하여는 **양도소득세를 과세하지 아니한다.**

2 농지의 교환 및 분합으로 발생하는 소득 C

(1) 개념

'농지'란 논밭이나 과수원으로서 지적공부의 지목과 관계없이 실제로 경작에 사용되는 토지를 말한다. 이 경우 농지의 경영에 직접 필요한 농막, 퇴비사, 양수장, 지소, 농도 및 수로 등에 사용되는 토지를 포함한다(소법 88 (8)).

(2) 비과세 요건

다음 중 어느 하나에 해당하는 농지를 교환·분할 또는 합치는 행위로 인해 발생하는 소득에 대해서는 비과세한다. 다만, 이 경우 교환·분합하는 쌍방 토지가액의 차액이 가액이 큰 편의 1/4 이하인 경우에 한하여 비과세한다(소령 153 ①).

> ① 국가 또는 지방자치단체가 시행하는 사업으로 인하여 교환 또는 분합하는 농지
> ② 국가 또는 지방자치단체가 소유하는 토지와 교환 또는 분합하는 농지
> ③ 경작상 필요에 의하여 교환하는 농지. 다만, 교환에 의하여 새로이 취득하는 농지를 3년 이상 농지소재지에 거주하면서 경작하는 경우에 한한다.
> ④ 「농어촌정비법」·「농지법」·「한국농어촌공사 및 농지관리기금법」 또는 「농업협동조합법」에 의하여 교환 또는 분합하는 농지

 **기출 OX**

16. 파산선고에 의한 처분으로 발생하는 소득은 양도소득세의 과세대상이다.
2024. 7급 최신
정답 X

 오쌤 Talk

농지의 교환 또는 분합으로 인한 양도소득의 이해

현재 A와 B의 토지는 각각 멀리 떨어져 있기 때문에 B의 토지와 A의 토지를 교환하기만 해도 서로의 농지가 가까운 곳으로 합쳐져 농업 등의 사업을 영위하는 데 용이하다. 따라서 이러한 경우 농지 등의 분합이 잘 이루어질 수 있도록, 농지를 양도하는 경우 양도소득을 비과세한다.

3 1세대 1주택(고가주택 제외)과 그 부수토지의 양도로 발생하는 소득 A

(1) 1세대 1주택의 범위

① 1세대 1주택 의미

1세대가 양도일 현재 국내에 1주택(주택 및 부수토지의 실지거래가 합계액이 12억원을 초과하는 고가주택은 제외)을 보유하고 있는 경우로서 해당 주택의 보유기간이 2년 이상*인 것(취득 당시 조정 대상지역에 있는 주택은 보유기간 2년 이상*이고 그 보유기간 중 거주기간이 2년 이상인 것)을 말한다(소령 154 ①).

* 다만, 비거주자가 해당 주택을 3년 이상 계속 보유하고 그 주택에서 거주한 상태로 거주자로 전환된 경우로서 해당 거주자의 주택인 경우에는 보유기간이 3년 이상인 것을 말한다.

② 판정기준일

양도일* 현재를 기준으로 한다(소기통 89-154…12). 2개 이상의 주택은 같은 날에 양도할 경우에는 해당 거주자가 선택하는 순서에 따라 주택을 양도한 것으로 본다(소령 154 ⑨).

* 주택의 매매계약을 체결한 후 해당 계약에 따라 주택을 주택외의 용도로 용도변경하여 양도하는 경우에는 해당 주택의 매매계약일을 말한다 NEW(소법 154 ①).

(2) 1세대 요건

① 원칙

'1세대'란 거주자 및 그 배우자(법률상 이혼을 하였으나 생계를 같이 하는 등 사실상 이혼한 것으로 보기 어려운 관계에 있는 사람을 포함)가 그들과 같은 주소 또는 거소에서 생계를 같이 하는 자[거주자 및 그 배우자의 직계존비속(그 배우자를 포함) 및 형제자매를 말하며, 취학, 질병의 요양, 근무상 또는 사업상의 형편으로 본래의 주소 또는 거소에서 일시 퇴거한 사람을 포함]와 함께 구성하는 가족단위를 말한다(소법 88 (6)). 이 때, 부부가 각각 단독세대를 구성하였을 경우에도 동일한 세대로 본다(소기통 89-2).

② 예외

다음의 경우 배우자가 없는 경우에도 1세대로 본다.

㉠ 해당 거주자의 나이가 30세 이상인 경우
㉡ 배우자가 사망하거나 이혼한 경우
㉢ 종합소득·퇴직소득·양도소득이 「국민기초생활 보장법」에 따른 기준 중위소득을 12개월로 환산한 금액의 40% 이상으로서 소유하고 있는 주택 또는 토지를 관리·유지하면서 독립된 생계를 유지할 수 있는 경우(단, 미성년자는 제외하되, 미성년자의 결혼, 가족의 사망 등의 사유로 1세대 구성이 불가피한 경우에는 그러하지 아니하다)

기출 OX

17. 법령상의 조정지역이 아닌 지역에 있는 1주택(고가주택 포함)과 부수토지에 대하여 2년 이상 보유 시 주거 여부에 관계없이 비과세 대상이다.
2006. 9급
정답 X

기출 OX

18. 1세대를 구성하는 배우자에는 법률상 이혼을 하였으나 생계를 같이 하는 등 사실상 이혼한 것으로 보기 어려운 관계에 있는 사람을 포함한다.
2023. 9급 최신
정답 O

19. 1세대에서 생계를 같이 하는 자란 거주자 및 그 배우자의 직계존비속(그 배우자를 포함) 및 형제자매를 말하며, 취학,질병의 요양, 근무상 또는 사업상의 형편으로 본래의 주소 또는 거소에서 일시 퇴거한 사람은 포함하지 않는다.
2023. 9급 최신
정답 X

20. 비과세되는 1세대 1주택에 있어서 부부가 각각 단독세대를 구성하였을 경우에는 동일한 세대로 보지 않는다.
2010. 7급
정답 X

21. 1세대와 관련하여 해당 거주자의 나이가 30세 이상인 경우에는 배우자가 없어도 1세대로 본다.
2023. 9급 최신
정답 O

오쌤 Talk

주택부수토지

지역별로 법으로 정하는 배율은 다음과 같다.

구분		배율
도시지역 내의 토지	수도권 내의 토지	주거지역·상업지역 및 공업지역 내의 토지	3배
		녹지지역 내의 토지	5배
	수도권 밖의 토지		
도시지역 밖의 토지			10배

오쌤 Talk

고가 겸용주택의 주택과 주택외 부분

경우	2021.12.31. 까지 양도분	2022. 1. 1. 이후 양도분
주택 연면적 ≤ 주택외 부분 연면적	주택 부분만 주택으로 본다.	
주택 연면적 > 주택외 부분 연면적	전부 주택으로 본다.	주택부분만 주택으로 본다.

기출 OX

22. 주택이란 허가 여부나 공부상의 용도 구분과 관계없이 세대의 구성원이 독립된 주거생활을 할 수 있는 구조로서 법령으로 정하는 구조를 갖추어 사실상 주거용으로 사용하는 건물을 말하며, 이 경우 그 용도가 분명하지 아니하면 공부상의 용도에 따른다. 2023. 9급 수정 [최신]

정답 O

★★ **(3) 1주택 요건**

'주택'은 허가 여부나 공부(公簿)상의 용도 구분과 관계없이 세대의 구성원이 독립된 주거생활을 할 수 있는 구조로서 법령으로 정하는 구조*를 갖추어 사실상 주거용으로 사용하는 건물을 말한다. 이 경우 그 용도가 분명하지 아니하면 공부상의 용도에 따른다(소법 88 ⑦). '주택부수토지'란 주택정착면적에 지역별로 법으로 정하는 배율을 곱하여 산정한 면적 이내의 토지를 말한다(소령 154 ⑦). 이러한 주택을 국내에 1주택 보유하는 경우, 1주택 요건을 충족하는 것으로 한다. 다만 1주택을 여럿이 공동으로 소유한 경우 특별한 규정이 있는 것 외에는 공동소유자 각자가 그 주택을 소유한 것으로 본다(소령 154의2). 또한 주택 수를 산정할 때에는 주택 및 조합원입주권, 분양권을 포함하여 산정한다.

* 세대별로 구분된 각각의 공간마다 별도의 출입문, 화장실, 취사시설이 설치되어 있는 구조를 말한다(소령 152의4).

(4) 보유기간 요건

보유기간은 「소득세법」상의 취득일부터 양도일까지의 기간을 말하며, 거주기간은 주민등록표등본에 따른 전입일부터 전출일까지의 기간을 말한다(소법 95 ④, 소령 154 ⑤).

다만, 주택이 아닌 건물을 사실상 주거용으로 사용하거나 공부상의 용도를 주택으로 변경하는 경우 그 보유기간은 해당 자산을 사실상 주거용으로 사용한 날(사실상 주거용으로 사용한 날이 분명하지 않은 경우에는 그 자산의 공부상 용도를 주택으로 변경한 날)부터 양도한 날까지로 한다(소령 154 ⑥).

① **원칙**

양도일 현재 해당 주택의 보유기간이 2년 이상이어야 1세대 1주택으로서 비과세 대상이다. 단, 취득 당시에 조정대상지역에 있는 주택의 경우에는 해당 주택의 보유기간이 2년 이상이고 그 보유기간 중 거주기간*이 2년 이상이어야 한다(소령 154 ①).

* 취득 당시에 조정대상지역에 있는 주택으로서 「소득세법 시행령」에 따른 공동상속주택인 경우 거주기간은 해당 주택에 거주한 공동상속인 중 그 거주기간이 가장 긴 사람이 거주한 기간으로 판단한다(소령 154 ⑫).

② **특례1: 보유기간 및 거주기간을 따지지 않고 1세대 1주택이면 비과세**

다음 중 어느 하나에 해당하는 경우 보유기간 및 거주기간을 따지지 않고 1세대 1주택이면 비과세를 적용할 수 있다(소령 154 ① (1), (2), (3)).

> ㉠ 건설임대주택: 법에 따른 공공건설임대주택 또는 공공매입임대주택을 취득하여 양도하는 경우로 해당 임대주택의 임차일부터 양도일까지의 기간 중 세대전원이 거주(취학, 근무상 형편, 요양 등의 이유로 구성원 중 일부가 거주하지 못한 경우도 포함)한 기간이 5년 이상인 경우
> ㉡ 법률에 따른 협의매수·수용되는 경우 (양도일·수용일부터 5년 이내에 양도하는 잔존주택 및 그 부수토지도 포함)

ⓒ 해외이주로 세대전원이 출국하는 경우 (단, 출국일 현재 1주택을 보유하고 있는 경우로서 출국일부터 2년 이내에 양도하는 경우에 한함)

ⓔ 1년 이상 계속하여 국외거주를 필요로 하는 취학·근무상의 형편으로 세대전원이 출국하는 경우 (단, 출국일 현재 1주택을 보유하고 있는 경우로서 출국일부터 2년 이내에 양도하는 것에 한함)

ⓜ 취학, 직장의 변경이나 전근 질병의 치료 또는 요양, 학교폭력으로 인한 전학 등으로 1년 이상 거주한 주택을 세대전원이 다른 시·군으로 주거를 이전함에 따라 양도하는 경우

③ 특례2: 거주기간을 따지지 않고 1세대 1주택이면 비과세

거주자가 조정대상지역의 공고가 있는 날 이전에 매매계약을 체결하고 계약금을 지급한 사실이 증빙서류에 의하여 확인되는 경우로서 해당 거주자가 속한 1세대가 계약금 지급일 현재 주택을 보유하지 않은 경우 거주기간을 따지지 않고 1세대 1주택이면 비과세를 적용할 수 있다(소령 154 ① (5)).

(5) 1세대 2주택 보유 시 특례

① 원칙
1세대 1주택에 해당하지 아니하므로 먼저 양도하는 주택에 대해 양도소득세를 과세한다(소령 155).

② 예외
다음 어느 하나에 해당하는 경우 특정 주택을 양도할 때 1세대 1주택으로 본다.

㉠ 국내에 1주택을 소유한 1세대가 그 주택(종전의 주택)을 양도하기 전에 다른 주택(신규 주택)을 취득(자기가 건설하여 취득한 경우를 포함)함으로써 일시적으로 2주택이 된 경우 종전의 주택을 취득한 날부터 1년 이상이 지난 후 신규 주택을 취득하고[1] 신규 주택을 취득한 날부터 3년 이내에 종전의 주택을 양도하는 경우[2] 이를 1세대1주택으로 본다. 이 경우 종전의 주택 및 그 부수토지의 일부가 「공익사업을 위한 토지 등의 취득 및 보상에 관한 법률」에 의한 협의매수·수용 및 그 밖의 법률에 의하여 수용되는 경우로서 해당 잔존하는 주택 및 그 부수 토지를 그 양도일 또는 수용일부터 5년 이내에 양도하는 때에는 잔존하는 주택 및 그 부수토지의 양도는 종전의 주택 및 그 부수토지의 양도 또는 수용에 포함되는 것으로 본다.

㉡ 수도권에 1주택을 소유하며, 수도권 소재 법인 및 공공기관이 수도권 밖의 지역으로 이전하면서 법인 및 공공기관의 임원·사용인·종사자가 구성하는 1세대가 이전한 시·군 또는 연접한 시·군 안의 지역의 주택을 취득하여 2주택이 된 경우: 신규 주택을 취득 후 5년 이내 '종전 주택'을 양도할 때

㉢ 상속으로 인하여 2주택이 된 경우: 상속받은 주택[3]과 '상속으로 인해 취득한 주택이 아닌' 일반주택[4]을 국내에 각각 1개씩 소유하고 있는 1세대가 일반주택을 양도할 때

㉣ 60세 이상의 직계존속[5]을 동거봉양하기 위해 2주택이 된 경우: 합친 날부터 '10년 이내에 먼저 양도하는 주택'을 양도할 때

㉤ 혼인으로 인하여 2주택이 된 경우: 1주택을 보유하는 자가 1주택을 보유하는 자와 혼인함으로써 1세대가 2주택을 보유하게 되는 경우 또는 1주택을 보유하고 있는 60세 이상의 직계존속을 동거봉양하는 무주택자가 1주택을 보유하는 자와 혼인하여 2주택을 보유하게 되는 경우 혼인한 날부터 10년^{NEW} 이내 '먼저 양도하는 주택'을 양도할 때

㉥ 지정문화재 및 등록문화재에 해당하는 주택과 일반주택을 각각 1주택 보유하는 경우: '일반주택'을 양도할 때

㉦ 농어촌주택과 일반주택을 각각 1주택 보유하는 경우: '일반주택'을 양도할 때. 다만, 농어촌주택 중 영농·영어 목적으로 취득한 귀농주택에 대해서는 그 주택을 취득한 날부터 5년 이내에 일반 주택을 양도한 경우에 한정하여 적용한다.

㉧ 취학, 근무상의 형편, 질병의 요양 등 부득이한 사유로 취득한 수도권 밖 소재 주택과 일반주택을 1주택 보유하는 경우: 부득이한 사유가 해소된 날부터 3년 이내 '일반주택'을 양도할 때

기출 OX

23. 상속받은 주택과 그 밖의 주택을 국내에 각각 1개씩 소유하고 있는 1세대가 그 밖의 주택을 양도하는 경우 국내에 1개의 주택을 소유하고 있는 것으로 보아 1세대 1주택 비과세 여부를 판정한다. 2012. 7급
정답 O

24. 상속받은 주택과 일반주택을 국내에 각각 1개씩 소유하고 있는 1세대가 상속주택을 양도하는 경우에는 국내에 1개의 주택을 소유하고 있는 것으로 본다. 2010. 7급
정답 X

*1 다음의 어느 하나에 해당하는 경우에는 종전의 주택을 취득한 날부터 1년 이상이 지난 후 다른 주택을 취득하는 요건을 적용하지 않는다.

ⓐ 민간건설임대주택이나 공공건설임대주택 또는 공공매입임대주택을 취득하여 양도하는 경우로서 해당 임대주택의 임차일부터 양도일까지의 기간 중 세대전원이 거주(취학, 근무상의 형편, 질병의 요양, 그 밖에 부득이한 사유로 세대의 구성원 중 일부가 거주하지 못하는 경우를 포함)한 기간이 5년 이상인 경우
ⓑ 주택 및 그 부수토지(사업인정 고시일 전에 취득한 주택 및 그 부수토지에 한함)의 전부 또는 일부가 「공익사업을 위한 토지 등의 취득 및 보상에 관한 법률」에 의한 협의매수·수용 및 그 밖의 법률에 의하여 수용되는 경우(그 양도일 또는 수용일부터 5년 이내에 양도하는 그 잔존주택 및 그 부수토지를 포함)
ⓒ 1년 이상 거주한 주택을 취학, 근무상의 형편, 질병의 요양, 그 밖에 부득이한 사유로 양도하는 경우

*2 다른 주택을 취득한 날부터 3년이 되는 날 현재 다음의 어느 하나에 해당하는 경우를 포함한다.

ⓐ 「한국자산관리공사 설립 등에 관한 법률」에 따른 한국자산관리공사에 매각을 의뢰한 경우
ⓑ 법원에 경매를 신청한 경우
ⓒ 「국세징수법」에 따른 공매가 진행 중인 경우
ⓓ 재개발사업 등의 시행으로 현금으로 청산을 받아야 하는 토지 등 소유자가 사업시행자를 상대로 제기한 현금청산금 지급을 구하는 소송절차가 진행 중인 경우 또는 소송절차는 종료되었으나 해당 청산금을 지급받지 못한 경우
ⓔ 재개발사업 등의 시행으로 사업시행자가 토지 등 소유자를 상대로 신청·제기한 수용재결 또는 매도청구소송 절차가 진행 중인 경우 또는 재결이나 소송절차는 종료되었으나 토지 등 소유자가 해당 매도대금 등을 지급받지 못한 경우

*3 상속받은 주택은 조합원입주권 또는 분양권(2021. 1. 1. 이후 취득한 분양권부터 적용)을 상속받아 사업시행 완료 후 취득한 신축주택을 포함한다. 여기서 '분양권'이란 「주택법」 등에 따른 주택에 대한 공급계약을 통하여 주택을 공급받는 자로 선정된 지위(해당 지위를 매매 또는 증여 등의 방법으로 취득한 것을 포함)를 말한다.

*4 일반주택은 상속개시 당시 보유한 주택 또는 상속개시 당시 보유한 조합원입주권 및 분양권에 의하여 사업시행 완료 후 취득한 신축주택만 해당한다.

*5 직계존속에는 다음의 사람이 포함된다.

ⓐ 배우자의 직계존속으로서 60세 이상인 사람, 직계존속(배우자의 직계존속 포함) 중 어느 한 사람이 60세 미만인 경우
ⓑ 「국민건강보험법 시행령」에 따른 요양급여를 받는 60세 미만의 직계존속(배우자의 직계존속을 포함한다)으로서 중증질환자, 희귀난치성질환자·결핵환자 산정특례 대상자로 등록되거나 재등록된 자

4 요건을 충족한 조합원입주권 양도소득 B

(1) 조합원입주권의 정의

법에 따른 관리처분계획 또는 사업시행계획의 인가로 인해 취득한 입주자로 선정된 지위를 말한다. 이 경우 재건축사업, 재개발사업, 자율주택정비사업, 가로주택정비사업, 소규모재건축사업 또는 소규모재개발사업을 시행하는 정비사업조합의 조합원(주민합의체를 구성하는 경우에는 토지등소유자)으로서 취득한 것으로 한정하며, 이에 딸린 토지를 포함한다(소법 88 (9)).

★★ (2) 비과세요건

조합원입주권 1개를 보유한 1세대*가 다음 중 어느 하나의 요건을 충족하여 조합원입주권을 양도할 경우 조합원입주권 양도소득은 비과세한다. 단, 해당 조합원입주권의 양도 당시의 실지거래가액의 합계액이 12억원을 초과하는 경우에는 양도소득세를 과세한다(소법 89 ① (4), 소령 155 ⑱).

> ① 양도일 현재 다른 주택 또는 분양권을 보유하지 않을 것
> ② 양도일 현재 1개의 조합원입주권 외에 1주택을 보유한 경우(분양권을 보유하지 아니하는 경우로 한정한다)로서 해당 1주택을 취득한 날부터 3년 이내에 해당 조합원입주권을 양도할 것. 이 때 주택을 양도하는 경우 해당 주택은 1세대1주택 비과세 규정을 적용하지 않고 과세한다(소법 89 ②).
> 다만, 국내에 1주택을 소유한 1세대가 종전주택을 양도하기 전에 조합원입주권을 취득함으로써 일시적으로 1주택과 1조합원입주권을 소유하게 된 경우 종전의 주택을 취득한 날부터 1년 이상이 지난 후에 조합원입주권을 취득하고 그 조합원입주권을 취득한 날부터 3년 이내에 종전의 주택을 양도하는 경우(3년 이내에 양도하지 못하는 경우로서 법으로 정하는 사유에 해당하는 경우를 포함)에는 이를 1세대1주택으로 본다(소령 156의2 ③).

* 「도시 및 주거환경정비법」에 따른 관리처분계획의 인가일 및 「빈집 및 소규모주택 정비에 관한 특례법」에 따른 사업시행계획인가일(인가일 전에 기존주택이 철거되는 때에는 기존주택의 철거일) 현재 1세대1주택 비과세요건을 충족하는 기존주택을 소유하는 세대를 말한다.

> **참고**
>
> **일시적으로 1주택과 1조합원입주권(또는 분양권)을 소유하다 주택을 양도하는 경우**
>
> 1세대가 주택(주택부수토지를 포함)과 조합원입주권 또는 분양권을 보유하다가 그 주택을 양도하는 경우에는 그 주택에 대해서는 1세대 1주택 비과세 규정을 적용하지 아니한다. 다만, 「도시 및 주거환경정비법」에 따른 재건축사업 또는 재개발사업, 「빈집 및 소규모주택 정비에 관한 특례법」에 따른 자율주택정비사업, 가로주택정비사업, 소규모재건축사업 또는 소규모재개발사업의 시행기간 중 거주를 위하여 주택을 취득하는 경우나 그 밖의 부득이한 사유로서 법에 정한 경우(ex. 위 (2)의 ② 단서의 경우)에는 그러하지 아니하다.

5 법정 조정금 C

「지적재조사에 관한 특별법」에 따른 경계의 확정으로 지적공부상의 면적이 감소되어 지급받는 조정금에 대해서는 양도소득세를 과세하지 아니한다(소법 89 ① (5)).

기출 OX

25. 조합원입주권을 1개 보유한 1세대가 양도일 현재 1개의 조합원입주권 외에 1주택을 보유한 경우(분양권을 보유하지 아니함)로서 해당 1주택을 취득한 날부터 3년 이내에 해당 조합원입주권을 양도하는 경우에는 이를 1세대 1주택으로 본다. 2010. 7급 수정

정답 O

6 비과세 배제 B

(1) 미등기양도자산

미등기 양도자산에 대하여는 양도소득에 대한 소득세의 비과세에 관한 규정을 적용하지 않는다. 비과세 배제 규정을 적용받지 않는 미등기 자산의 범위에 대해서는 ⑥에서 후술한다.

(2) 거짓계약서

부동산 및 부동산에 관한 권리를 매매하는 거래당사자가 매매계약서의 거래가액을 실지거래가액과 다르게 적은 경우에는 다음의 금액을 양도소득세의 비과세 또는 감면세액에서 차감한다.

비과세(감면)차감액 = MIN[①, ②]
① 비과세를 적용하지 아니하였을 경우의 양도소득세 산출세액
② 매매계약서의 거래가액과 실지거래가액의 차액

3 취득 및 양도시기

1 일반적인 경우 A

일반적인 경우 다음에 따라 취득시기와 양도시기를 결정한다(소법 98, 소령 162).

구분	취득시기 및 양도시기
① 일반 유상양도	㉠ 원칙: 대금청산일* ㉡ 대금을 청산한 날이 분명하지 아니한 경우: 등기·등록접수일 또는 명의개서일 ㉢ 대금을 청산하기 전에 소유권이전등기(등록·명의개서 포함)를 한 경우: 등기접수일
② 장기할부조건부 양도	소유권이전등기(등록·명의개서 포함) 접수일·인도일·사용수익일 중 빠른 날
③ 자가건설 건축물의 취득	㉠ 원칙: 사용승인서 교부일 ㉡ 사용승인서 교부일 전에 사실상 사용하거나 임시사용승인을 받은 경우: 사실상의 사용일 또는 임시사용승인을 받은 날 중 빠른 날 ㉢ 건축 허가를 받지 아니하고 건축하는 건축물의 경우: 그 사실상의 사용일
④ 상속·증여에 의하여 취득한 자산	상속이 개시된 날 또는 증여를 받은 날
⑤ 취득시기가 불분명한 자산의 양도	먼저 취득한 자산을 먼저 양도한 것으로 간주하여 취득시기 산정

* 해당 자산의 양도에 대한 양도소득세 및 양도소득세의 부가세액을 양수자가 부담하기로 약정한 경우에는 해당 양도소득세 및 양도소득세의 부가세액을 제외한 금액을 대금으로 하여, 그 금액을 청산한 날을 대금청산일로 본다.

기출 OX

26. 「소득세법」 제104조제3항에서 규정하는 미등기양도자산에 대하여는 「소득세법」 또는 「소득세법」 외의 법률 중 양도소득에 대한 소득세의 비과세에 관한 규정을 적용하지 아니한다. 2024. 7급 최신
정답 O

27. 양도자산은 등기 여부에 관계없이 일정한 요건을 갖춘 경우에는 양도소득에 대한 소득세의 비과세에 관한 규정이 적용된다. 2007. 9급
정답 X

기출 OX

28. 대금을 청산하기 전에 소유권이전등기를 한 경우에는 등기부에 기재된 등기접수일을 「소득세법」상 양도소득금액 계산 시 자산의 취득시기 및 양도시기로 한다. 2015. 7급
정답 O

29. 대금을 청산하기 전에 소유권이전등기를 한 경우에는 당해 자산의 대금을 청산한 날을 양도시기로 본다. 2009. 7급
정답 X

30. 건축허가를 받지 아니하고 자기가 건축물을 건설한 경우에는 그 건축물의 사실상 사용일을 「소득세법」상 양도소득금액 계산 시 자산의 취득시기 및 양도시기로 한다. 2015. 7급
정답 O

2 기타 취득시기 및 양도시기 A

기타 특수한 경우의 취득시기 및 양도시기는 다음에 따른다.

구분	취득시기 및 양도시기
① 「민법」상 점유로 인한 부동산소유권의 취득	그 부동산의 점유개시일
② 법에 따라 공익사업을 위해 수용되는 경우	대금청산일, 수용개시일, 소유권이전등기접수일 중 빠른 날
③ 완성 또는 확정되지 아니한 자산을 양도·취득한 경우로서 해당 자산의 대금청산일까지 그 목적물이 완성 또는 확정되지 아니한 경우	해당 자산이 완성 또는 확정된 날
④ 환지처분으로 취득한 토지의 취득	환지 전 토지의 취득일
⑤ 특정주식 A를 양도하는 경우	해당 법인의 주식 등의 합계액의 50% 이상 양도되는 날*

* 그 양도가액은 그들이 사실상 주식 등을 양도한 날의 양도가액에 의하고(소령 162 ④), 50% 이상 여부는 3년간 누계기준에 따른다.

> **기출 OX**
>
> **31.** 「민법」상 점유로 인한 부동산소유권의 취득시효에 의하여 부동산의 소유권을 취득하는 경우에는 당해 부동산의 등기부에 기재된 등기접수일을 「소득세법」상 양도소득금액 계산 시 자산의 취득시기 및 양도시기로 한다. 2015. 7급
> 정답 X
>
> **32.** 완성 또는 확정되지 아니한 자산을 양도 또는 취득한 경우로서 해당 자산의 대금을 청산한 날까지 그 목적물이 완성 또는 확정되지 아니한 경우에는 그 목적물이 완성 또는 확정된 날을 「소득세법」상 양도소득금액 계산 시 자산의 취득시기 및 양도시기로 한다. 2015. 7급
> 정답 O

④ 양도소득세의 계산

1 양도소득세 계산구조 B

양도소득산출세액은 다음의 계산구조에 따라 계산된다.

```
       양 도 가 액
(-)    필 요 경 비    … 취득가액 및 기타의 필요경비
       양 도 차 익
(-)    장기보유특별공제  … 등기되고 보유기간 3년 이상인 토지·건물, 조합원입
       양 도 소 득 금 액                  주권만 적용
(-)    양도소득기본공제  … 그룹별로 연 250만원
       양 도 소 득 과 세 표 준
(×)    세           율  … 자산별·보유기간별·등기여부에 따라 세율을 구분
       산 출 세 액
(-)    감 면 · 공 제 세 액
       결 정 세 액
(+)    가 산 세
       총 결 정 세 액
(-)    기 납 부 세 액
       차 감 납 부 세 액
```

2 양도가액 및 취득가액 A

★★ (1) 원칙

양도가액은 원칙적으로 당해 자산의 양도 당시의 양도자와 양수자 간에 실제로 거래한 실지거래가액에 의한다. 또한 양도차익을 계산할 때 양도가액을 실지거래가액으로 적용하면 취득가액도 실지거래가액을 적용한다.

★★ (2) 특수한 경우 실지거래가액의 산정

① 이중과세 등을 조정하기 위한 양도가액 특례

다음 어느 하나에 해당하는 경우에는 그 가액을 해당 자산의 양도 당시의 실지거래가액으로 본다(소법 96 ③).

- ㉠ 「법인세법」에 따른 특수관계법인(외국법인을 포함)에 양도한 경우로서 「법인세법」상 부당행위계산의 부인규정에 따라 해당 거주자의 상여·배당 등으로 처분된 금액이 있는 경우에는 「법인세법」상 부당행위계산의 부인에 따른 시가
- ㉡ 「법인세법」에 따른 특수관계법인 외의 자에게 자산을 시가보다 높은 가격으로 양도한 경우로서 「상속세 및 증여세법」상 고가양도에 따른 이익의 증여규정에 따라 해당 거주자의 증여재산가액으로 하는 금액이 있는 경우에는 그 양도가액에서 증여재산가액을 뺀 금액

② 이중과세 등을 조정하기 위한 취득가액 특례

다음 어느 하나에 해당하는 경우에는 그 가액을 취득가액으로 본다(소령 163 ⑩, ⑬).

- ㉠ 「상속세 및 증여세법」 규정에 따라 상속·증여세를 과세받은 경우에는 해당 상속재산가액이나 증여재산가액 또는 그 증·감액을 취득가액에 더하거나 뺀다.
- ㉡ 「법인세법」에 따른 특수관계인(외국법인을 포함)으로부터 취득한 경우로서 「법인세법」상 부당행위계산의 부인 규정에 따라 거주자의 상여·배당 등으로 처분된 금액이 있으면 그 상여·배당 등으로 처분된 금액을 취득가액에 더한다.
- ㉢ 주식매수선택권을 행사하여 취득한 주식을 양도하는 때에는 주식매수선택권을 행사하는 당시의 시가를 취득가액으로 한다.

기출 OX

33. 토지 및 건물의 양도가액계산은 원칙적으로 당해 자산의 양도 당시의 양도자와 양수자 간에 실제로 거래한 가액에 의한다. 2007. 7급

정답 O

기출 OX

34. 거주자가 특수관계에 있는 법인에게 자산을 양도한 것이 부당행위계산에 해당하여 거주자의 상여, 배당 등으로 소득처분된 금액이 있는 경우 법인세법령상 소정의 시가를 양도 당시의 실지거래가액으로 한다. 2010. 7급

정답 O

35. 특수관계법인 외의 자에게 양도소득세 과세대상자산을 시가보다 높은 가격으로 양도한 경우로서 「상속세 및 증여세법」에 따라 해당 거주자의 증여재산가액으로 하는 금액이 있는 경우에는 그 양도가액에 증여재산가액을 더한 금액을 양도 당시의 실지거래가액으로 본다. 2017. 7급

정답 X

기출 OX

36. 양도소득세 과세대상자산을 「법인세법」에 따른 특수관계인(외국법인 포함)으로부터 취득한 경우로서 「법인세법」에 따라 거주자의 상여·배당 등으로 처분된 금액이 있으면 그 상여·배당 등으로 처분된 금액을 취득가액에 더한다. 2017. 7급

정답 O

> **기출 OX**
>
> **37.** 실지거래가액에 따른 양도차익 산정과 관련하여, 토지와 건물 등을 함께 취득하거나 양도한 경우로서 그 토지와 건물 등을 구분기장한 가액이 대통령령으로 정하는 바에 따라 안분계산한 가액과 100분의 30 이상 차이가 있는 경우에는 토지와 건물 등의 가액 구분이 불분명한 때로 본다. 2020. 9급
>
> 정답 O

③ 자산의 일괄취득 및 일괄양도
  ㉠ 원칙: 양도가액 또는 취득가액을 실지거래가액에 따라 산정하는 경우로서 토지와 건물 등을 함께 취득하거나 양도한 경우에는 이를 각각 구분하여 기장한다.
  ㉡ 예외

  > ⓐ 토지와 건물 등의 가액 구분이 불분명할 경우: 취득 또는 양도 당시의 기준시가 등을 고려하여 '부가가치세 과세표준계산상 토지와 건물의 일괄공급 시 안분계산방법'을 준용하여 안분계산한다(소법 100 ②). 이 경우 공통되는 취득가액과 양도비용은 해당 자산의 가액에 비례하여 안분계산한다.
  > ⓑ 불분명한 때로 보는 경우: 토지와 건물 등을 함께 취득하거나 양도한 경우로서 그 토지와 건물 등을 구분 기장한 가액이 부가가치세 안분계산방법을 준용하여 안분계산한 가액과 100분의 30 이상 차이가 있는 경우에는 토지와 건물 등의 가액 구분이 불분명한 때로 본다(소법 100 ③).
  > 다만, 다음의 어느 하나에 해당하는 경우는 제외한다 NEW (소령 166 ⑧).
  >
  > > ㉮ 다른 법령에서 정하는 바에 따라 토지와 건물 등의 가액을 구분한 경우
  > > ㉯ 토지와 건물 등을 함께 취득한 후 건물 등을 철거하고 토지만 사용하는 경우

④ 상속·증여로 인해 취득한 자산
  상속 또는 증여(부담부증여의 채무액에 해당하는 부분도 포함)받은 자산은 상속개시일 또는 증여일 현재 「상속세 및 증여세법」의 규정에 따라 평가한 가액(세무서장 등이 결정·경정한 가액이 있는 경우 그 결정·경정한 가액)을 취득 당시의 실지거래가액으로 본다(소령 163 ⑨).

⑤ 전소유자의 양도가액을 확인한 사실이 있는 경우
  토지·건물, 부동산에 관한 권리의 양도자가 자산을 취득할 당시 전소유자의 실지거래가액을 확인한 사실이 있는 경우에는 이를 양도자의 취득 당시의 실지거래가액으로 본다.

★★ (3) 추계 시 실지거래가액의 결정 및 경정

① 사유

양도가액 또는 취득가액을 실지거래가액에 따라 정하는 경우로서 다음 사유로 장부나 그 밖의 증명서류에 의하여 해당 자산의 양도 당시 또는 취득 당시의 실지거래가액을 인정 또는 확인할 수 없는 경우에는 양도가액 또는 취득가액을 추계조사하여 결정 또는 경정할 수 있다(소법 114 ⑤, 소령 176의 2 ①).

> ㉠ 양도 또는 취득 당시의 실지거래가액의 확인을 위하여 필요한 장부·매매계약서·영수증 그 밖의 증명서류가 없거나 그 중요한 부분이 미비된 경우
> ㉡ 장부·매매계약서·영수증 그 밖의 증명서류의 내용이 매매사례가액, 감정평가법인이 평가한 감정가액 등에 비추어 허위임이 명백한 경우

② 결정 및 경정의 방법

추계 시 양도가액이나 취득가액은 다음과 같이 시가에 근접한 것부터 순차적으로 적용하여 산정한 가액에 의한다(소령 176의2 ③). 양도차익을 계산할 때 양도가액을 실지거래가액(매매사례가액·감정가액 등을 포함)에 따를 때에는 취득가액도 실지거래가액(매매사례가액·감정가액·환산취득가액 등을 포함)에 따른다(소법 100 ①).

㉠ 매매사례가액* → ㉡ 감정가액* → ㉢ 환산취득가액 → ㉣ 기준시가

* 특수관계인과의 거래 등으로서 객관적으로 부당하다고 인정되는 경우에는 적용하지 않는다.

㉠ 매매사례가액: 양도일·취득일 전후 각 3개월 이내에 동일성·유사성이 있는 자산의 매매사례가 있는 경우 그 가액을 말하며, 상장법인의 주식에는 적용하지 않는다.

㉡ 감정가액: 양도일·취득일 전후 각 3개월 이내에 해당 자산에 대하여 둘 이상의 감정 평가업자가 평가한 것으로서 신빙성이 있는 것으로 인정되는 경우 그 감정가액들의 평균액을 말한다. 단, 기준시가가 10억원 이하인 자산(주식 등은 제외)의 경우에는 양도일 또는 취득일 전후 각 3개월 이내에 하나의 감정평가법인 등이 평가한 것으로서 신빙성이 있는 것으로 인정되는 경우 그 감정가액으로 한다.

㉢ 환산취득가액*: 다음에 따라 계산된 금액을 말한다.

$$환산취득가액 = (양도\ 당시의\ 실지거래가액 \cdot 매매사례가액 \cdot 감정가액) \times \frac{취득\ 당시의\ 기준시가}{양도\ 당시의\ 기준시가}$$

* 양도가액은 환산할 수 없으며, 신주인수권에는 환산취득가액을 적용하지 않는다.

㉣ 기준시가: 「소득세법」의 규정에 따라 산정한 기준시가를 말한다. 양도가액을 기준시가로 적용하면 취득가액도 기준시가를 적용한다(소법 100 ①).

참고

기준시가

정부가 정하는 다음의 가액을 기준시가로 적용한다(소법 99 ① (1), ②, 소령 164 ②~⑥).

구분		기준시가
① 토지	㉠ 일반지역의 경우	개별공시지가 (없으면 관할 세무서장이 인근 유사 토지의 개별공시지가를 고려하여 평가한 금액)
	㉡ 지가급등하는 지역의 경우	개별공시지가 × 국세청장이 정하는 배율
② 건물·오피스텔 및 상업용 건물		국세청장 고시가격
③ 주택		고시된 개별주택가격 및 공동주택가격
④ 부동산 관련 권리	㉠ 부동산 취득 권리	취득일 또는 양도일까지 불입한 금액 + 프리미엄
	㉡ 지상권, 전세권, 등기된 부동산임차권	「상속세 및 증여세법 시행령」을 준용하여 평가한 가액
⑤ 주식	㉠ 상장주식	양도일·취득일 이전 1개월간 공표된 종가평균액
	㉡ 비상장주식	「상속세 및 증여세법」을 준용하여 평가한 가액
⑥ 신탁수익권		「상속세 및 증여세법」을 준용하여 평가한 가액(이 경우 평가기준일은 양도일 및 취득일로 본다.)

 기출 OX

38. 현행 소득세법상 양도가액 및 취득가액 추계 시 감정가액, 매매사례가액, 환산가액, 기준시가 순으로 적용한다.
2008. 9급
정답 X

기출 OX

39. 양도차익을 계산할 때 양도가액을 기준시가에 따를 때에는 취득가액도 기준시가에 따른다.
2017. 7급
정답 O

3 양도차익의 계산 C

(1) 양도차익 계산구조

양도차익은 다음의 산식에 따라 계산한다(소법 95 ①).

> 양도차익 = 양도가액 - 필요경비

(2) 필요경비의 계산

필요경비는 실지거래가액에 의해 계산하는 경우와 추계 등으로 매매사례가액, 감정가액, 환산취득가액, 기준시가에 의해 계산하는 경우 다음과 같이 다르게 계산한다(소법 97 ①,②).

실지거래가액에 의하는 경우	추계하는 경우	
	취득가액을 매매사례가액, 감정가액, 기준시가로 하는 경우	취득가액을 환산취득가액으로 하는 경우
① + ② + ③ ① 취득가액(실지거래가) ② 자본적지출액 ③ 양도비용	① + ② ① 취득가액(매매사례가액, 감정가액, 기준시가) ② 필요경비개산공제	MAX [①, ②] ① 취득가액(환산취득가액) 　+ 필요경비개산공제 ② 자본적지출액 + 양도비용

① 취득가액

취득 당시의 실지거래가액[*1]은 다음의 금액을 합한 것으로 한다(소령 163 ①). 이때 취득가액에는 법에 따른 경계의 확정으로 지적공부상의 면적이 증가되어 징수한 조정금은 제외한다. 또한 양도자산의 보유기간에 감가상각비와 현재가치할인차금상각비를 필요경비에 산입하였거나 산입할 금액이 있는 때에는 취득가액에서 이를 공제한다(소법97 ③).

> ㉠ 취득세·등록면허세를 포함한 일반적인 취득원가(현재가치할인차금을 포함하되, 부당행위계산에 의한 시가초과액은 제외)[*2]
> ㉡ 「부가가치세법」상 간주공급 중 면세전용 및 폐업 시 잔존재화에 대해서 납부하였거나 납부할 부가가치세
> ㉢ 취득에 관한 쟁송이 있는 자산에 대하여 그 소유권 등을 확보하기 위하여 직접 소요된 소송비용·화해비용 등의 금액으로서 그 지출한 연도의 각 소득금액의 계산에 있어서 필요경비에 산입된 것을 제외한 금액
> ㉣ 당사자의 약정에 의한 대금지급방법에 따라 취득원가에 이자상당액을 가산하여 거래가액을 확정하는 경우 해당 이자상당액(지급기일의 지연으로 인해 추가로 발생하는 이자상당액은 제외)

[*1] 매매사례가액, 감정가액·환산취득가액, 기준시가에 의한 취득가액에 대한 설명은 2 (3) ②에서 설명한 바 있다.
[*2] 취득세나 등록면허세 등은 별도로 영수증 등의 증빙자료가 없더라도 국가에 지출한 경비로서 그 지출이 확인되므로 필요경비로 공제한다.

② 자본적지출액

자산의 가치를 증가시키거나 내용연수를 연장시키는 지출액으로서 계산서, 세금계산서, 신용카드매출전표 등 현금영수증과 같은 적격증빙서류를 수취·보관하거나 실제 지출사실이 금융거래 증명서류에 의하여 확인되는 경우를 말한다(소령 163 ③).

㉠ 내용연수를 연장시키거나 자산의 가치를 현실적으로 증가시키기 위한 수선비
㉡ 양도자산을 취득한 후 쟁송이 있는 경우에 그 소유권을 확보하기 위하여 직접 소요된 소송비용·화해비용 등의 금액으로서 그 지출한 연도의 각 소득금액 계산에 있어서 필요경비에 산입된 것을 제외한 금액
㉢ 「공익사업을 위한 토지 등의 취득 및 보상에 관한 법률」이나 그 밖의 법률에 따라 토지 등이 협의매수 또는 수용되는 경우로서 그 보상금의 증액과 관련하여 직접 소요된 소송비용·화해비용 등의 금액으로서 그 지출한 연도의 각 소득금액의 계산에 있어서 필요경비에 산입된 것을 제외한 금액
㉣ 양도자산의 용도변경·개량 또는 이용편의를 위하여 지출한 비용
㉤ 개발부담금 및 재건축부담금

③ 양도비용

자본적지출액과 마찬가지로 적격증빙서류를 수취·보관하거나 실제 지출사실이 금융거래 증명서류에 의하여 확인되는 경우에만 인정되며, 다음 중 하나에 해당하는 것을 말한다.

㉠ 자산을 양도하기 위하여 직접 지출한 비용으로서 증권거래세, 양도소득세과세표준신고서 작성비용·계약서 작성비용, 공증비용·인지대·소개대, 매매계약에 따른 인도의무를 이행하기 위하여 양도자가 지출하는 명도비용, 위와 유사한 비용
㉡ 법령 등의 규정에 따라 매입한 국민주택채권 및 토지개발채권을 만기 전에 양도함으로써 발생하는 매각차손. 다만, 금융기관 등 외의 자에게 양도한 경우에는 동일한 날에 금융기관 등에 양도함으로써 발생하는 매각차손을 한도로 한다.

④ 필요경비개산공제: 자본적지출액과 양도비용에 상응하는 금액으로서 자산별 구분에 따라 계산한 다음의 금액을 말한다(소령 63 ⑥).

구분	필요경비개산공제액
㉠ 토지	취득 당시 개별공시지가 × 3% (미등기자산: 0.3%)
㉡ 건물	취득 당시 국세청장이 산정·고시한 가액 × 3% (미등기자산: 0.3%)
㉢ 지상권·전세권과 등기된 부동산임차권	취득 당시 기준시가 × 7% (미등기자산: 1%)
㉣ '㉠' ~ '㉢' 외의 자산	취득 당시 기준시가 × 1%

4 양도소득금액 및 과세표준의 계산 C

(1) 양도소득과세표준 계산구조

```
          양 도 차 익
( - )   장기보유특별공제
          양 도 소 득 금 액
( - )   양도소득기본공제
          양도소득과세표준
```

(2) 장기보유특별공제

① 적용대상자산

장기보유특별공제는 **토지·건물**로서 보유기간이 3년 이상인 것과 조합원입주권에 대해서만 적용한다. 단, 다음의 자산에 대해서는 공제를 적용하지 않는다(소법 95 ②).

> ㉠ 미등기양도자산
> ㉡ 조합원으로부터 취득한 조합원입주권
> ㉢ 조정대상지역 특례(5 의 (4))에 해당하는 주택

② 공제액의 계산

㉠ 일반자산(1세대 1주택 제외)의 공제액: 그 자산의 양도차익(조합원입주권을 양도하는 경우에는 법에 따른 사업시행계획인가 전 토지분 또는 건물분의 양도차익으로 한정)에 다음 참고의 [표1]에 따른 보유기간별 공제율을 곱하여 계산한 금액을 말한다(소법 95 ②).

> 일반자산의 공제액 = 양도차익 × 보유기간별 공제율

㉡ 1세대 1주택의 공제액: 1세대 1주택(이에 딸린 토지를 포함)에 해당하는 자산의 경우에는 그 자산의 양도차익에 다음 참고의 [표2]에 따른 보유기간별 공제율을 곱하여 계산한 금액과 거주기간별 공제율을 곱하여 계산한 금액을 합산한 것을 말한다(소법 95 ②).

> 1세대1주택 = 양도차익 × (보유기간별 공제율 + 거주기간별 공제율)

> 참고

[표1] 1세대 1주택 외 일반자산의 보유기간별 공제율

보유기간	1세대1주택 외의 자산	보유기간	1세대1주택 외의 자산
3년 이상 4년 미만	6%	10년 이상 11년 미만	20%
4년 이상 5년 미만	8%	11년 이상 12년 미만	22%
5년 이상 6년 미만	10%	12년 이상 13년 미만	24%
6년 이상 7년 미만	12%	13년 이상 14년 미만	26%
7년 이상 8년 미만	14%	14년 이상 15년 미만	28%
8년 이상 9년 미만	16%	15년 이상	30%
9년 이상 10년 미만	18%	-	-

[표2] 1세대 1주택*(보유기간별 공제율 + 거주기간별 공제율)

보유기간	공제율	거주기간	공제율
3년 이상 4년 미만	12%	2년 이상 3년 미만 (보유기간 3년 이상에 한정함)	8%
		3년 이상 4년 미만	12%
4년 이상 5년 미만	16%	4년 이상 5년 미만	16%
5년 이상 6년 미만	20%	5년 이상 6년 미만	20%
6년 이상 7년 미만	24%	6년 이상 7년 미만	24%
7년 이상 8년 미만	28%	7년 이상 8년 미만	28%
8년 이상 9년 미만	32%	8년 이상 9년 미만	32%
9년 이상 10년 미만	36%	9년 이상 10년 미만	36%
10년 이상	40%	10년 이상	40%

* 1세대 1주택이란 1세대가 양도일(주택의 매매계약을 체결한 후 해당 계약에 따라 주택을 주택 외의 용도로 용도변경하여 양도하는 경우에는 해당 주택의 매매계약일 **NEW**) 현재 국내에 1주택을 보유하고 보유기간 중 거주기간이 2년 이상인 것을 말한다. 이 경우 해당 1주택이 공동상속주택인 경우 거주기간은 법령규정에 따라 공동상속인 중 그 거주기간이 가장 긴 사람이 거주한 기간으로 판단한다.

오쌤 Talk

장기보유특별공제와 양도소득기본공제의 비교

구분	장기보유특별공제	양도소득기본공제
적용하는 경우	양도소득금액을 계산할 때	양도소득 과세표준을 계산할 때
공제대상	3년 이상 보유한 토지·건물 및 조합원입주권	모든 양도자산
공제배제	미등기자산 및 조정대상지역의 1세대 2주택 이상에 해당하는 주택	미등기자산
공제금액	양도차익의 6%~80%	자산그룹별 250만원

(3) 양도소득 기본공제

① 자산그룹의 구분

양도소득이 있는 거주자에 대해서는 다음의 '자산 그룹'별로 양도소득금액으로부터 각각 연 250만원을 공제한다. 다만 **양도소득 기본공제는 미등기양도자산에 대해서는 적용할 수 없다**(소법 103 ①).

구분	포함되는 자산
그룹 1	토지·건물, 부동산에 관한 권리, 기타자산
그룹 2	일반 주식
그룹 3	파생상품
그룹 4	신탁수익권

② 공제순서

양도소득금액에 감면소득금액이 있는 경우에는 감면소득금액 외의 양도소득금액에서 먼저 공제하고, 감면소득금액 외의 양도소득금액 중에서는 해당 과세기간에 먼저 양도한 자산의 양도소득금액에서부터 순서대로 공제한다(소법 103 ②).

5 양도소득산출세액의 계산 C

(1) 양도소득산출세액의 계산구조

양도소득산출세액은 다음의 산식에 따라 계산한다.

> 양도소득산출세액 = 양도소득과세표준 × 양도소득 세율

(2) 양도소득 세율의 적용

양도소득 세율은 다음과 같다(소법 104). 다만, 하나의 자산이 다음 세율 중 둘 이상에 해당할 때에는 해당 세율을 적용하여 계산한 양도소득 산출세액 중 큰 것을 그 세액으로 한다.

① 일반적인 경우

구분			세율
[1그룹] 토지·건물 ·부동산에 관한 권리	㉠ 보유기간 2년 이상	ⓐ 2021.6.1. 이후 양도하는 분양권	60%
		ⓑ 위 ⓐ외의 자산	기본세율(6~45%)
	㉡ 보유기간 1년 이상 2년 미만	ⓐ 2021.6.1. 이후 양도하는 주택(부수토지 포함), 조합원입주권·분양권	60%
		ⓑ 주택(부수토지 포함)·조합원입주권	기본세율(6~45%)
		ⓒ 위 ⓐ, ⓑ 외의 자산	40%
	㉢ 보유기간 1년 미만	ⓐ 2021.6.1. 이후 양도하는 주택(부수토지 포함), 조합원입주권·분양권	70%
		ⓑ 주택(부수토지 포함)·조합원입주권	40%
		ⓒ 위 ⓐ, ⓑ 외의 자산	50%
	㉣ 비사업용토지		기본세율 + 10%
	㉤ 미등기양도자산		70%
[1그룹] 기타자산	㉥ 영업권, 이축권, 특정시설물이용권, 법정주식 A, 법정주식 B		기본세율(6~45%)
	㉦ 비사업용 토지 과다소유 법인(자산총액 중 비사업용토지가액이 50% 이상인 법인)의 주식 등		기본세율 + 10%
[2그룹] 주식	국내 주식	㉧ 중소기업 주식	ⓐ 대주주[1]가 양도	20%[3]
			ⓑ 대주주[1]가 아닌 자가 양도	10%
		㉨ 비중소기업 주식	ⓐ 대주주[1]가 양도 / 보유기간 1년 미만	30%
			ⓐ 대주주[1]가 양도 / 보유기간 1년 이상	20%[3]
			ⓑ 대주주가 아닌 자가 양도	20%
	국외 주식	㉩ 중소기업 주식		10%
		㉪ 비중소기업 주식		20%
[3그룹] 파생상품			10%[2]
[4그룹] 신탁수익권			20%[3]

[1] 대주주는 다음 중 어느 하나에 해당하는 자를 말한다.
 ⓐ 주권상장법인의 대주주
 ⓑ 주권비상장법인의 주주로서 지분율 4% 이상이거나 시가총액이 50억원 이상인 주주
[2] 「소득세법」상 적용한 세율은 20%이지만, 대통령령으로 탄력적으로 인하한 현 양도소득세 탄력세율은 10%이다.
[3] 3억원 초과분은 25%

(3) 부동산투기지역 특례

다음 구분에 따른 부동산을 양도하는 경우 아래와 같이 특례 세율을 적용한다.

구분	보유기간	특례 세율
① 부동산투기지역 내 비사업용 토지	㉠ 2년 이상	기본세율 + 10%
② 그 밖에 부동산가격이 급등하거나 급등할 우려가 있어 부동산가격의 안정을 위하여 필요한 경우 대통령령으로 정하는 부동산	㉡ 2년 미만	MAX [ⓐ, ⓑ] ⓐ 위 (2)①의 ㉡, ㉢에 따른 세율 ⓑ 위 ㉠에 따른 세율

(4) 조정대상지역 특례

조정대상지역에 있는 주택으로서 다음 중 어느 하나에 해당하는 주택을 양도(2021.6.1. 이후 양도분)하는 경우 아래와 같이 특례 세율을 적용한다.

조정대상지역에 있는 주택	보유기간	특례 세율*
① 1세대 2주택에 해당하는 주택 ② 1세대가 주택과 조합원입주권 또는 주택과 분양권을 각각 1개씩 보유한 경우의 해당 주택 ③ 1세대 3주택 이상에 해당하는 주택 ④ 1세대가 주택과 조합원입주권 또는 주택과 분양권을 보유한 경우로서 그 수의 합이 3 이상인 경우 해당 주택	㉠ 2년 이상	①과 ②의 주택: 기본세율 + 20% ③과 ④의 주택: 기본세율 + 30%
	㉡ 1년 이상 2년 미만	MAX [60%, ㉠에 따른 세율]
	㉢ 1년 미만	MAX [70%, ㉠에 따른 세율]

* 보유기간이 2년 이상인 주택을 2022.5.10.부터 2026.5.9.**NEW**까지 양도하는 경우 그 해당 주택은 특례 세율을 적용하지 아니한다.

(5) 1그룹 자산을 둘 이상 양도한 경우 비교과세 특례

1그룹에 해당하는 자산을 둘 이상 양도하는 경우에는 다음과 같이 비교과세를 적용하여 합산해서 계산한 세액과 각 자산을 기준으로 과세한 세액의 합계액 중 큰 금액으로 과세한다.

> 양도소득 산출세액 = MAX[①, ②]
>
> ① 해당 과세기간의 양도소득과세표준 합계액 × 기본세율(6%~45%) - 양도소득세 감면액
>
> ② 자산별 양도소득 산출세액 합계액 - 양도소득세 감면액

⑤ 특수한 경우의 양도소득 산출세액의 계산

1 양도차손이 발생하는 경우 B

(1) 양도차손
양도차손은 양도가액보다 취득가액 및 필요경비 등이 큰 경우의 금액을 말하는 것으로, 사업소득의 '결손금'과 유사하다. 이는 양도소득금액에서 공제하며 다른 소득금액에서 공제할 수 없다. 또한 이월공제하는 것도 불가능하다.

★★ (2) 공제방법
양도소득 기본공제에 따른 자산의 그룹별로 나누고, 양도차손을 그 그룹 내의 다른 자산에서 발생한 양도소득금액에서만 다음의 순서에 따라 공제한다. 따라서 다른 그룹에 속하는 양도차손은 공제할 수 없다.

① 1순위: 양도차손이 발생하는 자산과 같은 세율을 적용받는 자산의 양도소득금액
② 2순위: 양도차손이 발생하는 자산과 다른 세율을 적용받는 자산의 양도소득금액. 다만, 2 이상이 존재하는 경우에는 각 세율별 양도소득금액의 합계액에서 해당 양도소득금액이 차지하는 비율로 안분하여 공제

2 부당행위계산의 부인 B

★★ (1) 의미
납세지 관할 세무서장 또는 지방국세청장은 양도소득이 있는 거주자의 행위 또는 계산이 그 거주자의 특수관계인과의 거래로 인하여 그 소득에 대한 조세 부담을 부당하게 감소시킨 것으로 인정되는 경우에는 그 거주자의 행위 또는 계산과 관계없이 해당 과세기간의 소득금액을 계산할 수 있다(소법 101 ①).

★★ (2) 고가매입·저가양도
조세 부담을 부당하게 감소시킨 것으로 인정되는 다음의 경우 그 취득가액 또는 양도가액을 시가에 의하여 계산한다. 다만, 시가와 거래가액의 차액이 3억원 이상이거나 시가의 5% 이상인 경우에 한한다(소령 167 ③, ④).

① 특수관계인으로부터 시가보다 높은 가격으로 자산을 매입하거나 특수관계인에게 시가보다 낮은 가격으로 자산을 양도한 때
② 그 밖에 특수관계인과의 거래로 해당 연도의 양도가액 또는 필요경비의 계산 시 조세의 부담을 부당하게 감소시킨 것으로 인정되는 때

기출 OX

40. 소득세법상 동일한 과세기간에 발생한 토지의 양도소득금액과 주권상장법인 주식의 양도차손은 서로 통산할 수 있다. 2008. 7급
정답 X

기출 OX

41. 납세지 관할 세무서장 또는 지방국세청장은 양도소득이 있는 거주자의 행위 또는 계산이 그 거주자의 특수관계인과의 거래로 인하여 그 소득에 대한 조세 부담을 부당하게 감소시킨 것으로 인정되는 경우에는 그 거주자의 행위 또는 계산과 관계없이 해당 과세기간의 소득금액을 계산할 수 있다. 2012. 9급·2024. 9급 최신
정답 O

기출 OX

42. 특수관계에 있는 자와의 거래에 있어서 토지 등을 시가보다 4억원 미달하게 양도한 때에는 양도소득의 계산은 시가에 의한다. 2010. 7급
정답 O

3 이월과세 A

★ (1) 배우자·직계존비속을 통한 양도 시 이월과세

양도일로부터 소급하여 10년* 이내 배우자(양도 당시 혼인관계가 소멸된 경우를 포함, 사망으로 혼인관계가 소멸한 경우 제외) 또는 직계존비속으로부터 '증여받은' 토지·건물·부동산을 취득할 수 있는 권리·시설물 이용권, 주식을 양도한 경우 이월과세를 적용해 양도차익을 계산한다.

* [2그룹] 일반주식에 해당하는 자산은 1년을 적용한다. NEW

★★ (2) 양도차익의 계산

이월과세가 적용될 경우 양도차익은 다음과 같이 계산한다. 이때 취득가액은 그 배우자 또는 직계존비속의 취득 당시에 따른 금액으로 한다(소법 97의2 ①, 소령 163의2 ①). 배우자·직계존비속으로부터 수증받은 시점으로부터 단기간 내에 양도하여 세부담을 회피하는 것을 막기 위함이다.

$$양도차익 = 양도시점의\ 양도가액 - 배우자\ 또는\ 직계존비속의\ 취득가액 - 기타\ 필요경비^*$$

* 기타 필요경비에는 거주자의 배우자 또는 직계존비속이 해당 자산에 대하여 지출한 자본적지출액(link-p.465) 및 배우자 또는 직계존비속으로부터 자산을 수증받는 시점에 납부한 증여세를 포함하며 이는 양도차익을 한도로 필요경비에 산입한다(소령 163의 2 ⑧). 이때 증여받은 자산의 일부만을 양도하는 경우에는 다음 금액을 필요경비에 산입한다.

$$증여세\ 상당액 = 당초\ 증여세\ 산출세액 \times \frac{양도한\ 자산에\ 대한\ 증여세\ 과세가액}{당초\ 증여세\ 과세가액}$$

(3) 이월과세 배제

다음의 경우에는 이월과세를 적용하지 않는다(소법 97의 2 ②).

① 사업인정고시일부터 소급하여 2년 이전에 증여받은 경우로서 법에 따라 협의매수 또는 수용된 경우
② 이월과세규정을 적용하여 계산한 양도소득 결정세액이 이월과세규정을 적용하지 않고 계산한 양도소득 결정세액보다 적은 경우
③ 이월과세가 적용되면 양도소득세가 비과세되는 1세대1주택 양도에 해당하게 되는 경우

기출 OX

43. 거주자가 그 배우자로부터 수증한 부동산을 수증일로부터 10년 이내에 양도하는 경우에는 그 배우자의 취득가액을 해당 거주자의 취득가액으로 한다.
2010. 7급 수정
정답 O

44. 거주자가 양도일부터 소급하여 10년 이내에 직계존비속으로부터 증여받은 양도소득세 과세대상 토지의 양도차익을 계산할 때 취득가액은 그 직계존비속의 취득 당시 「소득세법」제97조 제1항 제1호에 따른 금액으로 한다.
2024. 9급 최신
정답 O

확인문제

02. 소득세법령상 거주자 甲이 등기된 국내 소재의 상가건물을 아버지 乙에게서 증여받고 그 건물을 특수관계가 없는 거주자 丙(부동산임대업 영위)에게 양도한 경우에 대해 양도소득세 이월과세(「소득세법」제97조의2제1항)를 적용한다고 할 때, 이에 대한 설명으로 옳은 것만을 모두 고른 것은? 2018. 7급 수정

ㄱ. 甲이 양도일부터 소급하여 10년 이내에 乙에게서 증여를 받아야 한다.
ㄴ. 그 건물의 취득가액은 甲이 증여받은 당시 취득가액에 해당하는 금액으로 한다.
ㄷ. 甲이 그 건물에 대하여 납부한 증여세 상당액이 있는 경우 그 금액은 양도차익을 한도로 필요경비에 산입한다.
ㄹ. 장기보유특별공제에 관한 보유기간의 산정은 甲이 그 건물을 취득한 날부터 기산한다.

① ㄱ, ㄴ ② ㄱ, ㄷ
③ ㄴ, ㄷ ④ ㄷ, ㄹ

정답 ②

기출 OX

45. 거주자인 갑이 갑의 아들 을로부터 증여받은 국내에 소재하는 골프회원권을 10년 이내에 양도하는 경우 그 양도차익을 계산함에 있어서 취득가액은 을의 취득당시를 기준으로 계산한다.
2009. 7급 수정
정답 O

4 우회양도 A

(1) 증여를 통한 우회양도 시 부당행위계산의 부인

특수관계인에게 자산을 '증여(배우자·직계존비속을 통한 양도 시 이월과세가 적용되는 경우는 제외)한' 후 그 자산을 증여받은 자가 그 증여일부터 10년 이내에 다시 타인에게 양도한 경우 증여받은 자의 증여세와 양도소득세를 합한 세액이 증여자가 직접 양도하는 경우로 보아 계산한 양도소득세보다 적은 경우에는 증여자가 그 자산을 직접 타인에게 양도한 것으로 본다(소법 101 ②).

(2) 소득의 귀속

양도소득이 수증자에게 실질적으로 귀속되는 경우에는 위 (1)의 규정을 적용하지 아니한다(소법 101 ②).

(3) 과세방법

증여자에게 직접 양도소득세가 과세되는 경우에는 당초 증여받은 자산에 대해서는 증여세를 부과하지 않는다(소법 101 ③). 또한, 자산을 직접 증여자가 양도하는 것으로 볼 때, 양도소득세는 증여자와 수증자가 연대하여 납세의무를 진다(소법 2 ④).

5 가업상속공제가 적용된 자산에 대한 이월과세 C

「상속세 및 증여세법」에 따른 가업상속공제를 적용받은 자산의 양도차익을 계산할 때, 취득가액은 다음의 금액을 합한 금액으로 계산하며, 필요경비·세율 및 장기보유특별공제는 피상속인의 취득시기를 기준으로 계산하여 적용한다.

> ① 이월과세가 적용되는 부분: 피상속인의 취득가액 × 가업상속공제적용률
> ② 이월과세가 적용되지 않는 부분: 상속개시일 현재 해당 자산가액 × (1 − 가업상속공제적용률)

6 고가주택 등의 양도 C

시가가 12억원을 초과하는 고가주택 및 고가조합원입주권에 대해서는 1세대1주택이라고 하더라도 양도소득세를 과세하는데, 이에 대해서는 12억원을 초과하는 부분에 대해서만 계산하고자 아래의 계산식에 따라 계산한다(소법 95 ③, 소령 160 ①). 이 때, 양도소득기본공제는 안분계산하지 않고 250만원을 그룹별로 공제할 수 있다.

구분	계산식
① 양도차익	원칙적인 양도차익 × (양도가액 − 12억원) / 양도가액
② 장기보유특별공제	원칙적인 장기보유특별공제 × (양도가액 − 12억원) / 양도가액

기출 OX

46. 거주자가 배우자나 직계존비속이 아닌 특수관계인에게 자산을 증여한 후 그 자산을 증여받은 자가 그 증여일부터 15년 지난 후 다시 타인에게 양도한 경우 증여자가 그 자산을 직접 양도한 것으로 본다. 다만, 양도소득이 해당 수증자에게 실질적으로 귀속되지 아니한 것으로 본다. 2024. 9급 수정

정답 X

47. 특수관계자(배우자 및 직계존비속 제외)에게 재산을 증여한 후 수증자가 증여일로부터 5년 내에 다시 이를 타인에게 양도한 경우 증여받은 자의 증여세와 양도소득세를 합한 세액이 증여자가 직접 양도하는 경우로 보아 계산한 양도소득세보다 적은 경우에는 증여자가 그 자산을 직접 타인에게 증여한 것으로 본다. 2010. 7급

정답 X

오쌤 Talk

이월과세와 우회양도의 비교

구분	배우자·직계존비속을 통한 양도 시 이월과세	증여를 통한 우회양도
적용대상자산	토지·건물·부동산을 취득할 수 있는 권리·시설물이용권에 한함	모든 양도소득세 과세대상 자산
수증받아 양도한 자	배우자·직계존비속으로부터 수증받아 양도한 자	당초의 증여자로부터 수증받아 양도한 특수관계인
양도소득세 납세의무자	배우자·직계존비속으로부터 수증받아 양도한 자	당초의 증여자
양도일까지의 기간		10년
당초 증여세의 처리	양도차익계산 시 필요경비로 차감	증여세를 과세하지 아니함
연대납세의무	규정 없음	증여자와 증여받은 자가 연대납세의무를 짐

오쌤 Talk

부담부증여

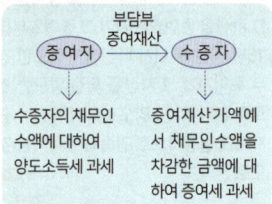

수증자의 채무인수액에 대하여 양도소득세 과세

증여재산가액에서 채무인수액을 차감한 금액에 대하여 증여세 과세

기출 OX

48. 부담부증여 시 수증자가 부담하는 채무액에 해당하는 부분은 양도로 본다.
2021. 7급
정답 O

7 부담부증여 B

★★ (1) 개념

'부담부증여'란, 수증자가 증여자의 일정한 채무를 부담하는 조건으로 자산 증여를 받는 계약을 말한다. 이에 대해서는 다음의 과세문제가 발생한다.

구분	과세방법
① 채무인수액*	유상양도로 보아 양도소득세를 '양도자'에게 과세한다.
② 위 외의 부분	무상양도로 보아 증여세를 '수증자'에게 과세한다.

* 부담부증여 시 증여자의 채무를 수증자가 인수하는 경우 증여가액 중 그 채무액에 해당하는 부분을 말한다. 다만, 배우자 간 또는 직계존비속 간의 부담부증여(「상속세 및 증여세법」에 따라 증여로 추정되는 경우를 포함)로서 수증자에게 인수되지 아니한 것으로 추정되는 채무액은 제외한다(Link - P.533).

(2) 양도가액 및 취득가액

부담부증여의 경우 양도가액 및 취득가액은 다음과 같이 계산한다(소령 159).

구분	계산방법
① 양도가액	양도 당시 「상속세 및 증여세법」에 의하여 평가한 가액 × $\dfrac{채무액^*}{증여가액}$
② 취득가액	취득가액(기준시가에 따라 양도가액을 산정한 경우 기준시가) × $\dfrac{채무액^*}{증여가액}$

* 양도소득세 과세대상 자산과 과세대상이 아닌 자산을 함께 부담부증여하는 경우로서 증여자의 채무를 수증자가 인수하는 경우 채무액은 다음과 같이 계산한다.

$$채무액 = 총채무액 \times \dfrac{과세대상 자산가액}{총증여자산가액}$$

6 미등기양도자산에 대한 불이익

1 미등기양도자산의 범위 B

토지·건물 및 부동산에 관한 권리를 취득한 자가 그 자산 취득에 관한 등기를 하지 아니하고 양도하는 자산을 말하며, 다음의 자산은 등기할 수 없는 정당한 사유가 있는 것으로 간주하여 미등기양도자산으로 보지 않는다(소법 104 ③, 소령 168).

① 장기할부조건으로 취득한 자산으로서 그 계약조건에 의하여 양도 당시 그 자산의 취득에 관한 등기가 불가능한 자산
② 법률의 규정 또는 법원의 결정에 의하여 양도 당시 그 자산의 취득에 관한 등기가 불가능한 자산
③ 비과세가 적용되는 교환·분합하는 농지, 감면이 적용되는 자경농지 및 대토하는 농지
④ 비과세가 적용되는 1세대 1주택(1세대 2주택 특례 포함)으로서 건축허가를 받지 않아 등기가 불가능한 자산
⑤ 도시개발사업이 종료되지 아니하여 토지 취득등기를 하지 아니하고 양도하는 토지
⑥ 공사용역 대가로 취득한 체비지를 토지구획환지처분공고 전에 양도하는 토지

2 미등기양도자산에 대한 불이익 규정 A

구분	불이익 규정
① 장기보유특별공제 및 양도소득기본공제	미적용
② 비과세 및 감면규정	
③ 양도소득세율	70%
④ 필요경비개산공제율	0.3%

기출 OX

49. 법원의 결정에 의하여 양도 당시 그 자산의 취득에 관한 등기가 불가능한 자산을 양도한 경우에는 양도소득기본공제가 적용된다. 2008.9급

정답 O

기출 OX

50. 소득세법상 양도소득 과세표준의 계산 시 미등기 양도자산에 대한 양도소득기본공제는 미등기 양도자산의 취득 당시 기준시가의 1,000분의 3에 상당하는 가액으로 한다. 2007.9급

정답 X

확인문제

03. 「소득세법」상 거주자가 국내에 소재하는 주택을 취득에 관한 등기를 하지 아니하고 양도하는 경우 적용될 수 있는 것은? (단, 주택은 「소득세법」상 미등기양도 제외 자산 및 고가주택에 해당하지 아니함) 2016.9급

① 1세대 1주택(양도일 현재 5년 보유)을 양도하는 경우 양도소득세 비과세
② 양도소득기본공제
③ 주택을 3년 이상 보유한 경우의 장기보유특별공제
④ 취득가액을 실지거래가액에 의하지 않는 경우 주택 취득 당시 법령이 정하는 가격에 일정 비율을 곱한 금액을 필요경비로 공제

정답 ④

7 양도소득 차감납부세액의 계산

1 양도소득 차감납부세액의 계산구조 C

양도소득 차감납부세액은 다음과 같이 계산한다.

```
         양도소득산출세액
( - )  감 면 · 공 제 세 액
         결 정 세 액
( + )  가     산     세
         총 결 정 세 액
( - )  기 납 부 세 액
         차 감 납 부 세 액
```

2 감면세액 C

양도소득금액에 감면소득금액이 있는 경우 다음에 따라 계산된 금액을 감면(면제를 포함)하되 미등기양도자산에 대해서는 적용하지 않는다(소법 90 ①, 조특법 129 ②).

$$감면세액 = 양도소득산출세액 \times \frac{(감면소득금액 - 양도소득기본공제)}{양도소득과세표준} \times 감면비율$$

3 세액공제 C

(1) 전자신고세액공제

납세자가 직접 「국세기본법」에 따른 전자신고의 방법으로 법으로 정하는 소득세, 양도소득세 또는 법인세과세표준 신고를 하는 경우 해당 납부세액에서 2만원을 공제한다. 이때 납부할 세액이 음수인 경우 0으로 한다(조특법 104의8 ①, 조특령 104의5 ①).

(2) 연금계좌 납입액에 대한 세액공제 NEW

다음의 요건을 모두 충족하는 거주자가 연금부동산을 2027.12.31.까지 양도하고, 그 양도일로부터 6개월 이내에 양도가액의 전부 또는 일부를 연금계좌에 납입하는 경우 산출세액을 한도로 연금계좌 납입액의 10%에 상당하는 금액을 공제한다(조특법 99조의 14)

> ① 부동산 양도 당시 기초연금 수급자일 것
> ② 부동산 양도 당시 1주택 또는 무주택 세대의 구성원일 것

4 기납부세액: 양도소득과세표준 예정신고산출세액 B

(1) 양도소득 과세표준 예정신고

양도소득세 과세대상 자산을 양도한 거주자는 양도소득과세표준을 다음 구분에 따른 기한까지 신고 및 납부하여야 한다. 이러한 예정신고는 양도차익이 없거나 양도차손이 발생한 경우에도 해야 하며 이런 의무를 이행하지 않은 경우 관련되어 가산세가 부과된다.

구 분		예정신고·납부기한
① 토지·건물, 부동산에 관한 권리, 기타자산, 신탁수익권		양도일이 속하는 달의 말일부터 2개월 이내
② 일반주식	㉠ 국내주식	양도일이 속하는 반기의 말일부터 2개월 이내
	㉡ 국외주식	예정신고대상 아님
③ 파생상품		
④ 부담부증여의 채무액에 해당하는 부분으로 양도로 보는 경우		양도일이 속하는 달의 말일부터 3개월 이내

(2) 확정신고 의무

예정신고를 한 자는 해당 소득에 대한 확정신고를 하지 아니할 수 있다. 다만, 다음의 경우에는 해당 과세기간의 다음 연도 5월 1일부터 5월 31일까지 확정신고를 하여야 한다(소법 110 ④, 소령 173 ⑤).

① 해당 과세기간에 기본세율 적용대상 자산에 대한 예정신고를 2회 이상 한 자가 이미 신고한 양도소득금액과 합산하여 신고하지 아니한 경우
② 그룹별 자산을 2회 이상 양도한 경우로서 양도소득기본공제의 공제순서 규정을 적용하면 당초 신고한 양도소득산출세액이 달라지는 경우

(3) 분납

예정신고납부세액이 1천만원을 초과하는 자는 법으로 정하는 바에 따라(납부할 세액이 2천만원 이하는 1천만원을 초과하는 금액, 2천만원을 초과하는 때에는 그 세액의 50%이하의 금액)그 납부할 세액의 일부를 납부기한이 지난 후 2개월 이내에 분할납부할 수 있다(소법 77).

(4) 기타사항

양도소득 과세표준의 예정신고는 양도차익이 없거나 양도차손이 발생한 경우에도 적용하며, 양도소득 과세표준 예정신고·납부의무를 이행하지 않은 경우 신고 또는 납부와 관련한 가산세가 부과된다.

 오쌤 Talk

「소득세법」상 예정신고의무의 비교

구분	토지 등 매매차익 예정신고	양도소득 과세표준 예정신고
신고기한	매매한 달의 말일로부터 2개월이 되는 날까지	양도일이 속하는 달의 말일(주식은 반기의 말일)부터 2개월 이내
신고대상자	부동산매매업자로 토지나 건물을 양도한 자	양도소득세 과세대상자산을 양도한 자
미이행시	가산세 부과	

기출 OX

51. 부담부증여의 채무액에 해당하는 부분으로서 양도로 보는 경우 그 양도일이 속하는 달의 말일부터 3개월 내에 양도소득과세표준을 납세지 관할 세무서장에게 신고해야 한다. 2021. 7급

정답 O

52. 부담부증여의 채무액에 해당하는 부분으로서 양도로 보는 경우 그 양도일이 속하는 달의 말일부터 4개월 이내에 양도소득 과세표준을 납세지 관할 세무서장에게 신고하여야 한다. 2022. 9급

정답 X

(5) 가산세

① 감정가액·환산취득가액 적용 가산세
  ㉠ 거주자가 건물을 신축 또는 증축하고 그 신축한 건물의 취득일 또는 증축일부터 5년 이내에 해당 건물을 양도하는 경우로 감정가액 또는 환산취득가액을 그 취득가액으로 하는 경우, 해당 건물의 감정가액 또는 환산취득가액의 5%에 해당하는 금액을 양도소득 결정세액에 더한다.
  ㉡ 감정가액 또는 환산취득가액 적용 가산세 양도소득 산출세액이 없는 경우에도 적용한다.

② 기장불성실 가산세
  ㉠ 법인의 대주주가 양도하는 주식 등에 대해 거래명세 등을 기장하지 않았거나 누락했을 때 기장을 하지 않은 소득금액 또는 누락한 소득금액이 양도소득금액에서 차지하는 비율을 산출세액에 곱하여 계산한 금액의 10%에 해당하는 금액을 산출세액에 더한다. 다만, 산출세액이 없을 때에는 그 거래금액의 1만분의 7에 해당하는 금액을 기장불성실가산세로 한다.
  ㉡ 법인(중소기업 포함)의 대주주가 양도하는 주식 등에 대하여는 종목별로 구분하여 거래일자별 거래명세 등을 장부에 기록·관리하여야 하며 그 증명서류 등을 갖추어 두어야 한다. 다만, 「자본시장과 금융투자업에 관한 법률」에 따른 투자매매업자 또는 투자중개업자가 발행한 거래명세서를 갖추어 둔 경우에는 장부를 비치·기록한 것으로 본다.

8 국외자산에 대한 양도소득세

1 의의 C

국외자산을 양도한 경우에도 국내에서 양도소득세를 과세한다. 이를 '국외자산'에 대한 양도소득세라고 하고, 이 때 외국에서 납부한 양도소득세가 있는 경우 외국납부세액을 필요경비에 산입하거나 세액공제를 통해 이중과세를 조정한다.

2 납세의무자 B

해당 자산의 양도일까지 계속 5년 이상 국내에 주소 또는 거소를 둔 거주자는 국외자산에 대한 양도소득세 납세의무를 부담한다(소법 118의 2).

3 과세대상자산 C

국내에 소재하고 있는 양도소득세 과세대상 자산과 마찬가지로, 토지·건물·부동산 관련 권리, 주식 및 출자지분, 기타자산에 대해 과세하되, 이 때 양도소득이 외화를 차입하여 취득한 자산을 양도하여 발생하는 소득으로서 환율변동으로 인하여 외화차입금으로부터 발생하는 환차익을 포함하고 있는 경우에는 해당 환차익을 양도 소득의 범위에서 제외한다(소법 118의 2).

4 계산구조 B

국내에 소재하고 있는 양도소득세 계산구조와 유사하되, 장기보유특별공제를 적용하지 않는다는 점과 미등기자산에도 양도소득기본공제를 적용할 수 있다는 점에서 차이가 존재한다.

```
      양   도   가   액   … 실지거래가액을 기준으로 계산
(−)   필   요   경   비   … 취득가액(실지거래가액 기준)·자본적지출액·양도비용
      양   도   차   익
(−)   양 도 소 득 기 본 공 제  … 등기 여부 불문 연 250만원 공제
      과   세   표   준
(×)   양 도 소 득 세 율
      산   출   세   액
(−)   세   액   공   제   … 외국납부세액공제
      결   정   세   액
(+)   가   산   세
      총   결   정   세   액
(−)   기   납   부   세   액
      차   감   납   부   세   액
```

★★ (1) 양도가액과 취득가액

양도가액과 취득가액은 다음의 방법으로 산정한다.

① 실지거래가액을 확인할 수 있는 경우 실지거래가액
② 실지거래가액을 확인할 수 없는 경우 양도자산이 소재하는 국가의 양도 또는 취득 당시의 현황을 반영한 시가(시가를 산정하기 어려울 경우, 그 자산의 종류, 규모, 거래상황 등을 고려하여 법에서 정하는 방법에 따라 산정한 가액)

기출 OX

53. 국내에 당해 자산의 양도일까지 계속하여 3년간 주소 또는 거소를 둔 자의 국외에 있는 자산의 양도에 대한 양도소득은 거주자의 국외원천소득으로 보아 과세한다. 2009. 9급

정답 ×

기출 OX

54. 국외자산의 양도에 대한 양도차익을 계산할 때 양도가액에서 공제하는 필요경비는 해당 자산의 취득에 든 실지거래가액을 확인할 수 있는 경우에는 그 가액과 대통령령으로 정하는 자본적지출액 및 양도비를 합한 금액으로 한다. 2013. 7급

정답 O

55. 양도차익의 외화 환산, 취득에 드는 실지거래가액, 시가의 산정 등 필요경비의 계산은 양도가액 및 필요경비를 수령하거나 지출한 날 현재 「외국환거래법」에 의한 기준환율 또는 재정환율에 의하여 계산한다. 2013. 7급

정답 O

확인문제

04. 「소득세법」상 국외자산 양도에 대한 양도소득세에 대한 설명으로 옳은 것은? 2016. 7급

① 국외자산의 양도소득에 대하여 해당 외국에서 과세를 하는 경우에 그 양도소득에 대하여 대통령령으로 정하는 국외자산 양도소득에 대한 세액을 납부하였거나 납부할 것이 있을 때에는 그 세액을 해당 과세기간의 양도소득금액 계산상 필요경비에 산입하는 방법만 적용받을 수 있다.
② 국외자산의 양도에 대한 양도소득세는 해당 자산의 양도일까지 계속 3년 이상 국내에 주소 또는 거소를 둔 거주자에 한하여 납세의무를 진다.
③ 국외자산의 양도가액은 양도 당시의 실지거래가액을 확인할 수 없는 경우에 양도자산이 소재하는 국가의 양도 당시 현황을 반영한 시가에 따르되, 시가를 산정하기 어려울 때에는 그 자산의 종류, 규모, 거래상황 등을 고려하여 대통령령으로 정하는 방법에 따른다.
④ 국외자산 양도에 따른 양도소득 과세표준 계산 시 양도소득기본공제 및 장기보유특별공제를 적용한다.

정답 ③

★★ (2) 양도소득의 필요경비 계산

국외자산의 양도에 대한 양도차익을 계산할 때 양도가액에서 공제하는 필요경비는 취득가액과 법에서 정하는 자본적지출액 및 양도비를 합한 금액으로 한다(소법 118의4 ①).

★★ (3) 양도차익의 외화환산

양도차익의 외화 환산, 취득에 드는 실지거래가액, 시가의 산정 등 필요경비의 계산은 양도가액 및 필요경비를 수령하거나 지출한 날 현재 「외국환거래법」에 의한 기준환율 또는 재정환율에 의하여 계산한다(소법 118의4 ①, 소령 178의5 ①). 이때 양도차익을 환산하는 것이 아니라, 양도가액 및 필요경비를 각각을 환산하는 것이며 장기할부조건의 경우에는 소유권이전등기접수일·인도일·사용수익일 중 빠른 날을 양도가액 또는 취득가액을 수령하거나 지출한 날로 본다(소령 178의 5 ②).

★★ (4) 장기보유특별공제와 양도소득기본공제

국외자산의 양도소득에 대한 장기보유특별공제는 적용하지 않으며, 국외자산의 양도에 대한 양도소득이 있는 거주자에 대해서 해당 과세기간의 양도소득금액에서 연 250만원을 공제한다(소법 118의 7).

5 세율 C

국외자산(토지·건물·부동산에 관한 권리·기타자산)의 양도소득에 대한 소득세는 해당 과세기간의 양도소득과세표준에 기본세율(6~45%)을 적용하여 계산한 금액을 그 세액으로 한다(소법 118의5).

6 외국납부세액공제 B

국외자산의 양도소득에 대하여 외국에서 과세를 하는 경우, 그 양도소득에 대하여 국외자산 양도소득세액을 납부하였거나 납부할 것이 있을 때에는 다음 방법 중 하나를 선택하여 적용받을 수 있다(소법 118의 6).

> ① 필요경비 산입: 양도소득금액을 계산할 때 필요경비에 산입
> ② 세액공제 적용: 다음의 외국납부세액공제액을 계산하여 산출세액에서 공제
>   외국납부세액공제액 = MIN[㉠, ㉡]
>   ㉠ 외국에서 납부한 국외자산 양도소득세액
>   ㉡ 한도: 해당 과세기간의 양도소득산출세액 × $\dfrac{\text{해당 국외자산 양도소득금액}}{\text{해당 과세기간의 양도소득금액}}$

7 납세절차 B

국외자산 양도소득세에 대한 납세절차는 국내자산 양도소득세 과세 시 적용하는 규정을 준용한다(소법 118의 8). 다만, 양도소득 기본공제 및 장기보유특별공제 등 법에 정한 준용규정이 아닌 것은 준용하지 아니한다.

⑨ 거주자 출국 시 국내 주식 등에 대한 과세특례 [C]

구분	내용
① 의의	거주자가 출국을 하게 되면 국내 주식 양도에 대해 과세권을 행사할 수 없기에 조세회피가 가능하다. 따라서 이를 방지하기 위해 국외로 전출할 때, 거주자(대주주에 한정)가 국내주식을 양도한 것으로 보아 양도소득세를 과세하는데, 이를 '거주자 출국 시 국내 주식 등에 대한 과세특례'라고 한다.
② 납세의무	다음 요건을 모두 갖추어 출국하는 거주자(이하 "국외전출자"라 한다)는 출국 당시 소유한 일반주식(국외주식 제외), 특정주식A, 특정주식B를 출국일에 양도한 것으로 보아 양도소득에 대하여 소득세를 납부할 의무가 있다. ㉠ 출국일 10년 전부터 출국일까지의 기간 중 국내에 주소나 거소를 둔 기간의 합계가 5년 이상일 것 ㉡ 출국일이 속하는 연도의 직전 연도 종료일 현재 대주주에 해당할 것
③ 산출세액의 계산	의 제 양 도 가 액 : 출국일 당시의 시가 (-) 필 요 경 비 : 취득가액 + 기타 필요경비 양 도 소 득 금 액 (-) 양도소득기본공제 : 연 250만원 양 도 소 득 과 세 표 준 (×) 세 율 산 출 세 액 | 과세표준 | 세율 | |---|---| | 3억원 이하 | 20% | | 3억원 초과 | 6천만원 + 3억원 초과액 × 25% |
④ 조정공제	국외전출자가 출국한 후 국외전출자 국내주식 등을 실제 양도한 경우로서 실제 양도가액이 국외전출 시 의제양도가액보다 낮은 때에는 다음의 계산식에 따라 계산한 세액을 산출세액에서 공제한다. 조정공제액 = (의제양도가액 − 실제 양도가액) × 세율
⑤ 외국납부 세액공제	국외전출자가 출국한 후 국외전출자 국내주식 등을 실제로 양도하여 해당 자산의 양도소득에 대하여 외국정부(지방자치단체 포함)에 세액을 납부하였거나 납부할 것이 있는 때에는 외국납부세액을 산출세액에서 공제한다.
⑥ 비거주자의 국내원천소득 세액공제	국외전출자가 출국한 후 국외전출자 국내주식 등을 실제로 양도하여 비거주자의 국내원천소득으로 국내에서 과세되는 경우에는 법에 따른 금액을 산출세액에서 공제한다. 이러한 공제를 하는 경우에는 위 ⑤의 외국납부세액의 공제를 적용하지 아니한다.
⑦ 신고·납부	㉠ 국외전출자는 국외전출자 국내주식 등의 양도소득에 대한 납세관리인과 국외전출자 국내주식 등의 보유현황을 출국일 전날까지 납세지 관할 세무서장에게 신고하여야 한다. 이 경우 국외전출자 국내주식 등의 보유현황은 신고일의 전날을 기준으로 작성한다. ㉡ 국외전출자는 출국일이 속하는 달의 말일부터 3개월 이내(납세관리인을 신고한 경우에는 양도소득 과세표준 확정신고기간 내)에 납세지 관할 세무서장에게 신고·납부하여야 한다.
⑧ 재전입에 따른 환급	㉠ 국외전출자(아래 ⓒ의 경우에는 상속인)는 다음 어느 하나에 해당하는 사유가 발생한 경우 그 사유가 발생한 날부터 1년 이내에 납세지 관할 세무서장에게 납부한 세액의 환급을 신청하거나 납부유예 중인 세액의 취소를 신청하여야 한다.

ⓐ 국외전출자가 출국일부터 5년 이내에 국외전출자 국내주식 등을 양도하지 아니하고 국내에 다시 입국하여 거주자가 되는 경우
ⓑ 국외전출자가 출국일부터 5년 이내에 국외전출자 국내주식 등을 거주자에게 증여한 경우
ⓒ 국외전출자의 상속인이 국외전출자의 출국일부터 5년 이내에 국외전출자 국내주식등을 상속받은 경우

ⓒ 납세지 관할 세무서장은 위 ⓒ에 따라 신청을 받은 경우 지체 없이 국외전출자가 납부한 세액을 환급하거나 납부유예 중인 세액을 취소하여야 한다.
ⓒ 위 ⓒ에 해당하여 국외전출자가 납부한 세액을 환급하는 경우 국외전출자 국내주식등의 보유현황 무신고·누락신고 가산세는 환급하지 아니한다.
ⓔ 위 ⓒ 또는 ⓒ에 해당하여 국외전출자가 납부한 세액을 환급하는 경우에는 「국세기본법」에도 불구하고 국세환급금에 국세환급가산금을 가산하지 아니한다.

MEMO

CHAPTER 11

소득세의 납세절차

1. 소득세의 신고와 납부
2. 결정 및 경정
3. 징수 및 환급
4. 가산세
5. 비거주자에 대한 과세방법

최신 8개년 출제 경향 분석

01 소득세의 신고와 납부
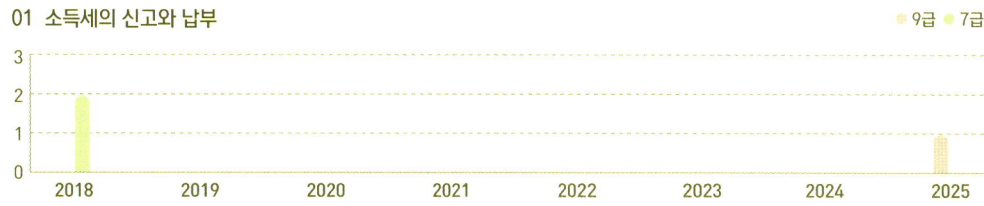

02 결정 및 경정
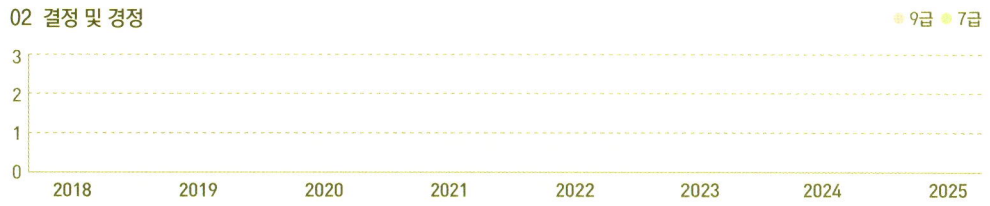

03 징수 및 환급
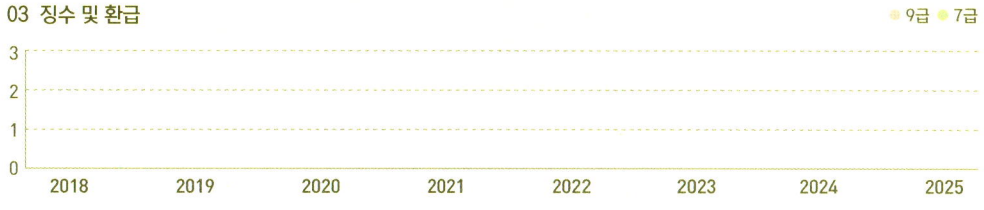

04 가산세
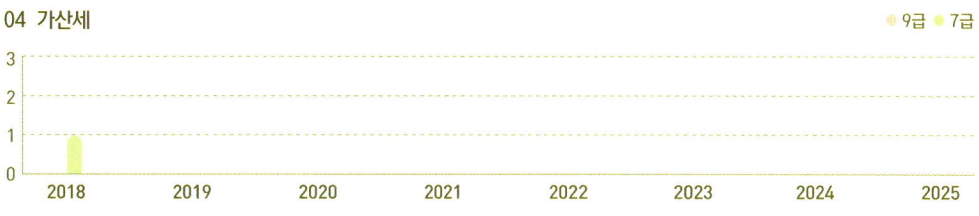

05 비거주자에 대한 과세방법
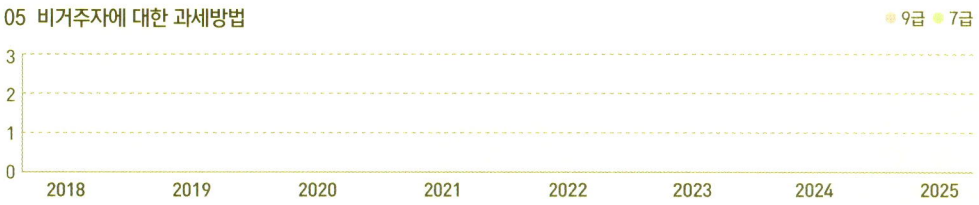

1 소득세의 신고와 납부

1 사업장 현황신고 C

(1) 원칙

① 사업장 현황 신고기한

사업자(해당 과세기간 중 사업을 폐업 또는 휴업한 사업자를 포함)는 사업장현황신고서를 제출함으로써 해당 사업장의 현황을 해당 과세기간의 다음 연도 2월 10일까지 사업장 소재지 관할 세무서장에게 신고해야 한다(소법 78 ①, 소령 141 ①).

② 둘 이상의 사업장이 있는 경우

둘 이상의 사업장이 있는 사업자는 각 사업장별로 사업장현황신고를 하여야 한다(소령 141 ③).

(2) 예외

① 사업장 현황신고를 한 것으로 의제하는 경우

다음 어느 하나에 해당하는 경우에는 사업장 현황신고를 한 것으로 본다(소법 78 ①).

> ㉠ 사업자가 사망하거나 출국함에 따라 상속인이 상속개시일이 속하는 달의 말일부터 6개월 이내에 과세표준확정신고를 해야 하거나, 출국일 전일까지 과세표준확정신고를 해야 하는 경우
> ㉡ 「부가가치세법」상 과세사업자가 예정신고 또는 확정신고를 한 경우

② 사업장 현황신고를 하지 않을 수 있는 경우

다음 어느 하나에 해당하는 경우에는 사업장 현황신고를 하지 않을 수 있다(소법 78 ③, 소령 141 ④).

> ㉠ 납세조합에 가입해 수입금액을 신고한 자
> ㉡ 독립된 자격으로 보험가입자의 모집 및 이에 부수되는 용역을 제공하고 그 실적에 따라 모집수당 등을 받는 자
> ㉢ 독립된 자격으로 일반 소비자를 대상으로 사업장을 개설하지 않고 음료품을 배달하는 계약 배달 판매 용역을 제공하고 판매실적에 따라 판매수당 등을 받는 자

오쌤 Talk

소득세 납세절차 요약

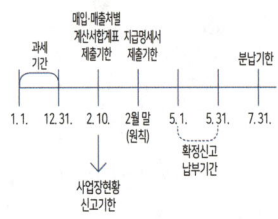

(3) 사업장 현황 조사·확인

사업장 관할세무서장 또는 지방국세청장은 다음에 해당하는 사유가 있는 때에는 사업장 현황을 조사·확인할 수 있다(법령 141 ⑤).

① 법에 의한 사업장 현황신고를 하지 아니한 경우
② 사업장현황신고서 내용 중 수입금액 등 기본사항의 중요부분이 미비하거나 허위라고 인정되는 경우
③ 매출·매입에 관한 계산서 수수내역이 사실과 현저하게 다르다고 인정되는 경우
④ 사업자가 그 사업을 휴업 또는 폐업한 경우

2 지급명세서의 제출 C

원천징수대상 소득을 국내에서 지급하는 자는 다음의 기한까지 지급명세서를 원천징수 관할 세무서장·지방국세청장 또는 국세청장에게 제출하여야 한다(소법 164 ①).

구분	기한
① 이자소득·배당소득, 일반적인 기타소득	다음 연도 2월 말일
② 원천징수대상 사업소득과 근로소득·퇴직소득, 기타소득 중 종교인소득, 봉사료수입의 경우	다음 연도 3월 10일
③ 휴업·폐업 또는 해산한 경우	휴업일·폐업일·해산일이 속하는 달의 다음 다음 달 말일
④ 일용근로자의 근로소득	지급일이 속하는 달의 다음 달 말일

3 과세표준확정신고 및 납부 B

(1) 원칙

소득금액이 있는 거주자는 과세표준을 해당 과세기간의 다음연도 5월 1일부터 5월 31일까지 납세지 관할 세무서장에게 신고해야 한다. 단, 성실신고확인대상 사업자가 성실신고확인서를 제출하는 경우에는 다음연도 5월 1일부터 6월 30일까지 신고해야 하는데(소법 70, 70의2 ②, 71) 이를 '과세표준확정신고'라 한다. 이 때 확정신고는 과세표준이 없거나 결손금이 있는 경우에도 하여야 한다.

★★ (2) 예외

① 거주자가 사망한 경우

상속인은 '그 상속 개시일이 속하는 달의 말일부터 6개월이 되는 날(이 기간 중 상속인이 주소 또는 거소의 국외이전을 위하여 출국하는 경우에는 출국일 전날)까지' 피상속인의 사망일이 속하는 과세기간에 대한 과세표준을 신고하여야 한다. 이는 1월 1일과 5월 31일 사이에 사망한 거주자가 사망일이 속하는 과세기간의 직전 과세기간에 대한 과세표준확정신고를 하지 아니한 경우에도 준용한다(소법 74 ①, ②).

> **기출 OX**
>
> 01. 거주자가 사망한 경우 그 상속인은 그 상속개시일이 속하는 달의 말일부터 3개월이 되는 날(이 기간 중 상속인이 출국하는 경우에는 출국일 전날)까지 사망일이 속하는 과세기간에 대한 그 거주자의 과세표준을 납세지 관할 세무서장에게 신고하여야 한다. 2017.9급
>
> 정답 X

② 거주자가 출국한 경우
과세표준확정신고를 하여야 할 거주자가 주소 또는 거소의 국외이전을 위하여 출국하는 경우에는 출국일이 속하는 과세기간의 과세표준을 '출국일 전날까지' 신고하여야 한다. 이는 1월 1일과 5월 31일 사이에 주소 또는 거소의 국외이전을 위하여 출국하는 경우 출국일이 속하는 과세기간의 직전 과세기간에 대한 과세표준확정신고에 관하여도 준용한다(소법 74 ④, ⑤).

★★ **(3) 확정신고의 면제**

다음 중 어느 하나에 해당하는 거주자는 해당 소득에 대한 과세표준확정신고를 하지 아니할 수 있다(소법 73 ①, ⑤, 110 ④). 단, 2명 이상으로부터 받는 아래 ①~⑤ 중 어느 하나의 소득이 있는 자(일용근로자는 제외)는 과세표준 확정신고를 해야 한다.

① 근로소득만 있는 자
② 퇴직소득만 있는 자
③ 공적연금소득만 있는 자
④ 원천징수되는 사업소득으로서 연말정산대상이 되는 사업소득만 있는 자
⑤ 원천징수되는 기타소득으로서 종교인소득만 있는 자
⑥ 퇴직소득과 근로소득만 있는 자
⑦ 퇴직소득과 공적연금소득만 있는 자
⑧ 퇴직소득과 원천징수되는 사업소득으로서 연말정산대상이 되는 사업소득만 있는 자
⑨ 퇴직소득과 원천징수되는 기타소득으로서 종교인소득만 있는 자
⑩ 위 '①~⑨'에 해당하는 자로서 분리과세이자소득·분리과세배당소득·분리과세연금소득 및 분리과세기타소득(「소득세법」에 따라 원천징수되지 아니한 소득은 제외)이 있는 자
⑪ 분리과세이자소득·분리과세배당소득·분리과세연금소득 및 분리과세기타소득만 있는 자
⑫ 소득세를 수시부과한 후 추가로 발생한 소득이 없을 경우
⑬ 양도소득에 대한 과세표준 예정신고를 한 자*
⑭ 원천징수제외대상 근로소득·퇴직소득이 있는 자로, 납세조합이 연말정산에 의해 소득세를 원천징수하여 납부한 자

* 양도소득에 대한 과세표준 예정신고를 한 자라도 확정신고를 해야 하는 예외는 있음(Link-P.477)

(4) 제출서류

과세표준 확정신고를 할 때에는 그 신고서에 법에서 정한 서류를 첨부하여 납세지 관할 세무서장에게 제출하여야 한다. 이 경우 복식부기의무자가 기업회계기준을 준용하여 작성한 재무상태표·손익계산서와 그 부속서류, 합계잔액시산표 및 조정계산서를 제출하지 아니한 경우에는 종합소득과세표준확정신고를 아니한 것으로 본다(소법 70 ④).

📋 **확인문제**

01. 「소득세법」상 거주자 중 반드시 과세표준확정신고를 하여야 하는 자는?
2018. 7급

① 원천징수대상이 아닌 사업소득만 있는 자
② 분리과세이자소득만 있는 자
③ 공적연금소득만 있는 자
④ 수시부과 후 추가로 발생한 소득이 없는 자

정답 ①

오쌤 Talk

「법인세법」과 「소득세법」상 신고시 필수 첨부서류비교

	법인세법	소득세법
대상자	모든 법인(단, 사업소득 없는 비영리법인은 제외)	복식부기의무자
필수 첨부 서류	재무상태표, 손익계산서, 이익잉여금처분계산서, 법인세 과세표준 및 세액조정계산서	합계잔액시산표, 조정계산서
미이행 시	무신고로 간주하여 가산세를 부과한다.	

4 확정신고납부 B

(1) 납부기한

거주자는 해당 과세기간의 과세표준에 대한 종합소득, 퇴직소득, 양도소득에 따른 소득세를 과세표준확정신고기한까지 납세지 관할 세무서, 한국은행 또는 체신관서에 납부해야 한다(소법 76 ①, 111 ①).

★★ (2) 분할납부

자진납부할 세액이 각각 1천만원을 초과하는 자는 다음 세액을 납부기한이 지난 후 2개월 이내에 분납할 수 있다(소법 77, 112, 소령 140, 175).

구분	분납가능금액
① 납부세액이 2천만원 이하인 때	1천만원을 초과하는 금액
② 납부세액이 2천만원을 초과하는 때	그 세액의 50% 이하의 금액

(3) 물납

소득세의 물납은 인정되지 않는다.

5 성실신고확인제도 A

★★ (1) 제출대상자

성실한 납세를 위해 필요하다고 인정되어 당기 수입금액(사업용 유형자산을 양도함으로써 발생한 수입금액은 제외)의 합계액이 업종별로 법으로 정하는 일정 규모 이상인 개인사업자는 종합소득 과세표준 확정신고를 할 때, 비치·기록된 장부와 증명서류에 의하여 계산한 사업소득 금액의 적정성을 세무사 등 성실신고확인서 작성자가 확인하고 작성한 *성실신고확인서*를 납세지 관할 세무서장에게 제출해야 한다(소법 70의2 ①).

★★ (2) 성실신고확인서 작성자

'세무사 등 성실신고작성자'란 세무사(「세무사법」에 따라 등록한 공인회계사 포함), 세무법인, 회계법인을 말한다. 단, 세무사가 성실신고확인대상사업자에 해당하는 경우 자신의 사업소득금액의 적정성에 대하여 해당 세무사가 성실신고확인서를 작성·제출해서는 안 된다.

★★ (3) 성실신고확인대상 사업자의 신고기한

성실신고확인대상 사업자가 *성실신고확인서*를 제출하는 경우에는 종합소득과세표준 확정신고를 그 과세기간의 다음 연도 5월 1일부터 6월 30일까지 해야 한다(소법 70의2 ②).

(4) 성실신고확인서 제출 시 혜택

① 성실신고확인비용 세액공제

다음의 세액공제를 적용할 수 있다.

> 세액공제액 = MIN[㉠, ㉡]
> ㉠ 성실신고확인에 직접 사용한 비용 × 60%
> ㉡ 한도: 120만원

확인문제 최신

02. 거주자 甲이 2024년 귀속 종합소득 과세표준확정신고를 할 때 소득세로 납부할 세액은 1천800만 원이다. 이 경우 소득세법령상 甲의 최대 분납할 수 있는 세액과 분납기한으로 옳은 것은? (단, 甲은 성실신고확인대상사업자가 아니며,「국세기본법」상 기한의 특례 및 기한의 연장은 고려하지 않는다) 2025. 9급

① 800만 원, 2025년 6월 30일
② 800만 원, 2025년 7월 31일
③ 900만 원, 2025년 6월 30일
④ 900만 원, 2025년 7월 31일

정답 ②

기출 OX

02. 성실신고확인대상사업자는 종합소득과세표준 확정신고를 할 때에 사업소득금액의 적정성을 세무사 등이 확인하고 작성한 성실신고확인서를 납세지 관할 세무서장에게 제출하여야 한다. 2018. 7급

정답 O

기출 OX

03. 세무사가 성실신고확인대상사업자에 해당하는 경우에는 자신의 사업소득금액의 적정성에 대하여 해당 세무사가 성실신고확인서를 작성·제출해서는 아니 된다. 2018. 7급

정답 O

기출 OX

04. 성실신고확인대상사업자가 성실신고확인서를 제출하는 경우에는 종합소득과세표준 확정신고를 그 과세기간의 다음 연도 5월 1일부터 6월 30일까지 하여야 한다. 2018. 7급

정답 O

② 기타 세액공제

의료비세액공제, 교육비세액공제, 월세세액공제를 적용할 수 있다(조특법 122의3).

(5) 추징

세액공제를 적용받은 성실신고확인대상자가 해당 과세연도의 사업소득금액(법인인 경우에는 「법인세법」에 따른 과세표준)을 과소 신고한 경우로서 그 과소 신고한 사업소득금액 등이 경정(수정신고로 인한 경우를 포함)된 사업소득금액 등의 10% 이상인 경우에는 세액공제받은 금액에 상당하는 세액을 전액 추징하며, 추징으로 인해 사업소득금액 등이 경정된 성실신고확인대상자에 대해서는 경정일이 속하는 과세연도의 다음 과세연도부터 3개 과세연도 동안 성실신고 확인비용에 대한 세액공제를 하지 아니한다(조특법 126의6 ②,③).

❷ 결정 및 경정

1 결정 C

납세지 관할 세무서장 또는 지방국세청장은 과세표준확정신고를 하여야 할 자가 신고를 하지 않은 경우에는 과세표준확정신고기일로부터 1년 이내에 해당 과세기간의 과세표준과 세액을 결정하여야 한다. 다만, 국세청장이 조사기간을 따로 결정하거나 부득이한 사유로 인하여 국세청장의 승인을 얻은 경우 그러하지 않는다(소법 80 ①, 소령 142 ②).

2 경정 C

납세지 관할 세무서장 또는 지방국세청장은 과세표준확정신고를 한 자가 다음 중 어느 하나에 해당하는 경우에는 해당 과세기간의 과세표준과 세액을 경정한다(소법 80 ②).

① 신고내용에 오류·탈루 등이 있는 경우
② 근로소득, 연금소득, 사업소득의 연말정산 및 퇴직소득에 대한 원천징수 규정에 따라 소득세를 원천징수한 내용에 탈루 또는 오류가 있는 경우로서 원천징수의무자의 폐업·행방불명 등으로 원천징수의무자로부터 징수하기 어렵거나 근로소득자의 퇴사로 원천징수의무자의 원천징수 이행이 어렵다고 인정되는 경우
③ 근로소득자·소득세액공제신고서를 제출한 자가 사실과 다르게 기재된 영수증을 받는 등 부당한 방법으로 종합소득공제 및 세액공제를 받은 경우로서 원천징수의무자가 부당공제 여부를 확인하기 어렵다고 인정되는 경우
④ 매출·매입처별 계산서합계표 또는 지급명세서의 전부 또는 일부를 제출하지 않은 경우
⑤ 다음 중 어느 하나의 경우로서 시설규모나 영업상황으로 보아 신고내용이 불성실하다고 판단되는 경우
  ㉠ 사업용계좌를 이용하여야 할 사업자가 이를 이행하지 아니한 경우
  ㉡ 사업용계좌를 신고하여야 할 사업자가 이를 이행하지 아니한 경우
  ㉢ 그 밖에 법에 정하는 경우

3 결정 및 경정의 방법 C

(1) 원칙

납세지 관할 세무서장 또는 지방국세청장은 해당 과세기간의 과세표준과 세액을 결정 또는 경정하는 경우에는 장부나 그 밖의 증명서류를 근거로 실지조사에 의하여 결정 또는 경정하여야 한다(소법 80 ③).

(2) 예외

다음의 사유가 발생하여 장부나 그 밖의 증명서류에 의하여 소득금액을 계산할 수 없는 경우에는 소득금액을 추계조사 결정할 수 있다(소법 80 ③, 소령 143 ①).

① 과세표준을 계산할 때 필요한 장부와 증명서류가 없거나 한국표준산업분류에 따른 동종업종 사업자의 신고내용 등에 비추어 수입금액 및 주요 경비 등 중요한 부분이 미비 또는 허위인 경우
② 기장의 내용이 시설규모·종업원수·원자재사용량 등에 비추어 허위임이 명백한 경우
③ 기장의 내용이 원자재사용량·전력사용량 기타 조업상황에 비추어 허위임이 명백한 경우

(3) 추계에 의한 계산방법

① 일반적인 경우: 단순경비율 또는 기준경비율

소득금액의 추계결정 또는 경정하는 경우에는 다음과 같이 계산한다(소령 143).

구분	추계 소득금액의 계산
㉠ 단순경비율 적용대상자	수입금액 - 수입금액 × 단순경비율 + 충당금·준비금 등 환입액
㉡ 기준경비율 적용대상자	MIN[ⓐ*¹ 수입금액 - 증빙으로 확인되는 경비 - (수입금액 × 기준경비율), ⓑ 한도*² (수입금액 - 수입금액 × 단순경비율) × 기획재정부령이 정하는 배율] + 충당금·준비금 등 환입액

*1 ⓐ가 음수가 나오면 0으로 본다.
*2 한도: 2027. 12. 31. 까지의 소득금액 결정·경정할 때까지 적용

② 예외: 동업자와의 권형에 의한 방법

기준경비율 또는 단순경비율이 결정되지 아니하였거나 천재지변이나 그 밖의 불가항력으로 장부나 그 밖의 증명서류가 멸실된 때에는 기장이 가장 정확하다고 인정되는 동일업종의 다른 사업자의 소득금액을 참작하여 소득금액을 결정·경정한다.

오쌤 Talk

「법인세법」과 「소득세법」상 경비율에 의한 추계소득금액 계산방법 비교

구분	법인세법	소득세법
증빙으로 확인되는 경비 중 인건비의 범위	대표자·임원·사용인의 인건비	대표자의 인건비를 필요경비로 인정하지 아니하므로 종업원의 인건비에 한함
추계과세표준의 계산	추계소득금액	추계소득금액 - 인적공제·특별소득공제
기준경비율 적용 시 한도	없음	있음 (2027년까지) **NEW**

3 징수 및 환급

1 징수 C

(1) 미납된 확정신고세액의 징수

납세지 관할 세무서장은 거주자가 다음 중 어느 하나에 해당하면 미납된 부분의 소득세액을 「국세징수법」에 따라 징수한다(소법 85 ①).

> ① 중간예납추계액으로 중간예납세액을 신고·납부하여야 할 자가 그 세액의 전부 또는 일부를 납부하지 아니한 경우
> ② 확정신고납부 규정에 의하여 해당 과세기간의 소득세로 납부하여야 할 세액의 전부 또는 일부를 납부하지 아니한 경우

(2) 결정 또는 경정에 의한 징수

납세지 관할 세무서장은 징수 또는 납부한 거주자의 해당 과세기간의 소득세액이 납세지 관할 세무서장 또는 지방국세청장이 결정 또는 경정한 소득세액에 미달할 때에는 그 미달하는 세액을 징수한다. 중간예납세액의 경우에도 또한 같다(소법 85 ②).

(3) 원천징수세액의 징수

납세지 관할 세무서장은 원천징수의무자가 징수하였거나 징수하여야 할 세액을 그 기한까지 납부하지 아니하였거나 미달하게 납부한 경우에는 그 징수하여야 할 세액에 원천징수불성실가산세액을 더한 금액을 그 세액으로 하여 그 원천징수의무자로부터 징수해야 한다. 다만, 원천징수의무자가 원천징수를 하지 아니한 경우로서 다음의 어느 하나에 해당하는 경우에는 원천징수불성실가산세액만을 징수한다(소법 85 ③).

> ① 납세의무자가 신고·납부한 과세표준금액에 원천징수하지 아니한 원천징수대상소득금액이 이미 산입된 경우
> ② 원천징수하지 아니한 원천징수대상소득금액에 대해서 납세의무자의 관할 세무서장이 그 납세의무자에게 직접 소득세를 부과·징수하는 경우

(4) 소액부징수

다음 중 어느 하나에 해당하는 경우에는 해당 소득세를 징수하지 아니한다(소법 86).

> ① 원천징수세액이 1,000원 미만인 경우(단, 이자소득은 제외)
> ② 납세조합의 징수세액이 1,000원 미만인 경우
> ③ 중간예납세액이 50만원 미만인 경우

2 환급 및 충당 C

납세지 관할 세무서장은 중간예납세액, 토지 등 매매차익 예정신고·납부, 수시부과세액 및 원천징수세액이 종합소득 총결정세액과 퇴직소득 총결정세액의 합계액을 각각 초과하는 경우에는 그 초과하는 세액은 환급하거나 다른 국세 및 강제징수비에 충당하여야 한다(소법 85 ④).

오쌤 Talk

과세최저한의 비교

구분	과세최저한
「국세기본법」상 고지금액의 최저한	1만원 미만인 경우
기타소득금액의 과세최저한	① 조건부 종합과세 기타소득금액이 건별로 5만원 이하인 경우(단, 연금외수령하는 기타소득금액은 적용 제외) ② 복권 및 슬롯머신 등 당첨금품: 건당 200만원 이하인 경우 ③ 승마투표권 등 환급금: 건당 권면표시액 10만원 이하이고, 환급금이 200만원 이하이며 100배 이하인 경우
소득세의 소액부징수	원천징수세액: 1,000원 미만인 경우 (단, 이자소득 및 원천징수대상 사업소득 중 법령으로 정하는 사업소득은 제외)
	납세조합 징수세액: 1,000원 미만인 경우
	중간예납세액: 50만원 미만인 경우

4 가산세

(1) 가산세

「소득세법」상 가산세는 다음과 같다(소법 81).

구분	적용요건	가산세
① 영수증수취명세서 제출불성실가산세	사업자가 영수증수취명세서를 과세표준확정신고기까지 제출하지 아니하거나 제출한 영수증수취명세서가 불분명하다고 인정되는 경우	미제출·불분명한 분의 지급금액 × 1%
② 성실신고확인서 제출 불성실가산세	성실신고확인대상자가 그 과세기간의 다음 연도 6월 30일까지 성실신고확인서를 제출하지 아니한 경우	MAX[ⓐ, ⓑ] ⓐ 산출세액 × $\dfrac{\text{사업소득금액}}{\text{종합소득금액}}$ × 5% ⓑ 사업소득 총수입금액 × 0.02%
③ 사업장현황신고불성실가산세	사업자(의료업, 수의업, 약사만 해당)가 사업장현황신고를 하지 아니하거나 수입금액을 미달하게 신고한 경우	무신고·미달신고한 수입금액 × 0.5%
④ 공동사업장 등록·신고 불성실가산세	㉠ 공동사업자가 사업자등록을 하지 않거나 공동사업자가 아닌 자가 공동사업자로 거짓으로 등록한 경우	미등록·허위등록한 각 과세기간의 총수입금액 × 0.5%
	㉡ 공동사업자가 신고하여야 할 내용을 신고하지 않거나 거짓으로 신고한 경우	무신고·허위신고한 각 과세기간의 총수입금액 × 0.1%
⑤ 장부의 기록·보관 불성실가산세	사업자가 장부를 비치·기록하지 아니하였거나 비치·기록한 장부에 의한 소득금액이 기록하여야 할 금액에 미달한 경우	종합소득산출세액 × $\dfrac{\text{무기장 또는 미달기장한 소득금액}}{\text{종합소득금액}}$ × 20%
⑥ 증명서류 수취 불성실가산세	사업자가 사업과 관련하여 다른 사업자로부터 재화·용역을 공급받고 적격증명서류를 받지 않거나 사실과 다른 증명서류를 받는 경우. 다만, 거래 건당 금액(부가가치세 포함)이 3만원 이하인 경우 제외	증명서류 미수령금액 또는 사실과 다른 금액으로 필요경비에 산입하는 것으로 인정되는 금액 × 2%
⑦ 기부금영수증 불성실가산세	㉠ 기부금영수증을 발급하는 자가 기부금영수증을 사실과 다르게 적어 발급한 경우	ⓐ 허위발급한 경우: 허위발급액 × 5% ⓑ 위 외의 경우: 영수증 기재액 × 5%
	㉡ 기부금영수증을 발급하는 자가 기부자별 발급명세를 작성·보관하지 아니한 경우	작성·보관하지 않은 금액 × 0.2%

기출 OX

05. 성실신고확인대상사업자가 성실신고확인서를 납세지 관할 세무서장에게 제출하지 아니한 경우에는 사업소득금액이 종합소득금액에서 차지하는 비율을 종합소득산출세액에 곱하여 계산한 금액의 100분의 20에 해당하는 금액을 결정세액에 더한다. 2018. 7급

정답 X

⑧ 사업용계좌 불성실 가산세	㉠ 복식부기의무자가 사업용계좌를 사용하지 않은 다음의 경우 ⓐ 거래대금을 금융기관을 통하여 결제하거나 결제받는 경우 ⓑ 인건비 및 임차료를 지급하거나 지급받는 경우	사업용계좌 미사용액 × 0.2%
	㉡ 복식부기의무자가 복식부기의무자에 해당하는 과세기간의 개시일로부터 6개월 이내에 사업용계좌를 신고하지 아니한 경우	MAX[ⓐ, ⓑ] ⓐ 미신고기간의 수입금액 × 0.2% ⓑ 미사용 거래금액의 합계액 × 0.2%
⑨ 신용카드 발급불성실가산세	신용카드가맹점이 신용카드에 의한 거래를 거부하거나 신용카드매출전표를 사실과 다르게 발급한 경우	관할 세무서장으로부터 통보받은 건별 거부금액 또는 사실과 다르게 발급한 금액 × 5% (건별로 계산한 금액이 5,000원 미만인 경우 5,000원)
⑩ 현금영수증 발급불성실 가산세	㉠ 현금영수증가맹점으로 가입하여야 할 법인이 가입하지 아니하거나 가입기간이 지나서 가입한 경우	가입하지 아니한 사업연도의 수입금액 × 1%
	㉡ 발급을 거부하거나 사실과 다르게 발급하여 세무서장으로부터 통보를 받은 경우(아래 "㉢"에 해당하는 경우는 제외한다)	통보받은 건별 발급거부금액 또는 건별로 사실과 다르게 발급한 금액 × 5% (건별로 계산한 금액이 5,000원 미만인 경우 5,000원)
	㉢ 현금영수증을 발급하지 아니한 경우	미발급금액 × 20% (착오나 누락으로 거래대금을 받은 날부터 10일 이내에 관할 세무서에 자진 신고하거나 현금영수증을 자진 발급한 경우에는 10%)
⑪ 계산서 등 불성실가산세	㉠ 계산서·전자계산서 부실 기재	공급가액 × 1%
	㉡ 매출·매입처별계산서합계표의 미제출 또는 부실기재 ㉢ 매입처별세금계산서합계표의 미제출 또는 부실기재	미제출·부실기재한 공급가액 × 0.5% (제출기한이 지난 후 1개월 이내 제출 시 0.3%)
	㉣ 미발급 등 법에 정한 경우	미발급분 등의 공급가액 × 2%
	㉤ 전자계산서 발급명세서 전송기한이 지난 후 재화·용역의 공급시기가 속하는 사업연도 말의 다음 달 25일까지	ⓐ 발급명세를 전송하는 경우(위 '㉣' 적용분은 제외): 공급가액 × 0.3% ⓑ 발급명세를 전송하지 아니한 경우(위 '㉣' 적용분은 제외): 공급가액 × 0.5%
	㉥ 사업자가 아닌 자가 재화·용역을 공급하지 않고 계산서를 발급하거나 공급받지 않고 계산서를 발급받은 경우	그 계산서에 적힌 금액 × 2%

⑫ 지급명세서 제출 불성실 가산세	㉠ 명세서를 제출기한까지 제출하지 아니한 경우의 지급명세서	미제출한 지급금액 × 1%(제출기한이 지난 후 3개월 이내 제출 시 0.5%)
	㉡ 명세서를 제출기한까지 제출하지 아니한 경우의 간이지급명세서	미제출한 지급금액 × 0.25% (제출기한이 지난 후 1개월 이내 제출 시 0.125%)
	㉢ 명세서를 제출기한까지 제출하지 아니한 경우로서 일용근로소득에 대한 지급명세서	미제출한 지급금액 × 0.25% (제출기한이 지난 후 1개월 이내 제출 시 0.125%)
	㉣ 제출된 지급명세서가 불분명하거나 제출된 지급명세서에 기재된 지급금액이 사실과 다른 경우	ⓐ 지급명세서의 경우: 불분명하거나 사실과 다른 분의 지급금액 × 1% (일용근로소득의 경우 0.25%) ⓑ 간이지급명세서의 경우: 불분명하거나 사실과 다른 분의 지급금액 × 0.25%
⑬ 주택임대사업자 미등록 가산세	주택임대소득이 있는 사업자가 법령에 따라 등록을 신청하지 아니한 경우	사업개시일부터 등록신청일의 직전일까지의 주택임대수입금액 × 0.2%
⑭ 업무용승용차 관련 비용 명세서 제출 불성실 가산세	업무용승용차 관련 비용 등을 필요경비에 산입한 복식부기의무자가 업무용승용차 관련 비용 등에 관한 명세서를 제출하지 아니하거나 사실과 다르게 제출한 경우	ⓐ 미제출: 필요경비에 산입한 금액 × 1% ⓑ 사실과 다르게 제출: 사실과 다르게 적은 금액 × 1%

5 비거주자에 대한 과세방법

1 과세범위 B

비거주자는 국내원천소득에 대해서만 제한적으로 납세의무를 부담하며, 이때 국내원천소득의 기준이 되는 국내사업장의 범위는 외국법인 국내사업장의 범위와 동일하다 (Link-P.254).

국내사업장
외국법인의 국내사업장은 사업의 전부 또는 일부를 수행하는 고정된 장소를 말한다.

물리적인 국내사업장
① 지점·사무소·영업소
② 작업장·창고
③ 6월을 초과하는 건설·조립·설치 수행하는 장소

기능적인 국내사업장
(간주사업장)
① 고용인을 통하여 용역을 제공하는 장소로서 용역의 제공이 계속되는 12개월 기간 중 합계 6개월을 초과하지 아니하는 경우로서 유사한 종류의 용역이 2년 이상 계속적·반복적으로 수행되는 장소
② 특정 외국인을 위한 계약체결 등 중요한 행위를 하는 경우(종속대리인)

확인문제

03. 소득세법상 비거주자의 국내사업장에 해당하는 것으로 옳지 않은 것은?
2009. 7급

① 비거주자가 6월을 초과하여 존속하는 건축장소, 건설·조립·설치공사의 현장 또는 이와 관련되는 감독활동을 수행하는 장소
② 비거주자가 고용인을 통하여 용역을 제공하는 장소로서 용역의 제공이 계속되는 12개월 기간 중 합계 6월을 초과하지 아니하는 경우로서 유사한 종류의 용역이 2년 이상 계속적·반복적으로 수행되는 장소
③ 비거주자가 자기의 자산을 타인으로 하여금 가공하게 하기 위하여만 사용하는 일정한 장소
④ 비거주자가 고용인을 통하여 용역을 제공하는 장소로서 용역의 제공이 계속되는 12개월 기간 중 합계 6월을 초과하는 기간 동안 용역이 수행되는 장소

정답 ③

2 과세방법 C

기본적으로 비거주자의 신고와 납부(중간예납 포함)에 관하여는 「소득세법」 중 거주자의 신고와 납부에 관한 규정을 준용한다.

(1) 종합소득

비거주자의 종합소득은 거주자에 대한 과세표준과 세액계산 및 기타 납세절차 규정을 준용하되, 비거주자에 대해서는 인적공제 중 비거주자 본인 외의 자에 대한 공제와 특별소득공제·자녀세액공제·특별세액공제를 적용하지 않는다. 비거주자의 종합소득은 다음에 따라 과세한다(소법 121, 124, 125).

① 국내사업장이 있는 경우

> ㉠ 원칙: 국내원천소득을 종합하여 과세한다.
> ㉡ 예외: 국내사업장과 관련되지 않는 소득금액은 분리과세한다.

② 국내사업장이 없는 경우

> ㉠ 원칙: 분리과세한다.
> ㉡ 예외: 부동산소득이 있는 경우 국내원천소득을 종합하여 과세한다.

③ 인적용역 소득이 있는 경우 특례

종합과세소득표준 확정신고를 하는 경우에는 퇴직소득·양도소득 외의 국내원천소득에 대하여 종합과세 할 수 있다.

(2) 퇴직소득 및 양도소득

국내원천 퇴직소득 및 국내원천 부동산 등 양도소득이 있는 비거주자에 대해서는 거주자와 같은 방법으로 분류하여 과세한다(소법 121 ②). 국내사업장 유무와 관계없이 거주자와 동일한 방법으로 과세한다. 다만, 국내원천 부동산 등이 있는 비거주자에게 과세할 경우에 양도소득 1세대1주택 비과세·조합원입주권 비과세, 1세대1주택에 대한 장기보유특별공제는 적용하지 않는다(소법 121 ②, 소령 180의 2).

MEMO

제 1 편

상속세 및 증여세법

01 상속세
02 증여세
03 상속세 및 증여세의 납세절차
04 재산의 평가

CHAPTER 01

상속세

1. 재산의 이전에 대한 과세체계
2. 상속세 총칙
3. 상속세액의 계산
4. 상속세 과세표준의 계산
5. 상속세 산출세액의 계산
6. 상속세 신고납부세액의 계산

• 최신 8개년 출제 경향 분석

01 재산의 이전에 대한 과세체계

02 상속세 총칙

03 상속세액의 계산

04 상속세 과세표준의 계산

05 상속세 산출세액의 계산

06 상속세 신고납부세액의 계산

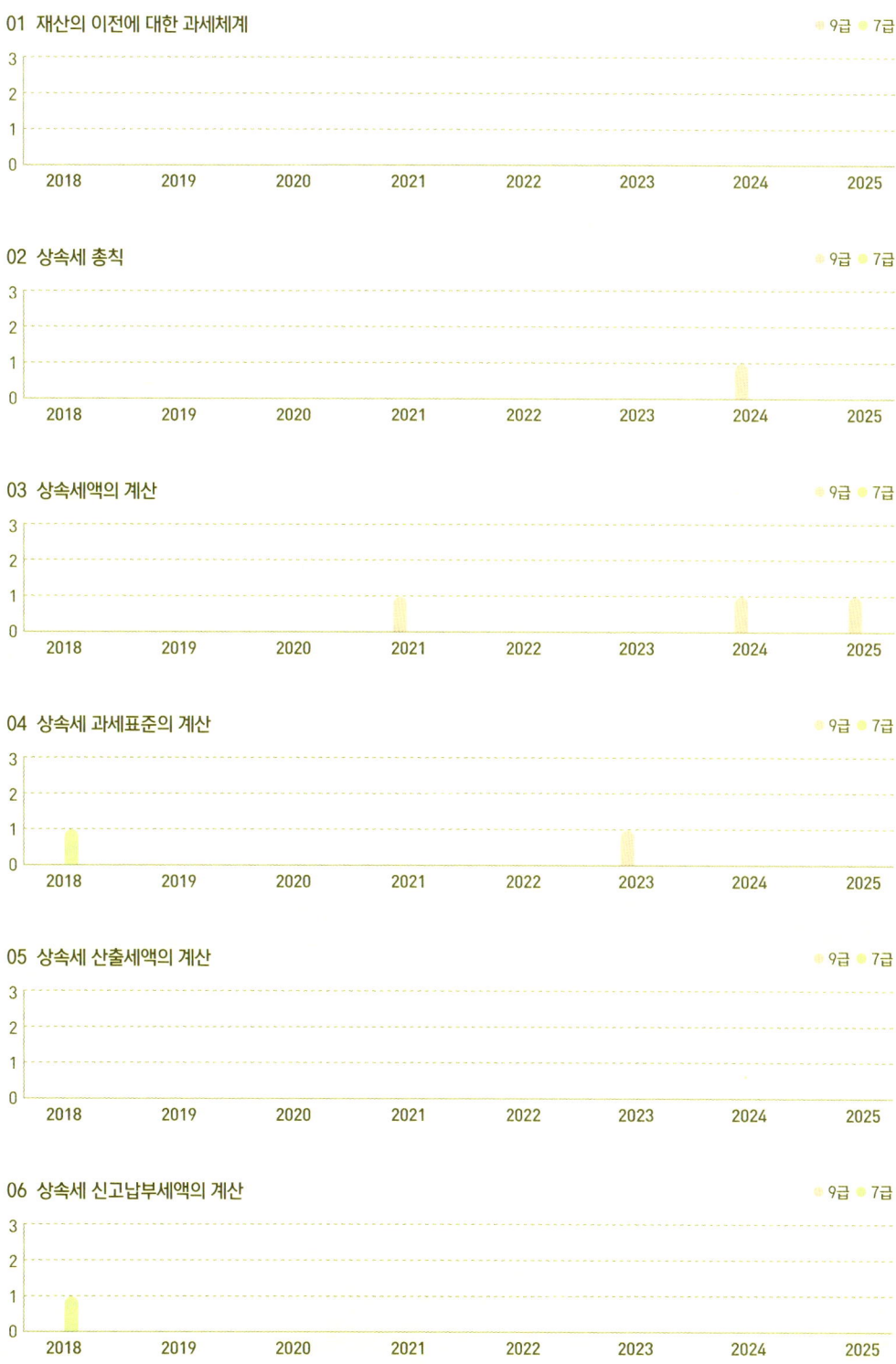

1 재산의 이전에 대한 과세체계

1 유상이전 B

재산을 유상이전할 경우에는 다음의 구분에 따라 소득세나 법인세가 과세된다.

구분	과세방법
① 양도자가 법인인 경우	양도차익에 대하여 법인세를 과세한다.
② 양도자가 개인인 경우	양도소득세 과세 대상 자산에 한해 양도소득세를 과세한다.

2 무상이전 A

★(1) 무상이전의 유형

재산을 무상이전하는 유형은 다음과 같다(상증법 2).

구분	내용	과세방법
① 증여	그 행위 또는 거래의 명칭·형식·목적 등과 관계없이 직접 또는 간접적인 방법으로 타인에게 무상으로 유형·무형의 재산 또는 이익을 이전(현저히 낮은 대가를 받고 이전하는 경우를 포함)하거나 타인의 재산가치를 증가시키는 행위 (다만 유증, 사인증여, 유언대용신탁 및 수익자연속신탁은 제외)	증여세 과세
② 상속	피상속인의 사망으로 인하여 피상속인의 재산상의 법률관계가 상속인에게 포괄적으로 승계되는 행위	상속세 과세
③ 유증	증여자의 유언으로 인해 재산의 전부나 일부를 무상으로 증여하는 행위	
④ 사인증여	증여자가 사망하기 전에 계약을 맺고, 증여자의 사망을 요건으로 그 효력이 발생하는 증여	
⑤ 특별연고자에 대한 재산분여	피상속인과 생계를 같이 하던 자, 피상속인의 요양간호를 한 자, 기타 피상속인과 특별한 연고가 있던 자에게 상속재산을 분여하는 행위	
⑥ 유언대용신탁	「신탁법」에 따른 유언대용신탁	
⑦ 수익자연속신탁	「신탁법」에 따른 수익자연속신탁	

★★(2) 무상취득자에 대한 과세

무상취득자에 대한 과세는 수증자나 상속인의 신분에 따라 다음과 같이 과세한다.

구분		과세방법
① 법인	㉠ 영리법인	자산수증이익이므로 법인세를 과세한다.
	㉡ 비영리법인	상속세나 증여세를 과세한다.
② 개인	㉠ 사업무관분의 경우	
	㉡ 사업관련분의 경우	자산수증이익이므로 소득세를 과세한다.

오쌤 Talk

유증과 사인증여의 정의

유증은 '유언에 의한 증여'이며 사인증여는 '증여자의 사망으로 인하여 효력이 생길 증여'로 증여세 과세대상으로 착각하기 쉽다. 하지만 이는 상속세 과세대상으로 규정되어 있다.

기출 OX

01. 영리법인은 유증 또는 사인증여로 취득한 재산에 대해 상속세를 납부할 의무가 있다. 2017. 9급
정답 X

02. 영리법인이 재산을 증여받은 경우에는 증여세와 법인세가 모두 부과된다. 2012. 9급
정답 X

03. 수유자가 영리법인인 경우에는 상속세를 납부할 의무가 있다. 2011. 7급
정답 X

★★(3) 우리나라의 상속세 및 증여세의 과세방법

상속세 및 증여세를 과세하기 위한 방법으로는 피상속인의 상속재산 전부를 과세단위로 하여 상속세를 과세하는 유산과세형 방법과 각 상속인이 취득한 상속재산을 과세단위로 하여 상속세를 과세하는 취득과세형 방법이 있다.

① 상속세의 과세방법: 우리나라 상속세는 **유산과세형(유산세) 방법**을 채택하고 있다
② 증여세의 과세방법: 우리나라 증여세는 **취득과세형(유산취득세) 방법**을 채택하고 있다.

> **기출 OX**
> 04. 증여세는 유산취득세 과세방식을 취하고 있다. 2009 9급
> 정답 O

2 상속세 총칙

1 상속세 개요 C

(1) 상속세 및 증여세법의 목적

「상속세 및 증여세법」은 상속세 및 증여세의 과세 요건과 절차를 규정함으로써 상속세 및 증여세의 공정한 과세, 납세의무의 적정한 이행 확보 및 재정수입의 원활한 조달에 이바지함을 목적으로 한다(상증법 1).

(2) 용어의 정의(상증법 2)

구분	정의
① 상속개시일	피상속인이 사망한 날을 말한다. 다만, 피상속인의 실종선고로 인하여 상속이 개시되는 경우에는 실종선고일을 말한다.
② 상속재산	피상속인에게 귀속되는 모든 재산을 말하며, 다음의 물건과 권리를 포함한다. 다만, 피상속인의 일신에 전속하는 것으로서 피상속인의 사망으로 인하여 소멸되는 것은 제외한다. ㉠ 금전으로 환산할 수 있는 경제적 가치가 있는 모든 물건 ㉡ 재산적 가치가 있는 법률상 또는 사실상의 모든 권리
③ 상속인	㉠「민법」에 따른 상속인 ㉡「민법」에 따라 상속을 포기한 사람 및 특별연고자를 포함
④ 수유자	㉠ 유증을 받은 자 ㉡ 사인증여에 의하여 재산을 취득한 자 ㉢ 유언대용신탁 및 수익자연속신탁에 의하여 신탁의 수익권을 취득한 자
⑤ 증여재산	증여로 인하여 수증자에게 귀속되는 모든 재산 또는 이익을 말하며, 다음 물건, 권리 및 이익을 포함한다. ㉠ 금전으로 환산할 수 있는 경제적 가치가 있는 모든 물건 ㉡ 재산적 가치가 있는 법률상 또는 사실상의 모든 권리 ㉢ 금전으로 환산할 수 있는 모든 경제적 이익
⑥ 수증자	증여재산을 받은 거주자(본점이나 주된 사무소의 소재지가 국내에 있는 비영리법인을 포함) 또는 비거주자(본점이나 주된 사무소의 소재지가 외국에 있는 비영리법인을 포함)를 말한다.
⑦ 거주자	국내에 주소를 두거나 183일 이상 거소를 둔 사람
⑧ 비거주자	거주자가 아닌 사람을 말한다. 이때 비거주자가 국내에 영주를 목적으로 귀국하여 국내에서 사망한 경우에는 거주자로 본다.

(3) 상속순위

상속이 개시되는 경우 상속순위는 다음에 의하여 결정한다(민법 1000 ①).

> 유언상속 → 협의분할 → 법정상속[*1]

[*1] 법정상속: 〈1〉 직계비속[*2] → 〈2〉 직계존속 → 〈3〉 형제자매 → 〈4〉 4촌 이내의 방계혈족
[*2] 배우자는 직계비속과 동순위로 공동상속인이 되며, 직계비속이 없는 경우에는 직계존속과 동순위로 공동상속인이 되고, 직계비속과 직계존속 모두 없는 경우에는 단독상속인이 된다.

2 과세대상 B

상속개시일 현재 다음에 따른 상속재산에 대하여 상속세를 부과한다(상증법 3).

구분	과세대상
① 피상속인이 거주자인 경우	모든 상속재산
② 피상속인이 비거주자인 경우	국내에 있는 모든 상속재산

> **기출 OX**
> 05. 비거주자가 사망한 경우에는 상속개시일 현재 국내에 있는 비거주자의 모든 상속재산에 대하여 상속세를 부과한다. 2010. 9급
> 정답 ○

3 납부의무 B

★★(1) 상속인·수유자 등의 납부의무

① 상속인·수유자가 영리법인이 아닌 경우
상속인(특별연고자 중 영리법인 제외) 또는 수유자는(영리법인 제외) 상속재산(상속재산에 가산하는 증여재산 중 상속인이나 수유자가 받은 증여재산을 포함) 중 각자가 받았거나 받을 재산을 기준으로 상속인별 상속세 과세표준 상당액을 총 상속세 과세표준 상당액으로 나누어 계산한 비율에 따라 계산한 금액을 상속세로 납부할 의무가 있다(상증법 3의2 ①, 상증령 3 ①).

② 상속인·수유자가 영리법인인 경우
특별연고자 또는 수유자가 영리법인인 경우로서 그 영리법인의 주주 또는 출자자 중 상속인과 그 직계비속이 있는 경우에는 법에 정한 산식에 따라 계산한 지분상당액을 그 상속인 및 직계비속이 납부할 의무가 있다(상증법 3의2 ②).

> **기출 OX**
> 06. 우리나라의 경우 상속세에 있어서는 유산과세형을 채택하고 있기 때문에 상속재산관리인이 존재하는 경우 그가 상속세의 납세의무자가 된다. 2014. 7급
> 정답 ✕

★★(2) 연대납세의무

상속세는 상속인 또는 수유자 각자가 받았거나 받을 재산을 한도로 연대하여 납부할 의무를 진다(상증법 3의2 ③). 여기서 '각자가 받았거나 받을 재산'이라 함은 상속으로 인하여 얻은 자산(상속세 과세가액 계산 시 가산한 증여재산을 포함)의 총액에서 부채총액과 그 상속으로 인하여 부과되거나 납부할 상속세 및 상속세 과세가액 계산 시 가산한 증여재산에 대한 증여세를 공제한 가액을 말한다(상증령 3 ③).

> **기출 OX**
> 07. 상속인 또는 수유자는 각자가 받았거나 받을 재산을 한도로 연대하여 상속세를 납부할 의무를 진다. 2013. 9급
> 정답 ○

4 관할관청 C

① 상속개시지가 국내인 경우

상속세는 피상속인의 주소지(주소지가 없거나 분명하지 아니한 경우에는 거소지, 이하 '상속개시지')를 관할하는 세무서장(국세청장이 특히 중요하다고 인정하는 것에 대해서는 관할 지방국세청장, 이하 '세무서장 등')이 과세한다(상증법 6 ①).

② 상속개시지가 국외인 경우

상속개시지가 국외인 경우에는 상속재산 소재지를 관할하는 세무서장 등이 과세하고, 상속재산이 둘 이상의 세무서장 등의 관할구역에 있을 경우에는 주된 재산의 소재지를 관할하는 세무서장 등이 과세한다(상증법 6 ①).

5 기타사항 B

(1) 상속재산 등의 소재지

상속재산과 증여재산의 소재지는 재산별로 「상속세 및 증여세법」에 정하는 다음의 장소로 하며, 재산 소재지의 판정은 상속개시 또는 증여 당시의 현황에 따른다.

구분	소재지
① 부동산 또는 부동산에 관한 권리	부동산의 소재지
② 광업권 및 조광권	광구의 소재지
③ 어업권, 양식업권 및 입어권	어장에서 가장 가까운 연안
④ 선박	선적의 소재지
⑤ 항공기	항공기 정치장의 소재지
⑥ 주식, 출자지분, 사채	주식, 출자지분, 사채를 발행한 법인이나 그 출자가 된 법인의 본점, 주된 사무소의 소재지 (다만, 외국법인이 국내법에 따라 국내에서 발행한 주식 등 또는 사채에 대해서는 그 거래를 취급하는 금융회사 등 영업장의 소재지)
⑦ 신탁업을 경영하는 자가 취급하는 금전신탁	그 신탁재산을 인수한 영업장의 소재지 (다만, 금전신탁 외의 신탁재산에 대해서는 신탁한 재산의 소재지)
⑧ 위 ⑥, ⑦ 외의 금융재산	그 재산을 취급하는 금융회사 등 영업장의 소재지
⑨ 위 ⑥~⑧ 외의 금전채권	채무자의 주소지
⑩ 위 ②~⑨ 외의 유형재산 또는 동산	그 유형재산의 소재지 또는 동산이 현재 있는 장소
⑪ 특허권 등 등록이 필요한 권리	권리를 등록한 기관의 소재지
⑫ 저작권, 출판권, 저작인접권	저작권의 목적물인 저작물이 발행되었을 경우 그 발행 장소
⑬ 위 ①~⑫에 규정된 재산을 제외한 그 밖의 영업장을 가진 자의 그 영업에 관한 권리	그 영업장의 소재지
⑭ 위 ①~⑬에 규정되지 아니한 재산	그 재산의 권리자의 주소

★★ (2) 상속세의 과세최저한

상속세 과세표준이 50만원 미만인 경우에는 상속세를 부과하지 아니한다(상증법 25 ②).

> 기출 OX
>
> 08. 상속세의 과세표준이 50만 원 미만이면 상속세를 부과하지 아니한다.
>
> 정답 O

③ 상속세액의 계산

1 상속세 계산구조 C

상속세의 신고납부세액은 다음과 같은 구조를 거쳐 계산된다.

```
           상 속 세 과 세 가 액
   ( - )   상   속   공   제
   ( - )   감 정 평 가 수 수 료 공 제
           상 속 세 과 세 표 준
   ( × )   세             율
           산   출   세   액
   ( - )   지정문화재 등 징수유예세액
   ( - )   세   액   공   제
           신 고 납 부 세 액
```

2 상속세 과세가액의 계산 C

상속세 과세가액을 계산하기 위한 계산구조는 다음과 같다.

```
           상 속 재 산 가 액
   ( + )   의 제 상 속 재 산 가 액
   ( + )   추 정 상 속 재 산 가 액
       ③  총상속재산가액
   ( - ) ④ 비과세재산가액
   ( - ) ⑤ 과세가액불산입액
   ( - ) ⑥ 과세가액공제액*
   ( + ) ⑦ 증 여 재 산 가 액
           상 속 세 과 세 가 액
```

* 과세가액공제액이 상속재산의 가액(총상속재산가액 - 비과세재산가액 - 과세가액불산입액)을 초과하는 경우 그 초과액은 없는 것으로 본다(상증법 13 ①).

3 총상속재산가액 A

> 총상속재산가액 = (1) 상속재산가액 + (2) 의제상속재산가액 + (3) 추정상속재산가액

★★ (1) 상속재산가액

'상속재산가액'이란 상속개시일 현재 피상속인에게 귀속되는 재산으로서 금전으로 환가할 수 있는 경제적 가치가 있는 모든 물건과 재산적 가치가 있는 법률상 또는 사실상의 권리(ex. 영업권, 신탁수익권 등)의 가액을 말하며, 유증재산과 사인증여재산의 가액을 포함한다. 단, 상속재산 중 피상속인의 일신에 전속하는 것으로서 피상속인의 사망으로 인하여 소멸되는 것은 제외한다.

> 상속재산가액 = 민법상 상속재산 + 유증재산 + 사인증여재산

다만, 질권, 저당권 또는 지역권과 같은 종된 권리는 주된 권리의 가치를 담보하고 또는 증가시키는 것으로서 독립하여 상속재산을 구성하지 아니한다.

기출 OX
09. 상속재산에는 피상속인의 일신에 전속하는 것으로서 피상속인의 사망으로 인하여 소멸되는 것도 포함된다. 2010. 9급
정답 X

★★ (2) 의제상속재산가액

'의제상속재산가액'이란 상속이나 유증·사인증여에 의하여 무상으로 이전된 것은 아니지만, 거래의 실질이 상속에 의한 재산의 무상이전인 경우에 실질과세원칙에 따라 이를 상속재산으로 의제하여 상속세를 과세하는 재산의 가액을 말한다.

> 의제상속재산 = ① 상속재산으로 보는 보험금 + ② 상속재산으로 보는 신탁재산 + ③ 상속재산으로 보는 퇴직금 등

① 상속재산으로 보는 보험금

피상속인의 사망으로 인하여 받는 생명보험 또는 손해보험의 보험금으로서 피상속인이 보험계약자가 된 보험계약에 따라 받는 것은 상속재산으로 본다(상증법 8 ①). 보험계약자가 피상속인이 아닌 경우에도 피상속인이 실질적으로 보험료를 납입하였을 때에는 피상속인을 보험계약자로 보아 위 규정을 적용한다(상증법 8 ②). 한편, 상속재산으로 보는 보험금의 가액은 다음 산식에 따라 계산한 금액으로 한다(상증령 4 ①).

> 상속재산으로 보는 보험금 = 지급받은 보험금의 총합계액 × (피상속인이 부담한 보험료의 금액) / (피상속인의 사망 시까지 납입된 보험료의 총합계액)

② 상속재산으로 보는 신탁재산

㉠ 피상속인이 신탁한 경우: 피상속인이 신탁한 재산은 상속재산으로 본다. 다만, 신탁이익의 증여의제규정에 따라 수익자의 증여재산가액으로 하는 해당 신탁의 이익을 받을 권리의 가액은 상속재산으로 보지 아니한다(상증법 9 ①).
㉡ 타인이 신탁한 경우: 타인이 신탁한 경우로서 피상속인이 신탁으로 인하여 타인으로부터 신탁의 이익을 받을 권리를 소유하고 있는 경우에는 그 이익에 상당하는 가액을 상속재산에 포함한다(상증법 9 ②).
㉢ 수익자연속신탁의 수익자가 사망하여 타인이 신탁의 수익권을 취득하는 경우: 수익자연속신탁의 수익자가 사망함으로써 타인이 새로 신탁의 수익권을 취득하는 경우 그 타인이 취득한 신탁의 이익을 받을 권리의 가액은 사망한 수익자의 상속재산에 포함한다(상증법 9 ③).

기출 OX
10. 피상속인의 사망으로 인하여 받는 생명보험의 보험금으로서 피상속인이 보험계약자인 보험계약에 의하여 받는 것은 상속재산으로 본다. 2025. 9급 최신
정답 O

11. 피상속인의 사망으로 인하여 받는 생명보험 또는 손해보험의 보험금으로서 피상속인이 보험계약자인 보험계약(피상속인이 사망 시까지 보험료 전액을 납입함)에 의하여 받는 것은 상속재산으로 본다. 2017. 7급
정답 O

기출 OX
12. 피상속인이 신탁으로 인하여 타인으로부터 신탁의 이익을 받을 권리를 소유하고 있는 경우에는 그 이익에 상당하는 가액을 상속재산에 포함한다. 2025. 9급 최신
정답 O

13. 수익자연속신탁의 수익자가 사망함으로써 타인이 새로 신탁의 수익권을 취득하는 경우 그 타인이 취득한 신탁의 이익을 받을 권리의 가액은 사망한 수익자의 상속재산에 포함한다. 2021. 9급
정답 O

기출 OX

14. 피상속인의 사망으로 인하여 「국민연금법」에 따라 지급되는 유족연금은 상속재산으로 보지 아니한다.
2025. 9급 최신
정답 O

15. 「공무원연금법」 또는 「사립학교직원 연금법」에 따라 지급되는 유족연금, 유족연금부가금, 유족연금일시금 또는 유족보상금은 상속재산으로 보지 아니한다.
2017. 7급
정답 O

오쌤 Talk

추정상속재산가액의 '재산 종류별'의 정의

재산은 다음과 같이 3가지 그룹으로 나누어 고려한다.
① 현금, 예금 및 유가증권
② 부동산 및 부동산에 관한 권리
③ 기타 자산

---

③ **상속재산으로 보는 퇴직금 등**

피상속인에게 지급될 퇴직금, 퇴직수당·공로금·연금 또는 이에 유사한 것이 피상속인의 사망으로 인하여 지급되는 경우 그 금액은 상속재산으로 본다. 다만, **다음에 해당하는 경우에는 상속재산으로 보지 아니한다**(상증법 10, 상증법 6).

> ㉠ 「국민연금법」·「공무원연금법」·「사립학교교원연금법」·「군인연금법」·「전직대통령 예우에 관한 법률」·「별정우체국법」에 따라 지급되는 유족연금·유족보상금·유족일시금 등
> ㉡ 「산업재해보상보험법」에 따라 지급되는 유족보상연금·유족보상일시금 또는 유족특별급여
> ㉢ 근로자의 업무상 사망으로 인하여 「근로기준법」 등을 준용하여 사업자가 해당 근로자의 유족에게 지급하는 유족보상금 또는 재해보상금과 그 밖에 이와 유사한 것

★ **(3) 추정상속재산가액**

상속개시일 전에 피상속인이 재산을 처분하여 받거나 재산에서 인출한 금액 또는 부담한 채무액 중 그 사용 용도가 객관적으로 명백하지 않은 금액 중 일부를 상속인에게 과세포착이 어려운 현금으로 상속한 것으로 추정하여 상속세 과세가액에 산입하는 가액을 '추정상속재산가액'이라고 한다.

① **상속받은 것으로 추정**

다음 중 어느 하나에 해당하는 경우에는 이를 상속받은 것으로 추정하여 상속세 과세가액에 산입한다(상증법 15 ①, ②, 상증령 11 ③).

구분	추정사유
㉠ 재산처분·인출	피상속인이 재산을 처분하여 받은 금액이나 피상속인의 재산에서 인출한 금액이 다음 어느 하나에 해당하는 경우로서 용도가 객관적으로 명백하지 아니한 경우 ⓐ 상속개시일 전 **1년 이내**에 재산종류별로 계산하여 **2억원 이상**인 경우 ⓑ 상속개시일 전 **2년 이내**에 재산종류별로 계산하여 **5억원 이상**인 경우
㉡ 채무부담	피상속인이 부담한 채무를 합친 금액이 다음 어느 하나에 해당하는 경우로서 용도가 객관적으로 명백하지 아니한 경우 ⓐ 상속개시일 전 **1년 이내**에 **2억원 이상**인 경우 ⓑ 상속개시일 전 **2년 이내**에 **5억원 이상**인 경우
㉢ 가공채무	피상속인이 국가·지방자치단체 및 금융회사 등이 아닌 자에 대하여 부담한 채무로서 서류 등에 의하여 상속인이 변제할 의무가 없는 것으로 추정되는 경우

② 추정배제

용도가 입증되지 않은 금액이 다음의 판단기준금액에 미달하는 경우에는 용도가 객관적으로 명백하지 않은 것으로 추정하지 않으며, 판단기준금액 이상인 경우에는 용도가 입증되지 않은 금액에서 판단기준금액을 차감한 금액을 용도가 객관적으로 명백하지 않은 것으로 추정한다(상증령 11 ④).

> 판단기준금액 = MIN[㉠, ㉡]
> ㉠ 재산처분대금·재산인출금액·채무부담액 × 20%
> ㉡ 2억원

③ 추정상속재산가액의 계산

위 ②의 규정에 따라 추정상속재산가액은 다음과 같이 계산한다(상증령 11 ④).

> 추정상속재산가액 = 용도가 명백하지 않은 금액* − 판단기준금액

* 용도가 명백하지 않은 금액 = 재산처분액·인출액·채무부담액 − 용도입증액

4 비과세재산가액 B

(1) 전사자 등에 대한 상속세 비과세

전쟁, 사변 또는 이에 준하는 비상사태로 토벌 또는 경비 등 작전업무 수행 중 사망하거나 해당 전쟁 또는 공무의 수행 중 입은 부상 또는 그로 인한 질병으로 사망하여 상속이 개시되는 경우에는 상속세를 부과하지 아니한다(상증법 11, 상증령 7).

★★ (2) 기타 상속세 비과세

다음의 재산에 대해서는 상속세를 부과하지 아니한다(상증법 12, 상증령 8).

① 국가·지방자치단체 또는 공공단체에 유증 또는 사인증여한 재산
② 「민법」의 규정에 따라 제사를 주재하는 상속인(다수의 상속인이 공동으로 제사를 주재하는 경우에는 그 공동으로 주재하는 상속인 전체를 말함)을 기준으로 다음에 해당하는 재산
  ㉠ 피상속인이 제사를 주재하고 있던 선조의 분묘에 속한 3,000평 이내의 금양임야와 분묘에 속한 600평 이내의 묘토인 농지. 다만, 합계액이 2억원을 초과하는 경우에는 2억원을 한도로 한다.
  ㉡ 족보와 제구, 합계액 1,000만원 초과 시 한도는 1,000만원
③ 정당이나 사내근로복지기금·우리사주조합·공동근로복지기금·근로복지진흥기금에 유증 또는 사인증여한 재산
④ 사회통념상 인정되는 이재구호금품, 치료비 기타 이와 유사한 것으로서 불우한 자를 돕기 위하여 유증 등을 한 재산
⑤ 상속재산 중 상속인이 상속세 과세표준 신고기한 이내에 국가·지방자치단체 또는 공공단체에 증여한 재산

 오쌤 Talk

상속세가 과세되지 않는 항목과 비과세재산가액의 비교

상속세가 과세되지 않는 항목은 총상속재산가액에 처음부터 넣지 않고 별도의 조정을 행하지 않는다. 다만, 비과세재산가액의 경우에는 총상속재산가액에 산입한 이후 비과세재산가액의 항목으로 공제하여 조정을 행한다.

기출 OX

16. 「정당법」에 따른 정당에 유증 등을 한 재산에 대해서는 상속세를 부과하지 아니한다. 2024. 9급 개정
정답 O

01 상속세 509

5 과세가액불산입액 C

(1) 공익법인 등의 출연재산에 대한 과세가액 불산입

① 의미

상속재산 중 피상속인이나 상속인이 공익법인 등에게 출연한 재산의 가액으로서 상속세과세표준 신고기한(법령상 또는 행정상의 사유로 공익법인 등의 설립이 지연되는 등 법으로 정하는 부득이한 사유가 있는 경우에는 그 사유가 없어진 날이 속하는 달의 말일부터 6개월) 이내에 출연한 재산의 가액은 과세가액에 산입하지 않는다.

② 상속세의 추징

상속세과세가액에 산입하지 아니한 재산과 그 재산에서 생기는 이익의 전부 또는 일부가 상속인 및 그의 특수관계인에게 귀속되는 경우에는 상속개시일 현재 「상속세 및 증여세법」의 재산평가 규정에 따라 평가한 재산의 가액 또는 이익을 상속세과세가액에 산입한다(상증법 16 ④, 상증령 13 ⑧).

(2) 공익신탁재산에 대한 과세가액불산입

상속재산 중 피상속인이나 상속인이 「신탁법」의 규정에 따른 공익신탁으로서 종교·자선·학술 또는 그 밖의 공익을 목적으로 하는 신탁을 통하여 공익법인 등에 출연하는 재산의 가액은 상속세과세가액에 산입하지 아니한다(상증법 17 ①).

6 과세가액공제액 B

★★(1) 거주자의 경우

거주자의 사망으로 인하여 상속이 개시되는 경우 상속개시일 현재 피상속인이나 상속재산에 관련된 공과금, 장례비용, 채무를 합한 금액을 과세가액공제액으로 하여 상속재산의 가액에서 뺀다. 다만, 그 합한 금액이 상속재산의 가액을 초과하는 경우 그 초과액은 없는 것으로 한다.

① 공과금

'공과금'이란 상속개시일 현재 피상속인이 납부할 의무가 있는 것으로서 상속인에게 승계된 조세·공공요금 기타 이와 유사한 것을 말한다(상증법 14 ① (1), 상증령 9 ①). 다만, 상속개시일 이후 상속인의 귀책사유로 납부하였거나 납부할 가산세·강제징수비·벌금·과료·과태료 등은 공제할 수 없다.

② 장례비용

'장례비용'은 다음의 금액으로 한다(상증법 14 ① (2), 상증령 9 ②).

> 장례비용: ㉠ + ㉡
> ㉠ 피상속인의 사망일부터 장례일까지 장례에 직접 소요된 금액(500만원 미만인 경우 입증되지 않더라도 500만원, 1,000만원을 초과하는 경우에는 1,000만원)
> ㉡ 봉안시설 또는 자연장지의 사용에 소요된 금액(500만원을 초과하는 경우 500만원)

③ 채무

'채무'란 명칭과 상관없이 상속개시 당시 피상속인이 부담하여야 할 확정된 채무로서 공과금 외에 상속인이 실제 부담하는 사실이 증명되는 채무를 말한다. 다만, 피상속인이 진 다음의 증여채무는 채무로서 공제하지 아니한다(상증법 14 ① (3)).

㉠ 상속개시일 전 10년 이내에 상속인에게 진 증여채무
㉡ 상속개시일 전 5년 이내에 상속인 이외의 자에게 진 증여채무

(2) 비거주자

비거주자의 사망으로 상속이 개시되는 경우에는 다음의 금액을 상속재산의 가액에서 뺀다(상증법 14 ②).

① 국내에 소재하는 상속재산에 관한 공과금
② 국내에 소재하는 재산을 목적으로 하는 유치권·질권·전세권·임차권(사실상 임대차계약이 체결된 경우 포함)·양도담보권·저당권 등으로 담보된 채무
③ 피상속인의 사망 당시 국내에 사업장이 있는 경우로서 그 사업장에 갖춰 두고 기록한 장부에 의하여 확인되는 사업상의 공과금 및 채무

7 증여재산가액 A

(1) 의미

① 거주자

피상속인이 생존 시 증여한 다음의 증여재산가액은 상속재산의 가액에 가산한다(상증법 13 ①). 다만, 증여세가 비과세되는 증여재산, 증여세과세가액에 불산입되는 증여재산가액, 합산배제증여재산가액(합산배제증여재산은 P.532 참고)은 상속세 과세가액에 가산하는 증여재산가액에 포함하지 아니한다(상증법 13 ③).

구분	증여재산가액
㉠ 상속인에게 증여한 경우	상속개시일 전 10년 이내에 증여한 재산가액
㉡ 상속인이 아닌 자에게 증여한 경우	상속개시일 전 5년 이내에 증여한 재산가액

② 비거주자

비거주자의 사망으로 인하여 상속이 개시되는 경우 국내에 있는 재산을 증여한 경우에만 그 증여재산을 상속재산가액에 가산한다(상증법 13 ②).

(2) 증여재산가액의 평가

상속재산의 가액에 가산하는 증여재산의 가액은 증여일 현재의 시가에 따른다(상증법 60 ④). 즉, 증여재산가액은 상속개시 당시가 아닌 증여 당시의 현황에 의하여 평가한다.

(3) 증여세액공제

상속재산에 가산한 증여재산에 대한 증여세액(증여 당시의 그 증여재산에 대한 증여세 산출세액)은 이중과세방지를 위하여 상속세 산출세액에서 증여세액공제로 차감한다(상증법 28 ①).

기출 OX

17. 상속개시일 전 10년 이내에 피상속인이 상속인에게 진 증여채무는 상속재산의 가액에서 뺀다. 2024. 9급 최신
정답 X

18. 상속개시일 전 10년 이내에 피상속인이 상속인이 아닌 자에게 진 증여채무는 상속재산의 가액에서 빼지 아니한다. 2013. 9급
정답 X

확인문제

01. 「상속세 및 증여세법」상 상속세 과세가액을 계산할 때 가산(또는 산입)하지 않는 것은? (단, 피상속인과 상속인 모두 거주자이며, 증여재산은 「상속세 및 증여세법」상 비과세, 과세가액불산입 및 합산배제증여재산에 해당하지 아니함) 2016. 9급

① 피상속인이 상속개시일 8년 전에 상속인에게 증여한 재산가액
② 피상속인이 상속개시일 4년 전에 상속인이 아닌 자에게 증여한 재산가액
③ 피상속인이 상속개시일 6개월 전에 토지를 처분하고 받은 금액 3억 원의 용도가 객관적으로 명백하지 아니한 경우 그 금액
④ 피상속인이 상속개시일 1년 6개월 전에 부담한 금융회사에 대한 채무 4억 원의 용도가 객관적으로 명백하지 아니한 경우 그 금액

정답 ④

기출 OX

19. 상속세가 부과되는 재산의 가액은 상속개시일 현재의 시가에 따르는 것이므로 상속재산의 가액에 가산하는 증여재산의 가액은 상속개시일 현재의 시가에 따른다. 2025. 9급 최신
정답 X

20. 상속개시일 전 8년 전에 피상속인이 상속인에게 증여한 재산가액은 상속개시 당시의 시가로 평가하여 상속재산에 가산하다. 2017. 7급
정답 X

21. 상속재산에 가산한 증여재산에 대한 증여 당시의 증여세 산출세액을 상속세 산출세액에서 공제하는 것은 이중과세를 방지하기 위함이다. 2017. 9급
정답 O

4 상속세 과세표준의 계산

1 상속세 과세표준 계산구조 C

상속세 과세표준은 다음과 같이 계산한다(상증법 25).

```
    상 속 세 과 세 가 액     ┄ 비거주자의 사망으로 상속이 개시된 경우에는
( - ) 상    속    공    제   ┄ 상속공제 중 기초공제만 적용
      2  인  적  공  제  ┄ 기초공제 + 그 밖의 인적공제 + 배우자상속공제
      3  물  적  공  제  ┄ 가업·영농상속공제 + 금융재산상속공제 + 재해
( - ) 감정평가수수료공제         손실공제 + 동거주택상속공제
      과    세    표    준
```

2 인적공제 A

★ (1) 기초공제

거주자나 비거주자의 사망으로 상속이 개시되는 경우에는 상속세과세가액에서 2억원을 공제하는데 이를 '기초공제'라고 한다(상증법 18).

★★ (2) 그 밖의 인적공제

거주자의 사망으로 상속이 개시되는 경우로서 자녀나 동거가족이 다음에 해당할 때에는 해당 공제액을 인원 수의 제한없이 상속세과세가액에서 공제한다(상증법 20 ②). 이는 **공제요건에 해당하는 자가 상속의 포기 등으로 상속을 받지 아니하는 경우에도 적용한다**(상증통 20-18…②). 한편, ①과 ③이 중복되는 경우와 ④가 ①~③ 또는 배우자공제와 중복되는 경우에는 중복을 인정하여 그 금액을 합산하여 공제한다(상증법 20 ①). 다른 경우에는 중복적용을 허용하고 있지 않다.

구분	요건	공제액
① 자녀공제	나이나 동거 여부와는 무관, 태아를 포함	1명당 5천만원
② 연로자공제	상속인(배우자 제외) 및 동거가족[*1] 중 65세 이상인 자	1명당 5천만원
③ 미성년자공제	상속인(배우자 제외) 및 동거가족[*1] 중 미성년자(태아를 포함)	1,000만원 × 19세가 될 때까지의 연수[*2]
④ 장애인공제	**상속인(배우자 포함) 및 동거가족[*1] 중 장애인인 자**	1,000만원 × 기대여명의 연수[*3]

[*1] 동거가족: 상속개시일 현재 피상속인이 사실상 부양하고 있는 직계존비속(배우자의 직계존비속을 포함) 및 형제자매
[*2] 1년 미만의 기간은 1년으로 한다(상증법 20 ③).
[*3] 「통계법」에 따라 통계청장이 승인하여 고시하는 통계표상의 기대여명

★★ (3) 일괄공제의 선택

① 원칙

거주자의 사망으로 상속에 개시되는 경우 ㉠ 기초공제(2억원)와 그 밖의 인적공제를 합친 금액과 ㉡ 일괄공제(5억원) 중 큰 금액을 선택하여 공제받을 수 있다.

기출 OX

22. 기초공제와 배우자 상속공제 외의 인적공제는 그 공제요건에 해당하는 자가 상속의 포기 등으로 상속을 받지 아니하는 경우에도 적용한다. 2017. 9급
정답 O

23. 인적공제 대상자가 상속인으로서 상속을 포기한 경우라면 그 상속포기인에 대하여는 인적공제를 적용하지 않는다. 2014. 7급
정답 X

24. 거주자의 사망으로 상속이 개시되는 경우로서 자녀 1명에 대해서는 3천만원을 상속세 과세가액에서 공제한다. 2018. 7급
정답 X

25. 상속인(배우자는 제외) 및 동거가족 중 미성년자에 대해서는 2천만원에 19세가 될 때까지의 연수를 곱하여 계산한 금액을 상속세 과세가액에서 공제한다. 2023. 9급 최신
정답 X

26. 상속인 및 동거가족 중 장애인에 대해서는 장애인 1명당 1,000만원에 기대여명(「통계법」에 따라 통계청장이 승인하여 고시하는 통계표상의 기대여명)의 연수를 곱하여 계산한 금액을 공제한다. 2014. 7급
정답 O

② 예외

다음의 경우에는 선택이 불가능하다(상증법 21 ① 단서, ②).

㉠ 상속세과세표준신고기한 내에 과세표준의 신고* 또는 기한후신고가 없는 경우: 일괄공제(5억원)를 적용한다.
㉡ 피상속인의 배우자가 단독으로 상속받는 경우: 기초공제와 그 밖의 인적공제액을 합친 금액으로만 공제하며 일괄공제는 선택할 수 없다.

* 상속세 과세표준신고가 없어 일괄공제를 적용할 때 배우자가 있는 경우 일괄공제에 배우자공제를 추가로 적용받을 수 있다.

★★ (4) 배우자상속공제

거주자의 사망으로 상속이 개시되면 다음의 금액을 배우자상속공제로 공제한다.

① 상속받은 금액이 5억원 미만인 경우

배우자가 실제 상속받은 금액이 없거나 상속받은 금액이 5억원 미만인 경우에는 상속세신고 여부에 관계없이 5억원을 공제한다(상증법 19 ④, 상증통 19-0…1 ③).

② 상속받은 금액이 5억원 이상인 경우

거주자의 사망으로 상속이 개시되어 배우자가 실제 상속받은 금액이 5억원 이상인 경우 배우자 상속공제는 최고 30억원 한도로 상속세 과세가액에서 공제한다(상증법 19 ①).

배우자상속공제액: MIN[㉠, ㉡]
㉠ 배우자가 실제 상속받은 금액
㉡ 한도: MIN$\left[\text{대상재산가액}^{*1} \times \text{배우자의 법정상속분}^{*2} - \text{상속재산에 가산한 증여재산 중 배우자가 사전 증여받은 재산에 대한 증여세 과세표준}, 30억원 \right]$

*1 대상재산가액이란 다음과 같이 계산한다(상증령 17 ①).

총상속재산가액 − 수유자가 유증 등을 받은 재산가액 + 상속개시 전 10년 이내에 상속인에게 증여한 재산가액 − 비과세되는 상속재산 − 과세가액 불산입액 − 공과금·채무

*2 '배우자의 법정상속분'이란 배우자의 「민법」상 상속분(공동상속인 중 상속을 포기한 사람이 있는 경우에는 그 사람이 포기하지 아니한 경우에 배우자의 법정상속분)을 말한다.

③ 절차

상속세과세표준 신고기한의 다음 날부터 9개월이 되는 날까지 배우자의 상속재산을 분할(등기·등록·명의개서 등이 필요한 경우에는 그 등기·등록·명의개서 등이 된 것에 한정)한 경우에 적용한다. 이 경우 상속인은 상속재산의 분할사실을 배우자상속재산 분할기한까지 납세지 관할 세무서장에게 신고하여야 한다(상증법 19 ②).

④ 부와 모가 동시에 사망한 경우

부와 모가 동시에 사망한 경우 상속세의 과세는 부와 모의 상속재산에 대하여 각각 개별로 계산하여 과세하며, 배우자상속공제 규정은 적용되지 아니한다(상증칙 13-0…2).

기출 OX

27. 「상속세 및 증여세법」 제67조 또는 「국세기본법」 제45조의3에 따른 신고가 없는 경우에는 상속세 과세가액에서 5억 원을 공제한다. 2024. 9급 최신
정답 O

28. 피상속인의 배우자가 단독으로 상속받는 경우에도 기초공제와 그 밖의 인적공제액을 합친 금액으로만 공제하며, 일괄공제는 선택할 수 없다. 2014. 7급
정답 O

기출 OX

29. 거주자의 사망으로 상속이 개시되는 경우 배우자가 실제 상속받은 금액이 없거나 상속받은 금액이 5억원 미만이면 5억원을 공제한다. 2023. 9급 최신
정답 O

기출 OX

30. 거주자의 사망으로 상속이 개시되어 배우자가 실제 상속받은 금액이 있는 경우 배우자 상속공제는 최고 30억원 한도로 상속세 과세가액에서 공제한다. 2018. 7급
정답 O

기출 OX

31. 부와 모가 동시에 사망하였을 경우 상속세의 과세는 부와 모의 상속재산에 대하여 각각 개별로 계산하여 과세하며, 이 경우 배우자상속공제는 적용되지 아니한다. 2014. 7급
정답 O

오쌤 Talk

부부 시간차 사망 시 상속세 과세방법

부와 모가 동일자에 시차를 두고 사망한 경우 상속세의 과세는 부와 모의 재산을 각각 개별로 계산하여 과세하되 후에 사망한 자의 상속세 과세가액에는 먼저 사망한 자의 상속재산 중 그의 지분을 합산하고 법에 따른 단기재상속에 대한 세액공제를 한다.

3 물적공제 B

(1) 가업상속공제

① 공제 대상 및 한도

거주자의 사망으로 상속이 개시되는 경우로서 가업(법령으로 정하는 중소기업[*1] 또는 중견기업[*2]으로서 피상속인이 10년 이상 계속하여 경영한 기업)의 상속에 해당하는 경우에는 가업상속 재산가액[*3]에 상당하는 금액을 상속세 과세가액에서 다음 금액을 한도로 공제한다(상증법 18의2 ①).

> ⊙ 피상속인이 10년 이상 20년 미만 계속하여 경영한 경우: 300억원
> ⓒ 피상속인이 20년 이상 30년 미만 계속하여 경영한 경우: 400억원
> ⓒ 피상속인이 30년 이상 계속하여 경영한 경우: 600억원

[*1] 자산총액이 5천억원 미만의 중소기업으로서 법령으로 정하는 요건을 만족하는 중소기업
[*2] 상속개시일의 직전 3개 소득세 과세기간 또는 법인세 사업연도의 매출액의 평균금액이 5천억원 미만인 중견기업으로서 법령으로 정하는 요건을 만족하는 중견기업
[*3] 가업상속 재산가액은 다음의 구분에 따라 가업상속인이 받거나 받을 상속재산의 가액을 말한다.
ⓐ 「소득세법」을 적용받는 가업: 가업에 직접 사용되는 토지(「소득세법」에 따른 비사업용 토지는 제외 **NEW**),, 건축물, 기계장치 등 사업용 자산의 가액에서 해당 자산에 담보된 채무액을 뺀 가액
ⓑ 「법인세법」을 적용받는 가업: 다음과 같이 계산한 가업에 해당하는 법인의 주식 등의 가액

$$\text{가업에 해당하는 법인의 주식등의 가액} \times \frac{\text{법인의 총자산가액} - \text{사업무관자산가액}}{\text{법인의 총자산가액}}$$

② 가업상속 적용 배제

가업이 중견기업으로서 다음에 해당할 경우 해당 상속인이 상속받거나 받을 가업상속재산에 대해서는 가업상속공제를 적용하지 아니한다(상증법 18의2 ②).

> 가업상속재산 외의 상속재산의 가액 > 상속인이 상속세로 납부할 금액에 법정 비율을 곱한 금액[*]

[*] 가업상속인이 가업상속공제를 받지 아니하였을 경우에 계산한 상속세액에 200%를 곱한 금액

③ 신청 절차

가업상속공제를 받으려는 상속인은 가업상속에 해당함을 증명하기 위한 서류를 상속세 과세표준 신고 시 첨부하여 납세지 관할세무서장에게 제출하여야 한다.

④ 공제금액 추징

가업상속공제를 받은 상속인이 상속개시일부터 5년 이내에 법령으로 정하는 정당한 사유 없이 다음의 어느 하나에 해당할 경우 가업상속공제금액에 해당일까지의 기간을 고려하여 법령으로 정하는 율인 100%를 곱하여 계산한 금액(㉠에 해당하는 경우에는 가업용 자산의 처분 비율을 추가로 곱한 금액)을 상속개시 당시의 상속세 과세가액에 산입하여 상속세를 부과한다. 이 경우 법령으로 정하는 바에 따라 계산한 이자상당액을 그 부과하는 상속세에 가산한다(상증법 18의2 ⑤).

㉠ 가업용 자산의 40% 이상을 처분한 경우
　　㉡ 해당 상속인이 가업에 종사하지 아니하게 된 경우
　　㉢ 주식 등을 상속받은 상속인의 지분이 감소한 경우. 다만, 상속인이 상속받은 주식 등을 물납하여 지분이 감소한 경우는 제외하되, 이 경우에도 상속인은 최대주주나 최대출자자에 해당하여야 한다.
　　㉣ 다음에 모두 해당하는 경우
　　　　ⓐ 상속개시일부터 5년간 법령으로 정하는 정규직 근로자 수의 전체 평균이 상속개시일이 속하는 소득세 과세기간 또는 법인세 사업연도의 직전 2개 소득세 과세기간 또는 법인세 사업연도의 정규직근로자 수의 평균의 90%에 미달하는 경우
　　　　ⓑ 상속개시일부터 5년간 법령으로 정하는 총급여액의 전체 평균이 상속개시일이 속하는 소득세 과세기간 또는 법인세 사업연도의 직전 2개 소득세 과세기간 또는 법인세 사업연도의 총급여액 평균의 90%에 미달하는 경우

⑤ **조세포탈행위 등에 대한 제재**

피상속인 또는 상속인이 가업의 경영과 관련하여 조세포탈 또는 회계부정 행위(상속개시일 전 10년 이내 또는 상속개시일부터 5년 이내의 기간 중의 행위로 한정)로 징역형 또는 법령으로 정하는 벌금형을 선고받고 그 형이 확정된 경우에는 다음의 구분에 따른다(상증법 18의2 ⑧).

　㉠ 상속세 과세표준과 세율의 결정이 있기 전에 피상속인 또는 상속인에 대한 형이 확정된 경우: 가업상속공제를 적용하지 아니한다.
　㉡ 가업상속공제를 받은 후에 상속인에 대한 형이 확정된 경우: 가업상속공제 금액을 상속개시 당시의 상속세 과세가액에 산입하여 상속세를 부과한다. 이 경우 법령으로 정하는 바에 따라 계산한 이자상당액을 그 부과하는 상속세에 가산한다.

⑥ **추징 금액 신고 및 납부**

상속인이 공제금액 추징 사유에 해당하는 경우 또는 조세포탈행위 등에 대해 가업상속공제를 받은 후 형이 확정된 경우에는 다음 구분에 따라 납세지 관할세무서장에게 신고하고 해당 상속세와 이자상당액을 납세지 관할세무서, 한국은행 또는 체신관서에 납부하여야 한다. 다만, 이미 상속세와 이자상당액이 부과되어 이를 납부한 경우에는 그러하지 아니하다(상증법 18의2 ⑨).

구분	신고 및 납부 기한
공제금액 추징 사유에 해당하는 경우	추징 사유에 해당하는 날이 속하는 달의 말일부터 6개월 이내
가업상속공제를 받은 후에 상속인에 대한 형이 확정된 경우	형이 확정된 날이 속하는 달의 말일부터 6개월 이내

(2) 영농상속공제

① 공제 대상

거주자의 사망으로 상속이 개시되는 경우로서 영농*(한국표준산업분류에 따른 농업, 임업 및 어업을 주된 업종으로 영위하는 것을 말하며, 양축, 양어 및 영림을 포함한다)의 상속에 해당하는 경우에는 영농상속 재산가액에 상당하는 금액을 30억원을 한도로 상속세 과세가액에서 공제한다(상증법 18의3 ①).

* 상속개시일 8년 전부터 계속하여 직접 영농에 종사 또는 「법인세법」을 적용받는 영농기업을 경영한 것으로서 법령으로 정하는 것을 말한다.

② 신청 절차

영농상속공제를 받으려는 상속인은 영농상속에 해당함을 증명하기 위한 서류를 상속세 과세표준 신고 시 첨부하여 납세지 관할세무서장에게 제출하여야 한다(상증법 18의3 ②).

③ 공제금액 추징

영농상속공제를 받은 상속인이 상속개시일부터 5년 이내에 법령으로 정하는 정당한 사유 없이 다음의 어느 하나에 해당하면 영농상속공제금액에 해당일까지의 기간을 고려하여 법령으로 정하는 율인 100%를 곱하여 계산한 금액을 상속개시 당시의 상속세 과세가액에 산입하여 상속세를 부과한다. 이 경우 법령으로 정하는 바에 따라 계산한 이자상당액을 그 부과하는 상속세에 가산한다(상증법 18의3 ④).

> ㉠ 영농상속공제 대상인 상속재산(영농상속재산)을 처분한 경우
> ㉡ 해당 상속인이 영농에 종사하지 아니하게 된 경우

④ 조세포탈행위 등에 대한 제재

피상속인 또는 상속인이 영농과 관련하여 조세포탈 또는 회계부정 행위로 징역형 또는 법령으로 정하는 벌금형을 선고받고 그 형이 확정된 경우에는 다음의 구분에 따른다(상증법 18의3 ⑥).

> ㉠ 상속세 과세표준과 세율의 결정이 있기 전에 피상속인 또는 상속인에 대한 형이 확정된 경우: 영농상속공제를 적용하지 아니할 것
> ㉡ 영농상속공제를 받은 후에 상속인에 대한 형이 확정된 경우: 영농상속공제 금액을 상속개시 당시의 상속세 과세가액에 산입하여 상속세를 부과할 것. 이 경우 법령으로 정하는 바에 따라 계산한 이자상당액을 그 부과하는 상속세에 가산한다.

⑤ 추징 금액 신고 및 납부

상속인이 공제금액 추징 사유에 해당하는 경우 또는 조세포탈행위 등에 대해 가업상속공제를 받은 후 형이 확정된 경우에는 다음 구분에 따라 납세지 관할세무서장에게 신고하고 해당 상속세와 이자상당액을 납세지 관할세무서, 한국은행 또는 체신관서에 납부하여야 한다. 다만, 이미 상속세와 이자상당액이 부과되어 이를 납부한 경우에는 그러하지 아니하다(상증법 18의3 ⑦).

구분	신고 및 납부 기한
공제금액 추징 사유에 해당하는 경우	해당 사유에 해당하는 날이 속하는 달의 말일부터 6개월 이내
영농상속공제를 받은 후에 상속인에 대한 형이 확정된 경우	형이 확정된 날이 속하는 달의 말일부터 6개월 이내

⑥ 가업상속공제와 영농상속공제의 동시 적용 배제

가업상속공제와 영농상속공제는 동일한 상속재산에 대하여 동시에 적용하지 아니한다(상증법 18의4).

★★ **(3) 금융재산 상속공제**

거주자의 사망으로 상속이 개시된 경우로서 상속개시일 현재 상속재산가액 중 '순금융재산의 가액(= 금융재산가액 - 금융채무)'이 있으면 다음 금액을 공제하되, '순금융재산가액 × 20%'가 2,000만원 미만이면 최소한 2,000만원을 공제하고, 2억원을 초과하면 최대로 2억원을 공제한다(상증법 22 ①). 단, 순금융재산가액을 계산할 때, 금융재산가액에는 최대주주 또는 최대출자자가 보유하고 있는 주식 등과 상속세 과세표준 신고기한까지 신고하지 아니한 타인 명의의 금융재산은 포함하지 아니한다(상증법 22 ②).

구분	금융재산상속공제액	비고
① 순금융재산가액이 2,000만원 이하인 경우	그 순금융재산가액	
② 순금융재산가액이 2,000만원 초과하는 경우	순금융재산가액 × 20%	단, 최소 2천만원·최고 2억원 공제

(4) 재해손실 공제

거주자의 사망으로 상속이 개시되는 경우로서 상속세 신고기한 이내에 재난으로 인하여 상속재산이 멸실되거나 훼손된 경우에는 그 손실가액을 상속세과세가액에서 공제한다. 다만, 그 손실가액에 대한 보험금 등의 수령 또는 구상권 등의 행사에 의하여 그 손실가액에 상당하는 금액을 보전받을 수 있는 경우에는 그러하지 않는다.

오쌤 Talk

추정상속재산가액과 금융재산상속공제의 비교

① 추정상속재산가액: (재산대금 - 입증금액) - MIN[재산대금×20%, 2억원] 즉, 추정상속재산가액은 2억원 한도 내 20%를 차감하고 최소한의 공제 금액 규정은 없다. Link. P.509
② 금융재산상속공제: 순금융재산가액의 20%를 공제하되 최소한 2,000만원을 공제하고 최대 2억원까지 공제하기 때문에 최소한의 공제 금액에 대한 규정이 있다.

기출 OX

32. 상속개시일 현재 상속재산가액 중 순금융재산의 가액이 2천만원인 경우에는 2천만원을 상속세 과세가액에서 공제한다. 2023. 9급 최신

정답 O

오쌤 Talk

금융재산상속공제의 '금융재산'의 범위

• 금융재산: 예금, 보험금, 적금, 신탁재산, 출자금, 공제금, 주식, 채권, 수익증권, 어음 등
• 금융채무: 금융회사의 채무임을 확인할 수 있는 서류에 의해 입증된 금융회사 등의 채무

> **기출 OX**
>
> **33.** 법령의 요건을 모두 갖춘 경우에는 상속주택가액의 100분의 100에 상당하는 금액을 상속세 과세가액에서 공제하되, 그 공제할 금액은 5억원을 한도로 한다. 2023. 9급 [최신]
>
> 정답 X

★★ (5) 동거주택 상속공제

거주자의 사망으로 상속이 개시되는 경우로서 다음의 **요건을 모두 갖춘 경우에는 상속주택가액**(「소득세법」에 따른 주택부수토지의 가액을 포함하되, 상속개시일 현재 해당 주택 및 주택부수토지에 담보된 피상속인의 채무액을 뺀 가액)**의 100%에 상당하는 금액을 상속세 과세가액에서 공제한다.** 다만, 그 공제할 금액은 6억원을 한도로 한다.(상증법 23의2 ①).

> ① 피상속인과 상속인(직계비속 및 「민법」에 따라 상속인이 된 그 직계비속의 배우자인 경우로 한정)이 상속개시일부터 소급하여 10년 이상(상속인이 미성년자인 기간은 제외) 계속하여 하나의 주택에서 동거할 것
> ② 피상속인과 상속인이 상속개시일부터 소급하여 10년 이상 계속하여 1세대를 구성하면서 법에서 정하는 1세대 1주택(고가주택을 포함)에 해당할 것. 이 경우 무주택인 기간이 있는 경우에는 해당 기간은 전단에 따른 1세대 1주택에 해당하는 기간에 포함한다.
> ③ 상속개시일 현재 무주택자이거나 피상속인과 공동으로 1세대 1주택을 보유한 자로서 피상속인과 동거한 상속인이 상속받은 주택일 것

4 상속공제의 종합한도 C

인적공제 및 물적공제로 공제되는 금액의 합계액은 다음의 금액을 한도로 한다(상증법 24).

상속공제한도액 = 상속세 과세가액 − 선순위인 상속인이 아닌 자에게 유증 등을 한 재산가액 − 선순위 상속인의 상속포기로 그 다음 순위의 상속인이 상속받은 재산가액 − 상속세 과세가액이 5억원을 초과하는 경우 상속세과세가액에 가산한 증여재산가액*

* 증여재산공제, 혼인·출산 증여재산공제 또는 재해손실공제를 받은 금액이 있는 경우에는 증여재산가액에서 그 공제액을 차감한 금액으로 한다.

5 감정평가 수수료 공제 B

(1) 감정평가 수수료

감정평가 수수료란 상속세를 신고·납부하기 위하여 상속재산을 평가하는 데 드는 수수료로서 다음 중 어느 하나에 해당하는 것을 말한다(상증법 25, 상증령 20의3 ①). 감정평가 수수료는 과세가액에서 공제하되, 이 중 감정평가법인 등의 평가에 따른 수수료는 그 평가된 가액으로 상속세를 신고·납부하는 경우에 한한다(상증령 20의3 ②).

① 감정평가법인등의 평가에 따른 수수료(상속세 납부목적용으로 한정)
② 비상장주식의 평가심의위원회 의뢰 신용평가 전문기관의 평가 수수료
③ 판매용이 아닌 서화·골동품 등 예술적 가치가 있는 유형재산의 전문가 감정 수수료

★★ (2) 공제한도

① 감정평가법인 등의 평가에 따른 수수료가 500만원을 초과하는 경우에는 이를 500만원으로 한다.
② 비상장주식의 평가심의위원회 의뢰 신용평가 전문기관의 평가 수수료는 평가대상 법인의 수(數) 및 평가를 의뢰한 신용평가전문기관의 수별로 각각 1천만원을 한도로 한다.
③ 판매용이 아닌 서화·골동품 등 예술적 가치가 있는 유형재산의 전문가 감정 수수료가 500만원을 초과하는 경우에는 이를 500만원으로 한다.

> 감정평가 수수료 공제액: ㉠ + ㉡ + ㉢
> ㉠ MIN[감정평가법인 등의 평가에 따른 수수료, 500만원]
> ㉡ MIN[비상장주식의 평가심의위원회 의뢰 신용평가 전문기관의 평가 수수료, 평가대상법인수 및 평가를 의뢰한 신용평가전문기관수별로 각 1,000만원]
> ㉢ MIN[판매용이 아닌 서화·골동품 등 예술적 가치가 있는 유형재산의 전문가 감정 수수료, 500만원]

기출 OX

34. 상속세 신고납부를 위하여 상속재산을 「감정평가 및 감정평가사에 관한 법률」에 따른 감정평가법인 등에게 평가를 받아 그 평가수수료를 상속세 과세가액에서 공제받을 수 있는 경우에는 500만원을 한도로 한다. 2018. 7급

정답 O

5 상속세 산출세액의 계산

1 상속세 산출세액의 계산방법 C

상속세 산출세액은 상속세 과세표준에 다음의 최저 10%부터 최고 50%까지 5단계 초과누진세율을 곱한 금액으로 한다(상증법 26).

과세표준	세율
① 1억원 이하	과세표준의 10%
② 1억원 초과 5억원 이하	1천만원 + 1억원을 초과하는 금액의 20%
③ 5억원 초과 10억원 이하	9천만원 + 5억원을 초과하는 금액의 30%
④ 10억원 초과 30억원 이하	2억 4천만원 + 10억원을 초과하는 금액의 40%
⑤ 30억원 초과	10억 4천만원 + 30억원을 초과하는 금액의 50%

2 세대를 건너뛴 상속에 대한 할증과세 특례 B

상속인이나 수유자가 피상속인의 자녀를 제외한 직계비속인 경우(조부모님이 손주에게 상속하는 경우)에는 상속세 산출세액에 상속재산(상속재산에 가산한 증여재산 중 상속인이 받은 증여재산을 포함) 중 그 상속인이 받았거나 받을 재산이 차지하는 비율을 곱하여 계산한 금액의 100분의 30에 상당하는 금액을 가산한다. 다만, 대습상속의 경우에는 그러하지 아니한다(상증법 27).

$$\text{산출세액에 가산할 할증세액} = \text{산출세액} \times \frac{\text{그 상속인이나 수유자가 받았거나 받을 재산}}{\text{총상속재산가액}^{*1}} \times 30\%^{*2}$$

*1 상속재산에 가산한 증여재산 중 상속인 또는 수유자가 받은 증여재산을 포함한다.
*2 피상속인의 자녀를 제외한 직계비속이면서 **미성년자에 해당하는 상속인 또는 수유자가 받았거나 받을 상속재산가액이 20억원을 초과하는 경우에는 40%**를 적용한다.

기출 OX

35. 상속인(대습상속인이 아님)이 피상속인의 자녀를 제외한 직계비속이며 성년인 경우는 상속세 산출세액에 상속재산(상속재산에 가산한 증여재산 중 상속인이 받은 증여재산을 포함) 중 그 상속인이 받았거나 받을 재산이 차지하는 비율을 곱하여 계산한 금액의 100분의 30에 상당하는 금액을 가산한다.
2018. 7급
정답 O

6 상속세 신고납부세액의 계산

1 계산구조 C

상속세 신고납부세액은 다음과 같이 계산한다.

	상 속 세 산 출 세 액
(-)	2 지정문화재 등 징수유예세액
(-)	3 세 액 공 제
	신 고 납 부 세 액

2 지정문화재 등에 대한 상속세의 징수유예 C

(1) 징수유예 대상

납세지 관할 세무서장은 상속재산 중 다음에 해당하는 재산이 포함되어 있는 경우에는 그 재산가액에 상당하는 상속세액의 징수를 유예한다(상증법 74 ①).

- ㉠ 문화재자료 등: 「문화재보호법」에 따른 문화재자료 및 국가등록문화재와 문화재자료 등의 보호를 위하여 지정된 보호구역의 토지
- ㉡ 박물관자료 등: 「박물관 및 미술관 진흥법」에 따라 등록한 박물관자료 또는 미술관자료로서 박물관 또는 미술관(사립박물관이나 사립미술관의 경우에는 공익법인 등에 해당하는 것에 한정)에 전시 중이거나 보존 중인 재산
- ㉢ 국가지정문화재 등: 「문화재보호법」에 따른 국가지정문화재 및 시·도지정문화재와 국가지정문화재 및 시·도지정문화재의 보호를 위하여 지정된 보호구역의 토지
- ㉣ 천연기념물 등: 「자연유산의 보존 및 활용에 관한 법률」에 따라 지정된 천연기념물·명승 및 시·도자연유산과 보호구역에 있는 토지로서 법령으로 정하는 토지

(2) 징수유예 상속세액

징수유예세액은 다음과 같이 계산한다.

$$\text{징수유예되는 상속세액} = \text{상속세 산출세액} \times \frac{\text{징수유예 대상에 해당하는 재산가액}}{\text{상속재산가액(상속재산에 가산하는 증여재산 포함)}}$$

(3) 사후관리

납세지 관할세무서장은 문화재자료 등 징수유예 대상을 상속받은 상속인 또는 수유자가 이를 유상으로 양도하거나 다음의 사유로 박물관자료 등을 인출하는 경우에는 즉시 그 징수유예한 상속세를 징수하여야 한다(상증법 74 ②, 상증령 76 ②).

- ㉠ 박물관 또는 미술관의 등록이 취소된 경우
- ㉡ 박물관 또는 미술관을 폐관한 경우
- ㉢ 문화체육관광부에 등록된 박물관 자료 또는 미술관 자료에서 제외되는 경우

(4) 부과의 철회

납세지 관할세무서장은 징수유예 기간에 문화재자료 등 징수유예 대상을 소유하고 있는 상속인 또는 수유자의 사망으로 다시 상속이 개시되는 경우에는 그 징수유예한 상속세액의 부과 결정을 철회하고 그 철회한 상속세액을 다시 부과하지 아니한다(상증법 74 ③).

(5) 담보 제공

① 담보 제공

징수유예를 받으려는 자는 그 유예할 상속세액에 상당하는 담보를 제공하여야 한다(상증법 74 ④).

② 담보 제공의 예외

징수유예 대상 중 ⓒ 국가지정문화재 등 및 ⓔ 천연기념물 등에 상속세를 징수유예 받으려는 자는 그 유예할 상속세액에 상당하는 담보를 제공하지 아니할 수 있다. 이 경우 매년 말까지 관할 세무서장에게 국가지정문화재 등 보유현황명세서를 제출하여야 하며, 관할 세무서장은 보유현황의 적정성을 점검하여야 한다. 납세담보를 제공하지 아니한 자가 국가지정문화재 등을 유상으로 양도할 때에는 국가지정문화재 등을 양도하기 7일 전까지 국가지정문화재 등 양도거래신고서를 관할 세무서장에게 제출하여야 한다(상증법 74 ⑤,⑥,⑦).

③ 가산세

세무서장 등은 납세담보를 제공하지 아니한 자가 다음의 어느 하나에 해당할 경우 가산세를 징수하여야 한다(상증법 78 ⑮).

> ㉠ 국가지정문화재 등의 보유현황 자료를 제출하지 아니한 경우
>   : 징수유예 받은 상속세액의 1%
> ㉡ 국가지정문화재 등의 양도 사실을 신고하지 아니한 경우
>   : 징수유예 받은 상속세액의 20%

3 세액공제 C

(1) 증여세액공제

상속재산에 가산한 증여재산가액이 있는 경우 이중과세 조정을 위해 증여재산에 대한 증여세액(증여 당시 증여세 산출세액)은 상속세 산출세액에서 공제한다. 다만, 해당 증여재산에 대하여 「국세기본법」상 국세부과제척기간의 만료로 증여세가 부과되지 아니한 경우와 상속세 과세가액이 5억원 이하인 경우에는 그러하지 아니하다(상증법 28 ①).

① 증여재산의 수증자가 상속인이나 수유자일 경우

증여재산의 수증자가 상속인이거나 수유자이면 그 상속인이나 수유자 각자가 납부할 상속세액에 그 상속인 또는 수유자가 받았거나 받을 상속재산(상속재산에 가산하는 증여재산을 포함)의 과세표준에 대하여 가산한 증여재산의 과세표준이 차지하는 비율을 곱하여 계산한 금액을 한도로 각자가 납부할 상속세액에서 공제한다(상속법 28 ②).

$$\text{공제한도} = \text{각자가 납부할 상속세액} \times \frac{\text{상속재산에 가산한 증여재산의 과세표준}}{\text{각자가 받았거나 받을 상속재산*의 과세표준}}$$

* 상속재산에 가산한 증여재산 포함

② 그 외

공제할 증여세액은 상속세 산출세액에 상속재산(상속재산에 가산하는 증여재산을 포함)의 과세표준에 대하여 가산한 증여재산의 과세표준이 차지하는 비율을 곱하여 계산한 금액을 한도로 한다(상속법 28 ②).

$$공제한도 = 상속세\ 산출세액 \times \frac{상속재산에\ 가산한\ 증여재산의\ 과세표준}{상속재산^*의\ 과세표준}$$

* 상속재산에 가산한 증여재산 포함

(2) 외국납부세액공제

거주자의 사망으로 상속세를 부과하는 경우에 외국에 있는 상속재산에 대하여 외국의 법령에 따라 상속세를 부과받은 때에는 이중과세를 조정하기 위해 다음 금액을 상속세 산출세액에서 공제한다(상증법 29, 상증령 21 ①).

외국납부세액공제: MIN[①, ②]

① $상속세\ 산출세액 \times \dfrac{외국의\ 법령에\ 따른\ 상속세\ 과세표준}{상속세\ 과세표준}$

② 한도액: 외국의 법령에 따라 부과된 상속세액

(3) 단기 재상속에 대한 세액공제

상속개시 후 10년 이내에 상속인이나 수유자의 사망으로 다시 상속이 개시되는 경우에는 전의 상속세가 부과된 상속재산 중 재상속되는 상속재산에 대한 전의 상속세 상당액을 상속세 산출세액에서 공제한다(상증법 30).

(4) 신고세액공제

상속세 신고기한 이내에 상속세과세표준을 신고한 경우에는 다음 금액을 상속세 산출세액에서 공제한다(상증법 69 ①). 따라서 신고기한 이내에 신고를 한 자라면 해당 납부세액을 자진납부하지 아니한 경우라 하더라도 신고세액공제를 적용한다.

$$신고세액공제 = (산출세액 - 징수유예세액 - 공제·감면되는\ 세액) \times 3\%$$

CHAPTER 02

증여세

1. 증여세 총칙
2. 증여세액의 계산
3. 증여세 과세표준의 계산
4. 증여세 산출세액의 계산
5. 증여세 신고납부세액의 계산
6. 특수한 경우의 증여재산가액의 계산
7. 증여추정 및 증여의제

최신 8개년 출제 경향 분석

1 증여세 총칙

1 증여세의 개념 및 특징 B

★(1) 증여의 개념

'증여'란, 그 행위 또는 거래의 명칭·형식·목적 등과 관계없이 **직접 또는 간접적인 방법으로 타인에게 무상으로 유형·무형의 재산 또는 이익을 이전**(현저히 낮은 대가를 받고 이전하는 경우를 포함)하거나 **기여를 통해 타인의 재산가치를 증가시키는 행위**를 말한다. 다만, 유증, 사인증여, 유언대용신탁 및 수익자연속신탁은 제외한다(상증법 2).

(2) 증여세의 특징

① 실질과세원칙

포괄주의에 따라 법에 열거된 항목이 아니더라도 제3자를 통해서 간접적인 방법을 거치는 등의 행위로 증여세를 부당하게 감소시키는 것으로 인정될 경우 그 경제적 실질에 따라 증여세를 부과한다.

② 수증자에 대한 과세

사인증여를 제외한 타인의 증여가 있는 경우에는 증여자가 아니라 수증자에게 부과하며 취득과세형 방법에 따라 수증자별로 과세가액을 계산한다.

③ 누적합산과세

해당 증여일 전 10년 이내에 동일인으로부터 받은 증여재산의 합계액은 요건을 만족할 경우 과세가액에 가산하여 합산과세한다.

2 증여세 과세대상 A

수증자는 다음 구분에 따른 과세대상별로 증여재산에 대해 증여세를 납부할 의무가 있다(상증법 4의2 ①). 다만 해당 **증여재산에 대하여 수증자에게 소득세, 법인세가 부과되는 경우**(비과세·감면되는 경우 포함)에는 증여세를 부과하지 아니한다(상증법 4의2 ③).

구분	내용
① 수증자가 거주자·비영리내국법인 경우	증여세 과세대상이 되는 모든 증여재산
② 수증자가 비거주자·비영리외국법인인 경우	증여세 과세대상이 되는 국내에 있는 모든 증여재산(제한적 납세의무)

3 증여세 납세의무 B

★★(1) 원칙

수증자는 법에 따라 증여세를 납부할 의무가 있으나, **수증자가 영리법인인 경우에는 영리법인이 증여받은 재산 또는 이익에 대하여 법인세가 부과되는 경우**(법인세가 비과세되거나 감면되는 경우 포함) 해당 법인의 주주 등에 대해서는 **증여의제규정에 따른 경우를 제외하고는 증여세를 부과하지 아니한다**(상증법 4의2 ④).

기출 OX

01. 「상속세 및 증여세법」은 기본적으로 수증자에게 증여세가 과세되는 경우에는 소득세를 부과하지 않도록 규정하고 있다. 2012. 7급
정답 X

02. 「상속세 및 증여세법」상 수증자가 증여일 현재 거주자인 경우에는 국내에 있는 수증재산에 대해서만 증여세를 납부할 의무를 진다. 2013. 7급
정답 X

확인문제

01. 「상속세 및 증여세법」상 증여세의 과세대상에 대한 설명으로 옳지 않은 것은? 2012. 9급
① 수증자가 거주자인 경우에는 그가 증여받은 모든 재산이 증여세 과세대상이 된다.
② 수증자가 비거주자인 경우에는 그가 증여받은 재산 중 국내에 있는 모든 재산이 증여세 과세대상이 된다.
③ 증여세는 경제적 가치가 있는 유형 및 무형의 재산을 타인에게 무상으로 이전하는 경우에 적용된다.
④ 영리법인이 재산을 증여받은 경우에는 증여세와 법인세가 모두 부과된다.

정답 ④

★★ (2) 예외

수증자가 영리법인이더라도 위 (1)원칙에도 불구하고 명의신탁재산의 증여의제규정에 따라 재산을 증여한 것으로 보는 경우에는 실제소유자가 해당 재산에 대하여 증여세를 납부할 의무가 있다(상증법 4의2 ②). 이 때, 실제소유자가 명의신탁재산의 증여의제규정에 따른 증여세·가산금 또는 강제징수비를 체납한 경우에 그 실제소유자의 다른 재산에 대하여 강제징수를 하여도 징수할 금액에 미치지 못하는 경우에는 「국세징수법」에서 정하는 바에 따라 명의자에게 증여한 것으로 보는 재산으로써 납세의무자인 실제소유자의 증여세·가산금 또는 강제징수비를 징수할 수 있다(상증법 4의2 ⑨).

(3) 법인격이 없는 단체

법인격이 없는 사단·재단 또는 그 밖의 단체는 다음의 어느 하나에 해당하는 자로 보아 「상속세 및 증여세법」을 적용한다.

① 「국세기본법」에 따른 법인으로 보는 단체: 비영리법인
② 그 외의 경우: 거주자 또는 비거주자

★★ (4) 수증자의 자력상실 시 증여세 면제

다음에 해당하면서 수증자가 증여세를 납부할 능력이 없다고 인정되는 경우로서 강제징수를 하여도 증여세에 대한 조세채권을 확보하기 곤란한 경우에는 그에 상당하는 증여세의 전부 또는 일부를 면제한다(상증법 4의 2 ⑤).

① 저가양수·고가양도에 따른 이익의 증여(상증법 35)
② 채무면제 등에 따른 이익의 증여(상증법 36)
③ 부동산 무상사용에 따른 이익의 증여(상증법 37)
④ 금전무상대부 등에 따른 이익의 증여(상증법 41의 4)

★★ (5) 연대납세의무

수증자가 다음 중 어느 하나에 해당하는 경우 증여자는 수증자가 납부할 증여세를 연대하여 납부할 의무가 있다(상증법 4의2 ⑥).

① 수증자의 주소나 거소가 분명하지 아니한 경우로서 증여세에 대한 조세채권을 확보하기 곤란한 경우
② 수증자가 증여세를 납부할 능력이 없다고 인정되는 경우로서 강제징수를 하여도 증여세에 대한 조세채권을 확보하기 곤란한 경우
③ 수증자가 비거주자인 경우

확인문제

02. 「상속세 및 증여세법」상 수증자가 증여세를 납부할 능력이 없다고 인정되는 때 증여세의 일부 또는 전부를 면제해 주는 경우에 해당하지 않는 것은?
2012. 9급

① 보험금의 증여
② 저가양수·고가양도에 따른 이익의 증여
③ 채무면제에 따른 증여
④ 부동산 무상사용에 따른 이익의 증여

정답 ①

기출 OX

03. 증여세의 납세의무자는 수증자이므로 수증자가 납부할 증여세에 대하여 증여자가 연대납부의무를 지는 경우는 없다. 2015. 9급

정답 X

4 관할관청 B

(1) 주소지 관할 세무서장이 과세하는 경우

① 원칙: 수증자의 주소지

증여세는 수증자의 주소지(주소지가 없거나 분명하지 아니한 경우에는 거소지)를 관할하는 세무서장 등이 과세한다(상증법 6 ②).

② 예외: 증여자의 주소지

다음 중 어느 하나에 해당하는 경우에는 증여자의 주소지를 관할하는 세무서장 등이 과세한다(상증법 6 ②).

> ㉠ 수증자가 비거주자인 경우
> ㉡ 수증자의 주소 및 거소가 분명하지 아니한 경우
> ㉢ 명의신탁재산의 증여의제 규정에 따라 재산을 증여한 것으로 보는 경우

(2) 증여재산 소재지 관할 세무서장이 과세하는 경우

다음 중 어느 하나에 해당하는 경우에는 증여재산의 소재지를 관할하는 세무서장 등이 과세한다(상증법 6 ③).

> ① 수증자와 증여자가 모두 비거주자인 경우
> ② 수증자와 증여자 모두의 주소 또는 거소가 분명하지 아니한 경우
> ③ 수증자가 비거주자이거나 주소 또는 거소가 분명하지 아니하고, 증여자가 법령에 따라 증여로 의제된 경우

5 증여재산의 취득시기 C

일반적인 경우의 증여재산 취득시기는 다음과 같다(상증령 24).

구분	취득시기
① 일반적인 경우	인도한 날 또는 사실상의 사용일
② 타인의 기여에 의해 재산가치가 증가한 경우	재산가치증가사유가 발생한 날
③ 권리의 이전이나 그 행사에 등기나 등록을 요하는 자산	등기부·등록부에 기재된 등기·등록접수일(단, 이를 요하지 않는 부동산의 경우 부동산 소유권 취득일)
④ 주식이나 출자지분을 증여받는 경우	해당 증여재산을 인도받은 사실이 객관적으로 확인되는 날
⑤ 무기명채권을 증여받는 경우	

기출 OX

04. 유산세 방식의 상속세는 피상속인의 주소지가 관할세무서이며, 유산취득세 방식의 증여세는 각 수증자의 주소지가 관할세무서이다. 2009. 9급
정답 O

❷ 증여세액의 계산

1 증여세 계산구조 C

```
       증 여 세 과 세 가 액
( - )  증 여 재 산 공 제
( - )  재 해 손 실 공 제
( - )  감 정 평 가 수 수 료 공 제
       과 　 세 　 표 　 준
( × )  세 　 　 　 　 　 율
       산 　 출 　 세 　 액
( - )  징 수 유 예 세 액
( - )  세 　 액 　 공 　 제
       신 고 납 부 세 액
```

2 증여세 과세가액의 계산구조 C

증여세 과세가액을 계산하기 위한 계산구조는 다음과 같다.

```
       ③ 증  여  재  산  가  액
( + )  ④ 10년 이내 동일인으로부터 증여받은 재산
( - )  ⑤ 비  과  세  재  산  가  액
( - )  ⑥ 과  세  가  액  불  산  입  액
( - )  ⑦ 부 담 부 증 여 시 채 무 인 수 액
       증  여  세  과  세  가  액
```

3 증여재산가액 B

'증여재산가액'이란 포괄주의에 따라 증여로 인해 수증자에게 귀속되는 재산으로서 금전으로 환가할 수 있는 경제적 가치가 있는 모든 물건, 재산적 가치가 있는 법률상 또는 사실상의 모든 권리, 금전으로 환산할 수 있는 모든 경제적 이익을 포함한다(상증법 2 (7)).

(1) 일반적인 경우

과세대상	증여재산가액
① 재산 또는 이익을 무상으로 이전받은 경우	증여재산의 시가 상당액
② 재산 또는 이익을 현저히 낮은 대가를 주고 이전받거나 현저히 높은 대가를 받고 이전한 경우	시가와 대가의 차액. 단, 그 차액이 3억원 이상이거나 시가의 30% 이상인 경우
③ 재산 취득 후 해당 재산의 가치가 증가하는 경우(Link - P.543)	증가사유가 발생하기 전과 후의 재산의 시가의 차액으로서 법에서 정하는 방법에 따라 계산한 재산가치상승금액*. 다만, 그 재산가치상승금액이 3억원 이상이거나 아래 별첨의 'ⓒ~ⓔ'에 따른 금액 합계액의 30% 이상인 경우로 한정한다.

* 재산가치상승금액 = ⓐ 해당 재산가액 - ⓑ 취득가액 + ⓒ 통상적인 가치상승분 + ⓓ 가치상승기여분)

> ⓐ 해당 재산가액: 재산가치 증가사유가 발생한 날 현재의 가액(「상속세 및 증여세법」에 따라 평가한 가액을 말한다)
> ⓑ 취득가액: 실제 해당 자산을 취득하기 위하여 지불한 금액(증여받은 재산의 경우에는 증여세 과세가액을 말한다)
> ⓒ 통상적인 가치상승분: 기업가치의 실질적인 증가로 인한 이익과 연평균지가상승률·연평균주택가격상승률 및 전국소비자물가상승률 등을 고려하여 해당 재산의 보유기간 중 정상적인 가치상승분에 상당하다고 인정되는 금액
> ⓓ 가치상승기여분: 해당 재산가치를 증가시키기 위하여 수증자가 지출한 금액

(2) 「상속세 및 증여세법」에 별도로 정한 경우

「상속세 및 증여세법」에 별도로 정한 경우에는 해당 규정에 따라 증여재산가액을 계산한다(상증법 31 ②). 이에 대해서는 ⑥ 특수한 경우의 증여재산가액의 계산에서 자세히 다루기로 한다.

(3) 협의분할의 경우

협의분할이란 피상속인의 유언 등이 없는 경우 공동상속인 전원의 합의에 의하여 상속재산을 분할하는 것을 말한다.

① 원칙

공동상속인이 협의분할하여 취득한 재산가액이 「민법」에서 정하는 법정상속분을 초과하더라도 증여세를 과세하지 않는다.

② 예외

상속개시 후 상속재산에 대하여 등기·등록·명의개서 등(이하 '등기 등')으로 각 상속인의 상속분이 확정된 후, 그 상속재산에 대하여 공동상속인이 당초 상속분을 초과하여 취득하게 되는 재산은 그 분할에 의하여 상속분이 감소한 상속인으로부터 증여받은 것으로 보아 증여세를 부과한다. 다만, 다음의 경우에는 증여세를 부과하지 아니한다(상증법 4 ③).

㉠ 상속세 과세표준 신고기한까지 분할에 의하여 당초 상속분을 초과하여 취득한 경우
㉡ 당초 상속재산의 분할에 대하여 무효 또는 취소 등 대통령령으로 정하는 정당한 사유가 있는 경우

★★ (4) 증여재산을 반환하는 경우

수증자가 증여받은 재산을 일정기간 내에 반환하는 경우 기간에 따라 다음과 같이 처리한다(상증법 4 ④).

반환기간	처리방법
① 신고기한 이내에 반환하는 경우	수증자가 증여재산(금전은 제외)을 당사자 간의 합의에 따라 증여세 과세표준 신고기한 이내에 증여자에게 반환하는 경우에는 처음부터 증여가 없었던 것으로 본다. 다만, 반환하기 전에 과세표준과 세액을 결정받은 경우에는 그러하지 아니하다.
② 신고기한이 지난 후 3개월 이내에 반환하는 경우	증여세 신고기한이 지난 후 3개월 이내에 증여자에게 반환하거나 증여자에게 다시 증여하는 경우에는 그 반환하거나 다시 증여하는 것에 대해서는 증여세를 부과하지 아니한다.
③ 신고기한이 지난 후 3개월 후 반환하는 경우	당초 증여와 반환·재증여 모두에 대해서 증여세를 과세한다.

★ (5) 증여세가 과세되지 않는 경우

① 이혼위자료(조세포탈목적의 경우에는 과세)
② 취득원인 무효 판결로 증여세 과세대상 재산의 권리가 말소된 경우
③ 피상속인의 증여로 증여를 받은 자가 「민법」 규정으로 유류분 권리자에게 그 재산을 반환한 경우
④ 증여자가 연대납세의무자로서 납부하는 증여세액

📑 **확인문제**

03. 거주자 갑이 아들인 거주자 을에게 2024년 4월 20일 소유하던 상가를 증여하였으며, 을은 증여세 과세표준 신고를 하지 아니하였다. 이와 관련한 설명으로 옳은 것은 모두 몇 개인가? (단, 세무서장으로부터 과세표준과 세액을 결정받지 아니함) 2011. 7급

○ 2024년 7월 25일 당사자 간의 합의에 따라 을이 갑에게 상가를 반환하는 경우에는 처음부터 증여가 없었던 것으로 본다.
○ 2024년 10월 10일 을이 갑에게 상가를 반환하는 경우에는 그 반환하는 상가에 대하여 증여세를 부과하지 아니한다.
○ 2024년 10월 15일 을이 갑에게 상가를 다시 증여하는 경우에는 그 증여하는 상가에 대하여 증여세를 부과하지 아니한다.

① 0개 ② 1개
③ 2개 ④ 3개

정답 ④

4 10년 이내 동일인으로부터 증여받은 재산 C

해당 증여일 전 10년 이내에 동일인(증여자가 직계존속인 경우에는 그 직계존속의 배우자를 포함)으로부터 받은 증여재산가액을 합친 금액이 1천만원 이상인 경우에는 그 가액을 증여세과세가액에 가산한다. 다만, 합산배제증여재산의 경우에는 그러하지 아니하다(상증법 47 ②). 한편, 증여세과세가액에 가산한 증여재산의 가액에 대해 납부하였거나 납부할 증여세액은 증여세 산출세액에서 공제한다(상증법 58 ①).

합산배제증여재산

'합산배제증여재산'이란 다음의 재산을 말한다(상증법 47 ①).

① 재산 취득 후 해당 자산의 가치가 증가하는 경우
② 전환사채 등의 주식전환이익 또는 전환사채 등을 특수관계인에게 양도하며 양도인이 얻는 이익
③ 주식의 상장 등에 따른 이익, 합병에 따른 상장 등 이익
④ 재산 취득 후 재산가치 증가에 따른 이익의 증여
⑤ 재산 취득자금 등의 증여 추정
⑥ 명의신탁재산의 증여의제, 특수관계법인과의 거래를 통한 이익의 증여의제
⑦ 특수관계법인으로부터 제공받은 사업기회로 발생한 이익의 증여의제

5 비과세 재산가액 C

다음에 해당하는 금액에 대하여는 증여세를 부과하지 아니한다(상증법 46).

① **국가나 지방자치단체로부터 증여받은 재산의 가액**
② 우리사주조합 가입자인 내국법인의 종업원이 해당 법인의 주식을 우리사주조합을 통하여 취득한 경우로서 그 조합원이 소액주주*의 기준에 해당하는 경우 그 주식의 취득가액과 시가의 차액으로 인하여 받은 이익상당액
③ 법에 따른 정당이 증여받은 재산의 가액, 법에 의하여 정당(후원회 포함)에 기부한 정치자금
④ 「사내근로복지기금법」 따른 사내근로복지기금이나 그 밖에 이와 유사한 것으로서 대통령령으로 정하는 단체가 증여받은 재산의 가액
⑤ 사회통념상 인정되는 이재구호금품·치료비·피부양자의 생활비·교육비 및 이와 유사한 것으로서 특정한 것
⑥ 신용보증기금·기술신용보증기금 및 법에 의한 단체가 증여받은 재산의 가액
⑦ 국가·지방자치단체 또는 공공단체가 증여받은 재산의 가액
⑧ 장애인을 보험금 수령인으로 하는 보험으로서 「소득세법」상 장애인공제 대상에 해당하는 자를 수익자로 한 보험의 보험금(연간 4,000만원 한도)
⑨ 법에 따른 국가유공자 또는 의사자의 유족이 증여받은 성금 및 물품 등 재산의 가액
⑩ 비영리법인의 설립근거가 되는 법령의 변경으로 비영리법인이 해산되거나 업무가 변경됨에 따라 해당 비영리법인의 재산과 권리·의무를 다른 비영리법인이 승계받은 경우 승계받은 해당 재산의 가액

* 해당 법인 발행주식총수 등의 1%와 주식의 액면가액 3억원 중 적은 금액 미만의 주식을 소유한 주주

6 과세가액불산입액 C

(1) 공익법인 등이 출연받은 재산의 과세가액불산입

공익법인 등이 출연받은 재산의 가액은 증여세과세가액에 산입하지 아니한다(상증법 48 ①). 단, 법에서 정한 사후관리요건을 위배하는 경우가 발생하면 그 사유가 발생한 날에 공익법인 등이 증여받은 것으로 보아 즉시 증여세를 부과한다(상증법 48 ②).

(2) 공익신탁재산의 과세가액불산입

증여재산 중 증여자가 공익신탁을 통하여 공익법인 등에 출연하는 재산의 가액은 증여세과세가액에 산입하지 아니한다(상증법 52).

(3) 장애인이 증여받은 재산의 과세가액불산입

① 자익신탁

장애인이 재산을 증여받고 그 재산을 본인을 수익자로 하여 신탁한 경우로서 해당 신탁(이하 '자익신탁')이 법령의 요건을 모두 충족하는 경우에는 그 증여받은 재산가액은 증여세 과세가액에 산입하지 아니한다(상증법 52의2 ①).

② 타익신탁

타인이 장애인을 수익자로 하여 재산을 신탁한 경우로서 해당 신탁(이하 '타익신탁')이 법령에 정하는 요건을 모두 충족하는 경우에는 장애인이 증여받은 그 신탁의 수익(장애인이 본인의 의료비 등 법령에 정하는 용도로 신탁원본의 인출이 있는 경우에는 해당 인출금액을 포함)은 증여세 과세가액에 산입하지 아니한다(상증법 52의2 ②).

③ 한도

위 ①에 따른 그 증여받은 재산가액(그 장애인이 살아 있는 동안 증여받은 재산가액을 합친 금액) 및 타익신탁 원본의 가액(그 장애인이 살아 있는 동안 그 장애인을 수익자로 하여 설정된 타익신탁의 설정 당시 원본가액을 합친 금액)을 합산한 금액은 5억원을 한도로 한다(상증법 52의2 ③).

7 부담부증여 시 채무인수액 A

① 원칙

수증자의 증여세 과세가액은 증여일 현재 「상속세 및 증여세법」에 따른 증여재산가액(합산배제증여재산의 가액은 제외)을 합친 금액에서 그 증여재산에 담보된 채무로서 수증자가 인수한 금액을 뺀 금액으로 한다(상증법 47 ①, 상증령 36 ①). 이 때 수증자가 인수한 채무(증여자가 해당 재산을 타인에게 임대한 경우 그 임대보증금을 포함)에 대해서는 양도소득세가 과세된다.

② 예외

배우자 간 또는 직계존비속 간의 부담부증여(증여로 추정되는 경우를 포함)에 대해서는 수증자가 증여자의 채무를 인수한 경우에도 그 채무액은 수증자에게 인수되지 아니한 것으로 추정한다. 다만, 그 채무액이 국가 및 지방자치단체에 대한 채무 등 법에 정하는 바에 따라 객관적으로 인정되는 것인 경우에는 그러하지 아니하다.

기출 OX

05. 부담부증여 시 수증자의 증여세 과세가액은 증여일 현재 「상속세 및 증여세법」에 따른 증여재산가액(합산배제증여재산의 가액은 제외)을 합친 금액에서 그 증여재산에 담보된 채무로서 수증자가 인수한 금액을 뺀 금액으로 한다. 2021. 7급

정답 O

기출 OX

06. 직계존비속 간의 부담부증여의 경우 인수되는 채무가 국가 및 지방자치단체에 대한 채무라 하더라도 그 채무액은 수증자에게 인수되지 않는 것으로 추정한다. 2021. 7급

정답 X

3 증여세 과세표준의 계산

1 증여세 과세표준의 계산 C

(1) 증여세 과세표준의 계산방법

증여세 과세표준은 다음의 어느 하나에 해당하는 금액으로 하되, 상속세와 마찬가지로 과세표준이 50만원 미만이면 증여세를 부과하지 아니한다(상증법 55 ①, ②).

구분	과세표준 계산
① 명의신탁의 증여의제	명의신탁재산금액 − 감정평가수수료 공제
② 특수관계법인과의 거래 및 특수관계법인으로부터 제공받은 사업기회로 발생한 이익의 증여의제	증여의제이익 − 감정평가수수료 공제
③ 위 ① 및 ②를 제외한 합산배제증여재산	합산배제증여재산가액 − 3,000만원 − 감정평가수수료 공제
④ 위 외의 경우	증여세과세가액 − 증여재산공제 − 혼인·출산 증여재산공제 − 재해손실공제 − 감정평가수수료 공제

2 증여재산 공제 C

(1) 증여재산 공제액

거주자가 다음의 하나에 해당하는 사람으로부터 증여를 받은 경우, 증여재산 공제액을 계산하여 증여세 과세가액에서 공제한다. 이 경우 그 증여세 과세가액에서 공제받을 금액과 수증자가 그 증여를 받기 전 10년 이내에 공제받은 금액(혼인·출산 증여재산 공제에 따라 공제받은 금액은 제외)을 합한 금액이 다음의 구분에 따른 금액을 초과하는 경우에는 그 초과하는 부분은 공제하지 아니한다(상증법 53).

구분	증여재산 공제액
① 배우자로부터 증여를 받은 경우	6억원
② 직계존속*1으로부터 증여를 받은 경우	5,000만원. 다만, 미성년자가 직계존속으로부터 증여를 받은 경우에는 2,000만원
③ 직계비속*2으로부터 증여를 받은 경우	5,000만원
④ 위 외에 4촌NEW 이내의 혈족, 3촌NEW 이내의 인척으로부터 증여를 받은 경우	1,000만원

*1 수증자의 직계존속과 혼인(사실혼은 제외) 중인 배우자를 포함한다.
*2 수증자와 혼인(사실혼은 제외) 중인 배우자의 직계비속을 포함한다.

(2) 증여재산 공제 방법

수증자가 10년 이내 2번 이상 증여를 받는 경우 증여재산공제는 다음과 같이 적용한다(상증령 46 ①).

① 증여시기가 다른 경우: 최초의 증여세과세가액에서부터 순차로 공제한다.
② 증여가 동시에 있는 경우: 각각의 증여세과세가액에 대하여 안분하여 공제한다.

3 혼인·출산 증여재산 공제 C

(1) 혼인 증여재산 공제

① 요건

거주자가 직계존속으로부터 혼인일(「가족관계의 등록 등에 관한 법률」에 따른 혼인관계증명서상 신고일을 말한다) 전후 2년 이내에 증여를 받는 경우에는 출산 증여재산 공제 및 직계존속으로부터의 증여재산공제와 별개로 1억원을 증여세 과세가액에서 공제한다. 이 경우 그 증여세 과세가액에서 공제받을 금액과 수증자가 이미 공제받은 금액을 합한 금액이 1억원을 초과하는 경우에는 그 초과하는 부분은 공제하지 아니한다(상증법 53의2 ①).

② 반환 특례

거주자가 혼인 증여재산 공제를 받은 후 약혼자의 사망 등 다음의 부득이한 사유가 발생하여 해당 증여재산을 그 사유가 발생한 달의 말일부터 3개월 이내에 증여자에게 반환하는 경우에는 처음부터 증여가 없었던 것으로 본다(상증법 53의2 ⑤).

  ㉠ 약혼자의 사망
  ㉡ 「민법」에 따른 약혼해제 사유
  ㉢ 그 밖에 혼인할 수 없는 중대한 사유로서 국세청장이 인정하는 사유

③ 가산세 면제 및 이자상당액 부과

혼인 전에 혼인 증여재산 공제를 받은 거주자가 다음의 어느 하나에 해당하는 사유가 발생하여 신고기한까지 「국세기본법」에 따른 수정신고 또는 기한 후 신고를 한 경우에는 「국세기본법」상 무신고가산세, 과소신고·초과환급신고가산세, 납부지연가산세의 전부 또는 일부를 부과하지 아니한다(상증법 53의2 ⑥, ⑦).

사유	신고기한
혼인 전에 혼인 증여재산 공제를 받은 거주자가 증여일(공제를 적용받은 증여가 다수인 경우 최초 증여일)부터 2년 이내에 혼인하지 아니한 경우	증여일부터 2년이 되는 날이 속하는 달의 말일부터 3개월이 되는 날
혼인 증여재산 공제를 받은 거주자가 혼인이 무효가 된 경우	혼인무효의 소에 대한 판결이 확정된 날이 속하는 달의 말일부터 3개월이 되는 날

다만, 다음에 따라 계산한 이자상당액을 증여세에 가산하여 부과한다(상증법 53의2 ⑥, ⑦).

> 이자상당액 = 증여세액 × ㉠ × ㉡
>   ㉠ 증여세 과세표준 신고기한의 다음날부터 수정신고·기한후 신고를 한 날까지의 기간
>   ㉡ 「국세기본법 시행령」에 따른 율(1일당 10만분의 22)

(2) 출산 증여재산 공제

① 요건

거주자가 직계존속으로부터 자녀의 출생일(「가족관계의 등록 등에 관한 법률」에 따른 출생신고서상 출생일을 말한다) 또는 입양일(「가족관계의 등록 등에 관한 법률」에 따른 입양신고일을 말한다)부터 2년 이내에 증여를 받는 경우에는 혼인 증여재산 공제 및 직계존속으로부터의 증여재산공제와 별개로 1억원을 증여세 과세가액에서 공제한다. 이 경우 그 증여세 과세가액에서 공제받을 금액과 수증자가 이미 공제받은 금액을 합한 금액이 1억원을 초과하는 경우에는 그 초과하는 부분은 공제하지 아니한다(상증법 53의2 ②).

(3) 통합 공제 한도 및 적용 배제

① 통합 공제 한도

혼인·출산 증여재산 공제에 따라 증여세 과세가액에서 공제받았거나 받을 금액을 합한 금액이 1억원을 초과하는 경우에는 그 초과하는 부분은 공제하지 아니한다(상증법 53의2 ③).

② 적용 배제

「상속세 및 증여세법」에 따른 증여추정 및 증여의제(link-p.543)에 해당하는 증여재산에 대해서는 혼인·출산 증여재산 공제를 적용하지 아니한다(상증법 53의2 ④).

4 재해손실 공제 C

타인으로부터 재산을 증여받은 경우로서 증여세 신고기한 이내에 재난으로 인하여 증여재산이 멸실·훼손된 경우에는 그 손실가액을 증여세과세가액에서 공제한다. 다만, 그 손실가액에 대한 보험금 등의 수령 또는 구상권 등 행사에 의하여 당해 손실가액에 상당하는 금액을 보전받을 수 있는 경우에는 그러하지 아니한다(상증법 54).

5 감정평가 수수료 공제 C

증여재산 평가에 소요된 수수료는 다음과 같이 과세가액에서 공제하되, 감정평가법인 등의 평가에 따른 수수료는 그 평가된 가액으로 증여세를 신고·납부하는 경우에 한하여 공제한다(상증법 55, 상증법 46의2).

> **감정평가 수수료 공제액 = ① + ② + ③**
> ① MIN[감정평가법인 등의 평가에 따른 수수료, 500만원]
> ② MIN[비상장주식의 평가심의위원회 의뢰 신용평가 전문기관의 평가수수료, 평가대상법인수 및 평가를 의뢰한 신용평가전문기관수 별로 각 1,000만원]
> ③ MIN[판매용이 아닌 서화·골동품 등 예술적 가치가 있는 유형재산의 전문가 감정수수료, 500만원]

4 증여세 산출세액의 계산 C

(1) 증여세 산출세액의 계산방법
일반적으로 증여세 산출세액은 증여세 과세표준에 세율을 곱한 값으로 하는데, 증여세의 세율은 상속세의 세율(01)의 ⑤ 1)과 같다(상증법 56).

(2) 할증과세 특례
수증자가 증여자의 자녀가 아닌 직계비속인 경우에는 증여세 산출세액에 30%에 상당하는 금액을 가산하되, 이 때 수증자가 미성년자인 경우로서 증여재산가액(10년 이내 동일인으로부터 증여받은 재산으로서 증여세 과세가액에 가산하는 증여재산을 포함)이 20억원을 초과하는 경우에는 40%를 적용하여 가산한다. 다만, 증여자의 최근친인 직계비속이 사망하여 그 사망한 자의 최근친인 직계비속이 증여받은 경우에는 그러하지 아니하다(상증법 57 ①, 상증령 46의 3 ①).

5 증여세 신고납부세액의 계산

1 계산구조 C
증여세 신고납부세액은 다음과 같이 계산한다.

```
            증 여 세 산 출 세 액
    ( - )  2  징 수 유 예 세 액
    ( - )  3  세    액    공    제
    ─────────────────────────
            신 고 납 부 세 액
```

2 징수유예세액(박물관자료 등에 대한 징수유예세액) C
납세지 관할 세무서장은 증여재산 중 박물관자료 등이 포함되어 있는 경우에는 증여세액 중 그 재산가액에 상당하는 증여세액의 징수를 유예한다(상증법 75). 「상속세법」에서는 문화재자료 등·국가지정문화재 등·천연기념물 등에 대한 대한 징수유예제도가 있으나 「증여세법」에서는 해당 제도가 없음에 유의한다.

> **오쌤 Talk**
> **상속세의 징수유예대상과 증여세의 징수유예대상의 비교(Link-P.521)**
>
> | 구분 | 상속세 | 증여세 |
> |---|---|---|
> | 문화재자료 등
국가지정문화재 등
천연기념물 등 | O | X |
> | 박물관자료 등 | O | O |

3 세액공제 C

(1) 기납부세액공제
증여세과세가액에 가산한 증여재산가액이 있는 경우 그 증여재산의 가액(둘 이상의 증여가 있을 때에는 그 가액을 합친 금액)에 대하여 납부하였거나 납부할 당초 증여 당시의 그 증여재산에 대한 증여세 산출세액을 공제한다. 다만, 증여세과세가액에 가산하는 증여재산에 대하여 「국세기본법」상 국세부과제척기간의 만료로 인하여 증여세가 부과되지 아니하는 경우에는 그러하지 아니하다(상증법 58 ①, ②).

(2) 외국납부세액공제

타인으로부터 재산을 증여받은 경우에 외국에 있는 증여재산에 대하여 외국의 법령에 따라 증여세를 부과받은 경우에는 다음 금액을 한도로 증여세 산출세액에서 공제한다(상증법 59, 상증령 48).

$$\text{한도액} = \text{증여세 산출세액} \times \frac{\text{외국법령에 따른 증여세 과세표준}}{\text{증여세 과세표준}}$$

(3) 신고세액공제

증여세 신고기한 이내에 증여세과세표준을 신고한 경우에는 다음 금액을 증여세 산출세액에서 공제한다(상증법 69 ②).

$$\text{신고세액공제} = \left\{ \begin{matrix} \text{산출세액} \\ (\text{할증세액 포함}) \end{matrix} - \text{징수유예세액} - \begin{matrix} \text{공제·} \\ \text{감면되는 세액} \end{matrix} \right\} \times 3\%$$

6 특수한 경우의 증여재산가액의 계산

1 신탁이익의 증여 C

신탁계약에 의하여 위탁자가 타인을 신탁의 이익의 전부 또는 일부를 받을 수익자로 지정한 경우로서 다음 중 어느 하나에 해당하는 경우에는 신탁의 이익을 받을 권리의 가액을 수익자의 증여재산가액으로 한다(상증법 33 ①).

① 원본의 이익을 받을 권리를 소유하게 한 경우: 수익자가 그 원본을 받은 경우
② 수익의 이익을 받을 권리를 소유하게 한 때: 수익자가 그 수익을 받은 경우

2 보험금의 증여 C

생명보험이나 손해보험에서 보험사고(만기보험금 지급의 경우를 포함)가 발생한 경우 해당 보험사고가 발생한 날을 증여일로 하여 다음의 금액을 **보험금 수령인의 증여재산가액**으로 한다(상증법 34 ①).

① 보험금 수령인과 보험료 납부자가 다른 경우(보험금 수령인이 아닌 자가 보험료의 일부를 납부한 경우를 포함): **보험금 수령인이 아닌 자가 납부한 보험료 납부액에 대한 보험금 상당액**

$$\text{증여재산가액} = \text{보험금} \times \frac{\text{보험금 수령인이 아닌 자가 납부한 보험료 납부액}}{\text{납부한 보험료 총액}}$$

② 보험계약 기간에 보험금 수령인이 재산을 증여받아 보험료를 납부한 경우: 증여받은 재산으로 납부한 보험료 납부액에 대한 보험금 상당액에서 증여받은 재산으로 납부한 보험료 납부액을 뺀 가액

3 부당행위계산의 부인 등 B

★★(1) 특수관계인 간의 거래인 경우

특수관계인으로부터 재산을 시가보다 낮은 가액으로 양수하거나 특수관계인에게 재산을 시가보다 높은 가액으로 양도한 경우로서 시가와 대가와의 차액이 시가의 30% 이상이거나 3억원 중 적은 금액 이상인 경우에는 다음의 금액을 그 이익을 얻은 자의 증여재산가액으로 한다.

> 증여재산가액 = 시가와 대가와의 차액* - MIN[시가 × 30%, 3억원]

* 시가와 대가와의 차액이 시가의 30% 이상이거나 3억원 이상인 경우에만 적용한다.

★★(2) 특수관계인 아닌 자 간의 거래인 경우

특수관계인이 아닌 자 간에 거래의 관행상 정당한 사유 없이 재산을 시가보다 현저히 낮은 가액으로 양수하거나 시가보다 현저히 높은 가액으로 양도한 경우로서 그 대가와 시가의 차액이 시가의 30% 이상인 경우에는 다음의 금액을 그 이익을 얻은 자의 증여재산가액으로 한다(상증법 35 ②, 상증령 26 ③, ④).

> 증여재산가액 = 시가와 대가와의 차액 - 3억원

(3) 적용 배제

다음의 경우에는 위 (1) 또는 (2)의 규정을 적용하지 아니한다(상증법 35 ①, ③, 상증령 26 ①).

① 전환사채 등
② 거래소에 상장되어 있는 법인의 주식 및 출자지분으로서 증권시장에서 거래된 것(시간외시장에서 매매된 것을 제외)
③ 재산을 양수하거나 양도하는 경우로서 그 대가가 「법인세법」상 부당행위계산부인의 판단기준이 되는 시가에 해당하여 그 거래에 대하여 「법인세법」 및 「소득세법」상 부당행위계산의 부인 규정이 적용되지 아니하는 경우. 다만, 거짓이나 그 밖의 부정한 방법으로 상속세 또는 증여세를 감소시킨 것으로 인정되는 경우에는 그러하지 아니하다.

4 채무면제 등에 따른 이익의 증여 B

채권자로부터 채무를 면제받거나 제3자로부터 채무의 인수 또는 변제를 받은 경우에는 그 면제·인수·변제로부터 받은 이익에서 그에 대한 보상액 지급액을 뺀 금액을 그 이익을 얻은 자의 증여재산가액으로 한다(상증법 36 ①).

확인문제

04. 다음 중 증여세 납세의무가 없는 자는? (단, 증여일 현재 증여자, 수증자 모두 거주자로 가정한다.) 2008. 7급

① 특수관계인이 아닌 타인으로부터 2천만원의 채무를 면제받은 자
② 특수관계인인 작은 아버지로부터 시가 1억원의 재산을 8천만원에 매입한 조카
③ 특수관계인이 아닌 타인이 계약하고 불입한 생명보험의 보험금(상속재산이 아님) 1억원을 수취한 자
④ 아버지의 상가건물을 무상으로 이용하여 무상사용이익 1억원(5년간 환산액임)을 얻은 딸

정답 ②

5 부동산 무상사용에 따른 이익의 증여 C

(1) 의미

타인의 부동산(그 부동산 소유자와 함께 거주하는 주택과 그에 딸린 토지는 제외)을 무상으로 사용함에 따라 이익을 얻는 경우 그 이익에 상당하는 금액을 부동산 무상사용자의 증여재산가액으로 한다. 부동산 무상사용에 따른 이익은 다음의 산식에 따라 계산한 각 연도의 부동산 무상사용 이익을 법으로 정하는 방법에 따라 환산한 가액으로 한다. 다만, 그 이익에 상당하는 금액이 1억원 미만인 경우는 제외한다(상증법 37 ①).

$$\text{각 연도의 부동산 무상사용 이익} = \text{부동산 가액} \times \text{1년간 부동산 사용료를 고려하여 기획재정부령으로 정하는 율}$$

(2) 증여시기

타인의 부동산을 무상으로 사용함에 따라 이익을 얻은 경우에는 그 무상 사용을 개시한 날을 증여일로 한다(상증법 37 ①). 이 경우 해당 부동산에 대한 무상사용 기간은 5년으로 하고, 향후 5년간 발생할 부동산무상사용이익을 현재가치로 할인하여 계산한다. 무상사용 기간이 5년을 초과하는 경우에는 그 무상사용을 개시한 날부터 5년이 되는 날의 다음 날에 새로 해당 부동산의 무상사용을 개시한 것으로 본다(상증령 27 ③).

오쌤 Talk

부동산 무상사용자

부동산 부상사용에 따른 이익 증여 규정을 적용할 때 그 무상사용자가 여럿일 경우로서 각 부동산사용자의 실제 사용면적이 분명하지 않은 경우에는 해당 부동산사용자들이 각각 동일한 면적을 사용한 것으로 본다. 이 때 특수관계에 있는 부동산사용자가 2명 이상인 경우 그 부동산사용자들에 대해서는 근친관계 등을 고려하여 기획재정부령으로 정하는 대표사용자를 무상사용자로 보고, 그 외의 경우에는 해당 부동산사용자들을 각각 무상사용자로 본다(상증법 37 ②).

6 합병·증자·감자에 따른 이익의 증여 C

불공정합병·불공정증자·불공정감자로 인하여 법인이 분여받은 이익에 대해서는 법인세(13 **부당행위**)를, 개인이 분여받은 이익에 대하여는 증여세를 과세한다.

7 현물출자에 따른 이익의 증여 C

현물출자에 의하여 법인이 발행한 주식 등을 인수함으로써 다음의 어느 하나에 해당하는 이익을 얻은 경우에는 현물출자 납입일을 증여일로 하여 그 이익에 상당하는 금액을 그 이익을 얻은 자의 증여재산가액으로 한다(상증법 39의3 ①).

① 주식 등을 시가보다 낮은 가액으로 인수함으로써 현물출자자가 얻은 이익
② 주식 등을 시가보다 높은 가액으로 인수함으로써 현물출자자의 특수관계인에 해당하는 주주 또는 출자자가 얻은 이익

8 전환사채 등의 주식전환 등에 따른 이익의 증여 C

전환사채, 신주인수권부사채(신주인수권증권이 분리된 경우에는 신주인수권) 또는 그 밖의 주식으로 전환·교환하거나 주식을 인수할 수 있는 권리가 부여된 사채를 인수·취득·양도하거나, 전환사채 등에 의하여 주식으로 전환·교환 또는 주식의 인수를 함으로써 일정한 이익을 얻은 경우에는 그 이익에 상당하는 금액을 그 이익을 얻은 자의 증여재산가액으로 한다(상증법 40 ①).

9 초과배당에 따른 이익의 증여 C

법인이 이익이나 잉여금을 배당 또는 분배(이하 '배당 등')하는 경우로서 그 법인의 최대주주 또는 최대출자자가 본인이 지급받을 배당 등의 금액의 전부 또는 일부를 포기하거나 본인이 보유한 주식 등에 비례하여 균등하지 아니한 조건으로 배당 등을 받음에 따라 그 최대주주 등의 특수관계인이 본인이 보유한 주식 등에 비하여 높은 금액의 배당 등을 받은 경우에 그 최대주주 등의 특수관계인이 본인이 보유한 주식 등에 비례하여 균등하지 아니한 조건으로 배당 등을 받은 금액을 초과배당금액이라 한다. 이 경우 법인이 배당 또는 분배한 금액을 지급한 날을 증여일로 하여 초과배당금액에서 해당 초과배당금액에 대한 소득세 상당액을 공제한 금액을 그 최대주주 등의 특수관계인의 증여재산가액으로 한다(상증법 41의2 ①).

10 주식 등의 상장 등에 따른 이익의 증여 C

기업의 경영 등에 관하여 공개되지 아니한 정보를 이용할 수 있는 지위에 있다고 인정되는 최대주주 등의 특수관계인이 해당 법인의 주식 등을 증여받거나 취득한 경우 그 주식 등을 증여받거나 취득한 날부터 5년 이내에 그 주식 등이 유가증권시장 또는 코스닥시장에 상장됨에 따라 그 가액이 증가한 경우로서 그 주식 등을 증여받거나 취득한 자가 당초 증여세 과세가액(증여받은 재산으로 주식 등을 취득한 경우는 제외) 또는 취득가액을 초과하여 일정한 이익을 얻은 경우에는 그 이익에 상당하는 금액을 그 이익을 얻은 자의 증여재산가액으로 한다.

11 금전무상대출에 따른 이익의 증여 C

타인으로부터 금전을 무상으로 또는 적정 이자율보다 낮은 이자율로 대출받은 경우 그 금전을 대출받은 날에 다음의 금액을 대출받은 자의 증여재산가액으로 한다. 다만, 다음의 구분에 따른 금액이 1천만원 미만인 경우는 제외한다(상증법 41의4 ①, 상증령 31의 4 ②). 이러한 이익은 금전을 대출받은 날을 기준으로 계산한다(상증령 31의4 ③).

구분	증여재산가액
① 무상으로 대출받은 경우	대출금액 × 적정 이자율(당좌대출이자율을 고려하여 정한 이자율)
② 적정 이자율보다 낮은 이자율로 대출받은 경우	대출금액 × 적정 이자율 − 실제 지급한 이자 상당액

12 합병에 따른 상장 등 이익의 증여 C

최대주주 등의 특수관계인이 다음 중 어느 하나에 해당하는 경우로서 그 주식 등을 증여받거나 취득한 날부터 5년 이내에 그 주식 등을 발행한 법인이 특수관계에 있는 주권상장법인과 합병되어 그 주식 등의 가액이 증가함으로써 그 주식 등을 증여받거나 취득한 자가 당초 증여세 과세가액(증여받은 재산으로 주식 등을 취득한 경우는 제외) 또는 취득가액을 초과하여 이익을 얻은 경우에는 그 이익에 상당하는 금액을 그 이익을 얻은 자의 증여재산가액으로 한다(상증법 41의5).

① 최대주주 등으로부터 해당 법인의 주식 등을 증여받거나 유상으로 취득한 경우
② 증여받은 재산으로 최대주주 등이 아닌 자로부터 법인의 주식 등을 취득한 경우
③ 증여받은 재산으로 최대주주 등이 주식 등을 보유하고 있는 다른 법인의 주식 등을 최대주주 등이 아닌 자로부터 취득함으로써 최대주주 등과 그의 특수관계인이 보유한 주식 등을 합하여 그 다른 법인의 최대주주 등에 해당하게 되는 경우

13 재산사용 및 용역제공 등에 따른 이익의 증여 C

재산의 사용 또는 용역의 제공에 의하여 다음 중 어느 하나에 해당하는 이익을 얻은 경우에는 그 이익에 상당하는 금액(시가와 대가의 차액)을 그 이익을 얻은 자의 증여재산가액으로 한다(상증법 42 ①).

① 시가보다 낮은 대가를 지급하거나 무상으로 타인의 재산(부동산과 금전은 제외)을 사용하거나 용역을 제공받아 얻은 이익
② 시가보다 높은 대가를 지급하고 재산(부동산과 금전은 제외)을 사용하게 하거나 용역을 제공함으로써 얻은 이익

14 법인의 조직 변경 등에 따른 이익의 증여 C

주식의 포괄적 교환 및 이전, 사업의 양수·양도, 사업 교환 및 법인의 조직 변경 등에 의하여 소유지분이나 그 가액이 변동됨에 따라 이익을 얻은 경우에는 그 이익에 상당하는 금액(소유지분이나 그 가액의 변동 전·후 재산의 평가차액)을 그 이익을 얻은 자의 증여재산가액으로 한다(상증법 42의2 ①).

15 재산 취득 후 재산가치 증가에 따른 이익의 증여 C

직업, 연령, 소득 및 재산상태로 보아 자력으로 해당 행위를 할 수 없다고 인정되는 자가 다음의 사유로 재산을 취득하고 그 재산을 취득한 날부터 5년 이내에 개발사업의 시행 등 재산가치증가사유로 인하여 이익을 얻은 경우에는 그 이익에 상당하는 금액(Link - P.530)을 그 이익을 얻은 자의 증여재산가액으로 한다(상증법 42의3 ①).

① 특수관계인으로부터 재산을 증여받은 경우
② 특수관계인으로부터 기업의 경영 등에 관하여 공표되지 아니한 내부 정보를 제공받아 그 정보와 관련된 재산을 유상으로 취득한 경우
③ 특수관계인으로부터 증여받거나 차입한 자금 또는 특수관계인의 재산을 담보로 차입한 자금으로 재산을 취득한 경우

16 증여세 과세특례 C

하나의 증여에 대하여 위에서 설명한 증여재산가액의 계산 및 증여추정 규정이 둘 이상 동시에 적용되는 경우에는 그 중 이익이 가장 많게 계산되는 것 하나만을 적용한다(상증법 43 ①).

7 증여추정 및 증여의제

1 증여추정 A

(1) 의의

과세관청이 증여라는 사실을 입증하지는 못하였으나, 거래의 실질이 증여와 동일하다고 판단되면 납세자가 입증하지 않는 이상 증여로 추정하는 것을 '증여추정'이라고 한다.

(2) 배우자 또는 직계존비속에 대한 양도 시의 증여추정

① 직접 양도하는 경우

배우자 또는 직계존비속(이하 '배우자 등')에게 양도한 재산은 양도자가 그 재산을 양도한 때에 그 재산의 가액을 배우자 등이 증여받은 것으로 추정하여 이를 배우자 등의 증여재산가액으로 한다(상증법 44 ①).

② 우회 양도하는 경우

특수관계인에게 양도한 재산을 그 특수관계인(이하 '양수자')이 양수일부터 3년 이내에 당초 양도자의 배우자 등에게 다시 양도한 경우에는 양수자가 그 재산을 양도한 당시의 재산가액을 그 배우자 등이 증여받은 것으로 추정하여 이를 배우자 등의 증여재산가액으로 한다. 다만, 당초 양도자 및 양수자가 부담한 소득세 결정세액을 합친 금액이 양수자가 그 재산을 양도한 당시의 재산가액을 당초 그 배우자 등이 증여받은 것으로 추정할 경우의 증여세액보다 큰 경우에는 그러하지 아니한다(상증법 44 ②).

> **기출 OX**
> 07. 특수관계인에게 양도한 재산을 그 특수관계인이 양수일부터 3년 이내에 당초 양도자의 배우자에게 다시 양도한 경우에는 증여로 추정될 수 있다.
> 2016. 7급
> 정답 O

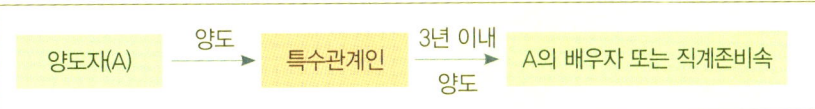

기출 OX

08. 파산선고로 인해 재산이 처분된 경우에는 배우자 또는 직계존비속에 대한 증여추정 규정을 적용하지 아니한다.

2016. 7급

정답 O

09. 갑 소유의 빌딩을 「국세징수법」에 따른 공매를 통하여 갑의 자녀가 취득하는 경우 증여로 추정하지 않는다.

2016. 7급

정답 O

③ 증여추정의 배제

해당 재산이 다음 중 어느 하나에 해당하는 경우에는 위 **증여추정을 적용하지 아니한다**(상증법 44 ③).

> ㉠ 법원의 결정으로 경매절차에 의하여 처분된 경우
> ㉡ **파산선고로 인하여 처분된 경우**
> ㉢ 「**국세징수법**」에 의하여 공매된 경우
> ㉣ 증권시장을 통하여 유가증권이 처분된 경우. 다만, 불특정다수인 간의 거래에 의하여 처분된 것으로 볼 수 없는 경우로서 시간외대량매매방법으로 매매된 경우(당일 종가로 매매된 것은 제외)는 제외한다.
> ㉤ 배우자 등에게 대가를 받고 양도한 사실이 명백히 인정되는 일정한 경우

★★ **(3) 재산취득자금 등의 증여추정**

① 재산취득자금 증여추정

재산 취득자의 직업, 연령, 소득 및 재산 상태 등으로 볼 때 재산을 자력으로 취득하였다고 인정하기 어려운 경우에는 그 재산을 취득한 때에 그 재산의 취득자금을 그 재산 취득자가 증여받은 것으로 추정하여 이를 그 재산 취득자의 증여재산가액으로 한다(상증법 45 ①).

② 채무상환자금 증여추정

채무자의 직업, 연령, 소득, 재산 상태 등으로 볼 때 채무를 자력으로 상환(일부 상환을 포함)하였다고 인정하기 어려운 경우에는 그 채무를 상환한 때에 그 상환자금을 그 채무자가 증여받은 것으로 추정하여 이를 그 채무자의 증여재산가액으로 한다(상증법 45 ②).

③ 추정배제

입증되지 않은 금액이 취득재산의 가액 또는 채무의 상환금액의 **20%에 상당하는 금액과 2억원 중 적은 금액**에 미달하는 경우에는 증여추정으로 보지 않는다(상증령 34 ①). 즉, 상속세의 추정 상속재산 계산과는 달리 증여세의 경우 '입증되지 않은 금액'이 판단기준 금액 미만이 아니면 '입증되지 않은 금액' 전액을 추정증여재산으로 계산한다.

> 판단기준금액 = MIN[㉠, ㉡]
> ㉠ 취득재산의 가액 또는 채무의 상환액 × 20%
> ㉡ 2억원

기출 OX

10. 미성년자인 거주자 갑이 20억원인 상가를 취득한 경우에 자금출처로 입증된 금액이 16억원인 경우 증여추정대상 금액은 2억원이다.

2016. 7급

정답 X

④ 적용배제

다음의 경우에는 증여추정 규정을 적용하지 않는다.

> ㉠ 취득자금 또는 상환자금이 직업, 연령, 소득, 재산 상태 등을 고려하여 국세청장이 정하는 금액 이하인 경우
> ㉡ 취득자금 또는 상환자금의 출처에 관한 충분한 소명이 있는 경우

2 증여의제 B

★★ (1) 명의신탁재산의 증여의제

① 의미
권리의 이전이나 그 행사에 등기 등이 필요한 재산(토지와 건물은 제외)에 있어서 실제소유자와 명의자가 다른 경우에는 「국세기본법」상 실질과세원칙에도 불구하고 그 명의자로 등기 등을 한 날(그 재산이 명의개서를 하여야 하는 재산인 경우에는 소유권 취득일이 속하는 해의 다음 해 말일의 다음 날)에 그 재산의 가액을 실제소유자가 명의자에게 증여한 것으로 본다(상증법 45의2 ①).

② 조세회피목적의 추정
타인의 명의로 재산의 등기 등을 한 경우 및 실제소유자 명의로 명의개서를 하지 않은 경우에는 조세회피목적이 있는 것으로 추정한다. 다만, 실제소유자 명의로 명의개서를 하지 않은 경우로서 다음에 해당하는 경우에는 조세 회피 목적이 있는 것으로 추정하지 않는다(상증법 45의2 ③)

  ㉠ 매매로 소유권을 취득한 경우로서 종전 소유자가 「소득세법」에 따른 양도소득 과세표준신고 또는 「증권거래세법」에 따른 신고와 함께 소유권 변경 내용을 신고하는 경우
  ㉡ 상속으로 소유권을 취득한 경우로서 상속인이 상속세 과세표준신고 또는 수정신고(또는 기한 후 신고)와 함께 해당 재산을 상속세 과세가액에 포함하여 신고한 경우(단, 상속세 과세표준과 세액을 결정 또는 경정할 것을 미리 알고 수정신고하거나 기한 후 신고를 하는 경우는 제외)

③ 적용배제
다음의 경우에는 증여의제를 적용하지 않는다(상증법 45의2 ① 단서).

  ㉠ 조세*회피의 목적 없이 타인의 명의로 재산의 등기 등을 하거나 소유권을 취득한 실제소유자 명의로 명의개서를 하지 않은 경우
  ㉡ 「자본시장과 금융투자업에 관한 법률」에 따른 신탁재산인 사실의 등기 등을 한 경우
  ㉢ 비거주자가 법정대리인 또는 재산관리인의 명의로 등기 등을 한 경우

* 여기서 조세란, 국세, 지방세 및 관세를 포함한다.

④ 주식명의신탁 명의개서 여부 판정
주식명의신탁에 대해 증여의제과세를 할 때 주주명부가 작성되지 아니하였다면 「법인세법」에 따라 납세지 관할 세무서장에게 제출한 주주등에 관한 서류 및 주식등변동상황명세서에 의해 명의개서 여부를 판정한다(상증법 45의2 ④). 주주명부가 작성된 경우에는 주주명부에 따라 판단한다.

 오쌤 Talk

명의신탁재산의 증여의제에서 토지와 건물이 배제되는 이유

토지와 건물은 부동산 실명제의 시행으로 인하여 실제 소유자와 명의자가 같다. 따라서 별도로 명의신탁재산의 증여의제 규정을 적용하지 않는다.

확인문제

05. 「상속세 및 증여세법」상 권리의 이전이나 그 행사에 등기 등이 필요한 재산의 명의신탁에 대해 증여의제 과세를 하는 것과 관련한 설명으로 옳지 않은 것은? 2018. 9급

① 토지와 건물의 명의신탁에 대해서는 증여의제 과세를 하지 않는다.
② 비거주자가 법정대리인 또는 재산 관리인의 명의로 등기 등을 한 경우에는 증여의제 과세를 하지 않는 다.
③ '조세회피'의 목적 없이 타인의 명의로 재산의 등기 등을 한 경우에는 증여의제 과세를 하지 않는데, 이때 회피하려는 '조세'는 상속세와 증여세에 한한다.
④ 주식명의신탁에 대해 증여의제과세를 할 때 주주명부가 작성되지 아니하였다면 「법인세법」 제109조 제1항 및 제119조에 따라 납세지 관할 세무서장에게 제출한 주주등에 관한 서류 및 주식등변동상황명세서에 의하여 명의개서 여부를 판정한다.

정답 ③

(2) 특수관계법인과의 거래를 통한 이익의 증여의제

① 수혜법인의 지배주주와 그 지배주주의 친족에 대한 증여이익

기업회계기준에 따라 계산한 법인의 사업연도 매출액 중에서 그 법인의 지배주주와 특수관계에 있는 법인에 대한 매출액이 차지하는 비율(특수관계법인거래비율)이 정상거래비율(일반법인 30%, 중견기업 40%, 중소기업 50%)을 초과하는 경우에는 그 법인(수혜법인)의 지배주주와 그 지배주주의 친족(수혜법인의 발행주식총수 또는 출자총액에 대하여 직접 또는 간접으로 보유하는 주식보유비율이 한계보유비율을 초과하는 주주에 한정)이 법에 따라 계산한 금액을 각각 증여받은 것으로 본다. 이 경우 수혜법인이 사업부문별로 회계를 구분하여 기록하는 등 법령으로 정하는 요건을 갖춘 경우에는 증여의제 규정을 적용할 때 법령으로 정하는 바에 따라 사업부문별로 특수관계법인거래비율 및 세후영업이익 등을 계산할 수 있다(상증법 45의 3, 상증령 34의 2).

② 수혜법인 요건

중소기업 또는 중견기업은 특수관계법인거래비율이 정상거래비율을 초과하면 수혜법인에 해당한다. 중소기업·중견기업 이외의 기업은 다음 중 어느 하나에 해당하는 경우여야 수혜법인에 해당한다.

> ㉠ 특수관계법인거래비율이 정상거래비율을 초과하는 경우
> ㉡ 특수관계법인거래비율이 정상거래비율의 3분의 2를 초과하는 경우로서 특수관계법인에 대한 매출액이 1,000억원을 초과하는 경우

③ 주식보유비율

수혜법인의 지배주주와 그 친족의 주식보유비율이 한계보유비율(중소기업·중견기업 10%, 이외 기업 3%)을 초과해야 한다(상증령 34의3 ⑦).

④ 계산단위

증여의제이익의 계산은 수혜법인의 사업연도 단위로 하고, 수혜법인의 해당 사업연도 종료일을 증여시기로 본다(상증법 45의3 ③).

⑤ 증여재산공제 배제 및 증여세의 신고

특수관계법인과의 거래를 통한 이익의 증여의제에 대하여는 증여재산공제를 배제한다. 또한, 특수관계법인과의 거래를 통한 이익의 증여의제에 해당하는 경우 수증자(수혜법인의 지배주주와 그 친족)는 수혜법인의 법인세 과세표준 신고기한이 속하는 달의 말일부터 3개월이 되는 날까지 증여세 신고를 해야 한다.

(3) 특수관계법인으로부터 제공받은 사업기회로 발생한 이익의 증여의제

지배주주와 그 친족(이하 '지배주주 등')이 직접 또는 간접으로 보유하는 주식보유비율이 30% 이상인 법인(이하 '수혜법인')이 지배주주와 특수관계에 있는 법인으로부터 사업기회를 제공받는 경우에는 그 사업기회를 제공받은 날(사업기회제공일)이 속하는 사업연도(개시사업연도)의 종료일에 그 수혜법인의 지배주주 등이 법에 따라 계산한 금액을 증여받은 것으로 본다(상증법 45의4 ①).

(4) 특정법인 간의 거래를 통한 이익의 증여의제

지배주주 등이 직접 또는 간접으로 보유하는 주식보유비율이 30% 이상인 법인(이하 '특정법인')이 지배주주의 특수관계인과 다음 어느 하나의 거래를 하는 경우에는 거래한 날을 증여일로 하여 그 특정법인의 이익에 특정법인의 지배주주 등이 직접 또는 간접으로 보유하는 주식보유비율을 곱하여 계산한 금액을 그 특정법인의 지배주주 등이 증여받은 것으로 본다(상증법 45의5 ①).

① 재산이나 용역을 무상으로 제공받는 것
② 재산이나 용역을 통상적인 거래 관행에 비추어 볼 때 현저히 낮은 대가로 양도 및 제공받는 것
③ 재산이나 용역을 통상적인 거래 관행에 비추어 볼 때 현저히 높은 대가로 양도 및 제공받는 것
④ 불균등 감자 등 법령으로 정하는 자본거래를 통하여 이익을 분여 받는 것 NEW
⑤ 그 밖에 위 ① ~ ③의 거래와 유사한 거래로서 일정한 거래

CHAPTER 03

상속세 및 증여세의 납세절차

1. 상속세의 납세절차
2. 증여세의 납세절차
3. 신고세액의 납부
4. 결정 및 경정

최신 8개년 출제 경향 분석

01 상속세의 납세절차

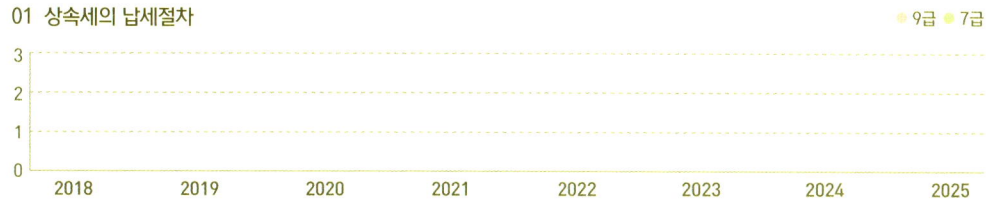

02 증여세의 납세절차

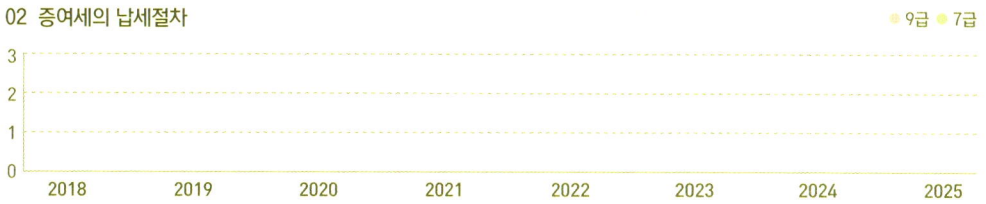

03 신고세액의 납부

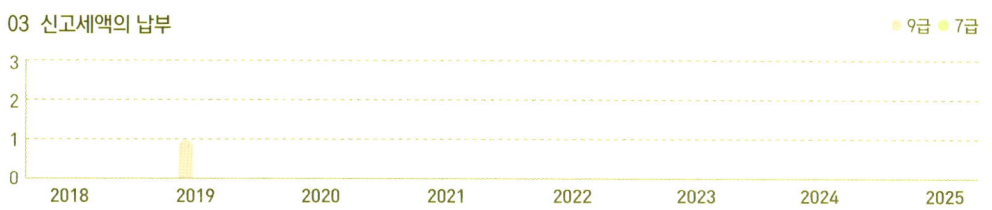

04 결정 및 경정

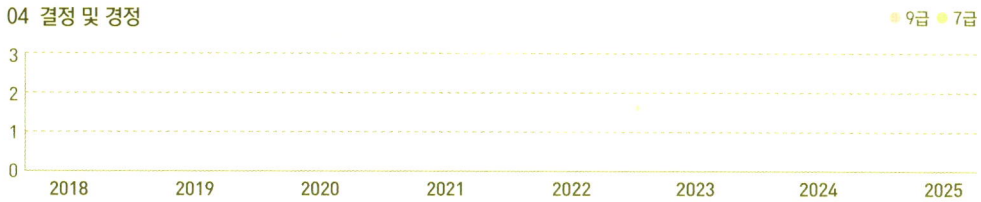

1 상속세의 납세절차

1 과세표준의 신고 및 납부기한 B

상속세 납부의무가 있는 상속인 또는 수유자는 **상속개시일이 속하는 달의 말일부터 6개월**(피상속인이나 상속인이 외국에 주소를 둔 경우에는 9개월) 이내에 상속세의 과세가액 및 과세표준을 상속세과세표준신고 및 자진납부계산서에 의하여 **납세지 관할 세무서장에게 신고해야 한다**(상증법 67 ①, ④). 이때, 상속세 신고기한까지 상속인이 확정되지 아니한 경우에는 그 신고와는 별도로 상속인이 확정된 날부터 30일 이내에 확정된 상속인의 상속관계를 적어 납세지 관할 세무서장에게 제출해야 한다(상증법 67 ⑤).

2 결정기한 C

관할 세무서장 등은 상속세 과세표준 신고기한으로부터 9개월 이내에 납세자가 신고한 과세표준과 세액을 결정해야 한다(상증령 78 ① (1)). 다만, 상속재산의 조사, 가액의 평가 등에 장기간이 걸리는 등 부득이한 사유가 있어 그 기간 이내에 결정할 수 없는 경우에는 그 사유를 상속인·수유자에게 알려야 한다(상증법 76 ③).

2 증여세의 납세절차

1 과세표준의 신고 및 납부기한 C

(1) 원칙

증여세 납부의무가 있는 자는 증여받은 날이 속하는 달의 말일부터 3개월 이내에 증여세의 과세가액 및 과세표준을 증여세과세표준신고및자진납부계산서에 의하여 납세지 관할 세무서장에게 신고해야 한다(상증법 68 ①, 상증령 65 ①).

(2) 특례

비상장주식의 상장 또는 법인의 합병 등에 따른 증여세 과세표준 정산 신고기한은 정산기준일이 속하는 달의 말일부터 3개월이 되는 날로 하며, 특수관계법인과의 거래를 통한 이익의 증여의제 및 특정법인과의 거래를 통한 이익의 증여의제 규정에 따른 증여세 과세표준 신고기한은 수혜법인 또는 특정법인의 법인세 과세표준의 신고기한이 속하는 달의 말일부터 3개월이 되는 날로 한다(상증법 68 ①).

2 결정기한 C

관할 세무서장 등은 증여세 과세표준 신고기한으로부터 6개월 이내에 납세자가 신고한 과세표준과 세액을 결정해야 한다(상증령 78 ① (2)). 다만, 증여재산의 조사, 가액의 평가 등에 장기간이 걸리는 등 부득이한 사유가 있어 그 기간 이내에 결정할 수 없는 경우에는 그 사유를 수증자에게 알려야 한다(상증법 76 ③).

기출 OX

01. 상속세의 경우 부과과세방식의 조세이므로 법령에서 상속인에게 상속세 과세표준 등을 신고·납부할 협력의무를 요구하지 않는다.
2015. 9급
정답 X

오쌤 Talk

상속세 및 증여세의 신고·납부기한 및 결정기한의 비교

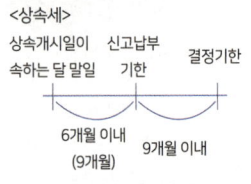

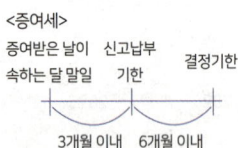

3 신고세액의 납부

1 차감납부세액의 계산구조 C

상속세 또는 증여세를 신고하는 자는 각 신고기한까지 다음의 차감납부세액을 납세지 관할세무서·한국은행 또는 우체국에 납부해야 한다(상증법 70 ①).

```
        신 고 납 부 세 액
( - )   분   납   세   액
( - )   연 부 연 납 세 액
( - )   물   납   세   액
( - )   납 부 유 예 세 액
        차 감 납 부 세 액
```

2 분납 C

상속세 또는 증여세의 납부할 금액이 1천만원을 초과하는 경우에는 다음의 금액을 납부기한이 지난 후 2개월 이내에 분할납부할 수 있다. 다만, 연부연납을 허가받은 경우에는 분납할 수 없다(상증법 70 ②, 상증령 66 ②).

납부할 세액	분납할 수 있는 세액
① 2,000만원 이하인 때	1,000만원을 초과하는 금액
② 2,000만원 초과인 때	납부할 세액의 50% 이하의 금액

3 연부연납 B

★★ (1) 의의

'연부연납'은 세액을 여러 해 걸쳐 납부할 수 있는 것으로, 납세지 관할 세무서장은 상속세 납부세액이나 증여세 납부세액이 2천만원을 초과하는 경우에는 납세의무자의 신청을 받아 연부연납을 허가할 수 있다. 이 경우 납세의무자는 담보를 제공하여야 하며, 금전, 국채 또는 지방채, 세무서장이 확실하다고 인정하는 유가증권·납세보증보험증권·납세보증서를 납세담보로 제공하여 연부연납 허가를 신청한 경우에는 그 신청일에 연부연납을 허가받은 것으로 본다(상증법 71 ①).

> **기출 OX**
>
> 02. 상속세의 연부연납은 관할 세무서장의 허가 없이 신청요건을 갖추기만 하면 허용한다. 2015. 9급
> 정답 X

(2) 연부연납기간

연부연납의 기간은 다음 구분에 따른 기간의 범위에서 해당 납세의무자가 신청한 기간으로 한다. 다만, 각 회분의 분할납부 세액이 1,000만원을 초과하도록 연부연납기간을 정해야 한다(상증법 71 ②).

구분		연부연납기간의 범위
상속세	가업상속공제를 받았거나 법령에 따라 중소기업 또는 중견기업을 상속받은 경우의 상속재산*	연부연납 허가일부터 20년 또는 연부연납 허가 후 10년이 되는 날부터 10년
	그 밖의 상속재산의 경우	연부연납 허가일부터 10년
증여세		연부연납 허가일부터 5년(「조세특례제한법」에 따른 가업의 승계에 대한 과세특례를 적용받은 증여재산은 15년)

* 「유아교육법」에 따른 사립유치원에 직접 사용하는 교지(校地), 실습지(實習地), 교사(校舍) 등의 상속재산을 포함한다.

(3) 연부연납의 절차

① 연부연납 신청

연부연납을 신청하려는 자는 상속세 또는 증여세의 과세표준신고를 하는 경우(수정신고 또는 기한 후 신고를 하는 경우를 포함)에는 납부해야 할 세액에 대하여 과세표준신고와 함께 연부연납신청서를 납세지 관할 세무서장에게 제출해야 한다. 다만, 과세표준과 세액의 결정통지를 받은 자는 해당 납부고지서의 납부기한(연대납세의무자가 세무서장으로부터 통지를 받은 경우에는 해당 납부고지서상의 납부기한)까지 신청서를 제출할 수 있다(상증령 67 ①).

② 연부연납 허가

연부연납신청서를 받은 세무서장은 다음의 기간 이내에 신청인에게 그 허가 여부를 서면으로 결정·통지해야 한다. 이 경우 해당 기간까지 그 허가 여부에 대한 서면을 발송하지 않은 때에는 허가를 한 것으로 본다(상증령 67 ②).

구분	상속세	증여세
⊙ 상속세 과세표준신고 또는 증여세 과세표준신고를 한 경우	과세표준 신고기한이 경과한 날부터 6개월	과세표준 신고기한 경과한 날부터 3개월
⊙ 수정신고 또는 기한 후 신고를 한 경우	신고한 날이 속하는 달의 말일부터 9개월	신고한 날이 속하는 달의 말일부터 6개월
⊙ 결정통지를 받은 후 납부고지서의 납부기한까지 연부연납신청서를 제출한 경우	납부고지서에 의한 납부기한이 경과한 날부터 14일	

(4) 연부연납의 취소

연부연납을 허가받은 납세의무자가 다음 중 어느 하나에 해당하는 경우에 납세지 관할 세무서장은 그 연부연납 허가를 취소하거나 변경하고, 그에 따라 연부연납에 관계되는 세액의 전부 또는 일부를 징수할 수 있다(상증법 71 ④).

① 연부연납 세액을 지정된 납부기한까지 납부하지 아니한 경우
② 담보의 변경 또는 그 밖에 담보 보전(保全)에 필요한 관할 세무서장의 명령에 따르지 아니한 경우
③ 「국세징수법」상 납부기한 전 징수사유에 해당되어 그 연부연납기한까지 그 연부연납에 관계되는 세액의 전부를 징수할 수 없다고 인정되는 경우
④ 상속받은 사업을 폐업하거나 해당 상속인이 그 사업에 종사하지 않게 된 경우 등 법으로 정하는 사유에 해당하는 경우
⑤ 「유아교육법」에 따른 사립유치원에 직접 사용하는 재산 등 대통령령으로 정하는 재산을 해당 사업에 직접 사용하지 않는 경우 등 법으로 정하는 경우

(5) 연부연납가산금

연부연납의 허가를 받은 자는 연부연납가산금(이자)을 각 회분의 분할납부 세액에 가산하여 납부해야 한다(상증법 72).

4 물납 A

(1) 의의

'물납'이란 해당 조세를 금전이 아닌 다른 것으로 납부하는 것으로, 아래 (2) 물납의 요건을 모두 갖춘 경우 납세지 관할 세무서장은 납세의무자의 신청을 받아 물납을 허가할 수 있다(상증법 73 ①). 납세지 관할 세무서장은 물납을 허가하는 때에는 그 허가를 한 날부터 30일 이내의 범위에서 물납재산의 수납일을 지정해야 한다(상증령 70 ⑤).

(2) 물납의 요건

물납의 요건은 다음과 같다(상증법 73 ①).

① 상속재산(상속재산에 가산하는 증여재산 중 상속인 및 수유자가 받은 증여재산 포함) 중 부동산과 유가증권의 가액이 해당 상속재산가액의 2분의 1을 초과할 것
② 상속세 납부세액이 2천만원을 초과할 것
③ 상속세 납부세액이 상속재산가액 중 법에서 정하는 금융재산의 가액(상속재산에 가산하는 증여재산의 가액은 포함하지 않는다)을 초과할 것

기출 OX

03. 국외에 소재하는 부동산도 물납에 충당할 수 있다. 2019. 9급
정답 X

04. 상속세의 물납에 충당하는 재산은 부동산뿐만 아니라 주식(상장주식 및 비상장주식)으로도 가능하다. 2015. 9급
정답 O

05. 상속세도 물납할 수 있는 경우가 있는데, 이때 물납할 수 있는 재산의 종류는 부동산에 한한다. 2015. 7급
정답 X

06. 한국거래소에 상장된 주식은 제한 없이 물납재산으로 제공할 수 있다. 2011. 9급
정답 X

07. 상속의 경우로서 비상장주식을 제외하고 조세채무를 이행할 수 있는 재산이 없는 경우에는 비상장주식으로 물납이 가능하다. 2011. 9급
정답 O

기출 OX

08. 법령에 따라 물납에 충당하는 재산은 세무서장이 인정하는 정당한 사유가 없는 한 국내에 소재하는 부동산을 국채 및 공채보다 먼저 신청 및 허가하여야 한다. 2019. 9급
정답 X

오쌤 Talk

분납, 연부연납, 물납의 비교

구분	분납	연부연납	물납
납부세액	1천만원 초과 시	2천만원 초과 시	2천만원 초과 시
신청	필요	필요	필요
승인	필요	필요	필요
담보제공	불필요	필요	불필요
이자세액	X	O	X

(3) 물납에 충당할 수 있는 재산

① 범위

> ㉠ 국내에 소재하는 부동산
> ㉡ 국채·공채·주권 및 내국법인이 발행하는 채권 또는 증권과 그 밖의 법으로 정하는 유가증권. 다만, 다음 중 어느 하나에 해당하는 유가증권은 제외한다.
>   ⓐ 거래소에 상장된 것. 단, 최초로 거래소에 상장되어 물납허가통지서 발송일 전일 현재 법에 따라 처분이 제한된 경우에는 그러하지 아니하다.
>   ⓑ 거래소에 상장되어 있지 아니한 법인의 주식 등. 다만, 상속의 경우로서 그 밖의 다른 상속재산이 없거나 아래 ② 충당순서의 ㉠~㉢의 상속재산으로 상속세 물납에 충당하더라도 부족하면 그러하지 아니하다.

② 충당순서

물납에 충당하는 재산은 세무서장이 인정하는 정당한 사유가 없는 한 다음의 순서에 따라 신청 및 허가해야 한다(상증령 74 ②).

> ㉠ 국채 및 공채
> ㉡ 유가증권(국·공채 제외)으로서 거래소에 상장된 것
> ㉢ 국내에 소재하는 부동산(아래 '㉥'의 재산은 제외)
> ㉣ 위 ①의 ㉡에 해당하는 유가증권(단, ㉠, ㉡, ㉤은 제외)
> ㉤ 위 ①의 ㉡의 ⓑ 단서에 해당하는 거래소에 상장되어 있지 않은 법인의 주식 등
> ㉥ 상속개시일 현재 상속인이 거주하는 주택 및 그 부수토지

③ 수납가액

물납에 충당할 부동산 및 유가증권의 수납가액은 원칙적으로 상속재산의 가액으로 한다(상증령 75).

(4) 물납청구의 한도

① 원칙

물납을 청구할 수 있는 납부세액은 다음을 한도로 한다.

> 물납청구의 한도 = MIN[㉠, ㉡]
> ㉠ 상속재산 중 물납에 충당할 수 있는 부동산 및 유가증권의 가액에 대한 상속세 납부세액
> ㉡ 상속세 납부세액 − $\dfrac{\text{상속재산 중}}{\text{금융재산가액}}$ − 거래소에 상장된 유가증권의 가액

② 예외

상속재산인 부동산 및 유가증권 중 위 ① 규정의 납부세액을 납부하는데 적합한 가액의 물건이 없을 때에 세무서장은 위 ① 규정에 불구하고 해당 납부세액을 초과하는 납부세액에 대해서도 물납을 허가할 수 있다(상증령 73 ②).

③ 물납청구의 배제

위 ① 규정을 적용할 때 상속개시일 이후 물납신청 이전까지의 기간 중에 해당 상속재산이 정당한 사유없이 관리·처분이 부적당한 재산으로 변경되는 경우에는 관리·처분이 부적당한 재산가액에 상당하는 상속세 납부세액은 물납을 청구할 수 있는 납부세액에서 제외한다(상증령 73 ③).

(5) 비상장주식 물납의 제한

위 (4)의 ①, ② 규정에도 불구하고 거래소에 상장되어 있지 않은 법인의 주식 등(비상장주식 등)으로 물납할 수 있는 납부세액은 상속세 납부세액에서 상속세 과세가액을 차감한 금액을 초과할 수 없다(상증령 73 ④).

> 비상장주식의 물납의 한도 = 상속세 납부세액 − 상속세 과세가액*

* 비상장주식 등과 상속개시일 현재 상속인이 거주하는 주택 및 그 부수토지의 가액(해당 자산에 담보된 채무액을 차감한 가액)을 차감한 금액

★★ (6) 물납허가의 제한 및 물납재산의 변경

① 물납허가의 제한 및 물납재산의 변경

세무서장은 물납신청을 받은 재산이 지상권·지역권·전세권·저당권 등 재산권이 설정되어 관리·처분상 부적당하다고 인정하는 경우에는 그 재산에 대한 물납허가를 하지 않거나 관리·처분이 가능한 다른 물납재산으로의 변경을 명할 수 있다(상증령 71 ①).

② 물납재산의 변경 신청

물납재산의 변경명령을 받은 자는 변경명령의 통보를 받은 날부터 20일(납세의무자가 국외에 주소를 둔 때에는 3개월) 이내에 상속재산 중 물납에 충당하고자 하는 다른 재산의 명세서를 첨부하여 납세지 관할 세무서장에게 신청하며 기간 내에 신청이 없는 경우 해당 물납의 신청은 그 효력을 상실한다(상증령 72 ①, ②).

(7) 연부연납의 물납

물납의 신청 및 허가절차에 관한 내용은 연부연납의 (**3 연부연납** (3)의 ① 연부연납 신청)을 준용한다(상증령 70 ①). 이 경우 상속세의 연부연납허가를 받은 자가 연부연납기간 중 분납세액(첫 회분 분납세액으로 한정하되, 연부연납가산금을 제외한 것을 말한다)에 대하여 물납하려는 경우에는 분납세액 납부기한 30일 전까지 납세지 관할 세무서장에게 신청할 수 있다(상증령 70 ②).

★★ (8) 물납재산의 분할

재산을 분할하거나 재산의 분할을 전제로 하여 물납신청을 하는 경우에는 물납을 신청한 재산의 가액이 분할 전보다 감소되지 않는 경우에만 물납을 허가할 수 있다(상증령 70 ⑦).

기출 OX

09. 세무서장은 법령에 의하여 물납신청을 받은 재산이 지상권 지역권 전세권 저당권 등 재산권이 설정되어 관리 처분상 부적당하다고 인정하는 경우에는 물납허가를 하지 아니할 수 있다.
2019. 9급
정답 O

기출 OX

10. 재산을 분할하거나 재산의 분할을 전제로 하여 물납신청을 하는 경우에는 물납을 신청한 재산의 가액이 분할 전보다 감소되더라도 물납을 허가할 수 있다.
2019. 9급
정답 X

5 문화재 등에 대한 물납 C

(1) 요건

다음의 요건을 모두 갖춘 납세의무자는 상속재산에 법령으로 정하는 문화재 및 미술품[*1]이 포함된 경우 납세지 관할 세무서장에게 해당 문화재 등에 대한 물납을 신청할 수 있다(상증법 73의2 ①).

> ㉠ 상속세 납부세액이 2천만원을 초과할 것
> ㉡ 상속세 납부세액이 상속재산가액 중 금융재산[*2]의 가액(상속재산에 가산하는 증여재산의 가액은 포함하지 아니한다)을 초과할 것

[*1] 다음의 것(부동산은 제외)을 말한다.
　ⓐ 「문화재보호법」에 따른 유형문화재 또는 민속문화재로서 지정 또는 등록된 문화재
　ⓑ 회화, 판화, 조각, 공예, 서예 등 미술품
[*2] 금전과 금융회사 등이 취급하는 예금·적금·부금·계금·출자금·특정금전신탁·보험금·공제금 및 어음을 말한다.

(2) 한도

물납을 신청할 수 있는 납부세액은 상속재산 중 물납에 충당할 수 있는 문화재 등의 가액에 대한 상속세 납부세액을 초과할 수 없다(상증법 73의2 ⑤).

(3) 신청 절차

① 과세표준신고를 하는 경우

물납을 신청하려는 자는 상속세 과세표준신고를 하는 경우(수정신고 또는 기한 후 신고를 하는 경우를 포함)에는 납부해야 할 세액에 대하여 물납신청서를 상속세과세표준신고 또는 증여세 과세표준신고와 함께 납세지 관할세무서장에게 제출해야 한다(상증령 75의2).

② 과세표준과 세액을 결정받은 경우

과세표준과 세액의 결정통지를 받은 자는 해당 납부고지서의 납부기한(연대납세의무자가 통지를 받은 경우에는 해당 납부고지서상의 납부기한)까지* 그 신청서를 제출할 수 있다(상증령 75의2).

　* 상속세의 연부연납허가를 받은 자가 연부연납기간 중 분납세액에 대하여 물납하려는 경우에는 분납세액 납부기한 9개월 전까지

(4) 통보 절차

문화재 등에 대한 물납 신청을 받은 납세지 관할세무서장은 물납을 신청한 문화재 등의 역사적·학술적·예술적 가치를 판단하기 위하여 물납신청서 사본 및 관련 자료를 물납신청일부터 2주 이내에 문화체육관광부장관에게 통보하여야 한다(상증법 73의2 ②, 상증령 75의2 ④).

(5) 물납 요청 절차

문화체육관광부장관은 물납을 신청한 문화재 등이 역사적·학술적·예술적 가치가 있는 등 물납이 필요하다고 인정되는 경우 납세지 관할 세무서장에게 해당 문화재 등에 대한 물납을 요청하여야 하며, 납세지 관할 세무서장의 통보일이 속하는 달의 말일부터 120일(해당 문화재 등에 대한 조사, 가액의 평가 등에 소요되는 시일을 고려하여 그 기간을 연장하고자 하는 때에는 1회 30일 이내의 범위 내에서 연장 가능) 이내에 다음에 따른 자료를 납세지 관할세무서장에게 제출하여야 한다(상증법 73의2 ③, 상증령 75의3 ①).

  ㉠ 문화재 등에 대한 평가의 적정성
  ㉡ 문화재 등의 역사적·학술적·예술적 가치를 입증하는 자료
  ㉢ 문화재 등의 활용 방안 및 계획
  ㉣ 그 밖에 문화체육관광부의내부 심의 과정에서 활용된 자료

(6) 허가 절차

물납 요청을 받은 납세지 관할세무서장은 국고 손실의 위험이 크지 아니하다고 인정되는 경우 다음에 따른 기간 이내에 신청인에게 그 허가 여부를 서면으로 결정·통지해야 하며, 해당 기간까지 그 허가 여부에 대한 서면을 발송하지 않은 때에는 허가를 한 것으로 본다(상증법 73의2 ④, 상증령 75의3 ②).

  ㉠ 상속세 과세표준신고를 한 경우 : 상속세 과세표준신고기한이 지난 날부터 9개월
  ㉡ 수정신고 또는 기한 후 신고를 한 경우: 신고한 날이 속하는 달의 말일부터 9개월
  ㉢ 과세표준과 세액의 결정통지를 받은 경우: 납부기한이 지난 날부터 9개월

(7) 수납 절차

납세지 관할세무서장은 물납을 허가하는 때에는 그 허가를 한 날부터 30일 이내의 범위에서 물납재산의 수납일을 지정하여야 하며, 물납재산의 분할 등의 사유로 해당 기간 내에 물납재산의 수납이 어렵다고 인정되는 경우에는 1회만 20일 이내의 범위에서 물납재산의 수납일을 다시 지정할 수 있다. 물납재산의 수납일까지 물납재산의 수납이 이루어지지 아니하는 때에는 해당 물납허가는 그 효력을 상실한다(상증령 70 ⑤, ⑥).

(8) 물납 허가 거부·취소 절차

납세지 관할 세무서장은 물납 신청을 받은 문화재 등이 다음의 어느 하나에 해당하는 경우에는 물납을 허가하지 않을 수 있고, 물납 허가일부터 물납재산의 수납일까지의 기간 중 문화재 등이 다음의 어느 하나에 해당하는 경우에는 물납 허가를 취소할 수 있다. 이 경우 물납을 허가하지 않거나 허가를 취소하는 경우에는 물납 신청인에게 그 사유를 통지해야 한다(상증령 75의4).

> ㉠ 문화재 등에 질권 등 재산권이 설정된 경우
> ㉡ 문화재 등을 다른 사람과 공유하는 경우
> ㉢ 문화재 등이 훼손, 변질 등으로 가치가 감소한 경우
> ㉣ 위 ㉠~㉢의 경우와 유사한 경우로서 기획재정부령으로 정하는 경우

6 가업상속에 대한 상속세의 납부유예 C

(1) 요건

납세지 관할세무서장은 납세의무자가 다음의 요건을 모두 갖추어 상속세의 납부유예를 신청하는 경우에는 법령으로 정하는 금액*에 대하여 납부유예를 허가할 수 있으며, 납부유예 허가를 받으려는 납세의무자는 담보를 제공하여야 한다(상증법 72의2 ①,②).

> ㉠ 상속인이 「상속세 및 증여세법」에 따른 가업(중소기업으로 한정)을 상속받았을 것
> ㉡ 가업상속공제를 받지 아니하였을 것(가업상속공제 대신 영농상속공제를 받은 경우에는 가업상속공제를 받은 것으로 본다)

$$\text{* 납부유예세액} = \text{상속세 납부세액} \times \frac{\text{가업상속 재산가액}}{\text{총 상속재산가액}}$$

(2) 납부유예 허가의 변경·취소

① 필요적 변경·취소

납세지 관할세무서장은 상속인이 법령으로 정하는 정당한 사유 없이 다음의 어느 하나에 해당하는 경우 납부유예 허가를 취소하거나 변경하고, 납부유예된 세액의 전부 또는 일부와 법령으로 정하는 바에 따라 계산한 이자상당액을 징수한다(상증법 72의2 ③).

구분	징수 세액
㉠ 해당 상속인이 가업에 종사하지 아니하게 된 경우	납부유예된 세액의 전부
㉡ 해당 상속인이 사망하여 상속이 개시되는 경우	
㉢ 법으로 정하는 요건을 모두 만족하는 경우*	
㉣ 주식 등을 상속받은 상속인의 지분이 상속개시일부터 5년 이내에 감소한 경우	

⑩ 주식 등을 상속받은 상속인의 지분이 상속개시일부터 5년 후에 감소한 경우	납부유예된 세액 × $\dfrac{\text{감소한 지분율}}{\text{상속개시일 현재 지분율}}$
⑭ 「소득세법」을 적용받는 가업을 상속받은 경우로서 가업용 자산의 40% 이상을 처분한 경우	납부유예된 세액 × 가업용 자산의 처분 비율

* 다음의 요건을 모두 만족한 경우를 말한다.

  ⓐ 상속개시일부터 5년간 정규직 근로자 수의 전체 평균이 상속개시일이 속하는 소득세 과세기간 또는 법인세 사업연도의 직전 2개 소득세 과세기간 또는 법인세 사업연도의 정규직근로자 수의 평균의 70%에 미달하는 경우
  ⓑ 상속개시일부터 5년간 총급여액의 전체 평균이 상속개시일이 속하는 소득세 과세기간 또는 법인세 사업연도의 직전 2개 소득세 과세기간 또는 법인세 사업연도의 총급여액의 평균의 70%에 미달하는 경우

② 임의적 변경·취소

납세지 관할세무서장은 납부유예 허가를 받은 자가 다음의 어느 하나에 해당하는 경우 그 허가를 취소하거나 변경하고, 납부유예된 세액의 전부 또는 일부와 법령으로 정하는 바에 따라 계산한 이자상당액을 징수할 수 있다(상증법 72의2 ⑤).

  ㉠ 담보의 변경 또는 그 밖의 담보 보전에 필요한 관할 세무서장의 명령에 따르지 아니한 경우
  ㉡ 「국세징수법」에 따른 납부기한 전 징수사유로 인해 납부유예된 세액의 전액을 징수할 수 없다고 인정되는 경우

(3) 신고 및 납부 절차

납부유예 허가를 받은 자는 상속인이 위 ① 필요적 변경·취소 사유에 해당하는 경우 그 날이 속하는 달의 말일부터 6개월 이내에 납부유예 사후관리추징사유 신고 및 자진납부 계산서를 납세지 관할 세무서장에게 제출해야 하고, 해당 상속세와 이자상당액을 납세지 관할 세무서, 한국은행 또는 체신관서에 납부하여야 한다. 다만, 납부유예의 허가가 취소됨에 따라 납세지 관할세무서장이 이미 상속세와 이자상당액을 징수한 경우에는 그러하지 아니하다(상증법 72의2 ④).

(4) 납부유예 허가의 특례

위 ① 필요적 변경·취소 사유 중 ㉡, ㉣, ㉤에 따라 납부유예된 세액과 이자상당액을 납부하여야 하는 자는 다음의 어느 하나에 해당하는 경우 납세지 관할세무서장에게 해당 세액과 이자상당액의 납부유예 허가를 신청할 수 있다(상증법 72의2 ⑥).

구분	사유
㉡에 해당하는 경우	다시 상속을 받은 상속인이 상속받은 가업에 대하여 가업상속공제를 받거나 납부유예 허가를 받은 경우
㉣, ㉤에 해당하는 경우	수증자가 「조세특례제한법」에 따른 가업의 승계에 대한 증여세 과세특례를 적용받거나 가업승계 시 증여세의 납부유예 허가를 받은 경우

4 결정 및 경정

1 결정 C

(1) 원칙

세무서장 등은 신고에 의하여 과세표준과 세액을 결정한다. 다만, 신고를 하지 아니하였거나 그 신고한 과세표준이나 세액에 탈루·오류가 있는 경우에는 그 과세표준과 세액을 조사하여 결정한다(상증법 76 ①). 또한 과세표준과 세액을 결정할 수 없거나 결정 후 그 과세표준과 세액에 탈루·오류가 있는 것을 발견한 경우에는 즉시 그 과세표준과 세액을 조사하여 결정하거나 경정한다(상증법 76 ④).

(2) 결정기한

상속세는 과세표준 신고기한으로부터 9개월 이내, 증여세는 과세표준 신고기한으로부터 6개월이내에 결정을 해야 한다(상증법 76 ③, 상증령 78 ①).

(3) 수시부과결정

세무서장 등은 「국세징수법」상 납부기한 전 징수의 사유가 있는 경우에는 위 (2) 규정에 불구하고 과세표준신고기한 전이라도 수시로 과세표준과 세액을 결정할 수 있다(상증법 76 ②).

(4) 고액상속인에 대한 사후조사

세무서장 등은 결정된 상속재산의 가액이 30억원 이상인 경우로서 상속개시일부터 5년 이내에 상속인이 보유한 부동산, 주식, 금융재산 등 주요재산의 가액이 상속개시 당시에 비하여 크게 증가한 경우에는 그 결정한 과세표준과 세액에 탈루 또는 오류가 있는지를 조사해야 한다. 다만, 상속인이 그 증가한 재산의 자금 줄처를 증명한 경우에는 그러하지 아니하다(상증법 76 ⑤, 상증령 78 ②, ③).

(5) 결정통지

세무서장 등은 결정한 과세표준과 세액을 상속인·수유자 또는 수증자에게 통지해야 한다. 이 경우 상속인이나 수유자가 2명 이상이면 그 상속인이나 수유자 모두에게 통지해야 한다(상증법 77).

2 경정청구의 특례 C

(1) 상속세

상속세 과세표준 및 세액을 신고한 자 또는 상속세 과세표준 및 세액의 결정 또는 경정을 받은 자에게 다음 중 어느 하나의 사유가 발생한 경우에는 그 사유가 발생한 날부터 6개월 이내에 결정이나 경정을 청구할 수 있다(상증법 79 ①).

① 상속재산에 대한 상속회복청구소송 등 법으로 정하는 사유로 상속개시일 현재 상속인 간에 상속재산가액의 변동된 경우
② 상속개시 후 1년이 되는 날까지 상속재산의 수용 등 법으로 정하는 사유로 상속재산의 가액이 크게 하락한 경우

(2) 증여세

다음 중 어느 하나에 해당하는 경우에는 그 사유가 발생한 날부터 3개월 이내에 결정 또는 경정을 청구할 수 있다(상증법 79 ②).

① 부동산 무상사용에 따른 이익의 증여에 따른 증여세를 결정 또는 경정받은 자가 부동산 무상사용 기간 중 부동산소유자로부터 해당 부동산을 상속 또는 증여받거나 법에 정한 사유로 해당 부동산을 무상으로 사용하지 아니하게 된 경우
② 금전 무상대출 등에 따른 이익의 증여에 따른 증여세를 결정 또는 경정받은 자가 대출기간 중에 대부자로부터 해당 금전을 상속 또는 증여받거나 법에 정한 사유로 해당 금전을 무상으로 또는 적정이자율보다 낮은 이자율로 대출받지 아니하게 된 경우
③ 타인의 재산을 무상으로 담보로 제공하고 금전 등을 차입함에 따라 재산사용 및 용역제공 등에 따른 이익의 증여에 따른 증여세를 결정 또는 경정받은 자가 재산의 사용기간 중에 재산 제공자로부터 해당 재산을 상속 또는 증여받거나 법에 정한 사유로 무상으로 또는 적정이자율보다 낮은 이자율로 차입하지 아니하게 되는 경우

CHAPTER 04

재산의 평가

1. 시가 평가의 원칙
2. 시가의 보충적 평가방법

최신 8개년 출제 경향 분석

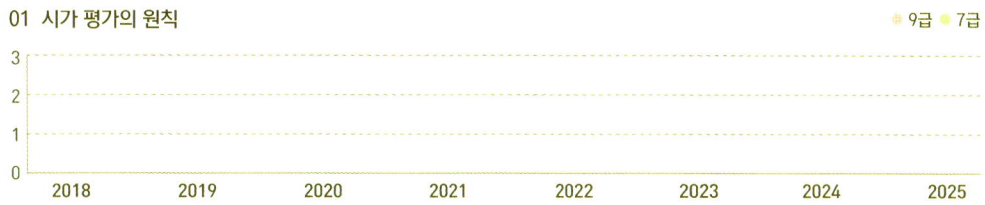

1 시가 평가의 원칙

1 평가방법 C

상속세나 증여세가 부과되는 재산의 가액은 평가기준일(상속개시일 또는 증여일) 현재의 시가로 평가하되, (상증법 60 ①) 주권상장주식과 코스닥상장주식의 가액은 유가증권 평가방법에 따라 다르게 평가한 가액을 시가로 본다.

2 시가와 간주시가 C

'시가'란 불특정다수인 사이에 자유롭게 거래가 이루어지는 경우에 통상적으로 성립된다고 인정되는 가액을 말한다. 한편 '시가'가 없더라도 일정 요건을 만족하는 금액이 확인되는 경우 그 또한 '시가'로 간주하는데, 이를 '간주시가'라고 한다.

(1) 평가기간의 간주시가

평가기간[상속개시일 또는 증여일(이하 '평가기준일') 전후 6개월(증여재산의 경우에는 평가기준일 전 6개월부터 평가기준일 후 3개월)을 말한다] 이내의 기간 중 금액이 확인되는 경우에는 그 금액도 시가로 본다(상증령 49 ①).

(2) 유사자산을 통한 간주시가

해당 재산과 면적·위치·용도·종목 및 기준시가가 동일하거나 유사한 다른 재산에 대하여 다음의 가액(상속세 또는 증여세 과세표준을 신고한 경우에는 평가기준일 전 6개월부터 평가기간 이내의 신고일까지의 가액을 말한다)이 있는 경우에는 해당 가액을 시가로 본다(상증령 49 ④).

> ① 매매가액: 해당 재산에 대한 매매사실이 있는 경우에는 그 거래가액을 시가로 한다. 다만, 다음 어느 하나에 해당하는 경우는 제외한다.
>   ㉠ 특수관계인과의 거래 등으로 그 거래가액이 객관적으로 부당하다고 인정되는 경우
>   ㉡ 거래된 비상장주식의 가액(액면가액의 합계액)이 액면가액의 합계액으로 계산한 해당 법인의 발행주식총액 또는 출자총액의 1%에 해당하는 금액과 3억원 중 적은 금액 미만인 경우(평가심의위원회의 심의를 거쳐 그 거래가액이 거래의 관행상 정당한 사유가 있다고 인정되는 경우는 제외)
> ② 감정가액: 해당 재산에 대하여 공신력 있는 감정기관이 평가한 감정가액이 있는 경우에는 그 감정가액을 시가로 하는데 둘 이상의 감정기관에 감정을 의뢰해야 한다. 이때 해당 재산에 대하여 둘 이상의 감정가액의 평균액을 시가로 한다.
> ③ 보상가액: 해당 재산에 대하여 수용·경매 또는 공매사실이 있는 경우에는 그 보상가액·경매가액 또는 공매가액을 시가로 한다.

(3) 간주시가의 적용순서

시가로 보는 가액이 2 이상인 경우에는 평가기준일부터 가장 가까운 날에 해당하는 가액을 적용한다(상증령 49 ②).

❷ 시가의 보충적 평가방법

1 유형재산의 평가 B

★★ **(1) 부동산의 평가**

① 토지

토지의 가액은 「부동산 가격공시에 관한 법률」에 따른 개별공시지가로 한다. 단, 개별공시지가가 없는 토지의 가액은 납세지 관할 세무서장이 인근 유사 토지의 개별공시지가를 고려하여 정한 방법으로 평가한 금액으로 하고, 지가가 급등하는 지역으로서 일정한 지역의 토지가액은 배율방법*으로 평가한 가액으로 한다(상증법 61 ① (1)).

* 배율방법: 개별공시지가에 법에서 정한 배율을 곱하여 계산한 금액에 의하여 계산하는 방법

② 건물

건물 가액은 건물(아래 ③과 ④ 제외)의 신축가격, 구조, 위치, 신축연도 등을 고려하여 매년 1회 이상 국세청장이 산정·고시하는 가액으로 한다(상증법 61 ① (2)).

③ 오피스텔 및 상업용 건물

건물에 딸린 토지를 공유로 하고 건물을 구분소유하는 것으로서 건물의 용도·면적 및 구분소유하는 건물의 수 등을 고려하여 법에서 정한 오피스텔 및 상업용 건물(이들에 딸린 토지 포함)에 대해서는 건물의 종류, 규모, 거래 상황, 위치 등을 고려하여 매년 1회 이상 국세청장이 토지와 건물에 대하여 일괄하여 산정·고시한 가액으로 한다(상증법 61 ① (3)).

④ 주택

주택의 가액은 「부동산 가격공시에 관한 법률」에 따른 개별주택가격 및 공동주택가격(국세청장이 결정·고시한 공동주택가격이 있는 때에는 그 가격, 이하 '고시주택가격')으로 한다(상증법 61 ① (4)).

> **기출 OX**
>
> 01. 「상속세 및 증여세법」에 따라 상속재산을 평가할 때 지가가 급등하지 않은 지역으로서 개별공시지가가 없는 토지의 가액은 납세지 관할 세무서장이 인근 유사 토지의 개별공시지가를 고려하여 법령으로 정하는 방법으로 평가한 금액으로 한다. 2014. 9급
>
> 정답 O

(2) 지상권 등의 평가

지상권 및 부동산을 취득할 수 있는 권리와 특정시설물을 이용할 수 있는 권리는 그 권리 등이 남은 기간, 성질, 내용, 거래 상황 등을 고려하여 법으로 정한 방법으로 평가한 가액으로 한다(상증법 61 ③).

① 지상권

지상권의 가액은 지상권이 설정되어 있는 토지의 가액에 2%를 곱하여 계산한 금액을 해당 지상권의 잔존연수를 고려하여 법에서 정하는 방법에 따라 환산한 가액으로 한다. 이 경우 그 잔존연수에 관하여는 「민법」에 규정된 지상권의 존속기간을 준용한다(상증령 51 ①, 상증칙 16 ①).

② 부동산을 취득할 수 있는 권리 및 특정시설물을 이용할 수 있는 권리

부동산을 취득할 수 있는 권리(건물이 완성되는 때에 그 건물과 이에 부수되는 토지를 취득할 수 있는 권리를 포함) 및 특정시설물을 이용할 수 있는 권리의 가액은 평가기준일까지 납입한 금액(조합원입주권의 경우 관리처분계획을 기준으로 하여 법에서 정한 조합원권리가액과 평가기준일까지 납입한 계약금, 중도금 등을 합한 금액)과 평가기준일 현재의 프리미엄에 상당하는 금액을 합한 금액으로 한다. 다만, 해당 권리에 대하여 「소득세법 시행령」에 따른 가액이 있는 경우에는 해당 가액으로 한다(상증령 51 ②).

(3) 선박, 항공기, 차량, 등 유형재산의 평가

선박, 항공기, 차량, 기계장비 및 「입목에 관한 법률」을 적용받는 입목에 대해서는 해당 재산의 종류, 규모 및 거래 상황 등을 고려하여 해당 유형자산을 처분할 경우 다시 취득할 수 있다고 예상되는 가액을 말하되, 그 가액이 확인되지 아니하는 경우에는 장부가액(취득가액에서 감가상각비를 뺀 가액) 및 「지방세법 시행령」의 시가표준액에 따른 가액을 순차로 적용한 가액을 말한다(상증령 52 ①).

★★(4) 상품, 제품, 서화, 골동품 등 유형자산의 평가

상품, 제품, 서화, 골동품, 소유권의 대상이 되는 동물, 그 밖의 유형재산에 대해서는 **해당 재산의 종류, 규모, 거래 상황 등을 고려하여 법령에서 정하는 방법으로 평가한다.** 주요 유형자산별 평가방법은 아래와 같다.

① 판매용 자산

상품·제품·반제품·재공품·원재료 기타 이에 준하는 동산 및 소유권의 대상이 되는 동산의 가액은 그것을 처분할 때에 취득할 수 있다고 예상되는 가액으로 한다. 다만, 그 가액이 확인되지 아니하는 경우에는 장부가액으로 한다.

기출 OX

02. 「상속세 및 증여세법」상 상속받을 서화에 대해서는 해당 재산의 종류, 규모, 거래상황 등을 고려하여 법령으로 정하는 방법으로 평가한다. 2014. 9급
정답 O

② 판매용이 아닌 서화·골동품
판매용이 아닌 서화·골동품 등 예술적 가치가 있는 유형재산의 가액은 전문분야별로 2개 이상의 전문감정기관이 감정한 가액의 평균액으로 한다. 다만, 그 가액이 국세청장이 위촉한 3인 이상의 전문가로 구성된 감정평가심의회에서 감정한 감정가액에 미달하는 경우와 특수관계인간에 양도·양수하는 경우로서 감정평가심의회에서 감정한 감정가액의 100분의 150을 초과하는 경우에는 감정평가심의회에서 감정한 감정가액으로 한다.(상증령 52 ② (2)).

③ 그 밖에 시설물과 구축물
그 밖에 시설물과 구축물의 가액은 평가기준일에 그것을 다시 건축하거나 다시 취득할 경우에 소요되는 가액에서 그것의 설치일부터 평가기준일까지의 법에서 정하는 감가상각비상당액을 뺀 가액으로 한다(상증령 52 ② (3)).

2 무체재산권 등의 평가 C

무체재산권의 가액은 다음의 금액 중 큰 금액으로 한다(상증법 64).

① 재산의 취득 가액에서 취득한 날부터 평가기준일까지의 「법인세법」상의 감가상각비를 뺀 금액
② 장래의 경제적 이익 등을 고려하여 대통령령으로 정하는 방법으로 평가한 다음의 금액

> ⊙ 영업권: 영업권의 평가는 초과이익금액을 평가기준일 이후의 영업권지속연수(원칙적으로 5년)를 고려하여 법에서 정한 방법에 따라 환산한 가액에 의한다(상증령 59 ②).
> ⓒ 어업권 등: 어업권 및 양식업권의 가액은 영업권에 포함하여 계산한다(상증령 59 ④).
> ⓒ 특허권·실용신안권·상표권·디자인권 및 저작권 등: 특허권·실용신안권·상표권·디자인권 및 저작권 등의 가액은 그 권리에 의하여 장래에 받을 각 연도의 수입금액을 평가기준일부터의 경과연수에 따라 법에서 정한 방법으로 환산한 금액의 합계액에 의한다. 이 경우 각 연도의 수입금액이 확정되지 아니한 것은 평가기준일 전 3년간의 각 연도 수입금액의 합계액을 평균한 금액을 각 연도의 수입금액으로 할 수 있다(상증령 59 ⑤).
> ⓔ 광업권 및 채석권 등: 광업권 및 채석권 등은 평가기준일 이후의 채굴가능연수에 대하여 평가기준일 전 3년간 평균소득(실적이 없는 경우에는 예상순소득)을 평가기준일부터의 채굴가능연수에 따라 법에서 정한 방법으로 환산한 금액의 합계액을 그 가액으로 한다. 다만, 조업할 가치가 없는 경우 설비 등에 의하여만 평가한 가액으로 한다(상증령 59 ⑥).

3 유가증권의 평가 C

(1) 상장주식의 평가

① 원칙

상장주식(유가증권시장과 코스닥시장에 상장된 주식)의 가액은 평가기준일(평가기준일이 공휴일 등 매매가 없는 날인 경우에는 그 전일) 전·이후 각 2개월 동안 공표된 매일의 거래소 최종 시세가액(거래실적 유무를 따지지 아니한다)의 평균액으로 한다. 이때, 평가기준일 이전·이후 각 2개월 동안에 증자·합병 등의 사유가 발생하여 그 평균액으로 하는 것이 부적당한 경우에는 평가기준일 이전·이후 각 2개월의 기간 중 법으로 정하는 기간의 평균액으로 한다.

② 예외

합병으로 인한 이익을 계산할 때 합병(분할합병을 포함)으로 소멸하거나 흡수되는 법인 또는 신설되거나 존속하는 법인이 보유한 상장주식은 평가기준일 현재의 거래소 최종 시세가액으로 한다(상증법 63 ① (1)).

(2) 비상장주식의 평가

① 일반법인의 경우

비상장주식 등은 1주당 순손익가치와 1주당 순자산가치를 각각 3과 2의 비율로 가중평균한 가액으로 한다. 다만, 그 가중평균한 가액이 1주당 순자산가치에 100분의 80을 곱한 금액 보다 낮은 경우에는 1주당 순자산가치에 100분의 80을 곱한 금액을 비상장주식 등의 가액으로 한다(상증령 54 ①).

> 비상장주식 등의 가액 = MAX[㉠, ㉡]
> ㉠ (1주당 순손익가치[*1] × 3 + 1주당 순자산가치[*2] × 2) ÷ 5
> ㉡ 1주당 순자산가치 × 80%

[*1] 1주당 순손익가치의 계산식: $\dfrac{\text{1주당 최근 3년간 가중평균순손익액}}{\text{순손익가치환원율}}$

[*2] 1주당 순자산가치의 계산식: $\dfrac{\text{해당 법인의 순자산가액}}{\text{발행주식총수}}$

② 부동산과다보유법인의 경우

부동산과다보유법인의 비상장주식 등은 1주당 순손익가치와 1주당 순자산가치를 각각 2와 3의 비율로 가중평균한 가액으로 한다. 다만, 그 가중평균한 가액이 1주당 순자산가치에 100분의 80을 곱한 금액 보다 낮은 경우에는 1주당 순자산가치에 100분의 80을 곱한 금액을 비상장주식 등의 가액으로 한다(상증령 54 ①).

> 부동산과다보유법인[*]의 비상장주식 등의 가액 = MAX[㉠, ㉡]
> ㉠ (1주당 순손익가치 ×2 + 1주당 순자산가치 ×3) ÷ 5
> ㉡ 1주당 순자산가치 ×80%

[*] 토지·건물·부동산에 관한 권리 등이 자산총액 중 50% 이상인 법인을 말한다.

(3) 순자산가치로 평가하는 특례

다음 중 하나에 해당하는 경우에는 위의 규정에 불구하고 순자산가치에 의하여 주식을 평가한다(상증령 54 ④).

① 상속세 및 증여세 과세표준신고기한 이내에 평가대상 법인의 청산절차가 진행 중이거나 사업자의 사망 등으로 인하여 사업의 계속이 곤란하다고 인정되는 법인의 주식 등
② 사업개시 전의 법인, 사업개시 후 3년 미만의 법인 또는 휴업·폐업 중인 법인의 주식 등. 이 경우 「법인세법」의 요건을 갖춘 적격분할 또는 적격물적분할로 신설된 법인의 사업기간은 분할 전 동일 사업부분의 사업개시일부터 기산한다.
③ 법인의 자산총액 중 토지·건물·부동산에 관한 권리의 합계액이 차지하는 비율이 80% 이상인 법인의 주식 등
④ 법인의 자산총액 중 주식 등의 가액의 합계액이 차지하는 비율이 80% 이상인 법인의 주식 등
⑤ 법인의 설립 시 정관에 존속기한이 확정된 법인으로서 평가기준일 현재 잔여 존속기한이 3년 이내인 법인의 주식 등

(4) 최대주주 보유주식의 할증평가

최대주주 또는 최대출자자 및 그의 특수관계인에 해당하는 주주 등 중에서 보유주식 등의 수가 가장 많은 1인 및 그의 특수관계인에 해당하는 주주 등의 주식에 대하여는 위 규정에 의하여 평가한 가액에 20%를 가산한다. 다만, 중소기업 및 중견기업*이 발행한 주식 및 평가기준일이 속하는 사업연도 전 3년 이내의 사업연도부터 계속하여 「법인세법」에 따른 결손금이 있는 법인의 주식 등 「상속세 및 증여세법 시행령」에 정하는 주식에 대해서는 할증평가규정을 적용하지 아니한다(상증법 63 ③).

* 중견기업으로서 평가기준일이 속하는 과세기간 또는 사업연도의 직전 3개 과세기간 또는 사업연도의 매출액의 평균이 5천억원 미만인 기업을 말한다.

(5) 기타 유가증권의 평가

① 국채·공채·사채

구분	평가방법
⊙ 거래소에서 거래되는 경우*	MAX[ⓐ, ⓑ] ⓐ 평가기준일 이전 2개월간의 최종시세가액의 평균액 ⓑ 평가기준일 이전 최근일의 최종시세가액
ⓒ 위 외의 경우	ⓐ 타인으로부터 매입한 국채 등(국채 등의 발행기관 및 발행회사로부터 액면가액으로 직접 매입한 것을 제외): 매입가액에 평가기준일까지의 미수이자상당액을 더한 금액 ⓑ 위 외의 국채 등: 평가기준일 현재 그것을 처분하여 받을 수 있다고 예상되는 금액

* ⊙에 해당되는 경우라 하더라도 평가기준일 이전 2개월의 기간 중 거래실적이 없는 것은 ⓒ에 따라 평가한다.

② 대부금·외상매출금·받을어음
원본의 가액에 평가기준일까지의 미수이자 상당액을 가산한 금액으로 평가하되, 원본의 회수기간이 5년을 초과하거나 회사정리절차, 회의절차 개시 등으로 당초 채권의 내용이 변경된 경우에는 각 연도에 회수할 금액(원본 + 이자상당액)을 현재가치로 할인한 금액의 합계액으로 한다. 다만, 채권의 전부 또는 일부가 평가기준일 현재 회수불능이라고 인정될 때에는 그 가액을 차감하여 평가한다.

③ 집합투자증권
평가기준일 현재의 거래소의 기준가격으로 하거나 집합투자업자 또는 투자회사가 산정 또는 공고한 기준가격으로 한다. 다만, 평가기준일 현재의 기준가격이 없는 경우에는 평가기준일 현재의 환매가격 또는 평가기준일 전 가장 가까운 날의 기준가격으로 한다.

④ 예금·저금·적금
평가기준일 현재의 예입 총액에 이미 지난 미수이자 상당액을 가산하고 「소득세법」에 의한 원천징수세액을 차감한 값으로 평가한다.

4 기타 자산의 평가 B

★★(1) 조건부 권리 등의 평가

조건부 권리, 존속기간이 확정되지 않은 권리, **신탁의 이익을 받을 권리** 또는 소송 중인 권리 및 법으로 정하는 정기금을 받을 권리에 대해서는 **해당 권리의 성질, 내용, 남은 기간 등을 기준으로 법으로 정하는 방법으로 그 가액을 평가한다**(상증법 65 ①).

구분	평가액
① 조건부 권리	본래의 권리의 가액을 기초로 하여 평가기준일 현재의 조건내용을 구성하는 사실, 조건성취의 확실성, 그 밖의 모든 사정을 고려한 적정가액
② 존속기간이 불확정된 권리	평가기준일 현재 권리의 성질, 목적물의 내용연수, 그 밖의 모든 사정을 고려한 적정가액
③ 소송 중인 권리	평가기준일 현재의 분쟁관계의 진상을 조사하고 소송진행의 상황을 고려한 적정가액
④ 가상자산	⊙「특정 금융거래정보의 보고 및 이용 등에 관한 법률」에 따라 신고가 수리된 가상자산사업자 중 국세청장이 고시하는 가상자산사업자의 사업장에서 거래되는 가상자산: 평가기준일 전·이후 각 1개월 동안에 해당 가상자산사업자가 공시하는 일평균가액의 평균액 ⓒ 그 밖의 가상자산: 위 ⊙에 해당하는 가상자산사업자 외의 가상자산사업자 및 이에 준하는 사업자의 사업장에서 공시하는 거래일의 일평균가액 또는 종료시각에 공시된 시세가액 등 합리적으로 인정되는 가액

> **기출 OX**
> 03.「상속세 및 증여세법」상 상속받을 신탁의 이익을 받을 권리에 대해서는 해당 권리의 성질, 내용, 남은 기간 등을 기준으로 법령으로 정하는 방법으로 그 가액을 평가한다. 2014. 9급
> 정답 O

(2) 국외재산에 대한 평가

외국에 있는 상속 또는 증여재산으로 위에서 설명한 평가규정을 적용하는 것이 부적당한 경우에는 당해 재산이 소재하는 국가에서 양도소득세·상속세·증여세 등의 부과목적으로 평가한 가액을 평가액으로 한다. 이러한 평가액이 없는 경우에는 세무서장 등이 2 이상의 국내 또는 외국의 감정기관에 의뢰하여 감정한 가액을 고려하여 평가한 가액에 의한다.

★★ (3) 담보제공자산의 평가방법

저당권 등이 설정된 자산, 양도담보재산, 전세권이 등기된 재산 등 담보제공자산은 「상속세 및 증여세법」상 평가액과 그 재산이 담보하는 채권액 등을 기준으로 한 평가액 중 큰 금액으로 평가한다(상증법 66).

(4) 기타

그 밖에 「상속세 및 증여세법」에서 따로 평가방법을 규정하지 않은 재산의 평가는 ① 시가 평가의 원칙과 ② 시가의 보충적 평가방법의 **1** ~ **3** 에서 규정된 평가방법을 준용하여 평가한다(상증령 65 ③).

기출 OX

04. 「상속세 및 증여세법」상 상속받을 양도담보재산은 그 재산이 담보하는 채권액을 그 재산의 가액으로 평가한다.
2014. 9급

정답 X

오정화
세법

오정화 세법

세법 2 Teacher's Map

차례 | Contents

제5편 법인세법

01 총칙	6	11 충당금	50
02 법인세 계산구조	12	12 준비금	58
03 익금과 익금불산입	14	13 부당행위계산의 부인	62
04 손금과 손금불산입	18	14 과세표준의 계산	66
05 손익의 귀속시기	22	15 산출세액 및 차감납부세액의 계산	68
06 자산의 취득가액 및 자산·부채의 평가	26	16 법인세 납세절차	76
07 의제배당	32	17 기타 법인세	80
08 감가상각비	36	18 합병 및 분할	86
09 지급이자 손금불산입	42	19 연결납세제도	94
10 기업업무추진비와 기부금	46		

제6편 소득세법

- 01 총칙 — 104
- 02 금융소득 — 110
- 03 사업소득 — 118
- 04 근로소득 — 128
- 05 연금소득 및 기타소득 — 134
- 06 소득금액계산의 특례 — 142
- 07 종합소득과세표준의 계산 — 146
- 08 차감납부세액의 계산 — 152
- 09 퇴직소득세 — 162
- 10 양도소득세 — 164
- 11 소득세의 납세절차 — 176

제7편 상속세 및 증여세법

- 01 상속세 — 184
- 02 증여세 — 190
- 03 상속세 및 증여세의 납세절차 — 200
- 04 재산의 평가 — 206

제 5 편

법인세법

01	총칙	11	충당금
02	법인세 계산구조	12	준비금
03	익금과 익금불산입	13	부당행위계산의 부인
04	손금과 손금불산입	14	과세표준의 계산
05	손익의 귀속시기	15	산출세액 및 차감납부세액의 계산
06	자산의 취득가액 및 자산·부채의 평가	16	법인세 납세절차
07	의제배당	17	기타 법인세
08	감가상각비	18	합병 및 분할
09	지급이자 손금불산입	19	연결납세제도
10	기업업무추진비와 기부금		

01 총칙

Teacher's Map

▷ 법인세의 의의와 분류

❶ 법인세의 의의

의의	법인이 얻은 소득에 대하여 그 법인에게 부과되는 조세 포괄적 소득개념으로서 순자산증가설의 입장을 취하고 있음

```
                    세법 과세 근거
                    ┌─────┴─────┐
                    ↓           ↓
              순자산증가설      소득원천설
            계속적·일시적      계속적·경상적
            경상적·비경상적         ↓
                  ↓
                법인세법         소득세법
```

분류 (과세소득)	각사업연도 소득에 대한 법인세	법인의 각 사업연도의 익금총액에서 손금총액을 공제한 금액
	양도소득에 대한 법인세	법인이 일정한 토지 등(주택·별장과 비사업용 토지)을 양도함으로써 발생하는 소득
	청산소득에 대한 법인세	법인이 해산(합병·분할에 의한 해산은 제외)에 의해 소멸할 때 그 잔여재산가액에서 자본금 또는 출자금과 잉여금의 합계액을 공제한 금액
	미환류소득에 대한 법인세	자기자본이 500억원을 초과하는 법인(중소기업은 제외)이나 상호출자제한기업집단에 속하는 법인이 기업소득 중 일정액을 투자, 임금 증가 등으로 환류하지 않은 소득

❷ 법인 설립신고

설립신고 방법	아래 기준일로부터 2월 이내에 납세지 관할 세무서장에게 신고해야 함	
설립신고 기준일	원칙	설립등기일
	사업의 실질적 관리장소를 두게 되는 경우	그 실질적 관리장소를 두게 된 날
	법인과세 신탁재산의 경우	설립일

❸ 실질과세

: 법인세의 과세소득이 되는 금액의 계산에 관한 규정은 소득·수익 등의 명칭이나 형식에도 불구하고 그 실질 내용에 따라 적용

▶ 법인세의 납세의무자

❶ 의의

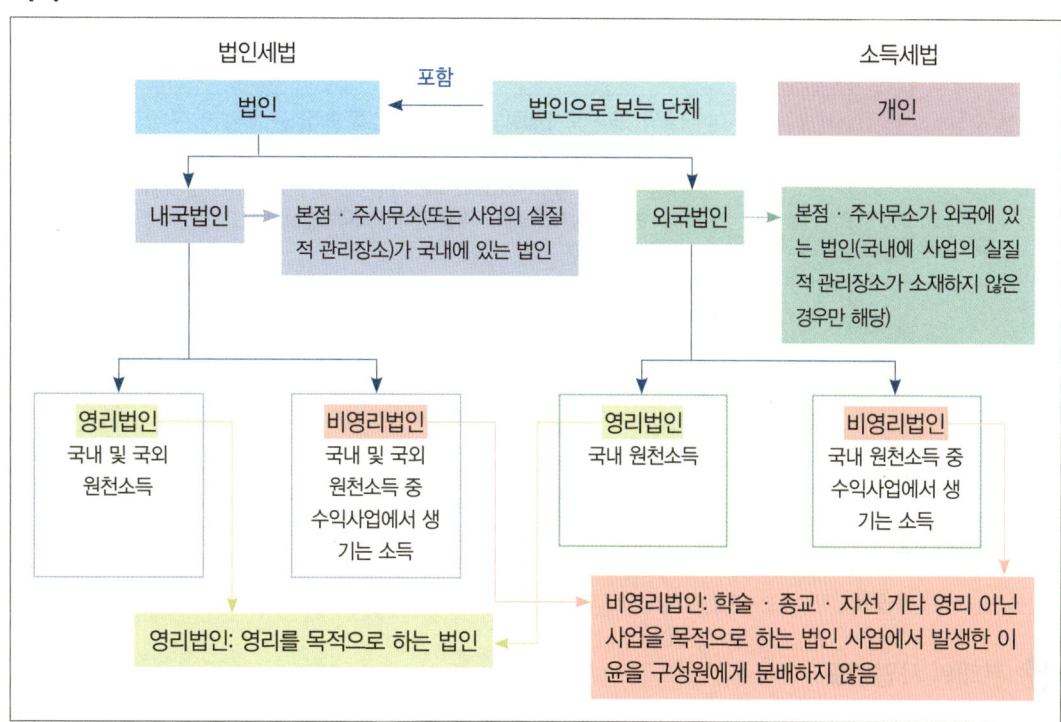

❷ 비과세법인과 과세법인

구분		각 사업연도 소득에 대한 법인세	토지 등 양도소득에 대한 법인세	청산소득에 대한 법인세
내국법인	영리법인	국내외 모든 소득	과세	과세
	비영리법인	국내외 수익사업 소득		과세 안함
외국법인	영리법인	국내원천소득		과세 안함
	비영리법인	국내원천소득 중 수익사업소득		
국가·지방자치단체	법인으로 봄	과세 안함		
외국정부와 외국지방자치단체	비영리외국법인으로 봄	국내원천소득 중 수익사업소득	과세	과세 안함

❸ 기타 법인세의 납세의무

① 원천징수소득		내국법인 및 외국법인과 「소득세법」에 따른 거주자 및 비거주자는 원천징수하는 법인세를 납부할 의무 있음
② 연결납세법인의 연대납세의무		각 연결사업연도의 소득에 대한 법인세를 연대하여 납부
③ 신탁소득	원칙	수익자
	예외: 수탁자	다음의 신탁으로서 법령으로 정하는 요건을 충족하는 신탁(「자본시장과 금융투자업에 관한 법률」에 따른 투자신탁 및 「소득세법」에 따른 비금전 신탁 수익증권이 발행된 신탁ᴺᴱᵂ은 제외)의 경우 수탁자(내국법인 또는 거주자인 경우에 한정)가 법인세를 납부할 의무가 있으며, 이 경우 신탁재산별로 각각을 하나의 내국법인으로 봄 ㉠ 「신탁법」에 따른 목적신탁 ㉡ 「신탁법」에 따른 수익증권발행신탁 ㉢ 「신탁법」에 따른 유한책임신탁 ㉣ 그 밖에 ㉠~㉢의 규정에 따른 신탁과 유사한 신탁으로서 법령으로 정하는 신탁
	예외: 위탁자	법령상 요건을 충족하는 신탁의 경우 위탁자가 법인세를 납부할 의무가 있음

▶ 사업연도

: 법인의 소득을 계산하는 1회계기간을 '사업연도'라고 함

❶ 본래의 사업연도

① 법령이나 정관 등에 사업연도의 규정이 있는 경우		법령이나 법인의 정관 등에서 정하는 1 회계기간 (단, 1년을 초과하지 못함)
② 법령이나 정관 등에 사업연도 규정이 없는 경우	㉠ 사업연도 신고 시	신고한 내용에서 정하는 1 회계기간 (단, 1년을 초과하지 못함)
	㉡ 사업연도 무신고 시	매년 1월 1일부터 12월 31일까지

❷ 사업연도 신고

① 내국법인	사업연도를 정하여 법인설립신고 또는 사업자등록과 함께 납세지 관할 세무서장에게 사업연도를 신고 ㉠ 설립등기일·사업의 실질적 관리장소를 두게 된 날부터 2개월 이내 법인설립신고 ㉡ 사업개시일부터 20일 이내 사업자등록신고

② 외국법인	㉠ 국내사업장이 있는 외국법인	법령이나 정관 등에 사업연도에 관한 규정이 없는 법인은 따로 사업연도를 정하여 국내사업장 설치신고(국내사업장을 가지게 된 날부터 2월 이내) 또는 사업자등록과 함께 납세지 관할 세무서장에게 사업연도를 신고
	㉡ 국내사업장이 없으나 부동산소득 등이 있는 외국법인	따로 사업연도를 정하여 그 소득이 최초로 발생하게 된 날부터 1개월 이내에 납세지 관할 세무서장에게 사업연도를 신고
	㉢ 그 외의 외국법인	사업연도 신고의무가 없음

❸ 최초 사업연도 개시일

○ 원칙

① 내국법인		설립등기일
② 외국법인	원칙	국내사업장을 가지게 된 날
	국내사업장이 없는 경우	부동산소득 또는 양도소득이 최초로 발생한 날
③ 법인으로 보는 단체	법령에 설립일이 정해진 경우	설립일
	주무관청의 허가 또는 인가를 요하는 단체와 주무관청에 등록한 단체	허가일·인가일 또는 등록일
	공익을 목적으로 출연된 기본 재산이 있는 재단으로서 등기되지 아니한 단체	그 기본재산의 출연을 받은 날
	「국세기본법」의 규정에 의하여 납세지 관할 세무서장의 승인을 얻은 단체	그 승인일
④ 최초 사업연도 개시일 전 손익		손익이 최초로 발생한 날 단, 조세포탈의 우려가 없는 경우로서 최초 사업연도의 기간이 1년을 초과하지 않아야 함

❹ 사업연도의 변경

① 변경신고	직전 사업연도 종료일부터 3개월 이내에 납세지 관할 세무서장에게 신고
② 변경 신고가 없는 경우	그 법인의 사업연도는 변경되지 않은 것으로 봄
③ 사업연도가 변경된 경우의 사업연도	종전의 사업연도 개시일부터 변경된 사업연도 개시일 전날까지의 기간을 1사업연도로 봄. 단, 그 기간이 1개월 미만인 경우에는 변경된 사업연도에 그 기간을 포함
④ 신설법인	최초 사업연도가 경과하기 전에는 사업연도를 변경할 수 없음
⑤ 사업연도 변경신고서를 늦게 제출한 경우	변경신고한 해당 사업연도는 변경되지 아니하나 그 다음 사업연도부터는 사업연도가 변경

❺ 사업연도 의제: 그 사유발생일 기준

① 법인이 해산(파산)한 경우(아래 ② 제외)	다음의 ㉠, ㉡ 기간을 각각 적용 ㉠ 그 사업연도 개시일 ~ 해산(파산)등기일 ㉡ 해산(파산)등기일 다음 날 ~ 그 사업연도 종료일
② 합병(또는 분할)에 따라 해산한 경우	그 사업연도 개시일 ~ 합병 등기일(또는 분할등기일)
③ 청산 중인 내국법인의 잔여재산가액이 사업연도 중에 확정된 경우	그 사업연도 개시일 ~ 잔여재산가액 확정일
④ 청산 중에 있는 내국법인이 「상법」에 따라 사업을 계속하는 경우	다음의 ㉠, ㉡ 기간을 각각 적용 ㉠ 그 사업연도 개시일 ~ 계속등기일* ㉡ 계속등기일 다음 날 ~ 그 사업연도 종료일 *계속등기를 하지 않은 경우에는 사실상의 사업계속일
⑤ 법에 의해 조직변경을 한 경우	변경 전의 사업연도가 계속되는 것으로 봄(사업연도 의제 규정을 적용하지 않음)
⑥ 사업연도 중에 연결납세방식을 적용받는 경우	그 사업연도 개시일 ~ 연결사업연도 개시일의 전날
⑦ 국내사업장이 있는 외국법인이 사업연도 중에 그 국내사업장을 가지지 않게 된 경우	그 사업연도 개시일 ~ 그 사업장을 가지지 않게 된 날
⑧ 국내사업장이 없는 외국법인이 국내원천소득이 발생하지 않게 되어 납세지 관할 세무서장에게 이를 신고한 경우	그 사업연도 개시일 ~ 그 신고일
⑨ 설립무효 등의 판결을 받은 경우	그 사업연도 개시일 ~ 확정판결일

▶ 납세지

: 납세의무자가 납세의무를 이행하고 과세권자가 부과징수를 행하는 기준이 되는 장소

❶ 원칙

① 내국법인		등기부상 본점이나 주사무소 소재지 (국내 본점이나 주사무소가 없으면, 사업을 실질적으로 관리하는 장소)
② 외국법인	㉠ 국내사업장이 있는 경우	국내사업장의 소재지
	㉡ 국내사업장이 없는 경우	국내사업장이 없는 외국법인이 양도소득이 있는 경우 각각 그 자산의 소재지
	㉢ 국내사업장이 2 이상 있는 경우	둘 이상의 국내사업장이 있는 경우에는 주된 국내사업장의 소재지 둘 이상의 자산이 있는 경우에는 납세지로 신고하는 장소
③ 법인으로 보는 단체	㉠ 사업장이 있는 경우	사업장의 소재지(등기부상 소재지 적용 불가) 주된 소득이 부동산임대소득인 단체의 경우에는 그 부동산의 소재지
	㉡ 사업장이 없는 경우	정관 등에 기재된 주사무소 소재지 정관 등에 규정이 없는 경우에는 그 대표자 또는 관리인의 주소
	㉢ 사업장이 2 이상 있는 경우	주된 사업장 또는 주된 부동산의 소재지

❷ 원천징수한 법인세의 납세지: 해당 원천징수의무자의 소재지

개인	① 거주자	㉠ 원칙	그 거주자의 주된 사업장 소재지
		㉡ 주된 사업장 외의 사업장에서 원천징수를 하는 경우	그 사업장의 소재지
		㉢ 사업장이 없는 경우	그 거주자의 주소지 또는 거소지
	② 비거주자	㉠ 원칙	주된 국내사업장 소재지
		㉡ 주된 국내사업장 외의 국내사업장에서 원천징수를 하는 경우	그 국내사업장의 소재지
		㉢ 국내사업장이 없는 경우	그 비거주자의 거류지 또는 체류지
법인	① 내국법인	㉠ 원칙	해당 법인의 본점 등의 소재지
		㉡ 본점이나 주사무소가 소재하지 않는 경우	사업의 실질적 관리장소
		㉢ 독립채산제에 의해 독자적으로 회계사무를 처리하는 경우	그 사업장의 소재지(그 사업장의 소재지가 국외에 있는 경우는 제외)
	② 외국법인		해당 법인의 주된 국내사업장
	③ 법인으로 보는 단체		위 원칙에 따른 소재지와 같음

❸ 법인의 납세지 기타

① 합병 또는 분할로 소멸하는 법인	㉠ 원칙: 피합병법인의 납세지 ㉡ 납세지 변경 신고를 한 경우: 합병법인의 납세지
② 법인과세 신탁재산	그 법인과세 수탁자의 납세지

❹ 납세지의 지정

① 지정자	관할 지방국세청장(새로이 지정될 납세지가 그 관할을 달리하는 경우에는 국세청장)
② 지정사유	납세지가 그 법인의 납세지로 적당하지 않다고 인정되는 경우로서 다음의 경우 ㉠ 내국법인의 본점 등의 소재지가 등기된 주소와 동일하지 아니한 경우 ㉡ 본점 소재지와 사업장이 분리되어 조세포탈의 우려가 있는 경우 ㉢ 둘 이상의 국내사업장이 있는 외국법인의 주된 사업장의 소재지 판정이 어려운 경우 ㉣ 국내사업장이 없는 외국법인이 양도소득이 있는 둘 이상의 자산이 있으면서 납세지를 신고하지 않은 경우
③ 지정통지	㉠ 법인의 해당 사업연도 종료일부터 45일 이내에 해당 법인에게 통지 ㉡ 기한 내에 알리지 않은 경우 종전의 납세지를 그 법인의 납세지로 함

❺ 납세지의 변경

① 납세지 변경신고	그 변경된 날부터 15일 이내에 변경 후의 납세지 관할 세무서장에게 신고
② 변경신고를 하지 않은 경우	종전의 납세지를 그 법인의 납세지로 함
③ 외국법인의 납세지 변경신고	변경신고를 해야 함(국내납세지를 가지지 않게 된 경우도 포함)

02 법인세 계산구조

Teacher's Map

▷ 각사업연도소득에 대한 법인세의 계산구조

> 각사업연도 소득금액 = 익금총액 - 손금총액

▷ 세무조정

구분	결산조정사항	신고조정사항
의미	회사가 결산서에 손비(손실과 비용)로 계상한 경우에만 세법에서도 손금을 인정하며, 회사가 결산서에 손비로 계상하지 않은 경우에는 세무조정으로 손금에 산입할 수 없는 항목	신고조정사항은 결산조정사항 이외의 항목 이러한 신고조정사항은 결산상 비용으로 계상하지 않더라도 세무조정을 통해 손금산입 또는 익금산입 등을 할 수 있는 사항임
성격	객관적인 외부거래 없이 그 손금산입 여부가 법인 자신의 의사에 맡겨져 있는 사항들로 손금산입이 강제되지 않는 사항임	객관적인 외부거래로 인해 반드시 익금 또는 손금에 산입되어야 할 사항들로 그 익금·손금산입이 강제되는 사항임

▷ 소득처분

❶ 소득처분 개념과 유형

의미		세무조정금액에 대하여 그 소득의 귀속자를 확인하여 귀속을 결정하는 절차
유형	유보(△유보)	① 세무조정 금액이 법인 내부에 남아서 회계와 세법 간에 자산·부채의 차이를 유발하면 '유보(△유보)'로 처분 ② 유보(△유보)를 회계상 자본에 가감하여 세법상 자본을 계산하는 데 사용
	사외유출	세무조정금액이 법인 외부로 유출되었으면 '사외유출'로 처분하며, 이 금액이 누구에게 어떤 소득의 형태로 귀속되었는지를 확정한 후 그 귀속자의 소득세 과세자료로 활용
	기타	유보도 아니고 사외유출도 아닌 것은 '기타'로 처분하여 사후관리 하지 않음
대상법인		법인세 납세의무가 있는 모든 법인 적용 (영리법인 / 비영리법인 / 내국법인 / 외국법인)

❷ 사외유출

의의	익금산입·손금불산입한 금액이 기업 외부의 자에게 귀속된 것으로 인정하는 처분

○ **소득처분**

<table>
<tr><td rowspan="7">① 귀속자가 분명한 경우</td><td colspan="2">귀속자</td><td>소득처분</td><td>귀속자에 대한 과세</td><td>해당 법인의 원천징수의무</td></tr>
<tr><td colspan="2">㉠ 주주(출자임원, 출자 직원 제외)</td><td>배당</td><td>배당소득 과세</td><td>O</td></tr>
<tr><td colspan="2">㉡ 임원 또는 직원</td><td>상여</td><td>근로소득 과세</td><td>O</td></tr>
<tr><td colspan="2">㉢ 법인 또는 사업자 또는 국가·지방자치단체</td><td>기타사외유출</td><td>추가적인 과세 없음</td><td>X</td></tr>
<tr><td colspan="2">㉣ 그 외의 자</td><td>기타소득</td><td>기타소득 과세</td><td>O</td></tr>
<tr><td colspan="2">㉤ 출자임원·직원 (중복 시)</td><td>상여</td><td>근로소득 과세</td><td>O</td></tr>
<tr><td colspan="2">㉥ 법인인 주주 (중복 시)</td><td>기타사외유출</td><td>추가적인 과세 없음</td><td>X</td></tr>
<tr><td rowspan="3">② 귀속자가 불분명한 경우</td><td colspan="2">원칙</td><td colspan="3">대표자에 대한 상여</td></tr>
<tr><td rowspan="2">예외</td><td colspan="4">㉠ 사내유보: 내국법인이 수정신고기한 내에 매출누락, 가공경비 등 부당하게 사외유출된 금액을 회수하고 세무조정으로 익금에 산입하여 신고하는 경우의 소득처분은 사내유보로 처분</td></tr>
<tr><td colspan="4">㉡ 대표자에 대한 상여: 일정한 경우로서 경정이 있을 것을 미리 알고 사외유출된 금액을 익금산입하는 경우는 대표자 상여</td></tr>
<tr><td rowspan="3">③ 추계결정·경정하는 경우</td><td rowspan="2">내국법인</td><td colspan="2">㉠ 불가항력 사유</td><td colspan="2">기타사외유출</td></tr>
<tr><td colspan="2">㉡ 그 외</td><td colspan="2">대표자에 대한 상여</td></tr>
<tr><td colspan="3">외국법인</td><td colspan="2">기타사외유출</td></tr>
<tr><td>④ 무조건 기타 사외유출</td><td colspan="5">법인(국가·지방자치단체 포함) 또는 개인사업자를 불문하고 정책목적상 귀속자에 대한 납세의무를 지지 않는 것들은 무조건 기타사외유출로 처분
(ex. 기업업무추진비 손금불산입, 업무용승용차 관련 손금불산입, 업무무관자산에 대한 지급이자 손금불산입 등)</td></tr>
</table>

○ **사외유출의 원천징수**

① 원천징수대상에 해당하는 경우	사외유출 중 배당, 상여, 기타소득 처분
② 원천징수대상에 해당하지 않는 경우	사외유출 중 기타사외유출

❸ 유보(△유보)

① 의미	익금산입·손금불산입(또는 손금산입·익금불산입)한 세무조정금액의 효과가 사외로 유출되지 않고 사내에 남아 있는 것으로 인정하는 처분
② 사후관리	재무상태표에 과대 또는 과소계상된 자산·부채의 가액이 손익계산서에 영향을 미치는 시점에서는 반대의 세무조정이 유발됨 유보(△유보) -> △유보(유보)

❹ 기타

① 의미	익금산입·손금불산입(또는 손금산입·익금불산입)한 세무조정사항의 효과가 사내에 남아 있으나, 그럼에도 불구하고 결산서상의 자산·부채가 적정하다고 인정하는 처분
② 사후관리	사외유출이 일어나지 않았기 때문에 귀속자에 대한 납세의무도 유발되지 않고, 결산서상 자산·부채가 왜곡되지 않았기 때문에 차기 이후에 반대의 세무조정도 유발되지 않음

03 익금과 익금불산입

Teacher's Map

▷ 익금

```
  결산서상 당기순이익
(+) 익금산입 및 손금불산입
(-) 손금산입 및 익금불산입
  차 가 감 소 득 금 액
(+) 기 부 금   한 도 초 과 액
(-) 기부금 한도초과 이월액
  각 사 업 연 도 소 득 금 액
```

익금: 해당 법인의 순자산을 증가시키는 거래로 인하여 발생하는 이익 또는 수입

익금으로 보지 않는 것
① 자본 또는 출자의 납입
② 「법인세법」상 익금불산입항목으로 규정한 것

익금의 범위
① 사업수입금액
② 자산의 양도금액
③ 자기주식 양도금액
④ 자산의 임대료
⑤ 일정한 자산의 평가이익
⑥ 자산수증이익과 채무면제이익(채무의 출자전환 시 채무면제이익 포함)
⑦ 손금에 산입한 금액 중 환입된 금액
⑧ 불공정 자본거래로 인하여 특수관계인으로부터 분여 받은 이익
⑨ 정당한 사유 없이 회수하지 않은 가지급금
⑩ 보험회사 및 주택도시보증공사가 적립한 책임준비금의 감소액

간주익금
① 특수관계인 개인으로부터 저가매입한 유가증권의 시가와 매입가액의 차액
② 간접납부외국법인세액
③ 동업기업으로부터 배분 받은 소득금액(또는 결손금)
④ 의제배당
⑤ 임대보증금 등의 간주익금(간주임대료)

열거한 항목이 아니더라도 법인의 순자산을 증가시키는 거래는 익금불산입 항목에 나열되지 않은 한 모두 익금에 산입
(ex. 이자수익, 배당수익, 자산취득에 충당할 공사부담금·국고보조금, 보험차익 등)

익금불산입 취지에 따른 익금불산입 항목
① 자본거래에 대한 익금불산입
② 미실현소득에 대한 과세방지
③ 이중과세방지를 위한 익금불산입
④ 기타 보상 성격의 익금
⑤ 기타 부채 성격의 익금

❶ 익금의 범위

① 사업수입금액		사업에서 생기는 수입금액(매출)으로, 기업회계기준과 유사함 **포함**: 도급금액 · 판매금액 · 보험수익 등 **제외**: 매출할인 및 매출에누리, 매출환입 등
② 자산의 양도금액: 총액법		재고자산 외의 자산의 양도에서 발생한 양도금액은 익금, 장부가액은 손금
③ 자기주식 양도금액		자기주식(합병법인이 합병에 따라 피합병법인이 보유하던 합병법인의 주식을 취득하게 된 경우를 포함)의 양도금액*은 익금, 그 장부가액은 손금 (자기주식의 소각이익은 익금불산입, 소각손실은 손금불산입)
④ 자산의 임대료		일시적으로 자산을 임대하여 얻는 수익 └▶ 일시적이 아닌 계속적인 임대료 수익은 사업수입금액에 해당함
⑤ 자산의 평가이익	원칙	미실현손익이므로 익금으로 인정하지 않음
	예외	「보험업법」이나 그 밖의 법률에 따른 유형자산 및 무형자산 등의 평가(장부가액을 증액한 경우만 해당)에 의한 평가이익 (화폐성 외화자산, 부채의 평가손익에 대한 처리는 **06 자산의 취득가액 및 자산·부채의 평가**에서 별도 설명)
⑥ 자산수증이익과 채무면제이익(채무의 출자전환 시 채무면제이익 포함)	원칙	법인의 순자산이 증가하기 때문에 익금으로 산입
	예외	이월결손금 보전에 충당한 금액의 경우 익금불산입에 해당함 (보전 대상 이월결손금: 발생연도 제한 없음 / '기타'로 소득처분)
⑦ 손금에 산입한 금액 중 환입된 금액		손금산입된 금액(ex. 재산세)의 환입은 익금 손금불산입된 금액(ex. 법인세)의 환입은 익금불산입
⑧ 불공정 자본거래로 인하여 특수관계인으로부터 분여받은 이익		불공정한 자본거래에 대한 제재의 취지로 익금으로 산입 (자세한 내용은 **13 부당행위계산의 부인**에서 별도로 설명)
⑨ 정당한 사유 없이 회수하지 않은 가지급금		㉠ 특수관계가 소멸되는 날까지 회수하지 않은 가지급금(㉡에 따라 익금에 산입한 이자 제외)은 익금산입 ㉡ 특수관계가 소멸되지 않은 경우 가지급금의 이자 발생일이 속하는 사업연도 종료일부터 1년이 되는 날까지 회수하지 않은 이자는 익금산입 ㉢ 회수가 불가능한 정당한 사유가 있는 경우 익금불산입 (자세한 내용은 **13 부당행위계산의 부인**에서 별도로 설명)
⑩ 보험회사 및 주택도시보증공사가 적립한 책임준비금의 감소액		보험회사 및 주택도시보증공사가 적립한 책임준비금의 감소액(할인율의 변동에 따른 책임준비금 평가액의 감소분은 제외)으로서 보험감독회계기준에 따라 수익으로 계상된 금액

* 주식매수선택권의 행사에 따라 주식을 양도하는 경우에는 주식매수선택권 행사 당시의 시가로 계산한 금액으로 함

❷ 간주익금

① 저가 매입한 유가증권의 시가와 매입가액의 차액	원칙	그대로 인정(세무조정 불필요)
	특례	다음 조건을 모두 충족하는 경우에 시가를 익금으로 간주함 ㉠ 유가증권을 ㉡ 특수관계가 있는 개인으로부터 ㉢ 시가보다 저가로 매입한 경우
② 간접납부외국법인세액		내국법인이 외국자회사로부터 수입배당금액을 받는 경우에 외국자회사의 외국법인세액 중 해당 수입배당금액에 대응하는 금액
③ 동업기업으로부터 배분 받은 소득금액(또는 결손금)		동업기업에 과세하지 않는 대신에, 동업자 A와 동업자 B에게 손익분배비율대로 배부받은 소득금액은 익금, 배부받은 결손금은 손금으로 봄.
④ 의제배당		명목상 배당을 받은 것이 아니더라도 실질적으로 이익이 주주에게 귀속되는 경우에는 배당으로 의제하여 법인주주에게 법인세로 과세
⑤ 임대보증금 등의 간주익금 (간주임대료)	취지	부동산투기방지목적으로 예수금(부채) 수령거래를 익금으로 과세
	원칙	일정한 요건을 갖춘 법인 또는 추계결정 외에는 계산하지 않음 **일정한 요건을 갖춘 경우** ↓ ㉠ 부동산임대업을 주업으로 하는 ㉡ 영리내국법인이며 ㉢ 차입금이 자기자본의 2배를 초과하는 법인 **추계결정의 경우** ↓ 모든 법인에 대해 적용

▶ 익금불산입

○ 익금불산입취지에 따른 익금불산입항목

① 자본거래에 대한 익금불산입		㉠ 주식발행액면초과액, 주식의 포괄적 교환차익·이전차익, 감자차익	자본금 원본의 연장선일 뿐이기에, 자본잠식을 막기 위해 익금불산입 (비교: 자기주식처분이익은 자산의 처분에 불과하기에 익금 항목)
		㉡ 합병차익·분할차익	합병과 분할로 인한 자본금을 초과한 금액으로 주식발행액면초과액과 유사한 성격이기에 익금불산입
		㉢ 자산수증이익(국고보조금 등은 제외)과 채무면제이익 중 이월결손금 보전에 충당한 금액	이월결손금 보전에 충당한 금액은 익금불산입(기타)하고, 요건을 충족하는 법인에 한해서는 채무면제이익 중 이월결손금 보전 충당 후 남은 잔액에 대해서도 익금불산입(기타)으로 추가적인 세무조정이 가능
		㉣ 「상법」에 따라 자본준비금을 감액하여 받는 배당금액[*1](내국법인이 보유한 주식의 장부가액을 한도로 함)	실질성격이 이익의 분배가 아닌 자본의 환급이기 때문에 익금불산입이지만, 다음의 어느 하나에 해당하는 자본준비금을 감액하여 받는 배당금액은 익금산입함 ⓐ 의제배당 재원으로 보는 자본준비금 ⓑ 적격합병에 따른 합병차익 중 피합병법인의 재평가적립금[*2]에 상당하는 금액 ⓒ 적격분할에 따른 분할차익 중 분할법인의 재평가적립금[*2]에 상당하는 금액
② 미실현소득에 대한 과세방지		자산의 평가이익(법에 정한 평가이익은 익금 항목)	법에 의한 평가이익은 익금항목이지만, 임의평가익은 익금불산입 항목
③ 이중과세방지를 위한 익금불산입		㉠ 각 사업연도의 소득으로 이미 과세된 소득	이중과세를 회피하기 위해 이미 과세된 소득은 익금불산입 항목에 해당함
		㉡ 지출 시 손금으로 인정받지 못한 조세의 환급액	지출 시 손금불산입 항목 → 환급 시 익금불산입 항목
		㉢ 내국법인 수입배당금액의 익금불산입(30%, 80%, 100%)	
		㉣ 외국자회사 수입배당금액의 익금불산입(95%)	
④ 기타	보상성격	국세·지방세 과오납금의 환급금에 대한 이자	초과하여 납부하였기 때문에 환급금 이자는 익금불산입 항목에 해당함
	부채성격	㉠ 연결자법인·연결모법인으로부터 지급받았거나 지급받을 연결법인별 법인세 상당액	법인세는 예수금 성격이기 때문에, 연결실체 내 법인세 상당액은 익금불산입 항목에 해당함
		㉡ 부가가치세 매출세액	'부가가치세 예수금' 계정이기 때문에 익금불산입 항목에 해당함

[*1] 단, 자본금 전입 시 의제배당에 해당하는 자본준비금의 배당은 제외
[*2] 1%의 세율이 적용된 토지의 재평가차액에 상당하는 금액은 제외

04 손금과 손금불산입

Teacher's Map

▷ **손금**

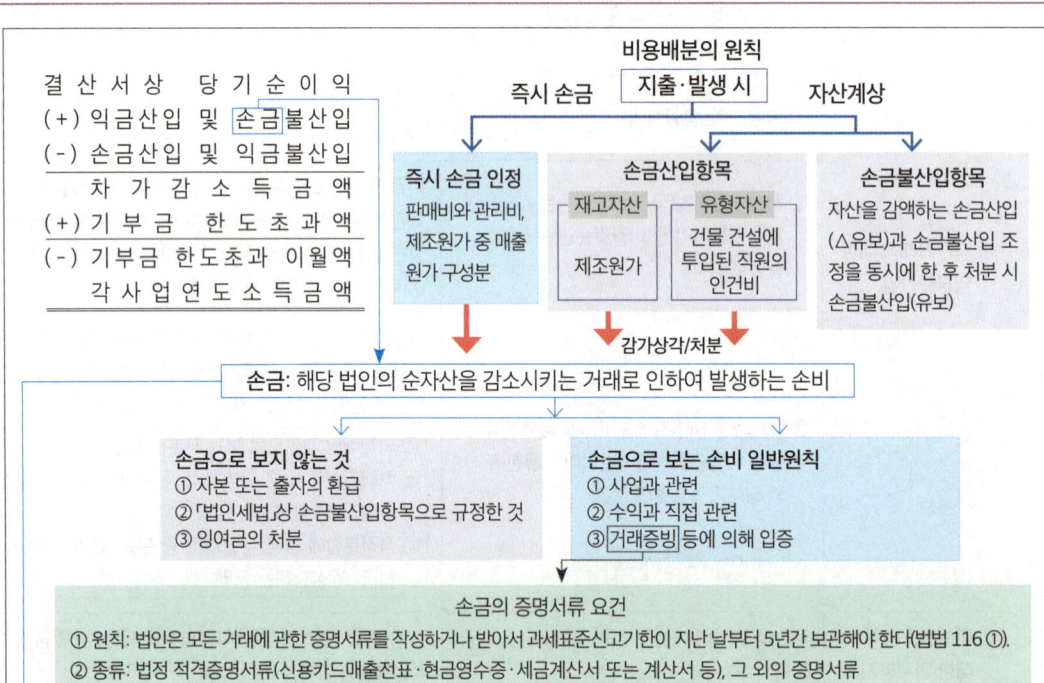

```
결산서상 당기순이익
(+) 익금산입 및 손금불산입
(-) 손금산입 및 익금불산입
    차 가 감 소 득 금 액
(+) 기 부 금  한 도 초 과 액
(-) 기부금 한도초과 이월액
    각 사 업 연 도 소 득 금 액
```

비용배분의 원칙
- 지출·발생 시
  - 즉시 손금 → **즉시 손금 인정**: 판매비와 관리비, 제조원가 중 매출원가 구성분
  - 자산계상
    - **손금산입항목**: 재고자산(제조원가), 유형자산(건물 건설에 투입된 직원의 인건비) → 감가상각/처분
    - **손금불산입항목**: 자산을 감액하는 손금산입(△유보)과 손금불산입 조정을 동시에 한 후 처분 시 손금불산입(유보)

손금: 해당 법인의 순자산을 감소시키는 거래로 인하여 발생하는 손비

손금으로 보지 않는 것
① 자본 또는 출자의 환급
② 「법인세법」상 손금불산입항목으로 규정한 것
③ 잉여금의 처분

손금으로 보는 손비 일반원칙
① 사업과 관련
② 수익과 직접 관련
③ 거래증빙 등에 의해 입증

손금의 증명서류 요건
① 원칙: 법인은 모든 거래에 관한 증명서류를 작성하거나 받아서 과세표준신고기한이 지난 날부터 5년간 보관해야 한다(법법 116 ①).
② 종류: 법정 적격증명서류(신용카드매출전표·현금영수증·세금계산서 또는 계산서 등), 그 외의 증명서류
③ 미수령 또는 적격증명서류 외의 증명서류 수령 시

구분		손금인정여부	증명서류 수취 불성실가산세 부과여부
증명서류 미수령		X(상여, 배당 등)	X
적격증명서류 외의 증명서류	한 차례 기업업무추진비 지출액이 3만원 초과 (거래처 경조금은 20만원)	X (기타사외유출)	X
	사업자에게 공급받은 재화나 용역의 건당 거래액이 3만원(VAT포함)을 초과	O	O (2% 가산세)
	그 외	O	X

주요 손금 항목
① 판매한 상품·제품에 대한 원료의 매입가액과 부대비용
② 세금과 공과금
③ 인건비
④ 자산의 양도와 임차료
⑤ 자산의 평가손실
⑥ 영업자조직 조합·협회에 대한 회비
⑦ 기타 손금항목

손금불산입항목
의의: 법인의 순자산을 감소시키더라도 적절하지 않다고 인정되는 금액을 손금으로 인정하지 않는 항목
① 자본거래 및 이익처분
② 세법에서 정한 세금과 공과금
③ 징벌적 목적의 손해배상금
④ 미실현손실
⑤ 각종 한도초과액
⑥ 과다경비
⑦ 업무무관비용
⑧ 업무용승용차 특례
⑨ 지급이자 손금불산입

❶ 주요 손금 항목

구분		내용
① 판매한 상품·제품에 대한 원료의 매입가액과 부대비용		원료의 매입가액 = 매입액 - 매입에누리 - 매입환출 - 매입할인 - 의제매입세액 판매부대비용 = 판매한 상품·제품의 보관료, 포장비, 운반비, 판매장려금 등
② 세금	원칙	손금으로 인정
	예외	손금불산입으로 규정된 것은 손금불산입 ㉠ 법인세(외국자회사 수입배당금 익금불산입 규정의 적용 대상이 되는 수입배당금액에 대하여 외국에 납부한 세액과 외국납부세액공제를 적용하는 경우의 외국법인세액을 포함), 법인지방소득세, 법인세에 대한 농어촌특별세 ㉡ 부가가치세 매입세액 (매입세액 불공제받은 부가가치세 중 일부 제외) ㉢ 판매하지 아니한 제품에 대한 반출필의 개별소비세, 주세 또는 교통·에너지·환경세의 미납액 (단, 제품가격에 그 세액상당액을 가산한 경우 제외) ㉣ 세법에 따른 의무불이행으로 인한 세액 (가산세 포함)
③ 공과금	원칙	손금으로 인정
	예외	㉠ 법령에 따라 의무적으로 납부하는 것이 아닌 공과금 ㉡ 법령에 따른 의무의 불이행 또는 금지·제한 등의 위반을 이유로 NEW 부과되는 공과금
④ 인건비: 일반급여	원칙	손금으로 인정(임원 또는 직원의 출산 또는 양육 지원을 위해 해당 임원 또는 직원에게 공통적으로 적용되는 지급기준에 따라 지급하는 금액 포함)
	예외	다음의 경우에는 적합한 보수가 아닌 것으로 보고 손금불산입 ㉠ 합명회사·합자회사의 노무출자사원에게 지급하는 보수 ㉡ 법인이 지배주주 등(특수관계인 포함)인 임원 또는 직원에게 정당한 사유없이 동일 직위에 있는 지배주주 등 외의 임원 또는 직원에게 지급하는 금액을 초과하여 지급하는 보수 ㉢ 비상근임원에게 지급하는 보수 중 부당행위계산에 해당하는 보수

⑤ 인건비: 상여금		일반 상여금	이익처분 지급 상여금
	직원	손금 인정	손금불산입
	임원	손금 인정하되, 급여지급기준 초과시 손금불산입	손금불산입

⑥ 인건비: 퇴직급여	원칙	현실적 퇴직이 인정되는 경우에 한해 손금에 산입	
	예외	㉠ 임원의 경우: 다음의 한도액을 초과한 금액은 손금불산입	

구분	임원퇴직급여 한도액
정관에 퇴직급여(퇴직위로금 등 포함)로 지급할 금액이 정해진 경우(정관에 임원퇴직급여 계산기준이 기재된 경우 포함)	그 정관에 정해진 금액(위임된 퇴직급여규정이 따로 있을 때에는 이에 규정된 금액)
그 외의 경우	퇴직 전 1년간 총급여액 × 10% × 근속연수

㉡ 임직원이 현실적으로 퇴직하지 않은 경우: 지급한 퇴직급여 전액은 업무무관가지급금(대여금)으로 손금불산입

⑦ 인건비: 복리후생비	원칙	사회통념상 타당하다고 인정되는 범위에서 지급되는 유사한 비용 등
	예외	그 외의 것은 손금불산입

⑧ 자산의 평가손실	구분	평가액
	재고자산으로서 파손·부패 등의 사유로 정상가격으로 판매할 수 없는 것	사업연도 종료일 현재의 처분 가능한 시가
	유형자산으로서 천재지변, 화재, 법령에 따른 수용 등, 채굴예정량의 채진으로 인한 폐광(토지를 포함한 광업용 유형자산이 그 고유의 목적에 사용될 수 없는 경우를 포함한다) 등의 사유로 파손 또는 멸실된 것	사업연도 종료일 현재의 시가
	일정한 법인 ⓘ 부도가 발생한 경우 ⓒ 「채무자 회생 및 파산에 관한 법률」에 따른 회생계획인가의 결정을 받은 경우 ⓒ 「기업구조조정촉진법」에 따른 부실징후기업이 된 경우에 해당하는 것 / **일정한 주식** ⓘ 주권상장법인이 발행한 주식 등 ⓒ 중소기업창업투자회사 또는 신기술사업금융업자가 보유하는 주식 등 각각 창업자 또는 신기술사업자가 발행한 것 ⓒ 특수관계인이 아닌 비상장법인이 발행한 주식 등	사업연도 종료일 현재의 시가*
	주식 등을 발행한 법인이 파산한 경우의 해당 주식 등	사업연도 종료일 현재의 시가*

* 시가로 평가한 가액이 1,000원 이하인 경우: 1,000원(비망가액)

⑨ 영업자조직 조합·협회에 대한 회비	구분	처리
	ⓘ 영업자가 조직한 단체로서 법인이거나 주무관청에 등록한 조합 또는 협회에 지급한 회비(법정단체)	손금산입(한도 없음)
	ⓒ 위 이외에 임의로 조직된 조합 또는 협회에 지급한 회비(임의단체)	손금불산입

⑩ 임직원 손해배상금 지출액	ⓘ 업무관련성이 있고 ⓒ 임직원의 고의·중과실로 인한 것이 아니면 손금에 산입 단, 교통사고 벌과금은 전액 손금불산입

⑪ 미술품 취득비용	원칙	미술품 취득원가로 자산 계상
	예외	ⓘ 장식·환경미화 등의 목적으로 ⓒ 사무실 등에 항상 전시하는 미술품의 취득가액은 ⓒ 거래단위별로 1,000만원 이하인 것을 손금으로 계상하면 그대로 인정한다.

⑫ 기부금 성격의 전액 손금인정 특례	ⓘ 보건복지가족부장관이 정하는 무료진료권 또는 새마을진료권에 따라 행한 무료진료의 가액 ⓒ 우리사주제도를 실시하는 법인이 우리사주조합에 출연하는 자사주의 장부가액 또는 금품 ⓒ 「식품 등 기부 활성화에 관한 법률」에 따른 식품 및 생활용품의 제조·도매업 또는 소매업을 영위하는 내국법인이 해당 사업에서 발생한 잉여 식품 등을 같은 법에 따른 제공자 또는 제공자가 지정하는 자에게 무상으로 기증하는 경우 기증한 잉여식품 등의 장부가액

⑬ 보험회사 및 주택도시보증공사가 적립한 책임준비금의 증가액	보험회사 및 주택도시보증공사가 적립한 책임준비금의 증가액(할인율의 변동에 따른 책임준비금 평가액의 증가분은 제외)으로서 보험감독회계기준에 따라 비용으로 계상된 금액은 손금에 산입

▶ 손금불산입

❶ 손금불산입항목

구분	내용
① 자본거래 및 이익처분	㉠ 결산을 확정할 때 잉여금의 처분을 손비로 계상한 금액 : 이미 잉여금 계산 시 손금차감되었기에 추가 손비 계상시 손금불산입 세무조정 ㉡ 주식할인발행차금 (비교: 사채할인발행차금은 강제 손금산입 항목)

② 세법에서 정한 세금과 공과금	㉠ 손금불산입되는 세금
	   ⓐ 이익처분적 성격: 법인세, 법인 지방소득세 등
	   ⓑ 간접세: 부가가치세 매입세액(일정한 것 제외), 반출하였으나 판매하지 않은 제품에 대한 개별소비세 또는 주세의 미납액(제품가격에 그 세액에 상당하는 금액을 가산한 경우 예외)
	㉡ 벌금·과료·과태료, 가산금 및 강제징수비: 징벌목적의 취지에서 손금불산입
	   (비교: 벌과금은 손금불산입, 연체금은 손금으로 인정됨)
	㉢ 세법에서 정한 공과금: 장애인고용부담금, 폐수배출부담금은 손금불산입
	   (비교: 폐기물처리부담금, 교통유발부담금은 손금으로 인정됨)
	㉣ 각 세법에서 규정된 의무불이행으로 납부하였거나 납부할 세액(가산세 포함)

③ 징벌적 목적의 손해배상금	<table><tr><th>구분</th><th>손금불산입 대상 손해배상금</th></tr><tr><td>㉠ 실제 발생한 손해액을 아는 경우</td><td>ⓐ 「법인세법 시행령」상 '손금불산입 대상 손해배상금에 관한 법률'로서 열거된 규정에 따라 지급한 손해배상액 중 실제 발생한 손해액을 초과하는 금액 ⓑ 외국의 법령에 따라 지급한 손해배상액 중 실제 발생한 손해액을 초과하여 손해배상금을 지급하는 경우 실제 발생한 손해액을 초과하는 금액</td></tr><tr><td>㉡ 실제 발생한 손해액을 모르는 경우</td><td>손금불산입 대상 손해배상금 = ⓐ × $\frac{ⓑ-1}{ⓑ}$ ⓐ: 법률에 따라 지급한 손해배상금 ⓑ: 법률상 손해액 대비 손해배상액의 배수 상한</td></tr></table>
④ 미실현손실	자산의 평가손실 중 임의평가손실 (유사: 자산의 평가이익 중 임의평가이익은 익금불산입항목)
⑤ 각종 한도초과액	감가상각비, 기업업무추진비, 기부금, 충당금, 비지정기부금 등 (후에 08 ~ 12 에서 후술)
⑥ 과다경비	㉠ 세법에서 정한 인건비: 상여금 및 퇴직급여 한도초과액 등 ㉡ 임직원이 아닌 지배주주(특수관계인 포함)에게 지급한 여비와 교육훈련비 ㉢ 공동경비 기준초과액: ⓐ 출자공동사업자 여부와 ⓑ 특수관계자 여부를 판단하여 비율산정
⑦ 업무무관비용	㉠ 업무무관자산을 취득 및 관리함으로써 생기는 비용 ㉡ 기타 법인의 업무와 무관하다고 인정되는 지출금액 : 출자임원의 사택유지비, 법을 위반하여 지급하는 노조전임자 급여 등

⑧ 업무용승용차 특례	업무용승용차 관련 비용의 손금불산입 등 특례: 3단계 산식 적용
	㉠ 1단계: 감가상각비 신고조정
	㉡ 2단계: 업무미사용금액 계산 (미증빙 시 한도: 1500만원)
	   (단, 부동산임대업을 주업으로 하는 법인 등은 500만원을 한도로 함)
	㉢ 3단계: 업무용승용차 감가상각비한도초과액 계산 (한도: 800만원)
	   (단, 부동산임대업을 주업으로 하는 법인 등은 400만원을 한도로 함)

⑨ 지급이자 손금불산입	세법에서 정한 일정한 지급이자 (09 에서 후술)

05 손익의 귀속시기

Teacher's Map

▷ 권리의무확정주의

① 의의	임의적인 손익의 귀속을 방지하기 위하여 익금은 수취할 권리가 확정된 시점에, 손금은 그 의무가 확정된 시점에 인식하도록 하는 손익 인식의 원칙
② 세법과 기업회계의 우선 관계	세법을 우선적으로 적용하고 세법에 달리 규정이 없는 경우에만 기업회계기준 또는 관행을 따름
③ 세법 규정체계	⊙ 자산의 판매손익 등의 귀속사업연도 ⓒ 용역제공 등에 의한 손익의 귀속사업연도 ⓒ 이자소득 등의 귀속사업연도 ⓔ 임대료 등 기타 손익의 귀속사업연도

▷ 자산의 판매손익 등의 귀속사업연도

❶ 일반적인 판매의 귀속시기

① 재고자산	재고자산을 인도한 날(단, 부동산매매업을 하는 법인의 부동산은 아래 ②를 적용)
② 재고자산 외 자산	대금을 청산한 날, 소유권 이전등기·등록일, 인도일, 사용수익일 중 빠른 날
③ 재고자산의 시용판매	상대방이 재고자산에 대한 구입의 의사를 표시한 날(반송기한 또는 거절기한이 지나면 그 판매가 확정되는 경우 그 기간의 만료일)
④ 자산의 위탁판매	수탁자가 그 위탁자산을 매매한 날
⑤ 매출할인	⊙ 원칙: 상대방과의 약정에 의한 지급기일 ⓒ 예외: 지급기일이 정해져 있지 않은 경우 지급일
⑥ 유가증권의 매매	매매계약을 체결한 날

❷ 할부판매

원칙		인도기준 + 명목가액 평가
특례: 장기할부 판매	① 조건	㉠ 대가를 2회 이상 분할하여 수입할 것 ㉡ 해당 목적물의 인도일(상품 등 재고자산 외의 자산은 소유권이전 등기·등록일, 인도일, 사용수익일 중 빠른 날)의 다음 날부터 최종 할부금의 지급기일까지의 기간이 1년 이상일 것
	② 기준	중소기업인가? YES → ㉠ 원칙: 인도기준* + 명목가액 평가 　　　　㉡ 예외: 회수기일도래기준 적용 가능 　　　　　　(회수기일도래기준으로 신고조정 가능) NO → ㉠ 원칙: 인도기준 + 명목가액 평가 　　　　㉡ 예외: 회수기일도래기준에 따라 계상한 　　　　　　경우에만 회수기일도래기준 적용 가능 → 기업회계기준에 따라 현재가치할인차금을 계상한 경우 현재가치평가 인정

* 재고자산 외의 자산은 소유권 이전 등기·등록일, 인도일, 사용수익일 중 빠른 날

▶ 용역제공 등에 의한 손익의 귀속사업연도

❶ 용역제공 등에 대한 특례

① 원칙	진행기준
② 특례	인도기준 선택가능 ㉠ 1년 미만 단기건설 등(도급공사 및 예약매출) + 중소기업 ㉡ 기업회계기준에 따라 그 목적물의 인도일이 속하는 사업연도의 수익과 비용으로 계상한 경우
③ 인도기준 강제적용	장부가 없거나 기장미비로 인해 작업진행률을 계산할 수 없는 경우 인도기준 강제적용

❷ 진행기준의 적용방법(기업회계기준과 유사)

① 작업진행률의 계산	작업진행률 = $\dfrac{\text{해당 사업연도 말까지 발생한 총공사비 누적액}}{\text{총공사예정비}^*}$ * 기업회계기준을 적용하여 계약 당시 추정한 공사원가에 해당 사업연도 말까지의 변동상황을 반영하여 합리적으로 추정한 공사원가
② 익금과 손금의 계산	㉠ 공사수익(익금): 계약금액 × 작업진행률 - 직전 사업연도 말까지 익금에 산입한 금액 ㉡ 공사원가(손금): 당해 사업연도에 발생된 총비용
기타사항	공사계약의 해약으로 인하여 수입금액으로 확정된 금액과 진행기준에 의한 금액 간 차액이 발생하는 경우 차액을 해약일이 속하는 사업연도의 익금 또는 손금에 산입

▶ 이자소득 등 및 배당소득의 귀속사업연도

○ 이자소득 등 및 배당소득의 손익귀속시기

구분		수입이자	지급이자	수입배당
① 원칙	⊙ 일반법인	「소득세법」상 이자소득의 수입시기에 해당하는 날	「소득세법」상 이자소득의 수입시기에 해당하는 날	「소득세법」상 배당소득의 수입시기가 속하는 사업연도
	ⓒ 금융보험업법인	실제로 받은 날(선수입이자 등은 제외)		
② 예외		기간경과분을 수익으로 계상한 경우에는 원천징수되지 않는 이자수익에 한정하여 수익으로 인정	기간경과분을 비용으로 계상한 경우에는 이를 인정하며 원천징수 여부와 상관없이 비용으로 인정	유동화 전문회사로부터 수입하는 배당금은 실제로 지급받은 날

○ 투자회사의 기간경과분 이자소득 및 배당소득의 손익귀속시기
: 투자회사 등이 이미 경과한 기간에 대응하는 이자 및 할인액과 배당소득을 해당 사업연도의 수익으로 계상한 경우에는 그 계상한 사업연도

▶ 임대료 등 기타 손익의 귀속사업연도

❶ 단기임대료 수입시기 특례

임대료 지급 기간*	① 1년 이하인 단기임대료	⊙ 원칙	계약상의 지급일 (지급일이 정해지지 않은 경우 그 지급을 받은 날)
		ⓒ 예외	발생주의 선택: 이미 경과한 기간에 대응하는 임대료 상당액과 이에 대응하는 비용을 해당 사업연도의 수익과 손비로 계상한 경우, 익금과 손금으로 인정
	② 1년 초과하는 장기 임대료		발생주의 강제: 이미 경과한 기간에 대응하는 임대료 상당액과 이에 대응하는 비용은 이를 각각 해당 사업연도의 익금과 손금으로 인정

* 임대료를 얼마나 자주 지급받느냐와 관련됨

❷ 기타 손익의 수입시기

① 금전등록기 사용	⊙ 일반 업종: 자산의 판매손익 등의 귀속시기에 따름 ⓒ 영수증 교부가능 업종: 현금주의를 선택 가능
② 사채할인발행차금	기업회계기준에 따른 유효이자율법에 따라 강제상각 손금산입
③ 매출채권의 양도	기업회계기준에 따른 손익인식방법에 따라 손익의 귀속시기를 정함
④ 차액정산 파생상품 거래손익	그 거래에서 정하는 대금결제일이 속하는 사업연도의 익금과 손금
⑤ 개발비의 취소	판매가능·사용가능시점 도래 전 개발취소: 요건을 모두 충족하는 날 요건: ⊙ 개선결과 식별할 수 없고 + ⓒ 전액 손비로 계상한 경우
⑥ 리스의 경우	기업회계기준에 따름

MEMO

06 자산의 취득가액 및 자산·부채의 평가

Teacher's Map

▷ 일반적인 경우의 취득가액 계산

○ 매입 및 자가제조

① 타인으로부터 매입한 자산	③ 그 외	매입가액 + 취득세(농어촌특별세와 지방교육세 포함) + 등록면허세 + 부대비용
	ⓒ 단기금융자산	매입가액(부대비용은 발생 당시 손금산입)
	ⓒ 외국자회사 인수로 취득한 주식 등	매입가액 - 외국자회사 수입배당금으로서 익금불산입된 금액
② 자기가 제조·생산 또는 건설하거나 그 밖에 이에 준하는 방법으로 취득한 자산		제작원가 + 부대비용

○ 현물출자

③ 현물출자한 법인과 현물출자를 받은 법인이 현물출자 거래로 인해 새로 취득한 자산	해당 자산의 시가
④ 출자법인이 현물출자로 피출자법인을 새로 설립하면서 그 대가로 주식만 취득하는 경우	현물출자한 순자산의 시가

○ 채무의 출자전환

⑤ 원칙	취득 당시의 시가
⑥ 채무면제이익의 이연이 가능한 요건충족법인의 출자전환 시	기존 채권의 장부가액
⑦ 대손불능채권	시가

○ 합병 및 분할

⑧ 자산	③ 적격합병·인적분할	피합병법인 또는 분할법인 자산의 장부가액
	ⓒ 비적격합병·인적분할, 물적분할	해당 자산의 시가
⑨ 주식	③ 물적분할	물적분할한 순자산의 시가
	ⓒ 합병 및 인적분할	종전의 주식장부가액 + 합병·분할로 인한 의제배당금액 + 불공정 자본거래로 분여받은 이익 - 합병·분할교부금

○ 자산 취득 시 매입한 채권

⑩ 원칙	명목가액 평가
⑪ 기업회계기준에 따라 차액을 취득가액으로 계상 시	차액을 유형자산의 취득가액에 포함

○ **기타**

⑫ 공익법인 등이 기부받은 자산*	기부 당시의 장부가액
⑬ 온실가스배출권 및 배출허용총량	영(0)원
⑭ 위 ①~⑬ 외의 방법으로 취득한 자산	취득 당시의 시가

* 「상속세 및 증여세법」상 과세가액불산입대상인 공익법인이 특수관계인 외의 자로부터 기부받은 일반기부금에 해당하는 자산

▶ 특별한 경우의 취득가액 계산

❶ 무상취득·저가매입·고가매입

① 무상취득		무상으로 취득한 자산의 시가를 자산수증이익으로 익금에 산입
② 저가매입	㉠ 원칙	저가의 취득가액 인정
	㉡ 예외	특수관계가 있는 개인으로부터 유가증권을 저가에 매입한 경우: 시가를 취득가액으로 함
③ 고가매입	㉠ 원칙	고가의 취득가액 인정
	㉡ 특례1	특수관계인 경우 + 부당행위계산의 부인에 해당(시가와 거래가액의 차액이 3억원 이상이거나 시가의 5% 이상인 경우): 시가를 취득가액으로 함
	㉢ 특례2	특수관계가 없는 경우 + 의제기부금에 해당(정상가액을 초과하는 경우): 정상가액(시가 × 130%)을 취득가액으로 함

❷ 채권 및 채무에 대한 현재가치평가

구분		법인세법	기업회계
① 장기할부조건의 매입거래	㉠ 원칙	명목가액 평가	현재가치평가를 원칙으로 함
	㉡ 예외	현재가치평가한 경우 그 평가를 인정	
② 장기금전대차거래		명목가액만 인정	
③ 채권·채무의 재조정	㉠ 원칙	명목가액 평가	
	㉡ 예외	채권의 재조정에서만 현재가치평가를 인정	

❸ 자산의 취득과 관련된 이자비용

① 건설자금이자	㉠ 재고자산·투자자산	지급이자로서 손금산입
	㉡ 사업용 유·무형자산	자산의 취득가액에 산입
② 연지급수입이자	㉠ 원칙	자산의 취득가액에 산입
	㉡ 예외	기업회계 기준에 따라지급이자로 계상한 경우 인정

❹ 자산의 취득과 관련된 특정 사유가 발생한 경우의 취득가액

① 「상법」에 따라 자본준비금을 감액하여 받는 배당	그 금액을 차감(내국법인이 보유한 주식의 장부가액을 한도로 함)한 금액
② 「보험업법」 등에 따른 평가 및 파손·부패 등의 사유로 인한 평가가 있는 경우	그 평가액
③ 적격합병 중 동일한 내국법인이 발행주식총수 또는 출자총액을 소유하고 있는 서로 다른 법인 간에 합병하는 경우로서 합병법인으로부터 합병대가로 취득하는 주식 등이 없는 경우	피합병법인 주식 등의 취득가액(주식 등이 아닌 합병대가가 있는 경우에는 그 합병대가의 금액을 차감한 금액)을 가산한 금액
④ 자본적 지출이 있는 경우	그 금액을 가산한 금액
⑤ 합병 또는 분할합병*으로 특수관계인으로부터 분여받은 이익이 있는 경우	그 이익을 가산한 금액

* 합병 또는 인적분할에 따라 취득한 주식 등의 경우는 제외

▶ 재고자산과 유가증권의 평가

❶ 재고자산의 범위와 평가방법

① 범위	제품 및 상품, 재공품, 원재료, 저장품 등 부동산매매업자의 부동산은 포함, 유가증권은 제외	
② 평가방법	㉠ 원칙: 원가법과 저가법 중 선택가능	
	ⓐ 원가법	개별법·선입선출법·후입선출법·총평균법·이동평균법 및 매출가격환원법 (소매재고법) 중 한 가지 방법에 따라 산출함
	ⓑ 저가법	원가법으로 평가한 가액(취득가액)과 기업회계기준에 따라 시가로 평가한 가액 (순실현가능가액, 원재료는 현행대체원가) 중 낮은 가액을 평가액으로 하는 방법
	㉡ 파손·부패 시 특례: 원가법으로 신고하여도 감액 사유가 발생한 연도에 손비로 계상된 경우에 한하여 사업연도 종료일 현재 처분가능한 시가로 평가한 가액으로 그 장부가액을 감액할 수 있음(결산조정사항)	
③ 세무조정	㉠ 결산상 재고자산 가액 < 세무상 평가액: 차액을 익금산입(유보) ㉡ 결산상 재고자산 가액 > 세무상 평가액: 차액을 손금산입(△유보)	

❷ 유가증권의 범위와 평가방법

① 범위	③ 주식 등 ⓒ 채권 등		
② 평가방법	③ 원칙	ⓐ 주식	총평균법·이동평균법 중 선택
		ⓑ 채권	개별법·총평균법·이동평균법 중 선택
	ⓒ 특수한 법인	ⓐ 투자회사 등(환매금지형집합투자기구는 제외)이 보유한 집합투자재산	시가법(강제적용)
		ⓑ 보험회사의 특별계정에 속하는 자산	다음 중 한 가지 방법에 따라 산출함(선택) ㉮ 주식: 총평균법·이동평균법·시가법 ㉯ 채권: 개별법·총평균법·이동평균법·시가법
	ⓒ 유가증권 평가방법 적용의 특례 다음의 경우에는 사업연도 종료일 현재의 시가로 평가한 가액(발행법인별로 보유주식총액을 시가로 평가한 가액이 1,000원 이하인 경우 1,000원)으로 유가증권의 장부가액을 감액할 수 있음 　ⓐ 주식을 발행한 법인이 파산한 경우 　ⓑ 부도가 발생한 경우, 회생계획인가의 결정을 받은 경우 및 부실징후기업이 된 경우 다음의 주식 　　㉮ 상장법인이 발행한 주식 　　㉯ 중소기업창업투자회사 또는 신기술사업금융업자가 보유하는 주식 등 각각 창업자 또는 신기술사업자가 발행한 것 　　㉰ 특수관계인이 아닌 비상장법인이 발행한 주식 등		

❸ 재고자산과 유가증권 평가방법의 신고와 변경

○ 평가방법의 신고기한 및 변경신고기한

① 최초신고기한	해당 법인의 설립일(또는 수익사업을 개시한 비영리내국법인의 경우 수익사업 개시일)이 속하는 사업연도의 법인세 과세표준 신고기한 → 저가법을 신고하는 경우 시가와 비교되는 원가법을 함께 신고
② 변경신고기한	변경할 평가방법을 적용하려는 사업연도의 종료일 이전 3개월이 되는 날

○ 신고기한 경과 후 신고한 경우 평가방법

① 최초신고기한이 지난 후 신고	신고일이 속하는 사업연도까지는 무신고로 보아 무신고시 평가방법을 적용하고 그 후 사업연도부터 법인이 신고한 평가방법을 적용
② 변경신고기한이 지난 후 신고	변경신고일이 속하는 사업연도까지는 임의변경시 평가방법을 적용하고 그 후 사업연도부터 변경신고한 평가방법을 적용

○ 무신고·임의변경 시의 평가방법

구분	무신고 시 평가방법	임의변경 시 평가액
① 재고자산(부동산 제외)	선입선출법	MAX { 무신고시의 평가방법에 따른 가액 　　　 당초 적법 신고방법에 따른 가액
② 유가증권(주식 및 채권)	총평균법	
③ 매매목적용 부동산	개별법	

❹ 기타세부사항

기타 세부사항	㉠ 한국채택국제회계기준 적용 내국법인에 대한 재고자산평가차익 익금불산입 특례 　ⓐ 익금불산입: 한국채택국제회계기준을 최초로 적용하는 사업연도에 후입선출법에서 다른 재고자산 평가 　　방법으로 변경신고한 경우 재고자산평가차익을 익금불산입 할 수 있음 　ⓑ 익금산입: 위 ⓐ에서 익금불산입한 평가차익은 다음 사업연도 개시일부터 5년(60개월)간 균등하게 나누 　　어 익금산입 ㉡ 자산·부채의 평가기준 　평가일이 속하는 사업연도와 그 후의 각 사업연도의 소득금액을 계산할 때 그 자산과 부채의 장부가액은 평 　가 전의 장부가액으로 하되, 다음의 경우는 제외함 　ⓐ 「보험업법」이나 그 밖의 법률에 따른 유형자산 및 무형자산 등의 평가(장부가액을 증액한 경우에만 해당) 　ⓑ 재고자산, 유가증권, 화폐성 외화자산 등 일정한 자산과 부채의 평가

▷ 외화자산·부채의 평가손익 및 상환손익

❶ 기말 외화자산·부채의 평가손익

① 특정 금융회사 및 은행	㉠ 화폐성 외화자산·부채	마감환율 평가방법 적용(강제평가) (= 사업연도 종료일 현재의 매매기준율 또는 기준율로 평가)
	㉡ 통화선도·통화스왑·환변동보험	둘 중 선택 가능 ⓐ 평가하지 않는 방법: '취득일 또는 발생일 현재의' 매매기준율 　또는 재정된 매매기준율 ⓑ 평가하는 방법: '사업연도 종료일 현재의' 매매기준율 또는 재 　정된 매매기준율 단, 최초로 ⓑ의 방법을 신고하여 적용하기 이전 사업연도의 경우 ⓐ의 방법을 적용함
② 일반법인	㉠ 화폐성 외화자산·부채(보험회사의 책임준비금은 제외)	
	㉡ 통화선도·통화스왑·환변동보험	

❷ 외화자산·부채의 상환손익
실현된 손익이므로 당해 사업연도의 익금 또는 손금 산입

▷ 가상자산

❶ 가상자산의 평가
가상자산은 선입선출법에 따라 평가

07 의제배당

Teacher's Map

▶ 개요

❶ 의제배당

의의	형식상 배당이 아니더라도 사실상 회사의 이익이 주주 등에게 귀속되는 경우 배당으로 간주하는 제도

❷ 잉여금의 자본전입에 따른 의제배당의 원칙과 계산

과세여부	원칙	잉여금의 항목에 따라서 구분하여 익금으로 인정되는 잉여금일 때만 의제배당으로 과세			
	잉여금 종류별		자본금 전입 잉여금		의제배당여부
		자본잉여금	주식발행초과금	일반적인 주식발행초과금	×
				채무면제익 의제액	○
				상환주식의 주식발행초과금 중 이익잉여금으로 상환된 금액	○
			주식의 포괄적 교환차익		×
			주식의 포괄적 이전차익		×
			감자차익	일반적인 감자차익	×
				자기주식소각이익 — 원칙	×
				자기주식소각이익 — 예외 (2년 내 전입)	○
			재평가적립금	3% 세율 적용분(건물 등)	×
				1% 세율 적용분(토지)	○
			기타자본잉여금(자기주식처분이익 등)		○
		이익잉여금	법정적립금, 임의적립금. 미처분이익잉여금 등		○
계산식	의제배당액 = 의제배당에 해당하는 주식수 × ┌ 액면가액 (무상증자) └ 발행가액 (주식배당) 자본금전입액 (무액면주식의 가액은 의제배당일의 <u>신규발행주식수</u> 로 평가)				

❸ 특례1: 자기주식소각이익의 자본전입 중 특수한 경우

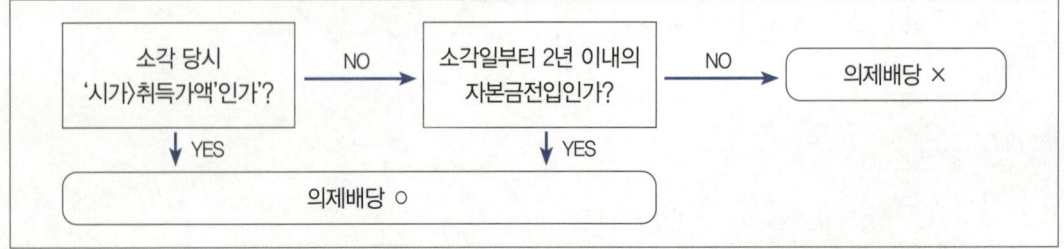

❹ 특례2: 자기주식 보유로 인해 타 주주의 지분비율이 증가하는 자본전입

요건	① 법인이 자기주식 또는 자기출자지분을 보유한 상태에서 자본전입을 함에 따라 ② 그 법인 외의 법인주주의 지분비율이 증가한 경우
과세여부	증가한 자본비율에 해당하는 주식가액을 의제배당으로 봄(익금불산입 항목인 자본잉여금을 자본에 전입한 경우도 해당)

❺ 특례3: 상환주식의 주식발행액면초과액 중 이익잉여금으로 상환한 금액의 자본전입

요건	「상법」에 따른 주식의 상환에 관한 종류주식의 주식발행액면초과액 중 이익잉여금으로 상환된 금액을 자본에 전입함으로써 주주 등인 내국법인이 취득하는 주식 등의 가액은 의제배당으로 보아 과세함

▶ 감자·퇴사·탈퇴·해산, 합병·분할 등으로 인한 의제배당

의제배당금액 = (감자·퇴사·탈퇴·해산,합병·분할로 인하여 주주 등이 받는 대가) − (해당 주식 등의 취득가액)

주주 등이 받는 대가
① 주식소각 또는 자본감소로 인해 취득하는 금전과 그 밖의 재산가액
② 해산 법인의 주주 등이 법인의 해산으로 분배받은 잔여재산가액
③ 피합병법인의 주주 등이 취득하는 합병대가
④ 분할법인 또는 소멸한 분할법인의 상대방 법인이 취득하는 분할대가

평가방법
① 원칙: 받은 자산의 시가
② 특례: 적격합병 또는 적격분할의 경우

주주 등이 교부받는 대가	평가방법
주식으로만 받는 경우	세법상 장부가액
합병교부금을 일부 받는 경우	MIN [시가, 세법상 장부가액]

평가방법
① 원칙: 회계상 취득가액 ± 주식 관련 유보금액
② 특례: 주식 등의 감자 전 2년 이내에 취득한 무상주 중 수령 시 의제배당으로 과세되지 않은 무상주(단기소각주식)가 있는 경우에는 그 주식을 먼저 소각한 것으로 봄. 이 경우 단기소각주식의 당초 취득가액은 '0'으로 함

▶ 의제배당의 귀속시기

잉여금의 자본금 전입으로 인한 의제배당	잉여금의 자본금 전입을 결의한 날 (이사회의 결의에 의하는 경우: 「상법」에 따라 정한 날)
감자, 퇴사·탈퇴 등으로 인한 의제배당	주식소각·자본감소결의일, 퇴사·탈퇴일
해산으로 인한 의제배당	잔여재산가액 확정일(해산등기일이 아님)
합병으로 인한 의제배당	합병등기일
분할로 인한 의제배당	분할등기일

MEMO

08 감가상각비

Teacher's Map

▶ 감가상각 개요

❶ 세법상 감가상각비의 처리

① 원칙		결산조정	한도액 범위 내에서 계상한 감가상각비에 한해 인정
② 예외	㉠ 강제신고조정		ⓐ 2016.1.1 이후 개시하는 사업연도에 취득한 업무용승용차의 감가상각비 ⓑ 특수관계인으로부터 자산을 양수하면서 기업회계기준에 따라 장부에 계상한 장부 가액이 시가에 미달하는 경우 감가상각비 손금산입 특례 ⓒ 세액감면을 받는 경우의 감가상각의제
	㉡ 임의신고조정		한국채택국제회계기준을 적용하는 법인의 유형자산과 내용연수가 비한정인 무형 자산의 감가상각비

❷ 감가상각대상자산의 범위

포함하는 것	유형자산(건물 및 구축물 등), 무형자산(개발비, 사용수익기부자산 등), 장기할부조건매입자산, 리스자산(금융리스자산은 리스이용자, 운용리스자산은 리스회사)
포함하지 않는 것	재고자산, 미사용 자산(유휴설비 제외), 건설중인자산, 시간의 경과에 따라 가치가 감소되지 않는 자산, 합병 및 분할로 인하여 합병법인 등이 계상한 영업권

▶ 감가상각 시부인계산의 구조 및 특징

의의	① 시부인계산	회사가 손익계산서에 계상한 감가상각비와 세법상 상각범위액을 비교하여 회사가 계상한 감가상각비를 시인 또는 부인하는 것을 결정하는 절차
	② 상각부인액	법인이 상각범위액을 초과해 손금에 산입하지 않는 금액
	③ 시인부족액	손비로 계상한 감가상각비가 상각범위액에 미달하는 금액
세무조정	① 상각부인액	㉠ 당기에 상각범위액을 초과하는 감가상각비: 손금불산입(유보) ㉡ 당기 이후 시인부족액이 발생 시: 그 범위에서 손금산입(△유보)하여 추인
	② 시인부족액	㉠ 전기 이월된 상각부인액이 있는 경우: MIN [당기의 시인부족액, 전기이월된 상각부인액 잔액]을 손금산입(△유보) ㉡ 전기 이월된 상각부인액이 없는 경우: 세무조정하지 않음* * 신고조정으로 손금산입하는 예외는 있음
특징	① 시부인계산 단위	개별 자산별
	② 손비계상방법	장부가액을 직접 감액하는 직접상각법 또는 감가상각누계액으로 계상하는 간접상각법 중 선택
	③ 임의상각제도	상각범위액 안에서 손금산입 여부, 그 금액 및 계상시기 자유롭게 결정

▶ 회사 감가상각비의 계산

❶ 회사 감가상각비 계산식

> 회사계상 감가상각비 = 손익계산서 또는 제조원가명세서상 감가상각비 + 전기오류수정손실 + 즉시상각의제액 + 자산으로 계상된 감가상각비

❷ 회사계상 감가상각비 요소

전기오류수정손실	손금산입하고 감가상각비로 계상한 것으로 보아 시부인대상에 포함
즉시상각의제	① 원칙: 자산의 취득가액을 구성하는 항목을 비용으로 처리한 경우, 즉시 전액 감가상각비로 계상한 것으로 보아 시부인대상에 포함 ② 예외: 시부인계산 없이 즉시상각의제액을 전액 손금인정
	㉠ 소액자산의 취득가액 — 취득가액이 거래단위별로 100만원 이하인 감가상각자산. 다음의 자산은 제외 ⓐ 그 고유업무의 성질상 대량으로 보유하는 자산 ⓑ 그 사업의 개시 또는 확장을 위하여 취득한 자산
	㉡ 어구 등의 취득가액 — 어구, 영화필름, 공구, 가구, 전기기구, 가스기기, 가정용 기구·비품, 시계, 시험기기, 측정기기 및 간판, 대여사업용 비디오테이프 및 음악용 콤팩트디스크로서 개별자산의 취득가액이 30만원 미만인 것, 전화기(휴대용 전화기 포함) 및 개인용 컴퓨터(그 주변기기 포함)
	㉢ 소액수선비 등 — 개별 자산별로 수선비로 지출한 금액이 MAX[600만원, 직전 사업연도 종료일이 현재 재무상태표상 자산가액 × 5%] 미만인 경우
	㉣ 주기적인 수선비 — 3년 미만의 기간마다 주기적인 수선을 위하여 지출하는 경우
	㉤ 생산설비의 폐기손실 — 다음 어느 하나에 해당하는 경우 해당 자산의 장부가액에서 1천원을 공제한 금액을 폐기일이 속하는 사업연도의 손금에 산입 ⓐ 시설개체 또는 기술낙후로 인하여 생산설비의 일부를 폐기한 경우 ⓑ 사업의 폐지 또는 사업장의 이전으로 임대차계약에 따라 임차한 사업장의 원상회복을 위하여 시설물을 철거하는 경우
	③ 진부화, 물리적 손상 등으로 손상차손을 계상한 경우: 감가상각비로 계상한 것으로 보아 시부인대상에 포함
자산으로 계상된 감가상각비	회사가 계상한 감가상각비에 포함하여 시부인계산을 함

❸ 취득가액

① 구입단계			06 에서 설명한 자산의 취득가액에 관한 규정 적용
② 보유 단계	자본적 지출을 한 경우		그 자본적 지출액(사업용 유형자산 및 무형자산에 대한 건설자금 이자 포함)을 취득가액에 가산
	자산을 평가증한 경우		㉠ 법에 의한 평가이익: 취득가액에 포함 ㉡ 임의평가이익: 취득가액에 불포함
③ 지출 단계	㉠ 자본적 지출	ⓐ 정의	감가상각자산의 내용연수를 연장시키거나 그 자산의 가치를 현실적으로 증가시키는 수선비 (ex. 본래의 용도를 변경하기 위한 개조, 엘리베이터 또는 냉난방장치, 피난시설 등의 설치, 멸실 또는 훼손된 건축물·기계·설비 등의 복구, 지반침하와 진동을 방지하기 위한 기초공사, 이 외 개량·확장·증설 등 위와 유사한 성질의 것)
		ⓑ 세무조정	취득원가에 가산해야 함. 이를 비용처리한 경우에는 즉시 상각의제규정을 적용
	㉡ 수익적 지출	ⓐ 의의	감가상각자산의 원상회복이나 능력유지 등을 위하여 지출한 수선비 (ex. 건물 또는 벽의 도장, 파손된 유리나 기와, 소모된 부속품 또는 벨트의 대체, 재해를 입은 자산에 대한 외장의 복구·도장 및 유리의 삽입, 기타 조업가능한 상태의 유지 등 위와 유사한 것)
		ⓑ 세무조정	지출한 연도의 비용으로 처리해야 함. 이를 자산의 취득원가에 포함한 경우에는 손금산입

❹ 내용연수

○ **개요**

상각범위액계산 시 적용하는 상각률을 결정하는 역할을 함. 자산별·업종별·구조별로 내용연수를 별도로 정하고 있음

○ **자산별 내용연수**

구분	내용	비고
① 시험연구용자산	자산의 종류별로 내용연수규정	내용연수 선택 불가능
② 일반 무형자산(특허권 등)		
③ 건축물 등	자산의 종류별, 건축물 구조별로 내용연수규정	내용연수범위(기준내용연수 ± 기준내용연수 × 25%) 내에서 내용연수 선택 가능
④ 업종별 자산	업종별로 내용연수 규정	
⑤ 개발비	20년 이내에서 선택	무신고 시 5년
⑥ 감가상각 대상 무형자산과 유사한 무형자산 NEW	연 단위로 신고한 내용연수(기업회계기준에 따른 내용연수)에 따라 매 사업연도별 경과월수에 비례하여 상각	
⑦ 사용수익기부자산가액	사용수익기간(특약이 없는 경우 내용연수)동안 균등 상각	
⑧ 주파수이용권·공항시설관리권·항만시설관리권	사용수익기간에 따라 균등상각	

○ **내용연수 특례 및 변경**

① 의의	기준내용연수에서 기준내용연수의 50%(결산내용연수 변경 사유에 해당하면 25%)를 가감하는 범위에서 적용하거나 변경할 수 있음	
② 사유	㉠ 일반변경 사유	ⓐ 사업장의 특성으로 자산의 부식·마모 및 훼손의 정도가 현저한 경우 ⓑ 영업개시 후 3년이 경과한 법인으로서 해당 사업연도의 생산설비(건축물 제외)의 가동률이 직전 3개 사업연도의 평균가동률보다 현저히 증가한 경우 ⓒ 새로운 생산기술 및 신제품의 개발·보급 등으로 기존 생산설비의 가속상각이 필요한 경우 ⓓ 경제적 여건의 변동으로 조업을 중단하거나 생산설비의 가동률이 감소한 경우
	㉡ 결산내용연수 및 기준내용연수의 변경 사유	ⓐ 한국채택국제회계기준을 최초로 적용하는 사업연도에 결산내용연수를 변경한 경우 (결산내용연수가 연장된 경우 내용연수를 연장하고 결산내용연수가 단축된 경우 내용연수를 단축하는 경우에만 해당하되, 내용연수를 단축하는 경우에는 결산내용연수보다 짧은 내용연수로 변경할 수 없음) ⓑ 기준내용연수가 변경된 경우 (단, 내용연수를 단축하는 경우로서 결산내용연수가 변경된 기준내용연수의 25%를 가감한 범위 내에 포함되는 경우에는 결산내용연수보다 짧은 내용연수로 변경할 수 없음)
③ 적용절차	영업을 개시한 날 또는 해당 자산을 취득한 날부터 3월 또는 그 변경할 내용연수를 적용하고자 하는 최초 사업연도의 종료일까지 납세지 관할 세무서장을 거쳐 관할 지방국세청장에게 신청(내용연수의 승인·변경승인의 신청은 연단위로 해야 함)	
④ 제한	변경한 내용연수를 최초로 적용한 사업연도종료일부터 3년이 경과해야 다시 변경할 수 있음	

○ **수정내용연수**

① 사유	기준내용연수의 50% 이상이 경과된 중고자산을 다른 법인 또는 개인사업자로부터 취득(합병·분할에 의한 승계 포함)한 경우 수정내용연수 범위에서 선택하여 내용연수를 할 수 있음
② 수정내용연수범위	기준내용연수 ~ 기준내용연수 × 50% (단, 1년 미만은 없는 것으로 함)
③ 신청	다음의 날이 속하는 사업연도의 법인세 과세표준 신고기한까지 내용연수변경신고서를 제출한 경우 적용 ㉠ 중고자산을 취득한 경우: 그 취득일 ㉡ 합병·분할로 승계한 자산의 경우: 합병·분할등기일

❺ 잔존가액

① 원칙	0원
② 정률법 적용한 경우	취득가액의 5% (but 상각이 완료되면 정률법을 적용하는 경우라도 잔존가액은 0이 됨을 주의)
③ 감가상각이 종료되는 자산의 경우	MIN [취득가액의 5%, 1000원]을 장부가액으로 하고 이 금액은 손금에 산입하지 않음 (감가상각자산의 처분 시 손금에 산입)

▶ 상각범위액의 계산

❶ 자산별 감가상각방법

			선택가능한 상각방법	무신고의 경우
① 자산별 감가상각 방법	⊙ 유형자산	ⓐ 건축물	정액법	정액법
		ⓑ 광업용 유형자산	정액법·정률법·생산량비례법	생산량비례법
		ⓒ 폐기물매립시설	정액법·생산량비례법	생산량비례법
		ⓓ 위 외의 유형자산	정액법·정률법	정률법
	ⓒ 무형자산	ⓐ 광업권(해저광물자원 채취권 포함)	정액법·생산량비례법	생산량비례법
		ⓑ 개발비	판매가능·사용가능 시점부터 20년의 범위에서 연단위로 신고한 내용연수에 따라 매 사업연도별 경과월수에 비례하여 상각	판매가능·사용가능 시점부터 5년 동안 매년 균등액을 상각
		ⓒ 사용수익 기부자산가액	자산의 사용수익기간(기간에 관한 특약이 없는 경우 신고 내용연수)에 따라 균등안분한 금액(기간 중에 기부자산이 멸실, 계약이 해지된 경우 그 잔액)을 상각	
		ⓓ 주파수이용권 공항·항만 시설관리권	주무관청에서 고시하거나 주무관청에 등록한 기간 내에서 사용기간에 따라 균등액을 상각	
		ⓔ 감가상각 대상 무형자산과 유사한 무형자산 NEW	연 단위로 신고한 내용연수(기업회계기준에 따른 내용연수)에 따라 매 사업연도별 경과월수에 비례하여 상각하는 방법	5년 동안 매년 균등액을 상각하는 방법
		ⓕ 위 외 무형자산	정액법	정액법
② 감가상각 방법신고와 적용	⊙ 신고: 영업을 개시한 날 또는 해당 자산을 취득한 날이 속하는 사업연도의 법인세 과세표준의 신고기한까지 감가상각방법신고서를 납세지 관할 세무서장에게 제출 ⓒ 적용: 법인이 신고한 상각방법(상각방법을 신고하지 않은 경우 무신고 시 상각방법)은 계속 적용해야 함			

❷ 감가상각방법별 상각범위액의 계산

① 정액법	세무상 취득가액 × $\frac{1}{n}$ (단, n은 취득가액)
② 정률법	세무상 미상각잔액 × 상각률
③ 생산량비례법	세무상 취득가액 × $\frac{당기 중 그 광구에서의 채굴량 또는 매립량}{그 자산이 속하는 광구의 총 채굴예정량 또는 매립예정량}$
④ 정상적인 사업연도가 1년 미만인 경우	환산한 내용연수와 그에 따른 상각률을 적용하여 계산 환산내용연수 = 내용연수 × $\frac{12}{사업연도의 개월 수}$
⑤ 일시적으로 사업연도가 1년 미만이 된 경우	정상적인 상각범위액 × $\frac{해당 사업연도의 월수}{12}$
⑥ 기중에 신규로 자산을 취득한 경우	일반적인 상각범위액 × $\frac{사용한 날부터 해당 사업연도 종료일까지 개월 수}{해당 사업연도의 개월 수}$
⑦ 기중에 자본적 지출이 있는 경우	기초에 자본적 지출한 것으로 가정하여 계산

⑧ 기중에 자산을 양도한 경우	시부인계산을 하지 않으므로 상각부인액 계산도 하지 않음
⑨ 감가상각방법을 변경한 경우	어느 방법으로 변경하든 모두 변경 당시의 세법상 장부가액을 기준으로 계산

❸ 감가상각방법의 변경

① 변경 사유	㉠ 상각방법이 서로 다른 법인이 합병(분할합병 포함)한 경우 ㉡ 상각방법이 서로 다른 사업자의 사업을 인수 또는 승계한 경우 ㉢ 외국투자자가 내국법인의 주신 등을 20% 이상 인수 또는 보유하게 된 경우 ㉣ 해외시장의 경기변동, 경제적 여건의 변동으로 인하여 종전의 상각방법을 변경할 필요가 있는 경우 ㉤ 법으로 정하는 회계정책의 변경에 따라 결산상각방법이 변경된 경우(변경한 결산상각방법과 같은 방법으로 변경하는 경우에만 해당)
② 변경절차	㉠ 법인: 변경할 상각방법을 적용하고자 하는 최초사업연도의 종료일까지 신청(법인이 변경승인을 얻지 않고 변경한 경우 상각범위액은 변경하기 전의 상각방법에 의하여 계산) ㉡ 관할 세무서장: 신청서의 접수일이 속하는 사업연도 종료일부터 1개월 이내에 승인 여부를 결정·통지

▶ 상각부인액의 사후관리

❶ 상각부인액이 발생한 경우 그 이후

① 시인부족액이 발생하는 경우	세무조정 없음. 단, 전기이월 상각부인액이 존재하는 경우에만 시인부족액의 범위에서 그 상각부인액을 손금산입(△유보)하여 추인
② 법률에 따라 감가상각자산을 평가증한 경우	감가상각 → 평가증 한 것으로 보아 상각범위액을 계산
③ 감가상각자산을 양도한 경우	해당 자산의 상각부인액을 양도일이 속하는 사업연도에 손금산입
④ 감가상각자산 일부만을 양도한 경우	일부 양도한 자산의 상각부인액 = 해당 감가상각자산 전체의 상각부인액 × $\dfrac{\text{양도부분의 취득가액}}{\text{해당 감가상각자산 전체의 취득가액}}$

▶ 감가상각의 의제

① 의의	각 사업연도 소득에 대해 법인세를 면제받거나 감면받은 경우, 개별자산에 대한 감가상각비가 상각범위액이 되도록 감가상각비를 손금에 산입해야 함(강제신고조정). 추계·결정 및 경정의 경우에도 감가상각비를 손금에 산입한 것으로 봄
② 적용 대상	특정사업에서 생긴 소득에 대하여 법인세(토지 등 양도소득 제외)를 면제받았거나 감면받는 법인 | 감가상각의제규정 적용 대상 | 감가상각의제규정 적용 제외 | |---|---| | ㉠ 농업회사법인에 대한 법인세 면제 등 ㉡ 창업중소기업 등에 대한 세액 감면 ㉢ 중소기업에 대한 특별세액감면 ㉣ 수도권 밖으로 공장을 이전하는 기업에 대한 세액감면 | 기술이전 및 대여소득에 대한 세액감면 |
③ 의제액 계산식	감가상각의제액 = 상각범위액 - (회사 상각비 + 전기이월 상각부인액의 추인액)

09 지급이자 손금불산입

Teacher's Map

▷ 지급이자 손금불산입의 구분과 계산순서

① 원칙	지급이자는 손금산입이 원칙
② 예외	아래의 차입금 이자는 손금불산입

	손금불산입 대상 지급이자	소득처분
1순위	채권자가 불분명한 사채이자	대표자에 대한 상여
2순위	비실명 채권·증권의 이자	(단, 원천징수세액은 기타사외유출)
3순위	건설자금에 충당한 차입금이자	유보
4순위	업무무관자산 등에 대한 지급이자	기타사외유출

단, 국외지배주주에게 지급하는 지급이자가 있는 경우 해당 지급이자의 손금불산입 적용 순서는 1순위인 채권자 불분명 사채이자보다 우선함

▷ 1순위: 채권자가 불분명한 사채이자

① 의의	다음 중 어느 하나에 해당하는 차입금의 이자를 말함 ㉠ 채권자의 주소 및 성명을 확인할 수 없는 차입금 ㉡ 채권자의 능력 및 자산상태로 보아 금전을 대여한 것으로 인정할 수 없는 차입금 ㉢ 채권자와의 금전거래 사실 및 거래내용이 불분명한 차입금
② 세무조정 소득처분	손금불산입 ┌ 해당 금액: 대표자상여 　　　　　 └ 원천징수세액 상당액: 기타사외유출

▷ 2순위: 비실명 채권·증권의 이자

① 의의	채권·증권의 발행법인이 채권·증권의 이자나 할인액을 금융회사를 통하지 않고 직접 지급하는 경우 그 지급사실이 객관적으로 인정되지 않는 이자·할인액 또는 차익
② 세무조정·소득처분	손금불산입 ┌ 해당 금액: 대표자상여 　　　　　 └ 원천징수세액 상당액: 기타사외유출

▷ 3순위: 건설자금에 충당한 차입금이자

① 의의	사업용 유형자산 및 무형자산의 건설 등에 소요되는 차입금에 대한 지급이자 등		
② 기업회계와 차이점	구분	기업회계	세법
	㉠ 자본화대상자산	적격자산	사업용 유·무형자산(재고자산은 제외)
	㉡ 특정차입금이자	취득원가 산입(자본화 강제)	취득원가 산입(자본화)
	㉢ 일반차입금이자		다음 중 선택 가능 ⓐ 취득원가 산입(자본화) ⓑ 당기 지급이자로 계상(손금산입)

❶ 특정차입금에 대한 건설자금이자

① 처리방법	㉠ 건설 등이 준공된 날까지 이를 자본적 지출로 하여 그 원본(취득원가)에 가산 ㉡ 건설 등이 준공된 후에 남은 차입금에 대한 이자는 각 사업연도의 손금
② 계산식	특정차입금에 대한 건설자금이자 = 준공기간 중의 이자 − 운영자금 전용분 이자 − 일시예금분 수입이자
③ 계산식 구성요소	㉠ 준공기간: 건설 등의 개시일부터 해당건설 등의 목적물이 준공된 날*까지의 기간 *　<table><tr><td>토지매입</td><td>대금청산일과 사용개시일 중 빠른 날</td></tr><tr><td>건축물</td><td>취득일과 사용개시일 중 빠른 날</td></tr><tr><td>위 외의 자산</td><td>사용개시일</td></tr></table> ㉡ 준공기간 중의 이자: 차입하는 때 지급하는 지급보증료와 차입금의 연체이자를 포함 ㉢ 운영자금 전용분 이자: 차입한 건설자금의 일부를 운영자금에 전용한 경우 그 부분에 대한 지급이자는 운영자금 전용분 이자로 봄 ㉣ 일시예금분 수입이자: 원본에 가산하는 자본적 지출금액에서 차감

❷ 일반차입금에 대한 건설자금이자

① 처리방법	손금에 산입하거나 취득원가에 산입할 수 있음
② 계산식	일반차입금이자 = MIN [㉠, ㉡] ㉠ 건설기간 중에 실제로 발생한 일반차입금의 지급이자 ㉡ 한도: (건설비 연평균 지출액 − 특정차입금 연평균 지출액) × 일반차입금의 연평균 이자율

❸ 특수한 경우의 세무조정

구분			세무조정	
			당기	차기 이후
① 특정차입금에 대한 건설자금이자를 지급이자로 계상한 경우	㉠ 비상각자산		손금불산입(유보)	처분 시 손금산입(△유보)
	㉡ 상각자산	ⓐ 당기말까지 건설 미완성	손금불산입(유보)	상각·처분 시 손금산입(△유보)
		ⓑ 당기말까지 건설 완성	감가상각비로 보아 시부인계산(즉시상각의제)	—
② 건설자금이자를 취득원가로 과대계상한 경우			손금산입(△유보)	상각·처분 시 익금산입(유보)

▶ 4순위: 업무무관자산 등에 대한 지급이자

① 의의	㉠ 업무무관자산을 취득·보유하고 있거나 ㉡ 특수관계인에게 업무와 관련없는 가지급금 등(가지급금 및 그 이자)을 지급하고 있는 경우 그에 해당하는 지급이자
② 계산식	손금불산입액 = 지급이자 × $\dfrac{업무무관자산가액적수 + 업무무관가지급금적수}{차입금적수}$
③ 차입금적수	차입금적수 = 총차입금적수 - 채권자 불분명 사채적수 - 비실명 채권·증권적수 - 건설자금이자 계산대상 차입금적수
④ 지급이자	지급이자 = 총지급이자 - 채권자 불분명 사채이자 - 비실명채권·증권이자 - 건설자금이자 **지급이자에 포함되는 것** ㉠ 금융어음의 할인료 ㉡ 금융리스료 중 이자상당액 ㉢ 사채할인발행차금 상각액 ㉣ 미지급이자 계상액 ㉤ 사채이자 **지급이자에 포함되지 않는 것** ㉠ 상업어음의 할인료(매각거래인 경우에 한함) ㉡ 운용리스조건에 의해 지급하는 할인료 ㉢ 현재가치할인차금상각액, 연지급수입이자 ㉣ 선급이자 ㉤ 기업구매자금대출이자 ㉥ 선순위에서 손금불산입된 이자
⑤ 업무무관자산 가액	업무무관부동산과 업무무관동산의 취득가액 (단, 고가매입으로 인한 부당행위계산의 부인규정에 의한 시가초과액을 포함)

⑥ 업무무관가지 급금	명칭 여하에 불구하고 해당 법인의 업무와 관련이 없는 자금의 대여액 단, 다음의 금액은 업무무관가지급금으로 보지 않음 ㉠ 미지급소득(지급한 것으로 의제되는 배당금과 상여금)에 대한 소득세를 법인이 대납한 금액 ㉡ 국외에 자본을 투자한 내국법인이 해당 국외투자법인에 종사하거나 종사할 자의 여비·급료·기타 비용을 대신하여 부담한 금액 ㉢ 법인이 우리사주조합 또는 그 조합원에게 해당 우리사주조합이 설립된 회사의 주식취득에 소요되는 자금을 대여한 금액(상환할 때까지의 기간에 상당하는 금액에 한정) ㉣ 「국민연금법」에 따라 근로자가 지급받은 것으로 보는 퇴직금전환금(해당 근로자가 퇴직할 때까지의 기간에 상당하는 금액에 한정) ㉤ 익금산입액의 귀속자가 불분명하거나 추계로 과세표준을 결정·경정할 때에 대표자상여로 처분한 금액에 대한 소득세를 법인이 대납한 금액(특수관계가 소멸될 때까지의 기간에 상당하는 금액에 한정) ㉥ 직원에 대한 월정급여액의 범위에서의 일시적인 급료의 가불금 ㉦ 직원에 대한 경조사비 또는 학자금(자녀의 학자금 포함)의 대여액 ㉧ 중소기업에 근무하는 직원(지배주주 등인 직원은 제외)에 대한 주택구입 또는 전세자금의 대여액 ㉨ 한국자산관리공사가 출자총액의 전액을 출자하여 설립한 법인에 대여한 금액

10 기업업무추진비와 기부금

Teacher's Map

▷ 기업업무추진비 개념과 범위

① 의의		법인이 직·간접적으로 업무와 관련이 있는 자와 업무를 원활하게 진행하기 위하여 지출한 금액. 한도 내 손금인정
② 범위	㉠ 직원이 조직한 조합 또는 단체에 지출한 복리시설비	ⓐ 법인인 경우: 기업업무추진비 ⓑ 법인이 아닌 경우: 경리의 일부 → 자산 또는 손비로 계상
	㉡ 약정에 의한 채권포기액	ⓐ 약정에 의한 경우: 기부금 또는 기업업무추진비 ⓑ 정당한 사유로 불가피하게 포기한 경우: 손금산입
	㉢ 회의비	ⓐ 통상회의비: 회의비(손금산입) ⓑ 통상회의비를 초과하는 금액과 유흥을 위해 지출한 금액: 기업업무추진비
	㉣ 기업업무추진비 관련 부가가치세	ⓐ 기업업무추진비 관련 부가가치세 매입세액: 「부가가치세법」상 불공제, 「법인세법」상 기업업무추진비 ⓑ 거래처에 대한 현물접대: 「부가가치세법」상 사업상 증여로 보아 매출세액 부담. 그 매출세액은 「법인세법」상 기업업무추진비로 간주
	㉤ 기업업무추진비에 해당하지 않는 항목	ⓐ 주주, 임직원(출자임원 포함)이 부담해야 할 성질의 기업업무추진비에 대한 대납액 ⓑ 광고선전 목적으로 기증한 물품의 구입비용 ⓒ 판매한 상품·제품의 판매장려금 및 판매수당
③ 귀속시기		지급할 의무가 확정된(접대행위가 일어난) 사업연도
④ 현물기업업무추진비		현물기업업무추진비 평가액 = MAX [시가, 장부가액] + 부가가치세

▷ 기업업무추진비의 계산

❶ 기업업무추진비 해당액의 계산

① 원칙		한 차례 접대에 지출한 기업업무추진비 중 3만원(경조금은 20만원)을 초과하지 않는 금액은 기업업무추진비로 보아 한도 계산
② 손금불산입	㉠ 전액 손금불산입	ⓐ 증빙서류 미수취: 금액무관 손금불산입(귀속자에 대한 상여·배당) ⓑ 적격증빙 미수취*: 3만원을 초과하는 기업업무추진비 손금불산입(기타사외유출)
	㉡ 한도초과분 손금불산입	ⓐ 국외장소에서 지출한 기업업무추진비로 현금 외 다른 수단이 없어 적격증빙서류를 구비하기 어려운 경우 ⓑ 법인이 아닌 농·어민으로부터 직접 재화를 공급받으며 그 대가를 금융회사 등을 통하여 지급한 경우 ⓒ 법인이 직접 생산한 제품 등으로 제공한 현물기업업무추진비 ⓓ 거래처와 약정에 의한 매출채권의 포기액

* 다음 중 어느 하나에 해당하지 않은 것
㉮ 신용카드(신용카드와 유사한 것으로서 직불카드·외국에서 발행된 신용카드·기명식선불카드·직불전자지급수단·기명식 전자화폐 포함)를 사용하여 지출한 기업업무추진비
㉯ 세금계산서·계산서를 발급받아 지출한 기업업무추진비
㉰ 매입자발행계산서·매입자발행세금계산서·원천징수영수증을 발행하여 지출한 기업업무추진비

❷ 기업업무추진비 한도액의 계산

기업업무추진비 한도액 = ① + ②
① 일반기업업무추진비 한도액 = ㉠ + ㉡
   (단, 부동산임대업을 주업으로 하는 법인[*1] 등은 (㉠ + ㉡) × 50%)
   ㉠ 기본한도: $\left(\begin{array}{l}\text{일반기업: 1,200만원}\\\text{중소기업: 3,600만원}\end{array}\right) \times \dfrac{\text{해당 사업연도의 개월 수}}{12}$
   ㉡ 수입금액[*2] 한도 (일반수입금 × 적용률[*3]) + (특수관계수입금액 × 적용률 × 10%)
② 문화기업업무추진비[*4] 한도액 = MIN[㉠, ㉡]
   ㉠ 문화기업업무추진비 (25.12.31.까지 적용)
   ㉡ 일반기업업무추진비 한도액 × 20%

[*1] 지배주주의 보유 주식이 발행주식총수 또는 출자총액의 50%를 초과하고, 상시근로자 수가 5명 미만이며, 업종 요건을 충족하는 법인
[*2] 수입금액: 기업의 회계기준에 따른 매출액, 특정수입금액은 특수관계인과의 거래에서 발생하는 수입금

포함되는 항목	영업부수수익, 중단사업부문의 매출액
포함되지 않는 항목	간주임대료, 부당행위계산의 부인에 의한 익금산입금액

[*3] 적용률:

일반수입금액	100억원 이하분	0.3%
	100억원 초과분 500억원 이하분	3천만원 + 100억원 초과금액의 0.2%
	500억원 초과분	1억 1천만원 + 500억원 초과금의 0.03%
특정수입금액		위 적용률의 10%를 적용

[*4] 국내 문화 관련 지출로서 법에 정하는 용도로 지출한 비용

▶ 기업업무추진비의 세무조정

① 한도미달액	없음
② 한도초과액	손금불산입(기타사외유출) 단, 자산으로 계상한 기업업무추진비의 한도초과액은 다음의 순서로 구성 　↓　㉠ 비용계상액(재고자산 구성분 포함) 　　　㉡ 건설중인 자산 　　　㉢ 유형자산·무형자산 한도초과액 중 ㉠ 비용계상액: 이미 손금불산입 됨 세무조정 불필요 ㉡ 자산계상액: 세법상 자산의 원가를 구성할 수 없으므로 자산을 감액하는 세무조정(손금산입(△유보))을 추가로 행함

▷ 기부금의 개념과 범위

① 의의	법인이 사업과 직접적인 관계없이 특수관계인 외의 자에게 무상으로 지출하는 재산적 증여의 가액
② 의제기부금	특수관계인 외의 자에게 업무와 무관하게 지출하는 재산적 증여의 가액으로, 정당한 사유없이 자산을 정상가액보다 낮은 가액으로 양도하거나 정상가액보다 높은 가액으로 매입함으로써, 그 차액 중 실질적으로 증여한 것으로 인정되는 금액
③ 범위	㉠ 특례기부금 / ㉡ 우리사주조합기부금 / ㉢ 일반기부금 → 일정 한도 내 손금산입 한도초과분 손금불산입(기타사외유출) ㉣ 그 외 기부금(비지정기부금) → 손금불산입(상여·배당·기타사외유출)

▷ 기부금의 구분

○ 기부금에 해당하는 항목의 예시

① 특례기부금	㉠ 국가나 지방자치단체에 무상으로 기증하는 금품의 가액 ㉡ 국방헌금과 국군장병 위문금품의 가액 ㉢ 천재지변으로 생기는 이재민을 위한 구호금품의 가액 ㉣ 특정 기관에 시설비·교육비·장학금·연구비로 지출하는 기부금 ㉤ 특정 병원에 시설비·교육비 또는 연구비로 지출하는 기부금 ㉥ 사회복지사업, 그 밖의 사회복지활동의 지원에 필요한 재원을 모집·배분하는 지정 비영리법인(요건을 갖춘 법인만 해당)에 지출하는 기부금 ㉦ 특례기부금 지정기간까지 공공기관(공기업 제외) 또는 법률에 따라 직접 설립된 기관으로서 법에 정한 요건을 갖춘 기관에 지출하는 기부금
② 우리사주조합기부금	다른 법인의 우리사주조합에 대한 기부금(자사 우리사주조합에 대한 기부금은 전체 손금)

③ 일반기부금	㉠ 비영리법인에 대한 고유목적사업비로 지출하는 기부금
	   ⓐ 「사회복지사업법」에 의한 사회복지법인, 의료법인
	   ⓑ 「영유아보육법」에 따른 어린이집, 「유아교육법」에 따른 유치원, 「초·중등교육법」 및 「고등교육법」에 의한 학교, 평생교육기관 등의 교육시설
	㉡ 다음의 용도로 지출하는 기부금
	   ⓐ 「유아교육법」에 따른 유치원의 장, 「초·중등교육법」 및 「고등교육법」에 의한 학교의 장 등 교육시설의 장이 추천하는 개인에게 교육비·연구비 또는 장학금으로 지출하는 기부금
	   ⓑ 사회복지·문화·예술·교육·종교·자선·학술 등 공익목적으로 지출하는 기부금으로서 기획재정부장관이 지정하여 고시하는 기부금
	㉢ 사회복지시설(기관) 또는 법정국제기구에 대한 기부금품의 가액

④ 비지정기부금	손금에 산입되는 기부금으로 인정하지 않는 항목 (ex. 새마을금고 기부금, 정치자금, 동창회, 신용협동조합 등)

▷ 기부금의 한도액

○ 기부금의 손금산입 한도액

특례기부금	기준금액* × 50%
우리사주조합기부금	(기준금액* - 특례기부금 인정액) × 30%
일반기부금	(기준금액* - 특례기부금 인정액 - 우리사주조합기부금 인정액) × 10%(20%)

* 기준금액 = 기준소득금액 - 이월결손금(각 사업연도 개시일 전 15년 이내에 개시한 사업연도에서 발생한 세무상 결손금)

▷ 기부금의 평가의 손익시기

○ 기부금의 손금귀속시기

가지급금으로 이연계산	지출한 날이 속하는 사업연도
미지급금으로 계상한 경우	실제 지출할 때까지 기부금으로 보지 않음
어음을 발행(배서포함)	실제 결제된 날
수표발행	해당 수표를 교부한 날
인허가 받기 전 설립 중인 단체 등에 지출한 기부금	인·허가를 받은 날

○ 현물기부금의 평가

① 특례기부금		기부한 때의 장부가액
② 일반기부금	⊙ 특수관계인이 아닌 자에게 기부한 경우	
	ⓒ 특수관계인에게 기부한 경우	기부한 때의 MAX [시가, 장부가액]
③ 비지정기부금		

▷ 기부액의 세무조정

❶ 기부금에 대한 세무조정 구조

한도초과	손금불산입(기타사외유출)로 세무조정
한도미달	이월된 기부금 한도초과액이 있는 경우에는 MIN[이월된 기부금 한도초과액, 한도미달액] 손금산입(기타)로 세무조정하되, 없는 경우에는 세무조정을 하지 않음

❷ 기부금 한도초과액의 이월손금산입

: 특례기부금 및 일반기부금의 한도초과액은 이월손금산입기간 내 각 기부금 손금한도액의 범위 내에 손금에 먼저 산입함

구분	이월손금산입기간
특례기부금	10년
우리사주조합기부금	이월손금산입 규정 없음
일반기부금	10년

11 충당금

Teacher's Map

▷ **충당금의 개요**

① 원칙	인정하지 않음			
② 예외	다음의 충당금만 손금산입 인정			
	㉠ 퇴직급여충당금	손금산입 한도액까지 인정	결산조정사항	
	㉡ 대손충당금	손금산입 한도액까지 인정		
	㉢ 퇴직연금충당금	손금산입 한도액까지 계상해야 함	강제신고조정사항	
	㉣ 구상채권상각충당금	신용보증사업을 영위하는 특정 법인에 한하여 별도로 계상할 수 있음	임의신고조정사항	
	㉤ 일시상각충당금 (압축기장충당금)	요건 충족 시 별도로 계상할 수 있음		

▷ **퇴직급여충당금**

❶ 퇴직급여충당금과 퇴직연금충당금의 정의 및 계산순서

① 퇴직급여충당금(내부적립)	내부적으로 퇴직급여재원의 확보를 위해 설정하는 충당금
② 퇴직연금충당금(외부적립)	외부적으로 퇴직연금사업자와 퇴직연금계약을 체결하면서 분담금을 부담하고 설정하는 충당금
③ 계산순서	퇴직급여충당금 한도액 계산 → 퇴직연금충당금 한도액 계산

❷ 퇴직급여충당금의 손금산입 한도액

손금산입 한도액 = MIN [①총급여액 기준, ②추계액 기준] ≥ 0
① 임직원의 해당 사업연도의 총급여액 × 5%
② 퇴직급여추계액 × 0% - 세법상 퇴직급여충당금 이월잔액 + 퇴직금전환금 기말잔액

○ **총급여액**: 퇴직급여 지급대상 임직원에게 해당 사업연도에 지급한 금액

① 총급여액 미포함 대상자	기중에 퇴사한 자, 1년 미만 근속자(지급규정이 있는 경우 제외), 확정기여형 퇴직연금 설정자
② 총급여액의 범위에서 제외되는 항목	「소득세법」상 비과세 근로소득, 손금불산입되는 인건비, 인정상여, 퇴직으로 인하여 받는 소득으로서 퇴직소득에 속하지 않는 소득, 직무발명보상금, 임원 또는 종업원 등에 대한 할인금액 **NEW**

○ **퇴직급여추계액** = MAX [① 일시퇴직기준 퇴직급여추계액, ② 보험수리적기준 퇴직급여추계액]

○ **세법상 퇴직급여충당금 이월잔액**: 전기말까지 세법상 손금으로 인정된 퇴직급여충당금의 당기말 현재 잔액

○ **퇴직금전환금 기말잔액**: 1999년 4월 1일 이전에 존재하던 법규에 의해 설정하던 금액

○ **퇴직급여충당금의 세무조정**

한도초과액(설정액 > 한도액)	손금불산입(유보)
한도미달액(설정액 < 한도액)	세무조정 없음

❸ 퇴직금 지급

① 퇴직급여 지급	퇴직급여충당금에서 먼저 지급한 것으로 봄(상계) 한도초과액이 있는 경우 상계하고도 남은 금액이 있다면 손금불산입된 금액을 손금 추인
② 비현실적 퇴직으로 퇴직급여 지급	현실적으로 퇴직할 때까지 업무무관가지급금 의제
③ 임원퇴직금 한도초과액	퇴직급여충당금 손금산입(△유보)하고 동시에 손금불산입(상여)

▶ 퇴직연금충당금

❶ 퇴직연금제도의 종류

① 확정기여형 퇴직연금제도	회사가 부담금을 납부한 이후 추가적인 의무는 없음
② 확정급여형 퇴직연금제도	회사가 부담금을 납부하여도 적립금의 운용결과에 따라 추가적으로 납부할 의무가 생길 수 있음

❷ 퇴직연금충당금의 설정

> 한도액 = MIN [① 추계액 기준, ② 불입액 기준]
> ① 추계액 대비 퇴직급여충당금 부족설정액 - 세법상 퇴직연금충당금 이월잔액
> ② 퇴직연금운용자산 잔액 - 세법상 퇴직급여충당금 이월잔액

○ **추계액 대비 퇴직급여충당금 부족설정액(기말 퇴직급여추계액)**

> 퇴직급여추계액 총액 - 세법상 퇴직급여충당금 기말잔액

○ **세법상 퇴직연금충당금 이월잔액: 퇴직연금충당금을 계산하기 전까지 잔존하고 있는 퇴직연금충당금 잔액**

> 세법상 퇴직연금충당금 기초잔액 - 당기 중 퇴직연금충당금 감소액

○ **퇴직연금운용자산 잔액: 기말까지 잔존하고 있는 퇴직연금운용자산의 잔액**

> 기초 퇴직연금운용자산 - 기중 퇴직연금운용자산 감소액 + 기중 퇴직연금운용자산 납입액

○ **퇴직연금충당금의 세무조정**

한도초과액(회사계상액 > 한도액)	손금불산입(유보)
한도미달액(회사계상액 < 한도액)	손금산입(△유보) (강제신고조정사항)

❸ 퇴직금 지급

확정급여형 퇴직연금에 가입한 법인에서 현실적 퇴직으로 퇴직급여를 지급하는 경우 다음의 순서로 상계

> ① 퇴직연금충당금 → ② 퇴직급여충당금(총액관리) → ③ 퇴직급여

▶ 대손충당금

❶ 기업회계와 세법의 차이점

구분	기업회계	법인세법
① 대손금	회수불가능한 채권은 대손으로 처리	「법인세법」에서 규정된 요건을 충족한 채권에 한해서만 대손으로 처리
② 대손충당금	㉠ 합리적이고 객관적인 기준에 따라 대손추산액을 산출하고 대손충당금으로 설정 ㉡ 보충법에 의한 회계처리: 기말 대손추산액에서 계상된 대손충당금을 제외한 잔액만큼을 보충하여 설정	㉠ 세법상 한도액의 범위에서만 대손충당금을 설정(결산조정사항) ㉡ 총액법에 의한 회계처리: 당기말 직전까지의 대손추산액을 익금산입(환입)하고, 기말 기준 대손추산액을 다시 손금산입하여 설정

❷ 대손충당금의 세무조정

대손충당금을 손금산입한 내국법인은 대손금이 발생한 경우 그 대손금을 대손충당금과 먼저 상계하고 남은 금액은 다음 사업연도의 소득금액을 계산할 때 익금에 산입

① 한도초과액(설정액 > 한도액)	손금불산입(유보)
② 한도미달액(설정액 < 한도액)	세무조정 없음

❸ 대손금

채권 중 법으로 정한 사유로 회수할 수 없는 채권의 금액은 손금에 산입

○ 신고조정사항

구분	구체적인 대손사유
① 소멸시효가 완성된 채권	㉠ 「상법」에 따른 소멸시효가 완성된 외상매출금 및 미수금 ㉡ 「어음법」에 따른 소멸시효가 완성된 어음 ㉢ 「수표법」에 따른 소멸시효가 완성된 수표 ㉣ 「민법」에 따른 소멸시효가 완성된 대여금 및 선급금
② 그 밖의 채권	㉠ 「채무자 회생 및 파산에 관한 법률」에 따른 회생계획인가의 결정 또는 법원의 면책결정에 따라 회수불능으로 확정된 채권 ㉡ 「서민의 금융생활 지원에 관한 법률」에 따른 채무조정을 받아 신용회복지원협약에 따라 면책으로 확정된 채권 ㉢ 「민사집행법」에 따라 채무자의 재산에 대한 경매가 취소된 압류채권

결산조정사항

구분	구체적인 대손사유
① 일정기간 지난 채권	㉠ 부도발생일부터 6개월 이상 지난 수표 또는 어음상의 채권 및 외상매출금* (단, 해당 법인이 채무자의 재산에 대하여 저당권을 설정하고 있는 경우는 제외) ㉡ 회수기일이 6개월 이상 지난 채권 중 채권가액이 30만원 이하(채무자별 채권가액의 합계액 기준)인 채권 ㉢ 중소기업의 외상매출금 및 미수금으로서 회수기일이 2년 이상 지나고 특수관계인과의 거래로 인하여 발생하지 않은 것 * 대손금으로 손비에 계상할 수 있는 금액은 사업연도 종료일 현재 회수되지 않은 해당 채권의 금액에서 1,000원(비망가액)을 뺀 금액이며 중소기업의 외상매출금은 부도발생일 이전의 것에 한정됨
② 그 밖의 채권	㉠ 채무자의 파산, 강제집행, 형의 집행 등으로 인하여 회수할 수 없는 채권 ㉡ 재판상 화해 등 확정판결 같은 효력을 가진 것으로 회수불능으로 확정된 채권 ㉢ 금융회사 등의 채권으로 금융감독원장이 대손을 인정한 채권 ㉣ 물품의 수출 또는 외국에서 용역제공으로 발생한 채권으로 법으로 정한 사유에 해당하여 무역에 관한 법령에 따라 회수불능으로 확인된 채권 ㉤ 중소기업창업투자회사의 창업자에 대한 채권으로서 법에 정한 기준에 해당한다고 인정한 채권
③ 예외	다른 법인과 합병하거나 분할하는 경우로서 결산조정사항에 해당하는 대손금을 합병등기일·분할등기일이 속하는 사업연도까지 손비로 계상 하지 않은 경우 합병등기일·분할등기일이 속하는 사업연도의 손비로 함

대손금의 손금산입 대상채권

① 원칙	대손처리할 수 있는 채권의 범위에 대해서는 별다른 제한이 없음(회수할 수 없는 부가가치세 매출세액 미수금도 포함)
② 예외	다음의 채권은 대손사유가 충족되더라도 손금에 산입할 수 없음 ㉠ 채무보증(법에 정한 채무보증은 제외)으로 인하여 발생한 구상채권 ㉡ 대여 시점의 특수관계인에게 지급한 업무무관가지급금 ㉢ 「부가가치세법」에 따른 대손세액공제를 받은 부가가치세 매출세액

대손금 회수액의 처리

① 손금산입한 대손금을 회수	그 회수한 날이 속하는 사업연도의 소득금액 계산 시 익금에 산입
② 손금불산입한 대손금을 회수	익금에 산입할 수 없음

채권가액의 재조정에 따른 대손금

기업회계기준에 따른 채권의 재조정에 따라 장부가액과 현재가치의 차액을 대손금으로 계상 시 이를 손금에 산입 손금산입액은 기업회계기준 환입방법에 따라 익금산입

❹ 대손충당금의 손금산입한도액

$$손금산입 한도액 = 당기말 설정대상채권의 장부가액 합계 \times 설정률$$

○ **설정대상채권에서 제외되는 채권**

① 외상매출금	㉠ 할인어음 ㉡ 배서어음
② 대여금	㉠ 채무보증으로 인해 발생한 구상채권 ㉡ 대여시점의 특수관계인에 대한 업무무관가지급금
③ 그 밖의 채권	㉠ 매각거래성격의 할인어음 및 배서양도어음 ㉡ 부당행위계산규정을 적용받는 고가매입거래에 있어 시가초과액에 상당하는 채권

○ **설정대상채권의 장부가액**

세법상의 장부가액으로 다음과 같이 계산함

$$설정대상채권가액 = 기말 재무상태표상 채권가액 - 설정제외대상 채권가액 \pm 채권 유보$$

○ **설정률**

설정률* = MAX [①, ②]
① 1%
② 대손실적률 = $\dfrac{해당\ 사업연도의\ 대손금(요건을\ 충족한\ 것에\ 한정)}{직전\ 사업연도\ 종료일\ 현재의\ 채권잔액}$

* 단, 은행 등 금융회사는 금융위원회 또는 행정안전부가 협의하여 정하는 대손충당금 적립기준 금액이 클 경우 그 금액으로 함

❺ 기타사항

① 동일인에 대한 채권·채무의 상계 여부	상계하지 않는 것을 원칙으로 하되, 별도의 약정이 있는 경우 상계
② 합병·분할의 경우 대손충당금의 승계	합병법인 등이 승계*받은 금액은 그 합병법인 등이 합병·분할등기일에 가지고 있는 대손충당금으로 봄

* 해당 대손충당금에 대응하는 채권이 함께 승계되는 경우만 해당

▶ 일시상각충당금(압축기장충당금)과 구상채권상각충당금

❶ 일시상각충당금(압축기장충당금)의 의의
익금에 해당하는 일정 금액에 대하여 과세시점을 이연하여 법인세 부담을 완화시키기 위해 당기에 일시에 상각할 목적으로 설정하는 충당금으로 공사부담금·국고보조금·보험차익 또는 물적분할·현물출자·교환으로 인한 자산양도차익에 한하여 설정가능

① 감가상각자산에 대한 경우	일시상각충당금
② 비상각자산에 대한 경우	압축기장충당금

❷ 일시상각충당금(압축기장충당금)의 손금산입방법
① 손금산입 방법: 결산조정과 신고조정 중 선택 (임의신고조정)
② 국고보조금·공사부담금·보험차익에 대한 일시상각충당금

	국고보조금	공사부담금	보험차익
대상	법 규정에 따라 보조금을 수령한 법인	전기·가스·집단에너지공급사업, 초고속정보통신기반구축사업 및 수도사업 영위법인	보험차익이 발생하는 법인
손금산입시기	지급받은 사업연도(현금주의)		
손금산입요건 (지급받은 사업연도의 다음 사업연도 개시일부터)	1년 이내 사용*	1년 이내 사용	2년 이내 사용

* 법이 정한 사유로 기한 내 미사용 시 해당 사유가 끝나는 날이 속하는 사업연도의 종료일을 기한으로 봄

③ 익금산입 시기

㉠ 일반적인 경우	감가상각하거나 처분할 때
㉡ 손금산입요건 기간 내에 자산을 취득하지 않은 경우 ㉢ 취득 전에 폐업 또는 해산 (단, 합병·분할하는 경우로서 합병법인 등이 승계한 경우 제외)	당해 사유가 발생하는 날이 속하는 사업연도의 소득금액을 계산할 때

❸ 구상채권상각충당금의 의의
신용보증사업을 영위하는 내국법인 중 대통령령에 의한 특정법인에 한해 구상권을 행사하면서 보유하는 구상채권에 대해서 설정하는 충당금

❹ 구상채권상각충당금의 손금산입방법

① 원칙	결산조정
② 예외	한국채택국제회계기준을 적용하는 대한주택보증주식회사에 한해 이익처분에 의한 신고조정 인정
③ 상계	신용보증사업으로 발생한 구상채권 중 대손금이 발생한 경우 그 대손금을 충당금과 먼저 상계함
④ 환입	상계하고 남은 충당금의 금액은 다음 사업연도의 소득금액 계산 시 익금산입

MEMO

12 준비금

Teacher's Map

▷ 법인세법상 준비금

❶ 준비금의 의의
: 사업을 영위하는 법인이 그 사업의 목적을 달성하기 위하여 적립하는 금액

❷ 세법상 인정되는 준비금의 종류

구분		인정되는 준비금
① 법인세법	㉠ 비영리법인	고유목적사업준비금
	㉡ 보험업 영위법인	책임준비금·비상위험준비금, 해약환급금준비금
② 조세특례제한법	신용회복목적회사	손실보전준비금

▷ 비영리법인을 대상으로 하는 고유목적사업준비금

① 의의	비영리법인이 고유목적사업이나 일반기부금에 지출하기 위해 계상한 준비금
② 중복적용 배제	『법인세법』 및 『조세특례제한법』에 따른 비과세·면제, 준비금의 손금산입, 소득공제 또는 세액감면을 적용받는 경우 손금산입할 수 없음 (단, 고유목적사업준비금만 적용받는 것으로 수정신고 시 제외)
③ 손금산입 방법	㉠ 원칙: 결산조정사항 ㉡ 『주식회사의 외부감사에 관한 법률』에 따른 감사인의 회계감사를 받는 비영리내국법인: 잉여금처분에 의한 신고조정 허용

○ **손금산입 한도액**

$$\text{손금산입 한도액} = \underset{\text{소득금액}}{\underset{①}{\text{이자·배당}}} + \left(\underset{\text{소득금액}}{\underset{②}{\text{수익사업}}} - \underset{\text{소득금액}}{\underset{①}{\text{이자·배당}}} - \underset{\text{결손금}}{\underset{③}{\text{이월}}} - \underset{\text{손금산입액}}{\text{특례기부금}} \right) \times 50\% (\text{또는 특례비율})$$

① 이자·배당 소득금액: 비영업대금의 이익과 상속·증여세가 부과되는 주식 등으로부터 발생한 배당소득은 제외
② 수익사업소득금액: 고유목적사업준비금 및 특례기부금을 손금산입하기 전의 소득금액에서 경정으로 증가된 소득금액 중 해당 법인의 특수관계인에게 상여 및 기타소득으로 처분된 금액은 제외한 금액
③ 이월결손금: 각 사업연도의 개시일 전 15년 이내에 개시한 사업연도에서 발생한 결손금으로서 그 후의 각 사업연도 과세 표준에서 아직 미공제된 금액

상계, 승계, 환입

① 상계	고유목적사업준비금을 손금에 산입한 이후, 그 금액을 고유목적사업 또는 일반기부금에 사용한 경우 먼저 계상한 연도의 준비금분부터 차례로 상계
② 승계	포괄적으로 양도하고 해산한 경우 다른 비영리법인에 승계할 수 있음
③ 환입	손금에 산입한 고유목적사업준비금의 잔액(ⓔ의 경우에는 고유목적사업 등이 아닌 용도에 사용한 금액)이 있는 비영리법인은 다음의 경우에 해당 사유가 발생한 날이 속하는 사업연도의 익금에 산입

	㉠ 5년 이내 미사용분	손비로 계상한 사업연도의 종료일 이후 5년이 되는 날까지 사용하지 않은 경우 환입 (미사용분 한정)
	㉡ 해산·폐지	해산한 경우(승계한 경우 제외), 고유목적사업을 전부 폐지한 경우 환입
	㉢ 승인 취소	법인으로 보는 단체가 승인이 취소되거나 거주자로 변경되는 경우
	㉣ 다른 용도에 사용	고유목적사업준비금을 고유목적사업 등이 아닌 용도에 사용한 경우

▶ 보험업 영위법인 대상 준비금

손금산입방법

① 원칙	결산조정
② 특례	한국채택국제회계기준을 적용하는 법인이 비상위험준비금 및 해약환급금준비금을 *세무조정계산서*에 계상한 경우 이익처분에 의한 신고조정 가능

책임준비금

① 의의		보험회사가 보험가입자에게 보험금을 지급하는 것에 대비해 미리 적립해두는 준비금
② 손금산입 한도액과 환입		㉠ 기말 현재 모든 보험계약이 해약된 경우 지급할 환급액 ㉡ 기말 현재 보험사고가 발생하였으나 아직 지급할 보험금이 확정되지 않은 경우 그 추정액 ㉢ 보험계약자에게 배당하기 위하여 법에 정한 기준에 따라 적립한 배당준비금
	손금산입 한도액	㉠ + ㉡ + ㉢
	환입 ㉠·㉡	손금에 산입한 사업연도의 다음 사업연도에 익금산입
	환입 ㉢	원칙: 손금에 산입한 사업연도 종료일 이후 3년이 되는 날까지 상계하고 남은 잔액이 있는 경우 그 3년이 되는 날이 속하는 사업연도에 익금에 산입 예외: 해산* 또는 보험사업의 허가취소가 3년이 되기 전에 발생하는 경우에는 해당 사유가 발생한 날이 속하는 사업연도의 익금에 산입

* 합병에 따라 해산한 경우로서 보험사업을 영위하는 합병법인이 그 잔액을 승계한 경우 제외

비상위험준비금

① 의의	거액의 보험금이 지급될 것으로 예상되는 경우 책임준비금만으로 지급에 충분히 대비하지 못할 수 있음에 대비하여 부수적으로 더 적립하는 준비금
② 손금산입 한도액	손금 산입 한도액* = 보험종목별 적립기준금액 = 해당 사업연도의 보험종목별 적립대상보험료의 합계액 × 보험종목별 적립기준율

* 손금에 산입하는 비상위험준비금의 누적액은 해당 사업연도의 보험종목별 적립대상보험료의 합계액의 50%(자동차보험의 경우에는 40%, 보증보험의 경우에는 150%)을 한도로 함

○ 해약환급금준비금

① 의의	보험계약이 해약되는 경우 보험회사가 보험계약자에게 반환해야 하는 금액에 대비하여 적립하는 준비금
② 손금산입 한도액	손금산입한도액 = ㉠ - ㉡ ㉠ 해약환급금 + 미경과보험료 ㉡ 책임준비금 + 특별계정부채의 합계액

▷ 조세특례제한법상 준비금

① 설정가능 준비금	신용회복목적회사의 손실보전준비금 (~2026년)
② 손금산입 방법	결산조정을 원칙으로 하되 이익처분에 의한 신고조정도 허용

MEMO

13 부당행위계산의 부인

Teacher's Map

▶ 부당행위계산의 부인 개괄

❶ 부당행위계산의 부인의 의의

내국법인의 행위 또는 소득금액의 계산이 특수관계인과의 거래로 인하여 법인의 소득에 대한 조세의 부담을 부당하게 감소시킨 것으로 인정되는 경우, 납세지 관할 세무서장(또는 관할 지방국세청장)이 다시 법인의 각 사업연도의 소득금액을 계산하는 것

① 법률적 효과	법적 효과는 그대로 유지되며 조세포탈범으로 처벌되지 않음
② 세무조정	익금에 산입 후 귀속자의 구분에 따라 처분됨

❷ 부당행위계산의 적용요건

① 그 행위 당시를 기준으로 ② 특수관계인에 있는 자와의 거래이고 ③ 그로 인해 조세부담이 부당하게 감소되었다고 인정되어야 함

○ 판정의 기준시점

① 원칙	조세부담을 부당하게 감소시키는 그 행위 당시
② 예외: 불공정합병	합병등기일이 속하는 사업연도의 직전 사업연도 개시일(개시일이 서로 다른 법인이 합병한 경우 먼저 개시한 날)부터 합병등기일까지의 기간

○ 특수관계인

의의	해당 법인과 다음 중 어느 하나의 관계에 있는 자 ① 임원의 임면권의 행사, 사업방침의 결정 등 해당 법인의 경영에 대해 사실상 영향력을 행사하고 있다고 인정되는 자와 그 친족 ② 주주 또는 출자자로서 소액주주를 제외한 주주 등과 그 친족 ③ 다음 중 어느 하나에 해당하는 자 및 이들과 생계를 함께하는 친족 　㉠ 법인의 임원·직원 또는 비소액주주의 직원 　㉡ 법인 또는 비소액주주의 금전이나 그 밖의 자산에 의해 생계를 유지하는 자 ④ 해당 법인에 30% 이상을 출자하고 있는 법인에 30% 이상을 출자하고 있는 법인이나 개인 ⑤ 그 밖에 법에 열거된 자

○ 조세부담을 부당하게 감소시키는 거래의 예시

유형 1	고가매입·저가양도
유형 2	고리차용·저리대여
유형 3	불공정자본거래
유형 4	무수익자산을 매입하였거나 현물출자 받은 경우, 불량자산을 차환하거나 불량채권을 양수한 경우, 파생상품에 근거한 권리를 행사하지 않거나 그 행사기간을 조정하는 등의 방법으로 이익을 분여하는 경우 등

○ 부당행위계산 해당여부의 판단기준으로서 시가의 계산

① 시가가 분명한 경우	㉠ 상장주식	증권시장 외에서 거래하거나 대량매매 등 법으로 정하는 방법으로 거래한 경우: 그 거래일의 거래소 최종시세가액
	㉡ 그 외의 자산	해당 거래와 유사한 상황에서 해당 법인이 특수관계인 외의 불특정다수인과 계속적으로 거래한 가격 또는 특수관계인이 아닌 제3자 간에 일반적으로 거래된 가격
② 시가가 불분명한 경우	㉠ 주식·출자지분	「상속세 및 증여세법」에 따른 보충적 평가방법을 준용한 평가액
	㉡ 그 외의 자산	<1순위> 감정평가업자의 감정가액(감정가액이 둘 이상일 경우 그 평균액) 단, 주식 등 및 가상자산은 제외 ⇒ <2순위> 「상속세 및 증여세법」에 따른 보충적 평가방법을 준용한 평가액
③ 금전의 대여 또는 차용인 경우		가중평균차입이자율(선택하기 어렵거나 당좌대출이자율로 신고한 경우: 당좌대출이자율)

○ 시가적용의 특례

위의 시가의 계산방법을 적용할 수 없는 경우 다음의 금액을 시가로 함

① 유형 또는 무형의 자산을 제공하거나 제공받는 경우	$\left(\text{당해 자산의 시가} \times 50\% - \text{전세금 또는 보증금}\right) \times \text{정기예금 이자율} \times \dfrac{\text{임대일수}}{365(366)}$
② 건설 기타 용역을 제공하거나 제공받는 경우	용역제공에 소요된 원가 × (1 + 유사거래*의 수익률)

* 특수관계인 외의 자에게 제공한 유사 용역제공거래 또는 특수관계인이 아닌 제3자간의 일반적인 용역제공거래

▶ 유형1: 재화 및 용역의 수수

❶ 자산의 고가매입 또는 저가양도

다음의 경우로서 중요성 요건을 만족하는 경우에만 부당행위계산으로 보아 부인함
① 자산을 시가보다 높은 가액으로 매입 또는 현물출자받았거나 자산을 과대상각한 경우
② 자산을 무상 또는 시가보다 낮은 가액으로 양도 또는 현물출자한 경우

> 중요성 요건(상장주식 제외): 시가와 거래가액의 차액 ≥ MIN [시가 × 5%, 3억원]

○ 세무조정

① 고가매입	㉠ 부당행위계산부인을 한 후 부당금액 익금산입(배당, 상여 등) ㉡ 자산의 시가초과액을 손금산입(△유보) ㉢ 감가상각자산이라면 시가초과액에 대한 감가상각비 손금불산입(유보)
② 저가양도	㉠ 해당자산은 양도에 해당하기 때문에 기존에 계상되어 있던 유보를 추인 ㉡ 시가에 미달하여 지급받은 금액은 부당행위계산부인에 따라 익금산입 후 귀속자에 따라 소득처분

❷ 사택임대

사택의 사용자	사택유지비의 처리	부당행위계산의 부인 여부
① 출자임원* 및 그 친족	손금불산입(업무무관비용)	적정 임대료에 미달하게 임대한 경우 부당행위계산 부인 규정을 적용하여 차액을 익금산입
② 직원·비출자임원·소액주주	손금	-

* 1% 이상의 지분을 보유하는 임원

▶ 유형2: 가지급금 인정이자

❶ 개요

특수관계인에게 금전을 무상 또는 시가보다 낮은 이율로 대부한 경우 또는 특수관계인으로부터 높은 이율·요율이나 임차료로 차용하거나 제공받은 경우로서 유형1과 마찬가지로 중요성 요건을 만족하는 경우에만 부당행위계산부인을 적용

$$\text{중요성 요건: 시가와 거래가액의 차액} \geq \text{MIN [시가} \times 5\%, 3\text{억원]}$$

○ **세무조정**
세법에서 정하는 적정이자율로 계산한 인정이자와 회사가 계상한 이자와의 차이에 해당하는 금액을 익금에 산입 후 귀속자에 따라 상여, 배당 등으로 소득처분

❷ 업무무관가지급금의 범위

가지급금 인정이자 계산 대상이 되는 업무무관가지급금의 범위는 ⑥ **지급이자 손금불산입**의 ⑤ ❷ (4) 업무무관가지급금의 범위와 동일함

❸ 인정이자의 계산식

$$\text{가지급금 인정이자} = ① \text{ 가지급금 적수} \times ② \text{ 이자율} \times \frac{1}{365(366)}$$

① 가지급금 적수: 가지급금의 매일의 잔액을 합산한 금액
② 이자율

㉠ 원칙	가중평균차입이자율
㉡ 예외	당좌대출이자율 ⓐ 가중평균차입이자율의 적용이 불가한 경우: 특수관계인이 아닌 자로부터 차입한 금액이 없는 경우, 차입금 전액이 채권자가 불분명한 사채 또는 매입자 불분명 채권·증권의 발행으로 조달된 경우 ⓑ 대여한 날로부터 해당 사업연도 종료일 까지의 기간이 5년을 초과한 대여금 ⓒ 과세표준신고시 당좌대출이자율을 시가로 선택하는 경우 (연속 3개 사업연도 의무적용)

④ 법인이 미수이자를 계상한 경우 세무조정

① 이자 약정이 있는 경우	㉠ 미수이자 계상액	약정있는 미수이자는 인정하되, 손익귀속시기가 미도래한 원천징수대상 미수이자는 인정할 수 없기에 익금불산입
	㉡ 인정이자	인정이자와 미수이자와의 차액을 익금에 산입하고 귀속자에 따라 소득처분(중요성 요건 적용)
② 이자 약정이 없는 경우	㉠ 미수이자 계상액	약정없는 미수이자는 거짓으로 보아 미수이자 계상액을 익금불산입
	㉡ 인정이자	인정이자 총액을 익금에 산입하고 귀속자에 따라 소득처분

▶ 유형3: 불공정자본거래로 인한 이익분여

❶ 불공정자본거래의 의의
기존의 지분비율이 아닌 불공정한 비율로 자본거래(합병·증자·현물출자·감자)를 하는 행위

❷ 불공정자본거래의 세법상 처리방법

이익을 준 주주	이익을 얻은 주주
개인주주 또는 비영리법인: 과세문제 없음	개인주주 또는 비영리법인: 증여세 과세
영리법인: 부당행위계산으로 보아 익금산입 (기타사외유출)으로 소득처분	영리법인: 익금항목(유보)으로 소득처분

❸ 불공정자본거래 해당 여부의 판단기준

중요성 요건: 시가와 거래가액의 차액 ≥ MIN [시가 × 30%, 3억원]

❹ 불공정자본거래로 인한 이익분여

불공정합병이익 = 1주당 평가차액 × 과대평가된 법인 대주주의 합병 후 주식수

① 불공정합병	특수관계인인 법인 간의 합병(분할합병 포함)에 있어 주식 등을 시가보다 높거나 낮게 평가하여 불공정한 비율로 합병한 경우
② 불공정증자	법인의 자본을 증가시키는 거래에 있어 주주 등인 법인이 신주를 배정·인수받을 수 있는 권리의 전부 또는 일부를 포기하거나 신주를 시가보다 높은 가액으로 인수한 경우
③ 불공정감자	법인의 감자에 있어서 주주 등의 소유주식 등의 비율에 의하지 않고 일부 주주 등의 주식만을 무상 또는 저가로 소각하는 경우

14 과세표준의 계산

Teacher's Map

▷ **과세표준의 계산**

❶ 과세표준까지의 계산구조

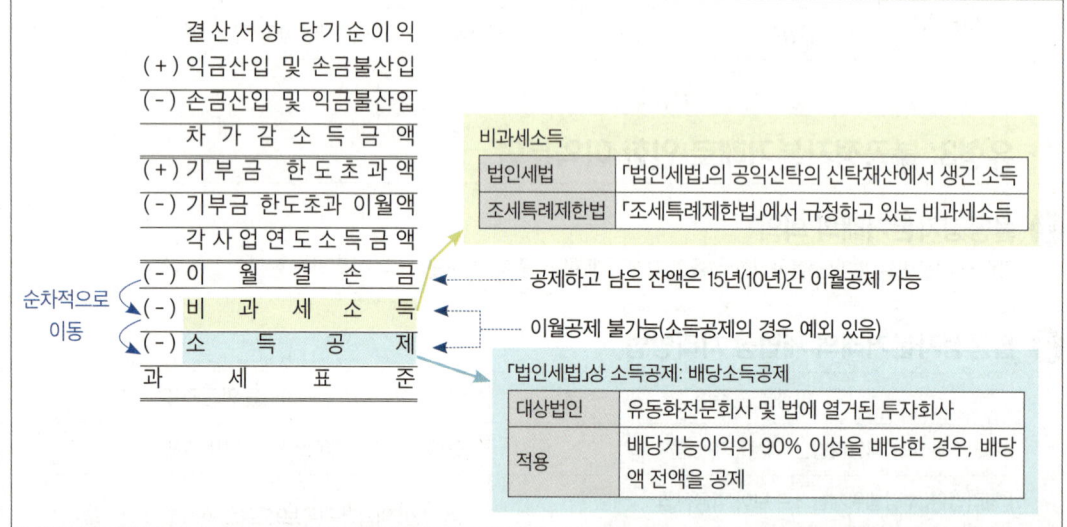

▷ **이월결손금**

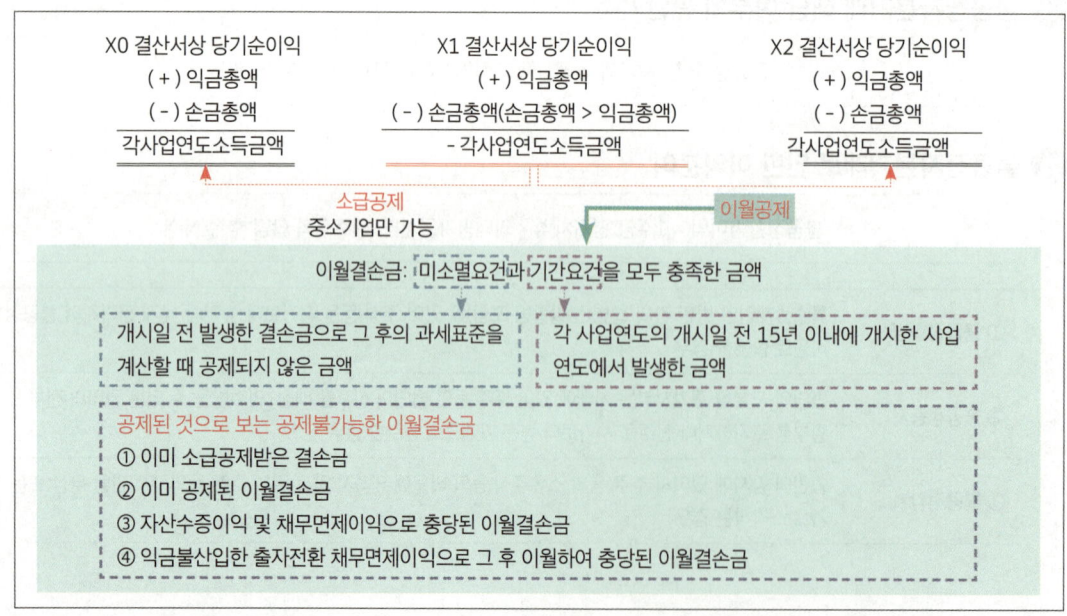

○ 공제한도

① 일반기업	MIN [공제대상 이월결손금, 각 사업연도 소득금액 × 80%]
② 중소기업 등 법인*	MIN [공제대상 이월결손금, 각 사업연도 소득금액 × 100%]

* 중소기업 및 중소기업 외 법에 규정하는 법인(회생과 관련된 계획을 이행하는 법인 등)

○ 추계결정 및 경정의 경우 이월결손금공제 배제

① 원칙	이월결손금 공제규정 배제
② 예외	천재지변 등에 의해 장부나 그 밖의 증빙서류가 멸실되어 추계하는 경우에는 이월결손금 공제규정 그대로 적용

❶ 결손금의 소급공제

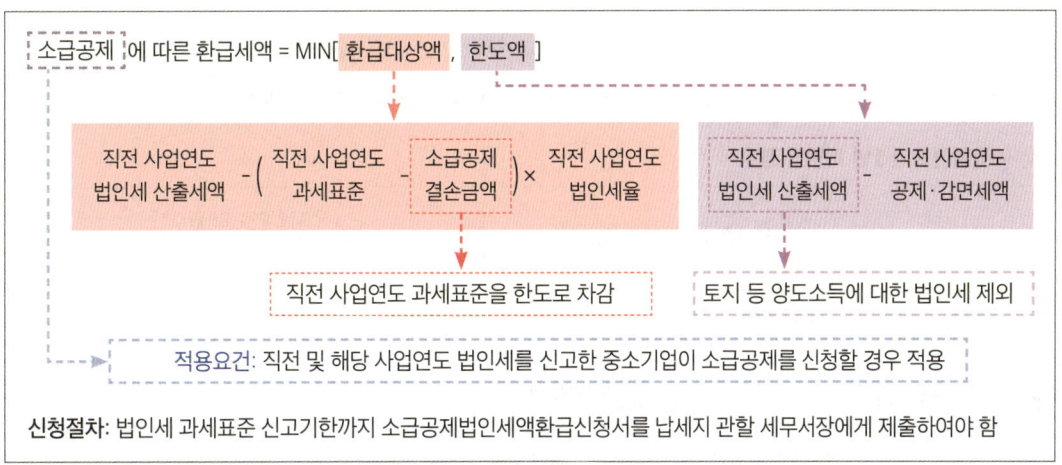

○ 환급세액의 추징

① 의의	추징 사유가 발생한 경우 환급취소세액에 이자상당액을 더한 금액을 해당 결손금이 발생한 사업연도의 법인세로서 징수함
② 추징사유	㉠ 당해 법인세 과세표준 및 세액 경정으로 인한 결손금의 감소 ㉡ 직전 법인세 과세표준 및 세액 경정으로 인한 환급세액의 감소 ㉢ 중소기업에 해당하지 않는 내국법인이 환급받은 경우
③ 계산식	환급취소세액 = 당초 환급세액 × $\dfrac{\text{감소된 결손금 - 소급공제 받지 않은 결손금}}{\text{소급공제 결손금액}}$ 이자상당액 = 환급취소세액 × 기간* × $\dfrac{22}{100,000}$ (일일 이자율)

* 당초 환급세액의 통지일의 다음 날부터 환급취소에 의하여 징수하는 법인세액의 고지일까지의 기간의 일수

15 산출세액 및 차감납부세액의 계산

Teacher's Map

▶ 산출세액의 계산

❶ 일반 법인의 산출세액

사업연도가 1년인 경우: 과세표준 × 세율

과세표준	세율
2억원 이하	9%*
2억원 초과 200억원 이하	1천800만원 + 2억원 초과금액 × 19%
200억원 초과 3천억원 이하	37억 8천만원 + 200억원 초과금액 × 21%
3천억원 초과	625억 8천만원 + 3천억원 초과금액 × 24%

* 부동산임대업을 주된 사업으로 하는 등 법령으로 정하는 요건에 해당하는 내국법인은 19% **NEW**

○ **사업연도가 1년 미만인 경우**

$$법인세\ 산출세액 = \left(과세표준 \times \frac{12}{사업연도의\ 월수^*} \times 세율\right) \times \frac{사업연도의\ 월수^*}{12}$$

* 1개월 미만의 일수는 1개월로 함

❷ 토지 등의 양도소득이 있는 법인의 산출세액

법인세 산출세액 = 각 사업연도 소득에 대한 법인세 + 토지 등 양도소득에 대한 법인세

○ **토지 등 양도소득에 대한 법인세의 계산**

① 토지 등 양도소득	토지 등의 양도금액 - 양도 당시의 장부가액
② 적용 세율	㉠ 국내에 소재하는 주택 및 별장: 20% (미등기자산은 40%) ㉡ 비사업용토지: 10% (미등기자산은 40%) ㉢ 주택을 취득할 수 있는 권리로서 조합원입주권 및 분양권: 20% 단, 하나의 자산이 둘 이상의 경우에 해당할 경우 그 중 가장 높은 세액을 적용함
③ 양도차손 통산	양도차손 발생 시 다음 자산의 양도소득에서 순차로 차감하여 양도소득을 계산함 ㉠ 양도차손이 발생한 자산과 같은 세율을 적용받는 자산의 양도소득 ㉡ 양도차손이 발생한 자산과 다른 세율을 적용받는 자산의 양도소득 단, 순차로 차감하고도 남은 양도차손은 이월공제하지 않음

- **과세대상**: 다음 주요 비과세 대상을 제외한 주택 및 별장, 비사업용 토지, 주택을 취득하기 위한 권리(입주권, 분양권)
  ① 임직원에게 제공되는 사택 및 무상으로 제공하는 법인 소유의 주택으로 기간이 10년 이상인 주택
  ② 농어촌 주택 및 별장
  ③ 저당권의 실행 등으로 인하여 취득한 주택으로 취득일로부터 3년이 경과하지 않은 주택
- **귀속시기**: 대금청산일·소유권이전등기일·인도일·사용수익일 중 빠른 날 (단, 예약매출에 의해 토지를 양도하는 경우는 계약일)

▶ 차감납부세액의 계산구조

❶ 계산구조

```
          산  출  세  액
( - )     세  액  감  면
( - )     세  액  공  제
( + )     가     산     세
( + )     감     면     분
추 가 납 부 세 액
          총  부  담  세  액
( - )     기  납  부  세  액
차 감 납 부 세 액
```

❷ 세액감면과 세액공제의 적용순서

① 세액감면 → ② 이월공제가 인정되지 않는 세액공제 → ③ 이월공제가 인정되는 세액공제 → ④ 사실과 다른 회계처리로 인한 경정에 따른 세액공제

▶ 세액감면

$$감면세액 = ① 법인세 \ 산출세액 \times \frac{감면소득금액 - ② 이월결손금·비과세소득·소득공제}{과세표준} \times 감면율$$

① 법인세 산출세액: 토지 등 양도소득에 대한 법인세와 미환류소득에 대한 법인세를 제외한 금액
② 이월결손금·비과세소득·소득공제: 감면사업에서 발생한 부분만 산입하고 불분명한 경우 안분한 금액 산입

▶ 세액공제

❶ 개요

구분	세액공제	이월공제 가능여부
「법인세법」	① 외국납부세액공제	10년간 이월공제 가능
	② 재해손실세액공제	불가
	③ 사실과 다른 회계처리로 인한 경정에 따른 세액공제	공제 후 남아 있는 과다 납부한 세액은 이후 사업연도로 이월공제 가능(기한 제한 없음)
「조세특례제한법」상의 세액공제(일정한 것 제외)		10년간 이월공제 가능(최저한세 적용대상)

❷ 외국납부세액공제

외국납부세액공제액 = MIN [①, ②]
① 외국납부법인세액
② 공제한도 = 법인세 산출세액^{*1} × $\dfrac{\text{국외원천소득}^{*2}}{\text{해당 사업연도의 과세표준}}$

*1 토지 등 양도소득에 대한 법인세액과 미환류소득에 대한 법인세액을 제외
*2 국외원천소득 = 국외 발생 각 사업연도 소득금액 − 이월결손금 − 비과세소득 − 소득공제

○ 외국납부법인세액의 범위

외국납부법인세액 = ① 직접외국납부세액 + ② 의제외국납부세액 + ③ 간접외국납부세액

① 직접외국납부세액	외국정부(지방자치단체 포함)에 납부하였거나 납부할 세액
② 의제외국납부세액	조세조약의 상대국에서 발생한 국외원천소득에 대하여 법인세를 감면받은 세액 상당액
③ 간접외국납부세액	외국자회사(배당확정일 현재 6개월 이상 계속하여 10%* 이상을 출자하는 법인)로부터 배당금을 수령한 경우 외국자회사가 납부한 법인세액 중 다음의 일정액을 납부한 것으로 간주함 간접외국납부세액 = 외국자회사의 해당 사업연도의 법인세액 × $\dfrac{\text{수입배당금액}}{\text{외국자회사의 해당 사업연도의 소득금액} - \text{외국자회사의 해당 사업연도의 법인세액}}$

* 해외자원개발사업을 하는 외국법인의 경우 5%

○ **외국납부세액공제의 특징**

① 국별 한도방식		국가별로 구분하고 국가별 한도를 적용하여 계산
② 이월공제		다음 사업연도 개시일부터 10년 이내 이월공제 가능
③ 추계 시 외국납부세액공제 배제		추계할 경우 외국납부세액공제 적용 배제 (단, 천재지변 등에 의한 추계인 경우 적용가능)
④ 중복 적용 배제		외국자회사 수입배당금액의 익금불산입의 적용대상이 되는 수입배당금액에 대해서는 외국납부세액공제 규정을 적용하지 아니함
⑤ 서류제출방법	㉠ 원칙	*외국납부세액공제세액계산서*를 납세지 관할 세무서장에게 제출
	㉡ 예외	제출할 수 없는 경우 외국정부의 국외원천소득에 대한 법인세결정통지를 받은 날부터 3개월 이내에 *외국납부세액공제세액계산서*에 증빙서류를 첨부하여 제출할 수 있음 (외국정부가 법인세액을 경정함으로써 세액에 변동이 생긴 경우도 같음)

❸ 재해손실세액공제

재해손실세액공제액 = MIN [①, ②]
① 공제세액 = 공제대상 법인세액 × 재해상실비율
② 한도액 = 상실된 자산가액

○ **공제대상 법인세액의 계산**

공제대상 법인세	계산
재해발생일 현재 부과되지 않은 법인세와 부과된 법인세로서 미납된 법인세	미부과 및 미납된 법인세액(가산세[*1] 포함)
재해발생일이 속하는 사업연도의 소득에 대한 법인세	법인세 산출세액 + 가산세[*1] - 다른 법률에 의한 감면·공제세액[*2]

[*1] 가산세: 장부의 기록·보관 불성실가산세, 무신고가산세, 과소신고가산세 및 납부지연가산세
[*2] 다른 법률에 의한 감면·공제세액: 법인세법 외의 다른 법률에 의한 감면·공제세액

○ **재해상실비율**

$$\text{재해상실비율} = \frac{\text{상실된 자산총액}}{\text{상실 전의 자산총액}}$$

← 토지 제외
　수령한 보험금 차감안함

자산총액: 사업용자산 및 변상책임이 있는 타인 소유의 자산재해 발생일 현재의 장부세액으로 계산하되 장부의 소실·분실로 알 수 없는 경우 납세지 관할 세무서장이 조사한 재해발생일 현재의 가액으로 계산함

○ **재해손실세액공제의 신청방법**: 다음의 기한까지 *재해손실세액공제신청서*를 납세지 관할 세무서장에게 제출

① 재해발생일 현재 미납된 법인세와 납부해야 할 법인세	재해발생일부터 3개월
② 재해발생일 현재 과세표준신고기한이 지나지 않은 법인세	그 신고기한*

* 재해발생일부터 신고기한까지의 기간이 3개월 미만인 경우에는 재해발생일부터 3개월

❹ 사실과 다른 회계처리로 인한 경정에 따른 세액공제

: 사실과 다른 회계처리를 하고 이에 대한 경고·주의 등의 조치를 받은 경우 제재성격으로 해당 법인에 대해서는 과다납부세액을 즉시 환급하지 않고 세액공제를 적용

○ 세액공제 대상법인

① 다음의 요건을 모두 충족하는 사실과 다른 회계처리를 하였을 것

> ㉠ 「자본시장과 금융투자업에 관한 법률」에 따른 사업보고서 및 「주식회사의 외부감사에 관한 법률」에 따른 감사보고서를 제출할 때 수익 또는 자산을 과다계상하거나 손비 또는 부채를 과소계상할 것
> ㉡ 내국법인, 감사인 또는 그에 소속된 공인회계사가 경고·주의 등의 조치를 받을 것

② 위와 같이 사실과 다른 회계처리를 하여 과세표준 및 세액을 과다하게 계상함으로써 국세기본법에 따라 경정청구하여 감액경정을 받을 것

○ 환급의 제한: 과다납부한 세액의 20%를 한도로 공제하고 남아있는 과다납부 세액은 이월하여 공제함

○ 기타 규정

① 수정신고 납부세액이 있는 경우	수정신고를 하여 납부할 세액이 있는 경우에는 그 납부할 세액에서 사실과 다른 회계처리로 인한 과다납부한 세액을 과다납부한 세액의 20%를 한도로 먼저 공제
② 다른 경정청구 사유가 있는 경우	분식회계로 인한 과다납부세액에 대한 경정청구의 사유 외에 다른 경정청구의 사유가 있는 경우에는 다음의 금액을 그 공제세액으로 함 공제세액 = 과다납부한 세액 × $\dfrac{\text{분식회계로 인한 과다계상한 과세표준}}{\text{과다계상한 과세표준의 합계액}}$

○ 해산하는 경우: 해산한 내국법인의 과다납부 세액이 남아 있는 경우

① 합병 또는 분할에 따른 해산	합병법인 또는 분할신설법인 등이 남아 있는 과다납부한 세액을 승계하여 세액공제를 적용
② 위 외의 방법에 따른 해산	납세지 관할 세무서장(관할 지방국세청장)은 과다납부한 세액에서 청산소득에 대한 법인세 납부세액을 빼고 남은 금액을 즉시 환급

○ 세액공제의 순서

: 해당 사업연도의 사실과 다른 회계처리로 인한 경정에 따른 세액공제액과 이월된 미공제액이 함께 있을 때에는 이월된 미공제액을 먼저 공제

▶ 기납부세액

❶ 개요
: 세수의 조기확보 등의 목적으로 사업연도 중 미리 납부·징수하도록 규정한 법인세
① 원천징수세액, ② 중간예납세액, ③ 수시부과세액 등이 이에 해당

❷ 원천징수세액
: 원천징수란 원천징수대상소득 지급자가 지급받는 자로부터 원천징수하여 그 징수일이 속하는 달의 다음 달 10일까지 해당 금액을 납세지 관할세무서 등에 납부하는 제도

○ **원천징수대상소득과 원천징수세율**

원천징수대상소득		원천징수세율
① 이자소득금액	③ 일반	14%
	ⓒ 비영업대금의 이익	25%(단, 「온라인투자연계금융업 및 이용자 보호에 관한 법률」에 따라 금융위원회에 등록한 온라인투자연계금융업자를 통하여 지급받는 이자소득에 대해서는 14%)
② 집합투자기구로부터의 이익 중 투자신탁의 이익		14%

○ **원천징수대상에서 제외되는 소득**
① 법인세가 부과되지 않거나 면제되는 소득
② 「은행법」에 의한 은행·보험회사 등 법이 정하는 금융회사의 수입금액
③ 신고한 과세표준에 이미 산입된 미지급소득
④ 기타 법령으로 정한 것

○ **원천징수세액의 납부**

① 원칙	징수일이 속하는 달의 다음달 10일까지 납부
② 예외: 요건충족법인*	징수일이 속하는 반기(半期)의 마지막 달의 다음 달 10일까지 납부

* 직전연도 상시 고용인원이 20명 이하이며 원천징수 관할 세무서장의 승인을 얻거나 국세청장의 지정을 받은 법인(금융, 보험업을 영위하는 법인 제외)

○ **기타규정**

① 소액부징수	원천징수세액이 1,000원 미만인 경우 해당 법인세를 징수하지 않음
② 미납된 원천징수세액의 징수	관할 세무서장은 세액상당액에 원천징수납부 불성실가산세를 더한 금액을 법인세로서 징수해야 함

❸ 중간예납세액

① 의의		사업연도가 6개월을 초과하는 내국법인이 중간예납기간(해당 사업연도의 개시일부터 6개월이 되는 날까지)에 대한 법인세액을 사업연도 기중에 납부하는 것
② 중간예납의무자	㉠ 원칙	사업연도가 6개월을 초과하는 내국법인
	㉡ 예외	ⓐ 「고등교육법」에 따른 사립학교를 경영하는 학교법인 등 ⓑ 합병이나 분할에 의하지 아니하고 새로 설립된 법인(단, 최초 사업연도에만 한정) ⓒ 중간예납기간 중 휴업 등의 사유로 사업수입금액이 없는 법인 ⓓ 청산법인과 국내사업장이 없는 외국법인 ⓔ 직전 사업연도의 중소기업으로서 직전 사업연도의 산출세액을 기준으로 하는 방법에 따라 계산한 중간예납세액이 50만원 미만인 내국법인

○ 중간예납세액의 계산방법

① 원칙	㉠과 ㉡ 중에 선택하여 계산(직전 사업연도 종료일 현재 공시대상기업집단에 속하는 내국법인*은 ㉡의 방법에 따라 계산**NEW**) ㉠ 직전 사업연도의 실적을 기준으로 하는 방법 $$중간예납세액 = \left[\begin{array}{c}직전\ 사업연도의\ 법인세\\로서\ 확정된\ 산출세액\end{array} - \begin{array}{c}직전\ 사업연도의\ 감면세액 \cdot\\원천징수세액 \cdot 수시부과세액\end{array}\right] \times \frac{6}{직전\ 사업연도\ 개월\ 수}$$ ㉡ 해당 중간예납기간의 법인세액을 기준으로 하는 방법 $$중간예납세액 = \left[\begin{array}{c}중간예납기간\\과세표준\end{array} \times \frac{12}{6} \times 법인세율\right] \times \frac{6}{12} - \begin{array}{c}중간예납기간\ 감면 \cdot 공제세액\ 및\\원천징수세액 \cdot 수시부과세액\end{array}$$
② 예외	㉠ 만 가능 — 중간예납의 납부기한까지 중간예납세액을 납부하지 않은 경우(아래 ㉡에 해당하는 경우 및 공시대상기업집단에 속하는 내국법인*인 경우**NEW** 제외)
	㉡ 만 가능 — ⓐ 직전 사업연도의 법인세로서 확정된 산출세액(가산세는 제외)이 없는 경우(소득공제를 적용받는 유동화전문회사 등은 제외) ⓑ 해당 중간예납기간 만료일까지 직전 사업연도의 법인세액이 확정되지 않은 경우 ⓒ 분할신설법인(또는 분할합병의 상대방법인)의 분할 후 최초의 사업연도인 경우 ⓓ 합병법인 또는 피합병법인이 합병 당시 공시대상기업집단에 속하는 내국법인*에 해당하는 경우로서 해당 합병법인의 합병 후 최초의 사업연도인 경우**NEW**

* 매출액이 업종별로 「중소기업기본법 시행령」에 따른 중소기업기준 이내인 법인은 제외

○ 중간예납세액의 납부 및 징수

① 납부	중간예납기간이 지난 날부터 2개월 이내 납세지 관할 세무서, 한국은행 또는 체신관서에 납부 이때 중간예납세액이 1천만원을 초과하는 경우 분납규정 적용
② 징수	납세지 관할 세무서장은 법인이 중간예납세액의 전부 또는 일부를 납부하지 않으면 그 미납된 중간예납세액을 국세징수법에 따라 징수해야 함

④ 수시부과세액

: 수시부과사유로 인하여 수시로 그 법인에 대한 법인세를 부과할 수 있는 제도

○ 수시부과사유
① 신고를 하지 않고 본점 등을 이전한 경우
② 사업부진 기타 사유로 인하여 휴업 또는 폐업 상태에 있는 경우
③ 법인이 주한국제연합군 또는 외국기관으로부터 사업수입금액을 외국환은행을 통하여 외환증서 또는 원화로 영수하는 경우
④ 그 밖에 조세를 포탈할 우려가 있다고 인정되는 상당한 이유가 있는 경우

○ 수시부과세액의 계산방법

① 원칙	수시부과세액 = $\left(\text{수시부과기간 동안의 과세표준} \times \dfrac{12}{\text{수시부과기간의 월수}} \times \text{세율}\right) \times \dfrac{\text{수시부과기간의 월수}}{12}$
② 예외	법인이 주한국제연합군 또는 외국기관으로부터 사업수입금액을 외국환은행을 통하여 외환증서 또는 원화로 영수하는 경우 수시부과세액 = 사업수입금액 × (1 - 기준경비율) × 세율

▶ 최저한세 및 농어촌특별세

❶ 최저한세

: 「조세특례제한법」상 세액감면 등을 적용받는 법인이 최소한 납부하여야 할 법인세

○ 최저한세의 적용

> 차감세액 = MAX [①, ②]
> ① 감면후세액 = 법인세 과세표준[*1] - 최저한세 대상 세액감면 및 세액공제
> ② 최저한세 = 최저한세 적용대상 조세감면을 받기 전 과세표준 × 최저한세율[*2]

[*1] 토지 등 양도소득에 대한 법인세와 미환류소득에 대한 법인세는 제외
[*2] 최저한세율: 중소기업 7%, 일반기업의 경우 조세감면 전 과세표준 100억원 이하분 10%, 1,000억원 초과분 17%, 그 외 12%

○ 최저한세 적용대상 조세특례

: 「조세특례제한법」상의 손금산입·익금불산입, 비과세, 소득공제, 세액감면, 세액공제(「법인세법」에 의한 특례는 적용되지 않음)

○ 최저한세 적용으로 인한 조세감면의 배제순서

① 법인세 신고	납세의무자가 임의로 선택
② 법인세 경정	다음의 순서에 따라 순차로 배제 ㉠ 준비금·특별감가상각비 → ㉡ 손금산입 및 익금불산입 → ㉢ 세액공제 → ㉣ 세액감면 → ㉤ 소득공제 및 비과세

❷ 농어촌특별세

농어업의 경쟁력을 강화하기 위해 과세하는 목적세로 「조세특례제한법」상의 감면혜택을 받는 법인은 다음의 세액을 계산하여 법인세의 신고납부기한 내에 신고납부해야하며 손금으로 인정하지 않음

> 농어촌특별세 = 「조세특례제한법」에 의한 법인세 감면세액 × 20%

16 법인세 납세절차

Teacher's Map

▷ 법인세의 신고와 납부

❶ 법인세 과세표준의 신고

① 신고기한	각 사업연도 종료일이 속하는 달의 말일부터 3개월 이내에 해당 사업연도의 소득에 대한 법인세의 과세표준과 세액을 납세지 관할 세무서장에게 신고해야 함 (각 사업연도의 소득금액이 없거나 결손금이 있는 법인 포함)
② 신고기한 연장	해당 사업연도의 감사가 종결되지 않아 결산이 확정되지 않은 사유로 신고기한 종료일 3일 전까지 신고기한의 연장을 신청한 경우에는 그 신고기한을 1개월의 범위에서 연장가능

③ 제출서류	구분	내용	미첨부 시 불이익
	㉠ 필수 첨부서류	ⓐ 기업회계기준으로 작성한 개별 내국법인의 재무상태표, 포괄손익계산서, 이익잉여금처분계산서(또는 결손금처리계산서) ⓑ 세무조정계산서 ⓒ 합병·분할로 해산하는 경우 그 등기일 현재 피합병·분할법인 또는 소멸한 분할합병의 상대방 법인의 재무상태표, 합병·분할에 따라 승계한 자산 및 부채의 명세서	무신고로 보아* 무신고 가산세 적용
	㉡ 기타 서류	세무조정계산서 부속서류 및 성실신고확인서와 기업회계기준에 따라 작성한 현금흐름표	없음(제출은 선택)

* 법으로 정한 비영리내국법인은 첨부하지 않아도 무신고로 보지 않음

❷ 성실신고확인서 제출

① 제출대상자	다음 중 하나에 해당하는 내국법인은 과세표준과 세액을 신고할 때 세무사 등 성실신고확인서 작성자가 작성한 성실신고확인서를 납세지 관할 세무서장에게 제출해야 함 (단, 감사인에 의한 감사를 받은 내국법인은 제외) ㉠ 부동산임대업을 주된 사업으로 하는 등 법으로 정하는 요건에 해당하는 내국법인 (단, 유동화 전문회사 등에 해당하는 내국법인 및 프로젝트금융 투자회사는 제외) ㉡ 「소득세법」에 따른 성실신고확인대상사업자가 사업용 자산을 현물출자하는 등 법으로 정하는 방법에 따라 내국법인으로 전환한 경우 그 내국법인 (사업연도 종료일 현재 법인으로 전환한 후 3년 이내의 내국법인으로 한정) ㉢ 위 ㉡에 따라 전환한 내국법인이 그 전환에 따라 경영하던 사업을 위 ㉡에서 정하는 방법으로 인수한 다른 내국법인 (전환일부터 3년 이내인 경우로서 그 다른 내국법인의 사업연도 종료일 현재 인수한 사업을 계속 경영하고 있는 경우로 한정)
② 작성자	세무사, 세무법인 또는 회계법인
③ 과세표준 신고기한	각 사업연도 종료일이 속하는 달의 말일부터 4개월 이내에 납세지 관할 세무서장에게 신고해야 함

④ 보정요구	납세지 관할 세무서장은 미비한 사항 또는 오류를 보정 요구할 수 있음
⑤ 세액공제	세액공제액 = MIN[㉠, ㉡] ㉠ 성실신고확인에 직접 사용한 비용 × 60% ㉡ 한도: 150만원
⑥ 사후관리	과세표준을 과소신고한 경우로서 그 과소신고한 과세표준이 경정된 사업소득금액의 10% 이상인 경우 세액공제액 전액을 추징하고 경정일이 속하는 과세연도의 다음 과세연도부터 3개 과세연도 동안 성실신고 확인비용에 대한 세액공제를 적용하지 않음

❸ 법인세의 납부

① 납부기한	과세표준 신고기한 내에 납부해야 함	
② 분납	납부할 세액이 1천만원을 초과하는 경우 다음의 금액을 납부기한이 지난 날부터 1개월(중소기업은 2개월) 이내 분납할 수 있음 (세무서장의 승인 요하지 않음)	
	㉠ 납부세액이 1천만원 초과 2천만원 이하	1천만원을 초과하는 금액 분납 가능
	㉡ 납부세액이 2천만원 초과	그 세액의 50% 이하의 금액 분납 가능
③ 물납	2016년부터 폐지	

❹ 절차

기한	내용 (사업연도를 1. 1. ~ 12. 31. 이라고 가정함)
① 기납부세액	㉠ 원천징수세액: 원천징수일이 속하는 달의 다음 달 10일까지 납부 ㉡ 중간예납세액: 사업연도개시일부터 6개월간을 중간예납기간으로 하여 그 기간이 지난 날부터 2개월 이내에 납부 ㉢ 수시부과세액: 수시부과된 세액을 납부
② 매출·매입처별계산서합계표	㉠ 법인이 발급하였거나 발급받은 *매출·매입처별계산서합계표*를 매년 1월 31일(외국법인은 2월 19일)까지 납세지 관할 세무서장에게 제출 ㉡ 세관장으로부터 수입재화에 대한 계산서를 발급받은 법인은 *매입처별계산서합계표*를 제출하지 않을 수 있음. 이 경우 「부가가치세법」에 따라 *매출·매입처별계산서합계표*를 제출한 분에 대하여는 *매출·매입처별계산서합계표*를 제출한 것으로 봄
③ 지급명세서 제출	내국법인에 이자소득 또는 배당소득을 지급하는 자는 소득의 지급일이 속하는 연도의 다음 연도 2월 말일(휴업·폐업·해산한 경우, 휴업일·폐업일·해산일이 속하는 달의 다음다음 달 말일)까지 지급명세서를 제출
④ 법인세 신고·납부	3월 31일까지
⑤ 주식등 변동상황명세서 제출	3월 31일까지. 단, 소액주주가 소유하는 주식이나 1회 이상 주주명부를 작성하는 법인 중 지배주주 외의 주주가 소유하는 주식 등은 제외
⑥ 일반법인의 분납	4월 30일까지
⑦ 중소기업의 분납	5월 31일까지
⑧ 기부금영수증 발급합계표 제출	6월 30일까지
⑨ 법인의 설립 또는 설치 신고	법인은 설립등기일(사업의 실질적 관리장소를 두는 경우 그 실질적 관리장소를 둔 날)부터 2개월 이내에 법인설립신고서 등을 납세지 관할 세무서장에게 신고

▶ 법인세의 결정·경정·징수 및 환급

❶ 의의

① 결정	납세지 관할 세무서장 또는 관할 지방국세청장은 내국법인이 법인세 과세표준신고를 하지 않은 경우 그 법인의 법인세과세표준과 세액을 결정
② 경정	납세지 관할 세무서장 또는 관할 지방국세청장은 과세표준신고를 한 법인이 다음에 해당하는 경우 과세표준과 세액을 경정함 ㉠ 신고내용에 오류 또는 누락이 있는 경우 ㉡ 지급명세서, 매출·매입처별 계산서합계표의 전부 또는 일부를 제출하지 않은 경우 ㉢ 시설규모나 영업현황으로 보아 신고 내용이 불성실하다고 판단되는 경우
③ 재경정	납세지 관할 세무서장 또는 관할 지방국세청장은 과세표준과 세액을 결정 또는 경정한 후 그 결정 또는 경정에 오류나 누락이 있는 것을 발견한 경우에는 즉시 다시 경정함
④ 징수	납세지 관할 세무서장은 각 사업연도의 소득에 대한 법인세로서 납부해야 할 세액(중간예납의 경우 중간예납세액)의 전부 또는 일부를 납부하지 않으면 그 미납된 세액을「국세징수법」에 따라 징수해야 함
⑤ 환급	납세지 관할 세무서장은 중간예납·수시부과 또는 원천징수한 법인세액이 각 사업연도의 소득에 대한 법인세액(가산세 포함)을 초과하는 경우 그 초과금액은「국세기본법」에 따라 환급하거나 다른 국세 및 강제징수비에 충당해야 함

❷ 결정 및 경정 방법

① 원칙	법인세의 과세표준과 세액의 결정 또는 경정은 장부나 그 밖의 증명서류를 근거로 함
② 예외	다음의 사유로 실지조사를 할 수 없는 경우 추계할 수 있음 ㉠ 소득금액을 계산함에 있어 필요한 장부나 증명서류가 없거나 중요한 부분이 미비 또는 허위인 경우 ㉡ 기장의 내용이 시설규모, 종업원수, 원자재사용량 기타 조업상황 등에 비추어 허위임이 명백한 경우
③ 추계결정·경정 시 불이익	㉠ 이월결손금공제, 외국자회사 수입배당금액의 익금불산입 및 외국납부세액공제에 관한 규정을 적용하지 않음(단, 천재지변등으로 장부나 그 밖의 증명서류가 멸실되어 추계하는 경우 제외) ㉡ 추계로 인해 결정된 과세표준과 결산서상 법인세비용차감전순이익과의 차이에 대한 소득처분은 대표자에 대한 상여로 처분(단, 천재지변 등으로 장부나 그 밖의 증명서류가 멸실되어 추계하는 경우는 기타사외유출)

▶ 가산세

❶ 법인세법상 가산세

① 장부의 기록·보관 불성실 가산세	MAX[법인세 산출세액 × 20%, 수입금액 × 0.07%]
② 성실신고확인서 제출 불성실 가산세	MAX [법인세 산출세액 × 5%, 수입금액 × 0.02%]
③ 주주 등 명세서 제출 불성실 가산세	미제출, 누락제출, 불분명분 주식 등의 액면금액 × 0.5%
④ 주식 등 변동상황명세서 미제출 가산세	미제출 등 주식의 액면가액 × 1%
⑤ 기부금영수증(전자기부영수증 포함) 발급·작성·보관 불성실 가산세	㉠ 사실과 다른 금액으로 발급 시: 사실과 다르게 발급한 차액 × 5% ㉡ 사실과 다른 인적사항으로 발급 시: 영수증에 적힌 금액 × 5% ㉢ 보관 불성실: 해당 금액 × 0.2%
⑥ 증명서류 수취 불성실 가산세	미수취, 불분명금액으로 손금에 산입한 것이 인정되는 금액 × 2%
⑦ 신용카드 및 현금영수증 발급 불성실 가산세	㉠ 신용카드 거부 또는 신용카드 매출전표 불성실 가산세: 건별 거부금액 또는 다르게 발급한 금액 × 5% (건별로 계산한 금액이 5천원 미만이면 5천원으로 한다) ㉡ 현금영수증가맹점 가입 불성실 가산세: 가입하지 아니한 사업연도의 수입금액 × 1% ㉢ 현금영수증 발급 거부 또는 불성실 가산세(현금영수증의 발급대상 금액이 건당 5천원 이상인 경우만 해당하며, 아래 ㉣에 해당하는 경우 제외): 건별 발급 거부 금액 또는 다르게 발급한 금액 × 5% (건별로 계산한 금액이 5천원 미만이면 5천원으로 한다) ㉣ 현금영수증 미발급 가산세: 미발급 금액 × 20% (착오·누락으로 인하여 거래대금을 받은 날부터 10일 이내에 관할 세무서에 자진 신고하거나 현금영수증을 자진 발급한 경우에는 10%)
⑧ 지급명세서 등 제출 불성실 가산세	㉠ 간이지급명세서 미제출, 불분명지급액 × 0.25% 　(제출기한이 지난 후 1개월 이내 제출 시 0.125%) ㉡ 일용근로소득에 대한 지급명세서 미제출, 불분명지급액 × 0.25% 　(제출기한이 지난 후 1개월 이내 제출 시 0.125%) ㉢ 이외 지급명세서 미제출, 불분명지급금액 × 1% 　(제출기한이 지난 후 3개월 이내 제출 시 0.5%)
⑨ 계산서 등 제출 불성실 가산세	㉠ 계산서 미발급, 가공발급, 타인명의 발급: 공급가액 × 2% ㉡ 계산서 지연발급·부실기재, 전자계산서 발급불이행: 공급가액 × 1% ㉢ 매출·매입처별 계산서합계표 미제출·부실기재: 공급가액 × 0.5% ㉣ 전자계산서 지연전송: 공급가액 × 0.3% ㉤ 전자계산서 미전송: 공급가액 × 0.5%
⑩ 특정외국법인의 유보소득 계산 명세서 제출 불성실 가산세	미제출·불분명금액 × 0.5%
⑪ 업무용승용차 관련비용 명세서 제출 불성실 가산세	㉠ 미제출: 손금에 산입한 금액 × 1% ㉡ 사실과 다르게 제출: 사실과 다르게 적은 금액 × 1%

17 기타 법인세

Teacher's Map

▶ 비영리법인의 법인세

❶ 비영리법인의 범위

① 의의	영리가 아닌 사업을 목적으로 설립된 법인으로 구성원에게 이익을 분배할 목적으로 사업을 영위하지 않는 법인
② 범위	㉠「민법」따라 설립된 법인(영리 아닌 사업을 목적으로 하는 사단 또는 재단으로 주무관청의 허가를 얻어 설립등기를 함으로써 성립된 법인) ㉡「사립학교법」이나 그 밖의 특별법에 따라 설립된 법인으로서「민법」규정된 목적과 유사한 목적을 가진 법인. 다만, 조합법인 등이 아닌 법인으로서 그 주주·사원 또는 출자자에게 이익을 배당할 수 있는 법인은 제외 ㉢「국세기본법」에 따른 법인으로 보는 단체 ㉣ 외국법인 중 외국의 정부·지방자치단체 및 영리를 목적으로 하지 아니하는 법인(법인으로 보는 법인 아닌 단체를 포함)

③ 납세의무	구분	각 사업연도의 소득	토지 등 양도소득	청산소득
	비영리내국법인	국내외 수익사업에서 생기는 소득	O	×
	비영리외국법인	국내원천 수익사업에서 생기는 소득		

▶ 과세소득의 범위

① 제조업, 건설업, 도매 및 소매업 등 한국표준산업분류에 따른 사업으로서 법에 규정된 사업소득
②「소득세법」상 이자소득
③「소득세법」상 배당소득
④ 주식·신주인수권 또는 출자지분의 양도로 인한 수입
⑤ 유형자산 및 무형자산의 처분으로 인한 수입
⑥「소득세법」상 양도소득세 과세대상자산인 부동산에 관한 권리와 기타자산의 양도로 인한 수입
⑦ 채권매매익

❶ 과세방법 및 과세특례

○ 과세방법

① 원칙	영리법인의 규정을 준용
② 예외	원천징수된 이자소득(비영업대금의 이익은 제외, 투자신탁의 이익은 분리과세 선택가능)에 대해서는 과세표준신고를 하지 않고 분리과세 선택 가능

○ 자산양도소득 과세특례

① 내용	각 사업연도 소득에 대한 법인세를 정상적으로 신고·납부하는 방법, 「소득세법」상 양도소득세 규정을 준용하여 계산한 금액을 법인세로 신고·납부하는 방법 중 선택 가능
② 대상자산의 범위	⊙ 토지 또는 건물 ⊙ 양도소득세 과세대상이 되는 부동산에 관한 권리, 기타자산
③ 납세절차	⊙ 신고·납부·결정·경정 및 징수: 법인세의 과세표준 규정 준용 ⊙ 양도소득과세표준 예정신고: 자산을 양도한 날이 속하는 달부터 2개월이 되는 날까지 양도소득과세표준 예정신고 및 자진납부를 해야 함

❷ 구분경리

① 의의		구분해야 할 사업 또는 수입별로 자산·부채 및 손익을 법인의 장부상 각각 독립된 계정과목에 따라 구분하여 회계처리	
② 방법	공통자산과 공통부채	수익사업에 속하는 것으로 의제	
	공통익금과 공통손금	공통익금	수입금액 또는 매출액에 비례하여 안분계산
		공통손금 동일 업종	
		공통손금 상이 업종	개별손금액(공통손금 외의 손금의 합계액)에 비례하여 안분계산
	자본금 계산	수익사업의 자산의 합계액 - 수익사업의 부채의 합계액	

❸ 기타 규정

① 고유목적사업준비금의 설정	고유목적사업이나 일반기부금에 지출하기 위하여 고유목적사업준비금 설정 가능
② 첨부서류 미제출 시 무신고 가산세 완화	사업소득과 채권매매익에 해당하는 수익사업을 영위하지 않는 비영리내국법인
③ 무기장가산세 배제	⊙ 수익사업을 영위하지 않는 비영리내국법인: 기장의무 없음 ⊙ 법령으로 정하는 사업소득과 채권매매차익에 해당하는 수익사업을 영위하는 비영리내국법인: 기장·비치의무가 있지만 이를 이행하지 않았을 시 가산세 부과대상은 아님

▶ 청산소득에 대한 법인세

❶ 의의 및 납세의무자

① 의의	법인이 해산(합병이나 분할에 의한 해산은 제외)한 경우에 그 법인의 해산에 따른 잔여재산가액이 해산등기일 현재의 자기자본총액을 초과하는 경우 그 초과하는 금액
② 납세 의무자	다음의 경우를 제외하고 해산으로 소멸하는 영리내국법인 ⊙ 「상법」에 따라 조직변경하는 경우 ⊙ 특별법에 따라 설립된 법인이 해당 특별법의 개정이나 폐지로 인하여 「상법」에 따른 회사로 조직변경하는 경우 ⊙ 「변호사법」에 따라 법무법인이 법무법인(유한)으로 조직변경하는 경우, 「관세사법」에 따라 관세사법인이 관세법인으로 조직변경하는 경우 및 「변리사법」에 따라 특허법인이 특허법인(유한)으로 조직변경하는 경우 ⊙ 「협동조합 기본법」에 따라 법인 등이 협동조합으로 조직변경하는 경우 및 「지방공기업법」에 따라 지방공사가 지방공단으로 조직변경하거나 지방공단이 지방공사로 조직변경하는 경우

❷ 청산소득에 대한 법인세의 계산

$$청산소득에 대한 법인세 = 과세표준(청산소득금액) \times 세율$$

○ 과세표준(청산소득 금액)

① 청산소득 금액	㉠ 일반적인 경우: 잔여재산가액 - 자기자본총액 ㉡ 계속사업의 경우: 잔여재산분배액 - 자기자본총액
② 청산기간 중의 소득	㉠ 각 사업연도의 소득금액이 있는 경우: 해당 금액에 산입 ㉡ 해산등기일 현재의 자산을 처분한 금액: 청산소득에 포함 ㉢ 해산 전의 사업을 계속하여 영위하는 경우: 당해 사업에서 발생한 수입 등을 포함하지 않음

○ 잔여재산가액 및 잔여재산분배액

① 잔여재산가액	잔여재산가액 = 자산총액 - 부채총액 자산총액에서 추심할 채권이나 환가처분할 자산이 있는 경우 다음의 방법으로 평가함	
	추심할 채권과 환가처분할 자산	추심 또는 환가처분한 날 현재의 금액
	추심 또는 환가처분 전에 분배한 경우	그 분배한 날 현재의 시가에 의한 평가액
② 잔여재산분배액	해산등기일부터 계속등기일까지의 사이에 분배한 잔여재산의 분배액의 총합계액	

○ 자기자본총액

$$자기자본총액 = 납입자본금(출자금) + 잉여금 - 이월결손금 + 법인세환급액$$

○ 자기자본총액 구성 항목

① 납입자본금(출자금)	청산소득금액 계산 시 해산등기일 전 2년 이내에 자본금 또는 출자금에 전입한 잉여금이 있는 경우 해당 금액을 자본금 또는 출자금에 전입하지 않은 것으로 봄
② 잉여금	유보금액을 반영
③ 이월결손금	상계하는 이월결손금은 발생연도에 제한없이 적용. 이때 자기자본총액에서 상계되었거나 된 것은 제외
④ 법인세환급액	「국세기본법」에 따라 환급되는 법인세액이 있는 경우 그 금액은 법인의 해산등기일 현재의 자기자본총액에 가산
⑤ 세율	청산소득에 대한 법인세는 각 사업연도 소득에 대한 법인세율과 동일하게 적용

❸ 신고와 납부

○ **확정신고납부**: 다음의 날이 속하는 달의 말일부터 3개월 이내에 신고해야 함(청산소득이 없는 때에도 해야 함)

① 해산의 경우	잔여재산가액 확정일
② 잔여재산 분배 후 사업을 계속하는 경우	계속등기일

○ **중간신고납부**: 다음의 날이 속하는 달의 말일부터 1개월 이내에 신고해야 함 (법에 규정한 청산절차에 따라 청산하는 법인은 제외)

① 해산에 따른 잔여재산가액이 확정되기 전에 그 일부를 주주 등에게 분배한 경우	그 분배한 날
② 해산등기일부터 1년이 되는 날까지 잔여재산가액이 확정되지 않은 경우	그 1년이 되는 날

○ **연대납세의무와 납세의무승계**
: 잔여재산을 분배한 때에 청산인과 잔여재산의 분배를 받는 자가 각각 그 분배한 재산의 가액과 분배받은 재산의 가액을 한도로 그 법인세를 연대하여 납부할 책임을 짐

❹ 결정·경정 및 가산세

① 결정·경정	납세지 관할 세무서장 또는 관할 지방국세청장이 결정·경정·재경정함
② 징수	미납된 법인세를 「국세징수법」에 따라 징수해야 함
③ 납부지연 가산세 배제	납부지연가산세 중 1일 0.022%씩 부과되는 가산세 및 납부기한까지 완납하지 않는 경우 부과되는 3% 가산세 규정을 적용 하지 않음

▶ 외국법인의 법인세납세의무

❶ 외국법인 및 납세의무의 범위

① 정의	외국에 본점 또는 주사무소를 둔 단체(사업의 실질적 관리장소가 국내에 있지 않은 경우만 해당)로서 다음 중 어느 하나에 해당하는 단체 ㉠ 설립된 국가의 법에 따라 법인격이 부여된 단체 ㉡ 구성원이 유한책임사원으로만 구성된 단체 ㉢ 그 밖에 해당 외국단체와 동종 또는 유사한 국내의 단체가 상법 등 국내의 법률에 따른 법인인 경우의 그 외국단체

② 납세의무의 범위	법인 \ 법인세	각 사업연도 소득	토지 등 양도소득	청산소득
	영리외국법인	국내원천소득	O	X
	비영리외국법인	국내원천의 수익사업 소득		

❷ 국내원천소득의 범위

구분	범위
① 이자소득	「소득세법」에 따른 이자소득(국외에서 받는 예금의 이자는 제외)과 그 밖의 대금의 이자 및 신탁의 이익.
② 배당소득	내국법인 또는 법인으로 보는 단체나 그 밖에 국내에 소재하는 자로부터 지급받는 「국제조세조정에 관한 법률」에 따라 배당으로 처분된 금액
③ 부동산 소득	국내에 소재하는 부동산 또는 부동산상의 권리 및 국내에서 취득한 광업권, 조광권, 흙, 모래, 돌의 채취에 관한 권리 또는 지하수의 개발 및 이용권의 양도, 임대 또는 그 밖의 운영으로 인하여 발생하는 소득
④ 신탁 등 임대소득	거주자, 내국법인, 외국법인, 비거주자의 국내사업장에 선박, 항공기, 등록된 자동차나 건설기계, 또는 산업상, 상업상, 과학상의 기계, 설비, 장치, 그 밖에 일정한 용구를 임대함으로써 발생하는 소득
⑤ 사업소득	외국법인이 국내에서 경영하는 사업에서 발생하는 소득과 국외에서 발생하는 법소정 소득으로서 국내사업장에 귀속되는 것
⑥ 인적용역소득	국내에서 인적용역을 제공함으로써 발생하는 소득.
⑦ 부동산 등 양도소득	토지·건물, 부동산에 관한 권리, 사업에 사용하는 토지·건물·부동산에 관한 권리와 함께 양도하는 영업권, 시설물이용권, 비상장 부동산주식 등의 양도로 인하여 발생하는 소득
⑧ 사용료소득	저작권·특허권·상표권 등 일정한 자산, 정보 또는 권리를 국내에서 사용하거나 그 대가를 국내에서 지급하는 경우 그 대가 및 그 자산, 정보 또는 권리의 양도로 인하여 발생하는 소득.
⑨ 유가증권 양도소득	다음 중 어느 하나에 해당하는 주식 등을 양도함으로 인하여 발생하는 소득 ㉠ 내국법인이 발행한 주식 등 기타의 유가증권 ㉡ 외국법인이 발행한 주식 등(증권시장에 상장된 것에 한정) ㉢ 외국법인의 국내사업장이 발행한 그 밖의 유가증권
⑩ 기타소득	위 항목 외에 법에 열거된 소득

❸ 외국법인에 대한 과세방법

○ 과세방법

① 종합과세 적용	국내사업장을 가진 외국법인과 국내원천 부동산소득이 있는 외국법인
② 분리과세 적용	종합과세로 규정된 법인을 제외한 외국법인(단, 국내원천 부동산 등 양도소득은 예납적 원천징수 후 별도로 신고·납부해야 함)

○ 국내사업장의 범위

: 외국법인이 국내에서 사업의 전부 또는 일부를 수행하는 고정된 장소. 법에 정한 경우에 따라 달라짐

○ **종합과세 적용 시 계산**

```
        국 내 원 천 소 득 금 액 의    총 합 계 액
(-) 이 월 결 손 금 (15년 이내 국내발생분, 80% 범위에서 공제)
(-) 비           과           세           소           득
(-) 선 박 · 항 공 기 의    외 국 항 행 소 득
        과              세              표              준
(×) 세                                                  율
        산 출 세 액 (토지 등 양도소득에 대한 법인세 포함)
```

○ **분리과세하는 경우의 계산방법**

: 다음의 원천징수세액을 원천징수하여 그 원천징수한 날이 속하는 달의 다음 달 10일까지 납세지 관할 세무서장 등에 납부해야 함

① 국내원천 이자소득	㉠ 국가·지방자치단체 및 내국법인이 발행하는 채권에서 발생하는 이자소득: 지급금액 × 14% ㉡ 위 ㉠ 외 국내원천 이자소득: 지급금액 × 20%
② 국내원천 배당소득	지급금액 × 20%
③ 국내원천 선박 등 임대소득, 국내원천 사업소득	지급금액 × 2%
④ 국내원천 인적용역소득	지급금액 × 20% 단, 국외에서 제공하는 인적용역 중 법으로 정하는 인적용역을 제공함으로써 발생하는 소득이 조세조약에 따라 국내에서 발생하는 것으로 보는 소득에 대해서는 지급금액 × 3%
⑤ 국내원천 부동산 등 양도소득	MIN [지급금액 × 10%, 양도차익 × 20%]
⑥ 국내원천 사용료소득	지급금액 × 20%
⑦ 국내원천 유가증권양도소득	MIN [지급금액 × 10%, 양도차익 × 20%]
⑧ 국내원천 기타소득	㉠ 국외에서 등록된 특허권 등을 침해해 국내에서 지급하는 손해배상금 등: 지급금액 × 15% ㉡ 위 ㉠ 외의 국내원천 기타소득: 지급금액 × 20%

○ **신고기한의 연장**

신고기한 연장 신청	해당 사업연도 종료일부터 60일 이내에 사유서를 갖추어 납세지 관할 세무서장의 승인을 받아 그 신고기한을 연장할 수 있음
승인 여부 결정	납세지 관할 세무서장은 신청을 받은 그 날부터 7일 이내에 결정해야 함
이자상당액 납부	신고세액에 기한연장일수에 대한 이자를 가산하여 납부해야 함

18 합병 및 분할

Teacher's Map

▶ 합병

❶ 합병 과세체계의 개괄

① 의의	둘 이상의 회사가 별도의 청산절차를 거치지 않고 합쳐지면서 존속하거나 신설되는 회사가 소멸하는 회사의 권리의무를 포괄적으로 승계하고 그의 사원을 수용하는 회사법상의 법률사실
② 과세체계	「법인세법」의 '적격' 합병 요건을 갖춘 합병의 경우 해당 과세를 이연시킴으로써 기업의 세부담을 완화시켜줌

❷ 적격합병의 요건

① 사업목적성	합병등기일 현재 1년 이상 사업을 계속하던 내국법인 간의 합병(다른 법인과 합병하는 것을 유일한 목적으로 하는 법에 정한 기업인수목적회사의 경우에는 요건을 갖춘 것으로 봄)
② 지분의 연속성	다음의 요건을 모두 갖춘 합병 ㉠ 피합병법인의 주주가 받은 합병대가의 총합계액 중 합병법인의 주식가액이 80% 이상이거나 합병법인의 모회사(합병등기일 현재 합병법인의 발행주식 총수 또는 출자총액을 소유하고 있는 내국법인)의 주식가액이 80% 이상 ㉡ 피합병법인의 주주에게 주식을 배정할 때 특정 지배주주에게 '피합병법인의 주주가 지급받은 합병교부주식가액의 총합계액 × 각 해당 주주의 피합병법인에 대한 지분비율' 이상의 주식을 각각 배정 ㉢ 피합병법인의 지배주주가 합병등기일이 속하는 사업연도의 종료일까지 그 주식을 보유
③ 사업의 계속성	합병법인이 합병등기일이 속하는 사업연도의 종료일까지 피합병법인으로부터 승계받은 사업을 계속하여 소득이 발생할 것
④ 고용의 승계 및 유지	합병등기일 1개월 전 당시 피합병법인에 종사하는 「근로기준법」에 따라 근로계약을 체결한 내국인 근로자 중 합병법인이 승계한 근로자의 비율이 80% 이상이고, 합병등기일이 속하는 사업연도의 종료일까지 그 비율을 유지

❸ 비적격합병에 대한 과세

적격합병의 요건을 만족하지 못한 합병으로서 회사 자체의 매매 과정에서 생긴 손익에 대하여 즉시 과세함

○ **피합병법인에 대한 과세문제**

: 피합병법인은 양도손익을 합병등기일이 속하는 사업연도의 소득금액을 계산할 때 익금 또는 손금에 산입

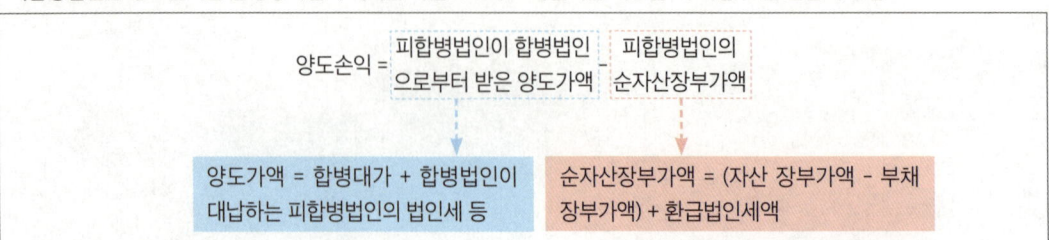

○ **합병법인에 대한 과세문제**

: 합병법인은 피합병법인의 자산을 합병등기일 현재의 시가로 양도받은 것으로 보아 합병매수차손익을 계산하여 과세함

> 합병매수차손익 = 피합병법인 순자산 시가 − 피합병법인에게 지급한 합병대가(양도가액)
>
> 익(손)금 산입액 = 합병매수차익(손) × $\dfrac{\text{해당 사업연도의 월수}}{60\text{개월}}$
>
> 합병등기일로부터 5년이 되는 날이 속하는 사업연도까지 안분하여 익금 및 손금에 산입

❹ 적격합병에 대한 과세

자산을 양도 또는 매입하면서 손익이 발생하더라도 해당 과세를 이연할 수 있음

○ **피합병법인에 대한 과세문제**

① 원칙	양도손익 과세
	양도손익 = 피합병법인의 순자산장부가액 − 피합병법인의 순자산장부가액 = 0
② 특례	비적격합병이라도 다음의 사유에서는 피합병법인의 순자산장부가액을 합병법인이 그대로 승계하는 것으로 보아 양도손익이 없는 것으로 할 수 있음 ㉠ 내국법인이 발행주식총수 또는 출자총액을 소유하고 있는 다른 법인을 합병하거나 그 다른 법인에 합병되는 경우 ㉡ 동일한 내국법인이 발행주식총수 또는 출자총액을 소유하고 있는 서로 다른 법인 간에 합병하는 경우

○ **합병법인에 대한 과세문제**

적격합병인 경우: 피합병법인의 자산및 부채의 가액을 합병등기일 현재의 시가로 계상하되 피합병법인의 자산을 장부가액으로 양도받은 것으로 하며, 과세이연을 할 수 있으므로 자산조정계정으로 계상함

① 이월결손금과 세무조정사항의 승계	합병등기일 현재 이월결손금, 세무조정사항 등을 승계하고, 요건을 충족하는 경우 세액공제 및 감면 혜택도 승계할 수 있음
② 합병매수차손익의 과세이연	적격합병인 경우 과세이연조건을 만족하므로 자산조정계정으로 계상함
	자산조정계정 = 피합병법인의 순자산 시가 − 피합병법인의 회계상 장부가액
③ 자산조정계정의 세무조정	발생 시점에 자산조정계정 계상으로 과세를 이연하고, 사후시점에 감가상각 또는 처분하면서 자산조정계정을 추인함
④ 과세이연의 중단	합병등기일이 속하는 사업연도의 다음 사업연도 개시일부터 2년(㉢의 경우는 3년) 이내에 이내 적격요건 이탈사유가 발생한 경우, 자산조정계정의 총합계액 잔액을 익금으로 추인
	㉠ 사업의 계속성요건 이탈: 합병법인이 피합병법인으로부터 승계받은 사업을 폐지 ㉡ 지분의 연속성요건 이탈: 피합병법인의 지배주주가 합병법인으로부터 받은 주식을 처분 ㉢ 고용의 승계 및 유지요건 이탈: 각 사업연도 종료일 현재 합병법인에 종사하는「근로기준법」에 따라 근로계약을 체결한 내국인 근로자 수가 합병등기일 1개월 전 당시 피합병법인과 합병법인에 각각 종사하는 전체 근로자 수의 80% 미만으로 하락

○ 합병으로 인한 의제배당에 대한 과세

> 의제배당액 = 합병대가 - 구주식의 취득가액
>
> 합병대가 = 합병교부주식가액* + 합병교부금 + 그 밖의 재산가액
> * 합병교부주식가액은 다음의 방법으로 평가함
>
> | ① 비적격합병 | 시가 |
> |---|---|
> | ② 적격합병 | ㉠ 종전의 장부가액
㉡ 합병대가 중 일부를 금전이나 그 밖의 재산으로 받은 경우
  : MIN[시가, 종전의 장부가액] |

❺ 합병 시 이월결손금의 공제제한

① 합병법인의 이월결손금	피합병법인으로부터 승계받은 사업에서 발생한 소득금액의 범위에서는 공제하지 않음
② 피합병법인의 이월결손금	승계되지 않는 것을 원칙으로 하되, 적격합병의 경우 승계하며 해당 결손금은 피합병법인으로부터 승계받은 사업에서 발생하는 소득금액의 범위에서 합병법인의 각 사업연도 과세표준 계산 시 공제
③ 공제한도	중소기업 등의 법인은 아래 소득금액의 100%, 일반 법인은 아래 소득금액의 80%를 한도로 공제 가능 ㉠ 합병법인의 합병등기일 현재 결손금: 합병법인의 소득금액 - 피합병법인으로부터 승계받은 사업에서 발생한 소득금액 ㉡ 합병법인이 승계한 피합병법인의 결손금: 피합병법인으로부터 승계받은 사업에서 발생한 소득금액

❻ 적격합병 시 과세문제 정리

① 적격합병의 경우 자산의 처분손실에 대한 처리	적격합병의 당사 법인들이 합병 전에 보유하던 자산의 처분손실(합병등기일 현재 해당 자산의 시가가 장부가액보다 낮은 경우로서 그 차액을 한도로 하며, 합병등기일 이후 5년 이내에 끝나는 사업연도에 발생한 것에 한함)을 각각 합병 전 해당 법인의 사업에서 발생한 소득금액의 범위에서 해당 사업연도의 소득금액을 계산할 때 손금에 산입
② 합병법인의 기부금한도초과이월액의 손금산입 방법	합병 전 합병법인의 사업에서 발생한 소득금액을 기준으로 기부금 각각의 손금산입 한도액의 범위에서 손금에 산입
③ 피합병법인으로부터 승계한 기부금 한도초과이월액의 손금산입 방법	피합병법인으로부터 승계받은 사업에서 발생한 소득금액을 기준으로 기부금 각각의 손금산입한도액의 범위에서 손금에 산입

▶ 분할

❶ 분할과세체계의 개괄

① 의의	회사가 회사의 재산이나 사원 등 일부를 분리하여 다른 회사에 출자하거나 새로 회사를 설립함으로써 수 개의 법인격으로 만드는 상법상의 절차
② 종류	㉠ 물적분할: 분할신설법인 등의 주식을 분할법인이 전부 교부받는 형태의 분할 ㉡ 인적분할: 분할신설법인 등의 주식을 분할법인의 주주가 교부받는 형태의 분할

❷ 물적분할

○ 과세체계

: 분할법인이 분할신설법인에 사업부의 자산을 현물출자한 것과 같음

○ 적격분할의 요건*

① 사업 목적성	분할등기일 현재 5년 이상 사업을 계속하던 내국법인이 다음 요건을 모두 갖추어 분할할 것(분할합병의 경우에는 소멸한 분할합병의 상대방법인 및 분할합병의 상대방법인이 분할등기일 현재 1년 이상 사업을 계속하는 내국법인일 것) ㉠ 분리하여 사업이 가능한 독립된 사업부문을 분할할 것 ㉡ 분할하는 사업부문의 자산 및 부채가 포괄적으로 승계될 것. 다만, 공동으로 사용하는 자산 등 대통령령으로 정하는 것은 제외 ㉢ 분할법인 등만의 출자에 의해 분할할 것
② 지분의 연속성	다음 요건을 모두 갖출 것 ㉠ 분할법인 등의 주주가 분할신설법인 등으로부터 받은 분할대가의 전액이 주식일 것. 다만, 분할합병의 경우에는 분할대가의 80% 이상이 분할신설법인 등의 주식이거나 분할합병의 상대방 법인의 발행주식 총수(출자총액)를 소유하고 있는 내국법인의 주식일 것. ㉡ 분할법인 등의 주주에게 분할^{NEW} 또는 분할합병으로 인하여 받은 주식을 배정할 때 특정지배주주 등에게 법령으로 정하는 금액 이상의 주식을 각각 배정할 것 ㉢ 분할법인 등의 특정지배주주가 분할등기일이 속하는 사업연도의 종료일까지 그 주식을 보유할 것
③ 사업의 계속성	분할신설법인 등이 분할등기일이 속하는 사업연도의 종료일까지 분할법인 등으로부터 승계받은 사업을 계속할 것 (승계한 자산가액의 1/2 이상을 처분하거나 사업에 사용하지 않으면 사업의 계속성 요건을 충족하지 않은 것으로 봄). 다만, 피합병법인이 다른 법인과 합병하는 것을 유일한 목적으로 하는 법인으로서 법으로 정하는 법인인 경우에는 본문의 요건을 갖춘 것으로 본다.
④ 고용의 승계 및 유지	분할등기일 1개월 전 당시 분할하는 사업부문에 종사하는 「근로기준법」에 따라 근로계약을 체결한 내국인 근로자 중 분할신설법인 등이 승계한 근로자의 비율이 80% 이상이고, 분할등기일이 속하는 사업연도의 종료일까지 그 비율을 유지할 것

* 부동산임대업을 주업으로 하는 사업부문 또는 분할법인으로부터 승계한 사업용 자산가액(법령으로 정하는 사업용 자산의 가액은 제외) 중 토지 및 부동산에 관한 권리가 100분의 80 이상인 사업부문을 분할하는 경우에는 적격분할로 보지 아니함

○ **비적격분할에 대한 과세**

① 분할법인	자산의 양도차익에 대해 과세하되, 분할대가로 취득한 주식은 물적분할한 순자산의 시가로 평가
② 분할신설법인	분할로 취득한 자산은 취득 당시 시가로 평가함. 현물출자와 유사하기 때문에 취득한 자산의 시가와 분할대가로 지급한 주식의 액면가액 간의 차이는 주식발행초과금으로 간주
③ 분할법인의 주주	주주가 분할대가를 받는 것이 아니므로 의제배당액이 발생하지 않음

○ **적격분할에 대한 과세**

① 분할법인	㉠ 분할하는 사업연도: 분할대가로 취득한 주식을 물적분할한 순자산의 시가로 평가하여 양도차익을 계산하여 과세하거나 압축기장충당금 등을 설정하여 손금에 산입할 수 있음 ㉡ 주식 또는 자산을 처분하는 사업연도: 주식과 자산을 처분할 경우 설정된 압축기장충당금 등에 해당 자산의 처분비율을 곱한 금액만큼을 익금에 산입 ㉢ 과세이연을 중단하는 사업연도: 분할등기일이 속하는 사업연도의 다음 사업 연도 개시일로부터 2년 이내 정해진 사유 중 하나가 발생하는 경우 손금산입된 압축기장충당금 잔액을 익금에 산입
② 분할신설법인	비적격분할과 마찬가지로 분할로 취득한 자산은 취득 당시 시가로 평가

❸ 인적분할

○ **과세체계**

: 분할신설법인이 분할하는 사업부의 자산 및 부채를 인수하는 대가로 분할법인의 주주에게 주식 등을 지급하는 것으로 보아 과세함(합병의 구조와 거의 유사)

○ **비적격분할에 대한 과세**

분할법인	존속분할의 경우 양도손익을 과세 양도손익 = 분할신설법인 등으로부터 받은 양도가액 − 분할사업부문의 순자산 장부가액
분할신설법인	분할매수차손익을 과세하며 분할등기일이 속하는 사업연도부터 분할등기일로부터 5년이 되는 날이 속하는 사업연도까지 분할매수차손익을 익금 또는 손금에 산입 분할매수차손익 = 순자산시가 − 분할법인에 지급한 분할대가

○ **적격분할에 대한 과세**

분할법인	① 원칙: (양도가액 − 순자산 장부가액)으로 양도차익을 계산하여 과세 ② 특례: 양도가액을 순자산 장부가액으로 보아 양도손익이 없는 것으로 함
분할신설법인	장부가액으로 양도받은 것으로 보아 장부가액과 시가와의 차액을 자산조정계정을 사용하여 과세를 이연시킬 수 있고, 이에 대한 사후관리 또한 적격합병의 규정을 그대로 준용

○ 분할로 인한 의제배당에 대한 과세

의제배당액 = 분할대가 – 구주식의 취득가액

분할대가 = 분할교부주식가액* + 분할교부금 + 그 밖의 재산가액
*분할교부주식가액은 다음의 방법으로 평가함

비적격분할	시가
적격분할	① 종전의 장부가액 ② 분할대가 중 일부를 금전이나 그 밖의 재산으로 받은 경우: MIN[시가, 종전의 장부가액]

○ 기타사항

① 이월결손금 공제제한	분할합병의 상대방 법인의 각 사업연도 과세표준 계산 시 분할법인으로부터 승계받은 사업에서 발생한 소득금액의 범위에서는 공제하지 않음
② 분할법인 등의 이월결손금	원칙상 승계되지 않지만 적격분할로 자산을 장부가액으로 승계한 경우 이월결손금을 승계. 승계 받은 사업에서 발생한 소득금액 범위에서 분할신설법인의 각 사업연도 과세표준 계산 시 공제
③ 공제한도	중소기업 등의 법인은 아래 소득금액의 100%, 일반 법인은 아래 소득금액의 80%를 한도로 공제 가능 ㉠ 분할합병의 상대방법인의 분할등기일 현재 결손금: 분할합병의 상대방법인의 소득금액 – 분할법인으로부터 승계 받은 사업에서 발생한 소득금액 ㉡ 분할신설법인이 승계한 분할법인 등의 결손금: 분할법인 등으로부터 승계 받은 사업에서 발생한 소득금액
④ 적격분할합병의 경우 자산의 처분손실에 대한 처리	각각 분할합병 전 해당 법인의 사업에서 발생한 소득금액의 범위에서 해당 사업연도의 소득금액을 계산할 때 손금에 산입하고 손금에 산입하지 않은 처분손실은 자산 처분 시 각각 분할합병 전 해당 법인의 사업에서 발생한 결손금으로 봄
⑤ 분할합병의 상대방법인의 기부금한도 초과이월액의 손금산입 방법	분할 합병 전 분할합병의 상대방법인의 사업에서 발생한 소득금액을 기준으로 기부금 각각의 손금산입한도액의 범위에서 손금에 산입
⑥ 분할법인으로부터 승계한 기부금한도 초과이월액의 손금산입방법	분할법인 등으로부터 승계 받은 사업에서 발생한 소득금액을 기준으로 기부금 각각의 손금산입한도액의 범위에서 손금에 산입

▶ 현물출자 시 과세이연 특례

❶ 적격현물출자의 요건

① 사업목적성	출자법인이 현물출자일 현재 5년 이상 사업을 계속한 법인일 것
② 지분의 연속성	출자법인이 현물출자일 다음 날 현재 피출자법인의 발행주식총수 또는 출자총액의 80% 이상의 주식 등을 보유하고, 현물출자일이 속하는 사업연도의 종료일까지 그 주식을 보유할 것
③ 사업의 계속성	피출자법인이 그 현물출자일이 속하는 사업연도의 종료일까지 출자법인이 현물출자한 자산으로 영위하던 사업을 계속할 것
④ 출자 독립성	다른 내국인 또는 외국인과 공동으로 출자하는 경우 공동으로 출자한 자가 출자법인의 특수관계인이 아닐 것

❷ 적격현물출자 시 각 당사자의 세무처리방법

① 출자법인	㉠ 현물출자하는 사업연도: 현물출자로 인해 발생한 양도차익에 대해 과세하거나 압축기장충당금 등을 설정하여 손금에 산입함으로써 과세 이연 가능
	㉡ 주식 또는 자산을 처분하는 사업연도: 설정된 압축기장충당금 등에 해당 자산의 처분비율을 곱한 금액만큼을 익금에 산입
	㉢ 과세이연 중단하는 사업연도: 분할등기일이 속하는 사업연도의 다음 사업연도 개시일로부터 2년 이내 다음 중 하나의 사유가 발생하는 경우, 손금산입된 압축기장충당금 잔액을 익금에 산입
	   ⓐ 피출자법인이 출자법인이 현물출자한 자산으로 영위한 사업을 폐지하는 경우
	   ⓑ 출자법인이 피출자법인의 발행주식총수 또는 출자총액의 50% 미만으로 주식을 보유하게 된 경우

② 피출자법인	현물출자로 취득한 자산은 취득 당시 시가로 평가

MEMO

19 연결납세제도

Teacher's Map

▶ 연결납세제도 개괄

❶ 연결납세제도의 의의 및 관련 용어의 정의

① 의의	경제적 실질에 따라 두 회사를 하나의 과세 단위로 보아 소득을 통산하여 법인세를 과세하는 제도
② 연결납세방식	둘 이상의 내국법인을 하나의 과세표준과 세액을 계산하는 단위로 하여 법인세를 신고·납부하는 방식
③ 연결법인	연결납세방식을 적용하는 내국법인
④ 연결집단	연결법인 전체
⑤ 연결지배	내국법인이 다른 내국법인의 발행주식총수 또는 출자총액의 100분의 90 이상을 보유하고 있는 경우
⑥ 연결모법인	연결집단 중 다른 연결법인을 연결지배하는 연결법인
⑦ 연결자법인	연결모법인의 연결지배를 받는 연결법인
⑧ 연결사업연도	연결집단의 소득을 계산하는 1회계기간

▶ 연결납세방식의 적용과 변경

❶ 연결납세방식의 적용

① 적용대상		연결가능 모법인의 납세지 관할 지방국세청장의 승인을 받은 경우 적용가능 (단, 연결가능 자법인이 둘 이상일 때에는 해당 법인 모두가 적용)
② 적용대상 배제		연결가능 모법인이 될 수 없는 법인 / 연결가능 자법인이 될 수 없는 법인 ⓐ 해산으로 청산중인 법인 ⓑ 동업기업과세특례를 적용하는 동업기업 ⓒ 해운기업에 대한 법인세 과세표준계산특례를 적용하는 법인 ⓓ 소득공제를 적용받을 수 있는 유동화전문회사 등과 프로젝트금융투자회사의 명목 회사 ⓔ 비영리내국법인 ⓕ 다른 내국법인(비영리내국법인 제외)으로부터 연결지배를 받는 법인 / -
③ 사업연도	㉠ 원칙	각 연결법인의 사업연도는 연결사업연도와 일치
	㉡ 예외	다음의 요건을 모두 충족하는 연결가능 자법인은 연결사업연도를 해당 내국법인의 사업연도로 보아 연결납세방식을 적용가능 ⓐ 사업연도가 법령 등에 규정되어 임의로 변경하는 것이 불가능할 것 ⓑ 연결사업연도말에 분기별 또는 반기별 재무제표를 작성해 감사인의 감사의견을 받을 것

④ 납세지		연결모법인의 납세지
⑤ 신청 및 승인	㉠ 신청	최초의 연결사업연도 개시일부터 10일 이내에 연결납세방식 적용 신청서를 해당 내국법인의 납세지 관할 세무서장을 경유하여 관할 지방국세청장에게 제출하며 연결사업연도도 함께 신고
	㉡ 승인	관할 지방국세청장은 최초의 연결사업연도 개시일부터 2개월이 되는 날까지 승인 여부를 서면으로 통지해야 함(그 날까지 통지하지 아니한 경우에는 승인한 것으로 봄)

❷ 연결납세방식의 취소

○ 승인취소사유

① 연결법인의 사업연도가 연결사업연도와 일치하지 않는 경우
② 연결모법인이 연결지배하지 아니하는 내국법인에 대하여 연결납세방식을 적용하는 경우
③ 연결모법인의 연결가능 자법인에 대하여 연결납세방식을 적용하지 아니하는 경우
④ 추계조사결정사유로 연결법인의 소득금액을 계산할 수 없는 경우
⑤ 연결법인에 수시부과사유가 있는 경우
⑥ 연결모법인이 다른 내국법인(비영리내국법인 제외)의 연결지배를 받는 경우

○ 승인취소 시의 처리방법

① 결손금	각 연결사업연도의 개시일 전 15년 이내에 개시한 연결사업연도의 결손금 중 각 연결법인에 귀속하는 금액으로서 과세표준 계산 시 공제되지 않은 금액은 해당 연결법인의 결손금으로 간주
② 중간예납세액	연결법인의 해당 사업연도 중간예납세액으로 간주

○ 기타 사항

① 승인취소 시의 세무조정	㉠ 다른 연결법인의 결손금과 합한 해당 법인의 소득금액: 익금산입 ㉡ 다른 연결법인의 소득금액과 합한 해당 법인의 결손금: 손금산입
② 연결납세방식 재적용 제한	승인이 취소된 날이 속하는 사업연도와 그 다음 사업연도의 개시일부터 4년 이내에 끝나는 사업연도까지 적용불가
③ 승인취소 시의 사업연도	다음의 기간을 각각 1사업연도로 봄 ㉠ 승인이 취소된 날이 속하는 연결사업연도의 개시일로부터 그 연결사업연도의 종료일까지의 기간 ㉡ 취소된 날이 속하는 연결사업연도의 종료일의 다음 날부터 본래 사업연도 개시일 전날까지의 기간

❸ 연결납세방식의 포기

① 포기 절차	연결납세방식을 적용하지 않으려는 사업연도 개시일 전 3개월이 되는 날까지 연결모법인의 납세지 관할 지방국세청장에게 신고(단, 연결납세방식을 최초로 적용받은 연결사업연도와 그 다음 연결사업연도의 개시일부터 4년 이내에 끝나는 연결사업연도까지는 포기불가)
② 준용 규정	연결납세방식의 적용 승인이 취소된 경우의 결손금처리·중간예납세액 처리 규정을 준용하며, 연결모법인의 납세지 관할 지방국세청장에게 신고한 날이 속하는 연결사업연도의 종료일 다음날부터 본래사업연도 개시일 전날까지의 기간을 1사업연도로 봄

❹ 연결자법인의 추가

① 의의	연결모법인이 다음의 내국법인을 연결지배하는 경우에는 해당 사업연도부터 연결납세방식을 적용		
	⊙ 새로 다른 내국법인	연결지배가 성립하는 날이 속하는 연결사업연도의 다음 연결사업연도	
	ⓒ 법인의 설립등기일부터 연결지배받는 내국법인	설립등기일이 속하는 사업연도	
② 변경신고 절차	변경일 이후 중간예납기간 종료일과 사업연도 종료일 중 먼저 도래한 날부터 1개월 이내에 납세지 관할 지방국세청장에게 신고		

❺ 연결자법인의 배제

① 의의	연결모법인의 연결지배를 받지 아니하게 되거나 해산한 연결자법인은 해당 사유가 발생한 날이 속하는 연결사업연도의 개시일부터 연결납세방식을 적용하지 않음 (단, 연결자법인이 다른 연결법인에 흡수합병되어 해산하는 경우 해산등기일이 속하는 사업연도에 연결납세방식을 적용 가능)	
② 변경신고	연결자법인의 배제사유가 발생하여 연결자법인이 변경된 경우 그 변경사유가 발생한 날부터 1개월 이내에 연결법인 변경신고서를 납세지 관할세무서장을 경유하여 관할지방국세청장에게 제출하여야 함	
③ 세무조정	다음의 경우 해당 사유가 발생한 날이 속하는 사업연도의 익금 또는 손금에 산입	
	⊙ 다른 연결법인의 결손금과 합한 연결배제법인의 소득금액	연결배제법인의 익금산입
	ⓒ 다른 연결법인의 소득금액과 합한 연결배제법인의 결손금	연결배제법인의 손금산입
	ⓒ 연결배제법인의 결손금과 합한 해당 법인의 소득금액	해당 법인의 익금산입
	ⓔ 연결배제법인의 소득금액과 합한 해당 법인의 결손금	해당 법인의 손금산입

▶ 연결소득금액의 계산

❶ 계산순서
① 연결법인별 각 사업연도 소득금액의 계산 ⇒ ② 연결조정항목의 제거 ⇒ ③ 연결법인간 거래손익의 조정 ⇒ ④ 연결조정항목의 배분

❷ 연결법인별 각 사업연도 소득금액의 계산
개별납세방식에 따라 각 사업연도의 소득 또는 결손금을 계산

❸ 연결조정항목의 제거

연결조정항목	제거
① 각 연결법인의 수입배당금 익금불산입액	익금산입(기타)
② 각 연결법인이 지급한 기업업무추진비 손금불산입액	손금산입(기타)
③ 각 연결법인이 지출한 기부금 손금불산입액	손금산입(기타)

❹ 연결법인 간 거래손익의 조정

연결법인 간 거래손익	세무조정
① 다른 연결법인으로부터 받은 수입배당금	익금불산입(기타)
② 다른 연결법인에게 지급한 기업업무추진비	손금불산입(기타)
③ 다른 연결법인에 대한 채권에 대하여 설정한 대손충당금	손금불산입(기타)
④ 양도손익이연자산*을 다른 연결법인에게 양도함에 따라 발생하는 소득과 손실	소득: 익금불산입(△유보) 손실: 손금불산입(유보)

* 연결법인 간에 유·무형자산, 채권 등 법에 규정된 자산을 양도한 거래가 있는 경우 해당 자산

❺ 연결조정항목의 배분

① 원칙	조정된 익금불산입액·손금불산입액을 각 연결법인의 출자비율(또는 지출비율)대로 안분하여 연결법인으로 배분
② 예외	다음의 경우에는 해당 연결법인에만 배분 ㉠ 각 연결법인의 지출 중 적격증빙 등의 미비로 손금불산입된 금액 ㉡ 기부금 중 비지정기부금으로 손금불산입된 금액

▶ 연결과세표준의 계산

❶ 과세구조

```
        연  결  소  득  금  액
( - )   이    월    결    손    금
( - )   각 연결법인의 비과세소득의 합계액
( - )   각 연결법인의 소득공제액의 합계액
        연  결  과  세  표  준
```

❷ 이월결손금

① 이월공제	각 연결사업연도의 개시일 전 15년 이내에 개시한 연결사업연도의 결손금 (단, 먼저 발생한 사업연도의 결손금부터 공제함)	
② 공제한도	㉠ 일반적인 연결법인	연결소득 개별귀속액의 80%
	㉡ 중소기업 등에 해당하는 연결법인	연결소득 개별귀속액의 100%

❸ 결손금

① 의의	다음의 금액으로 신고하거나 결정·경정되거나 수정신고한 과세표준에 포함된 결손금 ㉠ 각 연결사업연도의 소득이 0보다 적은 경우 해당 금액 ㉡ 해당 연결사업연도의 소득금액을 계산할 때 손금에 산입하지 아니하는 처분손실	
② 공제한도	공제되는 결손금	한도
	연결납세방식의 적용 전에 발생한 결손금	연결소득 개별귀속액
	적격분할합병에 따라 자산을 양도받는 경우 합병등기일현재 피합병법인의 결손금	연결소득 개별귀속액 중 피합병 법인으로부터 승계받은 사업에서 발생한 소득
	적격분할합병에 따라 자산을 양도받는 경우 분할등기일 현재 소멸한 분할법인의 결손금 중 연결모법인이 승계받은 사업에 귀속하는 금액	연결소득 개별귀속액 중 소멸한 분할법인으로부터 승계받은 사업에서 발생한 소득

▶ 연결산출세액의 계산

❶ 차감납부세액 계산구조

```
           산     출     세     액
    ( - )  각 연결법인의 감면·공제세액의 합계액
    ( + )  각 연결법인별 가산세의 합계액
           연  결  총  부  담  세  액
    ( - )  연  결  중  간  예  납  세  액
    ( - )  각 연결법인의 원천징수세액 합계액
           차   감   납   부   세   액
```

❷ 연결산출세액

○ 연결산출세액의 계산

연결산출세액 = 연결과세표준 × 세율 + 토지 등 양도소득에 대한 법인세 + 미환류소득에 대한 법인세

○ 연결법인별 산출세액의 계산

연결법인별 산출세액 = 과세표준 개별귀속액 × 연결세율

① 과세표준 개별귀속액	해당 연결법인의 연결소득 개별귀속액 - (공제된 결손금 + 비과세소득 + 소득공제액)
② 연결세율	연결사업연도의 소득에 대한 과세표준에 대한 연결산출세액(토지 등 양도소득에 대한 법인세액 및 미환류소득에 대한 법인세액은 NEW 제외)의 비율

▶ 신고 및 납부

❶ 연결과세표준의 신고

① 신고	각 연결사업연도의 종료일이 속하는 달의 말일부터 4개월 이내에 법인세의 과세표준과 세액을 납세지 관할 세무서장에게 신고
② 첨부서류	㉠ 연결소득금액 조정명세서 ㉡ 각 연결법인의 재무상태표, 포괄손익계산서, 이익잉여금처분계산서 ㉢ 연결법인 간 출자 현황 및 연결법인 간 거래명세서 (단, ㉠과 ㉡ 서류를 첨부하지 아니할 경우 「법인세법」에 따른 신고로 보지 않음)
③ 신고연장	감사인에 의한 감사를 받아야 하는 연결모법인 또는 연결자법인이 감사가 종결되지 아니하여 결산이 확정되지 아니하였다는 사유로 신고기한 종료일 3일 전까지 신고기한의 연장을 신청한 경우에는 그 신고기한을 1개월의 범위에서 연장가능

❷ 연결중간예납

○ 중간예납세액의 계산

① 의의	다음 중 어느 하나에 해당하는 방법을 선택하여 계산한 금액을 중간예납기간이 지난 날부터 2개월 이내에 납세지 관할세무서 등에 납부
② 방법 1	직전 연결사업연도의 산출세액을 기준으로 하는 방법 연결중간예납세액 = $\left(\text{직전 연결사업연도에 확정된 연결산출세액} - \text{직전 연결사업연도의 감면세액 및 각 연결법인이 납부한 원천징수세액 합계액}\right) \times \dfrac{6}{\text{직전사업연도월수}}$
③ 방법 2	해당 중간예납기간*의 법인세액을 기준으로 하는 방법 연결중간예납세액 = $\left(\text{중간예납기간의 과세표준} \times \dfrac{12}{6} \times \text{세율} \times \dfrac{6}{12}\right) - \text{중간예납기간에 해당하는 감면세액 및 각 연결법인이 납부한 원천징수세액 합계액}$ * 해당 중간예납기간을 1사업연도로 봄
④ 강제규정	직전 연결사업연도의 확정된 연결산출세액이 없거나 해당 중간예납기간의 만료일까지 직전 연결사업연도의 연결산출세액이 확정되지 않은 경우는 '③ 방법 2'만 가능

❸ 연결법인세액의 납부

① 연결모법인의 납부의무	연결산출세액에서 다음의 법인세액(가산세 제외)을 공제한 금액을 신고기한까지 납세지 관할 세무서 등에 납부(분납은 일반적인 내국법인에 대한 규정 준용) ㉠ 해당 연결사업연도의 감면세액·세액공제액 ㉡ 해당 연결사업연도의 연결중간예납세액 ㉢ 해당 연결사업연도의 각 연결법인의 원천징수된 세액의 합계액
② 연결자법인·연결모법인의 지급 의무	연결법인별 산출세액에서 다음의 금액을 뺀 금액에 「법인세법」에 따른 가산세를 가산하여 신고기한까지 연결모법인에 지급[*1] ㉠ 해당 연결사업연도의 해당 법인의 감면세액 ㉡ 해당 연결사업연도의 연결법인별 중간예납세액 ㉢ 해당 연결사업연도의 해당 법인의 원천징수된 세액
③ 연결법인의 연대납부의무	각 연결사업연도의 소득에 대한 법인세[*2]를 연대하여 납부할 의무 있음

*1 계산한 금액이 음의 수인 경우 연결모법인은 음의 부호를 뗀 금액을 연결과세표준 신고기한까지 연결자법인에 지급하여야 함
*2 토지 등 양도소득에 대한 법인세와 미환류소득에 대한 법인세 포함

❹ 연결법인세액의 정산

연결산출세액이 없는 경우로서 다음의 어느 하나에 해당하는 경우 정산금을 연결법인별로 배분하여야 함

① 연결자법인의 해당 연결사업연도 소득금액에 다른 연결법인의 결손금이 합하여진 경우	해당 연결자법인이 법령으로 정하는 바에 따라 계산한 정산금을 연결과세표준 신고기한까지 연결모법인에 지급
② 연결자법인의 연결소득 개별귀속액에서 다른 연결법인의 결손금이 이월공제된 경우	
③ 연결자법인의 해당 연결사업연도 결손금이 다른 연결법인의 소득금액에 합하여진 경우	연결모법인이 법령으로 정하는 바에 따라 계산한 정산금을 연결과세표준 신고기한까지 해당 연결자법인에 지급
④ 연결자법인의 결손금이 다른 연결법인의 연결소득 개별귀속액에서 이월공제된 경우	

제6편

소득세법

01 총칙
02 금융소득
03 사업소득
04 근로소득
05 연금소득 및 기타소득
06 소득금액계산의 특례
07 종합소득과세표준의 계산
08 차감납부세액의 계산
09 퇴직소득세
10 양도소득세
11 소득세의 납세절차

01 총칙

Teacher's Map

▶ 소득세 개요

❶ 소득세의 정의

① 거주자	국내에 주소를 두거나 183일 이상의 거소를 둔 개인
② 비거주자	거주자가 아닌 개인
③ 내국법인	본점, 주사무소 또는 사업의 실질적 관리장소가 국내에 있는 법인
④ 외국법인	본점 또는 주사무소가 외국에 있는 단체(사업의 실질적 관리장소가 국내에 있지 아니하는 경우만 해당)로서 다음 어느 하나에 해당하는 단체 ㉠ 설립된 국가의 법에 따라 법인격이 부여된 단체 ㉡ 구성원이 유한책임사원으로만 구성된 단체 ㉢ 그밖에 해당 외국단체와 동종 또는 유사한 국내의 단체가 「상법」 등 국내의 법률에 따른 법인인 경우의 그 외국단체
⑤ 사업자	사업소득이 있는 거주자

❷ 소득세의 목적과 특징

① 목적	소득 성격과 납세자의 담세력을 감안하여 조세부담의 형평을 도모 등
② 과세대상 소득	종합소득, 퇴직소득, 양도소득으로 나누어 각각 다른 과세체계를 적용
③ 열거주의	법령에 구체적으로 열거된 소득에 대해서만 과세(이자소득·배당소득·사업소득의 경우 예외적으로 포괄주의 적용)
④ 소득원천설	사업 등의 원천에서 계속적·경상적으로 발생하는 소득만을 과세(기타소득·퇴직소득·양도소득의 경우 예외적으로 순자산증가설 적용)
⑤ 종합과세	소득 종류와 관계없이 모든 소득을 기간 단위로 합산하여 과세(분리과세와 분류과세를 예외적으로 적용하는 경우가 있음)
⑥ 개인단위 과세	개인이 얻은 소득에 대해 그 개인에게 과세하되 공동사업합산과세가 적용되는 경우 세대단위 등으로 합산과세, 소득종류에 따라 차별과세
⑦ 담세력에 따른 과세	누진세율 및 인적공제제도를 채택하여 부담능력에 따라 과세함
⑧ 신고납부제도 채택	다음 해의 5. 1.부터 5. 31.까지 신고함으로써 납세의무가 확정됨
⑨ 광범위한 원천징수제도 채택	㉠ 완납적 원천징수: 원천징수로 과세가 종결되는 분리과세 ㉡ 예납적 원천징수: 원천징수 이후 별도로 신고해야 하는 종합과세

❸ 소득세의 계산구조

법인세 계산구조	종합소득세 계산구조
익　　　　　　　금 (-) 손　　　　　　　금 　　각사업연도소득금액 (-) 이 월 결 손 금 (-) 비 과 세 소 득 (-) 소　득　공　제 　　과　세　표　준 (×) 세　　　　　　　율 　　산　출　세　액 (-) 감 면 · 공 제 세 액 　　결　정　세　액 (+) 가　　산　　세 (-) 기 납 부 세 액 　　차 감 납 부 세 액	총 수 입 금 액 (-) 필 요 경 비 　　종 합 소 득 금 액 (-) 종 합 소 득 공 제 　　과　세　표　준 (×) 기　본　세　율 　　산　출　세　액 (-) 감 면 · 공 제 세 액 　　결　정　세　액 (+) 가　　산　　세 (-) 기 납 부 세 액 　　차 감 납 부 세 액

① 소득과 소득금액	필요경비를 차감한 이전의 금액이 소득, 이후의 금액을 소득금액이라고 함
② 총수입금액과 필요경비의 적용	(아래 표 참조)
③ 결손금의 적용	해당 과세기간의 다른 소득금액에서 먼저 공제한 이후 잔액을 15년간 이월

구분	이자·배당소득	사업·기타소득	근로·연금소득
총수입금액	총수입금액	총수입금액	총급여액·총연금액
필요경비	인정하지 않음	인정함	법정 산식에 따라 근로·연금소득공제 적용

퇴직소득세 계산구조	양도소득세 계산구조
환　산　급　여 (-) 환 산 급 여 공 제 　　퇴직소득 과세표준 (×) 세　　　　　　　율 　　퇴직소득 산출세액 (-) 외국납부세액공제 　　퇴직소득 결정세액 (-) 기 납 부 세 액 　　차 감 납 부 세 액	양　도　가　액 (-) 필 요 경 비 　　양　도　차　익 (-) 장기보유특별공제 　　양도소득 과세표준 (×) 양 도 소 득 세 율 　　양도소득 산출세액 (-) 감 면 · 공 제 세 액 　　양도소득 결정세액 (+) 가　　산　　세 (-) 기 납 부 세 액 　　차 감 납 부 세 액

▶ 납세의무자

① 개인(자연인)	㉠ 거주자	「소득세법」상 납세의무자
	㉡ 비거주자	
② 법인이 아닌 단체	㉠ 법인으로 보는 단체 외의 법인 아닌 단체	
	㉡ 법인으로 보는 단체	「법인세법」상 납세의무자

❶ 거주자와 비거주자

구분	의의	납세의무 범위
① 거주자	국내에 주소나 183일 이상 거소를 둔 개인	국내원천소득·국외원천소득을 포함한 모든 소득에 대한 무제한적 납세의무
② 비거주자	거주자가 아닌 개인	국내원천소득에 대한 제한적 납세의무

ㅇ 거주기간의 계산

① 원칙: 거소기간의 계산과 판정	㉠ 계산: 입국하는 날의 다음 날 ~ 출국하는 날 ㉡ 판정 　ⓐ 국내에 거소를 둔 기간이 1과세기간 동안 183일 이상인 경우 　ⓑ 국내에 거소를 둔 기간이 2과세기간에 걸쳐 183일 이상인 경우(2026.1.1. 시행) **NEW**
② 거소를 둔 개인이 출국 후 다시 입국한 경우	생계를 같이 하는 가족의 거주지, 자산소재지 등을 고려하여 출국 목적이 관광, 질병의 치료 등으로 명백히 일시적인 경우 그 출국한 기간도 거소를 둔 것으로 봄
③ 재외동포가 입국한 경우	생계를 같이 하는 가족의 거주지, 자산소재지 등을 고려하여 입국 목적이 단기관광, 질병의 치료 등 명백히 일시적인 경우 해당기간은 거소를 둔 것으로 보지 않음

ㅇ 주소의 판정: 생활관계의 '객관적' 사실에 따라 판정

① 국내에 주소를 가진 것으로 보는 경우	㉠ 계속하여 183일 이상 국내에 거주할 것을 통상 필요로 하는 직업을 가진 때 ㉡ 국내에 생계를 같이하는 가족이 있고, 그 직업 및 자산상태에 비추어 계속하여 183일 이상 국내에 거주할 것으로 인정되는 때 ㉢ 거주자나 내국법인의 국외사업장·해외현지법인(내국법인이 발행주식총수 또는 출자지분의 100%를 출자한 경우에 한정) 등에 파견된 임원·직원 또는 국외 근무 공무원
② 국내에 주소가 없는 것으로 보는 경우	㉠ 국외에 거주·근무하는 자가 외국국적을 가졌거나 외국법령에 의하여 그 외국의 영주권을 얻은 자로서 국내에 생계를 같이 하는 가족이 없고 그 직업 및 자산상태에 비추어 다시 입국하여 주로 국내에 거주하리라고 인정되지 아니하는 때 ㉡ 주한외교관과 그 외교관의 세대에 속하는 가족(단, 대한민국 국민은 예외) ㉢ 한미행정협정에 규정한 합중국 군대의 구성원·군무원 및 그들의 가족(단, 합중국의 소득세를 회피할 목적으로 국내에 주소가 있다고 신고한 경우에는 예외)
③ 외국항행선박 및 항공기 승무원	그 승무원과 생계를 같이하는 가족이 거주하는 장소 또는 그 승무원이 근무기간 외의 기간 중 통상 체재하는 장소가	주소
	㉠ '국내'에 있는 때	국내에 있는 것으로 봄
	㉡ '국외'에 있는 때	국외에 있는 것으로 봄

④ 해외현지법인 등의 임직원 등에 대한 거주자 판정	㉠ 거주자·내국법인의 국외사업장 또는 해외현지법인(내국법인이 발행주식총수 또는 출자지분의 100%를 출자한 경우에 한정)등에 파견된 임원·직원 또는 국외 근무 공무원은 거주자로 봄 ㉡ 위 규정에 준하여 국내에 생활의 근거가 있는 자가 국외에서 거주자 또는 내국법인의 임직원이 되는 경우 국내에서 파견된 것으로 봄

○ 거주자 또는 비거주자가 되는 시기

① 비거주자 → 거주자	㉠ 국내에 주소를 둔 날 ㉡ 국내에 주소를 가지거나 국내에 주소가 있는 것으로 보는 사유가 발생한 날 ㉢ 국내에 거소를 둔 기간이 183일이 되는 날
② 거주자 → 비거주자	㉠ 거주자가 주소 또는 거소의 국외 이전을 위하여 출국하는 날의 다음 날 ㉡ 국내에 주소가 없거나 국외에 주소가 있는 것으로 보는 사유가 발생한 날의 다음 날

❷ 소득세 원천징수의무자

거주자, 비거주자, 내국법인, 외국법인의 국내지점 또는 국내영업소(출장소 등 포함), 그 밖에 이 법에서 정하는 원천징수의무자 중 하나에 해당하는 자는 「소득세법」에 따라 원천징수한 소득세를 납부할 의무를 짐

❸ 법인 아닌 단체

① 원칙	국내에 주사무소 또는 사업의 실질적 관리장소를 둔 경우에는 1 거주자로, 그 외에는 1 비거주자로 봄
② 예외	이익이 분배되는 경우로 그 사실이 확인될 때는 구성원별로 「소득세법」 또는 「법인세법」에 따라 납세의무를 부담하며, 확인되지 않은 경우에는 해당 단체를 1거주자 또는 1비거주자로 보아 소득세에 대한 납세의무 부담
③ 국외투자기구	법인으로 보는 단체 외의 법인 아닌 단체에 해당하는 국외투자기구를 국내원천소득의 실질귀속자로 보는 경우, 1비거주자로서 소득세에 대한 납세의무 부담

❹ 특수한 경우

① 공동사업	㉠ 원칙: 손익분배비율(없는 경우 지분비율)에 따라 분배 후 공동사업자가 납세의무를 부담 ㉡ 공동사업합산과세: 주된 공동사업자의 특수관계인은 손익분배비율에 해당하는 그의 소득금액을 한도로 연대납세의무를 부담
② 상속	피상속인과 상속인의 소득금액은 구분하여 계산하되, 상속인이 피상속인의 소득금액에 대한 과세에 대하여 납세의무를 부담
③ 증여를 통한 우회양도	증여자와 수증자가 연대납세의무를 부담
④ 분리과세 소득	원천징수되는 소득으로서 종합소득과세표준 계산 시 합산하지 않는 소득이 있는 자는 해당 소득세에 대한 납세의무를 부담
⑤ 공동소유자산의 양도	자산을 공동소유하는 각 거주자가 납세의무를 부담
⑥ 신탁재산	㉠ 원칙: 수익자(수익자가 사망하는 경우에는 그 상속인)가 납세의무를 부담 ㉡ 예외: 위탁자가 신탁재산을 실질적으로 통제하는 경우 등에 해당하면 위탁자가 납세의무를 부담

▷ 과세기간

① 원칙	1월 1일~ 12월 31일 (일괄적으로 적용하여 임의로 결정할 수 없음)
② 거주자가 사망한 경우	1월 1일 ~ 사망한 날(당해 생존한 기간)
③ 거주자가 출국하여 비거주자가 된 경우	1월 1일 ~ 출국한 날(거주자였던 기간)

▷ 납세지

❶ 납세지 일반

○ **일반적인 납세지**

① 거주자	㉠ 원칙	주소지
	㉡ 주소지가 없는 경우	거소지
	㉢ 주소지가 2 이상일 경우	「주민등록법」에 의하여 등록된 곳
	㉣ 거소지가 2 이상일 경우	생활관계가 보다 밀접한 곳
② 비거주자	㉠ 원칙	국내사업장의 소재지
	㉡ 국내사업장이 없는 경우	국내원천소득이 발생하는 장소
	㉢ 국내원천소득이 발생하는 장소가 2 이상일 경우	납세지로 신고한 장소
	㉣ 국내사업장이 2 이상일 경우	주된 국내사업장의 소재지
	㉤ 주된 사업장을 판단하기가 곤란한 경우	납세지로 신고한 장소

○ **원천징수하는 소득세의 납세지**

① 개인	㉠ 원칙	주된 사업장 소재지
	㉡ 주된 사업장 외의 사업장에서 원천징수한 경우	그 사업장의 소재지
	㉢ 거주자로서 사업장이 없는 경우	거주자의 주소지 또는 거소지
	㉣ 비거주자로서 사업장이 없는 경우	비거주자의 거류지 또는 체류지
② 법인	㉠ 원칙	법인의 본점 또는 주사무소의 소재지
	㉡ 그 법인의 지점 등에서 독립채산제에 의하여 독자적으로 회계사무를 처리하는 경우	그 사업장의 소재지
	㉢ 「부가가치세법」에 따라 사업자단위로 등록한 경우 또는 법인이 지점 등에서 지급하는 소득에 대한 원천징수세액의 납세지를 그 법인의 본점 또는 주사무소의 소재지로 신고한 경우	법인의 본점 또는 주사무소의 소재지

○ 특별한 경우의 납세지

① 납세조합이 징수하는 소득세의 경우	납세조합의 소재지
② 상속의 경우	피상속인·상속인 또는 납세관리인의 주소지나 거소지 중 상속인 또는 납세관리인이 그 관할 세무서장에게 납세지로서 신고하는 장소
③ 비거주자가 납세관리인을 둔 경우	국내사업장의 소재지 또는 그 납세관리인의 주소지나 거소지 중 납세관리인이 그 관할 세무서장에게 납세지로서 신고하는 장소
④ 국내에 주소가 없는 공무원 등의 경우	가족의 생활근거지 또는 소속기관의 소재지
⑤ 거주자로 보는 법인격 없는 단체의 경우	단체의 대표자 또는 관리인의 주소지

❷ 납세지의 지정 및 변경

○ 지정 개괄

① 지정권자	국세청장 또는 관할 지방국세청장
② 지정사유	㉠ 사업소득이 있는 거주자가 사업장 소재지를 납세지로 신청한 경우 ㉡ 거주자 또는 비거주자로서 납세지가 납세의무자의 소득 상황으로 보아 부적당하거나 납세의무를 이행하기에 불편하다고 인정되는 경우

○ 지정 및 통지절차

구분		절차
① 신청에 따른 납세지 지정 및 통지	신청	해당 과세기간의 10. 1. ~ 12. 31. 에 *납세지지정신청서*를 관할 세무서장에게 제출
	통지	납세지 지정신청이 있는 경우 특수한 경우를 제외하곤 사업장을 납세지로 지정하여 다음 연도 2월 말일까지 지정 여부를 서면으로 통지
② 지정권자의 직권에 따른 납세지 지정 및 통지		해당 과세기간의 과세표준확정신고·납부기간 개시일 전에 서면으로 통지하되 중간예납 또는 수시부과의 사유가 있는 때에는 그 납기개시 15일 전에 통지

○ 지정 취소 및 효력

① 납세지의 지정 취소	지정 사유가 소멸한 경우 지정권자는 납세지 지정을 취소하여야 함
② 지정 취소의 효력	지정 취소 전에 한 행위의 효력에는 영향을 미치지 않음

○ 변경신고

① 기한	납세지가 변경된 날부터 15일 이내에 신고
② 신고간주	납세자의 주소지가 변경됨에 따라 「부가가치세법」 규정에 의하여 사업자등록정정을 한 경우 변경신고한 것으로 봄

❸ 과세관할

: 납세지를 관할하는 세무서장 또는 지방국세청장이 과세

02 금융소득

Teacher's Map

▷ **이자소득**

❶ 이자소득의 범위

구분	이자소득 포괄주의 과세방식에 따라 아래 열거된 항목과 유사한 경우 이자소득에 포함	예외
① 채권·증권의 이자와 할인액	발행주체와 무관하게 과세	국채 등을 공개시장에서 통합 발행하는 경우 해당 채권의 할인액은 과세하지 않음
② 예금의 이자	국내외 예금(적금·부금·예탁금 및 우편대체 포함) 모두 과세	-
③ 채권 또는 증권의 환매조건부 매매차익	실질적인 이자에 해당하기에 이자소득으로 과세	채권, 증권의 매매차익은 과세하지 않음
④ 환매조건부 채권 등 매매거래에 따른 보상액 NEW	환매조건부 채권 등의 매매거래시 채권 등에서 발생하는 이자에 상당하는 금액을 매도인이 지급받는 경우 이자소득으로 과세	-
⑤ 일정한 저축성 보험의 보험차익	저축성 보험의 보험차익은 과세 보험차익 = 만기에 받는 보험금·공제금 또는 중도해지로 인한 환급금 - 납입보험료 또는 납입공제료	㉠ 다음 중 어느 하나의 저축성 보험의 보험차익은 과세하지 않음 　ⓐ 일시납 저축성 보험: 계약기간 10년 이상 + 1인당 납입 합계액이 1억원 이하 　ⓑ 월적립식 저축성 보험: 계약기간 10년 이상 + 납입기간 5년 이상 등의 요건 　ⓒ 종신형 연금보험: 55세 이후부터 사망 시까지 연금형태로 수령 ㉡ 보장성 보험의 보험차익은 과세하지 않음 (단, 사업용자산의 손실로 인한 보험차익은 사업소득으로 과세)
⑥ 직장공제회 초과반환금	1999. 1. 1. 이후 가입하고 받는 반환금부터 이자소득으로 분리과세	-
⑦ 비영업대금의 이익	일시적으로 금전을 대여하고 수령하는 대가로 이자소득으로 과세	사업적으로 대금업을 영위하는 자의 경우는 사업소득
⑧ 특정 소기업·소상공인 공제부금 발생 소득	법정 사유(폐업, 해산, 사망 등)에 따라 2015. 12. 31. 이전 가입자가 받은 소득은 이자소득으로 과세	㉠ 법정 사유에 따라 2016. 1. 1. 이후 가입자가 받은 소득은 퇴직소득 ㉡ 법정 사유에 외에 따른 지급은 기타소득
⑨ 유사이자	위 ①~⑧의 소득과 유사한 소득으로서 이자의 성격이 있는 것 (ex. 채권 대차거래에서 발생하는 소득)	-
⑩ 파생금융상품의 이자	위 ①~⑨의 소득을 야기하는 거래와 파생상품이 결합된 거래로부터의 이익	-
⑪ 그 외	㉠ 외상매출금이나 미수금이 소비대차로 전환된 경우에는 이자소득 ㉡ 당초 계약내용에 의하여 매입가액이 확정된 후 그 대금의 지급지연으로 실질적인 소비대차로 전환되어 발생되는 이자는 이자소득	㉠ 사업관련 발생분 중 다음의 것은 사업소득과 관련된 금액으로 본다 　• 매입에누리, 매입할인, 장기할부조건 　• 대금결제·지급기일 연장에 따른 추가수령액 ㉡ 손해배상금과 법정이자

❷ 이자소득금액의 계산

① 이자소득금액	이자소득 총수입금액 = 이자소득 - 비과세소득 - 분리과세소득
② 필요경비	인정하지 않음
③ 특례: 비영업대금 이익의 총수입금액	비영업대금을 채무자의 파산, 사망, 사업의 폐지 등으로 회수할 수 없는 경우, 원금부터 회수한 것으로 보아 수령액에서 원금을 차감한 금액을 이자소득금액으로 간주

❸ 이자소득의 수입시기

① 채권 등의 이자와 할인액	㉠ 무기명	그 지급을 받은 날
	㉡ 기명	약정에 의한 지급일
② 예금의 이자	㉠ 보통예금·정기예금·적금 또는 부금	ⓐ 원칙: 실제로 이자를 지급받는 날 ⓑ 원본에 전입하는 뜻의 특약이 있는 이자: 원본전입일 ⓒ 해약으로 인하여 지급되는 이자: 그 해약일 ⓓ 계약기간을 연장하는 경우: 그 연장하는 날 ⓔ 정기예금연결정기적금의 경우 정기예금의 이자: 정기예금 또는 정기적금이 해약되거나 정기적금의 저축기간이 만료되는 날
	㉡ 통지예금	인출일
③ 채권 또는 증권의 환매조건부 매매차익		㉠ 원칙: 약정에 의한 당해 채권 또는 증권의 환매수일 또는 환매도일 ㉡ 기일 전에 환매수 또는 환매도하는 경우: 그 환매수일 또는 환매도일
④ 저축성 보험의 보험차익		㉠ 원칙: 보험금 또는 환급금의 지급일 ㉡ 기일 전에 해지하는 경우: 그 해지일
⑤ 직장공제회의 초과반환금		㉠ 원칙: 약정에 의한 공제회 반환금 및 반환금추가이익의 지급일 ㉡ 반환금을 분할하여 지급하는 경우 원본에 전입하는 뜻의 특약이 있는 납입금 초과이익: 특약에 따라 원본에 전입된 날
⑥ 비영업대금의 이익		㉠ 원칙: 약정에 의한 이자지급일 ㉡ 이자지급일의 약정이 없는 경우, 약정에 의한 이자지급일 전에 이자를 지급받는 경우, 회수할 수 없는 채권에 해당하여 총수입금액계산에서 제외하였던 이자를 지급받는 경우: 그 이자지급일
⑦ 채권 등의 보유기간 이자와 할인액 상당액		해당 채권 등의 매도일 또는 이자 등의 지급일
⑧ 이자소득이 발생하는 상속재산이 상속되거나 증여되는 경우		상속개시일 또는 증여일
⑨ 특정 요건을 갖춘 소기업·소상공인 공제부금에서 발생한 소득		실제로 지급받은 날
⑩ 유사이자		㉠ 원칙: 약정에 따른 상환일 ㉡ 기일 전에 상환 시: 그 상환일
⑪ 파생금융상품 이자		

▶ 배당소득

❶ 배당소득의 범위

이자소득과 마찬가지로 포괄주의 과세방식에 따라 아래 열거된 항목과 유사한 경우 과세대상 소득에 포함

① 일반적인 배당*	㉠ 내국법인 또는 외국법인으로부터 받는 이익이나 잉여금의 배당 또는 분배금 ㉡ 법인으로 보는 단체로부터 받는 배당 또는 분배금 ㉢ 동업기업과세특례에 따라 배분받은 소득 ㉣ 법인과세 신탁재산으로부터 받는 배당금·분배금
② 인정배당	「법인세법」에 따라 배당으로 소득처분된 금액
③ 의제배당	세법에서 배당으로 간주하는 의제배당
④ 집합투자기구로부터의 이익	국내 또는 국외에서 받는 집합투자기구로부터의 이익
⑤ 파생결합증권으로부터의 이익	국내 또는 국외에서 받는 법령으로 정하는 파생결합증권으로부터의 이익
⑥ 파생결합사채로부터의 이익	국내 또는 국외에서 받는 법령으로 정하는 파생결합사채로부터의 이익
⑦ 조각투자상품으로부터의 이익 NEW	㉠ 금전이 아닌 재산의 신탁계약에 의한 수익증권이 표시된 수익증권으로서 법령으로 정하는 수익증권으로부터의 이익 ㉡ 「자본시장과 금융투자업에 관한 법률」상 투자계약증권으로서 법정 투자계약증권으로부터의 이익
⑧ 간주배당	「국제조세조정에 관한 법률」에 따라 배당받은 것으로 간주된 금액
⑨ 환매조건부 증권의 매매거래에 따른 보상 NEW	거주자가 환매기간에 따른 사전약정이자율을 적용하여 환매수하는 조건으로 증권(채권 등은 제외)을 매도하고 환매수하는 날까지 해당 증권의 매수인으로부터 지급받는 증권에서 발생하는 배당에 상당하는 금액
⑩ 출자공동사업자의 배당	공동사업에서 발생한 소득금액 중 경영에 참여하지 않고 출자만 하는 출자공동사업자의 손익분배비율에 해당하는 금액
⑪ 유사배당	위 ①~⑦ 소득과 유사한 소득으로서 수익분배의 성격이 있는 것
⑫ 파생금융상품 배당	위 ①~⑧ 중 어느 하나에 해당하는 소득을 발생시키는 "거래 또는 행위"와 "파생상품"이 결합된 경우 해당 파생상품의 거래 또는 행위로부터의 이익으로서 법에 정한 요건을 갖춘 것

*「상법」에 따라 자본준비금을 감액하여 받은 배당은 배당소득에 포함하지 않음.
단, 다음의 자본준비금을 감액하여 받은 배당은 배당소득에 포함함

㉠ 의제배당으로 과세되는 자본준비금
㉡ 3% 재평가세율이 적용되는 재평가적립금에 상당하는 금액 NEW
㉢ 적격합병차익 또는 적격분할차익 중 3% 재평가세율이 적용된 재평가적립금에 상당하는 금액 NEW

❷ 배당소득금액의 계산

① 배당소득금액의 계산방법	배당소득금액 = 배당소득 - 비과세소득 - 분리과세소득 + Gross - up(귀속법인세액)
② 필요경비	인정하지 않음
③ Gross - up(귀속법인세제도)	이중과세를 방지하기 위한 제도로, '배당소득 × 10%'로 계산

○ Gross - up 대상소득의 요건

[요건 1] 법인단계에서 법인세가 과세된 소득을 재원으로 지급받은 배당일 것
[요건 2] 내국법인으로부터 받은 배당일 것
[요건 3] 종합과세대상 배당소득이면서 기본세율 적용분일 것

○ Gross - up 대상에서 배제되는 배당소득

[요건 1] 위배	① 집합투자기구로부터의 이익
	② 다음의 의제배당
	   ㉠ 법인의 소득에 법인세가 과세되지 아니한 배당으로서 '자본의 감소'로 인하여 주주가 취득하는 재산가액이 당초 주식의 취득가액을 초과하는 금액**NEW**
	   ㉡ 자기주식소각이익의 자본전입으로 인한 의제배당
	   ㉢ 법인이 자기주식을 보유한 상태에서 의제배당으로 보지 않는 자본잉여금의 자본전입 시 자본전입법인 외의 주주의 지분비율이 증가함에 따른 의제배당
	   ㉣ 1%의 재평가세율이 적용된 토지의 재평가차액을 자본에 전입함으로 인한 의제배당
	③ 다음의 감액배당**NEW**
	   ㉠ 「자산재평가법」을 위반하여 3% 재평가세율이 적용된 재평가적립금을 감액하여 받은 배당
	   ㉡ 적격합병차익 및 적격분할차익 중 3% 재평가세율이 적용되는 재평가적립금을 감액하여 받은 배당
	④ 다음의 법인으로부터 받는 일정한 배당
	   ㉠ 「법인세법」상 소득공제를 적용받는 유동화전문회사 등 명목회사, 「조세특례제한법」상 동업기업과세특례를 적용받는 동업기업
	   ㉡ 다음의 세액감면을 적용받은 법인
	       ⓐ 법인의 공장 및 본사를 수도권 밖으로 이전하는 경우 법인세감면
	       ⓑ 외국인투자 및 증자에 대한 법인세감면
	       ⓒ 제주첨단과학기술단지 입주기업에 대한 법인세감면
	       ⓓ 제주투자진흥지구 또는 제주자유무역지역입주기업에 대한 법인세감면
	⑤ 출자공동사업자의 배당
	⑥ 법인과세 신탁재산으로부터 받는 배당금·분배금
	⑦ 파생결합증권·파생결합사채로부터의 이익, 유사배당, 파생금융상품 배당, 비금전신탁 수익증권으로부터의 이익·투자계약으로부터의 이익**NEW**

[요건 2] 위배	⑧ 외국법인으로부터 받는 배당
[요건 3] 위배	⑨ 분리과세가 적용되는 배당소득 ⑩ 종합과세되는 배당소득 중 종합과세기준금액(2,000만원)을 초과하지 않는 배당소득

❸ 배당소득의 수입시기

① 일반배당	⊙ 잉여금처분에 의한 배당	잉여금처분결의일
	ⓒ 무기명주식의 이익이나 배당	그 지급을 받은 날
② 인정배당		해당 사업연도의 결산확정일
③ 의제배당	⊙ 잉여금의 자본전입	자본전입을 결정한 날
	ⓒ 주식의 소각·자본감소, 퇴사·탈퇴로 인한 의제배당	소각·감자결의일, 퇴사일·탈퇴일
	ⓒ 해산으로 인한 의제배당	잔여재산가액확정일
	② 합병·분할로 인한 의제배당	합병등기일·분할등기일
④ 집합투자기구로부터의 이익		⊙ 원칙: 이익을 지급받는 날
⑤ 파생결합증권·파생결합사채로부터의 이익		ⓒ 원본에 전입하는 뜻의 특약이 있는 분배금: 원본에 전입된 날
⑥ 간주배당(「국제조세조정에 관한 법률」상 특정외국법인의 유보소득의 배당간주)		특정 외국법인의 해당 사업연도 종료일의 다음 날부터 60일이 되는 날
⑦ 출자공동사업자가 받는 손익분배비율 상당액		과세기간 종료일
⑧ 유사배당		그 지급을 받은 날
⑨ 파생금융상품 배당		
⑩ 조각투자상품으로부터의 이익 NEW		그 이익을 지급받은 날

▶ 금융소득의 과세방법

❶ 금융소득의 원천징수

원천징수규정	국내에서 거주자나 비거주자에게 이자소득·배당소득의 금융소득(국외수령분 제외)을 지급할 경우 지급자는 지급받는 자에 대한 원천징수의무를 부담하며, 아래에 따라 처리함
① 분리과세	완납적 원천징수이기에 과세가 종결됨
② 종합과세	예납적 원천징수이기에 종합소득금액 계산 시 포함한 후 기납부세액으로 공제

○ 원천징수세율의 적용

이자소득	① 일반적인 경우의 이자소득	14%
	② 비영업대금의 이익	25%
	③ 비실명 이자소득	45%(금융실명제에 위배된 경우 90%)
	④ 직장공제회 초과반환금	기본세율
	⑤ 개인종합자산관리계좌(ISA) 과세분	9%
배당소득	① 일반적인 경우의 배당소득	14%
	② 법인으로 보지 아니하는 법인 아닌 단체 중 수익을 구성원에게 분배하지 아니하는 단체가 단체명을 표시하여 금융거래	14%
	③ 출자공동사업자 배당	25%
	④ 비실명 배당소득	45%(금융실명제에 위배된 경우 90%)

❷ 금융소득의 종합과세

○ 금융소득 과세구조

① 비과세 대상	특정 경영상의 목적으로 소득세를 과세하지 아니함
② 무조건 분리과세 대상	정책상 목적 등으로 무조건 원천징수를 통해 과세를 종결함
③ 무조건 종합과세 대상	종합소득금액에 합산하여 과세함
④ 조건부 종합과세 대상	㉠ 합산액이 2,000만원 이하인 경우: 분리과세 ㉡ 합산액이 2,000만원 초과인 경우: 종합과세

○ 금융소득의 과세구조에 따른 항목

① 비과세 대상	㉠ 학술, 종교 등 공익을 목적으로 하는 공익신탁의 이익 ㉡ ISA에서 받는 200만원(400만원)까지의 이자·배당소득

② 무조건 분리과세 대상	㉠ 다음의 장기채권의 이자·할인액으로서 분리과세를 신청한 경우 (신청하지 않을 경우 조건부 과세하며 2018.1.1. 이후 발행된 10년 이상 장기채권의 이자·할인액은 신청 여부와 무관하게 조건부 과세)
	    ⓐ 2012.12.31.까지 발행된 10년 이상의 장기채권의 이자·할인액
	    ⓑ 2013.1.1. ~ 2017.12.31. 발행된 10년 이상의 장기채권을 3년 이상 계속하여 보유한 거주자가 그 장기채권을 매입한 날부터 3년이 지난 후에 발생하는 이자·할인액
	㉡ 비실명 금융소득(이자·배당소득)
	㉢ 직장공제회 초과반환금
	㉣ 「민사집행법」에 의한 경매입찰 법원 보증금 및 경락대금에서 발생하는 이자소득
	㉤ 법인으로 보는 단체 외의 단체 중 수익을 구성원에게 배분하지 않는 단체로서 단체명을 표기하여 금융거래를 하는 단체가 금융회사 등으로부터 받는 이자·배당소득
	㉥ 개인종합자산관리계좌(ISA)에서 받는 금융소득으로서 200만원(400만원)을 초과하는 이자·배당소득

③ 무조건 종합과세 대상	㉠ 국내에서 원천징수되지 않은 국외금융소득 ㉡ 출자공동사업자의 배당
④ 조건부 종합과세 대상	위 ①~③에 해당하지 않는 소득

○ 금융소득 종합과세의 세액산출

금융소득 구성순서	이자소득 → Gross - up이 적용되지 않는 배당소득 → Gross - up이 적용되는 배당소득
금융소득 종합과세 시 세율의 적용	산출세액 = 2,000만원 × 14% + (종합소득 과세표준 - 2,000만원) × 기본세율

○ 금융소득 관련 세액공제

① 외국납부세액공제	MIN[외국납부세액, 산출세액 × $\dfrac{\text{국외원천소득금액}}{\text{종합소득금액}}$]
② 배당세액공제	MIN[Gross - up 금액, 일반 산출세액 - 비교 산출세액(분리과세 가정세액)]

MEMO

03 사업소득

Teacher's Map

▶ **사업소득의 범위**

❶ 사업소득의 의의 및 범위

① 의의	개인 사업자가 이익을 얻을 목적으로 독립적인 지위에서 계속적·반복적으로 영위하는 사업으로부터 일정한 과세기간 동안 얻는 소득으로 유형별 포괄주의를 적용하여 열거된 항목과 유사한 소득은 과세대상에 포함
② 범위	㉠ 농업·임업·어업·광업에서 발생하는 소득으로 과세되지 않는 항목을 제외한 소득 ㉡ 제조업, 도소매업에서 발생하는 소득 ㉢ 건설업, 부동산업에서 발생하는 소득으로 「공익사업을 위한 토지 등의 취득 및 보상에 관한 법률」에 따른 공익사업과 관련하여 지역권·지상권을 설정하거나 대여함으로써 발생하는 소득을 제외한 소득 ㉣ 운수 및 창고업, 숙박 및 음식점업에서 발생하는 소득 ㉤ 출판, 영상, 방송통신 및 정보서비스업에서 발생하는 소득 ㉥ 금융 및 보험업에서 발생하는 소득 ㉦ 전문, 과학 및 기술서비스업(대통령령으로 정하는 연구개발업은 제외)에서 발생하는 소득 ㉧ 그 밖에 법령에서 정하는 소득

❷ 특수한 사업소득

① 연예인 등의 전속 계약금	사업소득으로 간주하여 수입시기는 인적용역의 수입시기 규정에 따름			
② 부동산임대업	구분	사업소득		기타소득
		부동산임대업	일반 사업소득	
	㉠ 부동산·부동산상의 권리를 계속적·반복적으로 대여하는 사업	O		
	㉡ 부동산 또는 부동산상의 권리를 일시적으로 대여하는 사업			O
	㉢ 일반적인 지역권·지상권을 대여하는 사업	O		
	㉣ 공익사업 관련 지역권·지상권을 설정·대여하는 사업			O
	㉤ 공장재단 또는 광업재단을 대여하는 사업	O		
	㉥ 공장재단과 분리하여 별도로 시설(ex. 기계)을 임대하는 사업		O	
	㉦ 채굴을 할 수 있는 시설과 함께 광산을 대여하는 사업	O		
	㉧ 광업권자 등이 자본적·수익적 지출의 일부 또는 전부를 제공하는 것을 조건으로 광업권·조광권 또는 채굴권을 대여하고 받는 분철료		O	
③ 통신판매중개자를 통한 물품·장소 대여 사업소득	㉠ 계속적·반복적으로 영위하는 경우	사업소득		
	㉡ 대여하고 연간 수입금액이 500만원 이하의 사용료로서 받은 금품을 기타소득으로 원천징수하거나 과세표준확정신고를 한 경우	기타소득		

❸ 과세되지 않는 항목

① 농업	작물재배업 중 곡물 및 기타 식량 작물재배업
② 전문, 과학 및 기술서비스업	연구개발업 (다만, 계약 등에 따라 그 대가를 받고 연구 또는 개발용역을 제공하는 사업은 과세)
③ 교육서비스업	유치원, 「초·중등교육법」 및 「고등교육법」에 의한 학교, 직업능력개발훈련시설, 노인학교
④ 보건 및 사회복지사업	사회복지사업 및 장기요양사업
⑤ 협회 및 단체	한국표준산업분류의 중분류에 따른 협회 및 단체

❹ 비과세 사업소득

① 작물생산목적의 논·밭 임대소득	논·밭을 작물생산에 이용하게 함으로써 발생하는 소득
② 농어가부업소득	축산·고공품 제조·민박·음식물판매·특산물제조·전통차제조 및 그 밖에 이와 유사한 활동에서 발생한 소득 중 다음 요건을 만족하는 소득 ㉠ 농어가부업규모의 축산에서 발생하는 소득 ㉡ 위 외의 소득으로서 소득금액의 합계액이 연 3,000만원 이하인 경우
③ 전통주 제조 소득	수도권 밖의 읍·면 지역에서 제조로 발생하는 소득으로서 소득금액의 합계액이 연 1,200만원 이하의 것
④ 특정 임목의 벌채·양도소득	조림기간 5년 이상인 임지의 임목의 벌채·양도로 발생하는 소득으로서 연 600만원 이하의 것
⑤ 어로어업 또는 양식어업	한국표준산업분류에 따른 연근해어업과 내수면어업 또는 양식어업에서 발생하는 소득으로서 해당 과세기간의 소득금액의 합계액이 5천만원 이하의 것
⑥ 작물재배업 소득	곡물 및 기타 식량을 제외한 작물재배업에서 발생하는 소득으로서 해당 과세기간의 수입금액의 합계액이 10억원 이하의 것
⑦ 1개 주택 소유자의 주택 임대소득	1주택 소유자의 주택임대소득은 비과세함. 단, 고가주택(과세기간 종료일 또는 주택 양도일 현재 기준시가가 12억원을 초과하는 주택) 및 국외소재 주택의 임대소득은 주택 수와 관계없이 과세함 | 구분	주택 수의 계산방법
㉠ 다가구주택	1개의 주택으로 보되, 구분등기된 경우에는 각각을 1개의 주택으로 계산
㉡ 공동소유주택	지분이 가장 큰 사람의 소유로 계산하되, 지분이 가장 큰 사람이 2명 이상인 경우에는 그들이 합의하여 그들 중 1명을 해당 주택의 임대수입의 귀속자로 정함
㉢ 임차 또는 전세받은 주택	임차 또는 전세받은 주택을 전대하거나 전전세하는 경우, 해당 주택을 임차인 또는 전세받은 자의 주택으로 계산
㉣ 부부 소유주택	본인과 배우자가 각각 소유하는 경우, 주택 수는 합산하여 계산
㉤ 겸용주택의 임대	「부가가치세법」상 면세 규정을 적용하여 계산	

❺ 분리과세를 선택할 수 있는 사업소득

: 주거용 건물 임대업에서 발생한 수입금액의 합계액이 2천만원 이하인 자의 주택임대소득

▶ 사업소득금액의 계산

❶ 사업소득금액

① 계산	사업소득금액 = 사업소득 - 비과세소득 - 필요경비
② 결손금 및 이월결손금의 처리	결손금은 당해 다른 소득금액에서 공제 후 남은 잔액은 15년간 이월하여 종합소득금액에서 공제

○ **사업소득금액 계산구조**

```
              당  기  순  이  익
        (+) 총수입금액산입·필요경비불산입
        (-) 필요경비산입·총수입금액불산입
              차 가 감 소 득 금 액
        (+) 기 부 금 한 도 초 과 액
        (-) 기 부 금 한 도 초 과 이 월 액
              사  업  소  득  금  액
```

❷ 부동산임대업의 사업소득금액 계산

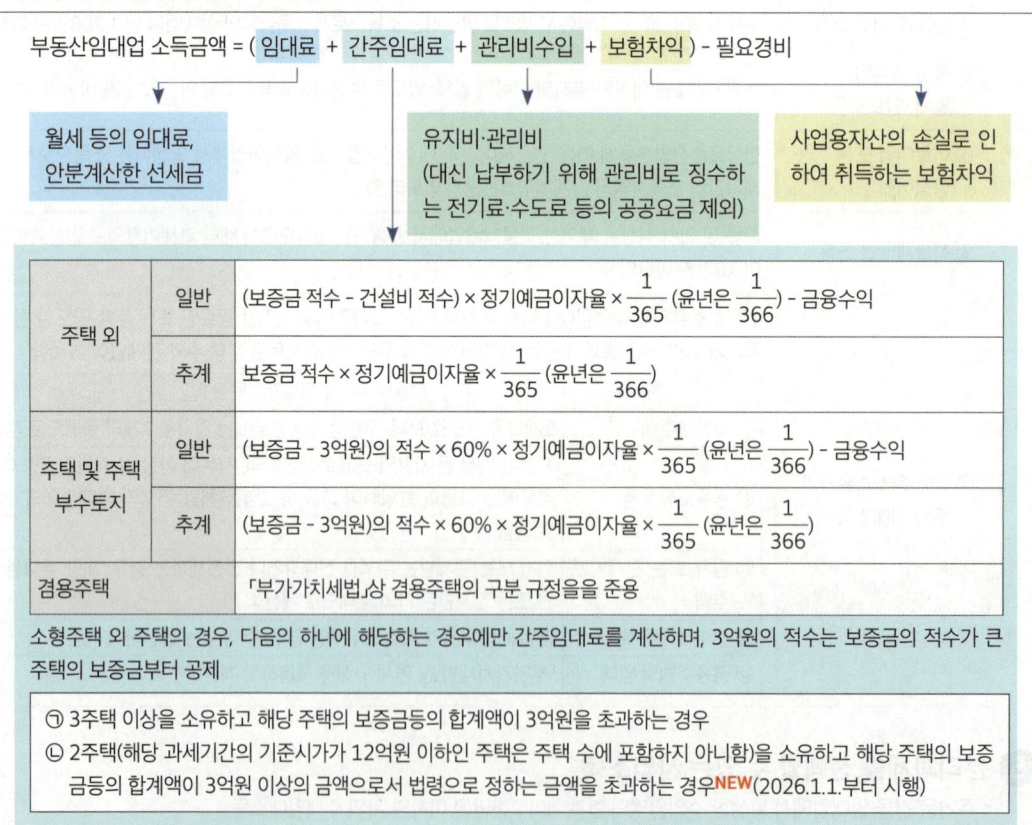

부동산임대업 소득금액 = (임대료 + 간주임대료 + 관리비수입 + 보험차익) - 필요경비

- 임대료: 월세 등의 임대료, 안분계산한 선세금
- 간주임대료: 유지비·관리비 (대신 납부하기 위해 관리비로 징수하는 전기료·수도료 등의 공공요금 제외)
- 보험차익: 사업용자산의 손실로 인하여 취득하는 보험차익

주택 외	일반	(보증금 적수 - 건설비 적수) × 정기예금이자율 × $\frac{1}{365}$ (윤년은 $\frac{1}{366}$) - 금융수익
	추계	보증금 적수 × 정기예금이자율 × $\frac{1}{365}$ (윤년은 $\frac{1}{366}$)
주택 및 주택부수토지	일반	(보증금 - 3억원)의 적수 × 60% × 정기예금이자율 × $\frac{1}{365}$ (윤년은 $\frac{1}{366}$) - 금융수익
	추계	(보증금 - 3억원)의 적수 × 60% × 정기예금이자율 × $\frac{1}{365}$ (윤년은 $\frac{1}{366}$)
겸용주택		「부가가치세법」상 겸용주택의 구분 규정을을 준용

소형주택 외 주택의 경우, 다음의 하나에 해당하는 경우에만 간주임대료를 계산하며, 3억원의 적수는 보증금의 적수가 큰 주택의 보증금부터 공제

㉠ 3주택 이상을 소유하고 해당 주택의 보증금등의 합계액이 3억원을 초과하는 경우
㉡ 2주택(해당 과세기간의 기준시가가 12억원 이하인 주택은 주택 수에 포함하지 아니함)을 소유하고 해당 주택의 보증금등의 합계액이 3억원 이상의 금액으로서 법령으로 정하는 금액을 초과하는 경우 **NEW**(2026.1.1.부터 시행)

❸ 일반사업소득의 총수입금액과 필요경비

총수입금액

산입되는 항목	매출액, 종업원 등에 대한 할인액**NEW**, 판매장려금, 사업관련 자산수증이익, 채무면제이익, 사업과 관련된 사업용 자산의 손실로 인하여 취득하는 보험차익, 가사용으로 소비된 재고자산 등 사업과 관련된 수입금액으로 해당 사업자에게 귀속되었거나 귀속될 금액
산입되지 않는 항목	소득세 환급액, 이월결손금의 보전에 충당한 자산수증이익 및 채무면제이익, 부가가치세 매출세액, 국세 중 과오납금 환급가산금, 임의적 평가차익 등의 항목
총수입금액 계산 시 차감하는 항목	① 외상매출금 결제 시 매출할인금액은 거래상대방과의 약정에 의한 지급기일(지급기일이 정하여져 있지 아니한 경우에는 지급한 날)이 속하는 과세기간의 총수입금액 계산 시 차감 ② 독립된 자격으로 보험가입자의 모집 및 이에 부수되는 용역을 제공하고 그 실적에 따라 모집수당 등을 받는 자가 보험가입자의 모집 및 이에 부수되는 용역을 제공하고 받은 모집수당 등을 반환하는 경우 그 반환 금액은 반환일이 속하는 과세기간의 총수입금액 계산 시 차감

필요경비

산입되는 항목	원료 매입가액 및 부대비용, 급여, 수선비, 관리유지비, 임차료, 사용자로서 부담하는 보험료 등 총수입금액에 대응하는 비용, 종업원 등에 대한 할인 지원으로 해당 종업원 등이 얻는 이익에 상당하는 금액**NEW**
산입되지 않는 항목	소득세, 뇌물, 가사 관련 경비, 부가가치세 매입세액, 사업무관비용, 고정자산처분손실, 각 계정의 한도초과액 등

사업소득금액

금전 외의 물품을 수입하는 경우 총수입금액의 계산

① 제조업자·생산업자 또는 판매업자로부터 그 제조·생산 또는 판매하는 물품을 인도받은 때	그 제조업자·생산업자 또는 판매업자의 판매가액
② 제조업자·생산업자 또는 판매업자가 아닌 자로부터 물품을 인도받은 때	시가
③ 법인으로부터 이익배당으로 받은 주식	그 액면가액
④ 주식의 발행법인으로부터 신주인수권을 받은 때(주주로서 받은 경우 제외)	납입한 날의 신주가액에서 발행가액을 뺀 금액

❹ 각사업연도소득금액 계산방법과 사업소득금액 계산방법의 차이

○ 인건비

구분		법인세법	소득세법
① 사업자 본인의 인건비 및 퇴직연금충당금		손금산입	필요경비불산입
② 사업자 가족의 인건비	㉠ 사업에 직접 종사	손금산입	필요경비산입
	㉡ 그 외의 경우	손금불산입	필요경비불산입
③ 그 외 종업원의 인건비		손금산입	필요경비산입

○ 수입이자 및 수입배당금

구분	법인세법	소득세법
수입이자	익금산입	이자소득으로 과세하므로, 총수입금액불산입
수입배당금	익금산입	배당소득으로 과세하므로, 총수입금액불산입
수입배당금 익금불산입 규정	익금불산입(30%, 80%, 100%) 규정 존재	해당사항 없음

○ 유형자산 등의 처분손익

구분	법인세법	소득세법
유형자산 또는 유가증권 등의 처분손익	양도가액: 익금 장부가액: 손금	복식부기의무자가 사업용 유형자산을 양도하여 발생하는 경우 사업소득으로 과세하고, 나머지의 경우 과세하지 않음(단, 해당 자산이 양도소득세 과세대상인 경우 양도소득으로 과세)
사업연도 중 양도한 자산	감가상각시부인 계산은 별도로 하지 않고 기존 상각부인액을 손금산입	감가상각시부인 계산을 행하며, 상각부인액은 유보 없이 소멸
시설개체 및 기술낙후에 의한 생산설비 — 폐기	결산서에 계상 시 1,000원을 제외한 금액을 손금인정	필요경비불산입
시설개체 및 기술낙후에 의한 생산설비 — 처분	1,000원을 손금산입	필요경비 산입 가능

○ 지급이자

원칙	필요경비에 산입
예외	① 건설자금이자

구분	법인세법	소득세법
⊙ 특정차입금의 자본화	자본화 강제	자본화 강제
ⓒ 일반차입금의 자본화	자본화 선택가능	자본화 불가

② 초과인출금에 대한 지급이자: 사업용 자산의 합계액 < 부채

$$\text{초과인출금에 대한 지급이자} = \text{지급이자} \times \frac{\text{해당 과세기간 중 초과인출금의 적수}^{*1}}{\text{해당 과세기간 중 차입금의 적수}^{*1}}$$

*1 초과인출금적수가 차입금적수를 초과하는 경우 그 초과하는 부분은 없는 것으로 보며, 적수의 계산은 매월말 현재의 초과인출금 또는 차입금의 잔액에 경과일수를 곱하여 계산함

③ 업무무관자산에 대한 지급이자: 업무무관자산의 취득과 관련된 지급이자

$$\text{업무무관자산에 대한 지급이자} = \text{지급이자} \times \frac{\text{업무무관자산 적수}^{*2}}{\text{차입금 적수}^{*2}}$$

*2 업무무관자산적수가 차입금적수를 초과하는 경우 그 초과하는 부분은 없는 것으로 봄

이때 서로 다른 이자율이 적용되는 이자가 함께 있는 경우에는 높은 이자율이 적용되는 것부터 먼저 필요경비에 산입하지 않는다.

부인 순서	법인세법	소득세법
1순위	채권자 불분명 사채이자	채권자 불분명 사채이자
2순위	비실명 채권·증권의 이자	건설자금이자
3순위	건설자금이자	초과인출금에 대한 지급이자
4순위	업무무관자산 등에 대한 지급이자	업무무관자산 등에 대한 지급이자

○ 업무용승용차 규정

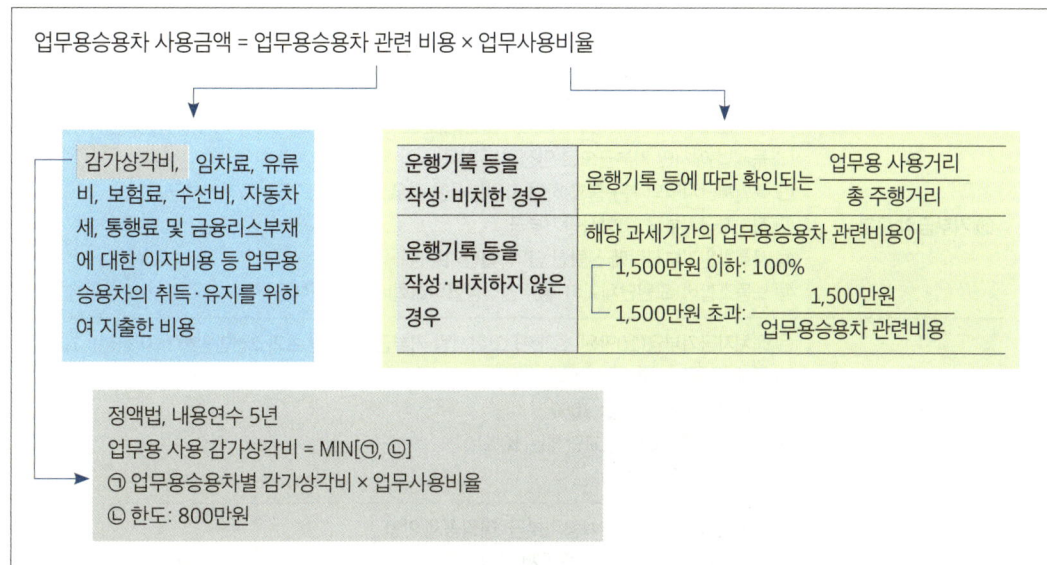

[업무용승용차 특례규정 비교]

구분	법인세법	소득세법
① 특례 적용대상	모든 법인	복식부기의무자
② 부동산임대업을 주업으로 하는 법인 등에 대한 특례규정	손금인정 한도를 다르게 적용하는 규정이 있음	해당 규정 없음
③ 소득처분	업무사용금액으로 인정되지 않는 금액은 귀속자에 따라 상여나 배당으로 소득처분	별도 소득처분 없음
④ 업무전용자동차보험 가입의무	가입의무가 규정되어, 가입하지 않은 경우 전액 손금불산입	모든 복식부기의무자를 가입의무 대상으로 함

○ 기부금

① 기부금의 지출대상	사업자 및 사업자의 기본공제대상자
② 세법상 처리방법	사업소득만 있는 경우: 필요경비 산입 사업소득 외의 소득도 있는 경우: 필요경비 산입과 세액공제 중 선택가능
③ 기부금의 구분	「소득세법」에서만 기부금으로 인정되는 항목 ㉠ 특별재난지역의 복구를 위하여 자원봉사한 경우 그 용역의 가액: 특례기부금 ㉡ 정치자금기부금·고향사랑기부금 ㉢ 사회환원기부신탁에 신탁한 금액: 일반기부금 ㉣ 노동조합비, 교원단체회비, 공무원직장협의회회비: 일반기부금
④ 기부금의 한도	㉠ 정치자금기부금(10만원 초과분), 고향사랑 기부금(10만원 초과 2천만원 NEW 이하분): 100% ㉡ 특례기부금: 100% ㉢ 우리사주조합 기부금: 30% ㉣ 일반기부금: 30% (종교단체는 10%) ㉤ 비지정기부금: 0%
⑤ 기부금 이월공제	㉠ 정치자금기부금·고향사랑기부금: 이월공제 안됨 ㉡ 우리사주조합 기부금: 이월공제 안됨 ㉢ 특례기부금, 일반기부금: 해당 과세기간의 다음 과세기간 개시일부터 10년 이내에 끝나는 각 과세기간에 이월하여 필요경비에 산입
⑥ 현물기부금 평가	MAX[장부가액, 시가]

○ 자산의 평가차익 및 외화자산·부채의 평가

자산의 평가차익	규정이 없으므로 평가차익은 총수입금액 불산입
외화자산·부채의 평가손익	인정하지 않되, 상환손익은 실현된 손익으로서 인정함

○ 재고자산의 가사소비

법인세법	별도 규정 없음
소득세법	거주자가 재고자산 또는 임목을 가사용으로 소비하거나 종업원 또는 타인에게 지급한 경우, 이를 소비하거나 지급하였을 때의 가액에 해당하는 금액은 그 소비하거나 지급한 날이 속하는 과세기간의 사업소득금액 또는 기타소득금액을 계산할 때 총수입금액에 산입

○ 대손충당금

○ 기업업무추진비

기업업무추진비 한도액의 계산	다음에 따라 계산하되, 중소기업은 주업종을 기준으로, 둘 이상의 사업장 중 당기 신규로 사업을 개시하거나 중도에 폐업하는 사업장이 있는 경우에는 당기 중 영업월수가 가장 긴 사업장(추계조사 사업장 제외)의 월수를 기준으로 계산함

	각 사업장별 기업업무추진비 한도액*: ① + ②
	 ① 일반기업업무추진비 한도액: ㉠ + ㉡
	     ㉠ 1,200만원 (중소기업은 3,600만원) × $\dfrac{월수}{12}$ × $\dfrac{각 사업장의 당기 수입금액}{각 사업장의 당기 수입금액 합산액}$
	     ㉡ 각 사업장의 당기 수입금액 × 적용률
	 ② 문화기업업무추진비 한도액
	     : MIN[문화기업업무추진비, 일반기업업무추진비 한도액 × 20%]
	 * 「법인세법」과는 달리 부동산임대업 주업으로 하는 자 등에 대한 특례 없음

임직원 명의 신용카드사용액	적격증빙으로 인정

○ 이월결손금 공제

법인세법	① 중소기업 등: 각사업연도 소득금액 × 100% ② 비중소기업: 각사업연도 소득금액 × 80%
소득세법	별도의 한도 규정 없음

○ 기타사항

소득처분	별도 규정이 없어 소득처분이 없음. 단, 내부에 남아있는 경우 실무상 유보로 처리함
가사관련경비	필요경비불산입
자산수증이익 및 채무면제이익	사업과 관련된 것만 총수입금액에 산입하고, 무관한 것은 증여세로 과세
대표이사 가지급금 인정이자	별도 제재 규정 없음
판매장려금	총수입금액 산입

❺ 사업용계좌의 개설

○ 사업용계좌의 사용의무

① 의의	복식부기의무자가 사업과 관련하여 재화 또는 용역을 공급받거나 공급하는 거래의 경우로 요건 중 어느 하나에 해당하는 때에는 사업용 계좌를 사용해야 함
② 요건	㉠ 거래의 대금을 금융회사 등을 통하여 결제하거나 결제 받는 경우 ㉡ 인건비 및 임차료를 지급하거나 지급받는 경우. 단, 인건비의 경우 상대방의 사정으로 사업용계좌를 사용하기 어려운 것으로서 법에 정한 거래는 제외

○ 사업용계좌의 신고

① 대상	복식부기의무자
② 기간	복식부기의무자에 해당하는 과세기간의 개시일(사업 개시와 동시에 복식부기의무자에 해당되는 경우에는 다음 과세기간 개시일)부터 6개월 이내 사업용계좌를 해당 사업자의 사업장 관할 세무서장에게 신고

○ 사업용계좌 변경 및 추가
: 변경하거나 추가하는 경우 복식부기의무자는 과세표준 확정신고기한까지 신고해야 함

❻ 총수입금액 및 필요경비의 귀속연도

○ 권리의무확정주의에 따라 다음에 따라 수입시기를 결정함

① 재고자산(단, 건물건설업과 부동산을 제외)의 판매	그 재고자산을 인도한 날
② 재고자산의 시용판매	상대방이 구입의 의사를 표시한 날
③ 재고자산의 위탁판매	수탁자가 그 위탁품을 판매한 날
④ 장기할부조건에 의한 재고자산의 판매	㉠ 원칙: 그 재고자산을 인도한 날(명목가액) ㉡ 특례: 현재가치평가와 회수기일도래기준도 인정(결산조정)
⑤ 건설·제조 기타 용역(도급공사 및 예약매출을 포함)의 제공	㉠ 단기건설 등의 경우 　ⓐ 원칙: 용역의 제공을 완료한 날(목적물을 인도하는 경우에는 목적물을 인도한 날) 　ⓑ 특례: 진행기준 인정(결산조정) ㉡ 장기건설 등의 경우: 진행기준 적용
⑥ 무인판매기에 의한 판매	해당 사업자가 무인판매기에서 현금을 인출하는 때
⑦ 인적용역의 제공	용역대가를 지급받기로 한 날 또는 용역제공완료일 중 빠른 날
⑧ 연예인 등 전속계약	㉠ 원칙: 용역대가를 지급받기로 한 날 또는 용역제공완료일 중 빠른 날 ㉡ 예외: 계약기간 1년 초과 일신전속계약 대가를 일시에 받는 경우 계약기간에 따라 균분하고 그 균분액을 과세기간 종료일에 수입한 것으로 봄

❼ 사업소득의 과세방법

원칙	종합소득금액에 합산하여 과세하며, 특정한 경우를 제외하곤 원천징수를 하지 않음
특례	법에 정한 원천징수의무자는 원천징수대상 사업소득 관련 세액을 계산하여 징수일이 속하는 달의 다음 달 10일까지 원천징수세액을 납부하여야 함 ① 사업소득이 있는 개인사업자 ② 법인, 국가·지방자치단체(조합), 법인으로 보는 단체 ① 부가가치세가 면세되는 의료보건용역* ② 부가가치세가 면세되는 일정한 인적용역* 수입금액 × 3%

* 다만, 다음의 어느 하나에 해당하는 소득은 제외함
  ⓐ 조제용역의 공급으로 발생하는 사업소득 중 법령으로 정하는 바에 따라 계산한 의약품가격이 차지하는 비율에 상당하는 소득
  ⓑ 접대부·댄서 또는 이와 유사한 용역의 공급으로 발생하는 소득

○ 연말정산 특례

연말정산대상자	간편장부대상자에 해당하는 보험모집인, 방문판매원·후원방문판매원, 음료품배달판매원의 사업소득(수당)을 지급하는 원천징수의무자
연말정산의 시기	해당 과세기간의 다음 연도 2월분의 사업소득을 지급할 때 또는 해당 사업자와의 거래계약을 해지하는 달의 사업소득을 지급할 때

04 근로소득

Teacher's Map

▶ 근로소득의 범위

❶ 근로소득의 의의

의의	근로자가 고용계약으로 타인에게 고용되어 근로를 제공하고 대가를 받는 모든 금품 → 명칭이나 지급방법과 관계없이 모든 금품

계산구조

근로소득금액 = (근로소득 - 비과세소득) - 근로소득공제

비과세소득
① 병역의무 이행 관련 급여
② 위자성질의 급여
③ 근로자 본인에 대한 일정한 학자금
④ 대학생의 근로장학금
⑤ 법에 따라 사용자가 부담하는 보험료
⑥ 실비변상적 성질의 급여
⑦ 복리후생적 성질의 급여
⑧ 연 500만원 이하의 직무발명보상금
⑨ 일정한 국외(북한 포함) 근로수당
⑩ 일정한 식사 및 식대
⑪ 생산직근로자 등의 시간외근무수당
⑫ 일정 금액 이하의 출산·보육비
⑬ 기타 법률에 따라 받는 급여

근로소득공제
① 상용근로자: 최대 2천만원을 한도로 주어진 산식을 적용
② 일용근로자: 1일 15만원
③ 다중근로자: 근로소득의 합계액을 총급여액으로 하여 그를 기반으로 계산한 근로소득공제액

필요경비와 상관없이 일정한 산식에 따라 금액을 계산하여 총급여액에서 공제하며, 총급여액이 근로소득공제액보다 적은 경우 공제액은 총급여액으로 함

근로소득
① 근로를 제공함으로써 받는 봉급·급료·보수·세비·임금·상여·수당과 이와 유사한 성질의 급여
② 법인의 주주총회·사원총회 또는 이에 준하는 의결기관의 결의에 따라 상여로 받는 소득
③ 인정상여(「법인세법」에 따라 상여로 처분된 금액)
④ 퇴직함으로써 받는 소득으로서 퇴직소득에 속하지 아니하는 소득
⑤ 직무발명보상금
⑥ 종업원 등에 대한 할인 지원으로 해당 종업원 등이 얻는 이익 **NEW**

+

근로소득으로 보는 항목	근로소득으로 보지 않는 항목
① 기밀비·판공비·교제비 및 유사한 명목 금액 ② 각종 수당, 휴가비 및 유사한 명목 금액 ③ 공로금·위로금 등 ④ 주택자금·임차자금의 대여이익 ⑤ 주식매수선택권 행사이익(재직기간 중 행사) ⑥ 법에 따라 공무원에게 지급되는 직급보조비 등 ⑦ 손금불산입되는 임원퇴직급여한도초과액 ⑧ 종업원 및 그의 가족을 수익자로 하는 보험의 보험료대납액	① 사회통념상 타당한 경조금 ② 퇴직급여로 지급되기 위하여 법에 정한 방법으로 적립되는 급여 ③ 사내근로복지기금으로부터 수령하는 장학금

❷ 근로소득으로 보는 항목

① 기밀비	기밀비·판공비·교제비 기타 이와 유사한 명목으로 받는 것으로 업무를 위하여 사용한 것이 분명하지 아니한 급여	
② 각종 수당 및 혜택	근로수당·가족수당·전시수당·물가수당·출납수당·직무수당 등의 급여 및 그 밖에 이와 유사한 성질의 급여	
③ 공로금·위로금 등	공로금·위로금·개업축하금·학자금·장학금 기타 이와 유사한 성질의 급여	
④ 주택자금·임차자금의 대여이익	종업원이 주택(주택 부수토지 포함)의 구입·임차자금을 저리·무상으로 대여받음으로써 얻은 이익	
⑤ 주식매수선택권 행사이익	재직기간 중 행사함으로써 얻은 이익	근로소득
	퇴직 후에 행사하거나 고용관계 없이 주식매수선택권을 부여받아 행사함으로써 얻은 이익	기타소득
⑥ 법에 따라 공무원에게 지급되는 직급보조비 등	㉠ 「공무원 수당 등에 관한 규정」 등 여러 법률에 의하여 지급되는 직급보조비 ㉡ 상금과 부상	
⑦ 임원 또는 종업원 등에 대한 할인금액**NEW**	사업자나 법인이 생산·공급하는 재화·용역을 그 사업자나 법인(계열회사 포함)의 사업장에 종사하는 종업원 등에게 시가보다 낮은 가격으로 제공하거나 구입할 수 있도록 지원함으로써 해당 종업원 등이 얻는 이익	
⑧ 기타	㉠ 「법인세법」에 따라 손금불산입되는 임원퇴직급여한도초과액 ㉡ 종업원 및 그의 가족을 수익자로 하는 보험의 보험료 등 대납액	

❸ 근로소득으로 보지 않는 항목

① 사회통념상 타당한 경조금	사회통념상 타당한 범위 내에서만 인정
② 퇴직급여로 지급되기 위하여 법에 정한 방법으로 적립되는 급여	근로자가 적립 시 적립금액을 선택할 수 없는 것으로서 기획재정부령이 정하는 방법에 따라 적립되는 경우에 한함
③ 사내근로복지기금으로부터 수령하는 학자금 등	법에 의해 설립된 사내근로복지기금으로부터 수령하는 장학금 등을 말함

❹ 비과세 근로소득

| ① 병역의무 이행 관련 급여 | ㉠ 병역의무 수행을 위해 징집·소집·지원에 의하여 복무 중인 병장급 이하의 현역병(지원없이 임용된 하사 포함), 의무경찰 등이 받는 급여
㉡ 법률에 따라 동원된 사람이 그 동원직장에서 받는 급여
㉢ 작전임무를 수행하기 위하여 외국에 주둔 중인 군인·군무원이 받는 급여
㉣ 종군한 군인·군무원이 전사한 경우 전사한 날이 속하는 과세기간의 급여 | 전액 |

② 위자성질의 급여	근로 중 부상·질병·장애·사망 등과 관련하여 본인 또는 유족이 지급받는 금액	전액
③ 근로자 본인에 대한 일정한 학자금	근로자 본인에 대한 것으로, 다음의 요건을 갖춘 학자금 ㉠ 업무 관련 교육·훈련을 위하여 지급받는 것 ㉡ 정해진 지급기준에 따라 지급받는 것 ㉢ 교육·훈련기간이 6개월 이상인 경우 이후 해당 기간을 초과하여 근무하지 않으면 반납하는 것을 조건으로 할 것	전액
④ 대학생의 근로장학금	장학금 중 대학생(재학하는 대학생에 한함)이 근로의 대가로 지급받는 장학금	-
⑤ 법에 따라 사용자가 부담하는 보험료	법에 따라 국가·지방자치단체 또는 사용자가 부담하는 국민건강보험료, 고용보험료, 노인장기요양보험료	전액
⑥ 직무발명보상금	「발명진흥법」에 따라 종업원이 수령하거나(사용자 등과 친족관계 등에 해당하는 경우는 제외), 대학과 고용관계에 있는 자가 산학협력단으로부터 받는 보상	연 700만원
⑦ 실비변상적 성질의 급여	㉠ 자가운전보조금(차량유지비): 종업원이 소유하거나 본인 명의로 임차한 차량을 종업원이 직접 운전하여 사용자의 업무수행에 이용함으로써 실제여비 대신 받는 소요경비 ㉡ 승선수당, 취재수당, 벽지수당 ㉢ 연구보조비 또는 연구활동비: 교원, 특정연구기관의 연구활동 종사자, 중소기업·벤처기업의 연구활동 종사자 ㉣ 이전지원금: 수도권 외의 지역으로 이전하는 공공기관 소속 공무원이나 직원	월 20만원 이내
	㉤ 일직료·숙직료 또는 여비로서 실비변상정도의 금액 ㉥ 작업복·피복 ㉦ 천재지변 기타 재해로 인하여 받는 급여 ㉧ 위험수당, 종교활동수당, 그 밖의 실비변상적 급여	전액
⑧ 복리후생적 성질의 급여	㉠ 출자임원을 제외한 임직원의 사택제공이익 ㉡ 임직원 책임배상보험: 고의·중과실 외의 업무상 행위에 기인하는 보험의 보험료	-
	㉢ 단체순수보장성보험과 단체환급부보장성보험	70만원
	㉣ 중소기업의 종업원이 주택(주택부수 토지 포함)의 구입·임차에 소요되는 자금을 저리 또는 무상으로 대여받음으로써 얻는 이익. 단, 해당 종업원이 중소기업과 다음의 구분에 따른 관계에 있는 경우 그 종업원이 얻는 이익은 제외함 ㉠ 중소기업이 개인사업자인 경우: 친족관계 ㉡ 중소기업이 법인사업자인 경우: 지배주주 등(해당 지배주주 등과 친족관계 또는 경영지배관계에 있는 자를 포함)인 관계	-
	㉤ 직장어린이집을 설치·운영하거나 위탁보육을 하는 사업주가 그 어린이집의 운영과 보육에 필요한 비용의 전부 또는 일부를 부담함으로써 해당 사업장의 종업원이 얻는 이익	-
	㉥ 공무원이 받는 상금과 부상	연 240만원

구분	내용	비과세 한도
⑨ 일정한 국외(북한 포함) 근로수당	㉠ 원양어업선박, 국외 등을 항행하는 선박, 국외 등의 건설현장 등에서 근로(설계, 감리 포함)를 제공하고 받는 보수	월 500만원
	㉡ 위 외의 국외 근로수당	월 100만원
⑩ 일정한 식사 및 식대	㉠ 식사 기타의 음식물	전액
	㉡ 식사대	월 20만원
	㉢ 식사 기타의 음식물 + 식사대	식사만 비과세
⑪ 생산직근로자 등이 받는 시간외근무수당	월정액급여 210만원 이하, 직전 과세기간 총급여액 3천만원 이하인 근로자로서 ㉠ 광산근로자 및 일용근로자	전액
	월정액급여 210만원 이하, 직전 과세기간 총급여액 3천만원 이하인 근로자로서 ㉡ 어업을 영위하는 자에게 고용되어 근로를 제공하는 자 ㉢ 위 ㉠·㉡ 외의 생산직 근로자	연 240만원
⑫ 일정한 출산수당 NEW	근로자(사용자와 특수관계 있는 자 제외) 또는 배우자의 출산과 관련하여 자녀의 출생일 이후 2년 이내에 사용자로부터 최대 두차례에 걸쳐 지급받는 급여	전액
⑬ 일정 금액 이하 보육수당	6세 이하* 자녀의 보육 관련 급여 (해당 과세기간 개시일 기준)	월 20만원 (자녀 수 무관)
⑭ 종업원 등에 대한 할인금액 NEW	다음 요건을 만족하는 할인금액 ㉠ 임원·종업원 본인이 소비하는 것을 목적으로 제공받거나 지원을 받아 구입한 재화·용역으로서 일정 기간(2년·1년)동안 재판매가 허용되지 않을 것 ㉡ 해당 재화·용역의 제공과 관련하여 모든 임원·종업원에게 공통적으로 적용되는 기준이 있을 것	Max[㉠, ㉡] ㉠ 할인받은 재화·용역의 시가 합계액 × 20% ㉡ 연 240만원
⑮ 기타 법률에 따라 받는 급여	㉠ 외국정부 또는 국제기관에 근무하는 자 중 대한민국국민이 아닌 자가 그 직무 수행의 대가로서 받는 급여 ㉡ 「국가유공자등 예우 및 지원에 관한 법률」 등에 따라 받는 보훈급여금 및 학습 보조비 ㉢ 「전직대통령 예우에 관한 법률」에 따라 받는 연금 ㉣ 「국군포로의 송환 및 대우 등에 관한 법률」에 따른 국군포로가 받는 보수 및 퇴 직일시금 ㉤ 사망으로 「국민연금법」에 따라 받는 반환일시금 및 사망일시금	전액

* 6세가 되는 날과 그 이전의 기간을 말함 NEW

▶ 근로소득금액의 계산

❶ 일용근로자와 상용근로자의 근로소득금액의 계산

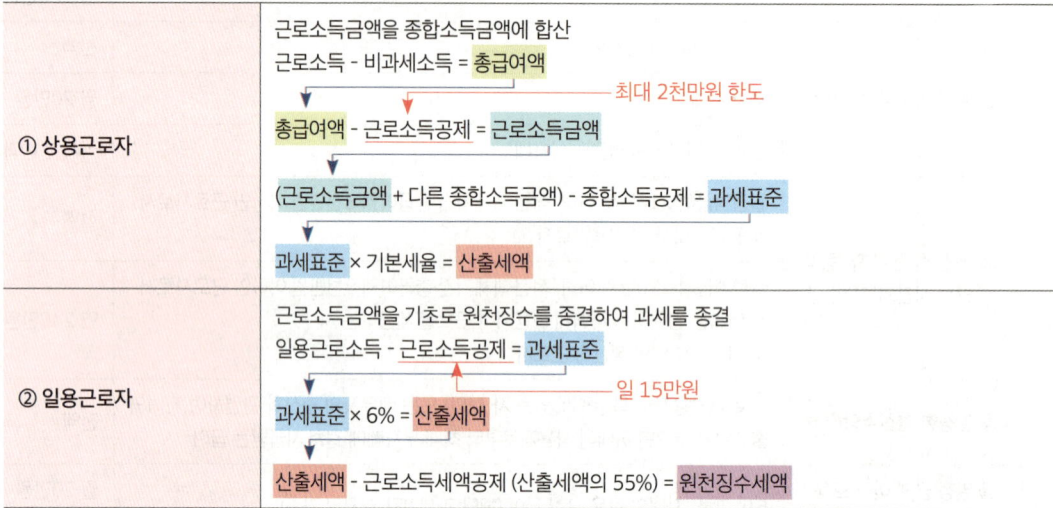

▶ 근로소득의 수입시기

❶ 근로소득의 수입시기

① 급여	근로를 제공한 날
② 인정상여	해당 사업연도 중의 근로를 제공하는 날
③ 잉여금 처분에 의한 상여	당해 법인의 잉여금처분결의일
④ 임원퇴직소득 한도초과액	지급받거나 지급받기로 한 날
⑤ 주식매수선택권 행사차익	주식매수선택권을 행사한 날
⑥ 도급 기타 이와 유사한 계약에 의한 급여	과세표준확정신고기간 개시일 전에 당해 급여가 확정되지 아니한 때에는 그 확정된 날 (단, 그 확정된 날 전에 실제로 받은 금액은 그 받은 날)

▶ 근로소득의 과세방법

❶ 상용근로자의 근로소득 과세방법

① 원천징수	근로소득은 원천징수대상이 되는 소득으로 원천징수의무자는 징수일이 속하는 달의 다음 달 10일까지 원천징수하여 관할 세무서, 한국은행 또는 체신관서에 납부해야 함. 단, 다음의 경우는 제외 ㉠ 외국기관, 국내에 주둔하는 국제연합군(미군 제외)으로부터 받는 근로소득 ㉡ 국외 소재 비거주자 또는 외국법인으로부터 받는 근로소득

② 연말정산	㉠ 의의: 연말정산 시기에 해당 과세기간의 1년간 소득지급액의 합계에 대해 소득세를 정산하는 제도
	㉡ 연말정산 시기: 해당 과세기간의 다음 연도 2월분의 근로소득(또는 퇴직하는 경우 퇴직하는 달의 근로소득)을 지급할 때
	㉢ 연말정산 징수 및 환급: 연말정산 시
	   ⓐ 근로소득에 대한 결정세액 > 원천징수세액
	      추가납부세액 = 근로소득에 대한 결정세액 - 원천징수세액
	   ⓑ 근로소득에 대한 결정세액 < 원천징수세액
	      추가환급세액 = 원천징수세액 - 근로소득에 대한 결정세액
	㉣ 확정신고 여부: 근로소득 외에 다른 종합소득이 없는 경우에는 확정신고를 하지 않을 수 있으나, 그 외의 경우에는 확정신고를 해야 함

❷ 일용근로자의 근로소득 과세방법

① 원천징수	원천징수세액 = {(일급여액 - 1일당 15만원) × 세율} - 근로소득세액공제 (세율은 6%를, 근로소득세액공제는 산출세액의 55%로 일괄적으로 적용)
② 분리과세	종합소득과세표준 계산 시 합산하지 않고 급여 지급 시 원천징수세율을 적용한 그 세액을 다음 달 10일까지 납부

05 연금소득 및 기타소득

Teacher's Map

▶ 연금소득

○ 연금소득 과세방식

연금소득의 의의	과세방식구분	납입연도	수령연도	우리나라 채택
일정기간 납입한 기여금을 토대로 퇴직·노령·장애·사망 등의 사유가 발생하였을 때 매월 또는 매년도 등의 단위로 지급받는 수입	납입연도 과세방식	공제없음	과세 없음	
	수령연도 과세방식	소득공제 세액공제	과세	✓

○ 연금소득 과세체계

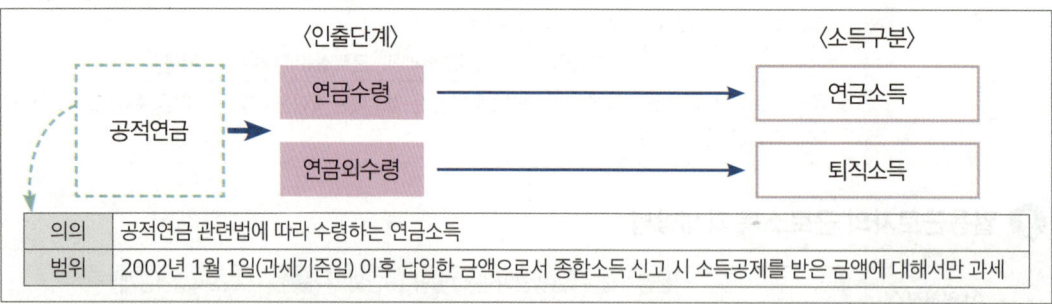

의의	공적연금 관련법에 따라 수령하는 연금소득
범위	2002년 1월 1일(과세기준일) 이후 납입한 금액으로서 종합소득 신고 시 소득공제를 받은 금액에 대해서만 과세

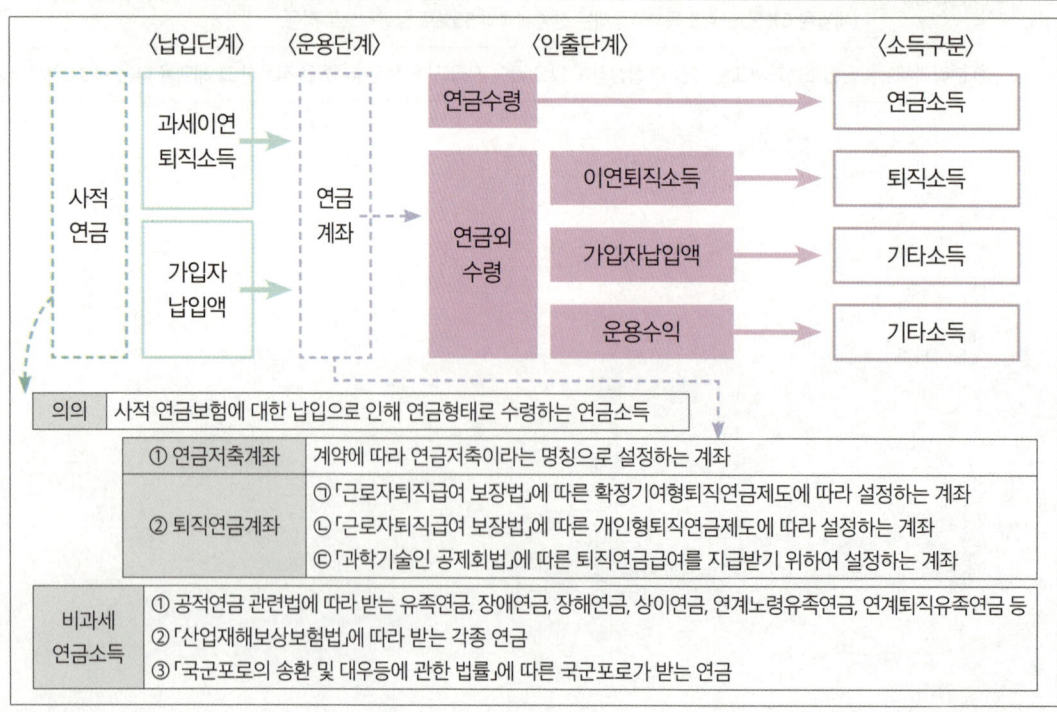

의의	사적 연금보험에 대한 납입으로 인해 연금형태로 수령하는 연금소득		
	① 연금저축계좌	계약에 따라 연금저축이라는 명칭으로 설정하는 계좌	
	② 퇴직연금계좌	㉠「근로자퇴직급여 보장법」에 따른 확정기여형퇴직연금제도에 따라 설정하는 계좌 ㉡「근로자퇴직급여 보장법」에 따른 개인형퇴직연금제도에 따라 설정하는 계좌 ㉢「과학기술인 공제회법」에 따른 퇴직연금급여를 지급받기 위하여 설정하는 계좌	
비과세 연금소득	① 공적연금 관련법에 따라 받는 유족연금, 장애연금, 장해연금, 상이연금, 연계노령유족연금, 연계퇴직유족연금 등 ② 「산업재해보상보험법」에 따라 받는 각종 연금 ③ 「국군포로의 송환 및 대우등에 관한 법률」에 따른 국군포로가 받는 연금		

○ **연금소득의 수입시기**

① 공적연금소득	「공적연금관련법」에 따라 공적연금을 지급받기로 한 날
② 사적연금소득	연금수령한 날
③ 그 밖의 소득	해당 연금을 지급받은 날

○ **사적연금 연금수령과 연금외수령**

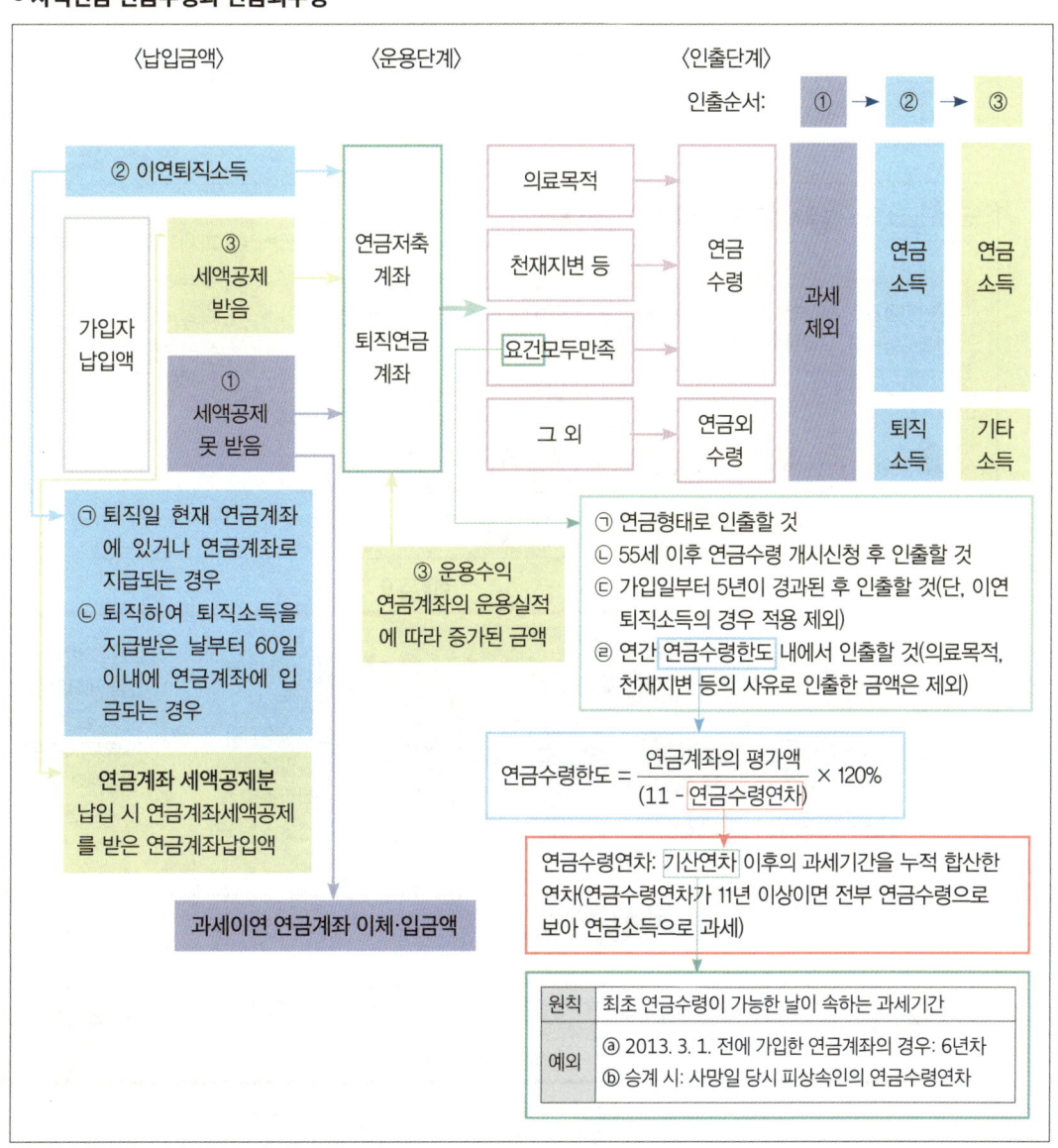

○ **연금소득금액의 계산구조**

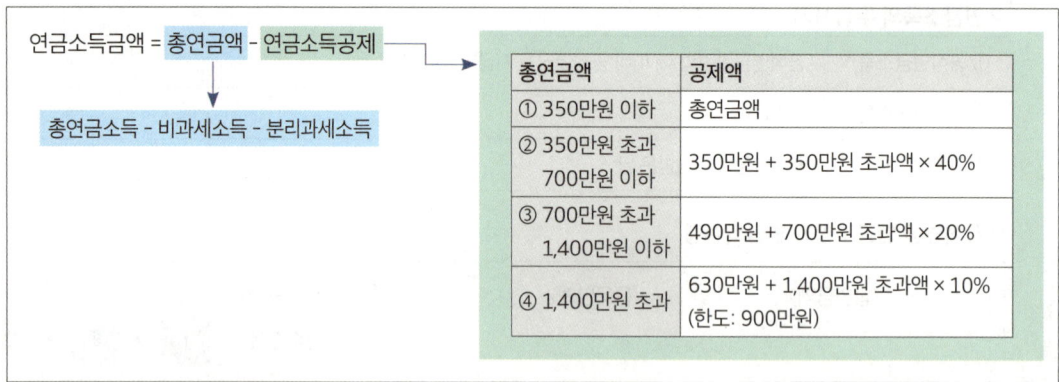

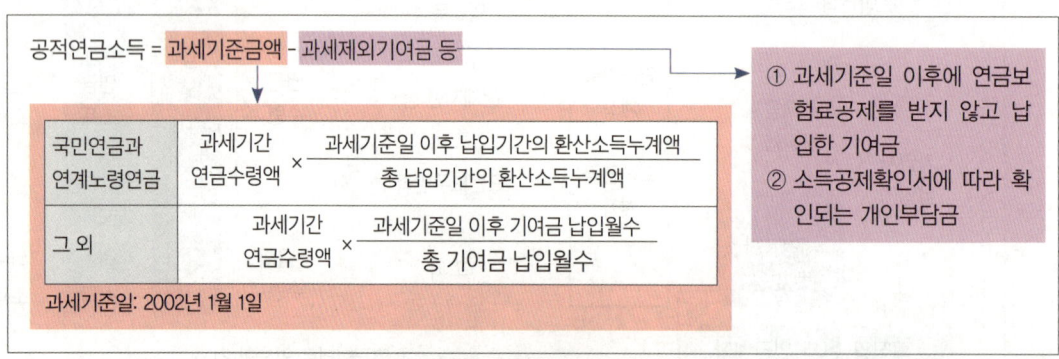

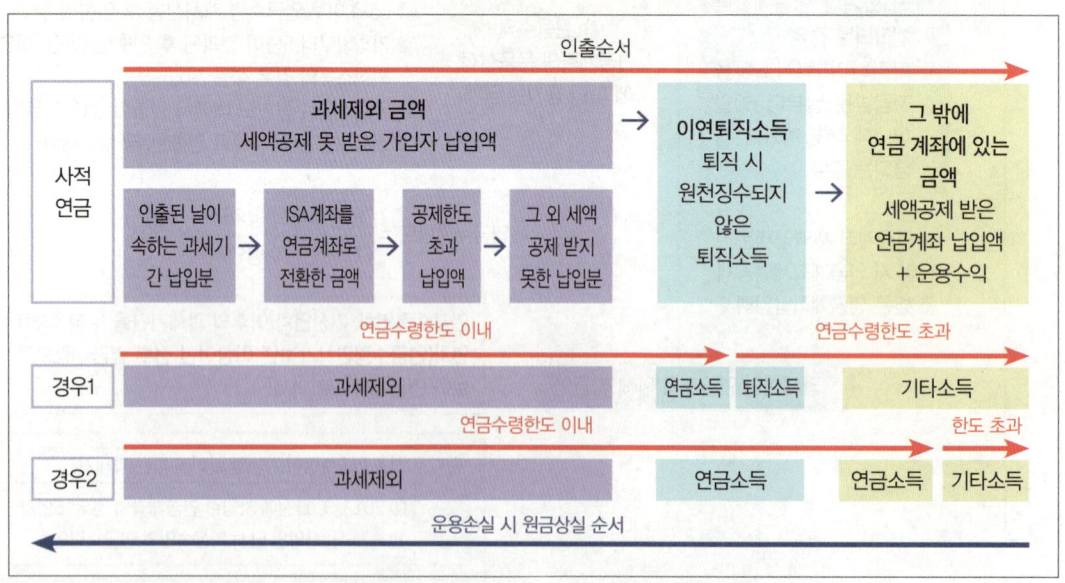

❶ 연금소득의 과세방법

① 원칙: 종합과세	확정신고를 통한 정산을 원칙으로 하지만, 공적연금소득만 있는 경우 연금정산으로 과세가 종결되어 확정신고를 하지 않아도 됨
② 예외: 분리과세	무조건 분리과세와 선택적 분리과세로 나뉘며, 선택적 분리과세의 경우 종합과세와 분리과세를 납세자가 선택할 수 있음 | 구분	내용
무조건 분리과세	㉠ 이연퇴직소득을 연금수령하는 연금소득 ㉡ 납입 시 연금계좌세액공제를 받은 연금계좌납입액 및 운용수익을 의료목적, 천재지변이나 그 밖에 부득이한 사유 등 법에서 정하는 요건을 갖추어 인출하는 연금소득
선택적 분리과세	㉢ 위 외의 사적연금소득의 합계액이 연 1,500만원 이하인 경우 그 연금소득	

③ 세액계산의 특례	사적연금소득 중 분리과세연금소득 외의 연금소득이 있는 거주자의 종합소득 결정세액은 다음의 세액 중 하나를 선택하여 적용함
	㉠ 종합소득 결정세액
	㉡ 다음의 세액을 더한 금액
	    ⓐ 사적연금소득 중 분리과세연금소득 외의 연금소득에 15%를 곱하여 산출한 금액
	    ⓑ 위 ⓐ 외의 종합소득 결정세액

④ 원천징수	㉠ 원천징수와 연말정산 | 공적연금소득	매달 지급 시 연금소득 간이세액표에 의하여 기본세율을 적용하여 원천징수하며, 해당 과세기간의 다음 연도 1월분 연금소득을 지급할 때(해당 과세기간 중에 사망한 경우에는 사망일이 속하는 달의 다음 다음 달 말일까지)에 연말정산
사적연금소득	다음의 원천징수세율로 원천징수하며, 별도로 연말정산은 하지 않음 | 구분 || 원천징수세율 | |---|---|---| | 연금계좌 납입액 및 운용실적에 따라 증가된 금액을 연금수령한 연금소득 | 연금수령일 현재 연금소득자의 나이 55세 이상 70세 미만 | 5% | | | 70세 이상 80세 미만 | 4% | | | 80세 이상 | 3% | | | 사망할 때까지 연금수령하는 종신계약에 따라 받는 연금소득 | 4% | | 이연퇴직소득을 현금수령한 연금소득 | 실제수령연차 10년 이하 | 연금외수령 원천징수세율* × 70% | | | 10년 초과 | 연금외수령 원천징수세율* × 60% | * 연금외수령 원천징수세율 = $\dfrac{\text{이연퇴직소득세} \times \dfrac{\text{연금외수령액}}{\text{이연퇴직소득}}}{\text{연금외수령액}} = \dfrac{\text{이연퇴직소득세}}{\text{이연퇴직소득}}$ | ㉡ 납부: 징수일이 속하는 달의 다음 달 10일까지 원천징수 관할 세무서, 한국은행 또는 체신관서에 납부

▶ 기타소득

❶ 기타소득 개괄

: 이자소득·배당소득·사업소득·근로소득·연금소득·퇴직소득 및 양도소득 외의 소득으로, 법에 열거된 소득에 한해 과세 (기타소득이면서 다른 소득에도 해당되는 경우 다른 소득으로 먼저 구분함)

❷ 기타소득의 범위

○ 과세되는 기타소득

① 상금	상금, 현상금, 포상금, 보로금 또는 이에 준하는 금품
② 복권 당첨금 등	㉠ 복권, 경품권, 그 밖의 추첨권에 당첨되어 받는 금품 ㉡ 사행행위 등 (적법·불법 여부는 고려하지 아니함)에 참가하여 얻은 재산상의 이익 ㉢ 승마투표권, 승자투표권 등의 환급금
③ 양도 또는 대여로 얻은 소득	㉠ 저작자 외의 자가 저작권 또는 저작인접권의 양도 또는 사용의 대가로 받는 금품 ㉡ 영화필름 등의 자산 또는 권리의 양도·대여 또는 사용의 대가로 받는 금품 ㉢ 광업권 및 어업권 등의 자산이나 권리를 양도하거나 대여하고 그 대가로 받는 금품 ㉣ 물품(유가증권 포함) 또는 장소를 일시적으로 대여하고 사용료로서 받는 금품 ㉤ 통신판매중개를 하는 자를 통하여 물품 또는 장소를 대여하고 연간 수입금액 500만원 이하의 사용료로서 받은 금품 ㉥ 공익목적의 지역권·지상권 설정·대여소득
④ 보상금 등 우발적인 소득	㉠ 계약의 위약·해약으로 인하여 받는 위약금, 배상금, 부당이득 반환 시 지급받는 이자 ㉡ 유실물의 습득 또는 매장물의 발견으로 인하여 받는 보상금 또는 자산 ㉢ 소유자가 없는 물건의 점유로 소유권을 취득하는 자산 ㉣ 특수관계로 인하여 받는 경제적 이익으로서 급여·배당 또는 증여로 보지 않는 금품 ㉤ 슬롯머신·비디오게임 및 투전기 등을 통해 받는 당첨금품·배당금품 등의 금품
⑤ 인적 용역 소득	㉠ 문예·학술·미술·음악·사진 등의 창작품에 대한 원작자로서 받는 원고료, 인세 등 일시적 문예창작소득에 대한 대가 ㉡ 재산권에 관한 알선 수수료 ㉢ 고용관계 없이 다수인에게 강연을 하고 강연료 등 대가를 받는 용역 ㉣ 라디오·텔레비전방송 등을 통하여 해설·계몽·심사 등을 하고 받는 보수 ㉤ 변호사·공인회계사·세무사·건축사 그 밖에 전문적 지식 또는 특별한 기능을 가진 자가 그 지식 또는 기능을 활용하여 보수 또는 그 밖의 대가를 받고 제공하는 용역 ㉥ 그 밖에 고용관계 없이 수당 또는 이와 유사한 성질의 대가를 받고 제공하는 용역
⑥ 종교인소득	종교관련종사자가 종교의식을 집행하는 등 종교관련종사자로서의 활동과 관련하여 종교단체로부터 받은 소득(근로소득으로 원천징수 또는 신고납부한 경우 제외)
⑦ 서화·골동품	6,000만원 이상의 서화·골동품 등의 양도소득(단, 양도일 현재 생존한 국내원작자의 작품은 비과세)
⑧ 기타	㉠ 사례금 ㉡ 소기업·소상공인 공제부금의 해지일시금 ㉢ 「법인세법」에 따라 기타소득으로 소득처분된 금액 ㉣ 세액공제를 받은 연금계좌 납입액 및 운용수익을 연금외수령한 소득 ㉤ 주식매수선택권의 퇴직 후 행사 또는 고용관계 없이 부여받아 행사하여 얻는 이익 ㉥ 종업원 등 또는 대학의 교직원이 퇴직한 후에 지급받는 직무발명보상금 ㉦ 뇌물, 알선수재 및 배임수재에 의하여 받는 금품(몰수 또는 추징된 경우 비과세) ㉧ 「노동조합 및 노동관계 조정법」을 위반하여 노동조합 전임자(노동조합의 업무에만 종사하는 근로자)가 지급받는 급여

○ 비과세되는 기타소득

① 보훈급여금 및 정착금 등	㉠ 「국가유공자등 예우 및 지원에 관한 법률」에 따라 받는 보훈급여금·학습보조비 ㉡ 「북한이탈주민의 보호 및 정착 지원에 관한 법률」에 따라 받는 정착금·보로금(報勞金)과 그 밖의 금품
② 상금 등	㉠ 「국가보안법」에 따라 받는 상금과 보로금 ㉡ 「상훈법」에 따른 훈장과 관련하여 받는 부상이나 그 밖에 국가·지방자치단체로부터 받는 상금과 부상 등 대통령령이 정하는 상금과 부상
③ 직무발명 보상금	종업원 등 또는 대학의 교직원이 퇴직한 후에 지급받거나 대학과 고용관계가 있는 학생이 소속 대학에 설치된 산학협력단으로부터 받는 직무발명보상금으로서 연 700만원 이하의 금액(직무발명보상금을 지급한 사용자 등 또는 산학협력단과 친족관계 등에 있는 자가 받는 직무발명보상금은 제외)
④ 위로지원금	「국군포로의 송환 및 대우등에 관한 법률」에 따라 국군포로가 받는 위로지원금과 그 밖의 금품
⑤ 서화·골동품 양도 소득	㉠ 「문화재보호법」에 따라 국가지정문화재로 지정된 서화·골동품의 양도로 발생하는 소득 ㉡ 서화·골동품을 박물관·미술관에 양도함으로써 발생하는 소득
⑥ 종교인소득	학자금, 식사 또는 식사대(식사나 그 밖의 음식물을 제공받지 않는 경우 월 20만원), 실비변상적 성질의 지급액, 제공받은 사택, 월 20만원 이내의 출산·자녀보육 관련 금액
⑦ 무보수 위원수당	법령·조례에 따른 위원회 등의 보수를 받지 아니하는 위원(학술원 및 예술원의 회원을 포함) 등이 받는 수당

❸ 기타소득의 수입시기

① 원칙	그 지급을 받은 날
② 「법인세법」에 의하여 소득처분된 기타소득	그 법인의 해당 사업연도 결산확정일
③ 광업권·어업권 등을 양도하고 그 대가로 받는 금품	대금청산일·인도일·사용수익일 중 빠른 날 (다만, 대금을 청산하기 전에 자산을 인도 또는 사용·수익하였으나 대금이 확정되지 않는 경우에는 그 대금의 지급일)
④ 광업권·어업권 등을 대여하고 그 대가로 받는 금품	그 지급을 받은 날
⑤ 계약금이 위약금·배상금으로 대체되는 경우의 기타소득	계약의 위약 또는 해약이 확정된 날
⑥ 연금계좌에서 연금외수령한 기타소득	연금외수령한 날

❹ 기타소득의 과세최저한

① 원칙	건별로 5만원 이하인 경우 (단, 연금계좌에서 연금외수령하는 기타소득금액은 과세최저한을 적용하지 않고 금액에 관계없이 과세한다)
② 승마투표권·승자투표권·소싸움 경기투표권·체육진흥투표권 환급금	권면에 표시된 금액의 합계액이 10만원 이하이고 다음 중 어느 하나에 해당하는 경우 ㉠ 적중한 개별투표당 환급금이 10만원 이하인 경우 ㉡ 단위투표금액당 환급금이 단위투표금액의 100배 이하이면서 적중한 개별 환급금이 200만원 이하인 경우
③ 복권 당첨금 또는 슬롯머신 등 당첨 금품	건별로 200만원 이하인 경우

❺ 기타소득금액의 계산

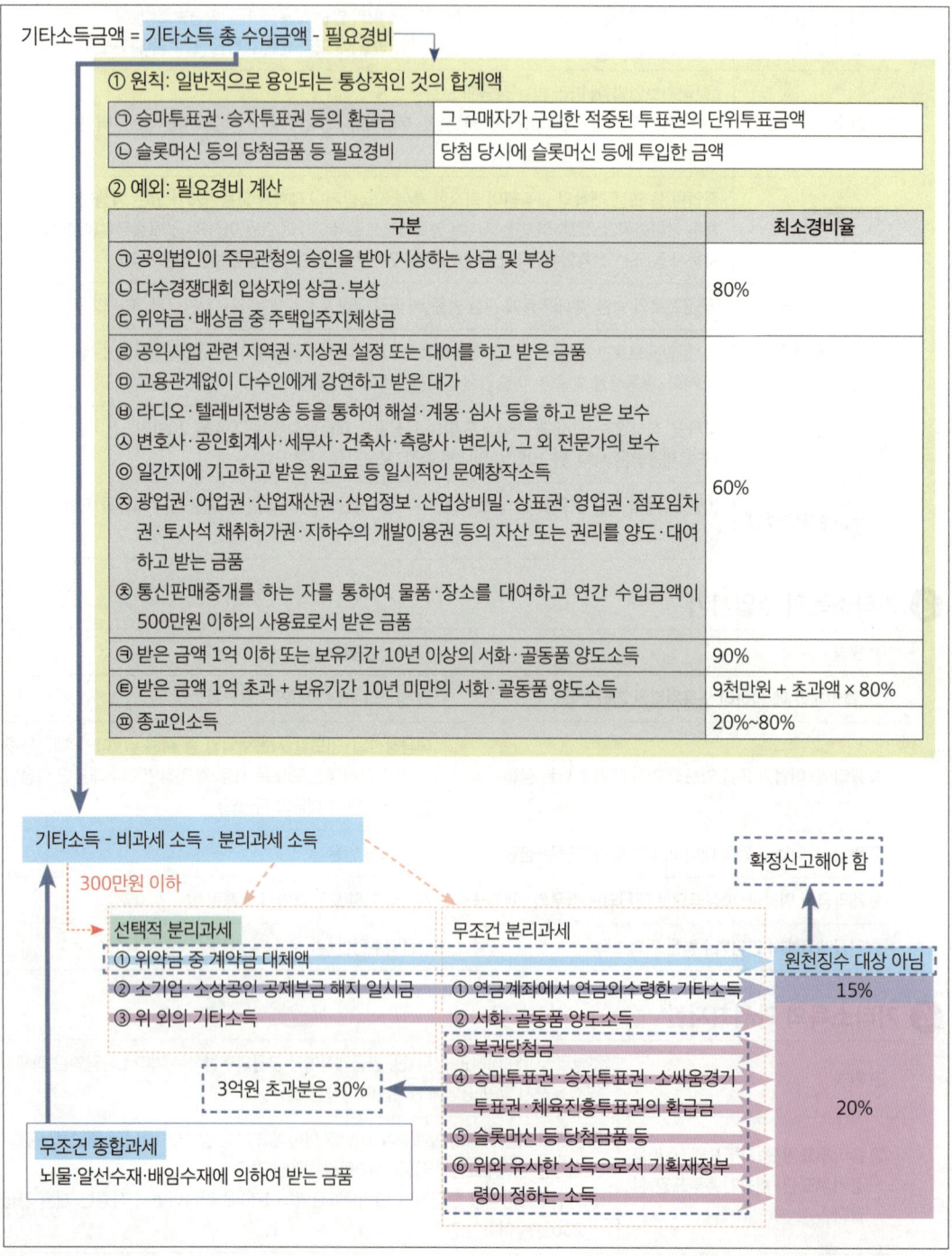

❻ 원천징수

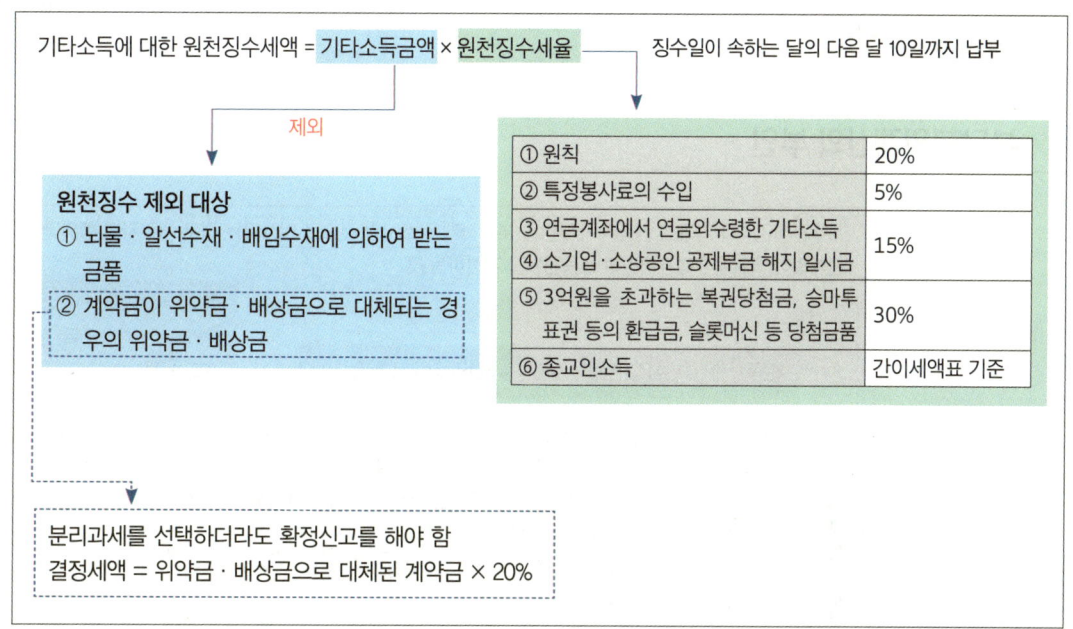

06 소득금액계산의 특례

Teacher's Map

▷ 부당행위계산의 부인

의의	특수관계인과의 거래로 인하여 세부담을 부당하게 감소시킨 것으로 인정되는 경우 거주자의 행위나 계산과 관계없이 국가에서 과세기간의 소득금액을 계산하는 것 친족관계·경제적 연관관계·본인이 개인인 경우로 한정 → 출자공동사업자 배당소득, 사업소득, 기타소득, 양도소득 〈세부담을 부당하게 감소시킨 것으로 인정되는 경우 / 조건〉 ① 특수관계인으로부터 시가보다 높은 가격으로 자산을 매입하거나 특수관계인에게 시가보다 낮은 가격으로 자산을 양도한 경우 / 3억원 이상이거나 시가의 5% 이상 ② 특수관계인에게 금전이나 그 밖의 자산 또는 용역을 무상 또는 낮은 이율 등으로 대부하거나 제공한 경우 / ③ 특수관계인으로부터 금전이나 그 밖의 자산 또는 용역을 높은 이율 등으로 차용하거나 제공받는 경우 / ④ 특수관계인으로부터 무수익자산을 매입하고 그 자산에 대한 비용을 부담하는 경우 / - ⑤ 그 밖에 특수관계인과의 거래에 따라 해당 과세기간의 총수입금액 또는 필요경비를 계산할 때 조세의 부담을 부당하게 감소시킨 것으로 인정되는 경우 / 3억원 이상이거나 시가의 5% 이상
적용효과	① 사법 효과: 거래가 법적으로 계속 유효함 ② 세법 효과: 소득금액만 재계산하는 효과가 있음
「법인세법」과의 비교	〈법인세법 / 소득세법〉 ① 특수관계인과의 거래여야 한다. ② 그 거래로 인하여 조세부담이 부당하게 감소된 것으로 인정되어야 한다. ③ 별도 제한 없음 / ③ 출자공동사업자의 배당소득·사업소득, 기타소득, 양도소득이 있는 자에게만 적용한다.

▷ 결손금 및 이월결손금의 공제

❶ 결손금 및 이월결손금의 의의

① 결손금	총수입금액보다 필요경비가 더 큰 경우 총수입금액에서 해당 필요경비를 뺀 금액
② 이월결손금	차후 과세기간으로 이월된 경우 해당 결손금

❷ 결손금 및 이월결손금의 공제

구분	결손금	이월결손금
일반사업소득	사업* → 근로 → 연금 → 기타 → 이자 → 배당 * 부동산임대업 사업소득	15년간 이월하여 사업 → 근로 → 연금 → 기타 → 이자 → 배당 (중소기업: 직전 과세기간에서 소급공제 가능)
부동산임대업 사업소득 (주거용 건물 임대업 제외)	부동산임대업의 소득금액에서만 공제 (다른 종합소득에서 공제할 수 없음)	15년간 이월하여 부동산임대업의 소득금액에서만 공제

○ 금융소득에 대한 사업소득 결손금 및 이월결손금의 공제특례

① 원천징수세율이 적용되는 금융소득	결손금 및 이월결손금 공제불가
② 기본세율이 적용되는 금융소득	소득금액 범위 내에서 공제여부와 그 금액을 선택가능

❸ 결손금 소급공제

① 의의	중소기업을 경영하는 거주자가 그 중소기업의 사업소득금액을 계산할 때 해당 과세기간의 이월결손금이 발생한 경우에는 결손금 소급공제세액을 환급신청할 수 있다. 한도: 직전 과세기간의 그 중소기업의 사업소득에 부과된 종합소득 결정세액 / 과세표준확정신고기한까지 관할 세무서장에게 환급을 신청해야 하고 관할 세무서장은 지체 없이 환급세액을 결정하여 환급해야 함 / 부동산임대업에서 발생한 이월결손금 제외
② 조건	신고기한까지 결손금이 발생한 과세기간과 그 직전 과세기간의 소득에 대한 소득세의 과세표준 및 세액을 각각 신고한 경우에만 적용가능
③ 처리순서	사업소득의 결손금을 해당 과세기간의 다른 종합소득에서 먼저 공제하고 남은 결손금은 중소기업에 한해 직전 과세기간에서 소급공제할 수 있음
④ 환급세액의 추징	다음 중 어느 하나에 해당하는 경우 환급세액 및 이자상당액을 징수함

구분		환급 or 추징	이자상당액
⊙ 소급공제 대상 이월결손금 변동	증가	경정청구 통한 추가 환급가능	X
	감소	환급세액 추징	이자상당액 징수
ⓒ 직전 과세표준과 세액 경정으로 환급세액 변동	증가	환급세액 재결정하여 추가 환급가능	X
	감소	환급세액 재결정하여 그 차액을 징수	이자상당액 징수
ⓒ 환급 시 중소기업	요건불충족	환급세액 추징	이자상당액 징수

▶ 공동사업 합산과세

❶ 공동사업장의 소득금액 계산

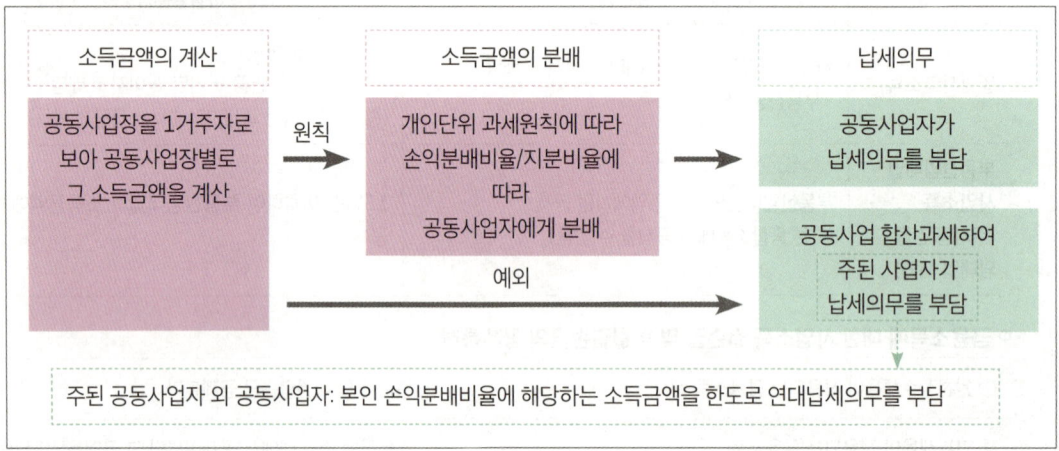

○ 결손금 및 이월결손금의 분배

① 결손금	각 공동사업자별로 분배된 금액 범위에서 각 공동사업자의 다른 사업장의 동일소득 또는 다른 종합소득과 통산
② 이월결손금	공동사업자별로 분배한 후, 각 공동사업자의 차후 소득금액에서 이월결손금으로 공제

❷ 공동사업 합산과세

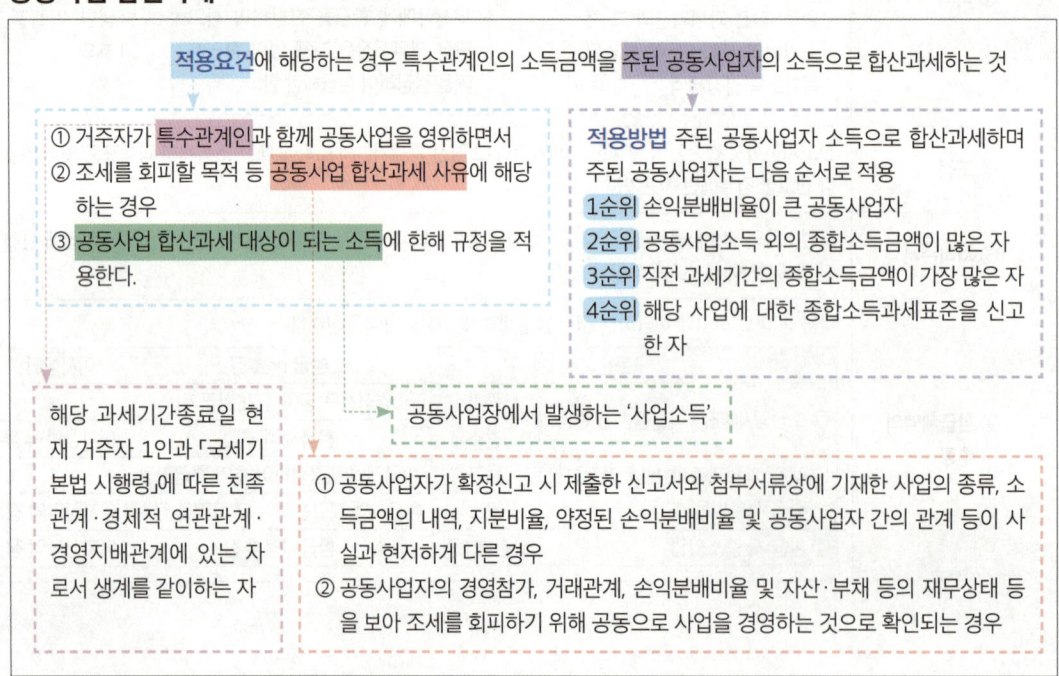

❸ 기타사항

① 원천징수세액 및 가산세	각 공동사업자의 손익분배비율에 따라 배분
② 급료명목의 보수	보수를 받은 공동사업자의 소득분배로 보고 그 공동사업자의 분배소득에 가산
③ 장부기장 및 사업자등록	공동사업장을 1사업자로 보아 장부기장 및 사업자등록 규정을 적용
④ 과세표준확정신고	분배된 소득금액을 종합소득금액에 합산하여 신고
⑤ 부당행위계산의 부인	부당행위계산의 부인 적용하는 경우 공동사업자를 거주자로 간주
⑥ 소득세액의 결정 또는 경정	대표 공동사업자의 주소지 관할 세무서장이 공동사업에서 발생하는 소득금액의 결정 또는 경정

▶ 기타 소득금액계산의 특례

❶ 상속 시 소득금액의 구분계산

① 원칙	피상속인의 소득금액에 대해 상속인이 납세의무를 지되, 피상속인의 소득세와 상속인의 소득세는 구분하여 계산
② 특례	연금계좌의 가입자가 사망하였으나 그 배우자가 연금외수령 없이 해당 연금계좌를 상속으로 승계하는 경우, 연금계좌에 있는 피상속인의 소득금액을 상속인의 것으로 보아 소득세를 계산

❷ 채권 등에 대한 소득금액의 계산 특례

채권 등에 대한 소득금액 계산 특례	거주자가 채권(또는 증권)의 발행법인으로부터 해당 채권(또는 증권)에서 발생하는 이자(또는 할인액)을 지급받거나 해당 채권(또는 증권)을 매도(환매조건부채권매매 제외)하는 경우에는 ① 보유기간을 입증하는 경우: 거주자에게 그 보유기간별로 귀속되는 이자(또는 할인액)을 해당 거주자의 이자소득으로 보아 소득금액을 계산 ② 보유기간을 입증하지 못하는 경우: 원천징수기간의 이자상당액이 해당 거주자에게 귀속되는 것으로 보아 소득금액을 계산
보유기간 이자상당액 원천징수 특례	<table><tr><th>매도자 → 매수자</th><th>원천징수의무자</th></tr><tr><td>① 개인 → 개인</td><td>원천징수의무 없음</td></tr><tr><td>② 개인 → 법인</td><td>매수법인</td></tr><tr><td>③ 법인 → 개인</td><td>매도법인</td></tr><tr><td>④ 법인 → 법인</td><td>매도법인</td></tr></table>

❸ 중도해지로 인한 이자소득계산의 특례

종합소득과세표준 확정신고 후 예금 또는 신탁계약의 중도해지로 이미 지난 과세기간에 속하는 이자소득금액이 감액된 경우 그 중도해지일이 속하는 과세기간의 종합소득금액에 포함된 이자소득금액에서 그 감액된 이자소득금액을 뺄 수 있음 (단, 경정청구한 경우에는 제외)

07 종합소득과세표준의 계산

Teacher's Map

▷ 종합소득과세표준의 계산구조

① 종합소득과세표준의 계산

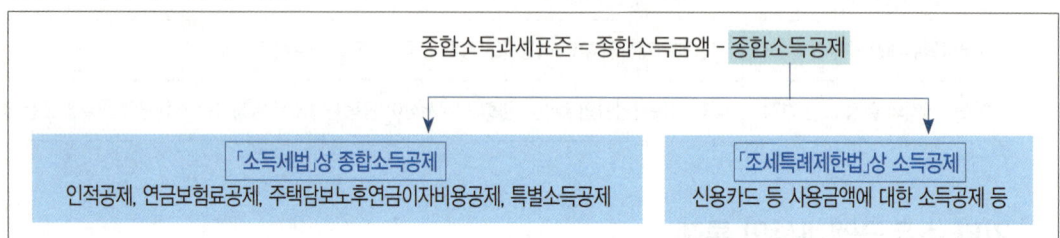

▷ 인적공제

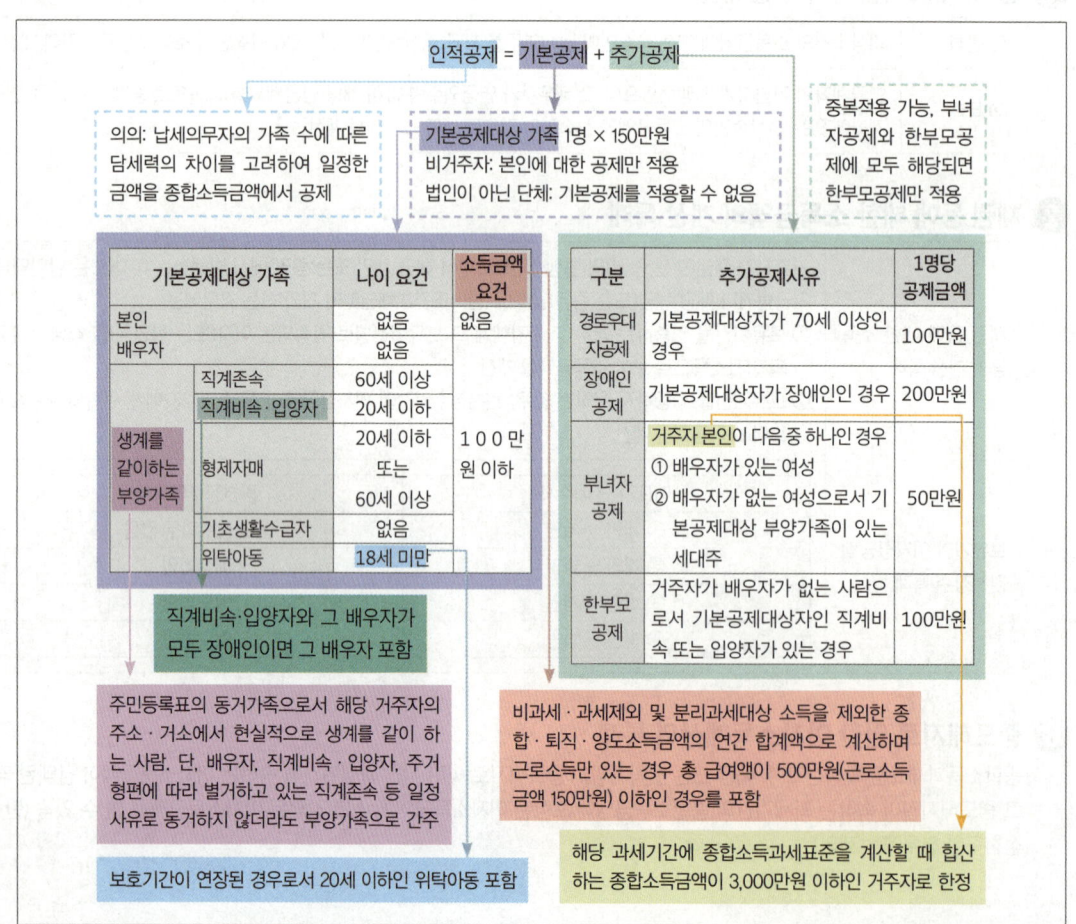

❶ 기타사항

① 인적공제 한도		인적공제 합계액이 종합소득금액을 초과하는 경우 그 초과하는 공제액은 없는 것으로 봄	
② 기본공제 대상자의 판정시기	㉠ 원칙	과세기간 종료일 현재의 상황에 따름	
	㉡ 예외	과세기간 종료일 전에 사망한 사람 또는 장애가 치유된 사람	사망일 전날 또는 치유일 전날의 상황에 따름
		공제대상자의 적용대상 나이가 정해진 경우	당해 과세기간 중 하루라도 적용대상 나이에 해당한 경우 인적공제 적용가능
③ 중복공제의 배제	㉠ 신고서 기재가 명확한 경우	해당 과세기간의 신고서에 기재된 바에 따라 그 중 1명의 공제대상가족으로 한다.	
	㉡ 신고서 기재가 명확하지 않은 경우	다음 중 한 사람이 다른 거주자의 부양가족에도 해당하면 아래에 따름	
		구분	공제방법
		거주자의 배우자	거주자의 배우자로 간주
		거주자의 부양가족	직전 과세기간에 공제받은 자(해당 사실이 없는 경우 종합소득금액이 가장 많은 자)의 부양가족으로 간주
	㉢ 중도에 사망하거나 출국한 거주자의 경우	피상속인 또는 출국한 거주자의 공제대상가족으로 간주	

▶ 연금보험료공제 및 주택담보노후연금이자비용공제

❶ 연금보험료공제

① 연금보험료공제	공적연금소득 납입액에 적용하는 소득공제
② 공제액	해당 과세기간에 납입한 공적연금 관련법에 따른 기여금 또는 개인부담금(연금보험료) 전액 공제
③ 공제한도	종합소득공제(「소득세법」,「조세특례제한법」상의 소득공제) 합계액이 종합소득금액을 초과하는 경우 초과액을 한도로 연금보험료공제를 받지 않은 것으로 간주

❷ 주택담보노후연금 이자비용공제

① 주택담보노후연금 이자비용공제	연금소득이 있는 거주자가 일정한 요건을 갖춘 주택담보노후연금을 수령하는 경우, 그 받은 연금에 대해서 해당 과세기간에 발생한 이자비용 상당액을 해당 과세기간 연금소득금액에서 공제
② 계산식	주택담보노후연금 이자비용공제액 = MIN[㉠, ㉡, ㉢] ㉠ 지급받은 주택담보노후연금에 대하여 해당 과세기간에 발생한 이자비용 상당액 ㉡ 200만원 ㉢ 연금소득금액

▶ 특별소득공제

특별소득공제 = 보험료공제 + 주택자금공제

「국민건강보험법」, 「고용보험법」, 「노인장기요양보험법」에 따라 근로자가 부담하는 국민건강보험료, 고용보험료, 노인장기요양보험료 전액

조건: 근로소득이 있는 거주자로서 주택을 소유하지 않거나 1주택을 보유한 세대의 세대주 및 배우자 NEW(세대주가 공제를 받지 않는 경우 세대의 구성원 중 근로소득이 있는 자, 외국인 포함)가 일정한 주택을 취득하기 위해 해당 과세기간에 주택자금으로 지급한 경우 주택자금공제액은 근로소득금액에서 공제

(주택청약종합저축의 납입금액 + 국민주택임차자금의 원리금 상환금액) × 40% + 장기주택저당 차입금 이자상환액

한도액 400만원

상환기간	구분	한도액
	① 15년 이상 + 고정금리 + 비거치식	2,000만원
	② 15년 이상 + (고정금리 or 비거치식)	1,800만원
	③ 15년 이상 + 그 외	800만원
	④ 10년 이상 + (고정금리 or 비거치식)	600만원

총급여액이 7천만원 이하인 무주택 세대주가 2025.12.31.까지 해당 과세기간에 주택청약종합저축에 납입한 금액
납입한도: 연 240만원
주택청약종합저축 납입금은 「조세특례제한법」상 소득공제임

국민주택규모의 주택을 임차하기 위하여 금융기관 등으로부터 주택임차자금을 차입하고 그 원리금을 상환하는 경우 그 상환금액

(무주택 or 1주택 보유 세대주) + 취득 당시 주택 기준시가가 6억원 이하인 주택을 취득하기 위하여 그 주택에 저당권을 설정하고 차입한 장기주택저당차입금의 이자상환액

▶ 「조세특례제한법」상 소득공제

「조세특례제한법」상 소득공제

- 소기업·소상공인 공제부금에 대한 소득공제
  - 소기업·소상공인공제에 가입하여 공제부금을 납부하는 경우 법에 따른 금액을 사업소득금액에서 공제

- 우리사주조합출자에 대한 소득공제
  - 우리사주조합원이 우리사주를 취득하기 위해 우리사주조합에 출자하는 경우 법에 따른 금액을 근로소득금액에서 공제

- 신용카드 등 사용금액에 대한 소득공제

의의: 증빙과세 정착을 위해 상용근로자가 사업자로부터 재화·용역을 제공받고 신용카드 등을 사용한 경우, 일정 금액을 근로소득금액에서 공제하는 제도

제외되는 사용금액
① 신용카드의 비정상적 사용행위에 기인한 거래금액
② 세법상 다른 공제가 적용되는 거래금액: 사업소득 관련 비용 또는 법인의 비용, 정치자금세액공제를 적용받은 정당에 기부한 정치자금, 월세액세액공제를 적용받은 월세액
③ 증빙과세 정착과는 무관한 항목: 각종 보험료, 공적 교육비, 자동차 구입비용, 세금 및 공과금, 상품권 등 구입비, 국외에서의 신용카드 사용액, 차입금 이자상환액 등 법에서 정하는 항목

신용카드등 사용금액에 대한 소득공제액 = MIN[①, ②]
① 공제액

| 전통시장 초과사용분 × 40% | + | 대중교통 초과사용분 × 40% | + | 문화활동 초과사용분 × 30% | + | 현금 등 초과사용분 × 30% | + | 신용카드 초과사용분 × 15% |

→ 최저사용금액을 제외한 금액임
→ 근로소득자 총급여액의 25%

② 한도: ㉠ 기본한도 + ㉡ 추가한도

총급여액	기본한도액
7,000만원 이하	300만원
7,000만원 초과	250만원

ⓐ 총급여액 7,000만원 이하인 경우
: MIN[전통시장·대중교통 초과사용분 × 40% + 문화활동 초과사용분 × 30%, 300만원]
ⓑ 총급여액 7,000만원 초과인 경우
: MIN[전통시장·대중교통 초과사용분 × 40%, 200만원]

공제대상
① 근로소득이 있는 거주자(일용근로자 제외) 본인이 사용한 신용카드 등 금액
② 그 거주자의 배우자로서 연간소득금액이 100만원 이하인 자(총급여액이 500만원 이하인 근로소득만 있는 자 포함)가 사용한 신용카드 등 금액
③ 그 거주자와 생계를 같이하는 직계존비속으로서 연간소득금액의 합계액이 100만원 이하인 자(나이제한은 없으며 총급여액이 500만원 이하인 근로소득만 있는 자 포함)가 사용한 신용카드 등 사용금액

▶ 소득공제 기타 규정

① 공동사업 합산과세 소득공제 특례	공동사업합산과세가 적용될 때, 연금보험료공제, 「조세특례제한법」에 따른 소득공제, 연금계좌세액공제 관련 특수관계인이 지출한 금액이 있는 경우 주된 공동사업자의 합산과세되는 종합소득금액 또는 종합소득산출세액을 계산할 때에 소득공제 또는 세액공제 적용 가능
② 소득공제 등의 종합한도	특별소득공제 중 주택자금공제액 및 「조세특례제한법」에 따른 소득공제액의 총합계액이 2,500만원을 초과하는 경우에는 그 초과하는 금액은 없는 것으로 봄
③ 종합소득공제의 배제	㉠ 분리과세소득만 있는 경우: 종합소득공제 미적용 ㉡ 수시부과결정의 경우: 기본공제 중 거주자 본인에 대한 공제만 적용 ㉢ 신고서류 미제출의 경우: 기본공제 중 거주자 본인에 대한 공제와 표준세액공제만 적용
④ 비거주자 소득공제	거주자에 대한 소득세의 과세표준과 세액의 계산에 관한 규정을 준용함 단, 인적공제 중 비거주자 본인 외의 자에 대한 공제와 특별소득공제, 자녀세액공제 및 특별세액공제는 하지 아니함

MEMO

08 차감납부세액의 계산

Teacher's Map

▶ 종합소득 차감납부세액의 계산구조

```
        종 합 소 득 과 세 표 준
    (×) 기   본   세   율
        종 합 소 득 산 출 세 액
    (−) 세 액 감 면 · 세 액 공 제
        결   정   세   액
    (+) 가   산   세
        총   결   정   세   액
    (−) 기   납   부   세   액
        차 감 납 부 할 세 액
```

종합소득산출세액 = 종합소득과세표준 × 기본세율 → 8단계 초과누진세율

| 종합소득 합산 금융소득이 있는 경우 세액계산 특례 | 부동산매매업자의 세액계산 특례 | 주택임대소득에 대한 세액계산 특례 |

주거용건물 임대업에서 발생한 수입금액의 합계액이 2천만원 이하인 자의 주택임대소득은 분리과세를 적용하는데, 종합소득결정세액은 다음 중 하나를 선택하여 적용
① 주택임대소득을 종합과세하는 경우의 종합소득 결정세액
② ㉠ + ㉡ (주택임대소득을 분리과세하는 경우의 종합소득 결정세액)
  ㉠ (총수입금액 − 필요경비의제액 − 공제액) × 14% − 감면세액
  ㉡ '㉠' 외의 종합소득 결정세액

비거주용 건물건설업과 부동산개발 및 공급업을 영위하는 부동산매매업자로 법에 정하는 부동산의 매매차익이 있는 경우 부동산매매업자의 세액계산 특례 적용
산출세액 = MAX[①, ②]
① 종합소득과세표준 × 기본세율
② $\left(\dfrac{\text{대상 자산}}{\text{매매차익}} - \dfrac{\text{장기보유}}{\text{특별공제}} - \dfrac{\text{양도소득}}{\text{기본공제}}\right) \times \dfrac{\text{양도소득}}{\text{세율}} + \left(\text{과세표준} - \dfrac{\text{대상 자산}}{\text{매매차익}}\right) \times \dfrac{\text{기본}}{\text{세율}}$

① 금융소득이 2,000만원 초과	MAX[㉠ 일반세액, ㉡ 비교세액] ㉠ 2,000만원 × 14% + (과세표준 − 2,000만원) × 기본세율 ㉡ 금융소득* × 원천징수세율 + MAX[ⓐ, ⓑ] 　ⓐ (출자공동사업자배당 + 다른 종합소득금액 − 소득공제) × 기본세율 　ⓑ 출자공동사업자배당 × 14% + (다른 종합소득금액 − 소득공제) × 기본세율
② 금융소득이 2,000만원 이하	위의 ㉡ 비교세액의 계산 방식에 따라 세액을 계산

* Gross − up 금액 제외

▶ 세액감면 및 세액공제

결정세액 = 종합소득산출세액 - 세액감면 · 세액공제

세액감면 → 이월공제가 인정되지 아니하는 세액공제 → 이월공제가 인정되는 세액공제

「소득세법」상 세액감면	종류: 정부 간의 협약에 따라 우리나라에 파견된 외국인이 그 양쪽 또는 한쪽 당사국의 정부로부터 받는 급여, 거주자 중 외국인이 선박과 항공기의 외국항행사업으로부터 얻는 소득 계산: 종합소득산출세액 × $\dfrac{\text{감면대상소득금액}}{\text{종합소득금액}}$ × 감면율

「소득세법」상 세액공제	세액공제	이월공제기간
	① 자녀세액공제 ② 연금계좌세액공제 ③ 근로소득세액공제 ④ 배당세액공제	이월공제 안됨
	⑤ 외국납부세액공제	10년간
	⑥ 재해손실세액공제 ⑦ 기장세액공제 ⑧ 전자계산서 발급전송 세액공제 ⑨ 특별세액공제	이월공제 안됨 (기부금세액공제 제외)

「조특법」상 세액공제	세액공제	이월공제기간
	① 정치자금·고향사랑기부금 세액공제 ② 월세세액공제 ③ 성실신고확인비용에 대한 세액공제 ④ 전자신고세액공제 ⑤ 혼인에 대한 세액공제 NEW	이월공제 안됨

❶ 「소득세법」상 세액공제

① 자녀세액공제	㉠ 기본공제: 기본공제대상자에 해당하는 8세 이상 자녀(입양자·위탁아동 포함) 및 손자녀에 적용 | 자녀 수	세액공제액**NEW**
1명인 경우	연 25만원
2명인 경우	연 55만원
3명 이상인 경우	연 55만원 + (자녀수 - 2명) × 연 40만원 | ㉡ 출산·입양공제: 해당 과세기간에 자녀를 출산·입양한 경우 적용 | 해당 자녀가	세액공제액
첫째인 경우	연 30만원
둘째인 경우	연 50만원
셋째 이상인 경우	연 70만원	
② 연금계좌세액공제	연금계좌에 납입액이 있는 종합소득 보유 거주자에 대해 적용 세액공제액 = {MIN[㉠, ㉡] + ㉢} × 12%* ㉠ MIN[연금저축계좌납입액, 연 600만원] + 퇴직연금계좌납입액 ㉡ 연 900만원 ㉢ MIN[ISA 만기 전환금액 × 10%, 300만원] * 종합과세되는 종합소득금액이 4,500만원 이하(근로소득만 있는 경우에는 총급여액 5,500만원 이하)인 거주자는 15%
③ 근로소득세액공제	㉠ 일용근로자: 산출세액의 55%를 적용 ㉡ 상용근로자: 법에 정한 한도 내에서 다음의 산식을 적용 | 근로소득에 대한 산출세액	세액공제액
ⓐ 130만원 이하인 경우	근로소득에 대한 산출세액 × 55%
ⓑ 130만원을 초과하는 경우	MIN[㉮, ㉯] ㉮ 71만 5천원 + (근로소득에 대한 산출세액 - 130만원) × 30% ㉯ 한도	
④ 배당세액공제	배당소득이 있는 거주자로 해당 소득에 Gross - up 대상 배당소득금액이 합산된 때 (MIN[Gross - up 금액, 일반산출세액 - 비교세액])만큼을 종합소득산출세액에서 공제
⑤ 재해손실세액공제	사업소득이 있는 거주자로 과세기간에 천재지변이나 그 밖의 재해로 자산총액의 20% 이상에 해당하는 자산을 상실하여 납세가 곤란하다고 인정되는 경우 다음의 세액공제를 적용 재해손실세액공제 = MIN[㉠, 한도(재해손실가액)] ㉠ ⓐ + ⓑ에 자산상실비율을 곱한 금액 　ⓐ 재해발생일 현재 부과되지 아니한 소득세와 부과된 소득세로서 미납된 소득세액 　ⓑ 재해발생일이 속하는 연도의 소득에 대한 소득세액 $= (산출세액 - 배당·기장·외국납부세액공제) \times \dfrac{사업소득금액}{종합소득금액}$
⑥ 외국납부세액공제	㉠ 외국납부세액의 처리방법 | 양도소득	필요경비산입과 외국납부세액공제 중 선택
위 외의 소득	외국납부세액공제 적용 | ㉡ 공제액의 계산: 종합소득 산출세액 × $\dfrac{국외원천소득금액}{종합소득금액}$ ㉢ 법인세법과의 차이: 간접외국납부세액과 관련된 규정이 없음

⑦ 기장세액공제	간편장부대상자가 복식부기에 따라 기장하여 소득금액을 계산하고 기업회계기준을 준용하여 작성한 재무상태표·손익계산서와 그 부속서류, 합계잔액시산표 및 조정계산서를 제출하는 경우 MIN[종합소득산출세액 × $\frac{\text{기장된 사업소득금액}}{\text{종합소득금액}}$ × 20%, 100만원]을 세액공제
⑧ 전자계산서 발급 전송에 대한 세액공제	해당 과세기간에 신규로 사업을 개시한 사업자 또는 직전 과세기간의 사업장별 총수입금액이 3억원 미만인 사업자가 전자계산서를 2027년 12월 31일까지 NEW 발급(전자계산서 발급일의 다음 날까지 전자계산서 발급명세를 국세청장에게 전송하는 경우로 한정)하는 경우에는 MIN[발급건수 × 200원, 한도(100만원)] 을 세액공제
⑨ 특별세액공제	㉠ 보험료세액공제: 근로소득자가 기본공제대상자를 피보험자로 하는 보험 중 환급액이 납입보험료를 초과하지 않는 보장성 보험에 대한 보험료를 지급한 경우 다음의 세액공제를 적용 	공제대상	적용 공제율	한도액
---	---	---
ⓐ 장애인전용 보장성보험료	15%	각 100만원

ⓑ 일반 보장성보험료	12%	|
		
		㉡ 의료비세액공제: 근로소득자가 기본공제대상자(나이·소득금액 요건 불필요)를 위해 법에 정한 의료비(연 50만원 이내의 시력보정용 안경·콘택트렌즈는 포함하며, 국외지출 의료비나 미용·건강증진을 위한 의료비는 제외함)를 지급한 경우 다음의 세액공제를 적용
		
		• 공제액 : (ⓐ + ⓑ) × 15% + ⓒ × 20% + ⓓ × 30%
		  ⓐ MIN ┬ ㉮ 'ⓑ, ⓒ' 외의 일반의료비 - 총급여액 × 3%
		          └ ㉯ 한도: 700만원
		  ⓑ 본인·과세기간 개시일 현재 6세 이하(6세가 되는 날과 그 이전 기간을 말함 NEW)인 자·과세기간종료일 현재 65세 이상인 자·장애인(장애아동 포함)·중증질환자·희귀난치성질환자·결핵환자를 위하여 지급한 의료비
		  ⓒ 미숙아 및 선천성이상아를 위하여 지급한 의료비
		  ⓓ 난임시술비비용(난임시술과 관련하여 처방받은 의약품 구입비용을 포함)
		
		㉢ 교육비세액공제: 근로소득자가 거주자·배우자·직계비속·형제자매·입양자·위탁아동(나이 요건 불필요)을 위해 법에 정한 교육비(50만원 한도의 교복구입비·30만원 한도의 현장체험학습비를 포함하며 장학금은 제외함)를 지급한 경우 다음의 세액공제를 적용
		
		| 공제대상
			공제율	한도액

---	---	---
ⓐ 일반교육비 세액공제	15%	대학생: 900만원 초등학교 취학 전 아동 및 초중고생: 300만원 그 외: 한도 없음

ⓑ 장애인특수교육비 세액공제		한도 없음	
			
			㉣ 기부금세액공제: 거주자(연말정산대상사업자 포함)가 기본공제대상자(나이 요건 불필요)가 과세기간에 지급한 기부금이 있는 경우 다음의 세액공제액을 계산하여 해당 과세기간의 합산과세되는 종합소득산출세액에서 공제함(단, 사업소득만 있는 자는 필요경비로 산입하기에 세액공제 적용이 불가능함)
			
			• 세액공제액: MIN[ⓐ, ⓑ]
			  ⓐ 1,000만원까지의 공제대상 기부금(한도액 내 기부금) × 15% + 1,000만원 초과분 공제대상 기부금 × 30%
			  ⓑ 한도: 종합소득 산출세액 - 필요경비에 산입한 기부금이 있는 경우 사업소득 산출세액

⑩ 표준세액공제	다음에 따라 표준세액공제액을 상이하게 적용	
	구분	표준세액공제
	㉠ 근로소득이 있는 거주자로서 「소득세법」상 특별소득공제, 특별세액공제, 월세세액공제를 신청하지 않은 사람	연 13만원
	㉡ 종합소득이 있는 거주자(근로소득이 있는 자는 제외)로서 「조세특례제한법」상 성실사업자에게 적용되는 의료비세액공제, 교육비세액공제, 월세액공제를 신청하지 않은 사업자	연 12만원
	㉢ 위 외의 자	연 7만원

❷ 「조세특례제한법」상 세액공제

① 정치자금세액공제	정당 등에 기부한 정치자금에 대해 적용하는 세액공제 세액공제액 = 10만원까지의 정치자금 기부금 × $\dfrac{100}{110}$ + 10만원 초과분 정치자금 기부금 × 15% (단, 3,000만원 초과분은 25%)
② 고향사랑 기부금에 대한 세액공제	지방자치단체에 기부한 고향사랑기부금에 대해 적용하는 세액공제 세액공제액 = 10만원까지의 고향사랑기부금 × 100/110 + 10만원 초과 2천만원**NEW** 이하 고향사랑기부금* × 15%
③ 월세세액공제	과세기간 종료일 현재 무주택세대주(세대주가 월세세액공제, 주택자금공제를 받지 않는 경우는 세대의 구성원)로서 총급여액 7천만원 이하인 근로자(종합소득금액 6천만원 초과자 제외)가 국민주택규모의 주택이거나 기준시가 4억원 이하인 주택을 임차하기 위해 월세액을 지급하는 경우 적용하는 세액공제 세액공제액 = MIN[월세액, 750만원] × 17%(단, 총급여액이 5,500만원 또는 종합소득금액이 4,500만원을 초과하는 자는 15%)
④ 성실신고확인비용에 대한 세액공제	성실신고확인대상 사업자가 성실신고확인서를 제출하는 경우 적용하는 세액공제 세액공제액 = MIN[지출비용 × 60%, 120만원]
⑤ 전자신고세액공제	납세자가 직접 전자신고방법으로 종합소득 과세표준확정신고를 하거나 양도소득과세표준 예정신고를 하는 경우 적용하는 세액공제 ㉠ 납세자가 직접 전자신고 시: 2만원 ㉡ 과세표준확정신고의무 면제자가 과세표준확정 신고 시: MIN[1만원, 추가납부 또는 환급받은 세액]
⑥ 혼인에 대한 세액공제**NEW**	거주자가 2026년 12월 31일 이전에 혼인신고를 한 경우에는 1회(혼인신고 후 그 혼인이 무효가 되어 수정신고 또는 기한후신고를 한 경우는 제외)에 한정하여 혼인신고를 한 날이 속하는 과세기간의 종합소득산출세액에서 50만원을 공제함

* 사업자인 거주자의 경우에는 이월결손금을 뺀 후의 소득금액의 범위에서 필요경비에 산입함

❸ 세액감면액 및 세액공제액의 산출세액 초과 시의 적용방법 등

① 근로소득산출세액을 한도로 하는 것	보험료세액공제액, 의료비세액공제액, 교육비세액공제액 및 월세세액공제액의 합계액

② 공제기준산출세액* 을 한도로 하는 것	자녀세액공제액, 연금계좌세액공제액, 특별세액공제액, 정치자금세액공제액, 우리사주조합기부금세액공제액의 합계액 * 공제기준산출세액 = 종합소득산출세액 - 종합소득산출세액 × $\dfrac{\text{원천징수세율을 적용받는 이자소득금액 및 배당소득금액의 합계액}}{\text{종합소득금액}}$

▶ 기납부세액

❶ 원천징수세액

○ 원천징수의 종류

① 완납적 원천징수(분리과세)	원천징수로 과세가 종결
② 예납적 원천징수(종합과세)	원천징수 후 별도로 확정신고를 통해 정산

○ 원천징수대상소득 및 원천징수세율

① 이자소득	㉠ 일반적인 이자소득: 14% ㉡ 비영업대금의 이익: 25% ㉢ 비실명이자: 45%(금융실명제 위배대상은 90%) ㉣ 직장공제회초과반환금: 기본세율(연분연승법 적용)
② 배당소득	㉠ 일반적인 배당소득: 14% ㉡ 출자공동사업자 배당: 25% ㉢ 비실명배당: 45%(금융실명제 위배대상은 90%)
③ 사업소득	㉠ 부가가치세가 면세되는 의료보건용역·인적용역의 경우 수입금액 × 3% ㉡ 외국인 연예인 또는 직업운동가: 20% ㉢ 위 외의 사업소득(부동산임대업, 제조업 등): 원천징수대상 아님
④ 근로소득	㉠ 상용근로자: 기본세율(근로소득 간이세액표) ㉡ 일용근로자: 6%
⑤ 연금소득	㉠ 공적연금소득: 기본세율(연금소득 간이세액표) ㉡ 사적연금소득: 3% ~ 5% 적용
⑥ 기타소득	㉠ 소기업·소상공인 공제부금의 해지일시금, 연금계좌에서 연금외수령한 기타소득: 15% ㉡ 복권당첨금 등: 소득금액 3억원까지는 20%, 3억원 초과분은 30% ㉢ 위 외의 기타소득: 20%
⑦ 특정봉사료수입	수입금액 × 5%
⑧ 퇴직소득	기본세율(연분연승법 적용)
⑨ 양도소득	거주자의 양도소득은 원천징수 대상이 아님(단, 요건을 충족한 비거주자의 양도소득은 원천징수대상)

◦ 납부

① 원칙	원천징수의무자는 그 징수일이 속하는 달의 다음 달 10일까지 관할세무서 등에 납부
② 예외 (반기별 납부)	법에 정하는 경우를 제외하고는 다음의 원천징수의무자는 매 반기별로 납부할 수 있도록 승인·지정을 받아 징수일이 속하는 반기의 마지막 달의 다음 달 10일까지 관할세무서 등에 납부 ㉠ 직전 과세기간 상시고용인원수가 20명 이하인 원천징수의무자(금융 및 보험업은 제외) ㉡ 종교단체

◦ 소액부징수 및 원천징수 면제

① 소액부징수	원천징수세액 또는 납세조합의 징수세액이 1,000원 미만인 경우(단, 이자소득과 원천징수대상 사업소득 중 법령으로 정하는 사업소득*은 제외)
② 원천징수 면제	소득세가 면제·비과세되는 소득을 지급하는 등 법에 정한 경우

* 저술가·작곡가나 그 밖의 자가 직업상 제공하는 인적용역으로서 법령으로 정하는 것을 계속적·반복적으로 공급하고 그 대가로 받은 소득

◦ 지급시기의 의제: 다음 시점에 원천징수대상 소득을 지급하지 않았어도 지급한 것으로 의제하여 그 시점에 원천징수하여 다음 달 10일까지 납부하도록 하는 제도

구분	지급시기의제 시점
① 잉여금처분에 따른 배당	잉여금처분결의일부터 3개월이 되는 날
② 잉여금처분에 따른 상여	
③ 배당·상여·기타소득으로 소득처분된 소득을 법인이 신고하는 경우	법인의 과세표준 및 세액의 신고일 또는 수정신고일
④ 배당·상여·기타소득으로 소득처분된 소득을 세무서장이 경정하는 경우	소득금액변동통지서를 받은 날
⑤ 동업기업으로부터 배분받은 이자·배당·기타소득	해당 동업기업의 과세기간 종료 후 3개월이 되는 날까지 지급하지 아니한 소득은 해당 동업기업의 과세기간 종료 후 3개월이 되는 날
⑥ 출자공동사업자의 배당소득	과세기간 종료후 3개월이 되는 날까지 지급하지 아니한 소득은 과세기간 종료 후 3개월이 되는 날
⑦ 의제배당 및 그 밖의 배당소득	총수입금액의 수입시기
⑧ 연말정산대상 사업·근로·퇴직소득	㉠ 1월부터 11월분을 12월 31일까지 지급하지 아니한 경우: 12월 31일 ㉡ 12월 분을 다음 연도 2월 말일까지 지급하지 아니한 경우: 다음 연도 2월 말일

❷ 중간예납세액

① 의의		법에 정한 특별한 경우를 제외하고는 사업소득이 있는 거주자가 1월 1일부터 6월 30일까지의 중간예납기간에 대한 소득세를 11월 30일까지 미리 납부하는 제도
② 계산 및 납부절차	㉠ 원칙	가산세를 포함한 전년도 납부세액(중간예납기준액)의 1/2를 세무서장이 11월 1일부터 11월 15일까지 중간예납세액의 납부고지서를 발급하여 11월 30일까지 징수
	㉡ 예외	다음의 경우에는 법에 따라 해당 중간예납기간의 실적을 기준으로 계산한 납부세액(중간예납추계액)을 11월 1일부터 11월 30일까지의 기간에 납세지 관할 세무서장에게 신고납부 ⓐ 중간예납추계액이 중간예납기준액의 30%에 미달하는 경우 중간예납추계액을 중간예납세액으로 신고 가능 ⓑ 중간예납기준액이 없는 복식부기의무자가 해당 중간예납기간 중 사업소득이 있는 경우 중간예납추계액을 중간예납세액으로 신고해야 함
③ 소액부징수		중간예납세액이 50만원 미만인 경우 징수하지 않음
④ 분납		중간예납세액이 1,000만원을 초과하는 경우 확정신고세액의 분납규정을 준용하여 일부를 납부기한이 지난 후 2개월 이내에 분납가능

❸ 수시부과세액

① 의의	다음의 사유가 발생한 경우 조세채권을 사전에 확보하기 위해 과세기간 종료일 전에 수시로 과세표준을 결정하여 소득세를 부과하는 제도 ㉠ 사업부진이나 그 밖의 사유로 장기간 휴업 또는 폐업상태에 있을 때 소득세를 포탈할 우려가 있다고 인정되는 경우 ㉡ 그 밖에 소득세를 포탈할 우려가 있다고 인정되는 법에 정한 경우 ㉢ 주소·거소 또는 사업장의 이동이 빈번하다고 인정되는 경우 ㉣ 주한국제연합군 또는 외국기관으로부터 수입금액을 외국환은행을 통해 외환증서 또는 원화로 영수하는 경우
② 계산	일반적인 경우 수시부과세액은 다음과 같이 계산하며, 무신고·과소신고가산세는 적용하지 아니함 종합소득 수시부과세액 = $\left(\begin{array}{c}\text{수시부과기간 동안의}\\\text{종합소득금액}\end{array} - \begin{array}{c}\text{거주자 본인에}\\\text{대한 기본공제}\end{array}\right) \times$ 기본세율
③ 효과	확정신고 시 종합소득에 포함하여 신고하며, 수시부과세액은 기납부세액으로 공제함

❹ 토지 등 매매차익 예정신고 산출세액

① 의의	확정신고 전에 미리 발생한 일정한 소득에 대해 신고하는 제도
② 종류 및 대상	<table><tr><td>종류</td><td>예정신고 대상자</td></tr><tr><td>㉠ 토지 등 매매차익 예정신고</td><td>토지나 건물을 매매한 부동산매매업자</td></tr><tr><td>㉡ 양도소득 과세표준 예정신고</td><td>양도소득세 과세대상 자산(토지·건물, 부동산에 관한 권리, 기타자산, 일반주식, 파생상품 등)을 양도한 자</td></tr></table>
③ 예정신고세액의 계산	양도소득세 계산구조를 준용하여 계산한 다음의 금액을 매매일이 속하는 달의 말일부터 2개월이 되는 날까지 납세지 관할세무서, 한국은행 또는 체신관서에 납부해야 함 예정신고세액 = (매매가액 - 필요경비) × 양도소득세율
④ 매매차익의 결정방법 및 통지	㉠ 토지 등 매매차익예정신고 또는 토지 등 매매차익예정신고납부를 한 자: 그 신고 또는 신고납부를 한 날부터 1개월 내 ㉡ 매매차익예정 신고를 하지 아니한 자: 즉시
⑤ 통지	해당 부동산매매업자에게 서면으로 통지
⑥ 확정신고와의 관계	확정신고 시 포함하여 신고하며, 예정신고세액은 기납부세액으로 공제

MEMO

09 퇴직소득세

Teacher's Map

▷ 퇴직소득 개괄

❶ 의의 및 범위

① 의의	임원이나 사용인이 퇴직하면서 받는 소득과 공적연금 관련법에 따라 받는 일시금 등의 소득을 말함. 별도의 계산구조를 두어 분류과세를 적용
② 범위	㉠ 공적연금 관련법에 따라 받는 일시금 ㉡ 사용자 부담금을 기초로 하여 현실적인 퇴직을 원인으로 지급받는 소득 ㉢ 위와 유사한 소득으로서 다음의 소득 　ⓐ 공적연금 관련법에 따라 받는 일시금을 지급하는 자가 퇴직소득의 일부 또는 전부를 지연하여 지급하면서 지연지급에 대한 이자를 함께 지급하는 경우 해당 이자 　ⓑ 과학기술발전장려금, 퇴직공제금, 종교관련종사자의 퇴직 원인 수령소득 등 법에 정하는 소득
③ 공적연금 일시금의 과세 범위	(아래 표 참조)

구분	퇴직소득으로 보는 금액
㉠ 국민연금법 등에 따른 반환일시금	MIN[ⓐ, ⓑ] - 과세제외기여금 등 ⓐ 과세기준일(2002. 1. 1.) 이후 납입한 기여금·개인부담금의 누계액과 이에 대한 이자 및 가산이자 ⓑ 실제 지급받은 일시금 - 과세기준일 이전에 납입한 기여금·개인부담금
㉡ 그 외의 일시금	일시금 수령액 × $\dfrac{\text{과세기준일 이후 기여금 납입월수}}{\text{총기여금 납입월수}}$ - 과세제외기여금 등
㉢ 임원퇴직소득의 한도	법에 정하는 한도 내의 금액 (한도를 초과할 경우 근로소득으로 과세)

❷ 퇴직판정 특례

① 현실적인 퇴직으로 보지 않는 경우(현실적 퇴직이지만 퇴직급여를 실제로 지급받지 않는 경우)	㉠ 종업원이 임원이 된 경우 ㉡ 합병·분할 등 조직변경, 사업양도 또는 직·간접으로 출자관계에 있는 법인으로의 전출 또는 동일한 고용주의 다른 사업장으로의 전출이 이루어진 경우 ㉢ 법인의 상근임원이 비상근임원이 된 경우 ㉣ 비정규직 근로자가 정규직 근로자로 전환된 경우
② 현실적인 퇴직으로 보는 경우	㉠ 「근로자퇴직급여 보장법 시행령」에서 정하는 퇴직급여 중간정산 사유에 해당하는 경우 ㉡ 「근로자퇴직급여 보장법」에 따라 퇴직연금제도가 폐지되는 경우

❸ 퇴직소득 비과세: 비과세 근로소득의 범위와 동일

: 비과세 근로소득의 범위와 동일

▷ 퇴직소득의 수입시기

원칙	퇴직을 한 날
「국민연금법」에 따른 일시금과 건설근로자 퇴직공제금	소득을 지급받는 날

▷ 퇴직소득금액 및 퇴직소득세의 계산

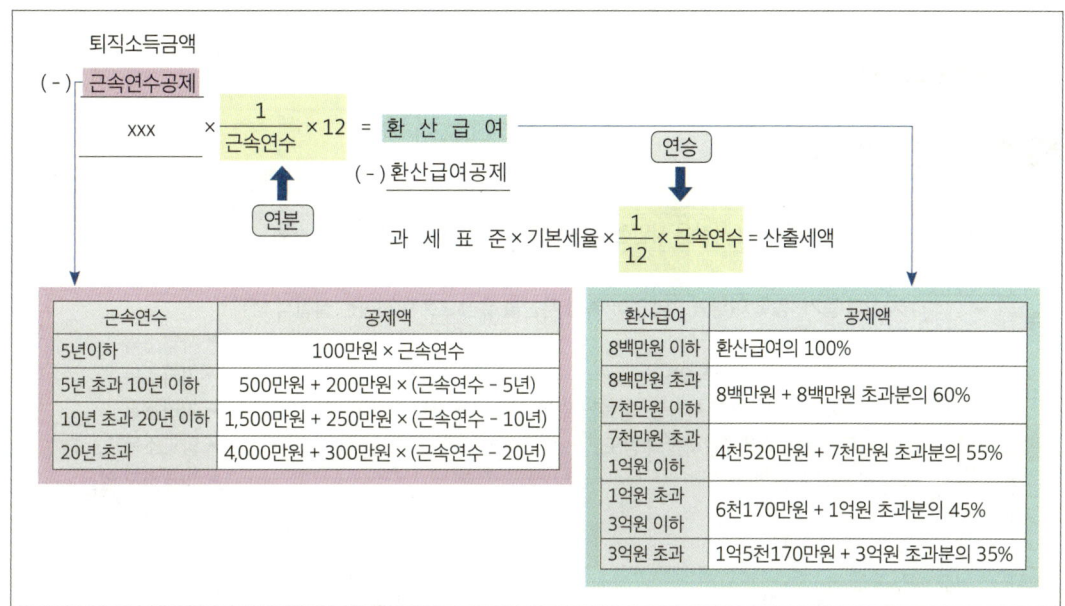

❶ 퇴직소득 산출세액 및 결정세액

퇴직소득 결정세액 = 퇴직소득 산출세액 − 퇴직소득 세액공제 → 외국납부세액공제액: MIN [①, ②]
① 외국납부세액
② 한도: 퇴직소득 산출세액 × $\dfrac{\text{국외원천소득금액}}{\text{퇴직소득금액}}$

▷ 퇴직소득세 과세방법

❶ 원천징수

① 원칙	퇴직소득의 지급자(원천징수의무자)는 원천징수하여 징수일이 속하는 달의 다음 달 10일까지 납세지 관할 세무서장 등에게 납부 (원천징수된 퇴직소득만 있는 경우를 제외하곤 확정신고 하여야 함)
② 예외	퇴직소득 중 이연퇴직소득이 있는 경우 해당 퇴직소득에 대한 소득세를 연금외수령하기 전까지 원천징수하지 아니함

❷ 퇴직소득세의 정산

① 대상	퇴직자가 퇴직소득을 지급받을 때 이미 지급받은 퇴직소득에 대한 원천징수영수증을 원천징수의무자에게 제출하는 경우 원천징수의무자는 퇴직자에게 이미 지급된 퇴직소득과 자기가 지급할 퇴직소득을 합계한 금액에 대하여 정산한 소득세를 원천징수해야 함
② 방법	이미 지급받은 퇴직소득과 지급할 퇴직소득을 합계한 금액에 대한 퇴직소득세액에서 이미 지급된 퇴직소득에 대한 세액을 뺀 금액을 정산

10 양도소득세

Teacher's Map

▷ **양도소득 개괄**

❶ 양도소득과 과세방법

양도소득: 개인이 법에 열거된 자산을 사업성 없이 양도로 인하여 발생한 개인의 소득

자산의 등기·등록 여부와 관계없이 특정 자산을 유상으로 이전하는 실질적 행위
① 사업성이 있는 양도 ──────────────▶ 사업소득
② 광업권 등 무체재산권 양도 ──────────▶ 기타소득
③ 저작자 등 외의 자의 저작권·영화필름 등 ──▶ 기타소득
④ 양도소득세 과세대상자산의 양도 ────────▶ 양도소득
⑤ 위 외의 자산의 양도 ────────────────▶ 과세하지 않음

양도로 보는 경우

실질과세원칙
① 미등기·미등록 자산 양도
② 유상으로 이전된 자산 양도

유상으로 이전된 자산의 양도인 매매, 교환, 현물출자, 대물변제, 부담부증여, 경매, 수용 등은 그 실질을 양도로 보아 양도소득으로 과세

양도로 보지 않는 경우

① 자산을 변제에 충당하지 않은 경우의 양도담보
② 「도시개발법」이나 그 밖의 법률에 따른 환지처분으로 지목·지번이 변경되거나 보류지로 충당되는 경우
③ 토지 경계를 변경하기 위한 토지의 교환
④ 위탁자와 수탁자 간 신임관계에 기하여 위탁자의 자산에 신탁이 설정되고 그 신탁재산의 소유권이 수탁자에게 이전된 경우로서 위탁자가 신탁 설정을 해지하거나 신탁의 수익자를 변경할 수 있는 등 신탁재산을 실질적으로 지배하고 소유하는 것으로 볼 수 있는 경우
⑤ 법원의 판결에 의한 신탁해지를 원인으로 하는 소유권이전등기
⑥ 매매원인무효의 소에 의해 그 매매사실이 원인무효로 판시되어 환원
⑦ 공유토지의 분할
⑧ 증여추정
⑨ 이혼으로 인한 재산분할
⑩ 경매 등을 통한 소유자산 재취득

❷ 과세대상자산의 범위

[1그룹] 토지·건물·부동산 관련 권리	① 토지	지적공부에 등록해야 할 지목	
	② 건물	건물, 건물에 부속된 시설물·구축물	
	③ 부동산을 취득할 수 있는 권리	취득시기가 도래하기 전에 부동산을 취득할 수 있는 권리 (ex. 아파트당첨권, 토지상환채권 및 주택상환사채 등)	
	④ 지상권, 전세권, 등기된 동산임차권	부동산 관련 권리	양도소득
		㉠ 지상권	○
		㉡ 전세권	○
		㉢ 지역권	×(과세대상이 아님)
		㉣ 등기된 부동산임차권	○
		㉤ 등기되지 않은 부동산임차권 (점포임차권 제외)	×(과세하지 않음)
[1그룹] 기타자산	⑤ 영업권	구분	양도소득
		㉠ 사업에 사용하는 토지·건물·부동산에 관한 권리와 함께 양도하는 영업권	○
		㉡ 위 외의 영업권 양도소득	×
	⑥ 시설물이용권	시설물을 배타적으로 이용 또는 타 회원보다 유리하게 이용할 수 있는 골프회원권, 콘도미니엄회원권 등	
	⑦ 특정주식	㉠ 법정주식 A: 과점주주가 소유하는 부동산과다보유법인 주식 ㉡ 법정주식 B: 특정업종을 영위하는 부동산과다보유법인 주식	
	⑧ 이축권	구분	양도소득
		㉠ 토지·건물과 함께 양도하는 이축권	○
		㉡ 토지·건물과 함께 양도하였으나 감정평가가액이 있는 경우, 감정평가액을 구분하여 신고한 이축권	×
[2그룹] 주식 및 출자지분	⑨ 국내주식 및 출자지분	국내주식 및 출자지분	양도소득
		㉠ 주권상장법인 주식 + 대주주가 양도	○
		㉡ 주권상장법인 주식 + 장외거래(포괄적양도·이전 또는 이에 대한 주식매수청구권 행사로 양도하는 주식 등 제외)	○
		㉢ 주권비상장법인 주식	○
		㉣ 주권비상장 중소·중견기업 주식 + 대주주 아닌 자 + 장외거래	×
	⑩ 국외주식 등	㉠ 외국법인이 발행한 주식(증권시장에 상장된 주식 등은 제외) ㉡ 내국법인이 발행하였으나 해외 증권시장에 상장된 주식	
[3그룹] 파생상품	⑪ 파생상품	파생상품의 거래 또는 행위로 발생하는 소득(이자·배당소득으로 과세하는 파생상품의 거래 또는 행위로 발생하는 소득 제외)	
[4그룹] 신탁수익권	⑫ 신탁수익권	신탁의 이익을 받을 권리(신탁수익권)의 양도로 발생하는 소득 (단, 양도 시 신탁재산에 대한 지배 및 통제권이 사실상 이전되는 경우 신탁재산 자체의 양도로 봄)	

❸ 비과세 양도소득

① 파산선고에 의한 처분으로 발생하는 소득	법에 따른 파산선고에 의해 처분한 자산에서 발생한 소득
② 농지의 교환 및 분합으로 발생하는 소득	법에 정한 농지의 교환 및 분합에서 발생 (단, 쌍방 토지가액의 차액이 큰 편의 1/4 이하인 경우에 한해 비과세)
③ 1세대1주택(고가주택 제외)과 그 부수토지의 양도로 발생하는 소득	1세대가 일정기간 보유한 1주택을 양도 시 비과세 1주택[*2] 요건: 1주택(주택 및 조합원입주권, 분양권 포함)만 보유할 것 (단, 공통으로 소유한 경우 공동소유자 각자가 그 주택을 소유한 것으로 봄) 1세대 요건: 거주자 및 배우자[*1]가 같은 주소·거소에서 생계를 같이하는 가족과 함께 가족단위를 구성할 것 *1 거주자가 30세 이상, 배우자가 사망·이혼한 경우. 종합·퇴직·양도소득이 기준 중위소득을 12개월로 환산한 금액의 40% 이상으로서 독립생계를 유지할 수 있는 자 제외 보유기간 요건: ㉠ 원칙: 2년 이상 보유 ㉡ 특례: ㉠ 보유기간 및 거주기간을 따지지 않는 경우: 공공건설임대주택, 공공매입임대주택, 법에 의한 협의매수·수용, 해외이주로 세대전원의 출국, 1년 이상 국외거주를 필요로 하는 취학·근무상의 형편으로 인한 출국, 취학, 전근, 치료, 학교폭력 등 ㉡ 거주기간을 따지지 않는 경우: 거주자가 조정대상지역의 공고가 있는 날 이전에 매매계약을 체결하고 계약금을 지급한 사실이 확인되는 경우로서 해당 거주자가 속한 1세대가 계약금 지급일 현재 주택을 보유하지 않은 경우 거주기간을 따지지 않음
④ 요건을 충족한 조합원입주권 양도소득	조합원입주권 1개를 보유한 1세대로서, 양도일 현재 무주택 세대주이거나 1주택 보유자(분양권을 보유하지 않은 경우로 한정)로서 해당 주택 취득한 날부터 3년 이내에 해당 조합원입주권을 양도하는 경우 비과세
⑤ 법정 조정금	법에 따른 경계확정으로 지적공부상의 면적이 감소되어 지급받는 조정금

*2 주택은 허가 여부나 공부상의 용도 구분과 관계없이 세대의 구성원이 독립된 주거생활을 할 수 있는 구조로서 법령으로 정하는 구조를 갖추어 사실상 주거용으로 사용하는 건물을 말하며, 그 용도가 분명하지 아니하면 공부상의 용도에 따름

❹ 1세대 2주택 보유 특례

구분	양도 시 비과세 적용 주택
① 요건을 만족하며 거주를 이전하기 위해 주택을 취득하여 2주택이 된 경우	종전 주택
② 수도권 소재 법인 및 공공기관이 수도권 밖으로 이전하면서 그 종사자 등이 그 인근 지역의 주택을 취득하여 2주택이 된 경우	신규 주택 취득 후 5년 이내 양도하는 종전주택
③ 상속으로 인하여 2주택이 된 경우	상속으로 인해 취득한 주택 아닌 일반주택
④ 60세 이상 직계존속을 동거봉양하기 위해 2주택이 된 경우	합친 날로부터 10년 이내 먼저 양도하는 주택
⑤ 혼인으로 인하여 2주택이 된 경우	혼인일로부터 10년^{NEW} 이내 먼저 양도하는 주택
⑥ 지정문화재 및 등록문화재에 해당하는 주택과 일반주택을 각각 1주택 보유하는 경우	문화재에 해당하는 주택이 아닌 일반주택
⑦ 농어촌주택과 일반주택을 각각 1주택 보유하는 경우	농어촌주택이 아닌 일반주택
⑧ 부득이한 사유로 취득한 수도권 밖 소재주택과 일반주택을 각각 1주택 보유하는 경우	부득이한 사유의 해소일로부터 3년 이내 양도하는 일반주택

▶ 취득시기 및 양도시기

① 일반 유상양도	㉠ 원칙: 대금청산일 ㉡ 대금청산일이 불분명한 경우: 등기·등록접수일 또는 명의개서일 ㉢ 대금청산 전 소유권이전등기(등록·명의개서 포함)를 한 경우: 등기접수일
② 장기할부조건부 양도	소유권이전등기(등록·명의개서 포함) 접수일·인도일·사용수익일 중 빠른 날
③ 자가건설 건축물의 취득	㉠ 원칙: 사용승인서 교부일 ㉡ 사용승인서 교부일 전에 사실상 사용하거나 임시사용승인을 받은 경우: 사실상의 사용일 또는 임시사용승인을 받은 날 중 빠른 날 ㉢ 건축 허가를 받지 아니하고 건축하는 건축물의 경우: 그 사실상의 사용일
④ 상속·증여에 의하여 취득한 자산	상속이 개시된 날 또는 증여를 받은 날
⑤ 취득시기가 불분명한 자산의 양도	먼저 취득한 자산을 먼저 양도한 것으로 봄
⑥ 민법상 점유로 인한 부동산소유권의 취득	그 부동산의 점유개시일
⑦ 법에 따라 공익사업을 위해 수용되는 경우	대금청산일, 수용개시일, 소유권이전등기 접수일 중 빠른 날
⑧ 완성 또는 확정되지 아니한 자산을 양도·취득한 경우 로서 해당 자산의 대금청산일까지 그 목적물이 완성 또는 확정되지 아니한 경우	해당 자산이 완성 또는 확정된 날
⑨ 환지처분으로 취득한 토지의 취득	환지 전 토지의 취득일
⑩ 특정주식 A를 양도하는 경우	해당 법인의 주식 등의 합계액의 50% 이상 양도되는 날

▶ 양도소득세의 계산

❶ 계산구조

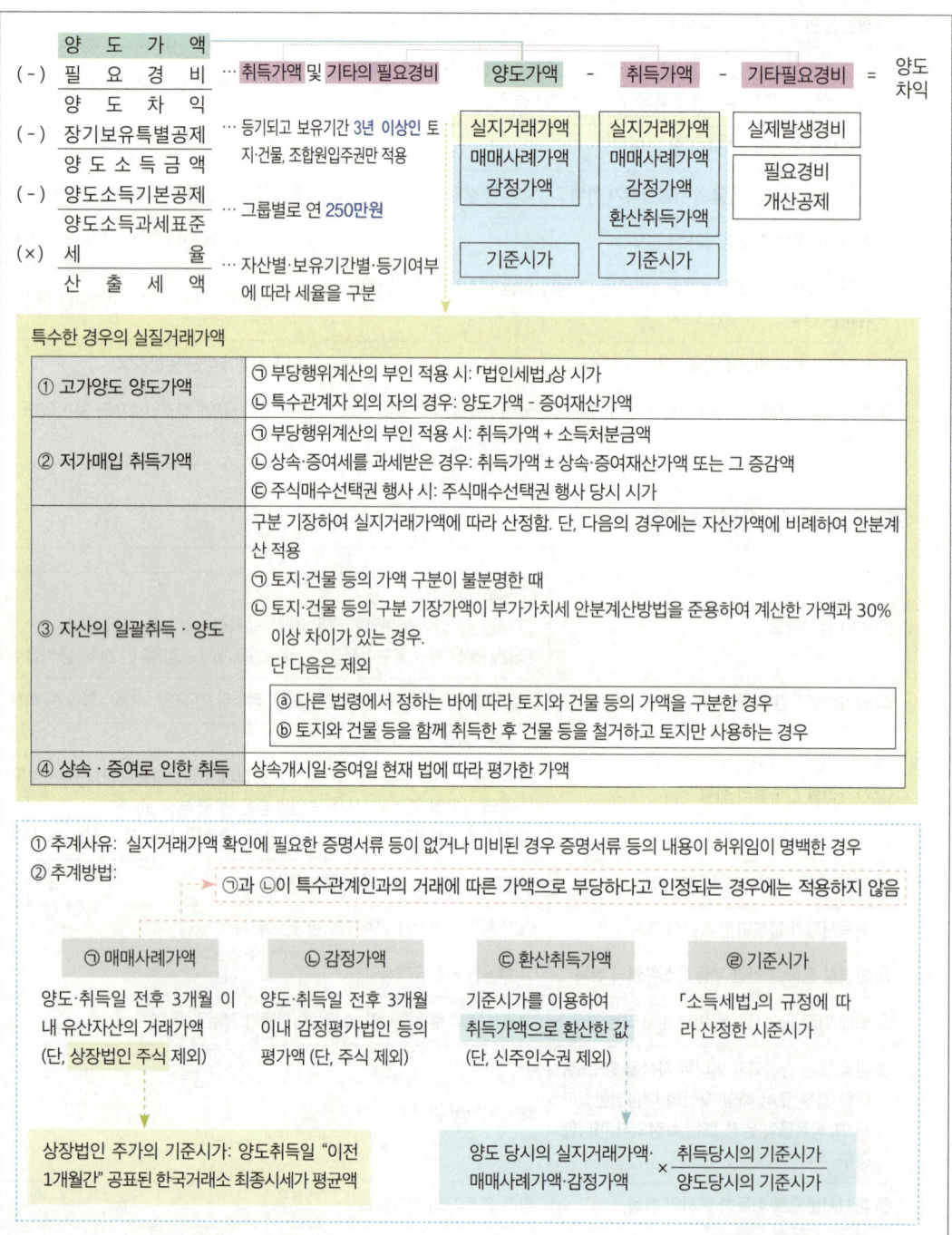

❷ 양도차익의 계산

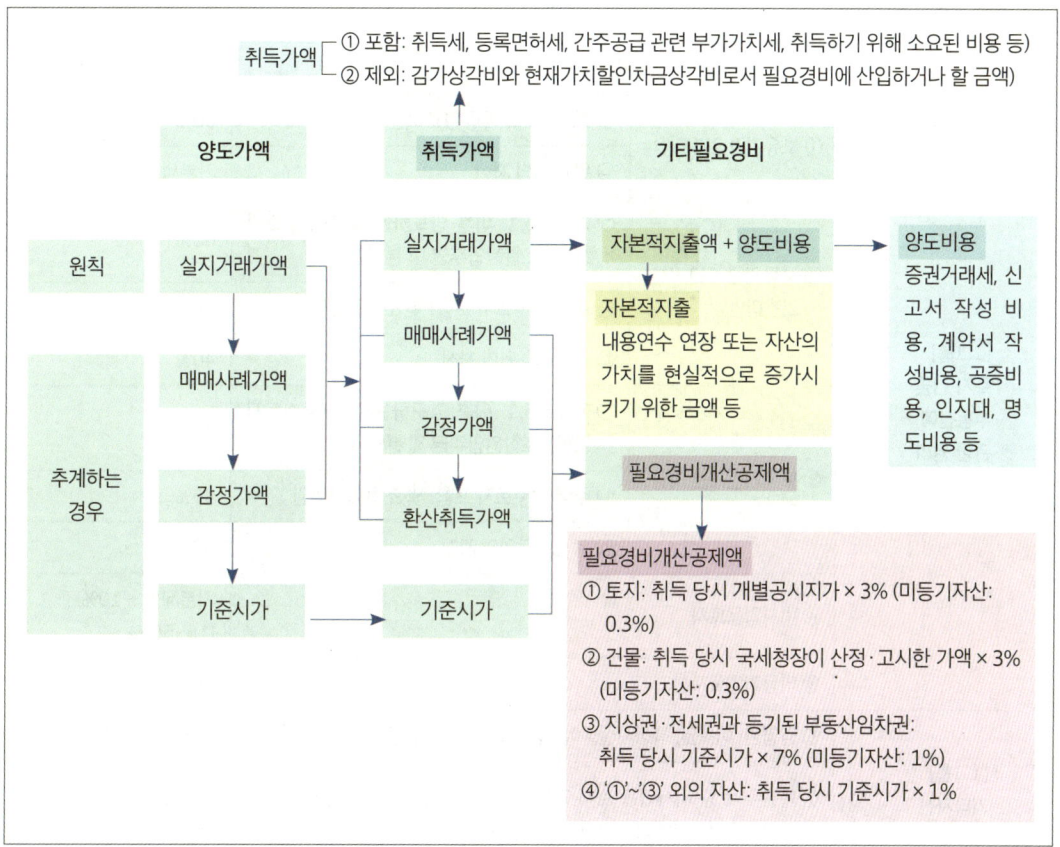

취득가액
① 포함: 취득세, 등록면허세, 간주공급 관련 부가가치세, 취득하기 위해 소요된 비용 등)
② 제외: 감가상각비와 현재가치할인차금상각비로서 필요경비에 산입하거나 할 금액)

	양도가액	취득가액	기타필요경비
원칙	실지거래가액	실지거래가액	자본적지출액 + 양도비용
추계하는 경우	실지거래가액 → 매매사례가액 → 감정가액 → 기준시가	매매사례가액 → 감정가액 → 환산취득가액 → 기준시가	필요경비개산공제액

자본적지출: 내용연수 연장 또는 자산의 가치를 현실적으로 증가시키기 위한 금액 등

양도비용: 증권거래세, 신고서 작성 비용, 계약서 작성비용, 공증비용, 인지대, 명도비용 등

필요경비개산공제액
① 토지: 취득 당시 개별공시지가 × 3% (미등기자산: 0.3%)
② 건물: 취득 당시 국세청장이 산정·고시한 가액 × 3% (미등기자산: 0.3%)
③ 지상권·전세권과 등기된 부동산임차권: 취득 당시 기준시가 × 7% (미등기자산: 1%)
④ '①'~'③' 외의 자산: 취득 당시 기준시가 × 1%

❸ 양도소득금액 및 과세표준의 계산

① 양도소득과세표준 계산구조

```
          양 도 차 익
    ( - ) 장기보유특별공제
          양 도 소 득 금 액
    ( - ) 양도소득기본공제
          양도소득과세표준
```

그룹별 연 250만원을 먼저 양도한 자산부터 차례로 공제

그룹1	토지건물, 부동산에 관한 권리, 기타자산
그룹2	일반 주식
그룹3	파생상품
그룹4	신탁수익권

적용대상 자산	조합원입주권, 보유기간 3년 이상인 토지·건물(단, 미등기자산 및 일정한 조정대상지역·주택 제외)
공제액의 계산	㉠ 일반자산 = 양도차익 × 보유기간별 공제율 ㉡ 1세대 1주택 = 양도차익 × (보유기간별 공제율 + 거주기간별 공제율)

❹ 양도소득산출세액의 계산

양도소득산출세액 = 양도소득과세표준 × 양도소득 세율

구분			세율
[1그룹] 토지·건물· 부동산에 관한 권리	① 보유기간 2년 이상	㉠ 2021.6.1. 이후 양도하는 분양권	60%
		㉡ 위 ㉠외의 자산	기본세율(6~45%)
	② 보유기간 1년 이상 2년 미만	㉠ 2021.6.1. 이후 양도하는 주택(부수토지 포함), 조합원입주권 및 분양권	60%
		㉡ 주택(부수토지 포함) 및 조합원입주권	기본세율(6~45%)
		㉢ 위 ㉠, ㉡ 외의 자산	40%
	③ 보유기간 1년 미만	㉠ 2021.6.1. 이후 양도하는 주택(부수토지 포함), 조합원입주권 및 분양권	70%
		㉡ 주택(부수토지 포함) 및 조합원입주권	40%
		㉢ 위 ㉠, ㉡ 외의 자산	50%
	④ 비사업용토지		기본세율 + 10% (16~55%)
	⑤ 미등기양도자산		70%
[1그룹] 기타자산	⑥ 영업권, 이축권, 특정시설물이용권, 법정주식A, 법정주식B		기본세율(6~45%)
	⑦ 특정주식 중 비사업용 토지 과다소유 법인(해당 법인의 자산총액 중 비사업용토지가액이 50% 이상인 법인)의 주식 등		기본세율 + 10% (16~55%)
[2그룹] 주식	국내 주식	⑧ 중소기업 주식	㉠ 대주주가 양도	20% (3억원 초과분은 25%)
			㉡ 대주주가 아닌 자가 양도	10%
		⑨ 비중소기업 주식	㉠ 대주주가 양도	보유기간 1년 미만	30%
				보유기간 1년 이상	20% (3억원 초과분은 25%)
			㉡ 대주주가 아닌 자가 양도	20%
	국외 주식	⑩ 중소기업 주식		10%
		⑪ 비중소기업 주식		20%
[3그룹] 파생상품			10%
[4그룹] 신탁수익권			20% (3억원 초과분은 25%)

▶ 특수한 경우의 양도소득 산출세액의 계산

❶ 양도차손이 발생한 경우

① 양도차손 의의	양도가액보다 취득가액 및 필요경비 등이 큰 경우의 금액
② 공제방법	양도차손을 같은 그룹 내의 다른 자산에서 발생한 양도소득금액에서만 다음의 순서에 따라 공제함. 다른 그룹에 속하는 양도차손은 공제할 수 없음. <1순위> 양도차손이 발생한 자산과 같은 세율을 적용받는 자산의 양도소득금액 ➡ <2순위> 양도차손이 발생한 자산과 다른 세율을 적용받는(둘 이상일 경우 안분하여 공제) 자산의 양도소득금액
③ 이월공제	불가능

❷ 부당행위계산의 부인

① 부당행위계산 부인 대상	시가를 초과하여 자산 취득 또는 시가에 미달하게 자산 양도 + 조세를 부당하게 감소시킨 것으로 인정되는 경우 + 시가와 거래가액의 차액이 3억원 이상 또는 시가의 5% 이상
② 계산	그 취득가액 또는 양도가액을 시가에 의하여 계산(시가와 거래가액의 차액이 3억원 이상이거나 시가의 5% 이상인 경우에 한함)

❸ 이월과세와 우회양도

① 배우자·직계존비속을 통한 양도 시 이월과세	적용	양도일로부터 소급하여 10년* 이내 배우자 또는 직계존비속으로부터 증여받은 토지·건물·부동산을 취득할 수 있는 권리·시설물이용권, 주식을 양도하는 경우
	이월 과세	양도시점의 양도가액 - 배우자 등의 취득가액 - 기타 필요경비(거주자의 배우자 또는 직계존비속이 해당 자산에 대하여 지출한 자본적지출액 및 자산 수증 시점에 납부한 증여세를 포함하며 양도차익을 한도로 함)
	이월 배제	다음의 어느 하나에 해당하는 경우 이월과세를 적용하지 않음 ㉠ 2년 전 증여 + 법에 따라 협의 매수 또는 수용된 경우 ㉡ 이월과세 규정을 적용하여 계산한 양도소득 결정세액이 이월과세 규정을 적용하지 않고 계산한 양도소득 결정세액보다 적은 경우 ㉢ 이월과세가 적용되면 양도소득세가 비과세되는 1세대1주택 양도에 해당하게 되는 경우
② 증여를 통한 우회양도 시 부당행위계산의 부인	적용	자산을 증여받은 특수관계인이 10년 이내 그 자산을 타인에게 양도하는 경우
	과세 방법	다음 중 큰 금액을 과세하며 ㉡에 해당하는 경우 수증자는 증여자와 함께 연대납세의무를 부담 ㉠ 수증자의 증여세와 수증자가 양도하는 것으로 보아 계산한 양도소득세의 합계액 ㉡ 증여자가 직접 양도하는 경우로 보아 계산한 양도소득세

* [2그룹] 일반주식에 해당하는 자산은 1년을 적용함. NEW

④ 가업상속공제가 적용된 자산에 대한 이월과세

① 이월과세가 적용되는 부분: 피상속인의 취득가액 × 가업상속공제적용률
② 이월과세가 적용되지 않는 부분: 상속개시일 현재 해당 자산가액 × (1 - 가업상속공제적용률)

⑤ 고가주택 등의 양도

① 적용	시가가 12억원을 초과하는 고가주택 및 고가조합원입주권에 대해서만 과세하되, 양도소득세를 과세하는데, 이에 대해 12억원을 초과하는 부분에 양도소득 기본공제는 안분하지 않고 공제
② 양도차익 계산식	원칙적인 양도차익 × $\dfrac{\text{양도가액} - 12\text{억원}}{\text{양도가액}}$
③ 장기보유특별공제 계산식	원칙적인 장기보유특별공제 × $\dfrac{\text{양도가액} - 12\text{억원}}{\text{양도가액}}$

⑥ 부담부증여

① 개념		수증자가 증여자의 채무를 일부 부담하는 조건으로 자산 증여를 받는 거래
② 세법상 처리방법	㉠ 채무인수액	유상양도로 보아 양도소득세를 '양도자'에게 과세
	㉡ 위 외의 부분	무상양도로 보아 증여세를 '수증자'에게 과세
③ 양도가액 및 취득가액의 계산	㉠ 양도가액	양도 당시 「상속세 및 증여세법」에 의하여 평가한 가액 × $\dfrac{\text{채무액}}{\text{증여가액}}$
	㉡ 취득가액	취득가액(기준시가에 따라 양도가액을 산정한 경우 기준시가) × $\dfrac{\text{채무액}}{\text{증여가액}}$

▶ 미등기양도자산의 의의

① 의의		토지·건물 및 부동산에 관한 권리를 취득한 자가 취득과 관련된 등기를 하지 않고 양도하는 자산	
② 불이익규정	㉠ 장기보유특별공제 및 양도소득기본공제		미적용
	㉡ 비과세 및 감면규정		
	㉢ 양도소득세율		70%
	㉣ 필요경비개산공제율		0.3%

▶ 양도소득 차감납부세액의 계산

❶ 양도소득 차감납부세액의 계산구조

```
      양도소득산출세액
 (-)  감 면 · 공 제 세 액
      결   정   세   액
 (+)  가         산         세
      총   결   정   세   액
 (-)  기   납   부   세   액
      차 감 납 부 세 액
```

감면세액: 양도소득산출세액 × $\dfrac{(\text{감면소득금액} - \text{양도소득기본공제})}{\text{양도소득과세표준}}$ × 감면비율

공제세액: 전자신고 세액공제, 연금계좌 납입액에 대한 세액공제 NEW

❷ 양도소득과세표준 예정신고산출세액

① 양도소득과세표준 예정신고	양도소득세 과세대상 자산을 양도할 경우, 양도차익·차손 여부와 관계없이 예정신고·납부기한까지 과세표준 및 세액을 신고·납부해야 함
② 예정신고 효과	아래 경우를 제외하고는 확정신고를 하지 않을 수 있음 ㉠ 해당 과세기간에 기본세율 적용대상 자산에 대한 예정신고를 2회 이상 한 자가 이미 신고한 양도소득금액과 합산하여 신고하지 아니한 경우 ㉡ 그룹별 자산을 2회 이상 양도한 경우로서 양도소득기본공제의 공제순서 규정을 적용할 경우 당초 신고한 양도소득산출세액이 달라지는 경우
③ 예정신고·납부기한	㉠ 토지·건물, 부동산에 관한 권리, 기타자산 — 양도일이 속하는 달의 말일부터 2개월 이내 ㉡ 일반주식 ⓐ 국내주식 — 양도일이 속하는 반기의 말일부터 2개월 이내 ⓑ 국외주식 — 예정신고대상 아님 ㉢ 파생상품 — 예정신고대상 아님 ㉣ 부담부증여의 채무액에 해당하는 부분으로 양도로 보는 경우 — 양도일이 속하는 달의 말일부터 3개월 이내
④ 분납	예정신고납부세액이 1천만원 초과 시 분납할 수 있음(2천만원 이하는 1천만원 초과하는 금액, 2천만원 초과 시 그 세액의 50% 이하의 금액)
⑤ 가산세	양도소득 과세표준 예정신고·납부의무를 이행하지 않을 경우 신고 또는 납부관련 가산세가 부과됨

▶ 국외자산에 대한 양도소득세

❶ 개괄

의의	국외자산의 양도에 대해 과세하는 것으로, 외국납부세액은 필요경비에 산입하거나 세액공제를 적용
납세의무자	해당 자산의 양도일까지 계속 5년 이상 국내에 주소 또는 거소를 둔 거주자
과세대상자산	토지·건물·부동산 관련 권리, 주식 및 출자지분, 기타자산에 대해 과세하되, 환차익을 포함하는 경우 해당 환차익은 과세대상에서 제외
납세절차	국내자산 양도소득 과세 시 적용하는 절차규정을 준용(단, 장기보유특별공제를 적용하지 않는다는 점과 미등기 자산에도 양도소득 기본공제를 적용할 수 있다는 점에서 차이가 있음)

❷ 계산구조

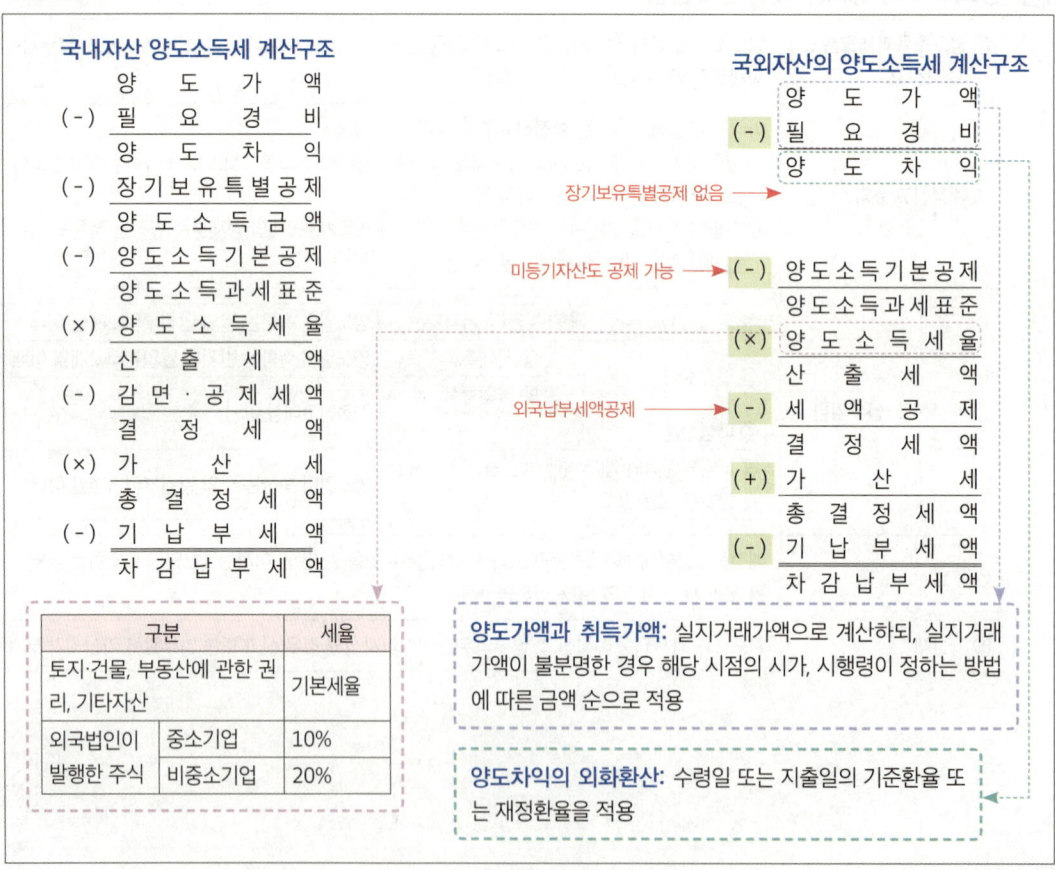

▶ 거주자 출국 시 국내 주식 등에 대한 과세특례

① 의의	대주주가 국외로 전출할 때, 국내주식을 양도한 것으로 보아 양도소득세를 과세하는 조세회피방지제도
② 납세의무자	다음 요건을 모두 갖추어 출국하는 거주자 ㉠ 출국일 10년 전부터 출국일까지의 기간 중 국내에 주소나 거소를 둔 기간의 합계가 5년 이상 ㉡ 출국일이 속하는 연도의 직전 연도 종료일 현재 대주주에 해당
③ 외국납부 세액공제	국내주식 등을 양도하여 외국납부세액이 있는 경우 외국납부세액공제를 산출세액에서 공제
④ 신고·납부	㉠ 납세관리인과 국내주식 등의 보유현황(신고일 전날 기준으로 작성)을 출국일 전날까지 납세지 관할 세무서장에게 신고 ㉡ 국외전출자는 출국일이 속하는 달의 말일부터 3개월 이내에 납세지 관할 세무서장에게 신고·납부

11 소득세의 납세절차

Teacher's Map

▶ **소득세의 신고와 납부**

❶ 사업장 현황신고 및 지급명세서의 제출

○ **사업장 현황신고**

① 사업장 현황 신고기한	신고서를 제출함으로써 사업장 현황을 해당 과세기간의 다음 연도 2월 10일까지 사업장 소재지 관할 세무서장에게 신고해야 함
② 사업장 현황 신고 제외	㉠ 사업장현황신고를 한 것으로 의제하는 경우: 사업자의 사망·출국에 따라 특정기한까지 과세표준확정신고를 해야 하는 경우, 「부가가치세법」상 과세사업자가 예정·확정신고를 한 경우 ㉡ 사업장현황신고를 하지 않을 수 있는 경우: 납세조합에 가입해 수입금액을 신고한 자 등 법에 정하는 경우

○ **지급명세서의 제출**

제출		원천징수의무자는 지급명세서를 관할 세무서장 등에게 제출
제출기한	이자소득·배당소득, 일반적인 기타소득	다음 연도 2월 말일
	원천징수대상 사업소득과 근로소득·퇴직소득, 기타소득 중 종교인소득, 봉사료수입의 경우	다음 연도 3월 10일
	휴업·폐업 또는 해산한 경우	휴업일·폐업일·해산일이 속하는 달의 다음 다음 달 말일

❷ 과세표준확정신고 및 납부

확정신고납부기한	① 원칙	해당 과세기간의 다음연도 5. 1. ~ 5. 31.(성실신고확인서 제출 시 6. 30.)까지 과세표준이 없거나 결손금이 있는 경우에도 확정신고납부를 행해야 함
	② 특례	㉠ 거주자가 사망한 경우: 상속개시일이 속하는 달의 말일부터 6개월이 되는 날 ㉡ 거주자가 출국한 경우: 출국일 전날
③ 확정신고의 면제		다음 중 어느 하나에 해당하는 자 ㉠ 근로소득만 있는 자 또는 퇴직소득만 있는 자 또는 공적연금소득만 있는 자 ㉡ 원천징수되는 사업소득으로서 연말정산대상이 되는 사업소득만 있는 자 ㉢ 원천징수되는 기타소득으로서 종교인소득만 있는 자 ㉣ '퇴직소득 + 근로소득'만 있는 자 또는 '퇴직소득 + 공적연금소득'만 있는 자 또는 '퇴직소득 + ㉡'만 있는 자 또는 '퇴직소득 + ㉢'만 있는 자 ㉤ 위 '㉠'~'㉣'에 해당하는 자로서 분리과세이자소득·분리과세배당소득·분리과세연금소득 및 분리과세기타소득(「소득세법」에 따라 원천징수되지 아니한 소득은 제외한다)이 있는 자 ㉥ 분리과세이자소득·분리과세배당소득·분리과세연금소득 및 분리과세기타소득만 있는 자 ㉦ 소득세를 수시부과한 후 추가로 발생한 소득이 없을 경우 ㉧ 양도소득에 대한 과세표준 예정신고를 한 자 ㉩ 원천징수제외대상 근로소득·퇴직소득이 있는 자로, 납세조합이 연말정산에 의해 소득세를 원천징수하여 납부한 자

○ 확정신고납부

① 납부기한	거주자는 해당 과세기간의 과세표준에 대한 종합소득, 퇴직소득, 양도소득에 따른 소득세를 과세표준확정신고기한까지 관할 세무서, 한국은행 또는 체신관서에 납부해야 함	
② 분할납부	1천만원 초과 시 납부기한이 지난 후 2개월 이내 다음의 금액 분납가능	
	⊙ 납부세액이 2천만원 이하	1천만원을 초과하는 금액
	ⓒ 납부세액이 2천만원 초과	그 세액의 50% 이하의 금액
③ 물납	물납은 인정되지 않음	

❸ 성실신고확인제도

① 의의	다음에 따른 성실신고확인대상 사업자가 성실신고확인서를 작성자로부터 확인받아 6월 30일까지 확정신고 시 해당 확인서를 기타 서류와 함께 납세지 관할 세무서장에게 제출하는 제도
② 제출대상자	당기 수입금액(사업용 유형자산을 양도함으로써 발생한 수입금액은 제외)의 합계액이 업종별로 법에 정한 금액 이상인 개인사업자
③ 성실신고확인서 작성자	세무사(「세무사법」에 따라 등록한 공인회계사 포함), 세무법인, 회계법인
④ 성실신고확인비용 세액공제	세액공제액 = MIN[⊙, ⓒ] ⊙ 성실신고확인에 직접 사용한 비용 × 60% ⓒ 한도: 120만원
⑤ 기타 세액공제	의료비세액공제, 교육비세액공제, 월세세액공제 적용

▶ 결정 및 경정

❶ 결정 및 경정

결정	과세표준확정신고를 하지 않은 경우 과세표준확정신고기일로부터 1년 이내에 해당 과세기간의 과세표준과 세액을 납세지 관할 세무서장 등이 계산하는 제도
경정	과세표준확정신고를 한 자가 신고내용에 오류·탈루가 있는 등 법에 정한 사유가 발생한 경우 해당 과세기간의 과세표준과 세액을 납세지 관할 세무서장 등이 계산하는 제도

❷ 결정 및 경정의 방법

① 원칙	실지조사에 따라 결정 또는 경정
② 특례	추계사유가 발생한 경우 추계에 따라 결정 또는 경정 ⊙ 추계사유: 장부와 증명서류가 미비, 허위인 경우 등 ⓒ 추계에 따른 계산: 일반적으로 다음에 따라 계산

구 분	추계 소득금액의 계산
단순경비율 적용대상자	수입금액 - 수입금액 × 단순경비율 + 충당금·준비금 등 환입액
기준경비율 적용대상자	$\text{MIN}\begin{bmatrix} \text{ⓐ } 수입금액 - 증빙으로\ 확인되는\ 경비 - (수입금액 \times 기준경비율) \\ \text{ⓑ 한도: } (수입금액 - 수입금액 \times 단순경비율) \times 기획재정부령이\ 정하는\ 배율 \end{bmatrix}$ + 충당금·준비금 등 환입액

▶ 징수 및 환급

❶ 징수

① 미납된 확정신고세액의 징수	납세지 관할 세무서장은 중간예납추계액으로 중간예납세액을 신고·납부할 자, 확정신고·납부할 자가 납부세액의 전부 또는 일부를 납부하지 않은 경우에 징수
② 결정 또는 경정에 의한 징수	납세지 관할 세무서장은 거주자의 소득세액이 결정·경정한 소득세액에 미달한 경우, 그 미달하는 세액을 징수
③ 원천징수세액의 징수	납세지 관할 세무서장은 원천징수의무자가 원천징수세액을 납부기한까지 납부하지 않거나 미달하게 납부한 경우 추가로 납부할 금액에 가산세액을 더한 금액을 징수
④ 소액부징수	다음의 경우에는 소득세를 징수하지 아니함 ⊙ 원천징수세액이 1,000원 미만인 경우. 다만, 이자소득은 제외. ⓒ 납세조합의 징수세액이 1,000원 미만인 경우 ⓒ 중간예납세액이 50만원 미만인 경우

❷ 환급 및 충당

: 기납부세액이 종합소득 총결정세액과 퇴직소득 총결정세액의 합계액을 초과하는 경우 초과세액을 환급하거나 다른 국세 및 강제징수비에 충당

▶ 가산세

구분	적용요건	가산세
① 영수증수취명세서 제출불성실가산세	사업자가 영수증수취명세서를 과세표준확정신고기한까지 제출하지 아니하거나 제출한 영수증수취명세서가 불분명하다고 인정되는 경우	미제출·불분명한 분의 지급금액 × 1%
② 성실신고확인서 제출 불성실가산세	성실신고확인대상자가 그 과세기간의 다음 연도 6월 30일까지 성실신고확인서를 제출하지 아니한 경우	MAX[산출세액 × $\dfrac{\text{사업소득금액}}{\text{종합소득금액}}$ × 5%, 사업소득 총수입금액 × 0.02%]
③ 사업장현황 신고불성실가산세	사업자(의료업, 수의업, 약사만 해당)가 사업장현황신고를 하지 아니하거나 수입금액을 미달하게 신고한 경우	무신고·미달신고한 수입금액 × 0.5%
④ 공동사업장 등록·신고 불성실가산세	㉠ 공동사업자가 사업자등록을 하지 않거나 공동사업자가 아닌 자가 공동사업자로 거짓으로 등록한 경우	미등록·허위등록한 각 과세기간의 총수입금액 × 0.5%
	㉡ 공동사업자가 신고하여야 할 내용을 신고하지 않거나 거짓으로 신고한 경우	무신고·허위신고한 각 과세기간의 총수입금액 × 0.1%
⑤ 장부의 기록·보관 불성실 가산세	사업자가 장부를 비치·기록하지 아니하였거나 비치·기록한 장부에 의한 소득금액이 기록하여야 할 금액에 미달한 경우	종합소득산출세액 × $\dfrac{\text{무기장 또는 미달기장한 소득금액}}{\text{종합소득금액}}$ × 20%
⑥ 증명서류 수취 불성실가산세	사업자가 사업과 관련하여 다른 사업자로부터 재화·용역을 공급받고 적격증명서류를 받지 않거나 사실과 다른 증명서류를 받는 경우. 다만, 거래 건당 금액(부가가치세 포함)이 3만원 이하인 경우 제외	증명서류 미수령금액 또는 사실과 다른 금액으로 필요경비에 산입하는 것으로 인정되는 금액 × 2%
⑦ 기부금영수증 불성실가산세	㉠ 기부금영수증을 발급하는 자가 기부금영수증을 사실과 다르게 적어 발급한 경우	ⓐ 허위발급한 경우: 허위발급액 × 5% ⓑ 위 외의 경우: 영수증 기재액 × 5%
	㉡ 기부금영수증을 발급하는 자가 기부자별 발급명세를 작성·보관하지 아니한 경우	작성·보관하지 않은 금액 × 0.2%
⑧ 사업용계좌 불성실 가산세	㉠ 복식부기의무자가 사업용계좌를 사용하지 않은 다음의 경우 　ⓐ 거래대금을 금융기관을 통하여 결제하거나 결제받는 경우 　ⓑ 인건비 및 임차료를 지급하거나 지급받는 경우	사업용계좌 미사용액 × 0.2%
	㉡ 복식부기의무자가 복식부기의무자에 해당하는 과세기간의 개시일로부터 6개월 이내에 사업용계좌를 신고하지 아니한 경우	MAX[ⓐ, ⓑ] ⓐ 미신고기간의 수입금액 × 0.2% ⓑ 미사용 거래금액의 합계액 × 0.2%

구분	사유	가산세
⑨ 신용카드 발급불성실가산세	신용카드가맹점이 신용카드에 의한 거래를 거부하거나 신용카드매출전표를 사실과 다르게 발급한 경우	관할 세무서장으로부터 통보받은 건별 거부금액 또는 사실과 다르게 발급한 금액 × 5% (건별로 계산한 금액이 5,000원 미만인 경우 5,000원)
⑩ 현금영수증 발급불성실가산세	㉠ 현금영수증가맹점으로 가입하여야 할 법인이 가입하지 아니하거나 가입기간이 지나서 가입한 경우	가입하지 아니한 사업연도의 수입금액 × 1%
	㉡ 발급을 거부하거나 사실과 다르게 발급하여 세무서장으로부터 통보를 받은 경우(아래 "㉢"에 해당하는 경우는 제외한다)	통보받은 건별 발급거부금액 또는 건별로 사실과 다르게 발급한 금액 × 5% (건별로 계산한 금액이 5,000원 미만인 경우 5,000원)
	㉢ 현금영수증을 발급하지 아니한 경우	미발급금액 × 20% (착오나 누락으로 거래대금을 받은 날부터 10일 이내에 관할 세무서에 자진 신고하거나 현금영수증을 자진 발급한 경우에는 10%)
⑪ 계산서 등 불성실가산세	㉠ 계산서·전자계산서 부실 기재	공급가액 × 1%
	㉡ 매출·매입처별계산서합계표의 미제출 또는 부실기재 ㉢ 매입처별세금계산서합계표의 미제출 또는 부실기재	미제출·부실기재한 공급가액 × 0.5% (제출기한이 지난 후 1개월 이내 제출 시 0.3%)
	㉣ 미발급 등 법에 정한 경우	미발급분 등의 공급가액 × 2%
	㉤ 전자계산서 발급명세를 전송 기한이 지난 후 재화·용역의 공급시기가 속하는 사업연도 말의 다음 달 25일까지	ⓐ 발급명세를 전송하는 경우(위 '㉣' 적용분은 제외): 공급가액 × 0.3% ⓑ 발급명세를 전송하지 아니한 경우(위 '㉣' 적용분은 제외): 공급가액 × 0.5%
	㉥ 사업자가 아닌 자가 재화·용역을 공급하지 않고 계산서를 발급하거나 공급받지 않고 계산서를 발급받은 경우	그 계산서에 적힌 금액 × 2%
⑫ 지급명세서 제출 불성실가산세	㉠ 명세서를 제출기한까지 제출하지 아니한 경우의 지급명세서	미제출한 지급금액 × 1%(제출기한이 지난 후 3개월 이내 제출 시 0.5%)
	㉡ 명세서를 제출기한까지 제출하지 아니한 경우의 간이지급명세서	미제출한 지급금액 × 0.25% (제출기한이 지난 후 1개월 이내 제출 시 0.125%)
	㉢ 명세서를 제출기한까지 제출하지 아니한 경우로서 일용근로소득에 대한 지급명세서	미제출한 지급금액 × 0.25% (제출기한이 지난 후 1개월 이내 제출 시 0.125%)
	㉣ 제출된 지급명세서가 불분명하거나 제출된 지급명세서에 기재된 지급금액이 사실과 다른 경우	ⓐ 지급명세서의 경우: 불분명하거나 사실과 다른 분의 지급금액 × 1% (일용근로소득의 경우 0.25%) ⓑ 간이지급명세서의 경우: 불분명하거나 사실과 다른 분의 지급금액 × 0.25%

⑬ 주택임대사업자 미등록가산세	주택임대소득이 있는 사업자가 법령에 따라 등록을 신청하지 아니한 경우	사업개시일부터 등록신청일의 직전일까지의 주택임대수입금액 × 0.2%
⑭ 업무용승용차 관련 비용 명세서 제출 불성실 가산세	업무용승용차 관련 비용 등을 필요경비에 산입한 복식부기의무자가 업무용승용차 관련 비용 등에 관한 명세서를 제출하지 아니하거나 사실과 다르게 제출한 경우	㉠ 미제출: 필요경비에 산입한 금액 × 1% ㉡ 사실과 다르게 제출: 사실과 다르게 적은 금액 × 1%

▶ 비거주자에 대한 과세방법

과세범위		국내원천소득에 대해서만 제한적 납세의무를 부담	
과세 방법	① 종합소득	거주자와 관련된 납세절차 규정을 준용하되, 인적공제 중 비거주자 본인 외의 자에 대한 공제와 특별소득공제·자녀세액공제·특별세액공제를 적용하지 않음	
		구분	과세방법
		㉠ 국내사업장이 있거나 부동산소득이 있는 경우	국내원천소득을 종합하여 과세. 단, 국내사업장과 관련되지 않는 소득금액은 분리과세
		㉡ 국내사업장과 부동산소득이 모두 없는 경우	완납적 원천징수로 과세를 종결
		㉢ 인적용역 소득이 있는 경우 특례	종합소득과세표준 확정신고를 하는 경우에는 퇴직소득·양도소득 외의 국내원천소득에 대하여 종합과세
	② 퇴직소득 및 양도소득	거주자와 동일하게 과세하되, 국내원천 부동산 등이 있는 비거주자에게 과세할 경우 양도소득 1세대 1주택 비과세·조합원 입주권 비과세, 1세대 1주택에 대한 장기보유특별공제는 적용하지 않음	

제 1 편

상속세 및 증여세법

01 상속세
02 증여세
03 상속세 및 증여세의 납세절차
04 재산의 평가

01 상속세

Teacher's Map

▷ 재산의 이전에 대한 과세체계

❶ 유상이전

① 양도자가 법인인 경우	양도차익에 대하여 법인세를 과세
② 양도자가 개인인 경우	양도소득세 과세 대상 자산에 한해 양도소득세를 과세

❷ 무상이전

① 무상이전 유형	증여, 상속, 유증, 사인증여, 특별연고자에 대한 재산분여, 유언대용신탁, 수익자연속신탁이 있으며 증여를 제외하고는 모두 상속세로 과세함		
② 무상취득자에 대한 과세	구분		무상이전의 과세방법
	법인	영리법인	자산수증이익이므로 법인세를 과세
		비영리법인	상속세나 증여세를 과세
	개인	사업무관분의 경우	
		사업관련분의 경우	자산수증이익이므로 소득세를 과세
③ 우리나라의 상증세 과세방법	상속세는 유산과세형 방법, 증여세는 취득과세형 방법		

▷ 상속세 총칙

❶ 상속세 개요

①「상속세 및 증여세법」의 목적	상속세 및 증여세의 과세 요건과 절차를 규정함으로써 공정한 과세, 납세의무의 적정한 이행 확보 및 재정수입의 원활한 조달에 이바지하기 위함	
② 용어의 정의	㉠ 상속개시일	피상속인이 사망한 날 또는 실종선고일
	㉡ 상속재산	피상속인에게 귀속되는 모든 재산(단, 피상속인의 일신에 전속하는 것으로서 사망으로 인하여 소멸되는 것은 제외)
	㉢ 상속인	「민법」에 따른 상속인(상속을 포기한 사람 및 특별연고자 포함)
	㉣ 수유자	ⓐ 유증을 받은 자 ⓑ 사인증여에 의하여 재산을 취득한 자 ⓒ 유언대용신탁 및 수익자연속신탁의 수익권을 취득한 자
	㉤ 증여재산	증여로 인하여 수증자에게 귀속되는 모든 재산 또는 이익
	㉥ 수증자	증여재산을 받은 거주자·비거주자 (비영리법인 포함)
	㉦ 거주자	국내에 주소를 두거나 183일 이상 거소를 둔 사람
	㉧ 비거주자	거주자가 아닌 사람(단, 비거주자가 국내에 영주를 목적으로 귀국하여 국내에서 사망한 경우 거주자)

③ 상속순위		유언상속 → 협의분할 → 법정상속	
④ 과세대상		㉠ 피상속인이 거주자인 경우	모든 상속재산
		㉡ 피상속인이 비거주자인 경우	국내에 있는 모든 상속재산
⑤ 납부의무	상속인·수유자	㉠ 영리법인이 아닌 경우	각자가 받았거나 받을 재산을 기준으로 계산하여 납부
		㉡ 영리법인인 경우	법에 정한 산식에 따라 상속인 및 직계비속이 지분상당액을 납부
	㉢ 연대납세의무		상속세는 상속인 또는 수유자 각자가 받았거나 받을 재산을 한도로 연대하여 납부

❷ 상속개시지별 관할관청

① 국내인 경우		피상속인의 주소지(주소지가 없거나 분명하지 아니한 경우에는 거소지)를 관할하는 세무서장 등이 과세
② 국외인 경우	일반	상속재산 소재지를 관할하는 세무서장 등이 과세
	상속재산이 둘 이상의 관할구역에 소재	상속재산이 둘 이상의 세무서장 등의 관할구역에 있을 경우에는 주된 재산의 소재지를 관할하는 세무서장 등이 과세

❸ 기타사항

○ 상속재산 등의 소재지

① 부동산 또는 부동산에 관한 권리	부동산의 소재지
② 광업권 및 조광권	광구의 소재지
③ 어업권 및 입어권	어장에서 가장 가까운 연안
④ 선박	선적의 소재지
⑤ 항공기	항공기 정치장의 소재지
⑥ 주식, 출자지분, 사채	주식, 출자지분, 사채를 발행한 법인이나 그 출자가 된 법인의 본점, 주된 사무소의 소재지
⑦ 신탁업을 경영하는 자가 취급하는 금전신탁	그 신탁재산을 인수한 영업장의 소재지. 다만, 금전신탁 외의 신탁재산에 대해서는 신탁한 재산의 소재지
⑧ 위 ⑥, ⑦ 외의 금융재산	그 재산을 취급하는 금융재산 등 영업장의 소재지
⑨ 위 ⑥ ~ ⑧ 외의 금융채권	채무자의 주소지
⑩ 위 ② ~ ⑨ 외의 유형재산 또는 동산	그 유형재산의 소재지 또는 동산이 현재 있는 장소

⑪ 특허권 등 등록이 필요한 권리	권리를 등록한 기관의 소재지
⑫ 저작권, 출판권, 저작인접권	저작권의 목적물인 저작물이 발행되었을 경우 그 발행 장소
⑬ 위 ① ~ ⑫를 제외한 그 밖의 영업장을 가진 자의 그 영업에 관한 권리	그 영업장의 소재지
⑭ 위 ① ~ ⑬에 규정되지 아니한 재산	그 재산의 권리자의 주소

○ **과세최저한**

상속세 과세표준이 50만원 미만인 경우에는 상속세를 부과하지 아니함

▶ 상속세액의 계산

❶ 계산구조

```
    상 속 세 과 세 가 액          상 속 재 산 가 액
(−) 상   속   공   제      (+) 의 제 상 속 재 산 가 액
(−) 감 정 평 가 수 수 료 공 제   (+) 추 정 상 속 재 산 가 액
    상 속 세 과 세 표 준          총 상 속 재 산 가 액
(×) 세           율        (−) 비 과 세 재 산 가 액
    산   출   세   액      (−) 과 세 가 액 불 산 입
(−) 문 화 재 등 징 수 유 예 세 액 (−) 과 세 가 액 공 제
(−) 세   액   공   제      (+) 증 여 재 산 가 액
    신 고 납 부 세 액            상 속 세 과 세 가 액
```

❷ 상속세 과세가액의 계산

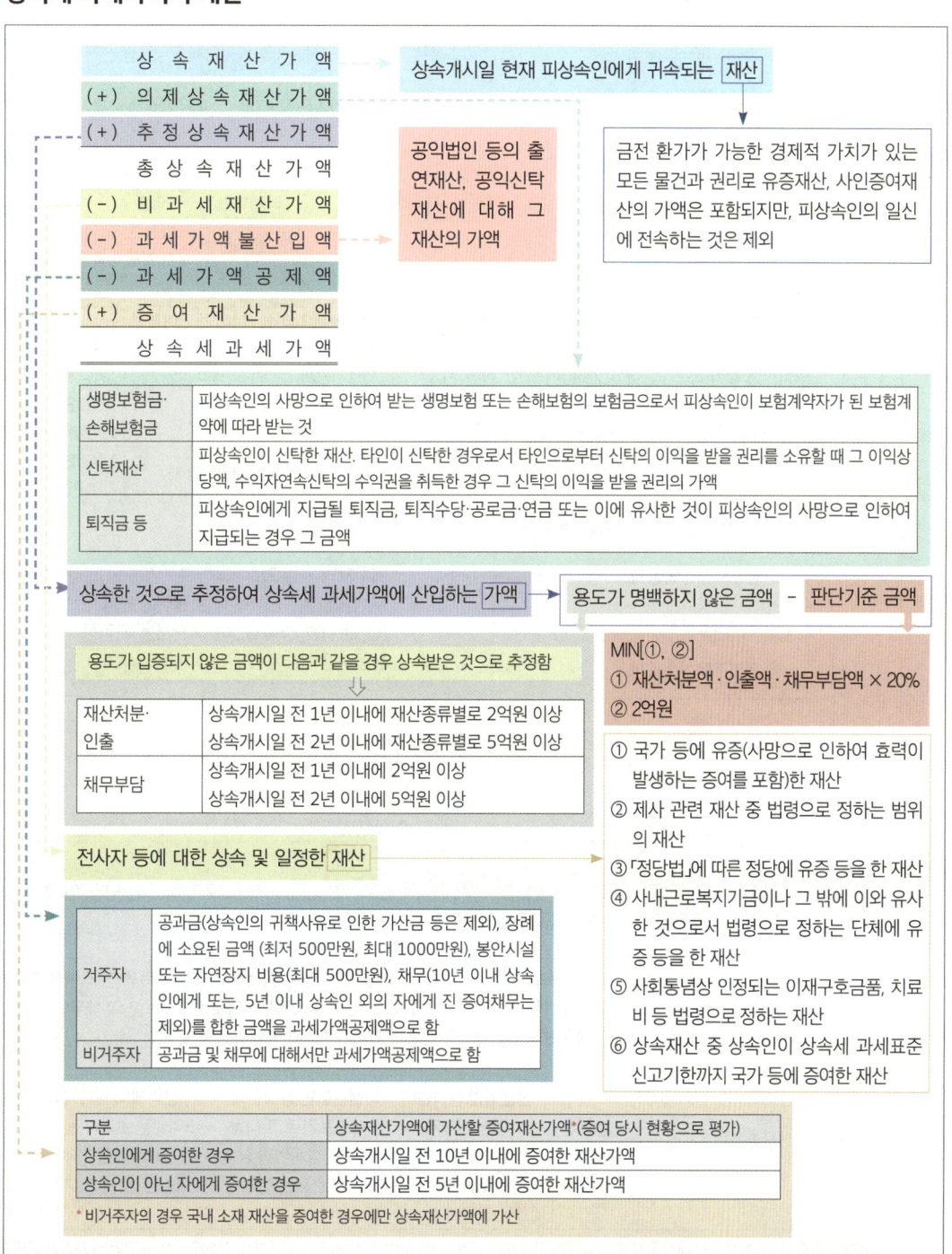

❸ 상속세 과세표준의 계산

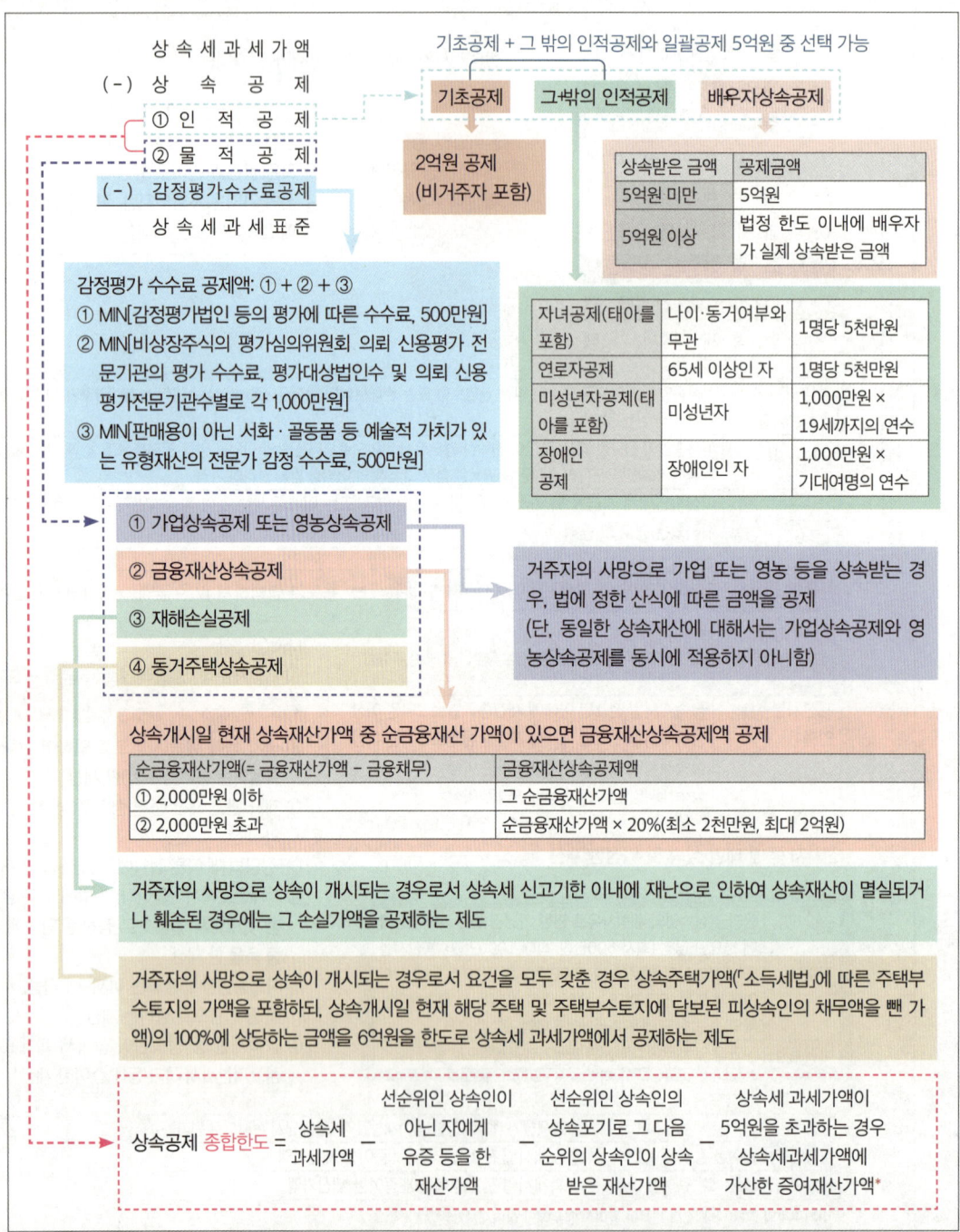

❹ 상속세 산출세액의 계산

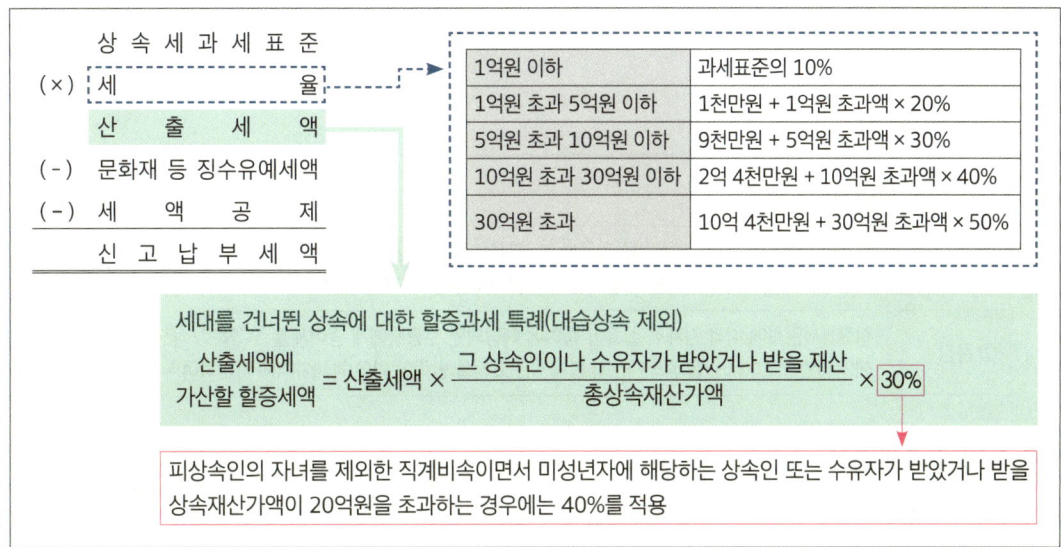

❺ 상속세 신고납부세액의 계산

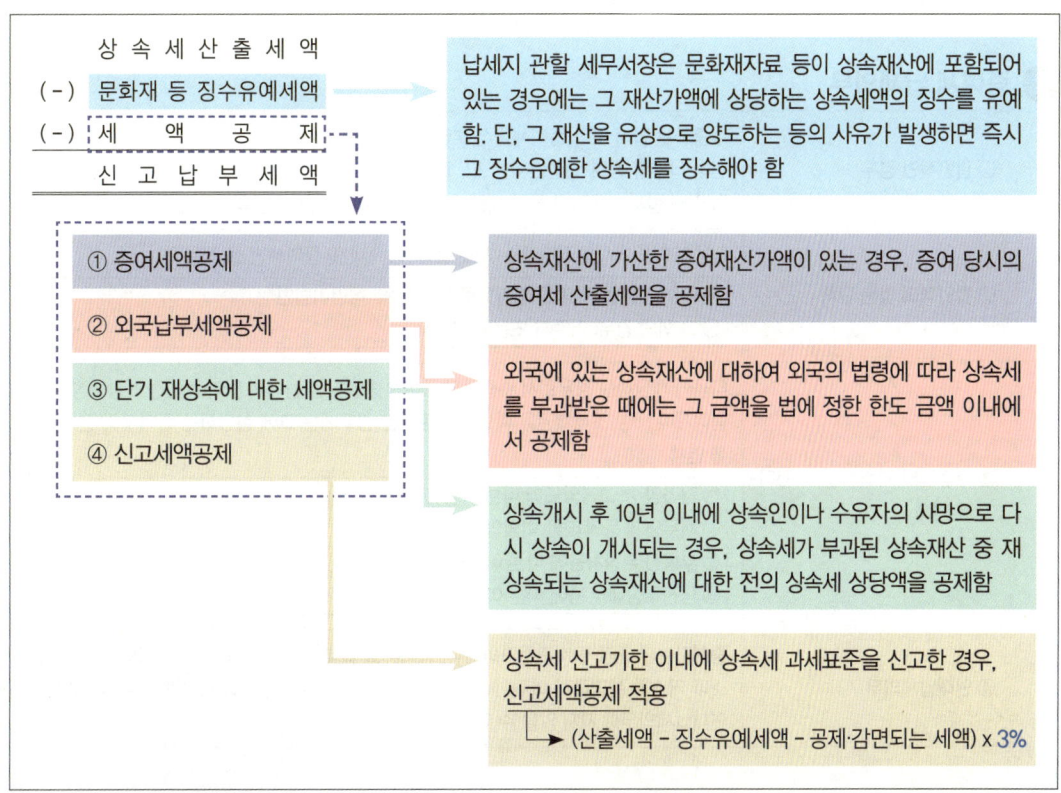

02 증여세

Teacher's Map

▶ 증여세 총칙

❶ 증여세의 개념 및 특징

① 개념	거래의 명목상 특징이나 행위를 불문하고 경제적 가치가 있는 재산을 직접적 또는 간접적인 방법으로 무상으로 타인에게 이전하거나 기여를 통해 타인의 재산가치를 증가시키는 행위
② 특징	실질과세원칙에 따라 경제적 실질이 증여에 해당되면 수증자에게 증여세를 부과하며 해당 증여일 전 10년 이내에 동일인으로부터 받은 증여재산의 합계액은 요건을 만족할 경우 과세가액에 가산하여 누적합산과세를 적용함

❷ 증여세 과세대상

① 수증자가 거주자 또는 비영리내국법인	증여세 과세대상이 되는 모든 증여재산
② 수증자가 비거주자 또는 비영리외국법인	증여세 과세대상이 되는 국내에 있는 모든 증여재산 (제한적 납세의무)

❸ 증여세 납세의무

① 일반적인 경우	수증자는 법에 따라 증여세를 납부할 의무가 있으나 수증자가 영리법인인 경우에는 그 영리법인이 납부할 증여세를 면제함. 단, 명의신탁재산의 증여의제규정이 적용되는 경우에는 수증자가 아닌 실제 소유자가 해당 재산에 대하여 증여세를 납부할 의무를 부담
② 법인격이 없는 단체	다음의 어느 하나에 해당하는 자로 보아 「상속세 및 증여세법」을 적용 ㉠ 「국세기본법」에 따른 법인으로 보는 단체: 비영리법인 ㉡ 그 외의 경우: 거주자 또는 비거주자
③ 수증자의 자력상실 시 증여세 면제	다음에 해당하는 경우로서 수증자가 증여세를 납부할 능력이 없다고 인정 + 강제징수를 하여도 증여세에 대한 조세채권을 확보하기 곤란한 경우에는 그에 상당하는 증여세의 전부 또는 일부를 면제 ㉠ 저가양수·고가양도에 따른 이익의 증여 ㉡ 채무면제 등에 따른 이익의 증여 ㉢ 부동산 무상사용에 따른 이익의 증여 ㉣ 금전무상대부 등에 따른 이익의 증여
④ 연대납세의무	증여자는 수증자가 비거주자이거나, 증여세를 납부할 능력이 없다고 인정되거나, 수증자의 주소나 거소가 분명하지 아니한 경우에는 연대납세의무를 부담하되, 법에 따른 특별한 경우에는 연대납세의무를 지지 않을 수 있음

❹ 관할관청

① 원칙	수증자의 주소지 관할 세무서장이 과세
② 예외	다음의 경우에는 증여자의 주소지를 관할하는 세무서장 등이 과세 　㉠ 수증자가 비거주자인 경우 　㉡ 수증자의 주소 및 거소가 분명하지 아니한 경우 　㉢ 명의신탁재산의 증여의제규정에 따라 재산을 증여한 것으로 보는 경우

❺ 증여재산의 취득시기

① 일반적인 경우	인도한 날 또는 사실상의 사용일
② 타인의 기여에 의해 재산가치가 증가한 경우	재산가치증가사유가 발생한 날
③ 권리의 이전이나 그 행사에 등기나 등록을 요하는 자산	등기부·등록부에 기재된 등기·등록접수일 (단, 이를 요하지 않는 부동산의 경우 부동산 소유권 취득일)
④ 주식이나 출자지분을 증여받는 경우	해당 증여재산을 인도받은 사실이 객관적으로 확인되는 날
⑤ 무기명채권을 증여받는 경우	

증여세액의 계산

❶ 계산구조

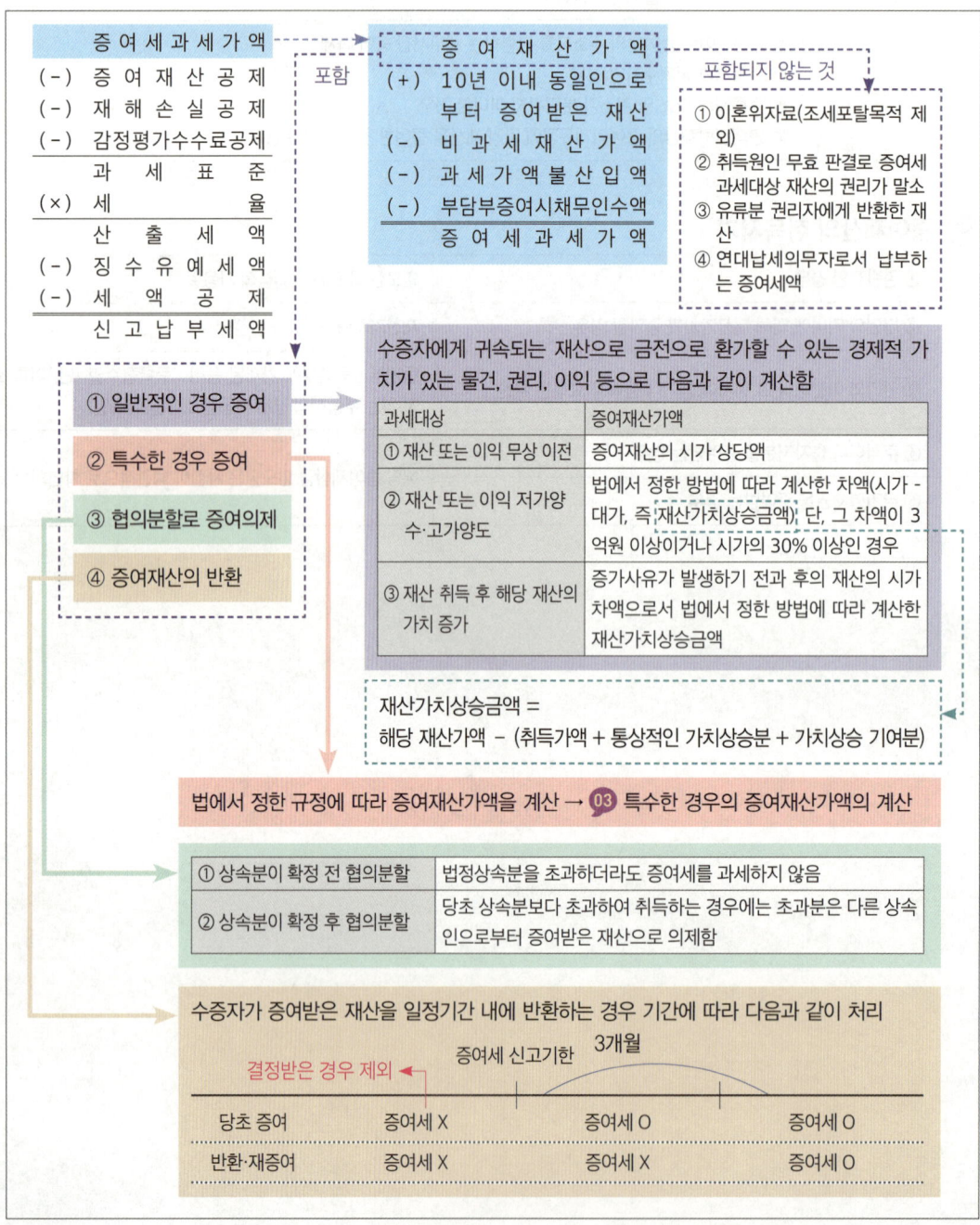

❷ 계산구조

```
        증 여 재 산 가 액
   (+)  10년 이내 동일인으로
        부터 증여받은 재산
   (-)  비 과 세 재 산 가 액
   (-)  과 세 가 액 불 산 입 액
   (-)  부담부증여시채무인수액
        증 여 세 과 세 가 액
```

해당 증여일 전 10년 이내에 동일인(증여자가 직계존속인 경우에는 그 직계존속의 배우자도 동일인으로 보아 포함한다)으로부터 받은 증여재산가액을 합친 금액이 1천만원 이상인 경우에는 그 가액을 증여세과세가액에 가산하되, 합산배제증여재산의 경우에는 규정을 적용하지 아니함

다음 중 어느 하나에 해당하는 금액에 대해서는 증여세를 비과세함
① 국가나 지방자치단체로부터 증여받은 재산의 가액
② 사회통념상 인정되는 이재구호금품·치료비·피부양자의 생활비·교육비 기타 이와 유사한 것으로서 특정한 것
③ 장애인을 보험금 수령인으로 하는 보험으로서 「소득세법」상 장애인공제 대상에 해당하는 자를 수익자로 한 보험의 보험금(연간 4,000만원 한도)
④ 「국가유공자 등 예우 및 지원에 관한 법률」에 따른 국가유공자의 유족이나 「의사상자 등 예우 및 지원에 관한 법률」에 따른 의사자의 유족이 증여받은 성금 및 물품 등 재산의 가액
⑤ 그 밖에 법령으로 정하는 금액

공익법인 등이 출연받은 재산, 공익신탁재산은 과세가액에 산입하지 아니하며, 장애인이 증여받은 재산의 경우 요건을 충족하는 경우 5억원을 한도로 하여 과세가액에 산입하지 아니함

① 원칙	증여세 과세가액 = 증여재산가액 − 인수채무액
② 특례	배우자 또는 직계존비속간의 부담부증여 시에는 인수 채무액을 인수하지 않은 것으로 추정하여 증여재산가액을 모두 증여세 과세가액

❸ 증여세 과세표준의 계산

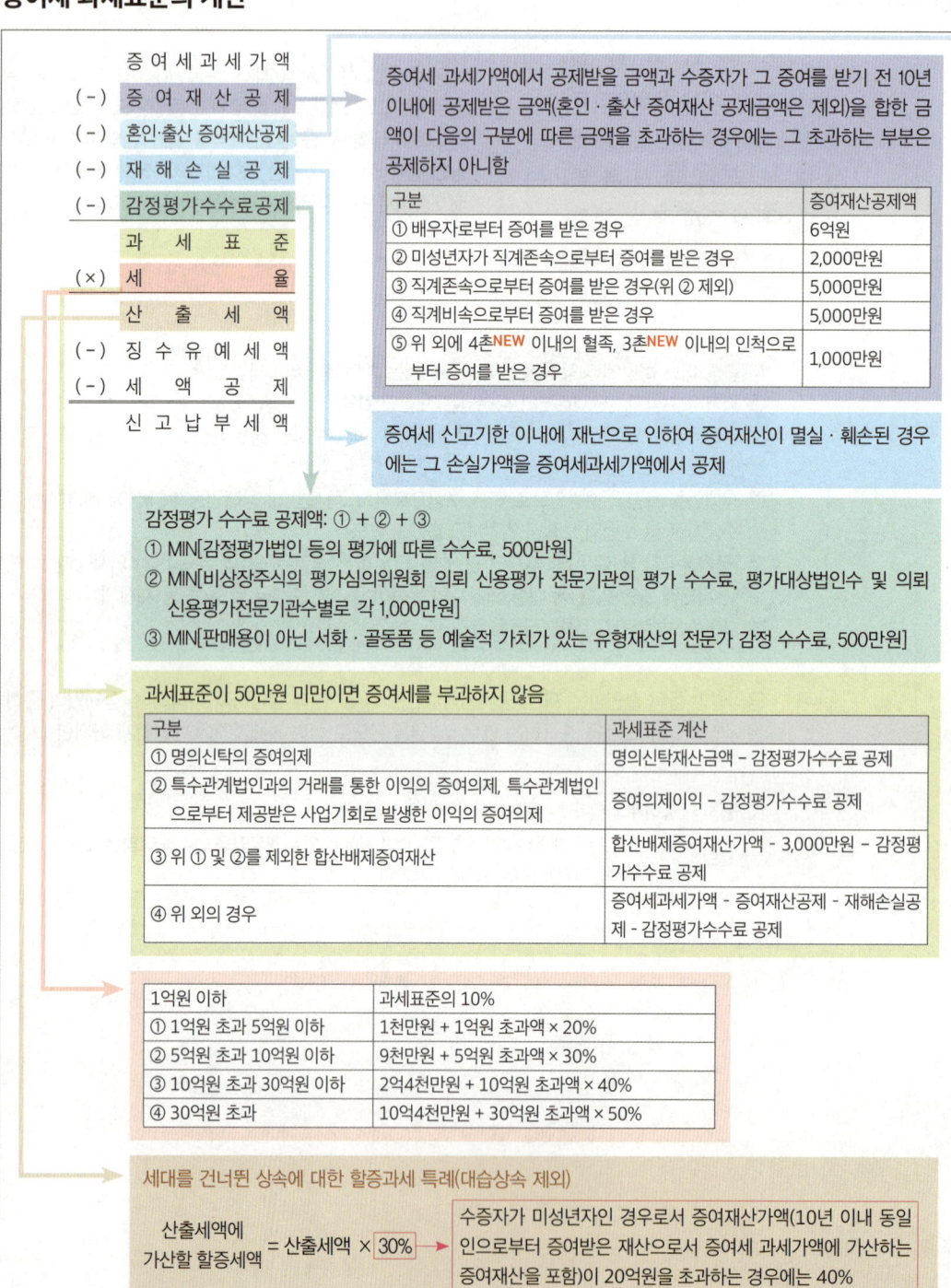

(1) 혼인 증여재산 공제

요건	거주자가 직계존속으로부터 혼인일(혼인관계증명서상 신고일) 전후 2년 이내에 증여를 받는 경우에는 출산 증여재산 공제 및 직계존속으로부터의 증여재산공제와 별개로 1억원을 증여세 과세가액에서 공제함 → 이 경우 혼인 증여재산 공제에 따라 그 증여세 과세가액에서 공제받을 금액과 수증자가 이미 공제받은 금액을 합한 금액이 1억원을 초과하는 경우에는 그 초과하는 부분은 공제하지 아니함
반환 특례	거주자가 혼인 증여재산 공제를 받은 후 약혼자의 사망 등 다음의 부득이한 사유가 발생하여 해당 증여재산을 그 사유가 발생한 달의 말일부터 3개월 이내에 증여자에게 반환하는 경우에는 처음부터 증여가 없었던 것으로 봄 ㉠ 약혼자의 사망 ㉡ 「민법」에 따른 약혼해제 사유 ㉢ 그 밖에 혼인할 수 없는 중대한 사유로서 국세청장이 인정하는 사유
가산세 면제 및 이자상당액 부과	혼인 증여재산 공제를 받은 거주자가 다음의 어느 하나에 해당하는 사유가 발생하여 신고기한까지 「국세기본법」에 따른 수정신고 또는 기한 후 신고를 한 경우에는 법령으로 정하는 바에 따라 「국세기본법」상 무신고가산세, 과소신고·초과환급신고가산세, 납부지연가산세의 전부 또는 일부를 부과하지 아니하되, 법령으로 정하는 바에 따라 계산한 이자상당액을 증여세에 가산하여 부과함

사유	신고기한
혼인 전에 혼인 증여재산 공제를 받은 거주자가 증여일(공제를 적용받은 증여가 다수인 경우 최초 증여일)부터 2년 이내에 혼인하지 아니한 경우	증여일부터 2년이 되는 날이 속하는 달의 말일부터 3개월이 되는 날
혼인 증여재산 공제를 받은 거주자가 혼인이 무효가 된 경우	혼인무효의 소에 대한 판결이 확정된 날이 속하는 달의 말일부터 3개월이 되는 날

(2) 출산 증여재산 공제

요건	거주자가 직계존속으로부터 자녀의 출생일 또는 입양일부터 2년 이내에 증여를 받는 경우에는 혼인 증여재산 공제 및 직계존속으로부터의 증여재산공제와 별개로 1억원을 증여세 과세가액에서 공제함 → 이 경우 출산 증여재산 공제에 따라 그 증여세 과세가액에서 공제받을 금액과 수증자가 이미 공제받은 금액을 합한 금액이 1억원을 초과하는 경우에는 그 초과하는 부분은 공제하지 아니함

(3) 통합 공제 한도 및 적용 배제

통합 공제 한도	혼인·출산 증여재산 공제에 따라 증여세 과세가액에서 공제받았거나 받을 금액을 합한 금액이 1억원을 초과하는 경우에는 그 초과하는 부분은 공제하지 아니함
적용 배제	증여추정·의제 등에 해당하는 경우 혼인·출산 증여재산 공제의 적용을 배제함

❹ 증여세 신고납부세액의 계산

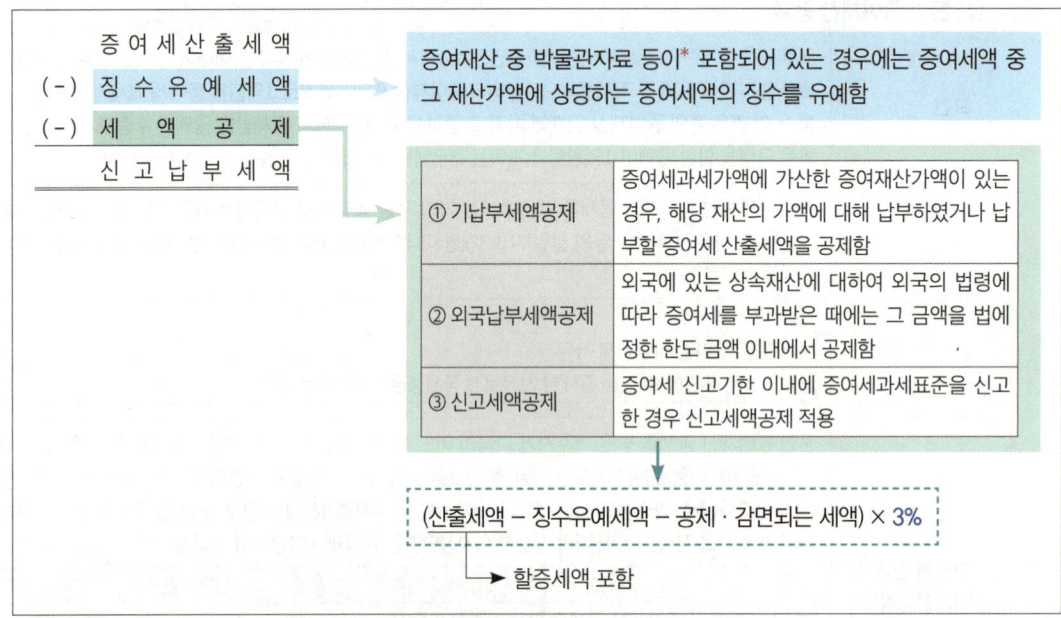

* 상속세와 달리 문화재자료 등에 대해선 징수유예가 되지 않음에 주의

▶ 특수한 경우의 증여재산가액의 계산

① 신탁이익의 증여	다음 중 어느 하나에 해당하는 경우에는 신탁의 이익을 받을 권리의 가액을 수익자의 증여재산가액으로 함	
	㉠ 원본의 이익을 받을 권리를 소유하게 한 경우	수익자가 그 원본을 받은 경우
	㉡ 수익의 이익을 받을 권리를 소유하게 한 때	수익자가 그 수익을 받은 경우
② 보험금의 증여	다음의 가액을 각각 증여재산가액으로 함	
	㉠ 생명보험이나 손해보험에서 보험금 수령인과 보험료 납부자가 다른 경우	보험금 수령인이 아닌 자가 납부한 보험료 납부액에 대한 보험금 상당액
	㉡ 보험계약 기간에 보험금 수령인이 재산을 증여받아 보험료를 납부한 경우	증여받은 재산으로 납부한 보험료 납부액에 대한 보험금 상당액에서 증여받은 재산으로 납부한 보험료납부액을 뺀 가액
③ 부당행위계산의 부인 등	㉠ 특수관계인 간의 거래인 경우	저가양수 또는 고가양도를 하며 시가와 대가와의 차액이 시가의 30% 이상이거나 3억원 중 적은 금액 이상일 때 다음을 증여재산가액으로 함 증여재산가액: 시가와 대가와의 차액 - MIN[시가 × 30%, 3억원]
	㉡ 특수관계인 아닌 자 간의 거래인 경우	저가양수 또는 고가양도를 하며 시가와 대가와의 차액이 시가의 30% 이상일 때 다음을 증여재산가액으로 함 증여재산가액: 시가와 대가와의 차액 - 3억원
	㉢ 적용 배제	전환사채, 상장주식, 재산을 양수하거나 양도하는 경우로 대가가 「법인세법」상의 시가인 경우에는 위 규정을 적용하지 아니함

④ 채무면제 등에 따른 이익의 증여	채권자로부터 채무를 면제받거나 제3자로부터 채무의 인수 또는 변제를 받은 경우 다음의 금액을 증여재산가액으로 함 면제·인수·변제로부터 받은 이익 − 그에 대한 보상액 지급액
⑤ 부동산 무상사용에 따른 이익의 증여	특수관계인의 부동산을 무상으로 사용함에 따라 이익을 얻는 경우 무상사용 기간은 5년을 기준으로 하여 향후 5년간 발생할 부동산무상사용이익을 현재가치로 할인하여 계산함. 단, 1억원 미만인 경우는 과세하지 않음 부동산무상사용이익 = 부동산 가액 × 1년간 부동산 사용료를 감안하여 기획재정부령으로 정하는 율
⑥ 합병·증자·감자에 따른 이익의 증여	불공정합병·불공정증자·불공정감자로 인하여 법인이 분여받은 이익에 대해서는 법인세를, 개인이 분여받은 이익에 대하여는 증여세를 과세함
⑦ 현물출자에 따른 이익의 증여	현물출자로 인해 다음의 어느 하나에 해당하는 이익을 얻은 경우에는 그 이익에 해당하는 금액을 증여재산가액으로 하여 과세함 ㉠ 주가를 저가로 인수한 경우 그 현물출자자가 얻은 이익 ㉡ 주가를 고가로 인수한 경우 그 현물출자자의 특수관계인(현물출자자 본인 제외)에 해당하는 주주 또는 출자자가 얻은 이익
⑧ 전환사채 등의 주식전환 등에 따른 이익의 증여	전환사채, 신주인수권부사채 등으로 이익을 얻은 경우 누구라도 금액을 증여재산가액으로 하여 과세함
⑨ 초과배당에 따른 이익의 증여	그 법인의 최대주주 등이 자신의 배당 등의 금액을 전부 또는 일부 포기하거나 본인이 보유한 주식 등에 비례하지 않게 받음에 따라 그 최대주주 등의 특수관계인이 초과배당금액을 받은 경우에는 해당 초과배당금액에 대한 소득세 상당액을 공제한 금액을 그 최대주주 등의 특수관계인의 증여재산가액으로 하여 과세함
⑩ 주식 등의 상장 등에 따른 이익의 증여	기업의 내부정보를 이용하여 비상장주식을 특수관계인에게 증여 등을 한 후 5년 이내에 그 주식의 상장으로 인해 특수관계인에게 이익을 주는 경우 상장 후 3개월이 되는 시점을 기준으로 이익을 계산하여 증여세를 과세함
⑪ 금전무상대출에 따른 이익의 증여	타인으로부터 금전을 무상으로 또는 적정이자율보다 낮은 이자율로 대출받은 경우, 다음의 금액을 증여재산가액으로 하되, 다음의 구분에 따른 금액이 1천만원 미만인 경우는 제외함 ㉠ 무상으로 대출받은 경우 대출금액 × 적정이자율(당좌대출이자율을 고려하여 정한 이자율) ㉡ 적정이자율보다 낮은 이자율로 대출받은 경우 대출금액 × 적정이자율 − 실제 지급한 이자상당액
⑫ 합병에 따른 상장 등 이익의 증여	최대주주 등의 특수관계인이 최대주주 등으로부터 해당 법인의 주식 등을 증여받거나 유상으로 취득한 경우 등 법에 정하는 경우로서 주식을 증여받거나 취득한 날부터 5년 이내 그 법인이나 다른 법인이 특수관계에 있는 주권상장법인과 합병될 때 이익을 얻는 경우 그 이익에 대해 증여세를 과세
⑬ 재산사용 및 용역제공 등에 따른 이익의 증여	재산사용 및 용역제공 등으로 다음의 이익을 얻은 경우 그 이익에 상당하는 금액을 증여재산가액으로 함 ㉠ 시가보다 낮은 대가를 지급하거나 무상으로 타인의 재산(부동산과 금전은 제외)을 사용하거나 용역을 제공받아 얻은 이익 ㉡ 시가보다 높은 대가를 지급하고 재산을 사용하게 하거나 용역을 제공함으로써 얻은 이익
⑭ 법인의 조직 변경 등에 따른 이익의 증여	법인의 조직 변경 등에 의해 소유지분이나 그 가액이 변동됨에 따라 이익을 얻은 경우 그 이익에 상당하는 금액을 증여재산가액

⑮ 재산 취득 후 재산가치 증가에 따른 이익의 증여		객관적으로 볼 때 자력으로 해당 행위를 할 수 없음에도 불구하고 다음의 사유로 재산을 취득하고 5년 이내 재산가치증가사유로 인해 이익을 얻은 경우 그 이익에 상당하는 금액을 증여재산가액 ㉠ 특수관계인으로부터 재산을 증여받은 경우 ㉡ 특수관계인으로부터 기업의 경영 등에 관하여 공표되지 아니한 내부 정보를 제공받아 그 정보와 관련된 재산을 유상으로 취득한 경우 ㉢ 특수관계인으로부터 증여받거나 차입한 자금 또는 특수관계인의 재산을 담보로 차입한 자금으로 재산을 취득한 경우

▶ 증여추정 및 증여의제

❶ 증여추정

① 의의		거래의 실질이 증여와 동일하다고 판단되면 납세자가 입증하지 않는 이상 증여로 추정하는 것
② 배우자 등에 대한 양도 시 증여추정	㉠ 직접 양도	배우자 등에게 양도한 재산은 그 재산의 가액을 배우자 등이 증여받은 것으로 추정하여 배우자 등의 증여재산가액으로 함
	㉡ 우회 양도	특수관계인에게 양도한 재산을 그 특수관계인(양수자)이 양수일부터 3년 이내에 당초 양도자의 배우자 등에게 다시 양도한 경우 그 배우자 등이 증여받은 것으로 추정하여 배우자 등의 증여재산가액으로 함
	㉢ 증여추정의 배제	배우자 등에게 대가를 받고 양도한 사실이 명백히 인정되는 일정한 경우 등 법에 정하는 경우에는 증여추정 규정을 적용하지 아니함
③ 재산취득자금 등의 증여추정		재산의 취득이나 채무의 상환과 관련하여 여러 정황상 자력으로 재산을 취득하였거나 채무를 상환하였다고 인정하기 어려운 경우 그 재산이나 상환자금을 증여받은 것으로 추정. 단, 입증되지 않은 금액이 취득재산 가액 또는 상환금액의 20%에 상당하는 금액과 2억원 중 적은 금액에 미달하는 경우는 증여추정을 적용하지 않음

❷ 증여의제

① 명의신탁재산의 증여의제	등기 등이 필요한 재산의 실제소유자와 명의자가 다른 경우 그 명의자로 등기 등을 한 날에 그 재산의 가액을 실제소유자가 명의자에게 증여한 것으로 의제
② 특수관계법인과의 거래를 통한 이익의 증여의제	법인의 매출액 중 그 법인의 지배주주와 특수관계에 있는 법인에 대한 매출액이 차지하는 비율이 정상거래비율을 초과할 때 그 법인의 지배주주 및 그의 친족이 법령상의 금액을 증여받은 것으로 의제
③ 특수관계법인으로부터 제공받은 사업기회로 발생한 이익의 증여의제	수혜법인이 지배주주와 특수관계에 있는 법인으로부터 사업기회를 제공받는 경우에는 사업기회제공일이 속하는 개시사업연도의 종료일에 그 수혜법인의 지배주주와 그 친족이 법령상의 금액을 증여받은 것으로 의제
④ 특정법인 간의 거래를 통한 이익의 증여의제	증여일이 속하는 사업연도의 직전 사업연도까지 결손금이 있는 법인 또는 증여일 현재 휴업 중이거나 폐업상태인 특정법인의 주주 등과 특수관계에 있는 자가 그 특정법인과의 거래를 하는 경우 거래일을 증여일로 하여 법에 정한 금액을 특정법인의 주주 등이 증여받은 것으로 의제

MEMO

03 상속세 및 증여세의 납세절차

Teacher's Map

▷ 상속세의 납세절차

① 과세표준의 신고 및 납부기한	아래 기한까지 과세표준을 자진납부계산서에 의해 신고해야 함		
	㉠ 일반적인 경우	상속개시일이 속하는 달의 말일부터 6개월 이내
	㉡ 피상속인이나 상속인이 외국에 주소를 둔 경우	상속개시일이 속하는 달의 말일부터 9개월 이내
	㉢ 신고기한까지 상속인이 확정되지 아니한 경우	상속인이 확정된 날부터 30일 이내 확정된 상속인의 상속관계를 적어 납세지 관할 세무서장에게 제출해야 함
② 결정기한	관할 세무서장 등은 상속세 과세표준 신고기한으로부터 9개월 이내에 납세자가 신고한 과세표준과 세액을 결정해야 함.(단, 부득이한 사유로 그 기간 내 결정이 불가한 경우 그 사유를 상속인·수유자에게 알려야 함)	

▷ 증여세의 납세절차

❶ 과세표준의 신고 및 납부기한

① 과세표준의 신고 및 납부기한	아래 기한까지 과세표준을 자진납부계산서에 의해 신고해야 함	
	㉠ 일반적인 경우	증여받은 날이 속하는 달의 말일부터 3개월 이내
	㉡ 비상장주식의 상장 또는 법인의 합병의 경우	정산기준일이 속하는 달의 말일부터 3개월이 되는 날
	㉢ 특수관계법인과의 거래를 통한 이익의 증여의제 규정의 경우	수혜법인 또는 특정법인의 법인세 과세표준의 신고기한이 속하는 달의 말일부터 3개월이 되는 날
	㉣ 특정법인과의 거래를 통한 이익의 증여의제 규정의 경우	
② 결정기한	관할 세무서장 등은 증여세 과세표준 신고기한으로부터 6개월 이내에 납세자가 신고한 과세표준과 세액을 결정해야 함.(단, 부득이한 사유로 그 기간 내 결정이 불가한 경우 그 사유를 수증자에게 알려야 함)	

▷ 신고세액의 납부

❶ 차감납부세액의 계산구조

```
      신 고 납 부 세 액
(-)   분   납   세   액
(-)   연 부 연 납 세 액
(-)   물   납   세   액
(-)   납 부 유 예 세 액
      차 감 납 부 세 액
```

❷ 분납

① 의의	상속세 또는 증여세의 납부할 금액이 1천만원을 초과하는 경우에는 해당 금액을 납부기한이 지난 후 2개월 이내에 분할납부할 수 있음
② 분납세액	㉠ 납부할 세액이 2,000만원 이하인 때	1,000만원을 초과하는 금액
	㉡ 납부할 세액이 2,000만원 초과인 때	납부할 세액의 50% 이하의 금액

❸ 연부연납

① 의의	세액을 여러 해 걸쳐 납부하는 것		
② 조건	㉠ 납부세액이 2천만원을 초과 ㉡ 납세의무자가 담보를 제공 ㉢ 연부연납신청서를 제출		
③ 연부연납 기간	다음의 각 구분에 따른 기간의 범위에서 해당 납세의무자가 신청한 기간으로 하되, 각 회분의 분할납부세액이 1,000만원을 초과하도록 해야 함		
	구분		연부연납기간의 범위
	상속세	가업상속공제를 받았거나 법령에 따라 중소기업 또는 중견기업을 상속받은 경우의 상속재산	연부연납 허가일부터 20년 또는 연부연납 허가 후 10년이 되는 날부터 10년
		그 밖의 상속재산의 경우	연부연납 허가일부터 10년
	증여세		연부연납 허가일부터 5년(가업의 승계에 대한 과세특례를 적용받은 증여재산은 15년)
④ 신청	연부연납신청서를 관할 세무서장에게 제출하면서 신청해야 연부연납이 가능함		
⑤ 허가	신청을 받은 세무서장은 다음의 기간 이내에 신청인에게 그 허가 여부를 서면으로 결정·통지해야 함		
	㉠ 상속세 과세표준신고 또는 증여세 과세표준신고를 한 경우		과세표준신고기한 경과한 날부터 상속세는 6개월, 증여세는 3개월
	㉡ 수정신고 또는 기한후신고를 한 경우		신고한 날이 속하는 달의 말일부터 상속세는 9개월, 증여세는 6개월
	㉢ 결정통지를 받은 후 납부고지서의 납부기한까지 연부연납신청서를 제출한 경우		납부고지서에 의한 납부기한이 경과한 날부터 14일
⑥ 취소 또는 변경	납세의무자가 다음 중 어느 하나에 해당하는 경우에는 그 연부연납 허가를 취소 또는 변경해야 함 ㉠ 연부연납세액을 지정된 납부기한까지 납부하지 아니한 경우 ㉡ 담보의 변경 또는 그 밖에 담보보전에 필요한 관할 세무서장의 명령에 따르지 않은 경우 ㉢ 「국세징수법」상 납부기한 전 징수 사유에 해당되는 경우 ㉣ 상속받은 사업을 폐업하거나 해당 상속인이 그 사업에 종사하지 않게 된 경우 ㉤ 사립유치원에 법으로 정하는 재산을 해당 사업에 직접 사용하지 않는 경우		
⑦ 연부연납 가산금	연부연납의 허가를 받은 자는 연부연납가산금(이자)을 각 회분의 분할납부세액에 가산하여 납부해야 함		

❹ 물납

① 의의	조세를 금전이 아닌 다른 것으로 납부하는 것으로, 관할 세무서장은 물납을 허가하는 때에는 그 허가를 한 날부터 30일 이내의 범위에서 물납재산의 수납일을 지정해야 함
② 물납의 요건	㉠ 상속재산(상속재산에 가산하는 증여재산 중 상속인 및 수유자가 받은 증여재산 포함) 중 부동산과 유가증권의 가액이 해당 상속재산 가액의 50%를 초과할 것 ㉡ 상속세 납부세액이 2천만원을 초과할 것 ㉢ 상속세 납부세액이 상속재산 가액 중 법에서 정하는 금융재산의 가액(상속재산에 가산하는 증여재산의 가액은 포함하지 아니한다)을 초과할 것
③ 물납에 충당할 수 있는 재산	물납에 충당할 수 있는 재산은 다음과 같으며, 특별한 사유가 없는 한 다음의 순서에 따름 ㉠ 국채 및 공채 ㉡ 유가증권(국·공채 제외)으로서 거래소에 상장된 것 ㉢ 국내에 소재하는 부동산(아래 '㉥'의 재산은 제외) ㉣ 국채·공채·주권 및 내국법인 발행 채권·증권·그 밖에 법으로 정하는 유가증권(단, ㉠, ㉡, ㉤는 제외) ㉤ 물납이 가능하며 거래소에 상장되어 있지 아니한 법인의 주식 ㉥ 상속개시일 현재 상속인이 거주하는 주택 및 그 부수토지
④ 물납청구의 한도	MIN[㉠, ㉡] ㉠ 상속재산 중 물납에 충당할 수 있는 부동산 및 유가증권의 가액에 대한 상속세납부세액 ㉡ 상속세 납부세액 – 상속재산 중 금융재산가액 – 거래소에 상장된 유가증권
⑤ 비상장주식 물납의 제한	비상장주식 등으로 물납할 수 있는 납부세액은 상속세 납부세액에서 상속세 과세가액을 뺀 금액을 초과할 수 없음
⑥ 물납허가의 제한 및 물납재산의 변경	세무서장은 물납신청을 받은 재산이 다음 어느 하나의 사유로 관리·처분상 부적당하다고 인정되는 경우 물납허가의 제한 및 물납재산의 변경이 가능함 ㉠ 지상권·지역권·전세권·저당권 등 재산권이 설정된 경우 ㉡ 물납신청한 토지와 그 지상건물의 소유자가 다른 경우 ㉢ 토지의 일부에 묘지가 있는 경우
⑦ 연부연납의 물납	연부연납기간 중 분납세액(첫 회분 분납세액으로 한정하되, 연부연납가산금을 제외)에 대하여 물납하려는 경우 분납세액 납부기한 30일 전까지 납세지 관할 세무서장에게 신청할 수 있음
⑧ 물납재산의 분할	재산을 분할하거나 재산의 분할을 전제로 하여 물납신청을 하는 경우 물납을 신청한 재산의 가액이 분할 전보다 감소되지 않는 경우에만 물납을 허가할 수 있음

❺ 문화재 등에 대한 물납

① 물납의 요건	㉠ 상속세 납부세액이 2천만원을 초과할 것 ㉡ 상속세 납부세액이 상속재산가액 중 법으로 정하는 금융재산의 가액(상속재산에 가산하는 증여재산의 가액은 포함하지 아니한다)을 초과할 것
② 절차	㉠ 문화체육관광부장관에게 통보: 물납 신청이 있는 경우 납세지 관할 세무서장은 해당 물납 신청 내역 등을 문화체육관광부장관에게 통보 ㉡ 문화체육관광부장관의 물납 요청: 물납을 신청한 문화재 등이 역사적·학술적·예술적 가치가 있는 등 물납이 필요하다고 인정되는 경우 납세지 관할 세무서장에게 해당 문화재 등에 대한 물납을 요청 ㉢ 물납 허가: 문화재 등이 국고 손실의 위험이 크지 아니하다고 인정되는 경우 납세지 관할 세무서장은 물납을 허가
③ 물납청구의 한도	상속재산 중 물납에 충당할 수 있는 문화재 등의 가액에 대한 상속세 납부세액을 초과할 수 없음

❻ 가업상속에 대한 상속세의 납부유예

① 요건	다음의 요건을 모두 충족할 경우 신청하며 담보를 제공해야 함 ㉠ 상속인이 「상속세 및 증여세법」에 따른 가업(중소기업으로 한정)을 상속받았을 것 ㉡ 가업상속공제를 받지 아니하였을 것(가업상속공제 대신 영농상속공제를 받은 경우에는 가업상속공제를 받은 것으로 봄)
② 납부유예 허가의 변경·취소	㉠ 필요적 변경·취소: 정당한 사유 없이 가업에 종사하지 아니하게 된 경우 등이 발생한 경우 납세지 관할세무서장은 납부유예 허가를 취소하거나 변경하고, 법령으로 정하는 바에 따라 납부유예된 세액과 이자상당액을 징수함 ㉡ 임의적 변경·취소: 납세지 관할세무서장은 납부유예 허가를 받은 자가 다음의 어느 하나에 해당하는 경우 그 허가를 취소하거나 변경하고, 납부유예된 세액의 전부 또는 일부와 이자상당액을 징수할 수 있음 ⓐ 담보의 변경 또는 그 밖의 담보 보전에 필요한 관할 세무서장의 명령에 따르지 아니한 경우 ⓑ 「국세징수법」에 따른 납부기한 전 징수사유로 인해 납부유예된 세액의 전액을 징수할 수 없다고 인정되는 경우
③ 신고 및 납부 절차	납부유예 허가를 받은 자는 상속인이 위 ㉠ 필요적 변경·취소 사유에 해당하는 경우 그 날이 속하는 달의 말일부터 6개월 이내에 납부유예 사후관리추징사유 신고 및 자진납부 계산서를 납세지 관할 세무서장에게 제출해야 하고, 해당 상속세와 이자상당액을 납부하여야 함(납부유예의 허가가 취소됨에 따라 납세지 관할세무서장이 이미 상속세와 이자상당액을 징수한 경우에는 제외)

▶ 결정 및 경정

❶ 결정

① 원칙	세무서장 등은 신고에 의하여 과세표준과 세액을 결정하되, 신고를 하지 않거나 과세표준 등을 결정할 수 없는 경우, 그 신고나 결정 후 내용의 탈루·오류가 있는 경우, 그 과세표준과 세액을 조사하여 결정
② 결정기한	상속세는 과세표준신고기한으로부터 9개월 이내, 증여세는 과세표준신고기한으로부터 6개월 이내
③ 수시부과결정	「국세징수법」상 납부기한 전 징수의 사유가 있는 경우에는 신고기한 전이라도 수시로 결정 가능

❷ 경정청구의 특례

① 상속세	다음 중 어느 하나의 사유가 발생한 경우 그 사유발생일부터 6개월 이내에 결정·경정 청구가능
	㉠ 상속회복청구소송 등 일정 사유로 상속개시일 현재 상속인 간에 상속재산가액의 변동된 경우 ㉡ 상속개시 후 1년 이내의 상속재산 수용 등 일정 사유로 상속재산의 가액이 크게 하락한 경우
② 증여세	다음 중 어느 하나에 해당하는 경우에는 그 사유발생일부터 3개월 이내에 결정·경정 청구가능
	㉠ 부동산 무상사용에 따른 이익의 증여에 따른 증여세를 결정 또는 경정받은 자가 부동산 무상사용 기간 중 부동산소유자로부터 해당 부동산을 상속·증여받거나 일정 사유로 해당 부동산을 무상사용하지 않게 된 경우 ㉡ 금전 무상대출 등에 따른 이익의 증여에 따른 증여세를 결정 또는 경정받은 자가 대출기간 중에 대부자로부터 해당 금전을 상속·증여받거나 일정 사유로 해당 금전을 무상으로 또는 적정이자율보다 낮은 이자율로 대출받지 않게 된 경우 ㉢ 타인의 재산을 무상으로 담보로 제공하고 금전 등을 차입함에 따라 재산사용 및 용역제공 등에 따른 이익의 증여에 따른 증여세를 결정 또는 경정받은 자가 재산의 사용기간 중에 재산 제공자로부터 해당 재산을 상속·증여받거나 일정 사유로 사유로 무상으로 또는 적정이자율보다 낮은 이자율로 차입하지 않게 되는 경우

MEMO

04 재산의 평가

Teacher's Map

▷ 시가 평가의 원칙

❶ 원칙

① 시가 의의	불특정다수인 사이에 자유롭게 거래가 이루어지는 경우에 통상적으로 성립된다고 인정되는 가액
② 평가방법	상속세·증여세가 부과되는 재산의 가액은 상속개시일 또는 증여일 현재의 시가로 평가 (단, 상장주식의 가액은 유가증권 평가방법에 따라 다르게 평가한 가액을 시가로 봄)

❷ 간주시가

① 간주시가 의의	일정 요건을 만족하는 금액이 확인되는 경우 시가로 간주되는 금액
② 평가기간의 간주시가	평가기간[상속개시일 전후 6개월(증여재산의 경우에는 증여일 전 6개월부터 증여일 후 3개월)] 이내의 기간 중 확인되는 금액

③ 유사자산을 통한 간주시가	㉠ 해당 재산에 대한 매매사실이 있는 경우에는 그 거래가액. 다만, 다음의 경우는 제외
	    ⓐ 특수관계인과의 거래 등으로 그 거래가액이 객관적으로 부당하다고 인정되는 경우
	    ⓑ 거래된 비상장주식의 가액(액면가액의 합계액)이 액면가액의 합계액으로 해당법인의 발행주식총액 등의 1%에 해당하는 금액과 3억원 중 적은 금액 미만인 경우
	㉡ 해당 재산(주식 및 출자지분)에 대하여 둘 이상의 공신력 있는 감정기관이 평가한 감정가액이 있는 경우에는 그 감정가액의 평균액
	㉢ 해당 재산에 대하여 수용·경매 또는 공매사실이 있는 경우에는 그 보상가액·경매가액 또는 공매가액

④ 적용순서	평가기준일로부터 가장 가까운 날에 해당하는 가액부터 적용

▶ 시가의 보충적 평가방법

① 유형재산의 평가: 각 유형재산별 평가방법에 따라 평가

○ 부동산의 평가

① 토지	㉠ 일반지역: 개별공시지가 ㉡ 국세청장이 지정한 지역: 개별공시지가 × 국세청장이 정하는 배율
② 건물	국세청장이 산정·고시하는 가액
③ 오피스텔·상업용건물	국세청장이 토지와 건물가액을 일괄하여 산정·고시한 가액
④ 주택	개별주택가격 및 공동주택가격(국세청장이 결정·고시한 공동주택가격이 있는 때에는 그 가격)

○ 지상권 등의 평가

① 지상권	지상권이 설정되어 있는 토지의 가액에 2%를 곱하여 계산한 금액을 해당 지상권의 잔존연수를 고려하여 법에서 정한 방법으로 환산한 가액
② 부동산을 취득할 수 있는 권리 및 특정시설물을 이용할 수 있는 권리	평가기준일까지 납입한 금액과 평가기준일 현재의 프리미엄에 상당하는 금액의 합계액(해당 권리에 대해 양도소득세 기준시가로 국세청장이 평가한 가액이 있는 경우 그 가액)

○ 기타 유형재산의 평가

① 선박·항공기·차량·기계장비·입목, 상품·제품·반제품·재공품·원재료, 소유권의 대상이 되는 동물 및 따로 평가방법을 규정하지 아니한 그 밖의 유형재산, 이에 준하는 동산 및 소유권의 대상이 되는 동산	처분할 경우 다시 취득할 수 있다고 예상되는 가액으로 하되 그 가액이 확인되지 아니하는 경우에는 장부가액 및 「지방세법 시행령」의 시가표준액에 따른 가액을 순차로 적용한 가액
② 판매용 자산	
③ 판매용이 아닌 서화·골동품	㉠ 원칙: 전문분야별로 2개 이상의 전문감정기관이 감정한 가액의 평균액 ㉡ 예외: 국세청장이 위촉한 3인 이상의 전문가로 구성된 감정평가심의회에서 감정한 감정가액에 미달하는 경우와 특수관계인간에 양도·양수하는 경우로서 감정평가심의회에서 감정한 감정가액의 100분의 150을 초과하는 경우에는 감정평가심의회에서 감정한 감정가액
④ 그 밖의 시설물 및 구축물	평가기준일에 그것을 다시 건축하거나 다시 취득할 때 소요되는 가액에서 그것의 설치일부터 평가기준일까지의 감가상각비상당액을 차감한 가액

❷ **무체재산권 등의 평가**: 취득가액에서 취득한 날부터 평가기준일까지의 「법인세법」상의 감가상각비를 뺀 금액과 다음의 금액 중 큰 금액으로 평가

① 영업권	초과이익금액을 평가기준일 이후의 영업권 지속연수(원칙적으로 5년)를 고려한 환산한 가액
② 어업권	영업권에 포함하여 계산
③ 특허권·실용신안권·의장권·상표권 및 저작권	$\sum \dfrac{\text{지상권이 설정되어 있는 토지의 가액} \times 2\%}{(1 + 10\%)^n}$ (단, n은 평가기준일로부터의 경과연수)
④ 광업권·채석권 등	㉠ 조업할 수 있는 경우	평가기준일 이후의 채굴가능연수에 대하여 평가기준일 전 3년 간 평균소득(실적이 없는 경우 예상순소득)을 평가기준일부터의 채굴가능연수에 따라 법에서 정한 방법으로 환산한 금액의 합계액
	㉡ 조업할 가치가 없는 경우	설비 등에 의하여만 평가한 가액

❸ **유가증권의 평가**

① 상장주식의 평가		평가기준일 이전·이후 각 2개월간에 공표된 매일의 거래소 최종시세가액(거래실적의 유무를 따지지 아니함)의 평균액
② 비상장주식의 평가	㉠ 일반법인의 경우	MAX[ⓐ, ⓑ] ⓐ (1주당 순손익가치[*1] × 3 + 1주당 순자산가치[*2] × 2) ÷ 5 ⓑ 1주당 순자산가치 × 80%
	㉡ 부동산과다법인의 경우	MAX[ⓐ, ⓑ] ⓐ (1주당 순손익가치[*1] × 2 + 1주당 순자산가치[*2] × 3) ÷ 5 ⓑ 1주당 순자산가치 × 80%
	[*1] 1주당 순손익가치의 계산식: $\dfrac{\text{1주당 최근 3년간 가중평균순손익액}}{\text{순손익가치환원율}}$	
	[*2] 1주당 순자산가치의 계산식: $\dfrac{\text{해당 법인의 순자산가액}}{\text{발행주식총수}}$	
③ 순자산가치로 평가하는 특례		법인의 청산절차가 진행 중이거나 사업자의 사망 등 일정한 사유가 있는 경우 순자산가치에 의해 평가
④ 최대주주 보유주식의 할증평가		최대주주 등 중 보유주식 등의 수가 가장 많은 1인 및 그의 특수관계인에 해당하는 주주 등의 주식(중소기업 및 중견기업*이 발행한 주식 등 법에 정한 주식은 제외)에 대하여는 위 규정에 의하여 평가한 가액에 20%를 가산하여 평가

* 평가기준일이 속하는 과세기간 또는 사업연도의 직전 3개 과세기간 또는 사업연도의 매출액의 평균이 5천억원 미만인 중견 기업

❹ 기타 유가증권의 평가

○ 국채·공채·사채

① 거래소에서 거래되는 경우	MAX[㉠, ㉡] ㉠ 평가기준일 이전 2개월간의 최종시세가액의 평균액 ㉡ 평가기준일 이전 최근일의 최종시세가액
② 위 외의 경우	㉠ 타인으로부터 매입한 국채 등(국채 등의 발행기관 및 발행회사로부터 액면가액으로 직접 매입한 것을 제외): 매입가액에 평가기준일까지의 미수이자상당액을 더한 금액 ㉡ 위 외의 국채 등: 평가기준일 현재 그것을 처분하여 받을 수 있다고 예상되는 금액

○ 기타 증권 등

① 대부금·외상매출금·받을어음	원본의 가액에 평가기준일까지의 미수이자 상당액을 가산한 금액으로 평가하되, 회수기간이 5년을 초과하는 경우 등에는 현재가치 할인금액의 합계액
② 집합투자증권	평가기준일 현재의 거래소의 기준가격으로 하거나 집합투자업자 또는 투자회사가 산정 또는 공고한 기준가격
③ 예금·저금·적금	평가기준일 현재의 예입총액에 이미 지난 미수이자상당액을 가산하고 「소득세법」에 의한 원천징수세액을 차감한 값으로 평가

❺ 기타 자산의 평가

○ 조건부 권리 등의 평가

① 조건부 권리	본래의 권리의 가액을 기초로 하여 평가기준일 현재의 조건내용을 구성하는 사실, 조건성취의 확실성, 기타 제반사정을 고려한 적정가액
② 존속기간이 불확정된 권리	평가기준일 현재 권리의 성질, 목적물의 내용연수 기타 제반사정을 고려한 적정가액
③ 소송 중인 권리	평가기준일 현재의 분쟁관계의 진상을 조사하고 소송진행의 상황을 고려한 적정가액
④ 가상자산	㉠ 국세청장이 고시하는 가상자산사업자의 사업장에서 거래되는 가상자산: 평가기준일 전·이후 각 1개월 동안에 해당 가상자산사업자가 공시하는 일평균가액의 평균액 ㉡ 그 밖의 가상자산: 위 ㉠에 해당하는 가상자산사업자 외의 가상자산사업자 및 이에 준하는 사업자의 사업장에서 공시하는 거래일의 일평균가액 또는 종료시각에 공시된 시세가액 등 합리적으로 인정되는 가액

○ 그 외 기타 자산의 평가

① 국외재산에 대한 평가	위 규정을 적용하기 어려운 경우 당해 재산이 소재하는 국가에서 양도소득세·상속세·증여세 등의 부과목적으로 평가한 가액을 평가액으로 함
② 담보제공자산에 대한 평가	저당권 등이 설정된 자산, 양도담보재산, 전세권이 등기된 재산 등 담보제공자산은 「상속세 및 증여세법」상 평가액과 그 재산이 담보하는 채권액 등을 기준으로 한 평가액 중 큰 금액으로 평가

MEMO

MEMO

오정화 세법